Droit des obligations

Domat droit privé

Droit des obligations

ALAIN BÉNABENT
Professeur agrégé des Facultés de droit, avocat aux Conseils

14e édition

À jour au 5 septembre 2014

LGDJ
lextenso éditions

70, rue du Gouverneur Général Félix Eboué
92131 Issy-les-Moulineaux Cedex
ISBN : 978-2-275-04159-9
ISSN : 0767-4309

PRINCIPALES ABRÉVIATIONS

A.P.	Assemblée plénière de la Cour de cassation.
Bull. civ.	Bulletin des arrêts de la Cour de cassation (chambres civiles).
Bull. crim.	Bulletin des arrêts de la Cour de cassation (chambre criminelle).
Cass.	Cour de cassation.
C. assur.	Code des assurances.
C. civ.	Code civil.
C. com.	Code de commerce.
C. consom.	Code de la consommation.
Cons. constit.	Conseil Constitutionnel
C.C.C.	Revue Contrats-concurrence-consommation.
C.P.C.	Code de procédure civile.
C.P.I.	Code de la propriété intellectuelle.
C. Const.	Conseil constitutionnel.
C.E.	Conseil d'État.
Ch. M.	Chambre Mixte de la Cour de cassation.
C.C.C.	Contrats concurrence-consommation.
Civ. 1re, 2e, 3e	Chambres civiles de la Cour de cassation.
Com.	Chambre commerciale de la Cour de cassation.
Crim.	Chambre criminelle de la Cour de cassation.
D., D.A., D.H., D.P.	Dalloz recueil, Dalloz administratif, Dalloz hebdomadaire, Dalloz périodique.
Defrénois	Répertoire du notariat.
G.A.	Grands arrêts de la jurisprudence civile, Dalloz, 12e éd. 2008.
Gaz. Pal.	Gazette du Palais.
JCP	Juris-classeur périodique (Semaine juridique).
J.-Cl. civil	Juris-classeur civil.
J.O.	Journal officiel.
L.	Loi.
Loy. Cop.	Revue Loyers et Copropriété.
LPA	Les Petites Affiches
Mél.	Mélanges.
Ord.	Ordonnance.
QPC	Question prioritaire de constitutionalité
RDC	Revue des contrats
RLDC	Revue Lamy Droit civil

Rép. Civ.	Répertoire encyclopédique Dalloz.
Req.	Chambre des requêtes de la Cour de cassation.
RTD civ.	Revue trimestrielle de droit civil.
RTD com.	Revue trimestrielle de droit commercial.
RJDA	Revue de jurisprudence de droit des affaires
S.	Sirey périodique.
Soc.	Chambre sociale de la Cour de cassation.
Trib. civ.	Tribunal civil.
Trib. gr. inst.	Tribunal de grande instance.

OUVRAGES CITÉS PAR LE NOM DES AUTEURS

— BACACHE-GIBELI, *Les obligations, la responsabilité civile extra-contractuelle,* Economica, 2007.
— BRUN, *Responsabilité civile extra-contractuelle,* Litec, 3e éd. 2014.
— CARBONNIER, *Droit civil,* t. 4, Les obligations, PUF, 22e éd. 2000.
— FAGES, *Droit des obligations,* LGDJ, 2e éd. 2009.
— FLOUR, AUBERT et SAVAUX, *Droit civil,* Les obligations – t. 1, L'acte juridique, 13e éd. 2012 – t. 2, Le fait juridique, 14e éd. 2011 – t. 3, Le rapport d'obligation, 8e éd. 2013, Armand Colin.
— FABRE-MAGNAN, *Droit des obligations,* – t. 1, *Contrat et engagement unilatéral,* 2008 – t. 2, *Responsabilité civile et quasi-contrats,* 2007, PUF.
— FRANÇOIS, *Les obligations, Régime général,* Economica, 2000.
— GHESTIN, *Traité de droit civil,* Le contrat – Formation, 3e éd. 1993 – Les effets, 3e éd. 2001, LGDJ.
— LARRIBAU-TERNEYRE, *Droit civil, Les obligations*, Sirey, 13e éd. 2012.
— LARROUMET, *Droit civil,* Les obligations, Economica, 6e éd. 2007.
— LE TOURNEAU, *Droit de la responsabilité et des contrats,* Dalloz Action 2014.
— MALAURIE, AYNÈS et STOFFEL-MUNCK, *Droit civil, Les obligations,* Defrénois 6e éd. 2013.
— MALINVAUD et FENOUILLET, *Droit des obligations,* Litec, 12e éd. 2012.
— SERIAUX, *Les obligations,* PUF, 2e éd. 1998.
— STARCK, par ROLAND et BOYER, *Les obligations,* 3 vol., Litec, 4e éd. 1992.
— VINEY et JOURDAIN, *Traité de droit civil,* sous la direction de J. GHESTIN, Les obligations – Introduction à la responsabilité, 3e éd. 2008 – La responsabilité : conditions, 3e éd. 2006 – La responsabilité : effets, 2e éd. 2001.
— TERRÉ, SIMLER et LEQUETTE, *Droit civil,* Les obligations, Dalloz, 11e éd. 2013.

AVERTISSEMENT

Les paragraphes du présent ouvrage comportent des numéros réservés en fin de chapitre, afin d'assurer le mieux possible un maintien de la numérotation d'une édition à l'autre.

INTRODUCTION

A. LA NOTION D'OBLIGATION

1 **Définition.** Le terme « obligation » revêt plusieurs sens distincts quoique apparentés. Dans le langage courant, il désigne de manière très générale tout devoir auquel le citoyen est astreint en vertu des règles les plus diverses : on parle des obligations morales, des obligations religieuses, des obligations fiscales, des obligations mondaines, des obligations professionnelles, etc.

D'un point de vue juridique, seuls les devoirs résultant d'*une règle de droit* sont concernés, c'est-à-dire ceux qui sont assortis d'une sanction juridique, impliquant l'intervention étatique et au besoin de la force publique pour en assurer le respect. Les obligations purement morales, religieuses ou mondaines n'en font donc pas partie : elles peuvent certes être aussi accompagnées de sanctions, mais celles-ci ne sont pas mises en œuvre par l'État (exemple : les sanctions religieuses ou celles imposées par un « milieu » social).

Au sens du droit privé, le terme a une signification encore plus étroite et plus précise : il désigne le ***lien d'ordre patrimonial*** *unissant les personnes juridiques entre elles.*

À ce titre, l'obligation est une variété des droits subjectifs. On sait que ceux-ci peuvent être extrapatrimoniaux (droits de la personnalité, statut familial) ou patrimoniaux. On sait aussi que ces derniers, les droits patrimoniaux, se subdivisent en deux catégories : droits réels unissant une personne à une chose (par exemple le droit de propriété) et droits personnels, unissant deux personnes : c'est ceux-là qui constituent des *obligations* au sens technique.

Il existe un sens encore plus technique, propre au droit financier : l'obligation est une valeur mobilière négociable en bourse constatant un emprunt souscrit par une société ou une collectivité auprès du public (qui s'oppose à l'action représentant une part active du capital de la société). Cette valeur est cotée et l'on parle du « marché obligataire ». Ce n'est qu'une variété particulière d'obligation juridique : celle de tout emprunteur de rembourser à l'échéance.

De même, d'un point de vue à la fois technique et archaïque, l'obligation désignait l'acte constatant un engagement : c'est en ce sens qu'il était employé à l'ancien article 2274 al. 2 du Code civil pour désigner l'acte interrompant la prescription.

2 **Créancier et débiteur.** L'obligation ainsi entendue est donc un lien de droit entre deux personnes, **en vertu duquel l'une doit quelque chose à l'autre.**

Celle qui doit est nommée « débiteur », l'autre est nommée « créancier ».

Le rapport d'obligation, envisagé du côté passif, est *une* ***dette*** ; du côté actif, c'est *une* ***créance.***

Ce lien est un des éléments du *patrimoine* des parties : il représente pour le créancier une valeur économique, qui peut circuler (la circulation des créances est un élément moteur du droit commercial et bancaire). Pour le débiteur, c'est un poste de passif et son patrimoine entier en répond : le créancier, en droit d'exiger une prestation de son débiteur, dispose en réalité d'un droit sur le patrimoine de ce dernier (il pourra faire saisir des biens pour obtenir satisfaction).

Ce caractère patrimonial est important, car il explique notamment que les obligations se transmettent par succession : ceux qui recueillent le patrimoine d'une personne profitent de ses créances et sont tenus de ses dettes.

B. LES CLASSIFICATIONS DES OBLIGATIONS

3 **Classification d'après leur source.** Les obligations peuvent résulter de *la* ***loi*** ou de *la* ***volonté*** individuelle. Cette classification correspond à peu près à l'opposition classique entre faits juridiques et actes juridiques (1).

— La **loi** attache parfois la création d'obligations à des faits, surtout lorsqu'ils causent un dommage (responsabilité civile).

— La **volonté individuelle** du débiteur peut créer des obligations à sa charge, au moyen principalement du *contrat* et parfois aussi d'un *engagement unilatéral.*

4 **Classification d'après leur objet.** La loi elle-même (art. 1136 à 1145) oppose les obligations de donner aux obligations de faire ou de ne pas faire.

L'obligation de *donner* porte sur des biens (argent, objets, droits) et intéresse donc surtout le patrimoine du débiteur.

L'obligation de *faire* porte sur ce qu'on appelle aujourd'hui les « services », c'est-à-dire une prestation impliquant la personne même du débiteur (contrat de travail, etc.).

(1) Sauf cas particuliers : certains actes juridiques produisent, de par la loi, une obligation qui est ainsi d'origine légale (par ex. la reconnaissance d'enfant ou le mariage font naître des obligations légales, car échappant à l'organisation de la volonté de leur auteur).

L'obligation de *ne pas faire,* proche de la précédente, implique une abstention du débiteur (obligation de ne pas construire, de ne pas exercer telle activité concurrente).

5 **Classification d'après leur force : cas des obligations naturelles.** Les obligations sont en principe « obligatoires » : on parle d'obligation civile (ou juridique).

On leur oppose les « obligations naturelles » qui constituent une sorte de catégorie intermédiaire entre les obligations juridiques à part entière et les obligations extra-juridiques décrites plus haut (cf. *supra,* n° 1). Création purement jurisprudentielle (le Code y fait une simple allusion : art. 1235), les obligations naturelles ont tous les caractères des obligations civiles à l'exception de la sanction juridique : une obligation naturelle ne peut pas donner lieu à une exécution forcée. Mais, si elle est volontairement exécutée, cette exécution sera valable et ne pourra être remise en cause : on ne pourra pas demander la restitution (art. 1235).

On admet l'existence d'une obligation naturelle dans les cas où, bien qu'il n'y ait aucun texte, elle répond à un **devoir de morale ou d'honnêteté :** ce peut être une obligation d'entraide entre parents au-delà du cercle où il y a devoir alimentaire (par ex. entre frère et sœur ou même entre anciens époux) (2), ou une obligation de respect (comme l'exécution par les héritiers d'un *legs verbal* sans valeur juridique) (3). Ce peut être aussi ce qu'on appelle une obligation « d'honneur » (par ex. pour les dettes de jeu qui ne peuvent donner lieu à poursuites : art. 1965 C. civ.) (4) voire un devoir de reconnaissance (5). Ce peut être également une ancienne véritable obligation juridique éteinte par prescription mais non payée (cf. *infra,* n° 922).

La liste des obligations naturelles est impossible à dresser car les notions de morale, d'honnêteté et d'honneur varient selon les époques, les lieux et les

(2) Ainsi un arrêt a-t-il justifié par cette notion l'engagement pris par un ex-mari de verser une pension à son épouse divorcée, en dehors de ses obligations légales (Civ. 1re, 9 mai 1988, *D.* 1989.289 note critique MASSIP) ou par un ex-concubin (Civ. 1re, 17 novembre 1999, n° 97-17541 ; *RTD civ.* 2000.297, obs. HAUSER). La même notion a servi à faire échec à la révocation des donations entre époux (Paris, 20 janvier 1998, *D.* 1998.309, note NAJJAR), à justifier un engagement d'héberger gratuitement des parents (Civ. 1re, 16 juillet 1987, *Bull. civ.*, I, n° 224) ou encore l'engagement de partager un legs avec son frère (Civ. 1re, 4 janvier 2005, *Bull. civ.*, I, n° 4 ; *RTD civ.* 2005.397, obs. MESTRE et FAGES ; *D.* 2005.1393, note LOISEAU).

(3) V. Civ. 1re, 22 juin 2004, *Bull. civ.*, I, n° 180 ; *JCP* 2004.II.10165, note SÉRIAUX. — 22 juin 2004, *Bull. civ.*, I, n° 180 ; *D.* 2004.2953, note NICOD ; *JCP* 2004.II.10165, note SÉRIAUX.

(4) Cf. OPPETIT, *L'engagement d'honneur, D.* 1979, chr. 107.

(5) Voir pour le devoir de récompenser celui qui vous a procuré un gain : Civ. 1re, 10 octobre 1995, *Bull. civ.*, I, n° 352 ; *D.* 1996, Somm. 120, note LIBCHABER ; *D.* 1997.155, note PIGNARRE (V. MOLFESSIS, *D.* 1997, chr. 85).

milieux (6). Ce qu'il faut en revanche souligner, c'est que l'existence d'une obligation naturelle est un fait objectif, apprécié par le juge, et ne dépend pas de la volonté individuelle : celui qui s'engage ne peut par exemple « déclasser » son obligation juridique en obligation naturelle par le seul fait qu'il indique ne prendre qu'un engagement moral (7).

La particularité de l'obligation naturelle est double. D'une part, elle peut servir de fondement à un paiement qui est considéré comme valable et définitif et ne pourra donc faire l'objet d'une demande de restitution (8). D'autre part, la jurisprudence admet facilement qu'une obligation naturelle *se transforme* en obligation juridique, non seulement lorsque l'intéressé s'y engage sous quelque forme que ce soit (9), pourvu qu'il le fasse en connaissance de cause (10), mais encore lorsqu'il a simplement commencé de l'exécuter (11) (ce qui justifie le mot de Montherlant : « l'ennuyeux dans la charité, c'est qu'il faut continuer »).

En définitive, l'obligation naturelle est un singulier concept, qui assure parfois la transition entre le droit et la morale, et dont on a pu dire avec finesse qu'il a pour rôle de troubler le droit positif en introduisant dans son univers rigide et froid des éléments d'humanité, voire de progrès (12). Sa place en droit positif demeure toutefois réduite.

C. LE DROIT DES OBLIGATIONS

6 **Sources.** Le droit des obligations trouve sa source principale dans le Code civil, dont il constitue l'essentiel des articles 1101 à 2278. Mais, outre de nombreuses lois particulières non codifiées, il résulte aussi des statuts spéciaux institués par d'autres codes (principalement Code de commerce et Code de la consommation, mais aussi Code du travail, Code rural, Code des assurances, etc.).

(6) Cf. COUDRAIS, *l'obligation naturelle : une idée moderne ?*, *RTD civ.* 2011.453. — ROTONDI, *Le concept d'obligation naturelle et son évolution, RTD civ.* 1979, p. 1. — R. BOUT, *Rép. civil Dalloz,* V° Obligation naturelle.

(7) Com., 23 janvier 2007, *D.* 2007.442 ; *Defrénois* 2007.1027, obs. SAVAUX.

(8) C. civ., art. 1235 – V. par ex. Civ. 1re, 21 novembre 2006, *Bull. civ.*, I, n° 503.

(9) La Cour de cassation a précisé que cette transformation, « improprement appelée novation », est soumise aux règles de preuve des art. 1341 et suivants : Civ. 1re, 10 octobre 1995, précité. – Mais une déclaration verbale consignée lors d'une audition de police peut suffire : Civ. 1re, 17 octobre 2012, n° 11-20124, *D.* 2013, 411, note PIGNARRE ; *RTD civ.* 2013.720, obs. FAGES ; *RDC* 2013.43, obs.GENICON (engagement du gérant d'une société de dédommager personnellement le plaignant).

(10) Civ. 1re, 4 janvier 2005, *D.* 2005.1393, note LOISEAU pour la confirmation d'un legs verbal.

(11) V. Civ. 1re, 3 octobre 2006, *Bull. civ.*, I, n° 428 ; *Defrénois* 2007.467, obs. LIBCHABER ; *RTD civ.* 2007.98 et 119 (pour le versement de subsides à un enfant non reconnu).

(12) Cf. GOBERT, *Essai sur le rôle de l'obligation naturelle,* thèse Paris, 1957.

Aujourd'hui, le droit des obligations ne peut non plus s'abstraire des interférences souvent décisives de trois autres disciplines techniques :

— **le droit de la *consommation,*** qui a peu à peu émergé à partir des années 1970 pour être consacré, en 1993, par la promulgation d'un Code de la consommation regroupant les divers textes destinés à protéger le consommateur dans ses rapports avec les professionnels ; son influence est surtout sensible quant aux conditions de formation des contrats, à la fois par le formalisme imposé et par l'interdiction d'un certain nombre de clauses défavorables aux consommateurs ; mais elle s'est étendue à la phase d'exécution des contrats, affectée par le traitement des consommateurs surendettés (13) ;

— **le droit de la *concurrence,*** apparu en 1945 mais très renforcé en 1986, prohibant certaines pratiques attentatoires à la libre concurrence (ententes, refus de vente, pratiques discriminatoires, abus de position dominante) : les conventions qui mettent en œuvre de tels desseins sont illicites (14) ;

— **le droit des *« procédures collectives »*** (anciennes ***« faillites »***) destinées à régler les conséquences de la défaillance financière d'une entreprise ; son influence apparaît surtout dans la phase d'exécution et d'extinction des obligations.

En outre, chapeautant le tout en quelque sorte, le développement des incidences concrètes des **« droits fondamentaux »** ne peut manquer d'interférer dans le droit des obligations : principes supérieurs découlant d'une part de la **Constitution** (15), dont la mise en œuvre concrète a été revivifiée par l'entrée en vigueur le 1er mars 2010 de la « question prioritaire de constitutionnalité », d'autre part de la **Convention européenne des droits de l'homme** dont le droit interne s'imprègne progressivement (v. *infra* n° 8).

7 **Théorie unitaire et générale.** Ce qu'il y a de remarquable dans la théorie des obligations est son caractère unitaire et général : elle constitue le fondement de tout le droit privé et le **tronc commun à toutes les disciplines.** Tout spécialement, la distinction droit civil-droit commercial se trouve ici estompée et reléguée à des aspects mineurs (preuve ou prescription) : l'ensemble des règles édictées par le Code civil gouverne la vie des affaires et l'on peut dire que la théorie des obligations constitue le **« droit civil des affaires ».** En cela,

▪ (13) V. GRYNBAUM, *La mutation du droit des contrats sous l'effet du traitement du surendettement, C.C.C.* 2002. chr. 16.

▪ (14) V. MALAURIE-VIGNAL, *Droit de la concurrence et droit des contrats, D.* 1995 ; chr. 51. — DREYFUSS-NETTER, *Droit de la concurrence et droit commun des contrats, RTD civ.* 1990.369. — CHAGNY, *Droit de la concurrence et droit des contrats, RDC* 2004.861. — Pour une application concrète, v. Com., 24 octobre 2000, *Bull. civ.*, IV, n° 163 (nullité d'un contrat participant d'une stratégie anticoncurrentielle).

▪ (15) Sur l'incidence du droit constitutionnel, V. MATHIEU, *Droit constitutionnel et droit civil, RTD civ.* 1994.59. — MOLFESSIS, *Les sources constitutionnelles du droit des obligations,* in *Le renouvellement des sources du droit des obligations,* LGDJ, 1997, p. 65.

elle constitue véritablement le cœur du droit privé et se trouve en évolution permanente.

Au-delà elle imprègne les disciplines spécifiques qui se sont peu à peu détachées du droit civil : droit du travail, droit rural, droit des assurances, etc. Certes, les dispositions spéciales fleurissent dans ces disciplines, mais comme autant de dérogations au droit commun qui conserve sa vocation générale à régir tout ce qui n'est pas réglementé par le statut social.

On peut dire véritablement que la théorie des obligations est le **ciment** du droit privé.

8 **Européanisation et internationalisation.** Il va de soi que le phénomène général d'internationalisation affecte le droit des obligations et de deux manières.

D'abord par des interventions directes. Le développement de la construction de l'Europe entraîne un effort de création de normes communes aux pays de l'Union, qui se traduit par des « directives », actes-guides que les législations internes doivent mettre en œuvre.

Plusieurs directives affectent le droit des obligations, soit dans le cadre contractuel (comme la directive sur les clauses abusives de 1993) soit dans le cadre délictuel (comme celle sur les produits défectueux — cf. *infra,* n° 662).

Œuvre d'une autre Europe, la Convention européenne des droit de l'homme introduit aussi progressivement son influence dans le droit des obligations. Et l'on voit, depuis quelques années, la jurisprudence française s'y référer de plus en plus souvent (16) et même la Cour européenne des droits de l'homme étendre son contrôle à la conformité des droits internes ou des décisions jurisprudentielles des États (17).

Ensuite par des influences. Avec une ambition plus mondialiste (un monde surtout occidental), divers organismes travaillent à mettre en forme des corps de règles « transfrontières », ayant vocation à régir des contrats internationaux, mais aussi à servir de référence à chaque droit interne, pour connaître ce qui serait une sorte de consensus international : ainsi surtout des « principes UNIDROIT » (18) et des « Principes du droit européen des contrats », propositions doctrinales de codification constituant de simples modèles sans valeur

(16) Cf. A. DEBET, *L'influence de la Convention européenne des droits de l'homme sur le droit civil,* Dalloz, 2002. — Cf. par ex. Civ. 3e, 6 mars 1996, *D.* 1997.167, note LAMY ; *RTD civ.* 1996.897 et 1024 (pour la portée d'un bail d'habitation). — Soc., 12 janvier 1999, *D.* 1999.645, note MARGUENNAUD et MOULY (pour celle d'une clause de non-concurrence). — Civ. 1re, 24 janvier 2006, *Bull. civ.*, I, nos 29, 30 et 31 (pour la non-rétroactivité d'une réforme de la responsabilité médicale). — Civ. 3e, 22 mars 2006, *Bull. civ.*, III, n° 73 (pour le droit d'un locataire d'héberger ses proches). — Soc., 12 juillet 2006, *Bull. civ.*, V, n° 241 (pour le droit d'un salarié au libre choix de son domicile).

(17) V. notamment CEDH, 16 décembre 2008, *Khursid c/ Suède*, *RTD civ.* 2009.281, obs. MARGUÉNAUD, à propos de la résiliation d'un bail jugée disproportionnée avec la faute relevée.

(18) Qui ont déjà connu trois versions : 1994, 2004, 2010 (v. FAUVARQUE-COSSON, *Mél. Jauffret-Spinosi*, 2013.323).

juridique réelle mais qui peuvent utilement servir d'éléments de référence, soit par les formulations synthétiques de règles faisant l'objet d'un consensus, soit comme facteurs d'enrichissement ou d'infléchissement sur des points où ils diffèrent du droit français, soit même comme éléments supplétifs incorporés par le jeu d'une clause de renvoi (19). À titre informatif, on trouvera le texte des Principes du droit européen des contrats en *Annexe* en fin d'ouvrage.

9 **Projets de réforme.** Depuis quelques années, voici qu'un courant plus « intégriste » est apparu, affichant vouloir (avec aval incertain des institutions européennes) refondre les droits européens en un seul modèle, avec pour première étape précisément le droit des obligations (20). Peut-être plus que l'idée, la méthode employée a suscité des réactions profondes (21). Mais la question n'est évidemment pas enterrée et d'autres travaux sont en cours (22), avec semble-t-il une orientation revue en direction de l'élaboration de simples principes communs (23).

Peut-être en réaction à ces projets européens, des groupes d'universitaires ont préparé des « offres de loi » interne en vue d'une réécriture du droit français des obligations (24). À la suite de quoi la Chancellerie a publié un premier projet toujours en cours de réexamen (25).

9-1 **Plan.** On examinera successivement trois parties :
— les obligations d'origine volontaire ;
— les obligations d'origine légale ;
— le régime général des obligations.

■ (19) Fauvarque-Cosson, *L'apport des codifications doctrinales*, *D.* 2007.96. — V. Larroumet, *La valeur des principes d'Unidroit, JCP* 1997.I.4011. — D. Mazeaud, *Réflexions sur les principes d'Unidroit et de la Commission Lando, Mélanges Cabrillac*, Litec, 1999, p. 205. — Prieto et autres, *Regards croisés sur les principes du droit européen du contrat et sur le droit français,* P.U.A.M., 2003. — Remy-Corlay et Fenouillet et autres, *Les concepts contractuels français à l'heure des Principes du droit européen des contrats,* Dalloz, 2003. — P. Deumier, *Les principes européens ont dix ans, RDC* 2004.774. - Fauvarque-Cosson, *D.* 2013.2037.
■ (20) V. Witz, *Plaidoyer pour un code européen des obligations, D.* 2000. chr. 79. — Charbit, *JCP* 02.I.100.
■ (21) V. Cornu, *D.* 2002. chr. 351. — Heuzé, *JCP* 2002.I.152. — Lequette, *D.* 2002. chr. 2202. — Malinvaud, *D.* 2002. chr. 2542.
■ (22) Sur l'avant-projet de Code européen des contrats de l'académie des privatistes européens, v. Gridel, *Gaz. Pal.* 21 février 2003. — Debet, *RDC* 2004.217.
■ (23) V. Fauvarque-Cosson et D. Mazeaud et autres, *Principes contractuels communs*, Soc. lég. comparée 2008 et *Terminologie contractuelle commune*, Soc. lég. comparée, 2008.
■ (24) Voir le projet dit Catala, *RDC* 2006, p. 3 à 264 et le projet Terré, *Pour une réforme du droit des contrats*, Dalloz, 2009 (cf. D. Mazeaud, *D.* 2009.1364).
■ (25) Voir *RDC* 2009, p. 265 et s.

PREMIÈRE PARTIE
LES OBLIGATIONS D'ORIGINE VOLONTAIRE : LE CONTRAT

10 **Engagements unilatéraux ?** La volonté unilatérale d'une personne agissant seule, sans interlocuteur venant sceller cette volonté par un accord, est-elle suffisante à créer à sa propre charge un engagement ferme, c'est-à-dire une obligation juridique s'imposant à elle et dont elle ne puisse se défaire ?

Certes, il existe de nombreux actes unilatéraux. Mais la plupart ont un régime spécifique qui n'est pas véritablement source autonome d'obligation. Ainsi le *testament* organise la dévolution successorale, mais n'oblige nullement son auteur qui peut toujours le révoquer. *La renonciation,* qui lie son auteur, n'a pas pour objet de créer une obligation, mais d'éteindre un droit (cf. *infra,* n° 885). Les actes d'état comme la reconnaissance d'enfant peuvent certes conduire à des obligations, mais il s'agit d'obligations légales et non définies par l'obligé lui-même (qui ne pourrait fixer dans la reconnaissance les effets qu'il veut y attacher, par exemple le montant de la pension qu'il accepte).

Différente est l'hypothèse de l'engagement unilatéral, dont l'auteur se lierait lui-même définitivement sans partenaire. La réaction de bon sens est que l'on peut toujours reprendre sa parole tant que nul ne l'a acceptée : aussi conclut-on le plus souvent à **l'absence de pouvoir créateur** d'engagement de l'acte unilatéral.

Certaines hypothèses font cependant naître le doute. Il en est ainsi de la **promesse de récompense** faite par celui qui a perdu une chose. Mais on a démontré qu'il y a là en réalité une offre de contrat, dont le destinataire est simplement inconnu : lorsqu'il se manifeste, en remplissant les conditions prévues par la promesse, c'est bien un contrat qui se forme car il accepte ainsi l'offre du « promettant » (1).

(1) Cf. FLOUR, AUBERT et SAVAUX, t. 1, n°s 489 et s.

Il en va de même des **« lettres d'intention »** souvent émises par une importante société déclarant vouloir honorer les engagements d'une filiale. Bien qu'on y ait parfois vu un engagement unilatéral, la Cour de cassation a bien fait ressortir qu'il en résultait un engagement *contractuel* : « malgré son caractère unilatéral, une lettre d'intention peut, selon ses termes, *lorsqu'elle a été acceptée par son destinataire,* et eu égard *à la commune intention des parties,* constituer à la charge de celui qui l'a souscrite un engagement contractuel de faire ou de ne pas faire » (2) et ses arrêts en la matière visent d'ailleurs l'article 1134 du Code civil (3).

La vertu créatrice d'obligations, bénéficiant à une personne titulaire du droit de créance, paraît donc bien liée à l'existence d'un accord de volontés entre deux personnes, c'est-à-dire d'un *contrat.*

Mais la Cour de cassation se plait à conserver des mécanismes exceptionnels qui aident à résoudre des situations particulières. Ainsi a-t-elle fait rebondir le débat en recourant plusieurs fois de façon expresse à l'idée d'engagement unilatéral, soit pour expliquer le mécanisme de transformation d'une obligation naturelle en obligation civile (*supra,* n° 5), soit pendant un temps pour justifier la condamnation de publicitaires abusifs à exécuter leurs promesses chimériques (4), soit pour sanctionner le repreneur d'une entreprise qui oublie les promesses faites (5) soit encore pour assurer le respect de promesses faites par un employeur aux syndicats en général (6). On ne sait s'il faut y voir les prémices d'une théorie générale de l'engagement unilatéral qui resterait à compléter, notamment quant à la preuve et quant à la détermination des bénéficiaires (7).

À noter que les **Principes du droit européen des contrats** comportent un article 2:107 disposant que « la promesse qui tend à être juridiquement obligatoire sans acceptation lie son auteur ».

(2) Com., 21 décembre 1987, *D.* 1989.112. note BRILL. — Sur les conditions et le régime de ces engagements, V. notamment NAJJAR, *D.* 1992.53. — SIMLER, *Cautionnement,* 3e éd. 2000, Litec, nos 32 et s. — D. MAZEAUD, *Mélanges Jeantin,* Dalloz 1999.341 et s.

(3) Cf. par ex. Com., 15 janvier 1991, *Bull. civ.,* IV, n° 28 — 9 juillet 2002, *Bull. civ.,* IV, n° 117. — Com., 20 février 2007, *D.* 2007.807.

(4) Civ. 1re, 28 mars 1995, *Bull. civ.,* I, n° 190 ; *RTD civ.* 1995.887, obs. MESTRE (sur la justification de la même solution par la responsabilité civile, V. Civ. 2e, 28 juin 1995, *D.* 1996.180, note MOURALIS et 19 janvier 1999, *JCP* 2000.II.10347, et par l'idée d'engagement contractuel car accepté : Civ. 2e, 11 février 1998, *Bull. civ.,* II, n° 55 ; *JCP* 1998.II.10156, note CARDUCCI ; *D.* 1999. Somm. 109, obs. LIBCHABER). En définitive, elle a choisi encore un autre fondement dans l'idée de quasi-contrat ; v. *infra* nos 511 et s.

(5) Com., 28 mars 2000, *Bull. civ.,* IV, n° 73.

(6) Soc., 25 novembre 2003, *Bull. civ.,* V, n° 294 ; *JCP* 2004.I.163, n° 6, obs. VINEY ; *D.* 2004.2395, note OMARJEE. — Voir aussi pour la clause d'un règlement de copropriété imposant une assemblée générale avant tout licenciement, invocable par tout salarié : Ass. plén., 5 mars 2010, *Bull. civ.* A.P., n° 1.

(7) Pour une esquisse : Paris, 1er avril 1997, *D.* 1997.IR.116.

CHAPITRE PRÉLIMINAIRE

PRÉSENTATION GÉNÉRALE

11 **Importance de la théorie des contrats.** La notion de contrat, de pacte, est une notion fondamentale de la vie en société, sans laquelle les rapports humains seraient inconcevables. On sait que le « droit naturel » est extrêmement incertain faute de contenu qui se retrouve en tout temps et en tous lieux ; s'il est cependant un concept qui présente cette universalité et cette permanence, qu'aucune société ou groupe humain n'a pu ignorer, c'est bien celui du respect de la parole donnée. ***« Pacta sunt servanda »*** : les accords doivent être exécutés.

S'agissant des rapports des membres du groupe social entre eux, cette notion intéresse fondamentalement le *droit civil,* entendu au sens large des relations entre sujets de droit (ce qui inclut le droit des affaires). Le droit public y est moins sensible, puisqu'il est dominé par un rapport hiérarchique entre l'État et les sujets de droit (encore qu'on puisse voir à l'origine même de cette hiérarchie l'idée de « contrat social » dégagée par Rousseau). Mais la force de la technique est telle que la puissance publique elle-même y a recours et que les contrats administratifs connaissent un développement continu (1).

La théorie des contrats apparaît donc occuper en droit privé une place centrale : sur le plan pratique parce qu'elle est de très loin la source la plus fréquente d'obligations ; sur le plan théorique parce que les notions qu'elle met en œuvre ont essaimé dans tous les domaines, y compris ceux où il s'agit d'institutions et non d'accords privés (droit de la famille par exemple) ; on peut dire que cette théorie est au cœur du droit privé et qu'elle en innerve toutes les disciplines.

(1) Cf. GAUDEMET, *Traité de droit administratif,* t. 1, LGDJ, 16e éd. 2001, nos 1393 et s.

§ 1. Définition du contrat

TEXTE

Code civil, art. 1101

Art. 1101. — Le contrat est une convention par laquelle une ou plusieurs personnes s'obligent, envers une ou plusieurs autres, à donner, à faire ou à ne pas faire quelque chose.

12 **Accord de volontés.** De ce qu'il résulte d'un accord, le contrat se distingue de l'acte unilatéral. Il concerne toujours au moins deux parties, ce qui traduit son caractère *d'acte social.* Mais il peut intéresser un plus grand nombre de personnes (et aller jusqu'à des accords collectifs, cf. *infra,* n° 52).

13 **En vue de créer des obligations.** Le contrat se distingue par là de la ***convention,*** terme plus générique désignant tout accord produisant des effets de droit : si tout contrat est une convention, l'inverse n'est pas vrai car il existe des conventions qui ne créent pas d'obligations, mais les transfèrent ou les éteignent. En pratique cependant, on parle souvent indifféremment de contrat ou de convention.

Le contrat comporte souvent toute une série de ***clauses,*** qui sont les différents points de l'accord et qui peuvent présenter plus ou moins d'autonomie (sur les clauses abusives, cf. *infra*, nos 172 et s.).

14 **Des obligations juridiques.** Notion juridique, le contrat se caractérise par la *force obligatoire* qui en découle : les parties sont conscientes qu'elles se lient et s'exposent en cas de défaillance à tout l'arsenal des moyens de contrainte de la puissance publique.

Le contrat se distingue en cela des accords de *pure courtoisie, de complaisance* ou *de tolérance :* celui qui convient d'un rendez-vous, d'une invitation à dîner n'entend pas se lier juridiquement. Celui qui prend à son bord un ami ou un auto-stoppeur n'assume pas un contrat de transport, pas plus que l'architecte qui donne un avis à un ami n'entend conclure un contrat soumis au sévère droit de la construction. Ces faits peuvent certes emporter parfois des conséquences de droit (responsabilité civile en cas d'accident, voire assurances sociales dans le cas particulier de l'entraide agricole). Mais ces conséquences s'apprécient en dehors de tout contrat, comme entre des étrangers.

On désigne parfois sous le nom d'engagement d'honneur ou de « gentleman's agreement » ces accords dont les parties savent (ou pensent) qu'ils n'ont pas de force juridique contraignante (2). Il a pourtant été décidé récemment qu'un « engagement moral » a force juridique (3).

(2) Cf. Oppetit, *Les engagements d'honneur, D.* 1979, chr. 107. — Viandier, *La complaisance, JCP* 1980.I.2987.

(3) Com., 23 janvier 2007, *Bull. civ.*, IV, n° 12 ; *RTD civ.* 2007.340, obs. Mestre et Fages ; *RDC* 2007.697, obs. Laithier (pour l'engagement « exclusivement moral » pris par une société de ne pas copier les produits d'un concurrent).

On parle alors parfois de « **non droit** » selon l'expression du doyen Carbonnier.

Cependant, la frontière peut être floue entre ces accords « non juridiques » et des accords inspirés par l'idée de rendre service qui sont qualifiés de contrat et régis par le Code civil : ainsi le prêt ou le dépôt sont des contrats réglementés par le Code civil et engendrant des obligations juridiques, alors qu'il n'est pas certain que celui qui rend service à un ami en lui prêtant un objet ou en acceptant de conserver un bien entende plus se lier juridiquement que dans les exemples précédents (il est vrai que le régime de ces contrats est très bienveillant pour celui qui agit ainsi par « bienfaisance »). Lorsqu'ils ont à connaître de telles situations (ce qui est assez peu fréquent), les tribunaux ont tendance à écarter l'idée de contrat créateur d'obligations (4) pour juger pratiquement en équité (5).

§ 2. Classification des contrats

TEXTES

Code civil, art. 1102 à 1107

Art. 1102. — Le contrat est *synallagmatique* ou *bilatéral* lorsque les contractants s'obligent réciproquement les uns envers les autres.

Art. 1103. — Il est *unilatéral* lorsqu'une ou plusieurs personnes sont obligées envers une ou plusieurs autres, sans que de la part de ces dernières il y ait d'engagement.

Art. 1104. — Il est *commutatif* lorsque chacune des parties s'engage à donner ou à faire une chose qui est regardée comme l'équivalent de ce qu'on lui donne, ou de ce qu'on fait pour elle.

Lorsque l'équivalent consiste dans la chance de gain ou de perte pour chacune des parties, d'après un événement incertain, le contrat est *aléatoire.*

Art. 1105. — Le contrat de *bienfaisance* est celui dans lequel l'une des parties procure à l'autre un avantage purement gratuit.

Art. 1106. — Le contrat à *titre onéreux* est celui qui assujettit chacune des parties à donner ou à faire quelque chose.

Art. 1107. — Les contrats, soit qu'ils aient une dénomination propre, soit qu'ils n'en aient pas, sont soumis à des règles générales, qui sont l'objet du présent titre.

■ (4) Ainsi n'y a-t-il pas *contrat de dépôt* dans le fait d'accepter qu'un fournisseur gare son véhicule dans une cour (Civ. 1re, 29 mars 1978, *Bull. civ.,* I, n° 126), qu'un ouvrier laisse ses outils sur place ou qu'un client laisse un objet au barman d'un café (Com., 25 septembre 1984, *Bull. civ.,* IV, n° 242).

■ (5) Voir pour le cas curieux d'un accord relatif à des promenades en voiture d'une personne âgée avec remise de fonds pour acheter la voiture : Civ. 1re, 16 décembre 1986, *Bull. civ.,* I, n° 301, p. 287 (les parties ayant ensuite cessé toutes relations, il a été jugé que celui qui avait reçu la somme ayant servi à acheter la voiture devait en restituer une partie).

Les règles particulières à certains contrats sont établies sous les titres relatifs à chacun d'eux ; et les règles particulières aux transactions commerciales sont établies par les lois relatives au commerce.

15 **Infinie variété.** La liberté contractuelle permet aux citoyens de conclure tout accord à leur convenance, de sorte qu'il est impossible de dresser à l'avance une liste de tous les contrats possibles : la réalité dépasse toujours les prévisions les plus détaillées et l'imagination des contractants, jointe à la variété des circonstances, peut conduire à des foules de contrats d'économie différente.

On ne peut donc prévoir que des *catégories* à l'intérieur desquelles tel contrat particulier viendra se ranger (plus ou moins bien).

16 **Opération de qualification.** La « qualification » d'un contrat est précisément **l'opération intellectuelle qui permet de le ranger dans telle ou telle catégorie.** Elle exige d'analyser *l'économie* du contrat, ce qui peut aller du plus simple (par ex. pour une vente d'objet courant) au plus complexe (par ex. pour des contrats organisant des relations durables entre des entreprises ou des groupes d'affaires avec prise d'intérêts réciproques).

L'importance de cette opération tient à ce que chaque catégorie de contrats est soumise à certaines règles propres, de sorte que placer tel contrat dans une catégorie précise commande une partie du régime (par ex. qualifier tel contrat de vente déclenchera la mise en œuvre du régime des garanties dues par le vendeur — cf. *infra,* n° 277).

17 **Pluralité de classifications.** Il existe plusieurs classifications bipartites fondées sur des critères différents, ce qui conduit à des combinaisons variables. À celles qui sont expressément visées par le Code civil sont venues s'en ajouter d'autres, dégagées par la doctrine et le droit contemporain.

La plupart reposent sur l'économie du contrat. Mais d'autres, qui prennent une importance croissante, prennent en considération la personne des contractants.

A. SELON L'ÉCONOMIE DU CONTRAT

18 **Contrats à titre onéreux ou à titre gratuit.** Le contrat à *titre gratuit* est celui dans lequel une partie ne retire aucun avantage de la prestation qu'elle fournit : l'exemple type en est la **donation,** inspirée par une intention libérale. On parle de libéralité ou parfois de contrat de bienfaisance (art. 1105).

Par opposition, le contrat à *titre onéreux* est celui dans lequel l'avantage reçu par une partie trouve une contrepartie dans une obligation à sa charge : l'exemple type en est la **vente** où chacun donne pour recevoir.

Il est des contrats qui sont par nature soit onéreux soit gratuits : la vente est nécessairement onéreuse, de même que le **bail** et le **contrat d'entreprise,** alors que le prêt à usage est nécessairement gratuit. Il en est d'autres qui s'accommodent des deux variantes, selon les espèces : le **prêt d'argent** selon qu'il est « à intérêt » ou non, le **dépôt** et le **mandat** selon que le dépositaire ou le mandataire réclame ou non une rémunération, etc.

C'est *l'économie générale* du contrat qui est à considérer : ainsi une donation peut devenir à titre onéreux si des charges importantes sont imposées au donataire ou si elle est la « rémunération » de services ; alors dite « rémunératoire », elle perd son caractère de libéralité et n'est plus soumise au régime propre qui en résultait (6).

Le caractère **gratuit** d'un contrat entraîne un régime **protecteur** de celui qui se dépouille (conditions de forme destinées à protéger son consentement ; responsabilité atténuée en cas de faute) et parfois un régime de **défiance** protecteur des tiers : la fraude est parfois vraisemblable et l'on admet plus facilement la nullité en cas de faillite (cf. *infra,* n° 860) ou l'action paulienne (cf. *infra,* n° 857).

19 **Contrats synallagmatiques ou unilatéraux.** Le contrat *synallagmatique* est celui qui crée des **obligations réciproques** à la charge des deux parties (par ex. la vente : le vendeur doit livrer, l'acheteur payer). Le contrat *unilatéral* n'en crée qu'à la charge d'une partie (*mais c'est un contrat,* donc issu d'un accord de volontés, ce qui le distingue de l'*acte unilatéral :* la donation est un contrat car elle exige l'acceptation du donataire et est irrévocable tandis que le testament est un acte unilatéral fait par le testateur seul qui peut toujours le révoquer).

La plupart des contrats onéreux sont synallagmatiques tandis que la plupart des contrats gratuits sont unilatéraux. Mais il n'y a pas correspondance parfaite : ainsi un **dépôt** ou un **mandat** gratuit sont synallagmatiques car le déposant et le mandant assument quelques obligations, telle celle de rembourser au dépositaire ou au mandataire les frais exposés (on parle alors parfois de contrat *synallagmatique imparfait,* car ces obligations sont accessoires et éventuelles).

À l'inverse, un **prêt onéreux** est un contrat unilatéral car c'est l'emprunteur qui assume la double obligation de restituer le capital et de payer les intérêts (le prêt n'est formé que par la remise des fonds, cf. *infra,* n° 129).

Les contrats unilatéraux sont soumis à certaines règles spécifiques en matière de **preuve** (cf. *infra,* n° 125) ce qui est l'enjeu essentiel de cette classification (7).

(6) C'est le moyen qui était souvent employé en jurisprudence pour faire échapper de nombreuses donations entre époux à la révocabilité en cas de divorce avant la réforme de 2004 ayant supprimé la révocabilité de ces donations (cf. A. BRETON, *D.* 1986.325. — Voir aussi, pour des sommes données par un père à sa fille qui l'hébergeait gratuitement : Civ. 1re, 3 novembre 2004, *Bull. civ.,* I, n° 248).

(7) V. par ex. Civ. 1re, 2 février 1994, *Bull. civ.,* I. n° 46 (un cautionnement, en principe contrat unilatéral puisque seule la caution s'engage envers le créancier à payer en cas de défaillance du débiteur principal, devient un contrat synallagmatique lorsqu'il prend la forme d'un blocage de fonds à titre de garantie auprès d'une banque, avec versement d'intérêts : la formalité du « bon pour » n'est plus nécessaire !).

20 **Contrats commutatifs et contrats aléatoires.** Il s'agit d'une *subdivision* des contrats onéreux : le contrat est *commutatif* lorsque les prestations de chacun sont certaines, alors qu'il est *aléatoire* lorsque ces prestations ou l'une d'elles dépend d'un événement aléatoire qui commande l'équilibre du contrat, dont la tournure effective est impossible à connaître à l'avance : ainsi dans le **contrat d'assurance,** il n'est jamais certain que l'assureur aura une indemnité à verser (8), dans le contrat de **rente viagère,** on ne sait pendant combien de temps la rente sera versée ni par conséquent son coût total (9).

Ici encore, certains contrats peuvent devenir aléatoires selon leur économie : ainsi la **vente,** en principe commutative, devient aléatoire lorsqu'elle est faite sans aucune garantie quant à l'existence ou aux qualités de la chose, c'est-à-dire « aux risques et périls » de l'acheteur (par exemple le « traité à forfait » par lequel un « repreneur » achète l'actif d'une entreprise en liquidation, ou la vente d'un tableau dont l'authenticité est incertaine).

Le caractère aléatoire d'un contrat a pour conséquence qu'on ne peut en apprécier l'équilibre : sont exclues les règles relatives à la lésion (cf. *infra,* n° 171), à la protection du consommateur (10) et parfois à l'erreur (cf. *infra,* n° 79). De plus, il est réputé à titre onéreux même si en définitive une seule partie en tire bénéfice : ce profit n'est que l'effet de l'aléa, non le fruit d'une intention libérale. D'où les règles spécifiques aux libéralités sont exclues, comme la protection des héritiers réservataires.

21 **Contrats instantanés et contrats à exécution successive ou échelonnée.** Selon la durée d'exécution prévue, le contrat est dit instantané ou à exécution successive. « Instantané » signifie que l'exécution se fait en une prestation unique, même si elle demande un certain temps (par ex. la construction d'une maison). Il y a « exécution successive » lorsque les prestations se renouvellent dans le temps (par ex. le bail ou le contrat de travail). Ces contrats peuvent eux-mêmes prévoir une **durée déterminée** (bail de deux ans par exemple) ou être à **durée indéterminée** (c'est souvent le cas du contrat de travail).

L'intérêt de la distinction concerne les problèmes spécifiques découlant de l'étalement du contrat dans le temps : faculté de résiliation, révision de l'équilibre, renouvellement (cf. *infra,* n°s 308 et s.). En outre elle révèle souvent l'importance du contrat pour les parties : on a pu opposer économiquement les

(8) Raison pour laquelle des contrats de pure capitalisation, où le versement est certain, ne sont pas de véritables « assurances » en dépit de ce qui a été décidé pour des raisons de politique économique : Ch. mixte, 23 novembre 2004, *Defrénois* 2005.607, obs. AUBERT ; *RDC* 2005.297 et les obs.

(9) Cf. GRUA, *Les effets de l'aléa et la distinction des contrats commutatifs et aléatoires, Rev. trim.,* 1983.263.

(10) Civ. 1re, 19 mai 1981, *Bull. civ.,* I, n° 171. — Pour une « théorie générale » des contrats aléatoires, V. *Contrats spéciaux,* nos 1310 et s.

contrats « d'occasion » aux contrats « de situation », qui sont ceux qui commandent véritablement le devenir d'une des parties, par une « installation » (professionnelle, locale, etc.) (11).

Plus récemment, on s'est interrogé sur l'apparition d'une notion intermédiaire entre les deux précédentes, qui serait celle de **contrats « à exécution échelonnée »** (12). Dans ces contrats, l'une des prestations s'exécute sous la forme de prestations répétées (p. ex. la livraison échelonnée des différents tomes d'une encyclopédie, ou la réalisation d'une série de leçons d'auto-école moyennant le paiement d'un forfait global) (13). On voit le critère de cette catégorie intermédiaire dans le caractère **indivisible** des prestations échelonnées (14), qui fait obstacle à une division « en tranches » — alors qu'un bail par exemple peut se diviser par périodes. L'intérêt de cette qualification intermédiaire concerne surtout le cas d'inexécution partielle : même si elle n'affecte qu'une infime partie, elle fait tomber tout le contrat, car les autres ne présentent plus d'intérêt isolément (l'encyclopédie incomplète est sans aucune valeur...).

22 **Contrats nommés et contrats innomés.** Évoquée par l'article 1107, cette distinction n'est pas de fond mais de commodité.

Sont « nommés » les contrats qui correspondent à un moule connu et font à ce titre l'objet d'un corps de règles légales ou coutumières : le Code civil en réglemente un certain nombre (vente, bail, contrat de mariage, échange, prêt, dépôt, mandat, rente viagère, cautionnement, transaction, etc. : cela occupe plus du tiers du Code : art. 1387 à 2091), tout comme le Code de commerce et d'autres lois (Code du travail pour le contrat de travail, Code des assurances...).

La pratique invente sans cesse de nouveaux contrats ; lorsqu'ils sont répétés à de nombreux exemplaires, un « droit commun » de ce type de contrat est peu à peu élaboré par la jurisprudence. Les temps récents ont ainsi dégagé de nombreux contrats « importés » des États-Unis (leasing devenu crédit-bail ; franchising devenu franchise ; factoring devenu affacturage).

Est « innomé » un contrat qui ne correspond à aucun de ces moules classiques, dont l'économie originale est adaptée par les parties à leur situation propre. Par une expression qui ne veut rien dire, on parle parfois à leur sujet de contrat ***« sui generis »*** (de son propre genre) ce qui traduit simplement qu'il est impossible de le ranger dans une des catégories « nommées » (15).

L'intérêt de la distinction est que les contrats nommés sont soumis au corps des règles prévues à leur sujet, qui forment un « statut » (on parle ainsi du statut des baux commerciaux ou des baux ruraux).

(11) CABRILLAC, in *Mélanges Marty*, 1978.235. — MAINGUY, in *Mélanges Cabrillac*, 2000.165.

(12) Cf. M.L. CROS, *Les contrats à exécution échelonnée, D.* 1989, chr. 49.

(13) Civ. 1re, 13 janvier 1987, *JCP* 1987.II.20860, note GOUBEAUX.

(14) Cf. Civ. 3e, 20 novembre 1991, *Bull. civ.*, III, n° 285. — V. aussi MOURY, *L'indivisibilité entre les obligations, RTD civ.* 1994.255.

(15) Sur la vitalité de l'hypothèse, v. GRILLET-PONTON, *D.* 2000, chr. 331.

Lorsque ces règles sont impératives, ce qui devient de plus en plus fréquent, cette application du « statut » est capitale, car elle commande la validité même du contrat ou de certaines de ses clauses et impose un certain régime (par ex. le bail rural est nécessairement de 9 ans).

Même lorsqu'il ne s'agit que de lois supplétives, leur application a une portée pratique importante : toute règle qui n'a pas été expressément écartée dans le contrat se trouve automatiquement applicable.

Les contrats innomés ne tombent pas sous ces blocs de règles. Mais la jurisprudence se sert souvent de l'exemple de ces statuts, en procédant par rapprochement : ainsi a-t-elle décidé, par exemple, que pour le contrat d'association, les règles gouvernant le contrat de société doivent s'appliquer à titre subsidiaire (16). Pour des contrats intermédiaires, on pourra emprunter distributivement à plusieurs modèles : par exemple dans un contrat prévoyant transfert d'un bien contre certaines prestations en nature, qui n'est pas une vente faute de « prix » en argent (17), on appliquera néanmoins le régime de la vente pour ce qui touche aux obligations liées à ce transfert comme la garantie des vices cachés (18) et le régime du contrat « d'entreprise » pour ce qui touche aux prestations. De même, à l'égard du garagiste à qui son client confie une voiture aux fins de réparation, le contrat comporte « une phase de dépôt » durant laquelle le garagiste est tenu des obligations du dépositaire et non de celles de l'entrepreneur (19). Ou encore un contrat de reportage (contrat d'entreprise) qui prévoit l'hébergement du reporter inclut pour cela un contrat d'hôtellerie (20). On peut dire qu'il y a ainsi des contrats ***hybrides*** (ou mixtes mais il vaut mieux éviter ici ce terme qui recouvre une autre hypothèse : cf. *infra,* n° 23), qui peuvent être rangés dans plusieurs catégories non point globalement mais pour certaines parties (cf. *infra,* n° 275).

B. SELON LA PERSONNE DES CONTRACTANTS

23 **Contrats civils ou commerciaux.** Il existe aussi des classifications qui tiennent non plus au contenu du contrat mais à la **personnalité des contractants.** Ainsi a-t-il toujours été admis que les commerçants sont mieux rompus aux affaires que les particuliers, de sorte qu'ils ont moins besoin d'être protégés par la loi, cependant que la rapidité des affaires exige des règles plus souples. Aussi est-il classique de soumettre les *contrats commerciaux* à un régime qui s'écarte à certains égards de celui des *contrats civils :* liberté de la preuve

(16) Civ. 1re, 3 mai 2006, *Bull. civ.*, I, n° 206.
(17) Civ. 3e, 17 mars 1981, *Bull. civ.,* III, n° 56.
(18) Cf. Civ. 1re, 12 oct. 1976, *Bull. civ.,* I, p. 219. — Civ. 3e, 19 juin 1969, *Bull. civ.,* III, p. 380.
(19) V. *Contrats spéciaux*, n° 1024.
(20) Civ. 1re, 26 février 1991, *Bull. civ.,* I, n° 78.

(cf. *infra,* n° 118), solidarité des codébiteurs (cf. *infra,* n° 791), validité de certaines clauses normalement interdites (clause attributive de juridiction : art. 48, CPC ; clause d'arbitrage, dite « compromissoire » : art. 2051 C. civ.), durée plus brève de la prescription avant la réforme de la prescription en 2008 (cf. *infra,* n° 896).

Ce n'est pas ici la nature objective du contrat qui est en cause, mais la *qualité des contractants :* le même contrat (p. ex. une vente, une location ou un mandat) sera civil ou commercial selon qu'il a été conclu entre particuliers ou entre commerçants.

Lorsque le contrat unit un particulier et un commerçant (comme par exemple l'ouverture d'un compte bancaire par un particulier), on parle de ***contrat mixte,*** ce qui conduit généralement à une application distributive des règles en cause (par exemple la preuve sera libre contre le commerçant, mais soumise aux règles civiles contre le particulier : cf. *infra,* n° 118).

24 **Contrats de consommation ou contrats égalitaires.** Le droit contemporain a élaboré une nouvelle classification qui peut apparaître comme une version moderne de la précédente, opposant **professionnels et consommateurs**, présumés profanes.

Les contrats conclus soit par des professionnels entre eux, soit par des profanes (ou particuliers) entre eux demeurent soumis à un régime traditionnel. Mais les contrats conclus entre d'une part un professionnel et d'autre part un particulier, qu'on peut appeler des **contrats « de consommation »,** déclenchent la mise en œuvre d'un régime de protection des consommateurs de plus en plus étendu : on parle aujourd'hui d'un « droit de la consommation » (21). Le même contrat, selon la qualité respective des parties, obéira donc à un statut différent (par ex. la **vente d'automobiles** entre garagistes ou entre particuliers n'entraîne pas les mêmes garanties que celle consentie par un garagiste à un particulier ; **l'emprunt** souscrit par un particulier auprès d'un ami n'est pas soumis aux mêmes formalités que celui effectué auprès d'une banque). Les nombreux textes édictés depuis 1972 en ce sens ont été regroupés en 1993 dans un « Code de la consommation » (22) dont on présage qu'il est en train de constituer « un système différent de droit qui se dresse, en conflit avec le système civiliste » (23). Mais on peut y voir aussi une simple superposition (24). Le droit européen est très présent dans ce domaine, car le consommateur est un agent

(21) Cf. Calais-Auloy et Steinmetz, *Droit de la consommation,* Précis Dalloz, 7e éd. 2006. — Calais-Auloy, *L'influence du droit de la consommation sur le droit civil des contrats, RTD civ.* 1994.239. — Sinay-Cytermann, *Protection ou surprotection du consommateur ?, JCP* 1994.I.3804.

(22) Cf. Bureau, *Remarques sur la codification, D.* 1994. chr. 291.

(23) Carbonnier, n° 6.

(24) V. Pizzio, *La protection des consommateurs par le droit commun des obligations, RTD civ.* 1998.53.

(passif) de la libre concurrence que poursuit au premier chef l'Union européenne.

24-1 **Contrats avec une personne physique ou une personne morale.** La distinction est restée pendant longtemps ignorée quant au régime des contrats (on en trouve cependant déjà une trace dans le Code civil : l'article 619 limite à 30 ans la constitution d'usufruit au profit des non « particuliers »).

Des textes récents, pour l'instant épars, forment cependant l'ébauche de statuts contractuels distincts. Ainsi certains contrats sont réservés aux personnes morales (activités de banque par exemple). Et si le droit français n'a pas suivi la directive européenne chassant les personnes morales du statut de consommateurs (cf. *infra*, n° 173), il réserve cependant aux personnes physiques qui se portent caution une protection particulière (contre les engagements disproportionnés : C. consom., art. L. 313-10 et L. 341-4). De même, depuis la loi du 1er août 2003, la protection contre les taux usuraires ne concerne à peu près plus que les personnes physiques (C. consom., art. L. 313-3).

§ 3. Le principe de l'autonomie de la volonté

25 **Philosophie juridique.** La pensée des codificateurs, mais plus encore celle du XIXe siècle, était imprégnée d'un **libéralisme** total lié à un grand individualisme ; la loi elle-même ne trouvant le principe de sa force que dans la volonté des sujets (thèse du contrat social), ceux-ci sont entièrement libres de se lier par contrat. Sous la seule exception de l'ordre public et des bonnes mœurs (art. 6), les sujets de droit peuvent organiser comme ils le veulent leurs obligations : *le seul fait qu'ils aient voulu un contrat justifie suffisamment qu'ils soient tenus de l'exécuter.* On reconnaît une toute puissance à la **volonté individuelle** qui constitue le *siège unique* de la force contractuelle, ce qui se traduit à trois stades :

— **liberté de contracter** ou de ne pas contracter ;

— **liberté des formes** du contrat : dès lors que la volonté existe, peu importe la forme sous laquelle elle s'exprime ;

— **liberté du contenu** du contrat : peu importe l'économie et l'équilibre objectif du contrat, car le seul fait qu'il a été accepté par les parties établit qu'il correspond à leur intérêt ; « qui dit contractuel dit juste » et l'État n'a pas à se substituer aux particuliers dans l'appréciation qu'ils font de la justice à leur égard.

Une phrase de Portalis du *Discours préliminaire* au Code civil exprime lumineusement (et un peu prophétiquement) la conception alors retenue du rôle de la loi dans le domaine contractuel : « si l'on part de l'idée qu'il faut parer à tout le mal et à tous les abus, on n'accordera qu'une protection ruineuse aux citoyens et le remède sera pire que le mal ».

26 **Critique et déclin.** La situation économique et sociale du XIXe siècle a montré les injustices produites par cette doctrine du « laisser-faire, laisser-passer », et les excès d'une « liberté sauvage ». La différence de puissance économique rend souvent illusoire la négociation : le plus faible est contraint d'en passer par les conditions qui lui sont imposées, qui ne sont pas nécessairement « justes » à son égard. S'est ainsi répandue la pratique des ***« contrats d'adhésion »*** dans lesquels une partie ne fait qu'adhérer à une convention entièrement préparée par l'autre.

Ces critiques ont conduit à un déclin sensible du principe de l'autonomie de la volonté, auquel le Conseil constitutionnel a refusé valeur constitutionnelle (25).

Ce déclin s'est d'abord traduit en jurisprudence. Certes, les tribunaux ont toujours refusé de faire un sort particulier au « contrat d'adhésion », qui continue d'avoir la même valeur qu'un contrat négocié et se rencontre à chaque pas de notre vie quotidienne (26). Un tribunal ne peut pas lui refuser force obligatoire au simple motif qu'il n'a pas été librement négocié (27).

Mais les tribunaux ont tendance de plus en plus à s'arroger un droit de regard sur le contenu des contrats. Ils ont toujours une « marge de manœuvre » notamment lorsqu'il s'agit d'interpréter un contrat : s'ils se contentaient de respecter le principe de l'autonomie des volontés, ils devraient rechercher quelle a été la volonté des parties. En réalité, il leur arrive de dire quel aurait dû être l'équilibre équitable du contrat et d'infléchir le contenu du contrat.

Un important mouvement législatif a suivi et, dans les domaines les plus divers, on a vu se multiplier les **lois impératives** destinées à protéger la partie « adhérente ».

Le droit du travail, le droit des assurances et, depuis les années 1970, le droit naissant de la consommation ont limité l'autonomie de la volonté dans ses trois aspects :

— on n'est plus toujours libre de contracter ou non car il existe des contrats imposés (cf. *infra,* n° 56) ;

— la forme des contrats se trouve souvent réglementée par un formalisme croissant réputé protecteur de la partie la plus faible (cf. *infra,* n° 104) ;

— le contenu même des contrats est de plus en plus dirigé ou encadré par des dispositions impératives.

▪ (25) C. constit., 3 août 1994, *JCP* 1995.II.22404, note BROUSSOLLE. — 20 mars 1997, *RTD civ.* 1998.89, obs. MESTRE ; *JCP* 1997.I.4039, n° 1, obs. FABRE-MAGNAN. — Voir cependant C. constit., 10 juin 1998, *RTD civ.* 1978.798, obs. MOLFESSIS.

▪ (26) Cf. BERLIOZ, *Le contrat d'adhésion,* LGDJ, 1973. — TESTU, *Le juge et le contrat d'adhésion, JCP* 1993.I.3673.

▪ (27) Cf. Civ. 1re, 19 janvier 1982, *JCP* 1984.II.20215.

En réalité, c'est l'autorité publique qui instaure un contrôle afin de compenser l'inégalité des parties. Elle agit souvent au moyen d'une « standardisation des contrats » (28) : celui qui rédige le contrat soumis à l'adhésion de ses clients se voit lui-même imposer des modèles ou contrats-types, fréquemment annexés à des dispositions réglementaires.

27 **Renouveau et transformation ?** Comme beaucoup de conceptions de société, le dogme de l'autonomie de la volonté suit un mouvement de balancier, de « flux et reflux » selon l'expression de certains auteurs.

Il n'est pas douteux qu'après une longue période de déclin et d'interventionnisme étatique, particulièrement accélérée dans les années 1975-1985, on observe une « saturation » de réglementation : la mode est à la « déréglementation », ce qui s'est déjà traduit par le recul de certaines lois impératives au profit de la liberté contractuelle (suppression de la taxation des prix, « désencadrement » du crédit, remplacement de la « loi Quillot » de 1982 en matière de baux d'habitation par plusieurs lois postérieures moins impératives). Dans certains domaines c'est l'idée même de contrôle étatique qui est contestée. Il en résulte évidemment un regain d'efficacité de l'autonomie de la volonté. Les fluctuations sont d'ailleurs directement dépendantes de « l'alternance » politique (29).

Au surplus, malgré leur importance, les atteintes qui lui ont été portées n'ont jamais remis en cause sa fonction même de principe : la grande majorité des contrats est restée et reste gouvernée par l'idée de liberté. Mais ce qui est couramment relevé aujourd'hui est une « transformation » du droit des contrats par un contrôle souple du juge — plus qu'un encadrement rigide de la loi ; l'esprit inspirant ce contrôle reposerait sur les nouveaux principes d'égalité contractuelle, d'équilibre contractuel, de bonne foi contractuelle (30), voire de fraternité contractuelle, ce dernier volet du tryptique laissant sceptique (31).

Les **Principes du droit européen du contrat** attestent de la vigueur de ce principe de liberté en s'ouvrant par la règle que « les parties sont libres de conclure un contrat et d'en déterminer le contenu, sous réserve des exigences de la bonne foi et des règles impératives posées par les présents Principes » (art. 1:102).

(28) L'expression est de J. GHESTIN, t. 1, n° 79.

(29) Exemple topique : la loi « Quillot » de 1982 a été remplacée en 1986 par une loi « Méhaignerie » qui a été elle-même retouchée par la loi « Mermaz » du 6 juillet 1989, se rapprochant sur certains points de la loi « Quillot » mais à son tour modifiée en 1994..., soit exactement un an après chaque changement de majorité politique.

(30) V. D. MAZEAUD, *Loyauté, solidarité, fraternité, nouvelle devise contractuelle ?, Mélanges Terré*, 2000.603 — *Le juge et le contrat, Mélanges Aubert*, 2005.236.

(31) V. GUELFUCCI-THIBIERGE, *Libres propos sur la transformation du droit des contrats, RTD civ.* 1997.357.

TITRE 1

LA CONCLUSION DU CONTRAT

TEXTE

Code civil, art. 1108

Art. 1108. — Quatre conditions sont essentielles pour la validité d'une convention : Le consentement de la partie qui s'oblige ;
Sa capacité de contracter ;
Un objet certain qui forme la matière de l'engagement ;
Une cause licite dans l'obligation.

28 **Éléments et processus de formation.** Si la liberté de contracter confère au contrat une grande souplesse en limitant le contrôle de l'autorité publique, il est cependant nécessaire que certaines conditions minimales soient réunies pour que l'accord des volontés purement individuelles prenne place dans l'ordre juridique et reçoive une reconnaissance étatique : il ne faut pas oublier en effet que le caractère obligatoire du contrat emporte qu'il a « force de loi », selon l'article 1134, et que la poursuite de son exécution peut déclencher la mise en œuvre de la force publique.

Il est donc exigé qu'il réponde à une certaine structure, qui se traduit par les quatre conditions énumérées par l'article 1108.

Ces conditions peuvent être rangées en deux catégories : certaines concernent les **parties contractantes** (Sous-titre 1), d'autres le **contenu** du contrat (Sous-titre 2). Elles sont sanctionnées par la **nullité** du contrat (Sous-titre 3).

En principe, la réunion de ces conditions a pour effet de former immédiatement le contrat : par conséquent la conclusion du contrat est regardée en droit comme un événement instantané. Pourtant, du moins pour les contrats importants, la réalité est différente et l'on assiste à un véritable **processus de formation** qui peut s'étendre sur plusieurs semaines, voire plusieurs mois : négociations préalables (cf. *infra,* n°s 57 et s.), réunion des « pouvoirs » (cf. *infra,* n°s 41 et s.), obtention des documents parfois nécessaires (documents d'urbanisme, autorisations administratives, etc.), établissement des écrits contractuels (cf. *infra,* n°s 101 et s.) et même exceptionnellement formalités postérieures (cf. *infra,* n°s 128 et s.). Ce n'est alors qu'à l'issue de ce processus que le contrat est « conclu ».

SOUS-TITRE 1

CONDITIONS RELATIVES AUX CONTRACTANTS

29 **Pouvoir et vouloir.** Chaque contractant doit d'abord détenir le pouvoir de conclure le contrat : c'est une question de *qualité* pour contracter. Il doit ensuite avoir la *volonté* d'user de ce droit en concluant le contrat.

CHAPITRE 1
LA QUALITÉ POUR CONTRACTER

30 **Double contenu.** La question de savoir qui détient la qualité pour conclure valablement un contrat fait appel à deux notions juridiques bien distinctes selon que l'intéressé entend contracter pour son propre compte ou pour le compte d'autrui : s'il contracte pour lui-même, il s'agit de savoir s'il en a la ***capacité ;*** s'il contracte pour le compte d'autrui, il s'agit de savoir s'il a reçu le ***pouvoir** de représentation nécessaire.*

SECTION 1 LA CAPACITÉ DE CONTRACTER POUR SOI-MÊME

TEXTES

Code civil, art. 1123 à 1125

Art. 1123. — Toute personne peut contracter si elle n'en est pas déclarée incapable par la loi.

Art. 1124. — Sont incapables de contracter, dans la mesure définie par la loi :

les mineurs non émancipés ;

les majeurs protégés au sens de l'article *488* (425) du présent code.

Art. 1125. — Les personnes capables de s'engager ne peuvent opposer l'incapacité de ceux avec qui elles ont contracté.

31 **Principe de capacité.** La formule très générale de l'article 1123 pose en principe que la capacité de contracter est reconnue à « toute personne » ; elle

constitue l'un des attributs fondamentaux de la personnalité juridique, c'est-à-dire de la qualité de sujet de droit. Partant, elle concerne aussi bien les personnes physiques que les personnes morales (1).

Il en résulte que les limites à ce droit de contracter présentent nécessairement le caractère de **dérogations au droit commun :** on les dénomme « incapacités ».

Ces incapacités sont liées à deux sortes de considérations :

— **tantôt elles tiennent au *statut propre* des personnes** en cause : pour les personnes physiques, il s'agit des régimes protecteurs des mineurs ou des majeurs diminués ; pour les personnes morales, il s'agit des règles inhérentes à leur forme (associations, syndicats, sociétés, collectivités publiques, etc.). Leur étude relève à titre principal de ce statut personnel et seules les grandes lignes seront évoquées ici ;

— **tantôt elles tiennent à la *nature du contrat*** qui est interdit entre certaines personnes en raison de leurs situations respectives : ainsi la donation est prohibée entre certaines personnes, de même que la vente de certains biens. Leur étude relève alors, à titre principal, du régime du contrat en cause et c'est pourquoi, ici aussi, seules les grandes lignes seront évoquées.

On distingue traditionnellement *les incapacités d'exercice* et *les incapacités de jouissance.*

Le plus souvent les incapacités d'exercice correspondent au statut personnel et les incapacités de jouissance à la nature du contrat (mais pas toujours : certaines incapacités de jouissance des personnes morales sont liées à leur statut). On suivra par commodité cette distinction traditionnelle.

§ 1. Les incapacités d'exercice

32 **Notion et fondement.** L'incapacité d'exercice suppose que l'intéressé n'est pas privé du droit de contracter, mais qu'il ne peut lui-même *exercer* ce droit : il doit être soit **assisté** par un tiers, soit **représenté.** Les contrats conclus avec l'assistance ou la représentation de ce tiers seront parfaitement valables et produiront leurs effets dans le patrimoine de l'incapable, **comme s'il les avait conclus lui-même :** c'est lui qui deviendra créancier ou débiteur des obligations contractuelles.

Ces incapacités sont le plus souvent inspirées par le souci de **protéger l'incapable** contre lui-même, en raison de sa faiblesse ou de son inexpérience qui fait présumer son « incapacité » à défendre ses intérêts. Il arrive aussi

(1) Sur la reconnaissance de la personnalité juridique aux personnes morales, cf. CARBONNIER, *Les personnes,* 21ᵉ éd. 2000, nᵒˢ 176 et s.

qu'une telle incapacité ait pour but de préserver les créanciers de l'intéressé, qui a fait preuve de son insuffisante capacité de gestion, de sorte qu'il fait l'objet d'une procédure de redressement ou de liquidation judiciaire (ancienne « faillite »).

33 **Incapacité du mineur.** Le mineur non émancipé (2) est frappé d'une incapacité générale d'exercice qui lui interdit en principe de conclure tout contrat : il est **représenté** à cet effet soit par un administrateur légal, soit par un tuteur (3).

Il y a « administration légale » lorsque le mineur est soumis à l'autorité parentale : l'administration est conjointe s'il est sous l'autorité de ses deux parents ; elle est dite « sous contrôle judiciaire » si l'autorité parentale est exercée par un seul parent (décès de l'autre, divorce avec attribution de la garde à un seul parent, enfant naturel dans certains cas).

Il y a lieu à « tutelle » lorsque les parents sont tous deux décédés (ou déchus de l'autorité parentale) : un tuteur est désigné (selon les règles des articles 394 et suivants) et un conseil de famille est constitué par le juge des tutelles qui le préside (il peut d'ailleurs y appeler non seulement des membres de la famille, qu'il choisit en fonction de leur parenté, de leur âge, de leur résidence, mais encore des amis et voisins s'intéressant à l'enfant).

Le fonctionnement de l'incapacité du mineur conduit à distinguer cinq types de contrats qui sont soumis à des régimes différents :

1° ***Les « actes de la vie courante »,*** pour lesquels l'usage permet aux mineurs d'agir seuls, par exemple les achats de tous les jours : pour ces contrats, l'incapacité a pour seule conséquence qu'ils **pourront être annulés** s'ils ont été conclus à des conditions lésionnaires pour le mineur (art. 1305) (4).

2° ***Les « actes de conservation et d'administration » :*** ce sont les contrats nécessaires à l'entretien des biens et à leur gestion courante dont une liste détaillée a été fournie (sous forme de tableaux) par un décret du 22 décembre 2008 (n° 2008-1484) : ouverture de compte bancaire, contrats de location, achats et ventes de meubles de faible valeur, assurances, contrat de travail, contrat de gestion de valeurs mobilières, etc. Ces contrats peuvent être conclus par l'un des parents seul en cas d'administration légale (aussi bien la mère que le père depuis la loi du 27 décembre 1985 qui a supprimé ici le dernier vestige de prépondérance paternelle : art. 389-4). En cas de tutelle, le tuteur peut conclure seul ces contrats.

(2) La minorité se termine à l'âge de 18 ans depuis la loi du 5 juillet 1974 (art. 388 qui la fixait auparavant à 21 ans). **L'émancipation** résulte soit du mariage (quel que soit l'âge, mais ce mariage lui-même aura été soumis à autorisation), soit d'une décision du juge des tutelles (à partir de 16 ans : art. 413-1 et s.). — V. GRIDEL, *L'âge et la capacité civile, D.* 1998, chr. 90.

(3) Pour le remplacement de cette représentation par un principe d'*assistance,* v. LEMOULAND, *RTD civ.* 1997.1.

(4) Cf. J.-C. MONTAGNIER, *Les actes de la vie courante en matière d'incapacité, JCP* 1982.I.3076.

Si le mineur a passé seul un de ces contrats, l'irrégularité n'aura de conséquence que si cette opération lèse ses intérêts, et dans ce cas le contrat **pourra être annulé** pour lésion à la demande du représentant légal (5).

3° ***Les « actes de disposition »*** dont la liste est donnée par le décret précité du 22 décembre 2008 : il s'agit non seulement des ventes de tous objets autres que les meubles courants, mais encore des contrats qui peuvent endetter le mineur (acceptation de libéralités grevées de charges, achats à tempérament) ou qui engagent ses biens (constitution de sûretés : gages, hypothèques, nantissements, ou encore baux de longue durée). Les transactions (au sens technique de contrat mettant fin à un litige) y sont assimilées. Ces contrats ne peuvent être passés par une personne seule : il y faut donc l'accord des deux parents ; s'il n'y a qu'un parent ou si l'autre refuse son accord, il faut l'autorisation du juge des tutelles ; en cas de tutelle, le tuteur doit être autorisé par le conseil de famille (art. 389-5, 389-6 et 505).

Si ces contrats ne sont pas conclus selon ces règles, ils sont frappés de **nullité** même s'ils ne sont pas lésionnaires pour le mineur, ce qui les distingue des cas précédents. Mais le régime de cette nullité sera particulièrement protecteur pour le mineur quant aux restitutions (cf. *infra,* n° 232).

4° ***Les « actes graves » :*** il s'agit d'actes susceptibles d'appauvrir gravement le mineur, dont la liste est fournie par l'article 389-5 : aliénation **d'immeuble** ou de fonds de commerce ; souscription d'un **emprunt ; renonciation** à un droit ; consentement à un **partage.** Le danger de ces contrats a conduit le législateur à exiger dans tous les cas qu'ils soient autorisés par le **juge des tutelles** (même si les deux parents sont d'accord) ; le régime de la nullité est le même que pour les « actes de disposition ».

5° ***Les « actes interdits » :*** il s'agit d'actes si graves qu'ils ne peuvent tout simplement pas être faits au nom du mineur. On est en réalité alors en présence non plus d'une incapacité d'exercice, mais d'une incapacité de jouissance puisque personne ne peut conclure le contrat à la place du mineur. C'est par commodité qu'ils sont mentionnés ici. Il s'agit d'une part des **donations** qui dépouilleraient le mineur (art. 903 et 904), d'autre part des **cautionnements** (engagement de payer la dette d'autrui) qui présenteraient le même danger, enfin de l'entrée dans une **société** commerciale dite de personnes, c'est-à-dire où les associés ont eux-mêmes la qualité de commerçant et voient leur patrimoine personnel répondre des dettes sociales.

34 **Les majeurs incapables.** Sont soumis à un régime de protection les majeurs qui sont dans l'impossibilité de pourvoir seuls à leurs intérêts à raison d'une altération de leurs facultés (art. 425).

Selon la gravité de l'atteinte, il y a lieu à tutelle ou curatelle.

La *tutelle* est le régime le plus radical, car elle conduit à la ***représentation*** du majeur par un tuteur. L'incapacité fonctionne alors comme celle d'un mineur à

(5) Cf. par ex. pour la location d'un véhicule : Civ. 1re, 4 novembre 1970, *D.* 1971.186.

deux exceptions près : d'une part le juge qui la met en place peut énumérer certains actes que le majeur continuera de pouvoir effectuer lui-même (art. 473) ; d'autre part des donations peuvent être faites au nom du majeur en faveur de ses descendants et de son conjoint (art. 476).

La *curatelle* donne lieu à une simple ***assistance*** du majeur qui continue ainsi de participer lui-même à la conclusion des contrats. Le majeur peut passer seul les actes de la vie courante et les actes d'administration. Mais ces actes pourront être annulés s'ils sont lésionnaires à son encontre (art. 435). Quant aux actes de disposition, ils ne peuvent être faits qu'avec l'assistance du curateur : par exemple la délivrance d'une carte de crédit (6). Aucun contrat n'est interdit au majeur en curatelle, qui peut notamment faire des donations avec l'assistance du curateur (art. 470).

Il faut enfin indiquer qu'avant la mise en place d'une tutelle ou d'une curatelle, le majeur peut être provisoirement mis *sous* ***sauvegarde de justice :*** ce régime, très peu appliqué, ne crée pas une incapacité proprement dite car l'intéressé continue de pouvoir conclure des contrats ; mais ces contrats sont « fragiles » car ils pourront être annulés s'ils sont lésionnaires ou réduits s'ils sont excessifs eu égard à ses facultés (art. 435).

Il est évidemment très important que les **tiers soient informés** de l'existence d'une telle incapacité au moment de conclure un contrat avec l'intéressé, afin d'exiger l'intervention du tuteur ou du curateur, sans laquelle le contrat serait susceptible d'être annulé à la demande de celui-ci. À cette fin d'information, a été créé le *Répertoire Civil* sur lequel les jugements de tutelle et de curatelle sont mentionnés. De plus, l'indication « R.C. » est portée sur l'acte de naissance de l'incapable (7). Le tiers qui veut conclure un contrat de disposition avec un majeur doit donc solliciter un extrait de l'acte de naissance de son cocontractant afin de s'assurer que cette mention « R.C. » n'y figure pas. Ce système est assurément insuffisant car en pratique seuls les notaires prennent cette précaution de telle sorte que, pour les actes non notariés, le risque de nullité existe pour celui qui contracte avec un incapable sans le savoir (8).

Les **actes antérieurs** au jugement ouvrant une mesure de protection sont quelque peu suspects car l'altération des facultés survient souvent de façon progressive. Aussi la loi du 5 mars 2007 a-t-elle créé une sorte de « période suspecte » couvrant les deux années précédant la publicité du jugement (art. 464) : les contrats conclus durant cette période peuvent être annulés ou réduits s'il est établi d'une part que l'intéressé était déjà inapte à défendre ses intérêts, d'autre part que cette inaptitude était soit notoire, soit connue du cocontractant.

(6) Civ. 1re, 21 novembre 1984, *D.* 1985.297, note C. LUCAS DE LEYSSAC.

(7) Art. 1057 et s. et 1260 du Code de procédure civile.

(8) Sur la dissimulation de l'incapacité et sur sa survenance en cours de contrat, V. DAURY-FAUVEAU, *JCP* 1998.I.160.

35 **Incapacité résultant du dessaisissement en cas de redressement ou de liquidation judiciaires.** Lorsqu'une **personne morale** ou un **professionnel** ne fait plus face à ses engagements, s'ouvre une procédure collective anciennement dénommée « faillite » et aujourd'hui dite de « sauvegarde des entreprises » (loi du 26 juillet 2005) qui tend soit au redressement, soit à la liquidation de l'entreprise. Cette procédure, telle qu'elle est aujourd'hui organisée, a pour effet de faire naître une nouvelle sorte d'incapacité à l'égard de l'intéressé non pas tant cette fois pour le protéger lui-même contre sa propre inaptitude que pour protéger ses créanciers : on parle traditionnellement de « dessaisissement » pour faire ressortir qu'il ne s'agit pas exactement d'une incapacité.

En cas d'ouverture d'une procédure de sauvegarde ou de *redressement judiciaire,* cette incapacité est limitée : le tribunal qui nomme un administrateur judiciaire précise les actes pour lesquels l'assistance ou la représentation de cet administrateur sera nécessaire, tandis que l'intéressé conserve sa pleine capacité pour tous les autres contrats (art. L. 622-1 et L. 631-12 du Code de commerce).

En cas de *liquidation judiciaire,* l'incapacité devient générale : pendant toute la durée des opérations, le liquidateur peut seul accomplir tous les actes d'administration ou de disposition, à l'égard de tous les biens du débiteur même sans lien avec l'entreprise (art. L. 641-9). Pour les actes importants, le liquidateur doit lui-même être autorisé par le tribunal.

Dans les deux cas, le dessaisissement agit comme une **incapacité d'exercice** car les droits du débiteur sont exercés par l'administrateur ou le liquidateur, de sorte que c'est le débiteur lui-même qui est engagé par les contrats ainsi conclus. C'est d'ailleurs pourquoi on réserve traditionnellement le cas des droits attachés à la personne : le débiteur lui-même peut seul consentir aux contrats qui engageraient son activité personnelle (par exemple engagement d'écrire un livre ou de donner un spectacle ou embauche auprès d'un employeur).

La *sanction* de cette incapacité est l'inopposabilité du contrat, ce qui le rendra le plus souvent totalement inapplicable. Les tiers susceptibles de contracter, ont donc, ici encore, intérêt à être informés de l'existence d'une procédure collective : le jugement est publié et mentionné au Registre du commerce et des sociétés.

Il est à noter que la procédure dite de **« redressement judiciaire civil »** organisée par le Code de la consommation pour les particuliers en « situation de surendettement » (cf. *infra,* n° 869) n'entraîne aucune incapacité d'exercice.

36 **Incapacités d'exercice spéciales.** Exceptionnellement, il arrive que certains textes soumettent l'exercice d'un droit particulier à l'autorisation ou l'intervention d'un tiers.

L'exemple le plus frappant est la **vente du domicile conjugal** (et de ses meubles) : même s'il en est l'unique propriétaire, un époux ne peut pas procéder à cette vente sans le consentement de l'autre, à peine de nullité que ce dernier peut demander dans l'année du jour où il a eu connaissance de l'acte (C. civ., art. 215, al. 3).

§ 2. Les incapacités de jouissance

37 **Notion et fondement.** L'incapacité de jouissance est une **interdiction** de conclure tel contrat : l'intéressé ne peut même pas faire exercer son droit par autrui, comme précédemment, mais est purement et simplement privé de ce droit. Ces incapacités sont toujours ***spéciales,*** c'est-à-dire circonscrites à un type précis de contrats (sans quoi, cela reviendrait à priver l'intéressé du droit de contracter en général, alors que c'est un élément fondamental de la personnalité juridique). Elles doivent donc découler d'un texte (9), et sont d'interprétation stricte (10).

Ces incapacités n'ont pas pour but de protéger l'intéressé, mais s'inspirent au contraire d'une méfiance à son égard : sa situation rendrait le contrat dangereux soit pour un autre, soit pour l'ordre public et c'est la raison de cette prohibition. C'est aussi ce qui explique que cette prohibition puisse parfois être levée par une **autorisation** (nécessairement préalable), délivrée par l'autorité judiciaire ou administrative, qui vérifiera que le contrat envisagé ne présente pas le danger redouté.

38 **Personnes physiques.** À l'égard des personnes physiques, ces prohibitions tiennent le plus souvent aux liens pouvant exister entre les deux contractants en puissance. Sans vouloir en fournir une liste complète, on peut indiquer qu'elles concernent essentiellement trois types de contrats :

— ***Les libéralités*** sont interdites au profit de diverses personnes qui peuvent avoir un ascendant moral sur leur auteur : on ne peut en faire à un ancien tuteur tant que le compte de tutelle n'a pas été définitivement apuré (art. 907) ; un mourant ne peut en consentir au personnel médical ou à un confesseur (art. 908). Elles sont parfois aussi interdites pour des motifs d'ordre public (par exemple à l'égard de certaines associations, sauf autorisation administrative : art. 910).

— ***Les ventes*** sont également parfois prohibées pour des raisons semblables : de la part des pensionnaires au personnel des maisons de retraite (sauf autorisation judiciaire : art. 1125-1), à l'agent chargé de la vente d'un bien, au tuteur (art. 1596) ou encore aux anciens dirigeants d'une entreprise en « faillite » quant aux biens de celle-ci (art. L. 621-57 et L. 622-17 du Code de commerce).

— ***Les contrats de travail ou de prestations de service*** sont pareillement prohibés au bénéfice des personnes chargées de contrôler une entreprise dans un

(9) Une interdiction d'origine privée ne peut donc pas créer une incapacité (ainsi la défense faite par un employeur à ses salariés placés chez des personnes âgées d'en recevoir des dons n'empêche pas la validité civile des libéralités néanmoins faites : Civ. 1re, 25 septembre 2013, n° 12-25160 ; *RDC* 2014.20, obs. LAITHIER).

(10) Sur ce principe d'interprétation stricte, v. Civ. 1re, 24 octobre 2000, *Bull. civ.,* I, n° 270.

passé récent (agents publics, commissaires aux comptes, etc. : cf. art. 432-12 et s. du Code pénal) ou encore au bénéfice des administrateurs d'une société anonyme (art. L. 225-44 du Code de commerce).

Afin d'éviter que ces prohibitions ne soient facilement tournées, l'incapacité s'étend généralement aux proches parents de l'intéressé : on présume en effet qu'il y aurait **« interposition de personnes »** (ex. art. 911, 1125-1) (11).

39 **Personnes morales.** Outre que certaines des prohibitions précédentes peuvent les concerner (par exemple la vente à un mandataire chargé de vendre un bien qui peut être une société), les personnes morales voient leur capacité limitée selon leur forme et leur objet.

Tout d'abord, des textes exprès restreignent les droits de certains types de groupements : tout particulièrement les **associations** (que l'État ne souhaite pas voir prendre trop de puissance) ont une capacité variable selon qu'elles sont non déclarées (12), simplement déclarées ou reconnues d'utilité publique (loi du 1er juillet 1901).

D'une manière plus générale, le ***principe de spécialité*** des personnes morales impose qu'elles ne peuvent pas effectuer des actes totalement étrangers à l'objet pour lequel elles ont été créées. Cette notion est malheureusement assez floue et peu étudiée, mais elle restreint certainement le champ d'activité permis aux personnes morales : ainsi un **syndicat,** qui a pour objet la défense des intérêts professionnels de ses membres, ne pourrait pas acquérir une écurie de courses ou faire des opérations de spéculation sur le cours des matières premières, ni même décider l'élimination de certains membres de la profession (13) ; une **société** ne peut valablement cautionner des dettes de son dirigeant sans rapport avec son objet social (14).

40 **Interdictions ou réglementations professionnelles.** De plus en plus, certaines *activités professionnelles* sont subordonnées à la délivrance d'une autorisation publique (agences de voyages, agents immobiliers, avocats, notaires, activités financières, etc.). Il arrive même que certaines soient interdites aux personnes physiques et réservées aux personnes morales, tout particulièrement en matière financière (activités de banque et de crédit ou d'intermédiaire en bourse).

(11) Mais une *personne morale* n'est pas visée par l'interposition, pourvu que l'intéressé n'en soit ni l'animateur majoritaire, ni le représentant : Civ. 1re, 2 février 1994, *Bull. civ.,* I, n° 37.

(12) Elles ne peuvent alors souscrire aucun engagement (d'où le cautionnement consenti en garantie est nul : Civ. 1re, 5 mai 1998, *Bull. civ.,* I, n° 159).

(13) Cf. Paris, 4 novembre 1959, *JCP* 1960.II.11488, note PLAISANT.

(14) Civ. 1re, 8 novembre 2007, *Bull. civ.*, I, n° 345.

Certains arrêts ont décidé pendant un temps que les contrats qui seraient conclus par une personne ne respectant pas ces sujétions sont **nuls** (15). Mais cette sanction (qui se retourne parfois contre le cocontractant que l'on veut protéger) a été abandonnée (16).

SECTION 2 LE POUVOIR DE CONTRACTER POUR AUTRUI : LA REPRÉSENTATION

41 **Définition et importance pratique.** La représentation est un mécanisme qui permet à quelqu'un de conclure un contrat non pas pour lui-même, mais pour le compte de quelqu'un d'autre : le *représentant* contracte pour le compte du *représenté*.

Cette technique, d'utilisation quotidienne dans la vie juridique, présente des avantages considérables. Pour les **personnes physiques,** elle multiplie les possibilités de contracter par le truchement d'intermédiaires qui peuvent être soit des subordonnés (ex. le « fondé de pouvoir » d'un chef d'entreprise), soit des professionnels (notaires, agents d'affaires...), soit de simples particuliers à qui l'on confie une mission déterminée.

Pour les **personnes morales,** la technique est encore plus importante car elle est vitale : ces personnes ne peuvent s'exprimer qu'au travers de personnes physiques qui en sont les organes et elles ne pourraient fonctionner sans le système de la représentation.

La représentation classique est une représentation individuelle : une personne juridique, physique ou morale, est représentée par une autre. Mais l'essor du phénomène de regroupement en vue d'actions collectives, d'abord de pur fait, a conduit plus récemment à vouloir faire déboucher ces actions sur des accords, et à reconnaître une représentation collective.

(15) Com., 19 novembre 1991, *Bull. civ.,* IV, n° 347 ; *RTD civ.* 1992.381, obs. MESTRE. 13 mars 2001, *RJDA* 2001.801 — Civ. 1re, 16 octobre 2001 ; *C.C.C.* 2002.1 (agent immobilier au registre irrégulier) — v. déjà, implicite, Civ. 1re, 20 juillet 1994, *Bull. civ.,* I, n° 261. Mais en sens contraire : Civ. 1re, 30 mars 1994, *Bull. civ.,* I, n° 125 ; *RTD civ.* 1995.100, obs. MESTRE.

(16) Ass. Plén., 4 mars 2005, *D.* 2005.836 ; *JCP* 2005.11.10062, concl. de GOUTTES (au sujet de contrats de banque conclus en France par des établissements étrangers non agréés) — Com., 28 novembre 2006, *Bull. civ.* IV, n° 230 — Com., 24 avril 2007, *Bull. civ.* IV, n° 110 — 7 avril 2009, *Bull. civ.* IV, n° 48.

S/SECTION 1 LA REPRÉSENTATION INDIVIDUELLE

§ 1. Conditions de la représentation

A. POUVOIR DE REPRÉSENTER

42 **Origine du pouvoir.** Une personne ne peut en engager une autre que si elle a été dotée préalablement d'un pouvoir à cet effet. Ce pouvoir peut lui avoir été octroyé de trois manières :

— ***pouvoir légal :*** c'est dans certains cas la loi qui confère ce pouvoir de représentation ; par exemple, comme on vient de le voir (cf. *supra,* n° 33), les parents ont le pouvoir de représenter leur enfant mineur dans le cadre de l'administration légale ; le maire a le pouvoir de représenter la commune ; le préfet le département ; les dirigeants sociaux la société, etc. ;

— ***pouvoir judiciaire :*** dans certains cas, un jugement peut investir une personne de la mission d'en représenter une autre ; ainsi un **époux** peut être autorisé à représenter l'autre empêché (art. 219) ; un **indivisaire** peut être habilité à représenter un autre indivisaire en cas d'empêchement (art. 815-4) ; si une personne morale est paralysée par des conflits internes, le juge peut nommer un **administrateur** provisoire ; en cas de redressement ou liquidation judiciaires, le tribunal désigne un administrateur judiciaire pour représenter (dans certains cas) le débiteur ainsi qu'un représentant des créanciers ;

— ***pouvoir conventionnel :*** une personne désireuse de contracter confie une **« procuration »** à son représentant ; cet accord constitue lui-même un contrat, dénommé mandat, par lequel le ***mandant*** donne pouvoir à un ***mandataire*** pour le représenter. Il est régi par les articles 1984 et suivants du Code civil et quelques textes particuliers (par exemple la loi du 2 janvier 1970 pour les mandats de vendre confiés à des agents immobiliers) (17). Ce contrat de mandat est lui-même soumis aux mêmes *conditions de forme et de preuve* que l'acte à conclure : par exemple, s'il s'agit de passer un acte notarié, la procuration doit elle-même être notariée (C. civ. art. 933 pour la donation) ; s'il s'agit de souscrire un cautionnement soumis à la formalité du « bon pour » ou à l'exigence de mentions spéciales, le mandat est lui-même astreint à cette formalité (18). Pour les personnes morales, ce sont les **statuts** qui déterminent les personnes chargées de les représenter et l'étendue de leurs pouvoirs. Les assemblées générales désignent ensuite, dans ce cadre, les personnes investies de cette mission et procèdent à leur remplacement.

(17) V. *Contrats spéciaux,* n°s 900 et s.

(18) V. Civ. 1re, 27 juin 1995, *D.* 1996.133, note MICHA-GOUDET. — 2 juin 1996, *Bull. civ.,* I, n° 282 ; *Defrénois,* 1997, p. 405 et les obs. — 6 mars 2001, *Bull. civ.,* I, n° 57 — 4 juin 2002, *Bull. civ.,* I, n° 158. Et ce même si le cautionnement est ensuite fourni par le mandataire par acte authentique : Civ. 1re, 8 décembre 2009, n° 08-17531, *LEDC* février 2010, p. 1.

43 **Étendue du pouvoir.** Le représentant ne peut agir que dans la limite du pouvoir qui lui a été donné, tel qu'il est défini par la loi, le jugement ou le contrat de mandat. Au-delà, il agit sans pouvoir et n'engage donc pas le représenté.

Il y a là un danger important pour le cocontractant qui doit donc vérifier avec soin l'étendue de la mission confiée au représentant. Les circonstances rendent parfois difficile cette vérification : aussi la jurisprudence a-t-elle créé un palliatif, pour protéger ce tiers contractant lorsqu'il est de bonne foi et a fait preuve de la diligence nécessaire : il pourra invoquer la notion de ***mandat apparent,*** application particulière de la théorie de l'apparence (cf. *infra,* n° 503).

B. INTENTION DE REPRÉSENTER

44 **Représentation déclarée.** Le représentant étant lui-même une personne qui peut conclure des contrats pour son propre compte, il convient de savoir si, en concluant tel contrat, il entend agir pour lui-même ou pour son représenté. Pour éviter toute ambiguïté, il faut qu'il déclare dans le contrat qu'il agit « au nom et pour le compte » de son mandant. Si les circonstances laissent une équivoque (contrat verbal, contractant qualifié de « dirigeant de la société X » sans autre précision...) il appartiendra aux juges de rechercher s'il a entendu s'engager personnellement ou engager autrui (19).

45 **Représentation occulte, dite imparfaite.** Il arrive que le représentant, soit par négligence, soit d'accord avec le représenté, garde secret le nom de ce dernier. C'est le cas du contrat de ***commission*** où le commissionnaire, tout en déclarant qu'il agit pour autrui, ne doit pas révéler le nom de son commettant (art. L. 132-1 du Code de commerce). C'est également le cas du ***prête-nom*** qui, allant plus loin, ne révèle pas qu'il agit pour autrui et laisse croire qu'il contracte pour lui-même : cette pratique est licite, sauf lorsqu'elle sert à tourner une prohibition légale (20).

Dans ces hypothèses, la **représentation est dite *imparfaite :*** même s'il agit pour le compte d'autrui, le représentant contracte en son nom propre et il sera

(19) Cf. par ex. Com., 29 janvier 1980, *Bull. civ.,* IV, n° 43 (comp. toutefois Civ. 2e, 10 juillet 2003, *Bull. civ.,* II, n° 236, mais pour des actes de procédure).

(20) Elle est notamment utile dans la vie des affaires à l'égard de partenaires qui mettent illicitement « à l'index » certains agents (distributeurs...) ou les ressortissants de certains pays en conflit (conflit israélo-arabe...).

donc personnellement obligé : « le mandataire qui traite en son propre nom avec un tiers devient le débiteur de ce dernier, sauf son recours contre le mandant » (21).

§ 2. Effets de la représentation

46 **Représentation parfaite : transparence du représentant.** Le propre de la représentation est que le contrat est réputé conclu directement entre le tiers cocontractant et le *représenté.* Le représentant n'a été que l'instrument de la conclusion, mais n'y est pas partie.

Il en résulte deux conséquences :

— d'une part, c'est dans la personne du *représenté* que s'apprécie la **capacité** de conclure un tel acte ; au contraire, la capacité du mandataire est indifférente et il peut très bien être incapable, puisque ce n'est pas lui que le contrat obligera ;

— d'autre part, c'est le représenté et lui seul qui devient **créancier ou débiteur** en vertu du contrat ; le mandataire n'est pas tenu personnellement par ce contrat et n'est pas responsable de sa bonne ou mauvaise exécution (22) sauf s'il s'en est porté personnellement garant par une clause dite de « ducroire ».

Cette « transparence » du représentant ne peut cependant pas être totale car on ne peut faire abstraction du fait que c'est lui qui était physiquement présent lors de la conclusion du contrat. Il en découle, ici aussi, deux conséquences :

— d'une part l'existence d'un **vice du consentement** peut s'apprécier dans la personne du mandataire ; si c'est lui qui a été victime d'une erreur, d'un dol ou d'une violence, le consentement qu'il a donné au nom de son mandant est vicié, et le mandant peut s'en prévaloir pour obtenir la nullité du contrat (23) inversement, si le mandataire a été informé, il n'y a pas de vice dans l'ignorance du mandant (24) ;

— d'autre part, si le mandataire a commis une **faute** à l'égard du tiers contractant lors de la conclusion du contrat (c'est lui qui est l'auteur d'un dol ou de menaces ; ou encore il a renseigné incomplètement ce tiers), on admet qu'il est personnellement responsable de cette faute envers le tiers (25), même s'il a agi sur les instructions de son mandant (26). Cette responsabilité se cumule avec celle du mandant, engagé par les actes de son représentant.

(21) Civ. 1re, 17 novembre 1993, *Bull. civ.,* I, n° 329.
(22) Cf. *Contrats spéciaux,* n° 951.
(23) Com., 2 mars 1976, *Bull. civ.,* IV, n° 78.
(24) Civ. 1re, 19 mai et 23 novembre 1999, *Bull. civ.,* I, nos 160 et 312.
(25) Com., 30 janvier 1990, *Bull. civ.,* IV, n° 28. — Civ. 1re, 5 octobre 1994, *Bull. civ.,* I, n° 276.
(26) Civ. 1re, janvier 1964, *Bull. civ.,* I, n° 51. — Ch. mixte, 26 mars 1971, *JCP* 1971.II.16762, note LINDON. — Civ. 1re, 13 octobre 1992, *Bull. civ.,* I, n° 250.

47 **Représentation imparfaite.** En ce cas, le représentant est personnellement obligé envers le tiers puisque ce dernier ne connaît pas le représenté (cf. *supra,* n° 45). Il reste d'ailleurs obligé même si le tiers connaît ce représenté (27). Mais alors, le tiers peut également agir directement contre ce dernier.

C'est dans un second temps seulement que la représentation produira ses effets entre représentant et représenté : par exemple celui qui a acquis un bien en tant que prête-nom sera obligé de le rétrocéder à son mandant (28).

48 **Dépassement de pouvoir et ratification.** Le représentant qui a dépassé ses pouvoirs n'a pas pu engager son représenté : le contrat ainsi conclu est donc **nul** (sur la nature controversée de cette nullité, cf. *infra,* n° 207) et le pseudo-représentant personnellement tenu d'indemniser le cocontractant (29).

Cependant, le mandant peut venir régulariser après coup cette situation, s'il approuve le contrat passé « hors limite » : il y a **« ratification »** de l'acte conclu par le représentant (art. 1998 al. 2).

Cette ratification peut être **expresse.** Elle peut aussi être **tacite,** et se déduire d'un acte effectué en connaissance de cause et qui implique sans équivoque une volonté d'approbation (par exemple le représenté revend les marchandises achetées pour son compte ou les utilise) (30). Cette ratification présente la particularité d'être **rétroactive :** l'acte ratifié est censé avoir été, dès l'origine, conclu valablement pour le représenté et c'est donc lui qui se trouve seul obligé (31).

La ratification est possible même dans le cas où le mandataire n'avait pas indiqué agir pour autrui : « le fait que le mandataire qui dépasse son mandat déclare agir en son nom personnel ne s'oppose pas à ce que le mandant ratifie ses actes » (32). Mais cela reste alors une représentation imparfaite et le mandataire demeure tenu, aux côtés du mandant ratifiant, de la bonne exécution du contrat.

De façon contestable, la jurisprudence paraît réserver le mécanisme de la ratification aux **mandats conventionnels** et l'exclure en cas de représentation légale (33).

(27) Com., 26 avril 1982, *Bull. civ.,* IV, n° 135. — Civ. 1re, 17 novembre 1999, *Bull. civ.,* I, n° 311.
(28) Cf. *Contrats spéciaux,* n° 989.
(29) Cf. *Contrats spéciaux,* n° 955.
(30) Ces conditions doivent être constatées : v. Com., 2 juin 2004, *Bull. civ.,* IV, n° 107.
(31) Cf. par ex. Civ. 1re, 25 mars 1981, *Bull. civ.,* I, n° 104.
(32) Civ. 1re, 28 avril 1980, *Bull. civ.,* I, n° 129.
(33) Civ. 3e, 23 janvier 1991, *Bull. civ.,* III, n° 32. — Com., 15 octobre 1991, *Bull. civ.,* IV, n° 298.

§ 3. Fausse représentation : le porte-fort

TEXTE

Code civil, art. 1120

Art. 1120.— Néanmoins, on peut se porter fort pour un tiers, en promettant le fait de celui-ci ; sauf l'indemnité contre celui qui s'est porté fort ou qui a promis de faire ratifier, si le tiers refuse de tenir l'engagement.

49 **Définition.** Se porter-fort pour un tiers consiste à promettre que celui-ci donnera son accord au contrat (34).

Il s'agit le plus souvent de cas où un mandataire veut « saisir une occasion » qui dépasse le pouvoir reçu : chargé d'acheter une maison dans la limite de 500 000, il trouve une excellente affaire à 600 000 ; ou les parents d'un mineur trouvent un acquéreur à très bon prix pour un immeuble appartenant à leur enfant ; ou encore un dirigeant de société s'engage au-delà de ses pouvoirs (35). Pour saisir l'occasion sans avoir à attendre soit un mandat complémentaire, soit l'autorisation du juge des tutelles, l'intéressé se porte-fort pour autrui (36).

Il s'agit d'un engagement qui va l'obliger personnellement : d'où l'on exige que soit constatée « l'intention certaine du promettant de s'engager pour un tiers » (37).

50 **Nature.** Le tiers pour qui l'on s'est porté fort n'est nullement lié : c'est en cela qu'il n'y a pas réellement exception au principe de l'effet relatif du contrat. La promesse n'est qu'un engagement personnel, portant sur une **obligation de faire :** rapporter l'accord du tiers (38). S'il s'engage seulement à « faire son possible », il ne s'agit plus d'une promesse de porte-fort proprement dite, mais seulement de « bons offices » (39).

51 **Effets.** Si le tiers donne son accord, on dit qu'il *ratifie* le contrat : celui-ci est alors réputé avoir été conclu pour son compte **dès l'origine,** comme dans tous

(34) Selon un arrêt, il existerait deux sortes de promesse de porte-fort : le *porte-fort de ratification*, examiné ici car il concerne la formation du contrat, et le *porte-fort d'exécution*, engageant le promettant à garantir l'exécution du contrat, qui ne constitue en réalité rien d'autre qu'une garantie d'exécution, variété de cautionnement (Com., 13 décembre 2005, *JCP* 2006.II.10021, note SIMLER ; ou une sûreté personnelle *sui generis* (v. obs. SAGAUT, *RDC* 2004.840), en un mot ce qui est connu depuis longtemps pour les intermédiaires commerciaux sous le nom de clause « ducroire » (v. *Contrats spéciaux*, n° 939).

(35) Cf. Com., 4 octobre 1988, *RTD civ.* 1989.305.

(36) Sur l'actualité de la technique, v. VERICEL, *D.* 1988, chr. 123.

(37) Com., 17 juillet 2001, *C.C.C.* 2001.170.

(38) Un arrêt contestable en a déduit que cette obligation de faire n'était pas transmise aux **héritiers** du promettant : Civ. 1re, 26 novembre 1975, *D.* 1976.353, note LARROUMET. — Et un autre, plus orthodoxe, que la preuve n'en est pas soumise à l'article 1326, propre aux engagements de payer : Com., 18 juin 2013, n° 12-18890 ; *D.* 2013.2561, note PELLIER ; *RDC* 2014.66, obs. BARTHEZ.

(39) Cf. Civ. 3e, 7 mars 1978, *Bull. civ.*, III, n° 178.

les cas de dépassement de pouvoirs (cf. *supra,* n° 48). Cette approbation peut être tacite, et se déduire par exemple d'actes d'exécution spontanée (40).

Si le tiers refuse de ratifier le contrat, celui-ci est privé de tout effet (le cocontractant ne pourra jamais invoquer la théorie de l'apparence puisque la promesse de porte-fort lui a nécessairement fait connaître que son partenaire n'avait pas qualité pour conclure le contrat). Celui qui s'est porté fort a en conséquence failli à son engagement et devra des dommages-intérêts) (41) allant jusqu'à répondre des conséquences de l'inexécution (42).

La jurisprudence déroge cependant à cette règle dans le domaine des actes d'aliénation qu'un **époux** ne peut effectuer sans l'autre : le conjoint qui s'est porté fort de l'accord de l'autre n'est pas responsable s'il ne l'obtient pas, sans doute parce que cette responsabilité, obérant les finances communes, porterait une atteinte indirecte à la protection voulue par la loi (43).

S/SECTION 2 LA REPRÉSENTATION COLLECTIVE : LES ACCORDS COLLECTIFS

52 **Phénomène moderne.** Dans certains secteurs, s'est développé un phénomène de *négociation collective* aboutissant à un accord collectif : ainsi en droit du travail, les ***conventions collectives*** mises au point entre syndicats patronaux et syndicats ouvriers. On assiste à une tentative d'extension de cette technique par exemple en droit de la consommation, en droit rural ou en droit des baux d'habitation.

La négociation et la conclusion de ces accords obéissent aux mêmes règles que celles des contrats individuels (44). Une fois qu'il est signé par des organes représentatifs des intérêts en présence, l'accord collectif a force obligatoire à l'égard de tous les membres des groupements signataires : par exemple, une convention collective de travail signée par telle organisation patronale s'impose

(40) Ass. plén., 22 avril 2011, *Bull. civ.* A.P., n° 4 (1er moyen) — Com., 22 juillet 1986, *RTD civ.* 1987.306.

(41) V. Civ. 1re, 25 janvier 2005, *JCP* 2006.II.10021, note Simler ; *C.C.C.* 2005.81, note Leveneur. — Il en est de même si le tiers ne ratifie que partiellement : Civ. 1re, 18 avril 2000, *Bull. civ.,* I, n° 115.

(42) Com., 1er avril 2014, n° 13-10629 ; *D.* 2014.1185, note DONDERO.

(43) Civ. 1re, 11 oct. 1989, *JCP* 1990.II.21549, note HENRY. — 15 juillet 1993, *Bull. civ.,* I, n° 255 (cf. toutefois Com., 1re octobre 1996, *RTD civ.* 1997.989, obs. VAREILLE).

(44) Cf. J. SCHMIDT, note *D.* 1991.62.

à tous les employeurs adhérant à cette organisation, du seul fait de cette appartenance (45).

53 **Nature.** Parce qu'ils conduisent à imposer le contenu de l'accord à des catégories entières de personnes, bien qu'elles n'y aient pas consenti individuellement, ces accords collectifs peuvent apparaître comme une exception aux règles de formation du contrat.

En réalité, du moins dans l'état de notre droit positif, il n'en est rien. En effet, tant qu'ils conservent leur nature contractuelle, ces accords ne lient que ceux qui ont été *représentés* lors de leur conclusion : un employeur non syndiqué n'est pas lié par la convention collective signée en dehors de lui (46). Certes, il n'y a pas mandat précis, mais **mandat général** résultant de l'affiliation au syndicat signataire et c'est donc bien l'idée classique de représentation qui justifie la force obligatoire du contrat.

Dans un second temps, il arrive souvent que l'accord collectif soit repris à son compte par *l'autorité réglementaire* qui le déclare applicable à toute la branche d'activité concernée. On parle ainsi de convention collective *étendue* par arrêté ministériel. Mais alors sa nature juridique change : ce n'est plus un contrat, mais une **loi.** Il y a transformation juridique : la nature contractuelle originaire est alors abandonnée et, si l'on parle toujours de « convention collective » par référence à son origine, il s'agit d'une *norme légale.* Les obligations qui en résultent sont comme celles découlant de tout texte d'ordre public et ne sont d'ailleurs plus soumises au régime général des contrats : elles ont désormais « nature réglementaire exclusive de tout caractère contractuel » (47). Si les tiers y sont soumis, ce n'est donc pas par une extension des effets du contrat, mais en vertu d'une **obligation légale.**

(45) Mais elle n'est opposable au salarié que si elle a été portée à sa connaissance : Soc., 29 mars, *D.* 1996.127, note PIGNARRE.

(46) Ainsi le **« Code » professionnel** des pratiques loyales en matière d'affichage publicitaire ne s'impose pas à un professionnel extérieur à la Chambre syndicale auteur dudit Code : Com., 29 juin 1993, *Bull. civ.,* IV, n° 274.

(47) Civ. 1re, 9 décembre 1986, *Bull. civ.,* I, n° 283 à propos des cotisations dues aux « Comités économiques agricoles » : l'exception d'inexécution ne peut donc plus être opposée.

CHAPITRE 2
LA VOLONTÉ DE CONTRACTER

54 **Élément essentiel du contrat.** Puisque c'est la volonté de s'engager qui justifie la « force de loi » du contrat pour les parties, c'est elle qui constitue l'élément moteur de la formation du contrat : elle en est alors la condition essentielle. La validité d'un contrat suppose donc non seulement une volonté certaine de s'engager, mais encore que cette volonté soit libre et entière, c'est-à-dire exempte de toute altération dite « vices du consentement ».

55 **Processus d'analyse.** En pure logique, il conviendrait d'examiner tout d'abord séparément la volonté de chaque contractant pour vérifier si elle peut valablement conduire à un contrat, et ensuite la manière dont ces volontés vont se rencontrer pour que leur conjonction crée le contrat. Mais, en pratique, c'est le cheminement inverse qui se produit : on constate d'abord le processus de formation du contrat par accord de volontés ; et ce n'est qu'ensuite, si l'une des parties élève une contestation, qu'on analyse le consentement qu'elle a donné pour déterminer s'il exprimait une volonté exempte de tout vice.

C'est pourquoi, suivant cet ordre chronologique de la pratique, on examinera d'abord le **processus d'expression** et de rencontre des consentements, puis l'analyse de **l'intégrité** de ces consentements.

SECTION 1 L'EXPRESSION DES CONSENTEMENTS

56 **Principe de la liberté de contracter ou de ne pas contracter.** Le principe de l'**autonomie de la volonté** emporte que chacun est libre de contracter ou

non, d'accepter ou de refuser aussi bien le contenu d'un contrat que la personne d'un cocontractant.

Cependant, malgré sa valeur constitutionnelle (1), ce principe connaît un déclin lié à celui de l'autonomie de la volonté (cf. *supra,* n° 26) et supporte de plus en plus de tempéraments.

Tout d'abord, il est souvent illusoire *en fait :* la vie quotidienne place la plupart des sujets de droit dans une nécessité matérielle de conclure de nombreux contrats. Certes, en théorie, chacun est libre de ne pas se loger, ne pas s'éclairer, ne pas se nourrir, ne pas téléphoner, etc. Mais cette liberté est bien théorique et la conclusion des contrats en cause n'apparaît pas comme une décision librement décidée ; l'atteinte est d'autant plus grande que le citoyen est souvent confronté à une situation de monopole qui interdit toute négociation (E.D.F., transports...).

Mais cette liberté supporte également des atteintes *de droit,* cas dans lesquels l'intéressé est *tenu* de contracter, que l'on peut ranger en trois catégories :

1° L'atteinte la plus radicale résulte des ***contrats imposés*** *ou forcés,* qui s'appliquent à un « contractant » sans expression de volonté de sa part : la loi permet alors au juge de « faire » le contrat qui s'appliquera aux parties comme si elles l'avaient voulu. Par exemple le juge du divorce peut imposer aux anciens époux une cession d'usufruit ou un « bail forcé » (art. 274 et 285-1) ; le juge des baux ruraux peut imposer un bail sur une parcelle non exploitée ou le renouvellement d'un bail initial ; le juge des brevets peut imposer une licence forcée d'un brevet non exploité, etc. Ces exceptions exigent évidemment un texte exprès : sans ce support légal, il reste interdit au juge d'imposer un contrat (2).

2° L'atteinte est moins forte lorsqu'on impose à une personne de **conclure un contrat,** tout en lui laissant le choix du cocontractant : c'est le cas notamment des **assurances obligatoires** (pour les automobilistes, les chasseurs, les architectes, les agents de voyage, les transporteurs et de nombreux professionnels).

3° L'atteinte existe encore, mais à un degré moindre, lorsqu'elle laisse à l'intéressé le choix de contracter ou non mais, s'il décide de le faire, lui **impose son partenaire :** c'est le cas des *droits de préemption* (parfois dits droits de retrait) consentis par la loi à certaines personnes qui peuvent se substituer à l'acquéreur d'un bien (offices publics, preneur rural, locataire d'une habitation dans certains cas, etc.). La même atteinte résulte des textes ou des principes qui prohibent certaines discriminations : un bailleur ne peut, par exemple, refuser un locataire à raison de sa race ; un employeur d'embaucher un salarié à raison de son sexe ou de son appartenance syndicale ; un fournisseur de vendre à un détaillant à raison des prix qu'il pratique, etc. Pendant un temps le **« refus de**

(1) Cf. Cons. constit., 13 juin 2013, QPC 2013-672, *JCP* 2013.629, note GHESTIN.
(2) Pour un bail : Civ. 1re, 4 janvier 1995, *Bull. civ.,* I, n° 4.

vente » a même été prohibé à l'égard des professionnels (art. 36 de l'ordonnance du 1er décembre 1986 abrogé sur ce point par la loi du 1er juillet 1996) et il reste interdit à l'égard des consommateurs (C. consom., art. L. 122-1).

Au-delà de ces restrictions légales, on peut se demander si la jurisprudence n'est pas sur le point d'instituer en la matière un contrôle minimum par le moyen de l'**abus de droit :** si elle refuse traditionnellement de déclarer abusif un *refus de contracter* (3), elle a retenu qu'il y pouvait y avoir « abus de contracter » dans le fait pour un banquier d'exiger une garantie manifestement excessive (4) et admet aussi qu'il puisse y avoir abus dans le refus de renouveler un contrat expiré (v. *infra*, n° 311).

En outre le principe de **non-discrimination** consacré par la Convention européenne des droits de l'homme, notamment selon la race, le sexe, la religion ou la vie privée, ouvre un contrôle sur les motifs réels du choix du cocontractant (locataire ou salarié par exemple) (5), contrôle dont la sanction ne peut toutefois consister que dans des sanctions pénales ou des dommages-intérêts, mais non dans la conclusion forcée d'un contrat.

En dépit de ces limites qui émaillent surtout les contrats professionnels, la liberté contractuelle conserve une portée pratique considérable et la très grande majorité des contrats demeurent issus d'une démarche volontaire des parties. Cette démarche se décompose en deux temps qui peuvent, selon les cas, être très éloignés ou très rapprochés, voire concomitants : une offre et une acceptation, entre lesquels peuvent s'instaurer des pourparlers.

§ 1. L'offre de contracter

57 **Notion.** Parfois dénommée *pollicitation,* l'offre de contracter se définit en droit comme une proposition qui comporte tous les éléments du contrat projeté. L'offre exprime déjà le consentement de son auteur : il faut donc qu'elle soit assez précise et complète pour pouvoir être acceptée telle quelle et que le contrat en découle.

(3) Pour un refus d'acheter : Com., 5 juillet 1994, *JCP* 1995.II.22363, concl. LEONNET (cessation d'approvisionnement chez un fournisseur commercial). — Pour un refus de céder une infime parcelle : Civ. 3e, 7 juin 1990, *Bull. civ.,* III, n° 140. — Pour un refus d'octroyer un crédit : Ass. Plén., 9 octobre 2006, *affaire Tapie*, *JCP* 2006.II.10175, note BONNEAU. — L'abus peut cependant être retenu au cas où le refus fait suite à des promesses antérieures : Com., 28 février 1995, *Bull. civ.,* IV, n° 63.

(4) Com., 17 juin 1997, *Bull. civ.,* IV, n° 188, fondé sur la « mauvaise foi ».

(5) Mais pas seulement : pour une vente, v. Besançon, 27 janvier 2005, *D.* 2006.357, note PAULIN ; pour l'entrée en discothèque, v. Crim., 11 juin 2002, *RTD civ.* 2002.498, obs. MESTRE et FAGES.

Il n'y a offre, au sens juridique du terme, qu'en présence *d'une proposition* ***précise** et **ferme.*** À défaut de ces deux caractères, on se trouve en présence d'une simple invitation à négocier, c'est-à-dire à ouvrir des pourparlers.

La proposition n'est pas *précise* lorsqu'elle ne comporte pas tous les éléments essentiels du contrat : par exemple, un bien est offert à la vente, mais le prix n'est pas indiqué.

La proposition n'est pas *ferme* lorsqu'elle comporte des **réserves,** soit exprimées par son auteur (par exemple par la mention « après acceptation du dossier »), soit découlant de la nature même du contrat ou des usages. Par exemple pour les contrats dans lesquels la personnalité des parties joue un rôle, une offre faite au public **(petites annonces)** comporte souvent implicitement une réserve tenant aux qualités de la personne : contrat de travail (6), contrat de location, etc., mais pas contrat de vente (7). Une telle réserve est même présumée dans les relations commerciales : « entre commerçants, une proposition de contracter ne constitue une offre que si elle indique la volonté de son auteur d'être lié en cas d'acceptation » (8).

Lorsqu'il ne s'agit pas d'une offre ferme et précise, mais d'une **invitation à négocier,** aucun consentement n'est encore donné : l'auteur de la proposition entend explorer les possibilités de négocier un contrat, mais non exprimer d'ores et déjà une volonté arrêtée : les négociations qui s'engagent sont des *pourparlers*.

58 **Formes de l'offre.** Comme la force du contrat réside en principe dans l'existence du consentement lui-même et non dans l'accomplissement d'une formalité quelconque, sauf l'exception des contrats solennels (cf. *infra,* n° 103), l'offre peut se manifester selon des modalités extrêmement variées : le seul critère est qu'elle exprime sans équivoque la volonté de son auteur.

Elle est le plus souvent **expresse** lorsqu'elle résulte de propos, écrits ou verbaux. Mais elle peut aussi découler d'un comportement ou d'une attitude dépourvue d'équivoque : le taxi en stationnement ou l'exposition de marchandises en vitrine. On parle alors d'**offre « tacite »,** terme d'ailleurs quelque peu impropre.

L'offre peut être adressée à une personne précise ou au public : dans ce dernier cas il s'agit souvent d'une simple invitation à négocier réservant le choix de la personne ; mais il peut s'agir d'une offre véritable si l'identité de cette personne est indifférente (offre de marchandises : l'identité de l'acquéreur importe peu pourvu qu'il paie ; offre de récompense : il suffit que l'intéressé puisse fournir la chose ou le renseignement recherché).

(6) Mais l'écrit précisant l'emploi et le salaire offerts à une personne dénommée vaut promesse d'embauche : Soc., 15 décembre 2010, *Bull. civ.*, V, n° 296. — Soc., 11 juillet 2012, n° 11-10486.

(7) V. Civ. 3e, 28 novembre 1968, *JCP* 1969.II.15797. — 1er juillet 1998, *Bull. civ.,* III, n° 153 ; *D.* 1999.170, note BOY ; *RTD civ.* 1999.80, obs. MESTRE et FAGES.

(8) Com., 6 mars 1990, *Bull. civ.,* IV, n° 74 ; *D.* 1991, Somm. 317, obs. AUBERT ; *JCP* 1990.II.21583, note GROSS.

Lorsqu'elle émane d'un **professionnel envers un consommateur,** l'offre est soumise à une réglementation beaucoup plus exigeante par le Code de la consommation, à la fois quant à son **formalisme** (ainsi le démarchage à domicile est strictement organisé : art. L. 121-21 et s.), quant à son **contenu** (l'offre doit préciser les caractéristiques essentielles du bien ou du service offert : art. L. 111-1 ; en matière de crédit, les mentions nécessaires sont énumérées : art. L. 311-8 et s. ; l'étiquetage et l'affichage sont minutieusement réglementés dans de nombreux secteurs) et parfois quant aux **délais** de maintien et d'acceptation (art. L. 311-15 et s. et L. 312-10).

59 **Révocation de l'offre.** Tant qu'elle n'est pas acceptée, l'offre est un acte purement unilatéral. Cet acte lie-t-il déjà son auteur ou peut-il la révoquer à tout moment ? La jurisprudence a cherché à concilier les intérêts en présence, à savoir, d'un côté la **liberté de l'offrant** et de l'autre la **sécurité du destinataire** qui doit pouvoir, pour certaines opérations importantes, disposer du temps nécessaire à l'étude et à la réflexion.

Si l'auteur de l'offre a lui-même (spontanément ou à la demande du destinataire) indiqué un **délai,** il ne peut la révoquer pendant ce délai (9) (on parle souvent en pratique d'une « option » laissée au destinataire pendant quelques heures ou quelques jours, notamment dans le marché immobilier).

C'est dans certains cas la loi elle-même qui fixe un tel délai (exemple : l'offre de crédit : art. L. 311-8 et L. 312-10 du Code de la consommation).

En dehors même de tout délai précisé, la jurisprudence considère que l'offre doit être maintenue pendant un **« délai raisonnable »** (10), délai qui s'apprécie d'après les circonstances et l'intention de l'offrant s'il l'a fait connaître (11).

Que se passe-t-il en cas de **révocation prématurée ?** Certains considèrent que cette révocation ne peut donner lieu qu'à des dommages-intérêts ; d'autres admettent que l'offre est censée maintenue de sorte que, si elle est acceptée, le contrat lui-même est formé ; d'autres encore distinguent, selon que le délai est fixé (auquel cas il y aurait conclusion du contrat) ou « raisonnable » (auquel cas il ne pourrait y avoir que des dommages-intérêts). En réalité, du moment qu'il y a une offre et que sa révocation est illicite, la logique conduirait à admettre *dans tous les cas* que cette révocation est inefficace : l'acceptant pourrait donc exiger que l'on constate la formation du contrat. La jurisprudence hésite cependant mais elle est sujette à évolution (12).

(9) Civ. 3e, 7 mai 2008, *Bull. civ.*, III, n° 79 ; *RTD civ.* 2008.474, obs. FAGES ; *RDC* 2008.1109, obs. GENICON ; v. chron. MATHIEU-IZORCHE, *D.* 2009.440.

(10) V. Civ. 3e, 20 mai 2009, *Bull. civ.*, III, n° 118 ; *C.C.C.* 2009.214, obs. LEVENEUR. Ceci s'applique aussi bien à l'offre au public qu'à celle faite à une personne précise : Civ. 3e, 28 novembre 1968, *JCP 1969*.II.15797 ; 12 février 1975, *Bull. civ.*, III, n° 60.

(11) Civ. 3e, 20 mai 1992, *D.* 1993.493, note VIRASSAMY pour le propriétaire d'un appartement voulant traiter rapidement — Civ. 3e, 25 mai 2005, *Bull. civ.*, III, n° 117 ; *C.C.C.* 2005, n° 166.

(12) V. GENICON, *RDC* 2008.1109.

60 **Caducité de l'offre.** L'offre perd toute valeur et devient caduque dans plusieurs hypothèses (13).

Tout d'abord **le refus** de cette offre par son destinataire la rend caduque, même avant le délai qu'elle pouvait prévoir, de sorte que l'offrant se trouve aussitôt délié (14).

Ensuite, on a longtemps considéré que l'offre perdait toute valeur en cas de **décès** de son auteur ou de son destinataire. Mais les critiques doctrinales ont jeté le trouble dans la jurisprudence qui se complait en de multiples arabesques (15). Son état actuel semble s'arrêter à une distinction : le décès de l'offrant ne rend l'offre caduque que si l'offre était sans délai déterminé (16), mais celui du destinataire le fait dans tous les cas car l'offre n'a fait naître à son profit aucun droit de créance que ses héritiers pourraient recueillir (17). La solution logique serait de distinguer selon que la **personnalité du cocontractant** est déterminante ou non : si oui (contrat *intuitu personae*), le décès rend l'offre caduque tout comme il rendra le contrat lui-même caduc s'il survient après sa conclusion mais avant son exécution ; sinon le contrat peut parfaitement être conclu avec les successeurs du défunt (héritiers pour une personne physique, « repreneurs » pour une entreprise) et la caducité ne paraît guère justifiée.

Enfin, la caducité peut certainement résulter de l'**écoulement du temps :** même si elle n'a pas été expressément révoquée, une offre laissée longtemps sans réponse perd son actualité : en particulier le prix proposé peut se trouver dépassé par l'évolution des circonstances (18).

61 **Effets de l'offre en cours de validité.** Tant qu'elle est valable, l'offre manifeste le consentement de son auteur au contrat proposé. Il suffit donc qu'elle soit acceptée pour que le contrat soit formé, sans qu'il soit besoin d'une quelconque confirmation. Par exemple, l'offre ferme et précise faite par **petites annonces** se transforme en contrat dès qu'elle est acceptée par le premier acceptant (19).

(13) V. C. Grimaldi, *La durée de l'offre*, *D.* 2013.2871 (qui distingue durée d'irrévocabilité et durée de validité).

(14) Civ. 1re, 6 janvier 2011, n° 09-71201, *Bull. civ.* I, n° 4.

(15) Cf. Civ. 3e, 9 novembre 1983, *Bull. civ.*, III, n° 222 ; *RTD civ.* 1985.154, obs. Mestre. — Civ 3e, 10 mai 1989, *D.* 1990.365, note Virassamy. — 27 oct. 1990, *Bull. civ.*, III, n° 255, sol. implicite. — Civ. 3e, 10 décembre 1997, *Bull. civ.*, III, n° 223 ; *Defrénois* 1998.336, obs. D. Mazeaud ; *D.* 1999, Somm. 9, obs. Brun. — Cf. Martin, *L'esquisse contractuelle et la mort, D.* 1993, chr. 326.

(16) Civ. 1re, 25 juin 2014, n° 13-16529 ; *D.* 2014.1574, note Tadros.

(17) Civ. 1re, 5 novembre 2008, n° 07-16505 ; *D.* 2010.226, obs. (dubitatives) Amrani-Mekki ; *Droit et Patrimoine* 2009, n° 183, p. 184, obs. Aynès et Stoffel-Munck.

(18) Voir une application de cette idée dans Civ. 3e, 3 février 1982, *Bull. civ.*, III, n° 37. — V. aussi Civ. 3e, 20 mai 1992, *D.* 1993.493. — 20 mai 2009, *Bull. civ.*, III, n° 118 (acceptation émise cinq ans après l'offre...).

(19) Civ. 3e, 28 novembre 1968, *JCP* 1969.II.15797. — Cf. aussi Civ. 3e, 1er juillet 1998, *Bull. civ.*, III, n° 153.

§ 2. Les pourparlers

62 **Distinction d'avec les contrats préparatoires.** Telle qu'elle vient d'être définie, l'offre est un acte de volonté *unilatéral.* Elle se distingue par là des contrats préparatoires, par lesquels une partie confère à une autre la possibilité de conclure par la suite le contrat définitif, dont la pratique fournit de nombreux exemples : promesse de vente, « lettres d'intention », pactes de préférence, etc. Ces actes ne concluent pas définitivement le contrat, mais laissent à leur bénéficiaire une possibilité de le faire : par exemple le bénéficiaire d'une promesse de vente dispose du choix d'acquérir ou non le bien visé. Mais ces actes sont eux-mêmes constitutifs d'un contrat, puisqu'il y a accord de volonté sur cette faculté ouverte : on parle souvent **« d'avant-contrats ».** Il s'agit en réalité de contrats proprement dits dont la seule particularité concerne la nature de l'obligation qu'ils font naître : c'est une créance qui consiste en une simple faculté d'exiger la formalisation du contrat définitif, si bon semble à son bénéficiaire (20). C'est en fin de compte une variété d'obligation de faire (*cf. infra,* n° 154).

63 **Rupture des pourparlers.** Pendant la négociation, le principe est la **liberté de rompre** à tout moment les pourparlers. La seule limite à ce principe réside dans un devoir général de **bonne foi et de loyauté :** il y aurait faute dans une rupture entachée d'intention de nuire ou de mauvaise foi (21), par exemple due à des exigences nouvelles en fin de négociation (22), ou dans le fait d'avoir prolongé artificiellement des pourparlers sans intention réelle de contracter, par exemple pour obtenir des renseignements plus ou moins confidentiels (23) : ainsi est fautive la banque qui a laissé croire pendant un an à l'octroi d'un crédit qu'elle refuse finalement d'accorder sans garanties supplémentaires (24), de même que l'industriel qui reste passif après avoir annoncé son intention de reprendre une entreprise en « faillite », dont l'activité a été prolongée dans cette

(20) Il s'agit ici de promesses *unilatérales,* par lesquelles une seule partie s'engage tandis que l'autre reste libre de sa décision (souvent toutefois en devant abandonner une indemnité d'immobilisation si en définitive elle ne lève pas l'option). Ne pas confondre avec les promesses *réciproques* de contrat, dans lesquelles les deux parties sont d'ores et déjà liées dans l'attente des formalités nécessaires, notamment en matière immobilière : il s'agit alors déjà du contrat lui-même, car la rencontre des deux volontés de s'obliger est consommée (V. *Contrats spéciaux,* n°s 151 et s.).

(21) V. Denis MAZEAUD, *La genèse des contrats, Droit et Patrimoine,* juillet 1996, p. 44. — P. MOUSSERON, *Conduite des négociations contractuelles et responsabilité délictuelle, RTD com.* 1998.243. — LE TOURNEAU, *La rupture des négociations, RTD com.* 1998.479. — GHESTIN, *La responsabilité délictuelle pour rupture abusive des pourparlers, JCP* 2007.I.155 et I.157.

(22) Com., 22 février 1994, *Bull. civ.,* IV, n° 79.

(23) Com., 20 mars 1972, *Bull. civ.,* IV, n° 93 ; *JCP* 1973.II.17543, note SCHMIDT.

(24) Com., 31 mars 1992, *Bull. civ.,* IV, n° 145.

attente (25) ou l'acquéreur qui tait la nécessité pour lui de recourir à un prêt (26).

Variété d'abus de droit, cette faute engendre une **responsabilité précontractuelle,** dont la nature n'est pas contractuelle (puisqu'aucun contrat n'est déjà formé), mais délictuelle (27).

Elle ne peut conduire qu'à des dommages-intérêts, non à la conclusion du contrat (28) et ces dommages-intérêts ne peuvent comprendre le gain espéré d'une exécution du contrat (qu'on restait libre de ne pas conclure) mais seulement les frais engagés pour la négociation (29), voire la perte des occasions de conclure ailleurs.

En pratique, il n'est pas aisé d'obtenir de tels dommages-intérêts, car la preuve de la faute est délicate à rapporter, d'autant que la plupart des négociations sont verbales. On observe toutefois un accroissement du contrôle des tribunaux sur la loyauté qui doit présider aux pourparlers (30).

§ 3. L'acceptation

64 **Principe de liberté.** En principe, le destinataire d'une offre est toujours libre de la refuser. Il existe toutefois une exception importante : de la part d'un professionnel, *le refus de vente* est illicite dès lors qu'il est opposé à un consommateur (C. consom., art. L. 122-1).

65 **Nécessité d'une acceptation totale.** L'acceptation est le « oui » donné à l'offre, qui, pourvu qu'il soit donné en connaissance de cause (cf. *infra*, n°s 76 et s.), réalise une *conjonction des consentements,* caractéristique du contrat. L'acceptation doit donc être **pure et simple :** le « oui, mais » n'est pas une acceptation, ce qui conduit à la distinguer de trois situations.

(25) Com., 28 juin 1994, *Bull. civ.,* IV, n° 243.

(26) Civ. 1re, 6 janvier 1998, *Bull. civ.,* I, n° 7.

(27) *C.J.C.E.*, 17 septembre 2002, *D.* 2002.2774. — Com., 12 février 2002, *C.C.C.* 2002.90.

(28) Cf. J. Schmidt, *La sanction de faute précontractuelle, RTD civ.* 1974.46.

(29) Com., 26 novembre 2003, *Grands arrêts*, n° 142 ; *D.* 2004.869 ; *RTD civ.* 2004.80, obs. Mestre ; *RDC* 2004.257, obs. D. Mazeaud ; *JCP* 2004.I.163, n° 18, obs. Viney — Civ. 3e, 28 juin 2006, *Bull. civ.*, III, n° 164 ; *JCP* 2006.II.10130, note Deshayes ; *C.C.C.* 2006 n° 223, obs. Leveneur ; *D.* 2006.2963, note D. Mazeaud ; *Defrénois* 2007.1858, note Libchaber — Civ. 3e, 7 janvier 2009, *Bull. civ.*, III, n° 5. — Com., 1er mars 2011, n° 10-12268. — Com., 18 septembre 2012, n° 11-19629 et Civ. 3e, 19 septembre 2012, n° 11-10532, *RTD civ.* 2012.721, obs. Fages ; *RDC* 2013.98, obs. Deshayes.

(30) V. notamment Com., 7 janvier et 22 avril 1997, *D.* 1998.45 et l'importante note Chauvel. — Com., 7 avril 1998, *D.* 1999, Somm. 127, obs. Schmidt ; *D.* 1999.514, note Chauvel. — Civ. 1re, 14 juin 2000, *C.C.C.* 2000, n° 157. — Com., 11 juillet 2000, *C.C.C.* 2000, n° 174 (l'intention de nuire n'est pas nécessaire à la responsabilité). — Paris, 10 mars 2000, *JCP* 2001.II.10470, note Violet.

1° ***La contre-proposition :*** l'intéressé donne une « acceptation » tout en modifiant un des éléments de l'offre. Dans ce cas, il n'y a pas accord de volontés, mais une nouvelle offre en sens inverse de la première : un processus de négociation peut connaître plusieurs « aller et retour » de cette nature, mais il n'y aura acceptation et contrat que lorsqu'un des négociateurs se rangera aux dernières propositions de l'autre. Exemple : un afficheur offre d'afficher une publicité immobilière ; le client accepte mais en indiquant que la publicité concernera des élections ; il n'y a pas contrat tant que l'afficheur n'a pas accepté cette contre-proposition (31).

2° ***L'accord de principe :*** l'acceptation est déjà donnée sur certains éléments centraux du contrat, mais des modalités restent en négociation. La jurisprudence refuse de tenir un tel accord comme constitutif d'un contrat, dès lors du moins que les modalités incertaines ne sont pas purement accessoires (32).

Par exemple, l'accord sur le prix d'une vente ne suffit pas tant que les modalités de paiement restent discutées (33) ; l'accord sur un bail ne suffit pas tant que son point de départ reste en débat (34) ; l'accord sur un échange avec soulte ne suffit pas tant que le montant de la soulte n'est pas arrêté (35) ; l'accord pour une réparation automobile à faire après envoi d'un devis accepté ne suffit pas tant que le devis n'est pas établi et discuté (36) ; l'accord sur le principe d'un prêt ne vaut pas offre de prêt (37). Dans toutes ces hypothèses il existe pourtant déjà les éléments nécessaires à la structure du contrat en cause (sans quoi la question même de son existence ne se poserait pas) : chose et prix pour la vente et le bail ; objet du travail pour le contrat du garagiste (contrat d'entreprise qui peut être conclu sans fixation préalable du prix : cf. *infra,* n° 149). Ce contrat pourrait donc être suffisamment constitué. Mais c'est parce que des éléments complémentaires sont encore en discussion que l'accord n'est que « de principe », alors même que ces éléments complémentaires ne sont pas indispensables juridiquement, mais apparaissent importants aux yeux d'au moins une partie et non pas purement accessoires (d'où parfois une difficulté pour démêler l'important de l'accessoire en scrutant l'état d'esprit des parties). Tant qu'un tel élément n'est pas fixé, on se trouve donc encore au stade de la négociation, mais on admet que cet accord de principe renforce l'obligation de

(31) Civ. 1re, 12 mars 1985, *Bull. civ.,* I, n° 89. — Cf. aussi Civ. 2e, 16 mai 1990, *Bull. civ.,* II, n° 98.

(32) Cf. NAJJAR, *L'accord de principe, D.* 1991, chr. 57.

(33) Civ. 3e, 2 mai 1978, *D.* 1979.317 ; cf. aussi Com., 20 mars 1984, *Bull. civ.,* IV, n° 107. — 16 avril 1991, *Bull. civ.,* IV, n° 148.

(34) Civ., 3e, 22 avril 1980, *Bull. civ.,* III, n° 82.

(35) Civ. 3e, 27 novembre 1984, *Bull. civ.,* III, n° 200.

(36) Com., 14 juin 1988, *Bull. civ.,* IV, n° 199.

(37) Civ. 3e, 7 novembre 2007, *Bull. civ.*, III, n° 200. — Com., 10 janvier 2012, n° 10-26149 ; *RTD civ*. 2012.311, obs. FAGES (accord donné « sous les réserves d'usage »).

« négocier de bonne foi sur les bases convenues » (38), c'est-à-dire sans remettre en cause les points d'accord déjà acquis.

3° ***L'accord partiel :*** l'hypothèse est que l'offre portait sur plusieurs éléments et que certains d'entre eux seulement sont acceptés (vente de plusieurs biens par exemple). Tout dépend alors de l'analyse de l'offre : si l'offrant entendait lier le tout, l'accord partiel est sans effet ; il est au contraire efficace si l'offre était **divisible.** Il ne faut pas s'attacher à une divisibilité matérielle (les biens offerts peuvent être indépendants) mais à l'intention de l'offrant (qui pouvait vouloir une vente en bloc : par exemple, celui qui commande à la fois un ordinateur et un logiciel ne sera pas lié du tout si l'acceptation ne porte que sur un seul élément).

66 **Forme de l'acceptation.** Hormis les cas exceptionnels où un texte la soumet à des règles particulières (par ex. art. 932 pour les donations), la forme de l'acceptation est libre, du moment qu'elle exprime la volonté d'accepter. C'est le plus souvent un écrit, parfois limité à une simple signature (39), comme c'est le cas pour les ***contrats d'adhésion*** dans lesquels le client signe les documents élaborés de façon unilatérale par le professionnel (cf. *supra,* n° 26). Mais l'acceptation peut être **verbale** ou résulter d'un comportement, et en particulier d'actes d'exécution (40) : client qui monte dans un autobus, fournisseur qui expédie les objets commandés, assureur qui encaisse une prime (41) ou envoie au client demandeur une police aux fins de signature (42). On parle alors d'acceptation ***tacite*** ou *implicite,* c'est-à-dire qui, sans être expresse, se traduit par des actes manifestant sans équivoque la volonté de l'acceptant.

Peut-on aller plus loin et déduire l'acceptation d'un ***simple silence*** gardé à la suite d'une offre ? Contrairement à l'adage « qui ne dit mot consent », le principe est que le silence ne vaut pas acceptation : on ne saurait en effet contraindre une personne à répondre expressément pour décliner une offre (et les procédés de vente par « envoi forcé », à retourner en cas de désaccord, sont sans valeur et même illicites). Aussi est-il de principe que « le silence ne vaut pas à lui seul acceptation » et que « l'acceptation d'un contrat, si elle peut être tacite, ne peut résulter que d'actes démontrant avec évidence l'intention d'accepter le contrat proposé » (43).

(38) GHESTIN, n° 344.
(39) Encore faut-il évidemment que le signataire sache lire et comprenne la langue utilisée : Soc., 14 janvier 1997, *D.* 1997.612, note DJOUDI.
(40) Com., 25 juin 1991, *Bull. civ.,* IV, n° 234.
(41) Civ. 1re, 21 juin 1983, *Bull. civ.,* I, n° 176.
(42) Civ. 1re, 28 février 1989, *Bull. civ.,* I, n° 93. — 21 mai 1990, *Bull. civ.,* I, n° 109.
(43) Civ. 1re, 16 avril 1996, *Bull. civ.,* I, n° 181 ; *Grands arrêts,* n° 146. — Civ. 2e, 21 janvier 1981, *Bull. civ.,* II, n° 14.

Ce principe souffre toutefois des exceptions à chaque fois que les circonstances sont de nature à colorer le silence d'une portée particulière (44) et où l'on parle de « silence circonstancié » (45) :

— **lorsque les parties étaient déjà en *relations d'affaires*** pour le même type de contrat, on admet que celle qui *reçoit* une nouvelle commande doit protester si elle entend la décliner et que son silence vaut acceptation (46) ; à plus forte raison en va-t-il de même si l'offre porte sur le renouvellement d'un contrat antérieur (47) ou sur la modification d'un contrat entre les parties (48) sauf toutefois pour la modification proposée à un consommateur (cf. *infra,* n° 292) ;

— **lorsqu'un *usage professionnel*** impose, même sans relations antérieures, à un professionnel de protester s'il veut refuser une offre (49) ;

— lorsque l'offre est faite dans l'***intérêt exclusif*** de son destinataire, on présume qu'il l'accepte (50), solution qui ne vaut cependant pas pour la donation (art. 933, C. civ.) (51).

67 **Étendue de l'acceptation : la question des documents contractuels (52).** L'acceptation ne peut porter que sur ce qui a été porté à la connaissance de l'acceptant (53). Dans la vie économique, il arrive fréquemment qu'un professionnel élabore des documents fournis et complexes soumis à la signature du client, dénommés **« conditions générales de vente ».** La jurisprudence décide que cette signature ne vaut que pour les documents effectivement portés à la connaissance de

(44) Cf. — Com., 18 janvier 2011, n° 09-831 ; *Bull. civ.*, IV, n° 3 ; C.C.C. 2011.88, note LEVENEUR. — V. aussi l'importante note MOURY, *D.* 1994.69.

(45) Civ. 1re, 24 mai 2005, *Bull. civ.*, I, n° 223 ; *C.C.C.* 2005.165, obs. LEVENEUR.

(46) FLOUR et AUBERT, n° 158. — Civ. 1re, 3 décembre 1985, *Bull. civ.,* I, n° 330. — Com., 28 février 1989, *Bull. civ.,* IV, n° 74 et 21 novembre 1989, *Bull. civ.,* IV, n° 292. — Pour le silence à réception des **« avis d'opéré »** des transactions boursières : Com., 9 décembre 1986, *Bull. civ.,* IV, n° 234. — 10 mai 1994, *Bull. civ.,* IV, n° 170. — 13 juin 1995, *Bull. civ.,* IV, n° 173. — 23 mars 1996, *C.C.C.* 1996.99, obs. L. L.

(47) Civ. 1re, 4 juin 2009, *Bull. civ.*, I, n° 113 ; *D.* 2009.2137, note LABARTHE ; *RTD civ.* 2009.530, obs. FAGES ; *RDC* 2009.1330, obs. GENICON (pour la reprise aux mêmes conditions de pensionnaires d'une maison de santé par l'État).

(48) Com., 26 janvier 1993, *D.* 1994.69, note MOURY. — En ce sens aussi l'art. **L. 112-2, al. 5 du Code des assurances** qui répute acceptée par l'assureur toute offre de modification ou de prolongement qu'il n'a pas refusée dans les dix jours (par pure faveur pour l'assuré, cette acceptation présumée rétroagit au jour de l'offre : Civ. 1re, 14 octobre 1995, *Bull. civ.,* I, n° 403).

(49) Cf. Com., 9 janvier 1956, *Bull. civ.,* IV, n° 13, pour un commissionnaire en Bourse.

(50) Req., 28 mars 1938, *D.P.* 1939, *D.P.* 1939.I.5, note VOIRIN. — Civ. 1re, 1er décembre 1969, *JCP* 1970.II.16445, note AUBERT (pour une **« convention d'assistance »**. — comp. *infra,* n° 455).

(51) V. pour une donation faite à deux époux et acceptée par le mari seul : Civ. 1re, 17 mai 1993, *JCP* 1994.II.2269.

(52) Sur la question distincte des documents **précontractuels** et leur rôle dans l'interprétation du contrat, v. *infra,* n° 273.

(53) Ainsi n'est pas applicable à un assuré une clause d'exclusion figurant dans la police-type qui n'avait pas encore été communiquée à l'assuré (Civ. 1re, 7 mars 1989, *Bull. civ.,* I, n° 105).

ce dernier et non refusés (54) : n'ont donc pas force contractuelle les **documents annexes** (55), les clauses figurant au **verso** (56), celles qui sont « noyées » dans un ensemble touffu (57) ou les **notices** remises au client après signature, pas plus que des conditions générales, même connues à l'occasion de relations antérieures, mais non intégrées au contrat en cause (58). Il arrive que le contrat précise par une **clause de renvoi** que le client « reconnaît avoir pris connaissance » de ces documents annexes : il n'est pas certain que ce soit suffisant pour qu'ils s'y trouvent intégrés (59). Il en est de même des écriteaux ou **affiches** que le client (par exemple d'un hôtel) ne peut lire qu'après avoir contracté : il faut établir que l'attention du client a été attirée sur ces affiches lors de l'entrée (60).

Allant plus loin, de nombreux textes modernes exigent que certaines clauses, défavorables aux clients, soient libellées dans des caractères lisibles ou « très lisibles » ou « apparents » (ex. : art. L. 112-3 du Code des assurances). À défaut, elles ne seront pas considérées comme acceptées par le client, à l'attention ou à la compréhension duquel elles ont pu échapper. Parfois même, il est exigé que certaines mentions soient inscrites de la main même du client (en matière de crédit mobilier ou immobilier).

Malgré ces efforts, il faut constater et déplorer que de nombreux contrats demeurent obscurs (notamment en matière d'assurance) et que de nombreux clients conservent l'habitude imprudente de **signer sans lire** des textes dont la longueur est souvent décourageante : c'est une justification supplémentaire du contrôle accru sur les clauses abusives (cf. *infra,* n° 172).

À l'inverse, lorsqu'il s'agit d'opposer ces documents à leur auteur, la jurisprudence est plus compréhensive : ainsi les **documents publicitaires** doivent être considérés comme entrés dans le champ contractuel lorsqu'ils ont pu influencer l'acceptation (61).

(54) Sur ce refus, v. Com., 11 juillet 1995, *Bull. civ.*, IV, n° 180.

(55) Cf. pour les tarifs d'une inscription scolaire : Civ. 1re, 18 juin 1985, *Bull. civ.,* I, n° 195. — Il incombe à un assureur de prouver qu'une clause limitative « avait été portée à la connaissance (de l'assuré) au moment de son adhésion, condition pour qu'elle lui fût opposable » (Civ. 1re, 9 déc. 1986, *Bull. civ.,* I, n° 284).

(56) Civ. 1re, 3 mai 1979, *Bull. civ.,* I, n° 128. — Com., 13 octobre 1992, *C.C.C.* 1993.1, obs. L. L. — Il en va autrement en présence au recto d'un renvoi lisible vers le verso : Civ. 1re, 3 décembre 1991, *Bull. civ.,* I, n° 342. — 11 avril 1995, *C.C.C.* 1995.124.

(57) Civ. 1re, 27 février 1996, *C.C.C.* 1996.94, obs. L. L ; *Defrénois* 1996.742, obs. AUBERT.

(58) Civ. 1re, 18 octobre 2005, *Bull. civ.*, I, n° 377 ; *RTD civ.* 2006.107, obs. MESTRE et FAGES. — Civ. 1re, 7 juin 2006, *Bull. civ.*, I, n° 286.

(59) *Pour :* Civ. 1re, 3 décembre 1991, et 11 avril 1995, précités (pour le verso du document) ; Civ. 1re, 17 novembre 1998, *C.C.C.* 1999.18, obs. L. L. — 16 février 1999, *Bull. civ.,* I, n° 51 ; *JCP* 1999.II.10162 et I.191, n° 1, obs. LOISEAU. — *Contre :* Civ. 1re, 3 février 1993, *Bull. civ.,* I, n° 48.

(60) Civ. 1re, 19 mai 1992, *Bull. civ.,* I, n° 146. — Sur l'ensemble de la question, V. LABARTHE, *Les documents contractuels,* LGDJ 1994.

(61) V. Civ. 1re, 6 mai 2010, n° 08-14461 ; *RDC* 2010.1197, obs. D. MAZEAUD ; *JCP* 2010.922, note LABARTHE.

68 **Effets de l'acceptation : conclusion du contrat. Moment et lieu.** L'acceptation vient en principe conclure le contrat, à l'instant même où elle se joint à l'offre : elle parfait l'accord de volontés.

Mais la question du ***moment*** *précis* de la conclusion soulève une difficulté en cas d'acceptation par courrier. On parle alors de **« contrats entre absents »** et on hésite souvent entre le moment où ce courrier est *émis* (système de l'émission de l'acceptation) et celui où il est *reçu* (système de la réception de l'acceptation). L'un des intérêts est la possibilité pour l'offrant de révoquer ou non son offre dans l'intervalle. Le principe dominant en jurisprudence, selon lequel le contrat est scellé dès *l'émission* de l'acceptation, bien que l'offrant n'en soit pas encore informé (62) a été remis en cause récemment au profit de la thèse de la réception, par un arrêt dont la portée est discutée (63). Mais l'offrant prudent peut préciser le contraire dans son offre. De plus, on admet, de façon d'ailleurs peu logique, que l'acceptant peut encore revenir sur son acceptation tant qu'elle n'est pas parvenue à destination, par exemple en téléphonant, télexant ou télégraphiant.

Par exception, la formation du contrat se trouve retardée lorsqu'elle est soumise à une formalité extérieure (autorisation administrative pour certains contrats ruraux, homologation judiciaire pour un changement de régime matrimonial, etc.).

Quant *au* ***lieu*** *de conclusion,* qui importe pour la compétence ou parfois la loi applicable, on admet le plus souvent que c'est celui où l'acceptation est émise (64).

69 **Délais de réflexion, droits de repentir et facultés de dédit.** Le développement de la législation protectrice des **consommateurs** a introduit dans notre droit une technique retardant la formation du contrat : pour laisser au client la possibilité de réfléchir et parfois de revenir sur un accord donné à la hâte, certains textes, aujourd'hui intégrés dans le Code de la consommation, imposent soit un délai de *réflexion* préalable avant lequel l'acceptation ne peut être donnée (art. L. 312-10 pour le crédit immobilier), soit un délai de *repentir* pendant lequel l'acceptation peut être révoquée (par ex. art. L. 121-25 pour les **ventes à domicile,** art. L. 311-15 pour le crédit mobilier, art. L. 121-6 pour le téléachat. — V. en d'autres domaines : art. L. 271-1 du Code de la construction et de l'habitation pour toute **vente d'immeuble** à un particulier ; art. L. 211-16 du Code des assurances pour les transactions après accident de la circulation). Ces dispositions sont souvent renforcées par la défense de percevoir toute somme immédiatement, défense dont la Cour de cassation assure l'efficacité en

(62) Com., 7 janvier 1981, *Grands arrêts*, n° 144 ; *RTD civ.* 1981.849, obs. MESTRE, *Bull. civ.*, IV, n° 14.

(63) Civ. 3e, 16 juin 2011, n° 09-72679 ; *Bull. civ.*, III, n° 103 ; *D.* 2011.2260, note DISSAUX (rendu en matière de bail rural, mais dont rien n'indique qu'il devrait se limiter à ce domaine).

(64) FLOUR et AUBERT, n° 160. — MALAURIE et AYNÈS, n° 392. — MALINVAUD, n° 70.

décidant que sa violation entraîne à titre de sanction la nullité du contrat lui-même (65). La législation sur les ventes à distance **(téléachat)** prévoit une possibilité de retour des marchandises dans les sept jours, avec remboursement intégral (art. L. 121-6, C. consom.) (66). Le droit européen de la consommation se montre impératif sur le droit de rétractation (67).

En dehors de ces cas légaux, les contractants peuvent toujours se réserver eux-mêmes, ou à l'un d'entre eux, une **faculté de *dédit*** — généralement moyennant l'abandon d'une somme. Cette faculté est connue depuis longtemps par la pratique des ***arrhes*** qui permettent au client de renoncer en les abandonnant et au fournisseur en les restituant au double (C. civ., art. 1590). Depuis une loi de 1992, tout versement anticipé par un consommateur est présumé constituer des arrhes (C. consom., art. L. 114-1, al. 4).

Lorsque la faculté de rétractation est exercée, cet exercice semble définitif et son auteur ne peut pas rétracter sa rétractation (68).

SECTION 2 L'INTÉGRITÉ DES CONSENTEMENTS

TEXTES

Code civil, art. 414-1, 414-2 et art. 1109 à 1117
Code de la consommation, art. L. 111-1

Art. 414-1. — Pour faire un acte valable, il faut être sain d'esprit. C'est à ceux qui agissent en nullité pour cette cause de prouver l'existence d'un trouble mental au moment de l'acte.

Art. 414-2. — De son vivant, l'action en nullité n'appartient qu'à l'intéressé.

Après sa mort, les actes faits par lui, autres que la donation entre vifs et le testament, ne peuvent être attaqués par ses héritiers, pour insanité d'esprit, que dans les cas suivants :

1° Si l'acte porte en lui-même la preuve d'un trouble mental ;

2° S'il a été fait alors que l'intéressé était placé sous sauvegarde de justice ;

3° Si une action a été introduite avant son décès aux fins d'ouverture d'une curatelle ou d'une tutelle ou si effet a été donné au mandat de protection future.

L'action en nullité s'éteint par le délai de cinq ans prévu à l'article 1304.

....

Art. 1109. — Il n'y a point de consentement valable si le consentement n'a été donné que par erreur ou s'il a été extorqué par violence ou surpris par dol.

(65) Civ. 1re, 7 octobre 1998, *JCP* 1999.II.10039.

(66) V. Bernardeau, *Le droit de rétractation du consommateur, JCP* 2000.I.218. — Bazin, *Le droit de repentir en droit de la consommation, D.* 2008.3028.

(67) Cf. Bernardeau, *JCP* 2002.I.168.

(68) Civ. 3e, 13 mars 2012, n° 11-12232.

Art. 1110. — L'erreur n'est une cause de nullité de la convention que lorsqu'elle tombe sur la substance même de la chose qui en est l'objet.

Elle n'est point une cause de nullité, lorsqu'elle ne tombe que sur la personne avec laquelle on a l'intention de contracter, à moins que la considération de cette personne ne soit la cause principale de la convention.

Art. 1111. — La violence exercée contre celui qui a contracté l'obligation est une cause de nullité, encore qu'elle ait été exercée par un tiers autre que celui au profit duquel la convention a été faite.

Art. 1112. — Il y a violence lorsqu'elle est de nature à faire impression sur une personne raisonnable, et qu'elle peut lui inspirer la crainte d'exposer sa personne ou sa fortune à un mal considérable et présent.

On a égard, en cette matière, à l'âge, au sexe et à la condition des personnes.

Art. 1113. — La violence est une cause de nullité du contrat, non seulement lorsqu'elle a été exercée sur la partie contractante, mais encore lorsqu'elle l'a été sur son époux ou sur son épouse, sur ses descendants ou ses ascendants.

Art. 1114. — La seule crainte révérencielle envers le père, la mère, ou autre ascendant, sans qu'il y ait eu de violence exercée, ne suffit point pour annuler le contrat.

Art. 1115. — Un contrat ne peut plus être attaqué pour cause de violence, si, depuis que la violence a cessé, ce contrat a été approuvé, soit expressément, soit tacitement, soit en laissant passer le temps de la restitution fixé par la loi.

Art. 1116. — Le dol est une cause de nullité de la convention lorsque les manœuvres pratiquées par l'une des parties sont telles, qu'il est évident que, sans ces manœuvres, l'autre partie n'aurait pas contracté.

Il ne se présume pas, et doit être prouvé.

Art. 1117. — La convention contractée par erreur, violence ou dol, n'est point nulle de plein droit ; elle donne seulement lieu à une action en nullité ou en rescision, dans les cas et de la manière expliqués à la section VII du chapitre V du présent titre.

Code de la consommation

Art. L. 111-1. — Avant que le consommateur ne soit lié par un contrat de vente de biens ou de fourniture de services, le professionnel communique au consommateur, de manière lisible et compréhensible, les informations suivantes :

1° Les caractéristiques essentielles du bien ou du service, compte tenu du support de communication utilisé et du bien ou service concerné ;

2° Le prix du bien ou du service, en application des articles L. 113-3 et L. 113-3-1 ;

3° En l'absence d'exécution immédiate du contrat, la date ou le délai auquel le professionnel s'engage à livrer le bien ou à exécuter le service ;

4° Les informations relatives à son identité, à ses coordonnées postales, téléphoniques et électroniques et à ses activités, pour autant qu'elles ne ressortent pas du contexte, ainsi que, s'il y a lieu, celles relatives aux garanties légales, aux fonctionnalités du contenu numérique et, le cas échéant, à son interopérabilité, à l'existence et aux modalités de mise en œuvre des garanties et aux autres conditions contractuelles. La liste et le contenu précis de ces informations sont fixés par décret en Conseil d'État.

Le présent article s'applique également aux contrats portant sur la fourniture d'eau, de gaz ou d'électricité, lorsqu'ils ne sont pas conditionnés dans un volume délimité ou en quantité déterminée, ainsi que de chauffage urbain et de contenu numérique non fourni sur un support matériel. Ces contrats font également référence à la nécessité d'une consommation sobre et respectueuse de la préservation de l'environnement.

70 **Généralités.** La volonté manifestée par une partie n'a de signification et ne peut donc l'obliger que si elle est **réelle, libre et consciente.** À défaut, il s'agit d'une simple déclaration de volonté sans contenu véritable, à laquelle notre droit refuse d'attacher un effet créateur d'engagements.

Le Code civil définit trois catégories du vice du consentement (art. 1109 du Code civil et s.) :

— l'erreur ;

— le dol, c'est-à-dire la tromperie ;

— la violence, c'est-à-dire la contrainte.

Mais les dispositions relatives au *trouble mental* datant de 1968 et reprises par la loi du 5 mars 2007 (art. 414-1 et 414-2) correspondent au même souci et il est aujourd'hui justifié de les intégrer à cette théorie des vices du consentement.

71 **Double fondement.** La théorie des vices du consentement repose sur deux fondements :

— *un fondement psychologique :* le consentement a-t-il été donné correctement ? On analyse alors la situation psychologique de la personne qui déclare que son consentement a été vicié. On ne s'intéresse ici qu'à cette seule partie : que l'autre contractant ait été de bonne ou de mauvaise foi importe peu ;

— *un fondement moral :* on analyse l'attitude de l'autre contractant (à savoir s'il a été de bonne ou mauvaise foi). On lui fera plus facilement perdre le bénéfice du contrat si l'on peut relever sa mauvaise foi pour avoir mis à profit le vice du consentement de l'autre, voire l'avoir provoqué.

72 **Appréciations d'ordre psychologique et preuve.** La difficulté de la matière tient à ce qu'elle repose entièrement sur l'analyse de la **psychologie des contractants.** Par conséquent le rôle du juge est très important car ces appréciations sont difficiles et subjectives : en effet le juge devra se reporter à une période antérieure dans le temps et se mettre à la place du contractant au moment de la conclusion (69). C'est pourquoi dans ce domaine, la Cour de cassation reconnaît un très large pouvoir souverain aux juges du fond, car tout est question d'espèce, la *preuve* incombant au demandeur à la nullité, qui peut la rapporter par tous moyens, même à l'aide d'éléments postérieurs au contrat qui éclairent la situation réelle lors de sa conclusion (70).

Il en résulte inéluctablement une grande variété dans la jurisprudence, qui donne une impression générale très floue et qui rend incertaine toute prévision, dans un cas précis, sur l'issue du litige. On ne peut qu'exposer les règles qui président à ces appréciations.

(69) Civ. 1re, 26 octobre 1983, *Bull. civ.,* I, n° 249. — 20 mars 1989, *Bull. civ.,* I, n° 127.

(70) Civ. 1re, 13 décembre 1983, *JCP* 1984.II.20286, concl. GULPHE découverte de l'authenticité d'un tableau). — Com., 13 décembre 1994, *Bull. civ.,* IV, n° 375. — Civ. 3e, 13 juillet 1999, *Bull. civ.,* III, n° 178 (annulation d'un certificat d'urbanisme).

§ 1. Le trouble mental

73 **Cause de nullité indépendante des incapacités.** Le plus souvent, une personne atteinte de troubles mentaux est placée sous un régime de protection qui la rend incapable de contracter (cf. *supra,* n° 34). Mais il arrive que ce régime ne soit pas mis en place du tout (personne ne prend l'initiative de saisir le juge des tutelles). Plus souvent, il faudra un « temps de réaction » avant que les proches ne sollicitent l'intervention judiciaire, et l'intéressé aura conclu des contrats entre-temps. Parfois également, le régime s'avère insuffisant : on a placé l'intéressé sous curatelle, ce qui lui laisse la capacité de conclure de nombreux contrats (cf. *supra,* n° 34), mais son trouble mental ne lui permet pas d'en mesurer la portée.

Dans tous les cas, l'acte qui est valable du point de vue de la capacité peut être annulé faute de consentement (71), et ce même s'il a donné lieu à une autorisation judiciaire préalable (72).

74 **Preuve du trouble : triple régime.** C'est au contractant affecté d'un trouble, ou à ses représentants, qu'il incombe de prouver l'existence de ce trouble qui l'empêchait de réellement « vouloir » le contrat afin d'en obtenir la nullité. Mais la preuve exigée varie selon trois hypothèses.

1° ***Lorsque l'intéressé a été ensuite placé sous tutelle*** (73) et que son état a été ainsi reconnu, on peut annuler les actes faits dans les deux années antérieures en prouvant que cet état existait auparavant soit notoirement, soit au su du cocontractant (art. 464). L'avantage de cette disposition est qu'il n'est pas besoin de prouver le trouble mental au moment même de l'acte (74) : ce trouble est présumé à partir de l'état général de l'intéressé « à l'époque », c'est-à-dire sur une période prise dans son ensemble.

Encore faut-il prouver cumulativement que l'état de trouble **existait** déjà à cette époque et qu'il était **notoire** (75) ou connu de l'autre partie.

La « notoriété » du trouble mental s'entend d'une connaissance générale non limitée aux seuls familiers (76) et est exigée pour protéger les tiers. Et on y assimile par souci de bonne foi la connaissance personnelle qu'en a le cocontractant qui ne mérite alors pas protection.

(71) Outre l'application éventuelle du délit pénal d'abus de faiblesse : Crim., 25 octobre 1999, *JCP* 2000.IV.1261.

(72) Civ. 1re, 20 octobre 2010, n° 09-13635 ; *Bull. civ.* I, n° 209 ; *D.* 2011.50, note RAOUL-CORMEIL.

(73) Mais ce texte ne joue pas en cas de curatelle : Civ. 1re, 29 nov. 1983, *Bull. civ.,* I, n° 282.

(74) Civ. 1re, 14 mai 1985, *Bull. civ.,* I, n° 153. — 24 mai 2007, *D.* 2007.1666.

(75) Civ. 1re, 24 avril 1979, *Bull. civ.,* I, n° 116. — 28 avril 1980, *Bull. civ.,* I, n° 128.

(76) Civ. 1re, 26 juin 1979, *Bull. civ.,* I, n° 192. — 9 mars 1982, *JCP* 1983.II.19996, note REMY. — 5 mai 1987, *JCP* 1988.II.21109, note TEISSIER.

L'action en nullité est alors ouverte aussi bien à l'intéressé qu'à son tuteur ou à ses héritiers après son décès (77), dans la limite de la prescription de cinq ans (78).

Il ne s'agit cependant que d'une nullité *facultative* pour le juge qui devra tenir compte des circonstances : ainsi pourra-t-il maintenir l'acte s'il constate que cet acte est « conforme aux usages » et que le cocontractant « a agi avec la plus parfaite correction » (79). On voit ici le souci de protéger les tiers et la sécurité contractuelle venir tempérer le jeu de la notion de consentement (80).

2° ***Si l'on ne peut pas invoquer cet article 464,*** soit parce qu'il n'y a pas eu ouverture de tutelle, soit parce qu'il n'y avait pas antérieurement insanité d'esprit notoire (81), il faut alors établir l'existence d'un trouble mental « au moment de l'acte » (art. 414-1), ce qui est une exigence beaucoup plus précise que la précédente. Mais, du vivant de l'intéressé, cette preuve peut être rapportée par **tous moyens,** y compris des témoignages sur son état au jour de sa conclusion du contrat ou encore des indices tirés d'autres actes insensés passés en même temps. Souvent une expertise médicale sera ordonnée (82).

L'action en nullité est alors ouverte à l'intéressé lui-même (dont l'état peut n'avoir été que passager, par exemple en cas de dépression nerveuse) ou au tuteur ou curateur qui lui aurait été ensuite attribué.

3° ***Si l'auteur de l'acte est décédé,*** la preuve du trouble mental ne peut plus être établie que par l'acte lui-même : c'est le système dit de la « preuve **intrinsèque** » qui exige que l'acte porte en lui-même la preuve de son caractère « insensé » sans qu'on puisse faire appel à des éléments « extrinsèques » (art. 414-2). Le législateur a voulu par-là limiter la remise en cause, par les héritiers, d'actes conclus par des personnes âgées et les recherches aléatoires sur l'état mental d'un défunt (83), objectif qui a été jugé conforme à la Constitution (84).

Toutefois, cette exigence exceptionnelle est écartée dans trois hypothèses : si l'intéressé était placé sous sauvegarde de justice (cf. *supra,* n° 34) ; si une procédure de tutelle était en cours lors du décès ; si l'acte attaqué est une donation ou un testament (art. 414-2).

■ (77) Civ. 1re, 14 mai 1985, précité.

■ (78) Sur le point de départ de ce délai, V. MASSIP, note *D.* 1993.277 et Civ. 1re, 1er juillet 2009, *Defrénois* 2009.2196, note MASSIP ; *D.* 2009.2660, note RAOUL-CORMEIL (le trouble mental empêchant l'interessé d'agir en nullité, l'action peut être formée... 13 ans plus tard).

■ (79) Civ. 1re, 25 avril 1989, *Bull. civ.,* I, n° 170.

■ (80) Mais la responsabilité du notaire qui a reçu l'acte pourra en toute occurrence être mise en jeu en plus ou à la place de la nullité : Civ. 1re, 24 février 1998, *JCP* 1998.II.10118, note FOSSIER.

■ (81) Civ. 1re, 10 juin 1981, *Bull. civ.,* I, n° 202.

■ (82) Par exemple un certificat médical dressé deux jours après la vente : Civ. 1re, 27 janvier 1987, *Bull. civ.,* I, n° 31.

■ (83) Sur l'attachement rigoureux de la Cour de cassation à ce système, V. MESTRE, *RTD civ.* 1988.340 et Civ. 3e, 20 octobre 2004, *D.* 2005.257, note critique NOGUERO.

■ (84) Cons. constit., 17 janvier 2013, n° 2012-288 QPC ; *RTD civ.* 2013.87, obs. HAUSER.

Dans ces trois cas la preuve de l'insanité au moment de l'acte doit toujours être rapportée, mais elle peut l'être par tous moyens (85). Et, comme ces moyens sont en pratique d'ordre médical, la Cour de cassation a levé l'obstacle du secret médical qui vidait la règle de toute portée concrète (86).

L'action en nullité, ouverte aux héritiers, ne se prescrirait alors qu'à compter du décès, même pour un acte antérieur de plus de cinq ans à ce décès (87).

§ 2. L'erreur

75 **Fondement.** L'erreur commise par un contractant a évidemment pour effet de dénaturer son consentement : « s'il avait su », il n'aurait pas contracté. Il n'y a donc pas eu de sa part une réelle volonté de conclure le contrat, du moins ce contrat aux mêmes conditions.

Dans ce cas, c'est le fondement psychologique du consentement qui domine. il n'y a donc en principe à considérer que le seul état d'esprit du contractant qui s'est trompé, la bonne ou mauvaise foi de son partenaire étant indifférente. Cependant, si l'on admet qu'il y a eu erreur, la nullité du contrat portera préjudice à ce partenaire. C'est pourquoi, en fait, le juge ne peut pas faire totale abstraction de l'autre contractant. Il faudra savoir si ce dernier pouvait déceler cette erreur de l'autre ou s'il pouvait la prévoir : alors il devait la dissiper et le juge éprouvera moins de scrupules à sacrifier ses intérêts.

Dans ce délicat équilibre entre la **protection du contractant** qui s'est trompé et la sauvegarde d'une certaine **sécurité juridique** assurant à l'autre partie un minimum de stabilité contractuelle, le droit positif aboutit à des solutions nuancées, souvent subtiles et empreintes d'une bonne part de subjectivité tenant au large pouvoir d'appréciation des juges du fond. Pour tenter de l'exposer, il faut distinguer selon le point sur lequel porte l'erreur, puis préciser à quelles conditions cette erreur peut justifier la nullité.

A. DIFFÉRENTES VARIÉTÉS D'ERREUR

76 **Erreur-obstacle.** On désigne ainsi l'erreur qui porte sur la nature même ou sur l'objet même du contrat. Cette erreur « fait obstacle » à la formation du contrat : le contrat n'existe pas. En principe, il n'est donc même pas nécessaire de faire une action en justice pour demander la nullité. Exemple d'erreur sur la

(85) Cf. Civ. 1re, 27 janvier 1987, 2 arrêts, *Bull. civ.*, I, nos 30 et 31.
(86) Civ. 1re, 22 mai 2002, *Bull. civ.*, I, no 144.
(87) Civ. 1re, 29 janvier 2014, no 12-35341 ; *Bull. civ.*, I, no 15. — Civ. 1re, 20 mars 2013, no 11-28318, *Bull. civ.*, I, no 56.

nature du contrat : A croyait qu'il s'agissait d'un contrat de **vente** alors que B voulait seulement **louer** le même bien (88). Exemple d'erreur sur **l'objet** du contrat : A croyait vendre tel bien tandis que B entendait en acheter un autre (ce qui peut se produire dans les immeubles en copropriété ou en cours de construction lorsque les numéros des lots ont été mal indiqués) (89). Autre exemple d'erreur sur **l'objet** : un prix est entendu par une partie en euros et par l'autre en francs (90). Et exemple d'erreur sur le **contenu** du contrat : l'une des parties ne comprend pas la langue de l'acte (91).

77 **Erreur sur la personne.** L'article 1110, alinéa 2 pose en principe que l'erreur sur la personne du cocontractant n'est pas une cause de nullité. Mais il excepte aussitôt les cas où cette personnalité était déterminante. Cela concerne les **contrats *« intuitu personae »*** qui sont très nombreux : tous les contrats à titre gratuit (car on ne veut pas donner ou rendre service à n'importe qui) ; les contrats de prestations de service (contrat de travail, de mandat, d'entreprise) (92) ; les contrats d'association, etc. Finalement, seuls les contrats portant sur des biens sont concernés par le principe, et encore avec des nuances car si la personnalité du vendeur, du bailleur ou du prêteur importe peu au cocontractant, l'inverse n'est pas toujours vrai : si la vente n'est pas payée comptant, la solvabilité de l'acquéreur peut être prise en compte (93) ; celle de l'emprunteur est essentielle ; et les qualités du locataire sont également souvent déterminantes.

Qu'entend-on par erreur « sur la personne » ? Ce n'est pas nécessairement son *identité* qui est en cause, mais plutôt ses ***qualités essentielles,*** lesquelles varient selon les contrats. Par exemple, le nom, l'âge ou la nationalité, qui sont des éléments de l'identité, seront rarement essentiels (sauf pour des raisons particulières : l'âge d'un fermier influe sur les conditions de reprise du fonds en fin de bail ; la nationalité d'un associé peut influer sur certaines activités). Certaines qualités peuvent être déterminantes pour un type de contrat et non pour un autre : par exemple, le passé d'un repris de justice importe à son employeur, mais non à son vendeur dès lors qu'il est solvable.

(88) Cf. Civ. 3e, 18 mars 1980, *Bull. civ.,* III, n° 65 (un échange ou deux ventes croisées).

(89) Cf. Civ. 3e, 21 mai 2008, *Bull. civ.,* III, n° 92 ; *RDC* 2008.716, obs. GENICON pour une erreur de désignation de parcelles.

(90) Entre anciens et nouveaux francs : Com., 14 janvier 1969, *D.* 1970.458 — Civ. 1re, 27 oct. 1970, *JCP* 1971.II.16710 — 28 nov. 1973, *D.* 1975.21, note Rodière — Comp. sur les erreurs d'étiquetage du prix LEBOIS, *C.C.C.* 2002. chr. 19. — Pour un professionnel, la confusion entre francs et euros est inexcusable (Civ. 3e, 4 juillet 2007, *Bull. civ.*, III, n° 123).

(91) Civ. 1re, 16 décembre 2010, n° 10-13926 ; *RTD civ.* 2011-120, obs. FAGES. — Civ. 3e, 15 décembre 1998, *Defrénois* 1999.1038. — Paris, 30 novembre 2006, *JCP* 2007.II.10065, note KENFACK.

(92) Cf. Saint-Denis de la Réunion, 6 octobre 1989, *JCP* 1990.II.21504, note PUTMAN pour l'erreur de celui qui, croyant traiter avec une personne morale d'expérience pour la diffusion d'une publication, a contracté avec une personne physique.

(93) Cf. par ex. Civ. 1re, 20 mars 1963, *D.* 1963.403.

78 **Erreur sur l'objet.** C'est de loin la catégorie la plus fréquente : l'erreur porte alors sur les prestations mêmes prévues par le contrat. Généralement, il s'agit des prestations attendues de l'autre partie : l'**acquéreur** ignorait certains éléments affectant l'objet acheté. Mais, dans une célèbre affaire, la jurisprudence a admis que le **vendeur** peut invoquer l'erreur commise **sur sa propre prestation** (il ignorait l'authenticité du tableau vendu) (94).

Comment entendre cette erreur sur l'objet ?

L'article 1110 précise que l'erreur ne peut être prise en compte que si elle porte sur la « **substance** même de l'objet ». Si cette expression devait être prise à la lettre, on ne pourrait définir l'erreur sur la substance que comme une erreur sur la matière (conception objective) : par exemple un objet en cuivre et non en or. Mais la jurisprudence a analysé la substance comme quelque chose de subjectif : par exemple, dans l'achat d'un tableau, l'identité de l'auteur n'est pas indifférente ; dans un contrat conclu avec un éditeur par un journaliste, la véracité des propos rapportés par ce dernier est décisive (95).

Les **Principes du droit européen des contrats** énoncent d'ailleurs qu'« un point substantiel est celui dont une personne raisonnable, placée dans la même situation qu'une partie, aurait dû savoir qu'il influencerait le cocontractant quant à sa décision de contracter aux conditions proposées ou de conclure le contrat » (art. 1:301, 5).

Ce sont donc les **qualités essentielles** de la chose que l'on prend en compte (96), ces qualités pouvant être d'ordre matériel ou juridique, comme le caractère constructible ou non d'un terrain (97). Comment apprécier le caractère essentiel ?

C'est parfois un texte qui l'édicte. Ainsi, dans les ventes publiques d'œuvres d'art, un décret du 3 mars 1981 précise les indications qui doivent être fournies et leur signification. L'inexactitude de l'une d'elles constitue en principe *ipso facto* une erreur (98), mais la jurisprudence est devenue incertaine (99).

▪ (94) Aff. du **« Poussin »** (*Grands arrêts*, nos 147-148) : Civ. 1re, 22 février 1978, *D.* 1978.601, note MALINVAUD, cassant Paris, 2 février 1976, *D.* 1976.325, concl. CABANNES, puis Civ. 1re, 13 décembre 1983, *D.* 1984.340, note AUBERT ; *JCP* 1984.II.20186, concl. GULPHE et Versailles, 7 janvier 1986, *D.* 1987.485, note AUBERT. — Cf. aussi Montpellier, 2 janvier 1963, *Gaz. Pal.* 1963.I.193. Il en a été jugé de même pour la vente du « Verrou » de **Fragonard,** aujourd'hui au musée du Louvre : Civ. 1re, 16 octobre 1979, inédit, puis Civ. 1re, 25 mai 1992, *Bull. civ.,* I, n° 165 ; *C.C.C.* 92.174, obs. L. L. — V. aussi Civ. 1re, 24 janvier 1979, *Bull. civ.,* I, n° 34. — Et, pour un autre Poussin, Civ. 1re, 17 septembre 2003, *Bull. civ.,* I, n° 183. — Sur la discussion relative à cette admission de l'erreur sur sa propre prestation, cf. MALAURIE, AYNÈS et STOFFEL-MUNCK, n° 504.

▪ (95) Civ. 1re, 11 octobre 1989, *Bull. civ.,* I, n° 313.

▪ (96) Cf. MALINVAUD, *De l'erreur sur la substance, D.* 1972, chr. 215. — VIVIEN, *De l'erreur déterminante et substantielle, RTD civ.* 1992.305.

▪ (97) Civ. 3e, 12 juin 2014, n° 13-18446 revenant sur Civ. 3e, 23 mai 2007, *D.* 2007.2977, note MAILLARD et *D.* 2008.3109, crit. ATIAS.

▪ (98) V. par ex. Civ. 1re, 27 février 2007, *D.* 2007.1632, note GAUTIER ; *C.C.C.* 2007.146, note LEVENEUR ; *JCP* 2007.I.195, n° 6, obs. LABARTHE pour la date d'une statue antique (*affaire **Sesostris III***). — Civ. 1re, 30 septembre 2008, *Bull. civ.*, I, n° 217 pour un décor de Dali — Civ. 1re, 30 octobre 2008, *Bull. civ.*, I, n° 246, pour une table de Boulle.

Le principe est l'appréciation *« in concreto » :* ce que l'on recherche c'est le consentement des deux contractants en cause, non de contractants abstraits. Il faut donc considérer la qualité que *telle* partie a tenue pour essentielle. Mais comme il faut toutefois une garantie pour l'autre partie, les tribunaux ont nuancé leur position :

— si la qualité essentielle correspond à une qualité tenue pour telle par tout le monde *(« in abstracto »)* comme l'authenticité d'une œuvre d'art, il est certain que l'erreur sur cette qualité est une cause de nullité, qu'elle émane de l'acheteur qui croyait à son authenticité (100) ou du vendeur qui l'ignorait (101) ;

— si un contractant invoque une circonstance particulière déterminante pour lui, alors il devra prouver qu'il a porté à la connaissance du vendeur l'importance décisive qu'il attachait à cette circonstance : autrement dit, il doit s'agir d'une qualité déterminante *connue des deux contractants,* entrée dans le champ contractuel.

Ainsi élargi aux qualités essentielles, le champ de l'erreur sur « l'objet » peut alors être entendu de façon plus souple et peut aller jusqu'à concerner l'objet indirect du contrat : par exemple, dans une vente de parts sociales, on a admis l'erreur portant sur l'actif de la société (102) ; dans un cautionnement, l'erreur sur les autres garanties fournies au créancier (103). Mais il faut quand même qu'on puisse rattacher cette qualité déterminante à l'objet même de l'une des prestations contractuelles : une erreur sur l'économie du contrat ou sur son équilibre ne peut être prise en considération. Ainsi n'est pas admise l'erreur commise par la caution sur la disproportion entre son engagement et ses revenus (104). De même la Cour de cassation a jugé que l'erreur d'une compagnie d'assurance faute de déclaration d'une circonstance qui aurait entraîné une majoration de la prime ne porte pas « sur la substance même de l'obligation de l'assureur » (105).

79 **Exception : contrats aléatoires.** Il existe cependant un cas où l'on ne peut demander cette nullité du contrat pour erreur sur l'objet : c'est celui où le

■ (99) Civ. 1re, 20 octobre 2011, n° 10-25980 ; *RDC* 2012.55, obs. GENICON ; *D.* 2012.76, note LABARTHE ; *JCP* 2011.2406, note SERINET (revenant sur la solution précédente dans la même affaire de la table de Boulle).

■ (100) V. par ex. Civ. 1re, 7 novembre 1995, *Bull. civ.,* I, n° 401. — 13 janvier 1998, *Bull. civ.,* I, n° 17. — Peu importe que cet acheteur fût un professionnel (Civ. 1re, 8 décembre 2009, *Bull. civ.,* I, n° 240. — Civ. 1re, 30 septembre 2008, *Bull. civ.,* I, n° 217) ou un spécialiste (Civ. 1re, 31 mai 2007, n° 05-17203).

■ (101) Voir les arrêts *Poussin* et *Fragonard* précités.

■ (102) Civ. 1re, 1er octobre 1991, *D.* 1992.190, note VIRASSAMY. — Com., 17 octobre 1995, *Bull. civ.,* IV, n° 244. — 7 février 1995, *D.* 1996.50, note BLASSELLE.

■ (103) Civ. 1re, 1er juillet 1997, *Bull. civ.,* I, n° 219 ; *D.* 1999.181, note BRÉMOND.

■ (104) Civ. 1re, 2 avril 1997, *JCP* 1997.II.22927, note CASEY.

■ (105) Civ. 1re, 1er mars 1988, *Bull. civ.,* I, n° 56. — Cela sans préjudice d'une éventuelle nullité pour dol, ce qui est légèrement différent (*infra,* n° 81).

contrat présente un *caractère aléatoire :* en ce cas, l'erreur ne peut pas être invoquée car les parties ont accepté un **risque.** Ainsi de la vente d'un tableau dont l'authenticité est discutée (106) ou d'une statuette indiquée au catalogue comme « très restaurée », ce qui emportait que l'acquéreur, qui était un professionnel, « avait assumé délibérément un risque qui lui interdisait d'obtenir la nullité de la vente » (107). Il en est de même de la **caution** qui doit apprécier les risques que lui fait courir son engagement (108) ou du « repreneur » qui prend en charge le passif d'une entreprise en « faillite » (109).

On dit que **« l'aléa chasse l'erreur »** (110), formule frappante qui n'est d'ailleurs pas tout à fait exacte : il en déplace plutôt l'objet car il en irait différemment, de manière logique, si l'une des parties ignorait qu'il y eût un aléa (111) ou inversement croyait à tort qu'il y en avait un (112), ou encore si son erreur portait sur un élément d'appréciation de cet aléa (ce que le droit des assurances appréhende par le régime particulier des fausses déclarations de risques : cf. art. L. 113-8 et L. 113-9 du Code des assurances).

80 **Erreur sur la valeur.** Cette erreur est traditionnellement écartée par la jurisprudence (113). Pourtant toutes les erreurs sur la substance ont une répercussion sur la valeur : mais ce qui est exclu, c'est l'erreur sur la ***seule valeur*** de l'objet, en connaissance des paramètres d'évaluation. Cela s'explique pour deux raisons : sur le plan pratique, car il existerait alors une contestation très large des contrats ; sur le plan théorique, car du moment que les parties disposent de tous les éléments, il leur appartient de bien évaluer la valeur monétaire, y compris en se renseignant auprès d'experts (114).

Il ne faut évidemment pas confondre cette erreur sur la valeur avec l'erreur qui porterait sur la monnaie visée, et qui constitue en réalité une variété d'erreur-obstacle, faute d'accord sur la même chose (cf. *supra,* n° 76). De même

■ (106) Civ. 1re, 24 mars 1987, *D.* 1987.489, note AUBERT ; *JCP* 1989.II.21300, note VIEVILLE-MIRAVETE ; *RTD civ.* 1987.743, obs. MESTRE. — Mais la vente sans réserves d'un tableau signé n'est pas aléatoire : Civ. 1re, 7 novembre 1995, *Bull. civ.,* I, n° 401.
■ (107) Civ. 1re, 31 mars 1987, *Bull. civ.,* I, n° 115.
■ (108) Civ. 1re, 13 novembre 1990, *Bull. civ.,* I, n° 242.
■ (109) Paris, 4 février 1992, *D.* 1994, som. 5, obs. DERRIDA.
■ (110) MESTRE, *RTD civ.* 1987.743. — V. *Contrats spéciaux,* n° 949.
■ (111) V. p. ex. Civ. 1re, 13 janvier 1998, *D.* 1999. Somm. 13, obs. BRUN ; *Bull. civ.,* I, n° 17. — Civ. 1re, 17 septembre 2003, *Bull. civ.,* I, n° 183 (le vendeur était convaincu que son tableau **n'était pas de Poussin**). — Civ. 1re, 28 mars 2008, *Bull. civ.*, I, n° 95 ; *JCP* 2008.I.10101, note SERINET ; *RDC* 2008.727, obs. LAITHIER (le vendeur ignorait la possible attribution à **Monet**).
■ (112) V. Civ. 1re, 22 février 1978, précité (le vendeur croyait incertaine la paternité de **Poussin** sur son tableau (un autre...) alors qu'elle était certaine).
■ (113) V. par ex. Com., 18 février 1997, *Bull. civ.,* IV, n° 55 (erreur sur la valeur d'actions de sociétés).
■ (114) Cf. cependant un arrêt d'appel admettant une « erreur grossière » du vendeur d'un appartement, par souci d'équité : Paris, 7 mars 1989, *RTD civ.* 1989.743, obs. MESTRE.

n'est pas une erreur sur la valeur celle qui porte sur la rentabilité d'un bien, car il s'agit là d'une de ses qualités (115).

81 **Erreur sur la cause du contrat.** Il s'agit d'une erreur qui porte sur les raisons d'être d'un contrat, ce qu'on peut appeler son « contexte ». On dit parfois qu'elle n'affecte pas la validité du contrat car il impose peu de savoir *pourquoi* les parties ont consenti, dès lors qu'on sait *ce à quoi* elles ont consenti. Mais l'article 1131 dispose expressément qu'est sans effet l'obligation consentie **« sur une fausse cause ».** Aussi la jurisprudence a-t-elle été conduite à opérer à cet égard une distinction entre *la cause du contrat* et les *mobiles d'un contractant :*

— **il y a simple *mobile*** dans un motif extérieur au contrat qui pousse *une partie* à conclure : par exemple celui qui achète un logement dans la ville où il croit être affecté pour son travail ou achète un bien en croyant avoir hérité des fonds nécessaires ; cette erreur sur le mobile, ou le « motif », n'est pas une cause de nullité, même si le motif a été déterminant (116), et même, semble-t-il, s'il a été porté à la connaissance de l'autre partie) ; il en va toutefois différemment en matière de libéralités, car le motif déterminant constitue alors la cause de la libéralité, et l'erreur qui l'affecte prive en réalité cette libéralité de toute cause (cf. *infra,* n° 184) ;

— **il y a en revanche *cause* du contrat** dans l'élément qui constitue la base même du contrat et a déterminé le consentement des *deux parties* ou du moins de l'une d'entre elles à la connaissance de l'autre : par exemple A cède un bien à B ou promet de lui verser une somme car il croit lui être redevable d'un avantage ou avoir une dette à son égard (117) ; ou un commerçant souscrit un engagement pour une activité en réalité impossible (118). Alors, s'il s'avère que cette cause était erronée, l'erreur sera prise en compte et viciera le contrat. Cette erreur sera alors souvent une **erreur de droit,** ce qui ne l'empêche pas d'être

▩ (115) Com., 4 octobre 2011, n° 10-20956 ; *RDC* 2012.64, obs. GENICON. — Com., 12 juin 2012, n° 11-19047, *D.* 2012.2079, note DISSAUX ; *RTD civ.* 2012.724, obs. FAGES. — (Comp. toutefois auparavant Civ. 3e, 31 mars 2005, *Bull. civ.*, III, n° 81).

▩ (116) Civ. 1re, 13 février 2001, *Bull. civ.* I, n° 31 ; *RTD civ.* 2001.352 ; *Grands arrêts*, n° 149 : « l'erreur sur un motif du contrat extérieur à l'objet de celui-ci n'est pas une cause de nullité de la convention, quand bien même ce motif aurait été déterminant ». — Civ. 3e, 24 avril 2003, *Bull. civ.* III, n° 82 ; *JCP* 2003.II.10436, note WINTGEN (pour le régime fiscal du bien). — Com., 11 avril 2012, n° 11-15429 ; *D.* 2013.394, note MEKKI ; *JCP* 2012.1151, note SERINET (pour l'achat par une infirmière d'un matériel inadapté en milieu rural) — On retient parfois une responsabilité du vendeur pour mauvaise information : Civ. 1re, 19 février 2002, *Bull. civ.* I, n° 65.

▩ (117) Civ. 1re, 10 mai 1995, *Bull. civ.,* I, n° 194.

▩ (118) Civ. 1re, 3 juillet 1996, *Bull. civ.,* I, n° 286 ; *D.* 1997.500, note REIGNÉ, dont la solution est correcte, mais non les motifs qui retiennent un défaut de cause alors qu'il s'agit d'une erreur sur la cause (Comp. la solution plus restrictive de Com., 11 avril 2012, précité).

prise en compte car la règle « nul n'est censé ignorer la loi » est ici sans application (119).

Cette erreur sur la cause est souvent invoquée par les **cautions,** ignorant l'insolvabilité du débiteur dont elles se portent garantes : il n'y aura nullité que si la caution prouve d'une part qu'elle ignorait cette insolvabilité (120) et d'autre part que cette solvabilité était, au su du créancier, l'élément déterminant de sa garantie (121). Il en va de même si la caution croyait à l'existence d'autres garants à ses côtés (122).

B. CARACTÈRES NÉCESSAIRES À LA NULLITÉ

82 **Caractère déterminant.** Même lorsqu'elle tombe sur l'un des points qui sont retenus en jurisprudence, l'erreur n'emporte la nullité que si elle a été déterminante du consentement. Autrement dit, le contractant doit établir que, s'il n'avait pas commis cette erreur, il n'aurait pas conclu le contrat (soit pas du tout, soit pas aux mêmes conditions). Cela conduit les juges à effectuer une analyse psychologique souvent très délicate (v. *supra,* n° 72) (123), pour laquelle ils doivent se reporter rétrospectivement à l'époque de la conclusion du contrat (124).

(119) Erreur du transporteur qui s'engage à rembourser des marchandises qui lui ont été volées en croyant à tort qu'il était responsable et que son assurance le garantirait : Civ. 1re, 20 novembre 1990, *Bull. civ.,* I, n° 250. — Erreur de celui qui promet de payer les dettes d'une société en « faillite » dans l'ignorance de la règle de la suspension des poursuites individuelles : Civ. 1re, 2 avril 1996, *Bull. civ.,* I, n° 159. — Erreur de celui qui vend une terre à son fermier en croyant que celui-ci jouit d'un droit de préemption : Civ. 3e, 5 juillet 1995, *Bull. civ.,* III, n° 174 et 24 mai 2000, *Bull. civ.,* III, n° 114 ; *Defrénois* 2000.1377, obs. D. MAZEAUD. — Erreur sur les conséquences fiscales de l'acte : Civ. 1re, 11 février 1986, *Bull. civ.* I, n° 25. — Comp. sur l'erreur de droit en matière pénale, cause d'irresponsabilité : Crim., 24 novembre 1998, *JCP* 1999.II.10208.
(120) Com., 10 octobre 1995, *Bull. civ.,* IV, n° 223.
(121) Cf. Civ. 1re, 11 décembre 1990, *Bull. civ.,* I, n° 127. — Com., 11 janvier 1994, *Bull. civ.,* IV, n° 15. — 1er octobre 2002, *Bull. civ.,* IV, n° 131 ; *D.* 2002.3076. — Cf. aussi, pour une erreur sur le rang des hypothèques du créancier, Civ. 1re, 1er juillet 1997, *Bull. civ.,* I, n° 219. — Et pour l'erreur de la caution ignorant que le débiteur garanti a été radié du Registre du commerce : Com., 19 novembre 2003, *Bull. civ.,* IV, n° 172 ; *D.* 2004.2037, note JOBARD-BACHELLIER.
(122) Com., 30 novembre 2010, n° 09-16709 ; *RTD civ.* 2011.120, obs. FAGES.
(123) Cf. VIVIEN, *De l'erreur déterminante et substantielle, RTD civ.* 1992.305. — Sur le cas où un texte énumère ce qui est essentiel, v. *supra*, n° 78.
(124) Civ. 1re, 26 octobre 1983, *Bull. civ.,* I, n° 249. — Cela n'interdit pas de s'aider des lumières d'éléments de preuve postérieurs : Civ. 1re, 13 décembre 1983, *Bull. civ.,* I, n° 293 ; *JCP* 1984.II.20186, concl. GULPHE. — Com., 13 décembre 1994, *Bull. civ.,* IV, n° 375. — Sur le cas très particulier de *disparition rétroactive* d'une qualité qui existait lors de la conclusion du contrat (pour des permis de construire annulés ou retirés), voir les solutions diverses de : Civ. 3e, 13 juillet 1999, *Bull. civ.*, III, n° 178. — Civ. 3e, 23 mai 2007, *D.* 2007.2977, note MAILLARD et *D.* 2008.3109, chron. ATIAS. — Civ. 3e, 12 juin 2014, n° 13-18446.

83 **Caractère excusable.** Lorsqu'elle est trop grossière, l'erreur apparaît inexcusable et la jurisprudence en déduit, sans aucun support textuel, qu'elle ne peut entraîner la nullité. Il y a là une sanction à l'égard d'une partie fautive : le vice du consentement existe, mais la grossièreté de l'erreur emporte une **déchéance** du droit de demander la nullité, ce qui commande qu'une erreur provoquée est par là-même excusable (125). On explique souvent ainsi l'exclusion de l'erreur sur la valeur (cf. *supra,* n° 80). De même est inexcusable celui qui s'assure deux fois pour le même risque (126), le transporteur qui achète un véhicule d'une marque inexistante (127), le tailleur qui achète du velours d'ameublement pour confectionner des vêtements (128), l'architecte qui néglige de se renseigner sur la constructibilité d'un terrain (129), l'employeur qui ne prend aucun renseignement avant une embauche (130), ou le « repreneur » d'une entreprise qui ne s'enquiert pas des conséquences fiscales de l'opération (131), ou encore le commerçant qui confond anciens et nouveaux francs, ou aujourd'hui franc et euro (132). Mais la seule qualité de professionnel d'un acheteur ne rend pas automatiquement son erreur inexcusable (133).

L'**erreur *de droit*** n'est pas inexcusable en elle-même, car le droit est trop complexe pour être connu de tous avec évidence (cf. *supra,* n° 81).

Cette exception de l'erreur inexcusable ne s'applique pas lorsque l'erreur porte sur la cause (134) ni surtout lorsque l'erreur a été provoquée par un dol (v. *infra*, n° 88-1).

C. SANCTION

84 **Nullité.** L'erreur est un vice du consentement à l'état pur, où l'on ne considère que la psychologie de celui qui s'est trompé. La sanction est donc la nullité du contrat, que seule peut demander la victime de l'erreur. Mais à elle seule, elle n'implique aucune faute de l'autre partie — qui peut très bien avoir ignoré cette erreur de son partenaire, ou même l'avoir partagée (par ex., le vendeur d'un faux tableau croyait lui aussi à son authenticité). Elle ne peut donc

(125) Civ. 3e, 21 février 2001 ; *Bull. civ.*, III, n° 20. — Com., 29 octobre 2003, *RJDA* 2004.828.
(126) Civ. 1re, 29 juin 1959, *Bull. civ.,* I, n° 320.
(127) Civ. 1re, 27 juin 1973, *Bull. civ.,* I, n° 221.
(128) Com., 4 juillet 1973, *D.* 1974.538, note GHESTIN.
(129) Civ. 3e, 9 octobre 1969, *Bull. civ.,* III, n° 634.
(130) Soc., 3 juillet 1990, *Bull. civ.,* V, n° 329.
(131) Bordeaux, 27 février 1990, *D.* 1994, som. 5, obs. DERRIDA.
(132) Civ. 1re, 27 octobre 1970, *JCP* 1971.II.16710. — Civ. 3e, 4 juillet 2007, *Bull. civ.*, III, n° 123.
(133) Civ. 1re, 14 décembre 2004, *Bull. civ.*, I, n° 326. — Civ. 1re, 8 décembre 2009, *Bull. civ.*, I, n° 240 (un antiquaire est excusable de se fier aux mentions du catalogue d'une vente aux enchères). — Com., 13 mars 2012, n° 11-13077 (erreur d'un agriculteur sur le matériel acheté).
(134) Civ. 1re, 10 mai 1995, *Bull. civ.,* I, n° 194 ; *RTD civ.* 1995.880, obs. MESTRE.

à elle seule ouvrir droit, en plus de la nullité, à des **dommages-intérêts.** C'est la différence avec le dol.

Les **Principes du droit européen des contrats** envisagent une sanction plus souple : le contrat pourrait être maintenu en étant adapté selon le sens que lui avait donné la victime de l'erreur, si l'autre partie l'accepte et, dans le cas où les deux parties ont commis la même erreur, le tribunal pourrait adapter le contrat (art. 4:105). De même les principes **Unidroit** retirent à cette victime le droit de faire annuler le contrat « si l'autre partie manifeste l'intention de s'y conformer ou qu'elle exécute ses obligations ainsi que la victime de l'erreur l'entendait » (art. 3-13).

§ 3. Le dol

85 **Définition.** D'une manière générale, le dol consiste dans un comportement **malhonnête.** Au stade de l'exécution du contrat, nous retrouverons ce terme à propos de l'inexécution dolosive (cf. *infra,* n° 412). Mais au stade de la formation du contrat, l'expression vise une tromperie qui va amener l'autre partie à conclure le contrat sur une fausse conviction. Par exemple, le vendeur d'une entreprise présente une comptabilité truquée pour décider son acheteur.

Il y a donc *erreur provoquée.*

À l'élément psychologique vient s'ajouter ici un élément « moral » : on entend sanctionner la partie qui a provoqué l'erreur et l'on peut donc mieux protéger la victime de cette erreur. On n'a plus alors à restreindre les cas où la nullité peut être prononcée, comme ou le faisait en cas d'erreur simple par égard pour la sécurité du cocontractant : aussi le dol sur *la valeur* est une cause de nullité et l'erreur provoquée n'est jamais une erreur inexcusable (135). Le dol a donc un champ plus large que l'erreur et, lorsqu'elle le peut, il est toujours plus intéressant pour la partie trompée d'invoquer le dol que de faire état seulement de l'erreur à l'état pur.

Pour que le dol soit constitué, il faut la réunion d'un élément matériel et d'un élément intentionnel.

86 **Élément matériel : des manœuvres dolosives à l'obligation de contracter de bonne foi.** L'article 1116 du Code civil parle de « manœuvres », c'est-à-dire d'actes positifs caractérisés par une mise en scène : production de faux documents, « maquillage » d'une voiture accidentée, etc.

Mais l'histoire de la jurisprudence en la matière est celle d'une extension progressive, intégrant successivement le mensonge, puis la réticence et enfin le simple silence.

(135) Civ. 3e, 21 février 2001, *Bull. civ.,* III, n° 20.

— **Le simple mensonge** a longtemps été regardé comme ne constituant pas une manœuvre. Mais la jurisprudence considère aujourd'hui qu'« un simple mensonge, non appuyé d'actes extérieurs, peut constituer un dol » (136).

Cependant, il faut distinguer le *« dolus bonus »,* simple exagération d'usage des qualités de la chose qui ne constitue pas un dol, et le *« dolus malus »* qui constitue un dol parce qu'il y a intention de tromper (137).

— **La réticence** d'une partie sur un élément important et décisif du contrat a ensuite permis aux tribunaux de faire un pas supplémentaire : après avoir refusé d'y voir un dol, ils ont plus récemment admis que l'honnêteté impose de donner des éclaircissements (obligation « de renseignements »), surtout de la part d'un professionnel face à un profane (138). Par exemple, un garagiste vend une voiture d'occasion sans révéler qu'elle a eu un accident : il y a dans ce cas *dol par réticence.*

Les recueils de jurisprudence illustrent la férocité des contractants : une banque recueille la garantie d'une caution en lui taisant l'état désespéré de l'entreprise garantie (139), le défaut de viabilité de l'opération financée (140) ou même la destination réelle du crédit garanti (141) ; une commune achète un terrain non constructible sans informer le vendeur du déclenchement d'une procédure le rendant constructible (142) ; un expéditeur cache au transporteur le caractère dangereux du chargement (143) ; le dirigeant d'une société achète des actions sans révéler qu'il a déjà trouvé à les revendre à un prix supérieur (144) ; le vendeur d'un fonds de commerce dissimule que son épouse exploite un fonds voisin concurrent (145) ; celui d'un jardin ensoleillé cache le projet d'une haute construction voisine (146) ; celui d'une maison dissimule qu'elle est frappée d'une interdiction administrative d'habitation (147) ; le gérant d'une société en

(136) Civ. 3e, 6 novembre 1970, *JCP* 1971.II.16942, note GHESTIN. — Soc., 7 juin 1995, *Bull. civ.,* V, n° 183 (pour une fausse affirmation sur le régime fiscal des indemnités acceptées par un salarié). — V. toutefois en retrait dans le cadre particulier d'une transaction en **droit du travail** : Soc., 12 février 1997, *Defrénois* 1997.1077 et la note.

(137) Cf. par ex. Civ. 1re, 1er février 1960, *Bull. civ.,* I, n° 67.

(138) V. *Grands arrêts,* n° 174.

(139) Cf. Civ. 1re, 10 mai 1989, *JCP* 1989.II.21363, note LEGEAIS. — 26 novembre 1991, *Bull. civ.,* I, n° 331. — Toutefois ce silence est parfois jugé « innocent » si la caution est un dirigeant de l'entreprise (Com., 15 février 1994, *Bull. civ.,* IV, n° 60), mais pas toujours (Com., 23 juin 1998, *C.C.C.* 1998.126, obs. L. L.).

(140) Com., 23 juin 1998, *Bull. civ.,* IV, n° 208.

(141) Com., 26 mai 1992, *Bull. civ.,* IV, n° 204.

(142) Civ. 3e, 27 mars 1991, *Bull. civ.,* III, n° 108. — Civ. 1re, 11 septembre 2012, n° 11-22389 ; *RDC* 2013.62, note SAVAUX. — Civ. 3e, 29 janvier 2013, n° 12-11944.

(143) Com., 10 décembre 1991, *Bull. civ.,* IV, n° 386.

(144) Com., 27 février 1996, *JCP* 1996.II.22665, note GHESTIN ; *D.* 1996.618, note MALAURIE.

(145) Com., 20 juin 1995, *D.* 1995.I.R.211 — Pour d'autres dissimulations de la part du vendeur d'un fonds : Com., 14 novembre 1995, *JCP* 1997.II.22818.

(146) Civ. 3e, 20 décembre 1995, *Bull. civ.,* III, n° 268.

(147) Civ. 3e, 29 novembre 2000, *Bull. civ.* III, n° 182.

cède les parts en dissimulant un accident du travail pour lequel il a été pénalement condamné et dont la société devra supporter les conséquences (148) ; le garagiste affirme que la voiture qu'il vend après réparation n'a subi qu'un accident anodin, alors qu'il ignore tout de cet accident (149) ; etc.

On ne peut toutefois retenir ce dol que si les circonstances étaient telles que le contractant était amené à **faire confiance** à son partenaire : c'est alors seulement qu'il était dispensé de se protéger par lui-même et qu'il faut sanctionner le silence de celui qui a abusé de cette confiance. Un auteur a pu, à l'issue d'une étude approfondie, proposer la définition suivante de ce devoir de renseignement : « celle des parties qui connaissait, ou qui devait connaître, en raison spécialement de sa qualification professionnelle, un fait dont elle savait l'importance déterminante pour l'autre contractant, est tenue d'en informer celui-ci, dès l'instant qu'il était dans l'impossibilité de se renseigner lui-même ou qu'il pouvait légitimement faire confiance à son cocontractant, en raison de la nature du contrat, de la qualité des parties, ou des informations inexactes que ce dernier lui avait fournies » (150). La réticence apparaît donc comme un *silence circonstancié* que l'on assimile au dol (151).

C'est ce que fait ressortir la terminologie plus brève des principes **Unidroit** : commet un dol la partie qui « contrairement aux exigences de la bonne foi en matière commerciale, a omis frauduleusement de faire part de circonstances particulières qu'elle aurait dû révéler » (art. 3-8).

Récemment, certains **textes légaux** sont d'ailleurs venus imposer à un professionnel de renseigner l'autre (art. L. 111-1, C. consom. pour les caractéristiques principales des produits offerts — art. 330-3 du Code de commerce pour certains contrats entre un fabricant et ses distributeurs). La question est alors de savoir si la méconnaissance de ces prescriptions emporte automatiquement le dol ou s'il faut tout de même établir celui-ci. La jurisprudence est variable (152).

— **L'obligation de contracter de bonne foi** a enfin été dégagée par une jurisprudence plus récente (153) pour permettre non seulement de sanctionner

(148) Civ. 1re, 15 mars 2005, *D.* 2005.1462, note CATHIARD.

(149) Civ. 1re, 12 janvier 2012, n° 10-23250 ; *C.C.C.* 2012.84, note LEVENEUR.

(150) GHESTIN, n° 665.

(151) Pour une remise en cause de cette assimilation, v. LARDEUX, *La réticence dolosive n'est pas un dol comme les autres*, *D.* 2012, chr. 2986.

(152) Exigeant la preuve du dol : Com., 10 février 1998, *Bull. civ.*, IV, n° 71 (loi *Doubin*). — Civ. 1re, 31 octobre 2007, *Bull. civ.*, I, n° 342 (agents de voyage). — Déduisant automatiquement le dol : Civ. 1re, 12 juillet 1983, *Bull. civ.*, I, n° 206 (assurances de groupe). — Réciproquement le respect des formulaires réglementaires a été jugé exclusif de tout dol : Civ. 1re, 14 juin 1989, *D.* 1989, Somm. 338, obs. AUBERT ; *JCP* 1991.II.21632, note VIRASSAMY.

(153) Expression apparue dans Civ. 1re, 21 janvier 1981, *Bull. civ.*, I, n° 25. — Cf. depuis : Com., 8 novembre 1983, *Bull. civ.*, IV, n° 298. — Civ. 1re, 10 mai 1989, précité. — 26 novembre 1991, précité. — Civ 3e, 25 février 1987, *Bull. civ.*, III, n° 36. — 27 mars 1991, *Bull. civ.*, III, n° 108. — Civ. 1re, 16 mai 1995, *JCP* 1996.II.22736, note LUCAS. — 18 février 1997, *Bull. civ.*, I,

les réticences dolosives précitées, mais encore d'aller parfois au-delà en appréhendant tout abus dans la conclusion du contrat (154).

87 **Élément intentionnel ?** On peut dès lors se demander si la notion de dol renferme encore l'élément intentionnel qui lui était traditionnellement attaché. Certains arrêts y font toujours référence, refusent de voir un dol dans des négligences, mêmes graves (155), et énoncent que le silence doit avoir été gardé « intentionnellement pour tromper le contractant et le déterminer à conclure » (156). Mais beaucoup d'autres décisions ne formulent pas cette exigence (157). Selon un courant récent, cet élément intentionnel est cependant ce qui sépare aujourd'hui le dol en tant que vice du consentement exigeant un élément intentionnel de la simple responsabilité résultant du manquement à une obligation précontractuelle d'information qui, fondée sur l'article 1383 du Code civil, ne requiert pas cet élément (158). L'idée est que le dol ne doit pas être absorbé par la responsabilité civile, du moins en tant que vice du consentement (159), même si les deux mécanismes peuvent se conjuguer (*infra*, n° 90).

87-1 **Cas particuliers ?** La jurisprudence récente paraît soumettre deux cas particuliers à un régime quelque peu dérogatoire.

D'une part les silences d'un **salarié** lors de l'embauche ou lors d'une transaction semblent soumis à un régime plus indulgent (160).

D'autre part **l'acheteur** d'un bien est parfois aussi traité avec une indulgence jugée par certains excessive, lorsqu'il en connaît la véritable valeur, ignorée du

n° 61. — 13 mai 2003, *Bull. civ.,* I, n° 114 ; *Defrénois* 2003.1568 et l'importante note LIBCHABER. — 15 mars 2005, *D.* 2005.1462.

(154) Cf. par ex. Com., 17 juin 1997, *Bull. civ.,* IV, n° 188 pour l'exigence d'un cautionnement excessif (v. aussi, par le relais du devoir de conseil : Civ. 1re, 8 juin 1994, *Bull. civ.,* I, n° 206. — 27 juin 1995, *Bull. civ.,* I, n° 287 ; *D.* 1995.621). Voir aussi pour un abus de faiblesse, qui aurait pu aussi bien relever de la violence : Civ. 1re 12 juin 2012, n° 11-14321 ; *LPA*, 5 octobre 2012, p. 7, note CARTIER-FRENOIS.

(155) Com., 10 mars 1981, *Bull. civ.,* IV, n° 128. — Com., 27 janvier 2009, n° 08-10052 ; *D.* 2010.231, obs. AMRANI-MEKKI.

(156) Civ. 1re, 12 novembre 1987, *Bull. civ.,* I, n° 293. — Cf. aussi Civ. 1re, 7 mars 1979, *Bull. civ.,* I, n° 84. — 13 février 1996, *Bull. civ.,* I, n° 78. — Com., 7 juin 2011, n° 10-13.622, *Bull. civ.*, IV, n° 91.

(157) Pour un panorama de décisions sur la réticence dolosive, voir MESTRE, *RTD civ.* 1988.336.

(158) Com., 28 juin 2005, *Bull. civ.*, IV, n° 140. — Civ. 1re, 28 mai et 25 juin 2008, *Bull. civ.*, I, nos 132 et 184 ; *JCP* 2008.I.218, obs. LABARTHE. — V. Com., 7 juin 2011, n° 10-13622, *C.C.C.* 2011.208, note LEVENEUR ; Droit et pat. février 2012.67, obs. STOFFEL-MUNCK.

(159) Cf. sur cette absorption du dol par la responsabilité civile, voir les réactions de BARTHEZ, GHESTIN, LARDEUX, OLLAR, REMY et SAVAUX, *RDC* 2013.1155 et s.

(160) Cf. MOULY, note *D.* 1991.507. — Soc., 2 février 1994, *Bull. civ.,* V, n° 38. — Soc., 12 février 1997, *Defrénois* 1997.1077 et la note. — Soc., 21 septembre 2005, *D.* 2006.204, note LOISEAU (silence sur l'état de santé).

vendeur. Si le dol a été retenu contre l'acheteur dans certains cas (161), des décisions récentes l'ont écarté de façon contestable dans d'autres, par exemple au profit du connaisseur achetant des photographies d'art au centième de leur valeur (162) ou au profit de l'agent immobilier achetant à « bon prix » une maison à un vendeur agriculteur (163).

88 **Auteur du dol.** Le dol n'est une cause de nullité que s'il émane du **cocontractant** (164) ou de son représentant (165) parce qu'il repose sur l'idée d'une faute de celui-ci. S'il émane d'un tiers, il est sans effet sur la validité du contrat (166). C'est souvent le cas lorsqu'une **caution** s'engage envers un banquier à garantir les dettes d'un client : le dol émanant de ce client, débiteur garanti mais tiers au contrat de cautionnement, n'est pas cause de nullité (167) — sauf évidemment s'il y a complicité entre le tiers et le cocontractant. En ce cas, la victime du dol qui veut obtenir la nullité du contrat doit se déplacer sur le terrain de l'erreur dans laquelle elle a été induite, considérée isolément (168).

Elle peut aussi agir contre le tiers auteur de la faute, mais seulement pour obtenir des dommages-intérêts en réparation du préjudice que lui cause ce contrat conclu de manière faussée (169).

88-1 **Objet du dol.** La faute commise par l'auteur du dol lève les restrictions que connaissait la nullité pour simple erreur.

Le dol peut donc porter sur n'importe quel élément du contrat — et tout particulièrement sur la **valeur** ou sur les **mobiles,** éléments qui n'étaient pas pris en compte du point de vue de l'erreur.

▪ (161) Com., 27 févier 1996, *JCP* 1996.II.22665 note approb. GHESTIN ; *D.* 1996.618, note crit. MALAURIE (cession de parts sociales) — Civ. 3e, 15 novembre 2000, *Bull. civ.,* III, n° 171 (acheteur d'un terrain connaissant les richesses du sous-sol). — Com., 25 mars 2010, n° 08-13060 ; *JCP* 2010.921, note GHESTIN (cession de parts sociales).

▪ (162) Civ. 1re 3 mai 2000, *Bull. civ.*, I n° 131 ; *Defrénois* 2000.1110, notes contraires DELEBECQUE et D. MAZEAUD.

▪ (163) Civ. 1re, 17 janvier 2007, *Grands arrêts*, n° 151 ; *JPC* 2007.II.10042, note crit. JAMIN ; *D.* 2007.1051, notes contraires D. MAZEAUD et STOFFEL-MUNCK.

▪ (164) L'un d'eux suffit, s'ils sont plusieurs : Com., 29 mai 2001, *Bull. civ.,* IV, n° 100 ; *D.* 2002.1741, note LUCIANI.

▪ (165) Cf. Com., 24 mai 1994, *Bull. civ.,* IV, n° 184, et 13 juin 1995, *Bull. civ.,* V. n° 175 pour les manœuvres du négociateur d'un crédit. — Com., 27 février 1996, *Bull. civ.,* IV, n° 65 pour le dol d'un **porte-fort.**

▪ (166) V. Com., 23 novembre 1993, *Bull. civ.,* IV, n° 421 pour le dol émanant d'un associé alors que le contrat était conclu par la société. — Com., 27 novembre 2001, *C.C.C.* 2002.45 : le dol du franchiseur n'altère pas le contrat du franchisé avec un établissement de crédit.

▪ (167) Cf. par ex. Civ. 1re, 26 janvier 1977, *Bull. civ.,* I, n° 52. — 28 juin 1978, *Bull. civ.,* I, n° 246.

▪ (168) Cf. Civ. 1re, 27 juin 1972, *D.* 1973.133, note MALAURIE. — 3 juillet 1996, *Bull. civ.,* I, n° 288 ; *C.C.C.* 1996.181.

▪ (169) V. par ex. Civ. 1re, 22 juin 2004, *Bull. civ.,* I, n° 182 ; *C.C.C.* 2004.136 (le vendeur d'une œuvre d'art fausse fait intervenir un complice laissant croire à l'acheteur qu'il pourra la revendre aussitôt avec une forte plus-value).

De même, la naïveté **inexcusable** ne fait pas échec au droit d'invoquer le dol (170) comme elle fait pour l'erreur (*supra*, nº 83).

89 **Caractère déterminant.** Reste que le demandeur doit, ici aussi, établir qu'il n'aurait pas consenti s'il avait connu la réalité (171), c'est-à-dire que l'élément concerné était pour lui déterminant, ce qu'il pourra établir librement (172). C'est au jour du contrat qu'il faut se placer pour apprécier ce caractère déterminant, et non au vu des événements postérieurs (173).

On parle parfois de **« dol incident »** pour désigner le cas où la tromperie n'a porté que sur un élément accessoire du contrat ; en ce cas, il n'y aurait pas vice du consentement et nullité du contrat, mais seulement droit à des dommages-intérêts (174). Peu d'arrêts consacrent cette notion qui ne mérite guère d'être retenue : ou bien le consentement a été vicié, ou bien il aurait quand même été donné ; on conçoit mal un « semi » vice du consentement et la notion de « dol incident » ne semble guère consacrée en jurisprudence (175), sauf peut-être en matière de cautionnement où il arrive aux tribunaux de simplement réduire l'obligation de la caution (176). Pour ce cas, **les Principes du droit européen** des contrats envisagent des dommages-intérêts (art. 4:106).

89-1 **Preuve du dol.** La charge de la preuve incombe naturellement à celui qui demande la nullité : il doit établir le dol qu'il invoque, ce qu'il peut faire par tous moyens.

Cependant, dans le cas précis du professionnel devant éclairer le profane, la jurisprudence a consacré un renversement de cette charge : parce qu'il est tenu d'un devoir de renseignement, ce professionnel doit prouver l'avoir accompli, à défaut de quoi son dol peut être retenu (177).

90 **Sanctions.** La preuve du dol permet non seulement de prononcer la **nullité** du contrat, mais encore (puisqu'il y a faute) d'allouer une **indemnité** à la

■ (170) Civ. 3e, 21 février 2001, *Bull. civ.*, III, nº 20 ; *RTD civ.* 2001.353 (acquéreur d'un fonds de commerce ignorant l'absence d'autorisation d'exploiter). Civ. 3e, 25 mars 2011, nº 09-16677 ; *C.C.C.* 2011.184, note LEVENEUR ; *JCP* 2011.703, note GHESTIN. — Voir la critique de J. MOULY, *D.* 2003. chr. 2023.

■ (171) Par ex., l'employeur n'aurait pas embauché le candidat s'il avait su que le *curriculum vitae* adressé avait été manuscrit par son conjoint : Soc., 5 octobre 1994. *Bull. civ.*, V, nº 256.

■ (172) Une clause précisant que tel élément n'est pas déterminant est sans valeur ; Civ. 1re, 13 mai 2003, *Bull. civ.*, I, nº 114.

■ (173) Par exemple, pour un contrat d'assurance, il faut rechercher si une fausse déclaration a influé sur l'opinion du risque par l'assureur, et non si elle a un rapport avec le sinistre ultérieurement survenu : Civ. 2e, 12 mai 2011, nº 10-11832, *Bull. civ.*, III, nº 107.

■ (174) FLOUR et AUBERT, nº 212. — GHESTIN, nº 576 qui critique à juste titre cette notion.

■ (175) Ainsi, Civ. 3e, 22 juin 2005, *Bull. civ.*, III, nº 137 admet la nullité dans le cas où l'acheteur aurait donné un moindre prix de la chose.

■ (176) V. Civ. 1re, 8 juin 1994, *Bull. civ.*, I, nº 206.

■ (177) Civ. 1re, 15 mai 2002, *Bull. civ.*, I, nº 132 ; *C.C.C.* 2002.135. — Voir aussi, au sujet de la loi *Doubin* imposant à une partie de fournir certains renseignements : Com., 4 février 2004, *RDC* 2004.729, obs. BEHAR-TOUCHAIS.

victime pour le préjudice subi, par exemple la perte de la plus-value que l'acheteur avait apportée au bien (178). Parfois même cette victime préférera maintenir le contrat et solliciter seulement cette indemnité : elle en a le droit et, malgré la présence du contrat, cette responsabilité est généralement de nature délictuelle et non contractuelle — car la faute qui en est la source est antérieure au contrat (179). Elle sera toutefois contractuelle si la fausse affirmation a été expressément reprise dans le contrat (180).

Cette indemnité ne peut en principe être supérieure au prix payé, car elle n'est que la différence avec ce que l'acheteur aurait accepté de débourser s'il avait connu la vérité : le dommage n'est que la perte de la chance de ne pas contracter ou de le faire à de meilleures conditions (181), voire de n'avoir pu contracter avec un tiers (182).

Si un **tiers** est complice, on peut lui demander aussi des dommages-intérêts sur le fondement de l'article 1382 du Code civil.

Dans certains cas, en plus des sanctions civiles, il y aura lieu à sanction **pénale** (ex. délit d'escroquerie, délit de publicité mensongère ou délit d'abus de faiblesse ou d'ignorance du consommateur) (183).

§ 4. La violence

91 **Définition.** La violence est visée par les articles 1111 et suivants du Code civil. Sont concernés tous les comportements qui contraignent un contractant à contracter, soit par violence physique directe, soit plus couramment au moyen de **menaces** sur la personne de l'intéressé, contre ses biens ou sur des tiers (violence morale).

92 **Appréciation.** Le Code exige (art. 1112) que la menace soit suffisamment importante, pour « impressionner une personne raisonnable ». La jurisprudence estime

(178) Com., 7 mars 1995, *JCP* 1996.II.22661.

(179) Cf. Civ. 1re, 4 février 1975, *D.* 1975.405, note GAURY ; *JCP* 1975.II.18100, note LARROUMET, pour un cas où l'action en nullité était prescrite, mais non l'action en dommages-intérêts. — 14 novembre 1979, *Bull. civ.*, I, n° 279. — 4 octobre 1988, *Bull. civ.*, I, n° 265. — Com., 23 mai 1989, *RTD civ.* 1989.736, obs. MESTRE. — 18 octobre 1994, *D.* 1995.180, note ATIAS ; *C.C.C.* 95.1, obs. L. L. — 15 janvier 2002, *Bull. civ.*, IV, n° 11.

(180) Com., 8 novembre 1983, *Bull. civ.*, IV, n° 298 — Civ. 1re, 14 mai 2009, n° 07-17568. — Civ. 1re, 10 mai 1989, *Bull. civ.*, I, n° 187. — Civ. 1re, 26 novembre 1991, *Bull. civ.*, I, n° 331.

(181) Civ. 1re, 25 mars 2010, n° 09-12895 ; *RTD civ.* 2010.322, obs. FAGES. — Com., 31 janvier 2012, n° 11-10834. — Com., 10 juillet 2012, n° 12-21954, *Bull. civ.*, IV, n° 149 ; *RDC* 2013.91, obs. DESHAYES ; *RTD civ.* 2013.725, obs. FAGES ; *D.* 2012.2772, note CAFFIN-MOI. — Voir toutefois Civ. 3e, 16 mars 2011, n° 10-10503 (pour le coût d'un désamiantage).

(182) V. TRAULLÉ, *D.* 2013, chron. 2651.

(183) V. par ex. Crim., 26 juin 1996, *C.C.C.* 97.209, obs. G. R.

que ce texte se base sur une appréciation *in concreto :* il faut prendre en compte l'âge, le sexe, les conditions de la personne (184).

Le simple **harcèlement,** qui peut être le fait de proches (surtout à l'égard de vieillards) ou de « négociateurs » professionnels (surtout dans le domaine immobilier pour amener des particuliers à céder un terrain), ne paraît pas entrer littéralement dans cette définition. Il n'est pourtant pas douteux qu'il peut conduire en définitive à conclure un contrat non réellement voulu, pour « avoir la paix » (tel Louis XIV assiégé, selon Saint-Simon, par Madame de Maintenon pour faire son testament) et constitue à ce titre un « vice du consentement » que la jurisprudence s'efforce d'appréhender. La voie du dol ayant été écartée car le consentement est alors conscient (185) (cf. *supra,* n° 86), on peut songer à celle de la contrainte, toujours en ayant égard à la personnalité de la victime. C'est ce qu'a fait la Cour de cassation en décidant elle-même (par un arrêt de censure traduisant sa volonté d'imposer la solution) que les pressions exercées par des « notables » (dont le président du tribunal de commerce !) sur l'épouse d'un commerçant en « faillite » caractérisaient une « violence morale » (186). Et de même pour la salariée signant une transaction sous l'empire de troubles psychologiques causés par un harcèlement sexuel (187).

93 **Violence illégitime.** Pour être cause de nullité, la violence doit être illégitime, ce qui peut conduire à deux exclusions

D'une part, la **crainte révérentielle** envers les parents ne constitue pas, selon l'article 1114 du Code civil, une cause de nullité. Fortement empreinte de l'esprit hiérarchique de son époque, cette disposition est heureusement tombée en disgrâce dans la jurisprudence (188).

D'autre part, la ***menace d'exercer un droit*** n'est pas une violence, à condition qu'on ne profite pas de cette situation pour obtenir des avantages excessifs. Par exemple, si, à la suite d'un détournement d'argent au détriment d'une société, celle-ci menace de poursuites judiciaires les auteurs qui vendent leur maison à la société, la jurisprudence considère que si le prix de la maison vendue était un prix normal, il n'y a pas nullité. Ce n'est que si le prix de la maison était anormal, qu'il y aurait nullité (189). Dans les deux cas le consentement n'a pas été libre ; mais dans le premier, le résultat n'est pas illégitime. La Cour de cassation formule ainsi la règle : « la menace de l'emploi d'une voie de droit ne

(184) V. par ex. Paris, 24 mai 1996, *D.* 1996.I.R.168 et Civ. 3e, 13 janvier 1999, *Bull. civ.,* n° 11 ; *D.* 2000, 76, note WILLMANN pour les pressions d'une secte sur une personne vulnérable.

(185) Com., 2 juin 1981, *Bull. civ.,* IV, n° 259. — Civ. 1re, 10 juillet 1995, *D.* 1997.20, note CHAUVEL.

(186) Com., 28 mai 1991, *Bull. civ.,* IV, n° 128.

(187) Soc., 30 novembre 2004, *D.* 2005.14.

(188) Voir notamment Civ. 1re, 3 juin 1959, *Bull. civ.,* I, n° 276 — 22 avril 1986, *Bull. civ.,* I, n° 98.

(189) Civ. 3e, 17 janvier 1984, *Bull. civ.,* I, n° 13 sur Paris, 8 juillet 1982, *D.* 1983.473. — Cf. aussi un exemple topique dans Poitiers, 7 nov. 1979, *D.* 1980.I.R.265, obs. GHESTIN.

constitue une violence au sens des articles 1111 et suivants du Code civil que s'il y a abus de cette voie de droit, soit en la détournant de son but, soit en en usant pour obtenir une promesse ou un avantage sans rapport ou hors de proportion avec l'engagement primitif » (190).

94 **Origine de la violence.** Envisagée en tant que privant le contractant de son libre-arbitre, la violence est un vice du consentement quel que soit son auteur : contrairement au dol, la violence est donc une cause de nullité même si elle émane d'un **tiers** (C. civ., art. 111).

Mais qu'en est-il de la contrainte résultant de *la pression des **événements*** (le contrat de travail ou la transaction avec un assureur conclus sous l'empire du besoin d'argent ; le contrat de dépannage imposé par les circonstances en un lieu où ne joue pas la concurrence : autoroutes, etc.) ? Même si l'intéressé n'a pas véritablement « choisi » de contracter ainsi, admettre dans tous les cas la nullité créerait une trop grande insécurité des contrats. Aussi la jurisprudence décide-t-elle que la pression des circonstances ne suffit pas à constituer la violence : celle-ci n'existe que si le cocontractant a profité de ces circonstances pour imposer des conditions anormales (191).

De la même façon, la puissance économique d'une partie ne suffit pas à elle seule (192) mais l'abus qui en est fait peut être pris en compte : « l'exploitation abusive d'une situation de dépendance économique faite pour tirer profit de la crainte d'un mal menaçant directement les intérêts légitimes de la personne, peut vicier son consentement » (193). La législation économique fait une application de cette idée lorsqu'elle annule les contrats qui sont le fait de « l'exploitation abusive par une entreprise... d'une position dominante... (ou) de l'état de dépendance économique dans lequel se trouve, à son égard, une entreprise cliente ou fournisseur » (C. com., art. L. 420-2). Et, depuis 1992, le droit de la consommation comporte une disposition analogue en retenant le délit d'**« abus de faiblesse »** lorsque « la transaction a été conclue dans une situation d'urgence ayant mis la victime dans l'impossibilité de consulter un ou plusieurs professionnels qualifiés, tiers au contrat » (C. consom., art. L. 122-9, 5°) (194).

▪ (190) Civ. 3e, 17 janvier 1984, *Bull. civ.*, III, n° 13. — Pour des exemples, v. Com., 18 février 1997, *JCP* 1997.IV.841 (cession du contrôle d'une société obtenue par son client unique sous menace de déclencher une procédure de « faillite »). — Paris, 12 janvier 2000, *JCP* 2000.II.10443 (salarié contraint de céder des droits d'auteur sous menace de licenciement, cassé par Civ. 1re, 3 avril 2002, *D.* 2002.1466, la menace n'ayant pas été constatée).
▪ (191) Soc., 5 juillet 1965, *Bull. civ.*, V, n° 545, pour un contrat de travail injuste conclu sous les nécessités issues de la maladie d'un enfant. — Plus récemment, à propos d'une transaction avec un assureur, v. Civ. 1re, 30 mai 2000, *D.* 2000.879, note CHAZAL ; *C.C.C.* 2000, n° 142, obs. L. L. ; *JCP* 2001.II.10461, note LOISEAU ; et NOURRISSAT, La violence économique, *D.* 2000, chr. 369.
▪ (192) Com., 20 mai 1980, *Bull. civ.*, IV, n° 212.
▪ (193) Civ. 1re, 3 avril 2002, précité. Cf. MESTRE, *RTD civ.* 1989.535.
▪ (194) Pour une application à un « matraquage publicitaire » de personnes âgées, v. Crim., 1er février 2000, *C.C.C.* 2001, n° 14. — Et à la rédaction d'un testament : Crim., 21 octobre 2008, *Bull. crim.*, n° 210.

95 **Sanctions.** Les sanctions sont identiques à celles du dol :

— nullité si la violence a été déterminante ;

— possibilité de demander des dommages-intérêts au contractant ou au tiers auteurs ou complices ;

— sanctions pénales dans certains cas (ex. escroquerie, extorsion de fonds, chantage, abus de position dominante, abus de faiblesse).

N°s 96 à 99 réservés.

SOUS-TITRE 2
CONDITIONS RELATIVES AU CONTRAT LUI-MÊME

100 **Principe de liberté contractuelle.** Directement issu du dogme de l'**autonomie de la volonté** (cf. *supra,* n° 25), le principe de la liberté contractuelle en est l'enjeu essentiel. Il se traduit à la fois quant à la forme du contrat et à son contenu : pourvu que l'accord de volontés soit certain, son expression n'est soumise à aucun rite obligatoire et son économie n'a pas à faire l'objet d'un contrôle étatique.

Mais les multiples raisons qui ont conduit à un certain déclin de l'autonomie de la volonté se sont traduites par autant d'atteintes à cette liberté contractuelle : le contrôle étatique, inspiré par le souci de protéger tantôt l'intérêt général, tantôt la partie la plus faible, s'est considérablement étendu. Il intervient à la fois sur le plan de la **forme** du contrat et sur celui de son **contenu.**

CHAPITRE 1
LA FORME DU CONTRAT

101 **Principe du consensualisme.** Ce terme désigne la liberté des formes et s'oppose au *formalisme,* qui encadre l'expression de la volonté dans des formalités imposées. Notre droit retient le principe du consensualisme : ainsi la Cour de cassation a-t-elle rappelé « qu'un contrat peut être valablement formé par l'échange verbal des consentements (sauf s'il existe) un texte ou une convention d'où résulterait à peine de nullité l'exigence de la signature d'un écrit » (1). Ainsi par exemple est efficace l'avenant à un contrat d'assurance établi par la compagnie à la demande de l'assuré, même si ce dernier ne l'a pas encore signé (2).

Ce principe fait l'objet d'un consensus, que pousse à l'extrême l'article 2:101 des Principes du droit européen des contrats : « Le contrat n'a pas à être conclu ni constaté par écrit et n'est soumis à aucune autre exigence de forme. Il peut être prouvé par tous moyens, y compris par témoins. »

Ce principe présente deux **mérites :** *sur le plan moral,* il évite que celui qui s'est engagé puisse se délier au bénéfice d'une irrégularité de pure forme alors que la réalité de l'accord n'est pas douteuse, et il assure ainsi une certaine sécurité liée au respect de la parole donnée ; *sur le plan économique,* il permet la conclusion rapide et simple des accords et assure donc une certaine souplesse nécessaire à la vie des affaires.

▪ (1) Civ. 3ᵉ, 12 juillet 1983, *Bull. civ.,* III, nº 165. Ainsi une règle d'ordre professionnel ne fait pas obstacle au principe de validité d'un contrat informel : même si le « Code des devoirs professionnels des architectes », de nature réglementaire, leur prescrit d'établir par écrit leur contrat avec leur client, cette **règle disciplinaire** ne les empêche pas d'invoquer un contrat verbal valable (Civ. 3ᵉ, 15 mars 1989, *Bull. civ.,* III, nº 59). Il en est de même d'un contrat dont l'exécution est soumise à **autorisation administrative** (pour transfert de fonds à l'étranger : Com., 20 mars 1990, *Bull. civ.,* IV, nº 87).

▪ (2) Civ. 1ʳᵉ, 22 avril 1992, *Bull. civ.,* I, nº 126.

Mais il peut également présenter trois **dangers :** pour les personnes peu expérimentées, celui de les voir liées par un engagement accepté à la légère, parfois même « à la sauvette », sans qu'elles en aient véritablement mesuré la portée et pesé les conséquences par une réflexion adéquate ; pour les contrats complexes, celui de laisser la porte ouverte à des incertitudes sur les dispositions précises voulues par les parties ; enfin, pour les matières soumises à un contrôle des autorités administratives ou judiciaires, celui de laisser ces autorités dans l'ignorance du contrat et dans l'impossibilité pratique d'exercer leurs pouvoirs d'intervention.

C'est pour tenter de parer à ces dangers tout en conservant les avantages du principe que notre droit positif a institué *un **formalisme modéré,*** qui recherche un équilibre entre une liberté totale et un rituel trop contraignant.

102 **Double nature des exigences de forme.** Ce « formalisme modéré » emprunte deux voies juridiques distinctes. Tantôt certaines formalités sont imposées pour la ***validité*** même du contrat. Tantôt elles sont exigées pour d'autres fins, telles que la preuve ou la publicité du contrat et son opposabilité aux tiers : à défaut, le contrat est juridiquement valable, mais ne pourra être prouvé, exécuté ou publié, ce qui anéantira ou restreindra son ***efficacité pratique.***

La distinction est importante sur le plan juridique, tout particulièrement parce que la sanction sera très différente : nullité du contrat dans le premier cas, simple portée limitée de l'acte matériel dans le second.

Cependant, elle est parfois un peu caricaturale, car même les exigences de preuve peuvent avoir pour but de protéger une partie : tel est le cas par exemple de la règle dite du « bon pour... », ce qui explique les tergiversations jurisprudentielles qui durent depuis des années sur sa sanction dans les cautionnements (cf. *infra,* n° 125).

De toutes façons, cette différence n'apparaît qu'après coup : au moment même de la conclusion du contrat, les parties (et leurs conseils) doivent envisager sur un même plan ces diverses exigences dès lors qu'elles veulent conférer toute sa valeur à leur accord.

103 **Double objet de ces exigences.** C'est bien sûr à l'acte écrit qui matérialise le contrat que s'intéressent à titre principal les règles de forme. C'est même souvent à ce seul document que l'on pense, tant notre civilisation est marquée par l'écrit, au point que le langage courant évoque, sous le vocable de « contrat », au moins autant le document matériel que le concept juridique : pourtant, cet *instrumentum* matériel n'est que le reflet concret du *negotium* intellectuel et n'est pas toujours indispensable à son existence juridique (3).

(3) C'est pourquoi l'expression courante du locataire ou du travailleur disant : « je n'ai pas de contrat », est juridiquement inexacte : même s'il n'a pas été dressé d'écrit, on se trouve en présence

Mais le formalisme ne se limite pas à réglementer parfois cet acte écrit : il arrive aussi (plus rarement) qu'il se manifeste par l'exigence de formalités extérieures.

SECTION 1 LE FORMALISME DE L'ÉCRIT CONTRACTUEL

§ 1. Formalisme direct

104 **Contrats solennels.** Lorsqu'une forme est imposée à titre de **condition de validité,** on dit qu'on est en présence d'un contrat solennel. Le formalisme est alors un formalisme protecteur, inspiré par le souci d'entourer de certaines précautions le consentement de la partie à protéger.

Le mouvement contemporain de réaction contre les contrats d'adhésion se traduit par un tel formalisme : de très nombreuses dispositions protectrices des consommateurs assurent cette protection au moyen de mentions et formalités imposées, ce qui conduit à une grande extension pratique du formalisme (4).

105 **Nécessité d'un texte exprès.** Puisque le consensualisme est le principe, seul un texte peut imposer une exigence de forme. Encore faut-il que ce texte soit clair et non équivoque. C'est le cas lorsque la sanction est précisée : par exemple la loi du 3 janvier 1967 exige que les ventes de navires soient faites par écrit « à peine de nullité ». Mais la question se pose lorsqu'un texte dispose que tel contrat est établi « par écrit », sans autre précision.

L'écrit est-il alors une condition de forme ou de preuve ? Le plus souvent, dans l'esprit du législateur, c'est une condition de forme : au plan de la preuve, le jeu du droit commun suffit à exiger l'écrit et la précision d'un texte spécial ne se comprend que pour ajouter à ce droit commun. Toutefois, la jurisprudence varie selon les cas : ainsi elle considère l'exigence d'un écrit en matière de prêt pour fixer le **taux d'intérêt** comme une condition de forme (5), ce dont elle déduit depuis 1988 qu'elle s'applique même aux **comptes courants** en matière

d'un bail ou d'un contrat de travail (l'absence d'écrit pouvant seulement influer sur la preuve ou le régime de ce contrat).

(4) Cf. Flour, *Quelques remarques sur l'évolution du formalisme, Mélanges Ripert*, 1950.93. — Aynès, *Formalisme et prévention, in* Le droit du crédit au consommateur, Litec, 1982, p. 63. — Nuytten et Lesage, *Remarques sur les notions de consensualisme et de formalisme, Defrénois* 1998.497. — Un panorama de décisions relatives au formalisme par Mestre, *RTD civ.* 1988.329.

(5) Art. 1907 C. civ. et loi du 28 décembre 1966. — Cf. Civ. 1re, 24 juin 1981, *JCP* 1982.II.19713, note Vasseur. — *Contrats spéciaux*, nos 849 et 850-4.

commerciale (où la preuve serait libre) (6) et que les substituts admis en matière de preuve (copies, commencements de preuve, etc.) sont ici inefficaces (7) ; mais elle estime que la même exigence à l'égard des contrats d'**assurance** n'est qu'une condition de preuve (8) de même qu'en matière de **gage** (9), de mandat de **gestion boursière** (10) ou de **contrats d'édition** (11), de cession de parts (12), de transaction (13) ou de vente de voyages (14). Il est également des cas où les tribunaux ont décidé que l'exigence d'un écrit permet simplement à une partie d'imposer qu'il soit formalisé en cours de contrat, sans autre sanction : ainsi pour le contrat de travail (15) ou pour les baux d'habitation (16).

En réalité, les tribunaux sont influencés par le souci de la partie à protéger sans tomber dans l'excès. Leur appréciation sur l'intensité des règles formelles varie donc selon la sanction qu'il faudra en déduire. Le cautionnement fournit un bon exemple de cette variation : quand elle a voulu protéger plus efficacement les cautions, la Cour de cassation a fait de l'écriture manuscrite du montant de l'engagement une règle de forme ayant « pour finalité la protection de la caution » (17).

106 **Actes notariés.** L'exigence la plus haute est celle d'un acte notarié. Elle est édictée pour les actes graves et dangereux : l'intervention du notaire, qui peut expliquer aux parties les conséquences de l'acte, est propre à les éclairer sur la gravité de leur engagement.

Le cas le plus important concerne les **donations :** selon l'article 931 du Code civil, toute donation, quel que soit son objet, doit être passée par acte authentique, afin que le donateur mesure le caractère définitif du dépouillement

(6) Civ. 1re, 9 février 1988, *JCP* 1988.II.21026, note GAVALDA et STOUFFLET. — Com., 12 avril 1988, *D.* 1988.309, concl. JEOL. — 10 janvier 1989, *Bull. civ.,* IV, n° 11.

(7) Civ. 1re, 14 février 1995, *JCP* 1995.II.22402, note CHARTIER ; *D.* 1995.340, notes PIEDELIÈVRE.

(8) Art. L. 112-3 Code des assurances : Civ. 1re, 4 juillet 1978, *Bull. civ.,* I, n° 251 ; 4 janvier 1980, *Bull. civ.,* I, n° 8.

(9) Art. 2336, C. civ. : Com., 11 juin 1974, *Bull. civ.,* IV, n° 190. — Com., 23 octobre 1984, *Bull. civ.*, IV, n° 278.

(10) Com., 26 février 2008, *Bull. civ.*, IV, n° 43.

(11) Civ. 1re, 20 novembre 1979, *Bull. civ.,* I, n° 289 ; *D.* 1981.I.R.86, obs. COLOMBET (art. L. 131-2 du C.P.I.).

(12) Com., 10 mars 1992, *Bull. civ.*, IV, n° 109.

(13) Civ. 1re, 18 mars 1986, *Bull. civ.*, I, n° 74.

(14) Com., 17 décembre 2013, n° 12-25365 ; *Bull. civ.*, IV, n° 186.

(15) Soc., 19 mars 1986, *D.* 1987.359.

(16) Cf. aussi pour le contrat de l'architecte : Civ. 3e, 11 juin 1986, *D.* 1987.285, note A. GOURIO, pour l'article 11 du décret du 20 mars 1980.

(17) Cf. Civ. 1re, 30 juin 1987, *Bull. civ.,* I, n° 210. — Com., 26 novembre 1990, *JCP* 1991.II.21701. note LEGEAIS. — La jurisprudence a ensuite fait « machine arrière ». Cf. *infra*, n° 125.

qu'il accepte. Cependant la jurisprudence a admis un « formalisme de substitution » dans certains cas. Les **« dons manuels »** d'objets mobiliers sont valables (18) dès lors que le transfert matériel s'est effectué, car c'est ce transfert qui constitue le formalisme permettant au donateur de prendre conscience de l'acte (la simple parole ou la simple lettre : « je te donne ceci... » non accompagnée du transfert est donc sans valeur). Les **« donations déguisées »** sous une apparence d'un autre acte (vente fictive par exemple) sont également valables, car on estime que le fait même d'avoir procédé à un déguisement a suffisamment attiré l'attention des parties et peut donc constituer une sorte de forme (19).

Curieusement, la révocation de la donation ou d'une de ses clauses ne serait pas soumise au même formalisme (20).

D'autres contrats sont soumis à l'exigence de l'acte notarié : contrat de mariage (art. 1394), constitution d'hypothèque (art. 2416) (21), vente d'un logement à construire (art. L. 261-11 du Code de la construction et de l'habitation), contrat de location-accession à la propriété (art. 4 de la loi du 12 juillet 1984). Le mandat d'effectuer de tels actes est soumis à la même forme (cf. *supra*, n° 42).

Il convient de souligner que les **ventes immobilières** en général ne figurent pas dans cette liste : en pratique, elles sont conclues par acte notarié pour les besoins de la publicité foncière (cf. *infra*, n° 133). Mais le contrat est intrinsèquement valable avant tout acte notarié et même tout écrit.

107 **Actes écrits et mentions obligatoires.** Lorsqu'il est exigé, l'acte écrit peut en principe prendre n'importe quelle forme, ne serait-ce que celle d'un simple bon de commande (22).

Cependant le souci de protéger la partie faible a entraîné la multiplication des textes exigeant non seulement un écrit, mais des mentions impératives : par

(18) Y compris par simple **virement** d'espèces ou de titres (Com., 19 mai 1998, *D.* 1998.551, note MARTIN. — Civ. 1re, 30 mars 1999, *JCP* 2000.II.10274, note CAGNOLI) sauf si l'auteur du virement a procuration sur le compte du bénéficiaire et peut donc reprendre (Civ. 1re, 14 décembre 2004, *D.* 2005.626, note NOBLOT), ou par **chèque** dans la mesure où il y a provision suffisante (Civ. 1re, 20 novembre 1985, *Bull. civ.*, I, n° 314. — 10 février 1993, *Bull. civ.*, I, n° 65 ; *D.* 1994. Som. 182, obs. CABRILLAC. — 5 février 2002, *Bull. civ.*, I, n° 39).

(19) Encore faut-il respecter les conditions de forme de l'acte apparent : Civ. 1re, 27 octobre 1993, *Bull. civ.*, I, n° 300. — D'une manière générale, sur les fondements de l'article 931, v. X. LAGARDE, *RTD civ.* 1997.25.

(20) Civ. 1re, 5 avril 2005, *D.* 2005.1112 pour la renonciation du donateur à la vente prévue par l'acte à son profit.

(21) La jurisprudence admet la validité d'une simple « promesse » d'hypothèque non notariée (ce qui est contestable puisque l'intervention du notaire a pour but de protéger le constituant), mais son inexécution ne peut donner lieu qu'à l'indemnité (cf. Civ. 3e, 7 avril 1993, *Bull. civ.*, III, n° 55).

(22) V. Com., 1er juillet 1997, *Bull. civ.*, IV, n° 209 (bon de commande d'un navire).

exemple, la reproduction des textes de lois ouvrant certains droits au consommateur (23), l'indication des résultats des trois dernières années dans la vente d'un fonds de commerce, diverses mentions relatives au mandat de l'agent immobilier, etc. Parfois, il est précisé que telle ou telle clause doit être écrite en « caractères très apparents » (24), ou « de manière parfaitement lisible et compréhensible par le consommateur » (art. L. 312-4, C. consom. sur le crédit immobilier). Ou encore, il est imposé de fournir certains éléments annexés au contrat : formulaire détachable de réponse ou de dédit (C. consom., art. L. 121-24 sur le démarchage à domicile ; art. L. 311-15 sur le crédit mobilier) ; notice d'information (assurances sur la vie : art. L. 132-5 du Code des assurances et L. 312 du Code de la consommation) ; constat d'huissier sur l'état des lieux (baux d'habitation : art. 3 et suivants de la loi du 1er septembre 1948 et 3 de la loi du 6 juillet 1989 sur les baux d'habitation) ; tableau d'amortissement du crédit (art. L. 312-8, C. consom.).

Parfois encore, pour assurer la « prise de conscience » par le signataire, il est exigé qu'une formule légale soit reproduite à la main (art. L. 312-17, C. consom. sur le crédit immobilier et L. 313-7, L. 313-8 et L. 341-2 pour la caution personne physique) et ce même s'il s'agit d'un acte notarié (25), voire d'un projet soumis à sa réflexion (26).

107-1 **Écriture électronique.** Dans son souci de placer l'écriture électronique sur le même pied que les écrits classiques, afin de décréter la « *confiance dans l'économie numérique* » (c'est son titre), la loi du 21 juin 2004 a instauré un **principe d'équivalence** entre les deux formes d'écrits, du point de vue du formalisme contractuel (prolongement de ce qu'avait décidé la loi du 13 mars 2000 en matière de preuve : cf. *infra,* n° 119-1).

Tel est l'objet de l'article 1108-1 qu'elle a introduit dans le Code civil, permettant d'établir et de conserver sous forme électronique un « écrit exigé pour la validité d'un acte juridique » (al. 1er) ou même une « mention écrite de la main de celui qui s'oblige » (al. 2).

Cette équivalence est toutefois écartée pour certains actes sous seings privés (art. 1108-2) : ceux relatifs au droit de la famille et des successions (pas de testament électronique, donc) et ceux relatifs à des sûretés consenties par un non-professionnel (pas de gage ou de cautionnement électroniques).

(23) Sur la nature, légale ou contractuelle, des « clauses légales » ainsi introduites au contrat, v. REVET, *Mélanges Cabrillac*, 1999.277.

(24) Exemples détaillés dans Civ. 1re, 20 mars 1989, *Bull. civ.*, I, n° 121 et 1er décembre 1993, *D.* 1994.434, note BERR et GROUTEL.

(25) V. DUTOUR et VIGNAL, *Des mentions manuscrites dans un acte authentique, Defrénois* 1998.218. — Il a toutefois été jugé que les mentions requises des cautions par les art. L. 313-7 et L. 313-8 du Code de la consommation ne seraient plus nécessaires dans un acte notarié (Civ. 1re, 24 avril 2004, *Bull. civ.*, I, n° 60, *Defrénois* 2004.1073, obs. LIBCHABER).

(26) V. ROZES, *Le projet de contrat, Mélanges Boyer*, 1996.639.

108 **Sanction.** La sanction des exigences de forme peut d'ailleurs varier : elle s'adapte aux circonstances et à la protection du consommateur. La **nullité** du contrat sera le plus souvent encourue (27). Mais ce peut être plus nuancé : la clause peu lisible sera réputée inexistante ; le bail sans état des lieux sera réputé fait sur des locaux en mauvais état ; le taux d'intérêt mal précisé sera remplacé par l'intérêt légal ; l'écrit exigé pour la protection du salarié ou du locataire sera établi, au besoin sous astreinte (28) ; le contrat de travail non écrit sera réputé à durée indéterminée (29), etc.

Depuis que Flour l'a mise en évidence, la **contradiction** qui domine cette question de la sanction n'a fait que se renforcer : d'un côté, en amont, le législateur doit prévoir *a priori* une sanction radicale pour que les formalités qu'il prescrit soient observées au moment de la conclusion du contrat ; mais d'un autre côté, en aval, les tribunaux saisis d'une action en nullité hésitent souvent à anéantir *a posteriori* un contrat pour une simple irrégularité matérielle, ce qui permet souvent à une partie de faire du « juridisme » pour se libérer d'un engagement qu'elle regrette (30).

§ 2. Formalisme probatoire

109 **Nature.** Il est évident que si une contestation apparaît, il faut pouvoir prouver non seulement l'existence d'un contrat, mais encore le contenu de ce contrat. Le régime de la preuve du contrat est donc d'une importance pratique considérable. Il fait une place primordiale à l'écrit, de sorte que la plupart des contrats sont couchés par écrit, même lorsque ce n'est pas obligatoire, dans un but probatoire. C'est au point que dans le langage courant, le terme « contrat » désigne souvent le document matériel plutôt que le concept juridique (en réalité, il est plus correct de réserver le terme de contrat à l'accord juridique et de désigner le document écrit sous le terme d'**acte**).

(27) Par ex. pour l'omission de certaines mentions sur un bon de commande non conforme aux exigences de l'article L. 111-1 du Code de la consommation (Civ. 3e, 8 mars 2006, *C.C.C.* 2006. n° 127), pour l'absence des mentions relatives au droit de rétractation et à la réception de paiements (Civ. 1re, 12 juillet 2007, *C.C.C.* 2007, n° 284) ou pour le non-respect des formalités du démarchage (Civ. 1re, 7 octobre 1998, *JCP* 1999.II.10039. — 22 octobre 1994, *Bull. civ.*, I, n° 341). — Il s'agit d'une **nullité relative** qui peut être couverte par une exécution volontaire en connaissance de cause (Com., 5 décembre 2013, n° 12-11720 ; v. crit. LIBCHABER, D. 2013.1113).

(28) Un jugement peut ainsi valoir bail : Civ. 3e, 29 novembre 2000, *Bull. civ.*, III, n° 179.

(29) Cf. Soc., 21 mai 1996, *JCP* 1996.II.22701, note ROY-LOUSTANAU.

(30) FLOUR, article précité. — MESTRE, obs. précitées, *RTD civ.* 1988.329.

Ce n'est pourtant qu'un formalisme indirect, car la différence entre forme et preuve demeure importante (31) : sur le plan de la preuve, l'exigence de l'écrit connaît des exceptions et des palliatifs qui permettront d'établir l'existence d'un accord verbal. Lorsque l'écrit est une condition de forme, cet accord verbal est nul ; lorsqu'il n'est qu'une condition de preuve, cet accord verbal est valable. La même différence se retrouve en présence d'un écrit incomplet ou irrégulier.

110 **Charge de la preuve.** L'article 1315, alinéa 1er, met très clairement à la charge de celui **qui se prétend créancier** l'obligation de prouver sa créance : « celui qui réclame l'exécution d'une obligation doit la prouver ».

Cela correspond le plus souvent à la règle générale concernant tout demandeur en justice : le créancier est souvent **demandeur** à l'exécution du contrat. Mais il arrive qu'il occupe la position de **défendeur** : par exemple, on lui réclame un bien et il invoque le contrat par lequel il en est devenu propriétaire ; on lui réclame une obligation quelconque et il invoque le contrat de transaction par lequel son droit a été consacré, etc. Même en ce cas où il est procéduralement défendeur, le créancier conserve la charge de la preuve : en effet, c'est lui qui **invoque** le contrat à son profit pour en tirer un droit ou un moyen de défense.

Cette *charge de la preuve* porte non seulement sur l'**existence** d'un contrat, mais sur son **contenu,** dès lors qu'on prétend tirer un droit de ce contenu.

Par exemple, le vendeur qui poursuit paiement du prix doit prouver non seulement la vente, mais encore quel a été le prix convenu (32) ; et l'entrepreneur qui a effectué des travaux doit établir qu'ils lui avaient été commandés (33).

Certains arrêts en déduisent que la preuve continue de peser sur le demandeur, même pour ce qui n'est pas contesté par le défendeur (34).

Une bonne illustration des conséquences de cette règle se trouve dans la jurisprudence constante relative à l'**alternative prêt-donation :** A a transféré un bien ou une somme à B

(31) Pour des sanctions procédurales de la confusion, cf. Com., 11 janvier 1994, *Bull. civ.,* IV, n° 17 (est *irrecevable* la critique contestant la validité du contrat en invoquant des règles de preuve). — Com., 1er avril 1997, *Bull. civ.,* IV, n° 88 (l'acte non écrit est valable si la question de preuve n'a pas été soulevée). — Civ. 1re, 15 décembre 1999, *Bull. civ.,* I, n° 350 (qui n'a contesté en appel que la *validité* d'une stipulation d'intérêts n'est pas recevable, devant la Cour de cassation, à remettre en cause la *preuve* de cette stipulation).

(32) Civ. 1re, 27 avril 1977, *D.* 1977.413, note GAURY. — 25 janvier 1989, *Bull. civ.,* I, n°s 41 et 42.

(33) Civ. 3e, 16 juillet 1996, *C.C.C.* 1996.199, obs. L. L. — Civ. 1re, 25 mars 1997, *C.C.C.* 97.95, obs. L. L. — 14 décembre 1999, *Bull. civ.,* I, n° 344. — 6 janvier 2004, *Bull. civ.,* I, n° 4.

(34) Civ. 1re, 3 janvier 1980, *Bull. civ.,* I, n° 7. — Civ. 2e, 10 mai 1991, *Bull. civ.,* II, n° 142. — Civ. 1re, 4 juillet 1995, *Bull. civ.,* I, n° 294. — 18 avril 2000, *Bull. civ.,* I, n° 111. — Voir l'importante analyse de NORMAND, *RTD civ.* 1992.447 et LE BARS, *La théorie du fait constant, JCP* 1999.I.178. — D'autres arrêts énoncent au contraire que le silence opposé à une affirmation ne vaut pas reconnaissance : Civ. 1re, 24 mai 2007, *Bull. civ.*, I, n° 209. On peut penser qu'à tout le moins le juge doit provoquer les observations des parties sur ce point non contesté.

et en réclame restitution ; il doit prouver *non seulement* que ce transfert a eu lieu, *mais encore* que B s'était engagé à restituer, car c'est là seulement qu'il peut trouver la source d'une créance à son profit. Cela revient en pratique à présumer qu'il y a eu donation (35), cette présomption n'étant pas une règle de droit en elle-même, mais le simple résultat de la charge de la preuve. *Contre-épreuve :* lorsqu'il s'agit d'appliquer les règles successorales, celui qui prétend qu'un versement est une donation et non un prêt doit alors le prouver, car il est demandeur à l'action en réduction pour atteinte à sa réserve héréditaire (36). De même, le mandataire, en principe tenu de restituer les fonds reçus, qui prétend bénéficier d'un don, doit l'établir (37).

111 **Règle « nul ne peut se créer de titre à soi-même ».** a preuve que doit ainsi rapporter le créancier ne peut être tirée que d'éléments qui lui sont extérieurs, qu'il s'agisse d'écrits ou de témoignages. Il ne peut donc pas se fonder sur ses propres affirmations ou ses propres documents. Bien que cette règle élémentaire paraisse découler de l'évidence, la Cour de cassation est souvent obligée de la rappeler. Il en résulte notamment qu'un fournisseur ne peut réclamer paiement en se fondant sur la **facture** qu'il a lui-même établie (38) même si elle n'a pas été contestée à réception (39), de même qu'on ne peut invoquer les doubles de ses propres correspondances, de ses livres comptables (40) ou de ses déclarations fiscales (41). *A fortiori,* le fait de livrer des marchandises ne vaut pas preuve du contrat, même s'il y a eu paiement partiel, car rien n'établit l'accord du destinataire sur le prix total réclamé (42). Un document établi par son propre mandataire (43), serait-ce le dirigeant d'une société (44), ou une attestation par son propre salarié (45) n'a pas plus de force probante, du moins pour établir un **titre de créance** : il sera au contraire admissible pour établir un **simple fait** (46).

■ (35) Cf. entre autres : Civ. 1re, 2 juillet 1980, *Bull. civ.,* I, n° 208. — 8 juillet 1981, *Bull. civ.,* I, n° 254. — 4 décembre 1984, *Bull. civ.,* I, n° 324. — 5 avril 1993, *Bull. civ.,* I, n° 141. — Com., 9 novembre 1993, *C.C.C.* 1994.1, obs. L. L. — Civ. 1re, 23 janvier 1996, *Bull. civ.,* I, n° 40. — 6 mai 1997, *Bull. civ.,* I, n° 144. — 30 mars 1999, *JCP* 2000.II.10274, note Cagnoli. — Civ. 1re 7 juin 2006, *Bull. civ.,* I, n° 293. Un reçu de la somme versée n'est qu'un commencement de preuve, insuffisant à lui seul à établir l'existence d'un prêt (Civ. 1re, 28 février 1995, *Bull. civ.,* I, n° 107), tout comme l'endossement d'un chèque (Civ. 1re, 3 juin 1998, *D.* 1999.453).
■ (36) Civ. 1re, 17 janvier 1995, *Bull. civ.,* I, n° 41.
■ (37) Civ. 1re, 7 juin 2006, *Bull. civ.,* I, n° 294 (second moyen).
■ (38) Cf. par ex. Com., 18 juin 1991, *Bull. civ.,* IV, n° 224. — Civ. 1re, 24 septembre 2002, *Bull. civ.,* I, n° 219. — 14 janvier 2003, *Bull. civ.,* I, n° 9. — Civ. 2e, 23 septembre 2004, *Bull. civ.,* II, n° 414.
■ (39) Civ. 1re, 6 novembre 1990, *Bull. civ.,* I, n° 234.
■ (40) Civ. 1re, 6 mai 1997, *Bull. civ.,* I, n° 141.
■ (41) Civ. 1re, 23 juin 1998, *Bull. civ.,* I, n° 220 ; *C.C.C.* 1998.141.
■ (42) Civ. 1re, 15 novembre 1989, *Bull. civ.,* I, n° 349.
■ (43) Civ. 3e, 12 juin 1991, *Bull. civ.,* III, n° 175.
■ (44) Soc., 11 mai 1999, *JCP* 2000.II.10269.
■ (45) Civ. 1re, 2 avril 1996, *Bull. civ.,* I, n° 170.
■ (46) Civ. 2e, 10 février 2005, *Bull. civ.,* II, n° 31 (pour la preuve d'un dommage) — Civ. 1re, 4 janvier 2005, *Bull. civ.,* I, n° 6 (pour la preuve de la fourniture d'une information) — Com.,

Ces règles s'appliquent évidemment même en matière commerciale où la preuve est libre : être admis à produire tous moyens de preuve n'autorise pas à les établir soi-même (47).

111-1 **Principe de loyauté des preuves.** Sans qu'un texte ne le précise, la jurisprudence a dégagé un tel principe en refusant à une partie la possibilité de produire en justice des documents obtenus de façon illicite ou frauduleuse (48), comme des enregistrements clandestins (49), des photocopies illicites (50), des correspondances couvertes par le secret professionnel (51), un rapport de détective privé (52). Comme l'énonce la Cour de cassation, « l'illicéité d'un moyen de preuve doit entraîner son rejet des débats » (53).

On peut se demander si cette idée de loyauté ne devrait pas concerner aussi l'hypothèse du refus d'une partie de produire un élément de preuve qu'elle détient. La loi lui en fait obligation (art. 11 du C.P.C. et art. 10 du C. civ.). Mais les tribunaux n'usent guère des pouvoirs d'injonction que leur donnent ces textes et la Cour de cassation laisse faire (54).

14 décembre 2004, *Bull. civ.*, IV, n° 228 (pour la preuve de l'envoi de relevés bancaires). — Civ. 1re, 13 février 2007, *Bull. civ.*, I, n° 60 (3e moyen) ; *D.* 2008.2023, note crit. BRETZNER, pose en principe que la règle ne s'applique pas à la **preuve des faits juridiques.** — Principe devenu constant : Civ. 1re, 3 mars 2010, *Bull. civ.*, I, n° 52. — Civ. 2e, 6 mars 2014, n° 14-14295. — Soc., 19 mars 2014, n° 12-28411, *JCP* 2014.679, note LEMAY.

(47) Com., 6 décembre 1994, *C.C.C.* 1995.67, obs. L. L. — On constate une exception, remarquable autant qu'injustifiée, en faveur des **opérateurs téléphoniques,** dont le relevé des communications vaudrait présomption : Civ. 1re, 28 mars 1995, *D.* 1995.517, note HUET ; *JCP* 1995.II.22539 et la note. *RTD civ.* 1996.173, obs. MESTRE. — 7 mars 2000, *Bull. civ.*, I, n° 81 ; *RTD civ.* 2000.333, obs. MESTRE. — 28 janvier 2003, *Bull. civ.*, I, n° 26. — V. LÉ-MY DUONG, chr. *D.* 2005.496. — Voir toutefois un recul dans Civ. 1re, 12 juillet 2005, *Bull. civ.*, I, n° 328.

(48) V. BENOIT-RENAUDIN, *La loyauté de la preuve*, *RLDC* 2010.3986.

(49) Soc., 20 novembre 1991, *Bull. civ.*, V, n° 519. — 10 décembre 1997, *Bull. civ.*, V, n° 434. — Com., 25 février 2003, *C.C.C.* 2003.104. — Civ. 2e, 7 octobre 2004, *D.* 2005.122, note BONFILS ; *JCP* 2005.II.10025, note LÉGER ; *RTD civ.* 2005.135. — Civ. 1re, 3 juin 2008, *Bull. civ.*, IV, n° 112.

(50) Soc., 2 décembre 1998, *JCP* 1999.II.10166 (avec Crim., 16 mars 1999, en sens contraire).

(51) Com., 15 novembre 1994, *Bull. civ.*, IV, n° 384. — Civ. 1re, 11 juin 2009, *Bull. civ.*, I, n° 128 (le juge ne peut porter atteinte au secret médical en ordonnant la production d'un document contre le gré de l'intéressé, mais peut tirer toute conséquence de son refus). — Sur le **secret médical**, v. DAVENAS, *D.* 2009.2642 et CREDEVILLE, *D.* 2009.2645.

(52) Soc., 22 mai 1995, *Bull. civ.*, V, n° 164 ; *RTD civ.* 1995.862. — 4 février 1998, *Bull. civ.*, V, n° 64. — Civ. 1re, 6 mars 1996, *Bull. civ.*, I, n° 124 ; *D.* 1997.7, note RAVANAS. — 25 janvier 2000, *Bull. civ.*, I, n° 26. — Soc., 26 novembre 2002, *D.* 2003.1858, note BRUGUIERE. — Civ. 2e, 3 juin 2004, *D.* 2004.1867 et 7 octobre 2004, *D.* 2004.2662.

(53) Soc., 4 février 1998, précité. — La jurisprudence pénale refuse cette exclusion : Crim., 30 mars 1999, *D.* 2000.391, note GARÉ. — 11 juin 2002, *D.* 2002.2657.

(54) En déclarant « discrétionnaire » (c'est-à-dire sans contrôle, même des motifs) le refus d'injonction : v. encore Civ. 1re, 27 janvier 2004, *Bull. civ.*, I, n° 25.

Les moyens de preuve qui portent atteinte à la **vie privée** sont en principe exclus (art. 9 C. civ.), sous réserve toutefois d'un certain équilibre (55), lequel ne semble pas s'étendre au respect du secret professionnel (56).

112 **Conventions relatives à la preuve.** Les règles légales relatives à la preuve sont-elles d'ordre public ? En d'autres termes, peut-on aménager ces règles dans un contrat, soit pour les renforcer (par exemple en exigeant un écrit pour toute commande même inférieure au seuil légal), soit pour les assouplir (par exemple en écartant l'écrit au bénéfice d'autres modes) ? La question ne se présente que si les parties sont déjà en relation : c'est dans une première convention, soumise aux règles légales, qu'elles prévoient comment la preuve de leurs accords ultérieurs pourra être organisée (57).

Cette question, longtemps marginale, connaît une certaine actualité avec le développement *des* ***paiements par carte*** et des ***commandes par minitel ou internet*** lorsque le titulaire, au lieu de signer un document, tape son « code secret » sur un clavier. La convention initiale donnant force probante à ce procédé est-elle licite ? La Cour de cassation a décidé que « pour les droits dont les parties ont la libre disposition, ces conventions relatives à la preuve sont licites » (58). Il faut préciser que si ces accords sont valables pour écarter l'exigence d'un écrit, le juge conserve son pouvoir pour apprécier la force probante des autres moyens rendus ainsi recevables (59). La convention peut également indiquer quel écrit fera foi en cas de discordance (60) ou devra être présenté pour obtenir paiement (61).

Cependant, ces atteintes à la liberté de la preuve semblent remises en question de plusieurs sources.

D'abord dans les **contrats de consommation,** sont visées comme susceptibles d'être abusives les clauses qui renverseraient la charge de la preuve au détriment du consommateur ou limiteraient les moyens à sa disposition (annexe au Code de la consommation, 1, point q) : v. *infra,* n°s 172 et s.).

Ensuite, en matière d'assurances, la Cour de cassation a jugé illicite les clauses limitant les modes de preuve du sinistre (62).

▪ (55) Il faudrait tenir compte d'un « droit à la preuve » nécessitant dans certains cas cette atteinte sous peine de désarmer la victime CEDH, 13 mai 2008, *D.* 2009.2714 ; *RTD civ.* 2008.650, obs. MARGUENAUD. — Civ. 1re, 16 octobre 2008, *Bull. civ.*, I, n° 230 : Civ. 1re, 5 avril 2012, n° 11-14177 ; *Bull. civ.*, I, n° 85 ; *D.* 2012.1596, note LARDEUX. — Civ. 1re, 31 octobre 2012, n° 11-17476, *Bull. civ*, I, n° 224.

▪ (56) Civ. 1re, 4 juin 2014, n° 12-21244.

▪ (57) Ainsi il est fréquent qu'un bail prévoit à l'avance la forme que devra prendre l'accord du bailleur pour des travaux ou pour une sous-location.

▪ (58) Civ. 1re, 8 novembre 1989, deux arrêts, *D.* 1990.369, note GAVALDA. — V. FERRIER, *La preuve et le contrat, Mélanges Cabrillac*, 1999.105.

▪ (59) Cf. note *D.* 1985.359. — CROZE, *Informatique, preuve et sécurité, D.* 1987, chr. 165.

▪ (60) P. ex. le règlement du loto (de nature conventionnelle) donne primauté au « volet A » (Civ. 1re, 9 février 1994, *Bull. civ.*, I, n° 53).

▪ (61) Toujours pour le règlement du loto (Civ. 1re, 10 janvier 1995, *Bull. civ.,* I, n° 26).

▪ (62) Civ. 1re, 10 mars 2004, *Bull. civ.,* I, n° 101 ; *RTD civ.* 2005.133, obs. MESTRE et FAGES.

Enfin et surtout la motivation de cet arrêt, en se référant à l'article 6 de la Convention européenne des droits de l'homme, semble ébranler de manière générale l'édifice jurisprudentiel précédemment construit.

A. CAS OÙ UN ÉCRIT EST EXIGÉ

113 **Contrats supérieurs à un certain seuil (1 500 €).** Le principe est l'exigence de l'écrit, mode de preuve incomparablement plus sûr et surtout plus précis que les autres. Puisque les parties savent que leur accord va produire des effets de droit, elles sont en mesure de « préconstituer » le mode de preuve le plus fiable. Aussi l'article 1341 impose-t-il en principe la confection d'un écrit.

Cependant, la vie courante connaît toute une série de « petits contrats », le plus souvent d'exécution instantanée, pour lesquels les parties ne pensent pas véritablement « créer » des obligations durables et s'en remettent à la bonne foi réciproque : ventes de menus objets, taxis, restaurants, etc. : exiger un écrit est alors trop formaliste et aboutit à priver en fait de tout moyen le contractant qui réclame exécution à un partenaire s'avérant de mauvaise foi.

L'article 1341 précise donc que l'écrit n'est exigé qu'à partir d'un certain seuil, fixé par décret. Fixé à 5 000 F par un décret du 15 juillet 1980, ce seuil a d'abord été simplement converti, sans revalorisation, en 800 € par décret du 30 mai 2001 avant d'être porté à 1 500 € par décret du 20 août 2004 (63).

Il faut toutefois prendre garde à l'article 1342, souvent oublié, selon lequel le seuil précité s'applique à la réunion du capital et des **intérêts :** une créance, à l'origine inférieure à 1 500 €, mais productive d'intérêts, peut donc avec le temps dépasser ce seuil et devenir par là soumise à l'exigence de l'écrit.

Il est important de noter que cette exigence est restreinte à l'acte formateur du contrat : curieusement, les tribunaux ne l'étendent ni aux actes d'exécution du contrat (64), ni même à un accord de résiliation (65) que l'on peut prouver par tous moyens.

114 **Conséquences de cette exigence.** Lorsque l'écrit est exigé, il en résulte que la plupart des autres moyens de preuve *ne sont pas recevables.* Si l'**aveu judiciaire** et le **serment,** modes exceptionnels, restent admissibles (v. *infra,* n°s 118-1 et s.), en revanche les témoignages (66), indices et présomptions, si forts et si nombreux soient-ils, ne peuvent pas être pris en compte par le juge :

(63) Ce seuil s'apprécie au jour de l'écrit. Il n'est pas applicable au contrat d'**assurance**, toujours soumis à la preuve par écrit : C. ass., art. L. 112-3.

(64) V. Com., 10 mai 1994, *Bull. civ.,* IV, n° 170 (preuve du solde d'un compte). — Civ. 3e, 25 mai 2002, *C.C.C.* 2002-137 (pour un état des lieux qui commande pourtant les obligations du bailleur et du locataire).

(65) Civ. 1re, 18 mai 1994, *Bull. civ.,* I, n° 175.

(66) Même celui d'un expert judiciaire constatant un accord des parties : Civ. 1re, 11 mars 2003, *Bull. civ.,* I, n° 71.

— **ni pour *remplacer* un écrit** manquant : faute d'écrit, le créancier sera donc débouté ;

— **ni pour *corriger* un écrit** erroné ou incomplet : l'article 1341 interdit de prouver « contre et outre le contenu aux actes » et on ne peut donc corriger ou compléter le document que par un *autre écrit* (v. *infra,* n° 127).

115 **Exceptions.** Il s'agit de cas dans lesquels l'écrit n'est plus exigé à titre impératif : cela signifie que les autres modes de preuve peuvent être utilisés. S'il existe néanmoins un écrit, il restera bien sûr efficace, mais n'aura pas de primauté particulière. Les cas d'exception permettent donc non seulement de *remplacer* par d'autres preuves un écrit inexistant, mais encore de *combattre* ou *compléter* un écrit existant.

Ces exceptions sont au nombre de trois.

116 **Contrats conclus par un commerçant.** L'article L. 110-3 du Code de commerce, clarifié par une loi du 12 juillet 1980, dispose qu'à « l'égard des commerçants, les actes de commerce peuvent se prouver par tous moyens, à moins qu'il n'en soit disposé autrement par la loi ».

Cette exception vise principalement les **contrats entre commerçants,** c'est-à-dire la majorité des contrats de la vie des affaires (la plupart des sociétés ayant une nature commerciale). Il faut préciser que, depuis la réforme de 1980, la qualité de commerçant est exigée en plus de la nature commerciale de l'acte : par exemple un cautionnement souscrit par un non-commerçant sera soumis aux règles de la preuve écrite même si ce cautionnement a par lui-même une nature commerciale (67) ; et inversement, même souscrit par un commerçant, il devra être écrit si ce commerçant n'a pas agi dans le cadre de son activité (68). En pratique cependant, ce sont peut-être ces contrats commerciaux qui sont le plus « écrits » : leur complexité ainsi que les règles de fonctionnement interne des entreprises (contrôle hiérarchique, comptabilité) emportent que les contrats de la vie des affaires sont quasiment toujours passés par écrit, en tous cas beaucoup plus souvent que les contrats « civils » des particuliers.

Cette exception concerne aussi, mais en partie seulement, les contrats conclus **entre un commerçant et un particulier,** qu'on appelle des « actes mixtes ». Ici, le régime est scindé : le particulier peut, contre le commerçant, utiliser la liberté des preuves (69) ; mais l'inverse n'est pas vrai et le commerçant est soumis à

■ (67) Com., 21 juillet 1988, *Bull. civ.,* IV, n° 212. — 11 janvier 1994, *Bull. civ.,* IV, n° 16. — Civ. 1re, 18 mai 2004, *D.* 2004.1665.

■ (68) Com., 12 mai 1998, *Bull. civ.,* IV, n° 150.

■ (69) Com., 21 juin 1994, *Bull. civ.,* IV, n° 232 (preuve de la remise de fonds à une banque). — Com., 12 octobre 1982, *Bull. civ.,* IV, n° 313 (preuve d'une vente). — Civ. 1re, 8 février 2000, *Bull. civ.,* I, n° 35 (preuve d'une vente). — Com., 25 juin 2002, *Bull. civ.,* IV, n° 110 (preuve du mandat d'un agent commercial).

l'exigence de l'écrit au-delà du seuil légal (70). C'est pourquoi en pratique, ici encore, le commerçant établit toujours un écrit, même peu formel (signature d'un devis par exemple).

La liberté de la preuve en matière commerciale exclut tous les formalismes, même ceux qui ont un rôle de protection, comme l'exigence de la mention du « bon pour » dans les cautionnements (cf. *infra,* n° 125) (71) — ce qui ne signifie pas que tout soit permis : les moyens déloyaux seront écartés (cf. *supra,* n° 111-1) (72).

117 **Impossibilité de l'écrit.** L'exigence de l'écrit est écartée tout d'abord lorsqu'il en avait été établi un qui a été **perdu par force majeure** (par exemple incendie ou cambriolage). Mais s'il est dispensé de l'écrit, le créancier doit alors rapporter une triple preuve, souvent difficile : d'abord qu'il existait un écrit, ensuite qu'il a été perdu par force majeure, puis enfin quel était le contenu du contrat.

Mais l'impossibilité concerne plus souvent le stade de la *création* de l'écrit : les circonstances de la conclusion du contrat rendent impossible la confec-tion d'un écrit. L'article 1348 précise qu'il faut avoir égard à l'**impossibilité « matérielle ou morale ».** Si la première est rare (cas d'urgence ou d'illettrisme (73)), la seconde est très fréquente et la jurisprudence l'a interprétée largement : l'impossibilité morale peut résulter, selon une appréciation subjective des circonstances (74) des relations familiales (75), amicales, hiérarchiques entre les parties (on ne demande pas un reçu dans ces cercles), ou encore des usages : garagistes, médecins, milieux hippiques (76) ou agricoles (77), avocats, grands couturiers (78) ou diamantaires (79) n'ont pas coutume de délivrer reçu des choses confiées.

118 **Commencement de preuve par écrit.** L'irrecevabilité des divers moyens de preuve est encore écartée en présence d'un commencement de preuve par écrit (art. 1347).

La notion de commencement de preuve par écrit est une notion juridique, contrôlée par la Cour de cassation (80). On entend par là un écrit **émanant du**

(70) Com., 17 février 1976, *Bull. civ.,* IV, n° 58. — Civ. 1re, 27 avril 1982, *Bull. civ.,* I, n° 143. — 2 mai 2001, *Bull. civ.,* I, n° 108.

(71) Com., 11 décembre 1990, *Bull. civ.,* IV, n° 315.

(72) Paris, 15 mai 1998, *D.* 1998.I.R.196 pour un enregistrement clandestin.

(73) Voir KENFACK, note *JCP* 2007.II.10069.

(74) Cf. MALINVAUD, *L'impossibilité de la preuve écrite, JCP* 1972.I.2468. — Pour de nombreux exemples divergents, cf. *D.* 2008.2825.

(75) Voir par ex. Civ. 1re, 6 décembre 1997, *Bull. civ.,* I, n° 374 pour un dépôt entre père et fils. — Civ. 1re, 20 mai 2009, *Bull. civ.,* I, n° 97 (1er moyen) pour un prêt en famille.

(76) Civ. 1re, 15 avril 1980, *Bull. civ.,* I, n° 113.

(77) Civ. 1re, 28 février 1995, *C.C.C.* 95.83, obs. L. L. — Com., 22 mars 2011, n° 09-72426, *Bull. civ.,* IV, n° 50.

(78) Paris, 18 décembre 1998, *D.* 1999.I.R.48.

(79) Sur le « contrat de confié », cf. Com., 12 nov. 1986, *Bull. civ.,* IV, n° 205.

(80) V. par ex. Civ., 3e, 15 novembre 2000, *Bull. civ.,* III, n° 172.

débiteur qui rend vraisemblable le contrat, mais qui ne remplit pas les conditions pour valoir pleine preuve en lui-même : par exemple un écrit incomplet (81), ou une lettre où il est fait allusion au contrat (82). La jurisprudence a entendu largement la notion de commencement de preuve par écrit, en retenant parfois des déclarations consignées dans un procès-verbal (83), dans une pièce de procédure (84), voire des doubles au carbone (85) ou encore un chèque même irrégulier émanant du débiteur (86), ou endossé par lui (87), un virement (88) ou un reçu (89). La loi y assimile l'attitude d'une partie devant le juge (propos, silence, absence de comparution : art. 1347, al. 3). Encore faut-il que l'élément soit propre au contrat invoqué : on ne peut par exemple procéder par extrapolation pour présumer un contrat à partir d'autres contrats (90).

S'il est à lui seul insuffisant pour valoir preuve complète, le commencement rend recevables tous autres moyens de preuve qui, sans lui, eussent été inadmissibles, mais qui peuvent être produits en complément.

Ce complément doit se faire par des moyens **extrinsèques,** qui ne peuvent pas se trouver dans l'acte lui-même (91). On pourra par exemple déduire ce complément d'un autre acte (92), d'un aveu extra-judiciaire (93), du système de

▪ (81) Civ. 1re, 20 octobre 1993, *Bull. civ.,* I, n° 292 pour un cautionnement n'indiquant pas le débiteur garanti comme l'exige l'art. 2015.

▪ (82) Com., 10 mai 1994, *Bull. civ.,* IV, n° 172.

▪ (83) Civ. 1re, 15 juillet 1957, *Bull. civ.,* I, n° 329.

▪ (84) Civ. 1re, 5 octobre 1976, *Bull. civ.,* I, n° 283. — Mais curieusement pas la réponse à une **sommation interpellative** : Civ. 3e, 10 mars 1986, *Bull. civ.,* III, n° 40. — Civ. 1re, 8 juin 1999, *Bull. civ.,* I, n° 194. — Civ. 3e, 4 février 2004, n° 02-18208. — *Contra* : Civ. 1re, 7 mai 2008, n° 06-21246 ; *D.* 2008.2826.

▪ (85) Civ. 1re, 27 mai 1986, *RTD civ.* 1987.765, obs. MESTRE. — *Idem* pour des **photocopies** : Civ. 1re, 14 février 1995, *JCP* 1995.II.22402, note CHARTIER.

▪ (86) Com., 5 février 1991, *Bull. civ.,* IV, n° 54. — Civ. 1re, 10 mars 1992, *Bull. civ.,* I, n° 78.

▪ (87) Civ. 1re, 10 mai 1995, *Bull. civ.,* I, n° 201 : le **chèque** reçu et endossé pour encaissement vaut commencement de preuve d'un prêt consenti à son bénéficiaire. Mais, sans cet endossement, il ne prouve rien car aucune mention n'émane alors de celui à qui on l'oppose : Civ. 1re, 11 avril et 18 juillet 1995, *JCP* 1995.II.22554, note PIEDELIÈVRE.

▪ (88) Civ. 1re, 25 juin 2008, n° 07-12545, *C.C.C.* 2008, n° 256.

▪ (89) Civ. 1re, 28 février 1995, *Bull. civ.,* I, n° 107.

▪ (90) V. Civ. 3e, 6 mars 2002, *Bull. civ.,* III, n° 54 (pour un bail qu'on ne peut présumer identique à ceux conclus dans la même résidence).

▪ (91) Civ. 1re, 22 juillet 1975, *Bull. civ.,* I, n° 247. — Com., 21 juin 1988, *Bull. civ.,* IV, n° 212. — Civ. 1re, 5 mai 2004, *Bull. civ.,* I, n° 125 ; *D.* 2004.1592 ; *C.C.C.* 2004, n° 105, note L. L. Ainsi le double exemplaire n'est pas un complément extrinsèque : Civ. 1re, 4 mars 1997, *Bull. civ.,* I, n° 80.

▪ (92) Civ. 1re, 9 décembre 1997, *Bull. civ.,* I, n° 360. — Une jurisprudence éphémère a même admis qu'un deuxième contrat contenu dans le même document pourrait fournir le complément au premier (mentions du prêt au pied duquel a été porté un cautionnement incomplet : Civ. 1re, 15 janvier 2002, *Bull. civ.,* I, n° 13. — 26 novembre 2002, *Bull. civ.,* I, n° 285. — Com., 1er octobre 2002, *Bull. civ.,* IV, n° 132). Mais elle a été vite abandonnée : Civ. 1re, 5 mai 2004, précité note précédente.

▪ (93) Même postérieur : Civ. 1re, 29 octobre 2002, *Bull. civ.,* I, n° 251.

défense de l'intéressé dans le procès (94) ou de sa situation (95), voire de ses silences et réticences (96), et même cette fois (contrairement au commencement de preuve lui-même) d'éléments n'émanant pas du débiteur (97), comme des témoignages (98).

118-1 **Aveu ou serment.** L'aveu et le serment, émanant d'une partie elle-même, peuvent être exprimés en dehors d'une procédure, extra-judiciairement : ils n'ont alors pas plus de force que des témoignages et ne sont pas plus recevables qu'eux. Mais il en va autrement lorsqu'ils interviennent au sein même du débat judiciaire : dénommés modes de preuve « parfaits », ils dispensent alors de la preuve par écrit.

Le serment judiciaire fait l'objet d'une réglementation précise (art. 1358 à 1369) qui est très peu (trop peu ?) utilisée : déféré à une partie par l'autre, ou par le juge, il vaut preuve de ses affirmations au profit de celui qui le prête et emporte donc le gain du procès (sous réserve qu'un parjure, qui expose à des sanctions pénales, ouvrira en outre un recours en révision au civil). Le juge est privé de tout pouvoir d'appréciation et doit tenir pour vrai le fait juré (99).

L'aveu judiciaire, plus fréquent, a la même force obligatoire pour le juge. Il peut émaner non seulement des parties elles-mêmes, mais aussi de leurs mandataires, avoués ou avocats dans les écritures prises au nom de leur client (100). Une fois émis, cet aveu est irrévocable, sauf à prouver qu'il était le fruit d'une erreur (101). Parce qu'il ne tire sa force que de lui-même, cet aveu est *indivisible* : on ne peut en prendre une fraction et en rejeter une autre (C. civ., art. 1356) : par exemple, celui qui « avoue » avoir reçu une chose mais l'avoir restituée ne peut être condamné sur la base de cette seule preuve (102).

(94) Cf. Com., 11 janvier 1994, *Bull. civ.,* IV, n° 15.

(95) Par ex. la situation de la caution dans l'entreprise garantie peut compléter un acte de cautionnement dépourvu du « bon pour » : Com., 31 mai 1994, *Bull. civ.,* IV, n°s 191 et 193. — 6 décembre 1994, *Bull. civ.,* IV, n°s 363 et 364. — Civ. 1re, 12 janvier 1999, *Bull. civ.,* I, n° 13. — Com., 18 mai 1999, *Bull. civ.,* IV, n° 103. — 23 mai 2000, *C.C.C.* 2000, n° 138. — 11 juin 2003, *Bull. civ.,* IV, n° 97.

(96) Civ. 1re, 23 janvier 1996, *Bull. civ.,* I, n° 41.

(97) Civ. 1re, 9 décembre 1981, *Bull. civ.,* I, n° 376. — Com., 31 mai 1994, *Bull. civ.,* IV, n° 192.

(98) Lesquels, en matière civile, ne peuvent pas émaner de **mineurs** : Civ. 2e, 1er octobre 2009, n° 08-13167 ; *Dr. famille* 2009.160, note Maria.

(99) V. par ex. Civ. 3e, 22 février 1978, *Bull. civ.,* III, n° 100.

(100) Ex. Civ. 1re, 3 février 1993, *Bull. civ.,* I, n° 57. — Peu importe une rétractation ultérieure : l'aveu fait en première instance ou dans des premières écritures démenties ensuite reste efficace : Civ. 1re, 20 mai 2003, *Bull. civ.,* I, n° 117. — 15 juin 2004, *Bull. civ.,* I, n° 170.

(101) Com., 2 novembre 2011, n° 10-21341, *Bull. civ.*, IV, n° 176.

(102) Civ. 1re, 31 octobre 2012, n° 11-15462.

Mais il ne lie le juge qu'en tant qu'il porte sur des faits, et non sur les conséquences juridiques à en déduire. Par exemple il peut porter sur **l'existence** d'un contrat (103), mais non sur son analyse juridique (104).

119 **Liberté de la preuve pour les tiers.** Toutes ces exigences ne peuvent se concevoir que pour ceux qui ont participé à la conclusion du contrat. Les tiers peuvent au contraire librement prouver le contrat par tous moyens, dans la mesure où ce contrat peut influer sur leur situation (cf. *infra,* n° 247). Ne sont pas des tiers les **héritiers** des parties, lesquels sont donc soumis aux exigences précitées, sauf toutefois pour les actes qui ont précisément pour but de les priver de leurs droits héréditaires (105).

Quant à la preuve du contrat par les parties ***contre* les tiers,** un arrêt a admis qu'elle était libre (106), ce qui est très contestable (107).

B. PRESCRIPTIONS RELATIVES À L'ÉCRIT

119-1 **Notion d'écrit : du papier à l'électronique.** Le développement des échanges électroniques a inévitablement suscité des problèmes de preuve, l'exigence d'un écrit traditionnel freinant l'allègement espéré de ces nouvelles techniques.

Aussi une loi du 13 mars 2000 est venue insérer de nouvelles dispositions dans le Code civil (art. 1316 à 1316-4) en vue de donner de la « preuve littérale » une nouvelle définition intégrant « l'écrit sous forme électronique », lequel « est admis en preuve au même titre que l'écrit sur support papier » (art. 1316-1) et se voit même doté de « la même force probante que l'écrit sur support papier » (art. 1316-3). Elle a été complétée par une ordonnance du 16 juin 2005 organisant l'emploi du courrier électronique pour toutes les formalités contractuelles (nouveaux art. 1369-1 à 1369-11 du Code civil et modification de l'art. 1325).

Cette accession de l'écrit électronique à un rang égal à celui du papier, véritable révolution du droit de la preuve, n'a pas livré toutes ses conséquences (108). Le juge, qui se voit confier par l'article 1316-2 le soin de régler « les conflits de preuve littérale » aura, ici encore, un travail créateur à faire (sur le

(103) Com., 17 octobre 1995, *Bull. civ.,* IV, n° 230.

(104) Com., 13 décembre 1983, *Bull. civ.,* IV, n° 346. — Civ. 1re, 7 juin 1995, *Bull. civ.,* I, n° 233.

(105) Civ. 1re, 24 novembre 1987, *Bull. civ.,* I, n° 309.

(106) Civ. 3e, 28 juin 1978, *Bull. civ.,* III, n° 271 pour un bail.

(107) Cf. GOUBEAUX et BIHR, *Rép. Civ.* V° Preuve, n° 182. — V. d'ailleurs Civ. 1re, 19 décembre 1995, *Bull. civ.,* I, n° 473 décidant qu'un mandant doit prouver le mandat par écrit, même pour l'opposer à un tiers.

(108) V. CATALA, *Écriture électronique et actes juridiques, Mélanges Cabrillac*, 1999.91. — PRÜM, *L'acte sous seings privés électronique, ibid.*, 255. — CAPRIOLI (commentaire de la loi dans la perspective de la directive européenne du 13 décembre 1999). — SCWERER, *C.C.C.* décembre

prolongement en matière de formalisme *stricto sensu*, par la loi du 21 juin 2004, voir *supra*, n° 107-1).

Les règles qui suivent, dégagées au sujet des écrits classiques, seront applicables ou transposables aux écrits électroniques.

120 **Acte authentique.** Reçu par un officier public (notaire le plus souvent), l'acte authentique est revêtu d'une force particulière ; il fait foi « jusqu'à inscription de faux » des faits que l'officier public y énonce comme les ayant constatés lui-même, c'est-à-dire en fait des déclarations de volonté qu'il a enregistrées de la part des parties, même si le notaire a contrevenu aux règles de sa profession (109). Outre celle des parties, la signature du notaire est indispensable, à peine de nullité de l'acte (110) qui vaut alors comme simple acte privé (art. 1318).

Dès lors que l'acte authentique est signé par le notaire, les formalités probatoires qui sont habituellement exigées pour un acte privé deviennent superflues (111).

L'inscription de faux, seul moyen de combattre cette **force probante,** est une procédure lourde et exceptionnelle qui peut conduire le notaire instrumentaire devant une Cour d'assises, car le faux en écritures publiques est un crime (puni d'une peine pouvant aller jusqu'à la réclusion de 15 ans et une amende de 225 000 € : art. 441-4 du nouveau Code pénal).

Cependant, cette force probante ne s'applique qu'à ce qui a été personnellement constaté par l'officier public ; elle est sans effet s'il n'a fait que consigner un fait affirmé par les parties, par exemple qu'une somme a été payée « hors la vue du notaire » : l'énonciation n'a alors que la valeur probante d'un acte privé entre les parties (112).

Constitue de la même manière un acte authentique le constat par un **juge** de l'accord des parties devant lui. Le même régime s'applique (113).

2000, chr. 216. — RAYNOUARD, *Droit de la preuve, nouvelles technologies et signature électronique, Defrénois* 2000.1593. — V. aussi les études citées *infra,* sur la signature.

(109) Civ. 1re, 30 mars 1994, *Bull. civ.,* I, n° 125 pour un prêt auquel le notaire était intéressé par une commission.

(110) Civ. 1re, 29 novembre 1989, *Bull. civ.,* I, n° 368. — Les **annexes** doivent également être signées de lui : Civ. 1re, 7 octobre 1997, *Bull. civ.,* I, n° 267.

(111) Par ex. la mention du « bon pour » dans un cautionnement : Com., 20 mars 1990, *Bull. civ.,* IV, n° 83. — Civ. 1re, 12 mars 2002, *Bull. civ.,* I, n° 89. — Civ. 3e, 9 juillet 2008, *Bull. civ.*, III, n° 124.

(112) Civ. 3e, 10 mars 1993, *Bull. civ.,* III, n° 33. — 5 décembre 1995, *Bull. civ.,* I, n° 449. — Identiquement pour la désignation d'un bien — Civ. 1re, 2 novembre 2005, *Bull. civ.*, I, n° 399. — Civ. 3e, 27 février 2008, *Bull. civ.*, III, n° 35 (la preuve contraire doit être rapportée par écrit : v. *infra* n° 127).

(113) Par exemple, la formalité du « bon pour » est tout aussi inutile : Com., 11 février 2004, *Bull. civ.,* n° 26.

121 **Acte sous seings privés.** Le « seing » étant la signature, il s'agit d'écrits signés par les parties. La forme importe peu : ce peut être un seul et même acte ou un échange de lettres. Malgré cette souplesse, quatre règles s'appliquent.

122 **Signature.** Même si elle n'a longtemps été qu'évoquée par certains textes (art. 1318, 1323, 1324, 1326), la signature des parties a toujours constitué une formalité essentielle (114). Carbonnier observait qu'elle « représente une sécurité, non seulement parce que la preuve testimoniale est incertaine, mais aussi parce que bien souvent la volonté ne réussit pas à se fixer elle-même si elle n'y est contrainte par la geste fatidique de la signature » (115). La loi du 13 mars 2000 a solennisé la règle dans le nouvel article 1316-4 du Code civil : « La signature nécessaire à la perfection d'un acte juridique identifie celui qui l'appose. Elle manifeste le consentement des parties aux obligations qui découlent de cet acte. »

Elle suffit en principe (116) à réputer le consentement de son auteur, même si le texte n'est pas de lui (117), d'où le « blanc-seing » engage son auteur, sauf preuve d'un abus (118).

Elle peut désormais emprunter deux formes :

— *Dans sa forme écrite traditionnelle,* elle doit sauf exception (119) être manuscrite et non raturée (120). Peu importe son contenu (nom, prénom), sa calligraphie ou sa place, dès lors qu'elle émane de la partie elle-même et traduit son intention d'approuver le texte signé : c'est pourquoi elle est sans valeur si elle émane d'un analphabète (121) ou d'un non francophone (122) mais n'a pas à être fournie deux fois par celui qui intervient à l'acte à un double titre (123).

(114) Civ. 1re, 27 janvier 1993, *JCP* 1993.II.22195, note PETEL-TEYSSIE ; *C.C.C.* 93.68, obs. L. L. — 2 juillet 1996, *Bull. civ.,* I, n° 281. — Soc., 26 octobre 1999, *Bull. civ.,* V, n° 401 (un contrat de travail non signé n'est pas un « écrit » : la durée fixée est donc sans valeur et il devient à durée indéterminée). — Civ. 1re, 16 janvier 2007, *Bull. civ.,* I, n° 22 (la mention « lu et approuvé » manuscrite ne suffit par en l'absence de signature).

(115) *RTD civ. 1960.490.*

(116) Sauf si le juge estime qu'au vu des circonstances, cette signature ne traduit pas une connaissance de la portée exacte du texte signé : Civ. 1re, 25 septembre 2013, n° 12-23197, *Bull. civ.*, I, n° 177.

(117) Civ. 1re, 21 février 2006, *D.* 2006.675 ; *Bull. civ.*, I, n° 93.

(118) Com., 28 février 2006, *Bull. civ.*, IV, n° 54.

(119) Par ex. la loi du 16 juin 1966 permet l'apposition d'une griffe dans certains actes commerciaux.

(120) L'acte ne vaut plus alors que comme commencement de preuve : Civ. 1re, 16 juin 1993, *D.* 1995.406, note RAFFI.

(121) Cf. par ex. Civ. 1re, 15 juillet 1957, *D.* 1957.143 et Paris 18 décembre 1963, *JCP* 1965.II.14060, note GHESTIN.

(122) Soc., 14 janvier 1997, *D.* 1997.612. — Civ. 3e, 15 décembre 1998, *Defrénois* 1999.1038. — Paris, 30 novembre 2006, *JCP* 2007.II.10069, note KENFACK.

(123) Par ex. à titre personnel et en qualité de représenant d'un tiers : Com., 8 octobre 2003, *Bull. civ.,* IV, n° 153.

— *Dans sa forme électronique,* elle consiste en un « code », pourvu que le procédé soit déclaré fiable dans les conditions fixées par un décret du 30 mars 2001 (art. 1316-4, al. 2) (124).

En cas de contestation c'est à celui qui se prévaut de l'acte de prouver que la signature émane bien du prétendu contractant, conformément à la charge de la preuve (125). Il suffit donc de dénier la signature (art. 1323 et 1324) pour que le juge ait le devoir de vérifier sa sincérité (126), au besoin en enjoignant aux parties de produire des documents de comparaison (127), et, en cas de doute, l'écrit ne vaudra pas preuve (128), peu important la bonne foi du prétendu créancier (129).

À l'opposé de la signature, le corps du texte peut être dactylographié ou imprimé — sauf dans le cas où la loi impose, pour protéger une partie, que certaines mentions soient écrites de sa main. Et, contrairement à un usage répandu, il n'est nullement nécessaire de porter la mention manuscrite **« Lu et approuvé »,** qui est « sans portée juridique » (130).

123 **Date.** La date portée à l'acte s'impose entre les signataires, mais n'est pas opposable aux tiers par crainte d'une fraude à leur encontre (par exemple, poursuivi par ses créanciers, un débiteur aux abois vendrait ses biens par des actes antidatés pour les faire échapper aux poursuites). Seul l'enregistrement de l'acte (ou le décès d'un signataire) lui confère **« date certaine »** à l'égard des tiers (art. 1328) (131).

124 **Double.** La « formalité du double », c'est-à-dire l'établissement d'un exemplaire par contractant, s'impose pour les **contrats synallagmatiques** (art. 1325) : il faut que chacun dispose d'un titre pour exiger de l'autre le

(124) Sur la signature électronique, cf. notamment Gautier et Linant de Bellefond, *JCP* 2000.I.236. — Huet, *D.* 2000, chr. 95. — Raynouard, *Defrénois,* 2000, p. 1593. — Deveze, *Mélanges Catala,* 2001, 529 (vision critique). — Le juge doit vérifier la fiabilité du procédé : Civ. 1re, 30 septembre 2010, n° 09-68555, *Bull. civ.*, I, n° 178.

(125) Cf. par ex. Com., 1er déc. 1975, *Bull. civ.,* IV, n° 286 ; Civ. 1re, 17 mai 1972, *Bull. civ.,* I, n° 132. — 15 juin et 3 novembre 1999, *Bull. civ.,* I, nos 203 et 291.

(126) C.P.C., art. 287 et 288. — Cf. Com., 2 février 1993, *Bull. civ.,* IV, n° 44. — Civ. 1re, 10 janvier 1995, *Bull. civ.,* I, n° 27. — 2 mars, 7 avril et 3 novembre 1999, *Bull. civ.,* I, nos 77, 124 et 291. — Civ. 1re, 26 févirer 2002, *Bull. civ.*, I, n° 70 — Civ. 3e, 9 mars 2005, *Bull. civ.*, III, n° 64. — Civ. 1re, 12 juin 2012, n° 11-18438 ; *RDC* 2013.127, obs. Latina. — Le *juge des référés* peut faire cette vérification si le résultat est évident : Civ. 1re, 27 juin 2000, *JCP* 2001.II.10480.

(127) Civ. 1re, 29 février 2012, n° 10-27332.

(128) Cf. Civ. 1re, 13 décembre 1988, *Bull. civ.,* I, n° 358. — 15 mars 1988, *Bull. civ.,* I, n° 79. — 24 mars 1998, *Bull. civ.,* I, n° 125.

(129) Com., 25 novembre 1997, *Bull. civ.,* IV, n° 302.

(130) Civ. 1re, 27 janvier 1993, *JCP* 1994.II.22195, note Petel-Teyssié. — Civ. 1re, 30 octobre 2008, n° 07-20001 ; *C.C.C.* 2009, n° 1 ; *Procédures* 2009, n° 40, obs. Perrot.

(131) V. Favennec-Héry, *La date certaine dans les actes sous seings privés, RTD civ.* 1992.1. — La règle ne s'applique pas aux actes commerciaux : Com., 25 avril 1983, *D.* 1984.1, note Jourdain.

respect de ses engagements. Et chaque exemplaire doit mentionner le nombre d'originaux. Cependant, cette formalité est sans grande portée pratique : d'une part, elle est écartée lorsque le contrat a été exécuté, même seulement en partie (132), la détention d'un exemplaire étant jugée inutile pour la partie remplie de ses droits (133) ; d'autre part, l'acte qui ne la respecte pas vaut commencement de preuve par écrit (134). L'ordonnance du 16 juin 2005 organise l'équivalence par courrier électronique (nouvel alinéa 5 de l'art. 1325).

125 **Formalité du « bon pour ».** La formalité dite du « bon pour », exigée pour les **contrats unilatéraux** engageant à payer des sommes d'argent (reconnaissances de dette, cautionnements) et non des obligations de faire (135) imposait initialement que le souscripteur écrive de sa main le montant (136) pour lequel il s'engage, en chiffres et en lettres (art. 1326) (137). La réécriture de ce texte en 1980 en a fortement réduit la portée : s'il faut toujours que le montant soit indiqué à la fois en chiffres et en lettres, cette double mention peut désormais être dactylographiée si la signature manuscrite la suit (138). S'il s'agit d'un engagement non encore chiffrable (par exemple l'engagement de garantir les dettes d'une société envers une banque), il faut une mention « exprimant sous une forme quelconque, mais de façon explicite et non équivoque, la connaissance de la nature et de l'étendue de l'obligation contractée ».

La jurisprudence est sur ce point oscillante, soucieuse à la fois de protéger le souscripteur imprudent contre la signature d'un document peu explicite et de ne pas ouvrir une « porte de sortie » trop facile à un débiteur de mauvaise foi. Après avoir privilégié pendant un temps un certain formalisme (139), la

(132) Cf. par ex. Civ. 1re, 7 juillet 1981, *Bull. civ.*, I, n° 249 — 14 déc. 1983, *Bull. civ.*, I, n° 298.

(133) Civ. 1re, 13 janvier 1993, *Bull. civ.*, I, n° 16.

(134) Civ. 3e, 23 janvier 1991, *Bull. civ.*, III, n° 35.

(135) Com., 18 juin 2013, n° 12-18890 ; *D.* 2013.2561, note PELLIER.

(136) Ne sont compris dans cette exigence ni la **nature de la dette** (Civ. 1re, 9 mai 1996, *Bull. civ.*, I, n° 193), ni le **taux d'intérêt** (Civ. 1re, 22 mai 2002, *Bull. civ.*, I, n° 139. — 29 octobre 2002, *Bull. civ.*, I, nos 247 et 248, opérant revirement de cette chambre pour se rallier à la position de la chambre commerciale : Com., 16 mars 1999, *Bull. civ.*, IV, n° 59. — 17 juillet 2001, *Bull. civ.*, IV, n° 141. — 3 avril et 29 octobre 2002, *Bull. civ.*, IV, nos 64 et 153).

(137) Si les lettres seules suffisent parfois (Civ. 1re, 18 février 2002, *Bull. civ.*, I, n° 207 — *Contra* Civ. 1re 25 mai 2005, *Bull. civ.*, I, n° 228 — 27 novembre 2013, n° 12-18566), le chiffre seul est insuffisant : Civ. 1re, 13 novembre 1996, *C.C.C.* 1997, n° 25 (pour un cautionnement). — *Contra* auparavant : Civ. 1re, 19 décembre 1995, *Bull. civ.*, I, n° 467 (pour une reconnaissance de dette).

(138) Civ. 1re, 13 mars 2008, *Bull. civ.*, I, n° 73 ; *D.* 2008.1956, note MARIA ; *Defrénois* 2008.1345, obs. LIBCHABER ; *C.C.C.* 2005.174, obs. LEVENEUR.

(139) Cf. par ex. Civ. 1re, 15 avril, 1er octobre, 4 mars et 4 avril 1986, *D.* 1987.341 et 343 note AYNÈS. — Com., 15 et 29 janvier 1991, *Bull. civ.*, IV, nos 24 et 42.

jurisprudence paraît revenue au critère de la conscience de son engagement par le débiteur (140).

L'écrit ne comportant pas cette formalité ne peut pas valoir à lui seul comme preuve parfaite (141), mais pourra valoir comme **commencement de preuve par écrit** (142). Le complément de preuve est alors facilement admis (143).

126 **Copies.** En principe, seul l'original signé vaut preuve et une simple copie peut être contestée (art. 1334). La **photocopie** ne devrait donc pas avoir de valeur probante en elle-même, du moins si sa conformité à l'original est contestée. Telle était la solution classique (144), mais elle a récemment été abandonnée par la Cour de cassation : les juges du fond sont libres, faute de trace de falsification, de tenir une photocopie pour une copie sincère et fidèle (145). Quant à la **télécopie,** après un réflexe de défiance (146) lui reconnaît désormais valeur probante dès lors qu'une falsification n'est pas alléguée (147).

Pour tenir compte toutefois des progrès techniques, et notamment de l'archivage sur microfilms, une loi du 12 juillet 1980 a donné force probante à la copie « non seulement fidèle mais aussi durable », résultant d'une « reproduction indélébile qui entraîne une modification irréversible du support » (art 1348, al. 2) (148).

(140) Cf. par ex. Com., 25 mai 1993, *Bull. civ.,* IV, n° 205. — 6 juillet 1993, *Bull. civ.,* IV, n° 279.

(141) Mais le *contrat* lui-même n'est pas nul : si son existence n'est pas contestée, l'irrégularité est sans conséquence puisqu'il ne s'agit que d'une exigence de preuve : Civ. 1re, 5 octobre 1994, *Bull. civ.,* I, n° 269. — Com., 1er avril 1997, *Bull. civ.,* IV, n° 88.

(142) Com., 21 juin 1988, *Bull. civ.,* IV, n° 212. — 19 juin 1990, *Bull. civ.,* IV, n° 180. — 26 juin 1990, *Bull. civ.,* IV, n° 188. — 26 novembre 1990, *Bull. civ.,* IV, n° 301. — 1er juin 1993, *Bull. civ.,* IV, n° 151. — 30 novembre 1993, *Bull. civ.,* IV, n° 435. — Civ. 1re, 25 mai 2005, *Bull. civ.,* I, n° 228 — 21 mars 2006, *Bull. civ.,* I, n° 167.

(143) V. par ex. Com., 11 janvier 1994, *Bull. civ.,* IV, n° 15 trouvant ce complément dans le fait que la caution ne contestait pas le chiffre dans ses écritures au procès. Com., 11 mars 2003, *Bull. civ.,* IV, n° 97 admettant que la situation du signataire (associé majoritaire) puisse valoir complément. — Mais il ne peut résulter d'un simple double : Civ. 1re, 4 mars 1997, *JCP* 1998.II.22954, note GONON.

(144) Com., 30 déc. 1976, *Bull. civ.,* IV, n° 330 ; Civ. 1re, 7 juillet 1976, *Bull. civ.,* I, n° 251. — Com., 15 décembre 1992, *Bull. civ.,* IV, n° 419. — Civ. 1re, 15 décembre 1998, *Bull. civ.,* I, n° 126. La copie au **carbone** est pareillement traitée : Civ. 1re, 17 juillet 1980, *Bull. civ.,* I, n° 225. Mais elles peuvent servir de commencement de preuve par écrit : Civ. 1re, 14 février 1995, *D.* 1995.340, note PIEDELIÈVRE ; *JCP* 1995.II.22402, note CHARTIER.

(145) Voir Civ. 1re, 28 mars et 30 mai 2000, *Bull. civ.,* I, nos 106 et 164. Cf. déjà Civ. 1re, 25 juin 1996, *C.C.C.* 1996, n° 183, note critique L. L.

(146) V. HUET, *D.* 1992, chr. 33. — ARRIGHI de CASANOVA, concl. *D.* 1994.341.

(147) Com., 2 décembre 1997, *Bull. civ.,* IV, n° 315 ; *D.* 1998.192, note MARTIN ; *JCP* 1998.II.10097, note GRYNBAUM.

(148) Cf. CHAMOUX, *La loi du 12 juillet 1980, une ouverture sur de nouveaux moyens de preuve, JCP* 1981.I.3008.

C. FORCE DE L'ÉCRIT

127 **Interdiction de la preuve « contre et outre ».** Après avoir exigé la rédaction d'un écrit au-delà du seuil précité, l'article 1341 dispose en outre qu'il « n'est reçu aucune preuve par témoins contre et outre le contenu aux actes, ni sur ce qui serait allégué avoir été dit avant, lors ou depuis les actes, encore qu'il s'agisse d'une somme ou d'une valeur moindre ».

Cette disposition a en réalité une double portée.

— **Preuve contre un écrit.** Lorsqu'il existe un écrit, elle interdit de le combattre si ce n'est par d'autres écrits, alors même qu'on se trouve en deçà du seuil de 1 500 € et qu'une libre preuve eût été recevable en l'absence d'écrit. C'est donc une primauté qui est ici reconnue à l'écrit. Par exemple, si le contrat portant sur des travaux prévoit telle fourniture, on ne peut prouver par témoins un accord pour la supprimer (149). S'il stipule que le prix a été versé, on ne peut établir le contraire (150) sauf fraude (151).

Cependant cette primauté s'avère en réalité assez réduite. Outre qu'elle ne s'applique pas en matière commerciale, où la liberté de la preuve autorisée à combattre un écrit par tous moyens (152), elle n'empêche pas non plus d'invoquer contre l'écrit un commencement de preuve par écrit dûment complété, voire l'impossibilité de l'article 1348.

En outre et surtout, elle ne fait pas obstacle à l'interprétation de l'acte, s'il s'agit seulement ***d'interpréter*** l'écrit ambigu ou obscur, on peut alors recourir à d'autres moyens de prouver l'intention réelle des parties (153). Les tribunaux se servent parfois de cette possibilité pour corriger une **erreur matérielle** manifeste dans la rédaction de l'écrit, car il est évidemment impossible aux parties de se procurer une preuve écrite de cette erreur (154).

— **Preuve outre un écrit.** Le texte concerne ici la preuve des *modifications* éventuelles du contrat, qui sont donc soumises au même régime : nécessité d'une preuve par écrit (155) sauf en matière commerciale (156). Sans raison convaincante, la jurisprudence en excepte toutefois l'accord de résiliation, dont la preuve serait libre (157).

(149) Civ. 3e, 8 janvier 1970, *Bull. civ.,* III, n° 26.
(150) Civ. 3e, 25 janvier 1984, *Bull. civ.,* III, n° 20.
(151) Civ. 1re, 19 mars 2009, *Bull. civ.,* I, n° 61.
(152) V. par ex. Civ. 1re, 21 février 1984, *Bull. civ.,* I, n° 66.
(153) Civ. 1re, 3 mars 1969, *D.* 1969.477. — Civ. 3e, 14 novembre 1973, *Bull. civ.,* III, n° 582. — Civ. 1re, 26 janvier 2012, n° 10-28356 (même si l'acte est notarié).
(154) Par ex. : Civ. 1re, 26 avril 1978, *Bull. civ.,* I, n° 152 pour une erreur de dactylographie. — 2 mars 1982, *Gaz. Pal.* 1982. *Pon.* 245 pour une erreur de dizaine quant au prix. — Civ. 3e, 3 février 1993, *Bull. civ.,* III, n° 14 et Civ. 1re, 2 novembre 2005, *Bull. civ.,* I, n° 399 pour la désignation du bien vendu (dans un acte authentique).
(155) Cf. Civ. 1re, 10 octobre 1995, *Bull. civ.,* I, n° 306.
(156) Com., 16 décembre 1980, *Bull. civ.,* IV, n° 425.
(157) Civ. 1re, 18 mai 1994, *Bull. civ.,* I, n° 175.

SECTION 2 LES FORMALITÉS EXTÉRIEURES

128 **Diversité de rôle et de sanction.** En principe, le contrat est valable par lui-même et immédiatement. Cependant, il arrive que son efficacité soit subordonnée à des formalités extérieures, dont l'exigence répond à des soucis très divers : protéger des tiers, informer les pouvoirs publics dans certains domaines sensibles, voire même lutter contre des fraudes fiscales...

Cette diversité de fonction explique non seulement la nature variée de ces formalités extérieures (dont certaines sont contemporaines au contrat mais d'autres lui sont antérieures ou postérieures), mais aussi et surtout la gradation de leurs sanctions : si elles ne sont pas accomplies, tantôt le contrat est radicalement nul, tantôt il est valable mais son exécution est suspendue, tantôt il est inopposable aux tiers.

§ 1. Exigées pour la validité du contrat

129 **Contrats réels.** Un contrat est dit « réel » quand il ne se forme définitivement que par **la remise de la chose** *(« res »).* Dans la définition même qu'il donne de certains types de contrat, le Code civil incorpore la remise de la chose : **prêt** (art. 1875 et 1892), **dépôt** (art. 1919), **gage** (art. 2073). On y ajoute le **don manuel** (cf. *supra,* n° 106).

Ces contrats ne sont donc pas formés valablement tant qu'il n'y a pas remise (158) : cette remise qu'on appelle « tradition » de la chose constitue donc une condition de forme.

La notion même de contrat réel est presque unanimement contestée (159) et l'on suggère souvent sa suppression que la Cour de cassation a consacrée de sa propre initiative dans le domaine des prêts d'argent consentis par des professionnels (160).

Le débat est toutefois d'une portée pratique limitée depuis que la jurisprudence a admis qu'avant la remise de la chose, le contrat non définitivement formé vaut néanmoins en tant que « promesse de contrat ». Cette promesse

(158) Pour le prêt d'argent : Civ. 1re, 12 juillet 1977, *Bull. civ.,* I, n° 330.

(159) Cf. toutefois la position nuancée de M. GHESTIN, n° 452.

(160) Civ. 1re, 27 mai 1998, *Bull. civ.,* I, n° 186 ; *D.* 1999, Somm. 28, obs. JOBARD-BACHELLIER. — 28 mars 2000, *D.* 2001.1615, note JOBARD-BACHELLIER ; *Grands arrêts*, n° 284. — 27 octobre 2001, *Defrénois* 2002.259, obs. LIBCHABER. — 4 juin 2002, *Bull. civ.,* I, n° 159.

ayant pour les parties le même caractère obligatoire que le contrat lui-même, le formalisme se trouve par là vidé de toute sanction véritable (161). Par exemple, dès avant la remise de la chose, il y a « promesse de dépôt » ou « promesse de prêt » et la partie qui s'y déroberait engagerait sa responsabilité contractuelle, ne pouvant toutefois conduire, semble-t-il, qu'à des dommages et intérêts et non à une exécution forcée en nature.

130 **Contrats soumis à autorisation ou à homologation.** Dans certains cas, l'importance du contrat conduit à le soumettre à un contrôle judiciaire préalable qui prend la forme d'une *autorisation* (162) ou d'une *homologation* (163).

Le droit des entreprises en difficulté utilise aussi souvent la technique de **l'autorisation** pour la vente des éléments d'actifs de l'entreprise. Le contrat passé sans autorisation est frappé de nullité absolue (164). Celui qui est conforme à l'autorisation produit effet à sa date (165).

Quant à **l'homologation**, le meilleur exemple s'en trouve dans les changements de régime matrimonial : le contrat modificatif doit non seulement être notarié, mais encore soumis à l'homologation du tribunal qui vérifie s'il n'est pas contraire à l'intérêt de la famille (art. 1397). Le contrat non homologué est sans aucune valeur. Mais, une fois obtenue, l'homologation — qui lui confère efficacité à partir de la date du jugement et sans rétroactivité (166) — ne lui fait pas perdre sa nature contractuelle, de sorte qu'il pourrait néanmoins être annulé plus tard pour les raisons de droit commun, par exemple pour vice de consentement (167). Du moins est-ce là le régime du contrat de mariage. Il est d'autres domaines où l'on parle aussi de conventions homologuées (en matière

(161) Cf. JOBARD-BACHELLIER, *Existe-t-il encore des contrats réels en droit français ?, RTD civ.* 1985.I.

(162) V. B. THULLIER, *L'autorisation en droit privé,* LGDJ, 1996.

(163) V. BALENSI, *L'homologation judiciaire, RTD civ.* 1978.42 et 233. — ENGEL-CREACH, *Les contrats judiciairement formés,* Economica, 2002, n°s 58 et s.

(164) Com., 27 octobre 1998, *Bull. civ.,* IV, n° 259. — La **régularisation** par une autorisation donnée *a posteriori* ne semble pas possible : Com., 27 octobre 1998, *Bull. civ.*, IV, n° 259 (comp. dans le même sens en droit de la copropriété : Civ. 3e, 25 avril 1990, *Bull. civ.*, III, n° 102 — Civ. 3e, 22 mai 1997, *Bull. civ.*, III, n° 109).

(165) Certains arrêts, pour des raisons d'opportunité, déclarent que la vente serait « parfaite » dès qu'elle est autorisée : c'est inexact, et la vente ne se réalise que lorsqu'il est fait usage de l'autorisation judiciaire (Com., 16 octobre 2001, *Bull. civ.,* IV, n° 166). En revanche, le candidat acquéreur qui se dérobe engage sa responsabilité (cf. Com., 26 octobre 1999, *Bull. civ.,* IV, n° 193).

(166) Civ. 1re, 12 juillet 2001, *Bull. civ.,* I, n° 223.

(167) Civ. 1re, 14 janvier 1997, *D.* 1997.273, rapport X. SAVATIER ; *JCP* 1997.II.22917, note PAILLET ; *RTD civ.* 1997.985, obs. VAREILLE. — Mais le jugement d'homologation peut, quant à lui, faire l'objet des voies de recours judiciaire, comme un recours en révision : s'il est annulé, le contrat perdra sa validité (v. Civ. 1re, 5 janvier 1999, *D.* 1999.242, note THIERRY ; *Defrénois* 1999.805, note CHAMPENOIS).

de divorce par exemple : art. 232, art. 268) et où l'on admet qu'elles ne sont que jugements, insusceptibles des actions contractuelles (168).

131 **Formalités civiles diverses.** Il arrive parfois au législateur moderne d'assortir de la sanction de la nullité telle ou telle formalité destinée à protéger une partie ou des tiers. Par exemple la loi du 31 décembre 1975 sur la sous-traitance, qui impose de fournir au sous-traitant une caution bancaire, dispose que cette obligation est édictée « à peine de nullité » (art. 14). De même en matière de vente d'immeubles futurs, il a été jugé que le contrat préliminaire de réservation est nul si la formalité du versement d'un dépôt de garantie à un compte spécial n'a pas été respectée (169). Ou encore, les agents immobiliers doivent tenir un registre chronologique des mandats reçus et le mandat non inscrit est nul (170).

Au vrai, il semble que la nullité du contrat, utilisée ainsi pour souligner l'importance de l'exigence légale, ne soit pas bien appropriée (dans les deux exemples précités, elle n'aide en rien à la garantie du sous-traitant ou du réservant que les formalités en cause veulent assurer). Mais la menace de nullité, en fragilisant le contrat, constitue une arme du législateur pour faire respecter ses injonctions (171).

132 **Exigences d'ordre fiscal.** Souvent un contrat emporte des conséquences fiscales. Par exemple, il est soumis à un droit d'enregistrement. Or, l'accomplissement de cette formalité impose sa rédaction par écrit. En principe, le non-respect de la formalité n'entraîne que des sanctions fiscales sans affecter la validité civile du contrat. Il est toutefois une exception très importante en pratique : les **promesses unilatérales de vente** portant sur des immeubles ou des fonds de commerce doivent être enregistrées dans les dix jours à peine de nullité (art. 1589-2 du Code civil). Cette incursion du droit fiscal dans le droit civil est très généralement critiquée (172).

§ 2. Exigées pour l'exécution du contrat

133 **Exigences administratives.** Dans certains domaines, le contrat doit être communiqué à telle ou telle administration pour diverses raisons reposant sur des possibilités d'intervention des pouvoirs publics.

Il en est ainsi parfois en matière de droit du travail : ainsi les contrats d'apprentissage doivent être enregistrés (art. L. 6224-1 du Code du travail).

(168) V. *La famille*, n°s 496 et s.
(169) Civ. 3e, 22 février 1995, *Bull. civ.*, III, n° 57.
(170) Civ. 1re, 16 octobre 2001, *Bull. civ.*, I, n° 253 ; *C.C.C.* 2002.1.
(171) Sur le cas de la sous-traitance, V. *Contrats spéciaux*, n° 866.
(172) V. *Contrats spéciaux*, n° 141.

De même certains contrats de portée internationale sont soumis à un contrôle économique (ainsi pour certains investissements étrangers en France, dernier vestige du contrôle des changes ou pour l'exportation de certaines œuvres d'art).

La sanction de ces dispositions est souvent l'objet de vives hésitations. Par exemple, pour le contrôle des changes, la jurisprudence a d'abord édicté la nullité, puis décidé que le contrat était valable mais que seule son exécution était suspendue (173). Pour les contrats d'apprentissage, on parle de nullité mais en réalité c'est seulement le régime spécifique qui est écarté au bénéfice d'un retour au droit commun du contrat de travail (174).

Les principes **Unidroit** envisagent en détail cette situation pour déterminer successivement :

— la partie qui doit faire son affaire de l'autorisation (celle dont l'obligation y est assujettie : art. 6-1-14) ;

— les diligences à sa charge (elle doit agir sans retard et à ses frais puis informer l'autre de la réponse obtenue : art. 6-1-15) ;

— les conséquences d'un défaut de réponse (ni autorisation ni refus) dans un « délai raisonnable à partir de la conclusion du contrat » (chaque partie peut alors mettre fin au contrat : art. 6-1-16) ;

— les conséquences d'un refus d'autorisation (« nullité » du contrat si l'autorisation touche à sa validité ; règles d'inexécution si elle concerne l'exécution totale ou partielle du contrat : art. 6-1-17).

§ 3. Exigées pour l'opposabilité du contrat

134 **Exigences de publicité.** Pour les biens stables et importants, des systèmes de publicité ont été mis en place permettant d'identifier le propriétaire ou les titulaires d'autres droits. C'est principalement le cas des immeubles faisant l'objet d'une **publicité foncière** organisée minutieusement par un décret de 1955, mais des systèmes analogues sont utilisés pour d'autres biens suivant des modalités variables : font ainsi l'objet d'inscription ou d'immatriculation les **fonds de commerces,** avions, navires, **automobiles, brevets, marques,** chevaux de course, etc.

Les transferts de droit sur ces biens doivent, pour être pleinement efficaces et **opposables aux tiers,** être transcrits auprès des organismes tenant ces inscriptions. La sanction du défaut d'inscription est variable selon les cas et il n'est pas

(173) V. l'étude de cette évolution *in* GHESTIN, t. 1, n° 470 et Com., 20 mars 1990, *Bull. civ.*, IV, n° 87.

(174) V. Soc., 12 juillet 1994, *D.* 1995.311 note ROY-LOUSTANNAU.

question de l'examiner ici : il faut simplement souligner que cette transcription n'est possible que si le contrat peut être communiqué, ce qui impose en fait qu'il soit établi ou attesté par écrit. Pour les immeubles, il est même exigé un acte notarié : c'est ce qui explique qu'on considère souvent cette forme obligatoire, alors qu'elle n'est en droit qu'une condition de publication et non de validité du contrat.

135 Conclusion : distinction des contrats instantanés de la vie courante et des contrats importants ou durables. De la foison de règles qui précèdent, on peut dégager une ligne de partage qui, sans constituer une opposition absolue, traduit l'économie générale de la matière.

Dès qu'un contrat porte soit sur un **objet important** (immeubles, fonds de commerce, etc.) soit sur la création d'**obligations durables** (baux, assurances, échéances de remboursement, etc.) il doit en pratique être passé *par écrit ;* certes la forme de l'écrit peut varier (acte authentique, écrit simple ou assorti de certaines mentions obligatoires) de même que la sanction du défaut d'écrit (nullité, inopposabilité aux tiers, réduction), mais la convergence de règles de nature diverse conduit toujours au principe même de l'obligation de conclure un écrit.

N'échappent donc à peu près à cette nécessité que les *contrats instantanés de la vie courante* ou ceux qui reposent sur des usages particuliers.

N°s 136 à 139 réservés.

CHAPITRE 2
LE CONTENU DU CONTRAT

140 **Double moyen du contrôle étatique.** Si le principe de liberté contractuelle permet aux sujets de droit de convenir ce qu'ils veulent pour les raisons qui leur semblent bonnes, la notion d'**ordre public** vient aussitôt tempérer les excès qui pourraient découler d'une totale liberté. Les codificateurs de 1804, pourtant épris de libéralisme, ont indiqué, dès l'article 6 du Code, qu'on « ne peut déroger, par des conventions particulières, aux lois qui intéressent l'ordre public et les bonnes mœurs ». Et, dans l'article 1108, ils ont précisé deux éléments nécessaires à la structure même du contrat qui vont constituer les vecteurs de ce contrôle étatique : son objet et sa cause.

Depuis lors, ce contrôle étatique s'est considérablement renforcé, rognant le principe de l'autonomie de la volonté (cf. *supra,* n° 26). De nombreuses **lois impératives** sont venues restreindre les limites de ce qui peut être convenu dans un contrat : elles intéressent l'**objet** du contrat. Quant aux tribunaux, ils utilisent souvent la notion de **cause** du contrat pour exercer un contrôle de moralité contractuelle. Sans avoir changé de nature, ces deux éléments du contrat ont donc servi à introduire dans la matière l'évolution économique et sociale.

SECTION 1 L'OBJET DU CONTRAT

TEXTES

Code civil, art. 6 et 1126 à 1130

Art. 6. — On ne peut déroger, par des conventions particulières, aux lois qui intéressent l'ordre public et les bonnes mœurs.

Section III

De l'objet et de la matière des contrats

Art. 1126. — Tout contrat a pour objet une chose qu'une partie s'oblige à donner, ou qu'une partie s'oblige à faire ou à ne pas faire.

Art. 1127. — Le simple usage ou la simple possession d'une chose peut être, comme la chose même, l'objet du contrat.

Art. 1128. — Il n'y a que les choses qui sont dans le commerce qui puissent être l'objet des conventions.

Art. 1129. — Il faut que l'obligation ait pour objet une chose au moins déterminée quant à son espèce.

La quotité de la chose peut être incertaine, pourvu qu'elle puisse être déterminée.

Art. 1130. — Les choses futures peuvent être l'objet d'une obligation.

On ne peut cependant renoncer à une succession non ouverte, ni faire aucune stipulation sur une pareille succession, même avec le consentement de celui de la succession duquel il s'agit, que dans les conditions prévues par la loi.

141 **Double niveau d'appréciation** Lorsqu'il définit l'objet du contrat, l'article 1126 envisage en réalité la matière des **obligations créées** par le contrat. Mais comme la plupart des contrats créent plusieurs obligations, le contrat apparaît ainsi avoir plusieurs objets. Ce sera toujours le cas des contrats synallagmatiques qui, par nature, créent des obligations réciproques : dans une vente par exemple, l'objet ainsi entendu est à la fois la chose vendue et le prix promis par l'acheteur. C'est généralement à cela qu'on limite l'étude de l'objet : il s'agit en réalité de l'objet de diverses *prestations* prévues au contrat.

Mais il faut également, dans un second temps, envisager l'économie du contrat pris **dans son ensemble,** c'est-à-dire l'objet de *l'opération contractuelle :* il se peut notamment que, tout en créant des obligations qui sont licites prises séparément, un contrat réalise une opération qui, envisagée dans son ensemble, est illicite (par exemple la cession d'un immeuble et le paiement d'un prix sont licites, mais la vente sera nulle s'il y a trop de déséquilibre entre les deux ; ou encore le transfert de sang est licite, tout comme le paiement d'une somme d'argent, mais la vente de sang est interdite).

S/SECTION 1 — L'OBJET DES PRESTATIONS CONTRACTUELLES

142 **Classification tripartite.** Le contrat crée des obligations qui se rangent naturellement dans la classification générale des obligations : donner, faire et ne pas faire (cf. *supra,* n° 4). Les règles relatives à l'objet sont édictées de manière commune à toutes les obligations. Cependant leur application présente une série d'importantes particularités selon qu'elles s'appliquent à des choses, à des sommes d'argent ou à des prestations personnelles (faire ou ne pas faire).

§ 1. Les obligations portant sur des choses

143 **Choses : biens ou droits.** La plupart des contrats portent sur des biens, c'est-à-dire des **objets matériels** (vente, bail, prêt, etc.). Mais beaucoup portent aussi sur des **« biens incorporels »,** c'est-à-dire des droits : droits d'auteur, droits de marque, droits de créance sur un tiers, etc. Dans tous les cas, l'un des contractants s'engage à un transfert sur cette chose ou ce droit : transfert de propriété dans une vente, d'utilisation dans une location, etc. Bien qu'employée par le Code civil, l'expression « obligation de donner » n'est pas sans équivoque et doit plutôt être évitée (1).

La chose (bien ou droit) doit alors répondre à trois conditions : elle doit être déterminée ; elle doit exister ; elle doit être « dans le commerce », c'est-à-dire licite.

144 **Chose déterminée ou déterminable.** L'article 1108 exige « un objet certain ». Lorsqu'il s'agit d'un bien ou d'un droit, cela implique son ***identification*** *précise :* on ne peut pas vendre « un immeuble » ou un « terrain », mais tel immeuble ou tel terrain identifié. De même, on ne peut pas céder « des créances » (à une banque par exemple) sans préciser l'identité du débiteur et l'origine de ces créances. S'il s'agit de « choses de genre », c'est-à-dire de marchandises (blé, vins...), il faut en spécifier la nature et la quantité.

Mais l'article 1129, tout en réitérant l'exigence, précise qu'il n'est pas nécessaire que cette précision soit d'ores et déjà totale : l'objet est considéré comme certain dès lors que, sans être immédiatement déterminé, il est ***déterminable*** **au jour de l'exécution** d'après les indications mêmes du contrat. Par exemple, la vente des objets entreposés dans tel garde-meuble, même s'ils ne sont pas décrits (2) ; la vente de telle superficie de terrain à délimiter sur une parcelle plus grande (3) ; la cession de toutes les créances qu'on détiendra sur telle personne à une date précise (4).

(1) V. FABRE-MAGNAN, *Le mythe de l'obligation de donner, RTD civ.* 1995.85.
(2) Civ. 1re, 16 juill. 1964, *Bull. civ.,* I, n° 322.
(3) Civ. 3e, 15 février 1984, *Bull. civ.,* III, n° 41.
(4) La reprise de tous les cautionnements souscrits par une personne a été jugée suffisamment déterminée par Com., 1er avril 1997, *Bull. civ.,* IV, n° 90, mais non par Civ. 1re, 18 octobre 1994, *Bull. civ.,* I, n° 291.

N'est au contraire pas valable l'obligation qui nécessite, pour être précisée, un nouvel accord : par exemple l'engagement de « faire un geste » ou de « donner une récompense » (5).

Le Code prévoit la possibilité d'ouvrir un choix aux parties : ce sont des ***« obligations alternatives ».*** Par exemple, la vente pourra être exécutée par la livraison de tel objet ou de tel autre, chacun étant naturellement identifié selon les règles ci-dessus. Curieusement, les codificateurs ont consacré huit articles à cette hypothèse, pourtant assez rare en pratique (art. 1189 à 1196). Il faut essentiellement en retenir que le choix appartient en principe au débiteur, mais que le contrat peut le donner au créancier (art. 1190) (6).

145 **Chose existante, présente ou future.** Si la chose qui fait la matière du contrat n'existe pas, le contrat est nul : par exemple l'animal vendu est mort quelques instants plus tôt ou la maison a péri dans un incendie. Mais c'est au moment précis de la **conclusion du contrat** qu'il faut se placer pour apprécier cette existence et non à celui de la livraison prévue : si la chose périt après cette conclusion, le contrat n'en reste pas moins valable et l'impossibilité de livrer intéresse l'exécution du contrat, non sa validité.

Cette exigence supporte toutefois deux exceptions :

— d'une part, en présence d'*un* ***contrat aléatoire,*** l'existence de la chose n'est pas nécessaire car l'incertitude dont elle fait l'objet constitue précisément l'aléa ; encore faut-il que le caractère aléatoire du contrat soit démontré (ex. achat à ses risques et périls d'un lot de marchandises en cours de transport par mer, ou reprise des stocks d'une entreprise en faillite), et que l'une des parties ne soit pas de mauvaise foi (le contrat pourrait alors être annulé pour vice du consentement si, dans l'exemple précédent, le vendeur sait que la marchandise a péri ou que les stocks ont disparu) ;

— d'autre part les ***« choses futures »*** peuvent donner lieu à des contrats : objets à fabriquer, immeuble à construire, récolte à venir, droits attendus, animal à naître. L'article 1130 permet expressément de conclure déjà des contrats au sujet de ces choses futures tout comme le nouvel article L. 211-1 du Code de la consommation (ordonnance du 17 février 2005) applicable aux « contrats de fourniture de biens meubles à fabriquer ou à produire ». Mais ils ne sont pas sans danger car le contractant peut avoir peine à bien en mesurer la valeur. Aussi certains textes particuliers interdisent certaines cessions de droits futurs : par exemple la cession de droits successoraux à venir est interdite (prohibition des **« pactes sur succession future »** par l'article 1130, alinéa 2 pour divers motifs d'ordre public) et la cession de droits d'auteur sur des **œuvres futures** est réglementée (Code de la propriété intellectuelle, art. L. 131-1 et L. 132-4).

(5) Cf. par ex. Com., 28 février 1983, *Bull. civ.,* IV, n° 86.

(6) Pour un exemple : Civ. 1re, 16 mai 2006, *Bull. civ.,* I, n° 239 ; *Defrenois* 2006.1220, obs. LIBCHABER (celui qui reçoit un objet en dépôt-vente peut s'engager à restituer l'objet, ou à reverser le prix perçu d'un tiers, ou encore à payer lui-même le prix).

Dans le cas où la chose future peut faire l'objet d'un contrat, ce dernier devient **caduc** si la chose ne vient pas à existence, sans faute de part ou d'autre (exemple : la récolte est détruite avant terme ; les marchandises vendues ne sont pas fabriquées pour une raison étrangère au vendeur, etc.).

146 **Chose « dans le commerce ».** Employée par les articles 1128 et 1598, cette expression traduit que la chose peut faire l'objet d'un « commerce juridique », c'est-à-dire d'un contrat. Le principe est que tout bien, tout droit est « dans le commerce ». Mais il existe certaines exceptions : les biens qu'on ne peut s'approprier (domaine public) ou qui font l'objet d'un monopole étatique (tabac, poudres...) ou encore qui sont directement contraires à la morale (drogue) ou à la santé publique, comme des produits périmés (7). Ne peuvent non plus faire l'objet de contrats le **corps humain** et ses organes : par exemple est nulle la convention par laquelle une jeune fille promet de céder le morceau de peau tatoué pour les besoins d'un film (8), comme l'était la cession de la « livre de chair » de Shylock (9). Toutefois pour tenir compte des progrès médicaux, on a permis le don gratuit du sang et certains prélèvements d'organes. Plus récemment, l'Assemblée plénière de la Cour de cassation a marqué la limite de cette prise en compte des progrès médicaux en déclarant nulles les conventions de « maternité de substitution », par lesquelles une femme s'engage à porter un enfant pour le transférer à la naissance, et ce, même si c'est à titre gratuit (10). Les lois « bioéthique » du 29 juillet 1994 ont refondu l'ensemble de la matière et l'article 16-5 du Code civil pose désormais en principe général que « les conventions ayant pour effet de conférer une valeur patrimoniale au corps humain, à ses éléments ou à ses produits sont nulles ».

La question des ***clientèles civiles*** suscite toujours un vif débat (11) dont il faut bien constater que les traits dominants sont l'obscurité et l'indécision. Le principe est que l'on ne peut céder une clientèle en tant que telle, mais la jurisprudence admet parfois qu'on s'engage à la présenter à un successeur, même moyennant finances, ce qui tourne purement la prohibition (12). Il en résulte toutefois que les postes où il n'y a pas de clientèle à présenter sont hors du commerce : un concierge (13) ou un administrateur judiciaire (14) ne peut convenir avec un tiers de le présenter comme successeur au propriétaire ou aux

(7) Com., 16 mai 2006, *Bull. civ.*, IV, n° 124 — Cf. aussi art. L. 4411-1 du Code du travail.
(8) TGI Paris, 3 juill. 1969, *D.* 1970.136 puis Civ. 1re, 23 février 1972, *JCP* 1972.II.17135.
(9) SHAKESPEARE, *Le marchand de Venise.*
(10) Ass. Plén., 31 mai 1991, *D.* 1991.417, rapport CHARTIER et note THOUVENIN.
(11) Cf. encore MESTRE, *RTD civ.* 1996.604. — ZENATI, *RTD civ.* 1991.560.
(12) V. en dernier lieu, Civ. 1re, 7 juin 1995, *D.* 1995.506, note BEIGNER. — 5 décembre 1995, *Bull. civ.*, I, n° 445. — 7 octobre 1997, *D.* 1998.78, note BEIGNIER. — Cf. FERRÉ-ANDRÉ, *De la patrimonialisation à la commercialisation des clientèles civiles, RTD com.*, 1995.565. — CHARTIER, *La clientèle civile dans la jurisprudence de la Cour de cassation,* Rapport de la Cour de cassation pour 1996.71.
(13) Civ. 1re, 20 févr. 1973, *D.* 1974.37, note MALAURIE.
(14) Civ. 1re, 20 mars 1984, *D.* 1986.189, note D. CARBONNIER. — 25 avril 1990, *Bull. civ.,* I, n° 88.

tribunaux. Dans son rapport 1990, la Cour de cassation avait insisté sur la nullité des cessions de clientèle, notamment médicale, en précisant que désormais son fondement réside non dans la protection des clients, toujours libres, mais dans celle des « jeunes médecins ». Et elle affirmait sa volonté de lutter contre « cette fâcheuse croyance, trop répandue en France, selon laquelle toute situation acquise doit naturellement se scléroser pour donner naissance à une valeur patrimoniale » (15). Elle a depuis confirmé sa position au sujet des clientèles de notaires (16) tout en admettant toujours la rémunération d'une « présentation », ce qui enlève à sa doctrine toute fermeté, puis récemment opéré un revirement énigmatique déclarant qu'une telle cession « n'est pas illicite à la condition que soit sauvegardée la liberté de choix » du client (comment l'emprisonner ?) (17), ce qui semble au-delà des mots devoir ne rien changer (18).

D'autres droits sont hors du commerce : par exemple les « droits-fonctions » qui sont conférés à leur titulaire non dans son intérêt mais dans un intérêt public (on ne peut vendre une autorisation administrative (19) ou privée, ni l'autorité parentale sur un enfant, etc.).

Sont également hors du commerce les droits étroitement attachés à la personne, qu'on dit incessibles : par exemple, on ne peut conclure un contrat général sur son **droit à l'image** ou sur sa **vie privée** (on ne peut que donner une autorisation particulière de publier telle photo ou tel fait). De même les **droits alimentaires** ne peuvent faire l'objet de conventions : ni cession, ni renonciation à l'avance (20).

À plus forte raison sont hors du commerce des objets d'origine illicite : produits dangereux (21), objets de contrefaçon (22), ou fichiers de clientèle non déclarés (23).

(15) Rapport 1990, p. 366, à propos de Civ. 1re, 7 février 1990, *Bull. civ.,* I, n° 38 énonçant, au sujet des **médecins,** que *« leur clientèle, attachée exclusivement et de façon toujours précaire à la personne de ce praticien, est hors du commerce et ne peut faire l'objet d'une convention ».* — V. aussi Civ. 1re, 3 juillet 1996, *Bull. civ.,* I, n° 287 ; *D.* 1997.531, note DESCAMPS-DUBAELE. — 1er octobre 1996, *Bull. civ.,* I, n° 335.

(16) Civ. 1re, 20 octobre 1993, *Bull. civ.,* I, n° 293. — V. aussi pour la clientèle d'une **infirmière :** Civ. 1re, 11 avril 1995, *Bull. civ.,* n° 164, et pour celle d'un **astrologue :** Civ. 1re, 10 février 1998, *Bull. civ.,* I, n° 49.

(17) Civ. 1re, 7 novembre 2000, *Bull. civ.,* I, n° 283 ; *JCP* 2001.II.10452, note VIALLA ; *C.C.C.* 2001, n° 2, note L. L. ; *RTD civ.* 2001.130.

(18) V. SERRA, *D.* 2001.2295 (« dorénavant, on fera comme d'habitude »). — Voir pourtant pour un exemple de clientèle captive : Civ. 1re, 30 juin 2004, *Bull. civ.,* I, n° 195 ; *C.C.C.* 2004.135 (soins par dialyse).

(19) Encore que Civ. 1re, 5 décembre 1995, précité, admette là aussi la rémunération d'un droit de présentation !

(20) Cf. *La famille,* n° 1223.

(21) Com., 16 mai 2006, *Bull civ.*, IV, n° 124 (produits périmés).

(22) Com., 26 octobre 1999, *Bull civ.*, IV, n° 185. — 24 septembre 2003, *Bull. civ.*, IV, n° 147.

(23) Com., 25 juin 2013, n° 12-17037, *Bull civ.*, n° 108 ; *JCP* 2013.930, note DEBET.

Il en a été décidé de même pour des produits de **contrefaçon** qui ne peuvent faire l'objet d'une vente (24) pas plus que les **tombeaux** (25) ou les **souvenirs de famille** (26).

§ 2. Les obligations portant sur des sommes d'argent

147 **Particularité des obligations pécuniaires.** Presque tous les contrats comprennent une obligation de somme d'argent, qui exprime *le prix* d'une chose ou d'un service ; la prestation monétaire prend d'ailleurs des dénominations variées selon les types de contrats : **prix** dans une vente, **loyer** dans un bail, **honoraires** ou rémunération pour certaines prestations de service, commissions d'intermédiaires, **primes** d'assurance, **intérêts** d'un emprunt, **redevances** d'une concession, **salaire** d'un contrat de travail, etc.

La particularité de ces obligations qui portent sur la monnaie (27) trouve son origine dans le phénomène d'*instabilité monétaire* qui s'est installé dans le monde occidental depuis 1918 : si l'on connaît la valeur actuelle d'une monnaie, il est difficile de prévoir le « poids » (c'est-à-dire le pouvoir d'achat) qu'elle représentera quelques mois ou quelques années plus tard. Il en découle, pour les contrats à exécution échelonnée dans le temps, qu'il est souvent difficile pour les parties de chiffrer d'ores et déjà les sommes à verser dans l'avenir, de sorte qu'elles sont tentées de renvoyer à plus tard cette fixation chiffrée, en recourant notamment à des éléments de référence variables (monnaies étrangères, cours de certains biens, « indices » des prix divers).

Mais cette technique ne peut être laissée à son libre cours : l'État est en effet directement intéressé au contrôle des « équilibres monétaires » qui jouent un rôle essentiel dans l'économie du pays, de sorte qu'il existe un « ordre public monétaire ».

Joint aux exigences structurelles de tout contrat, cet ordre public entraîne que les obligations de sommes d'argent stipulées dans un contrat doivent respecter trois impératifs, concernant la détermination, la monnaie employée et les indexations permises.

(24) Com., 24 septembre 2003, *Bull. civ.,* IV, n° 147 ; *D.* 2003.2576 (voir déjà Com., 26 octobre 1999, *Bull. civ.,* IV, n° 185 écartant pour la même raison tout droit de rétention sur ces produits).

(25) Civ. 1re, 23 mars 1977 et 13 mai 1980, *JCP* 1997.II.18658 et 1980.II.19439, concl. GULPHE.

(26) V. Civ. 1re, 29 mars 1995, *JCP* 1995.II.22477, puis 12 novembre 1998, *D.* 1999.624 (**souvenirs de la famille d'Orléans**).

(27) Cf. SOUSI, *La spécificité juridique de l'obligation de somme d'argent, RTD civ.* 1982.514. — LIBCHABER, *Recherches sur la monnaie en droit privé,* LGDJ, 1992.

A. FIXATION DU PRIX

148 **Évolution.** Jusqu'à une époque toute récente, on regardait les sommes d'argent comme étant soumises, comme toute autre chose, aux articles 1108 et 1129 : il fallait nécessairement que les parties déterminassent le prix dans le contrat, sans pouvoir s'en remettre à une appréciation ultérieure à faire par elles-mêmes ou par un juge. Était donc nul tout contrat dans lequel le prix n'était pas soit d'ores et déjà déterminé, soit à tout le moins déterminable par référence à des éléments futurs qui étaient soumis à une double exigence : être assez précis pour pouvoir être appliqués sans nouvel accord des parties et en outre être extérieurs à celles-ci, c'est-à-dire ne pas dépendre directement ou indirectement de la volonté de l'une d'elles (28).

Or cette exigence rigide présentait de graves inconvénients pour les contrats couvrant une assez longue période, tels les contrats de distribution commerciale ou de crédit, où elle interdisait toute référence aux tarifs du fournisseur ou au « taux de base » du banquier (29), incommodité d'autant plus gênante qu'elle n'existe pas dans les droits étrangers environnants (30).

En outre, même en droit français, elle connaissait déjà une très importante exception concernant les *contrats de service :* il est depuis longtemps admis que l'exigence d'un prix déterminé est écartée pour le **contrat d'entreprise,** où — malgré les termes de l'article 1710 — le juge peut compléter après coup le contrat en fixant le prix sur lequel les parties ne se sont pas expliquées (31). Plus récemment, la Cour de cassation avait donné à cette exception une extension remarquable en décidant qu'elle s'appliquait à tous les contrats créant une **obligation de faire :** « dans les contrats n'engendrant pas une obligation de donner, l'accord préalable sur le montant exact de la rémunération n'est pas un élément essentiel de la formation de ces contrats » (32).

Une partie de la doctrine suggérait, de façon convaincante, de ne pas limiter cette solution aux obligations de faire et d'admettre partout la possibilité d'une fixation unilatérale sous contrôle judiciaire (33).

C'est en cet état de confusion qu'est intervenu un très important revirement de jurisprudence qui s'est effectué en deux temps :

— la première étape a décidé que la référence aux tarifs d'une partie suffit à rendre le prix déterminable — cette partie étant simplement tenue d'exécuter le contrat de bonne foi en s'abstenant de mettre à profit sa maîtrise des tarifs pour

(28) Sur le détail de cette solution, v. la 7e édition de cet ouvrage, n° 148.

(29) V. *Contrats spéciaux,* n°s 280 et 844.

(30) V. notamment CORBISIER, *Détermination du prix, réflexions comparatives, Rev. int. dr. comp.,* 1988.767. — TALLON, *D.* 1992, chr. 67.

(31) V. *Contrats spéciaux,* n°s 513 et 570.

(32) Com., 29 janvier 1991, *Bull. civ.,* IV, n° 43. — Civ. 1re, 24 novembre 1993, *Bull. civ.,* I, n° 339.

(33) V. notamment TALLON, préc. — AYNÈS, *D.* 1993, chr. 25.

rechercher un profit illégitime, ce qui relève alors de l'exécution du contrat et n'affecte plus sa validité (34) ;

— puis, l'Assemblée plénière de la Cour de cassation a repris cette solution en lui fournissant le fondement d'une règle de principe à portée générale : *« l'article 1129 du Code civil n'est pas applicable à la détermination du prix »* (35).

C'est ce principe qui est depuis lors régulièrement réaffirmé en diverses matières : contrats de distribution ou de fournitures (36), contrats de crédit (37) et même contrats d'entreprise où il fournit un fondement nouveau à la règle ici classique (38).

149 **Situation et incertitude actuelle.** Il est aujourd'hui encore difficile de mesurer avec précision la portée de l'onde de choc provoquée par ce revirement (39).

Ce qui est certain tout d'abord, c'est l'abandon de l'ancienne opposition qui distinguait selon que le prix a pour contrepartie un bien ou un service, opposition qui s'était avérée *« divinatoire »* en droit car la notion de prix est la même dans les deux cas (40) et impraticable en fait car de nombreux contrats ont un objet mixte. La référence à la nouvelle règle au sujet du contrat d'entreprise est significative de cet abandon (41).

Ce qui est probable ensuite, c'est que dans tous les contrats pour lesquels il n'existe pas de texte particulier, la détermination du prix par les parties n'étant plus une condition de validité du contrat, il faudra reconnaître au juge le pouvoir de fixer le prix manquant, comme c'est depuis longtemps le cas dans le contrat d'entreprise (42). Cette évolution est déjà intervenue pour la fixation du salaire dans le contrat de travail (43).

(34) Civ. 1re, 29 octobre 1994, *deux arrêts JCP* 1995.II.22371, note GHESTIN ; *D.* 1995.122, note AYNÈS ; *RTD civ.* 1995.358, obs. MESTRE. — Sur la notion d'abus en la matière, v. JAMIN, *D.* 1997.414 et Paris, 24 octobre 2000, *D.* 2001.302, note DELPECH (prix abusif du loyer d'un coffre-fort).

(35) Ass. Plén., 1er décembre 1995, *quatre arrêts*, *Grands arrêts*, n° 152 ; *D.* 1996.13, concl. JEOL, note AYNÈS ; *JCP* 1996.II.22565, note GHESTIN ; *Gaz. Pal.* 1995.626, note DE FONTBRESSIN ; *RTD civ.* 1996.153, obs. MESTRE. — V. LEVENEUR, *C.C.C.* 1996, chr. 1.

(36) Com., 26 mars 1996, *Bull. civ.*, IV, n° 205 ; *C.C.C.* 1996.136, note LEVENEUR.

(37) Com., 9 juillet 1996, *JCP* 1996.II.22721, note STOUFFLET. — Civ. 1re, 17 novembre 1998, *Bull. civ.*, I, n° 323. — La règle s'applique aussi, dans ces contrats, à l'indemnité de remboursement anticipé : Civ. 1re, 14 juin 2000, *Bull. civ.*, I, n° 184.

(38) Civ. 1re, 20 février 1996, *Bull. civ.*, I, n° 91 ; *Defrénois* 1996.1432.

(39) V. surtout TERRÉ, SIMLER et LEQUETTE, nos 281 et s.

(40) CARBONNIER, n° 57.

(41) Civ. 1re, 20 février 1996, précité.

(42) V. TERRÉ, SIMLER et LEQUETTE, n° 290 regrettant que l'Assemblée plénière ait différé cette question inséparable de la première.

(43) Soc., 20 octobre 1998, *Bull. civ.*, V, n° 435 ; *JCP* 1999.II.10206, note MILLET. — 26 octobre 1999, *Bull. civ.*, V, n° 405. — 22 février 2000, *Bull. civ.*, V, n° 70. — 18 janvier 2012, n° 10-19569.

Ce qui est incertain enfin, c'est le sort des contrats pour lesquels un texte particulier autre que l'article 1129 exige la fixation du prix par les parties : entre autres la vente (art. 1591), le bail (art. 1709), le prêt à intérêt (art. 1907), la rente viagère (art. 1968), le contrat d'assurance (C. assur., art. L. 112-4), etc. Il faut en effet se méfier du premier mouvement, consistant à penser que ces textes suffiraient par eux-mêmes à justifier le maintien de l'exigence classique d'une fixation du prix par les seules parties : outre que certains des contrats directement concernés par le revirement figurent précisément dans cette liste (les contrats de distribution sont des ventes, au moins promises ; les contrats de crédit sont des prêts), il faut se souvenir du sort depuis longtemps fait à propos du contrat d'entreprise à l'article 1710 qui exigeait pourtant *« un prix convenu entre elles »* (les parties). En *« tordant le cou »* à l'article 1129 à l'égard du prix (44) la Cour de cassation envisageait peut-être un sort identique pour ces textes particuliers qu'elle a cependant pris soin de réserver formellement (45). Mais elle a depuis réaffirmé l'exigence classique d'un prix fixé par les parties non seulement dans la vente (46) mais encore pour le bail (47).

Les principes **Unidroit** vont en ce sens, qui se réfèrent au « prix raisonnable » à la fois pour compléter un contrat incomplet et pour remplacer le prix fixé par une partie de façon « manifestement déraisonnable » (art. 5-7) tout comme les **Principes du droit européen des contrats** (art. 6:104 à 6:107).

B. NATURE DU PRIX

150 **Monnaie employée.** L'ordre public français impose aux nationaux d'employer la monnaie nationale : ce serait en effet une défiance (peut-être justifiée économiquement mais non légitime politiquement) que de recourir à une monnaie étrangère. Dans *les contrats internes,* l'**euro** (48) doit donc être seul employé. En revanche, on peut stipuler en monnaie étrangère dès lors que le contrat présente un caractère **international :** la clause répond alors « aux nécessités du commerce international » (49). Cette monnaie sert d'« unité de compte », mais non d'« unité de paiement » : cela signifie que le calcul de la somme se fera d'après le cours de la monnaie étrangère, mais que son paiement effectif ne peut être exigé qu'en euros (devant un tribunal français). La

(44) L'expression est de l'avocat général JÉOL dans son invite à l'Assemblée plénière.

(45) Voir, prévoyant l'abandon général de l'exigence de détermination, COURET, *Droit et Patrimoine,* janvier 1996-48.

(46) V. *Contrats spéciaux*, n° 52.

(47) Civ. 3e, 8 février 2006, *Bull. civ.*, III, n° 25.

(48) Sur le **passage à l'euro,** v. DUTOUR, *JCP* 1997.I.4048 ; BERR, *D.* 1997, chr. 301 et le décret du 3 mai 1998 réglementant la substitution dans les contrats.

(49) Civ. 1re, 13 mai 1985, *Bull. civ.,* I, n° 146. — 16 juillet 1987, *Bull. civ.,* I, n° 228. — 12 janvier 1988, *D.* 1989.80, note MALAURIE ; *RTD civ.* 1988.740, obs. MESTRE. — 11 octobre 1989, *JCP* 1990.II.21393, note LÉVY.

conversion se fait alors au jour du paiement, sauf si le retard de ce paiement est imputable à faute à l'une des parties qui ne doit pas faire subir à l'autre l'évolution du change (50).

C. ÉVOLUTION DU PRIX

Code monétaire et financier, art. L. 112-1 à L. 112-3

Art. L. 112-1. — Sous réserve des dispositions du premier alinéa de l'article L. 112-2 et des articles L. 112-3 et L. 112-4, l'indexation automatique des prix de biens ou de services est interdite.

Est réputée non écrite toute clause d'un contrat à exécution successive, et notamment des baux et locations de toute nature, prévoyant la prise en compte d'une période de variation de l'indice supérieure à la durée s'écoulant entre chaque révision.

Est interdite toute clause d'une convention portant sur un local d'habitation prévoyant une indexation fondée sur l'indice « loyers et charges » servant à la détermination des indices généraux des pris de détail. Il en est de même de toute clause prévoyant une indexation fondée sur le taux des majorations légales fixées en application de la loi n° 48-1360 du 1er septembre 1948, à moins que le montant initial n'ait lui-même été fixé conformément aux disposition de ladite loi et des textes pris pour son application.

Art. L. 112-2. — Dans les dispositions statutaires ou conventionnelles, est interdite toute clause prévoyant des indexations fondées sur le salaire minimum de croissance, sur le niveau général des prix ou des salaires, ou sur les prix de biens, produits ou services n'ayant pas de relation directe avec l'objet du statut ou de la convention ou avec l'activité de l'une des parties. Est réputée en relation directe avec l'objet d'une convention relative à un immeuble bâti toute clause prévoyant une indexation sur la variation de l'indice national du coût de la construction publiée par l'Institut national des statistiques et des études économique ou, pour des activités commerciales ou artisanales définies par décret, sur la variation de l'indice trimestriel des loyers commerciaux publié dans les conditions fixées par ce même décret par l'Institut national de la statistique et des études économiques.

Est également réputée en relation directe avec l'objet d'une convention relative à un immeuble toute clause prévoyant, pour les activités autres que celles visées au premier alinéa ainsi que pour les activités exercées par les professions libérales, une indexation sur la variation de l'indice trimestriel des loyers des activités tertiaires publié par l'Institut national de la statistique et des études économiques dans des conditions fixées par décret.

Les dispositions des précédents alinéas ne s'appliquent pas aux dispositions statutaires ou conventionnelles concernant des dettes d'aliments.

Doivent être regardées comme dettes d'aliments les rentes viagères constituées entre particuliers, notamment en exécution des dispositions de l'article 759 du Code civil.

Art. L. 112-3. — Par dérogation aux dispositions de l'article L. 112-1 du premier alinéa de l'article L. 112-2 et selon des modalités définies par décret, peuvent être indexés sur le niveau général des prix :

(50) Civ. 1re, 18 décembre 1990, *Bull. civ.,* I, n° 300. — Civ. 1re, 20 mai 2009, *Bull. civ.*, I, n° 101. Le créancier peut donc exiger que le change s'effectue au jour de la mise en demeure : Civ. 2e, 29 mai 1991, *Bull. civ.,* II, n° 165.

1° (abrogé) ;
2° les livrets A définis à l'article L. 221-1 ;
3° les comptes sur livret d'épargne populaire définis à l'article L. 221-13 ;
4° les livrets de développement durable définis à l'article L. 221-27 ;
5° les comptes d'épargne-logement définis à l'article L. 315-1 du Code de la construction et de l'habitation ;
6° les livrets d'épargne-entreprise définis à l'article 1er de la loi n° 84-578 du 9 juillet 1984 sur le développement de l'initiative économique ;
7° les livrets d'épargne institués au profit des travailleurs manuels définis à l'article 80 de la loi de finances pour 1977 (n° 76-1232 du 29 décembre 1976) ;
8° les prêts accordés aux personnes morales ainsi qu'aux personnes physiques pour les besoins de leur activité professionnelle ;
9° les loyers prévus par les conventions portant sur un local d'habitation ou sur un local affecté à des activités commerciales ou artisanales relevant du décret prévu au premier alinéa de l'article L. 112-2 ;
10° les loyers prévus par les conventions portant sur un local à usage des activités prévues au deuxième alinéa de l'article L. 112-2 ;
11° les rémunérations des cocontractants de l'État et de ses établissements publics ainsi que les rémunérations des cocontractants des collectivités territoriales, de leurs établissements publics et de leurs groupements, au titre des contrats de délégation de service public, des contrats de partenariat et des concessions de travaux publics conclus dans le domaine des infrastructures et des services de transport.

151 **Nominalisme monétaire.** L'article 1895 du Code civil dispose que « l'obligation qui résulte d'un prêt en argent n'est toujours que de la somme numérique énoncée au contrat ». De ce texte particulier on a déduit le principe général du nominalisme monétaire qui veut qu'un franc est toujours juridiquement égal à un franc, aujourd'hui un euro toujours égal à un euro, même longtemps après. Ce principe emporte que, lorsqu'un chiffre est fixé dans un contrat, on ne peut pas le réévaluer.

Ce principe n'a connu aucun problème d'application tant qu'il y a eu stabilité monétaire, c'est-à-dire jusqu'à la Première Guerre mondiale. Mais son applicaion rigoureuse depuis lors est toujours saisissante. Par exemple, une promesse de vente consentie en 1908 pour 2 450 francs (-or) a dû être exécutée en 1965 pour... 24,50 francs (nouveaux) (51) ; un dépôt de garantie de 2 300 francs (anciens) en 1951 (environ alors trois mois de loyer) a donné lieu, à la sortie en 1997 à restitution de... 23 francs (environ alors deux cafés) (52).

152 **Clauses d'indexation.** À partir de cette période des clauses d'indexation furent insérées dans les contrats, pour parer à la dépréciation monétaire : on fixe un chiffre en prévoyant qu'il suivra l'évolution de telle denrée qui constitue « l'indice » (53).

(51) Civ. 3e, 20 févr. 1974, *Bull. civ.*, III, n° 85 : la promesse portait sur une maison et avait pour terme le décès du promettant.

(52) Civ. 3e, 21 juillet 1999, *Bull. civ.*, III, n° 183 ; *JCP* 1999.II.10223 et la note.

(53) Cf. L. Boyer, *À propos des clauses d'indexation : du nominalisme monétaire à la justice contractuelle, Mélanges Marty*, 1978, p. 87 et s.

À partir de 1937, la jurisprudence a considéré que ces clauses ne pouvaient être admises, qu'elles seraient contraires à l'ordre public, car la référence à d'autres monnaies ou à des marchandises mettait en doute la valeur de la monnaie nationale. Mais est intervenu en 1957 un revirement de jurisprudence : la référence à des clauses d'indexation a été autorisée (54). Le gouvernement a alors pris des ordonnances, celles du 30 décembre 1958 et du 4 décembre 1959, aujourd'hui art. L. 112-1 et suivants du Code monétaire et financier qui posent un principe interdisant l'indexation mais avec deux séries d'exceptions qui sont en pratique très larges, et ce, d'autant que l'interdiction doit être interprétée restrictivement (55) car le principe du nominalisme n'est pas d'ordre public (56).

1° Il existe d'abord des **exceptions** propres à la *nature de la dette :* parce qu'elles ont directement pour but de permettre au créancier de pourvoir aux besoins de la vie quotidienne et doivent donc impérativement conserver leur pouvoir d'achat, certaines dettes telles que l'**obligation alimentaire** ou les rentes viagères peuvent être librement indexées, en particulier sur l'indice général des prix à la consommation. Une liste supplémentaire de ces exceptions figure à l'art. L. 112-3 du Code monétaire et financier, incluant en particulier **les prêts professionnels** et les **loyers d'habitation** ou professionnels, et aussi depuis 2013 les contrats des personnes publiques.

2° Pour les autres dettes, le principe de prohibition s'applique mais il est permis de prévoir une indexation (dite aussi « clause d'échelle mobile ») sur un indice ayant une « relation directe avec l'objet de la convention ou avec l'activité de l'une des parties ». L'appréciation de cette « relation directe » dépend des espèces : ainsi le cours du blé peut être pris pour référence dans un contrat conclu par un boulanger, non par un architecte. Par exemple, le salaire d'un ouvrier mécanicien peut être utilisé pour indexer le prix de vente d'un garage (57), le prix du forfait des remontées mécaniques pour la redevance d'exploitation d'un restaurant de montagne (58), la valeur d'un immeuble pour les remboursements d'une somme fournie pour en financer l'acquisition (59), ou une monnaie étrangère pour un prêt consenti par une banque (60) mais non dans un bail (61). La dette d'un retraité peut être indexée sur sa pension de retraite (62). Pour les locations d'immeubles, une loi du 9 juillet 1970 a validé la référence, auparavant discutée, à l'indice du coût de la construction publié par

(54) Civ. 1re, 27 janvier 1957, *D.* 1957.649, note RIPERT ; *Grands arrêts*, n° 246.
(55) Civ. 3e, 15 février 1972, *D.* 1992.339 (admettant l'indexation sur l'indice salarial d'une catégorie professionnelle déterminée).
(56) Com., 5 juillet 2005, *Bull. civ.*, IV, n° 149, motifs.
(57) Civ. 3e, 15 février 1972, *Defrénois* 73.30290, note MALAURIE.
(58) Civ. 1re, 7 mars 1984, *Bull. civ.*, I, n° 91.
(59) Civ. 1re, 28 avril 1987, *Bull. civ.*, I, n° 129.
(60) Com., 22 mai 2001, *Bull. civ.*, IV, n° 98.
(61) Civ. 3e, 2 octobre 2007, n° 06-14725 ; *C.C.C.* 2008.35, obs. LEVENEUR.
(62) Civ. 1re, 6 octobre 1982, *Bull. civ.*, n° 276.

l'I.N.S.E.E. (63) remplacé en 2008, pour les baux d'habitation, par le nouvel « indice de référence des loyers » (64). Par ailleurs l'**indice général des prix** ne peut jamais servir d'indice (sauf pour les pensions alimentaires et les rentes viagères), même dans un contrat de travail (65).

153 **Disparition de l'indice.** Si les parties, tout en décidant le principe d'une indexation, n'ont choisi aucun indice, le juge ne peut le faire à leur place : il est obligé de constater que le prix n'est pas déterminable et que le contrat est nul (66). Au contraire, si les contractants ont choisi un indice, mais que celui-ci cesse d'être publié, la jurisprudence se reconnaît le droit de **refaire le contrat** en lui appliquant un autre indice correspondant à la volonté des parties (67). Ainsi a-t-il été admis en son temps que le S.M.I.C. se substituait à l'ancien S.M.I.G., malgré la différence d'objectif et de taux de progression de ces deux indices (68). Mais si aucun indice assez proche ne peut être trouvé, le contrat devient caduc (69).

Les tribunaux ont étendu ces solutions au cas où l'indice choisi par les parties était illicite (70).

§ 3. Les obligations de faire ou de ne pas faire

154 **Particularité.** Très fréquentes (toutes les prestations de service mais aussi les clauses de non-concurrence, les promesses de donner préférence à quelqu'un, etc.), ces obligations présentent la particularité d'être liées à la personnalité même du débiteur. Cela entraînera certaines conséquences quant à leur exécution : la contrainte sera parfois exclue (cf. *infra,* n° 865) et elles deviendront caduques par la mort ou l'empêchement du débiteur (cf. *infra,* n° 341).

155 **Triple condition.** Au stade de la formation du contrat, une telle obligation doit avoir un objet qui soit à la fois :

— *déterminé* avec précision, comme les autres obligations : serait nul l'engagement (positif) d'effectuer « toute prestation » (d'où un minimum de précision

(63) Cf. Civ. 3e, 7 mars 1973, *D.* 1973.519. — Mais permettant un autre indice lié à l'activité d'une partie : Civ. 3e, 22 janvier 1980, *JCP* 1982.II.19570, note NERET.

(64) V. *Contrats spéciaux*, n° 526.

(65) Soc., 7 déc. 1983, *Bull. civ.,* V, n° 593. — *Id.* pour une indexation sur le taux d'inflation : Soc., 13 décembre 2006, *Bull. civ.,* V, n° 374.

(66) Civ. 3e, 4 octobre 1989, *Bull. civ.,* III, n° 184.

(67) Com., 7 janvier 1975, *D.* 1975.516, note MALAURIE ; *JCP* 1975.II.18167, note GHESTIN. — Civ. 3e, 22 juillet 1987, *Bull. civ.,* III, n° 151. — Civ. 3e, 12 janvier 2005, *C.C.C.* 2005.105.

(68) Civ. 1re, 19 avril 1988, *Bull. civ.,* I, n° 106. — 13 décembre 1994, *Bull. civ.,* I, n° 373.

(69) Com., 30 juin 1980, *Bull. civ.,* IV, n° 281. — 9 mai 1985, *Bull. civ.,* IV, n° 146.

(70) Civ. 3e, 22 juillet 1987, *Bull. civ.,* III, n° 151.

quant à l'emploi dans le contrat de travail), de même que l'engagement (négatif) de ne jamais faire un acte en général (ne jamais construire ou ne jamais intenter de procès à quelqu'un) ;

— *possible :* c'est pour ce type d'obligations que s'applique l'adage « à l'impossible nul n'est tenu » ; cette possibilité s'apprécie *in concreto,* d'après les capacités du débiteur ;

— *licite :* non seulement on ne peut s'engager à faire un acte illicite comme commettre une infraction ou faire une opération réservée à certaines personnes qualifiées par une réglementation professionnelle (cf. *supra,* n° 40), mais encore on ne peut aliéner des prérogatives fondamentales de la personne humaine : est nul l'engagement de se marier ou de ne pas se marier, de ne pas voter ou de voter dans tel sens, de se prostituer, etc. Cette sauvegarde de la liberté conduit à limiter certaines obligations : toute **clause de non-concurrence** doit par exemple être limitée soit dans le temps, soit dans l'espace pour ne pas porter atteinte à la liberté d'activité du débiteur (71), cette limitation ne suffisant d'ailleurs plus à la rendre valide si elle apparaît injustifiée ou excessive (cf. *infra,* n° 169).

S/SECTION 2 L'OBJET DE L'OPÉRATION CONTRACTUELLE

156 **Notion.** Envisagé dans son ensemble, dans son **économie générale** incluant souvent plusieurs des prestations qu'on vient de voir isolément, le contrat réalise une opération qui doit elle-même être licite, et qui peut de plus faire parfois l'objet d'un contrôle quant à son équilibre.

§ 1. La licéité de l'opération contractuelle

157 **Définition.** Bien entendu le contrat dans son ensemble est nul dans tous les cas où l'une des obligations qu'il prévoit est illicite, selon les règles qui

(71) Sur le caractère alternatif ou cumulatif de ces limitations, la jurisprudence distingue : dans les contrats de travail, elle semble exiger une double limitation (cf. par ex. Soc., 9 oct. 1985, *Bull. civ.*, V, n° 442 et les arrêts cités. — 25 septembre 1991, *Bull. civ.*, V, n° 379. — 4 mars 1992, *Bull. civ.*, V., n° 152). Mais ailleurs, les autres chambres de la Cour suprême se contentent de *l'une des deux* limites (Civ. 1re, 25 mai 1987, *Bull. civ.,* I, n° 161. — 2 novembre 1994, *Bull. civ.,* I, n° 317. — Com., 19 mai 1987, *Bull. civ.,* IV, n° 121, — 3 octobre 1989, *Bull. civ.,* IV, n° 260). — SERRA, *La non-concurrence, Dalloz* 1991, nos 198 et s.

viennent d'être vues : l'obligation corrélative, même si elle est intrinsèquement licite, est alors dépourvue de cause et c'est l'ensemble du contrat qui est nul (cf. *infra*, n° 181). Mais le contrôle opéré sur l'opération contractuelle, dont il s'agit ici, permet de déclarer que des contrats portant sur des prestations licites sont néanmoins illicites à raison de leur économie. Deux notions sont utilisées à cette fin ; l'ordre public et la fraude.

A. CONTRARIÉTÉ À L'ORDRE PUBLIC

158 **Ordre public et lois impératives.** Comme l'énonce l'article 6, les contrats ne peuvent déroger aux lois qui « intéressent l'ordre public et les bonnes mœurs ». On dit que ces lois sont *impératives* par opposition aux lois *supplétives* qui ne font que suppléer le silence du contrat mais peuvent être écartées par ce dernier.

La loi elle-même précise parfois son caractère d'ordre public : c'est le cas notamment de nombreux textes récents destinés à protéger les consommateurs au sens large. Par exemple, la loi du 6 juillet 1989 relative au bail d'habitation commence par ces mots : « Les dispositions du présent titre sont d'ordre public ». La formule utilisée peut varier mais le sens est le même : par exemple, la loi du 31 décembre 1975 relative à la protection des sous-traitants dispose que « sont nuls et de nul effet, quels qu'en soient la forme, les clauses, stipulations et arrangements qui auraient pour effet de faire échec aux dispositions de la présente loi » (art. 15).

Parfois, sans que la loi le dise expressément, c'est sa nature même qui la rend d'ordre public. C'est le cas lorsqu'il s'agit d'un texte pénal : par exemple, le « contrat de corruption » est interdit du fait qu'il constitue une infraction pénale.

Mais, dans le silence de la loi sur sa propre portée, **les tribunaux** se reconnaissent parfaitement le droit d'apprécier si une disposition est d'ordre public ou non : ainsi une jurisprudence nuancée a précisé, en matière de vente, dans quelle mesure la garantie des vices cachés mise à la charge du vendeur par les articles 1641 et suivants du Code civil pouvait être écartée conventionnellement.

159 **Ordre public jurisprudentiel.** En dehors même de tout texte, la jurisprudence est gardienne de l'ordre public et peut donc déclarer illicite une convention ou une clause figurant dans cette convention, qui lui apparaîtrait contraire à l'ordre public : on parle parfois d'ordre public « virtuel » et non « textuel ».

Il revient ainsi aux tribunaux d'assurer une certaine sauvegarde de l'intérêt général et d'apprécier la mesure dans laquelle la liberté contractuelle doit être restreinte. C'est par exemple la jurisprudence qui a déterminé à quelles conditions les contrats de distribution exclusive ou sélective peuvent être admis alors qu'ils portent atteinte à la libre concurrence (72), ou qui a décidé que la prohibition des ventes liées conduisait à leur nullité (73), tout comme l'existence d'un démarchage illicite (74).

Mais ce pouvoir qu'elle se reconnaît, la jurisprudence refuse de le partager avec les **autorités professionnelles :** « les règles de déontologie, dont l'objet est de fixer les devoirs de la profession, ne sont assorties que de sanctions disciplinaires et n'entraînent pas à elles seules la nullité des contrats conclus en infraction à leurs dispositions » (75).

159-1 **Ordre public conventionnel ?** Une jurisprudence récente soulève cette étrange question de la façon suivante. Les parties qui ne sont pas dans le champ d'application d'un texte d'ordre public peuvent y soumettre volontairement leur convention : par exemple soumettre un bail non commercial au statut des baux commerciaux ou un crédit simple à celui des crédits à la consommation (76). En ce cas, cette soumission constituerait, d'après un arrêt d'assemblée plénière, un « bloc » devenant impératif dans son ensemble : les clauses contraires à ce statut (et que les parties auraient pu librement adopter de façon isolée) en deviendraient illicites (77). Cette conséquence curieuse devrait conduire à n'admettre qu'avec circonspection le procédé même de la soumission volontaire à un statut (78).

160 **Divers aspects de l'ordre public.** La notion classique d'ordre public conçue par les codificateurs concernait *la politique* et *la morale.* Le droit contemporain a développé un ordre public *social* et *économique.*

1° ***Ordre public politique :*** il consiste à protéger l'organisation fondamentale de la société : l'État, la famille, les libertés individuelles... Il se traduit souvent par des dispositions pénales, qui ont leur écho en matière contractuelle ; il est par exemple interdit de s'assurer contre des amendes pénales ou de conclure un contrat sur une investiture politique (79).

2° ***Ordre public moral :*** c'est ce que l'on vise sous la vieille expression de « bonnes mœurs ». C'est la morale sexuelle qui était essentiellement concernée,

(72) V. *Contrats spéciaux,* n° 450.

(73) Com., 1er mars 1994, *Bull. civ.,* IV, n° 92.

(74) Civ. 1re, 20 juillet 1994, *Bull. civ.,* I, n° 261 ; *RTD civ.* 1995.101.

(75) Civ. 1re, 5 novembre 1991, *Bull. civ.,* I, n° 297. — Cf. déjà Civ. 3e, 11 juin 1986, *D.* 1987.285. — V. par ex. Civ. 1re, 6 décembre 2011, n° 10-30896, *D.* 2012.536 (la déontologie des avocats prohibe le règlement des honoraires par effets de commerce : le titre cambiaire n'en est pas moins valable).— Mais elles peuvent éclairer, notamment et de plus en plus en matière médicale : v. SARGOS, *D.* 2007.811.

(76) Civ. 1re, 30 mars 1994, *Bull. civ.*, I, n° 128 — 9 décembre 1997, *Bull. civ.*, I, n° 364 — 23 mars 1999, *Bull. civ.*, I, n° 108.

(77) Ass. Plén., 17 mai 2002, *JCP* 2002.II.10131, note MONÉGER. — Civ. 1re, 2 octobre 2002, *Bull. civ.*, I, n° 230.

(78) En ce sens Civ. 3e, 21 mars 2007, *D.* 2007.1015 qui n'admet pas que la référence au statut des baux d'habitation le rende applicable à un contrat qui n'y est pas soumis par nature.

(79) Civ. 1re, 3 novembre 2004, *C.C.C.* 2005.39.

mais la « libéralisation des mœurs » rétrécit le champ de cet ordre public (par ex. un contrat relatif à des photos érotiques serait-il encore nul ? Comp. *infra*, n° 191). En réalité, la morale s'est quelque peu déplacée, mais existe toujours : ainsi est nul pour objet immoral le contrat par lequel est prévue une rémunération pour celui qui sert d'intermédiaire dans une adoption (80) ou l'accord collectif d'entreprise instituant une prime en faveur du personnel de casino calculée en fonction du produit de jeux illicites (81).

Et surtout, c'est aujourd'hui les principes de dignité et de **libertés fondamentales** qui, sous l'impulsion de la Convention européenne des droits de l'homme, constituent désormais le cœur de l'ordre public moral : d'où la nullité des contrats de mères-porteuses (v. *supra*, n° 146), des clauses attentatoires à la vie privée (82), et même des moyens de preuve y portant atteinte (v. *supra*, n° 111-1).

3° ***Ordre public social :*** c'est un apport incontestable du XXe siècle que le souci d'introduire dans la société une certaine harmonie (qu'on la dénomme, selon son point de vue, égalité, justice, équilibre, humanisation). Il se manifeste par ce qu'on appelle le « droit social », relatif au **travail** et à la Sécurité sociale.

S'agissant surtout de protéger des faibles, ce droit est essentiellement d'ordre public (83). Mais l'ordre public social va plus loin en protégeant les revenus du travail : ainsi l'on ne peut céder par avance l'intégralité de son salaire. De façon plus large, l'ordre public social s'étend aux domaines vitaux de la vie quotidienne : ainsi la protection du **logement.**

4° ***Ordre public économique :*** dans la même veine que l'ordre public social (et souvent intimement lié à ce dernier) est apparu un ordre public économique après la Première Guerre mondiale et qui n'a fait que se développer depuis lors. Il prend lui-même deux aspects : ordre public de **protection** destiné à protéger des catégories faibles (consommateurs, emprunteurs, locataires, etc.) ; ordre public de **direction** destiné à transmettre aux différents rouages de l'activité les impulsions que décide l'État lorsqu'il opte pour un système *dirigiste* (politique des prix, qui se traduit par le **droit de la concurrence** (84), et politique des revenus qui se traduit par le droit fiscal).

(80) Civ. 1re, 22 juillet 1987, *Bull. civ.,* I, n° 252 qui recourt à tort à la notion de cause illicite, alors que c'est l'objet même du contrat prévoyant le caractère d'une telle intervention qui est visé.

(81) Soc., 7 octobre 1997, *Bull. civ.,* V, n° 300.

(82) Par ex. dans un bail des clauses contrôlant les personnes hébergées par le locataire : v. *Contrats spéciaux,* n° 338. — Ou, dans un contrat de travail, des clauses de résidence obligatoire (Soc., 13 avril 2005, *Bull. civ.*, V, n° 134) ou, à l'inverse, des clauses de mobilité disproportionnées (Soc., 14 octobre 2008, *Bull. civ.*, V, n° 191).

(83) Et d'un ordre public renforcé, qu'impose l'application des lois nouvelles aux contrats en cours : Soc., 12 juillet 2000, *Bull. civ.,* V, n° 278.

(84) Pour la nullité d'un contrat participant à des pratiques anticoncurrentielles, v. Com., 24 octobre 2000, *Bull. civ.,* IV, n° 163 ; *C.C.C.* 2001, n° 7. — Cf. déjà Com., 18 février 1992, *Bull. civ.,* IV, n° 78 ; *D.* 1993.57, note HANNOUN ; *JCP* 1992.II.21897, note BEHAR-TOUCHAIS.

La **sanction** de l'ordre public est généralement la nullité du contrat ou de la clause qui y contrevient ou qui poursuit ce but (85). Mais ce n'est pas toujours le cas et d'autres sanctions plus adaptées aux circonstances se conçoivent : par exemple la méconnaissance des conditions gouvernant les contrats de travail à durée déterminée emporte leur requalification en contrats à durée indéterminée (art. L. 1245-1 du Code du travail) (86).

B. LA FRAUDE

161 **Notion.** La notion de fraude est l'un de ces concepts souples dont la jurisprudence aime se servir pour garder le moyen d'imposer l'équité, par nature très variable selon les espèces. Elle intervient dans tous les domaines du droit. En ce qui concerne la formation du contrat, qui nous intéresse ici, on peut dire qu'est frauduleuse une opération qui n'est pas directement contraire à la loi (c'est ici que réside l'habileté) mais qui revient *à tourner la loi :* par un **artifice,** on se place hors du champ d'application du texte qu'on veut éluder (87).

Voici un bon exemple : le preneur d'un bien agricole a un droit de préemption en cas de vente, mais (pour diverses raisons) ce droit ne s'applique pas à la vente de la nue-propriété ou de l'usufruit ; pour tourner le droit de préemption, le propriétaire et le tiers acquéreur conviennent de scinder la vente en procédant d'abord à une vente de nue-propriété, puis à celle de l'usufruit : la fraude réside dans cette division artificielle qui déclenche le jeu de règles favorables éludant le droit de préemption (88).

On parle de *fraude* à la loi lorsque c'est une disposition légale d'intérêt public qu'on veut tourner : par exemple les dispositions relatives à la nationalité, au moyen d'un faux mariage ou d'un faux divorce (89). On parle de *fraude aux droits d'un tiers* lorsque la fraude est destinée à priver un particulier de ses droits (par ex. les droits du preneur dans l'exemple précité). Mais l'opposition n'est qu'apparente : dans les deux cas, c'est un texte de loi qui est tourné, que ce texte assure l'intérêt général ou la protection d'un intérêt privé.

162 **Éléments constitutifs.** Il faut, pour qu'il y ait fraude, la réunion d'un élément matériel et d'un élément intentionnel :

(85) Par exemple est nul le contrat ayant pour objet de permettre l'exercice d'une activité réglementée à une personne non agréée à cette fin (Com., 4 novembre 2008, *Bull. civ.*, IV, n° 187 : gestion de portefeuille).

(86) V. LUBY, *A propos des sanctions de la violation de l'ordre public, C.C.C.* 200.1, chr. 3. — V. aussi GHESTIN, *Les effets pervers de l'ordre public, Mélanges Gavalda*, Dalloz, 2001.123.

(87) Cf. VIDAL, *Essai d'une théorie générale de la fraude,* 1957.

(88) Civ. 3e, 12 octobre 1982, *Bull. civ.,* III, n° 198. — Cf. aussi pour le maquillage d'une vente en un échange (non soumis au droit de préemption) avec une toute petite parcelle et une soulte très importante : Civ. 3e, 9 janvier 1991, *Bull. civ.,* III, n° 18.

(89) Civ. 1re, 17 novembre 1981, *JCP* 1982.II.19842, note GOBERT.

— *Élément matériel :* c'est une machination qui tourne une **loi *impérative* :** si la loi n'est que supplétive, il serait permis de l'écarter directement et il n'est donc pas illégal de l'écarter indirectement. C'est pourquoi la simulation (qui consiste à déguiser un acte sous l'apparence d'un autre) n'est pas en elle-même une cause de nullité, mais ne le devient que si elle est « frauduleuse », c'est-à-dire si elle tend à obtenir un résultat interdit (cf. *infra,* n° 289).

— *Élément intentionnel :* il faut relever une **volonté** de tourner la loi. L'appréciation psychologique de cet état d'esprit est bien entendu très délicate (90).

163 **Sanction : adage « *fraus omnia corrumpit* ».** Sans aucun texte précis, mais pour des raisons impérieuses d'équité, la jurisprudence a frappé d'inefficacité les actes frauduleux en invoquant cet adage, qui n'est pas d'origine romaine mais ne remonte qu'au XIXe siècle (91). Cet adage est tellement entré dans notre droit positif qu'il est parfois visé expressément par la Cour de cassation, fait unique pour une expression latine (92).

La **sanction** de la fraude peut être la nullité du contrat (93), mais aussi parfois simplement *l'inefficacité de la manœuvre :* on prive donc seulement l'acte de l'effet frauduleusement recherché, ce qui conduit à adapter la sanction à chaque cas de figure. Par exemple le mariage ou le divorce conclu pour rechercher une nationalité ne la conférera pas (94). La société fictive créée par des entrepreneurs pour faire échapper à leurs créanciers l'essentiel de leurs actifs n'empêchera pas la saisie de ces actifs (95). L'acte frauduleux dirigé contre un tiers sera déclaré inopposable à ce tiers (96). Ou, dans l'exemple précité de ventes séparées de la nue-propriété et de l'usufruit, la sanction consistera à rassembler les deux ventes qui ont été artificiellement séparées et à reconnaître au fermier le bénéfice du droit de préemption qu'on avait voulu éluder. Il faut toutefois nuancer cette règle : si l'acte apparaît comme un tout indivisible, de sorte qu'une fois privé dudit effet il ne correspond plus à la volonté des parties, il doit être annulé en son entier. Par exemple, dans le cas précité de ventes séparées de la nue-propriété et de l'usufruit, il se peut que le vendeur préfère conserver le

■ (90) Par exemple, Civ. 3e, 12 octobre 1982, précité, relève « l'animosité » qui existait entre le vendeur et son fermier.

■ (91) ROLAND et BOYER, *Adages du droit français,* éd. L'Hermès, t. 2, p. 339.

■ (92) Civ. 1re, 4 février 1992, *Bull. civ.,* I, n° 41. — 4 décembre 1990, *Bull. civ.,* I, n° 278. — 17 mars 1992, *Bull. civ.,* I, n° 86. — Com., 25 avril 2006, *Bull. civ.*, IV, n° 100. — Com., 1re juillet 2008, n° 07-12327. — Com., 6 novembre 2012, n° 11-21334. — Civ. 2e, 20 juin 2013, n° 12-17960.

■ (93) Cf. par ex. Civ. 1re, 17 mars 1992, *Bull. civ.,* I, n° 86, pour une société et un bail conclus pour dépouiller un héritier.

■ (94) Civ. 1re, 17 novembre 1981, précité.

■ (95) Com., 2 juin 1987, *Bull. civ.,* IV, n° 132.

■ (96) Civ. 1re, 4 décembre 1990, *Bull. civ.*, I, n° 278. — V. aussi Com., 10 octobre 1995, *Bull. civ.,* IV, n° 224 pour des fusions successives de la société cautionnée à seule fin de libérer la caution.

bien plutôt que de subir cette préemption. L'**indivisibilité** de l'acte le fait alors tomber tout entier.

164 **Une application particulière : les nullités de la période suspecte.** La loi commerciale relative aux entreprises en difficulté fait une application particulière de l'idée de fraude en frappant de nullité (97) certains contrats intervenus en « période suspecte ». On appelle ainsi la période qui précède le dépôt de bilan : le tribunal recherche depuis quand l'entreprise était en état de « cessation de paiements » et délimite ainsi « la période suspecte ». Les contrats conclus pendant cette période sont présumés frauduleux, inspirés par le désir du débiteur en difficulté soit d'avantager certains de ses créanciers au détriment des autres en fraude du principe de l'égalité des créanciers, soit de faire échapper certains biens aux poursuites. Aussi certains contrats sont déclarés automatiquement nuls par l'article L. 632-1 du Code de commerce (donations de biens, contrats déséquilibrés, sûretés données pour garantir des dettes antérieures), tandis que le juge reçoit de l'article L. 632-2 le pouvoir d'annuler n'importe quel autre contrat dès lors qu'il a été passé avec une personne connaissant l'état de cessation des paiements (cf. *infra*, n° 859).

§ 2. L'équilibre économique de l'opération contractuelle

165 **Justice contractuelle.** Par application du dogme de l'autonomie de la volonté, le contrat est supposé équilibré du seul fait qu'il a été accepté, selon la volonté des parties. En principe donc, il n'y a pas de contrôle objectif de l'équilibre. Mais il y a certaines exceptions inspirées par le souci d'imposer un minimum de justice contractuelle, exceptions qui se sont multipliées depuis qu'on a accepté l'idée qu'une partie est souvent en état de faiblesse, voire de dépendance, envers l'autre qui peut l'avoir contrainte à accepter un contrat trop déséquilibré (qu'on dit parfois en pratique « léonin » : la part du lion). Apparaît alors un contrôle.

Ce contrôle peut s'effectuer au moyen de certaines formalités administratives (par exemple, les associations d'utilité publique ont le droit de vendre les biens reçus comme libéralités, mais il leur faut souvent consulter le service des domaines pour la fixation des prix).

Plus souvent, il s'agit d'un contrôle du juge, qui aujourd'hui se manifeste à deux degrés : d'abord en droit commun, par toute une série de mécanismes ; ensuite dans le domaine propre des contrats de consommation, ce droit commun

(97) Les textes antérieurs à 1985 ne prévoyaient, dans les mêmes cas, qu'une inopposabilité aux tiers des actes concernés, mécanisme qui s'était avéré trop compliqué.

a été renforcé par un mécanisme spécifique, celui de la prohibition des clauses abusives.

A. LES MÉCANISMES GÉNÉRAUX CONTRÔLANT LA LÉSION

166 **Définition.** La lésion se définit comme un ***défaut d'équivalence*** entre les prestations : dans une vente par exemple le prix apparaît soit dérisoire, soit excessif.

On ne parle de lésion qu'au jour même de la formation du contrat. Un déséquilibre qui apparaît par la suite dans un contrat de longue durée pose le problème différent de la révision du contrat (cf. *infra,* n° 314).

167 **Principe.** La lésion fait présumer un vice du consentement d'une partie. Mais, comme il s'agit alors d'une erreur sur la valeur, en principe non prise en compte, elle n'est pas une cause générale de nullité des contrats : il faut qu'un texte exprès le prévoie, selon l'article 1118 du Code civil. À défaut de texte, un juge ne peut pas annuler un contrat parce qu'il le trouve « léonin » (98) ni réduire un prix parce qu'il le trouve excessif (99). Même la législation sur les clauses abusives (cf. *infra,* n°s 172 et s.) ne permet pas un tel contrôle : il est précisé qu'elle ne « porte ni sur la définition de l'objet principal du contrat ni sur l'adéquation du prix ou de la rémunération au bien vendu ou au service offert » (art. L. 132-1, al. 7 du Code de la consommation). Cependant, aux cas « légaux » de lésion, les tribunaux sont venus ajouter des cas jurisprudentiels.

168 **Cas légaux où la lésion est prise en compte.** Le *Code civil* ne prenait en compte la lésion que dans trois cas :

— contrats courants conclus par un ***incapable*** (cf. *supra,* n° 33) ;

— ***vente d'immeuble*** consentie pour un prix inférieur aux 5/12 de la valeur réelle ; la procédure de « rescision » (c'est-à-dire nullité) est alors soumise à un régime particulier, dont l'étude est du ressort du droit spécial de la vente (art. 1674 et s. du Code civil) (100) ;

— ***partage*** dans lequel une partie reçoit moins des trois quarts de sa part normale, matière qui est du domaine du droit des successions (art. 889 nouveau du Code civil).

Des textes ultérieurs ont institué de nouveaux cas de contrôle pour d'autres contrats :

— ***vente d'engrais*** à un prix excédant de 7/12 leur valeur (loi du 8 juillet 1907) ;

(98) Com., 21 avril 1980, *Bull. civ.,* IV, n° 153.

(99) Com., 9 octobre 1990, *RTD civ.* 1991.113, obs. MESTRE. — Civ. 1re, 10 juillet 2002, *Bull. civ.,* I, n° 194 (pour le prix d'un office notarial).

(100) V. *Contrats spéciaux,* n°s 60 et s.

— contrat d'***assistance maritime*** conclu à des conditions non « équitables » (loi du 7 juillet 1967, sur les « événements de mer », art. 15, faisant suite à une loi du 29 avril 1916) ;

— ***cession de droits d'auteur*** pour moins des 5/12 de leur valeur (loi du 11 mars 1957, art. 37 devenu L. 131-5 du Code de la propriété intellectuelle) ;

— ***prêt d'argent*** consenti à des conditions « usuraires » ce qui ne concerne plus, depuis la loi *Dutreil* du 1er août 2003, que les prêts à des personnes physiques (C. consom., art. L. 313-3) ;

— ***baux ruraux*** dont le fermage s'écarte de plus d'un dixième de la valeur normale (actuellement art. L. 411-13 du Code rural) ;

— ***sociétés d'attribution d'appartements*** au cas où la contribution mise à la charge des associés s'écarte de plus d'un quart de sa part normale (loi du 16 juillet 1971, art. 9, actuellement art. L. 212-5 du Code de la construction et de l'habitation) ;

— ***contrat de société*** dans lequel l'un des associés est déchargé de tout risque et reçoit tout le profit (aujourd'hui art. 1844-1 du Code civil) ;

— ***cautionnement*** consenti au profit d'un « créancier professionnel » par une personne physique aux biens et revenus « manifestement disproportionnés » (C. consom., art. L. 313-10 et L. 341-4 issu de la loi du 1er août 2003) (101) sauf si plus tard, lors de l'appel de la caution, celle-ci est devenue en état d'honorer son engagement (102) ;

— ***honoraires d'avocat*** (art. 174 et s. du décret du 27 novembre 1991) (103).

▩ (101) Cette disposition était apparue dans le crédit immobilier. V. Civ. 1re, 22 octobre 1996, *D.* 1997.515, note WACONGNE ; *JCP* 1997.II.22826, note PIEDELIÈVRE. — Cf. DELEBECQUE, *D.* 1990, chr. 255. — Sur l'extension de l'idée inspirant cette disposition, un arrêt a fait couler beaucoup d'encre, dont on avait déduit hâtivement un contrôle général de proportionnalité : Com., 17 juin 1997, **Macron,** *Defrénois* 1997.1424, obs. AYNÈS ; *JCP* 1998.II.10007, note LEGEAIS ; *D.* 1998.209, note CASEY ; *RTD civ.* 1998.101, obs. MESTRE, et 157, obs. CROCQ. — V. PIEDELIÈVRE, *Le cautionnement excessif, Defrénois* 1998.849. Mais il a été précisé ensuite que les dirigeants ne peuvent invoquer cette disproportion : il s'agissait donc seulement d'un cas de responsabilité de la banque, et non d'un contrôle objectif de proportionnalité (Com., 8 octobre 2002, *D.* 2003.414, note KOEHRING. — Civ. 1re, 29 juin 2004, *Bull. civ.,* I, n° 185 précisant en conséquence que la sanction n'est pas la nullité). D'où l'intervention de la loi du 1er août 2003, à la fois plus large (tout cautionnement donné par une personne physique à un professionnel) et plus drastique (la sanction est la paralysie du cautionnement, et non sa simple réduction). — V. commentaire AYNÈS, *Droit et Patrimoine*, novembre 2003, p. 28 et s. ; SIMLER, *JCP* 2003.I.176 ; BAKOUCHE, *C.C.C.* 2004. chr. 5 ; FENOUILLET, *RDC* 2004.304. — Cette loi n'est pas applicable aux cautionnements antérieurement souscrits : Ch. Mixte, 22 septembre 2006, *Bull. civ.*, C.M. n° 7. Elle bénéficie même aux dirigeants de la société cautionnée (Com., 22 juin 2010, n° 09-67814, *Bull. civ.*, IV, n° 112) — Mais elle ne joue plus en cas de fausse déclaration de la caution, sauf anomalies apparentes (Com., 14 décembre 2010, n° 09-69807, *Bull. civ.*, IV, n° 198).

▩ (102) À la caution la **charge de prouver** la disproportion (Com., 22 janvier 2013, n° 11-25377), mais ensuite au créancier d'établir le retour à meilleure fortune (Com., 1er avril 2014, n° 13-11313).

▩ (103) Cf. Civ. 1re, 3 mars 1998, *JCP* 1998.II.10115, concl. SAINTE-ROSE.

— ***contrats commerciaux*** dans lesquels un partenaire impose un « déséquilibre significatif » (C. com., art. L. 442-6-I depuis une loi du 4 août 2008 – cf. *infra*, n° 177-1).

169 **Cas jurisprudentiels de contrôle direct.** De toutes pièces, la jurisprudence a ajouté à cette liste certains cas où elle s'est arrogé le droit de réduire une obligation qu'elle estime hors de proportion avec la contrepartie.

— C'est d'abord pour les ***mandataires*** (notamment les agents d'affaires, les agents immobiliers), qu'elle s'est reconnu le droit de réduire les honoraires quand ceux-ci semblent excessifs en énonçant « qu'il appartient aux tribunaux de réduire le salaire convenu lorsqu'il est hors de proportion avec le service rendu » (104). Mais il faut que le déséquilibre apparaisse à l'origine du contrat : si les honoraires sont fixés après l'opération, le juge ne peut pas les réviser (105).

— Plus récemment, les tribunaux ont admis la réduction des honoraires des professions libérales dans le cadre d'un ***contrat d'entreprise,*** au sujet d'experts comptables (106) ou de conseils en gestion (107), ce qui ouvre la voie à un contrôle généralisé de la rémunération de tout entrepreneur (108), aux mêmes conditions que pour celle des mandataires.

— Les *engagements de* **non-concurrence** ont, récemment aussi, été soumis à contrôle : ils doivent être non seulement limités à la fois dans le temps et dans l'espace (109), mais encore justifiés par un intérêt légitime (110), rester *proportionnés* à l'objet du contrat (111), ne pas empêcher le débiteur de trouver concrètement un nouvel emploi (112) et enfin, lorsqu'ils sont inclus dans un

(104) Jurisprudence constante depuis Civ., 29 janvier 1867, *D.P.* 1867.I.53.

(105) Cf. par ex. Civ. 1re, 19 janvier 1970, *Bull. civ.,* I, n° 23. — Civ. 3e, 9 décembre 1975, *Bull. civ.,* III, n° 362.

(106) Civ. 1re, 3 juin 1986, *JCP* 1988.II.20791, note VIANDIER.

(107) Com., 2 mars 1993, *Bull. civ.,* IV, n° 83 ; *D.* 1994, som. 11. obs. KULLMANN.

(108) V. *Contrats spéciaux,* n° 568.

(109) Pour des exemples récents : Civ. 1re, 16 novembre 2004, *C.C.C.* 2005, n° 41, obs. L. L. — Civ. 1re, 6 octobre 2011, n° 10-24158.

(110) Soc., 14 mai 1992, *D.* 1992.350, note SERRA ; *JCP* 1992.II.21889, note AMIEL-DONAT. — La jurisprudence récente exige qu'elle soit « indispensable » ou « nécessaire » à la protection du créancier (Soc., 19 novembre 1996, *Bull. civ.,* V. n° 392. — 7 avril 1998, *Bull. civ.,* V, n° 202. — 18 décembre 1997, *D.* 1998, Somm. 213, obs. SERRA) et ne lui donne effet que dans cette mesure (Soc., 29 juin 1999, *Bull. civ.,* n° 309). — Pour une justification renforcée par l'art. 8 de la CEDH, cf. Soc., 12 janvier 1999, *Bull. civ.,* V, n° 7 ; *D.* 1999.645. — Pour une application au franchisé d'une petite ville soumis à une interdiction visant la France entière : Com., 3 avril 2012, n° 11-16031.

(111) Com., 4 mai 1993, *Bull. civ.,* IV, n° 172. — Com., 4 janvier 1994, *Bull. civ.,* IV, n° 4. — 16 décembre 1997, *Bull. civ.,* IV, n° 338 ; *D.* 1998, Somm. 213, obs. SERRA. — 11 mai 1999, *Bull. civ.,* V, n° 156 (au visa de l'art. 1131). — Com., 4 juin 2002, *D.* 2002.2328. — 9 juillet 2002, *C.C.C.* 2003.5.

(112) V. par ex. Soc., 28 octobre et 18 décembre 1997, *Bull. civ.,* V, nos 342 et 459. — 13 janvier 1998, *Bull. civ.,* V, n° 7. — 18 septembre 2002, *Bull. civ.,* V, n° 273.

contrat de travail (113), donner lieu à une contrepartie spécifique (114), et ce quelles que soient les causes de la rupture (115).

170 **Utilisation jurisprudentielle d'autres mécanismes.** En dehors du cadre bien délimité des cas précédents, les tribunaux sont parvenus à puiser dans d'autres mécanismes le moyen de priver d'effet des contrats ou, plus souvent, certaines de leurs clauses, créant un déséquilibre manifestement excessif ou injustifié entre les parties, alors même qu'on ne se situe pas dans le domaine des contrats de consommation soumis au contrôle des clauses abusives (v. *infra,* n°s 173 et s.) (116).

À l'heure actuelle, deux voies sont principalement utilisées en ce sens.

— ***Le droit de la concurrence*** prohibe les « abus de position dominante » de toutes sortes, les pratiques commerciales discriminatoires et les conditions de règlement abusives et l'article 442-6-II du Code de commerce annule toute convention ou clause procédant d'un tel abus : ces dispositions protègent le professionnel en état de dépendance envers un acteur économique plus puissant (117). C'est à ce titre par exemple qu'ont été annulées, dans les contrats entre pétroliers et pompistes, les clauses prévoyant la restitution en nature des cuves prêtées au pompiste (118).

— ***L'absence de cause,*** totale ou partielle, permet aux tribunaux d'annuler depuis longtemps les contrats dans lesquels l'une des prestations est purement fallacieuse ou symbolique, comme les ventes à vil prix. Plus récemment cette notion a été utilisée pour annuler, au sein d'un contrat qui demeure, les clauses conférant à l'une des parties un avantage excessif, contraire à l'économie du contrat et apparaissant ainsi dépourvu de contrepartie réelle, comme des exclusions excessives dans les contrats d'assurance, des fixations injustifiées de « dates de valeur » dans les contrats bancaires ou des limitations drastiques de responsabilité (v. *infra,* n° 181).

▪ (113) Cette obligation n'est pas en principe étendue aux autres contrats : **agents commerciaux** (Com., 4 décembre 2007, *C.C.C.* 2008, n° 38), ou **franchise** (Civ. 2e, 10 janvier 2008, n° 07-13558) ou **professions libérales** (Civ. 1re, 2 octobre 2013, n° 12-22846 ; *Bull. civ.*, I, n° 195).— sauf si elle entrave à la liberté du travail (pour un associé : Com., 15 mars 2011, n° 09-72027 ; *D.* 2011.1261, note PICOD ; *JCP* 2011.692 note KHODRI).

▪ (114) Soc., 10 juillet 2002, *JCP* 2002.II.10162. — 27 févier 2007, *D.* 2007.869 — Sur le contrôle de l'importance et des modalités de cette contrepartie, v. CORRIGAN-CARSIN, *JCP* 2007.II.10077. — Sur le régime de la contrepartie, v. LEFRANC-HAMONIAUX, *D.* 2007.1708 — La sanction est la nullité de la clause, mais le juge ne peut pas fixer lui-même une contrepartie (Soc., 16 mai 2012, n° 11-10760), *RDC* 2013.74, obs. GENICON.

▪ (115) Même en cas de licenciement pour faute grave, une convention collective ne peut écarter cette contrepartie : Soc., 4 juin 2008, *Bull. civ.*, V, n° 123.

▪ (116) Voir MAZEAUD et GENICON, *Protection des professionnels contre les clauses abusives*, *RDC* 2012.276.

▪ (117) Voir *La protection des professionnels contre les déséquilibres significatifs*, divers auteurs, *RDC* 2009.1257.

▪ (118) Com., 18 février 1992, *JCP* 1992.II.21897, note BEHAR-TOUCHAIS ; *C.C.C.* 1992.113, obs. L. L.

Étendre cette règle permettrait un contrôle généralisé de l'équilibre et de la cohérence du contrat ce qui peut paraître tentant dans une vision idéaliste, mais présente l'inconvénient majeur de donner toute puissance au juge, et de ruiner ainsi toute sécurité juridique.

171 **Sanctions variables.** La lésion est souvent sanctionnée par la nullité du contrat, qui prend ici le nom particulier de **« rescision ».** Mais dans certains, cas on maintient le contrat en permettant au juge de le rééquilibrer (réduction des honoraires, révision du fermage ou de la contribution de l'associé). Dans la vente d'immeuble, la partie avantagée peut décider de choisir le maintien du contrat en payant le complément de prix nécessaire, moins un dixième. De même, en présence d'une clause de non-concurrence excessive, le juge peut en réduire la portée (119).

172 **L'aléa chasse la lésion.** Même dans les hypothèses où la lésion est contrôlée, elle cesse de l'être lorsque le contrat en cause prend un aspect aléatoire : on dit que « l'aléa chasse la lésion ». Tel est le cas par exemple d'une vente d'immeuble moyennant une **rente viagère** (120), d'un mandat dans lequel le mandataire assume les risques de l'opération (121), d'un prêt dont l'intérêt dépend des affaires de l'emprunteur (122), ou d'un contrat d'entreprise conclu « à forfait » (123). Encore faut-il, pour que joue cette exclusion, que l'aléa existe vraiment : tel n'est pas le cas par exemple, si le vendeur bénéficiaire de la rente viagère est voué à une mort très proche inéluctable (124).

B. LES CLAUSES ABUSIVES DANS LES CONTRATS DE CONSOMMATION

TEXTES

Code de la consommation, art. L. 132-1 et R. 132-1 à R. 132-2-1

Art. L. 132-1. — Dans les contrats conclus entre professionnels et non-professionnels ou consommateurs, sont abusives les clauses qui ont pour objet ou pour effet de créer, au détriment du non-professionnel ou du consommateur, un déséquilibre significatif entre les droits et obligations des parties au contrat.

Un décret en Conseil d'État, pris après avis de la commission instituée à l'article L. 534-1, détermine une liste de clauses présumées abusives ; en

(119) Soc., 18 septembre 2002, *Bull. civ.*, V, n° 272.
(120) Cf. par ex. Civ. 1re, 19 juillet 1983, *Bull. civ.*, I, n° 212.
(121) Civ. 1re, 17 avril 1956, *D.* 1956.427.
(122) Com., 4 octobre 1977, *Bull. civ.*, IV, n° 218 pour le pourcentage de recettes d'un film.
(123) V. *Contrats spéciaux*, n° 948.
(124) V. *Contrats spéciaux*, nos 977 et s. — Cf. MÉAU-LAUTOUR, *Aléa, lésion et vileté du prix*, *JCP* N. 1990.301.

cas de litige concernant un contrat comportant une telle clause, le professionnel doit apporter la preuve du caractère non abusif de la clause litigieuse.

Un décret pris dans les mêmes conditions détermine des types de clauses qui, eu égard à la gravité des atteintes qu'elles portent à l'équilibre du contrat, doivent être regardées, de manière irréfragable, comme abusives au sens du premier alinéa.

Ces dispositions sont applicables quels que soient la forme ou le support du contrat. Il en est ainsi notamment des bons de commande, factures, bons de garantie, bordereaux ou bons de livraison, billets ou tickets, contenant des stipulations négociées librement ou non ou des références à des conditions générales préétablies.

Sans préjudice des règles d'interprétation prévues aux articles 1156 à 1161, 1163 et 1164 du Code civil, le caractère abusif d'une clause s'apprécie en se référant, au moment de la conclusion du contrat, à toutes les circonstances qui entourent sa conclusion, de même qu'à toutes les autres clauses du contrat. Il s'apprécie également au regard de celles contenues dans un autre contrat lorsque la conclusion ou l'exécution de ces deux contrats dépendent juridiquement l'une de l'autre.

Les clauses abusives sont réputées non écrites.

L'appréciation du caractère abusif des clauses au sens du premier alinéa ne porte ni sur la définition de l'objet principal du contrat ni sur l'adéquation du prix ou de la rémunération au bien vendu ou au service offert pour autant que les clauses soient rédigées de façon claire et compréhensible.

Le contrat restera applicable dans toutes ses dispositions autres que celles jugées abusives s'il peut subsister sans lesdites clauses.

Les dispositions du présent article sont d'ordre public.

Art. R. 132-1. — Dans les contrats conclus entre des professionnels et des non-professionnels ou des consommateurs, sont de manière irréfragable présumées abusives, au sens des dispositions du premier et du troisième alinéas de l'article L. 132-1 et dès lors interdites, les clauses ayant pour objet ou pour effet de :

(adhésion) 1° Constater l'adhésion du non-professionnel ou du consommateur à des clauses qui ne figurent pas dans l'écrit qu'il accepte ou qui sont reprises dans un autre document auquel il n'est pas fait expressément référence lors de la conclusion du contrat et dont il n'a pas eu connaissance avant sa conclusion ;

(mandat) 2° Restreindre l'obligation pour le professionnel de respecter les engagements pris par ses préposés ou ses mandataires ;

(modification) 3° Réserver au professionnel le droit de modifier unilatéralement les clauses du contrat relatives à sa durée, aux caractéristiques ou au prix du bien à livrer ou du service à rendre ;

(pouvoir d'interprétation) 4° Accorder au seul professionnel le droit de déterminer si la chose livrée ou les services fournis sont conformes ou non aux stipulations du contrat ou lui conférer le droit exclusif d'interpréter une quelconque clause du contrat ;

(exception d'inexécution) 5° Contraindre le non-professionnel ou le consommateur à exécuter ses obligations alors que, réciproquement, le professionnel n'exécuterait pas ses obligations de délivrance ou de garantie d'un bien ou son obligation de fourniture d'un service ;

(limitation de responsabilité) 6° Supprimer ou réduire le droit à réparation du préjudice subi par le non-professionnel ou le consommateur en cas de manquement par le professionnel à l'une quelconque de ses obligations ;

(droit à résiliation) 7° Interdire au non-professionnel ou au consommateur le droit de demander la résolution ou la résiliation du contrat en cas d'inexécution par le

professionnel de ses obligations de délivrance ou de garantie d'un bien ou de son obligation de fourniture d'un service ;

(résiliation unilatérale) 8° Reconnaître au professionnel le droit de résilier discrétionnairement le contrat, sans reconnaître le même droit au non-professionnel ou au consommateur ;

(restitutions) 9° Permettre au professionnel de retenir les sommes versées au titre de prestations non réalisées par lui, lorsque celui-ci résilie lui-même discrétionnairement le contrat ;

(préavis) 10° Soumettre, dans les contrats à durée indéterminée, la résiliation à un délai de préavis plus long pour le non-professionnel ou le consommateur que pour le professionnel ;

(indemnité de résiliation) 11° Subordonner, dans les contrats à durée indéterminée, la résiliation par le non-professionnel ou par le consommateur au versement d'une indemnité au profit du professionnel ;

(charge de la preuve) 12° Imposer au non-professionnel ou au consommateur la charge de la preuve, qui, en vertu du droit applicable, devrait incomber normalement à l'autre partie au contrat.

Art. R. 132-2. — Dans les contrats conclus entre des professionnels et des non-professionnels ou des consommateurs, sont présumées abusives au sens des dispositions du premier et du deuxième alinéas de l'article L. 132-1, sauf au professionnel à rapporter la preuve contraire, les clauses ayant pour objet ou pour effet de :

(condition potestative) 1° révoir un engagement ferme du non-professionnel ou du consommateur, alors que l'exécution des prestations du professionnel est assujettie à une condition dont la réalisation dépend de sa seule volonté ;

(dédit) 2° Autoriser le professionnel à conserver des sommes versées par le non-professionnel ou le consommateur lorsque celui-ci renonce à conclure ou à exécuter le contrat, sans prévoir réciproquement le droit pour le non-professionnel ou le consommateur de percevoir une indemnité d'un montant équivalent, ou égale au double en cas de versement d'arrhes au sens de l'article L. 114-1, si c'est le professionnel qui renonce ;

(clause pénale) 3° Imposer au non-professionnel ou au consommateur qui n'exécute pas ses obligations une indemnité d'un montant manifestement disproportionné ;

(préavis) 4° Reconnaître au professionnel la faculté de résilier le contrat sans préavis d'une durée raisonnable ;

(cession de contrat) 5° Permettre au professionnel de procéder à la cession de son contrat sans l'accord du non-professionnel ou du consommateur et lorsque cette cession est susceptible d'engendrer une diminution des droits du non-professionnel ou du consommateur ;

(modification unilatérale) 6° Réserver au professionnel le droit de modifier unilatéralement les clauses du contrat relatives aux droits et obligations des parties, autres que celles prévues au 3° de l'article R. 132-1 ;

(date d'exécution) 7° Stipuler une date indicative d'exécution du contrat, hors les cas où la loi l'autorise ;

(modalités de résiliation) 8° Soumettre la résolution ou la résiliation du contrat à des conditions ou modalités plus rigoureuses pour le non-professionnel ou le consommateur que pour le professionnel ;

(modes de preuve) 9° Limiter indûment les moyens de preuve à la disposition du non-professionnel ou du consommateur ;

(arbitrage) 10° Supprimer ou entraver l'exercice d'actions en justice ou des voies de recours par le consommateur, notamment en obligeant le consommateur à saisir exclusivement une juridiction d'arbitrage non couverte par des

dispositions légales ou à passer exclusivement par un mode alternatif de règlement des litiges.

Art. R. 132-2-1. — I. — Le 3° de l'article R. 132-1 et les 4° et 6° de l'article R. 132-2 ne sont pas applicables :

(fluctuation de cours) *a)* Aux transactions concernant les valeurs mobilières, instruments financiers et autres produits ou services dont le prix est lié aux fluctuations d'un cours, d'un indice ou d'un taux que le professionnel ne contrôle pas ;

(prix en devises) *b)* Aux contrats d'achat ou de vente de devises, de chèques de voyage ou de mandats internationaux émis en bureau de poste et libellés en devises.

(services financiers : modification du taux) II. — Le 3° de l'article R. 132-1 et le 6° de l'article R. 132-2 ne font pas obstacle à l'existence de clauses par lesquelles le fournisseur de services financiers se réserve le droit de modifier le taux d'intérêt dû par le non-professionnel ou le consommateur ou dû à celui-ci, ou le montant de toutes charges afférentes à des services financiers, sans aucun préavis en cas de motif légitime, pourvu que soit mise à la charge du professionnel l'obligation d'en informer la ou les autre parties contractantes dans les meilleurs délais et que celles-ci soient libres de résilier immédiatement le contrat.

(services financiers : résiliation) III. — Le 8° de l'article R. 132-1 et le 4° de l'article R. 132-2 ne font pas obstacle à l'existence de clauses par lesquelles le fournisseur de services financiers se réserve le droit de mettre fin au contrat à durée indéterminée unilatéralement, et ce sans préavis en cas de motif légitime, à condition que soit mise à la charge du professionnel l'obligation d'en informer la ou les autres parties contractantes immédiatement.

(changement de prix) IV. — Le 3° de l'article R. 132-1 et le 6° de l'article R. 132-2 ne font pas obstacle à l'existence de clauses par lesquelles le contrat, lorsqu'il est conclu à durée indéterminée, stipule que le professionnel peut apporter unilatéralement des modifications liées au prix du bien à livrer ou du service à rendre à la condition que le consommateur en ait été averti dans un délai raisonnable pour être en mesure, le cas échéant, de résilier le contrat.

(modification du produit ou service) V. — Le 3° de l'article R. 132-1 et le 6° de l'article R. 132-2 ne font pas obstacle à l'existence de clauses par lesquelles le contrat stipule que le professionnel peut apporter unilatéralement des modifications au contrat liées à l'évolution technique, dès lors qu'il n'en résulte ni augmentation de prix, ni altération de la qualité et que les caractéristiques auxquelles le non-professionnel ou le consommateur a subordonné son engagement ont pu figurer au contrat.

173 **De la loi de 1978 à la réforme du 4 août 2008 et à la loi du 17 mars 2014.** C'est la loi du 10 janvier 1978 « sur la protection et l'information des consommateurs des produits et services » qui a introduit en droit français la notion de clause abusive.

Son objectif était de tendre à l'élimination des clauses « abusives » dans les contrats qui sont conclus entre un professionnel et un consommateur : la puissance économique du premier lui permet en effet d'imposer à l'autre, dans un document qu'il établit unilatéralement et soumet seulement à « l'adhésion » du consommateur, toute une série de dispositions souvent complexes et orientées vers le seul intérêt du rédacteur : le consommateur, qui souvent n'en mesure pas la portée, n'a pas de réel pouvoir de négociation.

Le projet de loi de l'époque conférait déjà aux tribunaux le pouvoir d'apprécier si une clause est ou non abusive. Mais on avait craint d'ouvrir ainsi une brèche trop large dans la sécurité contractuelle : il est bien difficile de prévoir lors de la conclusion d'un contrat quelles clauses un tribunal pourra plus tard estimer « abusives ». On avait également redouté des divergences abondantes de jurisprudence, tant la notion d'abus est subjective, ce qui aurait conduit à un « impressionnisme » juridique néfaste à la stabilité des contrats.

Aussi la loi avait-elle décidé que c'est le pouvoir réglementaire qui, par décret, fournirait une liste des « clauses abusives » interdites ou réglementées.

Une « Commission des clauses abusives » a été mise en place pour analyser les types de contrats pratiqués et proposer au gouvernement des listes de clauses à interdire (organisée aujourd'hui par C. consom., art. L. 132-2 et s.) et une loi du 5 janvier 1988 avait renforcé ce mouvement en permettant aux associations de consommateurs de saisir les tribunaux aux fins « d'ordonner, le cas échéant sous astreinte, la suppression de clauses abusives dans les modèles de conventions habituellement proposés par les professionnels aux consommateurs » (125).

Bien que cette Commission ait fait de nombreuses propositions (126), dans des recommandations régulièrement publiées, un seul décret est intervenu le 24 mars 1978, de portée très limitée.

Aussi la loi a-t-elle paru devoir rester lettre-morte et n'a connu aucun développement jurisprudentiel pendant presque dix ans. C'est alors que la jurisprudence a décidé de « prendre les choses en main » : après avoir dans un premier temps forcé le cadre du décret de 1978 par des interprétations extensives, la Cour de cassation, vivement poussée par une doctrine l'incitant à s'affranchir du préalable réglementaire (127), a purement et simplement, par un véritable « coup d'État jurisprudentiel », fait sauter le verrou de la nécessité d'un décret en décidant d'abord implicitement (128) puis explicitement (129) que le caractère abusif d'une clause pouvait justifier sa nullité par application des critères définis par la loi même sans qu'un décret ait au préalable « tué » cette clause. La Cour de cassation, pour maintenir une unité, s'est réservée de déterminer si une clause est abusive (130).

■ (125) Cf. PAISANT, *JCP* 1994.II.22237.

■ (126) Cf. SINAY-CITERMAN, *La commission des clauses abusives et le droit commun des obligations, RTD civ.* 1985.471.

■ (127) Cf. les références très complètes de la doctrine sur la question dans la note MALAURIE, *D.* 1989.253, cet auteur appartenant lui-même à ce courant afin de combattre la « décrétomanie contemporaine » ; *adde :* cf. PAISANT, *Nouveaux aspects de la lutte contre les clauses abusives, D.* 1988, chr. 253.

■ (128) Civ. 1re, 6 décembre 1989, *D.* 1990.289, note GHESTIN ; *JCP* 1990.11.21534, note DELEBECQUE.

■ (129) Civ. 1re, 14 mai 1991, *Grands arrêts*, n° 159 ; *D.* 1991.449, note GHESTIN ; *JCP* 1991.II.2176, note PAISANT.

■ (130) Civ. 1re, 26 mai 1993, *D.* 1993.568, note PAISANT ; *JCP* 1993.II.22158, note BAZIN ; *D.* 1994, som. 13, obs. DELEBECQUE. — 6 janvier 1994, *JCP* 1994.II.22237, note PAISANT. —

Sous l'impulsion d'une *directive européenne* du 5 avril 1993 (131), une loi du 1er février 1995 est venue refondre l'article L. 132.1 du Code de la consommation en consacrant l'effort jurisprudentiel (132). Ce texte a été depuis modifié par la loi du 4 août 2008 qui, sans en changer l'économie, a apporté un certain nombre de précisions.

L'importante réforme du 17 mars 2014 (« loi *Hamon* ») n'a pas modifié le texte lui-même de l'article L. 132-1 mais en a affecté le champ d'application quant à la définition du consommateur (*infra*, n° 174).

Ses conditions d'application sont au nombre de deux, l'une concernant les contractants en cause, l'autre les clauses visées.

174 **Qualité des contractants.** Il faut que l'on soit en présence d'une part d'un professionnel et de l'autre d'un consommateur, c'est-à-dire de cette nouvelle catégorie des contrats de consommation (cf. *supra*, n° 24) (133). Mais déjà là des hésitations surgissent.

D'abord, comment qualifier celui qui s'est présenté comme professionnel sans l'être véritablement ? Il sera traité comme tel (134).

Ensuite et surtout le professionnel qui contracte pour les besoins de son activité mais **dans un secteur qui lui est étranger** (par exemple le commerçant qui achète une installation d'alarme pour son magasin) doit-il être regardé comme un professionnel ou comme un consommateur ? La jurisprudence française l'a d'abord considéré comme un consommateur (135). Mais telle n'est pas la solution de la directive européenne, définissant le consommateur comme « toute personne physique qui agit à des fins qui n'entrent pas dans le cadre de son activité professionnelle ». Bien que l'article L. 132-1 n'ait pas suivi sur ce point la directive et semble au contraire avoir entendu s'en démarquer en visant non seulement le consommateur, mais encore le « non-professionnel » qui serait précisément le professionnel d'une autre spécialité (136), la jurisprudence s'est ralliée à la conception « européenne » en excluant du champ de la protection tous les contrats « conclus dans le cadre de l'activité professionnelle », même

10 avril 1996, *JCP* 1996.II.22694, note PAISANT et CLARET. — 1er juillet 1998, *C.C.C.* 1998.120. — 1er février 2005, 4 arrêts, *D.* 2005.487 et 640.

(131) Cf. TROCHU, *D.* 1993. chr. 315. — Cf. aussi PAISANT, *Propositions pour une réforme du droit des clauses abusives, JCP* 1994.I.3772.

(132) Commentaires : PAISANT, *D.* 1995, chr. 99. — D. MAZEAUD, *Droit et Patrimoine,* juin 1995.42. — GHESTIN et MARESCHAUX, *JCP* 1995.I.3854.

(133) Sur les rapports **entre professionnels,** v. *Les clauses abusives entre professionnels,* Economica 1998 (ss la dir. de JAMIN et MAZEAUD). — Sur les clauses abusives dans les contrats de **service public,** v. HUET, *Petites Affiches* 6 février 1998, p. 7.

(134) Civ. 1re, 22 mai 2002, *D.* 2002.2052.

(135) Car il est « dans le même état d'ignorance que n'importe quel autre consommateur » : Civ. 1re, 28 avril 1987, *D.* 1988.1, note DELEBECQUE. — Cf. aussi Civ. 1re, 25 mai 1992, *Bull. civ.,* I, n° 162. — 6 janvier 1993, *Bull. civ.,* I, n° 4. — V. PAISANT, *JCP* 1993.I.3655.

(136) PAISANT, *D.* 1995, chr. 99, n° 17.

s'il s'agit de l'installation électronique d'un bijoutier ou du système d'arrosage d'un agriculteur (137). Et cela joue même pour les contrats conclus en vue d'une installation professionnelle future (138). La loi du 17 mars 2014 a cependant assimilé au consommateur le « petit » professionnel (moins de cinq salariés) non spécialiste pour les contrats à distance (art. L. 121-16-1, III).

Sur d'autres points, les restrictions européennes n'ont au contraire pas été suivies : ainsi le consommateur français a-t-il pu être une **personne morale,** comme une association (139) ou un syndicat de copropriété (140), ce qui n'est peut-être plus vrai (141) et la protection s'applique même si le contrat a été négocié (al. 4), alors que la directive se cantonne aux seuls contrats d'adhésion.

175 **Clauses visées.** Ce sont celles qui « ont pour objet ou pour effet de créer un déséquilibre significatif entre les droits et obligations des parties » en dehors de la définition de l'objet principal du contrat (bien ou prestation) et du prix correspondant. C'est en cela qu'il ne s'agit pas d'un contrôle équivalent à celui d'une lésion : seules les clauses « accessoires » peuvent être jugées abusives.

L'important n'est pas tant la notion de déséquilibre que l'**habilitation à en juger.** Le texte combine ici l'ancien système de la loi de 1978 et celui créé par la jurisprudence en conférant un pouvoir parallèle au pouvoir réglementaire et aux tribunaux.

• Le pouvoir réglementaire a reçu mission d'établir, sur avis de la Commission des clauses abusives, deux listes de clauses qui sont considérées comme intrinsèquement abusives : celles qui font l'objet d'une présomption simple

(137) V. Civ. 1re, 17 novembre 1998, *C.C.C.* 1999.21. — Civ. 1re, 24 janvier 1995, *Bull. civ.,* I, n° 54 ; *C.C.C.* 95.84, obs. LEVENEUR. — V. aussi Civ. 1re, 24 novembre 1993 et 2 février 1994, *D.* 1994. Som. 236, obs. PAISANT. — Com., 10 mai 1994, *C.C.C.* 94.155, obs. LEVENEUR. — Civ. 1re, 21 février 1995, *JCP* 1995.II.22502, note PAISANT. — 3 et 30 janvier 1996, *D.* 1996.228, note PAISANT ; *JCP* 1996.II.22654, note LEVENEUR ; *Defrénois* 1996.766, obs. D. MAZEAUD ; *RTD civ.* 1996.609, obs. MESTRE. — 10 juillet 1996, *Bull. civ.,* I, n° 318. — 5 novembre 1996, *Bull. civ.,* I, n° 377 (location de téléphone par un fabricant de bracelets), *C.C.C.* 1997.23. — 23 février 1999, *Bull. civ.,* I, n° 59. — Com., 23 novembre 1999, *JCP* 2000.II.10326, note CHAZAL. — 16 mai 2000, *C.C.C.* 2000, n° 168. — 5 mars 2002, *C.C.C.* 2002.118. — Sur la notion au regard des **dispositions pénales,** v. WESTER-OUISSE, *JCP* 1999.I.176.

(138) Civ. 1re, 10 juillet 2001, *Bull. civ.,* I, n° 209.

(139) Civ. 1re, 6 janvier 1993, *C.C.C.* 1993.63. — 28 avril 1987, *D.* 1988.1, note DELEBECQUE. — Mais si ses services sont payants, l'association peut être un « professionnel » : Civ. 1re, 23 mars 1999, *Bull. civ.,* I, n° 106. — *Idem* pour une fédération sportive : Civ. 1re, 27 septembre 2005, *Defrénois* 2005, p. 2004, note SAVAUX. Sur la pression européenne : CJCE, 22 novembre 2001, *C.C.C.* 2002.18 ; *JCP* 2002.II.10047, note PAISANT. — Et la résistance de Civ. 1re, 5 mars 2002, *RTD civ.* 2002.291, obs. MESTRE, puis, surtout, de Civ. 1re, 15 mars 2005, *D.* 2005.887 (pour un syndicat).

(140) Civ. 1re, 23 juin 2011, n° 10-30645 ; *D.* 2011.2245, note TISSEYRE.

(141) La nouvelle définition fournie par l'article préliminaire du Code de la consommation issu de la loi du 17 mars 2014 restreint cette définition aux personnes physiques, mais il n'est pas certain qu'elle s'applique aux clauses abusives — V. aussi Civ. 1re, 4 juin 2014, n° 13-14203 excluant les personnes morales des actions collectives de l'art. L. 421-1.

(« liste grise ») susceptible d'être renversée par le professionnel par la preuve du caractère non abusif de la clause ; celles qui donnent lieu à une présomption irréfragable et sont donc irrémédiablement réputées abusives (« liste noire »).

Un décret du 18 mars 2009 a constitué ces deux listes (art. R. 132-1 à R. 132-2-1 du Code de la consommation), en s'inspirant fortement de textes antérieurs (« recommandation de synthèse » établie en 1991 par la Commission des clauses abusives et annexe à l'ancien article L. 132-1). Ces listes, reproduites ci-dessus, ont un domaine très large et couvrent aujourd'hui la grande majorité des hypothèses envisageables (142).

• Parallèlement, le juge peut lui-même déclarer abusive une clause ne figurant pas dans les deux listes précitées (dite alors « clause blanche ») si elle crée un déséquilibre significatif.

Même si la Cour de cassation, a heureusement choisi d'exercer à cet égard son rôle unificateur, le développement de la matière ne peut donner qu'une forte impression de casuistique car tout varie selon chaque type de contrats (143). On peut cependant dégager quelques règles de méthode de portée générale :

— une clause peut être abusive même si elle est usuelle (144) ;

— une rédaction ambiguë peut rendre la clause abusive (145) ;

— Le fait que le contrat soit d'adhésion ne suffit pas à rendre ses clauses abusives (146) ;

— une clause de renvoi à des documents extérieurs n'est pas automatiquement abusive (147) ;

— une clause relative à une obligation accessoire peut être abusive (148).

— le déséquilibre abusif peut naître non pas d'une clause seule, mais de la combinaison de plusieurs (149).

(142) Cf. DESHAYES, AMRANI-MEKKI, SAUPHANOR-BROUILLAUD, CHAGNY, LAITHIER, BRETZNER et GABORIAU, *RDC* 2009.1601 à 1680.

(143) Cf. X. LAGARDE, *Qu'est-ce qu'une clause abusive*, *JCP* 2006.I.110 — V. par ex. pour les contrats de **location saisonnière** : Paris, 7 mai 1998, *D.* 1998.I.R.171 — pour les **contrats d'enseignement** : Civ. 1re, 10 février 1998, précité — pour les contrats de **vente de voitures** neuves : Civ. 1re, 14 novembre 2006, *Bull. civ.*, I, nos 488 et 489 — pour les contrats de **crédit :** Civ. 1re, 1er février 2005, *Bull. civ.*, I, n° 60 — pour les contrats de **dépôt-vente** : Civ. 1re, 1er février 2005, *Bull. civ.*, I, n° 61 — pour les contrats de **cartes bancaires** : Civ. 1re, 28 mai 2009, *Bull. civ.*, I, n° 110 — pour les contrats de **bail immobilier** : Civ. 3e, 10 juin 2003, *Bull. civ.*, III, n° 140) — pour les clauses de granties dans les **ventes d'automobiles** : Civ. 1re, 20 mars 2013, n° 12-14432 — pour les **contrats d'aides à la personne**, v. recommandation de la Commission des clauses abusives du 18 mai 2012, *RDC* 2013.153, obs. SAUPHANOR.

(144) Civ. 1re, 31 janvier 1995, *Bull. civ.*, I, n° 64.

(145) Civ. 1re, 19 juin 2001, *JCP* II. 10631, note PAISANT. — 20 mars 2013, n° 12-14432.

(146) Civ. 1re, 12 mars 2001, *Bull. civ* I, n° 92.

(147) Civ. 1re, 10 avril 1996, *JCP* 1996.II.22694.

(148) Civ. 1re, 3 mai 2006, *Bull. civ.*, I, n° 213.

(149) Civ. 1re, 2 avril 2009, n° 08-11596.

— une clause se référant à un comportement extérieur au contrat est abusive (150).

176 **Sanction.** Le Code de la consommation organise un double mode de sanction des clauses abusives.

Sur le plan individuel, la clause jugée abusive est nulle. Mais, pour renforcer cette nullité, on décide que le reste du contrat restera en principe valable (art. L. 132-1, al. 7) : le consommateur n'est donc pas dissuadé de demander cette nullité par la crainte de la perte totale du contrat (cf. *infra*, n° 218). En outre le juge doit rechercher *d'office* si une clause n'est pas abusive (151).

Sur le plan collectif, l'article L. 421-6 ouvre aux associations de consommateurs une action pour « demander à la juridiction civile d'ordonner, le cas échéant sous astreinte, la suppression des clauses abusives dans les modèles de conventions habituellement proposés par les professionnels aux consommateurs » (152). Action préventive, elle aboutit à une déclaration judiciaire de nullité dotée d'une autorité absolue au bénéfice de tous les cocontractants du même professionnel (153).

177 **Régime procédural.** Tournée vers la protection du consommateur, la nullité des clauses abusives est une nullité relative. Mais son caractère d'ordre public permet au juge de la relever d'office (154) et même, selon la Cour de justice, lui en fait obligation (155).

C. DÉSÉQUILIBRE SIGNIFICATIF DANS DES RELATIONS COMMERCIALES

TEXTE

C. de commerce, art. L. 442-6-I

Art. L 442-6 I. — Engage la responsabilité de son auteur et l'oblige à réparer le préjudice causé le fait, par tout producteur, commerçant, industriel ou personne immatriculée au répertoire des métiers :
1° D'obtenir ou de tenter d'obtenir d'un partenaire commercial un avantage quelconque ne correspondant à aucun service commercial effectivement rendu ou manifestement disproportionné au regard de la valeur du service

(150) Civ. 1re, 1er février 2005, *Bull. civ.*, I, n° 60. — Civ. 1re, 27 novembre 2008, *Bull. civ.*, I, n° 275.

(151) CJCE, 4 juin 2009, *D.* 2009.2312, note POISSONNIER. — CJCE, 6 octobre 2009, *RDC* 2010.59, obs. DESHAYES. — À charge évidemment de respecter le principe du contradictoire : CJUE, 21 février 2013, C 472/11, *C.C.C.* 2013.142, note RAYMOND.

(152) V. par ex. Civ. 1re, 6 janvier 1994, *JCP* 1994.II.22237, note PAISANT. — 1er juillet 1998, *C.C.C.* 1998.120. — V. toutefois, refusant la suppression dans un imprimé-type diffusé par un professionnel mais utilisé entre des particuliers : Civ. 1re, 4 mai 1999, *JCP* 1999.II.10205, note crit. PAISANT. — Pour un ensemble d'arrêts sur cette action, voir Civ. 1re, 1er février 2005, *D.* 2005.487.

(153) CJUE, 26 avril 2012, n° C472/10.

(154) Civ. 1re, 22 janvier 2009, *Bull. civ.*, I, n° 9.

(155) CJCE, 4 juin 2009, *Pannon GSM*, *D.* 2009.2312, note POISSONNIER.

rendu. Un tel avantage peut notamment consister en la participation, non justifiée par un intérêt commun et sans contrepartie proportionnée, au financement d'une opération d'animation commerciale, d'une acquisition ou d'in investissement, en particulier dans le cadre de la rénovation de magasins ou encore du rapprochement d'enseignes ou de centrales de référencement ou d'achat. Un tel avantage peut également consister en une globalisation artificielle des chiffres d'affaires, en une demande d'alignement sur les conditions commerciales obtenues par d'autres clients ou en une demande supplémentaire, en cours d'exécution du contrat, visant à maintenir ou accroître abusivement ses marges ou sa rentabilité ;
2° De soumettre ou de tenter de soumettre un partenaire commercial à des obligations créant un déséquilibre significatif dans les droits et obligations des parties.

177-1 **Abus entre professionnels** Exclus de la protection par les clauses abusives, les professionnels n'en risquent pas moins d'être soumis à des pratiques abusives de la part d'autres professionnels plus puissants qu'eux (156).

C'est par le contrôle progressif du droit de la concurrence et sous l'angle des « pratiques restrictives de concurrence » que la loi est intervenue pour traquer les excès imposés par le plus fort, en déclarant fautif d'abord le fait d'imposer à un partenaire commercial un avantage injustifié ou disproportionné au service rendu, et ensuite directement le fait de soumettre ce partenaire à « des obligations créant un déséquilibre significatif » (C. com., art. L. 442-6-I, 1° et 2° issus de la loi du 4 août 2008).

L'application de ce texte est en plein essor (157).

Ce qui est remarquable est qu'elle débouche non sur la nullité des stipulations concernées, mais sur une responsabilité de leur auteur-bénéficiaire.

SECTION 2 LA CAUSE DU CONTRAT

TEXTES

Code civil, art. 1131 à 1133

Art. 1131. — L'obligation sans cause ou sur une fausse cause, ou sur une cause illicite, ne peut avoir aucun effet.
Art. 1132. — La convention n'est pas moins valable, quoique la cause n'en soit pas exprimée.
Art. 1133. — La cause est illicite, quand elle est prohibée par la loi, quand elle est contraire aux bonne mœurs ou à l'ordre public.

178 **Notion incertaine et dualiste** Expressément visée par le Code, la *cause* du contrat est une notion difficile à cerner, qui a donné lieu à des débats inépuisables ayant souvent un aspect essentiellement académique. Cependant on

(156) Cf. D. MAZEAUD, *Les professionnels sont des consommateurs comme les autres*, *Mél. Merle*, Dalloz, 2013, p. 518.
(157) V. MATHEY, *C.C.C.* 2013. Dossier3. — Pour des panoramas de décisions de cours d'appel, v. *C.C.C.*2013, chr. 14 — et *C.C.C.* 2013, n° 208 et *C.C.C.* 2014, chr. 8.

observe depuis quelques années, malgré la constance des textes qui n'ont pas changé depuis 1804, une nouvelle effervescence jurisprudentielle sur cette notion : c'est que les tribunaux ont trouvé dans cette notion malléable, qui postule par nature un contrôle étatique minimum sur les contrats, un levier d'intervention contre les excès de l'autonomie de la volonté au bénéfice d'une plus grande justice contractuelle.

La notion de cause tend à chercher pourquoi le contrat a été conclu, c'est-à-dire la raison pour laquelle les parties ont accepté de s'obliger, au sens de **la fin qu'elles ont recherchée.** On va en réalité aboutir à une réponse différente, selon qu'on se place au niveau des obligations de chaque contractant, ou au niveau de l'opération contractuelle dans son ensemble.

— ***La cause d'une obligation*** (par ex. de celle de l'acheteur de payer le prix) est une cause **objective,** mécanique, qui se trouve dans l'économie même du contrat : c'est pour obtenir la livraison due par le vendeur que l'acheteur a accepté cette obligation.

— ***La cause du contrat* dans son ensemble** est plus lointaine : on se demandera pourquoi les deux cocontractants ont conclu ce contrat, quelle finalité ils ont poursuivie. La cause de l'opération contractuelle est nécessairement **subjective :** elle se recherche dans la psychologie des contractants en cause (158).

Les contrôles que peuvent exercer les tribunaux sur cette cause sont différents et n'ont pas la même étendue selon qu'il s'agit de la cause de l'obligation ou de la cause du contrat.

Ce contrôle se situe traditionnellement sur deux plans :

— existence de la cause ;

— licéité de la cause.

Mais on verra que chaque contrôle se situe sur un plan spécifique : le contrôle de **l'existence concerne la *cause de l'obligation,* alors que le contrôle de la licéité concerne la cause de l'*opération contractuelle.***

S/SECTION 1 LA CAUSE DE L'OBLIGATION

179 **Existence.** L'article 1131 du Code civil indique que, pour être valable, un engagement doit avoir une cause, c'est-à-dire une raison d'être, qui soit réelle. Il convient de préciser la notion de cause de l'obligation, puis le contrôle de son existence.

(158) V. en particulier la profonde analyse LEQUETTE, *Grands arrêts*, n° 156.

§ 1. Notion de cause de l'obligation selon chaque type de contrat

180 **Cause structurelle.** La cause de l'engagement de chaque contractant réside dans le contrat lui-même, c'est-à-dire l'avantage ou la fin qu'il recherche d'après l'*économie* de ce contrat. C'est une notion objective : pour un type de contrat, la cause de l'obligation est **toujours la même.** Par exemple, pour un acheteur, la cause de son obligation au prix est toujours l'acquisition de la chose ; on ne recherche pas ici pourquoi il veut l'acquérir, ce qui constitue un simple motif souvent appelé « mobile ».

La cause peut donc ici se définir objectivement (ou « abstraitement », dit-on parfois) pour chaque catégorie de contrats — raison pour laquelle on parle parfois ici de « cause catégorique » (ou mieux « catégorielle »).

181 **Contrats synallagmatiques commutatifs : contre-prestation.** Ce sont les plus fréquents, ceux dans lesquels il y a échange de prestations (vente, bail, prestations de services...).

La cause de chaque obligation réside dans la *contre-prestation :* dans la **vente** le prix pour le vendeur, la chose pour l'acquéreur ; dans le **bail** les loyers pour le bailleur, la jouissance de la chose pour le locataire, etc. « La cause des obligations d'une partie réside, lorsque le contrat est synallagmatique, dans l'obligation de l'autre » énonce la Cour suprême (159). Elle en déduit que « lorsque l'obligation d'une partie est dépourvue d'objet, l'engagement du cocontractant est nul faute de cause » (160).

La cause existe dès qu'il y a **contrepartie.** Cette exigence sert donc à annuler les contrats dans lesquels la contre-prestation n'existe pas. Par exemple, si la chose vendue n'existe pas, le contrat est nul à la fois parce qu'il n'y a pas d'objet, et parce que la contrepartie n'existe pas, de sorte que la dette de l'acheteur est sans cause (161). Si la chose louée ne peut pas servir à l'usage convenu (local loué professionnellement alors que le règlement de copropriété ou les règles administratives interdisent cet usage), la dette de loyer est sans cause (162). Si le bailleur d'un local commercial promet au locataire l'exclusivité d'un commerce de ce type dans l'immeuble, alors que la législation ne lui permet pas d'empêcher un autre locataire d'exercer la même activité, la somme versée en contrepartie de cette exclusivité impossible est sans cause (163). Si un

(159) Civ. 1re, 25 mai 1988, *Bull. civ.,* I, n° 149.
(160) Civ. 1re, 7 février 1990, *Bull. civ.,* I, n° 38.
(161) Ainsi, un agrément administratif d'auto-école, délivré à titre personnel, ne peut être vendu : le contrat prévoyant sa cession est *« dépourvu d'objet »* et, *« dès lors, l'obligation de payer mise à la charge de B, en contrepartie était nulle faute de cause »* (Civ. 3e, 4 mai 1983, *Bull. civ.,* III, n° 103).
(162) Cf. Com., 5 octobre 1981, *D.* 1982.16.
(163) Com., 5 octobre 1981, *Bull. civ.,* IV, n° 340.

salarié « rachète » à une Caisse des points de retraite, alors qu'il bénéficie auprès d'elle de droits atteignant déjà le plafond, le versement des cotisations supplémentaires est sans cause (164). Si un praticien verse à une clinique dans laquelle il veut exercer une « indemnité d'intégration » qui n'a aucune contrepartie sérieuse, la somme stipulée est sans cause (165).

Par extension, les tribunaux annulent pour défaut de cause les contrats dans lesquels la contrepartie existe **à titre symbolique** seulement. C'est depuis longtemps le cas de la vente « à vil prix » ou du bail avec un loyer dérisoire. Par conséquent, une vente pour 1 F ou 1 € symbolique est en principe nulle, sauf si l'acquéreur prend à sa charge des dettes, comme c'est souvent le cas pour le « repreneur » d'une entreprise en difficulté, ces charges constituant un complément de prix (166). Récemment a été ainsi jugé nul l'engagement d'approvisionnement exclusif souscrit en contrepartie de l'octroi d'un cautionnement ne présentant pas de risque réel (167).

Par une nouvelle extension récente, la jurisprudence se sert de cette notion de cause pour vérifier la **cohérence du contrat** dans son ensemble : c'est par ce moyen qu'elle annule les clauses qui confèrent à une partie un avantage qu'elle considère comme si excessif qu'il est dépourvu de contrepartie. Ainsi a-t-elle utilisé ce moyen juridique pour atteindre les abus bancaires en matière de *« dates de valeur »* (168), les clauses de non-concurrence excessives (cf. *supra,* n° 169), ou les clauses de non-responsabilité pour inexécution de l'obligation essentielle (cf. *infra*, n° 423). C'est ainsi qu'elle annule les clauses qui « vident le contrat de sa substance », notamment dans les **contrats d'assurance** les clauses d'exclusion de garantie trop nombreuses (169) ou celles contraires à la « finalité » du contrat (170), ou à son « économie générale » (171), voire même à son équilibre : ainsi annule-t-elle les clauses subordonnant l'assurance de responsabilité à la réclamation du tiers pendant la période de garantie, alors que

▪ (164) Soc., 15 octobre 1980, *Bull. civ.,* V, n° 741. — Mais il ne faut pas confondre cette hypothèse, dans laquelle la Caisse de retraite est unique, avec le cas où une partie conclut deux contrats qui font double emploi : si cette souscription est pour elle inutile, il y a dans chaque contrat pris isolément une contrepartie et donc une cause : cf. pour deux **assurances,** Civ. 1re, 29 juin 1959, *Bull. civ.,* I, n° 320. — Pour deux conventions de **bail à nourriture** : Civ. 1re, 22 juin 1977, *Bull. civ.,* I, n° 295.

▪ (165) Civ. 1re, 15 juin 1994, *Bull. civ.,* I, n° 215. — Cette jurisprudence peut s'appliquer au versement de « reprises » parfois exigées par un locataire cédant son bail.

▪ (166) V. *Contrats spéciaux,* nos 36 et 322.

▪ (167) Com., 8 février 2005, *D.* 2005.639.

▪ (168) Com., 6 avril 1993, *D.* 1993.310, note GAVALDA. — 29 mars 1994, *Bull. civ.,* IV, n° 134. — 10 janvier 1995, *Bull. civ.,* IV, n° 8. — 5 mai 1998, *Bull. civ.,* IV, n° 148 (2e moyen).

▪ (169) Civ. 1re, 17 février 1987, *Bull. civ.,* I, n° 55. — 23 juin 1987, *Bull. civ.,* I, n° 202. — 21 mai 1990, *Bull. civ.,* I, n° 114. — 14 janvier 1992, *Bull. civ.,* I, n° 14.

▪ (170) Civ. 1re, 25 mai 1992, *Bull. civ.,* I, n° 151.

▪ (171) V. Com., 15 février 2000, *Bull. civ.,* IV, n° 29 ; *RTD civ.,* 2000.325, obs. MESTRE. — Sur cette notion, voir les chroniques MOURY, *D.* 2000, chr. 382. — ZELCEVIC, *JCP* 2001.I.300.

le versement des primes pour cette période doit couvrir tous les sinistres qui y sont situés, même si la réclamation n'est faite que plus tard (172).

Ce courant jurisprudentiel, parfois approuvé au nom de la justice contractuelle (173), se traduit en doctrine par une vive poussée en faveur d'un « principe de proportionnalité », qui n'est qu'une façon plus claire et actuelle d'exprimer la vieille notion de cause (174).

182 **Contrats aléatoires.** Dans ce type de contrats, la cause de l'engagement de chacun n'est pas dans la contre-prestation : en effet on n'est pas certain qu'il y aura lieu à une contre-prestation. Par exemple, dans un contrat d'assurance, si aucun accident n'intervient, les primes versées pour le risque ne sont pas utilisées ; la cause existe néanmoins et les primes resteront acquises. La cause est en fait **l'existence de l'aléa.**

À chaque fois que l'aléa existera, le contrat aura une cause normale.

Mais si l'événement n'est pas véritablement incertain, si le risque n'existe pas réellement, le contrat est faussé. Par exemple, le bien assuré a déjà brûlé : le sinistre est déjà intervenu, donc il n'y a plus d'incertitude (175). Le défaut de risque réel est considéré comme un défaut de cause de la prestation de chacun (ce qui entraîne la nullité du contrat). Autre exemple : dans un contrat de **rente viagère,** si l'on sait que le vendeur décédera à brève échéance, sa prestation est dépourvue de contrepartie réelle (176).

On considère que les éléments qui permettent de mesurer l'incertitude font partie de l'aléa : s'ils sont inconnus ou déformés, on estime donc qu'il y a défaut de risque réel, donc un défaut de cause. Il s'agit plus exactement d'une *erreur sur la cause* (cf. *supra*, n° 81). Par exemple, en matière d'**assurance sur la vie,** le montant de la prime dépend de plusieurs éléments : âge, antécédents de santé. Si l'on cache certains de ces éléments déterminants, l'assureur est en droit de demander l'annulation du contrat (les sanctions dépendent de la bonne ou de la mauvaise foi de l'assuré : articles L. 113-8 et 113-9 du Code des assurances) (177).

(172) Civ. 1re, 9 mai et 6 décembre 1994, *Bull. civ.,* I, nos 168 et 360. — 7 mars 1995, *Bull. civ.,* I, n° 112. — 16 décembre 1997, *JCP* 1998.II.10018, rapport SARGOS ; *D.* 1998.287, note LAMBERT-FAIVRE. — 30 janvier 2001, *Bull. civ.,* I, n° 16. — Civ. 2e, 30 juin 2004, *Bull. civ.,* II, n° 336. — Voir aussi C.E., 29 février 2000, *D.* 2001.1265 et la réaction législative du 1er août 2003, *D.* 2003.1699. Et sur cette réaction, v. GROUTEL, *Mélanges Aubert*, 2005.161.

(173) V. GUEGUEN, *Le renouveau de la cause en tant qu'instrument de justice contractuelle, D.* 1999, chr. 352.

(174) Cf. AUGUET, *Au nom de la cause, vive le principe de proportionnalité, Droit & Patrimoine*, février 2001, p. 33.

(175) Cf. Civ. 1re, 27 février 1990, *Bull. civ.,* I, n° 52. — Civ. 3e, 4 novembre 2003, *Bull. civ.,* III, n° 220 — Civ. 1re, 21 décembre 2006, *JCP* 2007.I.148, n° 23.

(176) V. Civ. 3e, 6 novembre 1969, *JCP* 1970.II.16502 et la note. — 4 novembre 1980, *Bull. civ.,* III, n° 169. — Civ. 1re, 5 mai 1982, *Bull. civ.,* I, n° 164.

(177) Pour le contrat « de révélation de succession » du **généalogiste** alors qu'il n'y a pas de réel « secret » à révéler : Civ. 1re, 18 avril 1953, *JCP* 1953.II.7761.

183 **Contrats unilatéraux.** La cause ne peut pas ici résider dans la contre-prestation, puisqu'il n'y en a pas. Elle se situe dans le fait qui sert de **base au contrat.** Ainsi, dans le **cautionnement** (engagement de garantir la dette d'autrui), la cause réside dans l'existence d'une dette à garantir.

Dans le contrat de **prêt,** la cause réside dans la remise de la chose prêtée (178) : l'obligation de restituer trouve sa cause dans le fait que l'emprunteur a reçu la chose prêtée. On n'a pas à se préoccuper de la raison pour laquelle l'emprunteur a emprunté : les mobiles n'interviennent pas.

Cela a d'importantes conséquences dans les **opérations de crédit :** lorsqu'une personne emprunte en vue d'acheter un bien, mais que la vente est nulle ou que le bien ne lui est pas livré, cette partie peut croire qu'elle n'a pas à rembourser les échéances de crédit. Or, le schéma juridique n'est pas celui-là : le contrat de prêt reste valable, indépendamment de l'achat à financer, car cet achat n'est pas la cause juridique des obligations de l'emprunteur. En effet, la cause de ces obligations de l'emprunteur réside dans le fait qu'à l'origine, l'établissement financier a versé les fonds. L'obligation de rembourser a donc une cause et l'emprunteur est tenu de payer les intérêts (179).

Dans certains cas des lois sont intervenues (loi du 10 janvier 1978 sur les crédits mobiliers et loi du 13 juillet 1979 sur les crédits immobiliers aujourd'hui intégrées au Code de la consommation) pour lier les deux opérations, lorsqu'il s'agit d'opérations de crédit à la consommation : si la vente disparaît (par ex. parce que la chose est impropre à son usage), le prêt sera aussi résilié (ce qui ne dispensera pas l'emprunteur-acheteur de rembourser le capital, mais sans les intérêts) (180). Mais il s'agit là d'une dérogation au droit commun, lequel reste applicable en toute autre matière. Au vrai, on a pu se demander si l'exception imposée par la loi pour les « crédits liés » n'allait pas essaimer en toutes matières (181). Mais la Cour de cassation a saisi la première occasion pour dissiper le doute en rappelant que « le financement de l'acquisition immobilière recherchée par les emprunteurs n'était pas la cause de leurs obligations au sens de l'article 1131 du Code civil » (182). Il n'en irait autrement qu'en présence d'une indivisibilité voulue par les parties entre les deux contrats différents, que la jurisprudence tend d'ailleurs à reconnaître plus souplement qu'autrefois (cf. *infra*, n° 189).

(178) Ou, lorsque le prêt n'est pas un contrat « réel » (*supra* n° 129), dans l'engagement du prêteur de remettre les fonds : Com., 7 avril 2009, *Bull. civ.*, I, n° 54 ; *D.* 2009.2080, note GHESTIN.

(179) Cf. entre autres Civ. 1re, 20 nov. 1974, *Bull. civ.*, I, n° 311 ; Com., 14 déc. 1977, *Bull. civ.*, IV, n° 293. — Civ. 1re, 19 juin 2008, *Bull. civ.*, I, n° 174.

(180) V. *Contrats spéciaux,* nos 1200 et s.

(181) V. les motifs très généraux de Civ. 3e, 11 mars 1992, *Bull. civ.*, III, n° 79, ne faisant aucune référence à la législation spéciale sur le crédit à la consommation.

(182) Civ. 1re, 16 décembre 1992, *Bull. civ.*, I, n° 316. — Cf. encore Com., 5 mars 1996, *Bull. civ.*, IV, n° 75. — Civ. 1re, 16 février 1999, *D.* 1999.I.R.76.

Dans une promesse de payer, dénommée souvent **« reconnaissance de dette »,** la cause de la promesse se trouve dans l'existence d'une dette à payer. Cette existence doit donc être vérifiée : par exemple, celui qui s'engage à dédommager une personne d'un préjudice est en droit de contester son engagement en démontrant qu'en réalité, il n'était pas tenu à réparation, de telle sorte que son engagement « a été pris sans cause ou pour une fausse cause » (183).

184 **Contrats à titre gratuit.** Parce qu'il n'y a ici aucune contrepartie, on ne peut pas transposer les notions de cause déjà vues. On a alors découvert la notion de cause dans un élément plus subjectif : l'**intention libérale** de celui qui consent l'avantage.

L'« intention libérale » est une notion subjective : il faut donc analyser les motifs déterminants du donateur (184).

Il arrive que ces motifs soient faux : le motif déterminant n'existe pas. Dans ces cas le donateur n'avait plus de raison de donner. La prestation à titre gratuit va être dépourvue de cause. Par exemple, le donateur a agi dans la conviction que le bénéficiaire lui avait sauvé la vie, ce qui est faux : la prestation à titre gratuit (ce don) est alors sans cause (185).

L'absence de cause se confond ici en fait avec l'erreur sur la cause, dont la notion est étendue aux mobiles (186).

§ 2. Contrôle de l'existence de la cause de l'obligation

185 **Date d'appréciation.** Le principe classique est que c'est au moment de la **conclusion du contrat** qu'il faut se placer pour apprécier l'existence de la cause (187). Si la cause disparaît ensuite, il y a éventuellement extinction ou caducité (188) du contrat à exécution successive (par ex. destruction de la chose

(183) Civ. 1re, 6 octobre 1981, *Bull. civ.,* I, n° 273.

(184) Cf. Civ. 1re, 6 oct. 1959, *D.* 1960.515, note MALAURIE.

(185) Cf. Civ. 1re, 10 mai 1995, *Bull. civ.,* I, n° 194 pour l'engagement d'une société à offrir à un dirigeant le rachat de points de retraite compte tenu de ses bons services, engagement souscrit dans l'ignorance des fautes de gestion qu'il avait commises.

(186) Cf. GRELON, *L'erreur dans les libéralités, RTD civ.* 1981.

(187) Cf. Com., 21 oct. 1974, *Bull. civ.,* IV, n° 255 ; Civ. 3e, 8 mai 1974, *D.* 1975.305, note LARROUMET. — Civ. 3e, 17 juillet 1996, *Bull. civ.,* III, n° 193 (engagement de verser à un locataire évincé une indemnité pour la perte d'une clientèle que le bénéficiaire parvient néanmoins à conserver en se rétablissant dans le voisinage). — Com., 8 février 2005, *Bull. civ.*, IV, n° 21.

(188) V. par ex. Civ. 1re, 16 décembre 1986, *Bull. civ.*, I, n° 301. — Civ. 1re, 30 octobre 2008, *Bull. civ.*, I, n° 241.

louée), mais non nullité : le contrat était valable à l'origine (189). Par exemple, pour un **cautionnement** donné par le **dirigeant** d'une société pour garantir les dettes de celle-ci envers une banque, l'exclusion ultérieure du dirigeant ne fait pas disparaître le cautionnement, car la banque a bien avancé les fonds sur la foi de cette garantie — sauf s'il en a été stipulé autrement (190). Il en est de même en présence d'**époux,** même s'ils divorcent ensuite (cela vaut pour un cautionnement, mais aussi pour des emprunts ou des loyers : celui qui n'occupe plus le logement concerné reste tenu envers le prêteur ou le bailleur — ce qu'il ignore souvent en pratique !).

C'est pourquoi le fait qu'une partie n'exécute pas son engagement par la suite ne peut entraîner une nullité des obligations de l'autre pour défaut de cause : il y a des sanctions pour l'inexécution (qui reposent aussi sur l'idée d'interdépendance des obligations (cf. *infra*, n° 389)) mais le contrat était valable à l'origine dès lors qu'il existait une « contrepartie offerte » qui n'était pas « fallacieuse ou chimérique » (191). Cependant, dans les contrats à exécution successive, la **disparition** en cours de route de cette contrepartie entraîne la **caducité** du contrat pour l'avenir (192).

185-1 **Cause partielle.** Que décider lorsque la cause n'existe qu'en partie, de sorte que, pour l'autre partie, il y a inexistence ? Un arrêt remarqué a considéré qu'il y avait alors lieu à réduction de l'obligation à la mesure de la fraction inexistante (193). Mais un arrêt postérieur a, plus rigidement, refusé cette solution logique et maintenu le contrat (194).

186 **Charge de la preuve.** De l'article 1132, écrit pour le cas précis de la reconnaissance de dette et qui présume que la cause existe de sorte que c'est au souscripteur de prouver qu'il n'a pas reçu les fonds qu'il s'est obligé à rembourser (195), la jurisprudence a déduit une règle générale : c'est toujours à

▪ (189) La jurisprudence prend toutefois des libertés avec cette règle (cf. Soc., 22 mars 1979, *Bull. civ.,* V, p. 198). Mais est normalement cassé l'arrêt déduisant le défaut de cause d'un fait postérieur : Civ. 3e, 25 oct. 1977, *Bull. civ.,* III, n° 355.

▪ (190) Com., 24 avril 1990, *Bull. civ.,* IV, n° 117. — 15 octobre 1991, *Bull. civ.,* IV, n° 285.

▪ (191) Com., 30 juin 1987, *Bull. civ.,* IV, n° 163. — D. MAZEAUD (*Defrénois* 1997.333), voit une remise en cause de ce principe dans Com., 22 octobre 1996 (*Chronopost,* examiné *infra,* n° 423) refusant d'appliquer, pour défaut de cause, une clause de non-responsabilité pour inexécution de l'obligation essentielle : mais si la clause a été nulle, c'est à raison de l'économie initiale du contrat et non de son exécution ultérieure.

▪ (192) Civ. 1re, 30 octobre 2008, *Bull. civ.*, I, n° 241 ; *JCP* 2009.10.000, note HOUTCIEFF ; *RDC* 2009.49, obs. D. MAZEAUD ; *RTD civ.* 2009.118, obs. FAGES — Civ. 1re, 12 juillet 2006, *Bull. civ.*, I, n° 393 ; *RDC* 2007.253, obs LAITHIER.

▪ (193) Civ. 1re, 11 mars 2003, *Bull. civ.*, I, n° 67 ; *RDC* 2003.39, obs. D. MAZEAUD.

▪ (194) Civ. 1re, 31 mai 2007, *Bull. civ.*, I, n° 211 ; *JCP* 2007.I.189, n° 11, obs. CONSTANTIN.

▪ (195) Cf. par ex. Civ. 1re, 7 avril 1992, *Bull. civ.*, I, n° 114. — 2 mai 2001, *Bull. civ.*, I, n° 108. — Civ. 1re, 19 juin 2008, *Bull. civ.*, I, n° 175. — Civ. 1re, 8 octobre 2009, *D.* 2010.128, note REBEYOL — Civ. 1re, 4 mai 2012, n° 10-13545.

celui qui invoque la nullité de son engagement pour défaut de cause d'**établir que la cause n'existe pas,** même s'il occupe la position procédurale de défendeur (par exemple parce qu'on lui réclame l'exécution de son engagement). En cas de doute, l'engagement sera donc regardé comme obligatoire (196). Cette présomption joue même si le document constatant la reconnaissance de dette ou le contrat n'est pas conforme aux normes de preuve qu'on a vues précédemment (cf. *supra*, n° 127) : le domaine de la preuve et celui de la validité du contrat sont en effet bien distincts (197).

L'absence de cause peut être établie par **tous moyens** si elle n'est pas exprimée dans l'acte (198). Si au contraire l'acte contient en lui-même la cause, il faut en démontrer la fausseté par écrit (199) — et si le bénéficiaire prétend que l'engagement est quand même valable parce qu'il a une autre cause, qui n'avait pas été énoncée, c'est alors à lui de le prouver (200).

Cette présomption est renforcée dans ce qu'on appelle les **« actes abstraits » :** la preuve contraire n'est pas possible. Ce sont des actes de nature commerciale et d'inspiration allemande destinés à une sécurité juridique absolue (effets de commerce, garantie à première demande). Le signataire de tels actes est alors tenu de payer, sans être admis à prouver l'absence de contrepartie (exemple simplificateur : le signataire d'un chèque ne peut pas s'opposer à son encaissement même s'il prouve l'avoir signé sans contrepartie — mais il lui restera un recours en remboursement).

186-1 **Sanction.** Le défaut de cause emporte la nullité soit du contrat en son entier, soit de la clause qui s'avère conférer à l'une des parties un avantage injustifié.

Alors qu'on a longtemps considéré qu'il s'agissait d'une nullité absolue (par assimilation avec la cause illicite ou immorale), il est aujourd'hui admis que la nullité est relative, seule la victime du défaut de contrepartie pouvant s'en prévaloir (v. *infra*, n° 207).

(196) Cf. par ex. Civ. 1re, 25 juin 1980, *Bull. civ.,* I, n° 197. — 21 juin 2005, *Bull. civ.*, V, n° 270 ; *Defrénois* 2005, p. 1998, obs. LIBCHABER.

(197) Civ. 1re, 14 juin 1988, *Bull. civ.,* I, n° 190. — Civ. 1re, 12 janvier 2012, n° 10-24614.

(198) Cf. Civ. 1re, 9 février 2012, n° 11-13778.

(199) Com., 14 mars 2006, *Bull. civ.*, IV, n° 66 : si la cause est exprimée dans l'acte, sa fausseté doit être prouvée selon l'article 1341 du Code civil. — V. aussi Civ. 1re, 23 février 2012, n° 11-11230.

(200) Civ. 1re, 20 décembre 1989, *Bull. civ.,* I, n° 369 ; *D.* 1990.241, note MARGUENNAUD pour un cas où un acte de prêt avait été dressé, où il était admis qu'il n'y avait pas eu avance de fonds, mais où le pseudo-prêteur prétendait que les sommes lui étaient néanmoins dues au titre de « dessous de table » d'une vente. — V. aussi Civ. 1re, 7 avril 1992, *Bull. civ.*, I, n° 115.

S/SECTION 2 LA CAUSE DE L'OPÉRATION CONTRACTUELLE

187 **Recherche des mobiles subjectifs.** Envisageons maintenant le contrat dans son ensemble, ce que nous avons appelé l'opération contractuelle : pour en connaître la raison d'être, on va rechercher les motifs qui ont poussé les parties à le conclure. Par exemple, dans un prêt ou une vente, on se demandera le **but** que l'emprunteur ou l'acheteur destine à la chose.

Mais un contrôle général sur ce plan pourrait conduire de fil en aiguille à faire disparaître la liberté individuelle : on n'a pas à justifier des motifs pour lesquels on conclut un achat ou un contrat de transport pour telle destination. Dès lors le contrôle étatique doit se limiter au strict minimum. Presque absent quant à *l'existence* de cette cause, il se concentre sur sa *licéité*.

§ 1. Existence de cette cause

188 **Principe : absence de contrôle.** Le principe est qu'il n'y a pas lieu de contrôler l'existence du motif : par exemple, si une personne a acheté une maison dans la fausse conviction qu'elle était nommée dans telle ville ou qu'elle avait gagné une somme à placer, il n'y a pas de nullité du contrat, pas plus que lorsqu'on loue une salle de réception pour une cérémonie annulée ou qu'on effectue un voyage (contrat de transport) pour un congrès ou une exposition qui n'ont pas lieu ou qu'on fait réaliser des études pour une opération non autorisée. Le contrat forme en quelque sorte un tout en lui-même, qui se justifie par la volonté des parties, sans qu'il ait besoin de reposer sur une justification extérieure objective.

La raison de ce principe est simple : sauf cas particuliers (comme le contrat de société), les parties n'ont pas une motivation commune, mais **chacune a des mobiles personnels** qui indiffèrent à l'autre, même s'il les connaît : peu chaut au vendeur ou au transporteur pourquoi son client achète on se déplace ; il lui livre le bien ou assure le transport, et tout est dit entre eux. Si le contrat risquait d'être remis en question pour inexistence du but poursuivi par ce client, ce serait la porte ouverte d'abord à l'insécurité contractuelle et ensuite à une sorte d'inquisition, le cocontractant souhaitant se renseigner sur ce but pour en vérifier l'existence (201).

(201) Mais ce principe est parfois perdu de vue sous l'influence des circonstances de fait : v. par ex. Civ. 1re, 3 juillet 1996, *Bull. civ.*, I, n° 286 ; *D.* 1997.500, note REIGNÉ ; *RTD civ.* 1996.901, obs. MESTRE, annulant un contrat de fournitures de cassettes à un commerçant de village pour impossibilité matérielle de ce dernier de les diffuser — V. aussi Com., 23 octobre 2012, n° 11-23376, *Bull. civ.*, I, n° 290 ; *RDC* 2013.1321, obs. GÉNICON pour une convention de services

189 **Exception : contrats indivisibles ou interdépendants (202).** La jurisprudence contemporaine apporte toutefois une exception au principe précité, dans le cas où un contrat est *indivisiblement lié* à un autre contrat, conclu entre les mêmes parties ou même avec d'autres personnes : par exemple l'achat d'un **logiciel** peut être indivisible de celui du matériel informatique, même s'il n'est pas fait auprès du même vendeur (203), l'embauche d'un **salarié** peut être indivisible de celle de son conjoint (204), l'achat d'un matériel peut être indivisible du contrat de crédit-bail (205), la location d'un logement peut être indivisible du contrat de travail (206), de même qu'un prêt au salarié (207), les contrats de fourniture de produits et services différents mais complémentaires peuvent être indivisibles (208) ou encore l'achat d'un fonds de commerce peut être indivisible de celui de l'immeuble où il est exploité (209), de celui d'un stock de marchandises auprès d'un tiers (210) ou du prêt servant à le financer (211).

Sous l'influence de la doctrine (212), la jurisprudence tend à retenir qu'en ce cas, les contrats interdépendants se servent mutuellement de cause de sorte que l'anéantissement d'un des contrats ne permet pas de maintenir l'autre. C'est d'abord du cas de la résolution que les tribunaux ont été saisis : ils ont étendu la résolution du premier contrat aux autres, par exemple pour le crédit-bail (213).

faisant double emploi pour le bénéficiaire (il aurait été plus correct de raisonner en termes d'erreur sur la cause : cf. *supra,* n° 81).

(202) V. MOURY, *L'indivisibilité entre les obligations et entre les contrats, RTD civ.* 1994.255. — MESTRE, obs. *RTD civ.* 1995.363. — BROS, *Les contrats interdépendants, actualités et perspectives, D.* 2009.960. — Pour une critique, v. RENAULT-BRAHINSKY, *JCP* 1998.II.10214.

(203) Cf. Com., 8 janvier 1991. *Bull. civ.,* IV, n° 20.

(204) Cf. MOULY, note *D.* 1991.596. — SORDINO, note *D.* 1994.251. — MOUVEAU, *Le contrat de couple et le droit du travail, D.* 1998, chr. 385.

(205) V. *Contrats-spéciaux,* n° 1265. — Com., 24 mai 1994, *Bull. civ.,* IV, n° 184 ; *RTD civ.* 1995.99, obs. MESTRE.

(206) Mais pas toujours : Civ. 3e, 26 juin 1993, *Bull. civ.,* III, n° 96.

(207) Cf. Versailles, 3 novembre 1991, *D.* 1994.284, note MOULY. — Civ. 1re, 9 mai 1994, *Bull. civ.,* I, n° 171.

(208) Com., 14 février 1995, *Bull. civ.,* IV, n° 49. — 4 avril 1995, *D.* 1996.141, note fouillée PIQUET. — Com., 28 mai 1996, *Bull. civ.,* IV, n° 146. — Civ. 1re, 1er octobre 1996, *Bull. civ.,* I, n° 332. — Com., 15 février 2000, *Bull. civ.,* IV, n° 29. — Civ. 1re, 4 avril 2006, *Bull. civ.,* I, n° 190 (contrat d'exploitation d'une chaufferie et contrat d'approvionnement en combustible).

(209) Com., 25 novembre 1997, *JCP* 1998.IV.1088.

(210) Com., 12 juin 2001, *RJDA* 2001.1173.

(211) Civ. 1re, 1er juillet 1997, *Bull. civ.,* I, n° 224 ; *D.* 1998.32, note AYNÈS ; *D.* 1998, Somm. 110, obs. D. MAZEAUD.

(212) TEYSSIÉ, *Les groupes de contrats,* LGDJ 1975, nos 21 et s. — NAJJAR, *La notion d'ensemble contractuel, Mélanges Decocq,* 2004, p. 509.

(213) Ch. Mixte, 23 novembre 1990, *D.* 1991.121, note LARROUMET. — Com., 12 octobre 1993, *Bull. civ.,* IV, n° 327. — 15 février 2000, précité. Un arrêt récent en a déduit cette **conséquence procédurale** incertaine qu'il faudrait appeler tous les intéressés à une action en résiliation (Civ. 1re, 22 mars 2012, n° 09-72792, Bull. civ., I, n° 62).

On parle alors de « caducité » du second contrat (214). Mais le même raisonnement conduit à la **nullité** pour défaut de cause du second contrat lorsque le premier est lui-même annulé pour une autre raison (215).

Réciproquement d'ailleurs, le second contrat peut fournir à l'autre une cause qui faisait apparemment défaut (216).

Mais il faut pour cela une véritable *indivisibilité* ou *interdépendance* entre les contrats, ce qui suppose que toutes les parties aient eu non seulement connaissance de l'existence des autres contrats, mais encore que l'économie de l'opération implique d'**inscrire leur engagement dans le cadre** de ce groupe de contrats. Le critère est que le second contrat n'a « pas de sens » sans le premier (217). Et ce critère est objectif : une clause niant cette interdépendance alors qu'elle résulte de l'économie de l'opération est sans effet (218).

§ 2. Licéité de cette cause

190 **Distinction.** Si elle s'interdit en principe de scruter les raisons qui ont poussé les contractants à agir, l'autorité publique se reconnaît cependant le droit de le faire lorsque sont en cause l'**ordre public et les bonnes mœurs :** l'article 1133 du Code civil déclare la cause « illicite quand elle est prohibée par la loi, quand elle est contraire aux bonnes mœurs ou à l'ordre public », étant observé que la notion de bonnes mœurs tombe en désuétude (219). Il s'agira seulement ici d'un contrôle de la licéité et de la moralité du contrat. Cette appréciation se fait différemment selon que le contrat est *à titre gratuit* ou *à titre onéreux.*

A. LA LICÉITÉ DE LA CAUSE DES CONTRATS À TITRE GRATUIT

191 **Notion.** Si *le motif déterminant* est illicite ou immoral, le contrat sera frappé de nullité (remarque : ici le motif existe, il n'y a donc pas défaut de cause

(214) V. par ex. Civ. 1re, 4 avril 2006, *Bull. civ.*, I, n° 190 ; *Defrénois* 2006.1194, note AUBERT ; *RDC* 2006.700, obs. D. MAZEAUD. — Com., 5 juin 2007, *Bull. civ.*, IV, n° 156 précisant que, s'il s'agit d'une vente, cette caducité emporte les mêmes restitutions qu'une nullité.

(215) Cf. Com., 24 mai 1994, précité. — 14 février 1995, précité. — 4 avril 1995, *C.C.C.* 95.105, obs. LEVENEUR. — Civ. 1re, 1er juillet 1997, précité, qui parle de **« caducité ».**

(216) Civ. 1re, 13 juin 2006, *Bull. civ.*, I, n° 306 pour une vente sans prix mais justifiée par les engagements souscrits par l'acheteur dans le second contrat.

(217) Civ. 1re, 13 mars 2008, *Bull. civ.*, I, n° 72.

(218) Ch. mixte, 17 mai 2013, *JCP* 2013.673, note BUY ; *RDC* 2013.849, concl. LE MESLE et 1331, obs. LAITHIER : *C.C.C.* 2013.176, obs. LEVENEUR.

(219) Sur le déclin de cette notion au bénéfice du seul ordre public, v. FENOUILLET, *Mélanges Catala*, 2001.487.

comme précédemment, mais on en scrute la valeur). Quels motifs peut-on qualifier comme étant illicites ou immoraux ? C'est extrêmement variable. On peut songer au cadeau fait en remerciement d'un forfait, ou même d'un acte licite qui devrait être gratuit (corruption).

Une des applications les plus fréquentes concernait les libéralités entre **concubins,** pour lesquelles la jurisprudence avait institué une subtile distinction :

— si la donation avait été consentie dans un souci de respecter un devoir moral, on estime que le motif est louable : la donation n'est plus illicite, ce qui s'explique notamment par le fait que le concubin (ou la concubine) n'est pas héritier et que l'on considère la donation comme l'exécution d'un devoir moral, donc licite ;

— si au contraire la libéralité avait été inspirée par le souci d'établir le concubinage ou de le maintenir, la jurisprudence considère qu'il s'agit là d'acheter une partie de la liberté individuelle de l'autre : ce motif était regardé comme immoral.

Mais la morale est par nature évolutive : cette jurisprudence a été abandonnée au plus haut niveau, l'adultère n'étant plus jugé contraire aux bonnes mœurs (220).

192 **Preuve.** La preuve incombe à celui qui invoque l'illicéité ou l'immoralité de la cause du contrat. Dans le doute, le contrat sera donc maintenu.

C'est au moment de la conclusion du contrat qu'il convient de se placer pour apprécier cette licéité (221).

193 **Sanction.** C'est la **nullité** du contrat. Tous les intéressés peuvent demander cette nullité : ainsi les héritiers (c'est le cas le plus fréquent, pour faire retomber le bien dans l'actif successoral), mais également celui qui a fait la donation (ce qui est plus choquant mais s'explique par l'idée d'ordre public qui est à l'origine de la nullité).

B. LA LICÉITÉ DE LA CAUSE DES CONTRATS À TITRE ONÉREUX

194 **Notion.** La cause du contrat inclut alors les mobiles de l'un des contractants, à condition qu'il s'agisse d'un mobile **déterminant** : si ce mobile est illicite, le contrat lui-même est illicite (222).

Classiquement, on y ajoutait l'exigence que ce mobile ait été **connu de l'autre cocontractant** au motif que si ce mobile n'est pas connu de l'autre

(220) Civ. 1re, 3 février 1999, *D.* 1999.267, rapport X. SAVATIER, note LANGLADE ; *D.* 1999. Som. 307, obs. GRIMALDI ; *JCP* 1999.II.10083, note BILLIAU et LOISEAU. — Ass. Plén., 29 octobre 2004, *Bull. Ass. Plén.* n° 12 ; *Defrénois* 2004-1732, obs. LIBCHABER. — Civ. 1re, 25 janvier 2005, *Bull. civ.*, I, n° 35.

(221) Civ. 1re, 10 février 1998, *D.* 2000.442, note critique L. GANNAGÉ (illicéité fondée sur une incrimination pénale ensuite abrogée).

(222) V. Civ. 1re, 12 juillet 1989, *Bull. civ.*, I, n° 293 ; *Grands arrêts*, n° 156.

cocontractant, il n'est pas entré dans le champ contractuel et on ne peut le considérer comme étant un des éléments du contrat.

Mais cette condition (qui présentait l'inconvénient psychologique de faire échapper à la sanction de la nullité le contractant qui, à son immoralité, avait ajouté la dissimulation) a été abandonnée par la Cour de cassation : « un contrat peut être annulé pour cause illicite ou immorale même lorsque l'une des parties n'a pas eu connaissance du caractère illicite ou immoral du motif déterminant de la conclusion du contrat » (223). La jurisprudence aura évidemment à compléter ce nouveau système en fermant l'action en nullité à la partie immorale car si l'on comprend que l'autre puisse invoquer un mobile illicite qu'elle ignorait sur le moment, on admettrait mal que la partie inspirée par ce mobile puisse elle-même par la suite en tirer le moyen de se délier de son engagement : l'exception d'indignité trouvera là un terrain de développement (224) (cf. *infra,* n° 209).

Lorsque le mobile est illicite ou immoral, le contrat est affecté de nullité pour cause illicite ou immorale.

Quelques exemples *:* achat d'un immeuble ou de matériels destinés à abriter une activité illicite (225) ; achat des matériels d'occultisme destinés à l'exercice du métier de devin ou d'astrologue, qui était illicite (226) ; contrats de services (227) ; contrat de **prêt d'argent** pour **une opération déterminée ou illicite ou immorale** (228) ; contrats concernant des **objets provenant d'un vol** ou des sommes provenant de **« pots-de-vin »** (229) ; promesse de remboursement de frais de campagne électorale moyennant l'inscription à une formation politique (230) ; promesse de verser une certaine somme en cas de rupture de concubinage (231) ; prêt par une coopérative agricole à ses membres pour

(223) Civ. 1re, 7 octobre 1998, *D.* 1998.563, concl. SAINTE-ROSE ; *JCP* 1998.II.10202, note MALEVILLE ; *Grands arrêts,* n° 158. — 1er, mars 2005, *C.C.C.* 2005, n° 124, note LEVENEUR (échange de parcelles pour faire échec au droit de préemption du preneur rural, même à l'insu du coéchangiste).

(224) V. en ce sens Civ. 3e, 25 février 2004, *Bull. civ.*, III, n° 42.

(225) Pour l'exemple vieilli des maisons de débauche : Soc., 29 oct. 1957, *Bull. civ.,* IV, n° 1027. — 8 janvier 1964, *D.* 1964.267.

(226) Civ. 1re, 12 juillet 1989, *Bull. civ.,* I, n° 293. — 10 février 1998, *JCP* 1998.II.10142, note FAGES.

(227) Pour l'exemple des « messageries roses », v. RAYMOND, *C.C.C.*, 94. chr. n° 4. — Pour une franchise de médecines parallèles : Civ. 1re, 11 juin 1996, *C.C.C.* 1996.166.

(228) Pour l'acquisition d'une clientèle incessible : Civ. 1re, 1er octobre 1996, *Bull. civ.,* I, n° 335 ; *D.* 1997.171, note LIBCHABER ; *C.C.C.* 1997, n° 3, note LEVENEUR. — Pour le jeu, même pour les jeux « publics » (P.M.U., Casinos) car l'emprunteur s'endette au-delà de ses moyens : cf. *JCP* 1971.II.16728. — Civ. 1re, 31 janvier 1984, *Bull. civ.,* I, n° 41, *D.* 1985.40, note DIENER. — 3 juin 1998, *Bull. civ.,* I, n° 229. — V. *Contrats spéciaux,* nos 1364 et s.

(229) Cf. Paris, 30 septembre 1993, *D.* 1993.IR.226.

(230) Civ. 1re, 3 novembre 2004, *Bull. civ.*, I, n° 237.

(231) Civ. 1re, 20 juin 2006, *Bull. civ.*, I, n° 312.

financer une violation des règles européennes (232) ; assurance pour garantir une opération illicite (233).

Ici aussi l'évolution des mœurs et la privatisation des relations familiales (*supra*, n° 191) a joué : n'a pas une cause immorale le contrat de courtage matrimonial souscrit par une personne déjà mariée (234).

195 **Sanction.** La sanction prévue dans ces cas est la **nullité** absolue qui peut être invoquée par tous, notamment les deux parties, y compris celle qui précisément poursuivait le but illicite : cela peut paraître choquant, mais s'expliquait traditionnellement par la volonté de dissuader quiconque de se prêter à de tels contrats dès lors qu'il en connaît la finalité (mesure d'ordre préventif). Cette explication devient évidemment sans valeur dans le cas nouvellement admis où le cocontractant ignorait le mobile illicite.

Dans les cas les plus graves, la jurisprudence ajoute à cette nullité l'interdiction de réclamer les restitutions corrélatives : ainsi l'acheteur ne sera pas propriétaire mais ne pourra réclamer restitution du prix, le prêteur n'obtiendra pas remboursement des fonds prêtés, le déposant perdra les objets déposés, etc. (cf. *infra*, n° 232).

N°s 196 à 199 réservés.

(232) Civ. 1re, 26 septembre 2012, n° 11-12941 ; *RDC* 2013.25, obs. ROCHFELD et 70, obs. LAITHIER.

(233) Paris, 5 février 2013, *JCP* 2013.411, note LOISEAU (exposition de cadavres).

(234) Civ. 1re, 4 novembre 2011, n° 10-20114, et les vives critiques moralistes LIBCHABER (*D.* 2012.59) BAKOUCHE (*JCP* 2012, 9).

SOUS-TITRE 3
LA NULLITÉ DU CONTRAT

200 **Rôle.** La nullité constitue la sanction spécifique des conditions de formation qu'on vient de voir : est nul le contrat qui n'est pas valablement formé.

Ce n'est pas nécessairement la seule sanction : les exigences précédemment vues sont parfois *sanctionnées pénalement* (le dol par le délit d'escroquerie ; la violence par le délit de chantage ou d'extorsion ; les formes protectrices du consommateur par des pénalités prévues par les lois spéciales assurant cette protection). Il peut aussi y avoir lieu à ***responsabilité civile,*** à chaque fois qu'une faute a été commise soit par l'un des contractants (dol ou violence), soit par un tiers (par ex. le notaire ou l'agent d'affaires qui méconnaît les exigences de forme) (1).

Mais c'est la nullité du contrat qui constitue la sanction civile première, car destinée à « effacer » ce contrat irrégulier et à remettre les choses en leur état antérieur.

La théorie des nullités est complexe et, sur bien des points, reste très incertaine. On y observe une **opposition** saisissante entre une volonté de systématisation théorique de la **doctrine** et un pragmatisme dominant de la **jurisprudence,** opposition due à la distorsion entre la vue générale *a priori* du législateur et la vue *a posteriori* cas par cas des tribunaux (cf. *supra*, n° 107).

201 **Définition.** Annuler un contrat consiste en effet à le « rayer de la carte » et à faire comme s'il n'avait jamais existé : la nullité se définit donc comme un ***anéantissement rétroactif du contrat irrégulièrement formé.***

La nullité se distingue ainsi de quatre autres mécanismes très voisins.

(1) Il arrive même que l'indemnisation soit la seule sanction possible en fait : par exemple en cas de violation des règles relatives au calcul des droits d'auteur (Civ. 1re, 9 janvier 1996, *JCP* 1996.II.22643).

— *La* ***caducité*** *d'un contrat* concerne le cas où le contrat, régulièrement formé à l'origine, perd par la suite un de ses éléments essentiels (2). Par exemple, dans un contrat de fournitures durable, si le prix convenu est le maximum fixé par l'autorité administrative et si celle-ci cesse de fixer ce maximum par la suite, il vient à manquer un élément essentiel. Par exemple encore la mission confiée à un mandataire devient sans objet (3), ou la tâche confiée à un expert ou un artiste devient impossible du fait de son décès (4). Dans tous ces cas, le contrat est caduc. La cause de la caducité étant postérieure à la formation du contrat, celui-ci cesse au jour de sa caducité, mais il reste valable pendant la période intermédiaire (5) sauf indivisibilité.

— *La* ***résolution*** *du contrat* constitue son anéantissement par suite de faits postérieurs (inexécution ou survenance d'une condition résolutoire, cf. *infra*, n°s 324 et 389). Comme la nullité, elle opère anéantissement rétroactif du contrat et produit donc les mêmes effets. Mais la cause diffère en ce que le contrat était valable à l'origine et que la résolution est due à une cause postérieure (6).

— *L'****inopposabilité*** du contrat aux tiers concerne le cas où un contrat, parfaitement valable entre les parties, ne peut pas être « opposé » aux tiers pour diverses raisons (fraude ; défaut de publication ; défaut de date certaine de l'écrit ; absence à l'acte de ce tiers qui aurait dû être appelé). Le contrat est alors d'une efficacité limitée, mais non « nul » car il garde son caractère obligatoire entre les parties. La distinction est souvent subtile et source de complications (c'est pourquoi, en matière de « faillite », la loi du 25 janvier 1985 a remplacé les inopposabilités par des nullités, cf. supra, n° 164). Elle a toutefois son importance : par exemple, le contrat de vente d'immeuble non publié ne permettra pas à l'acquéreur d'opposer son titre à un tiers, mais vis-à-vis de son vendeur, il est bien devenu propriétaire, de sorte qu'il lui doit le prix même si l'immeuble brûle. Autre différence importante : ce tiers à qui l'acte est inopposable n'a pas d'initiative à prendre et n'a pas à exercer une action en inopposabilité, qu'il pourra toujours invoquer, d'où la prescription ne semble pas concevable (7).

(2) V. Wester-Ouisse, *La caducité en matière contractuelle : une notion à réinventer, JCP* 2001.I.290. — Garron, *La caducité du contrat,* P.U.A.M., 2000. — Pelletier, *La caducité des actes juridiques*, 2003.

(3) V. *Contrats spéciaux,* n° 957.

(4) V. *Contrats spéciaux,* n° 832.

(5) Cf. Com., 2 novembre 1993, *Bull. civ.,* IV., n° 371 ; *C.C.C.* 1994.22, obs. Leveneur.

(6) Les tribunaux confondent parfois nullité et résolution, mais la Cour de cassation veille en général au respect de chaque notion : cf. Civ. 3e, 25 oct. 1977, *Bull. civ.,* III, p. 270. — Com., 30 juin 1987, *Bull. civ.,* IV, n° 163 (*Contra :* Civ. 3e, 10 juillet 1996, *Bull. civ.,* III, n° 180). — Lorsque c'est le demandeur qui fait cette confusion, sa demande doit être requalifiée et non rejetée : Civ. 1re, 22 avril 1997, *Bull. civ.,* I, n° 129.

(7) Voir Civ. 1re, 9 novembre 2004, *Bull. civ.,* I, n° 255.

— *La **révocation** volontaire* du contrat constitue également son anéantissement par un nouvel accord des parties qui renoncent à leur contrat. Même si cette abrogation se produit très peu de temps après le contrat, elle ne peut pas l'effacer totalement, faire comme s'il n'avait jamais existé. Il n'y a donc en principe pas rétroactivité. Par exemple, le fait pour les parties à une vente de la mettre à néant constitue non pas une annulation, mais une rétrocession du bien, ce qui a des incidences diverses car il y a eu double transfert de patrimoine à patrimoine (8). En pratique pourtant, les parties diront qu'elles « annulent » leur convention et la jurisprudence semble admettre que les parties puissent donner à leur accord de révocation un effet rétroactif (9).

202 **Terminologie : nullité, annulation, rescision, inexistence.** Tout en restant dans le cadre de la nullité cette fois, plusieurs termes sont parfois employés, ce qui appelle des observations d'ordre terminologique.

*La **rescision*** est un ancien terme désignant la nullité, dans le cas où elle est fondée sur la lésion (vente, partage, ou contrats des mineurs — cf. *supra*, n°s 33 et 168). Il s'agit purement et simplement d'un synonyme, réservé par l'usage à ce cas de nullité.

L'inexistence est une notion que certains distinguent de la nullité en estimant qu'il n'y a même pas alors une apparence de contrat, de sorte qu'il n'y a rien à annuler (10). L'intérêt est qu'il n'y aurait pas en pareil cas lieu d'appliquer la prescription des actions en nullité. En vérité, la question est sans réelle portée pratique : le contrat « inexistant » ne sera pas exécuté (sans quoi son exécution même lui donne une réalité à contester) ; si quelqu'un en réclame l'exécution, c'est à lui qu'il incombera d'en prouver « l'existence » (art. 1315, C. civ.) ; cette preuve sera pratiquement impossible et si, par extraordinaire, elle était faite, le défendeur pourrait toujours opposer la nullité puisque la prescription ne joue pas à l'égard du défendeur (cf. *infra*, n° 210).

La notion d'inexistence trouve cependant une renaissance moderne sous la forme du **réputé non écrit**, procédé qui consiste à effacer purement et simplement une clause illicite, et à la réputer ainsi inexistante dès l'origine (cf. *infra* n° 218).

Enfin, *l'**annulation*** du contrat est l'opération qui constate la nullité, cet acte étant nécessaire (cf. *infra*, n° 204).

203 **Nullités textuelles et nullités virtuelles.** Le vieil adage « pas de nullité sans texte », qui concerne en réalité les actes de procédure, est parfois transposé aux

(8) Com., 10 janvier 1989, *Bull. civ.*, IV, n° 15, qui en déduit que chaque acte est soumis aux droits fiscaux.

(9) Com., 14 décembre 2010, n° 09-71610 (pour une vente). — Com., 1er février 1994, *Bull. civ.*, IV, n° 64 et Soc., 20 décembre 2006, *Bull. civ.*, V, n° 409 (pour des contrats à exécution successive).

(10) Cf. en dernier lieu, pour cette notion, COLLET, note *D.* 1993.508. — Civ. 1re, 10 juin 1986, *Bull. civ.*, I, n° 159 ; *RTD civ.*, 1987.535, obs. MESTRE (pour une donation non acceptée).

contrats : il commanderait l'interdiction pour le juge de prononcer la nullité d'un contrat en dehors des cas prévus par un texte. À ce système des nullités « textuelles » s'oppose celui des nullités « virtuelles » où la méconnaissance d'une exigence légale permet d'annuler le contrat même si la loi n'a pas précisé cette sanction.

En dépit de quelques exemples contraires (11), la jurisprudence consacre en fait le système des nullités virtuelles, en s'appuyant sur les termes très généraux de l'article 6 du Code civil (12).

(11) Civ. 1re, 15 décembre 1998, *Bull. civ.*, I, n° 366 (un défaut d'information, même pénalement sanctionné ne serait pas une cause de nullité).

(12) Civ. 1re, 7 octobre 1998, *Bull. civ.*, I, n° 290. — 7 décembre 2004, *Bull. civ.*, I, n° 303 ; *RDC* 2005.323, obs. FENOUILLET.

CHAPITRE 1
LA MISE EN ŒUVRE DE LA NULLITÉ

TEXTES
Code civil, art. 1304 et 1338

Art. 1304. — Dans tous les cas où l'action en nullité ou en rescision d'une convention n'est pas limitée à un moindre temps par une loi particulière, cette action dure cinq ans.
Ce temps ne court dans le cas de violence que du jour où elle a cessé ; dans le cas d'erreur ou de dol, du jour où ils ont été découverts.
Le temps ne court, à l'égard des actes faits par un mineur, que du jour de la majorité ou de l'émancipation ; et à l'égard des actes faits par un majeur protégé, que du jour où il en a eu connaissance, alors qu'il était en situation de les refaire valablement. Il ne court contre les héritiers de la personne en tutelle ou curatelle que du jour du décès, s'il n'a commencé à courir auparavant.

....

Art. 1338. — L'acte de confirmation ou ratification d'une obligation contre laquelle la loi admet l'action en utilité ou en rescision n'est valable que lorsqu'on y trouve la substance de cette obligation, la mention du motif de l'action en rescision, et l'intention de réparer le vice sur lequel cette action est fondée.
À défaut d'acte de confirmation ou ratification, il suffit que l'obligation soit exécutée volontairement après l'époque à laquelle l'obligation pouvait être valablement confirmée ou ratifiée.
La confirmation, ratification, ou exécution volontaire dans les formes et à l'époque déterminées par la loi, emporte la renonciation aux moyens et exceptions que l'on pouvait opposer contre cet acte, sans préjudice néanmoins du droit des tiers.

204 **Nécessité d'une action en justice.** Le principe en droit français est que l'intervention du juge est nécessaire pour faire prononcer la nullité d'un contrat. Quel que soit le vice dont on prétend le contrat entaché, on ne peut se **faire justice à soi-même :** le contrat reste donc obligatoire tant qu'il n'est pas annulé (1).

■ (1) Civ. 3e, 2 juin 1977, *Bull. civ.*, III, no 239. — D'où un juge des **référés** peut ordonner des mesures conservatoires même si une instance en nullité est en cours (Civ. 1re, 15 juin 2004,

On pourrait toutefois se demander si l'expression de « non-écrite » souvent employée par la loi pour désigner des clauses prohibées n'implique pas leur nullité de plein droit, sans qu'une action en justice soit nécessaire (cf. *infra,* n° 218) (2).

Cependant il faut pour cela que le contrat ait au moins une apparence d'existence, qu'il puisse constituer un titre à celui qui s'en prévaut. Si tel n'est pas le cas, on parle « d'inexistence » du contrat : il n'y a alors pas besoin d'attaquer en justice cet acte « inexistant ». Cela ne concerne que des cas exceptionnels et n'a que peu de portée pratique (cf. *supra*, n° 202).

On pourrait concevoir une solution plus souple, retenue sur le modèle allemand par les Principes **Unidroit** prévoyant que « l'annulation du contrat par une partie se fait par voie de notification à l'autre » (art. 3-14). Naturellement, c'est à ses risques et périls : si un juge ensuite saisi la désavoue et déclare le contrat valable, elle devra répondre de l'inexécution.

Cette voie qui permet d'éviter la lourdeur et la lenteur d'un recours obligatoire au juge devrait correspondre aux nécessités actuelles. La jurisprudence s'y est engagée dans le domaine voisin de la résolution du contrat (cf. *infra,* n° 393).

205 **Présomption de validité.** Il est évident que la plupart des contrats sont valables. La nullité est l'exception. Par voie de conséquence, c'est à celui qui invoque la nullité que va incomber la **charge de prouver** la cause de nullité (3). Cela ne signifie pas pour autant que ce contractant occupe toujours la position de demandeur à l'instance : ou bien il exerce une **action en nullité** à titre principal, en tant que demandeur ; ou bien il n'agit pas, mais quand l'autre contractant l'attaque en justice pour la non livraison d'une chose par exemple, il peut alors soulever une **exception de nullité** (4). Sur le plan procédural, il est défendeur ; mais quant à l'exception de nullité, il est demandeur et doit rapporter la preuve de la nullité (5).

Exceptionnellement, lorsque la loi subordonne la validité d'un contrat à des exigences particulières, c'est à la partie concernée par ces exigences d'en rapporter la preuve (6).

Bull. civ., I, n° 172). — Mais il peut aussi constater une nullité manifeste : Soc., 24 mai 2005, *C.C.C.* 2005 n° 167. — Civ. 3e, 15 février 2006, *Bull. civ.*, III, n° 36.

(2) Civ. 3e, 21 juin 2006, *Bull. civ.*, III, n° 159 semble exiger une action ; mais Civ. 3e, 7 mai 2008, *Bull. civ.*, III, n° 76 soustrait cette action à la prescription.

(3) Par exemple que le contrat est fictif : Soc., 7 janvier 1997, *JCP* 1997.II.22931.

(4) Cf. STORCK, *L'exception de nullité en droit privé, D.* 1987, chr. 67. — VICHY-Y-LLADO, même titre, *Defrénois* 2000.1265.

(5) Sur les incertitudes quant à la nature procédurale exacte de cette exception (moyen de défense ou demande reconventionnelle), voir Ass. plen., 22 avril 2011, *D.* 2011.1870 et la note perspicace DESHAYES et LAITHIER.

(6) V. Com., 18 avril 2000, *Bull. civ.,* IV, n° 77 (location-gérance de fonds de commerce exigeant une certaine ancienneté d'exploitation). — Civ. 1re, 15 juin 1994, *D.* 1995.342 et som. 50 (clause d'inaliénabilité exigeant un intérêt sérieux et légitime).

SECTION 1 QUI PEUT SE PRÉVALOIR DE LA NULLITÉ ?

206 **Distinction : nullité relative et nullité absolue.** Sans qu'aucun texte n'emploie ces termes, la doctrine du XIXe siècle a construit la théorie des nullités sur une opposition : celle qui distingue les nullités **relatives** et les nullités **absolues**. Cette opposition était alors conçue comme gouvernant tout le régime de nullités : elle commandait à la fois le droit de la demander, la possibilité de confirmer l'acte (*infra*, n° 213) et le délai de prescription (*infra*, n° 211). Elle a aujourd'hui perdu beaucoup de sa force et n'intéresse plus véritablement que le droit de demander la nullité ainsi que la prescription applicable (7). Elle a en outre perdu beaucoup de sa cohérence et il est souvent devenu difficile, hors la consultation d'une jurisprudence casuelle et aléatoire, de savoir si telle ou telle nullité est relative ou absolue. Comme on l'a élégamment relevé, la jurisprudence « effiloche le clivage entre nullité absolue et nullité relative » (8), notamment du fait que l'« ordre public » est devenu souvent... d'ordre privé.

207 **Nullité relative.** Elle concerne les cas où la règle méconnue protégeait un intérêt particulier : la nullité est alors **« relative à un contractant »,** celui qui était protégé par la règle méconnue. Il en résulte que *seul ce contractant* est en droit d'invoquer la nullité ; ni l'autre partie, ni les tiers ne peuvent être « plus royalistes que le roi » et faire jouer en sa faveur une protection qu'il ne réclame pas lui-même.

Cela concerne principalement les cas suivants :

— *défaut de **capacité d'exercice** :* seul l'incapable (ou son représentant) peut réclamer la protection due à son état (9) ;

— *défaut de **représentation** :* lorsque celui au nom duquel le contrat a été conclu n'avait pas donné le pouvoir correspondant, de sorte qu'il n'a pas consenti au contrat, une jurisprudence classique admettait la nullité absolue (10) ; mais, peut-être sous la poussée des critiques doctrinales, c'est une nullité relative qui a été plus récemment parfois retenue, seul l'intéressé pouvant s'en prévaloir, c'est-à-dire le pseudo-représenté (11) ; plus logiquement,

(7) Pour l'étude détaillée de cette classification, cf. FLOUR et AUBERT, n°s 323 et s.

(8) LUBY, *C.C.C.* 2001, chr. 3.

(9) Cf. par exemple Civ. 1re, 20 mars 1989, *Bull. civ.*, I, n° 132. — 31 janvier 1995, *Bull. civ.*, I, n° 60.

(10) Civ. 3e, 15 avril 1980, *Bull. civ.*, III, n° 73 ; *D.* 1981.IR.314, obs. crit. GHESTIN. — Ass. Plén., 28 mai 1982, *D.* 1983.117, concl. CABANES et *D.* 1983.349, note critique GAILLARD.

(11) Civ. 1re, 25 mai 1992, *Bull. civ.*, I, n° 156, qui en déduit la possibilité de confirmation. — Civ. 1re, 2 novembre 2005, *Bull. civ.*, I, n° 395. — Civ. 1re, 9 juillet 2009, n° 0815413, *C.C.C.* 2009, n° 260, obs. LEVENEUR. — V. toutefois Civ. 1re, 16 janvier 2013, n° 11-27837, *Bull. civ.*, I, n° 3 ; *RDC* 2013.547, obs. LAITHIER, déclarant absolue la nullité d'une convention signée pour une personne publique par un signataire sans compétence.

d'autres arrêts parlent d'inopposabilité (12) ;

— ***vice du consentement :*** seul le contractant victime du trouble mental (art. 489), de l'erreur, du dol ou de la violence peut s'en prévaloir ; la solution est étendue au ***défaut de consentement*** (13) et à ***l'insanité d'esprit*** (14) ;

— ***lésion ou déséquilibre du contrat :*** seul le contractant lésé (ou victime d'une clause abusive) peut demander la nullité puisque la règle d'ordre public méconnue est instaurée au profit d'**une seule partie ;** par exemple seul le *salarié* peut se prévaloir de la nullité d'une clause de non-concurrence excessive (15), seul le *consommateur* peut invoquer la nullité d'un contrat non conforme aux normes qui le protègent (16) ;

— ***défaut de cause d'une obligation :*** si l'opinion classique en faisait un cas de nullité absolue, non sans un certain paradoxe si l'on songe par exemple à la vileté du prix de vente (17), la jurisprudence décide souvent aujourd'hui que la nullité est réservée au contractant dans l'intérêt duquel elle est édictée (18) ;

— ***vice de forme*** dans les cas où le formalisme **protège une partie,** comme l'assuré, le consommateur ou l'emprunteur (19).

D'une façon plus générale, les tribunaux appliquent cette notion à toute nullité sanctionnant une règle de protection (20).

Bien entendu, les héritiers de ce contractant peuvent pareillement agir en nullité.

Si elle ne peut être invoquée que par un contractant déterminé, la nullité relative peut l'être **contre** toute personne, même étrangère au contrat, dès lors que ce tiers entend s'en prévaloir : ainsi le vendeur d'une voiture peut invoquer

(12) Civ. 3e, 6 octobre 2004, *Bull. civ.,* III, n° 166. — Com., 21 septembre 2010, n° 09-11707.

(13) Cf. par exemple Civ. 1re, 1er mars 1988, *Bull. civ.,* I, n° 56 : un assureur ne peut obtenir la nullité au motif que l'assuré ignorait les clauses de la police.

(14) Civ. 1re, 11 janvier 2005, *Bull. civ.*, I, n° 23.

(15) Soc., 7 juillet 1988, *Bull. civ.,* V, n° 423. — 25 février 1988, *Bull. civ.,* V, n° 140.

(16) Civ. 1re, 15 février 2000, *Bull. civ.,* I, n° 49 ; *JCP* 2001.II.10477, note GOUT (crit.).

(17) Civ. 1re, 17 décembre 1959, *D.* 1960.294. — Civ. 3e, 2 décembre 1992, *C.C.C.* 1993.23. — Civ. 1re, 10 février 1993, *C.C.C.* 1993.128, obs. LEVENEUR. — Com., 23 octobre 2007, *Bull. civ.*, IV, n° 226 ; *Defrénois* 2007.1729, obs. LIBCHABER ; *C.C.C.* 2008, n° 65, obs. LEVENEUR. — On concevrait plutôt une nullité relative en faveur du vendeur !

(18) Civ. 1re, 9 octobre 1999, *Bull. civ.,* I, n° 293 ; *D.* 2000.507, note CRISTAU (défaut d'aléa dans un contrat d'assurance). — 20 février 2001, *Bull. civ.,* I, n° 39. — Civ. 1re, 29 septembre 2004, *D.* 2004.2690 (défaut de cause d'un partage). — Soc., 25 janvier 2006, *Bull. civ.*, V, n° 25 (défaut de contrepartie pour une clause de non-concurrence). — Civ. 3e, 29 mars 2006, *Bull. civ.*, III, n° 88 (défaut de cause dans une vente). — Civ. 3e, 21 septembre 2011, n° 10-21900, *Bull. civ.*, III, n° 152 ; *C.C.C.* 2011.252, note LEVENEUR ; *RDC* 2012.47, obs. SAVAUX (vileté du prix dans un bail à construction).

(19) Pour la mention écrite du taux d'intérêt : Com., 3 mai 1995, *D.* 1997.124, note EUDIER. — Pour le délai de réflexion d'un consommateur : Civ. 1re, 9 juillet 2003, *Bull. civ.,* I, n° 170. — Pour sa protection contre le démarchage : Civ. 1re, 2 octobre 2007, *Bull. civ.*, I, n° 316.

(20) Par ex. à la nullité du contrat de sous-traitance pour défaut de cautionnement : Civ. 3e, 20 février 2002, *Bull. civ.,* III, n° 43.

la nullité de la vente pour dol émanant de l'acquéreur contre l'assureur qui prétendait que cette vente entraînait une suspension de la garantie (21).

208 **Nullité absolue.** Il s'agit ici des cas où la règle méconnue intéresse l'ordre public. On estime alors que la nullité peut être demandée par toute personne qui y trouve un intérêt, c'est-à-dire qui peut retirer un avantage de nullité. Cela concerne donc **toutes les parties** au contrat, mais encore les **tiers ;** par exemple les créanciers d'un vendeur ont intérêt à la nullité de la vente pour voir le bien revenir dans le patrimoine du vendeur. L'idée est d'accroître ainsi les chances de voir quelqu'un demander la nullité pour « fragiliser » les contrats contraires à l'ordre public.

La nullité absolue concerne la plupart des règles qui ont trait non point aux parties, mais au contrat lui-même :

— inobservation des *formes* d'un contrat **solennel,** sauf s'il s'agit d'un formalisme protecteur (consommateur) ;

— défaut, indétermination ou illicéité de l'***objet*** (22), *sauf* s'il s'agit d'une règle protectrice d'une seule partie (salarié, locataire, consommateur) ;

— défaut ou illicéité de la ***cause*** de l'opération contractuelle ;

— absence d'**autorisation** judiciaire quand elle est exigée (23).

En réalité, la qualification a été souvent déformée par le fait qu'elle commandait le délai de prescription (cf. *infra*, n° 211). Les tribunaux étaient souvent tentés de qualifier une nullité d'absolue pour exclure la prescription de cinq ans, alors qu'il est probable qu'ils en décideraient autrement pour apprécier la qualité pour agir (par exemple le défaut de prix sérieux dans une vente ne pourrait sans doute pas être invoqué par l'acheteur). La loi du 17 juin 2008 ayant décidé d'unifier les délais, la matière devrait s'en trouver simplifiée.

209 **Indignité (24) ?** S'il est un adage qui a connu un succès considérable, c'est bien ***« Nemo auditur propriam turpitudinem allegans »*** (nul ne peut se prévaloir de sa propre turpitude). Bien que ses termes généraux ne l'indiquent pas — ce qui explique sans doute qu'elle soit si souvent invoquée hors de propos par les avocats (25) —, cette règle ne concerne que le domaine précis des *restitutions* après annulation d'un contrat (cf. *infra*, n° 232).

(21) Civ. 1re, 21 février 1995, *Bull. civ.,* I, n° 91.

(22) Par exemple pour atteinte au droit de la concurrence : Com., 8 juillet 2008, *Bull. civ.*, III, n° 143.

(23) Com., 6 décembre 1994, *Bull. civ.,* IV, n° 372 et 5 janvier 1999, *Bull. civ.*, IV, n° 4 (pour l'autorisation de transiger en matière de « faillite »).

(24) V. Le Tourneau, *La spécificité et la subsidiarité de l'exception d'indignité, D.* 1994, chr. 298.

(25) Par exemple en matière de responsabilité civile, où elle est « sans application » : Civ. 1re, 14 décembre 1982, *Bull. civ.,* I, n° 355 ; *RTD civ.* 1983.342, obs. Durry. — 17 novembre 1993, *Bull. civ.,* I, n° 326. — 22 juin 2004, *Bull. civ.*, I, n° 182.

En principe donc, l'indignité d'une partie, qui a consciemment participé à l'illicéité du contrat, **ne lui retire pas le droit** d'en demander la nullité. Par exemple, celui-là même qui a acheté un bien ou emprunté des fonds dans un but illicite ou immoral peut invoquer la nullité du contrat qui en résulte : même si la solution peut choquer, d'un point de vue moral, elle est nécessaire d'un point de vue social pour accroître les chances de faire annuler les contrats illicites. C'est pourquoi la jurisprudence refuse de faire jouer cette règle pour faire obstacle à une action en nullité et décide qu'elle « n'empêche pas de se prévaloir du caractère illicite de la convention » (26). Et l'idée de « restaurer le principe de bonne foi », pour faire échec à celui qui renie sa parole après avoir participé à l'acte illicite, ne trouve pas grâce auprès de la Cour de cassation (27).

On a pu cependant constater, certains assouplissements de la Cour de cassation, qui a dénié à l'acquéreur d'un brevet frauduleusement obtenu le droit d'invoquer la nullité de la cession pour échapper au paiement des redevances, au motif qu'il avait participé à la fraude et en avait bénéficié (28). De même, une vieille jurisprudence dénie au mineur le droit d'invoquer son incapacité lorsqu'il a usé de fraude pour la dissimuler (29).

Et, dès lors que la nullité pour cause illicite est désormais encourue même si l'autre partie ignorait ce motif illicite, il faudra sans doute pareillement déclarer le contractant qui poursuivait ce but « indigne » de s'en prévaloir pour attaquer le contrat (cf. *supra*, n° 194).

SECTION 2 OBSTACLES À LA DEMANDE : LA CONSOLIDATION DU CONTRAT

210 **Trois mécanismes.** Il est certes toujours possible de conclure un nouveau contrat valable pour remplacer celui qui est nul, même avec un contenu strictement identique : dès lors que le vice a disparu (par ex. la violence a cessé, ou les contractants ne sont plus dans la situation qui créait une interdiction), ce

(26) Civ. 3e, 24 juin 1992, *Bull. civ.*, III, n° 219 ; *D.* 1993. Som. 400, obs. DELEBECQUE ; *RTD civ.* 1993.121. obs. MESTRE au profit d'un bailleur ayant pourtant autorisé un changement de la destination des lieux prohibé par la loi. — Cf. aussi Civ. 3e, 30 mai 1969, *Bull. civ.*, III, n° 434, pour les parties à une sous-location rurale interdite.

(27) Com., 18 janvier 1994, *Bull. civ.*, IV, n° 29 (à propos de la remise en cause d'un « dessous-de-table » prohibé par l'art. 1840 du Code général des impôts).

(28) Com., 6 novembre 1990, *Bull. civ.*, IV, n° 259 ; *RTD civ.* 1991.734, obs. MESTRE.

(29) Civ., 3 juin 1902, *D.P.* 1902.I.452. — Civ. 1re, 2 novembre 1998, *JCP* 1999.II.10053, note GARÉ.

nouveau contrat sera valable. Mais il ne s'agira que d'un *nouveau* contrat, qui prendra date lors de sa conclusion (30). Il faut parler en ce cas de ***réfection*** du contrat, qui n'a d'effet que pour l'avenir. Or, certains mécanismes vont permettre de maintenir *l'ancien* contrat, celui-là même qui était entaché de nullité et qui se trouvera *validé rétroactivement.* Ces mécanismes, qui conduisent à paralyser toute demande de nullité, sont au nombre de trois, étant d'emblée précisé que ni **l'impossibilité de restituer** la chose (31), ni **l'extinction du contrat** qui a déjà pris fin par exécution ou résiliation (32), ne font obstacle à une action en nullité.

211 **Prescription.** En éteignant l'action en nullité, la prescription a pour effet de rendre définitive la situation issue du contrat.

Le ***délai*** de prescription ne varie plus selon que la nullité est absolue ou relative comme avant la réforme de la prescription de 2008 : il est désormais uniformément de cinq ans (art. 1304 et 2224). Mais des textes spéciaux introduisent des délais plus brefs en certaines matières (deux ans pour le contrat d'assurances ; trois ans pour certains contrats en matière de société, etc.).

Le ***point de départ*** *du délai* se situe en principe au jour du contrat. Mais si la situation qui cause la nullité dure au-delà, le délai ne commence à courir que du jour où cesse le vice : par exemple, en cas d'erreur ou de violence, le délai ne court que lorsque la vérité est découverte ou que la contrainte cesse. Avant 2008, il était jugé que ce report jouait même si l'on était ainsi porté au-delà du 30 ans du contrat (33), mais le « délai-butoir » de 20 ans institué par le nouvel article 2232 pourrait désormais s'y opposer. Quant aux tiers, la prescription ne commence à courir à leur égard que du jour où ils ont connaissance du contrat (34).

La prescription éteint seulement le droit d'exercer *l'action* en nullité, mais non celui d'opposer *l'exception* de nullité (cf. *supra*, n° 205). C'est le jeu de l'adage ***« quae temporalia sunt ad agendum, perpetua sund ad excipiendum » :*** ce qui est temporaire quant à l'action est perpétuel quant à l'exception.

(30) C'est donc à tort que certains arrêts parlent de confirmation en cas d'accord renouvelé : cf. par ex. Civ. 1re, 8 janvier 1985, *Bull. civ.,* I, n° 6.

(31) V. par ex. Civ. 1re, 11 juin 2002, *Bull. civ.,* I, n° 163.

(32) Il en va toutefois autrement lorsque cette exécution ou cette résiliation a fait l'objet d'une décision de justice : si la nullité n'avait pas été soulevée dans ce procès, la conception moderne de **chose jugée** ferait obstacle à son invocation ultérieure car le principe de concentration des moyens imposait de soulever la nullité dès le premier procès : Ass. Plén., 7 juillet 2006, *JCP* 2007.II.10070, note crit. WIEDERKEHR ; *RTD civ.* 2006.825, obs. crit. PERROT. — Civ. 3e, 13 février 2008, *Bull. civ.*, III, n° 28. — voir déjà : Civ. 1re, 28 mars 1995, *Bull. civ.,* I, n° 139. — 17 décembre 1991, *Bull. civ.,* I, n° 354, courant alors stoppé par Ass. Plén., 3 juin 1994, *Bull. civ.,* Ass. Plén., n° 4. — Civ. 1re, 14 avril 1995, *D.* 1996.121 et la note. — 1er juillet 1997, *Bull. civ.,* I, n° 219. — 18 janvier 2000, *Bull. civ.,* I, n° 11. — 18 février 2003, *Bull. civ.,* I, n° 49.

(33) Civ. 1re, 24 janvier 2006, *JCP* 2006.II.10036, note MEKKI ; *D.* 2006.626, note WINTGEN. — Civ. 1re, 25 juin 2008, *Bull. civ.*, I, n° 184, motifs.

(34) V. Civ. 3e, 5 février 2003, *Bull. civ.,* III, n° 27 (action du nu-propriétaire en nullité d'un bail conclu par l'usufruitier seul).

Pourquoi cette règle ? Lorsque la nullité est invoquée par voie d'exception, c'est que celui qui s'en prévaut est défendeur à une demande d'exécution du contrat, lequel n'a donc pas encore été exécuté. Si la prescription jouait dans un tel cas, il suffirait au créancier de ne pas invoquer le contrat pendant le délai, puis de reparaître en soutenant que le débiteur ne peut plus invoquer la nullité prescrite, résultat inadmissible et contraire à la morale et à la bonne administration de la justice. On écarte donc dans ce cas le jeu de la prescription en décidant que l'exception de nullité est perpétuelle : « la prescription d'une action en nullité ne fait pas obstacle au droit d'opposer cette nullité comme exception en défense à l'action principale » (35).

Ce principe peut même être étendu à une demande en nullité formée par voie d'action dans la même procédure ou dans une procédure connexe (36).

La règle *Quae temporalia...* ne joue cependant qu'en cas d'inexécution totale du contrat (37). Elle cesse dès qu'il y a eu un commencement d'exécution et ne peut pas s'appliquer même si l'exécution du contrat dure plus longtemps que le délai de prescription : par exemple l'emprunteur poursuivi en paiement des échéances de la sixième ou septième année ne peut plus opposer la nullité relative du contrat car cette règle est réservée au cas où le contrat n'a encore reçu aucune exécution, alors que le prêt a été, pour un volet du moins, exécuté lors du versement des fonds (38). Une opinion propose cependant d'admettre l'exception aussi longtemps que dure le contrat, afin de ne pas voir prospérer des actions en exécution d'un contrat illicite (39).

(35) Civ. 3e, 19 juillet 1984, *Bull. civ.,* III, no 145. — Cf. aussi Civ. 1re, 17 mars 1993, *Bull. civ.,* I, no 112. — 23 juin 1993, *Bull. civ.,* I, no 225. — 9 décembre 1995, *Bull. civ.,* I, no 477 ; *D.* 1996. Som. 328, obs. LIBCHABER. — 23 janvier 1996, *Bull. civ.,* I, no 34. — Civ. 3e, 18 mars 1998, *Bull. civ.,* III, no 67 : « vu le principe selon lequel l'exception de nullité est perpétuelle ».

(36) Civ. 3e, 25 mars 1998, *Bull. civ.,* III, no 74.

(37) Par ex. pour une caution qui n'a jamais été poursuivie : Civ. 1re, 17 novembre 2006, *Bull. civ.*, I, no 458. — V. aussi Civ. 1re, 4 mars 2009, *Bull. civ.*, I, no 57 (pour la nullité du contrat conclu seul par un époux commun en biens).

(38) V. Civ. 3e, 15 mai 1996, *Bull. civ.,* III, no 116. — Civ. 1re, 1er décembre 1998, *Bull. civ.,* I, no 338 ; *RTD civ.* 1999.621, obs. MESTRE. — 9 octobre 1999, *Bull. civ.,* I, no 298 ; *JCP* 2000.II.10335, note SERAGLINI ; *C.C.C.* 2000, no 70, note crit. RAYMOND. — Civ. 3e, 10 mai 2001, *Bull. civ.,* III, no 61 et 30 janvier 2002, *Bull. civ.,* III, no 24, se ralliant après la divergence de Civ. 3e, 2 décembre 1998, *Bull. civ.*, III, no 226 (pour un bail). — 4 octobre 2000, *Bull. civ.,* III, no 156 (pour un crédit-bail). — Com., 6 juin 2001, *Bull. civ.,* IV, no 113. — Civ. 1re, 3 juillet et 6 novembre 2001, *Bull. civ.,* I, nos 201 et 268. — 5 mars 2002, *Bull. civ.,* I, no 76. — 25 mars 2003, *Bull. civ.,* I, no 88. — Civ. 2e, 3 avril 2003, *Bull. civ.,* II, no 92. — Civ. 2e, 19 octobre 2006, *Resp. civ. et ass.* 2007.72 (pour un contrat d'assurance) — Civ. 3e, 8 février 2006, *Bull. civ.*, III, no 30 (pour un bail). — Civ. 1re, 13 février 2007, *Bull. civ.*, I, nos 57 et 58. — Civ. 3e, 23 janvier 2008, *Bull. civ.*, III, no 11 (pour un bail). — Civ. 1re, 17 juin 2010, *Bull. civ.*, I, no 136 (pour un contrat d'exercice libéral). — Civ. 1re, 24 avril 2013, no 11-27082, *Bull. civ.*, I, no 84 — Com., 13 mai 2014, no 12-28013. Sur l'ensemble de la question, voir AUBERT, *Defrénois* 1998.1413 et *Mélanges Ghestin*, 2001.19 et LAITHIER, *RDC* 2010.1208.

(39) GAUTIER, *RDC* 2004.849.

Enfin cette règle ne concernerait pas les ***« délais préfix »,*** lesquels s'opposeraient donc même à une exception de nullité (40). Mais le plus grand mystère gouverne cette catégorie, personne n'étant parvenu à préciser exactement quels délais sont préfix (cf. *infra*, n° 915). Un exemple certain : le délai de deux ans pour demander la rescision pour lésion d'une vente immobilière. Même si le contrat n'a pas été exécuté, le vendeur à qui l'on réclame après plus de deux ans la remise des clés ne peut pas invoquer par voie d'exception la lésion car il lui incombait, dans ce délai, de prendre l'initiative de saisir le tribunal.

212 **Régularisation et nullités temporaires.** On parle de régularisation lorsque l'élément qui manquait à la validité du contrat est fourni par la suite (41) ou lorsque le vice qui infectait le contrat est supprimé. Par exemple, en cas de lésion dans une vente d'immeuble, l'acheteur peut régulariser la vente en payant le complément du juste prix (art. 1681). Ou encore l'autorité administrative vient donner l'autorisation qui manquait (42), ou une loi vient supprimer l'interdiction antérieure (43). L'illustration la meilleure est la ***ratification*** d'un contrat conclu sans pouvoir (cf. *supra*, n° 48).

Il en est de même lorsque les parties conviennent de **supprimer une clause nulle** qui risquait d'atteindre tout le contrat (44), ou de substituer un indice licite à un indice illicite ou de préciser les éléments permettant de déterminer l'objet ou le prix. Il y aurait sans doute une régularisation, dans les contrats soumis à un formalisme protecteur du consommateur, si le professionnel fournissait les documents exigés.

La régularisation se caractérise donc par *une réparation* de l'acte. Pourvu que le vice qui l'infectait soit totalement purgé, cette régularisation valide l'acte **à l'égard de tous et dès l'origine ;** elle devrait donc être possible même pour les cas de nullité

(40) Voir par ex. Com., 31 mars 2004, *Bull. civ.,* IV, n° 67 (pour le délai de trois ans de l'action en nullité de la vente d'un fonds de commerce). — Civ. 3e, 4 novembre 2004, *Bull. civ.,* III, n° 186 (pour la garantie biennale ou décennale des constructeurs). Cette exception ne fait pas l'unanimité : v. BRUSCHI, *Pour l'application de la maxime Quae temporalia... aux délais préfix, Mélanges Savelli*, P.U.A.M. 1998.183.

(41) Cf. DUPEYRON, *La régularisation des actes nuls,* LGDJ 1973.

(42) Ce cas est cependant incertain depuis Com., 9 mai 1983, *JCP* 1984.II.20045, note ECK ; *D.* 1984.284, note GAILLARD. — La question est devenue rare, du fait que les autorisations sont aujourd'hui souvent regardées non comme des conditions de validité du contrat, mais comme des conditions de sa mise à exécution (cf. *supra*, n° 132) : il n'y a donc pas de nullité (Civ. 1re, 25 juin 1991, *Bull. civ.,* I, n° 207).

(43) Pour la loi supprimant l'interdiction des clauses d'arbitrage dans les contrats non commerciaux : Civ. 1re, 22 novembre 2005, *D.* 2006.277, note LE BARS et CARRÉ ; *JCP* 2006.II.10015, note CORNUT — Civ. 1re, 7 juin 2006, *Bull. civ.*, I, n° 282. — Cf. GAUTIER, *Pour la rétroactivité in mitius en matière civile*, *Mélanges Héron*, LGDJ, 2008.235.

(44) *Comp.* Civ. 1re, 9 février 1994, *Bull. civ.,* I, n° 54 (la banque n'appliquait pas la clause de variation illicite).

absolue. La jurisprudence n'est cependant pas toujours en ce sens (45). Au surplus cette régularisation reste cependant relativement rare car il n'est pas souvent aisé de procéder à cette réparation.

Un arrêt isolé a paru ouvrir la voie à une nouvelle forme de régularisation : lorsque la nullité protège un intérêt, il a été jugé que l'extinction de cet intérêt mettait fin à la possibilité d'agir en nullité (46) : on peut parler de **nullité *temporaire.***

C'est encore une autre forme de régularisation originale mais peut-être intéressante que consacrent l'article 3.13 des principes **Unidroit** et l'art. 4:105 des **Principes du droit européen des contrats :** en cas d'erreur d'une partie, l'autre peut maintenir le contrat en se conformant à la vision erronée que s'en faisait son partenaire (*supra,* n° 84).

Peut être pourrait-on généraliser : à chaque fois que le vice invoqué par une partie peut être *privé de conséquences préjudiciables* par l'autre, il n'est plus guère légitime de maintenir l'action en nullité, souvent alors exploitée à d'autres fins que sa raison d'être.

Peut-être aussi le droit interne pourrait-il parvenir au même résultat en appliquant l'idée d'abus de droit ou le principe de bonne foi pour paralyser des actions en nullité dévoyées de leur raison d'être (47).

213 **Confirmation.** Voisine de la régularisation, la confirmation présente la particularité d'émaner de celui qui était en droit d'invoquer la nullité : il **renonce** à ce droit, ce que lui permet expressément l'article 1338 (48). Elle n'est donc possible qu'en cas de nullité **relative :** pour les nullités absolues, comme tout intéressé peut les invoquer, la renonciation des contractants ne pourrait lier les

(45) Civ. 1re, 10 juillet 1995, *Bull. civ.,* I, n° 310 à propos de l'assurance-décès contractée sur la tête d'un tiers, subordonnée à l'accord écrit de ce dernier : l'accord ultérieur est jugé inefficace au motif que la nullité est absolue (l'arrêt parle à tort de confirmation et non de régularisation). — Soc., 28 septembre 2011, n° 09-68537, *Bull. civ.*, I, n° 196 (une clause de non-concurrence nulle ne peut être validée par une convention collective ultérieure). — Voir aussi sur l'impossibilité de régulariser un contrat de sous-traitance par la fourniture ultérieure du cautionnement obligatoire, ou même par le paiement : *Contrats spéciaux*, n° 866.

(46) Civ. 1re, 13 avril 1992, *Bull. civ.,* I, n° 123 ; *D.* 1993. Som. 223, obs. GRIMALDI (il s'agissait de la nullité d'une vente conclue en violation d'une clause d'inaliénabilité visant à garantir le service d'une rente viagère : le décès du crédirentier ayant rendu cette garantie inutile, l'action en nullité a été déclarée éteinte). — La solution est aussi reçue pour la vente de la chose d'autrui, qu'on ne peut plus attaquer en nullité lorsque le vendeur est devenu propriétaire : *Contrats spéciaux,* n° 40. — Mais elle est rejetée en matière de sous-traitance où la nullité du contrat pour défaut de fourniture du cautionnement obligatoire n'est écartée ni par la fourniture ultérieure du cautionnement (Civ. 3e, 17 juillet 1996, *Bull. civ.,* III, n° 192. — 7 février 2001, *Bull. civ.,* III, n° 15), ni même par un paiement intégral du sous-traitant rendant le cautionnement inutile (Civ. 3e, 12 mars 1997, *Bull. civ.,* III, n° 55).

(47) Voir l'exemple précité du contrat de sous-traitance : la nullité ne sert en pratique qu'à permettre aux sous-traitants payés de remettre en cause le prix qu'ils avaient accepté ou d'échapper à une responsabilité pour malfaçons, fins évidemment étrangères à la garantie de paiement.

(48) COUTURIER, *La confirmation des actes nuls,* LGDJ, 1972, préf. FLOUR.

tiers, et est donc inefficace (49). Dans cette hypothèse, seule la réfection du contrat, telle que définie plus haut (cf. *supra*, n° 210), serait possible et ne joue que pour le futur : « si l'acte nul, de nullité absolue, ne peut être rétroactivement confirmé, il est loisible aux parties de renouveler leur accord ou de maintenir leur commune volonté lorsque la cause de la nullité a cessé » (50).

Lorsqu'elle est ainsi possible, la confirmation est soumise à **deux conditions.**

Il faut d'abord que le **vice ait disparu** (par ex. le contractant trompé a découvert la situation exacte).

Il faut ensuite qu'elle résulte d'une **volonté certaine** de la part de celui qui pourrait invoquer la nullité. Mais on admet non seulement une renonciation expresse mais encore une renonciation tacite à condition qu'elle soit non équivoque : la renonciation va se déduire d'un comportement qui ne peut pas avoir plusieurs interprétations. Le Code civil lui-même, en son article 1338 alinéa 2, dispose qu'il « suffit que l'obligation soit exécutée volontairement après l'époque à laquelle l'obligation pouvait être valablement confirmée ». Par exemple, dans un contrat de vente, si l'acheteur découvre la vérité sur le vice, mais continue de payer le prix et utilise ou revend la chose, cette exécution ne se conçoit que par la volonté consciente de ne pas demander la nullité du contrat (51). De même, dans un cautionnement, si la caution paye en connaissance de cause malgré le non-respect du formalisme de l'article L. 341 du Code de la consommation (52). Mais un simple silence passif ne suffit pas (53) ni même le simple encaissement d'un chèque sans « volonté » de confirmer (54).

Une certaine jurisprudence paraît admettre une « semi-confirmation » dans les contrats à exécution successive : celui qui applique une indexation illicite pendant un certain temps garderait le droit d'en faire valoir la nullité car il s'agit d'une nullité absolue, mais pour l'avenir seulement et sans remettre en cause les paiements déjà faits selon cette indexation (55).

(49) Cf. par ex. Civ. 3e, 7 juillet 1982, *Bull. civ.*, III, n° 176. — Civ. 1re, 11 avril 1995, *JCP* 1995.IV.1471. — Cf. par ex. pour une indexation illicite : Com., 3 novembre 1988, *D.* 1989.93, note MALAURIE. — pour une transaction illicite faute d'autorisation en matière de « faillite » : Com., 6 décembre 1994, *Bull. civ.*, IV, n° 372.

(50) Civ. 1re, 29 novembre 1983, *Bull. civ.*, I, n° 281. — Com., 3 novembre 1983, *Bull. civ.*, IV, n° 333.

(51) Il faut constater à la fois la connaissance du vice et la volonté de le réparer : Civ. 3e, 2 juillet 2008, *Bull. civ.*, III, n° 120. — Civ. 1re, 26 septembre 2012, n° 11-20429.

(52) Com., 5 février 2013, n° 12-11720, *Bull. civ.*, IV, n° 20, *C.C.C.* 2013.124, obs. RAYMOND.

(53) Com., 29 mars 1994, *Bull. civ.*, IV, n° 134 (silence au reçu de relevés bancaires comportant des agios irréguliers). — D'où la juste critique d'un arrêt décidant que si la partie protégée ne comparaît pas, le juge ne pourrait relever une nullité relative : Com., 3 mai 1995, *D.* 1997.124, note EUDIER.

(54) Soc., 9 mai 2001, *Bull. civ.*, I, n° 156.

(55) Civ. 3e, 13 décembre 1978 et 12 juin 1979, *JCP* 1981.II.19494, note L. BOYER. — MALAURIE note, *D.* 1975.772. — LEVY, note, *JCP* 1975.II.18135. — Mais voir en sens contraire pour les fournitures selon les tarifs du vendeur : Com., 30 novembre 1983, *Bull. civ.*, IV, n° 333.

SECTION 3 POUVOIRS DU JUGE

214 **Nullités de droit et nullités facultatives.** Le principe est que le juge ne dispose pas de pouvoir d'appréciation : lorsqu'il constate que l'une des conditions légales de formation du contrat fait défaut, il *doit* prononcer l'annulation. On dit que la nullité est *de droit* (cette expression signifiant qu'il faut la demander, mais qu'on ne peut la refuser ; une conséquence *de plein droit* se produit au contraire d'elle-même, sans intervention du juge).

Par exception, certaines nullités sont seulement *facultatives* pour le juge (56), qui apprécie alors s'il y a lieu ou non de les prononcer, selon les circonstances de la cause : tel est le cas notamment de la nullité des contrats passés par un majeur dans la « période suspecte » précédant son placement sous tutelle (cf. *supra*, n° 73), de la nullité des ventes de fonds de commerce ne comportant pas les mentions exigées par la loi du 29 juin 1935 quant au chiffre d'affaires des trois dernières années (57) ou encore de la nullité des conventions irrégulièrement conclues entre une société et l'un de ses administrateurs (art. L. 225-38 du Code de commerce).

On observe aussi que dans certains cas les tribunaux mesurent l'effet de la nullité par une simple « nullité-réduction » (v. *infra,* n° 219).

(56) V. RUBELLIN, *Les nullités facultatives*, *Mél. Simler*, Litec 2006.679.

(57) Com., 30 octobre 1951, *D.* 1952.86. — 5 janvier 1971, *Bull. civ.,* IV, n° 6. — 5 juin 1973, *Bull. civ.,* IV, n° 199.

CHAPITRE 2
LES EFFETS DE LA NULLITÉ

TEXTE
Code civil, art. 1312

Art. 1312. — Lorsque les mineurs ou les majeurs en tutelle sont admis, en ces qualités, à se faire restituer contre leurs engagements, le remboursement de ce qui aurait été, en conséquence de ces engagements, payé pendant la minorité ou la tutelle, ne peut en être exigé, à moins qu'il ne soit prouvé que ce qui a été payé a tourné à leur profit.

215 **Régime commun à toutes les nullités.** Il est important de souligner d'emblée qu'il n'y a plus, à ce stade, à distinguer entre nullité absolue et nullité relative : quelle que soit sa cause, la nullité produit les mêmes effets dès lors qu'elle est constatée par un jugement. Il n'y a pas non plus à distinguer selon qu'elle ait été demandée par voie d'action ou opposée par voie d'exception (1).

Son régime n'en suscite pas moins de graves difficultés, non point tant dans les principes que dans leur application pratique.

(1) Civ. 1re, 16 juillet 1998, *Bull. civ.*, I, n° 251 ; *D.* 1999.361, note FRONTON ; *RTD civ.* 1999.620, obs. MESTRE ; *Defrénois* 1998.1413, obs. AUBERT (v. aussi AUBERT, *Mélanges Ghestin*, 2001.19).

SECTION 1 L'ÉTENDUE DE LA NULLITÉ

216 **Position du problème** La question de l'étendue de la nullité ne se pose pas lorsque le vice affecte le contrat en son entier (2), mais seulement quand lacause de nullité ne touche qu'**une clause** du contrat. Peut-on amputer le contrat de cette fraction nulle en laissant subsister le reste, ou doit-on étendre la nullité à l'ensemble du contrat ? Par exemple, dans un bail stipulant un loyer indexé, si l'indexation est nulle, doit-on annuler tout le contrat ou le laisser produire ses effets avec un loyer inchangé ?

217 **Code civil.** Les textes du Code civil, inchangés depuis 1804, fournissent une solution qui opposait les contrats à titre gratuit aux contrats à titre onéreux :

— *pour les actes à titre gratuit,* l'article 900, visant le cas où la libéralité est accompagnée d'une condition ou d'une charge illicite, décide qu'on doit effacer cette clause nulle et maintenir le reste du contrat (pour une raison évidente : s'il craignait de perdre la libéralité, le bénéficiaire ne demanderait pas la nullité de la condition illicite qui lui est imposée) ;

— *pour les contrats à titre onéreux,* l'article 1172 indique la solution contraire : toute condition nulle « rend nulle la convention qui en dépend ». Le contrat est présumé former un tout indivisible qu'on ne peut maintenir en partie.

218 **Uniformisation jurisprudentielle** La jurisprudence a atténué cette opposition pour uniformiser le régime des deux types d'actes. Elle continue d'appliquer les deux solutions mais selon un critère différent. Ce critère retenu est le caractère **déterminant ou non** de la clause annulée :

— si la clause est déterminante, on constate qu'une fois privé de cette clause, le reste du contrat ne correspond plus à la volonté des deux parties : la nullité atteint alors l'ensemble du contrat (3) ;

— si au contraire, la clause apparaît comme séparable du reste du contrat, il y a nullité partielle ; et cela qu'on soit en présence d'un contrat à titre onéreux ou à titre gratuit.

Il y a donc lieu à une analyse par le juge de l'intention des parties afin d'apprécier s'il y a ou non *indivisibilité* des différentes parties du contrat.

Il y a toutefois deux cas où le juge est privé de cette liberté d'appréciation :

(2) Elle atteint alors même les clauses accessoires, comme les clauses d'arbitrage ou de compétence (Civ. 3e, 17 juillet 1996, *Bull. civ.,* III, n° 192) sous réserve du maintien, dans les contrats internationaux, de la clause d'arbitrage à laquelle on reconnaît une « autonomie » peut-être excessive (v. par ex. Civ. 1re, 21 mai 1997, *Bull. civ.,* I, n° 159).

(3) Exemple : une donation régulière assortie de conditions stipulées sous seing privé et donc nulles est nulle en son entier (Civ. 1re, 17 octobre 2007, *Bull. civ.*, I, n° 322). Une décision peu sûre en a déduit que la demande en nullité partielle serait alors *irrecevable :* Com., 15 juillet 1992, *Bull. civ.,* IV, n° 280.

— *par les parties,* lorsqu'elles ont précisé quelles étaient les clauses déterminantes de leur accord : le juge est lié par cette précision et doit donc étendre la nullité à l'acte entier (4) sauf si cette précision procède elle-même d'une volonté de fraude consistant à utiliser la menace de la perte de l'acte entier pour tenter d'éviter que la nullité de la clause irrégulière soit soulevée (5) ;

— *par la loi,* lorsque le législateur précise que la nullité d'une clause n'emportera pas nullité de l'ensemble du contrat. La clause irrégulière doit être simplement **réputée « non écrite »,** c'est-à-dire effacée du contrat (6). Par exemple pour éviter la pratique des « dessous-de-table » minorant les droits fiscaux, l'article 1589-2 du Code civil déclare nulle la convention secrète prévoyant ce « dessous-de-table » ; souvent le vendeur n'aurait pas consenti à la vente pour le seul prix officiel, de sorte que la nullité devrait faire tomber la vente. Le texte impose de maintenir celle-ci en supprimant la seule convention secrète, ce qui vient renforcer la sanction (7). Il en est de même de l'article L. 132-1 du Code de la consommation pour les clauses abusives (cf. *supra*, n° 176). La jurisprudence peut elle-même décider qu'une clause illicite doit être réputée non écrite (8).

Hors ces deux cas, le juge devra procéder librement à l'analyse du contrat. Il est à noter que les Principes **Unidroit** créent une présomption en faveur d'une nullité limitée : « l'annulation se limite aux seules clauses du contrat visées par la cause d'annulation, à moins que, eu égard aux circonstances, il ne soit déraisonnable de maintenir les autres dispositions du contrat » (art. 3-1-16 — Rédaction quasiment identique pour l'art. 4:116 des **Principes du droit européen des contrats**).

219 **Nullité-réduction.** Il arrive qu'une clause soit nulle par excès, mais non dans son principe même : ainsi pour un taux d'intérêt ou pour un prix dépassant le seuil légal, ou une clause de non-concurrence qui n'est pas suffisamment limitée dans le temps ou l'espace. Certains textes prévoient alors simplement *une réduction* de la partie excessive : le taux d'intérêt excessif sera ramené au taux légal (art. L. 313-4, C. consom.), le prix illicite sera réduit au plafond légal. Il en

(4) Com., 27 mars 1990, *D.* 1991.289, note TESTU ; *RTD civ.*, 1991.112, obs. MESTRE.

(5) Par ex. si le bailleur a imposé une clause prévoyant que l'indexation illicite était déterminante et que sa nullité ferait tomber le bail en son entier : Civ. 3e, 6 juin 1973, *D.* 1974.151. note MALAURIE. — V. aussi Civ. 3e, 31 janvier 2001, *JCP* 2001.I.354, n° 1.

(6) Cf. S. GAUDEMET, *La clause réputée non écrite*, Economica, 2006. — KULLMANN, *Remarques sur les clauses réputées non écrites, D.* 1993. chr. 59 pour qui l'action en nullité ne serait pas nécessaire, de sorte qu'il n'y aurait pas lieu à **prescription** (en ce sens : Civ. 3e, 7 mai 2008, *Bull. civ.*, III, n° 76). — COTTEREAU, *La clause réputée non écrite, JCP* 1993.I.3691. — BAILLOD, *À propos des clauses réputées non écrites, Mélanges Boyer*, 1996.15.

(7) Cf. Ch. mixte, 12 juin 1981, *D.* 1981.413, concl. CABANES ; *Grands arrêts*, n° 170. — Civ. 3e, 10 janvier 2012, n° 10-18881.

(8) Ch. mixte, 7 juillet 2006, *Bull. C.M.* n° 5. — *Contra* : Civ. 3e, 28 janvier 2008, *Bull. civ.*, III, n° 11.

est de même en cas de dépassement de pouvoir par un mandataire : si elle est divisible, l'opération restera valable dans sa partie non excessive (9).

Une jurisprudence récente a étendu cette technique à des cas non prévus par la loi (10) : la **clause de non-concurrence** ayant une étendue illicite reste cependant valable dans des limites normales et s'applique à un rétablissement à proximité immédiate de l'ancien employeur (11) ; celle prévoyant illicitement la suppression de l'indemnité corrélative en cas de licenciement reste valable pour le surplus (12) celle stipulant une réduction de contrepartie en cas de faute n'est nulle que pour cet excès (13) ; le contrat ayant une durée dépassant le maximum légal est réduit à ce maximum (14). Ou encore, le contrat *partiellement dépourvu de cause* sera réduit à la fraction causée (15).

220 **Nullité-substitution ?** La règle classique est que le juge ne peut modifier le contrat ni donc le refaire pour remplacer une clause nulle. Si elle est déterminante, il ne peut donc que constater la nullité entière.

Mais un courant récent, inspiré par un esprit de pragmatisme et de souplesse, semble remettre en cause ce principe classique. Dans le cas précis de la nullité d'une **clause d'indexation,** quelques décisions ont choisi de substituer un indice licite à celui qui était nul, afin de maintenir le contrat et d'en sauvegarder l'économie (16). Le raisonnement pourrait sans doute être transposé en dehors du cas précis de l'indexation, à condition toutefois que l'équilibre du contrat soit assez apparent pour que la substitution puisse en respecter l'esprit (17).

SECTION 2 EFFET RÉTROACTIF DE LA NULLITÉ

221 **Principe.** « Ce qui est nul ne doit produire aucun effet » (anciennement « *Quod nullum est, nullum effectum producit* ») : selon cette règle traditionnelle, le contrat annulé est réputé n'avoir jamais existé.

(9) Civ. 1re, 26 janvier 1999, *Bull. civ.,* I, n° 30.

(10) V. BOUJEKA, *La conversion par réduction, RTD com.* 2002.223.

(11) Soc., 1er décembre 1982, *Bull. civ.,* V, n° 668 ; *D.* 1983.IR.418, note SERRA et la jurisprudence citée. — Soc., 18 septembre 2002, *Bull. civ.,* V, n° 272. — *Contra* cependant : Soc., 14 novembre 2007, *Bull. civ.*, V, n° 189.

(12) Soc., 8 avril 2010, n° 08-43056, *Bull. civ.*, V, n° 92 ; *D.* 2010.1085, note PERRIN ; *RDC* 2010.1199, note GENICON.

(13) Soc., 8 avril 2010, *D.* 2010.1085.

(14) Civ. 1re, 13 novembre 2002, *Bull. civ.,* I, n° 270.

(15) Civ. 1re, 11 mars 2003, *Bull. civ.,* I, n° 67.

(16) Civ. 3e, 22 juillet 1987, *Bull. civ.,* III, n° 151. — Lyon, 9 juillet 1990, *D.* 1991.47, note MALAURIE.

(17) C'est en fait ce que préconise Civ. 1re, 11 mars 2003 précité dans le cas de défaut partiel de cause.

L'application de ce principe est simple pour l'avenir, lorsque le contrat n'a pas encore été exécuté ou ne l'a été que partiellement : les parties ne peuvent plus réclamer l'exécution des obligations prévues (18).

Mais lorsque le contrat a déjà été exécuté, en tout ou en partie, le jeu de ce principe implique une remise en cause de ses effets passés : c'est ce qui résulte de la notion d'effet rétroactif de la nullité, notion reçue de façon quasi unanime mais qui n'est pourtant pas à l'abri de critiques, car on débarrasserait la matière de beaucoup de difficultés en renonçant à cette fiction de la rétroactivité pour régler le passé en termes de responsabilité (19). Mais en l'état du droit positif, cette rétroactivité étant admise et obligatoire (20), son jeu est délicat et parfois dévastateur : tous les faits et actes juridiques qui ont suivi le contrat deviennent sans cause juridique, qu'il s'agisse d'actes d'exécution directe (paiements) ou d'actes juridiques consécutifs (revente ou mise en location de la chose achetée, par exemple) (21) voire même d'actes contraires au contrat (22). Réaliser l'objectif qu'impose le principe de rétroactivité c'est-à-dire remettre les choses en l'état antérieur, implique des restitutions, lesquelles se heurtent parfois à des obstacles et peuvent en outre répercuter leurs effets sur des tiers.

§ 1. Obligation de restitution

A. Les restitutions elles-mêmes

222 **Principe de restitution en l'état.** Chaque partie doit restituer ce qu'elle a reçu en exécution du contrat car cette réception se trouve devenue sans cause du fait de l'annulation (23). On parle parfois de « contrat à l'envers » (24), ce qui n'est pas techniquement exact, mais évocateur (25).

(18) Par ex. la violation d'une clause de non-concurrence ne sera pas fautive si cette clause est annulée : Soc., 13 janvier 1998, *Bull. civ.*, V, n° 6.

(19) V. Guelfucci-Thibierge, *Nullité, restitutions et responsabilité,* LGDJ, 1992, n°s 725 et s. — Sur les possibilités de prévenir et prévoir cette rétroactivité ; voir Pancrazi, *Les clauses de rétroactivité*, *RTD civ.* 2011469. — Voir aussi *L'anéantissement rétroactif du contrat*, *RDC* 2008.23.

(20) Ce n'est pas une faculté pour le juge : v. Civ. 3e, 13 juin 2001, *C.C.C.* 2001.155, cassant un arrêt ayant annulé un bail pour l'avenir seulement.

(21) Par exemple si la vente d'un bien à son locataire avait éteint le bail : Civ. 3e, 22 juin 2005, *Bull. civ.*, III, n° 143.

(22) Qui doivent alors être appréciés non plus au regard d'une quelconque responsabilité contractuelle, mais seulement en tant que source d'une éventuelle responsabilité délictuelle s'ils sont intrinsèquement fautifs : Civ. 3e, 18 mai 2011, n° 11-11721, *JCP* 2011.1141, n° 22, obs. Serinet ; *Droit et pat.* février 2012.73, note, Stoffel-Munck.

(23) Sur la question, cf. colloque « *L'anéantissement rétroactif du contrat* », *RDC* 2008, p. 9 et s. — Guelfucci-Thibierge, ouvrage précité. — M. Malaurie, *Les restitutions en droit civil,*

S'il s'agit d'une vente par exemple, le vendeur doit restituer le prix et l'acheteur la chose. Et c'est à chacun de *prouver* qu'il a satisfait à son obligation de restitution (26).

223 **Nature de l'obligation de restitution.** On rattache souvent l'obligation de restitution à la **répétition de l'indu** (cf. *infra*, n° 468) par un raisonnement logique : le contrat ayant disparu, les versements effectués n'étaient dus en vertu d'aucun titre juridique et il y a lieu à restitution de l'indu (27).

Pour des raisons pratiques, la jurisprudence s'écarte toutefois de cette logique et reconnaît paradoxalement à l'obligation de restitution une *nature contractuelle* (28) : cela lui permet de maintenir les **garanties** stipulées (29).

224 **Sommes d'argent.** En ce qui concerne *les sommes d'argent,* le principe du **nominalisme monétaire** impose la restitution de la somme même qui avait été versée, sans aucune revalorisation (30) : le « bénéficiaire » de cette restitution, par exemple l'acheteur dans une vente (31), subit donc les effets de la dépréciation monétaire et la nullité lui cause ainsi souvent (32) un préjudice (dont il ne pourra demander réparation que si cette nullité est due à la faute de quelqu'un : cf. *supra*, n° 200).

Outre le prix proprement dit, le vendeur doit restituer les accessoires, comme la T.V.A. : peu importe qu'il l'ait reversée au Trésor, c'est à lui qu'elle a été

Cujas, 1992. — POISSON-DROCOURT, *Les restitutions entre les parties consécutives à l'annulation d'un contrat, D.* 1983, chr. 85. — SCHMIDT-ZALEWSKI, *Les conséquences de l'annulation d'un contrat, JCP* 1989.I.3397.

(24) Cf. X. LAGARDE, *JCP* 2012. doct. 504.

(25) Par exemple, du point de vue **fiscal,** la restitution ne donne pas lieu à de nouveaux droits de mutation (C.G.I., art. 1961, al. 3). Elle n'ouvre pas non plus les **droits de préemption** qui peuvent affecter les transferts du bien (Civ. 3e, 4 janvier 1995, *Bull. civ.,* III, n° 5).

(26) Civ. 3e, 30 janvier 2002, *Bull. civ.,* III, n° 27 (pour la restitution des clés d'un immeuble).

(27) Certains arrêts se réfèrent donc logiquement à l'article 1378 du Code civil : v. Civ. 1re, 14 avril 1991, *C.C.C.* 1991, n° 137. — Com., 4 janvier 2000, *C.C.C.* 2000, n° 79.

(28) Civ. 1re, 24 septembre 2002, *Bull. civ.*, I, n° 218 ; *D.* 2003.369, note AUBERT.

(29) Ainsi la **caution** garantit la restitution du capital, même si le **prêt** est nul : Com., 17 novembre 1982, *Bull. civ.,* IV, n° 357 ; *D.* 1983.527, note critique CONTAMINE-RAYNAUD ; JCP 1984.II.20216, note MOULY et DELEBECQUE. — Civ. 1re, 25 mai 1992, *Bull. civ.,* I, n° 154. — 18 mars 1997, *Bull. civ.,* I, n° 96. — 1er juillet 1997, *D.* 1998.32, note AYNÈS. — Et il en est de même des autres garanties : Com., 2 novembre 1994, *D.* 1995.182 ; *Bull. civ.,* IV, n° 321. — Civ. 1re, 29 octobre 2002, *Bull. civ.,* I, n° 253. — Civ. 1re, 5 juillet 2006, *Bull. civ.*, I, n° 357 (**solidarité**). — Civ. 3e, 5 novembre 2008, *Bull. civ.*, III, n° 167 (**hypothèque**).

(30) On refuse ici l'idée de « dette de valeur » : Civ. 1re, 7 avril 1998, *Bull. civ.,* I, n° 142 ; *RTD civ.* 1998.905, obs. MESTRE.

(31) Civ. 1re, 7 avril 1998, précité.

(32) Mais c'est parfois l'inverse : le vendeur d'actions de société doit restituer le prix reçu même si les actions ont perdu toute valeur : Civ. 1re, 19 mars 1996, *Bull. civ.,* I, n° 139. — *Id.* pour un fonds de commerce : Com., 19 mai 1998, *Bull. civ.,* IV, n° 160.

réglée en exécution du contrat, c'est donc à lui de la restituer à l'acheteur et de faire ensuite son affaire de la récupération auprès du fisc (33).

En ce qui concerne les **intérêts,** le « restituant » ne les doit depuis l'origine que si l'on relève sa mauvaise foi (34). À défaut, il les doit du jour de la demande, qui l'a informé du vice (35).

225 **Fruits.** Les fruits et revenus doivent en principe être restitués avec le bien lui-même (36). Mais on dispense de cette restitution des fruits le contractant de *bonne foi* qui a pu les consommer (par ex. les loyers d'un immeuble, les revenus de valeurs mobilières), car devoir restituer une accumulation de ces revenus pourrait le ruiner (art. 549 du Code civil).

La bonne foi s'entend de **l'ignorance du vice** qui entachait le contrat de nullité (il se peut que les deux parties soient de bonne foi). Elle prend fin au jour où le contractant apprend la cause de nullité (37), même si la nullité n'est demandée que longtemps après ; il faudra alors restituer les fruits depuis cette connaissance (C. civ., art. 550).

B. CORRECTIFS

226 **Conservation et améliorations.** Le bien à restituer a pu nécessiter des frais pour sa conservation matérielle ou juridique : le bénéficiaire de la restitution, qui est réputé n'avoir jamais cessé d'être propriétaire, en doit le remboursement.

Toutefois les simples charges liées à la jouissance du bien ne sont pas remboursables depuis qu'il a été décidé que cet usage ne donnait pas lui-même lieu à indemnité (v. *infra,* n° 228) (38).

Il se peut aussi que ce bien ait été *amélioré* par le fait du contractant : par exemple, l'acheteur d'un immeuble a fait des travaux ou des constructions, celui d'un fonds de commerce l'a développé par de nouvelles activités (39). Comme la restitution va enrichir son bénéficiaire, il doit alors indemniser l'autre partie par une somme calculée d'après les frais effectués et la plus-value procurée :

(33) Com., 26 juin 1990, *Bull. civ.,* IV, n° 190.

(34) Cf. Com., 12 nov. 1979. *Bull. civ.,* IV, n° 286 ; Civ. 3e, 15 février 1985, *Bull. civ.,* III, n° 22. — Civ. 1re, 4 octobre 1988, *Bull. civ.,* I, n° 273.

(35) Com., 17 octobre 1995, *Bull. civ.,* IV, n° 244. — Civ. 1re, 3 juin 1997, *Bull. civ.,* I, n° 178 — Civ. 3e, 7 juillet 2004, *Bull. civ.,* III, n° 150).

(36) V. par ex. pour des fermages : Civ. 3e, 22 juillet 1992, *Bull. civ.,* III, n° 263.

(37) Ne serait-ce que par la demande en justice : Civ. 3e, 27 novembre 2002, *Bull. civ.,* III, n° 244.

(38) Civ. 1re, 9 novembre 2004, *D.* 2004.3117 ; *Bull. civ.,* I, n° 259 (taxes foncières : *contra* auparavant Civ. 3e, 12 janvier 1994, *Bull. civ.,* III, n° 5).

(39) Com., 7 mars 1995, *Bull. civ.,* IV, n° 69.

l'indemnité est égale à la plus faible des deux sommes (cf. art. 555, C. civ.) (40). Seuls les travaux *utiles* peuvent donc être indemnisés (41), mais non une plus-value due à une bonne gestion (42).

227 **Dégradations.** Inversement, si le bien a été *dégradé* par la faute du détenteur, il doit bien sûr une indemnité pour compenser cette moins-value. Mais si la dégradation est due à un cas fortuit ou simplement à l'écoulement du temps, une rigoureuse logique voudrait que la chose ne soit rendue que dans son état, puisque l'autre partie est réputée en être toujours restée propriétaire — il n'y aurait donc pas lieu à indemnité (43). Cependant, cette solution rigoureuse semble abandonnée. Un arrêt a décidé que les parties « devant être remises dans l'état où elles étaient auparavant », on ne pouvait « laisser à la charge du vendeur les dommages affectant la chose vendue entre sa livraison et sa restitution » (44). Par conséquent, l'acquéreur doit supporter le coût de la remise en état, même s'il n'a pas commis de faute (45).

228 **Jouissance de la chose.** Celui qui a utilisé la chose pendant la période plus ou moins longue qui s'est écoulée jusqu'à l'annulation doit-il une indemnité pour cette jouissance (ce qui est différent de la dépréciation due à l'usage) ? Ici aussi, la jurisprudence a longtemps été incertaine admettant parfois qu'une telle indemnité est due pour éviter que l'utilisateur ne profite d'un enrichissement injuste (46), mais d'autres arrêts excluant cette sorte de « loyer » (47). Une chambre mixte du 9 juillet 2004, faisant primer la simplicité sur toute autre considération, a tranché pour l'exclusion de toute indemnité de jouissance ou d'occupation, rejetant la question sur le terrain de la responsabilité civile en cas de faute d'une partie (48), solution peu convaincante, d'autant qu'elle entre en contradiction avec celle reçue en cas de nullité d'un bail (*infra*, n° 231). Et

(40) Pour les travaux de restauration d'un tableau : Civ. 1re, 16 oct. 1979, *Gaz. Pal.* 1980, *Panorama* 61. — 25 mai 1992, *Bull. civ.*, I, n° 165, fondé sur l'enrichissement sans cause (aff. du *Verrou* de Fragonard pour les travaux établissant son authenticité).

(41) Civ. 3e, 15 avril 1992, *Bull. civ.*, III, n° 133.

(42) Com., 29 mars 1994, *Bull. civ.*, IV, n° 137 ; *D.* 1995.520, note MOURY. — Sauf à obtenir une indemnisation si la nullité est imputable à faute au vendeur : Com., 7 mars 1995, *JCP* 1996.II.22661.

(43) Civ. 1re, 6 déc. 1967, *Bull. civ.*, I, n° 358 ; *RTD civ.* 1968.708, obs. J. CHEVALLIER.

(44) Com., 21 juillet 1975, *D.* 1976.582, note DIENER et AGOSTINI.

(45) Civ. 1re, 2 juin 1987, *Bull. civ.*, I, n° 183.

(46) Com., 16 déc. 1975, *Bull. civ.*, IV, n° 308. — 15 mars 1988, *Bull. civ.*, IV, n° 105. — Civ. 3e, 9 mai 2001, *Defrénois* 2002.39. — 12 mars 2003, *Bull. civ.*, III, n° 63 ; *D.* 2003.2522, note SERINET (indemnité d'occupation d'un immeuble). — Versailles, 2 février 2001, *D.* 2002.1006, note PIGNARRE (usage d'un véhicule sur 120 000 km).

(47) Com., 11 mai 1976, *Bull. civ.*, IV, n° 162. — Civ. 1re, 2 juin 1987, précité. — Civ. 1re, 11 mars 2003, *Bull. civ.*, I, n° 74.

(48) Ch. Mixte, 9 juillet 2004, *Bull. civ.*, C.M., n° 2 ; *D.* 2004.2175, notes TUAILLAN et SERINET ; *JCP* 2004.II.10190 ; *Defrénois* 2004.1402, obs. LIBCHABER ; *RTD civ.* 2005.125, obs. MESTRE et FAGES ; *C.C.C.* 2004.168, note L. L. — V. depuis Civ. 3e, 2 mars 2005, *Bull. civ.*, III,

même si cet usage a entraîné une usure et une dépréciation de la chose, sa restitution ne s'accompagne pas d'une indemnité (49).

229 **Dommages et intérêts.** La nullité du contrat cause souvent un préjudice à l'une des parties : outre que les restitutions peuvent être rendues injustes par le jeu du nominalisme (*supra,* n° 224), il arrivera souvent que la disparition de droits consécutive cause un trouble important à celui qui la subit (par exemple le locataire qui perd son droit locatif).

En elle-même, la nullité n'ouvre aucun droit à la réparation de ce préjudice. Ce n'est que dans le cas où elle est due à une faute (d'un contractant ou d'un tiers) que la nullité pourra s'accompagner d'une action en dommages-intérêts.

Cette action peut être formée soit par celui qui demande la nullité (cas de la victime d'un dol ou d'une violence : cf. *supra,* nos 90 et 95), soit même par celui qui subit une annulation demandée par l'autre (cas où la nullité est absolue et peut être poursuivie même par celui qui y a contribué, par exemple le rédacteur d'un contrat d'adhésion).

Par une formule dont la jurisprudence pourrait s'inspirer, les Principes Unidroit prévoient que « la partie qui connaissait ou aurait dû connaître la cause d'annulation est tenue à des dommages-intérêts de manière à replacer l'autre partie dans l'état où elle se serait trouvée si le contrat n'avait pas été conclu » (art. 3-18, remarquable quant à la définition du préjudice : ce n'est pas la perte des avantages attendus du contrat, mais seulement des suites qui ont été attachées à ce contrat qui n'aurait pas dû vivre).

De façon peu logique mais pragmatique, on admet que **l'exécution défectueuse** d'un contrat annulé engage la responsabilité de son auteur (50).

§ 2. Obstacles à la restitution

A. OBSTACLES MATÉRIELS

230 **Disparition ou aliénation de la chose.** Lorsque le bien transféré par le contrat nul a été aliéné, ou lorsqu'il a disparu (consommation, incorporation dans d'autres biens) (51), la restitution se heurte à une impossibilité matérielle. Pendant un temps, on estimait que cette circonstance faisait obstacle à toute

n° 57. — Civ. 1re, 15 mai 2007, *Bull. civ.*, I, n° 193. — Com., 30 octobre 2007, *Bull. civ.*, IV, n° 231. — Civ. 1re, 30 septembre 2008, *Bull. civ.*, I, n° 216.

(49) Civ. 1re, 19 février 2014, n° 12-15520 ; *Bull. civ.*, I, n° 26 ; *D.* 2014.642, note Pellet.

(50) Civ. 1re, 16 mars 1999, *Bull. civ.*, I, n° 95.

(51) S'il a disparu par *cas fortuit*, il n'y a pas lieu à restitution car, en vertu de la règle *res perit domino*, cette perte doit être supportée par celui qui est réputé n'avoir jamais cessé d'être propriétaire : Civ. 1re, 6 décembre 1967, *Bull. civ.*, I, n° 358.

action en nullité, mais cette solution très contestable est abandonnée : la jurisprudence admet alors une **restitution en *valeur*** (52). Il est précisé par quelques arrêts que c'est la valeur **au jour du contrat** (et non la valeur actuelle) qui doit être retenue (53). Ce qui est contestable car la somme d'argent devrait équivaloir au bien qu'elle remplace lors de l'opération de restitution.

On pourrait penser, s'il s'agit d'une vente, que cette restitution va se compenser exactement avec celle du prix. Mais cette compensation exacte, dispensant les parties de toute restitution, reviendrait en fait à exécuter le contrat malgré sa nullité (54). Aussi est-il admis que les tribunaux doivent rechercher la **valeur réelle** des choses vendues et non appliquer le prix de vente : par exemple, le vendeur obtiendra le prix coûtant des fournitures livrées, mais non sa marge bénéficiaire qu'il devra donc restituer (55). À plus forte raison, s'il y a eu vente à vil prix (56).

Dans certains cas, l'aliénation de la chose par l'acquéreur (ou le donataire) n'empêchera pas le vendeur (ou le donateur) de revendiquer cette chose entre les mains du tiers-acquéreur, dont le titre de propriété tombera par voie de conséquence de l'annulation. Cette possibilité de revendication lui interdit-elle de poursuivre une restitution par équivalent de son contractant direct ? Ce n'est pas sûr mais l'équivalent doit alors sans doute se limiter au prix reçu de ce sous-acquéreur, en cas du moins de bonne foi (argument art. 1380).

231 **Prestations consommées.** Beaucoup de contrats, notamment à exécution successive, prévoient une obligation qui par nature se consomme au fur et à mesure et ne peut pas être restituée : par exemple l'activité du salarié dans le **contrat de travail** ou la jouissance de la chose dans le **bail.** Une ancienne opinion limitait alors l'annulation à l'avenir, sans remettre en cause la période écoulée. Mais elle est aujourd'hui abandonnée : il y a lieu à ***restitution en valeur,*** le juge devant apprécier librement l'équivalent monétaire des prestations fournies et de l'avantage qui en a découlé. Par exemple, après annulation d'un contrat de travail, le salarié ne conserve pas pour le passé les salaires perçus mais doit les restituer pour recevoir la valeur des prestations fournies, ce qui n'aboutit pas nécessairement à une compensation exacte, car le juge peut en

(52) Cf. Com., 11 mai 1976, *Bull. civ.,* IV, n° 162. — 26 février 1972, *D.* 1972-623. — Civ. 1re, 16 juillet 1998, *Bull. civ.,* I, n° 251 ; *D.* 1999.361. — 11 juin 2002, *Bull. civ.,* I, n° 163.

(53) Soc., 29 février 1972, *D.* 1972.623, note MALAURIE. — Com., 19 janvier 1993, *Bull. civ.,* IV, n° 20. — Com., 14 juin 2005, *Bull. civ.,* IV, n° 130.

(54) Civ. 1re, 20 mai 2010, *Bull. civ.,* I, n° 118 énonce même que ce serait porter atteinte au droit effectif à un recours protégé par l'article 6 de la Convention des droits de l'homme.

(55) Cf. Civ. 1re, 12 décembre 1979, *Bull. civ.,* I, n° 318. — Com., 18 novembre 1974, *D.* 1975.625 et la note fouillée MALAURIE. — Com., 30 octobre 1984, *Bull. civ.,* IV, n° 292. — 23 juin 1992, *JCP* 1992.II.21974, note BEHAR-TOUCHAIS.

(56) Civ. 1re, 16 mars 1999, *Bull. civ.,* I, n° 95.

faire une évaluation différente (57). Après l'annulation d'un bail, le locataire doit une indemnité correspondant à la valeur locative réelle et non au loyer contractuel, qui pouvait être fixé par des limites légales (58). Après l'annulation d'un contrat d'entreprise, le client doit le coût réel des travaux effectués, et non le prix convenu ni la seule valeur de l'ouvrage, fût-il mal fait (59). Après l'annulation d'une clause de clause de non-concurrence, celui qui l'a respectée peut demander une indemnisation (60).

B. OBSTACLES JURIDIQUES

232 **Protection des incapables.** Dans le cas particulier où la nullité est due à l'incapacité d'un contractant, la loi limite la restitution qui leur est imposée à ce qui « a tourné à leur profit » (art. 1312), c'est-à-dire à ce qu'ils ont encore entre leurs mains. L'idée est que l'incapable ne doit subir aucune perte du fait du contrat ; or, s'il devait restituer par exemple le prix de vente d'un bien, alors qu'il l'a dépensé, son patrimoine ne se trouverait pas reconstitué dans son intégralité. Pour mieux le protéger (et mieux dissuader les tiers de contracter avec un incapable), on ne lui demande de restituer que ce dont il dispose encore : s'il a dissipé le produit de la vente ou de l'emprunt, il ne devra donc rien restituer ; s'il l'a employé dans un achat, il ne devra restituer au plus que la valeur actuelle de cet achat (61). Il n'en va autrement qu'en cas de **dol** du mineur (62) qui ne résulte pas d'un simple mensonge sur son âge (art. 1307).

233 **Règle *« nemo auditur »*.** Il s'agit là d'une règle d'origine purement coutumière : nul ne peut se prévaloir de sa propre turpitude *(nemo auditur propriam turpitudinem allegans)*. En fait souvent invoquée par des plaideurs en toutes matières (cf. *supra*, n° 209), cette règle n'a qu'une portée très limitée ; elle ne concerne que les **restitutions** après nullité d'un contrat pour *immoralité* de l'objet ou de la cause. L'auteur de cette immoralité peut certes demander la nullité, à laquelle l'ordre public est intéressé ; mais on lui refuse toute action

(57) Soc., 8 avril 1957, *D.* 1958.221, note MALAURIE. — 3 octobre 1980, *D.* 1982.68. note AGOSTINI. — Il en est de même pour un contrat de mise à disposition par une entreprise de travail temporaire, qui perdra ainsi sa marge bénéficiaire : Soc., 7 novembre 1995, *JCP* 1996.II.22626, note PETIT et PICQ.

(58) Civ. 3e, 24 juin 2009, *Bull. civ.*, III, n° 155. — *Id.*, pour un contrat de fournitures de denrées : Civ. 1re, 12 déc. 1979, *Bull. civ.*, I, n° 318. — V. aussi Civ. 1re, 3 mars 1981, *Bull. civ.*, I, n° 73. — 11 juin 1991, *Bull. civ.*, I, n° 187. — Com., 5 avril 1994, *Bull. civ.*, IV, n° 147.

(59) Civ. 3e, 13 septembre 2006, *Bull. civ.*, III, n° 175. — Civ. 3e, 18 novembre 2009, n° 08-19.355, *Bull. civ.*, III, n° 252.

(60) Soc., 3 et 17 novembre 2010, nos 09-42572 et 09-42389, *C.C.C.* 2011, nos 28 et 29, note LEVENEUR.

(61) Cf. Civ. 1re, 5 avril 1978, *Bull. civ.*, I, n° 147.

(62) Civ. 1re, 12 novembre 1998, *JCP* 1999.II.10053, note GARÉ.

pour demander la restitution de ce qu'il a versé (63). La règle n'intervient donc pas lorsque la nullité est **opposée en défense,** car elle aurait alors pour conséquence de consolider le contrat : lorsque le contrat immoral n'a pas encore été exécuté, il faut permettre au défendeur d'en invoquer la nullité pour faire obstacle à une action en exécution : « la règle *« nemo auditur... »* ne fait point obstacle à ce que chacune des parties puisse, pour en écarter les effets, se prévaloir du caractère illicite d'une convention » (64).

La turpitude ne résulte pas d'une simple illicéité (65) : il faut une immoralité caractérisée. Tel est le cas, par exemple, en cas de **corruption** de fonctionnaire : l'auteur de la corruption ne pourra pas obtenir restitution de ce qu'il a versé (de même pour le contrat de « tueur à gages »). L'une des applications fréquentes est le **prêt pour alimenter un jeu** de hasard : on refuse au prêteur la restitution des fonds avancés (les art. 1965 et 1967 appliquent la même idée entre les joueurs : celui qui a payé ne peut demander restitution des fonds). Le « client » d'une prostituée ne peut pareillement obtenir restitution du « prix » même s'il n'a pas obtenu... satisfaction (66). Mais l'acheteur qui espère une rapide plus-value (ce que l'arrêt dénomme cupidité...) n'est pas privé du droit d'agir en nullité pour dol contre celui qui l'a ainsi appâté... (67).

Cette règle, dictée par un souci moralisateur, ne joue qu'en cas d'**immoralité partagée** par les parties : si l'une d'entre elles apparaît « moins immorale » que l'autre, elle pourra demander restitution : ainsi la prostituée peut demander à un proxénète restitution des sommes qu'elle lui a versées (68) ; l'acheteur au marché noir restitution du prix de fausses pièces d'or (69).

En réalité, l'énoncé de la règle est trompeur et un autre adage est mieux adapté : *« in pari causa turpitudinis cessat repetitio »* (en cas de turpitude égale, il n'y a pas répétition).

La règle ne concerne pas les **libéralités** immorales, car elle rendrait alors la nullité sans effet puisque la libéralité serait conservée (70).

Prise dans son résultat, la règle *Nemo auditur* apparaît très injuste : ainsi l'emprunteur « bénéficie » de son immoralité en conservant les fonds ; l'acheteur en conservant le bien (p. ex. drogue) sans avoir à en payer le prix.

(63) Cf. LE TOURNEAU, *La règle* nemo auditur, LGDJ, 1971.

(64) Com., 20 janvier 1987, *JCP* 1988.II.20987, note GOUBEAUX. — Cf. toutefois *supra*, n° 209.

(65) Cf. par ex. Com., 11 juillet 2006, *Bull. civ.*, IV, n° 180. — Soc., 10 novembre 2009, n° 08-43805, *Bull. civ.*, V, n° 251.

(66) Pour la vente d'une maison de débauche, voir Com., 27 avril 1981, *D.* 1982.51, note LE TOURNEAU.

(67) Civ. 1re, 22 juin 2004, *Bull. civ.*, I, n° 182 ; *C.C.C.* 2004.136.

(68) Crim., 7 juin 1945, *D.* 1946-149.

(69) Crim., 3 juillet 1947, *JCP* 1948.II.4474, note CARBONNIER.

(70) Civ. 1re, 25 janvier 1972, *D.* 1972-413.

Mais elle trouve sa justification dans un **souci de prévention :** on veut que même une fois le contrat immoral conclu, aucun des contractants ne prenne l'initiative de l'exécuter le premier : le premier qui l'exécute prend un risque considérable. La règle doit faire peur aux contractants au stade de l'exécution du contrat, en créant « une insécurité propre à dissuader les contractants » (71).

En pratique, elle est d'application assez rare. On en trouve une application moderne dans les affaires de **« pots-de-vin »** (72), ou encore dans les contrats de **« mère porteuse » :** la « mère porteuse » payée doit pouvoir conserver le prix (ainsi que l'enfant en raison de la nullité du contrat), car l'obliger à le restituer constituerait un frein à sa demande de nullité. Mais elle est écartée en matière de « dessous-de-table » car ce serait paralyser la mise en jeu de la nullité et consacrer l'illicéité (73).

§ 3. Effets de la rétroactivité à l'égard des tiers

234 **Disparition des droits acquis.** Sur la foi du contrat, des tiers ont pu acquérir des droits. Par exemple, l'acheteur d'un bien l'a revendu à un tiers, a consenti un bail ou un prêt sur ce bien ou conclu des contrats liés à son entretien (assurance, travaux, contrats de travail pour son exploitation, etc.).

Faisant disparaître tous les droits de l'acquéreur, l'annulation rétroactive emporte dans son sillage tous ces contrats : les tiers n'ont pu acquérir valablement de droits de la part d'un non-propriétaire, selon le principe fondamental que « nul ne peut transférer à autrui plus de droits qu'il n'en a lui-même » ***(Nemo plus juris ad allium transferre potest quam ipsem habet).***

235 **Correctifs.** Ce principe a l'avantage de sauvegarder l'efficacité de la nullité, mais il introduit dans la vie juridique un facteur de grave insécurité : nul contractant ne peut être assuré que les droits qu'il acquiert ne seront pas ainsi anéantis par l'annulation du contrat par lequel son auteur les avait lui-même acquis. Aussi comporte-t-il deux correctifs très importants :

— ***les actes d'administration*** normale du bien demeurent valables, ainsi, *a fortiori,* que les actes de **conservation,** pourvu que le tiers soit de bonne foi, c'est-à-dire ait ignoré la cause de nullité. Ainsi, les contrats liés à l'entretien de la chose restent valables (assurances, contrats d'entretien et de réparations, contrats de travail, baux d'une durée limitée, etc.). On présume que le véritable propriétaire aurait également dû conclure ces contrats et il est donc obligé de les

(71) Carbonnier, n° 50.
(72) V. la belle motivation de Paris, 30 septembre 1993, *D.* 1993.IR.226.
(73) Civ. 3e, 25 février 2004, *Bull. civ.,* III, n° 42 ; *JCP* 2004.I.149, n° 9, obs. Labarthe.

respecter (il est probable que celui qui les a passés sans qualité continue d'être tenu par ces contrats, par exemple au paiement des travaux). On fait souvent appel à l'idée de gestion d'affaires pour justifier cette règle (cf. *infra*, n° 453) ;

— ***les actes de disposition*** sont parfois maintenus par l'effet de règles particulières au profit de tiers acquéreurs de bonne foi : ainsi en matière mobilière, l'article 2276 (ex-2279) confère un droit définitif à l'acquéreur de bonne foi qui a pris possession de la chose ; plus généralement, la théorie de l'apparence consolide le droit acquis par le tiers sur la foi de la situation apparente (cf. *infra*, n° 507).

236 **Autres conséquences.** À chaque fois que le contrat produisait des effets à l'égard de tiers la nullité anéantira ces effets. C'est le cas lorsque ce contrat était indivisible d'un autre, lequel tombera par voie de conséquence pour défaut de cause (cf. *supra,* n° 189) ou par le jeu des règles protectrices du consommateur (cf. *supra,* n° 183). Mais, de façon plus générale, ce sera aussi le cas des effets qui résultaient de la simple opposabilité aux tiers de la situation juridique créée par le contrat (cf. *infra,* n° 246) : sa disparition leur sera tout autant opposable. Par exemple l'assureur d'un automobiliste, affranchi de la garantie du fait de la vente du véhicule, sera réputé avoir toujours été tenu à garantie si la vente est annulée (74).

On imagine sans peine les surprises pouvant résulter pour les tiers de cette rétroactivité qui leur est opposable : la théorie de l'apparence permettra d'y remédier (cf. *infra*, n°s 500 et s.)

N°s 237 à 239 réservés.

(74) Civ. 1re, 21 février 1995, *Bull. civ.,* I, n° 91.

TITRE 2
LA FORCE DU CONTRAT

240 **Loi des parties.** L'objectif du contrat est de créer des obligations entre les contractants. On ne peut mieux dire que l'article 1134, alinéa 1er : **« les conventions légalement formées tiennent lieu de loi à ceux qui les ont faites ».**

Cette force obligatoire exposera le contractant défaillant à des sanctions en cas d'inexécution ou de mauvaise exécution (Sous-titre 2). Mais précisément parce qu'elle est très intense, il importe de délimiter auparavant avec précision le champ d'application de cette force obligatoire (Sous-titre 1).

SOUS-TITRE 1

LE CHAMP DE LA FORCE DU CONTRAT

241 **Champs personnel, matériel et temporel.** Créant des obligations à la charge de personnes, le contrat appelle une triple délimitation : qui est tenu par le contrat ? de quoi ? pendant quelle période ?

CHAPITRE 1

LES PERSONNES LIÉES PAR LE CONTRAT

TEXTES

Code civil, art. 1119 à 1122 et 1165

Art. 1119. — On ne peut, en général s'engager, ni stipuler en son propre nom, que pour soi-même.

Art. 1120. — Néanmoins, on peut se porter fort pour un tiers, en promettant le fait de celui-ci ; sauf l'indemnité contre celui qui s'est porté fort ou qui a promis de faire ratifier, si le tiers refuse de tenir l'engagement.

Art. 1121. — On peut pareillement stipuler au profit d'un tiers, lorsque telle est la condition d'une stipulation que l'on fait pour soi-même ou d'une donation que l'on fait à un autre. Celui qui a fait cette stipulation ne peut plus la révoquer, si le tiers a déclaré vouloir en profiter.

Art. 1122. — On est censé avoir stipulé pour soi et pour ses héritiers et ayants cause, à moins que le contraire ne soit exprimé ou ne résulte de la nature de la convention.

....

Art. 1165. — Les conventions n'ont d'effet qu'entre les parties contractantes ; elles ne nuisent point au tiers, et elles ne lui profitent que dans le cas prévu par l'article 1121.

242 **Principe et exceptions.** La logique même impose que seules les parties soient liées par leur accord : les conventions ne peuvent tenir lieu de loi qu'à « ceux qui les ont faites » et l'article 1134 renferme donc déjà ce principe dans la définition qu'il donne de la force obligatoire du contrat. L'article 1165 ne fait que l'expliciter. Ce principe, dit de « l'effet relatif des contrats », supporte cependant des exceptions.

SECTION 1 LE PRINCIPE DE L'EFFET RELATIF

243 **Parties au contrat et tiers au contrat.** En opposant les « parties contractantes » liées par le contrat et les « tiers » à l'égard desquels il est sans effet, l'article 1165 procède à une simplification des choses et même à une schématisation simpliste.

En réalité, entre les parties et les tiers, il existe deux catégories intermédiaires de personnes qui, sans s'identifier aux parties, ne leur sont pas totalement étrangères comme le sont de véritables tiers : ce sont les créanciers et les « ayants cause » des parties. Il y a donc trois catégories à examiner dont les frontières donnent toutefois régulièrement lieu à des discussions (1).

§ 1. Les parties au contrat

244 **Les parties contractantes.** Ce sont les contractants eux-mêmes, qu'ils aient conclu le contrat personnellement ou par l'intermédiaire d'un représentant, dont on rappelle qu'il ne s'engage pas lui-même mais n'est que la « plume » qui engage son représenté (cf. *supra*, n° 46).

La *personnalité juridique* est ici décisive : il ne s'agit pas d'assimiler au contractant d'autres personnes, si proches de lui qu'elles puissent être.

Pour les **personnes physiques,** cela concerne les liens de famille : le *parent* ou le *conjoint* du contractant ne devient pas partie au contrat (à moins qu'il y ait eu représentation, ce qui peut résulter notamment du jeu du régime matrimonial), sauf texte particulier (ainsi l'article 1751 rend titulaire lui-même du bail le conjoint du locataire à usage d'habitation). En principe donc il n'est pas tenu d'exécuter les obligations contractuelles : par exemple une clause de non-concurrence souscrite par un mari ne s'impose pas à son épouse (2).

Pour les **personnes morales,** cela concerne les groupes de sociétés : même en cas de liens très étroits, chaque société a sa personnalité juridique propre et est

(1) V. pour une controverse de cette classification : GHESTIN, *La distinction des parties et des tiers au contrat, JCP* 1992.I.3268. — AUBERT, *À propos d'une distinction renouvelée..., RTD civ.* 1993.263. — GUELFUCCI-THIBIERGE, *De l'élargissement de la notion de partie à l'élargissement de la portée du principe de l'effet relatif, RTD civ.* 1994.275. — GHESTIN, *Nouvelles propositions..., RTD civ.* 1994.777.

(2) Soc., 4 juin 1998, *Bull. civ.*, V, n° 305.

seule partie aux contrats qu'elle conclut (3). À plus forte raison les associés, même lorsqu'ils répondent personnellement du passif social, n'en deviennent pas pour autant parties aux contrats de la société (4). Il n'en va autrement que si une société est purement fictive (société de façade) de sorte qu'on peut relever une « confusion des patrimoines » (cf. *infra,* n° 819).

245 **Successeurs : principe de continuation.** Il faut assimiler aux parties les personnes qui, en cas de disparition, prennent leur suite d'une manière générale, qu'on appelle des ***ayants cause à titre universel.***

Pour les personnes physiques, l'article 1122 le précise expressément, visant les héritiers (c'est-à-dire ceux qui succèdent au défunt selon la dévolution légale des successions) et les ayants cause (il faut ici entendre les ayants cause à titre universel, c'est-à-dire ceux qui, par testament, recueillent une part de « l'universalité » des biens du défunt, par opposition à l'ayant cause particulier qui ne recueille qu'un bien déterminé).

En effet ces héritiers et légataires à titre universel sont réputés « continuer la personne du défunt », c'est-à-dire prendre sa place dans tous ses droits : ils recueillent non seulement ses biens mais encore ses créances et ses dettes, et deviennent ainsi partie au contrat comme l'était le défunt lui-même (sauf s'ils renoncent à la succession).

Pour les personnes morales, la même situation est transposée : lorsqu'une société est transformée, qu'elle fusionne avec une autre ou est absorbée par une autre, la nouvelle société « vient aux droits » de l'ancienne et est donc liée par les contrats (toutefois sous des distinctions et nuances qui relèvent du statut particulier de chaque type de personne morale).

246 **Exception : les contrats** *intuitu personae.* À cette transmission automatique, une exception : les contrats *« intuitu personae »* dans lesquels le rôle de la personne est trop décisif pour supporter une substitution, ce qui s'apprécie selon chaque obligation (par exemple le décès du salarié met fin au contrat de travail et ses héritiers ne sont pas liés ; mais le décès de l'employeur n'a pas le même effet et le contrat continue avec ses héritiers).

Le caractère *« intuitu personae »* d'un contrat s'apprécie selon la **nature des prestations** (5). Certains textes le prévoient (art. 2003 pour le mandat, art. 1795 pour le contrat de l'entrepreneur). Mais il est possible aux parties de prévoir dans leur contrat ce qu'il adviendra en cas de décès : cela est fréquent dans les contrats de société, mais peut se concevoir dans d'autres cas (par ex. un prêteur qui se fonde sur les revenus professionnels de l'emprunteur peut prévoir qu'en

(3) Cf. Soc., 22 mai 1995, *Bull. civ.,* V, n° 162 ; *D.* 1996.325, note PICOD (une clause de non-concurrence envers une société ne bénéficie pas aux autres du groupe).

(4) Civ. 3e, 8 novembre 2000, *Bull. civ.,* III, n° 168.

(5) V. E. ANDRÉ, *L'intuitus personae entre professionnels, Mélanges Cabrillac,* 1999.23. — HOUTCIEFF, *Contribution à l'étude de l'*intuitus personae, *RTD civ.* 2003.26.

cas de décès le contrat ne se poursuivra pas et que le prêt devra être immédiatement restitué).

Dans certains cas, par une sorte d'*intuitus personae* limité, le contrat est transmissible à certaines personnes seulement, qui ne sont pas nécessairement les héritiers : ainsi le **bail d'habitation** est transféré, en cas de décès du locataire, au conjoint, ou aux descendants qui cohabitaient avec lui, voire au « concubin notoire » (qui n'est pas héritier) (art. 14 de la loi du 6 juillet 1989 reproduisant l'article 13 de la loi du 23 décembre 1986).

§ 2. Les tiers au contrat

247 **Distinction entre l'exécution du contrat et son opposabilité (ou son invocabilité).** Les tiers proprement dits sont ceux qui n'ont aucun lien de droit avec les parties, qui ne sont notamment pas créanciers de l'une d'elles : on parle de « tiers absolus » *(penitus extranei).*

À leur égard, l'article 1165 traduit un vieil adage encore souvent évoqué : ***« res inter alios acta alius nec nocere, nec prodesse potest » : la chose convenue entre les uns ne peut ni nuire ni profiter aux autres.***

Les termes employés par l'article 1165 sont toutefois excessifs en laissant penser que le contrat est sans aucune conséquence à l'égard des tiers. En réalité, ce contrat a des incidences importantes à leur égard et il faut distinguer l'exécution du contrat de son opposabilité.

1° ***L'exécution* du contrat,** c'est-à-dire des obligations qu'il crée, ne peut pas être exigée d'un tiers ni par un tiers. On ne peut pas demander à un tiers d'exécuter un engagement qu'il n'a pas pris : par exemple on ne peut pas demander paiement d'une commande téléphonique au titulaire du poste à partir duquel elle a été passée (6). Et il ne servirait à rien de prévoir dans le contrat une telle obligation : étranger à ce contrat, le tiers ne serait toujours pas obligé (7).

Réciproquement, un tiers n'a pas qualité pour exiger l'exécution du contrat et donc pour se plaindre de sa mauvaise exécution ; s'il en subit un préjudice, il ne peut invoquer que la responsabilité civile de droit commun, c'est-à-dire démontrer une faute objective, et non un simple manquement contractuel (cf. *infra*, n° 552).

(6) Com., 11 juin 1981, *Bull. civ.,* IV, n° 265.

(7) V. Civ. 1re, 13 novembre 1997, *Bull. civ.,* I, n° 302 ; *Defrénois* 1998.333, obs. DELEBECQUE ; *JCP* 1998.I.177, n° 10, obs. VIRASSAMY : un contrat de prêt pour financer un bien ne peut obliger l'assureur de l'emprunteur à aviser le prêteur en cas de résiliation de l'assurance, alors pourtant que le prêteur est directement intéressé au maintien de cette garantie qui conserve la valeur de son gage : il doit donc obtenir directement de l'assureur un tel engagement d'information.

2° Mais ***l'opposabilité* du contrat** aux tiers est une notion différente. Même s'ils ne doivent pas participer à son exécution, les tiers ne peuvent ignorer l'existence du contrat et la situation de fait et de droit qui en résulte. On dit que le contrat leur est ***opposable*** et, réciproquement, est ***invocable*** par eux. Cette règle très générale trouve entre autres trois illustrations fréquentes en pratique.

— D'abord les contrats **translatifs de propriété** (ou d'autres droits réels) créent une situation nouvelle que les tiers ne peuvent ignorer. Celui qui est victime de l'effondrement d'un immeuble doit s'adresser au « propriétaire » (art. 1386) et ne peut donc ignorer une vente intervenue peu auparavant ; il en est de même de celui qui prend le bien en location ou l'acquiert, et dont le droit dépend de la qualité de propriétaire de son partenaire : on dit souvent que l'article 1165 est inapplicable en cette matière (8). Autre exemple : le propriétaire d'un bien en indivision avec un frère, qui est marié en communauté, peut se voir opposer après divorce de ce frère le contrat de partage de cette communauté et se retrouver ainsi en indivision avec son ex-belle-sœur (9).

— Ensuite on considère souvent que le tiers qui connaît en fait l'existence du contrat commet une **faute** lorsqu'il aide l'une des parties à violer son engagement : « toute personne qui, avec connaissance, aide autrui à enfreindre les obligations contractuelles pesant sur elle (*sic*), commet une faute délictuelle à l'égard de la victime de l'infraction » (10).

Un cas fréquent d'application concerne les engagements de **non-concurrence** que l'obligé méconnaît en s'engageant au service d'un tiers qui est au courant (11). Il a même été jugé que l'acheteur d'un fonds de commerce qui sait le vendeur lié par une clause de non-concurrence commet une faute envers le bénéficiaire de cette clause, bien que le vendeur lui-même ne manque pas à son obligation (12).

Cependant des hésitations ont marqué certains arrêts, pour lesquels un tiers n'a pas à se préoccuper des engagements d'autrui (13).

(8) Cf. par ex. Civ. 3e, 10 juin 1976, *Bull. civ.*, III, n° 253 ; 5 mai 1982, *Bull. civ.*, III, n° 116 et surtout 2 juillet 1997, *Bull. civ.*, III, n° 161 : « celui qui soutient être propriétaire d'un fonds peut invoquer à titre de présomption, vis-à-vis des tiers, les titres translatifs ou déclaratifs de propriété (car) *la preuve de la propriété est étrangère à la question de l'opposabilité des actes aux tiers* ».

(9) Civ. 1re, 26 juin 1985, *Bull. civ.*, I, n° 205.

(10) Com., 13 mars 1979, *Bull. civ.*, IV, n° 100 ; *D.* 1980, p. 1, note SERRA.

(11) Cf. par ex. Com., 13 mars 1979, précité. — 5 février 1991, *Bull. civ.*, IV, n° 51. — 24 mars 1998, *Bull. civ.*, IV, n° 111. Il faut bien sûr prouver cette connaissance : Com., 18 décembre 2001, *C.C.C.* 2002.59.

(12) Com., 4 mai 1993, *Bull. civ.*, IV, n° 164.

(13) Com., 27 mai 1986, *D.* 1987.IR.264, obs. SERRA et les deux arrêts cités par cet auteur. — V. aussi Com., 3 janvier 1996, *Bull. civ.*, IV, n° 2 : celui qui acquiert une créance tout en connaissant une convention générale d'affacturage conclue par le cédant avec une autre banque ne commettrait pas une faute. — Est-il déplacé d'évoquer ici l'évolution jurisprudentielle en matière de mariage (le tiers « complice » de l'adultère n'est plus fautif : Civ. 2e, 5 juillet 2001, *Bull. civ.*, II, n° 136) ?

— Enfin une partie peut opposer son contrat à un tiers en tant qu'élément de fait pour démontrer le préjudice que celui-ci a pu lui causer ; par exemple un vendeur pourra opposer au responsable d'un retard les pénalités que le contrat de vente lui inflige en ce cas (14).

Cette opposabilité trouve sa réciproque dans la possibilité pour les tiers **d'*invoquer* le contrat contre les parties elles-mêmes :** « s'ils ne peuvent être constitués ni débiteurs ni créanciers, les tiers à un contrat peuvent invoquer à leur profit, comme un fait juridique, la situation créée par le contrat » (15). Par exemple, la victime du dommage causé par une chose pourra invoquer, pour déterminer le gardien responsable, le contrat opérant transfert de cette chose (cf. *infra*, n° 617).

On en déduit parfois que les tiers pourraient invoquer une faute contractuelle qui leur causerait préjudice (sur cette difficile question, v. *infra* n° 552).

247-1 **Limites à l'opposabilité.** Si le principe est ainsi que tout contrat est, en tant que fait, *opposable* aux tiers, ce principe connaît **deux limites.**

L'opposabilité est tout d'abord soumise à une exigence de preuve : pour être opposable aux tiers, il faut que l'acte ait **« date certaine »** (en matière civile, selon les modes de l'art. 1328, cf. *supra*, n° 125) afin d'éviter des fraudes (par ex. pour échapper à sa responsabilité fondée sur l'article 1386, le propriétaire de l'immeuble qui a causé le dommage vendrait cet immeuble, par acte antidaté, à une société insolvable).

Ensuite, le contrat devient *inopposable* aux tiers lorsqu'il apparaît conclu en **fraude** de leurs droits (cf. *supra*, n° 163). Mais cette inopposabilité est rare à l'égard des véritables tiers, qui n'ont pas de droits sur les parties : elle intéresse plus souvent les « ayants cause ».

§ 3. Les catégories intermédiaires

248 **Créanciers.** Les créanciers des contractants disposent d'un **« droit de gage général »** sur leur patrimoine, leur permettant de recourir éventuellement à une exécution forcée (saisies). Ceci est vrai non seulement pour les créanciers « chirographaires » (c'est-à-dire n'ayant aucune sûreté), mais aussi pour les créanciers « nantis » ou « privilégiés » (disposant d'une sûreté sur un bien

(14) Pour un exemple curieux : Civ. 1re, 17 octobre 2000, *Bull. civ.*, I, n° 246 (éditeur privé, par une diffusion fautive d'un tiers, des revenus attendus d'un ouvrage révélant des informations). — Sur l'opposabilité d'une *transaction* signée avec un tiers, v. *Contrats spéciaux*, n° 1440.

(15) Com., 22 octobre 1991, *Bull. civ.*, IV, n° 302 ; *D.* 1993.181, note GHESTIN les cautions d'un débiteur peuvent opposer au créancier qui les poursuit le contrat par lequel il a transféré ses créances à un autre.

particulier comme une hypothèque sur un immeuble ou un gage sur un meuble). À ce titre, ils ne sont pas totalement « tiers » aux actes qui intéressent leur débiteur (16). Ils profitent ou pâtissent des fluctuations du patrimoine de leur débiteur : que tel bien en sorte et ils ne pourront plus le saisir ; que tel autre bien y entre et, à l'inverse, leur « gage général » se trouvera accru.

Pour tenir compte de cet intérêt, la loi les place dans une situation particulière : comme les autres tiers, ils ne peuvent se voir réclamer l'exécution du contrat et doivent le respecter ; toutefois des voies spéciales sont organisées pour leur rendre **inopposables** les contrats ruinant leur gage (*l'action paulienne,* cf. *infra*, n° 854). De plus, à l'inverse des autres tiers, ils peuvent souvent exercer les droits de leur débiteur et s'immiscer ainsi dans le contrat en réclamant à l'autre partie l'exécution de ses engagements : c'est l'objet de *l'action oblique* (cf. *infra*, n° 849).

249 **Ayants cause à titre particulier.** Ce sont les tiers qui viennent à acquérir d'une des parties **le droit ou le bien faisant l'objet du contrat :** par exemple le bien qui a fait l'objet du contrat d'assurance, le fonds de commerce qui fait l'objet du contrat de travail ou de l'engagement de non-concurrence, le terrain à propos duquel a été conclu le contrat de construction, l'immeuble qui a été donné en location ou en prêt, etc. Le nouveau titulaire devient-il, par là même, partie au contrat au lieu et place de l'ancien ? Il y a là une question fort délicate qui soulève depuis longtemps des controverses (17). On peut dire qu'*en principe,* notre droit n'admet pas une substitution automatique : sauf s'il s'y est engagé (18), l'acquéreur d'un immeuble n'est, par exemple, pas tenu de payer les travaux commandés par le vendeur. « L'acquéreur d'un bien à titre particulier ne succède pas de plein droit aux obligations personnelles de son auteur, même si celles-ci sont nées à l'occasion du bien transmis » (19) ni à plus forte raison de rembourser l'emprunt contracté par le vendeur pour financer ces travaux (20). Et l'acquéreur d'un fonds de commerce n'est pas lié par les contrats conclus par le vendeur (21). Et réciproquement l'acheteur d'une entreprise n'est pas en droit de

(16) Ainsi ne peuvent-ils pas former « tierce-opposition » contre les jugements rendus à l'égard du débiteur, sauf le cas de fraude : art. *583 du C.P.C.*

(17) Cf. Du Garreau de la Mechenie, *La vocation de l'ayant cause particulier aux droits et obligations de son auteur, RTD civ.* 1944.219. — Cf. l'étude détaillée de Flour, Aubert et Savaux, n°s 439 et s.

(18) Notamment par une reproduction dans l'acte d'achat du contrat liant le vendeur : Com., 18 septembre 1989, *Bull. civ.*, IV, n° 222 — Civ. 3e, 11 décembre 2012, n° 10-27375. Civ. 3e, 5 mars 2008, *Bull. civ.*, III, n° 39 précise que cet engagement caractérise une délégation imparfaite (qui ne libère donc pas le débiteur initial).

(19) Civ. 3e, 16 novembre 1988, *D.* 1989.157, note Malaurie : l'engagement pris par le constructeur de réserver les logements d'un immeuble locatif à certains bénéficiaires ne lie pas l'acquéreur de cet immeuble si aucune clause en ce sens ne lui a été imposée dans la vente.

(20) Civ. 3e, 30 juin 2004, *Bull. civ.*, III, n° 133.

(21) Com., 19 décembre 1995, *Bull. civ.,* IV, n° 303 : les cessions de biens à un « repreneur » après faillite n'emportent pas transfert forcé des contrats concernant les biens cédés

réclamer paiement aux clients qui avaient contracté avec son vendeur (22) Mais ce principe supporte des exceptions dont le rôle pratique est très important par le jeu de la transmission des contrats attachés à une chose (cf. *infra*, n° 254) : c'est l'une des atteintes au principe de l'effet relatif des contrats qu'il convient maintenant d'examiner.

SECTION 2 LES EXCEPTIONS À L'EFFET RELATIF : L'EXTENSION DU CONTRAT À DES TIERS

§ 1. La stipulation pour autrui

250 **Définition.** Prévue par l'article 1121, la stipulation pour autrui est une opération qui, dès sa conclusion, prévoit qu'un tiers pourra tirer avantage du contrat car celui-ci crée une créance à son profit : par exemple une donation est consentie à une association, à charge pour elle de verser des subsides à un tiers.

On nomme ***stipulant*** celui qui impose cette charge (donateur dans notre exemple), ***promettant*** celui qui assume cet engagement (donataire) et ***tiers bénéficiaire*** celui qui, tout en n'étant pas partie au contrat, en tire un droit.

Ce mécanisme est très utilisé en matière d'**assurances.** C'est lui qui constitue le fondement des *assurances-décès :* l'assuré (stipulant) désigne dans le contrat les bénéficiaires auxquels sera versé le capital décès par l'assureur (promettant). Emploient le même mécanisme les *assurances de groupe* souscrites par un employeur au profit de son personnel (pour le cas d'accident de santé) ou par une banque au profit des emprunteurs (pour le remboursement du solde du prêt en cas de décès ou d'invalidité de l'emprunteur). Il en est de même de l'*assurance pour compte,* contractée par une personne « pour le compte de qui il appartiendra », opération très fréquente dans les assurances de marchandises transportées : on ne sait pas encore qui sera propriétaire des marchandises au moment où interviendra la perte.

Mais son domaine ne se limite pas à ce secteur et on en trouve de multiples applications, notamment en droit des affaires : La *« faculté de substitution »* devenue courante dans les promesses de vente, autorisant le bénéficiaire à se

(assurances). — Com., 4 mai 2010, n° 09-13118 ; *RDC* 2010.1226, obs. D. MAZEAUD (l'acquéreur d'un fonds de commerce n'est pas tenu aux contrats conclus par son prédécesseur). — Civ. 1re, 17 novembre 2011, n° 10-22865 (pour un mandat de gestion). — Com., 11 mars 2014, n° 13-12507 (pour un engagement de non-concurrence).

(22) Com., 6 mai 1997, *D.* 1997.588, note BILLIAU et JAMIN ; *Defrénois* 1997.977, obs. D. MAZEAUD. — V. aussi Com., 18 décembre 2007, *Bull. civ.*, IV, n° 268.

faire substituer par un tiers de son choix, est analysée en jurisprudence comme une stipulation pour autrui (23) ; de même le chef d'entreprise qui cède le contrôle de « sa » société et consent au repreneur la *« garantie de passif »* d'usage, s'oblige ainsi, en cas de passif révélé par la suite, à combler la caisse sociale, contractant ainsi une obligation envers la société qui n'est pourtant pas partie à la cession des parts sociales (24).

251 **Dérogation à sens unique ?** Selon une affirmation classique, la stipulation pour autrui ne pourrait jouer qu'à l'avantage du « bénéficiaire » : elle dérogerait au principe de l'effet relatif en ce qu'elle lui permet de « profiter » du contrat en réclamant l'exécution de la prestation mise à la charge du promettant, mais non en sens inverse, ne pouvant créer à sa propre charge des obligations qu'il n'a pas acceptées : « une stipulation pour autrui ne saurait faire naître qu'un droit au profit d'un tiers et non mettre à sa charge une obligation stipulée en dehors de lui » (25), et ceci même si l'obligation apparaissait liée au droit (par exemple, dans l'arrêt cité, l'obligation de payer la commission d'agence liée à l'achat d'un immeuble fait au profit du bénéficiaire) (26).

Mais la jurisprudence récente a modifié son approche, en admettant que « la stipulation pour autrui n'exclut pas, dans le cas d'acceptation par le bénéficiaire, qu'il soit tenu de certaines obligations », ce qui permet d'assortir le bénéfice de la stipulation de certaines charges (en l'espèce, un vendeur obtenait de l'acquéreur qu'il s'engage à donner le bien à un bénéficiaire qui serait tenu de l'exploiter) (27). Le bénéficiaire ne se voit pas imposer une charge contre son gré, puisqu'il est libre d'accepter ou de refuser. Mais, s'il accepte, il doit « prendre en bloc » l'avantage et la charge prévus. C'est en réalité une « stipulation de contrat » pour autrui (28) et l'on en trouve une illustration dans la « faculté de substitution » souvent insérée dans une promesse de vente, généralement analysée comme une stipulation pour autrui : le tiers qui se substituera à l'acheteur sera lié par les conditions de la vente (29).

(23) V. *Contrats spéciaux,* n° 145.
(24) V. Com., 7 octobre 1997, *Bull. civ.,* IV, n° 251.
(25) Civ. 3e, 10 avril 1973, *D.* 1974.21, note LARROUMET.
(26) V. aussi Com., 4 juin 1985, *Bull. civ.,* IV, n° 178 (la clause d'artibrage ne s'impose pas au bénéficiaire).
(27) Civ. 1re, 1er décembre 1987, *Bull. civ.,* I, n° 353 ; *D.* 1989. Som. 233, obs. AUBERT. — Cf. VENANDET, *La stipulation pour autrui avec obligation acceptée par le bénéficiaire, JCP,* 1989.I.3391. — V. déjà Civ. 1re, 21 novembre 1978, *D.* 1980.309, note C. CARREAU ; *JCP* 1980.II.19315. note P. RODIÈRE.
(28) Cf. D. MARTIN, *La stipulation de contrat pour autrui, D.* 1994. chr. 145. — Com., 13 avril 2010, n° 09-13712, *Bull. civ.,* IV, n° 76 ; *RDC* 2010.1228, obs. GENICON (« l'adhésion à une assurance de groupe, bien que conséquence d'une stipulation pour autrui, n'en crée pas moins un lien contractuel direct entre l'adhérent et l'assureur »).
(29) V. *Contrats spéciaux,* n° 145.

252 **Conditions.** La théorie exige **trois conditions,** mais la pratique les a considérablement assouplies.

— *Un intérêt du stipulant :* les termes de l'article 1121 conçoivent, sauf pour les donations, la stipulation pour autrui comme l'accessoire « d'une stipulation que l'on fait pour soi-même ». Mais la jurisprudence a vidé cette exigence de tout contenu : il suffit que le stipulant ait à l'opération un intérêt qui peut n'être que moral (30).

— *La détermination du bénéficiaire :* il faut qu'un bénéficiaire soit désigné, ce qui exclut, dans le dernier état de la jurisprudence, la stipulation pour autrui « implicite » (31) ; mais il suffit que le bénéficiaire soit déterminable, même s'il n'est pas encore connu lors du contrat (par ex. les futurs employés du stipulant d'une assurance de groupe) et même s'il n'existe pas encore (par ex. les enfants à naître du souscripteur d'une assurance-décès) ; cette condition, progressivement tombée en désuétude, semble même abandonnée puisque, dans le cas de la « faculté de substitution » dans une promesse de vente, son absence n'a pas dissuadé la jurisprudence d'analyser cette clause en une stipulation pour autrui (v. *supra,* n° 250).

— *L'acceptation du bénéficiaire :* cette acceptation, qui peut être tacite (32), est en principe nécessaire pour rendre définitive l'obligation stipulée à son profit. En réalité, il faut préciser : promettant et stipulant sont déjà liés l'un envers l'autre et seul un nouvel accord entre eux peut **révoquer** la stipulation pour autrui. Or, dès que le bénéficiaire (33) a accepté, ce nouvel accord est impossible : la stipulation est rendue **« irrévocable »** par cette acceptation (34), et ne peut non plus être modifiée (35), ce qui n'est pas sans inconvénients (36). Dans le cas le plus fréquent des assurances-décès, la loi est venue préciser qu'il faut un avenant tripartite (art. L. 132-9 du Code des assurances, issu de la loi du 17 décembre 2007).

253 **Effets.** Comme toute opération à trois personnes, la stipulation pour autrui produit des effets relatifs aux « trois côtés du triangle ».

▪ (30) Cf. l'analyse de FLOUR, AUBERT et SAVAUX, n° 474.

▪ (31) Les proches d'un voyageur décédé ne peuvent donc pas se dire bénéficiaires des obligations du voyagiste : Civ. 1re, 28 septembre 2003, *Bull. civ.*, I, n° 219 ; *Defrénois* 2004.383, obs. LIBCHABER (*accident du Mékong*).

▪ (32) V. Civ. 1re, 13 mai 1998, *Bull. civ.,* I, n° 170 ; *D.* 1999.291, note RAYMOND : dans une double assurance-décès souscrite par deux époux, chacun accepte tacitement sa désignation par l'autre (qui ne peut donc ensuite changer le bénéficiaire).

▪ (33) Ou ses *héritiers,* à qui le bénéfice de la stipulation est transmis, sauf clause contraire : Civ. 1re, 9 juin 1998, *Bull. civ.,* I, n° 202.

▪ (34) Cf. Civ. 1re, 5 février 1978, *Bull. civ.,* I, n° 371 ; *D.* 1979.401, note BERR et GROUTEL. — 26 avril 1983, *Bull. civ.,* I, n° 129. — 22 mai 1984, *Bull. civ.,* I, n° 166.

▪ (35) Civ. 1re, 20 juin 2000, *Bull. civ.,* I, n° 194 ; *C.C.C.* 2000, n° 133. — 30 janvier 2001, *Bull. civ.,* I, n° 15.

▪ (36) Pour le cas de l'assurance-vie, v. KULLMANN, *Pour le maintien du droit de rachat en dépit de l'acceptation du bénéficiaire, Mélanges Gavalda,* 2001.199.

— ***Entre le stipulant et le promettant,*** c'est-à-dire les contractants eux-mêmes, elle produit les effets de tout contrat : en particulier le stipulant a qualité pour exiger du promettant qu'il exécute son obligation, même s'il n'en est pas le bénéficiaire car il y a un intérêt au moins moral (37) ; et réciproquement il reste tenu d'exécuter la sienne, même une fois que le bénéficiaire a accepté. En cas d'inexécution, chaque partie peut demander la **résolution** du contrat, même le stipulant pour inexécution du promettant envers le bénéficiaire (la révocation d'une donation pour inexécution des charges en est un exemple), ou des dommages-intérêts (38). Il peut même demander le versement de ces dommages-intérêts au tiers : par exemple, le titulaire d'un coffre de banque qui y a placé des valeurs appartenant à un tiers peut, en cas de vol, demander que la banque soit condamnée à indemniser ce tiers (39).

— ***Entre le promettant et le bénéficiaire,*** l'originalité du mécanisme est que ce dernier acquiert un **droit direct** contre le promettant (40) : il peut réclamer l'exécution de la promesse ou, à défaut, des dommages-intérêts (41). Et les sommes ainsi versées tombent directement dans son patrimoine, sans transiter par celui du stipulant : les créanciers de ce dernier ne peuvent donc pas les saisir et surtout, dans l'assurance-décès, le capital perçu par le bénéficiaire échappe à la succession du stipulant et aux droits fiscaux correspondants.

Ce droit direct procède du contrat qui en fixe les contours. D'où il suit que le promettant peut opposer au bénéficiaire les **exceptions** qu'il tient du contrat principal ; il peut notamment invoquer la défaillance du stipulant pour obtenir la résolution du contrat (42).

En revanche, le bénéficiaire ne peut pas agir en **résolution** du contrat principal car il n'y a juridiquement aucun intérêt, ne pouvant obtenir aucune restitution puisqu'il n'a rien versé.

— ***Entre le stipulant et le bénéficiaire,*** il n'y a pas de relation directe. Mais cette stipulation peut constituer un mode de transfert intéressant, qui doit être pris en compte. Si le stipulant avait une dette envers le bénéficiaire, cette

▪ (37) Ex. : l'acquéreur de parts sociales peut exiger du cédant qui a souscrit une garantie de passif qu'il verse les fonds à la société (Com., 1er avril et 7 octobre 1997, *Bull. civ.*, IV, nos 94 et 251) ; un employeur peut exiger d'une agence de voyage l'exécution de l'accord pris au profit de ses salariés (Civ. 1re, 14 décembre 1999, *Bull. civ.*, I, n° 341).

▪ (38) Cf. par ex. Com., 14 mai 1979, *D.* 1980.157, note LARROUMET.

▪ (39) Civ. 1re, 29 mars 1989, *Bull. civ.*, I, n° 142.

▪ (40) Cf. Civ. 1re, 22 mai 2008, *Bull. civ.*, I, n° 145 ; *RDC* 2008.1135, obs. D. MAZEAUD. — Com., 13 avril 2010, précité note 27. Ce droit se transmet à ses héritiers, même si le bénéficiaire est décédé avant d'accepter : Civ. 2e, 23 octobre 2008, n° 07-19163, *Bull. civ.*, II, n° 250.

▪ (41) Com., 23 mai 1989, *Bull. civ.*, IV, n° 164. — Cependant, comme il est un tiers au contrat initial, il peut en rapporter la preuve par tous moyens sans être astreint aux modes de l'article 1341 du Code civil (Civ. 1re, 2 février 1988, *Bull. civ.*, I, n° 30).

▪ (42) Civ. 1re, 23 mars 1982, *Bull. civ.*, I, n° 119. — 29 novembre 1994, *Bull. civ.*, I, n° 353.

stipulation peut constituer un moyen de **payer** cette dette (43). S'il n'en avait pas, elle constitue un avantage gratuit qui caractérise parfois une ***donation indirecte*** (ce qui peut déclencher certaines règles : révocation en cas de divorce, règles de protection de la succession, etc.) (44).

§ 2. Le transfert des contrats attachés à une chose

254 **Définition.** Comme on l'a vu précédemment, le transfert d'un bien n'emporte pas en principe que l'acquéreur soit lié par les contrats qui avaient été conclus au sujet de ce bien par le précédent propriétaire (cf. *supra*, n° 249). Mais ce principe supporte des dérogations, d'origine légale, jurisprudentielle ou conventionnelle. Il s'agit de cas où c'est le contrat en son entier qui va être transféré avec la chose, avec ses charges et ses avantages — ce qui est différent d'un simple transfert de droits isolés qui sera vu plus loin (cf. *infra*, n° 258).

255 **Transfert légal.** Toute une série de textes particuliers prévoient le transfert des contrats lorsqu'ils sont attachés à une chose de façon si étroite que leur exécution est inconcevable en dehors d'elle ou encore lorsque des motifs d'intérêt public justifient ce transfert. Sans prétendre être exhaustif, on peut indiquer les principaux cas.

— *Le contrat de **bail*** est transféré à l'acquéreur de la chose louée : il y a changement de bailleur (art. 1743). Des dispositions particulières peuvent inversement imposer au propriétaire de supporter un changement de locataire (art. 1751 prévoyant l'attribution du bail d'habitation par le juge en cas de divorce ; art. 14 de la loi du 6 juillet 1989 prévoyant qu'en cas d'abandon de domicile par le locataire, le bail « continue » au profit du conjoint, des descendants, des ascendants ou du concubin vivant dans les lieux depuis au moins un an ; art. L. 145-16 du Code de commerce prévoyant la faculté pour l'exploitant commercial de céder son bail en même temps que son fonds de commerce ; art. L. 411-35 du Code rural permettant au juge d'autoriser la cession d'un bail rural aux descendants du preneur).

(43) Ainsi de l'emprunteur qui souscrit une assurance au profit du banquier prêteur : le versement fait à ce dernier par l'assureur éteindra la dette de l'emprunteur : Civ. 1re, 14 novembre 1995, *Bull. civ.*, I, n° 404.

(44) V. Patarin, *RTD civ.*, 1988.382. — Civ. 1re, 17 septembre 2003, *Bull. civ.*, I, n° 182.

— *Le contrat* **d'assurance** est transmis de plein droit à l'acquéreur du bien assuré, avec toutefois une faculté de résiliation (art. L. 121-10 du Code des assurances) (45).

— *Le contrat* de **travail** est transmis de plein droit au nouvel exploitant de l'entreprise (art. L. 1224-1 du Code du travail), y compris dans le cadre d'une reprise après liquidation judiciaire (46).

Il faut souligner que ces transferts sont d'**ordre public,** c'est-à-dire qu'ils ne peuvent être mis en échec par une clause contraire du contrat (47), mais qu'ils n'opèrent que pour l'avenir et ne déchargent pas le contractant initial des arriérés impayés (48). En outre leurs effets secondaires sont incertains : par exemple les sûretés accessoires sont-elles transférées (49) ?

256 **Transfert judiciaire.** Dans certains cas, la loi donne aux tribunaux le pouvoir d'ordonner le transfert : c'est notamment le cas pour *certains contrats nécessaires à l'activité* d'une entreprise en **redressement judiciaire** (50) qui peuvent être transférés au **« repreneur »** (C. com., art. L. 621-88) et ce, même s'ils présentent un caractère *intuitu personae* qui cède devant les exigences de la survie de l'entreprise (51).

En dehors des cas prévus par la loi, la **jurisprudence** déroge parfois elle-même au principe de l'effet relatif en imposant un transfert du contrat lorsque sa nature le lie indivisiblement à la chose. Cette jurisprudence reste exceptionnelle et paraît cantonnée à deux hypothèses : transfert des **contrats de**

(45) Pour une application en cas de vente d'un fonds de commerce : Civ. 1re, 21 mars 1995, *Bull. civ.,* I, n° 132. — Et en cas de vente de bâtiments : Civ. 1re, 9 mai 2001, *Bull. civ.,* I, n° 118 (l'acquéreur peut donc reprocher à l'assureur de ne pas l'avoir informé quant au plafond de garantie).

(46) Soc., 27 avril 2000, *Bull. civ.,* V, n° 156.

(47) V. par ex. Com., 6 décembre 1994, *Bull. civ.,* IV, n° 368 (pour un bail).

(48) V. par ex. Com., 12 octobre 1993, *Bull. civ.,* IV, n° 333. — 1er octobre 1997, *Bull. civ.,* IV, n° 237. — Soc., 3 avril 1991, *Bull. civ.*, V, n° 164 — 14 octobre 1997, *Bull. civ.,* V, n° 309. — 3 mars 1998, *Bull. civ.*, V, n° 116 — 27 mai 2009, *Bull. civ.*, V, n° 137. — Pour le bail, v. *Contrats spéciaux,* n° 348.

(49) Voir la vive émotion suscitée par Com., 26 novembre 1999, refusant à l'acheteur d'un bien loué le bénéfice du cautionnement garantissant les loyers (*Bull. civ.,* IV, n° 184 ; *JCP* 2000.II.10320, note CASEY ; *D.* 2000.224, note crit. AYNÈS ; LARROUMET, *D.* 2000, chr. 155 et la réponse du Président de chambre, *D.* 2000, n° 16, Actual. VI), décision finalement désavouée par Ass. Pl., 6 décembre 2004, *D.* 2005.70.

(50) Le caractère dérogatoire du mécanisme interdit de l'étendre à la liquidation judiciaire : Com., 1er octobre 1997, *JCP* 1997.II.22941, rapport REMERY.

(51) SAINT-ALARY-HOUIN, *Droit des entreprises en difficulté,* Montchrestien 1995, nos 956 et s. — Colmar, 13 juin 1990, *D.* 1991.97, note FABIANI. — Mais les garanties accessoires ne sont pas transférées : la caution qui garantissait le débiteur initial ne garantit pas l'exécution par le repreneur (Com., 21 novembre 1995, *Bull. civ.,* IV, n° 267), ce qui aggrave l'atteinte portée aux droits du cocontractant.

fourniture avec le fonds de commerce alimenté par ces fournitures (52) et transfert de la charge ou du bénéfice des engagements de **non-concurrence** à l'acquéreur du fonds « grevé » de cet engagement ou du fonds bénéficiaire (53).

257 **Transfert conventionnel (54).** Sauf dans des matières particulières, comme le contrat de travail (55), il est permis aux parties de prévoir dans leur contrat que l'une d'entre elles pourra « céder » le contrat à un tiers : ainsi le bail peut autoriser la cession de bail ; celui qui consent une promesse de vente peut permettre au bénéficiaire de la céder à un tiers (56). Le cocontractant qui a accepté cette clause initiale ne peut ensuite s'opposer au transfert (57) et le cessionnaire est alors tenu des droits et obligations nés du contrat (58), sans d'ailleurs que le cédant en soit libéré : il est juste qu'envers son contractant initial, il demeure garant du nouveau partenaire qu'il lui impose, sauf décharge expresse (59). Ce n'est pas là une véritable dérogation à l'effet relatif puisque toutes les parties ont donné leur consentement (les parties initiales dans le contrat, le tiers dans la cession).

Mais peut-on aller plus loin et permettre une telle cession en dehors du consentement des contractants initiaux ? Il arrive souvent que, dans une vente, l'acquéreur déclare faire « son affaire » des **contrats en cours** (abonnements divers) : l'autre partie à ces contrats peut certes en profiter, en se prévalant de l'engagement de l'acquéreur au titre de la stipulation pour autrui (60) mais cette clause est impuissante à la priver de ses droits contre le contractant initial (61). Par conséquent, le fournisseur pourra toujours poursuivre son cocontractant initial : mieux vaut donc pour ce dernier mettre fin au contrat ou obtenir un transfert avec l'accord de tous. Notre droit maintient en effet le principe du refus

(52) Cf. Com., 2 février 1971, *Bull. civ.,* IV, n° 32. — 4 mai 1993, *C.C.C.* 1993.171. obs. LEVENEUR (sol. impl. : il y a donc dol du cédant à en dissimuler le contenu). — *Contra* pour un contrat de franchise : Paris, 15 décembre 1992, *JCP* 1994.II.22205, note JAMIN.

(53) Com., 19 décembre 1960, *Bull. civ.,* IV, n° 418. — Civ. 1re, 3 décembre 1996, *JCP* 1997.II.22799, note DAIGRE ; *D.* 1997.151, rapport CHARTIER, note SERRA. — *Contra* Com., 1er avril 1997, *Bull. civ.,* IV, n° 89 ; *D.* 1998, Somm. 111, obs. LIBCHABER.

(54) Cf. L. AYNÈS, *La cession de contrat,* Economica, 1984.

(55) Soc., 23 septembre 2009, *Bull. civ.*, V, n° 191 ; *D.* 2009.2351.

(56) Sur la nature de ce transfert. v. *Contrats spéciaux,* n° 145. — Cette cession lui est même parfois imposée : certains contrats d'abonnement d'entretien téléphonique par exemple font obligation à l'abonné d'imposer, s'il cède le bien, à l'acquéreur la reprise des contrats. — Comp., pour le transfert du contrat de maintenance d'un ordinateur : Versailles, 21 mai 1986, *D.* 1987.266, note HUET.

(57) Com., 6 mai 1997, *Bull. civ.,* IV, n° 118 ; *D.* 1997.588, note JAMIN et BILLIAU.

(58) Cf. par ex. Civ. 1re, 14 déc. 1982, *D.* 1983.416, note AYNÈS.

(59) Civ. 3e, 12 décembre 2001, *D.* 2002.984.

(60) Cf. Civ. 1re, 18 février 1964, *Bull. civ.,* I, n° 92. — Mais *contra* Civ. 1re, 23 janvier 1968, *D.* 1968.472.

(61) V. Com., 18 décembre 2007, *Bull. civ.*, IV, n° 268. — Civ. 1re, 30 avril 2009, *Bull. civ.*, I, n° 82.

de transfert sans l'accord du cédé (cf. *supra*, nº 249), et ne permet donc pas aux parties d'élargir les exceptions légales (62).

§ 3. Le transfert des actions contractuelles

258 **Dépeçage du contrat.** Même sans qu'il y ait transfert du contrat en son entier comme précédemment, il arrive que *l'un des droits contractuels* puisse être exercé par un tiers à son profit.

Il y a évidemment là une nouvelle exception à la relativité du contrat puisque c'est un tiers qui va pouvoir mettre en œuvre, dans son intérêt personnel, les droits et actions que ce contrat avait fait naître pour l'une des parties.

Cette exception est connue depuis longtemps pour les actions en paiement des dettes contractuelles, sous le nom d'action directe. Plus récemment, elle a été transposée, non sans hésitations et incertitudes, aux actions en responsabilité contractuelle.

A. LES ACTIONS DIRECTES EN PAIEMENT

259 **Définition.** L'action directe permet à un tiers, qui dispose d'un droit contre une des parties au contrat, d'exercer lui-même le droit de cette partie contre l'autre contractant. Par exemple, en cas de **sous-location,** un bailleur peut réclamer « directement » au sous-locataire paiement du loyer ; l'entrepreneur **sous-traitant** peut demander paiement directement au client principal (63).

Ici, ce n'est plus le contrat tout entier qui est transféré, mais seulement son aspect positif : par l'action directe le tiers exerce **les droits nés du contrat pour son auteur,** mais n'a pas à en assumer les charges.

260 **Intérêt pratique.** L'intérêt de l'action directe est de « contracter » un circuit qui devrait normalement être suivi en deux temps : tiers agissant contre une partie, puis celle-ci réclamant à l'autre l'exécution du contrat (pour les exemples précités : bailleur payé par le locataire principal lui-même payé par le sous-locataire ; sous-traitant payé par l'entreprise générale elle-même payée par le client).

(62) Cf. JAMIN, *Cession de contrat et consentement du cédé, D.* 1995. chr. 131. — IZORCHE, *Information et cession de contrat, D.* 1996. chr. 347. — AYNÈS, *Nouvelles précisions sur le rôle du cédé, D.* 1998, chr. 25.

(63) COZIAN, *L'action directe,* LGDJ, 1969. — JAMIN, *La notion d'action directe,* LGDJ, 1991.

Cette « contraction » permet quelquefois d'aller plus vite, mais surtout de « sauter » un maillon de la chaîne et d'éviter les conséquences d'une **insolvabilité** de ce maillon intermédiaire. Dans le schéma classique en effet, si le locataire principal ou l'entreprise générale est insolvable, le tiers ne pourrait obtenir satisfaction : en lui permettant de s'adresser directement au sous-locataire ou au client, l'action directe lui permet de contourner cet obstacle, et d'éviter ainsi d'avoir à subir le concours avec les autres créanciers de cet intermédiaire.

261 **Caractère exceptionnel : nécessité d'un texte.** L'action directe n'est pas un principe général de notre droit positif qui pourrait être mis en œuvre par n'importe quel créancier d'un contractant : elle diffère en cela de l'action oblique qui est ouverte à tout créancier mais est beaucoup moins efficace car elle n'écarte pas le concours avec les autres créanciers (cf. *infra*, n° 853). Il faut un cas particulier, prévu en principe par un texte.

Les principaux cas d'action directe prévue par la loi sont les suivants :

— action du bailleur contre le **sous-locataire** en paiement du loyer (art. 1753) ;

— action du mandant contre le **sous-mandataire** en responsabilité (art. 1994) ;

— action de la victime d'un accident contre l'**assureur du responsable** en paiement de l'indemnité (C. assur., art. L. 124-3, cf. *infra*, n° 686) ;

— action du **sous-traitant** contre le maître de l'ouvrage en paiement de ses travaux (loi du 31 décembre 1975) ;

— action du créancier **alimentaire** contre toute personne devant des fonds au débiteur, notamment banquier ou employeur (loi du 2 janvier 1973).

À défaut de texte, il n'y a pas d'action directe : par exemple, le vendeur impayé n'a pas d'action directe contre le sous-acquéreur (c'est pourquoi la loi lui confère un privilège sur le prix de revente) (64).

262 **Nécessité d'une dualité de créances.** Le tiers qui exerce l'action directe et qui « contracte » ainsi deux créances se trouve confronté à une **double limite :**

— il ne peut réclamer plus que *sa propre créance* (le bailleur par exemple ne peut demander que le paiement du loyer principal ; le sous-traitant que le montant de ses propres travaux) ;

— il ne peut non plus demander plus que *ce qui est dû à son débiteur* (le bailleur ne peut demander au sous-locataire plus que le sous-loyer dû par celui-ci ; le sous-traitant ne peut obtenir plus que le montant des sommes encore dues par le client). Cela vient souvent restreindre la portée de l'action directe car le contractant contre qui elle est exercée peut bien entendu lui opposer toutes les **exceptions** qu'il tient du contrat : par exemple, le sous-traitant se verra

(64) Pour un autre exemple : Soc., 26 janvier 2000, *Bull. civ.,* V, n° 39 (le salarié n'a pas d'action directe contre l'A.G.S.).

opposer par le client qu'il ne doit rien à raison des malfaçons de l'ouvrage, même si elles sont imputables à d'autres travaux que les siens (65). En ce qui concerne toutefois l'action directe de la victime contre l'assureur du responsable, cette règle reçoit des dérogations : il y a des cas de déchéance que l'assureur pourrait opposer à son assuré, mais qu'il ne peut pas opposer à la victime exerçant l'action directe (art. R. 124-1 du Code des assurances).

263 **Effets.** L'action directe n'est jamais qu'une *simple faculté :* le bénéficiaire peut n'en pas user et agir simplement contre son débiteur naturel qui ne peut évidemment prétendre être déchargé par l'existence de cette action.

Lorsqu'elle est exercée, elle conduit à une **attribution exclusive** des sommes à son auteur : c'est là son intérêt, constituant un privilège au profit de son auteur qui évite le concours avec les autres créanciers. Mais le moment de cette attribution exclusive varie : lorsqu'elle s'effectue dès l'origine, de façon automatique, on parle *d'action directe parfaite* (par ex. l'assureur du responsable ne peut pas verser l'indemnité à celui-ci, mais seulement à la victime) ; lorsqu'elle nécessite une demande du tiers, on parle *d'action directe imparfaite* (par ex. le client peut payer l'entreprise générale tant qu'il n'a pas reçu une mise en demeure de la part du sous-traitant, lequel risque donc d'arriver trop tard).

B. TRANSFERT DES ACTIONS EN RESPONSABILITÉ

264 **Action directe en responsabilité : chaînes de contrats.** Sans aucun texte, la jurisprudence a récemment admis une action directe en responsabilité en cas de contrats successifs portant sur un même bien, qui constituent ce qu'on peut appeler une « chaîne de contrats ». Tout d'abord, elle a raisonné sur le cas le plus simple de **ventes successives :** le sous-acquéreur peut agir directement contre le vendeur initial, qui est souvent le fabricant, en garantie des vices cachés de la chose. La particularité est qu'il agit alors sur le fondement du premier contrat de vente, et invoque les droits du premier acquéreur contre le fabricant. Jusqu'alors, il ne lui était pas reconnu cette possibilité de s'immiscer dans le champ contractuel, et il était renvoyé à invoquer la responsabilité délictuelle comme n'importe quel tiers.

Après avoir été admise en cas de ventes successives (66), cette action a vu son champ s'élargir à d'autres hypothèses de « chaînes de contrats », *dès lors qu'il y a* ***transfert d'un bien*** **:** le nouveau titulaire du bien « jouit de tous les droits et actions attachés à la chose qui appartenait à son auteur », quelle que soit la nature

(65) Cf. Civ. 3e, 15 février et 8 mars 1983, *D.* 1983.483 et la note.
(66) Civ. 1re, 9 octobre 1979, *Bull. civ.,* I, n° 241 pour la garantie des vices cachés. — Civ. 3e, 28 mars 1990, *Bull. civ.,* III, n° 93 pour la garantie d'éviction.

juridique des contrats ayant opéré la transmission (67) : ainsi celui qui fait construire (contrat d'entreprise) peut agir directement contre le fournisseur des matériaux mis en œuvre par le constructeur (contrat de vente) (68), de la même façon que les acquéreurs successifs du bien peuvent agir contre les entrepreneurs ayant participé à la construction ou à la fabrication (69).

Un courant important a tenté de dégager la notion de « groupe de contrats », pour en déduire que « tous ceux qui n'ont souffert d'un dommage que parce qu'ils avaient un lien avec le contrat initial » disposent d'une action directe en responsabilité qui repose sur ce contrat initial (70).

Mais, sous l'impulsion d'une nette dissidence de la troisième chambre civile (71), l'Assemblée plénière de la Cour de cassation a apporté, dans l'arrêt **Besse,** un coup d'arrêt peu heureux à cet effort, au sujet d'un contrat de sous-traitance : l'action en responsabilité dont l'entrepreneur principal dispose contre le sous-traitant sur le terrain contractuel ne se transmet pas au maître d'ouvrage, lequel ne peut donc agir que comme n'importe quel tiers, en invoquant une responsabilité délictuelle (72). Toutes les chambres de la Cour de cassation se sont inclinées (73). Il est donc acquis en droit positif aujourd'hui que seules les actions en responsabilité « attachées à une chose » se transmettent avec celle-ci, ce qui n'est guère satisfaisant : rien ne justifie que le régime soit différent selon, par exemple, qu'un sous-traitant a fourni des matériaux (charpentier) ou seulement son industrie (électricien ou plombier), mais force est néanmoins de faire cette distinction (74).

265 **Conséquences : cas de transfert.** Aux termes de cette jurisprudence, qui reprend constamment la formule précitée de l'Assemblée plénière de 1986 pour justifier le transfert (le propriétaire actuel du bien « jouit de tous les droits et actions attachés à la chose qui appartenait à son auteur »), l'action directe en responsabilité contractuelle nécessite un ***transfert de propriété d'une chose.***

■ (67) Ass. Plén., 7 février 1986, *JCP* 1986.II.20616. note MALINVAUD ; *D.* 1986.293 et la note rapportant les divergences antérieures.

■ (68) Cf. Civ. 1re, 23 juin 1993, *Bull. civ.,* I, n° 226.

■ (69) Civ. 3e, 26 mai 1992, *Bull. civ.,* III, n° 168. — 8 février 1995, *Bull. civ.,* III, n° 39. — Civ. 3e, 23 septembre 2009, *Bull. civ.*, III, n° 202.

■ (70) Civ. 1re, 21 juin 1988, *JCP* 1988.II.21125, note JOURDAIN ; *RTD civ.* 1989.74, obs. MESTRE et 107, obs. RÉMY. — 8 mars 1988, *JCP* 1988.II.21070.

■ (71) Civ. 3e, 7 mai 1986, *D.* 1987.257 ; 22 juin 1988, *JCP* 1988.II.21125, note JOURDAN. — 13 décembre 1989 et 28 mars 1990, *D.* 1991.25, note KULLMANN.

■ (72) Ass. Plén., 12 juillet 1991, *Grands arrêts*, n° 173 ; *JCP* 1991.II.21743, note VINEY ; *D.* 1991, Somm. 321, obs. AUBERT ; *D.* 1992. Som. 119, n° 16 et les obs.

■ (73) Civ. 1re, 23 juin 1992, *Bull. civ.,* I, n° 195. — 7 juillet 1992, *Bull. civ.,* I, n° 221. — Com., 4 mai 1993, *Bull. civ.,* IV, n° 173.

■ (74) Cf. pour la cassation d'un arrêt n'ayant pas fait la recherche : Civ. 3e, 18 novembre 1992, *Bull. civ.,* III, n° 299.

C'est dire qu'elle concerne les contrats de vente et, pour partie seulement, les contrats d'entreprise quand l'entrepreneur fabrique ou construit une chose (75).

En revanche, il n'y a pas transfert, faute de « chose-support », dans les contrats de services : sous-traitance (cf. *supra*, n° 264), mais aussi sous-dépôt (76) (pour le sous-mandat, il y a un texte : art. 1994, cf. *supra*, n° 261), non plus que dans les contrats ne concernant que l'usage de chose (comme la sous-location).

Mais, dans tous les cas où il n'y a pas transfert de l'action contractuelle, il reste la possibilité d'agir en responsabilité sur le terrain **délictuel :** envisagé comme un tiers au contrat de sous-traitance ou de sous-location, le maître d'ouvrage ou le bailleur pourra néanmoins invoquer la faute du sous-traitant ou du sous-locataire pour obtenir réparation (cf. *infra*, n° 552). Mais il devra prouver cette faute et ce seront alors les règles du droit commun de la responsabilité délictuelle qui s'appliqueront pour apprécier la responsabilité du contractant, et non les stipulations contractuelles — alors pourtant que sa « faute » n'a de source que dans son manquement à ces stipulations !

On parvient ainsi à un résultat dont *l'absurdité* ressort clairement du tableau suivant, limité pour la clarté aux seuls contrats de vente et d'entreprise mais transposable à tous contrats relatifs au transfert d'une chose ou à une prestation de service (sans compter qu'il peut arriver qu'un même contrat ait ce double objet : exemple de l'entrepreneur qui fournit la matière).

Vente + vente :	action directe contractuelle
Vente + entreprise :	action directe contractuelle
Entreprise + vente :	action directe contractuelle
Entreprise + entreprise	action directe délictuelle

266 **Conséquences : effets du transfert.** Dans les cas où il y a transfert des actions contractuelles avec la chose, celui qui agit n'exerce que **l'action de son auteur** qui lui a été transmise, et non une action qui serait la sienne propre.

Par conséquent, c'est exclusivement par rapport au **premier contrat** que s'appréciera cette action. Par exemple un sous-acquéreur, qui peut exercer les actions en garantie de son auteur contre le vendeur initial, se verra opposer la prescription qui avait couru à compter de la première vente (77), de même que les clauses de non-responsabilité figurant dans cette première vente (78), mais

(75) V. *Contrats spéciaux*, n°s 228 et 805.

(76) Avant l'arrêt *Besse*, l'action en responsabilité contractuelle contre le sous-dépositaire avait été admise : Civ. 1re, 31 octobre 1989, *JCP* 1990.II.21568, note DE QUENAUDON.

(77) Civ. 1re, 9 octobre 1979, *Bull. civ.*, I, n° 241. — Aix, 1er mars 1993, *JCP* 1993.IV.2564.

(78) Civ. 1re, 7 juin 1995, *C.C.C.* 1995.159, note LEVENEUR ; *D.* 1996.395, note D. MAZEAUD. — Com., 28 février 2004, *RJDA* 2004.667. — *Id.* pour une clause de compétence (Civ. 3e,

non celles incluses dans la seconde vente, dont le premier vendeur n'a aucune raison de profiter (79).

Par conséquent aussi, si ce sous-acquéreur agit en résolution du contrat, c'est seulement du prix de la première vente qu'il peut obtenir restitution, et non de celui, plus élevé, qu'il a versé lui-même (80). Et la logique voudrait qu'il faille apprécier le préjudice subi par son auteur, et non le sien propre — ce qui démontre de plus l'inanité du fondement de « l'attachement à la chose ».

En outre l'ancien titulaire, dont l'action a été transmise avec la chose, peut encore l'exercer personnellement s'il y a conservé un intérêt — solution justifiée en elle-même mais soulignant encore l'illogisme du fondement (81).

La jurisprudence récente a d'ailleurs, pour ce qui concerne les actions en indemnisation, instauré une frontière logique : le transfert ne concerne que les actions nées après la vente tandis que celles liées à des dommages antérieurs sont conservées par le vendeur (82).

N°s 267 à 269 réservés.

30 octobre 1991, *C.C.C.* 1992.25, 2e espèce) ou pour une clause d'arbitrage (Civ. 1re, 6 février 2001, *Bull. civ.,* I, n° 22 ; *JCP* 2001.II.10567, note LEGROS).

■ (79) Com., 22 mai 2002, *Bull. civ.,* V, n° 89. — Civ. 3e, 22 juin 2011, n° 08-21804.

■ (80) Civ. 1re, 27 janvier 1993, *Bull. civ.,* I, n° 45 ; *D.* 1994, Somm. 239, obs. TOURNAFOND. — 4 mars 1997, *Defrénois* 1997, 1343, obs. D. MAZEAUD ; *C.C.C.* 1997.93, obs. LEVENEUR.

■ (81) V. Civ. 3e, 11 décembre 1991, *Bull. civ.,* III, n° 314. — 31 mai 1995, *Bull. civ.,* III, n° 133. — 17 janvier 1996, *Bull. civ.,* III, n° 8. — 3 juillet 1996, *Bull. civ.,* III, n° 167. — Civ. 3e, 23 septembre 2009, *Bull. civ.,* III, n° 202.

■ (82) Civ. 3e, 4 décembre 2002, *Bull. civ.,* III, n° 250 ; *JCP* 2003.II.10058, note JOURDAIN. — 17 novembre 2004, *Bull. civ.,* III, n° 207.

CHAPITRE 2

LES OBLIGATIONS CRÉÉES PAR LE CONTRAT

270 **Principe : détermination des obligations réellement voulues par les parties.** Le principe de l'autonomie de la volonté implique qu'on ne soit lié que dans la mesure exacte de ce qu'on a réellement voulu. Il ne faut donc pas s'en tenir à la volonté déclarée des parties car celles-ci ont pu s'exprimer maladroitement, ou encore dissimuler leur accord réel sous une fausse apparence : c'est l'accord profond qui doit prévaloir (1). Cette recherche de la teneur de l'accord réel se traduit par l'interprétation du contrat et par le régime de la simulation. Il faudra ensuite examiner le cas de sa modification.

SECTION 1 L'INTERPRÉTATION DU CONTRAT

TEXTES

Code civil, art. 1134 et 1135, 1156 à 1164, 1602
Code de la consommation, art. L. 133-2

Art. 1134. — Les conventions légalement formées tiennent lieu de loi à ceux qui les ont faites.
Elles ne peuvent être révoquées que de leur consentement mutuel, ou pour les causes que la loi autorise.
Elles doivent être exécutées de bonne foi.

(1) Un arrêt rattache cette règle au principe du consensualisme, dispensant les parties de suivre des *formes* contractuelles imposées : « le caractère consensuel du contrat n'impose pas que les volontés contractuelles soient formulées de manière expresse » (Civ. 1re, 4 juin 2002, *Bull. civ.*, I, n° 159).

Art. 1135. — Les conventions obligent non seulement à ce qui y est exprimé, mais encore à toutes les suites que l'équité, l'usage ou la loi donnent à l'obligation d'après sa nature.

....

Art. 1156. — On doit dans les conventions rechercher quelle a été la commune intention des parties contractantes, plutôt que de s'arrêter au sens littéral des termes.
Art. 1157. — Lorsqu'une clause est susceptible de deux sens, on doit plutôt l'entendre dans celui avec lequel elle peut avoir quelque effet, que dans le sens avec lequel elle n'en pourrait produire aucun.
Art. 1158. — Les termes susceptibles de deux sens doivent être pris dans le sens qui convient le plus à la matière du contrat.
Art. 1159. — Ce qui est ambigu s'interprète par ce qui est d'usage dans le pays où le contrat est passé.
Art. 1160. — On doit suppléer dans le contrat les clauses qui y sont d'usage, quoiqu'elles n'y soient pas exprimées.
Art. 1161. — Toutes les clauses des conventions s'interprètent les unes par les autres en donnant à chacune le sens qui résulte de l'acte entier.
Art. 1162. — Dans le doute, la convention s'interprète contre celui qui a stipulé, et en faveur de celui qui a contracté l'obligation.
Art. 1163. — Quelque généraux que soient les termes dans lesquels une convention est conçue, elle ne comprend que les choses sur lesquelles il paraît que les parties se sont proposé de contracter.
Art. 1164. — Lorsque dans un contrat, on a exprimé un cas pour l'explication de l'obligation, on n'est pas censé avoir voulu par là restreindre l'étendue que l'engagement reçoit de droit aux cas non exprimés.

....

Art. 1602. — Le vendeur est tenu d'expliquer clairement ce à quoi il s'oblige. Tout pacte obscur ou ambigu s'interprète contre le vendeur.

....

Code de la consommation, art. L. 133-2

Art. L. 133-2. — Les clauses des contrats proposés par les professionnels aux consommateurs ou aux non-professionnels doivent être présentées et rédigées de façon claire et compréhensible.
Elles s'interprètent en cas de doute dans le sens le plus favorable au consommateur ou au non-professionnel. Le présent alinéa n'est toutefois pas applicable aux procédures engagées sur le fondement de l'article L. 421-6.

271 **Nécessité et moment.** Ce n'est pas au jour de la conclusion du contrat qu'apparaissent les difficultés d'interprétation, mais plus tard, lors de son exécution, voire après celle-ci. L'une des parties se plaignant des prestations ou du comportement de l'autre, le litige se porte sur la portée réelle du contrat : à quoi chacun était-il précisément tenu et a-t-il satisfait ou non à ses obligations ?

C'est donc toujours à l'occasion d'un litige que se pose la question de l'interprétation, laquelle va commander l'issue du litige. Il est à remarquer que cette manière de poser la question *a posteriori* envenime les rapports des parties car celle qui perdra se verra sanctionnée pour ne pas avoir exécuté correctement le contrat auquel elle donnait une mauvaise signification (par exemple un locataire subira la résiliation de son bail pour avoir exercé une activité non permise par le contrat, alors même que celui-ci pouvait être ambigu). Ne serait-il pas concevable qu'en certains cas que les parties puissent faire trancher *a priori* la difficulté (par exemple, pour le locataire, au moment où il commence la nouvelle activité) ? Malheureusement, notre organisation judiciaire ne permet pas de saisir ainsi un juge d'une simple **demande d'interprétation,** avant tout enjeu conflictuel (2). Ne reste aux parties que la possibilité soit d'interpréter leur contrat par un nouvel accord qui vient s'y incorporer, soit de confier cette mission à un tiers qui joue le rôle d'arbitre. Cela se pratique peu.

272 **Double aspect.** L'interprétation consiste à rechercher la volonté des parties. Mais il arrive que se présentent des cas imprévus que les parties n'ont pas envisagés : sous couvert d'interpréter le silence du contrat il s'agit alors en réalité de compléter la volonté des parties.

§ 1. Recherche de la volonté des parties

273 **Règles d'interprétation.** Le Code fournit aux articles 1156 et suivants un certain nombre de règles d'interprétation. Mais en réalité la première seule est une véritable règle : « on doit rechercher la commune **intention des parties** plutôt que de s'arrêter au sens littéral des termes ». Les textes qui suivent ne font que donner quelques exemples d'application de cet état d'esprit. Ce ne sont que des « recettes » qui peuvent servir de guide au juge, mais ne s'imposent pas à lui, car la jurisprudence refuse de ne connaître à ces indications un caractère impératif : le juge qui s'en écarte n'encourt pas la cassation (3). À les prendre littéralement, ces « recettes » apparaissent d'ailleurs presque toutes comme des truismes (sauf les art. 1160 et 1162) qui n'avanceront guère le juge dans un travail souvent autrement plus difficile (4).

Aussi cette matière, extrêmement importante en pratique (car de nombreux litiges sur l'exécution du contrat mettent en jeu la question préalable de savoir s'il créait ou non l'obligation litigieuse), est essentiellement *casuistique.* Au-delà du cas où les *parties elles-mêmes* ont inclus dans leur contrat des règles d'interprétation (5) ou encore ont précisé par la suite leur volonté par un

(2) C'est en procédure tout le problème des actions dites « déclaratoires », tendant à faire « déclarer » le droit *a priori*, actions qui ne sont ouvertes que très exceptionnellement.

(3) Civ. 1re, 6 mars 1979, *Bull. civ.*, I, n° 81. — Com., 19 janvier 1981, *Bull. civ.*, IV, n° 34. — Soc., 3 juin 1981, *Bull. civ.*, V, n° 490. — Civ. 1re, 19 décembre 1995, *Bull. civ.*, I, n° 466.

(4) Voir pourtant DUPICHOT, *Pour un retour aux textes : défense et illustration du « petit guide-âne » des articles 1158 à 1164 du Code civil*, *Mélanges Flour*, 1979, p. 179 et s.

(5) Par exemple par des présomptions (pas toujours valables en droit de la consommation : *supra* n° 175). Sur le cas de la **clause d'intégralité** figurant parfois dans des contrats internationaux, v. LAMOUREUX, *RLDC* 2007, n° 2418. — Soc., 2 avril 2014, n° 11-25442.

avenant interprétatif (6), tout dépend des circonstances que les juges du fond rechercheront espèce par espèce : ils pourront s'aider dans cette recherche de tous **éléments extérieurs** au contrat lui-même, comme le contenu des pourparlers (7) ou des documents publicitaires (8), la situation matérielle au moment du contrat (9), voire des actes étrangers aux parties s'ils peuvent éclairer leur contrat (10). D'inspiration anglo-saxonne, les « attentes légitimes » du cocontractant peuvent aussi être prises en compte (11). Bien qu'il faille se situer au moment même de la conclusion du contrat, puisqu'une partie ne saurait ensuite modifier ses engagements par un changement unilatéral de volonté, rien n'interdit au juge de prendre en considération le **comportement ultérieur** des parties, car la manière dont elles ont exécuté le contrat dans un premier temps vient éclairer leur volonté : « pour apprécier l'intention commune des parties au jour de la formation du contrat, (le juge) pouvait se référer au comportement ultérieur des parties de nature à la révéler » (12). Par exemple, le comportement d'un bailleur de fonds aidera à déterminer s'il a eu l'intention d'être associé aux aléas d'une entreprise ou d'être un simple prêteur (13).

Ces éléments témoignent de ce que cette interprétation doit, en droit français, se faire ***in concreto,*** c'est-à-dire par la recherche de l'intention qu'ont pu avoir les parties elles-mêmes, et non ***in abstracto*** par celle de ce qu'aurait voulu toute autre personne placée dans la même situation.

À cet égard, les Principes **Unidroit** sont plus explicites : s'ils donnent priorité à la recherche ***in concreto,*** ils confèrent ensuite une vocation subsidiaire expresse à l'interprétation ***in abstracto*** **:** « faute de pouvoir déceler la commune intention des parties, le contrat s'interprète selon le sens que lui donnerait une personne raisonnable de même qualité placée dans la même situation » (art. 4-1 — Voir la rédaction presque identique des **Principes du droit européen des contrats,** art. 5:101, 3).

(6) Lequel s'impose au juge : Soc., 1er décembre 1998, *Bull. civ.*, V, n° 527.

(7) Civ. 1re, 21 avril 1976, *Bull. civ.*, I, n° 135. — 20 mars 1963, *Bull. civ.*, I, n° 174. — 18 février 1986, *Bull. civ.*, I, n° 31.

(8) Civ. 3e, 2 avril 1979, *Gaz. Pal.* 1980.213. Mais Civ. 3e, 17 juillet 1996, *Bull. civ.*, III, n° 197 ; *C.C.C.* 1997.4, obs. L.L. Et voir à ce sujet deux arrêts en sens contraires : Civ. 3e, 17 juillet 1997, *Bull. civ.*, III, n° 174, *D.* 1998.207 et Com., 17 juin 1997, *D.* 1998.248. — La clause rendant ces documents inopposables au professionnel est « épinglée » par la Commission des clauses abusives (recommandation de synthèse n° 91-02, n° 6 : *supra*, sur le n° 178). — Voir aussi RAWACH, *La portée des clauses tendant à exclure le rôle des documents précontractuels dans l'interprétation du contrat*, *D.* 2001, chr. 223.

(9) Civ. 1re, 18 déc. 1961, *Bull. civ.*, I, n° 610.

(10) Civ. 1re, 24 janvier 1967, *Bull. civ.*, I, n° 33.

(11) Voir LOKIEC, *D.* 2007.321.

(12) Civ. 1re, 9 novembre 1993, *Bull. civ.*, I. n° 317. — Cf. aussi Civ. 1re, 13 décembre 1988, *Bull. civ.*, I, n° 352.

(13) Com., 12 octobre 1993, *Bull. civ.*, IV, n° 330.

L'analyse de ces différents éléments ne doit pas être superficielle et s'en tenir à une première vue : c'est pourquoi l'interprétation du contrat est un domaine qui échappe en principe à la compétence du **juge des référés** (14).

Il ne faut pas se dissimuler que ce *pouvoir d'interprétation* fournit en fait au juge un moyen très efficace pour intervenir dans le contrat en donnant l'« interprétation » qui lui paraît la plus conforme à l'équité — certains évoquent même un pouvoir de « réfection » du contrat (15).

273-1 **Exceptions.** Il arrive cependant que des textes particuliers formulent une règle plus directive. Ainsi, en matière de **vente,** l'article 1602 fait peser sur le vendeur toute ambiguïté (16). De même l'article L. 113-1 du Code des **assurances** exige que les clauses d'exclusion de risques soient sans ambiguïté (17) et la jurisprudence tend à généraliser cette exigence pour interpréter toute ambiguïté en faveur de l'assuré (18). La loi du 1er février 1995 a posé en principe que, dans les contrats de consommation, le doute profite au **consommateur** (C. consom., art. L. 111-1 et L. 133-2) (19), ce qui commande d'interpréter toute ambiguïté en sa faveur, à peine de cassation (20). D'une manière plus générale, l'article 1162 lui-même, texte trop négligé, fait peser le doute « contre celui qui a stipulé, et en faveur de celui qui a contracté l'obligation » (par « stipuler », il faut entendre non pas celui qui a rédigé le contrat (21), mais celui qui est créancier : ce qui signifie qu'en cas de doute, on doit préférer le sens qui exige le moins du débiteur, lequel ne peut être obligé au-delà de ce qu'il a *certainement* accepté). Et l'on peut estimer que le professionnel qui rédige un contrat peu compréhensible manque ainsi à son obligation de bonne foi (22).

(14) Civ. 1re, 31 mars 1998, *Bull. civ.*, I, nº 137. — Com., 23 juin 1998, *Bull. civ.*, IV, nº 209. — Civ. 1re, 4 juillet 2006, *Bull. civ.*, I, nº 337 (2e moyen).

(15) Dupichot, article précité, 2e partie.

(16) Pour des cassations fondées sur ce texte : Civ. 1re, 13 octobre 1993, *Bull. civ.*, I, nº 287 ; *D.* 1994.211. — Civ. 3e, 20 mars 1996, *Bull. civ.*, III, nº 84. — 1er juillet 1998, *Bull. civ.*, III, nº 155 ; *D.* 1999. Som. 13.

(17) Ce que la Cour de cassation contrôle : v. par ex. Civ. 1re, 20 janvier, 17 février et 28 avril 1993, *Bull. civ.*, I, nos 21, 73 et 150.

(18) Civ. 2e, 3 juillet 2014, nº 13-22418 (deux contrats, clairs mais divergents).

(19) V. Paisant, commentaire *D.* 1995, chr. 99, nos 41 et s. — Witz, *L'énigmatique exception..., Mélanges Gross*, 2009.321. — Lamoureux, *L'interprétation des contrats de consommation, D.* 2006.2848.

(20) Civ. 1re, 21 janvier 2003, *Bull. civ.*, I, nº 19. — Civ. 1re, 1er mars 2005, *Bull. civ.*, I, nº 109. — Civ. 2e, 13 juillet 2006, *Bull. civ.*, II, nº 214. — Civ. 1re, 22 mai 2008, *Bull. civ.*, I, nº 145 (moyen relevé d'office).

(21) Mais cette qualité de rédacteur est prise en compte fréquemment par les tribunaux, ce que consacrent les Principes **Unidroit** en énonçant qu'*« en cas d'ambiguïté, les clauses d'un contrat s'interprètent de préférence contre celui qui les a proposées »* (art. 4-6).

(22) Civ. 1re, 8 avril 2004, *Bull. civ.* I, nº 163. — Civ. 2e, 1er juin 2011, nº 09-72.552.

De son côté, la jurisprudence a posé en principe que les **conditions particulières** d'un contrat prévalent sur des conditions générales qui peuvent y être annexées (23).

274 **Limite : la dénaturation.** Comme l'interprétation est une question d'espèce, il n'y a en principe pas matière à un contrôle de la **Cour de cassation** puisqu'il n'y a pas ici de droit à unifier sur l'ensemble du territoire. Que deux tribunaux donnent à la même clause un sens différent peut paraître choquant, mais en réalité peut s'expliquer par les circonstances propres à chaque espèce éclairant la volonté des parties (24).

Cependant il y a une limite : lorsqu'une clause est **« claire et précise »,** c'est-à-dire susceptible d'un seul sens et dépourvue de la moindre ambiguïté, les juges ne peuvent lui donner un autre sens « sous prétexte de rechercher l'intention des parties » : ce serait en effet directement violer la force obligatoire du contrat et déjouer la sécurité juridique qui doit permettre aux parties de compter sur l'effet obligatoire d'une disposition non équivoque. Même si elle leur paraît injuste, la clause claire et précise doit être appliquée par les tribunaux car c'est alors l'article 1134 lui-même qui est en cause (25).

La Cour de cassation admet assez rarement qu'il y ait dénaturation car l'ambiguïté peut naître du moindre doute (26), ou du rapprochement de deux clauses (27) ou même d'une erreur matérielle dans l'écrit (28). Mais « oublier » une clause est un cas de dénaturation par omission (29), même si elle est « de style » (30) tout comme ajouter au contrat une condition ou une distinction qu'il ne comporte pas (31), même si elle figurait dans un précédent contrat entre les mêmes parties (32).

Mais si l'interprétation d'un acte clair et précis leur est ainsi interdite, les juges du fond ont un *devoir d'interprétation* à l'égard des actes ambigus : ils ne peuvent s'y dérober en affirmant que l'acte serait clair lorsque tel n'est pas le cas (33) ou encore que telle clause est pour eux un « mystère » (34).

■ (23) Cf. Civ. 1re, 12 mai 1969, *Bull. civ.*, I, n° 174. — Civ. 1re, 17 juin 1986, *Bull. civ.*, I, n° 166.
■ (24) Cf. LINDON, *À chaque tribunal sa vérité*, *JCP* 1967.I.2081.
■ (25) Civ., 15 avril 1872, *Grands arrêts*, n° 161.
■ (26) V. par ex. Civ. 1re, 13 juin 1979, *Bull. civ.*, I, n° 182 (la clause révoquant « tous testaments antérieurs » peut ne pas les révoquer tous ...).
■ (27) Une clause qui, prise isolément, est claire et précise peut cesser de l'être du fait de l'existence d'une autre : Civ. 1re, 23 juin 1971, *Bull. civ.*, I, n° 207. — Civ. 2e, 3 juillet 2014, n° 13-22418.
■ (28) Civ. 1re, 26 avril 1978, *Bull. civ.*, I, n° 152.
■ (29) Cf. par ex. Civ. 3e, 19 nov. 1970, *Bull. civ.*, III, n° 619.
■ (30) Com., 27 janvier 1982, *Bull. civ.*, IV, n° 36.
■ (31) Cf. par ex. Civ. 1re, 4 nov. 1968, *Bull. civ.*, I. n° 262. — 8 juin 1977, *Bull. civ.*, I, n° 271. — Com., 4 déc. 1979, *Bull. civ.*, IV, n° 323. — Civ. 1re, 2 novembre 1994, *Bull. civ.* I, n° 318.
■ (32) Com., 16 décembre 1963, *Bull. civ.*, III, n° 551. — 24 novembre 1980, *D.* 1981.IR.543.
■ (33) V. par ex. Com., 7 janvier 1975, *Bull. civ.* IV, n° 3 ; *D.* 1975.516, note MALAURIE.
■ (34) Com., 4 juillet 1995, n° 93-14141.

Les **« contrats-types »** reproduits à des centaines ou des milliers d'exemplaires sont en principe soumis au même régime de même que les **conventions collectives** non étendues (et donc n'ayant pas acquis un caractère réglementaire), mais ils mériteraient un contrôle plus poussé car l'unification est nécessaire : la même clause d'une police d'assurance doit avoir la même portée pour tous les assurés. On constate en fait une tendance (légère) de la Cour de cassation à admettre plus facilement à leur égard le contrôle de la dénaturation.

275 **Interprétation et qualification du contrat.** L'interprétation du contrat sert non seulement à déterminer avec précision les obligations que les parties ont entendu assumer, mais encore à déterminer le *régime* de ce contrat. Comme on l'a déjà indiqué (cf. *supra,* n° 16), les contrats sont classés en différentes catégories, soumises à des règles spécifiques. Ranger un contrat dans la catégorie correspondant à son économie constitue l'opération de *qualification :* tel contrat doit être « qualifié » de vente, de prêt, de bail, etc.

Cette qualification est une **opération de droit** sur laquelle la Cour de cassation exerce son contrôle : par exemple, la mise à disposition d'un bien moyennant une redevance financière constitue un bail et ne peut pas être qualifiée autrement, ce qui déclenche la mise en œuvre de certaines règles d'ordre public (sur les baux ruraux, commerciaux ou d'habitation par exemple).

Souvent simple, cette qualification peut se révéler difficile pour un contrat complexe. On peut même admettre dans certains cas qu'un contrat présente un caractère **hybride** et reçoive une double qualification parce qu'il comporte des éléments touchant à deux types de contrats : par exemple un contrat de reportage (contrat d'entreprise) qui prévoit l'hébergement du reporter comprend ainsi un contrat d'hôtellerie (35), un contrat prévoyant le transfert et le traitement de films peut être qualifié pour partie de vente et pour partie de contrat d'entreprise (36), un contrat de remise d'une chose en vue de sa vente (mandat) comprendrait un dépôt (37). Cette hypothèse de double qualification demeure toutefois exceptionnelle, car elle conduit à « dépecer » le contrat pour ventiler les stipulations correspondant à chaque qualification et, par conséquent, à lui appliquer un double régime.

Il est toujours mieux, et souvent nécessaire, de rechercher l'élément essentiel du contrat envisagé dans son ensemble pour en dégager la **qualification globale** (38).

Pour y procéder, les juges doivent s'attacher non pas à la dénomination affichée par les parties, mais à l'analyse de l'économie réelle de leur accord. Ils ne sont donc pas liés par le « titre » donné au contrat par les parties : ils peuvent

(35) Civ. 1re, 26 février 1991, *Bull. civ.*, I, n° 78.

(36) Civ. 1re, 25 janvier 1989, *Bull. civ.*, I, n° 43. — 6 juin 1990, *Bull. civ.*, I, n° 145.

(37) Civ. 1re, 15 octobre 1996, *Bull. civ.* I, n° 351 (solution contestable : v. *Contrats spéciaux* nos 714 et 724).

(38) V. *L'hybridation dans les contrats*, *Mélanges Jeantin*, Dalloz, 1999.27.

estimer qu'un contrat intitulé « prêt » correspond en réalité à un bail (39). En ce cas, ils doivent « requalifier » le contrat, afin de lui appliquer le régime qui lui est réellement applicable : « il appartient au juge de donner ou restituer son exacte qualification à un acte sans s'arrêter à la dénomination que les parties en auraient proposée » (40). Se trouve ainsi déjouée la manœuvre des parties souvent destinée à éluder une règle impérative (comme le statut de certains baux).

L'interprétation du contrat, dans son économie réelle, constitue donc une opération préalable permettant sa qualification. Mais par un choc en retour, cette qualification peut servir ensuite à compléter le contrat lorsque la volonté des parties n'a pas tout prévu.

§ 2. Complément de la volonté des parties

276 **Lacunes du contrat.** Nul ne peut tout prévoir, pas plus les contractants que le législateur lui-même dont l'œuvre doit constamment être complétée par la jurisprudence. Même dans les contrats les plus détaillés, il apparaît des situations exceptionnelles ou intermédiaires qui n'ont pas été réglées. À plus forte raison dans les contrats simples et quotidiens.

Lorsqu'une difficulté non prévue apparaît, on pourrait concevoir de laisser au juge le soin de statuer en équité. Le culte de la volonté entretenu au XIXe siècle avait écarté en principe cette solution : le juge doit continuer à se référer à l'intention des parties, non plus leur volonté réelle (puisqu'il n'y en a pas eu sur ce point), mais leur volonté supposée, c'est-à-dire ce qu'elles auraient convenu si elles avaient envisagé cette question (recherche évidemment divinatoire).

Moins aveuglé que ses interprètes, le Code lui-même n'impose pourtant pas ce procédé : il dispose de manière générale que le contrat oblige « non seulement à ce qui y est exprimé, mais encore à toutes les suites que l'équité, l'usage ou la loi donnent à l'obligation d'après sa nature » (art. 1135) (41).

Ces compléments peuvent avoir deux degrés d'intensité différente : les uns, jouant véritablement le rôle d'un palliatif du silence contractuel, sont seulement *supplétifs ;* les autres, faisant intervenir l'autorité publique dans le contrat, sont au contraire *impératifs.*

(39) V. par ex. Com., 13 décembre 1994, *Bull. civ.*, IV, n° 375 (intitulé « garantie à première demande », un contrat peut néanmoins constituer en réalité un simple cautionnement).

(40) Cf. par ex. Com., 14 mai 1985, *Bull. civ.*, IV, n° 153. — 21 décembre 1987, *Bull. civ.*, IV, n° 281. — Cf. aussi Soc., 23 avril 1997, *Bull. civ.*, V, n° 142 (le juge saisi d'un contrat de travail doit vérifier l'effectivité du lien de subordination). — Civ. 1re, 23 février 1999, *D.* 1999.IR.80 (requalification en *cautionnement* d'un acte intitulé garantie indépendante).

(41) V. P. JACQUES, *Regards sur l'article 1135 du C. civ.*, Dalloz, 2005.

A. COMPLÉMENTS SUPPLÉTIFS

277 **Lois supplétives : incidence de la qualification.** Pour les contrats les plus courants, la loi elle-même a organisé un régime : ce sont les contrats « nommés » (cf. *supra,* n° 23). Le plus souvent, ces règles légales sont supplétives : elles ne sont que l'expression de la volonté probable des parties et viennent « suppléer » au silence de leur contrat. Elles peuvent certes être écartées par une clause contraire. Mais, en cas de silence du contrat, elles viendront nécessairement s'appliquer (42). Traduisant plus la conception du législateur que celle des parties qui n'ont souvent pas pensé à la question, ces lois viennent compléter le contrat.

Pour leur mise en œuvre, la qualification du contrat est essentielle : c'est seulement après avoir été qualifié de vente, prêt, bail, transport... que tel contrat pourra être complété par les règles légales correspondantes. Ainsi, la qualification du contrat, rendue possible par son interprétation générale, servira à compléter cette interprétation (par ex. le juge, après avoir interprété un contrat complexe, le qualifie de vente : de cette qualification découle que le vendeur est tenu à certaines garanties).

278 **Usages.** Visé non seulement par l'article 1135 précité, mais encore par l'article 1160 (« on doit suppléer dans le contrat les clauses qui y sont d'usage, quoiqu'elles n'y soient pas exprimées »), l'usage est un élément précieux, mais délicat à manier : précieux car il permet d'introduire dans le contrat ce que les parties pouvaient considérer comme allant de soi sans avoir à être précisé ; délicat car la connaissance et la preuve d'un usage, de sa portée, de son intensité, de son domaine, sont souvent sujets à discussion (43). Il existe en effet toutes sortes d'usages : commerciaux (44), ruraux, professionnels, déontologiques, locaux, d'entreprise (45). En certains domaines, ils deviennent d'ailleurs si complexes qu'ils sont transcrits dans des pseudo-codes « professionnels » ou dans des « normes » (46) qui ne les renforcent pas pour autant (47).

(42) V. par ex. Civ. 1re, 24 mars 1998, *Bull. civ.*, I, n° 127 : le silence d'une partie ne peut valoir renonciation à un texte supplétif.

(43) Ce pourquoi le juge doit inviter les parties à en débattre : Com., 17 mai 1988, *Bull. civ.*, IV, n° 167.

(44) Cf. MOHAMED SALAH, *Rép. com. Dalloz,* V° Usages commerciaux, 1999.

(45) Cf. LANGLOIS, *Les usages dans les transformations du droit du travail*, *Mélanges Lyon-Caen*, 1989, p. 285.

(46) Sur les normes **Afnor**, v. Civ. 3e, 11 mai 2006, *Bull. civ.*, III, n° 118. — 25 mai 2011, *Bull. civ.*, III, n° 83. — 22 mai 2012, *Bull. civ.*, III, n° 81 : elles ne s'intègrent à un contrat que par une clause de référence.

(47) V. par ex. Com., 20 février 1996, *Bull. civ.*, IV, n° 60 — cf. DEUMIER, *Les sources de l'éthique des affaires : codes de bonne conduite, etc.*, *Mélanges Le Tourneau*, Dalloz, 2008.337.

Ils ne s'incorporent au contrat que s'ils sont **connus des deux parties** (48) et celles-ci restent libres de les écarter (49). De façon contestable, certains arrêts émanant de la chambre commerciale ont même énoncé pendant un temps qu'ils ne s'appliqueraient « que si les parties ont entendu expressément les adopter » (50), formule qui ampute véritablement l'article 1135 et efface l'article 1160, qui n'est pas suivie par la première chambre civile (51) et qui semble aujourd'hui remise en cause (52).

B. COMPLÉMENTS IMPÉRATIFS

279 **Lois impératives.** Il arrive de plus en plus souvent que, pour protéger la partie la plus faible qui n'a pas pu négocier le contrat et a souscrit à un **contrat d'adhésion** (cf. *supra,* n° 26), la loi impose au contractant le plus fort des obligations qu'il s'est bien gardé de stipuler, mais qui sont la suite logique de l'obligation principale, selon sa nature. Tel est en particulier l'objet principal du droit de la consommation.

280 **Compléments d'équité : créations jurisprudentielles.** En dehors même de toute loi, et depuis le début du XXe siècle, la jurisprudence n'a pas hésité à faire produire au contrat des obligations non stipulées et probablement non consciemment voulues par celui qui y est soumis, au simple motif qu'elles correspondaient à la justice contractuelle. La terminologie désignant ces obligations est parfois variable, car elle suit « l'équité » et épouse les contours de chaque type de contrat. Sans pouvoir prétendre en conséquence à une classification rigoureuse, on peut dégager cinq obligations principales qui correspondent à ce mouvement.

281 **Obligation de sécurité.** C'est la plus ancienne, introduite dans les contrats de **transport** de personnes dès 1911 (53) et depuis étendue à tous les contrats pouvant mettre en jeu la sécurité des personnes (54).

(48) Com., 18 janvier 1972, *JCP* 1972.II.17072.

(49) Cf. Paris, 1er juillet 1970, *JCP* 1971.II.16821, note PEDAMON. — Soc., 30 avril 1987, *Bull. civ.*, V, n° 239.

(50) Com., 17 mai 1988, *Bull. civ.*, IV, n° 167. — 8 octobre 1991, *C.C.C.* 1992.1. — 8 décembre 1992, *Bull. civ.*, IV, n° 399. — 20 février 1996, précité. — Cette adoption peut résulter du comportement : Com., 16 décembre 1997, *Bull. civ.*, IV, n° 339.

(51) Civ. 1re, 13 octobre 1993, *D.* 1994.166 note GAUTIER. — V. toutefois Civ. 1re, 6 mai 2003, *Bull. civ.*, I, n° 108 (pour une clause de conciliation préalable).

(52) Com., 9 janvier 2001, *Bull. civ.*, IV, nos 8 et 9 donnant force à des usages entre commerçants ou entre professionnels de la même spécialité. — 19 février 2002, *C.C.C.* 2002.91. — 13 mars 2003, *Bull. civ.*, IV, n° 82 (usages entre négociants en vins). — V. RIPERT et ROBLOT, t. 1 par VOGEL, n° 42.

(53) Civ., 21 novembre 1911, *D.P.* 1913.I.249, note SARRUT ; *S.* 1912.I.73, note LYON-CAEN.

(54) Cf. LAMBERT-FAIVRE, *Fondement et régime de l'obligation de sécurité*, *D.* 1994, chr. 81.

C'est dans les ***contrats d'entreprise*** qu'elle est la plus fréquente, compte tenu de leur extrême diversité : jeux forains, téléskis, organisation de compétitions, de spectacles, agences de voyages, centre de loisirs, hôteliers, laboratoires, cliniques et médecins, garagistes, moniteurs sportifs, coiffeurs, et même nourrices... (55). Elle s'étend aux choses que l'entrepreneur a sous sa garde (56).

Mais on la rencontre aussi à la charge du ***bailleur*** (57) ou du ***vendeur*** (58) ou de l'***employeur*** (59). La principale difficulté ne réside pas dans le principe de cette obligation, pourtant parfois contesté (60), mais dans son intensité : est-ce une obligation de moyens ou de résultat (cf. *infra,* n° 406) ? La question est l'objet d'un grand désordre en droit positif, la réponse variant presque selon chaque cas d'espèce (61) et pourrait peut-être trouver une piste d'harmonisation dans la catégorie intermédiaire des obligations de résultat atténuées (cf. *infra,* n° 409).

282 **Obligation de renseignement, d'avertissement et de mise en garde.** Une obligation d'information, incluant renseignements et mises en garde, a été incorporée à de nombreux contrats à la charge des professionnels (62) : ainsi l'*assureur* doit informer et conseiller le souscripteur sur les conditions et l'étendue de la garantie offerte (63), le *médecin* sur les risques de l'intervention (64), le *banquier* sur l'ensemble des opérations (notamment de bourse) (65), le *fabricant* sur les dangers ou contre-indications de son produit ou

(55) V. *Contrats spéciaux*, nos 791 et s.

(56) Civ. 1re, 17 janvier 1995, *D.* 1995.350, note JOURDAIN.

(57) Cf. Civ. 3e, 21 novembre 1990, *Bull. civ.*, III, n° 236.

(58) V. *Contrats spéciaux*, nos 205, etc.

(59) Pour le problème de l'amiante : Soc., 28 février 2002, *Bull. civ.*, V, n° 81 et, plus généralement, Soc., 19 décembre 2007, *Bull. civ.*, V, n° 216. — SAINT-JOURS, *De l'obligation contractuelle de sécurité de résultat de l'employeur*, *D.* 2007.3024.

(60) V. CARBONNIER, n° 1211 qui jugerait plus rationnel de limiter le cadre contractuel aux prestations défectueuses et de reporter l'examen des accidents sur le terrain de la responsabilité délictuelle : « les tragédies sont de la compétence des art. 1382 et s. ». De fait, il faut bien mesurer que lorsqu'elle n'est que de moyens, une obligation de sécurité ne rend pas grand service à son bénéficiaire (qui pourrait à défaut faire appel à l'article 1382) et peut même se retourner contre lui en le privant du droit de se prévaloir de la responsabilité de plein droit de l'article 1384 al. 1er (v. Civ. 1re, 24 novembre 1993, *Bull. civ.* I., n° 344).

(61) V. *Contrats spéciaux*, n° 792.

(62) FABRE-MAGNAN, *De l'obligation d'information dans les contrats*, LGDJ, 1992.

(63) Civ. 1re, 27 mars 1985, *Bull. civ.*, I, n° 108. — 10 février 1987, *Bull. civ.*, n° 44. — Obligation qui s'applique au souscripteur d'une assurance-groupe envers les adhérents : Civ. 1re, 21 mai 1990, *Bull. civ.*, I, n° 113.

(64) Civ. 1re, 19 avril 1988, *Bull. civ.*, I, n° 107. — Civ. 1re, 3 juin 2010, *Bull. civ.*, I, n° 128 ; *D.* 2010.1522, note SARGOS ; *RDC* 2010.1235, obs. BORGHETTI. — À ce titre, il doit avertir des risques de maladies nosocomiales : Civ. 1re, 8 avril 2010, n° 08-21058 ; *D.* 2010.1074.

(65) Cf. par ex. Civ. 1re, 17 février 1987, *Bull. civ.*, I, n° 56. Cf. Com., 5 novembre 1991, *Bull. civ.*, IV, n° 327. — 22 février 1993, *D.* 1993.424, note NAJJAR. — 18 mai 1993, *Bull. civ.*, IV, n° 188.

sur les précautions d'emploi (66), l'*organisme sportif* sur la couverture par des assurances (67), l'*agent d'affaires* sur l'évaluation ou la destination du bien acheté (68), l'*entrepreneur* sur l'adéquation des travaux commandés et même sur l'état de la réglementation (69), le *vendeur* sur l'impropriété des matériaux au résultat recherché (70) ou les précautions d'emploi même si le client est assisté d'un installateur (71), le *bailleur* d'immeuble qui fait installer un échafaudage sur les risques de cambriolage des locataires (72), et même l'*agence matrimoniale* sur... l'âge du partenaire proposé (73), etc.

Cette obligation pèse essentiellement sur les **professionnels,** à l'égard desquels la jurisprudence se montre exigeante, considérant qu'un professionnel doit au besoin s'informer lui-même pour informer son cocontractant et ne peut se retrancher derrière sa propre ignorance (74).

Mais elle peut aussi concerner un particulier : ainsi le *vendeur* doit honnêtement indiquer ce qu'il sait (75), mais n'a pas, contrairement à un professionnel, à « s'informer pour informer » (76) ; de même le prêteur, bien qu'agissant à titre gratuit, doit avertir l'emprunteur des vices de la chose qu'il connaît (C. civ., art. 1891).

Ce qui caractérise l'obligation de renseignement est sa ***relativité :*** son intensité et son existence même varient selon les connaissances de chaque client, car il n'y a pas à renseigner quelqu'un qui sait ou qui, par son activité

(66) Cf. Civ. 1re, 13 mai 1986, *Bull. civ.*, I, n° 128. — 8 avril 1986, *Bull. civ.*, I, n° 82. — Civ. 3e, 17 octobre 1990, *Bull. civ.*, III, n° 194.

(67) Loi du 16 juillet 1984, art. 38. — V. aussi Civ. 1re, 16 juillet 1986, *Bull. civ.*, I, n° 209. — 25 oct. 1989, *JCP* 1990.II.21458, note HAUSER. — 13 février 1995, *Bull. civ.*, I, n° 414. — 7 avril 1998, *Bull. civ.*, I, n° 147.

(68) Civ. 1re, 3 janvier et 30 octobre 1985, *Bull. civ.*, I, nos 1 et 277. — 10 février 1987, *Bull. civ.*, I, n° 43. — Ou sur l'autorisation du bailleur à une cession de bail : Civ. 1re, 17 janvier 1995, *Bull. civ.*, I, n° 29.

(69) V. *Contrats spéciaux*, nos 784 et s.

(70) V. *Contrats spéciaux*, nos 325 et s.

(71) Civ. 1re, 30 mai 2006, *Bull. civ.*, I, n° 280.

(72) Civ. 3e, 28 février 1990, *Bull. civ.*, III, n° 63.

(73) Civ. 1re, 13 avril 1999, *Bull. civ.*, I, n° 132.

(74) V. par ex. Com., 1er décembre 1992, *Bull. civ.*, IV, n° 391. — Civ. 1re, 5 novembre 1995, *Bull. civ.*, I, n° 453. — À l'égard des **notaires,** ils doivent informer même sur les points incertains en droit (Civ. 1re, 9 décembre 1997, *Bull. civ.*, I, n° 362) et s'ils n'ont pas à prévoir les revirements de jurisprudence (Civ. 1re, 25 novembre 1997, *Bull. civ.*, I, n° 328), ils doivent en scruter les signes annonciateurs (Civ. 1re, 7 mars 2006, *Bull. civ.*, I, n° 136). — Même un **installateur** de panneaux solaires doit en calculer l'incidence fiscale pour son client (Civ. 1re, 8 mars 2012, n° 10-21239).

(75) Civ. 3e, 4 janvier 1991, *Bull. civ.*, III, n° 9 pour l'existence d'éboulements antérieurs de la falaise vendue. — 30 juin 1992, *Bull. civ.*, III, n° 238 pour des risques d'inconstructibilité. — *Adde* : PHILIPPOT, *Le devoir de loyauté du vendeur non professionnel d'un immeuble*, Rapport Cour de cassation sur 1998, p. 115.

(76) Civ. 3e, 21 juillet 1993, *Bull. civ.*, III, n° 117 pour une situation foncière confuse.

notamment, est censé savoir (77) ou qui a déjà été averti par un tiers (78). Cependant elle ne disparaît pas toujours du seul fait que l'autre partie est assistée (79) ou compétente (80) : on peut alors constater des partages de responsabilité (81).

La **sanction** de ce devoir consiste le plus souvent dans des dommages-intérêts réparant un préjudice qui s'analyse dans la *perte d'une chance,* celle de prendre une décision plus judicieuse en connaissance de cause (82). Mais on ne peut refuser toute réparation (83).

283 **Obligation de conseil.** Les arrêts parlent souvent ensemble de devoir d'information et de conseil : il y a pourtant une nuance, le conseil allant plus loin que le simple renseignement.

La tendance est d'exiger des *professionnels* un conseil surtout à l'égard d'un client **profane** (84), le propre du conseil étant d'ailleurs le devoir de *déconseiller* une opération inadéquate. Par exemple, des arrêts ont décidé que le vendeur professionnel devait « le cas échéant proposer de substituer au produit choisi le matériau adéquat » (85), ou déconseiller un achat contre-indiqué ou inopportun, raison pour laquelle il doit s'informer des besoins précis du client

▩ (77) Cf. en particulier : Civ. 3e, 20 novembre 1991, *Bull. civ.*, III, n° 284. — Civ. 1re, 2 juillet 1991, *Bull. civ.*, I, n° 228. — Com., 15 février 1994, *Bull. civ.*, IV, n° 60 (pour le dirigeant de l'entreprise cautionnée). — Civ. 1re, 7 juin 1995, *Bull. civ.*, I, n° 251 et 3 juin 1998, *Bull. civ.*, I, n° 198 (pour des acheteurs techniciens). — Com., 27 janvier 1998, *Bull. civ.*, IV, n° 41 et 13 octobre 1998, *Bull. civ.*, I, n° 296 (pour des clients avertis en opérations financières). — 30 novembre 2004, *Bull. civ.*, I, n° 298 (acheteur professionnel).

▩ (78) Civ. 3e, 19 janvier 1994, *Bull. civ.*, III, n° 6. — Civ. 3e, 9 juin 1999, *Bull. civ.*, III, n° 132 pour le client pleinement informé par un bureau de contrôle.

▩ (79) Ainsi le **notaire** n'est pas déchargé de son devoir envers un client assisté d'un avocat (Civ. 1re, 10 juillet 1995, *Bull. civ.*, I, n° 312. — 3 mars 1998, *Bull. civ.*, I, n° 193) ou même d'un autre notaire (Civ. 1re, 26 novembre 1996, *Bull. civ.*, I, n° 418). — V. aussi Civ. 1re, 9 décembre 1997, *Bull civ.*, I, n° 356 et 23 novembre 1999, *Bull. civ.*, I, n° 313 (pour le client d'un assureur assisté d'un courtier). — Civ. 1re, 25 janvier 2000, *Bull. civ.*, I, n° 29 (l'obligation de conseil du vendeur n'exclut pas celle de l'installateur). — Civ. 1re, 30 mai 2006, *Bull. civ.*, I, n° 280 (vice-versa).

▩ (80) Ainsi le **fabricant** d'un produit nouveau doit renseigner et avertir même un acheteur professionnel : Civ. 3e, 18 février 2004, *Bull. civ.*, III, n° 32.

▩ (81) Civ. 1re, 6 mars 1996, *Bull. civ.*, I, n°128.

▩ (82) Civ. 1re, 7 décembre 2004 (pour un **médecin**). — Civ. 1re, 18 septembre 2007, *Bull. civ.*, I, n° 204 (pour un **assureur**). — Com., 20 octobre 2009, n° 08-20274, *D.* 2009.2971, note crit. HOUTCIEFF (pour un **banquier**). — Civ. 1re, 20 mars 2013, n° 12-14711 ; *C.C.C.* 2013.127, obs. L.L. (pour un **diagnostiqueur**). — Com., 4 février 2014, n° 13-10630 ; *Bull. civ.*, IV, n° 28 (pour un **opérateur de bourse**). — Conséquence de cette analyse : la prescription commence à courir du jour du contrat, car c'est sa conclusion qui scelle le préjudice : Com., 26 janvier 2010, n° 08-18354.

▩ (83) Civ. 1re, 3 juin 2010, n° 09-13591 ; *D.* 2011.45 ; *Bull. civ.*, I, n° 128.

▩ (84) Un professionnel est quant à lui réputé capable de discerner les éléments de sa décision (Civ. 1re, 8 novembre 1994, *Bull. civ.*, I, n° 319 pour les risques à assurer).

▩ (85) Com., 11 juillet 1988, *Bull. civ.*, IV, n° 250.

pour le conseiller (86). Le conseil doit donc être au besoin donné contre les intérêts immédiats de son auteur : le professionnel doit par exemple prévenir que ses honoraires seront trop lourds (87) ou que l'acte qu'il délivre est irrégulier (88). Ont aussi été jugés fautifs le banquier qui consent un crédit excessif au regard des moyens de l'emprunteur (89) ou qui n'adapte pas son conseil quant à l'assurance à la situation particulière de l'emprunteur (90) ou l'intermédiaire qui n'a pas conseillé d'insérer une condition suspensive dans une double opération achat-vente (91).

Ici encore, ce sont les entrepreneurs et les intermédiaires qui sont le plus concernés (92). La jurisprudence se montre particulièrement rigoureuse à l'égard des notaires (93), des banquiers (94) et des avocats, en décidant qu'ils ne sont pas déchargés par les compétences personnelles du client (95), ni même quelquefois par sa malhonnêteté (96), un partage de responsabilité pouvant alors intervenir (97).

Naturellement, une fois le conseil fourni, le professionnel est dégagé si son client ne l'a pas suivi (98). Il ne doit cependant pas lui-même faire des actes

(86) Civ. 1re, 5 décembre 1995, *Bull. civ.*, I, n° 453. — 7 avril 1998, *Bull. civ.*, I, n° 150. *C.C.C.* 1998.87, obs. L.L. — 28 octobre 2010, *C.C.C.* 2011, n° 1, obs. L.L. — De même pour un conseil juridique : Civ. 1re, 23 mai 2000, *Bull. civ.*, I, n° 152. — Et pour un entrepreneur : Civ. 3e, 15 févier 2006, *C.C.C.* 2006, n° 100.

(87) Com., 2 mars 1993, *Bull. civ.*, IV, n° 83.

(88) Civ. 3e, 5 novembre 2003, *Bull. civ.*, III, n° 189.

(89) Civ. 1re, 27 juin 1995, *Bull. civ.*, I, n° 287. — 8 juin 2004, *Bull. civ.*, I, n° 166 (alors même que le client avait été averti par des refus antérieurs d'autres banquiers). — Civ. 1re, 12 juillet 2005, *D.* 2005.3094. — 21 février 2006, *Bull. civ.*, I, n° 91. — Com., 3 mai et 20 juillet 2006, *Bull. civ.*, nos 101 et 145.

(90) Ass. Plén., 2 mars 2007, *D.* 2007.985.

(91) Civ. 1re, 15 juillet 1999, *Bull. civ.*, I, n° 231.

(92) V. *Contrats spéciaux*, nos 784 et s. (entrepreneurs) et 934 (intermédiaires). — *Adde* MALLEVILLE, *La responsabilité civile des intermédiaires professionnels au titre du devoir de conseil*, *JCP* 2001.I.222.

(93) Un exemple de précaution parmi bien d'autres : le notaire doit conseiller à une partie non francophone de recourir à un interprète (Civ. 1re, 13 mai 2014, n° 13-13509).

(94) V. HUET, *Le devoir de conseil du banquier*, *D.* 2013.2921.

(95) Civ. 1re, 25 novembre 1997, *Bull. civ.*, I, n° 329. — 9 juin 1998, *Bull. civ.*, I, n° 205. — 14 mars 2000, *Bull. civ.*, I, n° 92. — 4 avril 2001, *Bull. civ.*, I, n° 104 et 19 décembre 2006, *Bull. civ.*, I, n° 556. — 3 avril 2007, *Bull. civ.*, I, n° 142 (**notaires**). — Civ. 1re, 7 juillet 1998, *Bull. civ.*, I, n° 238, 19 mai 1999, *Bull. civ.*, I, n° 164 et 14 mai 2009, *Bull. civ.*, I, n° 92 **(avocat).** Pour un tableau, v. MESTRE, *RTD civ.* 1999.83.

(96) Un notaire peut être condamné à garantir partiellement ses clients des conséquences de leur propre dol ! (Civ. 1re, 14 octobre 1997, *Bull. civ.*, I, n° 275. — 3 mars 1998, *Bull. civ.*, I, n° 92. — 18 juin 2002, *Bull. civ.*, I, n° 168. — Mais Civ. 1re, 16 janvier 2001, *Bull. civ.*, I, n° 4).

(97) Civ. 1re, 19 mai 1999, *Bull. civ.*, I, n° 166.

(98) Com., 11 juin 1985, *Bull. civ.*, IV, n° 188. — Civ. 3e, 25 janvier 1995, *Bull. civ.*, III, n° 28 — Civ. 1re, 14 octobre 1997, *Bull. civ.*, I, n° 278. — 18 janvier 2000, *Bull. civ.*, I, n° 13 (« un médecin n'est pas tenu de réussir à convaincre son patient »). — Civ. 3e, 13 mars 2002, *Bull. civ.*,

irréguliers, même après avoir éclairé son client et en avoir reçu un ordre exprès (99).

283-1 **Preuve et responsabilité.** Le jeu logique de l'article 1315 entraîne qu'en principe, c'est au débiteur du renseignement et du conseil de ***prouver*** qu'il l'a fourni, ce qui rend très fragiles toutes les indications données seulement verbalement (100). Cependant, par faveur semble-t-il envers certaines professions, la jurisprudence a pendant un temps renversé cette règle, imposant au client de prouver qu'il n'avait pas reçu l'information nécessaire (101). Cette entorse aux principes a été abandonnée (102) et cet abandon expressément consacré par l'article L. 111-1 du Code de la consommation réécrit par la loi du 12 mai 2009.

S'agissant d'un fait juridique, cette preuve peut se faire par tous moyens (103).

Quant à la responsabilité qui découle de ce défaut d'information, elle suppose une appréciation de probabilité : le client informé aurait-il réagi ? C'est pourquoi cette responsabilité s'apprécie en termes de *perte d'une chance* (cf. *supra*, n° 282 *in fine*).

284 **Obligation de surveillance.** Une *obligation de surveillance* a été plus récemment introduite dans certains types de contrats : ainsi pour la location d'un local pour un séminaire (104), pour la location d'un coffre-fort de banque (105), pour la vente de vêtements à essayer (106), et même pour le médecin ou l'hôpital chez qui un patient doit enlever un bijou (107) ou pour le garagiste pour les objets laissés dans le véhicule à réparer (108), ou encore pour le prêteur

III, n° 68 et 15 décembre 2004, *Bull. civ.*, III, n° 235 (pour le choix en connaissance de cause d'un procédé de construction économique).

(99) Civ. 1re, 24 février 2004, *Bull. civ.*, I, n° 61 (pour un huissier).

(100) V. F. VINEY, *La preuve de l'exécution de l'obligation d'information*, *JCP* 2014.879.

(101) Pour des **médecins :** Civ. 1re, 29 mai 1984, *D.* 1985.281, note BOUVIER et 4 avril 1995, *Bull. civ.*, I, n° 159. — Pour des **notaires** : Civ. 1re, 10 juillet 1984, *Bull. civ.*, I, n° 225. — 28 février 1989, *Bull. civ.*, I, n° 99 et 28 janvier 1995, *Bull. civ.*, I, n° 436.

(102) Civ. 1re, 25 février 1997, *Defrénois* 1997.751, obs. AUBERT. — 14 octobre 1997, *Bull. civ.*, I, n° 278. — 17 février 1998, *Bull. civ.*, I, n° 67 **(médecin)**. — Civ. 1re, 29 avril 1997, *Bull. civ.*, I, n° 132 **(avocat)**. — Civ. 1re, 9 décembre 1997, *Bull. civ.*, I, n° 356 **(assureur)**. — Civ. 1re, 15 décembre 1998, *D.* 1999.IR.27 **(huissier)**. — Civ. 1re, 15 mai 2002, *Bull. civ.*, I, n° 132 (**vendeur**). — Com., 23 mars 2011, n° 10-13727 (**prestataire financier**). — Civ. 3e, 28 avril 2011, n° 10-14516 (**constructeur**). Voir déjà Civ. 1re, 25 juin 1991, *Bull. civ.*, I, n° 212 **(notaire).**

(103) Civ. 1re, 14 octobre 1997, *Bull. civ.*, I, n° 278. — 4 janvier 2005, *Bull. civ.*, I, n° 6. — Civ. 1re, 18 septembre 2008, *Bull. civ.*, I, n° 204 — cf. *supra*, n° 282.

(104) Civ. 1re, 13 octobre 1987, *Bull. civ.*, I, n° 262.

(105) Com., 15 janvier 1985, *Bull. civ.*, IV, n° 23.

(106) Paris, 23 mars 1989, *D.* 1989.IR.125.

(107) Civ. 1re, 22 novembre 1988, *Bull. civ.*, I, n° 330. — 19 mai 1992, *Bull. civ.*, I, n° 146.

(108) Civ. 1re, 7 juillet 1992, *Bull. civ.*, I, n° 222.

quant à l'emploi de la chose prêtée (109). En revanche, il n'y a pas une telle obligation de surveillance pour l'exploitant d'un parking (110) ou pour le restaurateur à l'égard des vêtements de la clientèle (111).

285 **Obligation de loyauté et de bonne foi.** Bien que l'alinéa 3 de l'article 1134 dispose depuis l'origine que « les conventions doivent être exécutées de bonne foi », cette disposition longtemps assoupie n'a été redécouverte par les tribunaux que depuis une quinzaine d'années, ce qui correspond à un changement général d'attitude des juges, moins respectueux de la volonté des parties et plus désireux d'introduire par toutes les voies possibles un contrôle de moralité et de justice dans les contrats (112).

Par nature, ce devoir de bonne foi est *à contenu plastique,* adapté à chaque cas, ce qui se traduit notamment par une grande variété terminologique : on parle aussi bien de bonne foi que d'obligation de loyauté, de coopération, ou plus vaguement d'une obligation de prudence.

La particularité de cette obligation est de s'imposer aux deux parties, aussi bien au débiteur qu'au créancier d'une obligation contractuelle principale, mais bien sûr dans des conditions différentes.

— ***Du côté du débiteur,*** elle l'oblige à une exécution **honnête et complète** de l'obligation promise, incluant les efforts propres à assurer à son partenaire la satisfaction attendue, sans chicaner ou ergoter sur les termes du contrat. Par exemple celui qui a pris un animal en pension doit non seulement le nourrir, mais le nourrir sainement (113) ; celui qui fournit du personnel intérimaire doit être prudent dans son recrutement (114) ; celui qui a reçu des documents pour les besoins du contrat ne doit pas les exploiter contre son cocontractant (115) ; celui qui est lié par une clause de non-concurrence sur un secteur doit s'abstenir de traiter, même à partir de l'extérieur, avec des clients qui en relèvent (116) ; l'assureur qui a exigé un supplément de prime en raison de la nature du risque ne peut pas ensuite contester la garantie correspondante (117) ; et même

(109) Cf. Com., 18 mai 1993, *D.* 1993.609 et la note.

(110) Civ. 1re, 24 juin 1986, *Bull. civ.*, I, n° 185.

(111) Civ. 1re, 1er mars 1988, *Bull. civ.*, I, n° 57. — Cf. LAFFORGUE, *La sécurité des biens des clients d'un restaurateur, JCP* E, 1993.I.304.

(112) V. Travaux de l'Association Capitant, *La bonne foi dans les contrats*, Litec, 1994. — PICOD, *Le devoir de loyauté dans l'exécution du contrat*, LGDJ, 1989, et *L'exigence de bonne foi dans l'exécution du contrat, in* Le juge et l'exécution du contrat, Presses Univ. Aix-Marseille, 1993, p. 57 et s. — SÉRIAUX, n° 55. — TERRÉ, SIMLER et LEQUETTE, nos 414 et s. — D. MAZEAUD, *Loyauté, solidarité, fraternité, nouvelle devise contractuelle ?, Mélanges Terré*, 2000.603.

(113) Civ. 1re, 31 mars 1992, *Bull. civ.*, I, n° 93.

(114) Civ. 1re, 26 février 1991, *Bull. civ.*, I, n° 77 ; *D.* 1991.605, note LAPOYADE-DESCAMPS.

(115) Pour un fichier de clientèle conservé après la fin du contrat : Com., 25 juin 1991, *Bull. civ.*, IV, n° 236.

(116) Com., 9 février 1999, *Bull. civ.*, IV, n° 42.

(117) Civ. 3e, 21 janvier 2009, *Bull. civ.*, III, n° 22 ; *RTD civ.* 2009.317, obs. FAGES ; *RDC* 2009.999, obs. D. MAZEAUD (l'arrêt vise le « principe de cohérence »).

l'abonné qui constate qu'il ne reçoit pas de factures du distributeur d'eaux doit avertir ce dernier (118).

— ***Du côté du créancier,*** la bonne foi l'oblige d'abord à ***coopérer*** avec le débiteur pour lui permettre d'exécuter le contrat, ce qui concerne surtout les contrats d'entreprise (119), mais aussi certaines ventes, notamment de matériels informatiques (120) et les contrats de distribution commerciale (121).

Bien plus, l'obligation de bonne foi interdit aussi au créancier d'**exploiter abusivement** sa situation, par exemple en cherchant à profiter d'une légère défaillance d'un locataire pour obtenir une résolution profitable du contrat (cf. *infra,* n° 397), en prétendant maintenir un prix forfaitaire pour obtenir des travaux « bouleversés » (122), en laissant s'alourdir en silence un passif impayé sans adresser au débiteur une réclamation qui lui aurait permis d'exercer son droit de résiliation (123), ou encore en profitant d'une prérogative de mauvaise foi (124).

Le droit du cautionnement fournit une illustration de ce *respect dû au débiteur :* le créancier qui, se sachant garanti par la caution, néglige ses droits sur le débiteur principal peut se trouver sanctionné par la déchéance du cautionnement (C. civ., art. 2314, ex-2037) ou par une diminution de son droit (125).

Le développement de cette idée a conduit à admettre dans certains cas que le créancier doit se prêter à la négociation quand l'évolution du contexte justifie

(118) Civ. 1re, 23 janvier 1996, *Bull. civ.*, I, n° 36 ; *D.* 1997.571, note SOUSTELLE.

(119) V. *Contrats spéciaux*, n° 575.

(120) Cf. PICOD, précité, nos 86 et s.

(121) Le concédant doit permettre concrètement au distributeur de pratiquer des prix concurrentiels : Com., 3 novembre 1992, *JCP* 1993.II.22164, note VIRASSAMY. — 24 novembre 1998, *Bull. civ.*, IV, n° 277.

(122) Théorie du « bouleversement de l'économie du contrat » : cf. *Contrats spéciaux*, n° 599.

(123) Paris, 22 juin 2001, *D.* 2002.843. — V. aussi Civ. 3e, 21 mars 2012, n° 11-14174 ; *RDC* 2012.763, obs. LAITHIER (pour le rappel subit de cinq années de charges par un bailleur).

(124) Ainsi de l'employeur se prévalant d'une clause de mobilité envers une salariée qu'il sait obligée de s'occuper d'un enfant handicapé (Soc., 6 février 2001, *Bull. civ.*, V, n° 41 ; *D.* 2001. Som. 2168). — De même la rupture d'un contrat de travail en période d'essai, en principe libre, peut être déclarée abusive si elle est décidée de mauvaise foi : Soc., 6 décembre 1995, *JCP* 1996.II.22671, note PUIGELIER. — 16 février 2005, *JCP* 2005.10098. — De même encore le banquier qui, après avoir fait fonctionner des comptes différemment des clauses contractuelles, prétend revenir brusquement à celles-ci parce que tel devient son intérêt : Com., 8 mars 2005, *Bull. civ.*, IV, n° 44. — Ou encore l'entrepreneur à forfait qui ne signale pas au client que la surface réelle est très inferieure à celle prise pour base du forfait : Civ. 3e, 2 mars 2005, *Bull. civ.*, III, n° 51.

(125) Dans le cas extérieur au strict domaine de l'article 2314 : voir Com., 16 avril 1991, *JCP* 1991.II.21716, note BOUTEILLER. — Civ. 1re, 16 juillet 1998, *JCP* 1999.II.10000, note FAGES. — Pour d'autres garants, voir Com., 17 octobre 1995, *Bull. civ.*, IV, n° 238. — 31 mai 1994, *RTD civ.* 1995.105. — 5 décembre 1995, *RTD civ.* 1996.899, obs. MESTRE. — 28 octobre 1998, *Bull. civ.*, IV, n° 244 ; *RTD civ.* 1999.390, obs. MESTRE.

une adaptation du contrat, de sorte qu'il serait abusif de sa part d'en exiger le maintien pur et simple (cf. *infra*, n° 294).

Quelques arrêts récents ont toutefois fixé une limite aux pouvoirs des juges en cas de manquement d'une partie à la bonne foi : cela n'irait pas jusqu'à remettre en cause la « substance » des droits contractuels (126). Sans doute cette précision trace-t-elle la nature de la sanction possible : si l'on peut paralyser la mise en œuvre ponctuelle d'un droit lorsqu'elle est faite de mauvaise foi (comme celle d'une clause résolutoire ou d'une clause de mobilité), on ne peut aller jusqu'à déchoir le créancier de ce droit lui-même (la clause demeure, à charge de n'en user à l'avenir que de bonne foi). Si c'est le droit lui-même qui s'accomplit par son exercice, cet exercice ne peut être anéanti, mais seulement donner lieu à des dommages et intérêts (127).

Selon quelques arrêts, il reste à celui qui invoque la mauvaise foi de l'autre à en rapporter la preuve, la bonne foi contractuelle se présumant (128) : pourtant, puisqu'il s'agit d'une obligation, c'est à son débiteur de prouver qu'il l'a exécutée (la jurisprudence avait eu le même réflexe pour l'obligation de conseil, avant de se raviser à juste titre : *supra,* n° 283-1).

Par une exception injustifiable, le **consommateur** serait affranchi du devoir de bonne foi et, dès lors que la loi lui accorde un droit, pourrait en user « discrétionnairement », sans avoir à répondre d'une éventuelle mauvaise foi (129). Il est peu probable que cette exception perdure.

286 **Caractère d'ordre public de ces « suites ».** On a parlé un temps de « forçage du contenu contractuel » (130), ou d'interprétation « divinatoire » (131). Mais il est aujourd'hui clair que ce n'est pas dans la volonté des parties que la jurisprudence trouve le siège de ces obligations, mais dans la loi elle-même : l'article 1135, longtemps oublié, attache expressément aux contrats « toutes les suites que l'équité, l'usage ou la loi donnent à l'obligation d'après sa nature », de même que l'article 1134, alinéa 3, tout aussi longtemps oublié,

▪ (126) Com., 10 juillet 2007, *D.* 2007.2839, note STOFFEL-MUNCK et 2844, note GAUTIER ; *RTD civ.* 2007.773, obs. FAGES ; *RDC* 2007.1107 et s., obs. AYNÈS et D. MAZEAUD. — *Grands arrêts*, n° 164 (bénéficiaire d'une garantie du passif fiscal ayant délibérément risqué un redressement). — Civ., 3e, 9 décembre 2009, n° 04-19923, *Bull. civ.*, III, n° 275 (bailleur s'opposant de mauvaise foi à la cession du bail). — Com., 15 mars 2011, n° 09-13299 (bénéficiare d'une garantie de passif invoquant de mauvaise foi une déclaration contractuelle). — Civ. 3e, 26 mars 2013, n° 12-14870 ; *C.C.C.* 2013.128, obs. L.L., *RTD civ.* 2013.606, obs FAGES (bailleur refusant de modifier la répartition des charges après changement de situation). — Civ. 3e, 25 juin 2013, n° 11-27904 (bénéficiaire d'une promesse de vente levant l'option irrégulièrement).

▪ (127) Voir *Les prérogatives contractuelles*, *RDC* 2011.639 et s., en particulier p. 746.

▪ (128) Soc., 23 février 2005, *Bull. civ.*, V, n° 643. — 11 mai 2005, *JCP* 2005.II.10177, note MEKKI. — Soc., 14 octobre 2008, n° 07-43071.

▪ (129) Civ. 2e, 7 mars 2006, *Bull. civ.*, II, n° 63 ; *JCP* 2006.II.10056, note DESCORPS-DECLERE. — 10 juillet 2008, *Bull. civ.*, II, n° 177 (5e moyen). — 9 juillet 2009, n° 08-18730.

▪ (130) JOSSERAND, *Le forçage du contenu contractuel, Et. Gény*, t. 2, p. 340.

▪ (131) FLOUR et AUBERT, n° 396.

impose l'exécution « de bonne foi ». Et la Cour de cassation vise maintenant expressément ces textes pour imposer par exemple une obligation de renseignements (132) : le fait même qu'il s'agit au besoin d'arrêts de cassation révèle que l'obligation est d'origine légale et non volontaire — ce qui explique en outre qu'en cette matière, la Cour de cassation exerce son contrôle, par exemple sur la notion de mauvaise foi (133).

Il en résulte que ce genre d'obligations est d'*ordre public ;* on ne saurait, par une clause du contrat, exclure « l'équité » et donc les obligations de sécurité, de renseignement ou de conseil (134), pas plus que la bonne foi. Pour ce qui est de l'obligation de **surveillance,** elle semble influencée par l'existence de clauses avertissant la clientèle (135).

SECTION 2 LA SIMULATION

TEXTE

Code civil, art. 1321

Art. 1321. — Les contre-lettres ne peuvent avoir leur effet qu'entre les parties contractantes ; elles n'ont point d'effet contre les tiers.

287 **Définition.** La simulation est le fait pour les parties de dissimuler leur accord réel sous le faux masque d'un accord « officiel » différent. L'acte simulé est dit contrat ostensible ; l'acte réel est dit « contre-lettre » destinée à démentir secrètement l'acte ostensible (136).

L'opération est généralement frauduleuse, mais pas toujours : les parties peuvent avoir des raisons de tenir secret leur contrat bien qu'il soit licite.

288 **Diverses formes.** Bien que l'imagination des parties puisse en créer d'autres, la simulation emprunte trois formes principales, selon le point sur lequel elle porte.

— *Le contrat **fictif :*** c'est l'**existence** même du contrat qui est fallacieuse. Les parties « font semblant » de conclure un contrat, mais il est convenu qu'il restera lettre morte. Par exemple un propriétaire poursuivi par ses créanciers simule une vente pour faire échapper le bien aux poursuites ; ou encore on

(132) Cf. Civ. 1re, 3 juillet 1985, *Bull. civ.* I, n° 211. — 30 octobre 1985, *Bull. civ.*, I, n° 277.
(133) V. Com., 14 janvier 1997, *Defrénois* 1997.745, obs. D. MAZEAUD.
(134) V. par ex. Civ. 1re, 2 décembre 1997, *Defrénois* 1998.330, obs. DELEBECQUE.
(135) Cf. Civ. 1re, 1er mars 1998, *Bull. civ.*, I, n° 57.
(136) Cf. DAGOT, *La simulation en droit privé*, LGDJ, 1967.

simule une vente pour obtenir un prêt à l'acquisition consenti en réalité au vendeur, sous le couvert du « faux acheteur » (137).

— *Le contrat* ***déguisé :*** c'est la **nature** du contrat qui fait l'objet du déguisement. Par exemple on déguise une donation en vente simulée (pour échapper aux règles civiles ou fiscales de la donation) (138), ou inversement une vente en une donation simulée (hypothèse plus rare, destinée à échapper à un droit de préemption), ou encore un bail en prêt (pour échapper au statut des baux).

Le déguisement peut porter seulement sur le contenu de l'acte : par exemple le prix réel est différent du prix « officiel ».

— *Le* ***prête-nom*** *ou interposition de personnes :* c'est l'**identité d'un contractant** qui est dissimulée : on fait semblant de donner ou de vendre à X..., mais il est convenu que c'est Y le véritable destinataire, généralement pour échapper à une incapacité spéciale (cf. *supra,* n° 37), mais parfois dans d'autres buts (139).

289 **Régime entre les parties.** Entre les parties, c'est l'**acte secret** qui prévaut car c'est lui qui reflète leur volonté réelle. On applique donc le régime propre à cet accord réel (par exemple, dans le cas précité du bail déguisé en prêt, on rétablira le jeu du statut des baux avec les droits qui en découlent) (140).

Si cet accord réel est illicite, la contre-lettre est nulle et l'acte ostensible le sera aussi, car il ne correspond à aucun accord réel (sauf la sanction spéciale de l'article 1589-2 du Code civil : cf. *supra,* n° 218).

Mais s'il est valable en lui-même cet acte secret produit ses effets. Le seul fait de la simulation ne rend donc pas nul un acte qui est en lui-même valable : on se borne à rétablir son « vrai » régime.

Puisqu'il s'agit d'un contrat, les parties doivent le **prouver** selon les règles ordinaires (141), c'est-à-dire en principe par écrit (cf. *supra,* n°s 114 et s.). Cependant la preuve par tous moyens est possible s'il s'agit d'une dissimulation illicite (142) ou frauduleuse (143).

De plus, si ce contrat véritable est soumis à des conditions formelles (cas de la donation par exemple), celles-ci seront écartées, mais « remplacées » par les

(137) Civ. 3e, 8 juillet 1992, *Bull. civ.*, III, n° 246 ; *RTD civ.* 1993.352, obs. MESTRE.

(138) Cf. Com., 22 mars 1988, *Bull. civ.*, IV, n° 120. — Civ. 1re, 27 octobre 1993, *Bull. civ.*, I, n° 300.

(139) Voir l'exemple de Civ. 3e, 9 février 1994, *Loyers et copropriété* 94.155 : pour échapper au statut des baux commerciaux, qui ne s'applique pas aux baux de moins de deux ans non prorogés, les parties avaient organisé une succession de baux de 23 mois avec alternance du locataire et d'un prête-nom.

(140) Par exemple, dans le cas précité, on rétablira le jeu du statut des baux commerciaux.

(141) Civ. 3e, 15 septembre 2010, n° 09-68656, *Bull. civ.*, III, n° 160.

(142) Civ. 3e, 5 mars 1997, *Defrénois* 1997.744, obs. DELEBECQUE.

(143) Civ. 1re, 19 novembre 2002, *Bull. civ.*, I, n° 174. — Civ. 1re, 17 décembre 2009, n° 08-13276, *Bull. civ.*, I, n° 254.

formes exigées de l'acte apparent (cf. *supra,* n° 105). Cette règle s'impose également à leurs héritiers, assimilés aux parties, sauf toutefois dans le cas particulier où la simulation a eu précisément pour but de les dépouiller d'un droit propre comme leur réserve héréditaire (144).

290 **Régime à l'égard des tiers.** L'article 1321 ouvre aux tiers une **option :** selon leur intérêt, ils peuvent choisir de s'en tenir à l'acte ostensible ou de se prévaloir de l'acte secret (145). Comme ils n'ont pas celui-ci entre les mains, ils peuvent établir la simulation par **tous moyens** sans avoir à prouver une fraude (146). On dit qu'ils exercent une action en *déclaration de simulation* (147). Les tiers qui peuvent agir sont tous ceux qui sont intéressés, même s'ils n'ont pas de créance antérieure sur l'une des parties (148). Sont toutefois déchus du droit d'invoquer l'acte apparent ceux qui ont eux-mêmes participé à la simulation (149).

Il peut y avoir conflit entre plusieurs tiers, les uns se prévalant de l'acte ostensible et les autres de l'acte secret (exemple le plus simple : en cas de vente fictive, les créanciers du vendeur invoquent la contre-lettre pour pouvoir saisir le bien, et les créanciers de l'acquéreur l'acte ostensible dans le même but). C'est l'acte ostensible qui prime dans ce conflit (150).

SECTION 3 **LA MODIFICATION DU CONTRAT**

291 **Contrats concernés.** La question de la modification du contrat intéresse principalement les contrats qui déroulent leurs effets sur une certaine durée : c'est en fonction d'éléments nouveaux que cette modification est envisagée. Cette modification concerne alors l'avenir.

(144) Civ. 1re, 5 janvier 1983, *Bull. civ.*, I, n° 10. — 25 mars 1981, *Bull. civ.*, I, n° 105. — 24 nov. 1987, *Bull. civ.*, I, n° 309. — 8 juin 1999, *Bull. civ.*, I, n° 197.

(145) Civ., 25 avril 1939, *Grands arrêts*, n° 169. — Par exemple des créanciers peuvent établir qu'un partage dissimule en réalité des donations, qu'il leur est plus facile d'attaquer par l'action paulienne : Civ. 1re, 6 mars 1996, *Bull. civ.*, I, n° 125.

(146) Civ. 2e, 4 juin 2003, *Bull. civ.*, II, n° 110.

(147) Voir par exemple Civ. 1re, 19 juillet 2007, *Bull. civ.*, I, n° 297 (achat immobilier fait au nom des enfants). — Paris, 11 juillet 1990, *D.* 1991.33. note LARROUMET.

(148) Civ. 1re, 17 septembre 2003, *Bull. civ.*, I, n° 181.

(149) Ainsi le banquier qui a participé à la simulation d'une vente liée à un prêt ne peut demander remboursement à l'acquéreur apparent qui n'est que le prête-nom du vendeur : Civ. 3e, 8 juillet 1992, *Bull. civ.*, III, n° 246 (mais il conserve son action s'il a seulement connu la simulation, sans y participer : Civ. 1re, 17 novembre 1999, *Bull. civ.*, I, n° 311).

(150) Civ. 1re, 22 février 1983, *Bull. civ.*, I, n° 761 ; *JCP* 1985.II.20359, note VERSHAVE.

Mais ce serait une erreur de penser que les contrats instantanés en sont nécessairement exclus : il peut arriver que les parties veuillent, pour diverses raisons, modifier par exemple le prix d'une vente déjà conclue, voire son objet. La modification présentera alors la particularité de revenir sur le passé et de revêtir en conséquence un caractère rétroactif.

§ 1. La modification pour l'avenir

A. PAR LE JUGE

292 **Problème de l'imprévision.** Les contrats qui étendent leurs effets sur une longue période suscitent souvent une difficulté particulière : le changement des circonstances peut venir bouleverser l'**équilibre initial.** Doit-on admettre que le contrat continue de s'imposer en dépit de ce bouleversement alors qu'il ne correspond plus à la volonté des parties (surtout de celle qui se trouve désavantagée par ce bouleversement) ? Ce problème est connu sous le nom de « théorie de l'imprévision » (151).

293 **Principe : refus de révision.** La jurisprudence judiciaire française refuse en principe au juge le pouvoir de réviser le contrat pour tenir compte des nouvelles circonstances. Dégagée par un célèbre arrêt il y a plus d'un siècle, au sujet d'une redevance fixée par un contrat remontant au... XVIe siècle (152), cette solution de principe a toujours été maintenue : par exemple, en 1979 encore, a été cassé un arrêt ayant augmenté le tarif d'un contrat de magasinage en raison des conditions économiques nouvelles (153) et, en 2009, l'arrêt ayant révisé le prix d'un bail qui avait été fixé compte tenu des services rendus par le locataire au bailleur, ensuite décédé (154).

Cette solution est contraire à la fois à la plupart des droits étrangers (155) et à la jurisprudence administrative qui se reconnaît depuis 1916 le droit de réviser les contrats administratifs. Elle est généralement critiquée sur le plan proprement juridique et justifiée par des craintes d'ordre économique, au vrai peu

(151) Cf. l'étude complète GHESTIN et BILLIAU, *Les effets du contrat*, n°s 260-314.
(152) Civ., 8 mars 1876, *Canal de Craponne*, *D.* 1876.I.193 ; *Grands arrêts*, n° 165.
(153) Com., 18 décembre 1979, *Bull. civ.*, IV, n° 339. — Cf. aussi Com., 18 janvier 1950, *D.* 1950.227.
(154) Civ. 3e, 18 mars 2009, *Bull. civ.*, III, n° 64 ; *RTD civ.* 2009.528, obs. FAGES ; *RDC* 2009.1358, obs. D. MAZEAUD.
(155) DAVID, *L'imprévision dans les droits européens. Mélanges Jauffret*, 1974, p. 211. — TALLON, *La révision du contrat pour imprévision au regard des enseignements récents du droit comparé, Mélanges Sayag*, Litec, 1998.403 et s. — FAUVARQUE-COSSON, *Le changement de circonstances, RDC* 2004.67. — R. CABRILLAC, *Perspectives d'évolution en matière d'imprévision à la lumière du droit comparé*, *Mél. Jauffret-Spinosi*, Dalloz, 2013.227.

convaincantes (crainte de révisions en chaîne ayant un effet déstabilisateur). Elle est écartée par les Principes **Unidroit** qui organisent une véritable procédure de renégociation, débouchant à défaut d'accord des parties sur le pouvoir du juge « s'il l'estime raisonnable, (de) mettre fin au contrat à la date et aux conditions qu'il fixe, ou adapter le contrat en vue de rétablir l'équilibre des prestations » (art. 6-2-3). **Les Principes du droit européen des contrats** vont dans le même sens (art. 6:111).

Si elle est maintenue en principe, elle supporte tant d'exceptions qu'on peut y voir un excellent exemple de principe devenu quasiment une « coquille vide ».

294 **Exceptions et palliatifs.** Plusieurs séries de règles permettent d'écarter les conséquences trop rigoureuses du principe de non-révision :

— en premier lieu, pour tous les contrats à **durée indéterminée,** la faculté de résiliation unilatérale (cf. *infra,* n° 312) permet à la partie désavantagée de sortir du contrat, au besoin en offrant d'en conclure un nouveau sur des bases rééquilibrées ;

— en deuxième lieu, pour les contrats à **exécution successive** (même s'ils sont à durée déterminée), le bouleversement des circonstances peut rompre l'équilibre au point qu'on constate une **disparition de la cause** : ainsi par exemple si la chose donnée en location disparaît par cas fortuit, le bail prend fin (C. civ., art. 1722) ; la jurisprudence semble généraliser ce cas de caducité du contrat (156).

— en troisième lieu, les parties peuvent organiser dans le **contrat lui-même** une procédure de révision, à condition toutefois qu'elle ne fasse pas appel à un nouvel accord de leur part, ce qui rendrait l'objet du contrat indéterminé (cf. *supra,* n° 148) : les clauses d'indexation en sont une illustration (cf. *supra,* n° 152), mais on peut aussi mettre sur pied une **procédure de révision** par un arbitre et les contrats internationaux comportent depuis longtemps des « clauses de renégociation » (dites clauses de *« hard ship »*) dont l'effet en droit interne est incertain (157) ;

— en quatrième lieu, de **nombreuses lois** sont intervenues pour permettre une révision judiciaire dans tous les contrats importants (loyers des **baux commerciaux,** ruraux ou d'habitation, contrats de **rente viagère,** etc). Il faut d'ailleurs être conscient que ces lois ne poursuivent pas seulement le « rééquilibrage » du contrat, mais aussi des fins économiques souvent différentes (par exemple plafonnement des loyers dans un but social ou de lutte contre l'inflation) ;

— enfin l'**obligation de bonne foi** peut fournir la base d'une obligation de renégocier : si le refus de modifier un contrat est un droit et n'est en principe pas fautif (cf. *infra,* n° 296), l'abus de ce droit peut conduire la partie qui s'y refuse (ou s'y prête de façon factice) à engager sa responsabilité, ce qui viendrait

(156) V. *supra*, n° 185. — Com., 29 juin 2010, n° 09-67.369, *D.* 2010-2481, note D. MAZEAUD et 2485, note GENICON ; *RTD civ.* 2010.782, obs. FAGES ; *JCP* 2010.1056, note FAVARIO.

(157) Cf. CEDRAS, *L'obligation de renégocier, RTD com.* 1985.265.

compenser les effets devenus excessifs du contrat (158) ; certains arrêts ont même fait injonction aux parties de renégocier (159), mais sans que soit aujourd'hui connue la solution en cas d'échec de la renégociation sans mauvaise foi de part ou d'autre.

B. PAR LA LOI

295 **Lois d'application immédiate.** Le principe de l'autonomie de la volonté commande que seules les parties elles-mêmes puissent détenir le pouvoir de modifier un contrat qui, pourvu qu'il ait été valablement formé, s'impose pour toute la durée prévue.

Mais ce principe n'a qu'une valeur légale : le législateur peut donc y déroger en venant imposer des modifications aux contrats en cours. Tel est parfois leur objet direct, lorsqu'il s'agit de tenir compte de bouleversements économiques (cf. *infra,* n° 316). Mais c'est aussi ce qui arrive lorsqu'une loi nouvelle, qui devrait en principe laisser les contrats antérieurs suivre leurs cours tel que prévu à la lumière de la loi en vigueur lors de leur conclusion (160), est considérée comme tenant si fort à l'ordre public qu'elle est déclarée immédiatement applicable aux contrats en cours — caractère qui peut résulter d'une disposition expresse de la loi elle-même ou être déduite par les tribunaux de son esprit général particulièrement impérieux (tel est souvent le cas des lois inspirées d'un ordre public de protection, comme en matière de bail ou de consommation).

C. PAR LES PARTIES

296 **« Avenant » au contrat.** Les parties, qui pourraient apporter à leur contrat une fin anticipée par rapport au terme prévu (cf. *infra,* n° 310), ont à plus forte raison le pouvoir de modifier cet accord pour l'avenir. On dénomme souvent « avenant » cet acte modificatif (161). Résultant d'un nouvel accord de volontés, cette modification est elle-même soumise aux conditions de fond, de forme et de preuve qui gouvernent le contrat en cause, tel qu'il est modifié.

Quant au fond il faut une nouvelle expression des consentements selon le schéma initial (cf. *supra,* n°s 56 et s.), émanant des parties au contrat (162).

(158) Cf. D. Mazeaud, note sous Civ. 1re, 16 mars 2004, *D.* 2004.1754 et les références.
(159) Paris, 28 décembre 1976, *JCP* 1978.II.18810. — Nancy, 26 septembre 2007, *D.* 2007.1121, note Boutonnet ; *RTD civ.* 2008.295, obs Fages.
(160) Même si cette loi nouvelle est d'ordre public, au sens qu'elle est impérative et qu'il ne peut y être dérogé : v. par ex. Com., 26 février 1991, *Bull. civ.*, IV, n° 86.
(161) V. Pellet, *L'avenant au contrat*, IRPI 2010.
(162) Si un bail a été conclu par deux époux, l'avenant doit être signé des deux : Civ. 3e, 25 septembre 2002, *Bull. civ.*, III, n° 171.

Toutefois, comme les parties sont déjà en relations, on admettra plus facilement que le silence de l'une sur l'offre de modification présentée par l'autre puisse valoir consentement tacite (cf. *supra,* n° 66) (163). Le contrat initial peut lui-même organiser cette modification ultérieure à l'initiative d'une seule partie pourvu que soit réservé le droit de l'autre de s'y opposer (164). Mais une partie peut toujours refuser la modification (165) sous réserve de la bonne foi (cf. *supra,* n°s 285 et 294).

Il est évident que les conditions relatives à la capacité des parties et au contenu du contrat (objet, cause) doivent être satisfaites au regard du contrat tel qu'il résulte de la modification : par exemple le nouveau taux d'intérêt convenu devra rester inférieur au seuil de l'usure ; la nouvelle destination donnée aux lieux loués, si elle entraîne l'application d'un statut protecteur (baux commerciaux), exigera la capacité correspondante, etc. On peut en outre se demander, quant à la *cause,* si le contrôle de son existence et de sa licéité ne doit pas s'effectuer sur la modification elle-même, notamment lorsqu'il en résulte un avantage substantiel pour l'une des parties.

Quant à la forme, la modification doit suivre elle-même les conditions de forme exigées du contrat : par exemple la modification d'une donation devra être elle-même notariée ; la modification d'un contrat soumis à un écrit obligatoire (bail d'habitation, construction de maison individuelle, etc.) devra être conclue par écrit ; la modification d'un prêt à la consommation exigera une nouvelle offre préalable (166).

Est-il possible, dans le contrat, de prévoir que sa modification sera subordonnée à certaines formes spécifiques, en particulier un écrit ? Il est permis d'en douter, car le principe du consensualisme est d'ordre public. Les **Principes du droit européen des contrats** n'y voient qu'une présomption fragile (art. 2:106). On ne peut attacher à une telle clause qu'une portée sur la preuve admise pour la modification, et même sur ce terrain elle reste exposée à la remise en cause des conventions sur la preuve (cf. *supra,* n° 112).

(163) Par exemple l'art. L. 112-2, al. 5 du Code des assurances répute acceptée par l'assureur toute demande de modification non repoussée dans les dix jours.

(164) Paris, 5 décembre 1997, *D.* 1998.IR. 18. Mais la Commission des clauses abusives recommande l'élimination, dans les contrats de consommation, *« des clauses ayant pour objet ou pour effet de permettre au professionnel de modifier à son gré les clauses d'un contrat, sans que le consommateur ait à exprimer de façon explicite son acceptation »* (Rec. n° 94-01 du 19 juin 1994). Et, dans un contrat de travail, la clause prévoyant une modification unilatérale par l'employeur est nulle (Soc., 30 mai 2000, *Bull. civ.*, V, n° 206).

(165) Ainsi le refus par un salarié d'ajouter à son contrat une clause de non-concurrence n'est pas un motif de licenciement : Soc., 7 juillet 1998, *Bull. civ.*, V., n° 367. — Cf. note PUIGELIER, *D.* 1998.398. — V. aussi Soc., 23 janvier 2001, *Bull. civ.*, V, n° 19.

(166) Civ. 1re, 16 janvier 1998, *D.* 1998.503, rapport CATRY, note MARTIN.

Quant à la preuve enfin, l'acte modificatif est soumis aux mêmes exigences que l'acte initial (167) sauf s'il se borne à résilier le contrat sans faire naître de nouvelles obligations (168).

297 **Effets de la modification.** Dans les contrats à exécution successive, seuls concernés par la modification pour l'avenir que nous examinons pour l'instant, la période passée n'est pas remise en cause ; ni les créances qui en sont résultées entre les parties (loyers encore impayés...) ni les droits qu'elles ont pu consentir à des tiers (comme un sous-locataire) ne peuvent donc être affectés par cette modification.

En revanche, le contrat ne produira à l'avenir que les effets découlant de sa nouvelle économie. Mais la question qui se pose est alors la suivante : est-ce le *même contrat* qui perdure, avec de nouvelles modalités, ou est-ce un *nouveau contrat* qui se forme et prend la suite du précédent ? Les enjeux de cette question peuvent être divers : par exemple les garanties fournies (cautionnement, hypothèques) sont-elles encore efficaces, les clauses accessoires s'appliquent-elles encore, la durée convenue repart-elle à zéro, etc. ?

Un seul point paraît certain : si le changement est tel qu'il change la *qualification* du contrat (par exemple transformation d'un bail en prêt par suppression du loyer), il ne peut plus s'agir d'une simple modification et il y a création d'un nouveau contrat (169), ce qui d'ailleurs ne ferait peut-être pas disparaître toutes les clauses du premier (170). Dans les autres cas, il semble que la jurisprudence se réfère à la notion de *novation* (cf. *infra,* n°s 830 et s.) pour déterminer s'il y a ou non changement de contrat, quoique cette notion concerne en réalité l'obligation et non le contrat. En conséquence elle s'attache à la volonté des parties ainsi qu'au caractère essentiel ou accessoire de l'élément modifié (171).

▪ (167) V. pour la modification d'une transaction : Civ. 1re, 10 octobre 1995, *Bull. civ.*, I, n° 360.
▪ (168) Civ. 1re, 18 mai 1994, *Bull. civ.*, I, n° 175.
▪ (169) V. par ex. Soc., 7 juillet 1988, *Bull. civ.*, V, n° 435 pour la transformation d'un contrat de travail en mandat.
▪ (170) Selon Com., 3 juillet 2001, *Bull. civ.*, IV, n° 131 (concession commerciale changée en mandat : la clause de préavis initialement convenue subsiste !).
▪ (171) Un changement de durée n'est qu'une modification : Soc., 5 janvier 1995, *Bull. civ.*, V, n° 4 (maintien de la clause accessoire de non-concurrence). — Civ. 1re, 2 décembre 1997, *Bull. civ.*, I, n° 345 (changement de durée et de taux d'un prêt). — Mais le *« réaménagement »* d'un prêt réuni avec un autre peut donner naissance à un nouveau prêt : Com., 19 octobre 1993, *Bull. civ.*, IV, n° 340 (la caution est libérée). — *Contra :* Civ. 1re, 20 mai 2003, *Bull. civ.*, I, n° 122. — Une extension des terrains concernés par un contrat de carrière, avec prix supplémentaire, n'est pas une novation : Civ. 3e, 20 décembre 1994, *Bull. civ.*, III, n° 222. — Le remplacement d'une seule pièce dans une sous-location de bureaux non plus : Civ. 1re, 24 avril 2013, n° 11-26597 ; *Bull. civ.*, I, n° 85.

§ 2. La modification rétroactive : la « réfaction du contrat »

298 **Origine : légale, judiciaire ou volontaire.** Comme le principe de la force obligatoire du contrat énoncé à l'article 1134 du Code civil n'a pas valeur constitutionnelle, (*supra*, n° 26) *la loi* peut en principe venir imposer une modification rétroactive des contrats. Il ne s'agit toutefois que d'hypothèses tout à fait exceptionnelles, le plus souvent limitées à des temps de guerre (172).

En revanche, divers mécanismes ouvrent au juge le pouvoir de « *refaire* » un contrat, et ce pouvoir est également reconnu aux parties elles-mêmes sous certaines réserves.

299 **Réfaction judiciaire.** Le juge ne dispose pas d'un pouvoir général de réfaction des contrats, qui serait directement contraire à l'article 1134 du Code civil. Mais un grand nombre de mécanismes que nous avons rencontrés quant au contrôle de l'équilibre contractuel (cf. *supra,* n°s 166 et s.) aboutissent en pratique à une telle réfaction : ainsi le juge qui révise le montant d'honoraires excessifs, qui fixe le complément de prix nécessaire au maintien d'une vente lésionnaire, ou qui retranche du contrat certaines clauses illicites en maintenant les autres (cf. *supra,* n°s 218 et s.) ne fait pas autre chose que décider une modification rétroactive du contrat. Et il en sera de même de certaines hypothèses où cette réfaction du contrat sera la conséquence d'une mauvaise exécution (cf. *infra,* n° 402 (173)).

Parce qu'elle est en réalité un **diminutif de la nullité ou de la résolution** du contrat, cette réfaction présente le même caractère rétroactif : c'est dès l'origine que le contrat « *refait* » est réputé se substituer aux modalités initiales, de sorte qu'il y aura éventuellement lieu à des restitutions.

Mais il n'existe ici aucun doute sur la survie du contrat initial, remodelé par la « *réfaction* » : le juge ne pourrait créer de toutes pièces un nouveau contrat. Le maintien des sûretés et accessoires ne donne donc lieu à aucune hésitation.

299-1 **Réfaction volontaire.** Est-il au pouvoir des parties de décider d'une modification rétroactive, c'est-à-dire de venir par un nouvel accord remplacer le contenu du contrat initial par un contenu différent ? Ne s'agit-il pas alors plutôt d'une résolution amiable du contrat initial, suivie de la formation d'un *nouveau* contrat ?

La question, qui n'est guère étudiée, appelle probablement une distinction :

■ (172) Sur une amorce de contrôle du Conseil constitutionnel sur des atteintes excessives, v. C. constit., 10 juin 1998, *RTD civ.* 1998.796, obs. MOLFESSIS. — 13 janvier 2003, *D.* 2003.638, obs. MATHIEU ; *RDC* 2003.9, obs. REVET.

■ (173) V. ALBIGES, *Le développement discret de la réfaction judiciaire du contrat, Mélanges Cabrillac*, 1999, p. 3.

— *entre les parties* si le principe est qu'une modification ne joue que pour l'avenir, il est sans doute possible de procéder à ce changement *ab initio*, qui revient en réalité à donner au nouvel accord un effet rétroactif, dès lors que la volonté des parties de placer leur nouvel accord dans le moule du contrat initial est certaine (174) et que les conditions de validité de celui-ci sont respectées par ce nouveau contenu (175) ;

— *envers les tiers* en revanche il semble difficile d'admettre l'efficacité et l'opposabilité de cette substitution : par exemple si un débiteur conditionnel accepte de supprimer la condition pour devenir débiteur « ferme », sa caution n'est, quant à elle, toujours tenue que sous réserve de la condition (176).

On observe d'ailleurs que l'article 2316 du Code civil (ex-2039) traduit cette idée en déclarant inopposable à la caution la prorogation de terme accordée par le créancier au débiteur principal.

▩ (174) Elle peut être tacite, mais doit être certaine (v. Civ. 3e, 22 novembre 1983, *Bull. civ.*, III, n° 239 ; *RTD civ.* 1985.161, obs. MESTRE pour la révocation d'une vente). — V. aussi Com., 18 janvier 2011, n° 10-10683 et Com., 14 décembre 2010, n° 09-71610, *RTD civ.* 2011-126, obs. FAGES.

▩ (175) Ainsi le nouveau prix que les parties décident de substituer dans une vente à celui initialement convenu doit être déterminé : Civ. 1re, 3 juillet 1996, *Bull. civ.*, I, n° 287. — De même, revenir sur une donation exige un nouvel acte notarié (Civ. 1re, 2 juin 1970, *JCP* 72.II.17095, note DAGOT. — 7 juin 2006, *Bull. civ.*, I, n° 289).

▩ (176) Civ. 1re, 29 avril 1997, *Bull. civ.*, I, n° 133.

CHAPITRE 3
L'EFFICACITÉ DES CONTRATS DANS LE TEMPS

300 **Terme et condition.** Beaucoup de petits contrats courants s'exécutent instantanément et immédiatement. Mais beaucoup d'autres contrats, et souvent les plus importants, organisent l'avenir. *Le terme* est le moyen le plus simple : il consiste à prévoir, par des dates futures, la période à laquelle le contrat prendra effet puis s'éteindra. *La condition* est une notion plus complexe mais très utile qui permet de tenir compte d'un événement futur incertain, c'est-à-dire aléatoire : par exemple la vente de tel terrain est conclue sous condition de l'obtention d'un permis de construire.

Le terme et la condition ont donc en commun d'être le moyen pour les contractants de stipuler sur l'avenir, en prenant pour base des **événements futurs.** Mais ils se séparent en ce que le terme désigne un événement futur certain (même si sa date précise est encore inconnue), et la condition un événement futur aléatoire.

On désigne ordinairement ces deux mécanismes sous le vocable de « *modalités* » de l'obligation.

SECTION 1 LES CONTRATS À TERME

TEXTES

Code civil, art. 1185 et s. et 1244-1 et s.

Art. 1185. — Le terme diffère de la condition, en ce qu'il ne suspend point l'engagement, dont il retarde seulement l'exécution.

Art. 1186. — Ce qui n'est dû qu'à terme, ne peut être exigé avant l'échéance du terme ; mais ce qui a été payé d'avance ne peut être répété.
Art. 1187. — Le terme est toujours présumé stipulé en faveur du débiteur, à moins qu'il ne résulte de la stipulation, ou des circonstances, qu'il a été aussi convenu en faveur du créancier.
Art. 1188. — Le débiteur ne peut plus réclamer le bénéfice du terme lorsqu'il a fait faillite, ou lorsque, par son fait, il a diminué les sûretés qu'il avait données par le contrat à son créancier.

....

Art. 1244-1. — Toutefois, compte tenu de la situation du débiteur et en considération des besoins du créancier, le juge peut, dans la limite de deux années, reporter ou échelonner le paiement des sommes dues.
Par décision spéciale et motivée, le juge peut prescrire que les sommes correspondant aux échéances reportées porteront intérêt à un taux réduit qui ne peut être inférieur au taux légal ou que les paiements s'imputeront d'abord sur le capital.
En outre, il peut subordonner ces mesures à l'accomplissement, par le débiteur, d'actes propres à faciliter ou à garantir le paiement de la dette.
Les dispositions du présent article ne s'appliquent pas aux dettes d'aliments.
Art. 1244-2. — La décision du juge, prise en application de l'article 1244-1, suspend les procédures d'exécution qui auraient été engagées par le créancier. Les majorations d'intérêts ou les pénalités encourues à raison du retard cessent d'être dues pendant le délai fixé par le juge.
Art. 1244-3. — Toute stipulation contraire aux dispositions des articles 1244-1 et 1244-2 est réputée non écrite.

301 **Notion.** Le terme désigne un événement futur qui arrivera nécessairement : si sa survenance même est incertaine, il ne peut pas s'agir d'un terme, mais d'une condition (1). On parle de ***terme certain*** lorsque la date en est connue. Ou bien elle est désignée directement (par exemple le contrat prendra effet au 1er juillet) ; ou bien elle est désignée par référence à une durée (par exemple le contrat aura une durée de trois mois). On parle de ***terme incertain*** lorsque la date à laquelle se produira l'événement ne peut pas être connue : par exemple le décès d'une personne ou l'achèvement d'un chantier.

Cet événement futur peut être pris comme point de départ du contrat ou comme date d'extinction : on parle de terme *suspensif* dans le premier cas, de terme *extinctif* dans le second (2). En fait, un contrat comporte souvent les deux : ainsi une location d'été conclue en février pour la période du 1er août (terme suspensif) au 31 août (terme extinctif). Souvent, la combinaison est plus

(1) V. Civ. 1re, 13 avril 1999, *JCP* 2000.II.10309 ; *Defrénois* 1999.1001, obs. D. MAZEAUD. — 13 juillet 2004, *Bull. civ.*, I, n° 204. — V. aussi GAUTIER, note *D.* 1991.436.

(2) Il existe aussi parfois un **terme *rétroactif***, les parties convenant que leur contrat est réputé avoir pris effet avant sa conclusion (par ex. un bail conclu le 18 février sera réputé avoir commencé le 1er janvier). Cette pratique, certainement sans effet à l'égard des tiers, est d'une validité douteuse même entre les parties, car elle a souvent pour effet de tourner une loi d'ordre public : par ex., pour un bail, le report anticipé de la prise d'effet aura pour conséquence de diminuer d'autant la durée réelle, pour laquelle la loi fixe souvent un minimum (sur cette rétroactivité conventionnelle, v. GHESTIN et BLLIAU, *Les effets du contrat*, nos 151 et s.).

profonde car au sein du même contrat, elle divise les obligations : par exemple une fourniture est livrée immédiatement, mais le paiement est échelonné (plusieurs termes suspensifs pour chaque fraction) ; ou encore, dans un bail, l'obligation du bailleur est continue et ne connaît qu'un terme final (extinctif) tandis que celle du locataire de payer des loyers s'échelonne par mois ou par trimestres, selon ce qui est convenu, par des termes suspensifs (d'où l'habitude populaire de parler de « payer son terme »).

§ 1. Terme suspensif

302 **Report d'exigibilité.** C'est le terme suspensif qu'envisage le Code civil dans les articles 1185 et suivants. Il a pour objet de préciser à quelle date future l'obligation stipulée sera exécutée : c'est alors seulement que l'obligation sera *exigible,* c'est-à-dire qu'on pourra en réclamer l'exécution.

Le terme suspensif peut concerner l'entrée en vigueur de l'ensemble du contrat (tel bail ne prendra effet qu'à telle date), ou seulement l'exigibilité de certaines de ses obligations (par ex. la pratique des délais de paiement). Ainsi, un « avoir » consenti par un vendeur s'analyse en une obligation de remboursement à terme, si sa date est fixée (3). Dans les contrats importants de prestations de service, notamment en matière de construction, on prévoit souvent un délai d'exécution, parfois assorti de pénalités de retard : il s'agit d'un terme suspensif car l'entrepreneur n'est tenu de livrer qu'à la date fixée.

303 **Fixation.** C'est en principe les parties qui fixent dans leur contrat le terme suspensif. On peut par exemple prévoir qu'une dette ne sera exigible qu'à partir de telle date, voire seulement à la mort du débiteur (4). À défaut, le contrat est présumé devoir s'appliquer immédiatement et les obligations sont aussitôt exigibles.

Il faut toutefois tenir compte de la nature de ces obligations. S'il s'agit de prestations de service, un « délai raisonnable » doit être laissé pour leur réalisation, apprécié par le juge en cas de conflit (5). S'il s'agit d'un prêt, sans durée fixée, le juge doit pareillement fixer un délai de remboursement ou de restitution selon les circonstances (art. 1900) (6). Et les parties peuvent même reporter ce remboursement jusqu'au décès du débiteur, dont c'est ainsi la

(3) Com., 22 février 1994, *Bull. civ.*, IV, n° 70.

(4) C'est alors la succession qui est tenue : la clause est jugée valable (Civ. 1re, 3 avril 2002, *Bull. civ.*, I, n° 106). — 13 décembre 2005, *Bull. civ.*, I, n° 489 ; *RTD civ.* 2006.315.

(5) L'article 6.1.4 des Principes **Unidroit** en déduit que c'est la partie dont la prestation nécessite un délai qui doit en principe s'exécuter en premier (par exemple, l'entrepreneur ne peut réclamer paiement qu'après exécution).

(6) Cf. Civ. 1re, 19 janvier 1983, *Bull. civ.*, I, n° 29. — 29 juin 1982, *Bull. civ.*, I, n° 246.

succession qui sera tenue, sans que l'accord ne constitue un pacte sur succession future prohibé (7).

Dans les *contrats entre professionnels et* ***consommateurs,*** le délai de livraison ou d'exécution doit être indiqué expressément par le professionnel, depuis une loi du 18 janvier 1992 qui en organise avec sévérité la sanction (C. consom., art. L. 114-1 — cf. *infra,* n° 306).

304 **Délais de grâce.** Même lorsque la date d'exigibilité a été fixée par les parties, le juge peut la reporter en accordant un « délai de grâce ». L'évolution de cette possibilité traduit bien les atteintes croissantes portées à la force du contrat : à l'origine, le juge ne pouvait octroyer que « des délais modérés » et « en usant de ce pouvoir avec une grande réserve » (texte de 1804, art. 1244). En 1936, la référence à la « grande réserve » a disparu et un maximum d'un an a été fixé, porté à deux ans en 1985.

La loi du 9 juillet 1991 a remanié et précisé le texte, devenu articles 1244-1 et suivants (8).

Le maximum de deux ans est maintenu et n'est pas renouvelable (9), mais ne court que du jour de la décision judiciaire (10) — ce qui en fait le prolonge de la période écoulée jusqu'à cette décision (11) d'autant que le délai de grâce peut être demandé pour la première fois en appel (12). De plus le juge peut procéder à un rééchelonnement des paiements et décaler toutes les échéances (13), et même réduire les intérêts jusqu'au taux de l'intérêt légal ou imputer les versements antérieurs sur le capital. Mais il doit fixer un délai déterminé et non un terme incertain (14).

Le texte visant « les sommes dues », cette possibilité de délai de grâce semble ne s'appliquer qu'aux obligations de sommes d'argent (15).

Cette faculté ouverte au juge est *d'ordre public* et aucune clause du contrat ne pourrait l'exclure valablement. Elle ne concerne pas les *salaires*, mais peut être appliquée aux indemnités de licenciement (16).

Des délais similaires peuvent aussi résulter de la mise en œuvre de **procédures collectives** au bénéfice des entreprises en difficulté ou de leurs cautions (C. com., art. L. 622-28) ou des particuliers surendettés (cf. *infra*, n°s 868 et s.)

■ (7) Civ. 1re, 6 février 1996, *D.* 1997.369.
■ (8) Cf. commentaire PAISANT, *C.C.C.* 1991, chr. 4.
■ (9) Civ. 1re, 6 juillet 1959, *D.* 1959.393. — 19 décembre 1984, *Bull. civ.*, I, n° 343 ; *RTD civ.* 1986.107, obs. MESTRE.
■ (10) Sans attendre sa signification : Civ. 2e, 12 février 2004, *Bull. civ.*, II, n° 56.
■ (11) Civ. 3e, 18 décembre 1991, *Bull. civ.*, III, n° 327.
■ (12) Civ. 1re, 29 juin 2004, *Bull. civ.*, I, n° 187.
■ (13) Civ. 1re, 6 décembre 1989, *Bull. civ.*, I, n° 384.
■ (14) Civ. 3e, 15 juin 1994, *Loyers et Copropriété* 94.371 (il ne peut pas fixer pour délai de paiement de loyers au jour où reprendra l'exploitation de l'établissement). — Civ. 2e, 7 janvier 1998, *Bull. civ.*, II, n° 4.
■ (15) *Contra :* Paris, 28 novembre 1990, *RTD civ.* 1991.736, obs. MESTRE.
■ (16) Soc., 18 novembre 1992, *Bull. civ.*, V, n° 555.

305 **Effets avant terme.** Tant que le terme n'est pas arrivé (on dit « échu ») *l'obligation n'est pas exigible.* Le créancier ne peut donc pas réclamer paiement, ni effectuer des voies d'exécution (saisies...).

Mais l'obligation est déjà née : aussi le créancier peut prendre des **mesures conservatoires** si le comportement du débiteur met en péril sa créance (inscription de sûretés conservatoires : articles 67 et suivants de la loi du 9 juillet 1991) (17).

Le débiteur peut en principe se libérer **sans attendre le terme** (par ex. : remboursement anticipé) car on présume que le terme a été convenu en sa faveur et qu'il peut donc y renoncer (18).

Il perd évidemment cette faculté si le créancier a aussi intérêt au terme (art. 1187). Par exemple, dans un prêt à intérêt, le prêteur peut s'opposer à un remboursement anticipé si le taux général du marché a baissé, de sorte qu'il ne pourra pas replacer aussi avantageusement ses capitaux (les contrats prévoient souvent une possibilité de remboursement anticipé, mais avec indemnité — à défaut une « renégociation » est nécessaire) (19).

Le paiement anticipé qui a été accepté reste valable et ne peut être remis en cause (art. 1186). Il est cependant suspect en cas de « faillite » et déclaré nul s'il est intervenu dans la période suspecte, car destiné à favoriser un créancier au détriment des autres (art. 107 de la loi du 25 janvier 1985).

306 **Échéance du terme.** La survenance du terme convenu (ou fixé par le juge) a pour effet de rendre la créance *exigible* (20), et d'ouvrir en conséquence les possibilités de réclamations et de poursuite. Le **retard** du débiteur constitue un manquement contractuel qui l'expose aux sanctions ordinaires : responsabilité contractuelle et résolution éventuelle du contrat (cf. *infra,* n°s 391 et s.).

Dans le cas particulier des *contrats de consommation,* la loi précitée de 1992 (cf. *supra,* n° 303) a mis sur pied au profit du consommateur une sanction spécifique : en cas de retard supérieur à sept jours, il peut « dénoncer le contrat » (c'est-à-dire en décider la résolution — cf. *infra,* n° 393), à condition de prendre cette décision dans les 60 jours du terme, et il est alors en droit d'obtenir la restitution *au double* des acomptes versés qui sont donc en réalité

■ (17) Autre conséquence : l'obligation est garantie par une caution générale qui était en vigueur au jour de sa naissance, même si cette caution se trouve éteinte au jour de l'exigibilité (Civ. 1re, 20 juillet 1994, *Bull. civ.*, I, n° 258).

■ (18) Les Principes **Unidroit** retiennent la présomption inverse : *« Le créancier peut refuser l'exécution avant l'échéance, à moins de n'avoir aucun intérêt légitime à le faire »* (art. 6-1-5). — Les **Principes du droit européen des contrats** aussi, sauf le cas où cette exécution anticipée « n'affecterait pas ses intérêts de façon déraisonnable » (art. 7:103). Mais **l'avant-projet de réforme** du droit français retient que « le terme suspensif est présumé convenu dans l'intérêt du débiteur » et que celui-ci « peut y renoncer ainsi unilatéralement » (art. 1187-1).

■ (19) V. MALAURIE, *Baisse des taux, prêts à long terme et renégociation, D.* 1998. chr. 317. — *Contra* HUET, *D.* 1999, chr. 393.

■ (20) V. BOULOY, *Réflexions sur la notion d'exigibilité de la créance, RTD com.,* 1990.339.

des *arrhes* (C. consom., art. L. 114-1). De plus, et qu'il y ait ou non résolution du contrat, les avances produisent intérêts légaux après 3 mois jusqu'à la livraison ou l'exécution (C. consom., art. L. 131-1).

307 **Déchéance du terme.** La déchéance du terme intervient lorsqu'il y a tout lieu de craindre que le temps mette en péril le droit du créancier. L'obligation devient alors immédiatement exigible. Il y a trois cas de déchéance :

— *liquidation judiciaire* (mais non redressement judiciaire) du débiteur (art. L. 622-29 et L. 643-1 nouveaux du Code de commerce) (21) ;

— *diminution des garanties* données au créancier (art. 1188 du Code civil) ;

— *clause prévue au contrat :* ainsi les prêts à remboursements échelonnés prévoient très souvent qu'en cas de défaut de paiement d'une échéance, il y aura déchéance du terme pour les échéances futures : tout le remboursement deviendra immédiatement exigible. Ce dernier cas ne peut cependant pas faire obstacle à l'octroi judiciaire d'un délai de grâce (art. 1244-3).

§ 2. Terme extinctif : la durée des contrats

308 **Contrats à exécution successive.** Par nature, ces contrats doivent s'étendre dans le temps. La question de leur durée se pose donc. Elle peut avoir été prévue ou non dans le contrat lui-même.

A. CONTRATS À DURÉE DÉTERMINÉE

309 **Définition.** Souvent, les parties auront prévu la durée de leur contrat en fixant un terme extinctif : ce terme peut être certain (par exemple contrat de travail conclu pour un an) ou incertain (conclu pour la durée d'un chantier ou pour la durée de vie d'une personne : sur les difficultés liées à ce cas, v. *infra*, n° 313). Mais il semble qu'il doive être indiqué : le contrat conclu pour un temps non précisé avec un simple « maximum » semble à durée indéterminée (22). La loi vient parfois limiter leur liberté à cet égard dans un esprit de stabilisation des contrats : soit en fixant une **durée minimale** (par ex. 9 ans pour

(21) Cette déchéance qui affecte le débiteur ne s'étend pas à sa caution éventuelle, qui ne peut donc être appelée avant le terme convenu (Com., 8 mars 1994, *D.* 1994.557, note BAZIN). Elle ne met pas fin non plus à l'assurance de l'emprunteur pour la prise en charge des échéances en cas d'invalidité (Civ. 1re, 18 janvier 2000, *Bull. civ.*, I, n° 10).

(22) V., pour un contrat de travail (ce qui a pu influer sur la solution en vue de protéger le salarié) : Soc., 16 février 1994, *Bull. civ.*, V, n° 57. V. aussi Soc., 6 mai 1997, *JCP* 1997.II.22972, note MOULY. — Civ. 1re, 2 décembre 1997, *Defrénois* 1998.406.

les baux commerciaux ou ruraux, 3 ans pour les baux d'habitation) soit en exigeant des précisions (par ex. le contrat de travail à durée déterminée, qui n'assure pas une stabilité de l'emploi, est étroitement réglementé). À l'inverse, il est parfois interdit d'assurer une durée minimale (par ex. le mandat des dirigeants sociaux est toujours révocable) ou la loi elle-même fixe un **maximum** (le mandat des agents immobiliers ne peut excéder trois mois, les contrats d'approvisionnement exclusif ne peuvent excéder 10 ans — Sur la prohibition générale des contrats de trop longue durée, v. *infra,* n° 313).

En outre certains événements ne peuvent pas être pris pour terme extinctif : ainsi l'article L. 1237-4 du Code du travail prohibe les clauses prenant pour terme du contrat l'âge du salarié ; de même on ne peut pas stipuler que la « faillite » d'une partie mettra fin automatiquement au contrat (loi du 25 janvier 1985, art. 37).

310 **Effets et cessation anticipée.** Pendant toute la durée prévue, le contrat présente son caractère obligatoire et aucune des parties ne peut s'en délier sans commettre une faute contractuelle : l'employeur ne peut pas licencier le salarié, et celui-ci ne peut pas démissionner ; le bailleur ne peut pas donner congé à son locataire, etc. Une résiliation anticipée est donc en principe inefficace, l'autre partie pouvant exiger l'exécution jusqu'au terme (23).

Toutefois, la cessation du contrat peut intervenir avant le terme prévu dans plusieurs séries de cas :

— Tout d'abord la loi peut ouvrir à l'une des parties certaines « portes de sortie » : ainsi le **locataire** d'habitation peut résilier le contrat à tout moment (loi du 6 juillet 1989, art. 12) ; le preneur rural le peut à chaque fin d'année culturale et le bailleur à certaines époques pour reprendre les terres au profit d'un descendant (Code rural, art. L. 411-6) ; un **associé** peut se retirer sur autorisation de justice (art. 1869) ; un **prêteur** à usage peut demander restitution anticipée de la chose prêtée s'il lui en survient un « besoin pressant et imprévu » (art. 1889), un **déposant** peut réclamer à tout moment restitution (art. 1944).

Le contrat lui-même peut également ouvrir de telles possibilités, soit aux deux parties soit à une seule d'entre elles (24) sous réserve que la clause en ce sens serait abusive dans un contrat de consommation si elle était prévue au profit du seul professionnel.

■ (23) V. cependant, n'admettant que des dommages-intérêts : Com., 22 octobre 1996, *Bull. civ.*, IV, n° 260 ; *D.* 1997. Som. 173, obs. LIBCHABER et 286, obs. crit. JOURDAIN ; *RTD civ.* 1997.123, obs. approb. MESTRE.

■ (24) P. ex. pour le cas de changement de contrôle d'une des sociétés contractantes ; v. CALVO, *Les clauses d'intuitus personae dans les contrats commerciaux, Petites Affiches,* 5 juillet 1996, p. 10. — La mise en œuvre d'une telle clause ne requiert pas d'être motivée : Civ. 1re, 30 octobre 2008, *JCP* 2009.II.10052, note C. CHABAS.

— De plus, il est naturellement loisible aux parties de convenir ensemble d'une résiliation amiable anticipée — laquelle peut même être tacite et résulter des circonstances (25). On parle alors de ***« mutuus dissensus »*** ou de « révocation amiable » (26), qui joue en toutes matières (sauf le contrat de mariage), même pour un contrat de travail (27), sans pouvoir évidemment remettre en cause les droits des **tiers** (par ex. les parties à un bail conclu pour 5 ans ne pourraient, par une résiliation anticipée, évincer un sous-locataire).

— En outre, le **décès d'une partie** vient mettre fin aux **contrats *intuitu personae*** (cf. *supra,* n° 246) (ex. art. 2003 pour le mandat, art. 1879 pour le décès de l'emprunteur, art. 1795 pour l'entrepreneur) (28). Pour les personnes morales, on y assimile leur **fusion** qui entraîne un changement de personnalité juridique (29).

— De même, la « **faillite** » d'une partie peut mettre fin prématurément aux contrats en cours dans des conditions relativement complexes : si la *liquidation judiciaire* produit le même effet qu'un décès (30), le *redressement judiciaire* ouvre aux organes de la procédure une option (C. com., art. L. 622-13 nouveau).

— Enfin, l'**impossibilité** de poursuivre l'exécution du contrat vient anticiper son terme (cf. *supra,* n° 294 et *infra,* n° 341).

311 **Prorogation, renouvellement et tacite reconduction.** Il convient de distinguer ces trois mécanismes qui ont en commun de faire perdurer la situation contractuelle au-delà du terme prévu, ce qui conduit souvent à leur confusion en pratique.

— **La prorogation** du contrat consiste à modifier le terme initialement convenu pour lui substituer une date ultérieure. C'est ainsi le *même contrat* qui se poursuit (31). Elle ne peut être décidée qu'avant l'expiration du terme initial, sans quoi celui-ci met fin au contrat *ipso facto* (32). Elle constitue donc une

▪ (25) Civ. 1re, 3 décembre 1985, *Bull. civ.*, I, n° 330. — 18 mai 1994, *Bull. civ.*, I, n° 175.

▪ (26) V. Vatinet, *Le mutuus dissensus*, *RTD civ.* 1987.252.

▪ (27) Ce n'est donc ni une démission ni un licenciement : Soc., 8 février 1989, *D.* 1990.339, note Saint-Jours. — 19 décembre 1979, *D.* 1980.IR.352, obs. Langlois. — 2 décembre 2003, *Bull. civ.*, V, nos 308 et 309.

▪ (28) V. Behar-Touchais, *Le décès du contractant*, Economica 1988.

▪ (29) Il en résulte traditionnellement une extinction des **cautionnements** (pour l'avenir seulement : Com., 8 novembre 2005, *JCP* 2005.10170, note Houtcieff ; *D.* 2005.2875 ; *JCP* 2006.I.131, n° 9 obs. Simler — Civ. 1re, 14 mai 2008, *JCP* 2008.I.211, n° 7. — Com., 30 juin 2009, *D.* 2009.2163. — *Contra* peut-être ; Com., 7 janvier 2014, n° 12-20204, *Bull. civ.*, IV, n° 1 ; *JCP* 2014.435, obs. Simler. De même d'un **mandat** (Com., 30 mai 2000, *Bull. civ.*, IV, n° 113. — Civ. 3e, 29 février 2012, n° 10-27259) ou d'une **franchise** (Com., 3 juin 2008, *Bull. civ.*, IV, nos 110 et 111).

▪ (30) À ce titre elle met fin aux missions contractuelles dont était chargé le « liquidé » : Civ. 1re, 3 mars 1998, *Bull. civ.*, I, n° 83 (contrat d'entreprise).

▪ (31) Il n'y a donc pas à réitérer les formalités initiales, comme les mentions exigées en matière de prêt : Com., 9 juillet 2002, *Bull. civ.*, IV, n° 118.

▪ (32) Civ. 1re, 2 mars 1994, *Bull. civ.*, I, n° 87.

variété de *modification* du contrat (cf. *supra,* n° 291) qui résulte d'un accord des parties (33) parfois de lois spéciales en cas d'événements exceptionnels, comme une guerre.

Elle n'est licite que si elle n'aboutit pas à dépasser la durée maximale que certains textes confèrent à certains contrats. En outre elle ne doit pas pouvoir préjudicier aux tiers, par exemple à une caution (34).

— **Le renouvellement** du contrat consiste dans la conclusion d'un nouveau contrat identique au précédent. Qu'il s'agisse d'un **nouveau contrat,** même identique, a d'importantes conséquences : disparition des sûretés attachées au premier, incidence d'un changement de loi ou de situation (35) ou d'une modification dans la capacité d'une partie (36), « division » des sanctions (37), acquisition par accession des constructions du preneur dès la fin du premier bail (38).

Ce renouvellement du contrat résulte parfois d'un mécanisme légal : *un droit au renouvellement* est reconnu par des lois particulières à certains contractants (notamment en matière de baux commerciaux, de baux ruraux et de baux d'habitation). Le bailleur ne peut « reprendre » le bien loué à l'expiration du contrat que pour certains motifs ou encore moyennant une indemnité.

En dehors de ces hypothèses, le renouvellement résulte d'un nouvel accord des parties, soit exprès soit tacite par le jeu, dans le contrat initial, d'une clause précise indiquant un nouveau terme (ex. « le contrat se renouvellera d'année en année »), voire déjà le nouveau prix (39) ou des durées distinctes (40). En ce cas, « l'existence de plusieurs contrats successifs à durée déterminée ne change pas la nature des relations contractuelles des parties qui ne deviennent pas régies par un contrat unique à durée indéterminée » (41). Par conséquent, le droit de refuser le renouvellement existe à chaque fin de période, sauf abus de droit (42). Le seul fait de proposer

(33) Il faut l'accord de toutes les parties (pour un bail, l'accord des deux colocataires : Civ. 3e, 25 septembre 2002, *Bull. civ.*, III, n° 171.

(34) C. civ. art. 2136. — Civ. 1re, 1er décembre 1993, *Bull. civ.*, I, n° 353.

(35) Civ. 3e, 18 février 2009, *Bull. civ.*, III, n° 45.

(36) Pour l'incidence d'un redressement judiciaire, v. Ass. Plén., 7 mai 2004, *Bull.* Ass. Plén. n° 9.

(37) Ainsi un manquement commis au cours du premier contrat ne justifie pas la résiliation du bail renouvelé : Civ. 3e, 7 juillet 2004, *Bull. civ.*, III, n° 146 ; *D.* 2004.2503. — De même la responsabilité de l'intermédiaire à l'occasion du contrat initial ne peut pas être engagée au regard du contrat renouvelé : Civ., 3e, 19 mai 2009, *Bull. civ.*, III, n° 103.

(38) Civ. 3e, 27 septembre 2006, *D.* 2007.1188, note TELLIER.

(39) Civ. 3e, 10 mars 2004, *Bull. civ.*, III, n° 52 ; *D.* 2004.878.

(40) V. Com., 4 novembre 1986, *Bull. civ.*, IV, n° 197.

(41) Cf. Com., 22 janvier 1980, *Bull. civ.*, IV, n° 36. — 13 novembre 2003, *Bull. civ.*, IV, n° 166, motifs.

(42) V. par ex. Civ. 1re, 6 mai 2010, n° 09-66969, D. 2010.2413, note HELLERINGER (pour l'adhésion à une association).

un renouvellement selon de nouvelles modalités n'est pas un abus (43) mais des promesses de stabilité non tenues peuvent le caractériser. Il existe une importante jurisprudence sur ce point au sujet des contrats de distribution et de concession commerciale (44) et l'on note une évolution récente dans le sens d'un *contrôle des motifs,* dont l'absence caractérise un abus (45).

Dans certains domaines toutefois, afin d'éviter que les parties recourent à une succession de contrats brefs pour échapper au vœu de stabilité de la loi protectrice d'une partie, le renouvellement d'une brève durée est interdit : c'est le cas notamment du premier bail commercial (maximum de 2 ans) et du contrat de travail (maximum de deux renouvellements dans la limite de 24 mois).

Inversement, pour éviter qu'un consommateur ne se retrouve lié trop longtemps pour avoir laissé passer la date de dénonciation précédant un renouvellement tacite, la loi du 28 janvier 2005 (qui parle à tort de « tacite reconduction ») a prévu un mécanisme d'avertissement obligatoire (C. consom., art. L. 136-1).

— **La tacite reconduction** s'effectue sans nouvel accord et résulte de la poursuite matérielle du contrat (46). De nombreux contrats la prévoient : si l'une des parties n'exprime pas, dans un délai fixé, son intention de ne pas renouveler le contrat, celui-ci est tacitement reconduit (47). Mais même en l'absence de clause, la tacite reconduction joue si les parties ont continué d'exécuter le contrat après son expiration (cf. art. 1738 pour le bail), sauf clause contraire expresse dans le contrat initial (48).

Quels sont les **effets** de cette reconduction ? Comme le terme extinctif a fait son œuvre, ce n'est pas le contrat initial qui continue, mais ***un nouveau contrat*** qui lui fait suite, aux mêmes conditions : « La tacite reconduction n'entraîne pas prorogation du contrat primitif, mais donne naissance à un nouveau contrat » (49). Il en

(43) Com., 23 avril 1985, *Bull. civ.*, IV, n° 128. — 13 mars 1990, *Bull. civ.*, IV, n° 77. — Civ. 1re, 30 juin 2004, *C.C.C.* 2004.151 ; *Bull. civ.*, I, n° 190 ; *D.* 2005.1828, note critique D. MAZEAUD (doublement du prix de location d'un coffre-fort). — *Mais* v. Com., 22 octobre 1996, *Bull. civ.*, IV, n° 246.

(44) V. *Contrats spéciaux*, n° 266.

(45) Com., 20 janvier 1998, *D.* 1998.413, note JAMIN ; *JCP* 1999.II.10019, note CHAZAL ; *D.* 1998. Som. 114, obs. D. MAZEAUD ; *RTD civ.* 1998.675. — Com., 27 octobre 1998, *Bull. civ.* IV, n° 256.

(46) V. AMAR-LAYANI, *La tacite reconduction*, *D.* 1996, chr. 143.

(47) Dans les contrats de consommation, le jeu de cette clause doit faire l'objet d'un avertissement : C. conso., art. L. 136-1.

(48) Com., 6 juillet 1976, *Bull. civ.*, IV, p. 199.— Cf. Com., 17 novembre 1992, *Bull. civ.*, IV, n° 336. — Com., 6 mai 2002, n° 00-12892.

(49) Civ. 1re, 17 juillet 1980, *Bull. civ.*, I, n° 220. — 18 janvier 1983, *Bull. civ.*, I, n° 21. — 10 janvier 1984, *Bull. civ.*, I, n° 6, cf. obs. MESTRE ; *RTD civ.* 1985, p. 157. — Com., 13 mars 1990, *Bull. civ.*, IV, n° 77 ; *RTD civ.* 1990.464, obs. MESTRE. — Civ. 3e, 1er avril et 10 juin 1998, *Bull. civ.*, III, nos 80 et 119. — V. MESTRE, *RTD civ.* 1999.93. — Cependant, en matière de **baux commerciaux** on décide que la poursuite du contrat est une simple prolongation du même contrat (C. com., art. L. 145-9. — Cf. Civ. 3e, 18 mars 1998, *Bull. civ.*, III, n° 63 — 7 février 2007, *D.* 2007.664).

résulte par exemple que l'information préalable doit être renouvelée (50), que la prescription de l'action en nullité repart à zéro (51), que le nouveau contrat est soumis à la loi intervenue entre-temps (52) ou que les accessoires du contrat initial ont pris fin (53).

Quant à la ***durée,* ce nouveau contrat** est à durée indéterminée puisqu'aucune précision n'est fournie sur son terme (54) (en ce sens, art. L. 1243-11 du C. trav. et art. 11 de la loi du 25 juin 1991 pour les agents commerciaux) : « sauf disposition ou volonté contraire, la tacite reconduction d'un contrat à durée déterminée, dont le terme extinctif a produit ses effets, donne naissance à un nouveau contrat de durée indéterminée » (55). Mais si le contrat initial a lui-même prévu une durée en cas de tacite reconduction, le nouveau contrat est à son tour à durée déterminée (56).

B. CONTRATS À DURÉE INDÉTERMINÉE

312 **Prohibition des engagements perpétuels : faculté de résiliation unilatérale.** Si les parties n'ont pas fixé la limite de leur contrat, il n'en résulte pas que celui-ci doive se perpétuer indéfiniment, car ce serait porter atteinte à la liberté que de l'aliéner pour toujours. De l'article 1780 qui prohibe les contrats de travail illimités, la jurisprudence a déduit un **principe général** d'*interdiction des engagements perpétuels.* Ils ne sont pas nuls, mais chaque partie peut y mettre fin à tout moment par *une résiliation unilatérale :* « dans les contrats à exécution successive dans lesquels aucun terme n'a été prévu, la résiliation unilatérale est, sauf abus, offerte aux deux parties » (57). Par exemple, le concédant peut rompre à tout moment un contrat de concession à durée indéterminée (58), le banquier peut à tout moment réclamer le remboursement

(50) Com., 14 janvier 2003, *D.* 2003.2304 (pour l'information due au franchisé).
(51) Civ. 3e, 25 avril 1990, *Bull. civ.*, III, n° 100.
(52) Civ. 3e, 27 septembre 2006, *D.* 2006.2415.
(53) C. civ. art. 1740. — Pour un cautionnement d'une ouverture de crédit : Com., 11 février 1997, *Bull. civ.*, IV, n° 46 ; *D.* 1998.552, note BOCCARA. — 6 février 2001, *RJDA* 2001.725. — Pour celui d'un bail : Civ. 3e, 5 novembre 2009, n° 08-15433, *RDC* 2009.1325, obs. C. GRIMALDI. — Pour une promesse de vente accessoire à un bail : Com., 22 octobre 1996, *Bull. civ.*, IV, n° 257.
(54) Com., 8 avril 1992, *Gaz. Pal.* 1992. Pan.170 (contrat d'approvisionnement).
(55) Civ. 1re, 15 novembre 2005, *Bull. civ.*, I, n° 413 ; *D.* 2006.587, note MEKKI ; *C.C.C.* 2006 n° 43, obs. LEVENEUR. — Soc., 13 décembre 2007, *Bull. civ.*, V, n° 207. — Ce qui n'empêche pas le jeu des exigences initiales quant au prévis ou à l'indemnité de rupture : Com., 11 avril 2012, n° 10-20505 ; *RDC* 2012.755, obs. GENICON.
(56) Com., 15 janvier 2008, *Bull. civ.*, IV, n° 4 ; *RTD civ.* 2008.299, obs. FAGES.
(57) Com., 14 novembre 1989, *Bull. civ.*, IV, n° 286. — 31 mai 1994, *Bull. civ.*, IV, n° 194. — Civ. 1re, 13 décembre 1994, *Bull. civ.*, I, n° 372. — 11 juin 1996, *Bull. civ.*, I, n° 246.
(58) Com., 3 déc. 1984, *Bull. civ.*, IV, n° 332. — Ou tout autre accord commercial : Com., 4 mai 1993, *Bull. civ.*, IV, n° 172.

d'avances (59), la caution garantissant le paiement de loyers peut révoquer sa garantie si le bail est sans durée fixe (60), cette révocation ne jouant évidemment que pour l'avenir (61).

Ce principe a récemment été placé par le Conseil constitutionnel au rang de liberté fondamentale : « la liberté qui découle de l'article 4 de la Déclaration des droits de l'homme et du citoyen de 1789 justifie qu'un contrat de droit privé à durée indéterminée puisse être rompu unilatéralement par l'un ou l'autre des contractants » (62).

Cette faculté est ***d'ordre public*** et toute clause contraire est nulle. Par exemple, même si elle a promis à son ex-mari qu'il pourrait occuper un appartement « aussi longtemps qu'il le voudrait », la propriétaire peut le reprendre (63).

313 **Champ d'application.** La prohibition serait trop facile à tourner si elle ne s'appliquait qu'aux contrats dans lesquels aucune durée n'a été prévue et s'il suffisait, pour y échapper, de stipuler un terme, fût-il extrêmement éloigné.

C'est pourquoi sont assimilés aux contrats sans durée ceux qui fixent une échéance trop lointaine (un bail de 50 ans, un contrat de travail de 10 ans sont en réalité des contrats perpétuels). La jurisprudence tend à prendre pour mesure la durée de la vie professionnelle (64) mais cette appréciation varie selon la matière du contrat. Quand le terme fixé est le décès d'une partie, on semble retenir une distinction : serait admise la durée de la vie *du créancier* (65) à l'opposé de celle *du débiteur* qui serait perpétuellement obligé.

On soumet au même régime les clauses qui ont pour effet de faire fréquemment repartir à zéro le délai fixé : par exemple, la convention d'installation

▪ (59) Com., 14 novembre 1989, précité. — Com., 26 janvier 2010, n° 09-65086.
▪ (60) Civ. 3e, 25 avril 1990, *Bull. civ.*, III, n° 101.
▪ (61) Cf. DELEBECQUE, note *JCP* 1994.II.22188.
▪ (62) Décision sur le PACS du 9 novembre 1999 ; v. MOLFESSIS, *JCP* 2000.I.210, n° 4.
▪ (63) Civ. 1re, 5 février 1985, *Bull. civ.*, I, n° 54. — Pour un **bail** professionnel sans limitation, voir Paris, 9 juin 1989, *D.* 1989.IR.205, ou indéfiniment renouvelable à la demande du locataire, voir Civ. 3e, 19 février 1992, *Bull. civ.*, III, n° 46. — 27 mai 1998, *Bull. civ.*, III, n° 110. — 13 mars 2002, *Bull. civ.*, III, n° 61. — Pour un contrat **d'association,** pour une atteinte indirecte au moyen d'une clause relative aux charges votées : Civ. 1re, 27 juin 2006, *Bull.civ.*, I, n° 326. — Pour un contrat de **concubinage**, pour une atteinte indirecte par la promesse de payer une pénalité : Civ. 1re, 27 juin 2006, *Bull. civ.*, I, n° 312. — Pour un contrat de **cautionnement**, par l'exigence de l'accord du créancier pour révoquer : Civ. 1re, 7 mars 2006, *Bull. civ.*, I, n° 132.
▪ (64) Civ. 1re, 31 janvier 1989, *Bull. civ.*, I, n° 53, pour un contrat de société coopérative d'une durée de 50 ans. — Mais une durée de 30 ans est admise : Civ. 1re, 30 mai 1995, *Bull. civ.*, I, n° 231. — V. aussi Civ. 1re, 20 mai 2003, *Bull. civ.*, I, n° 124 (durée de 25 ans admise pour un médecin).
▪ (65) Soc., 28 octobre 1992, *Bull. civ.*, V, n° 521 pour la vie d'un coopérateur. — Civ. 3e, 18 janvier 1995, *Bull. civ.*, III, n° 16 et Civ., 3e, 10 mars 2010, n° 09-12135 pour la vie du locataire. — Civ. 3e, 30 novembre 1983, *Bull. civ.*, III, n° 249 ; *RTD civ.* 1984.522 obs. RÉMY pour la vie du locataire et de ses enfants.

téléphonique de 15 ans prévoyant que la durée recommencerait à courir après certaines interventions (66).

314 **Sanction.** La question qui fait difficulté est celle de la ***sanction*** de ces durées excessives. La logique commande de ne pas en tenir compte pour appliquer le maximum légal quand il existe, et dans les autres cas de traiter le contrat comme un contrat à durée indéterminée, valable mais susceptible d'être résilié unilatéralement (67). On trouve pourtant des arrêts qui, allant au-delà du but de la règle, prononcent la nullité du contrat (68).

315 **Congés et préavis.** L'avis par lequel un contractant signifie à l'autre sa volonté de mettre fin au contrat s'appelle généralement un « congé » (en droit du travail, on parle de congédiement ou licenciement de la part de l'employeur, de démission de la part du salarié). Une simple *offre de modification* du contrat n'est pas en soi un congé. Mais si elle est exprimée de manière impérative et que son destinataire la refuse, elle équivaut à ce congé et doit être traitée comme telle (69).

S'il peut être donné à tout moment, il doit laisser à l'autre partie un **temps suffisant** pour s'organiser : on parle de délai de « préavis ». La durée de ce préavis est parfois fixée par la loi (contrat de travail) ; mais le contrat lui-même peut le préciser, ce qui est fréquent dans les contrats de distribution commerciale (70). Elle peut aussi résulter des usages (71). Le non-respect de ce délai rend la rupture « brusque » et constitue un abus de droit générateur de droit à indemnité (72), qui permettrait même au juge des référés d'ordonner pour un temps fixe la poursuite du contrat à titre de mesure conservatoire (73). En revanche, dès lors qu'il respecte ce délai, celui qui résilie n'a aucun motif à

(66) Com., 3 janvier 1989, *Bull. civ.*, IV, n° 3.

(67) V. Com., 10 février 1998, *Bull. civ.*, IV, n° 71 ; *Defrénois* 1998.1461 et la note. — Civ. 1re, 18 janvier 2000, *Bull. civ.*, I, n° 16 permettant le retrait d'une coopérative.

(68) Com., 3 janvier 1989, *Bull. civ.*, IV, n° 3. — Civ. 3e, 27 mai 1998, *Bull. civ.*, III, n° 110. — 15 décembre 1999, *JCP* 2000.II.10236 (particulièrement paradoxal : parce qu'il pouvait être annulé dès le départ pour durée excessive, un bail ne pourrait plus l'être après 30 ans, pour cause de prescription de l'action !). — V. GHESTIN et BILLIAU, n° 197.

(69) Tel est le cas de la modification substantielle des conditions de travail (cf. par ex. Soc., 1er février 1995, *Bull. civ.*, V, n° 46).

(70) L'article L. 442-6 du Code de commerce impose pour toute rupture de relations commerciales un préavis suffisant qu'une clause contractuelle ne peut pas abréger.

(71) C. trav., art. L. 1237-1. — C. civ., art. 1736 (bail). — C. com., art. L. 442-6 (contrats commerciaux). — Civ. 1re, 17 juillet 1985, *Bull. civ.*, I, n° 231 et 13 décembre 1994, *Bull. civ.*, I, n° 371 et 17 juin 1997, *Bull. civ.*, I, n° 201 (cliniques et médecins).

(72) Com., 5 décembre 1984, *Bull. civ.*, IV, n° 332.

(73) Civ. 1re, 7 novembre 2000, *Bull. civ.*, I, n° 286 ; *D.* 2001.256, note JAMIN et BILLIAU ; *C.C.C.* 2001.19, obs. L. L.

fournir (74) sous réserve toutefois d'un contrôle récemment apparu de la bonne foi (75).

Dans certaines matières le législateur est venu limiter cette faculté de résiliation : ainsi l'employeur ne peut **licencier** un salarié que pour une « cause réelle et sérieuse » (qui peut d'ailleurs tenir non seulement au comportement du salarié, mais à l'activité de l'entreprise ou à la conjoncture économique) ; le contrat de l'**agent commercial** ne peut être résilié qu'avec dommages-intérêts sauf faute grave (art. L. 134-13 du Code de commerce) ; et, d'une façon plus générale, les « relations commerciales » ne peuvent être rompues qu'après un préavis conforme aux usages (art. L. 442-6-I du Code de commerce) (76).

Une fois le congé donné, il est **définitif** : même si l'autre partie ne l'a pas accepté, son auteur ne peut pas se rétracter car il s'agit d'un acte unilatéral qui porte en lui-même toute son efficacité. Seul un accord de l'autre partie permet donc de l'effacer : par exemple, l'employeur ne peut revenir sur un licenciement qu'avec l'accord du salarié (77).

C. EFFETS DE L'EXTINCTION DU CONTRAT

316 **Obligations post-contractuelles.** Si l'achèvement du contrat n'affranchit évidemment pas les parties de leurs obligations passées (p. ex. les loyers arriérés restent dus), il les libère pour l'avenir en rompant le lien contractuel. Les relations futures qu'elles peuvent entretenir s'inscrivent donc en principe dans un autre cadre juridique, soit celui d'un nouveau contrat soit celui d'une responsabilité civile : ainsi par exemple de l'indemnité d'occupation due par un locataire qui continue d'occuper les lieux (78).

Cependant le contrat expiré peut produire encore certains effets non seulement lorsqu'il les a expressément prévus (comme une clause de non-concurrence pendant un certain temps, qui a encore la nature contractuelle), mais encore en vertu d'un devoir de loyauté post-contractuelle : par exemple

(74) Com., 4 avril 1994, *RTD civ.* 1994.603, obs. MESTRE. — Civ. 1re, 11 juin 1996, *Bull. civ.*, I, n° 246 ; *C.C.C.* 1996.164.

(75) Com., 3 juin 1997, *Bull. civ.*, IV, n° 171 ; *D.* 1998. Som. 113, obs. D. MAZEAUD et les arrêts cités *supra*, n° 311 au sujet du refus de renouvellement, qui produit souvent les mêmes effets. — Mais une clause dispensant de tout motif doit être respectée : Civ. 1re, 3 avril 2001, *Bull. civ.*, I, n° 98. — V. LE BARS, *La résiliation unilatérale du contrat pour cause d'intérêt légitime*, *D.* 2002.381.

(76) Ce texte issu d'une loi de 2001 dépasse le cadre du seul contrat, ce dont on déduit qu'il emporte une responsabilité de nature délictuelle.

(77) Soc., 12 mai 1998, *Bull. civ.*, V, n° 244. — *Id.* pour la **démission** : Soc., 19 mars 1981, *Bull. civ.*, V, n° 239.

(78) Cette indemnité n'est donc pas nécessairement du même montant que l'ancien loyer et n'a pas le même régime (v. *Contrats spéciaux*, n° 361).

l'usage de fichiers de clientèle peut justifier que le juge impose à l'ex-contractant une interdition de concurrence, à titre de mesure réparatrice (79) ; la conclusion d'une vente longtemps après qu'ait expiré le mandat de l'agent immobilier qui a présenté l'acquéreur justifie une commission (80). Mais on ne se trouve plus dans le champ contractuel (81) et c'est dans un cadre délictuel que se situe alors l'appréciation de la faute, même si elle prend en compte l'ancien contrat (82).

SECTION 2 LES CONTRATS CONDITIONNELS

TEXTES

Code civil, art. 1168 à 1183

§ 1. — De la condition en général, et de ses diverses espèces

Art. 1168. — L'obligation est conditionnelle lorsqu'on la fait dépendre d'un événement futur et incertain, soit en la suspendant jusqu'à ce que l'événement arrive, soit en la résiliant, selon que l'événement arrivera ou n'arrivera pas.

Art. 1169. — La condition *casuelle* est celle qui dépend du hasard, et qui n'est nullement au pouvoir du créancier ni du débiteur.

Art. 1170. — La condition *potestative* est celle qui fait dépendre l'exécution de la convention d'un événement qu'il est au pouvoir de l'une ou de l'autre des parties contractantes de faire arriver ou d'empêcher.

Art. 1171. — La condition *mixte* est celle qui dépend tout à la fois de la volonté d'une des parties contractantes et de la volonté d'un tiers.

Art. 1172. — Toute condition d'une chose impossible, ou contraire aux bonnes mœurs, ou prohibée par la loi, est nulle, et rend nulle la convention qui en dépend.

Art. 1173. — La condition de ne pas faire une chose impossible ne rend pas nulle l'obligation contractée sous cette condition.

Art. 1174. — Toute obligation est nulle lorsqu'elle a été contractée sous une condition potestative de la part de celui qui s'oblige.

Art. 1175. — Toute condition doit être accomplie de la manière que les parties ont vraisemblablement voulu et entendu qu'elle le fût.

Art. 1176. — Lorsqu'une obligation est contractée sous la condition qu'un événement arrivera dans un temps fixe, cette condition est censée défaillie lorsque le temps est expiré sans que l'événement soit arrivé. S'il n'y a point de temps fixe, la condition peut toujours être accomplie ; et elle n'est censée défaillie que lorsqu'il est devenu certain que l'événement n'arrivera pas.

(79) Com., 25 juin 1991, *Bull. civ.*, IV, n° 236.

(80) Civ. 1re, 14 novembre 2000, *Bull. civ.*, I, n° 288.

(81) Un arrêt bien formaliste, pour ne pas dire mécanique, en déduit que l'obligation de bonne foi n'a plus effet : Civ. 3e, 14 septembre 2005, *JCP* 2005.II.10173, note crit. LOISEAU ; *Defrénois* 2005.1912, note crit. DAGORNE-LABBÉ.

(82) Com., 24 février 1998, *Bull. civ.*, IV, n° 86 ; *JCP* 1999.II.10003, note KEITA.

Art. 1177. — Lorsqu'une obligation est contractée sous la condition qu'un événement n'arrivera pas dans un temps fixe, cette condition est accomplie lorsque ce temps est expiré sans que l'événement soit arrivé : elle l'est également, si avant le terme il est certain que l'événement n'arrivera pas ; et s'il n'y a pas de temps déterminé, elle n'est accomplie que lorsqu'il est certain que l'événement n'arrivera pas.
Art. 1178. — La condition est réputée accomplie lorsque c'est le débiteur, obligé sous cette condition, qui en a empêché l'accomplissement.
Art. 1179. — La condition accomplie a un effet rétroactif au jour auquel l'engagement a été contracté. Si le créancier est mort avant l'accomplissement de la condition, ses droits passent à son héritier.
Art. 1180. — Le créancier peut, avant que la condition soit accomplie, exercer tous les actes conservatoires de son droit.

§ 2. — De la condition suspensive

Art. 1181. — L'obligation contractée sous une condition suspensive est celle qui dépend ou d'un événement futur et incertain, ou d'un événement actuellement arrivé, mais encore inconnu des parties.
Dans le premier cas, l'obligation ne peut être exécutée qu'après l'événement.
Dans le second cas, l'obligation a son effet du jour où elle a été contractée.
Art. 1182. — Lorsque l'obligation a été contractée sous une condition suspensive, la chose qui fait la matière de la convention demeure aux risques du débiteur qui ne s'est obligé de la livrer que dans le cas de l'événement de la condition.
Si la chose est entièrement périe sans la faute du débiteur, l'obligation est éteinte.
Si la chose s'est détériorée sans la faute du débiteur, le créancier a le choix ou de résoudre l'obligation, ou d'exiger la chose dans l'état où elle se trouve, sans diminution du prix.
Si la chose s'est détériorée par la faute du débiteur, le créancier a le droit ou de résoudre l'obligation, ou d'exiger la chose dans l'état où elle se trouve, avec des dommages-intérêts.

§ 3. — De la condition résolutoire

Art. 1183. — La condition résolutoire est celle qui, lorsqu'elle s'accomplit, opère la révocation de l'obligation, et qui remet les choses au même état que si l'obligation n'avait pas existé.
Elle ne suspend point l'exécution de l'obligation ; elle oblige seulement le créancier à restituer ce qu'il a reçu, dans le cas où l'événement prévu par la condition arrive.

317 **Notion.** La condition est un événement futur incertain dont les parties entendent faire dépendre *l'existence* même du contrat.

Elle est d'une grande utilité car elle permet de lier le contrat à l'hypothèse correspondant réellement à l'intention des parties : par exemple, l'achat d'un terrain par celui qui veut y bâtir est conclu sous la condition de la délivrance du permis de construire ou l'achat d'un bien sous la condition que l'acheteur obtienne le crédit lui permettant de le financer ; si ces conditions ne se réalisent pas, le contrat d'achat lui-même perd toute existence et l'acheteur n'est tenu d'aucune obligation.

318 **Caractère aléatoire.** La condition ne peut porter que sur un **événement futur et incertain,** ou déjà survenu mais inconnu des parties (83). En effet, un événement certain dont seule la date est inconnue (ex. le décès de quelqu'un) ne constitue pas une condition mais un terme incertain (cf. *supra,* n° 301) (84). De même un fait qui ne constitue que l'exécution des obligations contractuelles ne peut pas être une condition (85). Corollairement, un événement incertain constitue nécessairement une condition, et non un terme (86).

Il y a donc par nature un caractère aléatoire dans la condition ; mais, contrairement aux contrats aléatoires, la condition permet aux parties de ne pas « jouer » et de se prémunir au contraire contre le hasard : dans l'exemple précité, l'acquéreur d'un terrain n'entend pas courir le risque de la décision administrative ou bancaire.

319 **Nullité des conditions potestatives.** Parce que l'aléa doit exister pour l'équilibre du contrat, le Code déclare nulles les conditions potestatives, c'est-à-dire qui dépendent de la volonté ou du pouvoir *(« potestas »)* d'une partie elle-même. Après l'avoir distinguée minutieusement de la condition « casuelle » (entièrement liée au hasard) et de la condition « mixte » (partiellement liée au hasard) le Code annule (art. 1174) l'obligation contractée sous une condition potestative de la part de celui qui s'oblige : il est évident en effet que son engagement même est alors en son pouvoir et n'a plus aucun sens.

La jurisprudence est subtile et délicate quant à la **notion de condition potestative** (87). Par exemple l'achat d'un bien sous la condition que l'acheteur vendra son autre bien, a pendant un temps été jugé valable ou nul selon les cas (88) avant d'être admis par principe au motif que la découverte d'un acquéreur exclut en tout cas que la condition soit « purement potestative » (89). Ou encore la location d'un matériel (distributeurs automatiques placés dans des lieux publics) permettant au bailleur de retirer le matériel est nulle s'il peut le

(83) C. civ., art. 1181. — V. par ex. Civ. 3e, 12 avril 1995, *Bull. civ.*, III, n° 110.

(84) Il n'y a donc pas de condition en présence d'un événement lié à l'âge, comme la retraite (Soc., 8 mai 1980. *Bull. civ.*, V, n° 402).

(85) Civ. 1re, 10 février 1998, *Bull. civ.*, I, n° 50 (pour la délivrance d'une quittance).

(86) Civ. 1re, 13 avril 1999, *Bull. civ.*, I, n° 131 ; *JCP* 2000.10309, note BARTHEZ. — 13 juillet 2004, *Bull. civ.*, I, n° 171 ; *RTD civ* 2004.734 ; *D.* 2005.1009, note BORIES ; *C.C.C.* 2004.172, obs. L. L. — Com., 20 mars 2007, *Bull. civ.*, IV, nos 93 et 95. — Civ. 1re, 26 septembre 2012, n° 11-11508.

(87) Cf. GHESTIN, *La notion de condition potestative au sens de l'art. 1174*, *Mélanges Weill*, 1983, p. 243.

(88) Valable si l'acheteur s'est engagé à mettre son bien en vente (Civ. 1re, 13 décembre 1994, *Bull. civ.*, I, n° 377), nul s'il a gardé sa liberté (Civ. 3e, 8 octobre 1980, *D.* 1981.IR.441, note AUDIT). Pour l'hypothèse inverse, où le vendeur n'est pas encore propriétaire et vend sous la condition d'acheter le bien préalablement, condition jugée potestative, v. Civ. 3e, 13 octobre 1993, *Bull. civ.*, III, n° 121 ; *JCP* 1994.II.22280.

(89) Civ. 3e, 22 novembre 1995, *Bull. civ.*, III, n° 243 ; *D.* 1996.604, note MALAURIE ; *C.C.C.* 1996.19, obs. L. L.

faire à son gré, mais valable s'il peut le faire en cas d'exploitation déficitaire car il y a là un élément extérieur vérifiable (90).

En réalité, en élaguant les discussions théoriques, on peut retenir qu'il n'y a condition potestative nulle que dans une clause permettant au débiteur de « sortir » du contrat par sa volonté arbitraire, sans aucun frein extérieur. Par exemple dans une vente, la condition que le vendeur signe l'acte avant telle date lui laisse le pouvoir, par sa seule volonté, de paralyser son engagement et est donc potestative (91). En revanche n'est pas potestative, dans un prêt consenti par un employeur à son salarié, la condition de remboursement immédiat en cas de licenciement économique, car cette notion comporte des éléments objectifs (92).

La condition potestative rend **nul l'ensemble de l'obligation :** dans l'exemple précédent de la vente, ce n'est pas la condition seule qui est nulle, mais la vente elle-même, car la condition montre que le débiteur n'a pas réellement voulu se lier (93).

Cette définition explique que la condition, même potestative, est valable de la part du créancier : « je te demanderai remboursement du prêt si je veux ». L'obligation de remboursement de l'emprunteur n'est pas affectée et il est toujours loisible à un créancier de ne pas exercer son droit (94).

§ 1. Condition suspensive

320 **Notion.** La plus fréquente en pratique, la condition suspensive a pour but de « suspendre », c'est-à-dire de geler l'exécution du contrat, tant que l'événement prévu ne se réalisera pas. Par exemple, la vente d'un terrain ne se réalisera qu'après délivrance des autorisations administratives.

321 **Situation avant l'événement.** Le contrat ne prend pas effet et les obligations qu'il crée ne sont donc **pas exigibles :** par exemple le vendeur ne peut pas réclamer le paiement du prix. On dit que le créancier est titulaire d'un « droit conditionnel » ou d'un « droit éventuel ». S'il ne peut pas encore être exercé, ce droit existe déjà ; il peut donc être cédé et peut donner lieu à certaines mesures conservatoires (très limitées).

(90) Com., 17 mai 1976, *Bull. civ.*, IV, n° 165 et 12 mai 1980, *Bull. civ.*, IV, n° 190.
(91) Civ. 3e, 7 juin 1983, *Bull. civ.*, III, n° 132.
(92) Civ. 1re, 21 mars 1984, *Bull. civ.*, I, n° 112.
(93) Cf. par ex. Com., 9 décembre 1980, *Bull. civ.*, IV, n° 421. — 23 septembre 1982, *Bull. civ.*, IV, n° 284.
(94) V. par ex. Civ. 3e, 15 janvier 2003, *Bull. civ.*, III, n° 9 ; *D.* 2003.1190, note KENFACK.

322 **Réalisation.** La survenance de l'événement prévu produit un **effet *rétroactif :*** le contrat prend effet non pas au jour de cet événement, mais rétroactivement au jour de sa conclusion (95).

Cette rétroactivité est source de bien des complications pratiques (les **Principes du droit européen des contrats** la suppriment : art. 16:103). Elle a pour but de protéger le titulaire du droit conditionnel contre les actes qui, durant la période d'incertitude, auraient porté atteinte à son droit : par exemple si le vendeur du terrain, avant délivrance du permis de construire, l'a revendu à un tiers, la rétroactivité permet de dire cette seconde vente nulle car, du fait de la rétroactivité, le vendeur est réputé avoir perdu la propriété du bien dès le jour du contrat. En revanche, les actes que l'acquéreur aura faits avant même la réalisation, de manière anticipée, se trouvent ainsi validés : par exemple le congé qu'il aura délivré à un locataire (96).

Comme toute fiction, cette rétroactivité subit d'ailleurs des exceptions : les **actes conservatoires** et les **actes d'administration** faits pendant la période d'incertitude restent valables. En outre, les risques de la chose restent à la charge du débiteur, même si la condition se réalise ensuite (art. 1182).

323 **Défaillance.** La condition « défaille » lorsque l'événement ne survient pas (97). Le contrat reste alors lettre-morte : on dit qu'il est **caduc** (98).

Trois précisions sont nécessaires :

— Il n'y a pas défaillance lorsque c'est le **débiteur lui-même qui empêche** l'événement de survenir, serait-ce par une simple abstention : par exemple l'acheteur ne présente pas de demande de permis de construire ou présente un dossier non conforme, voué au rejet (99), refuse d'emblée un prêt proposé (100), fait une demande excessive (101) ou néglige les démarches nécessaires (102). En ce cas l'article 1178 répute la condition accomplie, à titre de sanction (dans les ventes liées à un crédit, ce texte est applicable à l'acheteur qui ne présente pas de demande de prêt) (103). Cette paralysie peut émaner du débiteur

(95) D'où le décès du vendeur entre-temps est sans conséquence sur l'efficacité de la vente : Civ. 3e, 12 avril 1995, *Bull. civ.*, III, n° 110.

(96) Civ. 3e, 3 février 1982, *Bull. civ.*, III, n° 35.

(97) Ou est réputé n'être pas survenu : par exemple si l'autorisation prévue a été délivrée mais est ensuite annulée (Civ. 3e, 24 mai 2000, *Bull. civ.*, III, n° 115).

(98) Civ. 3e, 13 juillet 1999, *Bull. civ.*, III, n° 179 ; *Defrénois* 1999.1331, obs. D. MAZEAUD ; *JCP* 2000.I.215, obs. ROCHFELD. — Civ. 3e, 28 mars 2007, *Defrénois* 2007.1033, obs. SAVAUX. — Civ., 3e, 14 octobre 2009, *Bull. civ.*, III, n° 223.

(99) Civ. 3e, 16 avril 1986, *JCP* 1988.II.21033, note LIET-VEAUX. — Sauf toutefois si le rejet eût été inévitable (Civ. 3e, 12 septembre 2007, *Bull. civ.*, III, n° 143. — Civ. 3e, 15 décembre 2010, n° 10-10473, *Bull. civ.*, III, n° 225).

(100) Com., 31 janvier 1989, *Bull. civ.*, IV, n° 47 ; *JCP* 1989.II.21382 note DAGORNE-LABBÉ.

(101) Civ. 3e, 19 mai 1999, *Bull. civ.*, III, n° 120.

(102) Com., 23 novembre 1993, *Bull. civ.*, IV, n° 422.

(103) V. *Contrats spéciaux*, n° 873.

lui-même ou de son mandataire (104). Mais sur qui la charge de la preuve pèse-t-elle ? La question est incertaine (105).

— ***Le délai* de survenance** ou de défaillance peut créer des difficultés, si les parties ne l'ont pas précisé : jusqu'à quand le contrat risque-t-il de se réaliser ; les parties doivent-elles indéfiniment rester dans l'expectative ? L'article 1176 paraît imposer une incertitude illimitée, ce qui n'est pas sans inconvénient : par exemple, le vendeur est-il toujours tenu alors que l'acquéreur n'obtient le permis de construire que six ans plus tard ? La jurisprudence est fluctuante, les arrêts les plus nombreux maintenant le contrat malgré l'objection de perpétuité (106), tandis que d'autres retiennent une solution plus raisonnable : la vente est caduque au-delà d'un délai raisonnable (107).

— Si la condition est stipulée **dans l'intérêt d'un seul contractant,** il peut y renoncer et le contrat prendra effet même si la condition ne se réalise pas : l'acquéreur du terrain pourra rendre la vente définitive en renonçant à la condition du permis de construire, sans que le vendeur puisse s'y opposer si cette condition n'est pas stipulée dans son intérêt (108), mais sans que l'acquéreur puisse y substituer une simple demande de dommages-intérêts (109). La question de savoir jusqu'à quand peut intervenir cette renonciation est incertaine en jurisprudence (110).

▪ (104) Civ. 3e, 29 juin 1994, *Bull. civ.*, III, n° 138.

▪ (105) Sur celui qui impute la défaillance au débiteur selon Com., 15 décembre 1992, *Bull. civ.*, IV, n° 410 et Civ. 3e, 24 mars 2004, *RJDA* 2004.795. — V. toutefois Civ. 1re, 13 novembre 1997, *Bull. civ.*, I, n° 130 et 13 février 2001, *Bull. civ.*, I, n° 33. — 7 mai 2002, *Bull. civ.*, I, n° 124 (l'acheteur sous condition d'obtenir un crédit doit prouver avoir présenté une demande de prêt). — Civ., 3e, 10 septembre 2008, n° 07-16.177 ; *C.C.C.* 2008, n° 20 (*id.* pour la condition d'obtenir une autorisation administrative). — Certains arrêts admettent que la sanction peut être écartée en prouvant que la demande aurait été rejetée (Civ. 3e, 15 décembre 2010, *Bull. civ.*, III, n° 225. — 11 septembre 2012, n° 11-22345. — 9 mai 2012, n° 11-17064).

▪ (106) Civ. 3e, 4 mars 1975, *JCP* 1976.II.18510, note NICOLAS. — Civ. 1re, 4 juin 1991, *D.* 1992.170, note GAIN. — Civ. 3e, 24 juin 1998, *D.* 1999.403, note KENFACK. — 4 mai 2000, *Bull. civ.*, III, n° 99. — 19 février 2001, *D.* 2002.1586, note KENFACK ; *RTD civ.* 2002.299. — Com., 6 mars 2007, *Bull. civ.*, IV, n° 78 ; *Défrénois* 2007.1033, obs. SAVAUX.

▪ (107) Civ. 1re, 28 janvier 1976, *Bull. civ.*, I, n° 37. — Civ. 3e, 3 février 1982, *D.* 1982.IR.532, obs. AUDIT ; *Bull. civ.*, III, n° 37. — Com., 3 janvier 1991, *Bull. civ.*, IV, n° 6 ; *RTD civ.* 1991.737, obs. MESTRE.

▪ (108) Cf. Civ. 3e, 22 mai 1970, *Bull. civ.*, III, n° 353. — 5 février 1971, *D.* 1971.281. — 4 novembre 1976, *Bull. civ.*, III, n° 382. — Com., 2 juillet 1974, *D.* 1975.762, note BOUSQUET. — Civ. 1re, 7 mars 1998 ; *C.C.C.* 1998.86. — V. toutefois Civ. 3e, 13 juillet 1999, *Bull. civ.*, III, n° 179 (l'intérêt exclusif de l'acheteur dans cette hypothèse n'irait pas de soi...).

▪ (109) Civ. 3e, 31 mars 2005, *D.* 2005.1181.

▪ (110) Certains arrêts exigent que ce soit avant la défaillance de la condition (Civ. 3e, 17 décembre 2008, *Bull. civ.*, III, n° 211. — Civ. 3e, 29 mars 2011, n° 10-14664. — Civ. 3e, 28 avril 2011, n° 10-15630). — Civ. 3e, 29 mai 2013, n° 12-17077 : *Bull. civ.*, III, n° 69 ; *RTD civ.* 2013.592, obs BARBIER ; mais d'autres non (Civ. 3e, 31 mars 2005, *Bull. civ.*, III, n° 82 ; *RTD civ.* 2005.775 ; *JCP* 2005.II.10157, note KENFACK. — Civ. 3e, 12 janvier 2010, n° 08-18624). — Sur l'ensemble, v. WITTMANN, *La renonciation unilatérale à la défaillance de la condition suspensive*, D. 2012. chr. 301.

§ 2. Condition résolutoire

324 **Notion.** Plus rare, la condition résolutoire est l'inverse de la précédente : le contrat produit immédiatement effet mais, si la condition se réalise, le contrat sera résolu, c'est-à-dire **disparaîtra rétroactivement.** Exemples : la loi elle-même présume que la donation faite par une personne sans descendants est faite sous la condition résolutoire de la survenance d'enfant (art. 960) ou que les prêts aux consommateurs sont consentis sous la condition résolutoire de la non réalisation ou de l'anéantissement de la vente (C. consom., art. L. 311-21 et L. 312-12). Autre exemple : dans un contrat d'assurance-décès, il est souvent prévu que le contrat prend effet immédiatement mais sera résolu en cas d'examens médicaux révélant certaines affections graves.

La condition résolutoire expose à des situations plus complexes que la condition suspensive. En effet, comme le contrat aura commencé à être exécuté, il y aura lieu à des **restitutions** en cas de survenance de la condition et on sait les difficultés inhérentes à de telles restitutions (cf. *supra,* n°s 192 et s.).

On combine parfois condition suspensive et condition résolutoire. Tel est le cas de la ***clause d'accroissement,*** par laquelle deux personnes (souvent des époux ou des concubins) achètent ensemble un bien en stipulant qu'au premier décès, ce bien sera réputé avoir été acquis en entier par le seul survivant : chacun est propriétaire de sa part sous condition résolutoire de son prédécès et propriétaire de l'autre part sous la condition suspensive de sa survie ; au premier décès, le prémourant (et sa succession) perdra son droit par le jeu de la condition résolutoire ; le survivant sera réputé propriétaire de la part de l'autre par le jeu de la condition suspensive (111).

325 **Situation avant réalisation.** Tant que la condition ne survient pas, le contrat **produit tous ses effets,** les obligations qu'il crée sont donc exigibles. Leur exécution est cependant soumise à un risque de restitution, au cas où la condition surviendrait. Les droits acquis apparaissent donc fragiles : par exemple, le donataire qui a reçu un bien d'une personne sans descendants pourra difficilement le vendre car tout acquéreur craindra de devoir le restituer en cas de résolution pour survenance d'enfant au donateur (112).

326 **Réalisation.** Si la condition survient, le contrat sera **résolu,** c'est-à-dire anéanti rétroactivement. Il y aura donc lieu aux mêmes restitutions qu'en cas de

(111) MORION, *La clause d'accroissement*, *D.* 1971, chr. 55. — Ch. mixte, 27 nov. 1970, *D.* 1971.81, concl. LINON. — Civ. 1re, 11 janvier 1983, *Bull. civ.*, I, n° 15.
(112) Sur la situation d'attente en présence d'une clause d'accroissement, voir Civ. 1re, 9 février 1994, *Bull. civ.*, I, n° 60 (la jouissance du bien se règle comme en indivision).

nullité (cf. *supra,* n°s 222 et s.). Par corollaire de ce qui se passe en cas de condition suspensive (cf. *supra,* n° 322), on maintient les actes **conservatoires** et les actes **d'administration** effectués par celui dont le droit est résolu.

Il faut sans doute transposer ici l'art. 1178 écrit pour la condition suspensive (cf. *supra,* n° 323) pour faire obstacle à la résolution dans le cas où elle est provoquée par son bénéficiaire lui-même.

N°s 327 à 329 réservés.

SOUS-TITRE 2

LE NON-RESPECT DU CONTRAT

330 **Difficultés d'exécution.** La plupart des contrats sont exécutés spontanément et correctement, de sorte qu'ils ne suscitent pas de contentieux. Mais il arrive aussi que des différends surgissent entre les parties. Très souvent, c'est à ce stade de l'exécution qu'apparaîtra une divergence entre les parties sur l'étendue de leurs accords, l'une prétendant pouvoir exiger une obligation que l'autre soutient ne pas résulter du contrat : c'est presque toujours à cette occasion que se présente la question de l'interprétation du contrat (cf. *supra,* n° 271). Qu'il soit clair ou qu'il ait fallu l'interpréter, il s'agira de déterminer s'il a été ou non respecté. C'est ici que se mesure la véritable force obligatoire du contrat : à quoi s'expose le contractant qui ne respecte pas ses engagements ?

Pour des raisons d'équité, l'inexécution ou la mauvaise exécution n'est pas traitée pareillement selon qu'elle est due à une impossibilité ou à une défaillance : certes, du point de vue du créancier, l'insatisfaction est la même ; mais du point de vue du débiteur, il n'y a de « manquement » contractuel que dans le second cas.

Notre droit fait sa part à chacun de ces points de vue : nous verrons que si **le sort du contrat est le même** dans tous les cas d'inexécution, la défaillance d'exécution expose **en plus** son auteur à des dommages-intérêts par le jeu de la **responsabilité contractuelle** (1).

(1) Pour une tentative de renouvellement de la matière à la lumière d'exemples étrangers, v. TALLON, *Pour une autre présentation de l'inexécution du contrat*, *RTD civ.* 1994.223.

CHAPITRE 1

L'IMPOSSIBILITÉ D'EXÉCUTION

TEXTE

Code civil, art. 1148

Art. 1148. — Il n'y a lieu à aucuns dommages et intérêts lorsque, par suite d'une force majeure ou d'un cas fortuit, le débiteur a été empêché de donner ou de faire ce à quoi il était obligé, ou a fait ce qui lui était interdit.

331 **Notion : la force majeure.** « À l'impossible nul n'est tenu » : ce dicton populaire trouve un écho juridique dans la notion de *force majeure* (1) — que le Code vise aussi volontiers sous l'appellation de « cas fortuit » (art. 1148, 1302, 1722, 1882), ou de « cause étrangère » (art. 1147). La force obligatoire du contrat ne peut que céder devant les obstacles insurmontables s'opposant à son exécution. On ne peut alors considérer que le débiteur empêché d'accomplir son obligation a manqué au contrat.

Tout n'est pas dit pour autant par l'énoncé de cette règle évidente : il faut d'abord préciser de quels *éléments* est constituée la force majeure, et ensuite quelles *conséquences* s'y attachent.

(1) V. Antonmattéi, *Contribution à l'étude de la force majeure*, LGDJ, 1992.

SECTION 1 ÉLÉMENTS DE LA FORCE MAJEURE

332 **Trilogie classique.** Selon une formule classique, un obstacle ne constitue un événement de force majeure que s'il présente pour le débiteur qui l'invoque **trois caractères,** d'ailleurs évoqués par les divers termes employés :

— un caractère *irrésistible,* qu'évoque l'expression « force majeure » ;

— un caractère *imprévisible,* qu'évoque l'expression « cas fortuit » ;

— un caractère *extérieur,* qu'évoque l'expression « cause étrangère ».

Bien qu'ainsi chaque expression corresponde à un aspect différent, l'unanimité s'est vite faite pour les réunir dans une notion unique exigeant *cumulativement* ces trois caractères, cumul qui exclut en toute occurrence la faute du débiteur.

333 **Hésitations récentes.** En matière contractuelle (et non délictuelle, v. *infra,* n° 622), un courant jurisprudentiel s'est cependant écarté pendant quelque temps de ce tryptique, pour admettre plus facilement qu'il puisse y avoir force majeure dès lors que le débiteur s'est trouvé irrésistiblement empêché de d'exécuter (2).

Mais, en 2006, un arrêt d'assemblée plénière a mis fin à ce courant, non sans ouvrir certaines interrogations, en définissant la force majeure comme « l'événement présentant un caractère imprévisible lors de la conclusion du contrat et irrésistible dans son exécution » (3).

Il semble donc aujourd'hui exister deux conditions cumulatives pour qu'il y ait force majeure, appréciées à des moments distincts, tandis que la condition d'extériorité demeure incertaine.

334 **Caractère irrésistible.** L'impossibilité d'exécution s'entend d'une véritable impossibilité, c'est-à-dire d'un **obstacle insurmontable,** et non de simples difficultés, seraient-elles très grandes. Dès lors qu'il peut exécuter le contrat, le débiteur y est tenu, même si cette exécution doit être pour lui **très onéreuse :** on dit qu'il n'existe pas de force majeure financière (4). Par exemple, le constructeur qui se heurte à un sous-sol exigeant des fondations plus importantes que

(2) V. ANTONMATTÉI, *Ouragan sur la force majeure*, *JCP* 1996.I.3907. — MOURY, *Force majeure : éloge de la sobriété*, *RTD civ.* 2004.471. — Civ. 2e, 18 mars 1998, *Bull. civ.*, II, n° 97. — Com., 1er octobre 1997, *Bull. civ.*, IV, n° 240 ; *JCP* 1998.I.144, n° 13, obs. VINEY. — Civ. 1re, 9 mars 1994, *Bull. civ.*, I, n° 91. — V. aussi Com., 28 avril 1998, *D.* 1999.469, motifs : la force majeure « peut être constituée par la seule irrésistibilité de l'événement ». — Civ. 1re, 16 novembre 2002, *Bull. civ.*, I, n° 258.

(3) Ass. Plén., 14 avril 2006, *Bull. civ.*, Ass. Plén. n° 4 ; *D.* 2006.1577, note JOURDAIN ; *JCP* 2006.II.10087, note GROSSER ; *RDC* 2006.1207, note VINEY et 1083, note LAITHIER ; *Defrénois* 2006.1212, obs. SAVAUX ; *adde* NOGUERO, *D.* 2006.1566. — V. depuis Civ. 1re, 30 octobre 2008, *JCP* 2009.II.10198, note GROSSER, *Bull. civ.*, I, n° 243.

(4) D'où l'on déduit également que les difficultés financières d'une partie ne peuvent jamais constituer une force majeure : Soc., 20 février 1996, *D.* 1996.633, note PUIGELIER.

prévu reste tenu par son contrat, tout comme le transporteur qui est contraint par des grèves à recourir à des moyens de transport plus onéreux, ou le vendeur de marchandises dont le stock brûle et qui doit s'en procurer sur le marché pour remplir son engagement. De même l'agriculteur qui se heurte à une sécheresse exceptionnelle reste tenu de livrer les produits promis s'il est possible de se les procurer sur le marché (5), tout comme le fabricant confronté à la défaillance du fournisseur d'un composant (6).

Il n'y a pas non plus force majeure lorsque le contrat peut être matériellement exécuté, même s'il ne présente **plus d'intérêt** pour une partie : par exemple celui qui achète un fonds de commerce reste tenu d'en payer le prix même si la maladie ou un accident l'empêche de l'exploiter (7). On constate toutefois sur ce point des écarts de la jurisprudence, qui a parfois vu la force majeure dans le chômage du débiteur (8) et même dans l'impossibilité pour lui de profiter du contrat (9).

335 **Caractère imprévisible.** Au caractère irrésistible s'ajoute le caractère **imprévisible** par l'idée que si l'obstacle était prévisible, le contractant serait en faute d'avoir pris un engagement tout en sachant qu'il pourrait être empêché de le respecter. Par exemple, c'est lorsque la SNCF n'a pas pris de mesures de prévention qu'une agression n'est pas un cas de force majeure (10). Il a d'ailleurs toujours été admis qu'il suffisait que cet obstacle soit **« normalement imprévisible »,** ce qui est d'appréciation délicate : selon les circonstances, une **grève** peut être regardée comme imprévisible (11) ou non (12) tout comme un attentat (13). De nos jours, l'attaque d'un convoi transportant des fonds n'est pas imprévisible... (14), non plus que la perte d'un envoi postal (15).

335-1 **Caractère extèrieur ?** Troisième condition de la force majeure dans la conception classique, ce caractère n'est pas évoqué dans l'arrêt d'assemblée plénière du 14 avril 2006, qui semble même implicitement l'abandonner puisqu'il admet que la maladie du débiteur peut constituer pour lui un cas de force majeure. Il est vrai que si cette condition est logique en matière de

(5) Com., 4 janvier 1980, *Bull. civ.*, IV, n° 6.
(6) Civ. 1re, 12 juillet 2001, *Bull. civ.*, I, n° 216.
(7) Com., 23 janvier 1968, *JCP* 1968.III.15422.
(8) Civ. 3e, 19 avril 1972, *D.* 1973.205, note SOULEAU. — 10 avril 1975, *RTD civ.* 1976.151, obs. DURRY.
(9) Pour un élève malade ne pouvant suivre des cours : Civ. 1re, 10 février 1998, *D.* 1998.539, note D. MAZEAUD.
(10) Civ. 1re, 3 juillet 2002, *Bull. civ.*, I, n° 183. — 26 novembre 2006, *Bull. civ.*, I, n° 511. — Il y a force majeure si de telles mesures ont été prises : Civ. 1re, 23 juin 2011, n° 10-15811.
(11) Pour l'E.D.F. : Ch. mixte, 4 février 1983, *Bull. civ.*, nos 1 et 2 ; *RTD civ.* 1983.549, obs. DURRY. — Civ. 1re, 24 janvier 1995, *Bull. civ.*, I, n° 54.
(12) Civ. 1re, 7 mars 1966, *Bull. civ.*, I, n° 166.
(13) Civ. 1re, 26 janvier 1971, *Bull. civ.*, I, n° 27. — 30 juin 1953, *D.* 1953.642.
(14) Com., 3 octobre 1989, *D.* 1990.81.
(15) Civ. 1re, 9 mai 1994, *Bull. civ.*, I, n° 164.

responsabilité délictuelle (cf. *infra*, n° 622), elle est depuis longtemps incertaine quant à l'exécution du contrat. Dès lors que l'événement est irrésistible et imprévisible, **certains arrêts** admettent que la force majeure est caractérisée, même si cet événement se manifeste dans la sphère du contractant : ainsi la maladie du débiteur empêche-t-elle l'exécution d'un contrat de prestation de services (16) ; la grève du personnel ou la liquidation de l'entreprise empêche l'exécution des contrats (17). La force majeure existera dans ces hypothèses dès lors que l'événement est bien irrésistible, même s'il n'est pas extérieur au débiteur. On peut dire qu'en matière contractuelle, la jurisprudence dominante fond la condition d'extériorité dans cette irrésistibilité. Mais **d'autres décisions** exigent le caractère extérieur : par exemple, le vice du matériau employé par un dentiste ne l'exonère pas, car « la force majeure ou le cas fortuit suppose nécessairement un événement extérieur à l'activité du débiteur de l'obligation » (18).

336 **Applications.** De très nombreuses circonstances peuvent être à l'origine de l'impossibilité. On peut généralement les ranger en trois catégories :

— ***événements naturels*** : tempêtes, glissement de terrain, orages, inondations (19), qui détruisent les biens qui font l'objet du contrat ou s'opposent aux prestations (de transport par exemple). La maladie peut être rangée dans cette catégorie car elle rend impossible l'exécution de certaines obligations de faire lorsqu'elles impliquent une exécution personnelle (*supra*, n° 335-1) ;

— ***événements humains et sociaux*** : les agissements d'un **tiers** (20) ou d'un groupe de personnes — grève, émeute (21), faute d'un tiers peuvent paralyser le contrat et exonérer le contractant ; ils pourront dans certains cas engager la responsabilité de leurs auteurs, s'ils présentent un caractère fautif, mais sur le plan délictuel (cf. *infra*, n° 552) ;

— ***décisions de la puissance publique*** : des mesures générales (par ex. contrôle des changes, publication d'un plan d'occupation des sols, etc.) ou particulières (par ex. un arrêté de péril interdisant l'occupation d'un immeuble ou un arrêté municipal changeant le jour du marché pour lequel une location

(16) Ass. Plén., 14 avril 2006, précité.

(17) P. ex. Civ. 1re, 6 octobre 1993, *C.C.C.* 94.3, note Leveneur.

(18) Civ. 1re, 29 octobre 1985, *Bull. civ.*, I, n° 273. — Cf. aussi, moins net, Civ. 1re, 3 février 1993, *D.* 1994. Som. 12, obs. Delebecque.

(19) V. par ex. Civ. 3e, 11 mai 1994, *Bull. civ.*, III, n° 94 (pour un ouragan). — À noter que la déclaration de *catastrophe naturelle* par l'Administration pour le jeu des assurances ne signifie pas *ipso facto* qu'il s'agisse d'un cas de force majeure : Civ. 3e, 10 décembre 2002, *Bull. civ.*, III, n° 256.

(20) Un préposé du débiteur n'est pas un tiers : Civ. 1re, 14 octobre 2010, *Bull. civ.*, I, n° 198.

(21) Civ. 1re, 17 novembre 1999, *Bull. civ.*, I, n° 307 (destruction d'entrepôts lors d'une émeute agricole : le dépositaire est exonéré).

était prévue) (22) peuvent faire obstacle à l'exécution du contrat. On parle de ***« fait du prince »***. Dans certaines circonstances, la responsabilité de la puissance publique est engagée.

Il faut toutefois noter que la décision administrative cesse d'être un cas de force majeure si elle est la suite d'une attitude fautive de l'intéressé : ainsi le locataire de locaux commerciaux ne peut pas invoquer contre son bailleur la fermeture administrative de son fonds de commerce à titre de sanction et reste tenu de payer les loyers (23).

SECTION 2 LES EFFETS DE LA FORCE MAJEURE

337 **Caractère d'ordre privé.** Le contrat peut lui-même envisager les conséquences de la force majeure : s'agissant en définitive de régler la charge d'un événement fortuit, il est loisible aux parties de l'organiser à leur gré, le contrat prenant alors un aspect **aléatoire.** Le Code lui-même fait parfois allusion à ces clauses (p. ex. art. 1302 al. 2 et 1772), allant même jusqu'à les présumer exceptionnellement (art. 1825). Elles sont fréquentes dans les contrats internationaux (24) mais peuvent cependant être regardées comme abusives dans les contrats imposés aux consommateurs (25).

§ 1. Le sort du contrat

338 **Gradation des mécanismes.** Le droit se rend et s'adapte aux circonstances de fait. S'il est impossible de l'exécuter, le contrat ne va pas être maintenu (26).

(22) Sur cet exemple, mais mal jugé : Com., 30 juin 1992, *D.* 1994.454 et la note. — Pour un autre exemple, v. Civ. 3e, 1er juin 2011, n° 09-70502 (retrait du permis de construire dans un bail à construction).

(23) Civ. 3e, 20 novembre 1985, *Bull. civ.*, III, n° 48. — Civ. 3e, 13 juin 2007, *Bull. civ.*, III, n° 106.

(24) Cf. FONTAINE, *Les clauses de force majeure*, Droit et pratique du commerce international 1979, V. n° 4.

(25) Cf. Com., 6 janvier 1994, *JCP* 1994.II.22237, note PAISANT. — Civ. 1re, 10 février 1998, *D.* 1998.539, note D. MAZEAUD ; *JCP* 1998.11.10124, note PAISANT. — V. STOFFEL-MUNCK, *JCP* 2007.I.115 n° 13.

(26) V. PIOTRAULT, *L'impossibilité d'exécuter un contrat*, *Petites Affiches*, 20 mai 1994.10.

On admet alors une brèche dans la force obligatoire du contrat, car « à l'impossible nul n'est tenu ». Mais cette brèche a l'exacte mesure de l'impossibilité : aussi, selon le degré ou la force de celle-ci, **quatre mécanismes** différents vont être mis en œuvre : suspension, caducité, résolution, révision.

339 **Impossibilité temporaire : suspension.** Surtout dans les contrats à exécution successive, il arrive que l'impossibilité d'exécution soit temporaire : maladie du salarié, réparations de l'immeuble empêchant le locataire de l'occuper, etc. Le droit contemporain admet alors une *suspension* du contrat pendant la période d'impossibilité (27). Ce sont généralement des textes spéciaux qui organisent cette suspension (par ex. le Code du travail pour les suspensions du contrat de travail (28) ; l'art. 1724 du Code civil pour le contrat de bail). Mais la jurisprudence a posé en principe général « qu'en cas d'impossibilité momentanée d'exécution d'une obligation, le débiteur n'est pas libéré, cette exécution étant seulement suspendue jusqu'au moment où l'impossibilité vient à cesser » (29). On peut en voir une bonne illustration dans l'hypothèse de réparations importantes du bien loué (30) ou de la fermeture temporaire de l'établissement où s'exécute un contrat de travail (31).

Par définition, la suspension est **provisoire :** pendant cette période, le contrat est relâché, n'est plus « en vigueur » ; mais il existe toujours et sa reprise se fera automatiquement dès qu'elle sera possible (32). De plus, ses effets accessoires peuvent se maintenir : par exemple le salarié en « congé sabbatique » reste tenu des devoirs de loyauté et de non-concurrence pendant cette période de suspension (33).

Cette suspension ne remet pas en cause le terme initialement prévu : le contrat ne se trouve pas allongé d'une période correspondante. Mais lorsque cette suspension est **trop grave** et devient intolérable pour l'autre partie, il faut ouvrir à celle-ci le droit de rompre définitivement le contrat, afin de pouvoir prendre d'autres mesures : le locataire pourra se libérer du contrat pour se loger ailleurs (art. 1724, al. 3), l'employeur pourra licencier le salarié longtemps ou souvent malade ou incarcéré sans que ce licenciement lui soit imputable (34).

(27) V. GHESTIN-BILLIAU, *Les effets du contrat*, n°s 355-382.
(28) V. toutefois LANGLOIS, *Contre la suspension du contrat de travail*, *D.* 1992, chr. 147.
(29) Civ. 1re, 24 février 1981, *Bull. civ.*, I, n° 65 ; *D.* 1982.479, note D. MARTIN, au sujet d'une obligation de logement consentie à deux époux, suspendue par leur instance en divorce, mais devant reprendre au décès de l'un d'eux. — Civ. 3e, 22 février 2006, *Bull. civ.*, III, n° 46 ; *RDC* 2006.1088, obs. LAITHIER au sujet de l'effet temporairement exonératoire d'une tempête sur les obligations du bailleur.
(30) V. *Contrats spéciaux*, n° 355.
(31) Soc., 2 février 1994, *Bull. civ.*, V, n° 37.
(32) Cf. ARTZ, *La suspension du contrat à exécution successive*, *D.* 1979, chr. 95.
(33) Soc., 27 novembre 1991, *Bull. civ.*, V, n° 537. — 6 février 2001, *JCP* 2001.II.10576. — Soc., 10 décembre 2008, *Bull. civ.*, V, n° 245.
(34) Cf. par ex. Soc., 25 janvier 1984, *Bull. civ.*, V, n° 33.

340 **Impossibilité totale : résolution.** Lorsque l'une des parties est dans l'impossibilité définitive de fournir sa prestation, le contrat est « bloqué ». On estime qu'il est alors résolu, c'est-à-dire anéanti avec rétroactivité (sur la résolution en général, v. *infra,* n° 389). Par exemple, la construction confiée à un entrepreneur est interdite par l'autorité administrative.

Ce cas de résolution présente la particularité qu'il joue **de plein droit,** c'est-à-dire de façon automatique et sans qu'il soit nécessaire de demander une décision de justice (35). À plus forte raison, le juge, s'il est saisi, ne peut pas refuser de prononcer — ou plus exactement de constater — la résolution (36).

341 **Impossibilité pour l'avenir : résiliation ou caducité.** Pour les contrats à exécution successive, l'impossibilité qui survient en cours de contrat va mettre fin à ce contrat. On parle de résiliation ou de caducité (37), qui diffère de la résolution en ce que l'**avenir seul** est concerné : les effets passés du contrat ne sont pas remis en cause. Par exemple, la chose louée vient à être détruite : « le bail est résilié de plein droit » (art. 1722) ; ou le droit de propriété du bailleur disparaît : le contrat de bail, ou de crédit-bail, est résilié (38) ; l'indice de référence du contrat cesse d'être publié : le contrat devient caduc (cf. *supra,* n° 201).

Dans les contrats *« intuitu personae »,* le décès d'une partie rend souvent le contrat caduc (par ex. pour un artiste, un avocat ou un médecin et plus généralement tout entrepreneur : art. 1795 ; cf. *supra,* n° 310). Ou encore son empêchement : ainsi, qu'un « croupier » de casino perde son agrément administratif, et son contrat de travail prend fin sans indemnités (39).

342 **Impossibilité partielle : réduction du contrat.** Si l'impossibilité n'affecte qu'une partie des obligations d'un contractant, le choix s'offre entre deux solutions : admettre la résolution du contrat tout entier ou au contraire diviser ce contrat pour en séparer la fraction inexécutable, seule résolue. Comme pour la nullité partielle (cf. *supra,* n° 218), il faut en réalité apprécier si les divers éléments du contrat sont, dans l'intention des parties, susceptibles de division :

— en cas d'**indivisibilité,** il est certain que le contrat est suspendu, résolu ou résilié en son entier ;

— en cas de **divisibilité,** les fractions non atteintes du contrat subsistent. Cela ne pose pas de difficulté si chaque obligation a une contrepartie spécifique (par exemple une vente groupée où le prix de chaque objet est indiqué). Mais

(35) Com., 28 avril 1982, *Bull. civ.*, IV, n° 145.

(36) Civ. 1re, 2 juin 1982, *Bull. civ.*, I, n° 205. — 12 mars 1985, *Bull. civ.*, I, n° 94 ; *RTD civ.* 1986.345, obs. MESTRE.

(37) V. Soc., 17 juin 2003, *Bull. civ.*, V, n° 198.

(38) V. Ch. mixte, 23 novembre 1990, *D.* 1991.121, note LARROUMET ; *JCP* 1991.II.21642, note LEGEAIS (pour le crédit-bail). — Com., 12 octobre 1993, *Bull. civ.*, IV, n° 327 (pour une location simple).

(39) Soc., 7 mai 2002, *Bull. civ.*, V, n° 143.

comment faire en cas de contrepartie non ventilée (prix global) ? Pour le cas précis du bail, l'article 1722 permet au juge de **diminuer le prix** en cas de destruction partielle de la chose louée. Pour le cas de travaux interrompus par la mort de l'entrepreneur, l'article 1796 oblige au paiement de ce qui a été fait utilement. Pour celui de la vente, l'article 1601 permet à l'acheteur de « demander la partie conservée, en faisant déterminer le prix par ventilation ». Il faut sans doute étendre la solution à tous les contrats, malgré le silence jurisprudentiel sur ce point (qui s'explique par le fait que, s'il y a un prix global, c'est souvent le signe d'une indivisibilité emportant résolution totale) (40).

§ 2. Conséquence : la théorie des risques du contrat

343 **Position du problème : le sort de la contrepartie.** L'impossibilité d'exécuter sa prestation libère le débiteur, sans qu'il soit en faute et par conséquent sans qu'il doive une quelconque indemnité à son cocontractant, lequel a pu pourtant en éprouver un préjudice. Par exemple, le locataire du bien détruit ne pourra être indemnisé des frais qu'il doit exposer pour se reloger, l'employeur du salarié malade des frais de recours à des services d'intérim, l'acheteur d'un bien disparu des frais de remplacement, etc. Le jeu de l'article 1148 le prive de tous dommages et intérêts pour ce préjudice : autrement dit, la force majeure exclut toute *responsabilité contractuelle,* laquelle est liée à un manquement (prouvé ou présumé) du débiteur (cf. *infra,* n° 405).

Mais cela ne résout pas tout : reste la question de savoir, dans les contrats synallagmatiques, si la contrepartie est néanmoins due, c'est-à-dire si le débiteur empêché d'exécuter peut néanmoins réclamer l'obligation corrélative. Le locataire devra-t-il payer les loyers de la chose détruite, l'employeur les salaires du salarié malade, l'acheteur le prix de la chose périe ? C'est la question dite des **risques du contrat :** qui doit supporter le risque de la force majeure ?

344 **Principe : les risques sont à la charge du débiteur empêché.** Le Code ne fournit à cette question que des réponses éparses, à propos de quelques contrats particuliers : pour le **bail,** il libère le locataire du paiement des loyers futurs (art. 1722 — v. aussi pour les baux ruraux et les destructions de récoltes, art. 1769 à 1773) ; pour le **contrat d'entreprise,** il précise que l'entrepreneur qui a travaillé sur une chose qui périt par cas fortuit « n'a point de salaire à réclamer » (par ex. le teinturier ou le garagiste dont l'établissement brûle ne peut demander le prix des travaux qu'il avait effectués sur les objets détruits).

(40) Pour une application à un **contrat de travail,** la rémunération prévue devant être réduite proportionnellement, voir Soc., 17 juin 1981, *Bull. civ.*, V, n° 568.

La jurisprudence a généralisé la solution en posant la règle ***« res perit debitori » :*** la chose périt à la charge du débiteur. Cela signifie que le débiteur empêché de s'exécuter supporte le risque de cet empêchement ; il ne pourra pas réclamer la contrepartie prévue.

Cette règle s'explique par l'idée de **cause** entendue comme contrepartie : l'autre contractant ne s'était engagé que pour obtenir la prestation devenue impossible ; s'il ne la reçoit pas, son propre engagement corrélatif devient sans cause et il en est libéré.

345 **Exception : interférence du droit de propriété.** Dans les contrats portant sur une chose, la règle ci-dessus se trouve perturbée par une autre règle, dite ***« res perit domino » :*** la chose périt à la charge de son propriétaire. En cas de conflit entre les deux règles, c'est cette dernière qui l'emporte. Cela conduit à des solutions parfois nuancées qui seront illustrées par deux exemples.

Exemple n° 1. En cas de ***vente,*** l'acquéreur devient immédiatement propriétaire avant même la livraison ; si la chose périt avant cette livraison (et sans faute du vendeur, auquel cas il n'y aurait plus force majeure), la perte est donc **à la charge de l'acquéreur** parce qu'il était déjà propriétaire : il devra donc payer quand même le prix (art. 1138 du Code civil et L. 132-7 du Code de commerce). Tel est le cas par exemple de l'acheteur de livres expédiés mais non parvenus à destination (41). Mais il arrive que la vente n'ait pas immédiatement emporté transfert de propriété : soit parce que les parties ont décidé de retarder ce transfert, notamment par une clause dite de « réserve de propriété », soit parce que la vente porte sur des marchandises non encore individualisées (comme telle quantité de blé ou de vin). En ce cas, le vendeur étant resté propriétaire continue de supporter les risques : la perte sera pour lui et il ne pourra réclamer le prix (42). Le tout bien sûr sauf clause contraire (43).

Exemple n° 2. En cas de ***contrat d'entreprise***, portant par exemple sur un bijou, la situation du joaillier varie : s'il « fournit la matière », il reste propriétaire jusqu'à la livraison et, en cas de perte, ne peut demander ni le prix des fournitures, ni la rémunération de son travail (art. 1788) ; mais s'il travaille sur un bijou confié par son client, ce dernier en est propriétaire : le joaillier ne doit alors rien au titre de la perte du bijou *(res perit domino)* mais ne peut demander paiement de son travail *(res perit debitori)* (art. 1789) (44).

346 **Mise en demeure.** Déjà complexes, ces règles se trouvent encore compliquées par l'interférence d'une mise en demeure (sur la notion de mise en demeure, cf. *infra,* n° 418). Si le débiteur non propriétaire a été mis en demeure

(41) Civ. 1re, 19 novembre 1991, *Bull. civ.*, I, n° 325.

(42) Cf. par ex. pour la vente avec réserve de propriété de parts sociales perdant toute valeur du fait de la liquidation de la société : Com., 11 juin 1985, *Bull. civ.*, IV, n° 190.

(43) Sur l'ensemble de la question, v. *Contrats spéciaux*, nos 202 et s.

(44) V. *Contrats spéciaux*, nos 795 et s.

de livrer ou de restituer la chose, **les risques passent à sa charge** (art. 1138). Exemple en cas de vente : à partir de la vente, les risques sont à la charge de l'acheteur qui, en cas de perte, doit néanmoins payer le prix ; mais, à partir de la mise en demeure de livrer adressée au vendeur, les risques « repassent » à la charge de ce dernier : si la perte est postérieure à cette mise en demeure, l'acheteur ne doit pas le prix. La charge des risques joue en ce cas le rôle d'une sanction, **atténuée** d'ailleurs par l'article 1302 qui, sauf en cas de perte ou de vol (al. 4), permet au débiteur en demeure de s'exonérer en prouvant que « la chose fût également périe chez le créancier si elle lui eût été livrée ».

N°s 347 à 379 réservés.

CHAPITRE 2
LA DÉFAILLANCE D'EXÉCUTION

380 **Manquement contractuel.** Hors le cas d'impossibilité, les contractants doivent respecter la « loi du contrat ». Ils sont donc tenus d'exécuter toutes les obligations stipulées ainsi que leurs « suites naturelles » (cf. *supra,* n° 276).

Toute défaillance constitue un manquement contractuel : il peut s'agir non seulement d'une **inexécution** totale ou partielle, mais encore d'une **exécution défectueuse,** soit au regard de la **qualité** soit au regard des **délais.**

La défaillance d'un contractant l'expose à des sanctions de deux sortes : d'une part elle pose la question du maintien d'un contrat non respecté ; d'autre part, elle engage la responsabilité contractuelle de son auteur. Ces deux sanctions peuvent être exercées ensemble et se cumuler.

SECTION 1 LE SORT DU CONTRAT

TEXTE
Code civil, art. 1184

Art. 1184. — La condition résolutoire est toujours sous-entendue dans les contrats synallagmatiques, pour le cas où l'une des deux parties ne satisfera point à son engagement.

Dans ce cas, le contrat n'est point résolu de plein droit. La partie envers laquelle l'engagement n'a point été exécuté a le choix ou de forcer l'autre à l'exécution de la convention lorsqu'elle est possible, ou d'en demander la résolution avec dommages et intérêts.

La résolution doit être demandée en justice, et il peut être accordé au défendeur un délai selon les circonstances.

381 **Option du créancier.** Le créancier peut toujours poursuivre l'exécution du contrat. Mais il lui est également offert de mettre fin à ce contrat qui ne lui procure pas la satisfaction escomptée et dont l'avenir se trouve fortement compromis par les défaillances de son partenaire, au moyen d'une action en résolution.

Le créancier n'est pas tenu de choisir tout de suite entre les deux voies qui lui sont ainsi ouvertes : il peut fort bien, dans un premier temps, poursuivre l'exécution et ne se résigner à la résolution que par la suite, par exemple en cause d'appel (1). Mais il faut quand même finir par choisir et l'on ne peut pas cumuler : par exemple, s'il prononce la résolution d'une vente, le juge ne peut pas en même temps condamner l'acheteur à payer le prix, même s'il s'agissait d'une rente viagère (2).

§ 1. Action en exécution

382 **Rigorisme contractuel.** L'exécution du contrat **dans les termes mêmes convenus** constitue pour chaque partie un droit dont elle peut toujours exiger l'exécution. La jurisprudence récente fait preuve à cet égard d'un certain rigorisme en précisant que — contrairement à la responsabilité contractuelle qui nécessite un préjudice (*infra,* n° 413) — cette exécution peut être poursuivie même si le créancier ne subit aucun préjudice du fait du non-respect du contrat : « l'action tendant à l'exécution d'une obligation contractuelle n'est pas subordonnée à l'existence d'un préjudice » (3). Ainsi, tout membre d'un lotissement peut exiger la démolition d'une construction édifiée en violation du contrat de base (4) ; un bailleur peut exiger la remise en état des lieux même si les travaux faits sans autorisation par le locataire sont des améliorations (5) ; l'acheteur d'un livre numéroté peut exiger le numéro convenu et non un autre, même de valeur identique (6) ; l'acheteur d'une voiture ou d'un meuble peut exiger la couleur convenue, même si une teinte légèrement différente n'en modifie pas

(1) Du moins est-ce la solution classique (Civ. 3e, 2 mai 1979, *Bull. civ.*, III, n° 94. — Com., 28 janvier 1992, *Bull. civ.*, IV, n° 34. — Civ. 3e, 25 mars 2009, *Bull. civ.*, III, n° 67. Elle a été remise en cause par quelques décisions récentes, vivement critiquées (Civ. 2e, 8 septembre 2011, n° 09-13086 ; *RTD civ.* 2011.726, obs. Fages. — Civ. 3e, 20 janvier 2010, n° 09-65272, *Bull. civ.*, III, n° 14 ; *RDC* 2010.825, obs. Genicon, et 935, obs. Serinet).

(2) Civ. 3e, 7 juin 1989, *JCP* 1990.II.21456, note Dagorne-Labbé ; *RTD civ.* 1990.100, obs. Rémy et 473, obs. Mestre. — 10 novembre 1992, *Bull. civ.*, III, n° 294. — Cf. aussi Civ. 1re, 17 février 1982, *Bull. civ.*, I, n° 77. — Civ. 1re, 5 juillet 2005, *Bull. civ.*, I, n° 292.

(3) Cf. Civ. 3e, 6 mai 1980, *Bull. civ.*, III, n° 91. — Cf. aussi Civ. 3e, 25 janvier 1995, *Bull. civ.*, III, n° 29. — 13 novembre 1997, *Bull. civ.*, III, n° 202.

(4) Civ. 3e, 6 mai 1980, précité et les arrêts cités.

(5) Civ. 3e, 18 novembre 1980, *Bull. civ.*, III, n° 177.

(6) Civ. 1re, 26 novembre 1980, *Bull. civ.*, I, n° 310.

l'aspect (7) ; le maître d'ouvrage peut exiger de l'entrepreneur qui a construit la maison un peu plus bas que prévu qu'il la détruise et reconstruise (8) ; le locataire peut exiger du bailleur l'exécution du travaux qui lui incombent (9).

Et le créancier peut toujours préférer poursuivre cette exécution plutôt que la résolution du contrat (art. 1184, al. 2 C. civ.), ou des dommages-intérêts (10), sans d'ailleurs que le débiteur défaillant dispose toujours de ce même choix (11) ce qui donne tout son relief à la distinction entre exécution et réparation (v. *infra,* n° 403-1).

Cette rigueur paraît parfois excessive. C'est pourquoi des palliatifs y sont parfois apportés par un courant jurisprudentiel de plus en plus ferme.

383 **Palliatifs : abus de droit et bonne foi.** Pour tempérer cependant cette rigueur, certains arrêts ont eu recours à deux notions qui ne sont en réalité que deux expressions de la **même idée.**

Dans un premier temps, quelques décisions ont admis que l'idée ***d'abus de droit*** trouvait sa place en matière contractuelle : il y a faute à **pousser son droit jusqu'à l'extrême** sans intérêt légitime (cf. *infra,* n° 285). Par exemple, il est abusif de refuser à un locataire une résiliation anticipée du contrat (12) ou d'exiger d'un emprunteur restitution de la chose prêtée elle-même plutôt que de l'équivalent (13) ou d'user à la légère d'une faculté de dédit (14).

Cependant, ce courant jurisprudentiel restait très limité (15) jusqu'à ce qu'il ait été relayé par un courant moderne plus puissant, faisant appel à l'idée de ***bonne foi*** pour paralyser l'exécution d'une stipulation contractuelle conduisant

▪ (7) Civ. 1re, 1er décembre 1987, *Bull. civ.*, I, nos 324 et 325. — 4 avril 1991, *Bull. civ.*, I, n° 130 pour de simples ondulations très légères, perceptibles sous éclairage rasant ! — Voir toutefois Civ. 1re, 20 février 1996, *Bull. civ.*, I, n° 103.

▪ (8) Civ. 3e, 11 mai 2005, *C.C.C.* 2005, n° 187, obs. LEVENEUR ; *RDC* 2006.323, obs. D. MAZEAUD et 2006.529, obs. FAUVARQUE-COSSON ; *RTD civ.* 2005.596, obs. MESTRE et FAGES.

▪ (9) Civ. 3e, 25 janvier 2006, *Bull. civ.*, III, n° 20 ; *RDC* 2006.818, obs. VINEY.

▪ (10) V. Civ. 1re, 9 juillet 2003, *JCP* 2004.I.163, n° 4, obs. VINEY ; *RTD civ.* 2003.709. — Civ. 3e, 11 mai 2005, *JCP* 2005.II.10152. — Civ. 1re, 16 janvier 2007, *D.* 2007.1119, note GOUT. — V. JEANDIDIER, *L'exécution forcée des obligations contractuelles*, *RTD civ.*, 1976.700. — MOLFESSIS, *Force obligatoire et exécution : un droit à l'exécution en nature ?*, *RDC* 2005.37. — LAITHIER, *La prétendue primauté de l'exécution en nature*, *RDC* 2005.161.

▪ (11) Ainsi, l'entrepreneur en qui son client n'a plus confiance ne peut lui imposer de réparer lui-même les travaux défectueux : Civ. 3e, 28 septembre 2005, *Bull. civ.*, III, n° 180 ; *RDC* 2006.818, obs. VINEY. — Voir toutefois Com., 10 janvier 2012, n° 10-26837, *RDC* 2012.782, obs. LAITHIER déclarant fautif le créancier refusant une réparation en nature (par reconstitution d'un portefeuille de titres vendus sans ordre). — Civ. 3e, 27 mars 2013, n° 12-13734 ; *Bull. civ.*, III, n° 40 (le preneur ne peut refuser les réparations offertes par le bailleur).

▪ (12) Civ. 3e, 22 février 1968, *D.* 1968.608, note MALAURIE.

▪ (13) Pau, 15 février 1973, *RTD civ.* 1974.152. — Paris, 28 février 1985, *Gaz. Pal.* 1985.441 qui déduit l'abus d'un « esprit de revanche ».

▪ (14) Civ. 3e, 11 mai 1976, *D.* 1978.269, note TAISNE.

▪ (15) Cf. J. MESTRE, *Réflexions sur l'abus du droit de recouvrer sa créance*, *Mélanges Raynaud*, 1985.439.

à un résultat contraire à l'équité. La jurisprudence contemporaine rattache en effet à l'obligation de loyauté et de bonne foi mentionnée à l'article 1134, alinéa 3 (cf. *supra,* n° 285) l'idée que le créancier doit faire de ses droits un usage qu'on pourrait qualifier de « civilisé » et non « colonial » : il est abusif et contraire à la bonne foi de vouloir se servir de son droit pour des *motifs* ou pour un *résultat* étrangers à l'économie normale du contrat, par une sorte de « détournement du pouvoir contractuel » (16). Par exemple, si le bailleur reloue son bien en l'état, il ne peut de bonne foi exiger l'indemnité de remise en état prévue au contrat (17) ; de même le créancier d'une rente viagère stipulée entre parents qui ne l'a pas réclamée pendant plus de dix ans ne peut pas exiger l'arriéré d'un seul coup en raison de dissensions familiales (18), celui d'une redevance de... 1 franc ne peut poursuivre la sanction du non-paiement (19). Il en est tout particulièrement ainsi à l'égard des clauses résolutoires invoquées à l'égard de fautes minimes et pour obtenir un avantage injustifié (cf. *infra,* n° 397). On voit ainsi que l'idée de bonne foi joue un **rôle correcteur général :** elle peut ajouter à la lettre du contrat (cf. *supra,* n° 285) mais aussi venir la tempérer. On rencontre cependant encore des décisions exprimant la même idée en termes d'abus de droit (20).

Les **Principes du droit européen du contrat** apportent diverses limites à une exécution forcée en nature, notamment lorsqu'elle « comporterait pour le débiteur des efforts ou dépenses déraisonnables », ou lorsque le créancier a négligé de la demander « dans un délai raisonnable à partir du moment où il a eu, ou aurait dû avoir, connaissance de l'inexécution » (art. 9:102).

384 **Moyens de contrainte.** Pour obtenir l'exécution du contrat, chaque partie dispose des moyens de contrainte auxquels peut recourir tout créancier : saisies, astreintes, etc. Ces moyens seront examinés avec le régime général des obligations car ils n'ont rien de spécifique aux obligations contractuelles (cf. *infra,* n°s 845 et s.). En revanche, en matière de contrats, il existe un moyen de pression spécifique : l'exception d'inexécution.

§ 2. L'exception d'inexécution

385 **Définition.** Il est conforme au bon sens que le contractant qui ne reçoit pas son dû ne veuille pas payer immédiatement sa prestation corrélative : par

(16) Cf. les travaux cités, *supra*, n° 285.
(17) Paris, 15 février 1990, *D.* 1990.IR.63.
(18) Civ. 3e, 8 avril 1987, *Bull. civ.*, III, n° 88.
(19) Civ. 3e, 6 juin 1984, *Bull. civ.*, III, n° 111.
(20) Civ. 1re, 19 novembre 1996, *Bull. civ.*, I. n° 404.

exemple, l'acheteur refuse de payer tant qu'il n'est pas livré, l'entrepreneur ou le salarié de continuer à travailler tant qu'il n'est pas payé, etc.

Cette partie, si on lui demande d'exécuter sa prestation, pourra opposer « l'exception d'inexécution », sous-entendu inexécution de la contre-prestation.

Le contrat se trouvera donc **suspendu.** Quelques textes spéciaux admettent cette suspension du contrat : par exemple, en matière d'**assurance,** la suspension de la garantie est organisée après mise en demeure de l'assuré ; en matière de **vente,** l'article 1612 permet au vendeur de retenir la chose tant qu'il n'est pas payé (s'il s'agit d'une vente au comptant bien entendu) ; il en est de même en matière d'échange (art. 1704).

Mais la jurisprudence a reconnu d'une manière générale **en toutes matières** ce droit de suspendre le contrat à celui qui ne reçoit pas satisfaction. Et, parce qu'il procède de la structure même du contrat, ce mécanisme est ***d'ordre public*** (21).

Encore faut-il que la nature du contrat s'y prête et que certaines conditions soient réunies.

386 **Conditions.** Reposant sur l'idée du « donnant donnant », et d'une exécution « trait pour trait » du contrat, l'exception d'inexécution ne se conçoit que dans les *contrats synallagmatiques :* elle est impossible à mettre en œuvre dans les contrats unilatéraux où il n'y a pas de contre-prestation. Mais elle pourrait s'étendre entre contrats interdépendants (22).

Même au sein des contrats synallagmatiques, elle n'est concevable que si ***l'exécution simultanée*** des prestations a été prévue. Au contraire, s'il résulte du contrat ou de la loi qu'un des contractants doit exécuter avant l'autre, l'exception ne peut plus jouer : par exemple, si des délais de paiement ont été convenus, le vendeur doit livrer avant d'être intégralement payé ; dans le contrat de restauration ou d'hôtellerie, il n'est pas d'usage que le client paie chaque plat ou chaque nuit au fur et à mesure : l'exception ne pourra donc pas jouer (c'est pourquoi le législateur, tenant compte de cet usage et du risque qui en découle pour le tenancier, punit pénalement du délit de « grivellerie » le client indélicat). En bref, l'exception ne peut prendre appui que sur l'inexécution constatée d'une obligation *exigible* (23).

À l'heure actuelle, la simple crainte (*exceptio timoris*), ne suffit pas (24).

Les **Principes du droit européen des contrats** vont plus loin, en autorisant une partie à « suspendre l'exécution de sa prestation dès lors qu'il est manifeste qu'il y aura inexécution de la part du co-contractant à l'échéance » (art. 9:201).

(21) LEVENEUR, obs. sous Civ. 1re, 20 juin 1995, *C.C.C.* 1995.200.

(22) V. LIBCHABER, *Defrénois* 2006.610.

(23) Cf. Com., 2 mai 1990, *Bull. civ.*, IV, n° 129. — D'où cette conséquence qu'elle ne peut pas être invoquée après l'ouverture d'une procédure collective sur le fondement de manquements antérieurs : Com., 28 juin 2011, n° 10-19463.

(24) Sur l'extension à ce cas, voir PINNA, *L'exception pour risque d'inexécution*, *RTD civ.* 2003.31.

Et les Principes **Unidroit** traduisent encore plus de souplesse en faveur de la partie « qui croit raisonnablement qu'il y aura inexécution essentielle de la part de l'autre partie » : elle peut alors, pour être rassurée, « exiger des assurances suffisantes de bonne exécution *et peut, dans l'intervalle, suspendre l'exécution de ses propres obligations »* (art. 7-3-4).

387 **Mise en œuvre.** L'originalité de l'exception d'inexécution est de pouvoir être décidée par le cocontractant lui-même, sans autorisation de justice : c'est donc un moyen de *justice privée,* qui constitue une sorte de **légitime défense contractuelle.**

Cela présente deux avantages et un risque.

Le premier avantage est la souplesse et la **rapidité :** le contractant impayé suspend aussitôt ses prestations. Le second, qui découle d'ailleurs du premier, est ***l'efficacité :*** cette suspension constitue un puissant moyen de pression sur la partie défaillante, qui ne reçoit pas ou plus la contrepartie attendue.

Mais le risque réside précisément dans cette efficacité : un contractant qui reçoit une prestation mais l'estime non conforme pourrait tenter d'abuser de l'exception ou en prendre prétexte pour se dérober à sa propre obligation : par exemple invoquer un léger défaut pour retenir tout le prix.

Aussi la jurisprudence exige-t-elle une ***riposte mesurée.*** En cas d'inexécution totale, la question ne se pose pas. Mais en cas d'inexécution partielle, le cocontractant ne pourra suspendre sa propre prestation que de façon proportionnelle. Si l'exécution est gravement défectueuse, de sorte qu'il n'en tire aucune satisfaction, il peut certes suspendre sa prestation (25). Mais sinon, il ne peut le faire : ainsi, dans le **bail,** une jurisprudence constante refuse en principe au locataire le droit de cesser le paiement des loyers lorsque le bailleur manque à son devoir d'entretien si le locataire continue de jouir de la chose, ce qui constitue l'essentiel du bail (26). Il en irait bien sûr autrement si le défaut d'entretien était tel qu'il rende la chose inutilisable (27). Réciproquement, le non-paiement par le locataire de son premier loyer n'autorise pas le bailleur à relouer à un tiers (28).

Cette mesure doit être opérée par le contractant avec prudence : en effet, comme il agit sans autorisation du tribunal, il le fait **à ses risques et périls.** Si un tribunal estime par la suite qu'il a suspendu sa prestation à tort, il aura manqué à ses obligations et s'exposera lui-même à des sanctions : par exemple, le locataire qui aura suspendu à tort le paiement des loyers pour défaut

■ (25) Cf. Com., 31 mai 1983, *Bull. civ.*, IV, n° 162.

■ (26) Civ. 3e, 7 juillet 1982, *Bull. civ.*, III, n° 168. — Com., 30 janvier 1979, *Bull. civ.*, IV, n° 41. — Cf. admettant une retenue partielle de loyers : Soc., 10 avril 1959, *Bull. civ.*, V, n° 450.

■ (27) Civ. 3e, 21 novembre 1990, *Bull. civ.*, III, n° 238. — 21 décembre 1987, *Bull. civ.*, III, n° 212. — 15 décembre 1993, *D.* 1994.462, note STORCK. — Civ. 3e, 11 mai 1995, *Bull. civ.*, III, n° 60, *D.* 1996. Som. 124, obs. MARTINE.

■ (28) Civ. 3e, 28 juin 2006, *Bull. civ.*, III, n° 161.

d'entretien s'expose aux sanctions du non-paiement pouvant aller jusqu'à la résiliation du bail à ses torts (29) ; il en sera de même du locataire qui aura cessé de payer toute somme parce que le montant du loyer réclamé était illicite (30). De plus, c'est à celui qui invoque l'exception d'inexécution de **prouver** cette inexécution (31), par exemple en établissant que les travaux effectués sont incomplets (32).

388 **Effet d'attente.** L'exception conduit à une **suspension** du contrat qui est purement provisoire. C'est une solution d'attente. Elle permet à son auteur de faire pression sur son partenaire pour obtenir satisfaction, mais ne résout pas la question définitivement. En effet, le contrat simplement suspendu reste valable et n'est pas anéanti (33), de sorte que, sitôt que l'autre partie s'exécutera, le créancier devra lui aussi reprendre l'exécution, ce qui peut être embarrassant : par exemple, l'acheteur d'un matériel non livré devra payer le prix lorsque la livraison interviendra, même de nombreux mois plus tard, alors qu'il a pu entre-temps prendre d'autres dispositions (34). Aussi ne permet-elle pas de justifier une violation définitive du contrat : par exemple, en cas de fautes de son concessionnaire exclusif, le fabricant peut distribuer lui-même ses produits (suspension de l'exclusivité), mais non mettre en place un nouveau concessionnaire (35).

En réalité, l'exception n'a de sens que durant la période où le créancier espère encore pouvoir obtenir l'exécution du contrat : il peut d'ailleurs parallèlement mettre en œuvre les procédures de contrainte à cet effet. Mais sitôt cet espoir évanoui, le contractant déçu ne doit pas se borner à cette attitude purement passive et défensive : il doit demander la résolution du contrat.

§ 3. La résolution pour inexécution

389 **Notion.** Lorsqu'une partie n'obtient pas satisfaction, elle peut craindre que le contrat ne lui apporte que des déboires, même en recourant à l'exécution forcée : outre que celle-ci prend du temps et retarde d'autant l'exécution, la perspective de devoir renouveler ce recours à la contrainte de façon périodique

(29) Comp. Civ. 1re, 18 juillet 1995, *Bull. civ.*, I, n° 322.
(30) Civ. 3e, 10 décembre 1997, *Bull. civ.*, III, n° 217.
(31) Civ. 1re, 18 décembre 1990, *Bull. civ.*, I, n° 296. — Civ. 3e, 14 février 1996, *Bull. civ.*, III, n° 46.
(32) Civ. 3e, 7 décembre 1988, *Bull. civ.*, III, n° 181.
(33) V. pourtant ROCHE-DAHAN, *L'exception d'inexécution, une forme de résolution unilatérale du contrat synallagmatique*, *D.* 1994, chr. 255.
(34) Com., 24 juin 1980, *Bull. civ.*, IV, n° 273.
(35) Com., 1er décembre 1992, *Bull. civ.*, IV, n° 392.

dans les contrats à exécution successive peut être décourageante. Aussi, le contractant peut-il préférer anéantir ce contrat pour repartir ailleurs sur de « nouvelles bases » : tel est l'objet de la résolution pour inexécution.

On en donne pour fondement théorique l'idée de **cause,** le contractant pouvant se délier de son obligation si la contrepartie qui en est la cause n'est pas fournie.

390 **Champ d'application.** On affirme traditionnellement que la résolution ne concerne que les contrats synallagmatiques, seuls dans lesquels chaque obligation trouve sa cause dans la contrepartie de sorte qu'elle peut disparaître si cette contrepartie n'est pas fournie.

Mais, dans les contrats unilatéraux, le même mécanisme se retrouve, parfois sous d'autres vocables. Ainsi, pour les donations, on parle de **révocation** pour inexécution des charges. Pour les prêts, on parle de déchéance pour inexécution. Mais dans les deux cas, il s'agit de mettre fin au contrat à raison de son inexécution (d'ailleurs la loi elle-même parle parfois de résolution d'un prêt : cf. C. consom., art. L. 312-22).

Le mécanisme est donc très général. Il n'est écarté que dans quelques cas particuliers : le **partage** (car au-delà du contrat, cet acte est nécessaire et il faudra de toute façon le refaire), ou le **contrat de travail,** car il existe des procédures spécifiques (36), la **rente viagère** (C. civ., art. 1978) ou encore parfois le **contrat d'assurance** (37).

Il n'est cependant pas **d'ordre public** et le contrat peut l'écarter à l'avance, pourvu que la clause en ce sens soit dépourvue d'équivoque (38).

391 **Terminologie : résolution ou résiliation.** Bien que l'expression de « résolution pour inexécution » soit souvent employée de façon générique, il y a lieu de faire une distinction. Le terme de *résolution* au sens strict désigne un anéantissement total du contrat, y compris dans les effets qu'il a pu déjà produire : il agit donc avec *rétroactivité* (cf. *infra,* n° 398), de la même façon qu'une *annulation* du contrat, ce qui explique que les deux termes de nullité et résolution soient parfois confondus (cf. *supra,* n° 201). Mais pour les contrats à exécution

(36) Cf. Mixte, 21 juin 1974, *D.* 1974.593. — Ass. Plén., 28 janvier 1983, *D.* 1983.269. — Certaines hésitations postérieures ont été levées : à l'égard de **l'employeur** le jeu de l'article 1184 est écarté, pour les contrats à durée indéterminée par le régime du licenciement (Soc., 13 mars 2001, *JCP* 2001.II.10562, note MOULY. — 3 novembre 2005, *Bull. civ.*, V, n° 308) et, pour les contrats à durée déterminée par l'art. L. 1243-1 du Code du travail, qui exige faute grave ou force majeure (Soc., 4 décembre 2001, *Bull. civ.*, V, n° 369 ; *D.* 2002.2361, note MOULY). En revanche le **salarié** peut agir en résolution mais, si celle-ci n'est prononcée, elle produira les effets légaux d'un licenciement sans cause réelle et sérieuse (Soc., 20 janvier 1998, *D.* 1998.350, note RADÉ ; *JCP* 1998.II.10081, note MOULY. — 16 mars 2005, *D.* 2005.1613, note MOULY).

(37) Le régime légal sanctionnant les fausses déclarations exclut le jeu de l'article 1184 : Civ. 1re, 29 octobre 2002, *Bull. civ.*, I, n° 243.

(38) Civ. 3e, 3 novembre 2011, n° 10-26203 ; *Bull. civ.*, III, n° 178 ; *C.C.C.* 2012.36, obs. L.L. ; *RDC* 2012.402, obs. LAITHIER ; *RTD civ.* 2012.114, obs. FAGES.

successive il arrive que l'anéantissement du contrat laisse subsister certaines périodes écoulées et ne prenne effet qu'à partir d'une certaine date : on parle alors de *résiliation,* par exemple pour un bail (cf. *infra,* n° 399).

A. CONDITIONS

392 **Résolution amiable.** Il est d'abord permis aux parties de constater elles-mêmes l'inexécution et d'en déduire la résolution du contrat (ce qui est différent du *« mutuus dissensus »* (cf. *supra,* n° 310), en ce qu'ici l'inexécution fournit une cause objective à la résolution). Par exemple, l'acheteur impécunieux restituera spontanément le bien au vendeur. Cet accord sera pleinement efficace entre les parties (39), et il pourrait même (curieusement) être prouvé par tous moyens (40) pourvu qu'il soit certain (41).

Cependant, parce qu'elle s'effectue sans contrôle du juge sur la réalité de l'inexécution, et qu'elle risque ainsi de dissimuler une fraude aux droits acquis entre-temps par des **tiers,** cette résolution amiable leur sera souvent inopposable (42).

393 **Résolution unilatérale.** Dans certains cas exceptionnels, la loi permet au contractant insatisfait de **décider** unilatéralement la résolution du contrat, sans recours préalable au juge : ainsi pour l'*assureur* en cas de non-paiement des primes (C. assur., art. L. 113-3), pour le *consommateur* en cas de non-respect du délai d'exécution (C. consom., art. L. 114-1), pour le *vendeur* d'objets mobiliers en cas de non-retirement (C. civ., art. 1657) et, pour les parties à un *contrat de travail*, au moyen d'une « prise d'acte » de la rupture imputable à l'autre (43).

Ailleurs, la jurisprudence a retenu progressivement la même solution dans trois séries de cas :

— dans ceux où le contrat présente un caractère commercial : l'acheteur non livré peut « se remplacer » ou encore, si la livraison est défectueuse, peut « laisser pour compte » la marchandise au vendeur (44) ;

(39) Cf. Com., 1er février 1994, *Bull. civ.*, IV, n° 44 ; *RTD civ.* 1994.356, obs. MESTRE (on ne peut donc plus poursuivre la réparation du préjudice né de l'inexécution). — Com., 3 mai 1994, *Bull. civ.*, IV, n° 161 (ni celle d'une clause pénale).

(40) Civ. 1re, 18 mai 1994, *Bull. civ.*, I, n° 175.

(41) Civ. 1re, 6 avril 2004, *C.C.C.* 2004.106.

(42) Par exemple si elle est intervenue peu avant une procédure de « faillite » pour permettre au vendeur impayé de récupérer son bien : cf. Com., 15 février 1993, *Bull. civ.*, IV, n° 65. — 12 juillet 1994, *Bull. civ.*, IV, n° 268.

(43) Régime instauré par la jurisprudence (v. Soc., 12 octobre, 19 octobre et 16 novembre 2004, *Bull. civ.*, V., nos 249, 263 et 287. — 21 décembre 2006, *D.* 2007.376). — Pour une comparaison du point de vue du droit civil et du droit du travail, v. PELLÉ, *La réception des correctifs d'équité par le droit, D.* 2011. chr. 1230.

(44) V. *Contrats spéciaux*, n° 318.

— en cas d'*urgence* et alors quelle que soit la matière, selon quelques décisions éparses (45) ;

— selon un courant récent, la *gravité du comportement* d'une partie autorise l'autre à décider de la résolution, par une sorte de prolongement renforcé de l'exception d'inexécution (46).

Dans tous ces cas, l'initiative privée permet à la résolution d'être dispensée de l'intervention judiciaire *préalable* prévue à l'article 1184, pour intervenir aux risques et périls de son auteur, comme l'exception d'inexécution, le juge pouvant ensuite contrôler le bien-fondé de sa décision : le risque est que si la rupture est ensuite jugée non fondée, le contrat sera résolu aux torts de son auteur (47). Certains considèrent que cette résolution unilatérale serait en train de devenir le principe et l'exigence du recours à justice l'exception (48).

Les *Principes* ***Unidroit*** (art. 7-3-1 et s.) et ceux **du droit européen des contrats** (art. 9:301) retiennent cette solution de la résolution unilatérale *notifiée* à l'autre partie en cas d'inexécution « essentielle » de la part de l'autre.

394 **Résolution judiciaire.** Hormis les exceptions précédentes, le principe est que le **recours au juge** est obligatoire : l'article 1184 précise bien que « le contrat n'est point résolu de plein droit » et que « la résolution doit être demandée en justice ». Tant qu'elle n'est pas prononcée, le contrat conserve son caractère obligatoire (49), sous la seule réserve qu'il peut être provisoirement suspendu par le jeu de l'exception d'inexécution (cf. *supra,* n°s 385 et s.). Par exemple, un acheteur ne paie pas le solde du prix en raison de prétendues malfaçons : même longtemps après, ce solde peut lui être réclamé et c'est toujours à lui de prouver

(45) V. GHESTIN et BILLIAU, *Les effets du contrat*, n°s 429 et s.

(46) Civ. 1re, 13 octobre 1998, *Grands arrêts*, n° 180 ; *D.* 1999.197, note JAMIN ; *JCP* 1999.II.10133, note RZEPECKI ; *Defrénois* 1999.374, obs. D. MAZEAUD. — Com., 22 octobre 1996, *Bull. civ.*, IV, n° 260 ; *D.* 1997. Som. 173 et 286 ; *RTD civ.* 1997.123 ; *RTD civ.* 1999.506 ; *D.* 1999. Som. 155, obs. DELEBECQUE. — 20 février 2001, *Bull. civ.*, I, n° 40 ; *D.* 2001.1568, note JAMIN. — 14 janvier 2003, *Bull. civ.*, I, n° 12 ; *RDC* 2004.273, obs. AYNÈS, et 279, obs. D. MAZEAUD (pour une faute déontologique). — Com., 10 février et 31 mars 2009, *RTD civ.* 2009.318 et s., obs. FAGES. — Il faut caractériser la **gravité** (Civ. 1re, 28 octobre 2003, *Bull. civ.* I, n° 211 ; *JCP* 2004.II.10108, note LACHIEZE). — V. déjà Civ. 1re, 28 avril 1987, *D.* 1988.1, note DELEBECQUE. — V. JOBIN, *La résolution du contrat sans intervention du tribunal*, *RTD civ.* 1997.556. — La mise en jeu parallèle d'une clause résolutoire n'empêche pas le créancier de recourir à cette résiliation unilatérale (Com., 4 février 2004, *JCP* 2004.I.149, n° 15, obs. ROCHFELD. — *Adde* sur ce point BAKOUCHE, *JCP* 2014.414). — Pour un « point d'étape », v. GENICON, *RDC* 2010.44 et s.

(47) Com., 17 novembre 1998, *Bull. civ.*, IV, n° 271. — Le juge doit rechercher la réelle imputabilité : Com., 26 octobre 1999, *Bull. civ.*, IV, n° 195 (3e moyen).

(48) FAUVARQUE-COSSON, *D.* 2010.233.

(49) Cf. Com., 24 juin 1980, précité. — Civ. 3e, 22 novembre 1983, *Bull. civ.*, III, n° 239 ; *RTD civ.* 1985.161, obs. MESTRE. — Com., 1er décembre 1992, précité.

les malfaçons (50). Il y a là une nouvelle application de l'idée qu'on ne peut se faire justice à soi-même.

394-1 **Action en résolution.** La résolution judiciaire peut toujours être demandée, même si le contrat prévoit d'autres sanctions en cas d'inexécution ; elle constitue une sorte de droit « minimum » qui, sans être d'ordre public (*supra*, n° 390), ne peut être écarté que par une disposition expresse du contrat (51) ou de la loi (*supra,* n° 390). Cependant, elle est parfois écartée par la **« faillite »** du contractant défaillant : l'ouverture de la procédure collective suspend les actions en résolution fondées sur le non-paiement de sommes d'argent (C. com., art. L. 622-13 et L. 622-21).

Il appartient au **contractant** mécontent (voire les deux qui s'imputent réciproquement les difficultés apparues dans leurs relations) de décider s'il entend demander la résolution du contrat : il dispose en effet d'une **option** entre l'action en exécution et l'action en résolution (v. *supra,* n° 381). Il perd toutefois cette option s'il s'est mis volontairement dans l'impossibilité de restituer la chose, tel l'acheteur qui a revendu ou utilisé la chose (52).

Mais la jurisprudence récente ouvre également le droit de la demander à des **tiers** qui y sont intéressés et en tireront un avantage : le **sous-acquéreur** d'une chose peut demander la résolution du contrat initial conclu entre son vendeur et le vendeur précédent ou le fabricant (53) ; la **caution** peut poursuivre la résolution du contrat dont elle garantit l'exécution, ce qui fera tomber son obligation (54).

Le contractant insatisfait n'est pas tenu de délivrer à l'autre une **mise en demeure** préalablement : la seule saisine du juge suffit à avertir le défaillant (55).

394-2 **Preuve du manquement.** La question de la charge de la preuve dans ce cadre peut susciter un doute : est-ce au contractant mécontent de prouver la mauvaise exécution dont il se plaint ou au contraire au débiteur d'établir qu'il a rempli son obligation conformément à l'article 1315, alinéa 2 ?

■ (50) Com., 24 mars 1992, *Bull. civ.*, IV, n° 136. — 16 juin 1987, *Bull. civ.*, IV, n° 146. — V. également pour un entrepreneur : Civ. 3e, 14 février 1996, *Bull. civ.*, III, n° 46.

■ (51) Com., 7 mars 1984, *JCP* 1985.II.20407, note DELEBECQUE (la stipulation d'une faculté de résiliation unilatérale dans certains cas précis n'exclut pas le recours à l'art. 1184 dans les autres). — Civ. 3e, 22 février 1978, *Bull. civ.*, III, n° 99 (la stipulation d'une clause pénale ne ferme pas l'action en résolution).

■ (52) Civ. 1re, 12 janvier 1994, *Bull. civ.*, I, n° 23.

■ (53) Com., 17 mai 1982, *D.* 1983.IR.479, note LARROUMET. — 24 novembre 1987, *Bull. civ.*, IV, n° 50 (auparavant, en sens contraire : Com., 27 février 1973, *D.* 1974.138, note MALINVAUD).

■ (54) Civ. 1re, 20 décembre 1988, *D.* 1989.166, note AYNÈS.

■ (55) Cf. notamment Civ. 3e, 2 mars 1977, *Bull. civ.*, III, n° 105. — 11 juin 1997, *Bull. civ.*, III, n° 135. — Civ. 1re, 23 janvier 2001, *Bull. civ.*, I, n° 7.

La jurisprudence fait une distinction : le débiteur doit prouver l'existence même d'une exécution ; mais, une fois cette exécution admise, c'est au cocontractant de prouver qu'elle est défectueuse (56).

395 **Pouvoirs du juge.** Le juge dispose d'un *pouvoir d'appréciation* quant à la gravité des manquements contractuels invoqués, ce qui explique que la résolution ne peut pas être prononcée par le juge des référés (57). Il peut accorder au défaillant « un délai selon les circonstances », variété de délai de grâce qui ne pourra toutefois pas être renouvelé (58). Il peut déjà décider qu'à défaut d'exécution dans le délai qu'il impartit, la résolution sera acquise (59).

En cas d'***inexécution totale,*** la résolution sera prononcée, sauf le délai ci-dessus. Mais en cas d'***inexécution partielle,*** et notamment d'exécution défectueuse, le juge mesurera la gravité de l'inexécution pour apprécier si elle met en péril l'ensemble du contrat et justifie ou non sa résolution : « la résolution peut être prononcée par le juge en cas d'inexécution partielle dès lors qu'elle porte sur une obligation déterminante de la conclusion du contrat » (60). Si elle est grave, une inexécution partielle peut ainsi justifier la résolution totale du contrat. Par exemple, la faute d'un préposé à la surveillance qui commet un... vol (!) le privera de toute rémunération (61). Il n'est même pas nécessaire que l'inexécution ait causé à l'autre partie un préjudice consommé (62).

395-1 **Date d'appréciation.** Dans cette appréciation, peut-il tenir compte d'une **exécution en cours d'instance** par le défaillant craignant la résolution ? La tradition le lui permet, ce qui tient compte du fait que le défaillant est mis en demeure par l'assignation en résolution et peut encore se racheter (63). Mais certains le regrettent (64) et quelques arrêts ont paru remettre en cause la solution : à l'égard de preneurs ruraux, il a été jugé que le tribunal doit apprécier

(56) Civ. 3e, 14 février 1996, *Bull. civ.*, III, n° 46 ; *Defrénois* 1996.1076 et la note. — Civ. 1re, 16 mai 2006, *Bull. civ.*, I, n° 241. V. toutefois Civ. 1re, 19 mars 1996, *Bull. civ.*, I, n° 147 ; *Defrénois* 1996.1437.

(57) Civ. 3e, 27 novembre 1990, *Bull. civ.*, III, n° 254. — Soc., 13 mai 2003, *Bull. civ.* V, n° 161 (il peut au contraire constater le jeu d'une clause résolutoire, *infra*, n° 396).

(58) Civ. 1re, 19 décembre 1984, *Bull. civ.*, I, n° 343 ; *RTD civ.* 1986.107, obs. MESTRE.

(59) Com., 16 juin 1987, *Bull. civ.*, IV, n° 145.

(60) Com., 2 juillet 1996, *Bull. civ.*, IV, n° 198 (2e moyen).

(61) Com., 11 décembre 1990, *Bull. civ.*, IV, n° 316 ; *RTD civ.* 1991.527 obs. MESTRE. — Cf. aussi Civ. 3e, 20 novembre 1991, *Bull. civ.*, III, n° 285 : quelques erreurs commises par des techniciens peuvent révéler une incompétence justifiant la résolution de l'ensemble de la convention. — Civ. 1re, 4 janvier 1995, *Bull. civ.*, I, n° 14 : des retards de paiement répétés d'une rente viagère peuvent justifier la résolution du contrat.

(62) Civ. 3e, 4 mai 1994, *Bull. civ.*, III, n° 84 (pour un locataire non assuré).

(63) Cf. Civ. 3e, 22 mars 1983, *Bull. civ.*, III, n° 84. — 4 janvier 1995, *Bull. civ.*, III, n° 1. — Civ. 3e, 3 avril 2001, n° 99-13505.

(64) MALAURIE et AYNÈS, n° 741.

la demande au jour de la demande sans tenir compte de faits postérieurs (65). Inversement, on autorise le juge à prendre en compte les **manquements commis en cours d'instance** (66).

396 **Clause résolutoire.** Afin d'éviter la nécessité d'une action en justice et l'aléa inhérent au pouvoir d'appréciation du juge, les contractants insèrent souvent dans leur accord une clause résolutoire, c'est-à-dire prévoyant les cas dans lesquels la résolution interviendra (67). L'originalité est que la résolution se produit alors de *plein droit,* par le seul effet de la clause. Le juge est donc **privé de son pouvoir d'appréciation.** Si le manquement prévu existe, il ne peut pas en mesurer la gravité et ne peut que *constater* la résolution qui s'est produite automatiquement même s'il s'agit d'un manquement très léger (68). Ce simple constat peut donc être fait en référé (69).

397 **Dangers et encadrement.** Ces clauses résolutoires sont très efficaces, mais souvent dangereuses. Elles sont en fait imposées par la partie la plus forte et conduisent à une sanction automatique qui peut se révéler disproportionnée par rapport à la faute : un retard de paiement de quelques jours peut par exemple entraîner la résolution du bail et l'expulsion du locataire.

Aussi la plupart des auteurs souhaitent-ils qu'un texte général intervienne pour donner au juge un **pouvoir modérateur,** à l'instar de la loi du 9 juillet 1975 à l'égard des clauses pénales (cf. *infra,* n° 425). Quelques **dispositions éparses** existent pour l'instant, en matière de baux commerciaux (l'art. L. 145-41 du Code de commerce permet au juge de suspendre le jeu de la clause en cas de retard de paiement de loyers, dans la limite de deux ans) ou de baux d'habitation (l'art. 24 de la loi du 6 juillet 1989 permet aussi une suspension).

En dehors de ces cas particuliers, la jurisprudence manifeste une certaine réticence à l'égard des clauses résolutoires et se montre exigeante. Un courant moderne tend à limiter la mise en œuvre de ces clauses (70). Cette jurisprudence agit par **six moyens.**

■ (65) Civ. 3e, 9 décembre 1975, *Bull. civ.*, III, nos 366 et 367. — 19 juillet 1995, *Bull. civ.*, III, n° 198. — 6 décembre 1995, *Bull. civ.*, III, n° 250 ; *Defrénois* 1996.813 et la note. — 21 février 1996, *Bull. civ.*, III, n° 54.

■ (66) Civ. 3e, 26 juin 1991, *Bull. civ.*, III, n° 188. — 5 mai 1993, *C.C.C.* 93.173, obs. LEVENEUR. — V. aussi, pour la révocation d'une donation pour ingratitude, Civ. 1re, 9 février 1994, *Bull. civ.*, I, n° 52.

■ (67) V. PAULIN, *La clause résolutoire*, LGDJ, 1996.

■ (68) Cf. entre autres Civ. 3e, 11 juillet 1977, *Bull. civ.*, III, n° 106.

■ (69) Cf. Civ. 3e, 2 avril 2003, *Bull. civ.*, III, n° 78.

■ (70) Cf. notamment MESTRE, *Nouvelles limites à la mise en œuvre des clauses résolutoires*, *RTD civ.* 1989.316. — PICOD, *La clause résolutoire et la règle morale*, *JCP* 1990.I.3347. — OSMAN, *Le pouvoir modérateur du juge dans la mise en œuvre de la clause résolutoire de plein droit*, *Defrénois* 1993.65.

1° — Il faut que la clause soit **sans équivoque** pour être valable (71). « La clause résolutoire de plein droit, qui permet de soustraire la résolution d'une convention à l'appréciation des juges, doit être exprimée de manière non équivoque, faute de quoi les juges recouvrent leur pouvoir d'appréciation » (72). Une clause prévoyant simplement la résolution en cas d'inexécution sans préciser « de plein droit » est équivoque car elle peut n'être qu'un rappel de l'article 1184 (73).

2° — Cette clause ne peut, selon certains arrêts, sanctionner que des **obligations expressément stipulées** au contrat : « la clause résolutoire ne peut être mise en œuvre que pour un manquement à une stipulation expresse » (74). Elle ne peut donc pas jouer pour des fautes qui résultent du droit commun mais non des mentions du contrat — alors même que ces manquements sont incontestables (75). Si la résolution contrôlée par le juge peut sanctionner des obligations implicites, la clause ne peut s'appliquer qu'à des obligations expresses, parfaitement connues du débiteur qui n'est pas forcément juriste (76).

3° — La jurisprudence exige que la clause ne puisse jouer qu'après une **mise en demeure** préalable, rappelant au défaillant l'existence de la clause, lui indiquant avec précision (77) les manquements qu'on lui reproche et le délai dont il dispose pour se mettre en règle (78). Si le contrat prévoit un avertissement préalable, cette formalité doit évidemment être respectée (79) et il semble que la saisine du juge dans le délai puisse suspendre les effets de la clause (80).

(71) Civ. 1re, 25 novembre 1986, *Bull. civ.*, I, n° 279. — Civ. 3e, 12 octobre 1994, *Bull. civ.*, III, n° 178.

(72) Civ. 1re, 25 novembre 1986, *Bull. civ.*, I, n° 279. — Civ. 3e, 7 décembre 1988, *Bull. civ.*, III, n° 176. — Cf. aussi Civ. 1re, 16 juillet 1992, *Bull. civ.*, I, n° 227. — Civ. 3e, 12 octobre 1994, *Bull. civ.*, III, n° 178.

(73) Civ. 3e, 7 décembre 1988, *Bull. civ.*, III, n° 176. — 12 octobre 1994, précité. — Civ. 1re, 10 octobre 1995, *Bull. civ.*, I, n° 357. — Civ. 3e, 7 octobre 1998, *Bull. civ.*, III, n° 191.

(74) Civ. 3e, 18 mai 1988, *Bull. civ.*, III, n° 94.

(75) Cf. Civ. 3e, 8 janvier 1985, *Bull. civ.*, III, n° 6. — 24 mai 2000, *Bull. civ.*, III, n° 110. — 13 décembre 2006, *Bull. civ.*, III, n° 248 (la clause résolutoire visait le non-paiement des loyers, mais non celui des intérêts de retard). — Civ. 3e, 15 septembre 2010, n° 09-10339, *Bull. civ.*, III, n° 157. — Civ. 3e, 17 septembre 2013, n° 12-21724 ; *Defrénois* 2013.1256, note MAZURE.

(76) MESTRE, obs. précitées.

(77) Civ. 3e, 3 octobre 2007, *Bull. civ.*, III, n° 161.

(78) Cf. Civ. 3e, 28 novembre 1968, *Bull. civ.*, III, n° 468. — 11 octobre 1977, *Bull. civ.*, III, n° 331. — 23 février 1982, *RTD civ.* 1982.619. — 31 octobre 1989, *Bull. civ.*, III, n° 200. — 14 décembre 1994, *Bull. civ.*, III, n° 206. — Civ. 1re, 12 juin 2012, n° 11-17380. — Certaines décisions contestables ont toutefois admis la validité d'une **clause de dispense de mise en demeure** : Civ. 3e, 30 juin 1977, *Bull. civ.*, III, n° 293. — Civ. 1re, 3 février 2004, *Bull. civ.* I, n° 27 (qui exige qu'elle soit expresse et non équivoque).

(79) Com., 17 mars 1992, *Bull. civ.*, IV, n° 122. — 15 novembre 2011, n° 10-27838 ; *RDC* 2012.787, obs GENICON. — La mise en demeure reste efficace même si elle **dépassait** le montant dû : Civ. 1re, 2 juillet 1996, *Bull. civ.*, I, n° 283. — 4 mai 1999, *Bull. civ.*, I, n° 145.

(80) Civ. 3e, 30 mai 1996, *Bull. civ.*, III, n° 128.

4° — La clause perd son effet automatique si l'autre partie a elle-même manqué à ses obligations : la **réciprocité des torts** restitue alors au juge la plénitude de son pouvoir d'appréciation (81).

5° — Les tribunaux se reconnaissent de plus en plus le droit de paralyser le jeu de la clause lorsqu'elle leur apparaît **mise en œuvre de mauvaise foi** (82) ou susceptible de conduire à un résultat contraire à l'équité (83). Tel est le cas par exemple si le délai imparti au débiteur est matériellement insuffisant pour se mettre en conformité (84). À plus forte raison, la clause est privée d'effet s'il est par la suite jugé que les sommes réclamées étaient illicites (85). Il faut toutefois se garder d'une confusion : c'est la *mauvaise foi du créancier* qui paralyse la clause, non la *bonne foi du débiteur* défaillant qui reste exposé à la résolution du fait même de son manquement (86).

6° — La réglementation des **délais de grâce** par la loi du 9 juillet 1991 paraît conduire à suspendre le jeu de toute clause résolutoire dès qu'un tel délai est accordé : alors qu'auparavant, la jurisprudence estimait que l'octroi d'un délai de grâce ne pouvait faire échec au jeu de la clause résolutoire (87), le nouvel article 1244-3 prohibe toute stipulation contraire aux dispositions des articles précédents, lesquels suspendent pendant le délai de grâce toute mesure d'exécution et toute pénalité ; il est logique de considérer que l'octroi d'un délai de grâce suspend ainsi le jeu de la clause.

On peut estimer qu'à l'heure actuelle, le jeu d'une clause résolutoire est rarement certain et que, si elle paraît trop rigoureuse aux tribunaux, ils disposent de plus en plus souvent d'un moyen de la paralyser pour réintroduire leur pouvoir d'appréciation. D'où la conséquence qu'il est parfois plus expédient d'agir en **résolution judiciaire** selon le droit commun : la présence au contrat d'une clause résolutoire n'y met pas obstacle (88).

(81) Com., 14 décembre 1993, *Bull. civ.*, IV, n° 476. — Cf. aussi Civ. 3e, 27 mai 1987, *Bull. civ.*, III, n° 108.

(82) Civ. 3e, 15 décembre 1976, *Bull. civ.*, III, n° 465. — 6 juin 1984, *Bull. civ.*, III, n° 111. — 8 avril et 27 mai 1987, *Bull. civ.*, III, nos 88 et 108. — 17 juillet 1992, *Bull. civ.*, III, n° 254. — Civ. 1re, 6 février 1999, *Bull. civ.*, I, n° 52. — Versailles, 19 juin 1990. *D.* 1991.515, note PICOD. — Civ. 3e, 4 mars 2009, n° 08-11090. — Com., 15 septembre 2009, n° 08-18738. — Civ. 3e, 10 novembre 2010, n° 09-15937.

(83) Civ. 3e, 25 janvier 1983, *Bull. civ.*, III, n° 21 ; *RTD civ.* 1985.163, obs. MESTRE.

(84) Civ. 3e, 5 juin 1991, *Bull. civ.*, III, n° 163 pour des travaux dans un local loué.

(85) Civ. 3e, 22 novembre 1989, *Bull. civ.*, III, n° 216. — 24 septembre 2003, *Bull. civ.* III, n° 161. — *Contra* auparavant : Civ. 3e, 16 février 1982, *Bull. civ.*, III, n° 42.

(86) Civ. 3e, 10 mars 1993, *D.* 1993.357, note BIHR (mais critiques D. MAZEAUD, *Defrénois* 94.35476, n° 19 et JAMIN, *JCP* 1993.1.3725), revenant sur la confusion commise par Civ. 1re, 22 juillet 1986, *Bull. civ.*, I, n° 223 et par Civ. 3e, 13 avril 1988, *D.* 1989.334, note critique AUBERT. — Confirmation par Civ. 3e, 24 septembre 2003, *C.C.C.* 2003.174 ; *RDC* 2004.644, obs. crit. D. MAZEAUD.

(87) Civ. 3e, 4 juin 1986, *RTD civ.* 1987.318, obs. MESTRE.

(88) Com., 26 novembre 1991, *Bull. civ.*, IV, n° 286. — Civ. 3e, 11 juin 1997, *Bull. civ.*, III, n° 135.

B. EFFETS

398 **Anéantissement rétroactif.** Qu'elle soit prononcée par le juge ou qu'elle résulte de la mise en œuvre d'une clause résolutoire, la résolution produit les mêmes effets : non seulement le contrat ne peut plus produire effet dans l'avenir (89), mais encore il est en principe anéanti rétroactivement (90). Cette rétroactivité s'applique comme en matière de nullité et soulève les mêmes objections et les mêmes difficultés (cf. *supra,* n°s 221 et s.) : entre les parties, il y a lieu à restitution des prestations déjà versées ou effectuées (91) avec les mêmes correctifs tenant aux dégradations ou améliorations ; à l'égard des tiers, la rétroactivité peut remettre en cause leurs droits (92), ici encore avec les mêmes palliatifs (cf. *supra,* n° 234).

Par une exception remarquable (et qui souligne le caractère artificiel de la rétroactivité en cette matière), on admet que la **clause pénale** que pouvait contenir le contrat demeure applicable (93) mais non une clause résolutoire (94), ni une clause de plafond de responsabilité (95).

Un courant assez fort plaide aujourd'hui pour une résolution non rétroactive, le passé se réglant par indemnités (96), solution préconisée par les **Principes du droit européen des contrats** (art. 9:305).

399 **Résiliation à rétroactivité limitée.** Pour les **contrats à exécution successive,** le régime précédent s'applique si, dès le début, le contrat a été mal exécuté (97). Mais il se peut que l'exécution ait été correcte pendant longtemps. Il n'y a alors pas de raison que cette période paisible soit remise en cause par des manquements ultérieurs. Aussi la résolution — qui prend alors le nom de

(89) D'où une clause de non-concurrence qu'il pouvait contenir n'est plus exécutable : Civ. 1re, 29 novembre 1989, *Bull. civ.*, I, n° 365. — 6 mars 1996, *Bull. civ.*, I, n° 118.

(90) Sur la possibilité de prévoir dans le contrat des « clauses de rétroactivité », v. PANCRAZI, *RTD civ.* 2011.469.

(91) Par exemple le vendeur d'un bien moyennant une rente viagère ne peut pas conserver les arrérages déjà perçus : Civ 3e, 7 juin 1989, *JCP* 1990.II.21456. — 10 novembre 1992, *Bull. civ.*, III, n° 294.

(92) Cf. un exemple curieux : la vente d'un bien étant résolue, le vendeur est censé rester propriétaire et son assureur doit garantir les dommages causés par ce bien lorsqu'il était entre les mains de l'acheteur : Civ. 1re, 18 octobre 1983, *Bull. civ.*, I, n° 233 (comp. *supra*, n° 235).

(93) HUGON, *JCP* 1994.I.3790. — Civ. 3e, 26 janvier 2011, n° 10-10376 ; *C.C.C.* 2011.87, note LEVENEUR.

(94) D'où, même après mise en œuvre de la clause résolutoire pour non-paiement, un acheteur peut poursuivre la résolution judiciaire pour livraison non conforme qui, comme une annulation, fera disparaître le contrat y compris la clause résolutoire (Civ. 3e, 24 novembre 1999, *Bull. civ.*, III, n° 228).

(95) Com., 3 mai 2012, n° 11-17779 ; *Bull. civ.*, IV, n° 86 ; *D.* 2012.1719, note ETIENNEY ; *JCP* 2012.1151, n° 13, obs. GROSSER. — 5 octobre 2010, n° 08-11630.

(96) V. TALLON, article précité, *Clés pour le siècle*, Dalloz, 2000.253.

(97) V. Civ. 3e, 30 avril 2003, *Bull. civ.*, III, n° 87 ; *JCP* 2004.10031, note JAMIN ; *RDC* 2004.360, obs. SEUBE.

résiliation (98) — opère-t-elle pour l'avenir (99), mais sans totale rétroactivité. Par exemple, le locataire ne peut réclamer remboursement des loyers versés pour la période de bon fonctionnement du matériel loué ; et l'artiste interprète ne peut remettre en cause les cessions de droits concernant la période de bonne exécution du contrat d'enregistrement exclusif (100).

Trois tendances jurisprudentielles s'affrontent toutefois sur le **moment précis** de cette résiliation : pour certains arrêts, la résiliation remonte à la date du manquement qu'elle sanctionne (101) ; pour d'autres, elle prend effet au jour de la demande en justice (102) ; certains même en diffèrent l'effet au jour de l'arrêt qui la prononce (103), ce dont il résulte notamment que le locataire doit les loyers jusqu'au prononcé de la résiliation, solution logique puisque le bailleur n'a pu relouer jusqu'alors (104) mais ce troisième système semble abandonné (105).

Cette limite à la rétroactivité ne joue pas si, dans l'esprit des parties, l'ensemble du contrat formait un **tout indivisible,** même échelonné dans le temps (comme par exemple un crédit-bail répartissant l'amortissement du matériel sur une durée convenue). On parle alors de contrat *à exécution échelonnée* (cf. *supra,* n° 21) et la résolution est totalement rétroactive, quel que soit le moment du manquement (106).

400 **Extension aux contrats indivisibles.** Lorsque plusieurs contrats sont liés de telle sorte qu'on les regarde comme indivisibles, la jurisprudence récente considère que la résolution ou la résiliation de l'un d'eux opère automatiquement à l'égard des autres, qui ne sauraient survivre isolément (*supra,* n° 189).

■ (98) Voir, très net, Civ. 1re, 1er octobre 1996, *Bull. civ.*, I, n° 332.
■ (99) V. une conséquence remarquable : elle impose au contractant de mettre fin aux sous-contrats qu'il avait pu consentir (pour le contrat d'édition : Civ. 1re, 7 juin 1995, *D.* 1995.494).
■ (100) Civ. 1re, 5 juillet 2006, *Bull. civ.*, I, n° 361. — Comp. Soc., 20 décembre 2006, *Bull. civ.*, V, n° 409 ; *D.* 2007.316 (*affaire Johnny Hallyday*).
■ (101) Com., 17 mars 1982, *Bull. civ.*, IV, n° 109. — 23 janvier 1992, *JCP* 1992.IV.827. — Civ. 1re, 6 mars 1996, *Bull. civ.*, I, n° 118 ; *D.* 1997. Som. 97, obs. SERRA. — Civ. 3e, 30 avril 2003, *D.* 2003.1408.
■ (102) Cf. Com., 12 octobre 1993, *Bull. civ.*, IV, n° 327 ; *C.C.C.* 94.5, obs. LEVENEUR.
■ (103) Civ. 3e, 20 novembre 1984, *Bull. civ.*, III, n° 1934. — 26 mai 1983, *Bull. civ.*, III, n° 124 ; *RTD civ.* 1984.118, obs. RÉMY. — 26 juin 1991, *Bull. civ.*, III, n° 188. — 13 mai 1998, *Bull. civ.*, III, n° 98 ; *C.C.C.* 1998.113, obs. LEVENEUR.
■ (104) Civ. 3e, 14 mai 1991, *Bull. civ.*, III, n° 135. — 13 mai 1998, précité.
■ (105) Civ. 3e, 1er octobre 2008, *Bull. civ.*, III, n° 144.
■ (106) Civ. 1re, 3 novembre 1983, *Bull. civ.*, I, n° 252 ; *RTD civ.* 1985.166. — 13 janvier 1987, *Bull. civ.*, I, n° 11 ; *JCP* 1988.II.20860, note GOUBEAUX. — Civ. 3e, 20 novembre 1991, *Bull. civ.*, III, n° 285. Sur l'ensemble de la question, voir GHESTIN, *L'effet rétroactif de le résolution des contrats à exécution successive*, *Mélanges Raynaud*, 1985.203. — GHESTIN-BILIAU, *Les effets du contrat*, nos 482-508. — MOURY, *De l'indivisibilité entre les obligations et entre les contrats*, *RTD civ.* 1994.255.

401 **Dommages-intérêts.** Lorsqu'il prononce la résolution, le juge peut l'accompagner éventuellement de *dommages-intérêts,* selon les règles de la responsabilité contractuelle (cf. *infra,* n°s 404 et s.). S'il relève des manquements à la charge des deux parties, le juge prononce la résolution **aux torts des deux parties.** Sur le plan des dommages-intérêts, il ne peut toutefois se borner à les « renvoyer dos à dos », mais il doit préciser la part de chacun dans la rupture du contrat et le préjudice éprouvé par chacun (107).

Par exemple, A est responsable à 60 % et B à 40 % ; le préjudice de A est de 50 000 et celui de B de 20 000 ; A devra payer à B 20 000 × 60 % = 12 000, tandis que B devra 50 000 × 40 % = 20 000, ce qui laisse un solde non de 0 mais de 8 000 en faveur de A (pourtant plus responsable !).

Le juge peut pareillement octroyer des dommages-intérêts s'il estime que les fautes commises ne sont **pas assez graves** pour justifier la résolution : il s'agit alors seulement de réparer le préjudice causé, sans remettre en cause le contrat, ce qui est l'objet de la responsabilité contractuelle (cf. *infra,* n°s 403 et s.).

402 **Réfaction du contrat et résolution partielle.** Dans certains domaines, le juge peut, sans anéantir le contrat, tenir compte du manquement d'une partie pour **diminuer** l'obligation corrélative de l'autre : on parle alors de *réfaction* du contrat (108).

On affirme traditionnellement que ce pouvoir serait très exceptionnel, car il ouvre au juge une possibilité de modifier le contrat qui serait contraire aux principes généraux de la matière. Force est cependant de constater qu'au-delà des quelques cas où c'est la loi elle-même qui lui donne ce pouvoir (par exemple en cas de vice caché non rédhibitoire : art. 1644 ; en cas de perte partielle de la chose louée : art. 1722 ; en cas d'inexactitude des mentions exigées dans la vente d'un fonds de commerce : art. L. 141-3, C. com.), la jurisprudence tend à se reconnaître un **pouvoir extensif** en ce domaine : ainsi pose-t-elle en principe que « s'agissant d'une vente commerciale (l'acquéreur) peut demander la réduction du prix en cas d'inexécution partielle par le vendeur de son obligation de délivrance » (109), de même qu'elle accepte de réduire la rémunération des entrepreneurs en cas de prestations défectueuses (110), comme celle des mandataires (111).

■ (107) Com., 10 février 1987, *Bull. civ.*, IV, n° 42. — 11 mars 1986, *Bull. civ.*, IV, n° 44. — Civ. 1re, 18 juillet 1995, *Bull. civ.*, I, n° 322. — 17 juin 1997, *Bull. civ.*, I, n° 203. — Civ. 3e, 2 juillet 2008, *Bull. civ.*, III, n° 116.

■ (108) V. Jourdain, *La réfaction, sanction méconnue de l'inéxécution, Mélanges Le Tourneau,* 2008.449.

■ (109) Com., 15 décembre 1992, *Bull. civ.*, IV, n° 421. — Cf. Ripert et Roblot, *Droit commercial*, t. 2, n° 2537.

■ (110) Civ. 1re, 2 décembre 1964, *Bull. civ.*, I, n° 595. — Paris, 12 mai 1987, *D.* 1988.219. — V. pour une suppression de la rémunération : Com., 6 juillet 1993, *Bull. civ.*, IV, n° 280.

■ (111) Civ. 1re, 22 mai 1985, *Bull. civ.*, I, n° 159. — Com., 21 décembre 1981, *Bull. civ.*, IV, n° 450. — Civ. 1re, 31 mai 1971, *Bull. civ.*, I, n° 114.

Tout récemment, un arrêt a introduit une technique similaire par la **résolution partielle** portant sur une seule clause du contrat (112).

SECTION 2 LA RESPONSABILITÉ CONTRACTUELLE

TEXTES

Code civil, art. 1146 à 1152

Art. 1146. — Les dommages et intérêts ne sont dus que lorsque le débiteur est en demeure de remplir son obligation, excepté néanmoins lorsque la chose que le débiteur s'était obligé de donner ou de faire ne pouvait être donnée ou faite que dans un certain temps qu'il a laissé passer. La mise en demeure peut résulter d'une lettre missive, s'il en ressort une interpellation suffisante.

Art. 1147. — Le débiteur est condamné, s'il y a lieu, au paiement de dommages et intérêts, soit à raison de l'inexécution de l'obligation, soit à raison du retard dans l'exécution, toutes les fois qu'il ne justifie pas que l'inexécution provient d'une cause étrangère qui ne peut lui être imputée, encore qu'il n'y ait aucune mauvaise foi de sa part.

Art. 1148. — Il n'y a lieu à aucuns dommages et intérêts lorsque, par suite d'une force majeure ou d'un cas fortuit, le débiteur a été empêché de donner ou de faire ce à quoi il était obligé, ou a fait ce qui lui était interdit.

Art. 1149. — Les dommages et intérêts dus au créancier sont, en général, de la perte qu'il a faite et du gain dont il a été privé, sauf les exceptions et modifications ci-après.

Art. 1150. — Le débiteur n'est tenu que des dommages et intérêts qui ont été prévus ou qu'on a pu prévoir lors du contrat, lorsque ce n'est point par son dol que l'obligation n'est point exécutée.

Art. 1151. — Dans le cas même où l'inexécution de la convention résulte du dol du débiteur, les dommages et intérêts ne doivent comprendre, à l'égard de la perte éprouvée par le créancier et du gain dont il a été privé, que ce qui est une suite immédiate et directe de l'inexécution de la convention.

Art. 1152. — Lorsque la convention porte que celui qui manquera de l'exécuter payera une certaine somme à titre de dommages-intérêts, il ne peut être alloué à l'autre partie une somme plus forte, ni moindre.
Néanmoins, le juge peut, même d'office, modérer ou augmenter la peine qui avait été convenue, si elle est manifestement excessive ou dérisoire. Toute stipulation contraire sera réputée non écrite.

403 **Définition.** D'une manière générale, la responsabilité civile désigne l'obligation de **réparer le dommage** causé par autrui. La responsabilité contractuelle est la variété de responsabilité civile s'appliquant lorsque ce dommage a été

(112) Civ. 3e, 3 mai 2007, *D.* 2007.1335 (résolution d'une clause de non-concurrence figurant dans les divers baux d'un même immeuble, à la suite de la conclusion par le bailleur d'un nouveau bail pour un local sans la même clause : l'obligation imposée aux autres locataires est résolue).

causé à une partie par l'inexécution ou la mauvaise exécution d'un contrat. Elle se distingue, par cette origine du dommage, de la responsabilité délictuelle, relative aux dommages extérieurs à un contrat, que nous étudierons plus loin (cf. *infra,* n°s 520 et s.). Hormis cette origine différente, les deux types de responsabilité civile se ressemblent beaucoup et, sur de nombreux points, suivent un régime identique, à tel point que la question de leur unification est souvent posée (cf. *infra,* n° 522) (113). Mais si cette unification est admise dans certains domaines gouvernés par des lois récentes (accidents de la circulation, produits défectueux), elle est encore loin d'être de droit positif d'une façon générale. Aussi faut-il éviter le chevauchement des deux régimes : c'est ce que fait le principe dit du *non-cumul* des deux ordres de responsabilité, qui signifie simplement qu'entre cocontractants, seul est applicable le régime de la responsabilité contractuelle, à l'exclusion de celui de la responsabilité délictuelle, même si ce dernier s'avérait plus favorable (cf. *infra,* n°s 521 et s.).

L'exécution défectueuse d'un contrat peut à l'évidence causer un dommage au contractant qui n'obtient pas satisfaction, même s'il a par ailleurs fait jouer l'exception d'inexécution ou la résolution : le préjudice peut dépasser de beaucoup la contrepartie (par exemple la mauvaise exécution d'une réparation entraîne des dégâts très supérieurs à son coût). Il est normal qu'il puisse obtenir réparation de ce dommage lorsque cette inexécution est imputable à son auteur. Mais les parties peuvent avoir elles-mêmes prévu cette inexécution et ses conséquences. Nous verrons donc dans un premier temps le régime légal, puis les aménagements conventionnels.

403-1 **Distinction réparation-exécution.** La responsabilité contractuelle a pour objet la réparation du préjudice né d'une exécution défectueuse. Elle se distingue donc de l'*exécution forcée,* qui tend à procurer au créancier cela même à quoi il a droit. Par exemple, le jugement qui ordonne la remise d'un bien, l'exécution des travaux propres à remédier à des malfaçons ou encore la démolition d'une construction édifiée en violation d'un engagement est un jugement qui assure l'exécution de l'obligation, et non la mise en œuvre de la responsabilité contractuelle. Celle-ci peut d'ailleurs accompagner l'exécution forcée, sous forme de dommages-intérêts, réparant notamment les délais, frais et tracas engendrés par l'exécution forcée.

Aussi, lorsqu'on parle de **« réparation en nature »** il s'agit en réalité de l'exécution forcée de la prestation contractuelle, avec l'aide des différents moyens de contrainte dont disposent les tribunaux en toutes matières (cf. *infra,* n° 862).

(113) Pour une contestation de l'idée même de responsabilité contractuelle, voir RÉMY, *La « responsabilité contractuelle » : histoire d'un faux concept, RTD civ.* 1997.323. *Adde :* SAVAUX, *RTD civ.* 1999.1. — Mais la réponse LARROUMET, *Pour la responsabilité contractuelle, Mélanges Catala*, 2001.543.

La réparation proprement dite ne se conçoit que sous la forme d'un **équivalent** pécuniaire, c'est-à-dire de **dommages-intérêts** et présente un caractère subsidiaire au choix du créancier (*supra,* n°s 382 et s.).

La distinction est parfois moins claire qu'on pourrait le penser : dans le cas par exemple d'un **entrepreneur** ayant mal exécuté des travaux, il y a exécution forcée s'il est condamné à effectuer lui-même les réfections nécessaires, tandis qu'il y a réparation s'il est condamné à payer le coût des réfections faites par un autre ; dans le cas d'un **vendeur de marchandises,** il y a exécution forcée s'il est condamné à les livrer, tandis qu'il y a réparation si l'acheteur « se remplace » en se fournissant ailleurs, le vendeur étant condamné à payer la différence de coût. C'est l'article 1144 qui permet ainsi au créancier de se faire autoriser « à faire exécuter lui-même l'obligation aux dépens du débiteur » qui peut même être condamné à faire l'avance nécessaire (art. 1144 complété par la loi du 9 juillet 1991). Cette **faculté dite « de remplacement »** constitue une variété de réparation. Elle nécessite en principe une autorisation de justice (114) mais il semble qu'en cas d'urgence, le créancier puisse en être dispensé, agir de son propre chef (115) — ce qui implique toutefois qu'ensuite, le juge admette qu'il y avait véritablement urgence lorsqu'il lui sera demandé de condamner le débiteur défaillant aux frais de ce remplacement.

Il y a **plusieurs intérêts** à distinguer entre l'exécution forcée et la réparation :

— celui qui réclame l'exécution n'a pas à prouver un **préjudice** (cf. *supra,* n° 382) contrairement à celui qui entend obtenir une indemnité (cf. *infra,* n° 413) ;

— les **sûretés** qui garantissent la dette contractuelle ne semblent pas s'appliquer aux dommages et intérêts (116) ;

— les **clauses** relatives aux dommages-intérêts (clauses pénales ou clauses de non responsabilité) ne concernent que le montant de la *réparation :* elles sont donc sans application à l'égard des mesures d'exécution forcée (par exemple, si le contrat limite la responsabilité de l'entrepreneur à une somme de 100 000, cela n'empêchera pas qu'on puisse lui ordonner d'effectuer des réfections même si elles excèdent ce seuil, car il s'agit d'exécuter son obligation et non de réparer un préjudice) ;

— les **assurances** qui peuvent garantir une responsabilité ne couvrent pas une exécution ;

— au cas où **plusieurs contrats** participent à une même opération (une construction par exemple), il ne saurait y avoir condamnation *in solidum* pour l'exécution des différents contrats, là où une responsabilité pourrait avoir ce caractère (117).

(114) Soc., 5 juin 1953, *D.* 1953.601. — Civ. 3e, 29 novembre 1972, *Bull. civ.*, III, n° 642.
(115) Civ. 1re, 28 juin 1988, *RTD civ.* 1989.315, obs. MESTRE.
(116) V. AYNÈS et GAUTIER, *De l'application stricte des privilèges*, *D.* 1994. chr. 13.
(117) Com., 8 janvier 1991, *Bull. civ.*, IV, n° 20.

S/SECTION 1 LE RÉGIME LÉGAL

§ 1. Conditions de la responsabilité contractuelle

404 **Trois éléments.** Comme toute responsabilité, la responsabilité contractuelle suppose la réunion de trois éléments : un manquement contractuel, un préjudice et un lien de causalité entre les deux.

A. MANQUEMENT CONTRACTUEL

405 **Nécessité.** Nous avons vu que lorsque l'exécution est rendue impossible par un événement extérieur, on ne peut en tenir rigueur au contractant empêché : il supporte certes les risques de cette inexécution en ne pouvant obtenir la contrepartie (cf. *supra,* n° 343), mais il ne peut pas être déclaré *responsable :* les articles 1147 et 1148 précisent donc qu'on ne peut lui demander une indemnité lorsqu'il a été empêché de s'exécuter par suite d'une « cause étrangère qui ne peut lui être imputée », « d'une force majeure ou d'un cas fortuit » (sur la définition de ces notions, cf. *supra,* n°s 331 et s.).

La force majeure aura donc pour effet de laisser à la charge du contractant non satisfait le préjudice qu'il a éprouvé (par exemple le surcroît de prix qu'il a dû payer pour se fournir ailleurs ou les pertes subies du fait d'un retard d'exécution) (118).

La responsabilité contractuelle se rattache donc nécessairement à un *manquement* d'une partie à ses obligations. Le terme « manquement » équivaut à celui de « faute contractuelle », mais traduit bien que c'est par référence au contenu du contrat qu'on apprécie le comportement du contractant sans interférence de la connotation morale qui s'attache au terme de « faute », raison pour laquelle on préférera parler de « manquement » (119), ce qui n'est pas sans conséquence concrète, par exemple à l'égard d'un contractant qui devient aliéné (120).

La première question qui se pose est celle de la preuve de ce manquement ; il faut ensuite examiner sa gravité et son origine.

(118) *Contra* cependant l'arrêt aberrant rendu le 30 juin 1992 par la chambre commerciale (*D.*, 1994.454 et la note) reconnaissant au créancier d'une obligation de faire un droit à réparation de son préjudice même en cas de force majeure au prétexte qu'une telle obligation « se résout en dommages et intérêts en cas d'inexécution » (art. 1142) : c'est confondre l'équivalent que représentent les dommages et intérêts pour une telle obligation qu'on ne peut exécuter par la force avec la responsabilité contractuelle expressément exclue par l'art. 1148 en cas de force majeure !

(119) V. TALLON, *Pourquoi parler de faute contractuelle ?*, *Mélanges Cornu*, 1995.429.

(120) Sur la possibilité de lui imputer alors une défaillance contractuelle, v. DAURY-FAUVEAU, *La faute de l'aliéné et le contrat*, *JCP* 1998.I.160.

1° Preuve du manquement

406 **Distinction des obligations de moyens et de résultat.** En présence de l'inexécution, la question de la **charge de la preuve** est importante : est-ce au créancier de prouver que son partenaire a commis un manquement afin d'engager sa responsabilité pour obtenir des dommages-intérêts, ou à l'inverse est-ce à celui qui n'a pas rempli son obligation de prouver qu'il en a été empêché par un cas d'impossibilité exclusif de dommages-intérêts ?

Cette charge de la preuve est souvent décisive en pratique car, dans beaucoup de cas douteux, aucune des parties ne pourra rapporter la preuve exacte qui lui est demandée.

Le Code civil comporte à cet égard **deux textes** d'apparence contradictoire. L'article 1137, écrit pour l'obligation précise de « veiller à la conservation de la chose », parle seulement des « soins d'un bon père de famille », ce qui paraît imposer à celui qui se plaint de prouver que son partenaire n'a pas donné à sa mission des soins suffisants. Mais l'article 1147 ouvre droit à dommages-intérêts contre celui qui n'exécute pas, même sans « aucune mauvaise foi », dès lors qu'il ne « justifie pas que l'inexécution provient d'une cause étrangère ».

Ce n'est qu'au cours du XXe siècle qu'on a renoncé à tenter de concilier ces textes opposés, en introduisant une distinction entre deux sortes différentes d'obligations : les obligations de moyens et les obligations de résultat. Disons tout de suite que cette distinction dont la commodité a assuré le succès est de plus en plus souvent contestée de nos jours, parfois en termes sévères (121).

407 **Obligations de moyens.** Les obligations de moyens sont celles dans lesquelles le débiteur promet d'apporter **tous ses soins et diligences** à sa mission, mais ne s'engage pas sur son succès : il est tenu d'employer tous les « moyens » possibles pour procurer satisfaction à son créancier, mais ne peut pas garantir le résultat. L'exemple type est celui du **médecin** ou de l'**avocat :** ils s'engagent à faire tout leur possible, à utiliser tous les moyens médicaux ou juridiques disponibles, mais non à garantir la guérison ou le gain du procès (122).

Pour ces obligations, le fait que le résultat espéré ne soit pas obtenu ne suffit pas à faire présumer une défaillance du débiteur, car d'autres éléments importants ont pu jouer. On ne peut donc engager sa responsabilité qu'à condition de ***prouver sa faute,*** c'est-à-dire d'établir qu'il n'a pas mis en œuvre tous les

(121) Voir notamment D. MAZEAUD, *Defrénois* 1999.742 et les citations.

(122) Il en est ainsi pour le médecin (Civ. 1re, 12 décembre 1995, *Bull. civ.*, I, n° 461), et ce « même pour une intervention relativement banale et ne devant présenter en elle-même aucun aléa » : Civ. 1re, 28 juin 1989, *D.* 1990.413, note DAGORNE-LABBÉ. — Mais, plus sévère, Civ. 1re, 20 avril 2011, n° 10-17357 (il faut constater qu'il existait un aléa thérapeutique pour écarter une faute d'anesthésie).

moyens possibles (erreur de diagnostic, négligences, etc.) (123) et la seule anormalité du dommage ne suffit pas à établir cette faute (124). Il faut toutefois observer qu'en matière médicale, certains arrêts se contentent d'un « fait anormal » (125), voire d'un simple « fait » (126).

408 **Obligations de résultat.** À l'opposé des précédentes, les obligations de résultat sont celles dans lesquelles le débiteur s'engage à fournir un résultat. Le seul fait qu'il n'y parvienne pas laisse alors présumer sa faute car ce sont des obligations qu'un débiteur normalement diligent parvient à exécuter. Ainsi, le **transporteur** ou l'**entrepreneur** s'engagent à livrer la chose ou à effectuer les travaux.

Pour ces obligations, le défaut de résultat fait présumer une défaillance du débiteur. La charge de la preuve va donc peser sur lui : dès lors qu'est établie l'inexécution ou une exécution défectueuse ou dommageable (127), il en est présumé responsable et **c'est à lui de s'exonérer** en prouvant qu'il s'est heurté à une exécution impossible du fait d'un cas de **force majeure** (sur la question de l'exonération partielle par la faute de la victime, v. *infra* n° 417).

409 **Catégorie intermédiaire ?** Cependant, à partir de quelques textes épars concernant le régime de certains contrats spéciaux, le droit contemporain semble en passe d'instituer une catégorie intermédiaire d'obligations dans lesquelles le débiteur devrait rapporter simplement la preuve de son **absence de faute** pour se dégager. Dans le *contrat d'entreprise,* l'article 1789 ne rend l'entrepreneur responsable de la chose qui lui a été confiée que si la perte de cette chose est due à sa faute, mais la jurisprudence admet depuis longtemps que cette faute est présumée et que l'entrepreneur doit, pour se dégager, prouver son absence de faute. Il en est de même du *dépositaire* ou de l'*emprunteur* d'une chose (128). Généralisée désormais dans les contrats de restitution, cette catégorie intermédiaire semble en passe d'essaimer en dehors de ce cadre : la Cour de cassation l'applique aussi parfois à une obligation de sécurité (129). Il s'agit donc d'une obligation de moyens renforcée, parfois dite aussi ***obligation de résultat***

(123) Exemple : l'agence de publicité ayant présenté une « image peu attrayante » du produit (!) : Com., 9 octobre 1990, *Bull. civ.*, IV, n° 234. — Pour le « geste maladroit » en matière médicale : Civ. 1re, 13 octobre 1999, *JCP* 2000.II.10270.

(124) V. refusant ainsi la notion de « faute incluse » (c'est-à-dire s'induisant du dommage anormal), Civ. 1re, 27 mai 1998, *D.* 1999.21, note PORCHY.

(125) Civ. 1re, 13 mai 1998, *Bull. civ.*, I, n° 174.

(126) Civ. 1re, 3 février 1998, *Bull. civ.*, I, n° 46.

(127) (Civ. 1re, 20 juin 1995, *Bull. civ.*, I, n° 263 et 8 décembre 1998, *Bull. civ.*, I, n° 343 (pour des garagistes). Il faut tout de même prouver le lien de causalité entre l'intervention et le dommage : Civ. 1re, 4 mai 2012, n° 11-13598 (pour un garagiste). — Civ. 1re, 14 décembre 2004, *Bull. civ.*, I, n° 204. Certains arrêts antérieurs étaient allés jusqu'à émettre une présomption à la fois de faute et de causalité.

(128) V. *Contrats spéciaux*, nos 801 (entrepreneur), 1047 (dépositaire) et 643 (emprunteur).

(129) Civ. 1re, 21 mai 1996, *Bull. civ.*, I, n° 219 ; *Defrénois* 1997.408 et la note ; *RTD civ.* 1996.913, obs. JOURDAIN ; *D.* 1997. Som. 287, obs. *D.* MAZEAUD (obligation d'une clinique).

atténuée : c'est bien au débiteur de se dégager, mais la preuve exigée de lui est plus aisée que celle de la force majeure.

410 **Désordre du droit positif.** Pour rendre compte de ce dualisme devenu trilogie, certains proposent la terminologie suivante : obligation de moyens, de résultat et de garantie (incluant même la force majeure). Mais c'est au vrai d'une *quadrilogie* qu'il s'agit :

— *obligations de moyens :* faute à prouver ;

— *obligations de moyens renforcées*, dites aussi *de résultat atténuées :* présomption simple de faute, pouvant être renversée par la preuve de l'absence de faute ;

— *obligations de résultat classiques :* présomption renforcée de faute, ne pouvant être écartée que par la preuve de la force majeure ;

— *obligations de garantie :* responsabilité automatique, y compris en cas de force majeure (130).

On peut d'ailleurs se demander si l'un des termes de cette quadrilogie n'est pas de trop, à savoir l'obligation de résultat « pure et dure ». Pourquoi n'exonérer le débiteur que sur la preuve de la force majeure et non s'il parvient à établir autrement son absence de faute ? La force majeure n'est qu'un *moyen* de prouver l'absence de faute, mais n'est pas le seul : si les auteurs du XIXe siècle (à partir de l'art. 1147, il est vrai) pensaient que la force majeure commence exactement là où cesse la faute, il y a longtemps qu'on a mis en lumière le hiatus qui les sépare par une sorte de *« no man's land »* entre faute et force majeure, dans tous les cas où aucune preuve ne peut être rapportée, ni dans un sens ni dans l'autre (131). Dès lors, de deux choses l'une : ou bien le débiteur doit répondre de ses fautes (à prouver ou présumées selon les cas), et il s'agit d'obligations de moyens ou de résultat atténuées ; ou bien il s'engage à garantir le résultat en supportant les risques de malchance, et il s'agit d'obligations de garantie.

On est toutefois loin de cette logique en jurisprudence.

411 **Critère de distinction : l'aléa.** Comment savoir, en présence d'une obligation précisée, si elle doit être qualifiée d'obligation de moyens ou de résultat ?

La loi le dit parfois, mais c'est extrêmement rare (exemple : l'arrêté du 14 juin 1982 régissant les contrats entre les agents de voyage et leur clientèle) (132).

(130) Illustration remarquable à l'égard des agents de voyage : l'éruption d'un volcan paralysant le trafic aérien, cas de force majeure, ne les a pas exonérés de leurs obligations : Civ. 1re, 8 mars 2012, n° 10-25913 ; *C.C.C.* 2012. chr. 8 par BATTEUR, BAZIN-BEUST et RASCHEL.

(131) Voir l'analyse fouillée de M. TUNC, *La distinction des obligations de résultat et des obligations de diligence*, *JCP* 1945.I.449.

(132) Encore cela ne vise-t-il pas, semble-t-il, toutes les prestations de ces agences : cf. Civ. 1re, 29 mai 1990, *Bull. civ.*, I, n° 128, à comparer avec Civ. 1re, 21 mai 1990, *Bull. civ.*, I, n° 122.

Les parties peuvent aussi préciser ce point dans leur convention, ce qui est rare aussi (133) mais on peut rechercher leur intention à travers les termes employés (134) ou l'économie de leur accord : par exemple une acceptation des risques par le client exclut que l'obligation de l'entrepreneur soit de résultat (135).

Le plus souvent par conséquent, il revient aux **tribunaux** de déterminer pour chaque type d'obligation si elle est de moyens ou de résultat. Le critère généralement retenu est celui de l'aléa (136). On recherche si le résultat est plus ou moins tributaire d'aléas extérieurs : s'ils sont prépondérants, l'obligation n'est que de moyens car on ne peut raisonnablement imputer au débiteur toutes les causes possibles d'échec ; s'ils ne sont qu'accessoires, l'échec rend au contraire vraisemblable la défaillance et l'obligation est de résultat.

La jurisprudence est souvent **incertaine et fluctuante.** On connaît certains types d'obligations qui ont changé de catégorie plusieurs fois : par exemple l'obligation de **sécurité** des exploitants de remonte-pente, après avoir été de moyens (137) est devenue de résultat en 1968 (138), est redevenue de simples moyens en 1986 (139), puis de nouveau de résultat en 1995 (140) avant d'être scindée dans le temps (141). De même, l'obligation de sécurité du transporteur de voyageurs a souvent fluctué trop subtilement, et ce n'est peut-être pas fini (142). D'une façon générale, les obligations de **sécurité** donnent lieu à un grand désordre quant à leur classification (143). Le **mandataire** est tenu d'une obligation de résultat quant à l'exécution de sa mission, mais de moyens quant à la *bonne* exécution (144). La nature de l'obligation du **garagiste** réparateur

(133) Cf. par ex. Civ. 1re, 30 octobre 2007, *Bull. civ.*, I, n° 328.

(134) Pour les lettres d'intention : v. Com., 18 avril 2000, *C.C.C.* 2000.123, obs. L. L.

(135) Cf. Civ. 1re, 30 novembre 2004, *Bull. civ.*, I, n° 296 (pour le client d'un garagiste, lui-même technicien).

(136) Cf. note *JCP* 1980.II.19402. — TUNC, article précité.

(137) Civ., 7 février 1949, *JCP* 1949.II.4959, note RODIÈRE.

(138) Civ. 1re, 8 octobre 1968, *D.* 1969.157, note J. MAZEAUD.

(139) Civ. 1re, 11 mars 1986, *Bull. civ.*, I, n° 65. — 4 novembre 1992, *JCP* 1992.II.22058 note SARRAZ-BOURNET ; *D.* 1994.45, note BRUN. Mais *de résultat* lorsque le client n'a qu'un rôle passif : Civ. 1re, 17 mars 1993, *Bull. civ.*, I, n° 119.

(140) Civ. 1re, 4 juillet 1995, *Bull. civ.*, I, n° 301.

(141) De résultat pendant le trajet, de moyens lors de l'embarquement et du débarquement : Civ. 1re, 10 mars 1998, *D.* 1998.505, note MOULY.

(142) La solution actuelle est une obligation de résultat limitée au temps même du transport (Civ. 1re, 7 mars 1989, *D.* 1991.1, note MALAURIE. — 21 octobre 1997, *Bull. civ.*, I, n° 288. — 15 juillet 1999, *Bull. civ.*, I, n° 242 — 3 juillet 2002, *D.* 2002.2631, note GRIDEL) mais est critiquable (cf. MASCALA, *D.* 1991, chr. 80. — NERAC-CROISIER, *D.* 1995. chr. 35).

(143) V. *Contrats spéciaux*, n° 548.

(144) Civ. 1re, 18 janvier 1989, *D.* 1989.302, note LARROUMET ; *RTD civ.* 1989.558, obs. JOURDAIN et 572, obs. RÉMY.

fluctue (145). Celui qui reçoit un **cheval** à l'entraînement ne doit, quant à sa sécurité, qu'une obligation de moyens (146) mais s'il le reçoit « en pension », il doit l'obligation de résultat atténuée du dépositaire (147). L'entrepreneur de spectacles doit une obligation de moyens seulement, mais « sauf circonstances particulières » (148). Les tribunaux sont sensibles au **rôle actif ou passif** de la victime (149), mais ce n'est pas le seul élément.

On aboutit à une casuistique souvent incertaine et seule la lecture des revues de jurisprudence permet de connaître dans chaque cas particulier la solution en vigueur.

On peut toutefois considérer que, d'une manière générale, les obligations de **donner** et les obligations de **ne pas faire** sont des obligations de résultat, tandis que la variété affecte les obligations **de faire,** et tout particulièrement les obligations de sécurité introduites dans de nombreux contrats, ainsi que les obligations de renseignement et de conseil (150).

Les *Principes* ***Unidroit*** reflètent assez bien la matière en la présentant ainsi (art. 5-5) :

> *« Pour déterminer si l'obligation est de moyens ou de résultat, on prend en considération notamment :*
>
> *a) la manière dont l'obligation est exprimée dans le contrat ;*
>
> *b) le prix et les autres éléments du contrat ;*
>
> *c) le degré d'aléa normalement présent dans la poursuite du résultat recherché ;*
>
> *d) l'influence que peut exercer l'autre partie sur l'exécution de l'obligation. »*

2° Gravité du manquement

412 **Hiérarchie des fautes.** L'ancien droit connaissait une hiérarchie tripartite des fautes : faute dolosive à laquelle on assimilait la faute lourde ; faute simple, faute légère. La responsabilité variait selon le type de faute commis par le défaillant.

Le Code civil a en principe abandonné cette hiérarchie : toute faute, si légère ou si grave soit-elle, oblige pareillement son auteur à réparer le préjudice entier qui en découle.

(145) Cf. MALAURIE, note *D.* 1989.179. — *Adde :* Com., 13 mars 1990, *Bull. civ.*, IV, n° 81. — Civ. 1re, 9 juin 1993, *Bull. civ.*, I, n° 209. — 2 février 1994, *D.* 1994.IR.55. — LAPOYADE-DESCAMPS, *Repenser l'obligation du garagiste réparateur*, *Resp. civ. et Ass.* 93. chr. 35. — JOURDAIN, *RTD civ.* 1993.828.

(146) Civ. 1re, 15 avril 1980, *JCP* 1980.II.19402 et la note. — 13 décembre 1988, *Bull. civ.*, I, n° 359. — 10 mai 1989, *Bull. civ.*, I, n° 193.

(147) Civ. 1re, 10 janvier 1990, *Bull. civ.*, I, n° 6. — *Contrats spéciaux*, n° 1047.

(148) Civ. 1re, 29 novembre 1989, *Bull. civ.*, I, n° 371.

(149) P. ex. comp., en matière de **parapente,** Civ. 1re, 9 novembre 1996, *Bull. civ.*, I, n° 380 et 21 octobre 1997, *Bull. civ.*, I, n° 287 (selon que le stagiaire pilotait ou non). — *Id.* en matière de **kart :** Civ. 1re, 1er déc. 1999, *Bull. civ.*, I, nos 329 et 330.

(150) V. *Contrats spéciaux*, nos 534 et s. et 548.

Mais ce traitement uniforme est trop contraire au bon sens et à l'équité pour être admis durablement. Aussi une hiérarchie s'est-elle recréée, au travers de la jurisprudence et de textes particuliers.

Cette hiérarchie est rendue incertaine par l'emploi, dans certains textes spéciaux, de qualificatifs variables, ainsi que par l'incidence d'un éventuel élément psychologique. Quatre catégories peuvent être distinguées, parfois elles-mêmes subdivisées.

412-1 **Fautes volontaires ou délibérées.** On en distingue trois sortes :

— la faute **intentionnelle** est celle qui comporte la volonté de causer non seulement l'acte dommageable, mais encore le dommage lui-même tel qu'il est survenu (151) ; c'est la plus grave et notamment elle exclut toute assurance (C. assur., art. L. 113-1) ;

— la faute **inexcusable** est celle qui est volontaire et d'une « exceptionnelle gravité » caractérisée sinon par l'intention de causer le dommage, par la conscience de sa probabilité ; c'est une notion employée dans certains textes spéciaux : en droit des accidents du travail (pour rendre l'employeur personnellement et intégralement responsable : *infra*, n° 631) ; en droit des accidents de la circulation (pour priver la victime de réparation : *infra*, n° 656) ; en droit des transports aériens (pour écarter les plafonds d'indemnisation : *infra*, n° 635) ou des transports terrestres (C. com., art. L. 133-8) ;

— la faute **dolosive** est celle qui implique la volonté délibérée de méconnaître son obligation, sans nécessairement causer un dommage : selon la formule d'un arrêt de principe « le débiteur commet une faute dolosive lorsque, de propos délibéré, il se refuse à exécuter ses obligations contractuelles, même si ce refus n'est pas dicté par l'intention de nuire » (152). Cette faute dolosive écarte les limitations de responsabilité conventionnelles (cf. *infra,* n° 426) et légales (cf. *infra,* n° 415).

412-2 **Faute lourde.** C'est la faute qui, sans que la preuve d'une volonté délibérée soit rapportée, paraît si grossière que l'on se trouve devant l'alternative mauvaise volonté-impéritie.

■ (151) Cf. Civ. 1re, 2 février 1994, *Bull. civ.*, I, n° 37. — 10 avril 1996, *Bull. civ.*, I, n° 172 et 14 octobre 1997, *Bull. civ.*, I, n° 272 (suicides par collision automobile : le dommage aux autres n'est pas voulu !). — Civ. 3e, 9 novembre 2005, *Bull. civ.*, III, n° 214 (mal construire délibérément n'est pas vouloir l'effondrement). Un instant abandonnée à l'appréciation souveraine des juges du fond (Civ. 1re, 4 juillet 2000, *Bull. civ.*, I, n° 203. — Civ. 3e, 9 janvier 2002, *Bull. civ.*, III, n° 1), cette notion est de nouveau contrôlée en droit : Civ. 1re, 6 avril 2004, *Bull. civ.*, I, n° 108 — Civ. 2e, 23 septembre 2004, *Bull. civ.*, II, n° 410 ; *JCP* 2005.I.132, n° 3, obs. VINEY. — Civ. 2e, 1er juillet 2010, *Bull. civ.*, II, nos 129 et 131. — Certains arrêts récents infléchissent la définition, pour retenir la conscience de mettre à la charge de l'assureur les conséquence de ses fautes : Civ. 2e, 14 juin 2012, *Bull. civ.*, II, n° 207. — 30 juin 2011, *Bull. civ.*, II, n° 145. — 12 septembre 2013, n° 12-24650 ; *JCP* 2014.383, note PÉLISSIER.

■ (152) Civ. 1re, 4 février 1969, *JCP* 1969.II.16030, note PRIEUR ; *D.* 1969.601, note J. MAZEAUD. — Cf. aussi, pour un « refus de propos délibéré » : Com., 19 janvier 1993, *Bull. civ.*, IV, n° 24. — Civ. 3e, 27 juin 2001, *Bull. civ.*, III, n° 83. — Com., 4 mars 2008, *Bull. civ.*, IV, n° 53.

Parce qu'elle écarte les très nombreux plafonds de responsabilité, conventionnels ou légaux, sa définition a donné lieu depuis quelques années à un contentieux abondant et à une littérature nourrie.

On la définit généralement comme celle qui *« confinant au dol, manifeste l'inaptitude de son auteur à assumer la mission dont il s'est chargé »* (153) et la Cour de cassation en contrôle le contenu (154). C'est le cas par exemple du transporteur qui dépasse la vitesse autorisée (155), qui indique un poids erroné dans une demande d'autorisation de convoi exceptionnel (156) ou qui procède à un arrimage défectueux (157) ou du banquier qui donne accès à un coffre-fort sans vérification d'identité (158), du préposé postal qui n'indique pas la date de la première présentation d'une lettre recommandée (159).

Il n'est pas nécessaire que la faute soit volontaire ou consciente : il peut s'agir d'une « *négligence* » particulièrement grave ou d'une « *erreur grossière* » (160). Une faute peut être lourde même si elle est isolée (161) et même si elle se conjugue avec la faute d'un tiers ou de la victime (162). Il n'est pas non plus nécessaire qu'elle affecte les obligations centrales du contrat : un manquement à un devoir de conseil ou de surveillance peut caractériser une faute lourde (163).

Il s'agit donc en toute occurrence de porter un jugement sur la gravité du comportement du débiteur, ce qui a conduit à dire que la faute lourde est conçue de façon « *subjective* ».

À cette conception subjective s'est opposée pendant quelques années une conception dite « *objective* » dans laquelle, dès lors qu'un manquement concerne une obligation essentielle du contrat, il constituerait *ipso facto* une faute lourde (164). Il s'agissait d'une déformation de la notion, à seule fin de désactiver des clauses de non-responsabilité : mais celles-ci ayant été automatiquement privées d'effet par une autre création jurisprudentielle

■ (153) Com., 26 février et 25 juin 1985, *Bull. civ.*, IV, n°s 82 et 199. — 3 avril 1990, *Bull. civ.*, IV, n° 108. — 28 mai 1991, *Bull. civ.*, IV, n° 193. — 17 novembre 1992. *C.C.C.* 1993.42, obs. LEVENEUR. — Ch. mixte, 22 avril 2005, *Bull. C.M.*, n° 4. — Com., 27 février 2007, *Bull. civ.*, IV, n° 73.

■ (154) Cf. par ex. Civ. 3e, 21 janvier 2009, *Bull. civ.*, III, n° 13.

■ (155) Com., 28 juin 2005, *Bull. civ.*, IV, n° 147.

■ (156) Com., 16 novembre 2010, n° 09-68926.

■ (157) Com., 27 février 2007, *D.* 2007.1014.

■ (158) Civ. 1re, 15 novembre 1988, *D.* 1989.349.

■ (159) Civ. 1re, 19 septembre 2007, *Bull. civ.*, I, n° 290 ; *D.* 2008.395, note NADAUD.

■ (160) Com., 11 juillet 1995, *Bull. civ.*, IV, n° 215 pour la remise d'un colis à un mauvais destinataire. — Civ. 1re, 4 juillet 1995, *Bull. civ.*, I, n° 298 (1er moyen) pour un défaut de vérification du taux d'intérêt mentionné dans un film publicitaire.

■ (161) Civ. 1re, 14 décembre 2004, *Bull. civ.*, I, n° 318.

■ (162) Com., 19 novembre 1996, *Bull. civ.*, IV, n° 280.

■ (163) Civ. 1re, 19 février 1976, *Bull. civ.*, I, n° 68. — 12 décembre 1984, *Bull. civ.*, I, n° 335.

■ (164) Civ. 1re, 18 janvier 1984, *JCP* 1985.II.20372 (loto : non transmission des bulletins). — Civ. 1re, 2 décembre 1997, *Bull. civ.*, I, n° 349 ; *Defrénois* 1998.342, obs. D. MAZEAUD (télésurveillance : non appel des responsables). — Civ. 1re, 30 novembre 2004, *Bull. civ.*, I, n° 295 (annuaire professionnel : omission du numéro de téléphone).

(*infra,* n° 423), cette déformation, qui n'avait plus d'intérêt que pour les plafonds de responsabilité d'origine légale, a été abandonnée par une chambre mixte du 22 avril 2005 (165).

La faute lourde a ainsi le même effet qu'une faute dolosive, c'est-à-dire d'écarter toute limitation légale ou conventionnelle de responsabilité et de permettre une réparation intégrale (par exemple, en droit des transports, les plafonds d'indemnité résultant de différents « tarifs » seront sans effet). En outre, dans l'exécution du contrat de travail, seule la faute lourde engage la responsabilité du salarié envers l'employeur (166) et cette limitation est d'ordre public (167). Cependant elle n'écarte pas une clause de prescription abrégée (168).

412-3 **Faute caractérisée.** Apparue dans le loi du 4 mars 2002 relative à la responsabilité des médecins, cette faute se définit par des exigences d'intensité et d'évidence, selon la Cour de cassation (169).

412-4 **Faute simple.** Dite aussi faute ordinaire, en quelque sorte « moyenne », ni spécialement grave, ni légère, elle est la base du droit commun. C'est notamment elle qui est présumée dans les obligations de résultat à chaque fois que le débiteur ne parvient pas à s'exonérer par la force majeure (cf. *supra,* n° 403).

412-5 **Faute légère.** C'est celle qui est peu grave, le fruit d'une simple imprudence ou négligence. En principe, elle engage la responsabilité de son auteur comme toute faute ordinaire. Cependant, dans les ***contrats « de bienfaisance »*** cette notion joue encore un certain rôle : celui qui rend service gratuitement à l'autre ne répond pas de ses fautes légères (par ex. le prêteur n'est responsable que s'il a dissimulé les vices de la chose prêtée : art. 1891 ; et le mandataire gratuit est traité avec plus d'indulgence : art. 1992).

■ (165) Ch. mixte. 22 avril 2005, deux arrêts, *D.* 2005.1864, note TOSI ; *RDC* 2005.673, obs. D. MAZEAUD ; *RTD civ.* 2005.604, obs. JOURDAIN et 779, obs. MESTRE et FAGES (transport rapide Chronopost : le retard de livraison sans explication sur sa cause ne suffit pas à caractériser la faute lourde). — V. depuis Com., 21 février et 13 juin 2006, *Bull. civ.*, IV, n°s 48 et 143. — Com., 29 juin 2010, n° 09-11841.

■ (166) Elle est d'ailleurs ici conçue comme impliquant une intention de nuire, ce qui en déforme la notion pour l'identifier à la faute intentionnelle : Soc., 5 décembre 1996, *Bull. civ.*, V, n° 424. — 11 mars 1998, *Bull. civ.*, V, n° 135. — 31 mai 1990, *Bull. civ.*, V, n° 260. — 11 avril 1996, *Bull. civ.*, V, n° 152. — 6 mai 1997, *Bull. civ.*, V, n° 167. — 2 décembre 1998, *Bull. civ.*, V, n° 530. — 20 avril 2005, *Bull. civ.*, V, n° 148. — 21 octobre 2008, *Bull. civ.*, V, n° 197. — V. COUTURIER, *La faute lourde du salarié, Droit social* 1991.106.

■ (167) Soc., 11 mars 1998, *Bull. civ.*, V, n° 135. — Même une convention collective ne peut y déroger : Soc., 9 juin 1993, *Bull. civ.*, V, n° 161.

■ (168) Com., 12 juillet 2004, *Bull. civ.*, IV, n° 162 ; *RTD civ.* 2005.133 ; *RDC* 2005.272, obs. D. MAZEAUD.

■ (169) Civ. 1re, 16 janvier 2013, n° 12-14020, *Bull. civ.*, I, n° 5. — 14 novembre 2012, n° 12-21576, *Bull. civ.*, I, n° 221.

3° Origine du manquement

412-6 **Responsabilité contractuelle du fait d'autrui.** Le débiteur peut-il se voir imputer la mauvaise exécution du contrat alors que c'est en réalité la faute d'une autre personne qui en est la cause ?

La réponse négative qui vient spontanément à l'esprit doit être aussitôt corrigée : il est certaines personnes dont le débiteur doit répondre, de sorte que leurs actes engageront sa responsabilité comme s'ils émanaient de lui-même. On parle alors volontiers de responsabilité contractuelle du fait d'autrui.

Les personnes en cause apparaissent comme n'étant pas de véritables tiers par rapport au débiteur car c'est lui qui les a fait intervenir dans l'exécution du contrat (170). On en relève deux catégories :

— *les préposés* du débiteur : il va de soi que celui-ci, lorsqu'il fait exécuter son obligation par ses employés, ne peut se retrancher derrière cette circonstance pour prétendre que leurs défaillances ne lui seraient pas imputables ; certains textes le précisent (art. 1797 pour l'entrepreneur, art. 1953 pour l'hôtelier, art. 1735 pour le locataire) et la solution a été généralisée, sans quoi les contrats passés par les entreprises et les personnes morales seraient inefficaces (171) ;

— *les auxiliaires* du débiteur : les personnes auxquelles le débiteur a eu recours pour l'exécution du contrat, tel un sous-traitant, un mandataire ou tout autre prestataire de services, engagent pareillement la responsabilité de ce débiteur par leurs manquements (172) ; encore faut-il toutefois qu'elles aient été librement choisies par le débiteur, ce qui n'est pas le cas lorsque c'est le créancier qui a imposé la participation de tel intervenant, ou l'a simplement choisi, serait-ce sur le conseil du débiteur (173).

Dans tous les cas, c'est par une suite naturelle de l'engagement contractuel que le débiteur doit assumer les actes de ceux qu'il prend l'initiative de faire intervenir dans l'exécution du contrat pour l'assister, le représenter ou le substituer : à l'égard du cocontractant créancier, ces actes sont réputés être ceux du débiteur lui-même, au point que s'ils constituent une faute lourde ou dolosive, le débiteur subira les effets attachés à ce caractère (174).

(170) V. VINEY, n°s 814 et s.

(171) V. par ex. Civ. 1re, 3 octobre 1967, *JCP* 1968.II.15365 pour la faute d'un agent de la SNCF. — Civ. 1re, 4 juin 1981, *JCP* 1991.II.21730 pour la faute du médecin salarié d'une clinique. — *Adde* Civ. 1re, 26 mai 1999, *Bull. civ.*, I, n° 175 (l'hôpital n'est responsable que si le médecin est salarié).

(172) V. par ex. Civ. 3e, 13 mars 1981, *Bull. civ.*, III, n° 91 pour un *sous-traitant*. — Civ. 1re, 18 juillet 1983, *D.* 1984. 149, note PENNEAU pour un médecin anesthésiste choisi par le chirurgien. — Art. 13 de la loi du 13 juillet 1992 pour les *agences de voyages* ayant choisi les prestataires de services.

(173) V. par ex. Civ. 1re, 19 décembre 1995, *Bull. civ.*, I, n° 485 (le vendeur de moquette ne répond pas des délits commis par le poseur qu'il a indiqué à son client).

(174) V. par ex. Civ. 1re, 18 janvier 1989, *Bull. civ.*, I, n° 32 ; *RTD civ.* 1989.330, obs. JOURDAIN (vol par le préposé d'une entreprise de gardiennage).

Par conséquent, à l'égard des obligations de moyens, le créancier pourra prouver la faute de ces préposés ou auxiliaires comme si c'était celle du débiteur lui-même. Et à l'égard des obligations de résultat, le débiteur ne pourra pas s'exonérer en prétendant que leurs actes seraient pour lui une cause étrangère.

Mais il est évident qu'après avoir répondu de leurs actes envers son créancier, le débiteur pourra se retourner contre eux sur la base du rapport de droit au titre duquel il les a fait intervenir (contrat de travail pour un employé, contrat de sous-traitance pour un sous-traitant, etc.).

412-7 **Responsabilité contractuelle du fait des choses.** De la même façon, le débiteur répond des choses qu'il a utilisées pour l'exécution du contrat. En particulier, les dommages causés par les défauts internes de ces choses seront à sa charge : il est responsable des dommages « causés non seulement par sa faute mais encore par le fait des choses qu'il met en œuvre pour l'exécution de son obligation contractuelle » (175). C'est par exemple à ce titre que les établissements de soins sont responsables du sang contaminé transfusé même si ce vice était pour eux indécelable (176). Mais les contours de cette responsabilité restent incertains et quelques arrêts semblent déjà être en retrait (177).

B. PRÉJUDICE

413 **Nécessité.** Une responsabilité *pénale* peut être encourue du fait même de la faute, même s'il n'en découle aucun préjudice. En matière contractuelle, certains manquements peuvent constituer une infraction pénale : ainsi le fait pour un emprunteur ou un locataire de détourner la chose confiée constitue le délit d'abus de confiance (art. 314-1 du nouveau Code pénal qui vise également d'autres contrats).

Mais la responsabilité *civile,* destinée à réparer le préjudice né de l'exécution défectueuse, exige l'existence de ce préjudice. Ce sera souvent le cas, mais pas toujours : il se peut en effet que la défaillance d'une partie n'emporte aucun préjudice pour l'autre (par exemple l'acheteur non livré trouve immédiatement à se fournir ailleurs au même prix ou moins cher) (178). Quelques arrêts ont bien tenté d'« indemniser » le créancier même sans préjudice, du seul fait du manquement contractuel (179), mais cette confusion entre les notions d'exécution et de réparation (v. *supra,* n° 403-1) a été vite abandonnée (180).

(175) Civ. 1re, 17 janvier 1995, *D.* 1995.350, note JOURDAIN. — V. LEDUC, *La spécificité de la responsabilité contractuelle du fait des choses, D.* 1996, chr. 164.
(176) Civ. 1re, 12 avril 1995, *JCP* 1995.II.22467, note JOURDAIN. — 9 juillet 1996, *Bull. civ.*, I, nos 303 et 304.
(177) V. VINEY, *JCP* 1996.I.3944, nos 6 et s.
(178) Civ. 1re, 18 novembre 1997, *Bull. civ.*, I, n° 317.
(179) Civ. 3e, 13 novembre 1997, *Bull. civ.*, III, n° 202 et surtout 30 janvier 2002, *Bull. civ.*, III, n° 17 ; *RTD civ.* 2002.321, obs. critiques GAUTIER.
(180) Civ. 3e, 3 décembre 2003, *Bull. civ.*, III, n° 221 ; *C.C.C.* 2004.38, obs. L.L. ; *RDC* 2004.280, obs. STOFFEL-MUNCK. — Civ. 2e, 11 septembre 2008, *Bull. civ.*, I, n° 191.

À cela toutefois une exception : pour les *obligations de ne pas faire,* l'article 1145 du Code civil prévoit « des dommages et intérêts par le seul fait de la contravention » (181).

414 **Variétés.** Tous les dommages peuvent se ranger en trois grandes catégories : dommage **matériel** (d'ordre patrimonial) ; dommage **moral** (d'ordre affectif) ; dommage **corporel** (résultant d'une atteinte à la personne).

Ces différentes variétés seront examinées plus précisément à l'occasion de la responsabilité délictuelle lorsqu'on étudiera dans leur ensemble les règles relatives à la réparation (cf. *infra,* n° 672).

Il suffit d'indiquer ici que toutes ces variétés de dommage ouvrent droit à réparation lorsqu'elles sont dues à un manquement contractuel. L'article 1149 précise, au sujet du dommage matériel qui est le plus fréquent, qu'il comprend non seulement les pertes subies, mais encore le **gain manqué :** par exemple le transporteur qui a perdu son chargement devra non seulement en rembourser la valeur, mais encore indemniser le client du bénéfice qu'il aurait pu tirer de la mise en vente.

415 **Caractère prévisible.** L'article 1150 limite en principe la réparation au dommage prévisible **lors de la conclusion** du contrat. L'idée est qu'en s'engageant, le contractant a dû pouvoir mesurer les conséquences de son éventuelle défaillance : un dommage imprévisible sort des limites de ses prévisions et de ce qu'il a pu raisonnablement accepter. L'exemple classique en jurisprudence est celui du colis accepté par un transporteur qui se révèle contenir des valeurs précieuses : la perte du colis est un dommage prévisible, mais non la perte des valeurs précieuses ; le transporteur n'en répond pas car, s'il avait été informé, ilaurait pu refuser le colis ou contracter une assurance (182). Mais il existe d'autres exemples (183), quoique l'on puisse observer que cette règle, sans doute un peu oubliée des praticiens, n'est pas très souvent invoquée (184).

C'est la **nature du dommage** qui doit être prévisible, non sa valeur (185) : si tel type de préjudice était prévisible, il sera réparable même si sa valeur

(181) V. par ex. Civ. 1re, 10 mai 2005, *Bull. civ.*, I, n° 201 ; *Defrénois* 2005.1247, obs. AUBERT (violation d'une clause d'exclusivité). — 31 mai 2007, *D.* 2007.1725.

(182) Cf. Com., 4 mars 1965, *JCP* 1965.II.14219, note RODIÈRE.

(183) V. pour un sous-traitant ne pouvant prévoir que sa défaillance conduirait l'entrepreneur principal à modifier tous ses travaux et à encourir des pénalités de retard : Civ. 3e, 13 mai 1992, *Bull. civ.*, III, n° 151 et Civ. 3e, 14 mars 2012, n° 11-10695 ; *RDC* 2012.768, obs. LAITHIER. — Pour les conséquences du retard d'un avocat, imprévisibles pour la SNCF l'amenant à destination : Civ. 1re, 26 septembre 2012, n° 11-13177 ; *Bull. civ.*, I, n° 185. — Pour l'obstacle à une correspondance, imprévisible pour la SNCF : Civ. 1re, 28 avril 2011, *Bull. civ.*, I, n° 77 ; *RDC* 2011.1163, obs. VINEY ; *RTD civ.* 2011.547, obs. JOURDAIN.

(184) Elle est pourtant reprise par les *Principes* ***Unidroit :*** *« le débiteur est tenu du seul préjudice qu'il a prévu, ou qu'il aurait pu raisonnablement prévoir, au moment de la conclusion du contrat, comme une conséquence probable de l'inexécution » (art. 7-4-4).*

(185) Com., 4 mars 1965, *D.* 1965.449. — Civ. 1re, 6 décembre 1983, *Bull. civ.*, I, n° 287. La jurisprudence antérieure était en sens contraire.

monétaire était imprévisible (par exemple perte de valeurs mobilières dont le cours a ensuite considérablement monté).

Le caractère prévisible ou non d'un dommage est étroitement lié aux circonstances de chaque espèce. Par exemple, dans un restaurant de luxe on peut prévoir que les objets déposés par les clients sont de valeur, alors que le même dépôt dans un petit bar sera imprévisible (186).

Toutefois, le dommage imprévisible devient réparable en cas de **faute dolosive** ou de faute lourde : à titre de sanction, le fautif doit alors réparation intégrale même d'un dommage imprévisible.

415-1 **Dommage atténuable** (*« mitigation »*). Le droit anglais connaît depuis longtemps, sous le nom de « mitigation », le devoir pour le créancier de réduire autant qu'il le peut le dommage dont le débiteur devra l'indemniser : ce n'est pas parce qu'autrui répondra d'un incendie qu'on ne doit pas chercher à l'éteindre. D'où le plafonnement des dommages-intérêts à la part de préjudice que le créancier ne pouvait éviter ou minimiser.

Ce mécanisme, repris par des instruments internationaux auxquels la France est partie (par exemple art. 77 de la Convention de Vienne de 1980 sur la vente internationale), est clairement exprimé par les *Principes **Unidroit** sous le titre « atténuation du préjudice » (art. 7-4-8)* (dans le même sens, art. *9:505 des **Principes du droit européen des contrats***) :

« 1) Le débiteur ne répond pas du préjudice dans la mesure où le créancier aurait pu l'atténuer par des moyens raisonnables.

« 2) Le créancier peut recouvrer les dépenses raisonnablement occasionnées en vue d'atténuer le préjudice. »

La jurisprudence française, sans l'aide de ce principe, parvient parfois à consacrer la même idée, souvent au moyen de la notion de bonne foi (187). Mais elle refuse d'en faire un principe (188).

▪ (186) Comp. Civ. 1re, 5 février 1957, *D.* 1957.232 et 18 novembre 1975, *Bull. civ.*, I, n° 333. — Autre exemple (indulgent pour la SNCF) : le transporteur ferroviaire ne peut prévoir qu'un retard anéantira une correspondance aérienne qu'il ignore : Civ. 1re, 28 avril 2011, n° 10-15056, *D.* 2011.1725, note BACACHE ; *RTD civ.* 2011.547, obs. JOURDAIN ; *D.* 2012.48, note GOUT.

▪ (187) V. FAUVARQUE-COSSON, *RID comp.* 1998.462, spéc. n° 24. — TALLON et HARRIS, *Le contrat : comparaisons franco-anglaises*, LGDJ, 1987, obs. finales n° 10. — CORNU, *Vocabulaire* CAPITANT, 5e éd., V° *Minimisation des pertes.* — **Exemple :** l'acheteur d'une chose viciée qui la revend après avoir découvert le vice ne peut réclamer garantie à son vendeur pour les frais supplémentaires issus de cette revente, à savoir les indemnités envers le sous-acquéreur (Civ. 1re, 3 juillet 1985, *Bull. civ.*, I, n° 210. — Com., 5 février 1985, *Bull. civ.*, IV, n° 48. — Civ. 3e, 16 novembre 1988, *Bull. civ.*, III, n° 164).

▪ (188) Civ. 2e, 19 mars 1997, *Bull. civ.*, II, n° 86 ; *RTD civ.* 1997.675 et 19 juin 2003, *D.* 2003.1809 (pour un refus de soins). — 19 juin 2003, *Grands arrêts*, n° 190 ; *D.* 2003.2326, note CHAZAL ; *Defrénois* 2003.1574, obs. AUBERT (pour la dévalorisation d'un fonds de commerce inexploité). — Civ. 2e, 22 janvier 2009, *Bull. civ.*, II, n° 26 ; *D.* 2009.1114, note LOIR, *RTD civ.* 2009.334, obs. JOURDAIN. — Civ. 2e, 24 novembre 2011, n° 10-25635, *JCP* 2012.530, n° 3,

C. LIEN DE CAUSALITÉ

416 **Dommage direct.** L'article 1151 précise qu'en toute occurrence, même en cas de faute dolosive, le créancier ne peut demander réparation que du préjudice « qui est une suite immédiate et directe de l'inexécution de la convention ».

C'est une manière d'exprimer qu'il faut, entre la faute et le dommage, un lien de causalité assez étroit pour être certain. L'exemple de **Pothier,** auteur de la fin du XVIIIe siècle, est resté célèbre : la vente d'une vache malade entraîne la contamination du troupeau, ce qui ruine l'agriculteur qui ne peut rembourser ses dettes et voit en conséquence ses biens saisis. Le vendeur doit-il répondre de cette cascade de dommages ? Où s'arrête le lien de causalité « direct » ? Pothier limitait sa responsabilité à la mort de la vache et du troupeau, estimant que les autres dommages étaient des suites trop lointaines. On peut imaginer des exemples plus modernes (189). Cette question de la causalité sera examinée plus en détail à propos de la responsabilité délictuelle où elle se présente dans les mêmes termes (cf. *infra,* n°s 556 et s.). Disons simplement tout de suite qu'en fait **tout est affaire d'espèce** et que la jurisprudence est très fluctuante : il est arrivé par exemple que, contrairement à l'avis de Pothier, le préjudice lié à la vente à vil prix des biens consécutive à la ruine du contractant insatisfait soit regardé comme suffisamment direct pour être réparable (190).

Lorsqu'on est trop incertain sur l'existence du lien de causalité, on recourt parfois à la notion de perte d'une chance (cf. *infra,* n° 563).

La promotion moderne du **principe de précaution** soulève une difficulté actuelle : le doute scientifique sur les effets d'un vaccin ou d'émissions radioélectriques doit-il conduire à admettre ou nier toute responsabilité ? La jurisprudence semble encline à rejeter l'incidence en la matière du principe de précaution (191).

417 **Pluralité de causes.** Il arrive que l'exécution défectueuse trouve sa source dans la conjugaison de plusieurs faits. Par exemple l'entrepreneur a commis des malfaçons, mais les plans de l'architecte comportaient un vice de conception et le client a imposé par souci d'économie des matériaux impropres.

Lorsqu'elles émanent de tiers, ces fautes extérieures ne libèrent pas le contractant responsable (sauf si elles présentent les caractères de la force majeure, cas dans lequel le contractant n'est pas responsable du tout). Mais elles lui permettent d'exercer une action récursoire contre leur auteur afin de le faire contribuer à la charge définitive de la responsabilité, selon la gravité respective

obs. STOFFEL-MUNCK. — Civ. 2e, 25 octobre 2012, n° 11-25511 ; *D.* 2013.415, note GUEGAN-LECUYER. — Civ. 3e, 10 juillet 2013, n° 12-13851. — V. ANDRÉ, *L'obligation de modérer le dommage*, *D.* 2002, chr. 307.

(189) Voir celui, imaginatif, de CHARTIER, *La réparation du préjudice*, Dalloz, 1980, n° 39 (faute d'un taxi, retard d'avion, crash du suivant, suicide du conjoint).

(190) Req., 3 février 1852, *D.P.* 1852.1.234.

(191) V. Civ. 3e, 18 mai 2011, n° 10-17645, *D.* 2012.49, note BRUN.

des fautes (sur le détail de ce mécanisme qui fonctionne de la même façon pour la responsabilité délictuelle, v. *infra*, n° 564).

Lorsqu'elle émane de la victime elle-même, la faute conduit en principe à une exonération partielle du responsable, selon la mesure dans laquelle cette victime a ainsi contribué à son propre dommage. Cependant, la jurisprudence refuse cette exonération partielle au débiteur d'une obligation de sécurité de résultat (192), ainsi qu'à celui dont la faute est volontaire lorsque la victime n'a commis de son côté qu'une imprudence (193) (comp. en matière délictuelle, *infra*, n° 564-1).

§ 2. Mise en œuvre de la responsabilité

418 **Mise en demeure.** L'article 1146 impose un préalable à la mise en jeu de la responsabilité contractuelle : la mise en demeure du débiteur défaillant (194). Il s'agit d'un « avertissement » rappelant au débiteur son obligation, avec une certaine solennité traduisant la volonté du créancier d'obtenir l'exécution : ce peut être un acte d'huissier ou même une **simple lettre** en termes non équivoques (195), mais non une visite rendue par le créancier au débiteur (196). Elle a pour objet de rappeler au débiteur son obligation et d'exiger le respect du contrat (197).

Cette mise en demeure est toutefois **inutile** lorsque le manquement contractuel est d'ores et déjà certain et irréversible, de sorte que l'avertissement ne peut rien donner : il en est ainsi lorsque le délai convenu est déjà dépassé (art. 1146), lorsque l'exécution est devenue impossible (198), ou encore lorsque le dommage s'est déjà produit (accident de transport par exemple).

419 **Fixation de la réparation.** La fixation de la réparation peut se faire de trois manières :

— ***par accord des parties,*** au moyen d'un nouveau contrat qui s'appelle une **transaction ;** ce contrat, très pratiqué surtout lorsque le dommage est pris en charge par un assureur, est organisé par le Code civil. Il est lui-même soumis au

(192) Ch. mixte, 28 novembre 2008, *D.* 2009.461, note VINEY ; *RDC* 2009.487, obs. GENICON (pour la SNCF).

(193) Cf. Crim., 7 novembre 2001, *Bull. crim.*, n° 230 ; *RTD civ.* 2002.314, obs. JOURDAIN. — Civ. 2e, 19 novembre 2009, n° 08-19.380.

(194) V. les études ALLIX, *JCP* 1977.I.2844 et X. LAGARDE, *JCP* 1996.I.3974.

(195) Cf. Civ. 3e, 31 mars 1971. *Bull. civ.*, III, n° 230. — Com., 5 octobre 1993, *Bull. civ.*, IV, n° 312. — La solution est entérinée par les nouveaux articles 1139 et 1146 issus de la loi du 9 juillet 1991.

(196) Civ. 1re, 8 novembre 1961, *Bull. civ.*, I, n° 511.

(197) Elle reste efficace même si elle réclame une somme supérieure à celle qui était due : v. par ex. Civ. 1re, 2 juillet 1996, *Bull. civ.*, I, n° 283.

(198) Cf. Ch. mixte, 6 juillet 2007, *D.* 2007.2642, note VINEY ; *Defrénois* 2007.1442, obs. SAVAUX.

régime de droit commun des contrats et produit les mêmes effets qu'un jugement, c'est-à-dire qu'il s'impose pareillement aux parties ;

— ***par la loi :*** dans certains domaines particuliers, la loi fixe une réparation forfaitaire, ou parfois un plafond de réparation. C'est le cas en particulier dans le domaine des transports ; la Convention de Varsovie de 1924 et celle de Montréal de 1999 fixent le maximum de réparation dû aux voyageurs victimes d'un accident d'avion (ou à leurs ayants cause) ; la loi du 18 juin 1966 utilise la même technique pour certains dommages en matière de transports maritimes ; toute une série de règlements (appelés « tarifs ») concernent pareillement certains transports routiers ou ferroviaires.

Ces plafonds sont écartés en cas de faute lourde (pour les transports terrestres), dolosive (pour les transports maritimes) ou de faute inexcusable (pour les transports aériens) ;

— ***par le juge :*** dans la majorité des cas, il revient au juge de fixer le montant de la réparation, en procédant à l'**évaluation du préjudice.** La date et les modes de cette évaluation sont les mêmes qu'en matière de responsabilité délictuelle (cf. *infra,* n°s 695 et s.) mais en outre le juge peut y adjoindre, dans les contrats synallagmatiques, la restitution de tout ou partie de la rémunération (cf. *supra,* n° 401).

420 **Dommages-intérêts punitifs ?** Invoquant l'exemple du droit anglais, certains proposent d'introduire la notion de dommages-intérêts « punitifs » qui prendraient pour mesure le profit que le débiteur a pu tirer de sa faute, même s'il dépasse le préjudice subi par le créancier (199).

Cette suggestion appelle de graves réserves en ce qu'elle ferait du droit civil un instrument sanctionnateur se substituant au droit pénal, et ce au profit privé du créancier (qui deviendrait une sorte de « justicier » retirant un gain de l'opération) alors que les amendes pénales vont au Trésor public (200).

S/SECTION 2 LES AMÉNAGEMENTS CONVENTIONNELS

421 **Principe de licéité.** Puisque l'obligation elle-même ne trouve sa source que dans le contrat et la volonté des parties, il est logique que celles-ci puissent

(199) V. LE TOURNEAU, éd. 2006 n° 45 et les citations. — CHAGNY, *JCP* 2006.I.149. — VINEY, *D.* 2009.2944. — D. COHEN, *Les dommages-intérêts affranchis du préjudice*, *Mél. Jauffret-Spinosi*, Dalloz, 2013.247.

(200) Saisie de l'exequatur d'une décision américaine mettant en œuvre cette notion, la Cour de cassation a jugé que si le principe ne heurte pas l'ordre public français, il en va autrement si le montant est disproportionné au préjudice et aux manquements : Civ. 1re, 1er décembre 2010, n° 09-13303, *Bull. civ.*, I, n° 248 ; *RDC* 2011.420, obs. LAITHIER.

d'ores et déjà prévoir dans leur convention les conséquences d'une exécution défectueuse : le régime légal qui vient d'être vu présente donc en principe un caractère supplétif et les clauses relatives à la responsabilité peuvent y déroger aussi bien dans le sens de la sévérité que dans celui de l'indulgence pour la partie défaillante.

Mais on retrouve ici comme ailleurs la limite de l'ordre public : certaines des règles légales, inspirées par un souci de protection de l'intérêt général ou d'une catégorie de contractants, présentent alors un caractère impératif qui interdit d'y déroger (par exemple l'intérêt général commande la bonne foi contractuelle : on ne peut écarter la responsabilité en cas de faute dolosive ; ou encore l'intérêt des consommateurs commande leur protection contre les professionnels : ceux-ci ne peuvent écarter la garantie des vices cachés des produits vendus).

Hormis cette limite, les clauses relatives à la responsabilité sont en principe valables, même si elles figurent dans un contrat d'adhésion (201).

Il faut cependant prendre garde qu'elles ne sont efficaces qu'entre les parties et ne peuvent donc être opposées à des tiers autorisés à agir à titre délictuel sur le fondement de la faute contractuelle (cf. *infra*, n° 552), notamment à des victimes par ricochet (cf. *infra,* n° 677).

Ces aménagements peuvent porter sur les conditions de la responsabilité, ou sur le montant de la réparation.

§ 1. Clauses relatives aux conditions de la responsabilité

422 **Clauses de non-responsabilité.** De nombreuses clauses viennent **limiter les obligations du débiteur** en précisant qu'il ne répondra pas de tel ou tel type de dommage : le loueur d'un parking précise qu'il n'en assure pas la surveillance, le transporteur qu'il ne garantit pas les opérations de chargement, le vendeur qu'il ne garantit pas le fonctionnement d'un appareil en dehors de certaines conditions d'utilisation, le bailleur qu'il n'assure pas les gros travaux, etc. À la différence de celles qui limitent seulement le montant de la réparation (cf. *infra*, n° 426), ces clauses constituent des clauses de **non**-responsabilité : en effet, stipuler qu'un débiteur ne doit pas telle prestation ou qu'il n'est pas responsable si elle n'est pas fournie revient souvent au même (à la seule réserve d'une action en exécution sous astreinte et quand l'obligation n'est pas de somme d'argent).

Certains s'emploient toutefois à distinguer entre les clauses de non-obligation et celles de non-responsabilité. Cette distinction ne paraît pas bien assise en

(201) Cf. par ex. Civ. 1re, 19 janvier 1982, *D.* 1982.457 note LARROUMET pour le « règlement » du Loto, qui a la nature d'un contrat.

jurisprudence : elle a par exemple été récusée au sujet de la clause par laquelle le client d'une banque s'interdisait de déposer dans son coffre des objets d'une valeur excédant un certain seuil, la Cour de cassation traitant cette clause comme une clause de non-responsabilité alors qu'on pouvait y voir une limitation de l'obligation de surveillance au seuil fixé (202).

423 **Conditions de validité.** Les clauses qui limitent les obligations et donc les manquements dont doit répondre le contractant sont en principe valables. Cette validité connaît toutefois **quatre limites** très importantes (203).

a) **Quant à *l'obligation éludée :*** la clause ne peut pas porter sur **l'obligation essentielle** du contrat, car ce serait le vider de sa substance : le vendeur ne peut pas se dispenser de fournir la chose vendue, le loueur la chose louée, l'entrepreneur d'exécuter le travail convenu, le teinturier de restituer l'objet confié, l'assureur ne peut pas vider la garantie de tout contenu par l'accumulation de cas d'exclusion (204), etc. L'obligation essentielle se dégage non seulement par la nature même du contrat mais encore par la commune intention des parties : dans un envoi « chronopost », l'obligation de ponctualité est essentielle (205). Le seul fait qu'une obligation soit expresse peut suffire à la rendre fondamentale (206).

Seules les **obligations accessoires** (garantie, délais, charge des réparations, etc.) peuvent donc faire l'objet d'une telle clause de non-responsabilité (pourvu encore que ces obligations accessoires ne soient pas par elles-mêmes d'ordre public, comme le sont la garantie des vices due par un professionnel ou les devoirs de conseil et de bonne foi). Il n'est d'ailleurs pas toujours facile de tracer la frontière entre l'obligation essentielle et les obligations accessoires. Par exemple, dans le bail, le bailleur doit fournir la chose ; mais faire les travaux indispensables pour que cette chose soit utilisable est-il une obligation accessoire ou fait-il partie de l'obligation essentielle (207) ?

■ (202) Civ. 1re, 15 novembre 1988, *D.* 1989.349, note P. DELEBECQUE. — Dans le même sens à propos de la perte par les P. et T. d'un envoi d'une valeur supérieure au tarif : Ass. Plén., 30 juin 1998, *JCP* 1998.II.10146 abandonnant la solution antérieure de Ch. mixte, 23 mars 1973, *D.* 1973.305.

■ (203) V. le dossier d'étude *RDC* 2008.971 et s.

■ (204) Civ. 1re, 17 février et 23 juin 1987, *Bull. civ.*, I, nos 55 et 202. — 2 mai 1990, *Bull. civ.*, I, no 114. — 14 janvier 1992, *Bull. civ.*, I, no 14. — Com., 13 février 2007, *JCP* 2007.II.10063, note SERINET ; *Defrénois* 2007.1042, obs. LIBCHABER. — Com., 5 juin 2007, *Bull. civ.*, IV, no 157.

■ (205) Com., 22 octobre 1996, *Grands arrêts*, no 157 ; *D.* 1997.121, note SERIAUX ; *JCP* 1997.II.22881, note D. COHEN ; *Defrénois* 1997.333, obs. D. MAZEAUD ; *D.* 1997. Som. 175, obs. DELEBECQUE. — Cf. LARROUMET, *D.* 1997, chr. 145. — 30 mai 2006, *D.* 2006.1599 ; *RDC* 2006.1075 obs. LAITHIER ; 1224, obs. CARVAL. — V. déjà : Com., 9 mai 1990, *Bull. civ.*, IV, no 142.

■ (206) Civ. 1re, 2 décembre 1997, *Defrénois* 1998.342, obs. D. MAZEAUD.

■ (207) Cf. Civ. 3e, 19 avril 1989, *Bull. civ.*, III, no 83.

Certains arrêts ont un temps employé un raisonnement détourné en déclarant que le manquement à une obligation essentielle caractérise une faute lourde, laquelle écarte le jeu de la clause (*supra*, n° 412-2).

b) **Quant à la *gravité des fautes,*** la faute **dolosive** — à laquelle est assimilée la faute lourde (cf. *supra,* n° 412-2) — écarte les clauses de non-responsabilité car on ne peut admettre qu'un contractant s'autorise de cette impunité pour manquer délibérément à ses engagements (208).

c) **Quant à la *nature du dommage :*** les dommages **corporels** ne peuvent faire l'objet de clauses de non-responsabilité, car le corps humain ne peut être l'objet de contrats : les obligations de sécurité sont donc d'ordre public (209).

d) **Quant à la *qualité des parties :*** dans la plupart des contrats conclus entre un « consommateur » et un **professionnel,** la jurisprudence annule les clauses de non-responsabilité au profit de ce dernier. Certes, il n'existe pas de règle de portée générale et le seul fait qu'elle figure dans un contrat d'adhésion ne suffit pas à rendre la clause sans valeur (210).

Mais cette **tendance générale** se dégage de toute une série de cas particuliers : dans le contrat de **transport,** c'est la loi qui interdit de telles clauses (art. L. 133-1 du Code de commerce depuis la loi *Rabier* du 17 mars 1905) ; dans la **vente,** une importante jurisprudence établie dans les années 1960 assimile le vendeur professionnel à celui qui connaît les vices de la chose pour lui interdire de s'en décharger ; dans le contrat **d'hôtellerie,** l'hôtelier ne peut s'exonérer de sa responsabilité quant au vol ou aux détériorations des effets de ses clients (art. 1953 du Code civil, issu d'une loi du 24 décembre 1973) ; dans la vente, sont abusives les clauses dispensant le vendeur de certaines de ses obligations, comme celle de livrer à la date convenue (cf. *supra,* n° 174). La **Commission des clauses abusives** a fait figurer ces clauses de façon générale dans sa recommandation de synthèse n° 91-02 (points 15 et 16 : cf. *supra* sur n° 172).

424 **Clauses relatives à la preuve.** Les parties peuvent convenir tout d'abord de la ***charge de la preuve,*** notamment en précisant si elles entendent que l'obligation soit de moyens ou de résultat (cf. *supra,* n° 409). Ces clauses sont en principe valables (211), sauf si elles concernent les obligations de sécurité, touchant à la personne humaine : ces obligations sont d'ordre public et ne peuvent donc pas être réduites par convention. Il en résulte que le contrat ne peut réduire une obligation de sécurité qui est de résultat en obligation de moyens, alors que l'inverse est possible.

Mais les parties peuvent aussi prévoir les ***modes de preuve*** qui devront être utilisés pour mettre en jeu la responsabilité contractuelle : ainsi dans une vente

(208) Com., 15 juin 1959, *Grands arrêts*, n° 167. — Exemple : la pratique du *surbooking :* Civ. 1re, 22 juin 2004, *RDC* 2005.270, obs. D. MAZEAUD. — Paris, 15 septembre 1992, *D.* 1993.98.

(209) Voici l'analyse MALINVAUD, n° 737.

(210) Civ. 1re, 19 janvier 1982, *JCP* 1984.II.20215, note CHABAS.

(211) V. Civ. 1re, 30 octobre 2007, *Bull. civ.*, I, n° 328 (dans un contrat de dépôt).

de marchandises ou un marché de travaux, le contrat organise souvent une procédure d'expertise à déclencher dans un certain délai pour établir les défectuosités (212).

Ces clauses sont valables car les règles de preuve ne sont pas d'ordre public, sauf bien sûr si les règles prévues sont si sévères qu'elles rendent en fait toute preuve impossible.

Cependant, ces clauses revenant souvent à rendre plus difficile la mise en œuvre de la responsabilité, on peut se demander s'il ne faut pas les traiter **comme les clauses limitatives** de responsabilité, lesquelles sont nulles dans certains contrats et en tout cas écartées par la faute dolosive (cf. *infra*, n° 426). Dans les *contrats de consommation,* elles sont désignées comme abusives (annexe au Code de la consommation, point q et Recommandation de synthèse point 22 : cf. *supra* sur n° 172).

425 **Clauses relatives à la force majeure.** Si toute responsabilité est en principe exclue en cas de force majeure rendant l'exécution impossible, cette règle n'est pas d'ordre public : un contractant peut accepter de supporter le risque de la force majeure dans le même esprit qu'un assureur supporte le risque d'un événement imprévu (l'art. 1302 al. 2 du C. civ. fait allusion à l'hypothèse où le débiteur s'est « chargé des cas fortuits »). C'est le cas correspondant à une obligation de garantie (cf. *supra,* n° 410). Il en résultera en fait un prix plus élevé pour le cocontractant ainsi garanti contre tout aléa. Tel est le cas par exemple de certaines garanties de bon fonctionnement offertes par des fabricants d'appareils lorsqu'elles ne distinguent pas selon l'origine de la panne.

Bien entendu, ces clauses ne concernent que les événements extérieurs : si c'est la faute de la victime qui est en cause, le responsable continue de pouvoir en faire état pour être déchargé en tout ou en partie de sa responsabilité : les clauses relatives à cette faute de la victime seraient certes possibles (sauf pour la faute intentionnelle), mais elles sont en pratique inexistantes.

§ 2. Clauses relatives au montant de la réparation

426 **Clauses limitatives d'indemnisation.** De nombreux contrats comportent un **plafond** de responsabilité. Cette technique a l'avantage de rendre plus aisée pour le contractant la souscription d'une assurance, l'assureur pouvant ainsi chiffrer le risque qu'il garantit.

Ces clauses étaient le plus souvent soumises au même régime que les clauses de non-responsabilité : donc valables en principe, sous les mêmes exceptions :

(212) Cf. Com., 30 novembre 1982, *Bull. civ.*, IV, n° 391.

obligation essentielle, faute dolosive, dommages corporels, mais peut-être pas pour la protection des consommateurs (213). Elles peuvent prendre divers visages : fixation d'un chiffre maximum, ou diverses modalités, comme par exemple garantie de simple remplacement de l'objet défectueux (214).

Il est toutefois un domaine où les clauses seulement limitatives ont toujours été mieux traitées que les clauses de non-responsabilité totale ; il s'agit des contrats de **transport** où l'exclusion est interdite mais la limitation possible, mais toujours sous réserve de la faute dolosive ou lourde (215) et de la violation d'une obligation essentielle (216). Encore faut-il que le maximum fixé ne soit pas symbolique, car on se trouve alors en présence d'une clause de non-responsabilité déguisée, qui doit être traitée comme telle. En outre ce maximum peut être révisé par le juge s'il est manifestement dérisoire (art. 1152 : *infra*, n° 428).

La Cour de cassation a récemment étendu en cette matière la distinction reçue en droit des transports car, pourvu que le plafond ne soit pas dérisoire, la limitation de responsabilité répond à une fonction d'équilibre des obligations contractuelles en permettant de connaître avec précision leur étendue : dès lors que l'exception du dol et de la faute lourde permet de saisir les comportements délibérés, la détermination d'un plafond n'est pas autre chose qu'une convention de répartition des risques de faute simple, voire de faute présumée (pour les obligations de résultat) et, entre contractants égaux du moins, une telle répartition est acceptable ; les clauses limitatives sont donc valables sauf si, par un plafond dérisoire, elles vident de portée l'obligation essentielle du contrat (217).

427 **Clauses pénales.** Ce sont des clauses qui fixent à l'avance dans le contrat le montant des dommages-intérêts qui seront dus en cas d'inexécution (art. 1152 et 1226) (218). Ce système de **forfait** présente l'avantage d'éviter les discussions toujours délicates quant à l'évaluation du préjudice. De plus et surtout, lorsque la somme fixée est lourde, elle présente un caractère **dissuasif** considérable : l'inexécution du contrat emporte alors une véritable **« peine » privée,** d'où le terme de clause « pénale ». La Cour de cassation a consacré cette double finalité : « la clause pénale n'a pas pour objet exclusif de réparer les conséquen-

(213) Voir, admettant leur validité dans un **contrat de consommation :** Civ. 1re, 24 février 1993, *D.* 1994.6 note AGOSTINELLI.

(214) Civ. 1re, 5 mai 1982, *Bull. civ.*, I, n° 163.

(215) Com., 15 novembre 1988, *Bull. civ.*, I, n° 312.

(216) Com., 22 octobre 1996, 30 mai 2006, précités (arrêts *Chronopost*). — 5 juin 2007, *D.* 2007.1720.

(217) Com., 29 juin 2010, n° 09-11841 ; *Bull. civ.*, IV, n° 115 ; *D.* 2010-1832, note D. MAZEAUD ; *RDC* 2010.1253, obs. DESHAYES et 1220, obs. LAITHIER, sur Paris, 26 novembre 2008, *RDC* 2009.1010, obs. GENICON. — Com., 31 mai 2011, n° 10-13633. — Com., 28 mai 2013, n° 12-11652. — D. MAZEAUD, *D.* 2008.1776.

(218) V. D. MAZEAUD, *La notion de clause pénale*, LGDJ, 1992. — Les clauses fixant après coup la réparation du préjudice ne sont pas des clauses pénales, mais constituent une transaction (Com., 5 avril 1994, *JCP* 1995.II.22384).

ces d'un manquement à la convention mais aussi de contraindre le débiteur à exécution » (219). Aussi dispense-t-elle son bénéficiaire de prouver un quelconque dommage (220).

En raison de ces avantages, ces clauses sont très répandues. Par exemple, presque tous les marchés de travaux prévoient des « pénalités de retard » pour dépassement du délai, ce qui est une variété de clause pénale (221).

La **validité de principe** de ces clauses n'est pas douteuse (222). À l'inverse des clauses limitatives, elles viennent renforcer le caractère obligatoire du contrat et, comme l'énonce un arrêt, « les parties sont libres de déterminer à leur guise les moyens de contrainte destinés à assurer l'exécution de leur convention » (223). Elles sont toutefois écartées dans certains domaines précis, comme dans le droit du **travail** à l'encontre du salarié (art. L. 1331-2 du Code du travail prohibant les « amendes ou autres sanctions pécuniaires » à la charge du salarié) ou dans le **bail d'habitation** (art. 4 i) de la loi du 6 juillet 1989). Dans les **contrats de consommation,** elles ne sont pas illicites en elles-mêmes, mais seulement si elles sont abusives (224), ce qui est le cas lorsqu'elles ne sont pas réciproques (cf. *supra* sur n° 172). En toute occurrence, elles sont d'interprétation stricte (225) ; mais elles peuvent viser un type précis de préjudice et laisser la possibilité d'indemniser librement les autres (226).

428 **Modération judiciaire.** Cependant la rigueur de ces clauses peut présenter un danger lorsqu'elles sont imposées par la partie la plus forte sans discussion. La pénalité trop lourde apparaît alors injuste car, contrairement à une amende pénale destinée au Trésor Public, elle est versée au créancier puisqu'il s'agit de dommages-intérêts : il peut donc paraître choquant que celui-ci retire de l'opération un véritable bénéfice très supérieur à son préjudice réel.

La chose a paru intolérable lorsque les conventions de crédit-bail (location sur une durée fixe avec option d'achat en fin de période) ont stipulé qu'à la

(219) Com., 29 janvier 1991, *Bull. civ.*, IV, n° 43.

(220) Civ. 3e, 20 décembre 2006, *Bull. civ.*, III, n° 256.

(221) Autre exemple : indemnité *conventionnelle* de licenciement venant s'ajouter aux indemnités légales : Soc., 17 mars 1998, *Bull. civ.*, V, n° 142.

(222) Pourvu que le montant ne reste pas à l'arbitraire d'une partie (Civ. 1re, 22 juin 1994, *Bull. civ.*, I, n° 222), condition qui n'est peut-être plus actuelle depuis les arrêts d'Assemblée plénière du 1er décembre 1995 (*supra*, n° 148). — Elles sont efficaces même en cas de **« faillite »** car elles ne contreviennent pas en elles-mêmes au principe d'égalité des créanciers : Com., 10 décembre 1991, *Bull. civ.*, IV, n° 378. — 3 mai 1994, *Bull. civ.*, IV, n° 163. — 9 mai 1995, *Bull. civ.*, IV, n° 132. Mais elles sont illicites si elles s'attachent à la seule ouverture d'une procédure collective : Com., 14 janvier 2014, n° 12-22909, *Bull. civ.*, IV, n° 7.

(223) Com., 10 janvier 1977, *Bull. civ.*, IV, n° 7.

(224) V. PAISANT, *Clauses pénales et clauses abusives après la loi du 1er février 1995*, *D.* 1995, chr. 223.

(225) Cf. Com., 9 octobre 1990, *Bull. civ.*, IV, n° 228. — Com., 22 février 2000, *Bull. civ.*, IV, n° 35.

(226) Com., 20 mai 1997, *JCP* 1997.IV.1441.

première défaillance dans le paiement des loyers, le contrat serait résolu (clause résolutoire déjà vue, cf. *supra,* n° 396) et que le locataire privé du bien par cette résolution devrait cependant à titre de pénalité verser le solde des loyers qui auraient été dus jusqu'à la fin du contrat. La jurisprudence n'a pu annuler cette clause (227) mais l'injustice du résultat a suscité une intervention législative : la loi du 9 juillet 1975 a conféré au juge un *pouvoir modérateur.*

Il peut réduire la peine si elle est « manifestement excessive » — ou inversement l'augmenter si elle est « manifestement dérisoire » (art. 1152) (228). Une loi du 11 octobre 1985 a permis au juge de décider cette révision « même d'office », c'est-à-dire même si le débiteur n'a pas expressément sollicité la révision (229). À plus forte raison dispose-t-il du même pouvoir si l'inexécution n'est que partielle (art. 1231).

Ce pouvoir est exorbitant du droit commun, car il constitue un **cas exceptionnel de révision du contrat** par le juge, raison pour laquelle le juge des référés ne peut le mettre en œuvre (230). La jurisprudence a précisé que le juge doit apprécier s'il y a « une disproportion manifeste entre l'importance du préjudice subi et le montant conventionnellement fixé » (231) sans avoir à juger à ce stade le comportement des parties (232) et ce en se plaçant au jour où il statue (233). Il ne peut pas « descendre » au-dessous du préjudice réellement subi (234), mais il peut la réduire à... 1 F si l'inexécution n'a pas causé de dommage (235) et même la supprimer (236). Mais il n'est pas tenu de ramener la pénalité au montant réel du préjudice, afin de conserver à la clause son caractère coercitif (237). Il peut donc appliquer la clause même en l'absence de tout préjudice (238). En tout cas, il doit se référer au préjudice et non au comportement du débiteur (239) ou aux facultés financières des parties (240).

(227) Cf. notamment Com., 10 juillet et 9 octobre 1972, *D.* 1972.728 et 730, notes MALAURIE.

(228) Pour une augmentation, v. Soc., 5 juin 1996, *Bull. civ.*, V, n° 226 ; *Defrénois* 1997.737, obs. D. MAZEAUD. Il faut que le montant soit dérisoire, et pas seulement inférieur au préjudice réel (Com., 10 juillet 2001, *C.C.C.* 2001.168, 2e esp.). — Sur la question, v. MALINVAUD, *L'application de l'art. 1152 aux clauses limitatives, Mélanges Terré*, 1999.689.

(229) À condition toutefois de provoquer un débat sur la question : Com., 23 mars 1993, *Bull. civ.*, IV, n° 114.

(230) Civ. 3e, 19 février 2003, *Bull. civ.*, III, n° 44.

(231) Com., 16 février 2010, n° 09-13380..

(232) Com., 11 février 1997, *Bull. civ.*, IV, n° 47.

(233) Civ. 1re, 10 mars 1998, *Bull. civ.*, I, n° 98.

(234) Com., 9 juin 1980, *Bull. civ.*, IV, n° 245 ; 3 février 1982, *Bull. civ.*, IV, n° 44.

(235) Civ. 1re, 24 juillet 1978, *Bull. civ.*, I, n° 280. — Com., 11 février 1997, *Bull. civ.*, IV, n° 47.

(236) Com., 16 juillet 1991, *D.* 1992.365, note critique D. MAZEAUD.

(237) Com., 29 janvier 1991, précité, note 187.

(238) Civ. 3e, 12 janvier 1994, *Bull. civ.*, III, n° 5.

(239) Com., 11 février 1997, *Bull. civ.*, IV, n° 47.

(240) Civ. 1re, 14 novembre 1995, *Bull. civ.*, I, n° 412.

Dans l'ensemble, la Cour de cassation a **interprété assez étroitement** ce pouvoir d'intervention.

Elle décide tout d'abord que le juge doit motiver la réduction, mais non son refus de réduire (241), dissymétrie contestable car il s'agit dans les deux cas de rendre compte des raisons qui décident le juge à user ou non du pouvoir dont la loi l'investit, l'exercice de ce pouvoir n'étant pas facultatif mais appartenant à son office. De plus elle l'a limité aux clauses pénales proprement dites, c'est-à-dire « ayant pour objet de faire assurer par l'une des parties l'exécution de son obligation » et instituant une peine en cas d'inexécution, et a refusé de la faire jouer pour des clauses fort proches, qui indemnisent de l'exercice régulier d'un droit : clause fixant l'indemnité due par le locataire d'une auto en cas de vol (242), fixant une indemnité forfaitaire pour le cas où le créancier devrait se faire payer par des voies d'exécution (243), ou en cas de résiliation anticipée (244) même pour cause de « faillite » (245), fixant le dédit en cas de non-réalisation d'une vente (246) ou de renonciation à une opération (247) ou de résiliation anticipée (248) ou encore de clause fixant les intérêts dus en cas de remboursement anticipé d'un prêt (249) ou l'indemnité d'immobilisation en cas de condition suspensive (250). Cette position restrictive est parfois critiquée au motif que le pouvoir de réduction devrait concerner toute clause fixant la réparation d'un préjudice même s'il n'est pas consécutif à un manquement contractuel (251). Cependant, la Cour suprême a admis que constituait une clause pénale la clause fixant, en cas de maintien du locataire dans les lieux après expiration du bail, une indemnité d'occupation « draconienne » (252) ou encore la clause fixant la somme à verser par celui qui ne formaliserait pas une

■ (241) Cf. par ex. Civ. 3e, 14 novembre 1991, *Bull. civ.*, III, n° 274. — Soc., 10 février 1998, *Bull. civ.*, V, n° 76. — Com., 23 novembre 1999, *JCP* 2000.IV.1066. — Civ. 1re, 26 juin et 12 juillet 2001, *Bull. civ.*, I, nos 191 et 218.
■ (242) Com., 12 mai 1978, *Bull. civ.*, IV, n° 141.
■ (243) Civ. 1re, 16 janvier 1985, *JCP* 1986.II.20661, note PAISANT.
■ (244) Com., 14 octobre 1997, *D.* 1999.103, note WILLMANN. — Civ. 1re, 6 mars 2001, *Bull. civ.*, I, n° 56.
■ (245) Com., 9 juillet 1991, *Bull. civ.*, IV, n° 254.
■ (246) Civ. 3e, 5 décembre 1984, *JCP* 1986.II.20555, note PAISANT. — 10 décembre 1986, *JCP* 1987.II.20857, note PAISANT. — 29 juin 1994, *Bull. civ.*, III, n° 139. — Com., 2 avril 1996, *D.* 1996. Som. 329, obs. D. MAZEAUD. — Civ. 3e, 15 février 2006, *Bull. civ.*, III, n° 43. — Com., 18 janvier 2011, n° 09-16863 ; *C.C.C.* 2011, n° 86, obs. LEVENEUR ; *RTD civ.* 2011.122, obs. FAGES.
■ (247) Civ. 3e, 9 janvier 1991, *D.* 1991.481, note critique PAISANT.
■ (248) Civ. 1re, 6 mars 2001, *JCP* 2002.II.10067 (pour un mandat).
■ (249) Civ. 1re, 2 décembre 1992, *C.C.C.* 93.41, obs. LEVENEUR. — 11 octobre 1994, *Bull. civ.*, I, n° 289. — *Contra :* art. L. 312-21 du Code de la consommation.
■ (250) Civ. 3e, 30 avril 2002, *Bull. civ.*, III, n° 90.
■ (251) Cf. PAISANT, *Dix ans d'application de la réforme relative à la clause pénale*, *RTD civ.* 1985.647. — MESTRE, *RTD civ.* 1985.372.
■ (252) Civ. 3e, 18 janvier 1989, *Bull. civ.*, III, n° 15.

vente, ce qui est équivalent au dédit (253) : c'est peut-être le signe avant-coureur d'un certain assouplissement, assurément souhaitable car il est peu satisfaisant de voir un contractant qui manque à ses obligations mieux traité que celui qui exerce un droit.

429 **Extinction.** La clause pénale s'éteint en principe avec le contrat (254). Ainsi, par exemple, la résolution amiable interdit de l'invoquer ensuite (255). On admet cependant qu'elle peut jouer en cas de résolution judiciaire du contrat (cf. *supra,* n° 398).

N°s 430 à 449 réversés.

(253) Com., 27 mars 1990. *D.* 1990.390 ; *RTD civ.* 1990.514, obs. RÉMY. — V. aussi Civ. 1re, 10 octobre 1995, *Bull. civ.*, I, n° 347 pour la clause prévoyant la conservation intégrale d'un droit d'inscription en cas d'abandon.

(254) HUGON, *Le sort de la clause pénale en cas d'extinction du contrat*, *JCP* 1994.I.3790.

(255) Com., 3 mai 1994, *Bull. civ.*, IV, n° 161.

DEUXIÈME PARTIE
LES OBLIGATIONS D'ORIGINE LÉGALE

TITRE 1
LES QUASI-CONTRATS

TEXTE
Code civil, art. 1371

Art. 1371. — Les quasi-contrats sont les faits purement volontaires de l'homme, dont il résulte un engagement quelconque envers un tiers, et quelquefois un engagement réciproque des deux parties.

450 **Notion.** Héritée du droit romain, la catégorie des quasi-contrats correspond à des hypothèses où, bien qu'il n'y ait pas eu accord de volontés, la loi va créer entre deux intéressés un **lien de droit ressemblant** à celui qui résulterait d'un contrat. Tout se passe comme s'il y avait eu contrat, à la seule différence que le lien d'obligation est d'origine légale et non volontaire. La définition de l'article 1371 n'est donc pas excellente : ce n'est pas la volonté qui crée l'obligation, mais la loi qui attache cette conséquence à tel fait, pour des raisons d'équité ou d'opportunité.

Bien entendu, puisqu'il n'y a pas eu accord initial, c'est la loi qui doit fixer le régime de l'obligation que les parties n'ont pas pu modeler à leur goût.

Le caractère entièrement légal de l'obligation conduit certains à critiquer l'expression même de « quasi-contrat » (1). Elle n'a certes pas beaucoup de valeur juridique, car elle ne correspond pas à une définition commune, d'où il découle qu'il n'y a pas de véritable « notion » de quasi-contrat qui engendrerait un régime général : chaque « quasi-contrat » suit son régime propre et l'on chercherait en vain un « droit commun » du quasi-contrat (2).

(1) Cf. MALAURIE et AYNÈS, n° 901. — CARBONNIER, n° 115. — Déjà JOSSERAND y voyait un « monstre légendaire à bannir de notre vocabulaire juridique » (*Droit civil,* t. 2, n° 10).

(2) Voir toutefois les efforts de LE TOURNEAU, *Rép. civ.*, V° Quasi-contrat, n° 15 et de DOUCHY, *La notion de quasi-contrat*, Economica, 1997, pour leur découvrir pour trait commun

L'expression n'a donc guère qu'une **vertu pédagogique,** par son caractère évocateur du régime engendré, auquel se limite d'ailleurs son étymologie : en recensant des obligations qui sont instituées légalement sans faute et sans contrat, les auteurs romains les avaient regroupées en constatant qu'elles existaient « *quasi ex contractu* », le débiteur étant obligé « comme par contrat ». Mais ce regroupement d'ordre purement méthodologique n'induit aucune unité de notion.

451 **Problème de la liste des quasi-contrats.** La question se posait déjà en droit romain (qui y incluait l'indivision et la tutelle !). Si le Code civil n'envisage que deux quasi-contrats (la gestion d'affaires et la répétition de l'indu), la jurisprudence, puis des lois modernes ont créé des mécanismes illustrant la même idée d'une relation de type contractuel imposée par la loi entre deux parties.

Curieusement, un seul de ces mécanismes a été rangé par la doctrine dans la catégorie des quasi-contrats : il s'agit de l'enrichissement sans cause. Mais une autre création jurisprudentielle de même importance mérite la même qualification : il s'agit de la théorie de l'apparence qui correspond exactement au modèle d'une relation de type contractuel imposée par la loi. Et, tout récemment, la Cour de cassation a eu recours à l'article 1371 pour sanctionner les auteurs de certaines « fausses promesses ». Quant à la loi, elle a multiplié depuis le milieu du siècle les cas où un lien « contractuel » est imposé aux parties. C'est le bail qui est le terrain d'élection de ces contrats forcés : maintien dans les lieux de la loi du 1er septembre 1948, « bail forcé » entre époux divorcés dans la loi du 11 juillet 1975, renouvellement forcé des baux ruraux et des baux commerciaux à des conditions fixées par la loi ou le juge. Mais d'autres types de contrat connaissent la même technique : vente forcée d'usufruit (art. 274, C. civ.), contrat d'assurance imposé par le Bureau central de tarification, « échange » forcé lors d'un remembrement rural, « licences légales » imposées en matière de brevets ou de droits d'auteur, etc. Toutes ces hypothèses correspondent à un schéma de quasi-contrat (3), mais leur étude est du domaine de chacun des types de contrat concernés.

Aussi examinerons-nous ici, au-delà des deux quasi-contrats envisagés tels quels par le Code civil (Sous-titre 1), les trois mécanismes généraux répondant à la même idée créés par la jurisprudence (Sous-titre 2).

d'être des faits profitables à autrui. Inconvénient : rejeter dans le néant les hypothèses où ce profit n'existe pas, comme celle des fausses promesses (*infra,* nos 511 et s.).

(3) Cf. J. Honorat, *Rôle effectif et rôle concevable des quasi-contrats en droit actuel, RTD civ.* 1969.653. — Asfar, *Vers un élargissement de la catégorie des quasi-contrats, Droit et Patrimoine* 2002, n° 104, p. 28.

SOUS-TITRE 1
LES QUASI-CONTRATS DU CODE CIVIL

452 **Fixité des textes.** Les textes du Code civil relatifs aux quasi-contrats n'ont subi aucune modification depuis 1804 et apparaissent totalement figés. L'impression poussiéreuse qui pourrait en résulter se trouve cependant vite dissipée lorsqu'on constate que sur beaucoup de points le régime de ces quasi-contrats donne encore lieu à des controverses doctrinales et à des hésitations jurisprudentielles qui attestent, sinon de la qualité de la science juridique française, du moins de la vitalité de ces institutions.

CHAPITRE 1
LA GESTION D'AFFAIRES

TEXTES

Code civil, art. 1372 à 1375

Art. 1372. — Lorsque volontairement on gère l'affaire d'autrui, soit que le propriétaire connaisse la gestion, soit qu'il l'ignore, celui qui gère contracte l'engagement tacite de continuer la gestion qu'il a commencée, et de l'achever jusqu'à ce que le propriétaire soit en état d'y pourvoir lui-même ; il doit se charger également de toutes les dépendances de cette même affaire.

Il se soumet à toutes les obligations qui résulteraient d'un mandat exprès que lui aurait donné le propriétaire.

Art. 1373. — Il est obligé de continuer sa gestion, encore que le maître vienne à mourir avant que l'affaire soit consommée, jusqu'à ce que l'héritier ait pu en prendre la direction.

Art. 1374. — Il est tenu d'apporter à la gestion de l'affaire tous les soins raisonnables.

Néanmoins les circonstances qui l'ont conduit à se charger de l'affaire peuvent autoriser le juge à modérer les dommages et intérêts qui résulteraient des fautes ou de la négligence du gérant.

Art. 1375. — Le maître dont l'affaire a été bien administrée doit remplir les engagements que le gérant a contractés en son nom, l'indemniser de tous les engagements personnels qu'il a pris, et lui rembourser toutes les dépenses utiles ou nécessaires qu'il a faites.

453 **Définition.** L'expression revêt en droit civil un sens technique très nettement distinct de celui que lui prête le langage courant : le « gérant d'affaires » n'est pas celui qui gère la fortune d'autrui (celui-là est plutôt dénommé « gérant de biens » ou « agent d'affaires » et agit dans le cadre bien contractuel d'un mandat reçu de son client) ; le « gérant d'affaires » est celui qui **agit pour autrui sans en avoir été chargé.** L'exemple classique est celui du voisin qui fait procéder à des travaux urgents en l'absence du propriétaire. On trouve des applications plus

modernes : notaire ou agent de change qui prend l'initiative d'opérations opportunes, acte effectué dans l'intérêt de proches parents, etc.

Les initiatives prises dans le but de rendre service à autrui sont en définitive — et c'est heureux — beaucoup moins rares dans la vie quotidienne qu'on ne pourrait le penser.

L'auteur d'une initiative est le **« gérant »,** le bénéficiaire est dénommé le **« maître »** de l'affaire : on dit parfois, de façon peu élégante mais évocatrice, le « géré ».

454 **Principes directeurs.** À la fois parce qu'il est opportun d'éviter l'égoïsme et parce qu'il serait inéquitable que le bénéficiaire d'un service prétende en conserver le fruit dans une parfaite ingratitude sans en assumer les charges, la loi attache des effets à l'acte de gestion : il faut « faire comme si » le gérant en avait été chargé par un mandat ; la gestion d'affaires est donc un ***quasi-contrat de mandat*** et produira donc, lorsqu'elle sera reconnue, des effets similaires à ceux d'un mandat. Ainsi est sauvegardé l'intérêt du gérant qui ne doit pas conserver la charge des frais ou des dommages entraînés par son initiative.

Mais, parce qu'il faut aussi décourager les immixtions légères et écervelées, la loi subordonne ce régime à certaines conditions : ainsi est sauvegardé l'intérêt du maître qui ne doit pas pâtir d'interventions intempestives.

C'est là l'équilibre d'un mécanisme qui reste ainsi dominé par l'équité, qui a pu être présenté comme la **morale de la charité** (1).

SECTION 1 | CONDITIONS DE LA GESTION D'AFFAIRES

La gestion d'affaires n'est reconnue qu'en présence d'un acte de gestion (§ 1) de caractère utile (§ 2) pour autrui (§ 3) sans opposition légitime de sa part (§ 4).

§ 1. Acte de gestion

455 **Acte matériel.** On admet que le service rendu peut se manifester tant par un acte matériel que par un acte juridique. Exemples d'actes matériels : transport

(1) Cf. F. GORÉ, *Le fondement de la gestion d'affaires, D.* 1953 ; chr. 39. — R. BOUT, *La gestion d'affaires en droit contemporain,* LGDJ, 1972. — V. aussi DELACOUR, *La gestion d'affaires en droit administratif, D.* 1999. chr. 295.

d'un blessé, soins donnés à un animal, déplacement ou protection de biens ou d'animaux exposés à un risque (lors d'un incendie ou d'une inondation), conservation d'un objet égaré (2), surveillance spontanée d'une compétition (3), fourniture de nourriture (4). Curieusement, pour ce qui concerne les actes de **sauvetage** d'une personne, la jurisprudence ne recourt pas seulement à la notion de gestion d'affaires (5), mais emprunte parfois l'idée fictive d'une convention d'assistance alors que la gestion d'affaires convient parfaitement (6). Un arrêt l'a d'ailleurs appliquée au cas du client d'un magasin blessé en poursuivant un voleur (7).

456 **Acte juridique.** La diligence du gérant se traduit souvent par un acte juridique qu'il va conclure pour le compte du maître. On affirmait traditionnellement qu'il ne pouvait s'agir que d'actes d'administration : faire effectuer des réparations, payer des dettes menaçant d'emporter des pénalités (8), placer en dépôt des objets (9), voire frêter un avion pour secourir un touriste égaré dans le désert (10).

Mais la jurisprudence moderne admet également que la gestion puisse conduire à certains **actes de disposition :** cessions en bourse opportunes (11) voire vente ou échange de parcelles (12). Il convient toutefois d'être plus circonspect dès que l'acte atteint une certaine gravité : l'idée force est que plus l'acte est grave, plus il faudra faire attention à son utilité (cf. *infra,* n° 458).

Il est cependant un type d'actes juridiques que ne peut faire le gérant : introduire une **action en justice** pour le compte du maître : telle est du moins la solution dominante, aujourd'hui contestable du fait que les délais pour agir sont courts dans de nombreux domaines (13).

457 **Acte licite.** Pour ouvrir à son auteur le bénéfice de la protection légale, l'acte doit être licite. Un acte **fautif,** même s'il procure un gain à autrui, ne peut servir

(2) Cf. Civ. 1re, 3 janvier 1985, *Bull. civ.,* I, n° 5, p. 4.

(3) D'une régate par un plaisancier : Civ. 1re, 14 nov. 1978, *Bull. civ.,* I, n° 344, p. 267.

(4) Aux ouvriers d'un entrepreneur défaillant par le client, maître du chantier : Civ. 3e, 8 juin 1977, *Bull. civ.,* III, p. 195.

(5) Civ. 1re, 28 janvier 2010, n° 08-16.844, *JCP* 2010, note 532, DUMERY (noyade en tentant de sauver un baigneur).

(6) Civ. 1re, 1er décembre 1969, *JCP* 1970.16445, note AUBERT. — 27 janvier 1993, *Bull. civ.,* I, n° 42 ; *RTD civ.* 1993.584, obs. MESTRE. — V. BOUT, *La convention dite d'assistance, Mélanges Kayser,* p. 157.

(7) Civ. 1re, 26 janvier 1988, *JCP* 1989.II.21219, note DAGORNE-LABBÉ ; *D.* 1989, somm. 234, obs. AUBERT. — Auparavant en sens contraire : Civ. 1re, 7 janvier 1971, *JCP* 1971.II.16670.

(8) Civ. 1re, 7 février 1967, *Bull. civ.,* I, n° 58. — 11 février 1986, *Bull. civ.,* I, n° 23.

(9) Com., 18 février 1969, *Bull. civ.,* IV, n° 64.

(10) Civ. 1re, 22 déc. 1981, *Bull. civ.,* I, n° 395.

(11) Civ., 26 oct. 1942, *D.* 1943.29.

(12) Civ. 1re, 15 mai 1974, *Bull. civ.,* I, p. 125. — 23 juillet 1974, *Bull. civ.,* I, n° 147, p. 207.

(13) Cf. Civ. 1re, 9 mars 1982, *Bull. civ.,* I, n° 104 ; *RTD com.* 1982.539 et les obs. — *Contra :* Civ. 1re, 28 déc. 1981, *JCP* 1983.II.19961 ; *RTD civ.* 1982.651, obs. NORMAND.

de base à une gestion d'affaires : ainsi de la résiliation fautive d'un contrat, même si elle a en définitive fait réaliser une économie à l'autre partie (14).

Une décision contestable fait sans doute application de cette idée en la poussant à l'excès, en énonçant qu'un mandataire qui excède ses pouvoirs ne peut invoquer la gestion d'affaires car le mandat serait « exclusif de la gestion d'affaires » (15) : on pourrait plus logiquement concevoir que la gestion utile prenne le relais du mandat lorsqu'elle en excède les limites.

457-1 **Acte facultatif.** De l'allusion faite par l'article 1372 à un acte fait « volontairement », la jurisprudence déduit parfois qu'il n'y aurait pas place pour la gestion d'affaires là où l'intéressé était soumis à une obligation d'agir, que ce soit en vertu de la loi ou d'un contrat : la gestion d'affaires serait « incompatible avec l'exécution d'une obligation légale » (16) et « inapplicable dès lors que les parties sont liées par un contrat » (17).

Il est permis de douter du bien-fondé de cette restriction : elle laisse en effet l'auteur de l'acte dépourvu de tout moyen de se faire indemniser des charges exposées alors même que cet acte s'est avéré utile à son bénéficiaire. En outre elle peut aboutir à traiter celui qui a seulement dépassé ses pouvoirs dans l'intérêt de son mandant plus durement que celui qui a agi sans aucun pouvoir !

Aussi est-il heureux de déceler un discret signe d'assouplissement dans un arrêt récent (18).

§ 2. Opportunité de l'acte

458 **Notion d'opportunité.** Pour préserver le maître contre des immixtions malheureuses, l'article 1375 ne fait produire d'effet qu'à « l'affaire bien administrée ».

C'est là la condition principale pour qu'il y ait gestion d'affaires : l'utilité et l'opportunité de l'intervention du gérant. Par exemple, le généalogiste qui a retrouvé un héritier ne peut invoquer la gestion d'affaires si les circonstances font que cet héritier aurait de toutes façons eu connaissance de la succession (19).

(14) Civ. 1re, 14 juin 1988, *Bull. civ.*, I, n° 191. — V. MECENE-MARENAUD, *Le rôle de la faute dans les quasi-contrats, RTD civ.* 1994.515.
(15) Civ. 3e, 3 juin 1987, *Bull. civ.*, III, n° 115.
(16) Civ. 1re, 17 juillet 1996, *Bull. civ.*, I, n° 323 (pour la suppléance d'un avocat empêché).
(17) Civ. 3e, 20 janvier 1999, *Bull. civ.*, III, n° 17. — Com., 12 janvier 1999, *Bull. civ.*, IV, n° 7.
(18) Civ. 1re, 29 mai 2001, *RJDA* 2002, n° 10 ; *RTD civ.* 2002.298, obs. (crit.) MESTRE et FAGES, appliquant les règles de la gestion d'affaires entre une association et ses dirigeants.
(19) Civ. 1re, 31 janvier 1995, *Bull. civ.*, I, n° 59. — 16 janvier, *Bull. civ.*, I, n° 22.

Mais cette utilité doit s'apprécier en se replaçant **au moment de l'acte** lui-même et non *a posteriori* d'après ses résultats (20) : il se peut en effet qu'un acte qui paraissait utile n'ait en définitive pas procuré de profit au maître ; l'exemple classique est celui des réparations faites sur un bien qui est ensuite détruit par un incendie. La tournure ultérieure des événements n'enlève pas à l'acte son caractère opportun lorsqu'il a été fait.

L'opportunité ou l'utilité doit être **d'autant plus évidente que l'acte est important :** on ne peut notamment admettre des actes de disposition que s'il y a urgence ou si leur intérêt est évident (21). Il faut en effet décourager la politique du fait accompli, chère aux garagistes (22). C'est pourquoi l'on a très justement critiqué un arrêt voyant une gestion d'affaires dans le fait pour un banquier de puiser dans le compte de parents pour renflouer celui de leur fils : le principe de non-ingérence du banquier paraît contraire à une telle initiative (23).

459 **Ratification par le maître.** Si le maître, à un moment quelconque, approuve les actes du gérant, on dit qu'il y a ratification de sa part. Il n'y a plus alors à s'interroger sur leur opportunité, puisque le maître en est le meilleur juge. La ratification peut être **expresse ou tacite** (par ex. le maître paie les travaux commandés par le gérant), mais n'est bien sûr définitive que si elle est faite en connaissance de tous les éléments.

460 **Sort des actes inutiles.** Si l'acte n'est pas jugé opportun, il ne produira pas les effets de la gestion d'affaires : son coût restera à la charge de celui qui l'a décidé et le maître ne sera pas tenu de le respecter (s'il s'agit d'un bail ou d'une vente, l'acte sera nul). Cette initiative désavouée pourra alors engager la **responsabilité** de son auteur : d'une part envers les tiers qui n'auraient pas connu son défaut de pouvoir ; d'autre part envers le maître lui-même, s'il en subit un préjudice (par ex. les travaux effectués à tort doivent être démolis ou refaits).

§ 3. Acte pour autrui

461 **Intention de gérer pour autrui : incertitudes jurisprudentielles.** La tradition enseigne qu'il y a gestion d'affaires si le gérant a entendu agir pour autrui,

(20) V. Civ. 1re, 25 novembre 2003, *RJDA* 2004.670.

(21) Cf. Civ. 1re, 15 mai 1974, *Bull. civ.*, I, p. 125, relevant le caractère profitable d'un échange de parcelles appartenant à sa femme par le mari. — Comp. Civ. 1re, 21 déc. 1964, *Bull. civ.*, I, n° 586, p. 452, retenant le défaut d'utilité d'un bail rural.

(22) Cf. rejetant la gestion d'affaires pour des travaux non commandés et sans utilité évidente : Com., 8 juin 1968, *Bull. civ.*, IV, n° 180, p. 161.

(23) Com., 14 novembre 1989, *D.* 1991, somm. 33, obs. critiques VASSEUR.

et non s'il a poursuivi un intérêt personnel : on s'appuie sur les premiers mots de l'article 1372 (« lorsque *volontairement* on gère l'affaire d'autrui... »).

Cependant, il y a longtemps que la jurisprudence ne s'en tient plus fermement à cette condition. Elle a admis ainsi des actes accomplis par un indivisaire poursuivant donc en même temps son intérêt propre et celui de ses coindivisaires (24), solution aujourd'hui expressément consacrée par l'article 815-4 du Code civil. Plus généralement, il est jugé que « la circonstance de l'intérêt conjoint des parties n'est pas par elle-même de nature à exclure la gestion d'affaires » (25). Cela permet à certains professionnels, qui ont accompli un acte profitable à autrui dans l'exercice de leur activité, d'invoquer la gestion d'affaires (26).

De même celui qui **agit pour autrui sans le savoir** (héritier ignorant l'existence d'un testament au profit d'un tiers), peut désormais invoquer la gestion d'affaires (27).

En réalité, cette condition n'exclut aujourd'hui que l'acte fait dans son **intérêt personnel exclusif :** ainsi celui qui paie la dette d'un tiers parce qu'il lui doit lui-même des fonds (28) ou le gérant de fait d'un fonds de commerce qui commande des marchandises (29).

§ 4. Défaut d'opposition légitime du maître

462 **Ignorance ou silence du maître.** Le plus souvent, l'acte se fait à l'insu du maître, qui ne pourra donc s'y opposer. Mais la gestion d'affaires ne limite pas son champ à cette hypothèse : elle peut jouer alors même que le maître apprend les actes faits pour son compte comme l'énonce fort bien l'article 1372 : « soit que le propriétaire connaisse la gestion, soit qu'il l'ignore ».

Il est vrai qu'en pareil cas l'on est tenté d'interpréter le silence du maître comme une approbation tacite qui caractérise un véritable contrat de mandat, ce qui rend sans objet le quasi-contrat. Il faut toutefois garder à l'esprit que toute approbation tacite requiert des actes dépourvus d'équivoque et ne peut résulter d'un **simple silence** (cf. *supra,* n° 48). Il peut donc y avoir des cas où le maître connaît la gestion mais où son silence total exclut tout mandat tacite : c'est la

(24) Civ. 1re, 23 juillet 1974, *Bull. civ.,* I, p. 207.

(25) Com., 16 nov. 1976, *Bull. civ.,* IV, p. 244. — Civ. 1re, 28 mai 1991, *Bull. civ.,* I, n° 167. — Civ. 1re, 12 janvier 2012, n° 10-24512 ; *D.* 2012.1592, note GOUËZEL.

(26) Cf. FLOUR et AUBERT, n° 7. — Civ. 1re, 2 juin 1970, *JCP* 1970.II.16511.

(27) Civ. 1re, 1er déc. 1959, *Bull. civ.,* I, n° 511.

(28) Versailles, 1er juin 1990, *D.* 1990.IR.215.

(29) Com., 27 novembre 1991, *Bull. civ.,* IV, n° 357. — V. aussi Civ. 1re, 28 mai 1991, précité. — 25 novembre 2003, *RJDA* 2004.670.

gestion d'affaires qui en réglera les conséquences, le gérant restant ainsi comptable de l'opportunité de ses actes (30).

462-1 **Opposition du maître.** Il est évident que l'opposition du maître rend illégitime l'acte du gérant, à partir du moment où il a connaissance de cette opposition : même s'il s'agit d'un acte opportun, on ne rend pas service à autrui contre son gré. Aussi la règle est que l'acte n'ouvre aucun droit à son auteur au titre de la gestion d'affaires (31) : ainsi du paiement effectué pour autrui malgré son opposition (32).

Cependant la jurisprudence déroge à cette règle lorsque l'opposition du maître est **illégitime,** parce qu'il était tenu de faire l'acte que le gérant effectue à sa place : ainsi du paiement par un fils des échéances d'un emprunt contracté par son père pour acheter un logement qu'il n'a pas pu revendre (33) : c'est un souci de moralité qui l'emporte ici ; l'ingrat ne saurait tirer profit du paiement fait à sa place et qui l'a mis à l'abri de poursuites inévitables.

SECTION 2 — EFFETS DE LA GESTION D'AFFAIRES

§ 1. Entre le gérant et le maître

463 **Quasi-contrat synallagmatique.** Assimilée par l'article 1372 à un contrat de mandat, la gestion d'affaires fait donc naître à la charge de chacune des parties les obligations découlant habituellement du mandat, sous réserve de quelques adaptations.

464 **Obligations du gérant.** Le gérant doit prendre une initiative complète et ne saurait agir partiellement. Il doit donc « se charger de toutes les dépendances » de l'affaire et doit **poursuivre la gestion commencée** (art. 1372 et 1373). On dit souvent que c'est une obligation plus exigeante que celle résultant du mandat ; mais c'est qu'un mandataire, parce qu'il est en contact avec son mandant, peut faire préciser sa mission ou l'informer de son arrêt, chose impossible au gérant.

Le gérant doit apporter à la gestion « tous les soins d'un père de famille » et répond donc de ses **fautes.** Cependant, parce qu'il rend un service, sa responsabilité peut être limitée : le juge est ici exceptionnellement autorisé à **modérer**

(30) V. par ex. Civ. 3e, 19 février 2014, n° 12-24113.
(31) Cf. Civ. 1re, 22 déc. 1969, *Bull. civ.,* I, n° 403.
(32) Com., 21 nov. 1978, *Bull. civ.,* IV, n° 271.
(33) Civ. 1re, 11 février 1986, *Bull. civ.,* I, n° 23.

les dommages-intérêts à sa charge en cas de faute ou de négligence par l'article 1374 (34).

465 **Obligations du maître.** Comme un mandant, le maître doit rembourser au gérant les **dépenses** qu'il a exposées dans son intérêt, avec les intérêts légaux. De plus — et c'est là en pratique souvent la source du contentieux —, le maître doit **indemniser** le gérant qui, au cours de son intervention, a subi un dommage (35).

Mais, et c'est là une différence avec le mandat, le gérant n'a jamais droit en outre à une *rémunération,* même s'il a agi dans le cadre de sa profession (36). Il peut seulement obtenir remboursement de ses frais généraux (37) : par exemple le généalogiste qui établit le droit successoral du maître n'obtiendra que ses frais, et non une quote-part de la succession comme s'il y avait contrat.

§ 2. À l'égard des tiers

466 **Gestion occulte.** Si le gérant a conclu des contrats avec des tiers pour exécuter sa mission, sans toutefois informer ces tiers qu'il agissait pour le compte d'autrui, il reste évidemment **personnellement tenu** à leur égard : c'est pourquoi l'article 1375 oblige le maître à l'indemniser de « ses engagements personnels ». On peut considérer que le tiers pourrait aussi, notamment si le gérant est insolvable, directement réclamer paiement au maître bénéficiaire (par exemple des travaux).

467 **Gestion ouverte.** Si le gérant a, au contraire, agi ouvertement au nom du maître, il y a **représentation :** le maître est alors directement engagé envers ce tiers et « doit remplir les engagements que le gérant a contractés en son nom » (art. 1375). Le gérant n'est alors pas tenu envers ce tiers, étant un intermédiaire juridiquement « transparent ».

(34) Voir des exemples dans Civ. 1re, 3 janvier 1985, *Bull. civ.,* I, n° 5 ; *RTD civ.* 1985.573, obs. MESTRE. — 22 déc. 1981, *Bull. civ.,* I, n° 395.

(35) Par ex. Civ. 1re, 16 nov. 1955, *JCP* 1956.II.9087, note ESMEIN. — 14 nov. 1978, *JCP* 1980.II.19379, note BOUT.

(36) Com., 15 décembre 1992, *Bull. civ.,* IV, n° 415 ; *RTD civ.* 1993.579, obs. MESTRE. — Civ. 1re, 18 avril 2000, *Bull. civ.,* I, n° 113.

(37) Civ. 1re, 27 février 1963, *Bull. civ.,* I, n° 131.

CHAPITRE 2
LA RÉPÉTITION DE L'INDU

TEXTES
Code civil, art. 1235, 1376 à 1381

Art. 1235. — Tout paiement suppose une dette : ce qui a été payé sans être dû, est sujet à répétition.
La répétition n'est pas admise à l'égard des obligations naturelles qui ont été volontairement acquittées.

....

Art. 1376. — Celui qui reçoit par erreur ou sciemment ce qui ne lui est pas dû s'oblige à le restituer à celui de qui il l'a indûment reçu.
Art. 1377. — Lorsqu'une personne qui, par erreur, se croyait débitrice, a acquitté une dette, elle a le droit de répétition contre le créancier.
Néanmoins ce droit cesse dans le cas où le créancier a supprimé son titre par suite du paiement, sauf le recours de celui qui a payé contre le véritable débiteur.
Art. 1378. — S'il y a eu mauvaise foi de la part de celui qui a reçu, il est tenu de restituer, tant le capital que les intérêts ou les fruits, du jour du payement.
Art. 1379. — Si la chose indûment reçue est un immeuble ou un meuble corporel, celui qui l'a reçue s'oblige à la restituer en nature, si elle existe, ou sa valeur, si elle est périe ou détériorée par sa faute ; il est même garant de sa perte par cas fortuit, s'il l'a reçue de mauvaise foi.
Art. 1380. — Si celui qui a reçu de bonne foi a vendu la chose, il ne doit restituer que le prix de la vente.
Art. 1381. — Celui auquel la chose est restituée, doit tenir compte, même au possesseur de mauvaise foi, de toutes les dépenses nécessaires et utiles qui ont été faites pour la conservation de la chose.

468 **Définition.** « Répéter » signifie **restituer.** Il peut arriver qu'un sujet de droit reçoive une somme ou un bien qui ne lui était dû en vertu d'aucun titre juridique, le plus souvent à la suite d'une erreur : par exemple un **héritier** paie une dette du défunt en ignorant qu'elle a déjà été payée ou qu'il est déshérité par un testament ; un **assureur** verse une indemnité en ignorant que le

dommage est survenu dans des circonstances particulières exclues par la police ; un **banquier** porte au crédit de son client un chèque qui s'avère sans provision (1), ou encore un chèque est adressé à un homonyme du destinataire réel ; une livraison est mal dirigée, etc. La multiplication des opérations scripturales, notamment par virements bancaires éventuellement programmés par ordinateur, accroît la fréquence de ces erreurs (2).

Le législateur a posé en règle générale qu'un tel versement indu ne pouvait être conservé par le bénéficiaire : « il s'oblige à le restituer » (art. 1376).

Il y a là une source d'obligation autonome, réglée par les articles 1376 et suivants du Code.

On dénomme ***« accipiens »*** celui qui a reçu (« accepté ») l'indu, en ses propres mains ou par celles d'un mandataire (3) ; et ***« solvens »*** celui qui l'a versé, « payé », personnellement ou par un mandataire (4) : c'est pourquoi l'on parle souvent de « paiement de l'indu », même si cela ne correspond pas nécessairement à un paiement au sens strict.

Cette obligation de restitution repose en réalité sur le caractère peu moral que présenterait la conservation de ce **versement sans cause.** Et comme toujours lorsqu'un mécanisme a un fondement moral, son application doit être souple pour s'adapter aux circonstances des cas particuliers : c'est ce qui explique qu'en dépit de l'ancienneté des textes (non modifiés depuis le Code civil), la matière est encore assez fluctuante sur certains points tant en doctrine qu'en jurisprudence.

469 **Objet : toute valeur.** La réception peut concerner non seulement une somme d'argent, mais encore un bien : l'article 1379 l'admet implicitement en précisant le régime de restitution d'un immeuble ou d'un meuble corporel. Peut-elle affecter une prestation de services ? La jurisprudence ne paraît pas en fournir d'exemple, et la difficulté porterait sur l'objet de la restitution, car les services sont « consommés ». Cela ne paraît toutefois pas suffisant pour exclure l'idée de restitution, laquelle peut se faire en équivalent (par ex. le client d'un hôtel consomme un repas livré par erreur dans sa chambre ; l'abonné consomme de l'eau ou du gaz non comptabilisé au compteur).

(1) Com., 16 mai 1984, *Bull. civ.*, IV, n° 165.

(2) Civ. 1re, 17 juillet 1984, *D.* 1985.298, note CHAUVEL.

(3) Soc., 31 janvier 1996, *Bull. civ.*, V, n° 37. — Le mandataire n'est pas personnellement tenu à répétition : Civ. 1re, 25 juin 1996, *Bull. civ.*, I, n° 266 — Civ. 1re, 30 janvier 2004, *Bull. civ.*, I, n° 26.

(4) Civ. 3e, 25 janvier 2012, n° 10-25475 (lequel n'est pas non plus bénéficiaire de la répétition).

SECTION 1 CONDITIONS DE L'ACTION EN RÉPÉTITION

470 **Acte de réception.** Bien que cette condition soit souvent passée sous silence, l'*accipiens* ne peut être obligé que s'il a « accepté » le versement. Cela résulte non seulement de l'article 1376, qui vise celui qui « reçoit » ce qui ne lui est pas dû, mais encore et surtout de la définition générale que donne l'article 1371 des quasi-contrats : « faits purement volontaires de l'homme, dont il résulte un engagement quelconque envers un tiers ». Par conséquent celui chez qui un objet aurait été déposé, mais qui ne l'aurait pas accepté, n'en est pas comptable (sauf à retenir à sa charge une faute au titre de la responsabilité civile ; exemple : celui qui reçoit un chèque indu le jette, permettant à un tiers indélicat qui le trouve de l'encaisser). Encore faut-il en outre recevoir pour son propre compte : ce n'est pas le cas de celui qui ne reçoit que comme mandataire, seul son mandant pouvant être tenu à répétition envers le *solvens* (5).

Cette acceptation peut naturellement être implicite.

471 **Indu « objectif » ou « subjectif »** Le versement indu peut correspondre à deux hypothèses dans lesquelles le caractère indu est plus ou moins intense :

— On parle *« d'indu objectif »* lorsque le versement est sans cause **à la fois pour le *solvens* et pour l'*accipiens*** : le premier n'avait pas de dette et le second pas de créance (exemple précité de l'assureur payant une indemnité dans un cas exclu par la police). Ce cas correspond souvent à l'annulation d'un contrat, la répétition de l'indu étant le support des restitutions qui ont déjà été examinées (cf. *supra,* n° 192).

— On parle *« d'indu subjectif »* lorsque le versement est justifié à l'égard **de l'une des parties, mais non de l'autre :** ou bien le débiteur réel verse ce qu'il doit à un non créancier (exemple précité de la livraison ou du chèque adressé à un mauvais destinataire) ; ou c'est un créancier véritable qui reçoit son dû, mais de la part d'un autre que son débiteur (exemple précité du créancier d'un défunt payé par un « faux héritier »).

Dans tous ces cas, le versement ne correspond pas totalement à sa cause et constitue donc un versement indu : l'élément matériel de l'indu est ainsi caractérisé. Pourtant l'on sent bien que l'obligation de restituer ne s'impose peut-être pas toujours avec autant de force et pourrait même impliquer des tiers. D'où la nécessité de distinguer en définitive trois situations :

— versement par un non-débiteur à un non-créancier ;

— versement par le vrai débiteur à un non-créancier ;

— versement par un non-débiteur au vrai créancier.

(5) Com., 2 octobre 2007, *Bull. civ.*, IV, n° 209.

§ 1. Versement par un non-débiteur à un non-créancier (indu objectif)

472 **Caractère indu du versement.** C'est là l'élément essentiel, qui mérite quelques précisions. L'idée est que le versement n'a pas de raison d'être, juridiquement qu'il n'a pas de *cause*. Cela ne se réduit pas au simple défaut de titre de l'*accipiens* :

— d'une part il est des cas où le versement s'avère sans cause même en présence d'un titre, en raison de l'annulation ou de la résolution ultérieure de ce titre (ou de la réformation du jugement constituant ce titre) ; bien que l'on soit très exactement devant un versement sans cause, la tendance actuelle tend à exclure le régime légal de la répétition de l'indu au profit de celui, tout jurisprudentiel, des restitutions après annulation des contrats (cf. *supra,* n°s 222 et s.) (6) ;

— d'autre part il y a aussi des cas où l'*accipiens,* qui n'aurait pas pu poursuivre en paiement le *solvens*, est pourtant fondé à conserver ce qu'il a reçu car le versement a une cause. On en fournira deux exemples :

• Le versement correspond à une *obligation naturelle :* cette obligation, qui ne permettait pas d'exercer une action en paiement, confère cependant une cause juridique au versement qui n'est donc pas indu (cf. *supra,* n° 5), pourvu qu'il n'ait pas été obtenu par force (7).

• Le versement correspond à une *intention libérale* de son auteur : cadeaux, entraide, « dette de gratitude », etc. Le bénéficiaire ne pouvait l'exiger, mais est fondé à conserver cet avantage qui trouve sa raison d'être dans des « bons procédés » familiaux, urbains ou commerciaux, pourvu seulement que le versement ait été fait de propos délibéré et en connaissance de cause (8).

Pendant longtemps, on a pareillement traité le paiement fait à un créancier qui se trouvait primé par d'autres créances **privilégiées** de sorte que l'*accipiens* n'aurait pas dû être payé (souvent dans le cadre d'une procédure de « faillite ») ; ce versement n'étant pas sans cause, l'*accipiens* (chanceux) n'était donc pas tenu à restitution (9). Mais la jurisprudence récente s'est troublée : elle admet parfois qu'il y avait bien versement indu sujet à restitution (10) mais pas toujours (11).

(6) Civ. 1re, 24 septembre 2002, *D.* 2003.369, note AUBERT. — Voir toutefois Civ. 3e, 5 décembre 2001, *Bull. civ.,* III, n° 143 qui règle par la répétition de l'indu la restitution d'un pas-de-porte illicite. — Voir aussi Civ. 1re, 20 janvier 1998, *Bull. civ.,* I, n° 18 : il y a lieu à répétition de l'indu de sommes versées en exécution d'un arrêt annulé. — V. CARBONNIER, n° 304. — Sur l'exemple des restitutions après annulation d'un titre de filiation, v. MOULOUNGUI, *D.* 1996. chr. 304.

(7) Com., 22 octobre 1991, *Bull. civ.,* IV, n° 311.

(8) À cela correspond la notion de « cadeaux d'usage » souvent retenue en jurisprudence. — Voir aussi *infra,* n° 474.

(9) Com., 26 nov. 1985, *Bull. civ.,* IV, n° 281, p. 238. — 7 nov. 1989, *Bull. civ.,* IV, n° 283 ; *RTD civ.* 1990.281, obs. MESTRE.

(10) Com., 17 novembre 1992, *D.* 1993.341, note SORTAIS. — Com., 12 mai 2009, *Bull. civ.,* IV, n° 68.

(11) Com., 30 octobre 2000, *Bull. civ.,* IV, n° 169 ; *D.* 2001.620, note HONORAT. — 11 février 2004, *Bull. civ.,* IV, n° 27 ; *D.* 2004.701 (qui semble distinguer entre créancier chirographaire et créancier privilégié mais primé, distinction qui ne serait guère compréhensible).

473 **Erreur du *solvens*** pas nécessaire. Faut-il, pour obtenir répétition, établir non seulement que le versement était indu mais encore qu'il a été fait par erreur ? Certes c'est en pratique le plus souvent le cas : pourquoi sinon le *solvens* aurait-il payé ce qu'il ne devait pas ? Mais il est toujours difficile de prouver un élément psychologique et il est donc important de déterminer si l'erreur est ou non une condition de la répétition.

Il a longtemps régné sur ce point une certaine confusion qui trouve sa source dans la rédaction de l'article 1377 qui n'ouvre droit à répétition qu'à la « personne qui, *par erreur,* se croyait débitrice (et) a acquitté une dette », ce qui paraît bien poser de façon générale la condition qu'il ait payé par erreur. Aussi pendant longtemps a-t-il été admis que cette condition était requise dans tous les cas (12). Mais la **jurisprudence récente** a introduit une **distinction** à cet égard entre l'indu objectif et l'indu subjectif : la condition d'erreur du *solvens* n'existe que dans le cas où celui-ci a payé une vraie dette, mais dont il n'était pas tenu (cf. *infra,* n° 475). Au contraire, en cas d'indu objectif, c'est-à-dire en cas de paiement d'une dette inexistante, l'*accipiens* a reçu une somme alors qu'il n'avait pas de créance et ne mérite donc pas protection. En ce cas le **fait matériel du versement indu suffit** à la répétition et le *solvens* n'est « pas tenu de démontrer une erreur de sa part » (13) : l'obligation à restituer trouve alors un fondement suffisant dans les articles 1235 et 1376, l'article 1377 n'intervenant pas car il vise le paiement d'une « dette » qui en ce cas n'existe pas : ainsi en est-il par exemple en cas d'encaissement d'un « chèque de garantie » pour une opération qui ne s'est pas faite (14), de perception de loyers excessifs (15) ou d'allocations de chômage non dues (16), du versement d'une indemnité d'assurance pour un sinistre non garanti (17), ou du paiement d'un prix en exécution d'une promesse de vente devenue caduque (18).

474 **Obstacles à la répétition.** Deux circonstances peuvent cependant venir paralyser, en tout ou en partie, l'action en répétition.

— **Le paiement délibéré** constitue traditionnellement un obstacle *total :* mais il faut que l'*accipiens,* défendeur à l'action en répétition, prouve qu'il est

(12) FLOUR et AUBERT, n° 22 et les références. — I. DEFRÉNOIS-SOULEAU, *La répétition de l'indu objectif, RTD civ.* 1989.243. — KAMDEM, *L'évolution du régime de l'action en répétition de l'indu objectif, JCP* 1997.I.14018.

(13) Civ. 1re, 17 juillet 1984, *D.* 1985.298, note CHAUVEL. — Ass. Plén., 2 avril 1993, *Grands arrêts*, n° 238 ; *JCP* 1993.II.22051, concl. JÉOL ; *D.* 1994. Som. 14, obs. AUBERT. — Cf. les réticences de SÉRIAUX, *D.* 1993. chr. 229. — V. depuis Civ. 1re, 20 janvier 1998, *Bull. civ.,* I, n° 18. — Soc., 17 mai 2011, n° 10-12852. — V. aussi CHAUVEL, note *D.* 1998.570.

(14) Com., 22 juin 1993, *Bull. civ.,* IV, n° 265. — 17 novembre 1998, *Bull. civ.,* IV, n° 269.

(15) Civ. 3e, 4 janvier 1995, *Loyers et Copropriété* 95.206.

(16) Civ. 1re, 11 avril 1995, *JCP* 1995.II.22485, note SÉRIAUX.

(17) Civ. 1re, 27 février 1996, *Bull. civ.,* I, n° 105.

(18) Com., 18 janvier 2000, *RJDA* 2000.380.

intervenu « volontairement » et « en connaissance de cause » (19). Et même cela n'est peut-être plus un obstacle (20).

— **La faute du *solvens*** (21) constitue un obstacle *partiel* à la restitution dans le cas où cette restitution cause un préjudice à l'*accipiens*. Contrairement à ce qui se passe en cas d'indu subjectif (*infra,* n° 476), la répétition n'est pas supprimée, même en cas de découverte tardive (22), mais est simplement **diminuée** : l'*accipiens* ne peut pas conserver ce qui ne lui était pas dû, mais les difficultés de budget que vont lui causer la répétition conduisent à une modération de celle-ci (23) : « la faute du *solvens* engage la responsabilité de son auteur envers l'*accipiens* lorsqu'elle a causé à celui-ci un préjudice ; le remboursement mis à sa charge doit alors être diminué du montant de ce préjudice » (24). Seuls des dommages-intérêts sont alors dus, qui viennent diminuer la restitution (25).

§ 2. Versement par le vrai débiteur à un non-créancier

475 **Action du *solvens*.** Le débiteur qui dirige mal son paiement n'est pas libéré envers son véritable créancier et est donc exposé à devoir de nouveau payer (qui paie mal paie deux fois... : v. *infra,* n° 787). Il peut donc tout naturellement agir en répétition contre l'*accipiens* non créancier qui n'a aucun droit à conserver cette sorte d'aubaine.

(19) Com., 24 février 1987, *D.* 1987.244 et la note. — V. aussi les motifs de Com., 15 décembre 1987, *Bull. civ.,* IV, n° 280, admettant la répétition parce que le paiement ne pouvait être considéré comme ayant été « volontaire ». — V. aussi Soc., 7 décembre 1993, *Bull. civ.,* V, n° 306, motifs. — MESTRE, *RTD civ.* 1993.822. — Lorsqu'il s'agit d'un assureur, ce serait au *solvens* de prouver que son paiement n'a pas été volontaire : Civ. 1re, 25 novembre 1997, *Bull. civ.,* I, n° 323 (ce qui revient à ressusciter la condition de l'erreur !).

(20) Soc., 17 mai 2011, n° 10-12852, *Bull. civ.,* V, n° 108 : « le paiement effectué en connaissance de cause ne fait pas obstacle à l'exercice par son auteur de l'action en répétition ». — V. aussi Soc., 25 septembre 2013, n° 12-17124 — Civ. 1re, 30 avril 2014, n° 14-11261.

(21) Cf. A. ROMANI, *La faute de l'appauvri dans l'enrichissement sans cause et dans la répétition de l'indu, D.* 1983, chr. 127. — LECENE-MARENAUD, *Le rôle de la faute dans les quasi-contrats, RTD civ.* 1994.515.

(22) Com., 15 mars 1994, *Bull. civ.,* IV, n° 251.

(23) Cas de l'assuré social ayant reçu des prestations indues : Soc., 14 juin 1979, *Bull. civ.,* V, n° 546. — 31 mars 1978, *Bull. civ.,* V, n° 269. *Id.* pour le chômeur : Soc., 30 mai 2000, *Bull. civ.,* V, n° 209.

(24) Civ. 1re, 5 juillet 1989, *Bull. civ.,* I, n° 278 ; *RTD civ.* 1990.282, obs. MESTRE. — Cf. aussi Com., 19 novembre 1991, *JCP* 1993.II.22012, note J.B. DONNIER. — Civ. 1re, 18 mai 1994, *Bull. civ.,* I, n° 179 ; *RTD civ.* 1995.372, obs. MESTRE.

(25) Civ. 1re, 27 février 1996, *Bull. civ.,* I, n° 105. — 15 octobre 1996, n° 94-14.226, *D.* 1996.I.R.243.

Il n'a, semble-t-il, pas plus à prouver son erreur qu'en cas d'indu objectif (cf. *supra,* n° 473) car l'*accipiens* n'avait pas plus de créance que dans cette hypothèse.

Peu importe aussi que cet *accipiens* soit de bonne ou de mauvaise foi : même s'il a accepté *« par erreur »*, il est obligé à restitution (art. 1376). Mais on peut, ici aussi, admettre qu'une faute du *solvens* puisse limiter cette restitution (cf. *supra,* n° 474).

475-1 **Action directe du véritable créancier ?** Il pourrait paraître expédient de permettre au véritable créancier d'agir directement contre l'*accipiens*, afin de rétablir en un seul mouvement la destination correcte du versement : outre la simplicité, cette action servirait les intérêts de ce créancier dans les cas où le débiteur n'est plus très solvable...

La jurisprudence s'y oppose (26). Et il est vrai que ce véritable créancier n'a rien versé, de sorte qu'il serait paradoxal de lui ouvrir une action en *« restitution »*. Mais il serait légitime de lui ouvrir, *de lege ferenda*, une action directe, comme la jurisprudence vient de le faire dans le cas symétrique (*infra*, n° 477-1) comme il serait injuste de laisser l'*accipiens* en possession de fonds sur lesquels il n'a aucun droit pendant que le vrai créancier resterait impayé, il faut ouvrir à celui-ci une action d'enrichissement sans cause dans les cas exceptionnels où il ne pourrait poursuivre efficacement son débiteur.

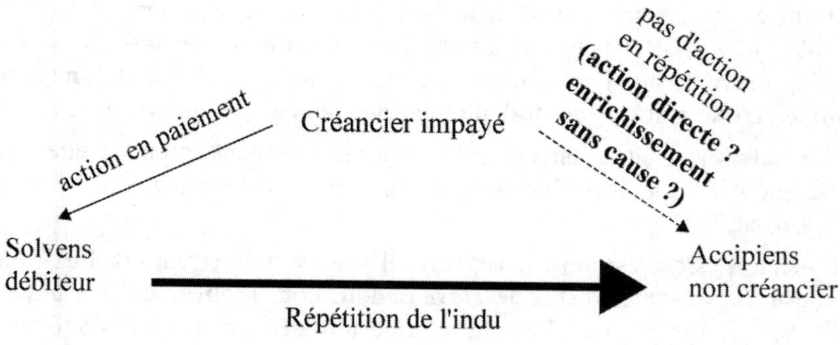

(26) Ainsi, lorsque la même créance a été cédée à deux banquiers et que c'est le second (sans droit) qui a été payé, on refuse au premier le droit d'agir contre lui : Com., 4 juillet 1995, *D.* 1995.489, note SYNVET ; *JCP* 1995.II.22553, note LEGEAIS opérant revirement sur la jurisprudence antérieure (Com., 19 mai 1992, *Bull. civ.,* IV, n° 190. — 12 octobre 1993, *Bull. civ.,* IV, n° 328. — 1er juillet 1994, *Bull. civ.,* IV, n° 251. — CABRILLAC, *D.* 1990, chr. 127).

§ 3. Versement par un non-débiteur au vrai créancier

475-2 **Double schéma possible.** Lorsqu'un tiers qui n'y était pas tenu a payé au créancier son véritable dû, à la place du vrai débiteur donc, et qu'il ne l'a pas fait volontairement pour payer pour autrui (cf. sur ce cas *infra*, n° 785) mais par erreur, deux schémas sont concevables pour rétablir la situation :

— un schéma classique mais long : le *solvens* agit en répétition contre le créancier puis celui-ci, redevenu impayé, agit contre son véritable débiteur ;

— un schéma plus direct qui permettrait au *solvens* de se tourner directement vers le débiteur pour obtenir remboursement de ce qu'il a payé à sa place.

Seul le circuit long a pendant longtemps été admis, mais la jurisprudence récente a également ouvert le circuit court.

A. ACTION CONTRE LE CRÉANCIER *ACCIPIENS*

476 **Nécessité d'une erreur.** Ici, le *solvens* qui a acquitté une dette existante et payé un « vrai » créancier doit faire la **preuve de son erreur.** En effet, dès lors qu'il a payé au véritable créancier ce qui lui était dû, le *solvens* a payé la dette d'autrui et le versement peut avoir une cause car le paiement pour autrui est valable (art. 1236) et peut s'expliquer par de multiples raisons : service rendu dans le cadre familial ou amical, ou même intérêt à éviter qu'un partenaire commercial ne soit mis en difficulté par des poursuites judiciaires (27).

Il est alors normal qu'envers le créancier le paiement ne puisse être remis en cause que s'il est le fruit d'une erreur (sur le recours éventuel contre le débiteur, cf. *infra,* n° 785).

Lorsque l'erreur est ainsi nécessaire, il s'agit d'une erreur sur l'existence de la cause du versement (28) : le *solvens* doit alors prouver qu'il a payé parce qu'il croyait être personnellement tenu et non en sachant qu'il s'agissait de la dette d'autrui. Il peut s'agir d'une **erreur de fait** (exemple précité de l'héritier qui ignore l'existence d'un testament le déshéritant ou de la banque qui verse les fonds d'un compte à quelqu'un n'ayant plus procuration (29)) ou d'une **erreur de droit** (exemple : le parent d'un majeur auteur d'un dommage indemnise la victime en croyant à tort être encore responsable).

(27) Par ex. une société paie délibérément pour aider une autre société : Com., 8 juin 1979, *Gaz. Pal.,* 1979. Som. 421.

(28) GHESTIN, *L'erreur du* solvens, *condition de la répétition de l'indu, D.* 1972, chr. 277.

(29) Com., 19 novembre 1991, *Bull. civ.,* IV, n° 354.

La règle « nul n'est censé ignorer la loi » n'intervient donc pas ici et celui qui a payé sur la foi d'une jurisprudence abandonnée peut agir en répétition (30), tout comme un débiteur simplement conjoint qui croyait être tenu au tout (31).

À l'erreur, on assimile la ***contrainte*** dont a fait l'objet le *solvens*, car son règlement ne peut alors s'interpréter comme une volonté de payer la dette d'autrui (exemple : un transporteur refuse de délivrer la chose sans en recevoir le prix, alors qu'elle a déjà été payée) (32).

477 **Obstacles à la répétition.** Deux événements, voire trois, peuvent venir faire obstacle à la restitution en cas d'indu subjectif, alors même que les conditions précédentes seraient remplies.

— ***La destruction de son titre par l'accipiens.*** Lorsqu'un (vrai) créancier reçoit paiement, il est naturel qu'il détruise le document qui lui servait de titre, par exemple une reconnaissance de dette. En ce cas, s'il devait restituer le paiement au *solvens*, il se trouverait démuni de tout moyen pour poursuivre son véritable débiteur : aussi l'article 1377, alinéa 2 exclut-il en ce cas la répétition (33). Le *solvens* ne dispose alors que d'un recours éventuel contre le véritable débiteur, puisqu'il a payé à sa place (cas du paiement pour autrui : cf. *infra,* n° 785). Il semble, du point de vue de la preuve, qu'il suffise au créancier *accipiens* d'affirmer cette destruction sans avoir à la prouver matériellement (34).

L'abandon par le créancier des **sûretés** qui garantissaient sa créance est assimilé à cet égard à la destruction du titre (35).

— ***La faute du solvens.*** Alors qu'elle n'avait qu'une incidence partielle en cas d'indu objectif (cf. *supra,* n° 474), cette faute a ici un effet plus radical : en cas d'un **« indu subjectif »,** où le créancier a reçu sa vraie créance, la répétition est purement et simplement **écartée :** « le paiement fait par erreur par une personne qui n'est pas débitrice n'ouvre pas droit à répétition lorsque l'*accipiens* n'a reçu que ce que lui devait son débiteur et que le *solvens* a à se reprocher d'avoir payé sans prendre les précautions commandées par la prudence » (36). La solution est un peu abrupte : on pourrait plus justement mesurer la réduction au préjudice subi par le restituant,

(30) Ass. Plén., 2 avril 1993, précité note 10.
(31) Com., 5 mai 2004, *Bull. civ.,* IV, n° 85.
(32) Com., 16 juin 1981, *Bull. civ.,* IV, n° 279, p. 221.
(33) On y assimile le cas où il a abandonné les sûretés qui garantissaient sa créance. Civ. 1re, 31 octobre 1989, *Bull. civ.,* I, n° 337.
(34) Civ. 1re, 22 juin 1994, *Bull. civ.,* I, n° 221.
(35) Civ. 1re, 5 décembre 1995, *Bull. civ.,* I, n° 448.
(36) Com., 12 janvier 1988, *Bull. civ.,* IV, n° 22. — V. aussi, pour le cas de la banque qui paie un chèque ou une traite sans avoir reçu mandat ou malgré l'opposition de l'émetteur : Com., 23 avril 1976, *D.* 1977.563, note VERMELLE. — 22 novembre 1977, *JCP* 1978.II.18997, note GÉGOUT.

qui conserve son titre contre le vrai débiteur. Aussi semble-t-elle en passe d'être abandonnée (37).

— ***L'existence d'une action directe contre le véritable débiteur***, pendant longtemps refusée et admise depuis peu (cf. *infra*, n° 477-1), serait-elle en passe de faire obstacle à une répétition demandée à *l'accipiens* créancier, ou moins radicalement à faire de cette répétition un simple subsidiaire ? C'est ce que laissent entrevoir quelques arrêts interdisant à un assureur ayant payé à une victime alors qu'il n'était pas tenu à garantir le responsable d'agir en répétition contre cette victime (38). La généralisation de cette jurisprudence « révolutionnerait » la matière.

B. ACTION CONTRE LE VÉRITABLE DÉBITEUR ?

477-1 **Pas répétition, mais « remboursement ».** Ayant payé par erreur à la place du débiteur, le *solvens* peut-il agir directement contre lui pour se faire rembourser ?

Ce n'est certes pas *stricto sensu* une action en répétition car on ne peut agir en « répétition » qu'à l'encontre de l'*accipiens* lui-même, qu'il ait reçu par lui-même ou par mandataire interposé (39), et non contre le véritable débiteur aux lieux et place de qui l'on a payé : dans ce cas le *solvens* ne lui a rien « payé » et ne peut donc rien « répéter ». Ce *solvens* devrait, en toute logique, demander restitution au créancier qu'il a payé sans le devoir, et c'est ce créancier qui, redevenu impayé, devrait agir contre son débiteur. D'où la formule des arrêts encore récents qui refusaient à celui qui a payé par erreur ***pour le compte d'autrui*** (il vaudrait mieux dire à la place ou au bénéfice d'autrui) le droit d'agir en répétition contre cet « autrui » : par exemple l'assureur du responsable qui indemnise la victime alors que le contrat d'assurance ne devait pas jouer, ne peut pas agir en répétition contre le responsable (40), ou la Caisse de Sécurité sociale qui paie un médecin pour le compte d'un malade non garanti ne peut agir contre le médecin (41). Le débiteur qui profite de ce paiement fait pour son compte n'a rien « reçu ».

(37) En ce sens peut-être Civ. 1re, 17 février 2010, n° 08-19.789.

(38) Civ. 1re, 23 septembre 2003, *Bull. civ.*, I, n° 185. — 9 mars 2004, *Bull. civ.*, I, n° 81 ; *Defrénois* 2004.3165 et l'importante note LIBCHABER. — Civ. 2e, 26 avril 2007, *Bull. civ.*, II, n° 10. — Civ. 3e, 29 février 2012, n° 10-15128.

(39) Le mandataire n'est pas personnellement tenu : Civ. 1re, 25 juin 1996, *Bull. civ.*, I, n° 266. — Com., 30 janvier 2001, *Bull. civ.*, IV, n° 26.

(40) Civ. 1re, 12 mai 1987, *Bull. civ.*, I, n° 146 ; *RTD civ.* 1988.346, obs. MESTRE. — Cf. la critique tardive mais juste de D. MARTIN, *D.* 1993. chr. 167.

(41) Soc., 6 mai 1993, *Bull. civ.*, V, n° 131. — 31 octobre 2002, *Bull. civ.*, V, n° 333. — Cf. aussi Civ. 1re, 15 janvier 1985, *Bull. civ.*, I, n° 20. — Soc., 31 janvier 1996, *Bull. civ.*, V, n° 37 ; *D.* 1997.306, note THULLIER.

Mais, comme il peut paraître alors pourtant justifié d'ouvrir au *solvens* un recours direct contre le débiteur véritable, parce que celui-ci profite en fait de ce paiement qui le libère envers son créancier (cf. *infra*, n° 784), la jurisprudence s'est récemment engagée dans le sens d'une action directe en décidant que « le tiers qui, par erreur, a payé la dette d'autrui de ses propres deniers a, bien que non subrogé aux droits du créancier, un recours contre le débiteur » (42). Ce n'est peut-être pas à proprement parler une action en répétition de l'indu, mais cela y ressemble fort : c'est une action en « remboursement » (43) dont la Cour de cassation a précisé qu'elle repose sur l'idée d'enrichissement sans cause (44) ou sur celle de gestion d'affaires (45) (voir aussi *infra*, n° 784).

SECTION 2 **RÉGIME DE L'ACTION**

478 **Preuve et prescription.** Conformément au droit commun, l'action en répétition fait peser sur le demandeur la **charge de prouver** que les conditions en sont remplies (46) : par exemple l'assureur ayant versé une indemnité pour accident devra établir que les circonstances ne correspondaient pas à un « accident » et le doute pèsera sur lui, alors que s'il n'avait pas payé, ce doute aurait pesé sur l'assuré demandeur (47). Cette preuve peut se faire par tous moyens car le paiement de l'indu est un simple fait juridique (48).

La ***prescription*** de cette action est parfois régie par des textes spéciaux (49). En dehors de ces cas, est-elle la même que celle de l'action symétrique en paiement ? La jurisprudence a longtemps erré, répondant dans certains cas

(42) Civ. 1re, 13 octobre 1998, *Bull. civ.,* I, n° 299 ; *D.* 1999. Som. 116, obs. AYNÈS ; *D.* 1999.500, note D. MARTIN. — Soc., 20 décembre 2001, *Bull. civ.,* V, n° 395.

(43) D. MARTIN, note précitée.

(44) Civ. 1re, 4 avril 2001, *Bull. civ.,* I, n° 105. — V. SALVAT, *Le recours du tiers contre la personne dont il a payé la dette, Defrénois* 2004.105. — V. aussi, de façon assez implicite : Civ. 3e, 2 avril 2008, *Bull. civ.*, III, n° 64.

(45) Civ. 1re, 12 janvier 2012, n° 10-24512.

(46) Soc., 9 décembre 1993, *Bull. civ.,* V, n° 311. — Civ. 1re, 4 juillet 1995, *Bull. civ.,* I, n° 294. — Soc., 31 janvier et 5 décembre 1996, *Bull. civ.,* V, nos 37 et 425. — Civ. 1re, 16 novembre 2004, *Bull. civ.,* I, n° 276.

(47) Civ. 1re, 13 mai 1986, *Bull. civ.,* I, n° 120, p. 121.

(48) Civ. 1re, 29 janvier 1991, *Bull. civ.,* I, n° 36 ; *RTD civ.* 1991.281, obs. MESTRE.

(49) Ex. art. L. 126-1 du Code des postes (délai d'un an : cf. Civ. 1re, 21 février 2006, *Bull. civ.*, I, n° 87).

oui (50), dans certains cas non (51). En 2002, une chambre mixte a peut-être tranché en décidant que la prescription spéciale applicable à des loyers et charges ne s'opposait pas à l'action en répétition du trop-versé, « qui relève du régime spécifique des quasi-contrats » (52) sans convaincre toutefois, semble-t-il, la chambre sociale pour la répétition de salaires (53) ni la chambre commerciale pour la répétition des sommes versées au titre d'un contrat de transport (54).

Une loi du 18 janvier 2005 modifiant l'article 2272 d'alors est venue rétablir la symétrie pour le cas des loyers et charges, mais pour ce cas seulement. L'unification du délai de prescription à cinq ans par la loi du 17 juin 2008 devrait restreindre pour l'avenir la difficulté aux seuls domaines où il existe une prescription plus courte, comme l'assurance (deux ans) ou le transport (un an) (cf. *infra*, n°s 890 et s.).

Reste la question du point de départ de ce délai : c'est sans doute non pas le jour du paiement, mais celui où son auteur a appris qu'il était indu (55).

SECTION 3 — OBJET DE LA RESTITUTION

479 ***Accipiens* de bonne foi.** C'est celui qui croit que le règlement qu'il reçoit a une cause : soit parce qu'il est vraiment créancier et pense que le règlement est

(50) Cf. Civ. 1re, 18 juin 1980, *D.* 1980.542 et Soc. 12 janvier 1999, *Bull. civ.*, V, n°s 14 et 15 appliquant la prescription quinquennale des salaires à l'action en répétition de salaires versés à tort. — Civ. 1re, 18 mai 1983, *Bull. civ.*, I, n° 150. — 15 mars 1988, *Bull. civ.*, I, n° 73. — 8 et 22 juin 1994, *Bull. civ.*, I, n°s 202 et 220 appliquant la prescription biennale du contrat d'assurance à l'action en répétition d'indemnités versées en trop. — Soc., 28 juin 2001, *Bull. civ.*, V, n° 238 (remboursement de cotisations).

(51) Civ. 3e, 21 février 1996, *Bull. civ.*, III, n° 48 ; *Defrénois* 1996.1436 et la note pour des loyers versés en trop. — Civ. 1re, 27 février 1996, *Bull. civ.*, I, n° 105 pour des indemnités versées en l'absence d'assurance. — Civ. 2e, 22 novembre 2001, *Bull. civ.*, II, n° 170 pour des pensions alimentaires.

(52) Ch. mixte, 12 avril 2002, *D.* 2002.2433, note AUBERT DE VINCELLES. — Voir dans le même sens pour toute créance périodique : Civ. 2e, 16 décembre 2003, *Bull. civ.*, II, n° 387. — Civ. 1re, 1er mars 2005, *Bull. civ.*, I, n° 110 (intérêts) — 21 février 2006, *Bull. civ.*, I, n° 98 (arrérages). — Et en matière d'assurances : Civ. 2e, 18 mars 2004, *Bull. civ.*, II, n° 131. — Civ. 3e, 3 mars 2004, *Bull. civ.*, III, n° 45. — Civ. 2e, 4 juillet 2013, n° 12-17727, *Bull. civ.*, II, n° 150.

(53) Soc., 23 juin 2004, *Bull. civ.*, V, n° 182. — Dans le même sens C.E., 11 janvier 2008, n° 301.855.

(54) Com., 3 mai 2011, n° 11-11983, *Bull. civ.*, IV, n° 68.

(55) Sur ce point, v. BILLIAU, *JCP* 2011.1030, n° 3.

fait pour le compte de son débiteur ; soit parce que, sans être vraiment créancier, il peut croire qu'il l'est, ignorant par exemple la nullité de son titre (celui qui reçoit des prestations de Sécurité sociale peut ignorer la réglementation complexe qui lui en refuse en réalité le bénéfice).

Comme en toutes matières, la bonne foi se présume.

Cet *accipiens* de bonne foi ne doit restituer que **cela même qu'il a reçu,** sans intérêts ni fruits (art. 1378). S'il a reçu une chose, il ne doit pas compte de sa perte ou de sa dégradation, sauf si elle est due à sa faute (art. 1379). Et s'il l'a vendue, il ne doit en restituer que le prix effectivement perçu (art. 1380). S'il s'agit d'une marchandise qu'il a consommée, il en doit la valeur.

480 ***Accipiens* de mauvaise foi.** Au contraire, celui qui a reçu « sciemment » ce qui ne lui était pas dû en doit les **intérêts** ou les fruits depuis le jour de la réception, ainsi que la **valeur réelle** en cas de perte ou d'aliénation. On y assimile le professionnel ayant reçu des sommes d'un consommateur sans engagement préalable de ce dernier (C. consom., art. L. 122-3) et celui qui se dérobe de mauvaise foi à la restitution (56).

Par une exception contestable, la jurisprudence refuse ces intérêts dans le cas où les sommes ont été perçues en exécution d'une décision de justice ensuite réformée, sans s'attacher à la bonne ou mauvaise foi du bénéficiaire (57).

480-1 **Frais de conservation.** Qu'il soit de bonne ou de mauvaise foi, l'*accipiens* qui a engagé les « dépenses nécessaires ou utiles » pour conserver la chose a droit à leur remboursement : à défaut le bénéficiaire de la restitution profiterait d'un enrichissement sans cause (art. 1381). Pour garantir cette créance, il dispose du droit de rétention.

(56) Civ. 1re, 20 mai 2009, *Bull. civ.*, I, n° 101.

(57) Jurisprudence constante depuis Ass. Plén., 3 mars 1995, *D.* 1995.249, concl. JÉOL ; *JCP* 1995.II.22482, note DELEBECQUE. — Voir la juste critique de HOONAKER, *Des intérêts dus sur les créances de restitution, D.* 1999, chr. 328. — V. aussi *Le désintérêt des intérêts ?, Mélanges Ghestin*, 2001.113.

SOUS-TITRE 2
LES QUASI-CONTRATS CRÉÉS PAR LA JURISPRUDENCE

481 **Soupapes.** Les règles légales, parce qu'elles sont écrites pour la généralité des cas, sont inadaptées aux cas marginaux qui n'entrent pas dans cette généralité. Il arrive même alors que leur enchaînement mécanique aboutisse, dans tel ou tel cas particulier, à une injustice évidente. L'adage latin de Cicéron « Summum jus, summa injuria » traduit ce phénomène inéluctable : « droit porté à l'extrême, extrême injustice » (1). De tous temps, il a fallu des « soupapes » pour écarter les règles générales dans ces hypothèses : c'est le rôle des exceptions, tempéraments et règles particulières qui caractérisent toute science juridique.

Mais le législateur, même s'il prévoit de telles règles compensatrices, ne fournit pas au juge un arsenal suffisant pour remédier aux cas les plus extrêmes — ceux qui n'entrent dans aucun cadre préétabli. Alors les tribunaux forgent eux-mêmes le moyen d'éviter l'injustice. C'est cette nécessité qui a présidé à la création jurisprudentielle des deux ou trois quasi-contrats qui vont être maintenant étudiés, et dont l'application reste par nature exceptionnelle.

(1) ROLAND et BOYER, *Locutions et adages*, t. 2, n° 277.

CHAPITRE 1
L'ENRICHISSEMENT INJUSTIFIÉ (OU SANS CAUSE)

482 **Définition.** Il est de nombreux cas où une opération juridique a pour effet d'enrichir une personne aux dépens d'une autre : quoi qu'on en pense sur le plan moral, cet enrichissement est la conséquence de cette opération juridique et apparaît donc comme légitime, ou du moins justifié d'un point de vue juridique : on dit qu'il a une *cause.* Ainsi de l'acheteur d'un bien qui prend de la valeur, du commerçant qui s'installe et mord sur la clientèle des concurrents, etc. L'appauvri ne pourra qu'attaquer l'acte juridique s'il présente une irrégularité en lui-même (vice du consentement, concurrence déloyale...), mais ce transfert de valeur d'un patrimoine à l'autre n'est pas *en lui-même* générateur d'une indemnité.

Mais il est des hypothèses où un **concours de circonstances** peut aboutir à un tel transfert de valeur sans trouver une justification réelle dans une opération juridique. Par exemple le propriétaire d'un bien profite des travaux qu'un occupant sans titre a fait faire par un entrepreneur sans le payer : l'entrepreneur s'est appauvri, le propriétaire enrichi sans qu'une règle juridique ne vienne véritablement justifier cette situation ; de même lorsqu'un proche (parent, ami ou concubin) a, par un travail en commun non rémunéré, contribué à faire prospérer l'entreprise ou le fonds de commerce.

L'action d'enrichissement sans cause (anciennement appelée action *« de in rem verso »,* de façon équivoque d'ailleurs, car il n'y a pas forcément « chose versée » à restituer) a pour objet de **compenser ce transfert** de valeur injustifié, au moyen d'une indemnité que doit verser l'enrichi à l'appauvri.

483 **Fondement moral.** Aucun texte général n'existe pour ouvrir cette action : il s'agit d'une *création jurisprudentielle.*

Certes quelques textes particuliers reposent sur la même idée (art. 555 relatif aux constructions faites sur le terrain d'autrui ; mécanisme des récompenses entre époux après dissolution du régime matrimonial lorsqu'un d'entre eux a fourni les fonds qui ont permis à l'autre d'améliorer ses propres biens ; art. 280-1 relatif à l'époux divorcé qui a collaboré à la profession de l'autre, etc.).

Mais c'est un véritable effort de création qui a conduit la jurisprudence à s'élever au-dessus de ces quelques cas particuliers (qui n'existaient d'ailleurs pas tous à l'époque) pour dégager un principe général : l'enrichissement sans cause est l'une des illustrations les plus caractéristiques du pouvoir créateur de la jurisprudence. C'est l'œuvre du célèbre **arrêt dit « du marchand d'engrais »** rendu en 1892 et faisant expressément référence à l'équité : le marchand n'ayant pas été payé par le fermier locataire s'est vu reconnaître contre le propriétaire des terres enrichies par l'engrais une action « dérivant du principe d'équité qui défend de s'enrichir aux dépens d'autrui » (1).

484 **Évolution restrictive.** Telle qu'elle était reconnue en 1892, l'action était très large : l'arrêt précité précisait en effet que « n'ayant été réglementé par aucun texte de nos lois, son exercice n'est soumis à aucune condition déterminée » autre que la preuve d'un « avantage » procuré à autrui « par un sacrifice ou un fait personnel ».

Prise à la lettre, cette formule pouvait faire de l'action, selon l'expression très évocatrice de Flour, une « machine à faire sauter le droit » : tout particulièrement, les contrats pourraient être remis en cause à tout moment si l'on ouvrait l'action à la partie s'estimant désavantagée par l'opération contractuelle.

Aussi, l'effort jurisprudentiel s'est-il poursuivi en vue de cantonner l'action à des hypothèses relativement exceptionnelles dans lesquelles aucune autre règle de droit ne vient s'appliquer. On peut même estimer que la jurisprudence a été un peu trop loin dans cet encadrement de l'action et qu'un peu plus de souplesse conviendrait à son rôle de « soupape d'équité », même s'il est excessif de dire, comme certains (2), qu'elle est devenue une action réservée à des « marginaux ». Certains signes d'un « réassouplissement » peuvent d'ailleurs être décelés (3) et la Cour de cassation vient d'évoquer (pour justifier le recours de celui qui a payé pour autrui : v. *infra,* n° 784) le « principe général du droit selon lequel nul ne peut s'enrichir injustement aux dépens d'autrui » (4). À l'heure du « contrat mou », il eût été paradoxal que les quasi-contrats restent trop durs !

(1) Req., 15 juin 1892, *S.* 93.I.281, note LABBÉ ; *Grands arrêts*, n° 239.
(2) MALAURIE, AYNÈS et STOFFEL-MUNCK, n° 1059.
(3) V. BARABE-BOUCHARD, *D.* 1996.137.
(4) Civ. 1re, 4 avril 2001, *Bull. civ.,* I, n° 105. — Voir aussi Civ. 1re, 25 février 2003, *Bull. civ.,* I, n° 55 (sur lequel *infra,* n° 492).

SECTION 1 ÉLÉMENTS DE L'ENRICHISSEMENT SANS CAUSE

485 **Conditions matérielles ou juridiques et charge de la preuve.** Si les conditions de fait de l'action sont simples, l'effort précité de la jurisprudence y a ajouté des conditions de droit, qui sont en réalité autant d'obstacles permettant d'écarter l'action bien que les conditions matérielles en soient remplies. Les éléments matériels apparaissent donc comme des « conditions positives » de l'action, et les éléments juridiques comme des « conditions négatives » ou des obstacles à l'action. Cette nuance a son importance sur le plan de la **charge de la preuve :** s'il incombe au demandeur d'établir la réunion des conditions positives, c'est ensuite à l'inverse le défendeur qui devra, s'il invoque un des obstacles pour paralyser l'action, en rapporter la preuve.

§ 1. Conditions positives (ou matérielles)

486 **Mouvement de valeur caractérisé par trois éléments.** Les trois éléments, dont le demandeur va devoir rapporter la preuve, découlent de la logique même : appauvrissement d'une partie, enrichissement de l'autre et lien de causalité entre ces deux éléments.

487 **Appauvrissement.** L'équité n'impose d'indemniser qu'un appauvrissement : elle ne va pas jusqu'à permettre de prétendre participer à l'enrichissement d'autrui si l'on n'a subi soi-même aucune perte ; par exemple celui qui a aidé un ami dans la fondation d'une entreprise mais a été rémunéré ne peut demander une part de la plus-value de l'entreprise (5) ; celui qui indiquerait à autrui une « bonne affaire » (en bourse, aux courses ou ailleurs) ne peut demander une part du produit, car il ne s'est pas appauvri.

Mais si l'appauvrissement est nécessaire, il peut prendre bien des formes : perte réellement subie (dépense (6), livraison de biens non payés comme dans le cas du marchand d'engrais), mais aussi ***manque à gagner*** (par ex. impossibilité de tirer des loyers d'un bien occupé sans titre ; non-rémunération d'une collaboration (7) ou d'une assistance (8).

(5) Com., 10 février 1966, *Bull. civ.,* IV, n° 92, p. 79.

(6) Ex. le repreneur d'une entreprise qui paie aux salariés un arriéré : cf. Soc., 2 et 8 février 1984, *D.* 1984.321.

(7) Cf. entre époux ou concubins : Civ. 1re, 9 janv. 1979, *Bull. civ.,* I, n° 11. — 30 mai 1979, *D.* 1979.IR.495. — Ce défaut de rétribution implique par lui-même un appauvrissement : Civ. 1re, 15 octobre 1996, *Bull. civ.,* I, n° 357.

488 **Enrichissement.** L'appauvri ne dispose d'une action que si quelqu'un s'est corrélativement enrichi. Cet enrichissement est également entendu de manière large : c'est non seulement l'acquisition d'un bien ou d'une plus-value « enrichissant » véritablement l'intéressé, mais encore la réalisation d'une économie par **dépense évitée :** profit d'une collaboration sans avoir à payer de salaire, bénéfice de réparations sans avoir à en payer le coût, dette payée par autrui (9), usage gratuit d'une chose (10).

489 **Corrélation entre ces deux éléments.** Il faut évidemment que l'appauvrissement et l'enrichissement soient liés, qu'ils représentent selon l'expression d'un auteur « le double aspect d'un fait unique » (11).

Souvent évident (par ex. pour une collaboration professionnelle non rémunérée), ce lien de corrélation est plus délicat lorsqu'on est en présence d'une situation à trois personnes ou plus ; mais on admet en cette matière que le lien de causalité n'est pas rompu par cette présence d'un patrimoine intermédiaire : c'est l'exemple du marchand d'engrais précité ou encore de l'aide bénévole de la gouvernante à une personne âgée qui évite aux héritiers de pourvoir à ses soins (12). Mais en ce cas, il arrive très souvent qu'un obstacle juridique paralyse l'action car l'enrichissement du tiers trouvera souvent une cause dans le contrat le liant à l'intermédiaire.

§ 2. Obstacles à l'action (d'ordre juridique)

490 **Remparts jurisprudentiels.** Si l'on s'en tenait aux trois conditions précitées, il est évident que l'on se trouverait vite submergé par un nombre considérable d'actions, tant sont multiples les situations à l'issue desquelles on peut constater un transfert de valeur d'un patrimoine à un autre. C'est pour éviter pareille conséquence que la jurisprudence, comme on l'a dit (cf. *supra,* n° 484), s'est employée à créer des « garde-fous » sous la forme de **conditions négatives :**

(8) Celle d'une gouvernante non salariée à l'égard d'une personne âgée (Civ. 1re, 6 mars 1979, *Gaz. Pal.* 1979, somm. 327) ou du conjoint d'un descendant à l'exploitation agricole (Civ. 1re, 14 mars 1995, *JCP* 1995.II.22516, note ROUSSEL ; *D.* 1996.137, note BARABÉ-BOUCHARD).

(9) Par ex. le mari qui a élevé l'enfant d'un autre peut agir contre le véritable père qui a été dispensé en fait des frais d'éducation. Civ. 1re, 1er février 1984, *Bull. civ.,* I, n° 45.

(10) Com., 15 mars 1988, *Bull. civ.,* IV, n° 105.

(11) BARTIN sur AUBRY et RAU, t. IX, § 578, note 9 *septies.*

(12) Pour un exemple récent, v. Civ. 3e, 29 novembre 2006, *Bull. civ.*, III, n° 239 : l'ancien locataire qui a rempli des cuves de combustible peut agir contre le nouveau.

quatre circonstances constituent des obstacles interdisant toute action à l'appauvri (13). Et ces circonstances sont assez fréquentes pour qu'en définitive il soit bien difficile de passer au travers des mailles de ce filet protecteur créé par la jurisprudence de façon qu'on peut juger un peu trop restrictive, car elle vide de l'essentiel ce mécanisme institué pour corriger des injustices et qui n'y parvient plus que rarement.

491 **1° Existence d'une cause juridique.** Comme son nom l'indique, l'enrichissement sans cause ou injustifié suppose qu'aucune règle juridique ne vienne fournir un fondement à cet enrichissement.

La « cause » peut être ici définie comme la justification juridique de l'enrichissement. Si le bénéficiaire s'enrichit grâce à un **mécanisme de droit,** même aux dépens d'autrui, on ne peut lui demander de restituer cet enrichissement : ce serait ouvrir dans le système juridique une sorte de contradiction interne et porter une grave atteinte à la sécurité de ceux qui se sont fiés à telle ou telle règle de droit.

La « cause » la plus fréquente se trouve dans le jeu d'un ***contrat.*** Pourvu que ce contrat soit valable, il constitue en lui-même une justification à l'enrichissement de celui qui en tire profit, et cela même si l'équité est en sens contraire : le principe de la force obligatoire du contrat se voit reconnaître une priorité sur les considérations d'équité. Il s'agit tout d'abord du contrat directement conclu entre l'appauvri et l'enrichi, qui ne peut être remis en cause par un tel biais (donation, vente à bas prix ou à prix excessif, bail conférant au bailleur le bénéfice des travaux faits par le locataire, jeu d'une clause pénale ou résolution, etc.) : « l'appauvri n'est pas fondé à se plaindre du profit que le contrat a pu procurer au cocontractant » (14). Mais il peut s'agir également du contrat conclu entre l'enrichi et un **tiers :** « l'enrichissement a une cause légitime lorsqu'il trouve sa source dans un acte juridique, même passé entre l'enrichi et un tiers » (15). Par exemple le locataire fait effectuer des travaux sans payer l'entrepreneur ; mais le bail prévoyait que le bailleur bénéficierait sans indemnité des travaux en fin de bail ; l'entrepreneur impayé ne peut pas agir contre ce propriétaire sur le fondement de l'enrichissement sans cause car, s'il est vrai que ce bailleur s'enrichit de la plus-value apportée à son bien, il trouve une justification à cet enrichissement dans la clause précitée, bien que l'entrepreneur n'y fût pas partie (16). Encore faut-il que ce contrat confère un véritable droit à l'enrichi ; si le bail n'avait pas contenu la clause précitée, le bailleur n'aurait aucun droit à l'avantage et

(13) La **bonne foi** de l'enrichi ne constitue pas un cinquième obstacle : Civ. 1re, 11 mars 2014, n° 12-29304.

(14) Com., 18 janvier et 29 mars 1994, *Bull. civ.,* IV, nos 27 et 128. — Soc., 19 janvier 1999, *Bull. civ.,* V, n° 36. — Sur le cas difficile du **contrat non prouvé**, voir *infra,* n° 495.

(15) Civ. 3e, 28 mai 1986, *Bull. civ.,* III, n° 83.

(16) Civ. 3e, 25 février 1975, *Bull. civ.,* III, n° 77.

l'entrepreneur impayé pourrait agir contre lui (17). Il en serait de même en cas d'annulation ou de résolution du contrat (18).

En dehors même d'un contrat, l'enrichissement peut trouver sa justification dans une **règle légale.** Ainsi la liberté du commerce et de l'industrie justifie l'enrichissement de celui qui ouvre un fonds de commerce, même s'il appauvrit ses proches concurrents. De même si une loi limite le montant de certaines dettes (plafonnement des loyers commerciaux, notamment) ou octroie des délais à certains débiteurs (comme ce fut le cas en 1970 pour les rapatriés d'Algérie), l'avantage qui en résulte se trouve alors juridiquement justifié. C'est pourquoi un **généalogiste** qui retrouve un héritier à ses frais ne peut rien lui demander sur le fondement de l'enrichissement sans cause, car l'enrichissement trouve sa cause dans la dévolution légale de la succession (19) ou un **sous-traitant** non payé de ses travaux par l'entrepreneur principal ne peut rien obtenir du maître de l'ouvrage dont l'enrichissement a sa cause dans le contrat principal (20).

Une **décision de justice** fournit aussi une cause à l'enrichissement (21).

Enfin, l'enrichissement peut également être juridiquement causé par une **intention libérale :** ainsi des parents ayant payé des travaux au profit de leur fille ne peuvent demander le remboursement qu'à charge de prouver l'absence d'intention libérale (22). C'est souvent sur ce plan que se décident les litiges entre **ex-concubins** (23).

En revanche, ouvrant ainsi peut-être la porte à un renouveau, la Cour de cassation a récemment estimé que l'accomplissement d'un devoir moral ne constituait pas un obstacle à l'action : celui des **enfants** qui s'est dévoué matériellement pour un parent âgé au-delà de l'obligation alimentaire légale peut agir contre les autres héritiers, dans la mesure où il a ainsi conservé le patrimoine successoral (24) — ce qui implique peut-être qu'il pourrait agir contre le parent lui-même, s'il était revenu à meilleure santé.

▪ (17) Req., 11 septembre 1940, *D.H.* 1940.150. — Civ. 3e, 29 novembre 2006, *Bull. civ.*, III, n° 239.

▪ (18) Cf. Civ. 1re, 25 mai 1992, *Bull. civ.*, I, n° 165 pour les travaux et recherches faits par l'acquéreur et ayant permis d'établir l'authenticité du « *Verrou* » de Fragonard. — Cf. aussi Aix, 8 novembre 1990, *JCP* 1992.IV.333.

▪ (19) Civ. 1re, 28 mai 1991, *Bull. civ.*, I, n° 167.

▪ (20) Civ. 3e, 9 décembre 1992, *Bull. civ.*, III, n° 319.

▪ (21) Civ. 2e, 14 octobre 1992, *Bull. civ.*, II, n° 242 pour un arrêt allouant une indemnité pour préjudice économique à une partie décédée en cours de délibéré et dont profitent ses héritiers. — Civ. 1re, 14 janvier 1997, *Bull. civ.*, I, n° 16.

▪ (22) Civ. 1re, 19 janvier 1988, *Bull. civ.*, I, n° 11. — Cf. également, pour un enrichissement recherché par les parties « qui étaient des amis » : Civ. 3e, 1er mars 1989, *Bull. civ.*, III, n° 49.

▪ (23) V. Civ. 1re, 24 septembre 2008, *Bull. civ.*, I, n°s 211 et 212 ; *D.* 2009.140, note LEMOULAND. — Civ. 1re, 20 janvier 2010, n° 08-13.400.

▪ (24) Civ. 1re, 12 juillet 1994, *Bull. civ.*, I, n° 250 ; *Defrénois* 1994.1511, note X. SAVATIER ; *RTD civ.* 1995.373. obs. MESTRE. — 23 janvier 2001, *Bull. civ.*, I, n° 9. — Civ. 1re, 3 novembre 2004, *Bull.civ.*, I, n° 248. — V. déjà entre **époux :** Civ. 1re, 9 janvier 1979, *Bull. civ.*, I, n° 11 ; *D.* 1981.241, note BRETON.

492 **Cause de l'enrichissement et non de l'appauvrissement.** Le plus souvent la cause de l'enrichissement justifie en même temps l'appauvrissement corrélatif : ainsi pour le contrat conclu entre les parties ou pour la loi accordant des délais.

Mais il peut arriver que seul l'un de ces deux éléments soit justifié par une règle de droit : ainsi, dans l'exemple précité, le bail fournit une cause juridique à l'enrichissement du bailleur, mais non à l'appauvrissement de l'entrepreneur.

Si c'est l'**enrichissement** qui est justifié, il n'y a pas « enrichissement sans cause » et l'appauvri ne peut agir contre personne.

Mais *quid* si c'est l'**appauvrissement** qui résulte d'une règle, alors que l'enrichissement qu'il procure à autrui est en quelque sorte fortuit et ne repose sur aucune justification intrinsèque ? Un courant qui trouve sa source dans un important revirement de jurisprudence en matière sociale conduit à admettre alors une action de l'appauvri : lorsqu'un employeur reprend en cours d'année une entreprise, la loi lui fait obligation de payer aux salariés les congés payés afférents à toute l'année écoulée, y compris la période antérieure à la reprise, ce qui soulage d'autant le précédent employeur ; après avoir rejeté le recours formé contre ce dernier au motif que l'appauvrissement du second employeur trouvait une cause dans l'obligation légale (25) la Cour de cassation a décidé au contraire d'accueillir ce recours (26). Ainsi, même si l'appauvrissement est l'exécution d'une obligation juridique, il peut servir de base à une action contre l'enrichi ; c'est donc du seul point de vue de ce dernier qu'on doit rechercher si l'enrichissement est ou non justifié.

On peut interpréter dans la même direction l'ouverture de l'action à l'enfant très dévoué (cf. *supra,* n° 491) : si son appauvrissement trouve sa cause dans un devoir moral qu'on peut qualifier d'obligation naturelle, en revanche l'enrichissement de la succession n'a aucune cause. De même, si le commissaire-priseur qui a vendu un faux doit indemniser l'acquéreur, il peut agir contre le vendeur qui s'est enrichi sans cause (27). Et la maison de retraite impayée peut agir contre les enfants du vieillard qui n'ont pas versé leur aide alimentaire, car son contrat d'hébergement fournit la cause de son appauvrissement, mais non l'enrichissement des débiteurs alimentaires négligents (28).

493 **2° Intérêt personnel de l'appauvri.** Il arrive qu'en exposant des frais dans son intérêt personnel, l'appauvri procure un avantage à d'autres : en élevant une digue pour protéger son fonds, il protège ceux des voisins (29) ; en faisant amener l'électricité chez lui, il facilite le branchement de son voisin (30) ; en aménageant

■ (25) Cf. notamment Soc., 27 janvier 1983, *Bull. civ.,* V, n°s 39 et 40.
■ (26) Soc., 2 et 8 février 1984, *D.* 1984.321, concl. PICCA et ECOUTIN. — Com., 18 septembre 2004, *Bull. civ.*, IV, n° 198.
■ (27) Civ. 1re, 3 juin 1997, *Bull. civ.,* I, n° 182.
■ (28) Civ. 1re, 25 février 2003, *Bull. civ.,* I, n° 55 ; *D.* 2004.1766, note PEISS.
■ (29) CARBONNIER, t. IV, n° 120.
■ (30) Civ. 1re, 19 octobre 1976, *Bull. civ.,* I, n° 300.

son fonds de commerce, il améliore l'immeuble du propriétaire (31). Dans ce cas, on estime que l'intérêt personnel poursuivi lui interdit d'invoquer l'enrichissement sans cause : « l'enrichissement sans cause ne peut être invoqué par celui qui a exécuté des travaux à ses risques et périls et dans son intérêt » (32).

494 **3° Faute de l'appauvri.** Selon la jurisprudence traditionnelle, lorsque l'appauvri a commis une faute, celle-ci le prive de toute action alors même que l'acte fautif a procuré un enrichissement à autrui : « la faute de l'appauvri le prive du bénéfice de l'action » (33). Il en va ainsi du banquier qui paie un chèque malgré la défense qui lui a été faite, et qui décharge cependant de la sorte l'émetteur de sa dette (34), du garagiste qui effectue des travaux non commandés (35), du locataire qui engage des frais d'amélioration après un jugement ordonnant son expulsion (36), de l'auteur d'un faux testament qui, s'étant fait attribuer la succession, a payé les droits fiscaux et fait des travaux avant d'être amené à restituer (37).

La solution paraît excessivement sévère : si l'on comprend qu'il y a moins « d'équité » à protéger un appauvri fautif, la privation de toute action peut cependant aller au-delà de la sanction de la faute et conférer un bénéfice peu justifié à l'enrichi. C'est pourquoi l'on peut préférer la solution plus nuancée de certains arrêts récents : l'enrichi doit une indemnité, mais on peut en **déduire le préjudice** que lui a causé la faute ; par exemple la banque qui a payé à tort un chèque peut en réclamer la valeur à l'émetteur qui se trouve libéré de sa dette, sauf si ce dernier avait des raisons de ne pas payer celle-ci (38). Il semble que cette position plus nuancée gagne du terrain (39) tout en étant loin d'avoir partie gagnée (40).

(31) Civ. 3e, 7 juin 1974, *Bull. civ.*, III, n° 240. — 7 juillet 1987, n° 86-11129.

(32) Civ. 3e, 26 février 1992, *Bull. civ.*, III, n° 64 pour l'ensemencement de terres par un fermier profitant au nu-propriétaire par suite de la nullité du bail consenti par le seul usufruitier. — Et pour les travaux faits par un concubin dans un bien de l'autre pour y loger, v. Civ. 1re, 24 septembre 2008, *Bull. civ.*, I, nos 211 et 212. — Civ. 1re, 20 janvier 2010, n° 08-13.400.

(33) Soc., 3 juillet 1990, *Bull. civ.*, V, n° 337.

(34) Com., 22 oct. 1974, *JCP* 1976.II.1833. — 16 juillet 1985, *Bull. civ.*, IV, n° 215, p. 178.

(35) Com., 8 juin 1968, *JCP* 1969.II.15724. — Civ. 1re, 24 mai 2005, *Bull.civ.*, I, n° 224.

(36) Soc., 15 nov. 1957, *JCP* 1958.II.10666, note JOLY.

(37) Civ. 1re, 18 janvier 1989, *Bull. civ.*, I, n° 21.

(38) Com., 23 janvier 1978, *JCP* 1980.II.19635, note THUILLIER. — Cf. PÉRINET-MARQUET, *JCP* 1982.I.3075. — ROMANI, *D.* 1983, chr. 127. — CONTE, *Faute de l'appauvri et cause de l'enrichissement, RTD civ.* 1987.223. — MECENE-MARENAUD, *Le rôle de la faute dans les quasi-contrats, RTD civ.* 1994.515.

(39) Civ. 1re, 11 mars 1997, *D.* 1997.407, note BILLIAU. — 3 juin 1997, *Bull. civ.*, I, n° 182. — Civ. 2e, 2 décembre 1998, *Bull. civ.*, II, n° 289. — 13 juillet 2004, *Bull. civ.*, I, n° 208. — 19 décembre 2006, *Bull. civ.*, I, n° 557 (une négligence ne prive pas l'appauvri du droit d'agir). — Civ. 1re, 27 novembre 2008, *Bull. civ.*, I, n° 272.

(40) Dans le sens traditionnel : Com., 19 juin 1998, *Bull. civ.*, IV, n° 160 ; *D.* 1999.406, note RIBEYROL-SUBRENAT (mais la faute était un dol). — Civ. 1re, 15 décembre 1998, *Bull. civ.*, I, n° 363 ; *D.* 1999.425, note SAINT-PAU proposant de distinguer selon que la faute est consciente ou

495 **4º Existence d'une autre action : principe dit de subsidiarité.** Par une expression bien ambiguë, qui engendre des flottements jurisprudentiels, on dit traditionnellement que l'enrichissement sans cause ne peut être invoqué qu'à titre « subsidiaire ». Cela signifie que l'enrichissement sans cause ne peut servir à « suppléer à une autre action qui se heurte à un obstacle de droit » (41), c'est-à-dire que ne peut y recourir à titre de « contournement » celui à qui un droit est expressément refusé, ni à titre de « voie de rattrapage » celui qui disposait d'une autre action qu'il a négligé d'exercer ou dont il n'a pas respecté les contraintes. Ainsi celui qui a laissé prescrire sa créance ou l'action de droit commun (42), ou le sous traitant qui, faute d'avoir été agréé, ne dispose pas d'action directe contre le maître de l'ouvrage, ne peut se tourner vers l'enrichissement sans cause (43), ou l'ex-conjoint qui n'a pas demandé de prestation compensatoire lors de l'action en divorce (44).

Il est évident qu'admettre en pareil cas une action fondée sur l'enrichissement sans cause reviendrait à contourner les règles de droit commun qui étaient ouvertes à l'appauvri.

On étend parfois l'objection à celui qui ne peut pas prouver un contrat (45) : extension contestable, car aucune action ne lui était donc ouverte sur le terrain contractuel.

Mais la condition de subsidiarité ne va pas plus loin : notamment, elle ne ferme pas l'action sous prétexte que l'appauvri **pourrait agir contre d'autres personnes** qui s'avèrent insolvables (46). Ainsi le marchand d'engrais, qui disposait pourtant d'une action contre son acheteur rendue illusoire par son insolvabilité, pouvait-il agir contre le propriétaire. De même le mari qui a élevé

non. — Com., 18 mai 1999, *Bull. civ.,* IV, nº 104 ; *D.* 2000.609, note crit. DJOUDI (rejet sur la base d'une simple erreur).

(41) V. par ex. Com., 16 mai 1995, *Bull. civ.,* IV, nº 149 : toute rémunération autre que celle prévue par la loi étant interdite aux administrateurs d'une société, la voie de l'enrichissement sans cause leur est fermée.

(42) Pour celui qui n'a pas attaqué en temps utile un partage lésionnaire : Civ. 1re, 18 février 1981, *Gaz. Pal.* 1981. Som. 246.

(43) Civ. 3e, 4 décembre 2002, *Bull. civ.*, III, nº 247 (solution d'ailleurs contestable car cet agrément ne dépend pas du sous-traitant, mais de l'entrepreneur principal).

(44) Civ. 1re, 23 juin 2010, nº 09-13812 ; *Bull. civ.*, I, nº 142 ; *RDC* 2010.1370.

(45) Cf. Civ. 1re, 2 novembre 2005, *Bull. civ.,* I, nº 398. — Civ. 1re, 2 avril 2009, *Bull. civ.,* I, nº 74. — Civ. 1re, 5 novembre 2009, nº 08-16.497 ; *Bull. civ.*, I, nº 222 ; *D.* 2009.2749. — Civ. 1re, 9 décembre 2010, nº 09-16795. — Civ. 1re, 31 mars 2011, nº 09-13966 ; *Bull. civ.*, I, nº 67. — *Contra* : Civ. 1re, 25 juin 2009, *Bull. civ.*, I, nº 185. — Civ. 1re, 5 mars 2008, nº 07-13.902 ; *D.* 2008.1794.

(46) Faut-il établir cette insolvabilité pour s'ouvrir l'action d'enrichissement sans cause ? Oui, selon Com., 10 octobre 2000, *Bull. civ.,* IV, nº 150, qui requiert d'avoir auparavant poursuivi les cautions du débiteur insolvable et Civ. 1re, 5 novembre 2008, nº 07-18.123. — Mais Civ. 1re, 14 janvier 2003, *Bull. civ.,* I, nº 11 se contente du constat que l'action est « rendue inopérante » par la liquidation du débiteur premier (si l'acheteur d'un immeuble y a fait faire des travaux puis que son titre est devenu caduc, l'entrepreneur non payé peut agir contre le vendeur ayant récupéré l'immeuble embelli).

un enfant désavoué, même s'il dispose d'une action contre la mère, peut aussi agir contre le véritable père (47).

SECTION 2 L'INDEMNITÉ D'ENRICHISSEMENT SANS CAUSE

496 **Système du double plafond.** Si l'enrichissement est exactement égal à l'appauvrissement corrélatif, il n'est pas difficile de rétablir l'équilibre : c'est par exemple le cas lorsque l'enrichissement résulte du non-versement de salaires. Mais il arrive souvent que les deux sommes soient inégales : des travaux ont procuré une plus-value qui peut être inférieure ou supérieure à leur coût. L'indemnité est alors égale **à la plus faible des deux sommes :** l'enrichi ne peut verser plus que son enrichissement, mais l'appauvri ne peut non plus réclamer plus que son appauvrissement, ce qui lui procurerait un bénéfice indu. Le juge doit donc calculer les deux sommes pour n'allouer que la plus faible (48).

497 **Date d'appréciation. L'enrichissement** s'apprécie en principe au jour de la **demande** (49) et non au jour où le juge statue (50). Il peut donc avoir varié depuis le fait qui l'a engendré : soit avoir diminué ou disparu (le bien amélioré a ensuite été détruit ou endommagé), soit à l'inverse avoir augmenté (notamment par le jeu de la dépréciation monétaire, la plus-value s'est accrue).

Mais **l'appauvrissement** s'évalue au jour où il a été **consommé,** sans qu'on puisse le réévaluer (51). Cette application rigoureuse du nominalisme monétaire est sévère pour l'appauvri qui n'est pas réellement indemnisé. Aussi un arrêt a-t-il fixé également au jour de la demande l'évaluation de la dépense à condition toutefois que l'appauvri n'ait pas commis de négligence en n'agissant pas plus tôt : entre époux, il est compréhensible que l'on n'agisse pas avant le divorce (52).

Étant fixée par le juge, l'indemnité ne produit d'**intérêts** qu'à compter du jour de la décision (53).

N°s 498 et 499 réservés.

(47) Civ. 1re, 1er février 1984, *Bull. civ.*, I, n° 45.
(48) Civ. 1re, 16 déc. 1953, *D.* 1954.145. — 18 janv. 1960, *D.* 1960.753. — 15 décembre 1976, *Bull. civ.*, I, n° 408, p. 319.
(49) Civ. 1re, 18 janvier 1960, précité.
(50) Civ. 1re, 16 nov. 1983, *Bull. civ.*, I, n° 275.
(51) Civ. 3e, 18 mai 1982, *Bull. civ.*, III, p. 86.
(52) Civ. 1re, 26 oct. 1982, *JCP* 1983.II.19992, note TERRÉ ; *Defrénois* 1983, p. 474, note CHAMPENOIS.
(53) Com., 23 février 1988, *Bull. civ.*, IV, n° 83. — 24 mars 1987, *Bull. civ.*, IV, n° 77.

CHAPITRE 2
LA THÉORIE DE L'APPARENCE

500 **Présentation.** Comme celle de l'enrichissement sans cause, la théorie de l'apparence est une *création jurisprudentielle,* destinée à tempérer la rigueur aveugle des principes. Le principe ici en cause est celui selon lequel nul ne peut transmettre des droits qu'il n'a pas. Il est des cas où ce principe parfaitement logique doit cependant être écarté : lorsqu'une personne avait toutes les apparences du titulaire de certains droits, de sorte que des tiers ont traité avec elle sur la foi de cette apparence, la **sécurité juridique** exige qu'on les protège. Par exemple un héritier apparent a vendu ou loué divers biens de la succession, alors qu'on découvre un testament en faveur d'un tiers ; en principe, l'acquéreur ou le locataire n'a aucun droit véritable puisqu'il a traité avec un contractant sans qualité ; il faut pourtant le protéger car il est légitime de se fier à l'apparence. C'est le rôle de la théorie de l'apparence.

Celle-ci a pour but de transformer en droit véritable ce qui n'était qu'une apparence trompeuse, pourvu toutefois que cette apparence ait revêtu une force suffisante pour égarer les tiers. *« Error communis facit jus » :* « l'erreur de tous fait le droit », par besoin de sécurité. Le tiers sera donc regardé comme ayant bien acquis la chose ou le droit en cause, et cette acquisition sera opposable au véritable titulaire : par exemple, l'héritier véritable sera lié par le bail consenti par l'héritier apparent.

501 **Est-ce un quasi-contrat ?** Peu étudiée de façon autonome (1) mais plutôt à l'occasion de ses applications les plus fréquentes (mandat apparent, héritier apparent, domicile apparent, mariage apparent...), la théorie de l'apparence n'est jamais rapprochée des quasi-contrats. Et pourtant son mécanisme correspond

(1) Cf. surtout GHESTIN et GOUBEAUX, t. 1, n°s 838 et s. — DERRIDA et MESTRE, *Rép. Civ. Dalloz,* V° Apparence.

parfaitement à celui d'un quasi-contrat : sans qu'il y ait eu accord de volonté entre le titulaire réel du droit et le tiers qui l'acquiert, on va consacrer entre eux l'existence d'un lien de droit. Et si ce lien de droit trouve son **fondement dans la loi,** selon la formule de nombreux arrêts (2), il produit exactement les effets d'un contrat : tout se passe comme si le titulaire réel avait contracté avec le tiers acquéreur. Les éléments du quasi-contrat se trouvent bien réunis et, puisqu'on admet que la liste légale des quasi-contrats n'est pas limitative, il faut constater que la théorie de l'apparence répond à cette notion autant sinon plus que l'enrichissement sans cause et mérite donc, comme ce dernier, d'être rangée parmi les quasi-contrats.

SECTION 1 CONDITIONS DE LA THÉORIE DE L'APPARENCE

502 **Dialectique : sécurité statique ou sécurité dynamique.** La théorie de l'apparence suppose toujours une situation à **trois personnes** (titulaire réel du droit, titulaire apparent, tiers contractant) et un conflit d'intérêts entre les deux extrêmes : le tiers contractant tient au bénéfice de son contrat tandis que le titulaire réel entend ne pas être lié, puisqu'il n'a pas consenti. Chacun peut invoquer à son profit l'idée de sécurité : le titulaire réel parce que la **sécurité des droits** implique qu'on n'en puisse être dépouillé sans son accord ; le tiers contractant parce que la **sécurité des transactions** implique qu'on puisse valablement et efficacement contracter en se fiant à une apparence suffisante. On parle souvent de cette opposition comme de celle de la sécurité statique (assurant la conservation des droits du titulaire réel) et de la sécurité dynamique (assurant l'efficacité des transactions, âme du mouvement économique).

La difficulté que rencontre la jurisprudence est d'assurer un équilibre entre ces deux aspects de la sécurité juridique : il faut donc soumettre le jeu de la théorie de l'apparence à des conditions qui ne soient ni trop strictes (pour protéger réellement le tiers contractant) ni trop laxistes (pour ne pas sacrifier à l'excès le titulaire réel). Cet équilibre se traduit essentiellement par l'exigence d'une apparence suffisamment forte, qui constitue l'élément objectif auquel vient s'ajouter un élément subjectif, la bonne foi du tiers contractant.

(2) Cf. par ex. Civ. 1re, 3 avril 1963, *D.* 1964.306, note CALAIS-AULOY.

§ 1. Condition objective : une apparence suffisante

503 **Force de l'apparence : de l'erreur commune à la croyance légitime.** Pendant longtemps, la jurisprudence a privilégié la sécurité statique en cantonnant la théorie de l'apparence à l'hypothèse relativement rare de « l'erreur commune », entendez commune à tout le monde (ou presque), c'est-à-dire une erreur quasiment invincible : eût-il pris tous les renseignements possibles, le tiers contractant n'aurait pas découvert la situation réelle car tout le monde croyait à une situation fausse. Le meilleur exemple est celui de l'**héritier apparent** tant que le testament désignant un autre n'a pas été découvert, ou de celui qui est propriétaire apparent d'un bien en vertu d'un titre qui ne sera annulé qu'ensuite.

Mais la sécurité des transactions exige plus de souplesse : doit être également protégé celui qui a commis une « erreur légitime », **même si elle n'était pas invincible :** il aurait fallu, pour la découvrir, procéder à des investigations excédant ce qu'il est d'usage de demander à un contractant. Sauf à ralentir les transactions par des « enquêtes » systématiques, il faut donc admettre la croyance légitime de celui qui a pris les précautions d'usage. « Si une personne peut être engagée sur le fondement d'un mandat apparent, c'est à la condition que la croyance du tiers aux pouvoirs du prétendu mandataire soit légitime, ce caractère supposant que les circonstances autorisaient le tiers à ne pas vérifier lesdits pouvoirs » (3).

Naturellement, les précautions que doit prendre le tiers **varient selon les matières et l'importance** du contrat : il est évident qu'il faut être plus exigeant en matière immobilière qu'en matière mobilière ou pour acheter un bien que pour le prendre en location. Certains en déduisent que l'erreur commune resterait nécessaire en matière immobilière ; c'est excessif : simplement on admettra moins aisément la croyance légitime eu égard à l'importance du contrat (4).

La notion de « croyance légitime » implique une appréciation du comportement du tiers contractant : les circonstances le dispensaient-ils ou non de prendre des précautions et renseignements supplémentaires ? Cette appréciation se fait par référence au citoyen normalement diligent et prudent, comme celle de la faute en matière de responsabilité civile. C'est pourquoi, comme celle de la faute, cette appréciation est **contrôlée par la Cour de cassation** (5). Elle est nécessairement très subjective et partant fluctuante au gré des espèces.

(3) Com., 6 juin 1989, *Bull. civ.*, IV, n° 179, entre autres.

(4) Cf. Civ. 1re, 22 juillet 1986, *Bull. civ.*, I, n° 214, admettant la théorie de l'apparence en cette matière sur le fondement de « l'erreur commune » du notaire et de l'agent immobilier.

(5) Pour une étude de la jurisprudence, cf. SOURIOUX, *La croyance légitime, JCP* 1982.I.3058.

Les exemples les plus fréquents concernent le *mandat apparent :* le contractant paraît avoir reçu mandat de faire tel acte (6). Souvent des liens familiaux (7) ou d'affaires expliquent cette apparence. La qualité des parties peut aussi influer : ainsi d'un ecclésiastique (8), d'un agent immobilier (9), d'un notaire (10) ou d'une partie assistée d'un notaire (11). Mais la théorie de l'apparence s'applique aussi en d'autres matières : *héritier* apparent (12), *propriétaire* apparent (13), y compris de droits intellectuels (14), *associé* apparent (15).

503-1 **Exceptions.** Cette théorie semble toutefois aujourd'hui repoussée de façon arbitraire et insécurisante par la jurisprudence dans quelques domaines : ainsi, en matière de *régimes matrimoniaux,* les tribunaux répugnent à admettre qu'un acte irrégulièrement conclu par le seul mari puisse engager la femme, par une sorte de résurgence de l'adage « nul n'est censé ignorer la loi » (16) ; de même en matière d'*incapacités,* l'apparence ne peut faire échec à la protection de l'incapable (17) ; et la jurisprudence récente en a refusé par principe le jeu à l'encontre des nullités de la période suspecte (18) ou encore pour les opérations effectuées par un *agent immobilier* (19).

(6) Il ne s'agit pas seulement de la conclusion d'un contrat, mais de tout acte juridique (p. ex. recevoir un paiement : Civ. 1re, 7 juin 1995, *Bull. civ.*, I, n° 240).

(7) Voir par ex. Civ. 3e, 4 mai 1982, *Bull. civ.*, III, n° 111, p. 78. — 11 mars 1986, *Bull. civ.*, I, n° 67.

(8) Civ. 3e, 20 avril 1988, *JCP* 1989.II.21229, note J. MONEGER.

(9) Civ. 1re, 6 janvier 1994, *C.C.C.* 94.49, obs. LEVENEUR.

(10) Civ. 3e, 4 octobre 2000, *Bull. civ.*, III, n° 160. — 15 décembre 2004, *Bull. civ.*, III, n° 246.

(11) Civ. 1re, 11 mars 1986, *Bull. civ.*, I, n° 67.

(12) Civ. 1re, 9 janvier 1996, *Bull. civ.*, I, n° 15. — 16 mars 1999, *D.* 2000. Som. 175.

(13) Cf. Civ. 1re, 2 novembre 1959, *JCP* 1960.II.11456, note ESMEIN ; *RTD civ.* 1960.327, obs. CARBONNIER — Civ. 3e, 11 juin 1980, *Bull. civ.*, III, n° 115. — 15 janvier 1992, *Bull. civ.*, III, n° 13. — 18 janvier 1995, *Bull. civ.*, III, n° 24 en ce qui concerne la conclusion d'un bail. — Civ. 3e, 21 janvier 1981, *Bull. civ.*, III, n° 17. — Civ. 1re, 12 janvier 1988, *Bull. civ.*, I, n° 7. — Civ. 3e, 24 septembre 2003, *Bull. civ.*, III, n° 162 (constitution d'hypothèque par un donataire avant révocation de la donation, mais l'erreur n'a pas été jugée légitime). — Civ. 3e, 6 septembre 2011, n° 10-20412 (revente d'un immeuble par l'acquéreur dont le titre est ensuite annulé).

(14) Civ. 1re, 18 novembre 1997, *Bull. civ.*, I, n° 316 (consultation du Registre public du cinéma par l'acquéreur des droits sur un film).

(15) Civ. 1re, 13 nov. 1980, *Bull. civ.*, I, n° 293, p. 233. — 9 mars 1983, *Bull. civ.*, IV, n° 133. — V. DE GAUDEMARIS, *Théorie de l'apparence et sociétés, Rev. sociétés* 1991.465.

(16) Cf. Civ. 1re, 24 mars 1981, *JCP* 1982.II.19746, note LE GUIDEC. — 15 juin 1977, *JCP* 1978.II.18865.

(17) Un bail passé par le tuteur au-delà de ses pouvoirs n'est donc pas validé par l'apparence de propriétaire de ce tuteur : Civ. 1re, 14 mai 1996, *Bull. civ.*, I, n° 206.

(18) Com., 3 février 1998, *D.* 1999.185 et la note critique. — 30 juin 2004, *Bull. civ.*, IV, n° 137.

(19) Civ. 1re, 31 janvier et 5 juin 2008, *Bull. civ.*, I, nos 30 et 163, revenant sur Civ. 1re, 6 janvier 1994, *Bull. civ.*, I, n° 1.

En outre on considère généralement que seul un tiers qui a agi à titre onéreux peut bénéficier de l'apparence : celui qui n'a fait que recevoir un avantage gratuit n'est pas regardé comme justifiant d'un intérêt méritant de sacrifier le titulaire réel du droit (20).

504 **Origine de l'apparence en principe indifférente.** On a tenté, à une certaine époque, d'expliquer l'engagement du titulaire réel du droit par la responsabilité civile : il aurait commis une faute en laissant se créer une apparence trompeuse. Il est aujourd'hui certain que la théorie de l'apparence s'applique même si le titulaire réel n'a commis aucune faute ou négligence : ainsi l'héritier désigné par un testament bien caché. L'origine de l'apparence est donc en principe indifférente (21).

Mais il est évident que, lorsqu'ils peuvent relever une négligence du titulaire réel dont le comportement n'est « pas totalement étranger » à la création de l'apparence, les tribunaux retiennent alors plus facilement la croyance légitime du tiers (22) : par exemple celui qui laisse habituellement un parent gérer ses biens, ou qui a confié à un préposé ou à un concessionnaire du matériel commercial ou publicitaire...

§ 2. Condition subjective : bonne foi

505 **Bonne foi du tiers contractant trompé par l'apparence.** Destinée à protéger un tiers qui s'est légitimement fié à une apparence trompeuse, la théorie ne saurait profiter à celui qui connaissait la situation réelle : même s'il existe une apparence suffisante, celui qui « sait » ne peut feindre de s'en tenir à l'apparence.

Comme en toute matière la **bonne foi se présume :** c'est donc au titulaire réel du droit qui prétend éviter le jeu de la théorie de l'apparence qu'il incombe de prouver que le tiers contractant connaissait la réalité et n'a pas été victime de l'apparence trompeuse (23). Cette preuve est souvent difficile, mais on assimile à la mauvaise foi prouvée l'existence d'indices ou d'anomalies qui auraient dû éveiller la suspicion du tiers : en d'autres termes, le tiers alerté ne peut pas se

(20) V. GHESTIN et GOUBEAUX, n° 868.

(21) Encore qu'un arrêt récent paraisse réserver à un pseudo-mandant la possibilité de se dégager en prouvant être étranger à la formation de cette apparence (Com., 9 mars 1999, *D.* 1999.I.R.93).

(22) Cf. par ex. Com., 25 février 1980, *Bull. civ.,* IV, n° 94, p. 72. — 20 avril 1982, *Bull. civ.,* IV, n° 133, p. 118.

(23) Civ. 3e, 1er juillet 1971, *Bull. civ.*, III, n° 436.

réfugier dans un « je ne veux pas le savoir » (24) ; encore faut-il prouver que ce tiers avait connaissance desdites anomalies lorsqu'il a contracté.

SECTION 2 EFFETS DE LA THÉORIE DE L'APPARENCE

506 **Rapports triangulaires.** Comme toute opération à trois personnes, le jeu de la théorie de l'apparence va créer trois types de rapports juridiques. L'attention n'est habituellement attirée que sur le lien créé entre le titulaire réel du droit et le tiers contractant : c'est là le siège du « quasi-contrat ».

§ 1. Entre le titulaire réel et le tiers abusé

507 **Lien quasi contractuel.** La théorie de l'apparence, destinée à protéger le tiers abusé, crée à son profit le droit qu'il a cru valablement acquérir. A-t-il traité avec un mandataire apparent : le pseudo-mandant sera lié par cet engagement comme s'il avait réellement donné mandat. De même, le propriétaire véritable d'un bien vendu ou loué par un propriétaire apparent sera tenu de respecter la vente ou le bail.

On souligne souvent à juste titre que la créance du tiers trouve sa source dans la loi et non dans le contrat sans valeur qu'il a passé avec le titulaire apparent (25). C'est pourtant bien ce contrat qui va régir les rapports des parties : il va délimiter les droits du tiers (quant à l'usage de la chose louée par exemple) et va préciser ses obligations corrélatives (le paiement du loyer par exemple). En cas d'**inexécution,** il n'est pas douteux qu'on puisse faire appel aux règles classiques d'inexécution des contrats, et notamment à la résolution (pour la responsabilité, la question de sa nature contractuelle ou délictuelle peut se poser, notamment au regard des clauses d'aménagement qui ont pu être insérées dans le contrat).

508 **Option du tiers abusé.** S'il peut choisir d'opposer ainsi les droits qu'il a acquis au titulaire réel, le tiers abusé dispose là d'une **simple faculté.** Il est donc en droit de n'en pas user : si l'opération s'avère désavantageuse, il peut

■ (24) Cf. par ex. Com., 16 nov. 1964, *Gaz. Pal.* 1965.I.284. — Civ. 1re, 24 mars 1981, *JCP* 1982.19746, note LE GUIDEC.

■ (25) GHESTIN et GOUBEAUX, n° 867. — Voir par ex. Civ. 1re, 9 janvier 1996, *Bull. civ.*, I, n° 15 : le tiers est alors « investi de son droit de propriété par l'effet de la loi ».

parfaitement se prévaloir du défaut de qualité de son cocontractant, le titulaire apparent, pour s'en dégager (quitter les lieux loués sans attendre la fin du bail par exemple). Le titulaire réel ne peut jamais se prévaloir de la théorie de l'apparence pour obliger le tiers.

Mais, une fois que celui-ci a opté, il est **lié par son choix :** s'il tient le contrat pour valable et opposable au titulaire réel, il doit lui-même l'exécuter. Il ne peut bien sûr « jouer sur les deux tableaux » et invoquer le contrat pour certaines clauses ou périodes tout en le rejetant pour les autres.

§ 2. Entre le titulaire apparent et le tiers abusé

509 **Effets de l'acte passé sans qualité.** Le titulaire apparent a traité sans qualité avec le tiers. Celui-ci sera le plus souvent satisfait par l'opposabilité de l'acte au titulaire réel par exemple au pseudo-mandant. Mais, si cela ne suffisait pas à le remplir de ses droits (exemple : le titulaire réel est insolvable et ne peut exécuter le contrat), peut-on reconnaître au tiers un droit contre le titulaire apparent ? En principe celui-ci n'est pas personnellement tenu par l'acte (26). Pourtant, on peut parfois admettre une obligation à sa charge. Quelle est la nature de cette obligation ? Si l'acte est un acte d'administration, on peut admettre que le titulaire apparent soit tenu de l'exécuter malgré son défaut de qualité, sur le simple **fondement contractuel :** ainsi l'héritier apparent qui a fait faire des travaux ou exposé des frais sur les biens de la succession est tenu de payer son cocontractant (27). S'il s'agit d'un acte de disposition, radicalement nul pour défaut de qualité (comme une vente), le titulaire apparent peut être tenu sur le fondement de la **responsabilité civile,** à condition qu'il ait commis une faute. Par exemple, la chose vendue cause un dommage à l'acquéreur par suite d'un vice : celui-ci ne pourra peut-être pas invoquer la garantie des vices cachés contre son vendeur, propriétaire apparent, mais pourra mettre en jeu sa responsabilité délictuelle s'il connaissait ou devait connaître le vice.

§ 3. Entre le titulaire réel et le titulaire apparent

510 **Double recours : restitution et indemnité.** Obligé de subir au profit du tiers les effets d'un contrat passé en dehors de lui et qui le dépouille de certains

(26) Com., 21 mars 1995, *Bull. civ.,* IV, n° 101 pour un mandataire apparent (peut-être pas transposable aux autres hypothèses, car il est de la nature du mandat que le mandataire reste étranger à l'acte conclu).

(27) Cf. TGI, Paris, 22 mars 1969, *RTD civ.* 1970.382.

droits, le titulaire réel dispose évidemment d'un recours contre le titulaire apparent (28). Cependant, l'analyse conduit à distinguer dans ce recours deux éléments, qui ne suivent pas exactement le même régime :

— d'une part un recours en *restitution :* le titulaire apparent doit restituer au titulaire *véritable* ce qu'il a pu recevoir à l'occasion du contrat, par exemple le prix de la chose qu'il a vendue, les loyers qu'il a déjà encaissés, etc. Cette restitution est due dans tous les cas, même si le titulaire apparent n'a commis aucune faute et a agi de parfaite bonne foi (ex. l'héritier apparent convaincu de son titre) : les sommes perçues ne sont en effet que la contrepartie d'un droit qu'il n'avait pas et la théorie de l'apparence, destinée à protéger les tiers, ne crée aucun droit au profit du titulaire apparent, même de bonne foi ;

— d'autre part un recours en *indemnité :* le titulaire apparent peut devoir réparer le préjudice causé par son acte au titulaire réel et non déjà couvert par la restitution précédente : moins-value du bien donné à bail, perte d'un bien de valeur non couverte par le prix, etc. Mais cette réparation ne trouve son fondement que dans la **responsabilité civile** délictuelle et nécessite donc que le titulaire apparent ait commis une **faute,** c'est-à-dire ait négligé de vérifier sa qualité pour agir, ou même ait su qu'il n'avait aucune qualité. Il peut d'ailleurs y avoir à cette occasion un partage de responsabilité, si le titulaire réel a contribué à son préjudice en laissant se créer l'apparence trompeuse (29).

(28) Il peut aussi disposer d'une action en responsabilité contre une autre personne ayant par sa faute créé l'apparence qui conduit à le dépouiller de son droit : ainsi le nu-propriétaire contre l'agent immobilier ayant donné le bien à bail au nom de l'usufruitier en indiquant celui-ci comme plein propriétaire : Civ. 1re, 13 octobre 1992, *Bull. civ.,* I, n° 250.

(29) Cf. Civ. 1re, 13 octobre 1992, précité, motifs.

CHAPITRE 3

LA CRÉATION D'ILLUSION (OU LA FAUSSE PROMESSE)

511 **Initiative jurisprudentielle.** C'est à propos des promesses fallacieuses accompagnant certaines **loteries publicitaires,** rédigées avec assez d'habileté pour que tout à la fois leur destinataire puisse croire avoir gagné un lot et que leur auteur puisse nier avoir voulu se lier, que la Cour de cassation a pris une véritable initiative doctrinale.

Elle était lassée d'avoir à choisir entre deux voies imparfaites :

— celle de la responsabilité civile (1), assurément adéquate quant à la faute (faire délibérément miroiter un gain chimérique est incontestablement fautif), mais qui a paru peu appropriée à certains quant à ses résultats : le préjudice réparable est surtout moral (la déception en touchant terre) mais évidemment très éloigné du montant du gain annoncé, auquel le destinataire n'a jamais acquis de *« droit »* et qui ne peut donc pas constituer pour lui une perte ;

— celle de l'engagement obligatoire, unilatéral (2) ou accepté et contractuel (3), parvenant certes à justifier une condamnation à *exécution* intégrale, mais au prix d'une évidente méconnaissance du principe de l'autonomie de la volonté, car il est certain que l'auteur de la publicité n'a pas voulu promettre : sa promesse est fausse et illusoire précisément parce qu'elle est vide de volonté.

Pour sortir de ce dilemme, une chambre mixte a décidé de recourir — d'office — à la création d'un quasi-contrat : visant l'article 1371 du Code civil, elle a énoncé que *« l'organisateur d'une loterie qui annonce un gain à une personne*

(1) Cf. par ex. : Civ. 2e, 28 juin 1995, *D.* 1996.180, note MOURALIS et 19 janvier 1999, *JCP* 2000.II.10347. — Cf. aussi, en une autre matière (engagement non tenu du repreneur d'une entreprise) : Com., 28 mars 2000, *Bull. civ.*, IV, n° 73.

(2) Civ. 1re, 28 mars 1995, *Bull. civ.,* I, n° 190 ; *RTD civ.* 1995.887.

(3) Civ. 2e, 11 février 1998, *JCP* 1999.II.10156 ; *D.* 1999. Som. 109, obs. LIBCHABER.

dénommée sans mettre en évidence l'existence d'un aléa s'oblige, par ce fait purement volontaire, à le délivrer » (4).

Déjà, peu auparavant, avait été remarqué un arrêt de la Chambre commerciale ayant discrètement visé l'article 1371 du Code civil pour condamner le candidat à la reprise d'une société, qui avait été choisi par le tribunal mais n'avait pas signé les actes de cession ; mais était alors évoquée *« l'inexécution »* d'un *« engagement »,* ce qui relève plus de la sanction d'un engagement unilatéral que du quasi-contrat (5).

Il est peut-être excessif, ou prématuré, de situer dans ces quelques décisions la source d'un nouveau quasi-contrat. Mais n'est-ce pas aussi ce que l'on pouvait se dire au lendemain de l'arrêt du *« marchand d'engrais »* pour l'enrichissement sans cause ? (sauf à observer d'une part que l'enrichissement sans cause était déjà un quasi-contrat très prospère en droit romain, d'autre part que la notion même d'enrichissement sans cause appelle fortement une réaction juridique d'équité, là où la protection de celui qui a cru à une promesse mirifique est peut-être moins pressante...).

C'est donc peut-être un effort sans lendemain que de tenter de dégager un régime pour ce quasi-contrat.

512 **Conditions.** L'hypothèse que visent les arrêts est celle où a été faite l'*« annonce d'un gain »* sans mise en évidence de l'existence d'un aléa : le fallacieux consiste donc à avoir présenté comme un fait acquis ce qui n'est qu'une éventualité.

Mais tout autre décalage entre la réalité et ce qui est présenté serait concevable : l'idée est que l'annonceur créé une illusion faisant croire à un engagement qu'en réalité il n'entend pas prendre.

Il y a donc en réalité deux conditions objectives :

— la création d'une illusion, pour laquelle on pourra se référer aux canons progressivement dégagés en matière d'apparence (v. *supra,* n°s 503 et s.) ;

— l'absence d'engagement réel, car s'il y a engagement — contrat ou engagement unilatéral — le recours au quasi-contrat est inutile.

À quoi — ici encore comme en matière d'apparence (*supra,* n° 505) — il faut ajouter une condition subjective, tenant à la bonne foi du demandeur : s'il

■ (4) Ch. mixte, 6 septembre 2002, *Grands arrêts*, n° 242 ; *D.* 2002.2963, note D. MAZEAUD ; *Defrénois* 2002.1608, obs. SAVAUX ; *JCP* 2002.II.10173, note REIFEGERSTE. — la formule a été reprise pour le même cas par Civ. 1re, 18 mars 2003, *Bull. civ.,* I, n° 85 ; *Defrénois* 2003.1168, note LIBCHABER — Civ. 1re, 23 juin 2011, n° 10-19741 — Sur les conséquences procédurales quant à la **compétence**, v. Civ. 2e, 7 juin 2006, *Bull. civ.*, II, n° 149.

■ (5) Com., 26 octobre 1999, *Bull. civ.,* IV, n° 193 ; *D.* 2000.383, note PELISSIER ; *Defrénois* 2000.1128, obs. DELEBECQUE ; *RTD civ.* 2000.835, obs. MESTRE et FAGES.

connaissait la réalité et n'a donc pas été victime de l'illusion créée, il n'est plus digne de protection (6).

513 **Effets.** À lire l'arrêt de Chambre mixte du 6 septembre 2002, ce nouveau quasi-contrat a pour effet d'obliger celui qui a annoncé un gain *« à le délivrer »*, comme s'il s'agissait d'une action en exécution contractuelle : est donc cassé l'arrêt qui s'était borné à allouer une indemnité inférieure au prix que l'intéressé avait cru gagner.

C'est en cela que le recours au quasi-contrat s'avère plus drastique que le jeu de la responsabilité civile, plafonné dans ses effets à la simple réparation d'un préjudice.

On peut cependant s'interroger sur la légitimité de ce résultat (au-delà de l'aspect quasi-pénal lié à la sanction de l'annonceur) : d'où vient le *« droit acquis »* du destinataire à la totalité d'un *« gain »* dépassant le préjudice subi et le miroitement créerait-il un droit au mirage ?

N°s 514 à 519 réservés.

(6) Ch. mixte, 6 septembre 2002, *Bull. civ. ch. mixte*, n° 5 : rejet de l'action de Monsieur M. qui *« avait cherché à tirer profit d'un pseudo-gain qu'il savait ne pas être le sien »*.

TITRE 2
LA RESPONSABILITÉ DÉLICTUELLE

520 **Définition.** D'un point de vue général, la « responsabilité » est le fait de devoir répondre de ses actes devant une autorité, c'est-à-dire d'en assumer les conséquences. C'est en ce sens qu'on parle de « responsabilité gouvernementale », le gouvernement devant répondre de ses actes devant le Parlement qui peut le censurer — au contraire du Président de la République qui ne « répond » de ses actes devant aucune autorité. C'est également en ce sens qu'on parle de responsabilité pénale ou disciplinaire, l'intéressé pouvant être jugé par des juridictions pénales ou des organismes disciplinaires.

Du point de vue civil, la responsabilité a trait aux rapports du sujet de droit avec ses concitoyens : or, il ne « répond » de ses actes que s'ils sont anti-sociaux et causent un dommage à autrui. il est évident qu'il n'a pas à répondre envers ses concitoyens de ses autres actes, en vertu du principe de liberté. C'est pourquoi la « responsabilité civile » se définit comme ***l'obligation de réparer les dommages causés à autrui.***

521 **Distinction des responsabilités contractuelle et délictuelle.** Traditionnellement, on divise la responsabilité civile en deux grandes catégories : responsabilité *contractuelle* et responsabilité *délictuelle.* La première est déjà connue (cf. *supra,* n° 403) et concerne les dommages causés dans le cadre de l'exécution d'un contrat. La responsabilité délictuelle correspond au cas inverse où il n'existe aucun lien de droit entre l'auteur et la victime du dommage et où c'est donc dans la loi seule que l'obligation de réparer trouve sa source.

L'adjectif « délictuel » évoque l'idée d'une faute, qui a longtemps été le seul fondement de cette responsabilité. Mais il évoque également l'idée de « délit » et par là peut revêtir une connotation péjorative pour le responsable. Comme, depuis le Code civil, une évolution constante a élargi la responsabilité à des cas où il n'y a pas de réelle faute du responsable, il est devenu courant d'éviter la connotation péjorative en parlant alors de responsabilité « quasi délictuelle ». La frontière terminologique est assez floue (certains parlent de quasi-délit pour la simple imprudence tandis que d'autres réservent le terme aux responsabilités du fait d'autrui ou du fait des choses) : cela n'a guère d'importance pratique puisqu'il s'agit d'une simple précaution « de courtoisie » et il est plus simple de parler uniformément de responsabilité délictuelle, comme le font la plupart des auteurs contemporains.

522 **Portée de cette distinction.** Sur l'essentiel, responsabilité contractuelle et responsabilité délictuelle suivent des **régimes analogues,** ont connu des **évolutions parallèles** et aboutissent à des **résultats semblables** de sorte qu'une erreur de qualification peut rester sans conséquence (1). Cependant quelques différences les séparent, issues le plus souvent de règles d'ordre technique : ainsi sur le plan de la **compétence,** l'article 46 du Code de procédure civile et l'article 5 de la Convention de Bruxelles du 27 septembre 1968 désignent le lieu d'exécution en matière contractuelle et celui du fait dommageable en matière délictuelle ; sur le plan de la **prescription,** le délai est de dix ans en matière délictuelle, alors qu'en matière contractuelle il est extrêmement variable, allant d'un an (par exemple pour les contrats de transport : art. 108 du Code du commerce) à trente ans pour les contrats entre non commerçants (cf. *infra,* n° 894) ; sur le plan des **clauses limitatives** de responsabilité surtout, elles sont en principe admises en matière contractuelle (cf. *supra,* n° 421) alors qu'elles sont exclues en matière délictuelle (cf. *infra,* n° 524). Plus gravement, c'est parfois la **charge de la preuve** qui est en jeu : le créancier d'une obligation de sécurité de moyens doit prouver une faute qu'il serait dispensé d'établir s'il était un tiers agissant contre le gardien sur la base de l'article 1384 (2) ; inversement le maître d'ouvrage, en tant que tiers par rapport au sous-traitant, doit prouver sa faute délictuelle et ne peut profiter de la présomption liée à l'obligation de résultat de ce dernier (3). C'est parfois encore le **régime d'exonération** qui est en cause : force majeure sur le plan délictuel ou simple absence de faute sur le terrain contractuel (4).

Ces différences qui ne tiennent pas à l'essentiel font l'objet de critiques de plus en plus répandues (5). Il faut observer notamment qu'elles alimentent un important et délicat « contentieux de frontières » pour déterminer dans tel ou tel

(1) Elle n'est alors pas sanctionnée par la Cour de cassation : Civ. 1re, 4 janvier 1995, *Bull. civ.,* I, n° 10.

(2) Cf. Civ. 1re, 24 novembre 1993, *Bull. civ.,* I, n° 344.

(3) Ass. Plén., 12 juillet 1991, précité, *Grands Arrêts*, n° 173.

(4) Cf. Civ. 2e, 26 mai 1992, *Bull. civ.,* II, n° 154 pour un entrepreneur bénéficiant des art. 1788 et 1789.

(5) Cf. VINEY, *La responsabilité civile,* nos 232 et s. et *JCP* 1993.I.3664 n° 6, qui juge la distinction trop théorique et propose de la remplacer par la simple idée que « l'application du régime délictuel ne peut faire obstacle, directement ou indirectement, au respect du contrat ». — Sur la contestation de l'idée même de responsabilité contractuelle, v. *supra*, n° 403.

cas s'il y a lieu à l'une ou l'autre de ces responsabilités. L'exemple le plus actuel est fourni par le cas des contrats « en chaîne » (cf. *supra,* n° 264). Et il arrive qu'au gré d'une évolution jurisprudentielle, un cas de responsabilité change de catégorie, ce qui peut produire des effets secondaires pervers (6). Aussi prône-t-on de plus en plus l'**unification** totale de ces deux types de responsabilité, unification dont on constate quelques prémices en législation : ainsi la loi du 5 juillet 1985 sur les accidents de la circulation s'applique à toutes les victimes, « même lorsqu'elles sont transportées en vertu d'un contrat » (cf. *infra,* n° 646) ; la loi du 19 mai 1998 sur la responsabilité du fait des produits défectueux organise pareillement la responsabilité du producteur « qu'il soit ou non lié par un contrat avec la victime » (cf. *infra,* n° 662). Malgré cela, l'unification totale n'est pas pour demain.

523 **Règle du non-cumul des deux ordres de responsabilité : définition.** En raison des différences de régime qui viennent d'être évoquées, il arrive qu'un contractant victime d'un dommage souhaite placer son action sur le terrain de la responsabilité délictuelle qui lui serait plus favorable que la responsabilité contractuelle (par exemple pour échapper à une prescription ou à une clause limitative de responsabilité).

La règle du « non-cumul » le lui interdit en droit français (7). L'expression est quelque peu trompeuse car elle pourrait laisser croire que, si l'on ne peut pas cumuler les deux régimes de responsabilité, on pourrait du moins choisir celui qu'on entend invoquer. Or, il n'en est rien : la règle dite du non-cumul est en réalité un principe de ***non-option*** en ce qu'elle signifie que **la victime d'un dommage dans le cadre contractuel ne peut pas faire appel à la responsabilité délictuelle :** « le créancier d'une obligation contractuelle ne peut se prévaloir contre le débiteur de cette obligation, quand bien même il y aurait intérêt, des règles de la responsabilité délictuelle » (8), ou plus sobrement : « l'article 1382 du Code civil est inapplicable à la réparation d'un dommage se rattachant à l'exécution d'un engagement contractuel » (9).

Le *champ d'application* de la responsabilité délictuelle se trouve ainsi limité : elle est rejetée du domaine contractuel. En pratique, cela signifie que **la responsabilité délictuelle ne peut pas être invoquée entre des cocontractants pour la période d'exécution du contrat et pour des faits liés à cette exécution.**

(6) Voir pour le cas de la responsabilité des établissements fournisseurs de sang, d'abord délictuelle puis contractuelle, et les effets de ce changement sur le jeu de leurs assurances : Civ. 2e, 26 octobre 2005, *Bull. civ.*, II, n° 274 ; *RDC.* 2006.713 et les obs.

(7) À partir pourtant des mêmes textes, le droit belge ne connaît pas cette restriction.

(8) Civ. 1re, 11 janvier 1989, *Bull. civ.,* I, n° 3. Pour l'étude détaillée de cette règle et de ses limites, cf. VINEY, nos 216 et s. — TERRÉ et LEQUETTE, *Grands arrêts*, n° 181.

(9) Civ. 2e, 9 juin 1993, *Bull. civ.,* II, n° 204 ; *JCP* 1994.II.22264, note ROUSSEL.

Par exemple on ne pourra faire appel aux règles délictuelles dans les rapports entre un entrepreneur et son client (10) ou entre un locataire et son bailleur même pour un dommage causé par un autre bien du bailleur (11). Ou encore, un salarié victime d'une maladie professionnelle ne pourra poursuivre son employeur que dans le cadre des règles du contrat de travail et non invoquer une responsabilité délictuelle (12). Et l'on n'a pu faire jouer la responsabilité délictuelle dans le cadre du *transport bénévole* qu'après avoir exclu dans cette pratique l'existence de tout contrat de transport (13).

Cependant la jurisprudence admet parfois qu'une **faute extrêmement grave** d'un contractant permettrait de réintroduire dans le cercle contractuel les règles de la responsabilité délictuelle : ainsi en cas de faute dolosive d'un constructeur (14) ou de faute pénalement réprimée (15). Cette entorse à la règle du non-cumul est très généralement critiquée (16) car les solutions d'équité qu'on recherche par cette voie pourraient le plus souvent être justifiées même en restant sur le terrain contractuel. Elle semble d'ailleurs en passe d'être abandonnée (17).

Ce principe a toutefois **ses limites** à la fois quant à la période et aux parties concernées.

523-1 **Limites quant à la période concernée.** C'est seulement durant l'exécution du contrat que s'applique la règle du non-cumul, pour la raison toute simple que c'est seulement pendant cette période que s'imposent les obligations contractuelles déclenchant une responsabilité nécessairement contractuelle. D'où une double conséquence :

— les fautes **précontractuelles** relèvent de la responsabilité délictuelle, qu'elles concernent les pourparlers (cf. *supra,* n° 58), les agissements dolosifs (cf. *supra,* n° 90) ou illicites lors de la souscription du contrat (18) ou tout autre

(10) Civ. 3e, 8 juillet 1998, *Bull. civ.,* III, n° 159.

(11) Civ. 3e, 10 novembre 1998, *Bull. civ.*, III, n° 211 (le bailleur était pris en qualité de propriétaire de l'immeuble voisin d'où provenaient les troubles). — Civ. 1re, 19 mars 2002, *C.C.C.* 2002.106 (c'est ici le locataire — la SNCF — qui était prise en qualité de gardien d'un autre bien — un train).

(12) Soc., 11 octobre 1994, *Bull. civ.,* V, n° 269 ; *D.* 1995.440, note RADÉ.

(13) Ch. mixte, 20 décembre 1968, *Grands arrêts*, n° 210.

(14) Cf. Civ. 3e, 23 juillet 1986, *Bull. civ.,* III, n° 129. — 23 janvier 1991, *Bull. civ.,* III, n° 28. — 17 mars 1993, *Bull. civ.,* III, n° 38. — Civ. 3e, 8 septembre 2009, *Bull. civ.*, III, n° 179. — Cf. aussi Civ. 3e, 18 décembre 1972, *D.* 1973.272, note J. MAZEAUD.

(15) Jurisprudence propre à la chambre criminelle : cf. VINEY, n° 223.

(16) Cf. VINEY précité. — V. toutefois en faveur de son extension : LEFURMY, *La responsabilité délictuelle du contractant, RTD civ.* 1998.839.

(17) Civ. 3e, 27 juin 2001, *Bull. civ.,* III, n° 83 ; *JCP* 2002.I.124, n° 18.

(18) Pour des exigences injustifiées entraînant une responsabilité délictuelle parallèle à l'exécution du contrat : Civ. 1re, 11 mars 2003, *C.C.C.* 2003.105.

accident (19) ; toutefois les devoirs de renseignement, d'avertissement et de conseil sont rattachés aux obligations contractuelles alors qu'ils s'exercent le plus souvent juste avant la conclusion du contrat, ce qui est peu logique (cf. *supra,* n°s 282 et s.) ;

— les fautes **postcontractuelles** relèvent aussi de la responsabilité délictuelle (cf. *supra,* n° 316) ; ainsi de la SNCF sitôt le voyageur descendu du train (20).

523-2 **Limites quant aux parties concernées.** Parce que l'effet relatif du contrat restreint la responsabilité contractuelle aux rapports des contractants entre eux, la responsabilité délictuelle retrouve son empire dans les **rapports entre un contractant et un tiers**.

— D'un côté *un contractant peut agir contre un tiers* sur le plan délictuel : ce peut être le *créancier* imputant à ce tiers la défaillance de son débiteur (21) ou lui reprochant d'avoir aidé ce dernier à violer ses engagements (cf. *supra,* n° 247) ; ce peut être aussi le *débiteur* empêché d'exécuter son engagement par le fait d'un tiers (par exemple le transporteur routier qui ne peut livrer en raison d'un accident imputable à un tiers).

— De l'autre côté, *un tiers peut agir contre un contractant* sur le terrain délictuel : par exemple le passant blessé par l'effondrement d'un bâtiment dû à une faute de l'architecte peut invoquer cette faute ou le voisin blessé par l'implosion d'un téléviseur peut invoquer contre le fabricant un défaut de conception ou de fabrication rendant l'appareil dangereux (22) (sur la manière d'apprécier cette faute, cf. *infra,* n° 552). On qualifie parfois même à cette fin de tiers les proches du contractant qui subissent un préjudice « par ricochet » pour leur permettre d'agir sans être bornés par les stipulations contractuelles (23). Et même deux contractants d'un même partenaire, qui sont tiers l'un envers l'autre, doivent agir mutuellement sur le terrain délictuel : par exemple l'architecte et l'entrepreneur intervenant dans une même opération (24).

524 **Caractère d'ordre public de la responsabilité délictuelle.** Alors qu'en matière contractuelle, les clauses limitant la responsabilité sont courantes

(19) Cf. Com., 8 février 1994, *Bull. civ.,* IV, n° 59, pour l'explosion de colis avant leur prise en charge par le transporteur, blessé par cette explosion.

(20) Civ. 1re, 7 mars 1989, *D.* 1991.1, note MALAURIE (v. MASCALA, *D.* 1991, chr. 80).

(21) Par exemple à la société-mère qui s'est immiscée dans le contrat de sa filiale (Civ. 2e, 3 mai 1995, *Bull. civ.,* II, n° 132) ou à l'actionnaire principal de la société contractante (Paris, 27 octobre 1995, *D.* 1995.IR.270). — V. aussi Civ. 1re, 26 janvier 1999, *Bull. civ.,* I, n° 32 ; *D.* 1999. Som. 263, obs. DELEBECQUE.

(22) Cf. MALAURIE, *D.* 1989.381. — Pour le voisin victime du mauvais choix de l'emplacement d'une station-service par le franchiseur de l'exploitant : Civ. 2e, 21 mai 1997, *Bull. civ.,* II, n° 157. — Pour le bailleur victime de travaux mal exécutés par l'entrepreneur de son locataire : Civ. 1re, 15 décembre 1998, *C.C.C.* 1999.38 ; *Bull. civ.,* I, n° 368.

(23) Voir Civ. 1re, 28 octobre 2003, *Bull. civ.,* I, n° 330 ; *JCP* 2004.I.163, n° 11, obs. VINEY. — Civ. 2e, 13 octobre 2003, *JCP* 2004.II.10187.

(24) Civ. 3e, 11 octobre 1989, *Bull. civ.,* III, n° 190. — 11 janvier 1995, *Bull. civ.,* III, n° 15.

(cf. *supra,* n°s 421 et s.), les mêmes clauses sont très rares en matière de responsabilité délictuelle pour la simple raison que les intéressés n'étaient généralement pas en rapport avant l'accident dommageable et en tout cas ne l'avaient pas prévu. Dans les rares hypothèses où les parties ont pu prévoir la survenance de dommages et conclure une convention d'irresponsabilité, la jurisprudence dominante déclare nulles de telles conventions au motif que les règles légales sont *d'ordre public :* par exemple des conventions **entre voisins** ou entre participants à des compétitions résultant de l'inscription à cette compétition (25) ou encore la clause d'un contrat passé par l'entremise d'un mandataire (tiers au contrat, cf. *supra,* n° 46) relative à la responsabilité de personnelle de ce mandataire (26).

Toutefois des auteurs font souvent remarquer que cette nullité ne serait pas générale, malgré les termes employés par les arrêts et qu'il faudrait distinguer : la responsabilité pour faute serait seule d'ordre public tandis que les responsabilités présumées pourraient être écartées par des clauses contraires (27). On ajoute toutefois que ces clauses ne joueraient pas à l'égard des dommages corporels (28) et l'on peut également douter qu'elles s'appliquent aux responsabilités du fait d'autrui.

525 **Plan.** Il faut étudier successivement les différents cas dans lesquels la production d'un dommage engage la responsabilité civile d'une personne, c'est-à-dire la source de son obligation, puis l'objet de cette obligation, qui est la réparation du dommage.

▪ (25) Cf. Civ. 2e, 17 février 1955, *Grands arrêts*, n° 182 ; *D.* 1956.17, note ESMEIN ; *JCP* 1955.II.8951, note RODIÈRE. — 28 nov. 1962, *D.* 1963.465.
▪ (26) Civ. 1re, 20 juin 1995, *Bull. civ.,* I, n° 270.
▪ (27) TERRÉ, SIMLER et LEQUETTE, n° 801. — ROLAND et BOYER, nos 1091 et s.
▪ (28) *Contra :* ROLAND et BOYER, précité.

SOUS-TITRE 1
LES DIVERS CAS DE RESPONSABILITÉ DÉLICTUELLE

526 **Nécessité d'un cas de responsabilité.** Entre concitoyens non liés par un contrat, le principe est l'indépendance et l'absence d'obligation. Qu'on subisse un dommage ne suffit pas, en soi, à faire naître un droit à réparation. Pour que ce droit existe, il faut un débiteur et ce dernier ne peut ainsi voir apparaître à sa charge une obligation de réparer que si la loi l'a prévue. Aussi la responsabilité civile n'existe que dans les cas prévus par la loi. Il faut cependant entendre « la loi » de façon large : s'il s'agit le plus souvent d'un texte, la jurisprudence n'a pas hésité à créer certains cas de responsabilité hors de tout support textuel, comme par exemple en matière de troubles de voisinage (cf. *infra,* n° 639).

On range traditionnellement les divers cas de responsabilité délictuelle en trois catégories : responsabilité du fait personnel pour faute ; responsabilité du fait d'autrui ; responsabilité du fait des choses.

Avant d'examiner tour à tour ces trois catégories, il faut indiquer l'évolution des idées fondamentales qui constituent la philosophie générale du système.

CHAPITRE 1

LA PHILOSOPHIE GÉNÉRALE DU SYSTÈME

527 **Position du problème.** Tout fait, notamment dommageable, est le point de concours de plusieurs circonstances. Il arrive souvent que l'une d'elles, généralement la circonstance active, soit la plus voyante. La réaction première est de la désigner comme cause du fait.

Pourtant, les rapports entre l'action et ce point de concours peuvent être divers. Bien sûr, il apparaît lumineusement que l'action est cause du dommage lorsqu'elle a été intentionnellement amenée à la rencontre des autres circonstances (par exemple l'agression après guet-apens). Il en est encore de même, bien que déjà moins évidemment, lorsque l'action, n'ayant pas pour but le dommage, présente un caractère anormal (par exemple de grands gestes faits une arme à la main). Mais le lien de causalité n'apparaît plus quand l'action présente un caractère normal. Il n'y a pas de grosse difficulté si une autre des circonstances est anormale : elle apparaîtra facilement comme cause du dommage, même si elle est passive. En revanche les difficultés naissent lorsque l'action normale, confrontée à des circonstances normales, a causé un dommage. Il s'agit alors véritablement du dommage *fortuit.* Qui doit le supporter ?

528 **Évolution antérieure du Code civil.** La réaction instinctive, devant la matérialité même du dommage, est un sentiment d'injustice, de rupture d'égalité exigeant une compensation. Les droits primitifs, favorables à la victime, prévoient une **réparation automatique,** d'abord par vengeance (la loi du talion), puis par composition pécuniaire ; automatique en ce que la conduite de l'« acteur » du dommage (plus que l'auteur) n'est pas examinée ni jugée : elle est considérée comme coupable du fait même du mal produit. Cette réparation systématique revient plus à déplacer qu'à compenser le sort. Car l'auteur doit réparer même si, ayant agi normalement, il n'a été que l'instrument du sort.

Pendant très longtemps, le sens du progrès a donc consisté à réagir contre ce mouvement naturel en distinguant ce qui est dû au hasard et ce qui est dû à l'activité fautive de quelqu'un et en limitant la réparation à ceci.

Le mouvement a commencé au cours de l'évolution du droit romain.

Pendant un certain temps, celui-ci ne tint compte que du préjudice. Dans la *lex Aquilia,* le *damnum injuria datum* (dommage causé) s'appréciait d'abord uniquement chez la victime, et c'était la matérialité du dommage qui ouvrait droit à réparation (1). Ce n'est qu'à la fin de la République romaine qu'on prit en considération la conduite de l'auteur pour déclarer irresponsable celui qui a causé un dommage sans faute. Cette mutation d'*injuria* (dommage) en *culpa* (faute) fut le premier pas dans la voie de l'abandon du dommage fortuit à la charge de sa victime.

Le deuxième pas fut franchi par l'action dite « de dol », uniquement fondée sur la faute. Mais l'évolution s'est faite lentement et l'action de dol n'est jamais parvenue à s'élever en principe. Il restait encore sous Justinien de nombreux cas de responsabilité automatique (propriétaires de maisons, maîtres de navires, aubergistes, maîtres d'écuries, etc.) (2).

Poursuivant l'évolution et stimulé par la double **idée chrétienne** que chacun doit respecter ses devoirs et répondre de ses manquements, mais doit aussi accepter avec soumission les épreuves de la vie, l'Ancien Droit français est arrivé à une responsabilité uniquement fondée sur la faute, qui a pour corollaire que tout dommage ne résultant pas d'une faute n'est pas réparable. Ainsi pour Domat, si « c'est une suite naturelle de toutes les espèces d'engagements particuliers et de l'engagement général de ne faire tort à personne que ceux qui causent quelque dommage, soit pour avoir contrevenu à quelque engagement ou pour y avoir manqué, sont obligés de réparer le tort qu'ils ont fait » (3), en revanche aucune réparation n'est due « s'il arrive quelque dommage par une *suite imprévue* d'un fait innocent, car cet événement aura quelque autre cause, soit une imprudence de la victime, *soit un cas fortuit,* et c'est à ce cas fortuit que le dommage doit être imputé » (4).

529 **Système du Code civil.** Le Code civil a repris cette attitude, qui s'adaptait si bien à sa philosophie générale. Pour lui, en présence d'un **dommage fortuit,** il n'y a pas de choix à faire entre l'auteur et la victime. « L'attribution naturelle du dommage est de le laisser à la charge de la victime, parce qu'ainsi on ne fait pas de choix, tendant à redresser les coups du sort. La victime est choisie par le sort, désignée par le destin. Lors donc que l'on oblige l'auteur à réparation, on

(1) IHERING, *De la faute en droit privé,* p. 12.

(2) Cf. les exemples cités par OURLIAC et DE MALAFOSSE, *Droit romain et Ancien droit. Les obligations,* Thémis, 1957, p. 366 et p. 378.

(3) *Lois civiles,* Livre III, titre V.

(4) *Lois civiles*, Livre II, titre VIII, Sect. IV, § 3.

déplace cette attribution naturelle. Ce déplacement n'est légitime que s'il y a des raisons particulières de l'effectuer » (5).

En dehors du champ contractuel, seule la faute constitue une telle raison. C'est pourquoi la responsabilité délictuelle du Code est entièrement fondée sur la faute, c'est-à-dire sur un comportement anormal. Le dommage, disait Tarrible, l'un des codificateurs, « pour qu'il soit sujet à réparation, doit être l'effet d'une faute ou d'une imprudence de la part de quelqu'un » (6).

Ainsi la responsabilité est-elle entièrement fondée sur la faute, faute prouvée (articles 1382, 1383, 1384 en ce qui concerne l'auteur du dommage) ou faute présumée (article 1384 en ce qui concerne le garant, articles 1385, 1386).

En dehors de là, aucune réparation ne peut être obtenue : le dommage est dû au hasard et dès lors reste à la charge de la victime.

Cet abandon est parfaitement conscient. À la suite de Domat, Tarrible disait : « s'il (le dommage) ne peut être attribué à cette cause (la faute), il n'est plus que l'ouvrage du sort dont chacun doit supporter les chances » (7). De même Merlin : « Partout où l'homme nuit à un autre par une cause majeure, il est affranchi de la réparation ; il a été l'instrument passif du malheur qui est arrivé. Le malheur ne peut plus être imputé qu'à la destinée sous laquelle tous les hommes doivent se soumettre » (8).

C'est donc un principe certain que **le hasard pèse sur la victime** d'un dommage fortuit : le droit n'étant pas fait pour redresser les coups du sort, ceux-ci doivent être laissés à leur attributaire naturel.

530 **Évolution ultérieure.** Les conditions du développement technique entraînaient une multiplication des accidents et des dommages dont il devenait de plus en plus difficile de déterminer les causes et qui restaient ainsi sans réparation d'après le système traditionnel.

Le sentiment général, application des nouvelles conceptions plus solidaires, fut que le poids du hasard se faisait trop lourd pour les victimes, d'autant plus qu'il pesait presque toujours sur les mêmes.

Aussi un effort constant s'est-il manifesté depuis lors en vue d'une indemnisation de plus en plus large des dommages. Le développement des institutions de garantie est l'un des traits saillants du droit du XXe siècle.

Mais ce mouvement, bien qu'inspiré par la même réaction sentimentale, n'aboutit pas aux mêmes résultats que les systèmes de responsabilité primitifs. Car ce sentiment de pitié qui joue en faveur des victimes se retrouve au profit des responsables ; ils n'ont été que les « acteurs » des dommages fortuits, et ne doivent pas non plus supporter ces coups du sort.

(5) FLOUR et AUBERT, 1re éd., n° 578. C'est encore au XXe siècle le principal étai des théories des partisans de la responsabilité pour faute.

(6) *Discours au Corps législatif,* LOCRÉ, t. XIII, p. 57.

(7) *Discours au Corps législatif,* LOCRÉ, t. XIII, p. 57 et s.

(8) *Répertoire,* 5e éd., V° Quasi-délit.

Alors, sur qui les faire peser ? C'est ici que la **solidarité** doit jouer : c'est sur le corps social tout entier que doivent s'amortir ces dommages.

C'est pourquoi ce mouvement de réparation croissante s'est indissociablement accompagné d'un effort tendant à répartir sur l'ensemble du corps social le poids des dommages fortuits.

531 **Premier objectif : la victime doit obtenir réparation.** La nouvelle conception de l'équité consiste dans le sentiment que « tout dommage accidentellement subi par un individu ou un groupe d'individus doit, dans une société bien construite, trouver une réparation assurée » (9). Et la ligne directrice du droit de la responsabilité du XXe siècle est de tendre à traduire ce sentiment dans les faits en trouvant « à tout prix un responsable », qui devrait plutôt s'appeler un indemnisateur.

C'est pourquoi l'évolution s'est traduite par l'adjonction à la théorie de la faute de la théorie « du risque » : cette théorie consiste à placer la source de la responsabilité non plus seulement dans la faute que commet un individu, mais également dans le risque qu'il crée par son activité : celui qui, dans son intérêt et souvent pour son profit, développe une activité (fait fonctionner des machines, circuler des véhicules, etc.) crée un risque par la potentialité de dommages qui en résulte ; il doit donc répondre de ces dommages, même si l'on ne peut constater une faute de sa part.

Cette théorie a fourni le support doctrinal d'un élargissement considérable des cas de responsabilité, tout particulièrement pour les dommages causés par des choses (cf. *infra,* n° 602). Elle a été relayée, au milieu du siècle, par la théorie dite de la garantie, proposée par Starck, selon laquelle l'auteur d'une activité est responsable car il doit **garantie au corps social** des conséquences de son activité.

532 **Second objectif : le dommage fortuit ne doit pas peser définitivement sur le responsable juridique.** Le retour au besoin primitif de voir les victimes de dommages fortuits obtenir réparation n'a pas fait oublier totalement l'habitude de juger la conduite de l'auteur qui s'était développée durant des siècles.

Or, par définition, l'auteur d'un dommage *fortuit* n'est pas coupable ; nous avons dit qu'il en était plutôt l'« acteur ». Aussi était-il naturel que le même sentiment d'injustice devant le sort jouât en sa faveur : il ne faut pas que le hasard pèse sur lui. Tant qu'il a fallu, en présence de dommages fortuits, choisir entre l'auteur et la victime, on a préféré imposer la charge du dommage à celui qui était économiquement le plus puissant, parce que c'est pour lui que cette

(9) R. Savatier, *Métamorphoses du droit civil contemporain,* 1954, n° 274. — Cf. Y. Lambert-Faivre, *L'évolution de la responsabilité civile d'une dette de responsabilité à une créance d'indemnisation, RTD civ.* 1987.1, puis *L'éthique de la responsabilité, RTD civ.* 1998.1. — Radé, *Réflexions sur les fondements de la responsabilité civile, D.* 1999, chr. 313 et 323. — Pariguet et Mansion, *Impasse et perspectives du risque en matière de responsabilité civile, JCP* 2011. doct 838.

charge était proportionnellement la moins lourde (ce qu'on a justifié par la théorie du risque-profit). Mais l'alternative ne satisfaisait point et une porte de sortie se présentait : la répartition du dommage sur un grand nombre d'individus et son amortissement en un poids peu sensible à chacun.

C'est en ce sens que s'est orienté le droit du XXe siècle, en un mouvement parallèle et lié à celui de la réparation des dommages fortuits.

533 **Illustration.** De cet effort d'étalement de leur charge sur le plus grand nombre, on peut noter quatre traits saillants :

— *Le développement des assurances* est un phénomène qui n'a pas besoin d'être souligné tant il est évident. Il a nécessité leur réglementation par une loi (celle du 13 juillet 1930), et cette loi a facilité leur extension ultérieure. Les assurances maritimes sont tout aussi vivantes, qu'il a fallu récemment adapter aux circonstances modernes (loi du 3 juillet 1967).

Et c'est à la conscience de ce développement que la responsabilité civile a dû l'ampleur de son extension (10). C'est son **assureur** qu'avec l'assentiment de la doctrine (11) les juges vont chercher derrière celui qu'ils déclarent responsable. À preuve l'action directe accordée à la victime contre cet assureur (cf. *infra,* n° 686).

— *Le développement des Fonds de Garantie,* plus récent, est peut-être soumis à un aussi bel avenir (12). Déjà son domaine, primitivement cantonné aux accidents de la route, a été à plusieurs reprises étendu (cf. *infra,* n° 689).

— *L'institution et le développement de la Sécurité sociale* poursuivent, de manière encore plus directe, le même but : on allège l'individu d'une grande

(10) Cf. R. Savatier, *Métamorphoses, op. cit.,* n° 284 : « C'est seulement parce que le poids de la responsabilité, en apparence individuelle, se répartit en définitive sur tout le corps social, que le domaine de la responsabilité tend à s'accroître indéfiniment ». V. également M. Waline, *L'influence des progrès techniques et scientifiques sur l'évolution du droit, Mélanges Bridel*, Lausanne, 1968, p. 601 et s., spéc. p. 605.
On peut citer des exemples significatifs :
C'est l'institution en 1958 de l'assurance automobile obligatoire qui a décidé la soumission du transport bénévole à l'article 1384, alinéa 1er (Ch. mixte, 20 déc. 1968. *D.* 1969.37) : les brillantes conclusions Schmelk sont explicites sur ce point.
C'est l'institution en 1964 de l'assurance obligatoire pour les exploitants de remonte-pente qui a décidé de l'alourdissement de leur responsabilité entre 1963 et 1968 (cf. *supra,* n° 411).
C'est l'institution en 1955 de l'assurance obligatoire pour les chasseurs qui a décidé les juges à accorder réparation, sur des fondements divers, du dommage causé par un individu indéterminé au sein d'un groupe : comparer le refus de Civ., 29 sept. 1941, *Gaz. Pal.* 1941.2.437 et les réparations accordées par Civ. 1re, 5 juin 1957, *D.* 1957.493, note Savatier, *JCP* 1957.10205, note P. Esmein. — 5 février 1960, *D.* 1960, 365. note Aberkane. — 11 février 1966, *D.* 1966.228, note Schmelk.
(11) Et c'est le développement pratique de l'assurance de responsabilité « chef de famille » qui a décidé la Cour de cassation à alourdir, en 1997, la responsabilité des parents du fait de leurs enfants mineurs (cf. *infra*, n° 574).V. par ex. Durry, *RTD civ.* 1971.582 : « Et comme il est loisible au commettant de s'assurer contre les conséquences des fautes et de ses préposés..., il est d'autant plus souhaitable d'admettre aisément la responsabilité du commettant ».
(12) Comp. G. Dubry, *ibid.,* p. 583 et 584.

part des hasards de la santé et de leurs conséquences pécuniaires pour en charger la collectivité des assujettis. Elle non plus n'est pas étrangère à la responsabilité civile (13), qu'elle supplée parfois par le caractère direct de la répartition qu'elle opère (14).

Enfin, *la prise en charge par l'État* de certains dommages exceptionnels (dus à des guerres, cataclysmes, etc.) est la manifestation la plus parfaite de cette évolution.

534 **Conséquence.** Tout cela opère un « déclin de la responsabilité individuelle » (15) au moyen d'une **« socialisation des risques »** (16) :

— les dommages réparés par les assurances se répartissent sur tous les assurés par l'intermédiaire des primes, et plus loin encore, indirectement, sur les consommateurs en ce que les assurés-producteurs comptent les primes payées dans leur prix de revient ;

— les dommages réparés par la Sécurité sociale se répartissent sur tous les assujettis, qui sont de plus en plus nombreux par l'effet des obligations d'assujettissement ; et au-delà, ils se répartissent sur tous les contribuables puisque c'est l'État qui comble le déficit de la Sécurité sociale ;

— les dommages réparés par l'État sont ceux qui se répartissent le plus largement : tous les contribuables y participent.

Finalement, « au terme du cycle que tend à parcourir notre droit, toute victime serait virtuellement sûre d'être indemnisée » (17) non pas par un individu, mais par une collectivité qui pourrait, en cas de faute seulement, se retourner contre le coupable (18), c'est-à-dire qui assumerait tous les dommages fortuits (19).

535 **Avantages.** Cette solution consistant à diluer dans le grand nombre les risques individuels présente de nombreux avantages, tant sociaux que psychologiques.

Socialement, elle tend à assurer une égale sécurité à tous et elle renforce la solidarité par un partage des coups du sort.

(13) Cf. Mme DAVID-CONSTANT, *L'influence de la Sécurité sociale sur la responsabilité civile, Mélanges Savatier*, p. 235. R. GRANGER, *L'influence de la Sécurité sociale sur la responsabilité civile, Droit Social*, 1955, p. 503.

(14) Cf. RAYNAUD, *De la responsabilité civile à la Sécurité sociale, D.* 1948.1.93.

(15) C'est le titre de la thèse de Mlle VINEY, Paris, 1965.

(16) Tant en droit privé (R. SAVATIER, *Métamorphoses,* 2e série, chap. XII. F. HUBERT, *Socialisation des risques et responsabilité individuelle,* thèse Paris, 1947) qu'en droit public (MIGNON, *Chroniques* au *D.* 1947.1.37 et 1950.1.53).

(17) SAVATIER, *op. cit.,* n° 282.

(18) C'est le schéma imaginé par Mlle VINEY, dans sa thèse précitée (n°s 224 et s.). C'est celui qu'on observe en droit public, depuis les arrêts *Laruelle* et *Delville* (CE, 28 juillet 1951, *S.* 1951.3.25, note MATHIOT ; *JCP* 1952.6734, note EISENMANN ; *RDP* 1951, 1087, obs. WALINE).

(19) Cette collectivité finissant par être l'État (SAVATIER, *op, cit.,* n° 298. Cp. CARBONNIER, t. 4, n° 87, *Politique Législative, in fine*).

Psychologiquement, outre qu'elle rassure chacun sur sa propre sécurité, elle satisfait le sentiment de justice dans sa conscience actuelle. Car les individus ont l'impression qu'ainsi tout le monde est à l'abri du sort, et ce gratuitement : lorsque c'est une collectivité qui paye, personne ne sent le débours. Le « c'est l'assurance qui paiera » donne à chacun le sentiment que le dommage ne coûte à personne. Attitude psychologique qui contribue grandement à l'extension de la responsabilité collective.

Mais ce sentiment, pour intellectuellement confortable qu'il soit, ne correspond nullement à la réalité. Les collectivités ne sont que des intermédiaires, ce sont les membres de la collectivité qui paient chacun une quote-part des dommages.

536 **Inconvénients.** Et c'est là qu'il apparaît que ce nouveau système n'est pas dénué d'inconvénients. Deux sont majeurs :

1° *Économiquement,* le poids total de cette construction pèse très lourd sur la collectivité, beaucoup plus lourd que la somme des dommages à réparer. Car les fraudes sont nombreuses et les frais de répartition énormes. Tous les automobilistes savent le coût de leur assurance. Les employeurs et les salariés connaissent aussi la part des prélèvements de Sécurité sociale, caisses et mutuelles, on estime à plus de 50 % du salaire la différence entre ce que l'employeur débourse et ce que le salarié perçoit. La sécurité se paie si cher qu'on est obligé de rendre obligatoire l'assujettissement, car combien préféreraient être leur propre assureur ! Aussi le système risque de périr par sa démesure et la crainte de Portalis de se réaliser (20).

2° *Moralement,* cette indemnisation automatique inquiète certains auteurs car elle fait disparaître la sanction attachée à la faute, et par là le sens de la responsabilité individuelle.

Sans compter que la mauvaise foi peut être tentatrice, la négligence s'en trouve couverte, ce qui conduit à l'insouciance. « La responsabilité juridique, ainsi faussée, se retourne contre la responsabilité morale et la détruit » (21). Et l'on en arrive à ce paradoxe que non seulement les négligents ne supportent plus leur négligence, mais encore la font supporter aux diligents.

Ces critiques ont parfois été entendues. Pour ne pas renoncer aux bienfaits du système, on essaie de leur faire place par des correctifs : par exemple l'institution du *bonus-malus* dans les assurances répond au souci moral ; et l'organisation du recours de la collectivité indemnisatrice contre l'auteur fautif répond à la fois aux soucis économique et moral.

(20) « Si l'on part de l'idée qu'il faut parer à tout le mal et à tous les abus... on n'accordera qu'une protection ruineuse aux citoyens, et le remède deviendra pire que le mal » (*Discours préliminaire,* FENET, I, p. 463 et s.).

(21) SAVATIER, *op. cit.,* n° 292.

Et en pratique, on constate que les tribunaux, même animés par un souci général d'indemnisation, restent grandement influencés dans chaque cas d'expèce par le rôle qu'a pu jouer une faute (22).

537 **Avenir.** On souligne de plus en plus le relais nécessaire de la responsabilité individuelle par la **solidarité collective,** grâce au jeu des assurances (23). Il n'en reste pas moins que la responsabilité individuelle, même si elle n'est qu'un maillon de ce relais, continue d'en être un vecteur indispensable tant sur le plan économique que moral et donc à constituer l'un des piliers du droit des obligations.

(22) V. LE TOURNEAU, *La verdeur de la faute dans la responsabilité civile, ou la relativité de son déclin, RTD civ.* 1998.505. — RADÉ, *L'impossible divorce de la faute et de la responsabilité civile, D.* 1998, chr. 301.

(23) LAMBERT-FAIVRE, *RTD civ.* 1987.1, p. 19.

CHAPITRE 2
LA RESPONSABILITÉ POUR FAUTE

TEXTES

Code civil, art. 414-3, 1382 et 1383

Art. 414-3. — Celui qui a causé un dommage à autrui alors qu'il était sous l'empire d'un trouble mental n'en est pas moins obligé à réparation.

....

Art. 1382. — Tout fait quelconque de l'homme, qui cause à autrui un dommage, oblige celui par la faute duquel il est arrivé à le réparer.

Art. 1383. — Chacun est responsable du dommage qu'il a causé non seulement par son fait, mais encore par sa négligence ou par son imprudence.

538 **Vocation générale.** En termes très généraux, les articles 1382 et 1383 obligent l'auteur de toute faute à réparer le dommage qui en est résulté. On parle presque toujours à ce sujet de responsabilité « du fait personnel », par opposition à la responsabilité du fait des choses ou du fait d'autrui que nous examinerons plus loin. Mais il n'est pas totalement exact de mettre ainsi sur le même plan ces trois types de responsabilité, en les juxtaposant comme si chacun avait un domaine propre. En réalité, la responsabilité pour faute a une vocation générale, qui peut concerner même des cas où le dommage a été causé par l'intermédiaire d'une chose ou d'une autre personne et venir ainsi recouper les domaines des deux autres responsabilités : partout où il y a faute, cette responsabilité d'ordre général peut être mise en jeu, **au besoin parallèlement avec un régime plus spécifique :** par exemple la victime d'un trouble de voisinage, d'une chute d'arbre ou d'un jeu imprudent de jeunes enfants, qui peut invoquer des règles propres (responsabilité des voisins, du gardien de l'arbre ou des parents), peut également invoquer le principe général de responsabilité pour faute si elle prouve l'existence d'une telle faute, ce qui peut avoir des conséquences importantes (possibilité de saisir le juge pénal, dispense de preuve des conditions propres à chaque régime spécial).

La responsabilité pour faute a donc un champ d'application très général et les domaines dont l'article 1382 est exclu sont bien rares : en dehors de l'exception, déjà vue, des relations contractuelles où l'on trouve d'ailleurs un parallèle très proche dans la responsabilité contractuelle (cf. *supra,* n° 403), il n'existe guère que le secteur de la **presse** où la Cour de cassation, mettant en œuvre une suggestion avancée un demi-siècle plus tôt par Carbonnier (1), a décidé que la liberté d'expression ne connaît de limites que par les textes spéciaux, l'article 1382 du Code civil étant sans application (2), du moins pour ce qui concerne les atteintes aux personnes (3) prévues par la loi sur la presse de 1881 (4).

Élevée par le Conseil constitutionnel au rang de principe général ayant **valeur constitutionnelle,** auquel le législateur lui-même ne peut déroger (5), elle continue de constituer le régime de base du droit de la responsabilité, et de mise en œuvre très fréquente même si certains régimes sont plus favorables aux victimes sur le plan de la preuve (6). De plus, sur le plan logique et pédagogique, son régime est celui qui présente de la façon la plus pure le schéma constitutif de toute responsabilité, composé de trois éléments.

539 **Les trois éléments constitutifs.** Il faut qu'on se trouve en présence d'une faute, d'un dommage et d'un lien de causalité entre la première et le second. Chronologiquement, la faute apparaît en premier et précède forcément le dommage qu'elle cause. Mais en pratique, la victime ne peut agir que lorsqu'elle subit le dommage, à partir duquel elle « remonte » jusqu'à la faute qui est à son origine.

▪ (1) *Le silence et la gloire, D.* 1951. chr. 119.

▪ (2) Jurisprudence constante depuis Ass. Plén., 12 juillet 2000, *Bull. Ass. Plén.,* n°s 7 et 8. — Voir par ex. Civ. 1re ; 27 septembre 2005, *Bull. civ.*, I, n° 348. – 7 février 2006, *Bull. civ.*, I, n° 57. — Civ. 3e, 1er octobre 2008, *Bull. civ.*, III, n° 144. — Civ. 1re, 10 avril 2013, n° 12-10177. — Sur l'histoire et les raisons de cette éviction, voir B. DE LAMY, *Les tribulations de l'art. 1382 au pays de la liberté d'expression, Mélanges Le Tourneau*, Dalloz, 2008, p. 275. — VINEY, *La sanction des abus de la liberté d'expresion, D.* 2014.787 — BIGOT, *L'éradication de l'article 1382 par l'article 10 de la CEDH, D.* 2014.131.

▪ (3) Le droit de critique à l'égard des **entreprises** (opposées à l'entrepreneur..., distinction parfois délicate : VALETTE-ERCOLE, *Dénigrement ou diffamation ?*, *D.* 2008.672) ou des **produits** demeurant régi par l'art. 1382 : Civ. 2e, 23 janvier et 24 avril 2003, *Bull. civ.,* II, n°s 15 et 112. — 8 avril et 7 octobre 2004, *Bull. civ.,* II, n°s 182 et 445. — 16 juin 2005, *Bull. civ.*, I, n° 156. — 30 mai et 5 décembre 2006, *Bull. civ.*, I, n°s 274 et 532. — Civ. 1re, 8 avril 2008, *Bull. civ.*, I, n° 104. — Civ. 2e, 20 septembre 2012, n° 11-20963 — Com., 27 novembre 2013, n° 12-24651 ; *CCC* 2013.37, obs. L.L.

▪ (4) Les atteintes au droit à l'image prévues par d'autres textes restent du domaine de l'article 1382, même commises par voie de presse : v. HASNAOUI, *RLDC* 2011.4082.

▪ (5) Cons. constit., 22 octobre 1982, *D.* 1983.189, note LUCHAIRE, à propos d'une loi exonérant les syndicats de leurs fautes. — 9 novembre 1999, à propos de la loi sur le PACS, *JCP* 2000.I.280, n° 1, obs. VINEY ; comment. MOLFESSIS, *JCP* 2000.I.210, n° 4.

▪ (6) Cf. LE TOURNEAU et RADÉ, articles précités, *supra* n° 536. — VINEY, *Pour ou contre un « principe général » de responsabilité pour faute, Mélanges Catala*, 2001.555.

La réunion de ces trois éléments est nécessaire à la responsabilité : chacun est donc une condition de celle-ci. Nous n'examinerons cependant ici que les deux premiers : faute et lien de causalité. Le troisième, à savoir le dommage, est en effet un élément identique dans tous les régimes de responsabilité et de plus très lié au but même que poursuit la victime, qui est précisément la réparation de ce dommage : nous en reporterons donc l'examen détaillé à l'étude de la réparation du dommage qui suit les mêmes règles quel que soit le type de responsabilité engagée. Qu'il suffise jusque-là de savoir que l'existence d'un dommage à réparer est, selon l'évidence même, une condition de la responsabilité civile (v. *infra*, n° 671).

SECTION 1 **LA FAUTE**

540 **Difficulté de la définition en matière délictuelle.** Toute faute est une défaillance de conduite. Mais cette définition souvent avancée n'est pas suffisante : défaillance par rapport à quoi ? Pour apprécier s'il y a défaillance, il faut une norme de référence, qui définit la conduite normale qu'il aurait fallu tenir en pareilles circonstances. Définir la faute contractuelle était relativement aisé par la référence aux obligations nées du contrat. La difficulté est plus grande en matière délictuelle : on se trouve en effet en présence de personnes (l'auteur et la victime du dommage) qui ne sont unies par aucun lien juridique, sinon de vivre dans la même société, qui n'ont donc l'une envers l'autre aucune obligation, sinon celle de respecter mutuellement leurs droits et intérêts au sein d'une même société. *La faute délictuelle est donc une* ***atteinte à l'attitude que l'on peut attendre entre concitoyens normalement conscients et respectueux de l'équilibre qu'exige toute vie en société.***

541 **Fluidité de la notion.** Ainsi, la référence n'est plus le contrat comme en matière contractuelle, mais de façon beaucoup plus diffuse l'attitude du « bon citoyen » souvent dit **« bon père de famille »** dans le langage du Code civil. C'est dire qu'il est vain de vouloir, à l'avance, établir une liste de tous les comportements pouvant constituer une faute : la complexité de la vie sociale dépasse de loin l'imagination de quiconque ; de plus tout dépend des circonstances et la même attitude, dans des circonstances voisines mais un peu différentes ou encore à des époques distinctes, peut être jugée normale ou fautive.

Les tentatives de définition plus précise de la faute sont donc nécessairement vouées à tourner court, et il faut s'en remettre essentiellement à l'appréciation que fera *a posteriori* le juge saisi d'un litige, guidé par le bon sens et quelquefois par une politique jurisprudentielle (exemple : la sévérité récente à l'égard des professionnels, cf. *infra,* n° 548).

Pour tenter de mieux cerner cette notion extrêmement fluide, on procédera donc ainsi : d'une part, on « décortiquera » les éléments qui rationnellement composent une faute (§ 1) ; d'autre part, on exposera une typologie des principales catégories de faute (§ 2).

§ 1. Décomposition rationnelle de la faute

542 **Évolution : réduction de trois à deux éléments.** Traditionnellement liée à une appréciation morale, la faute se composait de trois éléments : un comportement de fait dûment constaté ; une qualification juridique de ce comportement comme non conforme à ce que l'on peut attendre du bon citoyen ; enfin une imputabilité de ce comportement à son auteur qui ne pouvait en être déclaré responsable s'il n'était pas conscient de ses actes. On parle parfois d'élément matériel, élément juridique et élément moral. Ce troisième élément, après une évolution lente et classique, peut aujourd'hui être considéré comme abandonné : la faute est devenue une **notion purement objective,** composée seulement d'un comportement de fait juridiquement qualifié d'anormal, sans qu'il y ait à tenir compte de la psychologie de son auteur.

543 **Premier élément : comportement de fait.** La base de la faute réside dans un « élément matériel » : un fait, un comportement, une attitude. Peu importe sa nature qui peut être infiniment variable : du coup de poing primitif au montage financier le plus sophistiqué. Ce peut être aussi bien un fait positif qu'une **abstention,** comportement négatif (cf. *infra,* n° 549).

S'agissant d'un fait qu'il s'agit de constater, cet élément est du domaine du pouvoir souverain des juges du fond qui le détermineront d'après les éléments de preuve qui leur sont soumis. La **preuve** de ce comportement peut être établie par tous moyens, mais la charge en incombe au demandeur, c'est-à-dire la victime qui prétend engager la responsabilité du fautif : lorsqu'on dit que la charge de prouver la faute lui incombe, c'est en réalité seulement de l'élément matériel qu'il s'agit : car l'élément juridique est du ressort du juge.

544 **Second élément : qualification juridique.** Une fois le fait constaté, intervient une appréciation de droit : ce fait, intervenu dans les circonstances de l'espèce, doit-il ou non être qualifié de faute ? Il s'agit là d'une opération de qualification juridique, qui est **contrôlée par la Cour de cassation :** il importe en effet qu'il y ait à ce stade une unité du droit, et que le même fait survenu dans les mêmes circonstances reçoive la même qualification dans les différentes juridictions nationales.

Comme on l'a dit, cette qualification se fait par référence à ce qu'aurait dû être, en pareilles circonstances, le comportement non d'un citoyen parfait — car il faut du réalisme dans des disciplines humaines comme le droit — mais d'un « bon » citoyen, celui qui est « normalement prudent et diligent » selon une formule courante. On dit souvent, pour exprimer cette référence, que la faute ne s'apprécie pas *« in concreto »,* c'est-à-dire par rapport aux habitudes de l'auteur lui-même (qui peut être souvent négligent ou imprudent), mais *« in abstracto »,* c'est-à-dire par rapport à un modèle abstrait. Encore faut-il préciser que l'abstraction n'est pas absolue : on prend en compte les paramètres essentiels de l'intéressé et l'on sera plus exigeant à l'égard d'un professionnel que d'un profane, d'un homme mûr que d'une femme âgée, etc. Mais c'est toujours en se référant à un modèle abstrait : il faudra à chaque fois se poser la question : que pouvait-on attendre en pareilles circonstances d'un professionnel averti ou d'une femme âgée ? La réponse donnée et l'attitude normale ainsi déterminée, il suffira de lui confronter le comportement de l'auteur pour le qualifier de fautif ou de non fautif (7).

545 **Abandon de l'élément moral.** La faute civile n'a certes jamais requis un élément intentionnel, une volonté de nuire comme c'est souvent le cas pour une responsabilité pénale : l'article 1383 vise d'ailleurs expressément la négligence ou l'imprudence (8). Mais faut-il à tout le moins une conscience ? La doctrine classique estimait qu'il ne pouvait y avoir responsabilité d'une personne que si le comportement asocial pouvait lui être « imputé à faute » c'est-à-dire si elle pouvait avoir conscience de la portée de ses actes. Comment déclarer fautif un **dément** ou un **très jeune enfant** qui ne mesure pas ses actes ? Il y avait là une conception morale de la faute inspirée d'un rapprochement avec la faute pénale. Cependant du point de vue purement civil qui vise à réparer un dommage et non sanctionner une faute, cette conception était lourde d'inconvénients : elle laissait sans indemnité la victime d'un acte pourtant objectivement anormal, simplement parce qu'elle avait la malchance que cet acte soit le fait d'un inconscient. Aussi, avec le développement des assurances, l'idée s'est-elle affermie qu'il appartenait à ces « irresponsables », ou à leur entourage, de contracter des assurances propres à couvrir des actes dommageables, rendus précisément plus probables par leur état : le « risque » engendré par cet état doit être supporté par eux, et non par leurs victimes. Après de longues hésitations, qui se traduisaient par un principe d'irresponsabilité tempéré par des moyens détournés de réparation, notre droit positif s'est donc orienté en faveur d'une faute purement

(7) Sur l'appréciation *in abstracto* en la matière, DEJEAN DE LA BATIE, *Appréciation* in abstracto *et* in concreto *en droit civil français,* LGDJ, 1965.

(8) Sont ainsi cassés les arrêts exigeant, notamment en matière de concurrence déloyale, une volonté de nuire au concurrent : v. par ex. Com., 2 juillet 1991, *Bull. civ.,* IV, n° 244. — 26 avril 1994, *Bull. civ.,* IV, n° 151. — En d'autres matières, voir dans le même sens : Civ. 2e, 24 janvier 1996, *Bull. civ.*, II, n° 14. — Civ. 2e, 2 avril 1997, *Bull. civ.*, II, n° 113.

objective, indépendante de l'état de conscience de l'auteur. Ce revirement s'est opéré en deux temps.

Pour les aliénés, c'est la loi du 3 janvier 1968 (organisant le statut des incapables majeurs) qui a inséré au Code civil un article 489-2 aujourd'hui devenu 414-3 ainsi rédigé : « celui qui a causé un dommage à autrui sous l'empire d'un trouble mental n'en est pas moins obligé à réparation ».

À le prendre à la lettre, ce texte ne fait plus état que du dommage et n'exigerait même plus la faute. Mais la Cour de cassation l'a très logiquement « raccroché » à l'article 1382 : « l'article 489-2 n'institue aucune responsabilité nouvelle et s'applique à toutes les responsabilités relevant des articles 1382 et suivants du Code civil », dont les conditions d'application doivent donc être remplies (9).

Dans un second temps, la jurisprudence a étendu la règle ***aux enfants en bas âge*** par une série d'arrêts d'Assemblée plénière du 9 mai 1984 (10).

On peut donc aujourd'hui clairement distinguer, du point de vue de l'élément moral, la faute civile de la faute pénale : si l'on ne peut pas *sanctionner* l'auteur du comportement anormal qui n'en est pas conscient, on peut en revanche lui *demander une réparation* purement civile des dommages qui en sont résultés (11).

§ 2. Typologie des principales catégories de faute

A. SELON LA VARIÉTÉ DES FAUTES

546 **Violation de textes exprès, de nature pénale ou civile.** Il est tout d'abord une série de cas où l'existence d'une faute ne fait aucun doute car un texte exprès prohibe l'acte commis ou, inversement, prescrit une obligation non respectée. Le juge **ne dispose alors pas d'un pouvoir d'appréciation** puisque c'est la loi elle-même qui a fixé la norme impérative.

Cela concerne au premier chef toutes les **infractions pénales :** par le jeu du principe dit « d'identité des fautes pénale et civile », tout fait pénalement punissable constitue une faute civile, même s'il n'a pas donné effectivement lieu à des poursuites pénales. En effet, puisqu'il n'y a infraction pénale qu'en

(9) Civ. 2e, 24 juin 1987, *Bull. civ.,* II, n° 137.

(10) *Grands arrêts*, n° 193 ; *D.* 1984.525, concl. CABANNES, note F. CHABAS ; *JCP* 1984.II.20255, note DEJEAN DE LA BATIE et 20.256, note JOURDAIN ; cf. VINEY, *La réparation des dommages causés sous l'empire d'un état d'inconscience, JCP* 1985.I.3189. — Pour une critique, v. VINEY et JOURDAIN, n° 592-1.

(11) Il faut donc tenir pour caduque la jurisprudence antérieure à 1984 écartant la faute de celui qui est sous l'empire d'un malaise physique (Civ. 2e, 4 février 1981, *JCP* 1981.II.19656, note DURRY ; *D.* 1983, p. 1, note GAUDRAT).

présence d'un acte prévu par un texte (principe *« nullum crimen sine lege »*), cette infraction caractérise la violation d'un texte (12).

On verra plus loin comment, sur le plan procédural, se traduit cette coexistence de la responsabilité civile et de la responsabilité pénale (cf. *infra,* n° 691).

Il y a également faute indubitable lorsque l'on contrevient à **un texte exprès,** même s'il n'est pas assorti d'une sanction pénale. Par exemple un texte interdit au mandataire chargé de vendre un bien de le faire acheter pour son propre compte (art. 1596, C. civ.) ; un autre impose certains devoirs à celui qui fait effectuer des travaux et apprend que l'entrepreneur en sous-traite une partie (art. 14-1 de la loi du 31 janvier 1975) ; de nombreux textes réglementaires fixent des normes techniques en matière de construction ou de fabrication de biens industriels.

La méconnaissance de ces textes, même si elle ne constitue pas une infraction pénale, caractérise *ipso facto* une faute civile.

Peu importe que l'auteur ait ignoré le texte civil ou pénal qu'il a enfreint : le principe « nul n'est censé ignorer la loi » lui interdit de se prévaloir de cette ignorance. L'acte se trouve objectivement contraire aux normes en vigueur dans la société.

547 **Cas d'absence de texte : variété infinie.** Mais, le plus souvent, le juge ne dispose pas d'une telle référence législative. C'est à lui qu'il appartient de « faire la norme » en précisant, par rapport aux usages et au bon sens, ce qui constitue ou non une faute. La variété de fautes susceptibles d'être retenues est alors infinie, allant du recours à des manœuvres de concurrence déloyale à la négligence familiale (défaut de surveillance d'enfants par exemple) en passant par les fautes de circulation routière ou les promesses fallacieuses de mariage...

Toute liste est impossible et inutile. Il faut simplement envisager certains domaines qui appellent quelques précisions.

548 **Fautes professionnelles.** Un très grand nombre de fautes sont retenues dans l'exercice de l'activité professionnelle de l'intéressé (13).

Elles peuvent concerner ses rapports **avec d'autres professionnels :** il est, dans chaque profession, des usages ou des normes **déontologiques** qui guident le juge (14) sans toutefois l'obliger (15). Un bon exemple s'en trouve dans la

(12) Peut-être faut-il toutefois réserver le cas des infractions dites « matérielles » (en ce sens Civ. 1re, 7 octobre 1998, *Bull. civ.,* I, n° 286 ; *D.* 1999. Som. 263, obs. JOURDAIN).

(13) Il s'agit ici d'une activité professionnelle indépendante ; sur la faute du salarié, v. *infra,* n° 549. — V. LE TOURNEAU, *Les obligations professionnelles, Mélanges Boyer*, 1996.365.

(14) V. MORET-BAILLY, *Règles déontologiques et fautes civiles, D.* 2002, chr. 2820. — Pour des exemples de fautes déontologiques entraînant une responsabilité civile, v. Com., 29 avril 1997, *Bull. civ.,* IV, n° 111 ; *D.* 1997.459. — Civ. 1re, 22 mai 2001, n° 95-14909 — Civ. 1re, 12 juillet 2011, n° 10-25386, *C.C.C.* 2011, n° 211. — Sur l'évolution de la portée juridique des règles de déontologie médicale, v. SARGOS, *D.* 2007. chr. 811.

(15) Com., 10 septembre 2013, n° 12-19356, *Bull. civ.*, IV, n° 128 ; *JCP* 2013.1203, note BRIGANT et 2014.568, n° 14, obs. STOFFEL-MUNCK.

jurisprudence très abondante relative à la **concurrence déloyale** et aux **agissements parasitaires** (16), qui est une application de l'article 1382 du Code civil.

Mais ces fautes concernent aussi, et de plus en plus souvent, les rapports des professionnels **avec le public :** non seulement leurs clients (il s'agit alors de responsabilité contractuelle puisqu'il y a contrat entre le professionnel et son client) mais également les tiers. On tend à considérer que le professionnel a un *rôle social* à jouer, dont il répond envers tous. Ainsi les notaires « doivent s'abstenir de prêter leur ministère pour conférer le caractère authentique à une convention dont ils savent qu'elle méconnaît les droits d'un tiers » (17). De même l'architecte qui a mal conçu un bâtiment répondra du dommage causé aux voisins ou à un passant ; le garagiste qui a mal réparé un véhicule du dommage subi par un tiers victime d'un accident causé par ce véhicule ; le banquier qui a fourni un chéquier à un escroc du dommage éprouvé par les victimes de cet escroc (18) ; l'organisateur d'une compétition des accidents dus à un défaut de précautions ; le fabricant d'un produit nocif des dommages subis par tout utilisateur (cf. *infra,* n°s 662 et s.) ; le mandataire de justice dans une « faillite » des dommages causés par son erreur, même si sa proposition erronée a été acceptée par le juge-commissaire (19) ; le loueur de voiture de l'arrestation injustifiée du tiers désigné inexactement à la police comme locataire (20), etc.

La lecture des revues de jurisprudence révèle qu'une très forte proportion des fautes retenues intéresse ainsi l'activité professionnelle des banquiers, notaires, constructeurs, entrepreneurs, fabricants, exploitants, artisans, agents d'affaires, exploitants de presse, etc., dont le comportement est apprécié avec sévérité, précisément à raison de leur qualité de professionnels. Il faut souligner que ces professionnels sont déjà responsables envers leurs clients sur la base du contrat, mais qu'ici il s'agit de leur responsabilité délictuelle **envers les tiers,** et que leur qualité est tout aussi prise en compte (v. aussi *infra,* n° 552). Par exemple, il a été jugé qu'un agent immobilier, un notaire ou même un garagiste doit

▪ (16) Le **parasitisme** consiste à emprunter une voie commerciale défrichée avec succès par un autre, et même à tenter de profiter des retombées du succès d'autrui. Faut-il ou non le déclarer fautif ? Une vive controverse a agité la doctrine (*Pour :* LE TOURNEAU, *Le parasitisme,*Litec 1999 et *D.* 2000, chr. 403. — *Contre :* PASSA, *D.* 2000, chr. 297. — PARLEANI, *La tentation du Moyen-Âge, Mélanges Gavalda,* 2001.243). — La jurisprudence dominante y voit une faute : v. par ex. Com., 30 janvier 1996, *Bull. civ.,* IV, n° 32. — 11 mars 2003, *Bull. civ.,* IV, n° 44. — Pour un recensement détaillé, v. LE TOURNEAU, n°s 7081 et s.

▪ (17) Civ. 1re, 5 mars 2002, *Bull. civ.,* I, n° 81.

▪ (18) V. GRUA, *La responsabilité civile de celui qui fournit le moyen de causer un dommage, RTD civ.* 1994.1.

▪ (19) Com., 5 décembre 1995, *Bull. civ.,* IV, n° 287.

▪ (20) Civ. 2e, 2 avril 1996, *Bull. civ.,* II, n° 87. — Sur la faute résultant en général de la fourniture d'un **renseignement erroné :** Com., 9 janvier 1978, *Bull. civ.,* IV, n° 12 — Civ. 2e, 9 juin 1996, *Bull. civ.,* II, n° 161. — Versailles, 26 février 2004, *D.* 2004.1694, note ATIAS.

conseiller non seulement son client, mais encore les autres parties à l'opération (21). L'idée de risque n'est pas étrangère à cette sévérité car le professionnel, qui tire profit de son activité, doit supporter en contrepartie la charge des risques qu'il crée ainsi. S'y ajoute la considération qu'il peut aisément s'assurer pour cette responsabilité, considération qui est toujours d'un certain poids dans l'esprit des juges (cf. *supra,* n° 533).

549 **Fautes de service.** Des fautes commises dans l'exercice d'une profession indépendante, qu'on vient de voir, il faut sans doute aujourd'hui distinguer celles commises par un **salarié dans son activité.** Si le préjudice qu'il cause à son employeur relève du seul rapport juridique qui les unit (contrat de travail en droit privé, statut de la fonction publique en droit administratif), les *dommages causés aux tiers* engagent-ils la responsabilité personnelle de leur auteur ? Par exemple l'ouvrier du bâtiment qui laisse tomber un objet et blesse un passant est-il personnellement responsable (ou l'employé commercial qui donne de faux renseignements ou commet des actes de concurrence déloyale) ?

Depuis longtemps, le droit administratif a dégagé la distinction des *fautes de service* et des *fautes personnelles* détachables du service : le fonctionnaire est personnellement responsable des fautes détachables, mais non des fautes de service qui engagent la responsabilité de la seule Administration (22).

La jurisprudence judiciaire a quant à elle longtemps retenu la responsabilité personnelle du salarié dès lors qu'il y avait faute de sa part — responsabilité d'ailleurs rarement mise en jeu car la victime préfère agir contre l'employeur plus solvable au titre de la responsabilité pour autrui (cf. *infra,* n° 577) et le recours dont disposait celui-ci (cf. *infra,* n° 585) est rarement exercé. Mais la Cour de cassation s'est engagée récemment dans la voie ouverte par la jurisprudence administrative : les fautes commises par un préposé dans la limite de sa mission n'engagent en principe pas sa propre responsabilité, mais directement celle de son employeur (cf. *infra,* n° 581). Il en va de même à l'égard des dirigeants d'une personne morale (v. *infra*, n° 588).

550 **Fautes d'abstention.** Après de longues hésitations nourries par la philosophie individualiste du XIXe siècle qui répugnait à voir une faute dans un simple fait négatif, sauf dans les cas où un texte impose une obligation à un citoyen (ex. : omission de porter secours à une personne en danger de nos jours punie par l'art. 223-6 du Code pénal), la jurisprudence admet souvent qu'une abstention peut constituer une faute, si le « bon père de famille », placé dans la même situation, ne se fût pas abstenu : ainsi pour l'auteur d'un livre historique qui

(21) Pour les *agents immobiliers :* Civ. 1re, 18 avril 1989, *Bull. civ.,* I, n° 150. — 16 décembre 1992, *Bull. civ.,* I, n° 316. — Pour les *notaires :* Civ. 1re, 6 janvier 1994, *Bull. civ.,* I, n° 7. — Pour un *garagiste :* Civ. 1re, 5 octobre 1994, *Bull. civ.,* I, n° 276.

(22) V. GAUDEMET et VENEZIA, *Droit administratif,* t. 1, LGDJ, 11e éd. 1990, nos 1236 et s.

passe volontairement sous silence un nom ou un fait essentiel à son sujet (23), pour un annuaire qui omet certains professionnels (24), pour celui qui omet d'avertir les passants de la présence d'une tranchée (25), pour l'organisateur d'une compétition qui omet d'inciter les participants à s'assurer (26) ou qui s'abstient de faire appel aux forces de l'ordre en présence d'affrontements (27), pour l'exploitant d'un magasin qui ne prend pas de précautions anti-terroristes en période d'attentats (28), pour le propriétaire d'un fonds qui ne prend pas de mesure contre la prolifération du gibier (29), l'exploitant d'un chantier qui omet de le clore (30), pour le propriétaire d'un bateau qui n'impose pas aux passagers le port du gilet de sauvetage (31) ou encore celui qui ne met pas les armes à feu à l'abri des enfants (32), etc.

On revient donc au vieil adage de Loysel **« qui peut et n'empêche, pèche ».**

Il faut toutefois observer que les tribunaux semblent plus indulgents lorsqu'il s'agit d'une abstention qui ne concerne que les *intérêts matériels* d'autrui : il n'y a pas faute pour l'assureur d'un bien à ne pas informer les titulaires de sûretés sur ce bien de la résiliation de l'assurance (33), ni pour un débiteur qui reçoit notification de la cession de créance à ne pas informer le cessionnaire des vices de celle-ci (34), ni même pour un dirigeant de société à taire tout au long d'une procédure l'état de « faillite » de sa société (35).

551 **Fautes de jeu.** C'est seulement depuis peu que les victimes d'un dommage dans l'exercice d'un jeu ou d'un **sport** ont songé à en poursuivre réparation devant les tribunaux.

La jurisprudence a été amenée à prendre en compte la particularité de cette activité, où les participants acceptent nécessairement certains risques. On considère qu'ils acceptent les risques découlant de l'exercice normal du sport : le rugby ou la boxe exposent par nature à des coups et blessures. Ces **risques normaux** incluent les maladresses ou fautes techniques des autres

(23) Célèbre affaire *Branly :* Civ. 1re, 27 février 1951, *D.* 1951.329 et la chronique critique de J. CARBONNIER, *Le silence et la gloire, D.* 1951, chr. 119. — Aujourd'hui, la liberté d'expression écarte la faute ; Civ. 1re, 22 janvier 2014, n° 12-35264, *Bull. civ.*, I, n° 10 (pour le refus de mentionner une œuvre dans un catalogue raisonné).

(24) Civ. 2e, 9 octobre 2003, *Bull. civ.,* II, n° 295.

(25) Civ. 2e, 6 octobre 1960, *D.* 1960.721.

(26) Civ. 1re, 13 juillet 1982, *D.* 1983.225, note AGOSTINI. — 5 décembre 1990, *Bull. civ.,* II, n° 258.

(27) Civ. 1re, 12 juin 1990, *Bull. civ.,* I, n° 167.

(28) Paris, 19 novembre 1984, *Gaz. Pal.* 1985, somm. 119.

(29) Civ. 2e, 25 juin 1975, *Bull. civ.,* II, n° 193, p. 157.

(30) Civ. 2e, 6 janvier 2000, *Bull. civ.,* II, n° 4.

(31) Civ. 2e, 10 avril 1991, *Bull. civ.,* II, n° 122.

(32) Civ. 2e, 27 octobre 1993, *Bull. civ.,* II, n° 301.

(33) Civ. 1re, 13 novembre 1997, *Bull. civ.,* I, n° 302 ; *Defrénois* 1998.402 et les obs.

(34) Com., 23 mars 1993, *Bull. civ.,* IV, n° 112.

(35) Com., 20 janvier 1998, *Bull. civ.,* IV, n° 36.

joueurs, normalement prévisibles ; les « fautes de jeu » ne sont pas des fautes civiles. Selon les arrêts récents, il n'y a responsabilité civile qu'en cas de maladresse caractérisée, brutalité, faute volontaire, attitude déloyale (36) ou encore d'acte contraire aux règles du jeu (37), mais non pour un coup porté involontairement « dans le feu de l'action » (38). Le juge n'est cependant pas lié dans cette appréciation par la décision qu'a pu prendre l'arbitre sportif (39). Cette idée d'acceptation des risques écartera aussi les responsabilités du fait des choses utilisées pour renvoyer le débat sur le seul terrain de la faute (*infra,* n° 621).

Ces règles particulières ne concernent toutefois que les rapports des participants entre eux : **envers les tiers** qui ne participent pas au jeu, la notion classique de faute reprend son empire (40) ce qui explique par exemple que, dans les compétitions donnant lieu à des paris, on a admis la responsabilité envers les parieurs de jockeys ayant commis des fautes disciplinaires (41) ; réciproquement ces mêmes tiers répondent de toutes leurs fautes (42).

552 **Fautes dans l'exécution d'un contrat.** Entre cocontractants, ces fautes constituent des manquements contractuels appréciés dans le cadre de la responsabilité contractuelle et non de la responsabilité délictuelle en vertu du principe du « non-cumul » déjà étudié (cf. *supra,* n° 523). Mais un tiers peut y être mêlé de deux manières :

— quand il **aide ou incite un contractant** à méconnaître ses obligations, il engage sa propre responsabilité envers l'autre partie, sur le plan délictuel (cf. *supra,* n° 247) ;

— quand **l'inexécution d'un contrat lui cause préjudice** et qu'il ne peut se placer sur le plan contractuel à raison de l'effet relatif des contrats, un tiers peut-il invoquer la responsabilité délictuelle ? La jurisprudence a longtemps fourni une réponse de principe très logique tout en variant sa formulation : comme le tiers ne peut pas se prévaloir du contrat, on ne peut apprécier la faute par rapport à la norme contractuelle ; il faut donc apprécier cette faute « *en*

(36) Civ. 2e, 28 janvier 1987, *Bull. civ.,* II, n° 32 **(squash).** — 5 décembre 1990, *Bull. civ.,* III, n° 258 **(boxe).** — 3 juillet 1991, *Bull. civ.,* II, n° 210 **(volley-ball).** — 10 avril 1991, *Bull. civ.,* II, n° 121 (**courses hippiques**. — Voir toutefois Civ. 2e, 19 mars 1997, *Bull. civ.,* II, n° 88 ; *RTD civ.* 1997.666, obs. JOURDAIN). — 20 janvier 1993, *Bull. civ.,* II, n° 26 **(patinage).** — 16 novembre 2000, *Bull. civ.,* II, n° 151 et 8 avril 2004, *D.* 2004.1354 **(football).** — 13 mai 2004, *Bull. civ.,* II, n° 232 et 5 octobre 2006, *Bull. Civ.,* II, n° 257 — Ass. Plén., 29 juin 2007, *Bull. civ.* A.P., n° 7 **(rugby)**. — Civ. 1re, 16 mai 2006, *Bull. civ.*, I, n° 249 (**hockey**).— Pour la transposition au **rock,** qui ne va pas jusqu'à inclure des acrobaties dangereuses, cf. Civ. 2e, 12 mai 1993, *Bull. civ.,* II, n° 171.

(37) V. Civ. 2e, 8 juillet 2010, n° 09-68212.

(38) Civ. 2e, 4 mai 1988, *Bull. civ.,* II, n° 106.

(39) Civ. 2e, 10 juin 2004, *Bull. civ.,* II, n° 296.

(40) Civ. 2e, 27 février 1991, *Bull. civ.,* II, n° 69.

(41) Civ. 2e, 25 janvier 1973, *JCP* 1974.17641.

(42) Civ. 1re, 15 juillet 1999, *Bull. civ.,* I, n° 251 ; *JCP* 2000.I.217, n° 9, obs. VINEY.

elle-même et en dehors de tout point de vue contractuel » (43), ou rechercher si cette faute est « *détachable du contrat* » (44) et constitue par elle-même, outre un manquement au contrat, « *la violation d'une obligation générale de prudence et de diligence* » (45) ou un manquement au « *devoir général de ne pas nuire à autrui* » (46). Par exemple l'entrepreneur qui construit mal un immeuble manque non seulement à ses devoirs envers son client, mais encore à un devoir général de ne pas créer de risque pour les tiers (cf. *supra,* n° 523) ; l'agent immobilier qui manque à son devoir d'information commet non seulement une faute contractuelle envers son client, mais aussi une faute délictuelle envers l'autre partie à la négociation (47). Mais le salarié qui fait concurrence à son employeur ne commet qu'une faute contractuelle envers ce dernier, et non une faute délictuelle envers d'autres concurrents car, à leur égard, le principe de libre concurrence ne rend pas illicite cette activité.

Un auteur a toutefois montré qu'en fait la jurisprudence retient très facilement qu'un manquement contractuel constitue à l'égard des tiers une faute délictuelle (48). Certains arrêts ont officialisé cette conclusion en énonçant que « les tiers à un contrat sont fondés à invoquer tout manquement du débiteur contractuel lorsque ce manquement leur a causé un dommage, *sans avoir à apporter d'autre preuve* » (49) tandis que d'autres maintenaient la solution logique en rappelant qu'« un tiers ne peut, sur le fondement de la responsabilité délictuelle, se prévaloir de l'inexécution d'un contrat qu'à la condition que cette inexécution constitue un manquement à son égard au devoir général de ne pas nuire à autrui » (50). En 2006, une Assemblée plénière a choisi d'abandonner l'exigence d'une faute autonome en énonçant sans condition que « le tiers a un contrat peut invoquer, sur le fondement de la responsabilité délictuelle, un manquement contractuel dés lors ce manquement lui a causé un dommage » (51).

(43) Civ. 3e, 18 avril 1972, *Bull. civ.,* III, n° 233. — Civ. 1re, 23 mai 1978, *Bull. civ.,* I, n° 201. — 27 sept. 1984, *Bull. civ.,* III, n° 153.

(44) Civ. 1re, 11 avril 1995, *Bull. civ.,* I, n° 171.

(45) Com., 2 avril 1996, *Bull. civ.,* IV, n° 101. — 17 juin 1997, *Bull. civ.,* IV, n° 187 ; *RTD civ.* 1998.113, obs. JOURDAIN ; *JCP* 1998.I.144, n° 1, obs. VINEY.

(46) Com., 8 octobre 2002, *JCP* 2003.I.152, n° 3, obs. VINEY.

(47) Civ. 1re, 16 décembre 1992, *Bull. civ.,* I, n° 316. — Com., 4 juin 1991, *Bull. civ.,* IV, n° 197. — Civ. 1re, 26 mars 1996, *Bull. civ.,* I, n° 154. — 25 novembre 1997, *Bull. civ.,* I, n° 321. — V. JOURDAIN, *RTD civ.* 1992.567 et 1993.362.

(48) VINEY, *Introduction,* nos 214 et s. — Voir aussi D. MAZEAUD, *Defrénois* 1999.745 sous Civ. 1re, 15 décembre 1998, *Bull. civ.,* I, n° 368.

(49) Civ. 1re, 15 décembre 1998, *Bull. civ.,* I, n° 368 — 18 juillet 2000, *Bull. civ.,* I, n° 221 ; *RTD civ.* 2001.146. — 13 février 2001, *Bull. civ.,* I, n° 35 ; *D.* 2001. Som. 2334, obs. crit. DELEBECQUE ; *C.C.C.* 2001.175, obs. L.L. ; *JCP* 2001.I.338, n° 8, obs. crit. VINEY. — Com., 1er juillet 2003, *Bull. civ.,* IV, n° 115 ; *JCP* 2004.I.163 ; n° 8, obs. VINEY.

(50) Com., 5 avril 2005 *Bull. civ.,* IV, n° 81 ; *RDC* 2005.687, obs. D. MAZEAUD (clause d'exclusivité).

(51) Ass. Plén., 6 octobre 2006, *Grands arrêts,* n° 177 ; *D.* 2006.2825, note VINEY ; *RTD civ.* 2007.123, obs. JOURDAIN.

Le manquement à un engagement contractuel pris envers un créancier déterminé constituerait donc une « faute absolue » dont tout membre du corps social pourrait se prévaloir ! Il est bien difficile d'approuver cette position traduisant un moralisme excessif et qui risque de faire de tout contrat le siège de bombes à retardement (52), si la jurisprudence ne prend pas le soin d'encadrer fermement cette nouvelle règle.

Il n'est d'ailleurs déjà pas certain que cette position, généralement critiquée, soit définitive (53).

553 **Fautes dans l'exercice d'un droit : abus de droit.** Dès le début du XXe siècle, l'idée s'est fait jour que le titulaire d'un droit ne pouvait abriter sous ce droit n'importe quel comportement nuisible à autrui, et que les droits avaient une fonction sociale dont ils ne peuvent être impunément détournés : même dans l'exercice de ses droits, le citoyen honnête fait preuve d'une certaine **modération.** Ainsi est apparue la notion d'abus de droit (54) qui a donné lieu à de nombreuses études car elle touche à la philosophie même du droit.

Il est aujourd'hui admis qu'il peut y avoir abus de droit en toutes matières et qu'il n'y a pratiquement pas de **droits « discrétionnaires »,** ou « absolus », dont le titulaire pourrait faire n'importe quel usage sans avoir aucun compte à rendre (55). Même si l'on emploie parfois le terme « discrétionnaire » pour indiquer que le titulaire d'un droit n'a pas à en motiver l'exercice, cela ne signifie pas que cet exercice échappe au contrôle de l'abus (56) : pour dissiper

▩ (52) Pour diverses applications de la responsabilité en chaîne qui en découle, v. Com., 6 mars 2007, *Bull. civ.*, IV, n° 84 ; *RDC* 2007.1137 (avec d'autres exemples). — Civ. 3e, 4 juillet 2007, *Bull. civ.*, III, n° 122. — Civ. 3e, 27 mars 2008, *Bull. civ.*, III, n° 58. — Com., 21 octobre 2008, n° 07-18.407. — Pour une application très contestée en matière commerciale (art. L. 442-6-5° C. com.), voir Com., 6 septembre 2011, n° 10-11975 ; *JCP* 2012.530, n° 4, obs. BLOCH ; *D.* 2011.2196, note CHEVRIER ; *RDC* 2012.81, obs. BORGHETTI. — Pour un résultat étrange permettant à un tiers d'invoquer le manquement contractuel d'un assureur alors que l'assuré lui-même est prescrit pour le faire : Civ. 2e, 6 février 2014, n° 13-10540 ; *Bull. civ.*, II, n° 35 ; *RDC* 2014.000, obs. CARVAL.

▩ (53) Voir Civ. 1re, 15 décembre 2011, n° 10-17691 ; *D.* 2012, 659, note D. MAZEAUD ; — Comp. C.E., 11 juillet 2011, *D.* 2012.653, note VINEY.

▩ (54) Pour une étude complète de cette théorie et de son application dans les différents secteurs du droit, voir GHESTIN et GOUBEAUX, t. I, 4e éd., n°s 791 et s., et STARCK par ROLAND et BOYER, 4e éd., n°s 329 et s.

▩ (55) Même en matière de **droit des personnes :** l'exercice du droit de rompre une promesse de mariage peut être abusif (v. *La famille,* n° 179) tout comme le refus de délivrer un acte religieux (*gueth :* Civ. 2e, 12 décembre 1994, *Bull. civ.,* II, n° 262. — 15 juin 1988, *Bull. civ.,* II, n° 146). Sur l'abus du droit de **refuser de contracter,** v. *supra,* n° 56. — On pourrait songer à distinguer les actes positifs et les abstentions (abus par commission ou abus d'abstention), mais la voie est probablement sans issue. Il n'y a guère que le **droit de révoquer un testament** (Civ. 1re, 30 novembre 2004, *Bull. civ.,* II, n° 297 ; *Defrénois* 2005, 761, chron. RAOUL-CORMEIL) et celui de refuser un empiètement sur son terrain qui soient aujourd'hui discrétionnaires.

▩ (56) V. Civ. 3e, 2 février 2005, *JCP* 2005.II.10077, concl. GUÉRIN.

cette ambiguïté terminologique, un auteur a proposé justement de parler alors de droits « semi-discrétionnaires » (57).

Mais la difficulté se concentre sur le critère à retenir pour savoir à partir de quel moment il y a abus. Il est certain depuis longtemps que l'abus est constitué lorsqu'il y a ***intention de nuire :*** ainsi celui qui édifie sur son terrain des ouvrages dans le seul dessein de gêner son voisin. Mais le droit positif ne s'arrête pas là : dans certains domaines, la jurisprudence retient l'abus en cas de **« légèreté blâmable »,** notamment de la part de celui qui intente des procédures à la légère (58). Un bon exemple de cette position se trouve dans le domaine du **« droit de critique »** des médias : en dépit du principe de la liberté de la presse, est ainsi abusif le dénigrement d'un produit par une association de consommateurs dans son journal, opéré sans objectivité ou vérifications préalables et demande d'explication au fabricant (59) ou le fait de porter des « accusations hâtives » (60) ou d'employer un mode exagérément polémique (61) ou satirique (62), voire fantastique (63) ou indiscret (64).

Le législateur, dans des secteurs bien particuliers, a poussé encore plus loin en n'admettant l'exercice de certains droits que pour des motifs sérieux (en droit du travail pour le droit de licencier ou en droit des baux pour le droit de non-renouvellement).

La doctrine résume souvent cette théorie en enseignant qu'il y a abus lorsque le titulaire du droit le détourne de sa finalité normale, et en fait ainsi un usage illégitime. Ces tentatives de définition ne peuvent masquer le caractère très subjectif de l'appréciation qu'il convient de faire dans chaque cas d'espèce : les tribunaux disposent d'une large « marge de manœuvre », qui rend certes incertain le pronostic sur le sens d'un éventuel jugement mais produit ainsi un effet salutaire, en incitant les citoyens prudents à faire de leurs droits un usage

(57) STOFFEL-MUNCK, *L'abus dans le contrat*, LGDJ, 2001.

(58) Le seul fait de gagner en première instance ne met pas à l'abri d'un abus de droit ! (Civ. 1re, 7 novembre 1995, *Bull. civ.*, I, n° 388. — Com., 1er octobre 1997, *Bull. civ.*, IV, n° 233. — 5 janvier 1999, *Bull. civ.*, IV, n° 5. — *Mais* Civ. 1re, 10 mars 1998, *Bull. civ.*, I, n° 100).

(59) Civ. 2e, 8 avril 2004, *Bull. civ.*, II, n° 182. — Paris, 28 février 1989, *D.* 1989, somm. 337, obs. AUBERT.

(60) Civ. 2e, 7 novembre 1990, *Bull. civ.*, II, n° 227.

(61) Civ. 2e, 8 novembre 1989, *Bull. civ.*, II, n° 204 pour une émission télévisée. — 8 novembre 1993, *Bull. civ.*, II, n° 322 pour des tracts électoraux.

(62) Civ. 2e, 2 avril 1997, *aff. Les Guignols de l'info, D.* 1997.411, note EDELMAN ; *JCP* 1998.II.10010, note C. BIGOT. — Voir la résistance de la Cour de renvoi : Reims, 9 février 1999, *JCP* 1999.II.10144, note C. BIGOT ; *D.* 1999.449, note EDELMAN, puis le rejet de l'Assemblée plénière, au motif que la satire visait en réalité une personne et relevait ainsi de la liberté d'expression : Ass. Plén., 12 juillet 2000, *Bull. civ.*, Ass. Plén., n° 7 ; *JCP* 2000.II.10439, note LEPAGE.

(63) Versailles, 1er juillet 2004, *D.* 2004.2764 (photomontage d'un avion percutant la tour Eiffel... avec la marque de la compagnie aérienne !).

(64) Civ. 1re, 3 novembre 2004, *Bull. civ.*, I, n° 238 (diffusion sur internet d'une note interne à une banque).

« civilisé » c'est-à-dire modéré et non extrême ou rigide à l'excès (comp. sur l'abus en matière contractuelle, *supra,* n° 285).

B. SELON LA GRAVITÉ DES FAUTES

554 **Hiérarchie imprécise des fautes.** Quel que soit son domaine, toute faute n'a pas la même gravité. Il existe donc une hiérarchie des fautes selon cette gravité. Mais les termes employés sont imprécis, car le législateur a eu recours, suivant les matières, à des qualificatifs différents dont ne sait pas toujours s'ils sont ou non équivalents. On parle ainsi de faute intentionnelle en droit des assurances, de faute dolosive en droit des contrats, de faute lourde et de faute grave en droit du contrat de travail, de faute inexcusable en droit des transports aériens ou en droit des accidents de la circulation, etc.

Cette gradation, qui produit des effets en droit contractuel (cf. *supra,* n° 412), est en revanche indifférente à la responsabilité civile délictuelle : qu'elle soit **très grave, voire intentionnelle, ou très légère,** la faute engage pareillement la responsabilité délictuelle de son auteur : l'article 1383 le précise expressément pour la simple imprudence ou négligence. Et sont cassés systématiquement les arrêts exigeant une faute assez grave (65) ou encore une faute intentionnelle (66).

Telle est la situation de droit ; mais en fait, les juges précisent souvent le degré de la faute retenue et ce degré ne peut manquer d'exercer une influence (occulte mais certaine) sur la manière dont ils chiffreront la réparation : comme ce chiffre est souvent lui-même l'objet d'une appréciation subjective (cf. *infra,* n° 700), il est évident que les tribunaux auront « la main plus lourde » à l'égard de l'auteur d'une faute grave qu'à l'encontre du simple négligent.

SECTION 2 LE LIEN DE CAUSALITÉ

555 **Preuve nécessaire.** Il est évident que l'auteur d'une faute ne doit pas supporter le poids de n'importe quel dommage, mais seulement de ceux qui sont la conséquence de sa faute : c'est à cette seule condition qu'on peut le qualifier d'**auteur du dommage.**

(65) Com., 8 nov. 1973, *Bull. civ.,* IV, n° 317, p. 283. — Civ. 3e, 3 janv. 1979, *Bull. civ.,* III, n° 1. — Civ. 1re, 7 février 1979, *Bull. civ.,* I, n° 50.

(66) Com., 6 mai 1986, *Bull. civ.,* IV, nos 78 et 79. — Civ. 2e, 2 avril 1997, *Bull. civ.,* II, n° 113.

La victime qui demande réparation devra donc prouver non seulement la faute du défendeur, mais encore le lien de causalité unissant cette faute à son dommage. Dans la responsabilité pour faute, la charge de prouver cette causalité pèse toujours sur le demandeur (on verra que cette causalité est au contraire parfois présumée dans la responsabilité du fait des choses, cf. *infra,* n° 610).

Malheureusement, si cette exigence d'une causalité est évidente à comprendre, sa définition plus précise est l'une des questions les plus insaisissables de notre droit. Il convient d'envisager la notion même de causalité avant d'examiner les solutions du droit positif en cas de pluralité de fautes à l'origine d'un même dommage.

§ 1. La notion de causalité entre une faute et un dommage

556 **La difficulté.** Il est rare qu'un dommage soit le fruit d'un fait unique, comme la blessure subie du fait d'un coup de poing. Le plus souvent, il est issu d'un concours de circonstances qui se sont conjuguées pour parvenir à ce dommage : il a plusieurs « antécédents ». Par exemple, l'étudiant convoqué un jour trop tôt à son examen a été renversé en s'y rendant par un chauffeur ivre et alors qu'il traversait en relisant son cours ; lequel ou lesquels de ces antécédents peut-on regarder comme « cause » du dommage ? La faute du chauffeur, l'imprudence de l'étudiant, l'erreur de l'auteur de la convocation ?

Disons tout de suite qu'il n'y a pas de vraie réponse en droit positif. Le problème de la causalité est considéré comme une **« énigme de notre droit »,** un problème « fascinant mais insoluble » où toutes les tentatives d'analyse aboutissent à un « constat d'échec », « sans chance sérieuse de dissiper le brouillard inhérent à la matière » (67), de sorte qu'il faut procéder de façon empirique par référence au bon sens.

557 **Les deux conceptions théoriques : équivalence des conditions et causalité adéquate.** Les analyses doctrinales ont dégagé deux conceptions, qu'il suffit de présenter brièvement car elles sont restées théoriques et la jurisprudence n'a jamais pris parti.

La théorie de *l'équivalence des conditions* place sur un même plan toutes les circonstances qui ont concouru à produire le dommage : chacune en est la condition, car sans elle ce dommage ne serait pas survenu. Ces conditions sont « équivalentes » et chacune est donc la cause du dommage. Il suffit, pour

(67) DURRY, *RTD civ.* 1977.326. — Plus recemment, v. SARGOS, *La causalité en matière de responsabilité*, *D.* 2008, chr. 1935 (distinguant causalité et origine du dommage). — CANSELIER, *De l'explication causale en droit de la responsabilité civile délictuelle*, *RTD civ.* 2010, p. 41 et s.

appliquer cette conception, de répondre à la question suivante : sans telle faute, le dommage serait-il survenu ? S'il apparaît que non, le lien de causalité est établi. Dans notre exemple précédent, les trois agissements seront tous des causes de l'accident subi par l'étudiant.

La théorie de *la causalité adéquate* tend au contraire à dégager, parmi les différents facteurs du dommage, celui qui en est la « cause efficiente », c'est-à-dire qui devait ou risquait normalement de produire un tel dommage. Dans l'exemple précédent, l'ébriété du chauffeur et l'inattention du piéton seront considérées comme de telles causes efficientes, mais non l'erreur de date de convocation car une telle erreur ne conduit pas habituellement à faire renverser le destinataire dans la rue.

On voit la différence : dans notre exemple, l'équivalence des conditions désigne trois causes au dommage alors que la causalité adéquate n'en désigne que deux. Selon qu'on choisit la première ou la seconde conception, la faute dans l'envoi de la convocation sera ou non considérée comme ayant un lien de causalité avec le dommage.

558 **Oscillations des tribunaux.** L'appréciation des mérites respectifs de ces deux théories donne lieu à un très beau débat intellectuel (68). Mais il est peu vain de s'y engager dès lors qu'on a perdu tout espoir de voir la jurisprudence prendre parti, soucieuse qu'elle est de se conserver la plus grande latitude pour une appréciation cas par cas, de sorte que certains parlent d'une « stérile opposition » (69).

Il est courant de relever une **certaine prédominance de la causalité adéquate,** mais la jurisprudence s'abstient d'employer cette terminologie et il n'y a là qu'une tendance. Illustration : un adolescent ayant chapardé dans un magasin et qui a été humilié brutalement par l'exploitant se suicide en rentrant chez lui : la Cour de cassation juge qu'il n'y a pas de lien de causalité entre ce suicide et la faute du commerçant, car il n'était pas dans la nature des choses qu'une telle algarade engendre un suicide (70). C'est une application de la **causalité adéquate** (71). Mais en présence d'un automobiliste ayant mal fixé sur le toit de sa voiture un bagage qui, en tombant, a effrayé un cheval paissant dans un herbage, lequel s'est échappé et a causé des dommages à des tiers, on a admis un lien de causalité entre ces dommages et la faute de l'automobiliste : application de l'**équivalence des conditions** car si cette faute était bien un

(68) Cf. surtout FLOUR et AUBERT, n°s 155 et s. — CARBONNIER, n° 92.

(69) BRUN, *D.* 2012.50.

(70) Civ. 2e, 20 juin 1985, *Bull. civ.,* II, n° 125, p. 84. — Comp. Com., 4 décembre 2001, *Bull. civ.,* IV, n° 194 (suicide après le rejet bancaire d'un chèque).

(71) Autre illustration : la jurisprudence qui, à l'égard des constructions irrégulières, n'admet l'action des voisins que s'il y a relation directe entre la règle d'urbanisme méconnue et leur préjudice c'est-à-dire si ce préjudice est celui-là même que la règle avait pour but d'éviter (Civ. 3e, 6 novembre 1991, *Bull. civ.,* III, n° 268. — 19 février 1992, *Bull. civ.,* III, n° 51. — 11 février 1998, *Bull. civ.,* III, n° 34).

antécédent desdits dommages, on ne peut pas dire qu'ils en étaient une suite vraisemblable ou probable (72). On peut citer d'autres exemples, notamment en cas d'agression (73).

Des situations paraissant pourtant voisines donnent lieu à des décisions contraires : ainsi le père qui, à la suite du décès de sa femme, doit quitter son travail à l'étranger, s'est-il vu refuser une indemnité de la part de l'auteur de l'accident mortel, faute de lien de causalité (74) ; mais des gendres ont eu plus de chance à la suite du décès de leurs belles-mères en obtenant une indemnité du fait que leurs épouses avaient dès lors dû quitter leurs emplois pour garder leurs enfants (75). De même pour le cas de celui qui commet une imprudence permettant à un tiers de commettre un délit : le banquier envoyant un chéquier par pli simple est responsable des conséquences d'un vol envers les tiers (76), mais non l'automobiliste qui laisse sa voiture sans la verrouiller (77). De même encore pour l'imprudence à l'égard d'une bougie déclenchant un incendie : l'hôte qui la laisse à la portée d'un invité n'est pas à l'origine de l'incendie (78) ; mais l'est au contraire la fille qui, venue visiter sa mère en maison de retraite, part sans veiller à éteindre la bougie (79).

Comme pour la faute, la variété des situations est infinie. On se bornera ici à évoquer six questions qui reviennent assez fréquemment en pratique.

559 **1° Cas des prédispositions.** Il arrive souvent qu'un dommage qui aurait été minime chez un sujet normal prenne une grande gravité à cause des prédispositions de la victime : hémorragie d'un hémophile, blessure d'un sujet imprégné d'alcool ne résistant pas à une opération (80), perte d'un œil par un borgne (81). D'une façon dominante, la jurisprudence admet que « l'auteur du dommage doit prendre la victime comme il la trouve » (82) : dès lors que, malgré ses « prédispositions » ou son état antérieur, la victime menait une vie normale (83),

(72) Civ. 2e, 24 mai 1971, *Bull. civ.,* II, n° 186.

(73) Ainsi la chute de la victime poursuivant son voleur est-elle une suite du vol (Civ. 2e, 9 avril 2009, *Bull. civ.*, II, n° 93) ; la moins-value subie par le commerçant agressé qui vend son fonds à perte (au lieu de le faire gérer) est une conséquence de l'agression (Civ. 2e, 22 janvier 2009, *Bull. civ.*, II, n° 26). — V. encore Civ. 2e, 10 novembre 2009, *Bull. civ.*, II, n° 263.

(74) Civ. 2e, 3 octobre 1990, *Bull. civ.,* II, n° 184.

(75) Civ. 2e, 27 février 1991, *JCP* 1991.IV.162.

(76) Com., 28 février 1989, *Bull. civ.,* IV, n° 70.

(77) Civ. 2e, 11 janvier 1995, *Bull. civ.,* II, n° 21. — V. GRUA, *La responsabilité de celui qui fournit le moyen de causer un dommage, RTD civ.* 1994.1.

(78) Civ. 2e, 28 avril 2011, n° 10-17380.

(79) Civ. 2e, 17 juin 2010, n° 09-66253 (incendie de la maison de retraite : douze morts !).

(80) Civ. 2e, 13 janvier 1982, *JCP* 1983.II.20025, note DEJEAN DE LA BATIE.

(81) Civ. 2e, 19 janvier 1966, *D.* 1966.598.

(82) VINEY, n° 43l.

(83) Si elle était au contraire déjà atteinte d'une incapacité de travail, seul le supplément est dû à l'accident : Ass. Plén., 27 nov. 1970, *D.* 1971.181, concl. LINDON. — Civ. 2e, 11 octobre 1989, *Bull. civ.,* II, n° 178.

c'est bien la faute qui a entraîné l'**intégralité de son état actuel** (84). On admet donc le lien de causalité entre cette faute et le décès, la cécité, l'incapacité de travail, etc. Il y a indubitablement ici une application de la théorie de l'**équivalence des conditions.**

560 **2° Cas des dommages en cascade.** Si l'on dit qu'un malheur n'arrive jamais seul, c'est souvent que le premier n'est pas étranger aux suivants. Par exemple la victime blessée dans un accident décède dans un second accident dans son transport à l'hôpital, ou lors d'une mauvaise opération médicale. Ici encore, la jurisprudence admet le plus souvent le lien de causalité entre le premier accident et le décès, car sans la faute initiale, il n'y aurait pas eu lieu à transport à l'hôpital ou à intervention médicale (85).

Il est souvent ainsi admis que le suicide de la victime, même plusieurs mois ou plusieurs années après l'accident, en est une conséquence (86). Un autre accident, dû à une séquelle du premier, lui est aussi imputable (87).

La chaîne de dommages peut d'ailleurs affecter des **victimes distinctes :** ainsi le mari qui se suicide à la suite du décès de sa femme ou l'épouse qui avorte à la vue de son mari ensanglanté (88) ; l'organisme qui recueille des enfants à la suite du décès de leur mère (89). Cependant la jurisprudence change souvent de cap : le décès lors d'un second accident survenu à l'ambulance n'a pas été imputé au premier (90), non plus que celui intervenu sur le bloc opératoire (91). La question rebondit à propos des **accidentés contractant le sida** lors d'une transfusion nécessitée par l'accident où la Cour de cassation a admis le lien de causalité (92).

▪ (84) Civ. 1re, 29 novembre 1989, *Bull. civ.*, I, n° 369. — Crim., 12 avril 1994, *D.* 1994.IR.149. — Civ. 2e, 10 juin 1999, *Bull. civ.*, II, n° 116. — Civ. 2e, 8 juillet 2010, n° 09-67592.

▪ (85) Cf. Civ. 2e, 13 oct. 1976, *Bull. civ.*, II, p. 218 pour une septicémie. — 16 juill. 1969, *JCP* 1970.II.16402 pour une artériographie. — Civ. 1re, 13 mai 1998, *Bull. civ.*, I, n° 174 pour un dommage subi au cours d'une seconde opération due à la mauvaise qualité de la première (v. toutefois Civ. 1re, 30 septembre 1997, *Bull. civ.*, I, n° 259). — Civ. 2e, 27 janvier 2000, *Bull. civ.*, II, n° 20 (perte d'un œil dans l'opération consécutive à un accident). — Civ. 1re, 4 décembre 2001, *JCP* 2002-10198, note GOUT ; *Bull. civ.*, I, n° 310 ; *RTD civ.* 2002.308, obs. JOURDAIN et Civ. 2e, 24 mai 2006, *Bull. civ.*, II, n° 134 (hépatite contaminée lors d'une transfusion nécessitée par l'accident).

▪ (86) Crim., 14 janv. 1971, *D.* 1971.164, rapport ROBERT ; Civ. 2e, 26 oct. 1972, *Bull. civ.*, II, n° 263, p. 215, pour un suicide huit ans plus tard.

▪ (87) Cf. Civ. 2e, 27 oct. 1969, *Bull. civ.*, II, n° 295, p. 215. Soc., 7 juin 1968, *Bull. civ.*, V, n° 276, p. 227, pour des chutes dues à des faiblesses consécutives au premier accident.

▪ (88) Caen, 2 nov. 1977, *RTD civ.* 1977.326 et Civ. 2e, 17 mai 1973, *Bull. civ.*, II, n° 170, p. 134.

▪ (89) Civ. 2e, 5 mai 1986, *Bull. civ.*, II, n° 73.

▪ (90) Crim., 14 juin 1990, *RTD civ.* 1991.126.

▪ (91) Civ. 2e, 4 février 1987, *Bull. civ.*, II, n° 38. — *Contra :* Civ. 2e, 27 janvier 2000, *JCP* 2000.II.10363, note CONTE ; *D.* 2001.2073, note CHAKIRIAN.

▪ (92) Civ. 1re, 17 février 1993, *JCP* 1994.II.22226, note DORSNER-DOLIVET ; *RTD civ.* 1993.589, obs. JOURDAIN.

561 **3° Cas des dommages causés en groupe.** Il arrive qu'un dommage soit causé par un groupe, mais qu'on ne puisse identifier individuellement le ou les auteurs précis de la faute. S'il s'agit d'une **action collective** concertée, tous les membres du groupe ont participé à la production du dommage et en sont les coauteurs. La loi elle-même retient alors parfois leur responsabilité collective. Mais lorsqu'un seul a commis la faute, le fait qu'il se trouve nécessairement **dans un groupe** suffit-il à retenir la responsabilité de tous ? La réponse de principe est négative. Par exemple, si plusieurs personnes ont endommagé un ascenseur en montant en surnombre, on ne peut imputer ce dommage à aucune prise isolément (93). Il en va de même en cas d'accident survenu au cours d'un **jeu collectif** ou d'une **partie de chasse.**

Cependant, un courant jurisprudentiel tend alors à retenir une faute collective lorsque c'est le déroulement du jeu ou de l'action de chasse qui est marqué d'une imprudence (94). En toute occurrence, cette responsabilité collective cesse lorsque l'auteur du dommage peut être identifié, même s'il a agi dans une action de groupe (95).

Selon une évolution récente, il se pourrait que la solution passe par le jeu de la charge de la preuve : c'est à chacun des membres du groupe de se libérer en prouvant qu'il n'est pas à l'origine du dommage (96).

562 **4° Faute et force majeure.** Les rapports de la faute et de la force majeure donnent souvent lieu à ambiguïté faute d'opérer une distinction selon le stade auquel intervient la force majeure. Celle-ci réside, on le sait, dans un événement extérieur, imprévisible et irrésistible (cf. *supra,* n° 332).

Lorsqu'elle intervient **au stade de l'acte « fautif »,** la force majeure lui enlève son caractère fautif : le citoyen normal ne peut prévoir l'imprévisible et résister à l'irrésistible. Il n'y a donc pas faute. Relever la force majeure n'est alors pas autre chose que la preuve positive d'une absence de faute, ce qui exclut toute responsabilité du fait personnel.

Mais la force majeure peut aussi **intervenir *après* une faute,** au seul stade du lien de causalité. En ce cas, bien qu'il y ait faute, son auteur ne sera pas responsable car le dommage est en réalité dû non à cette faute, mais à la force majeure. Par exemple, un entrepreneur a mal réalisé une toiture qui s'effondre lors d'une tempête exceptionnelle : si la tempête est telle que même une toiture correcte se fût effondrée, il n'y a pas de lien de causalité entre la faute et le dommage.

(93) Civ. 2e, 18 novembre 1987, *Bull. civ.,* II, n° 237.

(94) Cf. Civ. 2e, 19 mai 1976, *JCP* 1978.II.18773, note DEJEAN DE LA BATIE. — 6 mars 1975, *Bull. civ.,* II, n° 79. — 29 novembre 1978, *Bull. civ.,* II, n° 257. — cf. VINEY et JOURDAIN, n° 374. — V. aussi pour une **bagarre** : Civ. 2e, 2 avril 1997, *Bull. civ.,* II, n° 112.

(95) Civ. 2e, 4 mai 1988, *Bull. civ.,* II, n° 103.

(96) Civ. 1re, 17 juin 2010, n° 09-67011 ; *RDC* 2010.1249, obs. VINEY — V. ROUSSEAU, *De quelques réflexions sur la responsabilité collective, D.* 2011.1983.

Il faut donc rechercher (supputation toujours aléatoire) ce qui se serait produit sans la faute ; ou bien le dommage aurait eu lieu quand même, et il n'y a aucune causalité, ou bien il aurait été évité et il y a responsabilité intégrale. C'est pourquoi la solution d'une responsabilité atténuée par une « force majeure partielle », qui avait été envisagée un temps dans la célèbre affaire du *Lamoricière* (97), serait aujourd'hui abandonnée (98). Ce n'est pas si sûr : devant la difficulté de choisir entre le « tout ou rien » en cas de causalité incertaine, la jurisprudence a imaginé de recourir, en la déformant quelque peu, à la notion de perte d'une chance qui conduit au même résultat.

563 **5° Causalité incertaine et perte d'une chance.** La notion de perte d'une chance a pour objet en principe d'évaluer un dommage dont l'existence ou l'étendue est incertaine, mais qui est certainement imputable à la faute du responsable : par exemple celui subi par le candidat empêché de présenter un examen (cf. *infra,* n° 679). Depuis quelques années, les tribunaux ont transposé cette notion au cas où, si le dommage est connu, c'est le **lien de causalité avec la faute qui est incertain.** Tout spécialement lorsqu'un **médecin** a commis une faute opératoire, mais qu'il est difficile de dire si le patient ne serait pas décédé de toutes façons, ils ont admis que la faute avait fait perdre au patient des chances de survie (99) ou d'amélioration (100). De même, en présence d'un « repreneur » d'entreprise reprenant moins de salariés que promis, chacun perd une chance (101). On a subtilement fait observer qu'il y avait là un glissement de la notion vers la causalité, permettant d'allouer une réparation partielle du dommage, intermédiaire entre le « tout ou rien » auquel conduit une appréciation rigoureuse de la causalité (102). Cet emploi de la notion de perte d'une chance a été diversement apprécié (103). Après avoir paru vouloir y apporter un coup d'arrêt en énonçant que « la notion de perte d'une chance ne concerne que

(97) Navire naufragé à raison d'un charbon de mauvaise qualité lors d'une tempête exceptionnelle à laquelle un meilleur carburant aurait *peut-être* permis de résister : Com., 19 juin 1951, *D.* 1951.717, note RIPERT ; *S.* 1952.I.89, note NERSON ; *JCP* 1951.II.6426, note BECQUÉ, cf. aussi Civ. 2e, 13 mars 1957, *D.* 1958.73, note RADOUANT ; *JCP* 1957.II.10084, note ESMEIN.

(98) FLOUR et AUBERT, n° 168. — V. par ex. Civ. 2e, 18 mars 1998, *Bull. civ.,* II, n° 97.

(99) Civ. 1re, 18 mars 1969 et 27 janvier 1970, *JCP* 1970.II.16422. — 21 nov. 1978, *JCP* 1979.II.19033, note R. SAVATIER. — 8 juillet 1997, *Bull. civ.,* I, nos 238 et 239. — Civ. 1re, 14 octobre 2010, n° 09-69195, *Bull. civ.*, I, n° 200.

(100) Civ. 1re, 7 juin 1989, *D.* 1991.158, note J. P. COUTURIER.

(101) Soc., 30 janvier 1991, *Bull. civ.,* V, n° 46. — Cf. aussi DERRIDA, note *D.* 1992.130.

(102) BORÉ, *L'indemnisation pour les chances perdues, une forme d'appréciation quantitative de la causalité, JCP* 1974.I.2620 et la note fouillée J. P. COUTURIER, *D.* 1991.158.

(103) Cf. Les critiques SAVATIER, *JCP* 1978.II.18839 et *D.* 1970, chr. 123. — PENNEAU, *D.* 1973.195. — Mais l'approbation DURRY, *RTD civ.* 1969.797 ; FLOUR et AUBERT, n° 134 ; VINEY et JOURDAIN, nos 370 et s. — STOFFEL-MUNCK, *JCP* 2012.1224, n° 6.

l'évaluation du préjudice » (104), la Cour de cassation, dans des arrêts postérieurs continue d'utiliser la notion (105) : ainsi, pour reprendre l'exemple cité plus haut (*supra*, n° 562), l'on dirait aujourd'hui que la mauvaise qualité du charbon du *Lamoricière* lui a fait perdre une chance de résister à la tempête.

563-1 **6° Principe de précaution.** Récemment doté de valeur constitutionnelle, le principe de précaution a-t-il une incidence sur l'appréciation de la causalité ? En d'autres termes, lorsqu'on ne peut établir scientifiquement ni la nocivité ni l'innocuité d'un facteur possible de dommage (cas par exemple de certaines vaccinations ou des ondes radio-électriques), le principe de précaution commande-t-il d'imputer le dommage à ce facteur en soutenant que son auteur a pris le risque de causer ce dommage et doit l'assumer ?

La question fait l'objet d'un vaste débat qui n'en est qu'à ses débuts. L'orientation première de la jurisprudence est de rejeter la causalité (106).

§ 2. Pluralité de fautes à l'origine d'un même dommage

564 **Faute de plusieurs responsables.** Lorsque plusieurs auteurs ont commis des fautes qui sont chacune jugée à l'origine du dommage, ils sont coresponsables envers la victime. Il peut aussi bien s'agir de fautes **simultanées** (un concours de maladresses à l'origine d'un accident), que de fautes **successives** (par exemple une première faute à l'origine d'une blessure puis une faute d'un médecin lors des soins consécutifs).

Cette coresponsabilité conduit à dissocier deux aspects de la dette de réparation qui va en découler.

1) ***Envers la victime*** chacun des coresponsables est tenu d'une réparation **intégrale :** il ne peut pas prétendre à une exonération partielle du fait du tiers (sauf si ce fait est un cas de force majeure, dit-on parfois : mais c'est qu'alors il n'y a pas faute ou pas lien de causalité à l'égard du défendeur, qui n'est pas responsable du tout). On estime en effet que chacun a **concouru à la production du dommage en son entier** (107). Ces réparations ne se cumulent évidemment pas, mais la victime peut ainsi choisir, selon sa commodité, de

(104) Civ. 1re, 17 nov. 1982, *JCP* 1983.II.20056 ; *D.* 1984.305.

(105) Civ. 1re, 8 janv. 1985, *Bull. civ.,* I, n° 10. — 12 nov. 1985, *Bull. civ.,* I, n° 298. — 18 janvier 1989, *Bull. civ.,* I, n° 19. — 30 octobre 1995, *Bull. civ.,* I, n° 384. — 6 octobre 1998, *Bull. civ.,* I, n° 276. — 10 juillet 2002, *Bull. civ.,* II, n° 197.

(106) V. Civ. 3e, 18 mai 2011, n° 10-17645, *D.* 2012.49, note BRUN ; *D.* 2011.2662, note BOUTONNET ; *RLDC* 2011.4374, note PARANCE.

(107) Cf. par ex. Civ. 2e, 12 janvier 1984, *Bull. civ.,* II, n° 5, p. 3. — Civ. 1re, 22 avril 1992, *Bull. civ.,* I, n° 127. — 28 mars 1995, *Bull. civ.,* I, n° 146.

poursuivre tous les coresponsables ou l'un d'entre eux seulement. On dit qu'ils sont tenus *in solidum,* c'est-à-dire à peu près comme s'il y avait entre eux solidarité (cf. *infra,* n° 794). Tel sera le cas, par exemple, de l'architecte et de l'entrepreneur qui ont tous deux commis des fautes, l'un quant à la conception et l'autre quant à l'exécution (108) ou des dommages causés en groupe (cf. *supra,* n° 561).

2) ***Entre les coresponsables*** il y aura lieu à partage de la contribution définitive à l'indemnité versée à la victime. La quotité de la part de chacun est souverainement appréciée par les juges, selon les circonstances de l'espèce et spécialement selon la gravité des fautes respectives (109). La gravité de l'une des fautes peut même absorber les autres et justifier que la charge définitive pèse entièrement sur son auteur (110).

Celui des coresponsables qui a indemnisé la victime dispose donc contre les autres d'une **action récursoire** pour obtenir leur part contributive (111). Cette action récursoire trouve son fondement non seulement dans une subrogation de celui qui a payé dans les droits de la victime contre les autres responsables (cf. *infra,* n° 742), mais encore dans un droit propre reconnu au coresponsable (cf. aussi, *infra,* n° 688).

564-1 **Faute de la victime.** La solution est plus simple si la victime elle-même a concouru par une faute à son propre dommage : même si la faute est pénale, la victime ne peut plus alors prétendre à une réparation intégrale (112), sauf peut-être si la faute du responsable constitue une infraction intentionnelle (113). Le partage qui en résulte exonère alors le responsable dans une proportion arrêtée par les juges, toujours d'**après la gravité respective des fautes,** sans pouvoir aller jusqu'à l'exonération totale de l'auteur fautif (114).

(108) V. par ex. Civ. 3e, 6 octobre 1993, *Bull. civ.,* III, n° 119.

(109) Civ. 2e, 13 janvier 2011, n° 09-71196 — Civ. 2e, 20 octobre 2005, *Bull. civ.,* I, n° 275 ; *D.* 2006.492, note CHANTEPIE — Civ. 2e, 25 janvier 2007, *JCP* 2007.11.10035, note RADÉ, *Bull. civ.,* II, n° 20. — Sur l'incidence d'une *faute intentionnelle,* voir l'opposition entre Civ. 1re, 14 décembre 1997, *Bull. civ.,* I, n° 75 et Civ. 1re, 17 décembre 1996, *Bull. civ.,* I, n° 458 ; *JCP* 1998.I.144, n° 12, obs. VINEY.

(110) Civ. 1re, 13 janvier 2004, *Bull. civ.,* I, n° 16.

(111) Civ. 1re, 7 juin 1977, *D.* 1978.289, note LARROUMET ; *JCP* 1978.II.19003, note DEJEAN DE LA BATIE ; *RTD civ.* 1978.364, obs. DURRY.

(112) V. par ex. Crim., 19 mars 2014, n° 12-87416 (aff. *Kerviel*).

(113) Encore faut-il distinguer aussi selon la faute de la victime elle-même : sa simple négligence est sans effet exonératoire pour l'auteur d'une faute intentionnelle (Crim., 7 novembre 2001, *Bull. crim.,* n° 230. — Civ. 2e, 19 novembre 2009, n° 08-19.380), mais sa faute volontaire réintroduit le partage (Crim., 18 février 1998, *Bull. crim.,* n° 65. — V. JOURDAIN, *RTD civ.* 2002.314) et la provocation peut être une faute (Crim., 8 janvier 2008, *Bull. crim.,* n° 1).

(114) Civ. 1re, 9 octobre 1991, *Bull. civ.,* I, n° 259. — *Mais* Civ. 3e, 8 novembre 2005, *Bull. civ.,* III, n° 212 admet une exonération totale si la faute de la victime est la cause unique du dommage.

La faute de la victime s'apprécie selon les mêmes règles que celle du responsable et il n'est donc pas besoin que la victime en soit consciente (115), solution bien sévère à l'égard des jeunes enfants et qui est maintenue (116), après avoir paru en passe de s'assouplir (117).

Peut constituer une faute de la victime le fait d'avoir accepté des *risques anormaux* comme de monter dans un véhicule conduit par une personne en état d'ébriété ou d'omettre de porter un gilet de sauvetage, un casque, etc. Encore faut-il d'une part que cette acceptation des risques soit fautive (118), d'autre part qu'elle ait concouru au dommage, c'est-à-dire par exemple que le port d'un élément protecteur eût évité ou diminué le dommage.

L'acceptation des *risques normaux* d'une activité n'intervient qu'indirectement dans la responsabilité pour faute, par le biais de la définition même de la faute : dans un sport par exemple, l'acceptation des risques normaux emporte que la définition de la faute est plus exigeante (cf. *supra,* n° 551). On verra en revanche que cette acceptation produit des effets plus radicaux à l'égard de la responsabilité du fait des choses (cf. *infra,* n° 621).

■ (115) Ass. Plén., 3 mai 1984, précité, pour la faute d'un très jeune enfant.

■ (116) Civ. 2e, 28 février 1996, *Bull. civ.,* II, n° 54 ; *D.* 1996.502, note DUQUESNE. — 19 février 1997, *JCP* 1997.IV.833.

■ (117) Cf. VINEY, *JCP* 1993.I.3664 n° 25 et arrêts cités n° 30.

■ (118) Cf. Civ. 2e, 25 juin 1980, *Bull. civ.,* II, n° 163, p. 112. — 10 juillet 1973, *Bull. civ.,* II, n° 231.

CHAPITRE 3
LA RESPONSABILITÉ DU FAIT D'AUTRUI

TEXTE

Code civil, art. 1384 al. 1er, 4 à 7

On est responsable non seulement du dommage que l'on cause par son propre fait, mais encore de celui qui est causé par le fait des personnes dont on doit répondre, ou des choses que l'on a sous sa garde.

....

Le père et la mère, en tant qu'ils exercent l'autorité parentale, sont solidairement responsables du dommage causé par leurs enfants mineurs habitant avec eux.

Les maîtres et les commettants, du dommage causé par leurs domestiques et préposés dans les fonctions auxquelles ils les ont employés ;

Les instituteurs et les artisans, du dommage causé par leurs élèves et apprentis pendant le temps qu'ils sont sous leur surveillance.

La responsabilité ci-dessus a lieu, à moins que les père et mère et les artisans ne prouvent qu'ils n'ont pu empêcher le fait qui donne lieu à cette responsabilité.

En ce qui concerne les instituteurs, les fautes, imprudences ou négligences invoquées contre eux comme ayant causé le fait dommageable, devront être prouvées, conformément au droit commun, par le demandeur, à l'instance.

565 **Multiples fondements.** La responsabilité du fait d'autrui est la convergence de plusieurs idées. Tout d'abord, la *protection des victimes :* certains responsables, comme les mineurs ou les employés sont souvent peu solvables et la victime aurait peu de chances d'obtenir une réparation réelle si personne ne répondait de leurs actions. De plus, les responsables que désigne la loi sont investis d'une *autorité* à leur égard : on admet donc aisément une présomption de mauvaise surveillance. S'y ajoute dans certains cas la constatation que ces responsables utilisent les services d'autrui dans leur propre *intérêt* et pour en tirer profit (cas des employeurs à l'égard de leurs préposés) : il est juste que la charge des dommages causés dans cette activité soit la contrepartie de ce profit.

Enfin et aujourd'hui surtout, ces responsables sont ceux qui sont en situation pour *s'assurer* car le lien résultant de leur autorité est relativement stable : par le mouvement d'accélération déjà souligné, la responsabilité converge vers ceux qui peuvent s'assurer (cf. *supra,* n° 530).

566 **Double bouleversement de la matière.** Comme elle l'avait fait au début du XXe siècle pour la responsabilité du fait des choses (cf. *infra,* n° 602), la jurisprudence a décidé, au cours des dix dernières années de ce même siècle, de remodeler de sa propre initiative la matière, par une nouvelle lecture de textes pourtant inchangés (1).

Ce bouleversement se traduit par deux évolutions fondamentales.

567 **De cas particuliers à un principe général.** Le caractère individuel de la responsabilité emporte qu'en principe nul ne répond des dommages causés par autrui. Et si le Code a prévu certains cas dérogatoires, énumérés à l'article 1384, on a longtemps regardé cette énumération comme limitative et affirmé qu'il n'y avait pas dans notre droit de principe général de responsabilité du fait d'autrui ou de responsabilité collective, mais seulement les quatre cas visés par la loi (2), en dehors desquels il n'y avait pas de responsabilité du fait d'autrui (3).

Cette conception a été récemment renversée. Ce qui était admis depuis près d'un siècle pour la responsabilité du fait des choses a été étendu à la responsabilité du fait d'autrui : le premier alinéa de l'article 1384 n'est plus seulement une simple phrase introductive annonçant les cas particuliers qui suivent, mais devient la source d'un **principe autonome** imposant la responsabilité du fait « des personnes dont on doit répondre » (v. *infra,* n° 587).

568 **D'une responsabilité de garantie à une responsabilité substituée.** Ce qui caractérisait la responsabilité du fait d'autrui dans le système du Code civil, était son aspect en quelque sorte « additif » : à la responsabilité personnelle de l'enfant, de l'apprenti ou du préposé, engagée selon les règles ordinaires (faute prouvée ou garde de la chose dommageable) venait s'ajouter celle des parents, artisans ou commettants, sans qu'il y ait à prouver qu'ils ont commis eux-mêmes une faute quelconque. Il s'agit en quelque sorte d'une responsabilité qui joue par accessoire, et qui **vient se superposer** à celle de l'auteur direct du dommage. Le parent, artisan, commettant est *garant* envers la victime de la réparation d'un dommage qu'il n'a pas lui-même causé et dont un autre est le responsable premier. Ceci explique qu'après avoir indemnisé la victime, il disposera souvent d'un recours contre l'auteur direct (cf. *infra,* nos 575 et 587).

Mais le droit contemporain va parfois plus loin : ne s'attachant plus seulement à la protection des victimes, mais aussi à celle des responsables (cf. *supra,*

(1) V. POUMAREDE, *L'avènement de la responsabilité civile du fait d'autrui*, *Mél. Le Tourneau*, Dalloz, 2008, nos 839 et s.

(2) Cf. Civ. 2e, 24 nov. 1976, *D.* 1977.595, note LARROUMET.

(3) Par exemple des **époux** l'un pour l'autre : Crim., 11 juin 1965, *D.* 1965.509.

n° 532), il a entrepris dans certains domaines le passage d'une responsabilité de garantie à une ***responsabilité substituée :*** dans ces hypothèses, l'auteur direct du dommage n'est même plus personnellement obligé et son garant est *seul et directement* responsable. Et certains régimes combinent les deux systèmes : ainsi le préposé agissant sur ordres demeure-t-il parfois personnellement responsable.

De sorte qu'à l'heure actuelle, chaque cas de responsabilité du fait d'autrui s'est peu à peu constitué un régime propre : même s'il existe à l'évidence des points communs entre eux, l'esprit de système ne pourrait que déformer la réalité jurisprudentielle. Au remaniement profond des cas légaux, la jurisprudence a ajouté des créations propres.

SECTION 1 CAS LÉGAUX

§ 1. La responsabilité des parents

569 **Fondement.** Liée à l'autorité que détiennent les parents sur leurs enfants mineurs et au devoir d'éducation et de surveillance que leur impose la loi, expressément énoncé par l'article 371-3 du Code civil, la responsabilité des parents a reposé durant deux siècles sur une double faute : faute du mineur le rendant responsable d'un dommage causé à autrui (selon les mêmes règles que les majeurs) ; faute des parents les rendant garants de la dette de réparation due par leur enfant.

La particularité était que cette seconde faute faisait l'objet d'une présomption, la faute commise par l'enfant faisant présumer qu'il a été mal éduqué ou mal surveillé. Il n'est pas douteux qu'aujourd'hui ce fondement ne suffit plus à expliquer une responsabilité qui s'applique même dans des cas où la faute d'éducation ou de surveillance n'est pas soutenable : la jurisprudence retient en effet de plus en plus souvent cette responsabilité à l'époque même où l'autorité des parents se rétrécit.

Un fondement nouveau est venu relayer le précédent, lié à l'idée de risque et au **développement de l'assurance.** Pour les tiers, « la société », les enfants sont incontestablement générateurs de risques supérieurs à la moyenne à la fois parce qu'ils sont inexpérimentés et imprudents et parce qu'ils sont insolvables ; il appartient à leurs parents de supporter ce risque en contractant une assurance « père de famille » plutôt qu'à leurs éventuelles victimes. Cela incite certains à **suggérer une réforme** de la matière dans le sens d'une responsabilité automatique liée à une assurance obligatoire (4), sens dans lequel la Cour de cassation a d'ores et déjà infléchi sa jurisprudence.

A. CONDITIONS

570 **Transformation du régime.** Depuis une vingtaine d'années, émaillées de plusieurs revirements sur des points fondamentaux, la jurisprudence a profondément transformé cette responsabilité, en supprimant tout simplement chacune des deux fautes qui la caractérisaient :

— d'une part la faute du mineur lui-même n'est plus nécessaire, de sorte que la responsabilité des parents peut être engagée alors même qu'il n'est pas lui-même responsable (cf. *infra,* n° 571) ;

— d'autre part la faute des parents n'est plus sous-entendue puisqu'ils ne peuvent plus se dégager en prouvant l'absence de faute (cf. *infra,* n° 574).

En réalité, les mineurs sont aujourd'hui devenus, comme les choses (cf. *infra,* n° 602) des causes de risque et donc de responsabilité « de plein droit » du fait des dommages qu'ils causent.

571 **Dommage causé par un enfant mineur.** La responsabilité des parents est liée à leur autorité : elle cesse donc lorsque l'enfant atteint sa majorité et même en cas d'**émancipation** avant celle-ci (par mariage ou par procédure d'émancipation).

Jusqu'à une époque très récente, il fallait que le mineur soit lui-même responsable d'un dommage — à raison d'une faute ou de la garde d'une chose — pour que se pose la question d'une responsabilité des parents, responsabilité qui n'était que de garantie (5).

Mais, par un revirement solennel en Assemblée plénière, cette condition a été abandonnée ; « pour que la responsabilité de plein droit des père et mère exerçant l'autorité parentale sur un mineur habitant avec eux puisse être recherchée, il suffit que le dommage invoqué par la victime ait été directement causé par le fait, même non fautif, du mineur » (6).

Il en résulte que les parents peuvent être responsables de faits dont le mineur lui-même ne répond pas : ce n'est plus alors une garantie de la responsabilité d'autrui, mais une responsabilité substituée (et de surcroît élargie).

572 **Parent exerçant l'autorité parentale.** Attachée à la qualité de **parents**, la responsabilité est dans la dépendance du lien de filiation : si ce lien n'est pas

(4) PUILL, *Vers une réforme de la responsabilité des parents, D.* 1988, chr. 185. — Comp. ALT-MAES, *La garde, fondement de la responsabilité du fait des mineurs, JCP* 1998.I.154.

(5) V. encore Civ. 2e, 13 avril 1992, *Bull. civ.,* II, n° 122, rappelant la nécessité d'une faute.

(6) Ass. Plén., 13 décembre 2002, *Grands arrêts*, n° 217 ; *D.* 2003.231, note JOURDAIN ; *JCP* 2003.II.10010, note HERVIO-LELONG. — Civ. 2e, 3 juillet 2003, *Bull. civ.,* II, n° 230 ; *JCP* 2004.II.10010, note crit. DESGORCES. — Civ. 2e, 17 février 2011, n° 10-30439, *D.* 2011-1117, note BOUTEILLE. — Voir déjà en ce sens PRIEUR, *D.* 1989, chr. 298.

établi, pas de responsabilité (7) ; et s'il vient ensuite à être anéanti (annulation d'une reconnaissance par exemple), la responsabilité disparaît (8).

En outre, liée à **l'autorité parentale**, anciennement la « garde » des enfants, la responsabilité civile accompagne l'exercice de cette autorité. Lorsque cette qualité est partagée par les **deux parents** (9), la responsabilité est solidaire (cette responsabilité solidaire a remplacé depuis 1970 celle du père, qui était liée à la puissance paternelle : l'égalité des droits emporte égalité dans les charges). Si l'un des parents seulement a l'autorité parentale, lui seul supporte la responsabilité de plein droit : le non-gardien n'est responsable, même pendant les périodes où il héberge l'enfant, que sur le fondement d'une faute de surveillance prouvée (10). Et si les parents sont séparés mais tous deux titulaires de l'autorité parentale, seul celui ayant la « résidence habituelle » de l'enfant est frappé par la présomption (11).

573 **Cohabitation.** On exigeait enfin traditionnellement que le mineur vive chez ses parents puisque le texte vise les mineurs « habitant avec eux » : parce qu'elle est à l'origine liée à l'idée de surveillance, on admettait que la responsabilité cesse lorsque l'enfant échappe normalement à cette surveillance, par exemple au cours d'un séjour de vacances chez ses grands-parents (12), ou pendant qu'il est hébergé par un parent divorcé non gardien (13). Par un revirement, la Cour de cassation a décidé que ces hypothèses ne font pas « cesser la cohabitation du mineur avec celui des parents qui exerce sur lui le droit de garde » (14). Ce mouvement s'est affirmé : ni l'entrée à l'école de l'enfant, ni son placement en internat, ni son admission dans un centre de soins ou de vacances ne font désormais cesser la « cohabitation » au sens de l'article 1384 (15) pas plus que son hébergement chez ses grands-parents, pour

(7) Civ. 2e, 25 janvier 1995, *Bull. civ.*, II, n° 29. — 18 septembre 1996, *Bull. civ.*, II, n° 270.

(8) Crim., 8 décembre 2004, *D.* 2006.2267, note PAULIN.

(9) Même divorcés ou séparés s'il y a « garde conjointe ».

(10) Civ. 2e, 19 février 1997, *Bull. civ.*, II, n° 55.

(11) Crim., 29 avril 2014, n° 13-84207, *D.* 2014.1620, note PERDRIX. — Civ. 2e, 20 janvier 2000, *Bull. civ.*, II, n° 14 ; *RTD civ* 2000.340, obs. JOURDAIN — Crim., 6 novembre 2012, n° 11-86857, *RTD civ.* 2013.106, obs. JOURDAIN.

(12) Civ. 2e, 24 avril 1989, *Bull. civ.*, II, n° 99 ; *D.* 1990.519, note DAGORNE-LABBÉ. — Civ. 1re, 2 juillet 1991, *Bull. civ.*, I, n° 224 ; *RTD civ.* 1991.759 (enfant en pension). — Voir la critique BLANC, *D.* 1997, chr. 327.

(13) Crim., 13 décembre 1982, *Bull. civ. crim.*, 758. — Civ. 2e, 25 janvier 1995, *Bull. civ.*, II, n° 29.

(14) Civ. 2e, 19 février 1997, *Bull. civ.*, II, n° 55 ; *Grands arrêts*, n° 216 ; *D.* 1997.265, note JOURDAIN ; *JCP* 1997.II.22848, note VINEY. — V. dans le cas d'une mesure d'assistance éducative, mais l'enfant étant en visite chez ses parents : Crim., 25 mars 1998, *JCP* 1998.II.10162, note HUYETTE ; *JCP* 1998.I.187, n° 22, obs. crit. VINEY.

(15) Civ. 2e, 20 janvier, 9 mars et 20 avril 2000, *Bull. civ.*, II, n°s 14, 44 et 66 ; *JCP* 2000.II.10374, note GOUTTENOIRE-CORNUT. — Crim., 28 juin 2000, *Bull. crim.*, n° 256. — Civ. 2e, 29 mars 2001, *JCP* 2002.II.10071, note PRIGENT. — Crim., 29 octobre 2002, *D.* 2003.2112, note MAUGER-VIELPEAU.

des vacances (16) ou même durant des années (17). *A fortiori*, cette cohabitation juridique n'est même pas rompue par un départ « illégitime » de l'enfant (18).

On mesure ainsi le pouvoir « créateur » de la jurisprudence, parvenue ici à effacer purement et simplement du texte la condition exprimée par les mots « habitant avec eux » (19).

B. EFFETS

574 **Difficulté d'exonération.** Lorsque sont réunies les conditions précitées, le ou les parents sont présumés responsables. Traditionnellement, il s'agissait d'une présomption simple, que les parents pouvaient renverser en prouvant qu'ils n'ont commis aucune faute d'éducation ou de surveillance. Mais, outre qu'une telle preuve négative est toujours difficile, la jurisprudence se montrait de plus en plus sévère pour admettre pareille exonération, ce qui donnait lieu à des appréciations très fluctuantes (20). Après avoir encore renforcé la présomption en estimant que le comportement de l'enfant établit en lui-même le défaut d'éducation et de surveillance (21), la Cour de cassation a finalement abandonné purement et simplement le système de la présomption simple, au profit d'une *responsabilité « de plein droit » ne tombant que devant la force majeure ou la faute de la victime* (22). L'alignement est ainsi fait non sur la responsabilité des commettants mais sur celle du fait des choses (cf. *infra*, n°s 622 et s.)

575 **Actions récursoires.** Sur qui doit peser la **charge définitive** de l'indemnité versée à la victime ?

Tout d'abord, dans le cas où les deux parents sont responsables solidairement, celui qui a payé peut demander à l'autre une contribution : on hésite à préconiser un partage par moitié ou selon les fautes d'éducation ou de surveillance de chaque parent (23).

Ensuite, les parents disposent d'une recours contre les autres éventuels responsables du même dommage, tiers ayant contribué à sa survenance.

(16) Civ. 2e, 5 février 2004, *Bull. civ.*, II, n° 5. — 18 mars 2004, *JCP* 2004.II.10123.

(17) Crim., 8 février 2005, *JCP* 2005.II.10049, note STEINLÉ-FEVERBACH (pour un enfant de 13 ans vivant chez sa grand-mère depuis l'âge d'un an).

(18) Pour le cas d'une fille mineure vivant pourtant avec le père de son enfant, Crim., 28 juin 2000, *Bull. civ.*, n° 256.

(19) Voir la critique BOULANGER, *D.* 2005, chr. 2245.

(20) Cf. VINEY, n°s 992 et s.

(21) Civ. 2e, 3 mars 1988, *Bull. civ.*, II, n° 58. — 25 janvier 1989, *Bull. civ.*, II, n° 21. — Cf. VIALARD note sous Lyon, 16 novembre 1989, *D.* 1990.207.

(22) Civ. 2e, 19 février 1997, *Bull. civ.*, II, n° 56 ; *D.* 1997.265, note JOURDAIN ; *JCP* 1997.II.22848 concl. KESSOUS, note VINEY. — 4 juin 1997, *Bull. civ.*, II, n° 168. — Civ. 2e, 20 janvier, 9 mars et 20 avril 2000, précités. — Crim., 28 juin 2000, précité. — V. RADÉ, *D.* 1997, chr. 279.

(23) CARBONNIER, t. 4, § 241. — VINEY, n° 888.

Enfin, peuvent-ils se retourner contre l'enfant, responsable direct dont ils ne font qu'assurer la garantie ? Ce recours, traditionnellement admis en principe puisqu'il s'agissait d'une responsabilité de garantie, n'est en pratique jamais exercé, et d'ailleurs expressément exclu par les polices d'assurance « responsabilité du chef de famille ». On peut d'ailleurs se demander s'il est même encore concevable en droit s'agissant désormais d'une responsabilité substituée liée à l'exercice de l'autorité parentale, prérogative des parents eux-mêmes : seule une faute prouvée de l'enfant pourrait lui fournir un fondement.

§ 2. La responsabilité des artisans du fait de leurs apprentis

576 **Contrat d'apprentissage.** Au temps du Code civil, le placement d'un enfant comme apprenti chez un artisan emportait une sorte de transfert d'autorité : l'apprenti logeait le plus souvent chez son patron qui parachevait l'éducation parentale par l'apprentissage professionnel. Ces conditions ont changé ; mais non l'article 1384. Le contrat d'apprentissage est aujourd'hui régi par le Code du travail, et est réservé aux jeunes de 15 à 20 ans (art. L. 115-1 et s.).

La jurisprudence a transposé le régime de la responsabilité des parents : il y a présomption de responsabilité si l'apprenti vit chez son patron, et s'il loge à l'extérieur, pendant les heures où il est sous sa surveillance. Et l'artisan pouvait s'exonérer en prouvant (ce qui est plus facile que pour les parents) qu'il n'a pas commis de faute de surveillance ou dans la formation professionnelle qu'il lui dispense — mais ne le peut sans doute plus aujourd'hui (cf. *supra,* n° 574).

§ 3. La responsabilité des commettants

577 **Présentation et fondement.** Lorsqu'une personne « commet » un préposé à l'exécution de diverses tâches pour son service et sous ses instructions, les multiples fondements évoqués à propos de la responsabilité pour autrui en général (cf. *supra,* n° 568) se trouvent tous réunis et concourent à faire répondre le commettant des dommages causés par le préposé : présomption de faute dans les instructions ou la surveillance, idée de risque créé par l'activité du commettant, idée que le préposé ne fait que représenter le commettant puisqu'il agit pour le compte de ce dernier, protection de la victime à qui il faut offrir un responsable solvable et enfin possibilité aisée pour le commettant de s'assurer par une police « responsabilité du chef d'entreprise » dans le cadre professionnel ou « chef de famille » dans le cadre privé.

Cette convergence de considérations emporte que la responsabilité du commettant est plus forte que celle des parents ou artisans : la présomption de faute qui pèse sur lui est **irréfragable** et il ne peut donc pas s'exonérer dans les mêmes conditions que les parents.

Si, de ce point de vue, le régime de cette responsabilité est simple, la difficulté se concentre sur la délimitation tant de la notion de commettant que des cas dans lesquels il répond des actes de son préposé.

A. CONDITIONS DE LA RESPONSABILITÉ

1° Rapport de commettant à préposé

578 **Critère : rapport d'autorité.** Le critère de ce rapport réside dans l'existence d'un lien de subordination : a la qualité du préposé, celui qui est soumis à un tel lien, c'est-à-dire à l'autorité du commettant.

Mais on ne se limite pas aux cas où cette autorité existe en droit, notamment en vertu d'un contrat ; la jurisprudence a étendu la notion à des cas où l'on constate une simple autorité de fait exercée de façon occasionnelle.

579 **Préposé permanent.** Le lien d'autorité résulte le plus souvent d'un contrat instituant entre les intéressés une situation permanente. Ce contrat est en principe le **contrat de travail,** précisément caractérisé par le lien de subordination juridique qu'il crée entre l'employeur et le salarié. Ce peut être aussi un contrat de **mandat,** lorsque le mandataire s'engage à respecter les instructions du mandant sans jouir d'une véritable autonomie (24). Ainsi, en matière d'assurances, l'article L. 511-1 du Code des assurances soumet expressément la compagnie d'assurance à la responsabilité du fait de ses agents généraux, qui sont juridiquement des mandataires. Au contraire, il n'y a en principe jamais lien d'autorité en présence d'un **« contrat d'entreprise » :** l'entrepreneur, le médecin, l'avocat, le chauffeur de taxi reçoivent sans doute des instructions de leur client, mais seulement quant au résultat à rechercher ; il est de l'essence de leur statut qu'ils conservent (en droit du moins) une certaine indépendance dans le choix des moyens à employer et donc dans l'organisation de leur travail, ce dont il découle qu'ils agissent sous leur propre responsabilité (25). La jurisprudence paraît toutefois s'infléchir : ainsi a-t-on admis qu'un médecin au service de la Croix-Rouge engageait celle-ci par ses erreurs (26).

Un préposé peut être temporairement mis par son employeur **à la disposition d'un tiers** (client, autre entreprise...). Cela concerne souvent la location d'un

(24) Civ. 1re, 8 juillet 1986, *Bull. civ.,* I, n° 195.

(25) Ainsi l'entrepreneur ne répond pas des fautes délictuelles d'un **sous-traitant :** Civ. 3e, 8 mars 1989, *Bull. civ.,* III, n° 58.

(26) Crim., 5 mars 1992, *JCP* 1993.II.22013, note CHABAS. — Comp. VINEY, *JCP* 2000.I.199, n° 18.

véhicule avec chauffeur ou les entreprises de travail intérimaire. En ce cas, il ne perd pas sa qualité de préposé, mais la personne du commettant peut changer : si l'employeur transfère au tiers le droit de donner des ordres au préposé, c'est ce tiers qui devient le commettant. La jurisprudence recherche cependant dans chaque cas dans quelle mesure a eu lieu ce transfert (27).

580 **Préposé occasionnel.** On retient la notion de préposé occasionnel lorsqu'une personne, sans contrat, se place momentanément sous l'**autorité de fait** d'une autre. Comme il n'y a pas de contrat ni de relation stable, cette autorité est informelle : il s'agit d'une *situation d'autorité,* souvent limitée à une opération éphémère, et qui peut résulter de rapports familiaux, amicaux et commerciaux. Ainsi le propriétaire d'une voiture qui confie quelques instants le volant en demeurant aux côtés du conducteur en est le commettant ; l'ami qui effectue un travail pour rendre service peut être préposé occasionnel (28), tout comme l'équipe de partisans d'un candidat collant des affiches électorales (29) ou encore le service d'incendie prenant l'initiative de dérouter un avion de plaisance (30). Mais le client qui est chez un garagiste n'en devient pas le préposé occasionnel, car il conserve son indépendance (31) pas plus que le skipper ne devient le préposé du propriétaire du bateau confié (32).

2° Responsabilité personnelle du préposé

581 **Faute du préposé envers un tiers.** En principe, la responsabilité du commettant n'est engagée qu'accessoirement à celle du préposé lui-même sans pour autant qu'il soit nécessaire de l'appeler au procès (33).

Mais l'idée de simple garantie qui présidait à cette règle a peu à peu cédé devant celle de substitution : s'il n'a véritablement fait qu'agir pour le compte et le profit du commettant, et en suivant ses instructions, le préposé ne doit-il pas devenir transparent ?

C'est ce que le droit positif a progressivement admis par trois voies :

— d'abord, ***le préposé ne peut pas avoir la qualité de gardien d'une chose ;*** en effet, il ne dirige les choses qui lui sont confiées dans l'exercice de ses fonctions qu'en exécution des instructions qu'il reçoit, et donc sans indépendance ; or, cette indépendance dans la maîtrise est, comme on le verra, une

(27) Cf. *Grands arrêts*, n° 218. — Crim., 29 novembre 1973, *D.* 1974.194, note DAUVERGNE. — Com., 26 janvier 1976, *D.* 1976.440, note MÉRIMÉE. — Paris, 1er décembre 1977, *D.* 1978.IR.407, note LARROUMET et 25 février 1977, *D.* 1977.IR.329, note LARROUMET. — Civ. 1re, 18 janvier 1989, *Bull. civ.*, I, n° 33.

(28) Civ. 2e, 12 janvier 1977, *D.* 1977.IR.330, note LARROUMET. — Pour un ami aidant bénévolement un restaurateur et... frappant des clients : Crim., 14 juin 1990, *D.* 1990.IR.208.

(29) Crim., 20 mai 1976, *RTD civ.* 1976.786.

(30) Civ. 2e, 6 février 2003, *Bull. civ.*, II, n° 33.

(31) Civ. 2e, 6 avril 2004, *Bull. civ.*, II, n° 156.

(32) Com., 24 janvier 2006, *Bull. civ.*, IV, n° 14.

(33) Cf. VINEY, *JCP* 1995.I.3893, n° 11.

condition de la qualité de gardien (cf. *infra,* n° 613). On admet donc que les qualités de préposé et de gardien sont incompatibles : lorsqu'un chauffeur routier circule pour le compte de son employeur, c'est ce dernier qui a la garde du véhicule de sorte que sa responsabilité est engagée au titre de cette garde, mais non au titre de la responsabilité du fait d'autrui (34). Par conséquent, c'est seulement dans le cas où le préposé commet une faute qu'il engage sa responsabilité personnelle et qu'il y a lieu de faire jouer l'article 1384, alinéa 5 ;

— ensuite le jeu de ce texte ne se conçoit pas dans le cas où le préposé cause un dommage à un **client de son commettant** par le fait même de la mauvaise exécution d'un contrat : par exemple l'ouvrier plombier qui effectue mal les travaux confiés à son patron ou l'employé de banque qui commet une erreur dans les écritures : en pareil cas, c'est la responsabilité contractuelle directe de l'employeur envers son client qui trouve à s'appliquer et il n'y a donc pas lieu d'introduire les règles de la responsabilité délictuelle dans ce contrat, en vertu du principe du non-cumul (cf. *supra,* n° 523) ; force est cependant de constater que la pratique connaît à cet égard des confusions ;

— enfin, depuis une évolution récente inspirée du droit administratif (35), même en dehors de l'exécution d'un contrat, le salarié qui a commis une « **faute de service** » en restant dans le strict cadre de l'exécution des instructions reçues et de sa mission n'engage pas sa responsabilité personnelle, et ce n'est donc pas l'article 1384, alinéa 5 qui s'applique, mais une responsabilité directe et exclusive de l'employeur envers la victime (36) ; après avoir consacré cette innovation (37), l'Assemblée plénière y a apporté une restriction dans le cas où la faute constitue une « *infraction commise intentionnelement, fût-ce sur l'ordre du commettant* » (38) ou encore une faute intentionnelle (39). La dérogation un moment admise pour les préposés conservant une indépendance décisionnelle, comme les médecins salariés (40) a été abandonnée (41).

■ (34) Jurisprudence constante depuis Civ., 30 déc. 1936, *D.* 1937.I.5, rapport JOSSERAND, note R. SAVATIER. — Cf. par exemple Civ. 3e, 24 janvier 1973, *Bull. civ.,* III, n° 72. — Cf. PEANO, *L'incompatibilité entre les qualités de gardien et de préposé, D.* 1991, chr. 51.

■ (35) V. ANTIPPAS, *La responsabilité civile des commettants et préposés à la lumière du droit comparé interne, D.* 2013.2928.

■ (36) Mouvement initié par Com., 12 octobre 1993, *D.* 1994.125, note VINEY.

■ (37) Ass. Plén., 25 février 2000, *Grands arrêts,* n° 225 ; *D.* 2000.497, note BRUN.

■ (38) Ass. Plén., 14 décembre 2001, *Grands arrêts,* n° 226 ; *JCP* 2002.II.10026, note BILLIAU ; *JCP* 2002.I.124, n° 22, obs. VINEY. — *Contra* pour le délit de tromperie sur marchandises : Crim., 23 janvier 2001, *Bull. crim.,* n° 21.

■ (39) Civ. 2e, 20 décembre 2007, *Bull. civ.*, II, n° 274. — Civ. 2e, 21 février 2008, *D.* 2008.2125, note LAYDU.

■ (40) Civ. 1re, 13 novembre 2002, *D.* 2003.40 ; *JCP* 2003.I.154, n° 37.

■ (41) Civ. 1re, 9 novembre 2004, *Bull. civ.,* II, nos 260 et 262 ; *JCP* 2005.II.10020, rapport DUVAL-ARNOULD.

3° Faute commise « dans les fonctions »

582 **Principe.** Le commettant n'est pas, comme le sont les parents, en permanence en charge de la surveillance de son préposé : il ne l'est que dans les périodes où le préposé exerce ses fonctions. Si donc le préposé engage sa responsabilité hors de ses fonctions (par exemple durant les vacances, en week-end ou même pendant une pause) le commettant n'a évidemment pas à en répondre. En revanche, dès lors que la faute est commise **dans l'exercice même de sa fonction** par le préposé, le commettant doit en répondre : peu importe que le préposé ait agi sur son ordre ou par maladresse personnelle (ex. : l'imprudence d'un ouvrier sur un chantier), voire même en enfreignant les consignes (par ex. des consignes de sécurité).

583 **Problème de l'abus de fonctions.** Tracer la frontière entre les agissements « en fonctions » ou « hors fonctions » a suscité de graves et rebondissantes controverses dans les cas où le préposé abuse de ses fonctions, c'est-à-dire utilise le cadre ou les moyens de ses fonctions pour agir dans son intérêt personnel hors des instructions reçues : ainsi le chauffeur qui utilise son véhicule de fonction pour un déplacement personnel ; l'employé de banque qui, dans le bureau mis à sa disposition, propose à la clientèle des opérations illicites directes ; l'employé d'une entreprise de gardiennage qui incendie les locaux à surveiller.

Deux raisonnements s'opposent : **dans une *conception large,*** on retient la responsabilité du commettant à chaque fois que le préposé a agi « à l'occasion » de ses fonctions, grâce à des moyens qu'il n'aurait pas eus sans lesdites fonctions ; **dans une *conception étroite*** au contraire, le commettant cesse d'être engagé dès lors que l'employé s'est soustrait à son autorité.

Durant plusieurs décennies, un partage s'est opéré au sein de la Cour de cassation, la chambre criminelle consacrant la conception large et les chambres civiles la conception étroite. Plusieurs arrêts des chambres réunies puis de l'Assemblée plénière ont pris parti en faveur de la conception étroite (42) mais la résistance de la chambre criminelle a longtemps persisté.

On devrait considérer aujourd'hui, à la suite de plusieurs décisions récentes, que la **conception étroite** est acquise : le commettant ne répond pas des « dommages causés par le préposé qui, agissant sans autorisation, à des fins étrangères à ses attributions, s'est placé hors des fonctions auxquelles il était employé » (43). Par exemple, une banque ne répond pas de son directeur d'agence qui détourne les fonds reçus d'un parent à raison de leurs relations

(42) Ch. réunies, 9 mars 1960, *D.* 1960.329, note SAVATIER. — Ass. Plén., 10 juin 1977, *D.* 1977.465, note LARROUMET ; *JCP* 1977.II.18730, concl. GULPHE.

(43) Ass. Plén., 17 juin 1983, *JCP* 1983.II.20120, concl. SADON. — 15 nov. 1985, *JCP* 1986.II.20568, note VINEY. — 19 mai 1988, *Bull. civ.,* Ass. Plén., n° 5. — Civ. 2e, 12 mai 2011, n° 10-20590 ; *D.* 2011.1938, note GOUT.

personnelles (44) ; une entreprise locataire ne répond pas de son préposé revenu sur les lieux après fermeture pour y mettre le feu (45) ; pas plus que l'employeur d'un chauffeur ne répond d'un mouvement de curiosité de son salarié essayant un véhicule garé à côté du sien (46).

Cette solution n'est généralement pas approuvée par la doctrine, car elle est défavorable aux victimes alors pourtant que c'est l'activité du commettant qui a engendré **le risque d'abus :** les différents fondements de la responsabilité (risque, possibilité d'assurance, voire présomption de mauvais choix ou de mauvaise surveillance du préposé) conduisent tous à préférer la conception large. Il n'y a pas à s'étonner qu'une solution aussi peu justifiable suscite des résistances persistantes et l'on ne peut pas être assuré que, malgré la succession des décisions d'Assemblée plénière (47), cette solution soit définitive : la résignation peut n'avoir qu'un temps et on ne peut exclure de nouveaux développements, en jurisprudence ou en législation. Par exemple, une décision a « joué » sur l'étendue de l'autorisation : relevant que le chauffeur disposait d'une grande latitude dans l'organisation de son travail, notamment quant aux horaires, elle a retenu la responsabilité de l'employeur pour un accident causé lors d'une « tournée des bars » la nuit après le travail, au motif « qu'on ne pouvait estimer que, lors de l'accident, le préposé utilisait la voiture à l'insu de l'employeur » (48). Cette décision a réouvert le débat et de nouveaux signes d'assouplissement sont apparus : la corruption passive d'un employé de banque n'a pas été jugée « hors fonctions » (49) non plus que les abus commis par la gardienne d'une maison de retraite grâce à son accès aux chambres (50) et il semble falloir, pour exonérer le commettant, **que la victime ait su** qu'il y avait dépassement de fonctions (51), connaissance qui peut se déduire du caractère anormal de l'opération (52). En outre, le préposé qui agit **au temps et au lieu de son travail** n'est pas hors de ses fonctions, même s'il commet une infraction pénale (53).

(44) Civ. 2e, 7 novembre 1990, *Bull. civ.,* II, n° 226.

(45) Civ. 2e, 17 mars 1993, *Bull. civ.,* II, n° 117.

(46) Civ. 2e, 3 juin 2004, *Bull. civ.,* II, n° 275 ; *RTD civ.* 2004-742, obs. JOURDAIN ; *JCP* 2005.I.132, n° 5, obs. VINEY.

(47) Cf. *Grands arrêts,* nos 219 et s.

(48) Civ. 2e, 18 novembre 1987, *Bull. civ.,* II, n° 235.

(49) Civ. 2e, 13 novembre 1991, *Bull. civ.,* II, n° 304. — *Id.* pour un clerc de notaire : Civ. 2e, 4 mars 1999, *Bull. civ.,* II, nos 47 et 48.

(50) Civ. 2e, 16 juin 2005, *Bull. civ.,* II, n° 158.

(51) Civ. 2e, 23 juin 1993, *Bull. civ.,* II, n° 232.

(52) Civ. 2e, 7 juillet 1993, *Bull. civ.,* II, n° 249. — 21 mai 1997, *Bull. civ.,* II, n° 154. — 2 avril 1997, *Bull. civ.,* II, n° 111. — 29 avril et 24 juin 1998, *Bull. civ.,* II, nos 143 et 225. — 22 mai 2003, *Bull. civ.,* II, n° 156.

(53) Civ. 2e, 22 mai 1995, *Bull. civ.,* II, n° 154 ; *JCP* 1995.I.3893, n° 12, obs. VINEY pour l'employé d'un entrepreneur volant un bijou. (Comp. Civ. 2e, 22 janvier 1997, *Bull. civ.,* II, n° 21 pour des salariés d'un transporteur volant des bagages et Crim., 16 février 1999, *Bull. civ. crim.* n° 23 pour un vol par un employé de gardiennage). — Civ. 2e, 19 juin 2003, *Bull. civ.,* II, n° 202 pour un détournement par un agent de bureau. — 8 mai 1995, *Bull. civ.,* II, n° 181. — 28 février et

En tout cas, c'est au commettant qu'incombe la **charge de prouver qu'il y a eu abus** de fonctions (54) et connaissance par la victime (55).

B. EFFETS DE LA RESPONSABILITÉ

584 **Impossibilité d'exonération.** Comme il a été dit (cf. *supra,* n° 478) le commettant ne peut en aucun cas s'exonérer de la garantie qu'il doit à la victime lorsque les conditions précédentes sont remplies. Sa responsabilité sera donc engagée *in solidum* avec celle du préposé lui-même.

La victime peut d'ailleurs choisir de n'agir qu'à l'encontre du commettant.

585 **Action récursoire ?** Lorsqu'il a payé la victime, le commettant peut-il exercer un recours contre le préposé, responsable au premier chef ? La question n'a pendant longtemps pas souffert le moindre doute, dans l'esprit classique d'une responsabilité qui n'était qu'une garantie envers la victime (56).

Mais, sur ce point encore, le droit récent a opéré un revirement spectaculaire, à la vérité simple consécration d'un mouvement sous-jacent. En effet, cette action récursoire était devenue rarissime : d'abord en raison du texte disposant que l'**assureur** du commettant ne peut pas exercer ce recours, sauf malveillance (C. assur., art. L. 121-12, al. 3) ; ensuite en raison de la règle jurisprudentielle faisant du commettant le gardien direct des choses que son préposé a entre les mains (cf. *supra,* n° 581) et à ce titre responsable unique des dommages causés par ces choses. Ne restaient plus que les *fautes* du préposé : dans tous les cas où il n'est plus personnellement responsable, aucun recours contre lui ne se conçoit (cf. *supra,* n° 581). Mais lorsqu'il reste personnellement tenu aux côtés de son commettant, le préposé peut subir l'action récursoire de celui-ci (57) (tout comme sans doute réciproquement le préposé condamné personnellement au pénal pour les intérêts civils).

29 mai 1996, *Bull. civ.,* II, n°s 53 et 118. — Com., 14 décembre 1999, *Bull. civ.,* IV, n° 233 et Crim., 16 février 1999, *Bull. crim.,* n° 23 ; *JCP* 2000.I.199, obs. VINEY pour des agents de banque détournant des fonds. — Crim., 25 mars 1998, *D.* 1998.I.R.157 pour l'employé assassinant son supérieur hiérarchique pour des motifs liés au travail. — Civ. 2e, 16 juin 2005, *Bull. civ.*, II, II, n° 158 (pour l'employée d'une maison de retraite abusant de la faiblesse d'une pensionnaire). — V. toutefois Civ. 2e, 14 janvier 1998, *Bull. civ.,* II, n° 15 (pour un salarié rémunéré « au noir » par le client pour des travaux supplémentaires). — Civ. 2e, 17 mars 2011, n° 10-14468, *Bull. civ.*, II, n° 69 (pour un viol commis par un enseignant dans l'établissement). — Civ. 2e, 12 mai 2011, n° 10-20590 ; *Bull. civ.*, II, n° 110 ; *JCP* 2011.860, note RIAS ; *Bull. civ.*, II, n° 110 (violences commises par le « videur » d'une discothèque).

(54) Civ. 2e, 30 juin 1982. *Bull. civ.,* II, n° 100.

(55) Civ. 2e, 23 juin 1993, précité.

(56) Cf. encore Civ. 1re, 20 mars 1979, *D.* 1980.29, note LARROUMET. — V., en faveur de la limitation du recours au seul cas de faute lourde, VINEY, *JCP* 1993.I.3664, n° 18.

(57) Civ. 1re, 13 novembre 2002, *D.* 2003.40 ; *JCP* 2003.I.154, n° 37, obs. VINEY.

§ 4. La responsabilité des instituteurs

586 **Transformation.** C'est aujourd'hui par anachronisme qu'elle figure encore dans l'article 1384. En effet, les profondes transformations de l'éducation ont bouleversé les conditions dans lesquelles le Code civil initial retenait la responsabilité des instituteurs. Les instituteurs privés de 1804 supportaient la même présomption que les parents et artisans. Mais le développement du service public de l'éducation a conduit le législateur à abandonner cette présomption par la loi du 5 avril 1937 : qu'il s'agisse de l'enseignement public ou de l'enseignement privé, les **instituteurs ne sont responsables que de leur faute prouvée** « conformément au droit commun » et c'est d'ailleurs le plus souvent l'État qui prend en charge cette responsabilité (pour les établissements publics et les établissements privés sous contrat). Ce n'est donc plus un cas de responsabilité « du fait d'autrui », mais seulement de responsabilité personnelle pour faute ayant permis à autrui de causer un dommage, comme il peut être admis en toute matière : « si les instituteurs sont responsables du dommage causé par les élèves pendant le temps qu'ils sont sous leur surveillance, c'est à la condition qu'ils aient commis une faute qui doit être prouvée conformément au droit commun » (58). Il aurait été plus simple et totalement équivalent de rayer toute mention relative aux instituteurs dans l'article 1384, ce que suggère d'ailleurs l'**avant-projet de réforme du droit des obligations**.

SECTION 2 CRÉATIONS JURISPRUDENTIELLES

§ 1. Le principe général

587 **Ceux qui doivent « répondre » d'autrui.** C'est en 1991 seulement que la jurisprudence est sortie de la logique antérieure limitative pour estimer qu'au-delà des cas expressément énumérés par l'article 1384, les termes généraux de l'alinéa premier permettaient de retenir un principe général de responsabilité du fait des « personnes dont on doit répondre » (59).

C'est à propos des handicapés dont la vie est organisée et prise en charge par un organisme que ce revirement est intervenu. Mais il reçoit progressivement

(58) Civ. 2e, 16 octobre 1991, *Bull. civ.*, II, n° 259. — Cf. par ex. Civ. 2e, 2 février 1994, *Bull. civ.*, II, n° 44. — 16 mars 1994, *JCP* 1994.II.22336, note MERGER et FEDDAL. — 29 mars et 10 mai 2001, *Bull. civ.*, II, nos 69 et 96.

(59) Ass. Plén., 29 mars 1991, *Blieck*, *Grands arrêts*, n° 227 ; *JCP* 1991.21673, concl. DONTENWILLE, note GHESTIN ; *D.* 1991.324, note LARROUMET ; *RTD civ.* 1991.541, obs. JOURDAIN. — Cf. VINEY, *Vers un élargissement de la catégorie des « personnes dont on doit répondre »*, *D.* 1991, chr. 157. — Obs. *JCP* 2000.I.241, nos 9 et s. — JOSSELIN-GALL, *La responsabilité civile du fait d'autrui, théorie générale ?*, *JCP* 2000.I.268. — POUMAREDE, *L'avènement de la responsabilité civile du fait d'autrui*, *Mél. Le Tourneau*, Dalloz, 2008, 839 et s.

d'autres applications, encore que la notion de « personne dont on doit répondre » appelle dès lors à être précisée. Si la Cour de cassation l'a refusé à propos d'une grand-mère hébergeant son petit-fils (60) ou du tuteur d'un incapable majeur (61), elle l'a admis au sujet du tuteur d'un mineur (62), d'associations sportives répondant de leurs membres (63) et d'une commune répondant de squatters tolérés (64), d'établissements d'éducation surveillée (65) ou encore de l'organisateur d'un défilé (66). L'obligation de « répondre » d'autrui ne repose plus sur un texte particulier dans chaque cas (67), mais elle n'en nécessite pas moins le support d'une autorité dans le cadre d'une mission d'organisation, de contrôle et de direction : tel n'est pas le cas pour des associations de chasse (68) ou d'assistance éducative (69), ni de l'entrepreneur qui fait travailler un sous-traitant (70). Le lien est plus souple dans le monde du travail (71).

Il a été précisé qu'il s'agit d'une responsabilité de plein droit, n'exigeant pas la preuve d'une faute du garant (72), mais celle de l'auteur direct du dommage reste exigée (73) même s'il n'est pas identifié (74).

▪ (60) Civ. 2e, 25 janvier 1995, *Bull. civ.,* II, n° 29. — 18 septembre 1996, *Bull. civ.,* II, n° 217 ; *D.* 1998.118, note REBOURG.

▪ (61) Civ. 2e, 25 février 1998, *D.* 1998.315, concl. KESSOUS. — V. GALLIOU-SCANVION, *D.* 1998, chr. 240.

▪ (62) Crim., 28 mars 2000, *JCP* 2001.II.10457. — Civ. 2e, 7 octobre 2004, *Bull. civ.,* II, n° 453 ; *JCP* 2005.I.132, n° 6, obs. VINEY.

▪ (63) Même si l'auteur direct du dommage n'est pas identifié : Civ 2e, 22 septembre 2005, *Bull. civ.*, II, nos 233 et 234. — Mais encore faut-il qu'il y ait une faute à l'origine de ce dommage : Civ. 1re, 16 mai 2006, *Bull. civ.*, I, n° 249.

▪ (64) Civ. 2e, 22 mai 1995, deux arrêts, *JCP* 1995.II.22550, note J. MOULY ; cf. VINEY, *JCP* 1995.I.3893, nos 3 et s. — Cf. aussi Crim., 10 octobre 1996, *JCP* 1997.II.22833, note CHABAS ; *D.* 1997.309, note HUYETTE. — Crim., 26 mars 1997, *Grands arrêts*, n° 228 ; *JCP* 1997.II.22868, rapport DESPORTES ; *D.* 1997.496, note JOURDAIN ; *JCP* 1997.I.4070, n° 19, obs. VINEY. — Civ. 2e, 3 février 2000, *JCP* 2000.II.10316, note MOULY.

▪ (65) Civ. 2e, 9 décembre 1999, *Bull. civ.,* II, n° 189 ; *D.* 2000.713. — Et ce même pendant les retours au foyer familial : Civ. 2e, 6 juin 2002, *D.* 2002.2750 ; *Bull. civ.,* II, n° 120 (trois arrêts). — L'établissement à qui l'enfant est confié par décision de justice reste responsable jusqu'à modification de cette décision : Civ. 2e, 7 et 22 mai 2003, *Bull. civ.,* II, nos 129 et 157.

▪ (66) Civ. 2e, 12 décembre 2002, *Bull. civ.,* II, n° 289.

▪ (67) Mais s'il existe un texte spécial, c'est lui seul qui doit être appliqué : VINEY, *JCP* 2005.I.149, n° 5 sous Crim., 28 février 2005.

▪ (68) Civ. 2e, 11 septembre 2008, *Bull. civ.*, II, n° 192.

▪ (69) Civ. 2e, 19 juin 2008, *Bull. civ.*, II, n° 144.

▪ (70) Civ. 3e, 8 septembre 2009, *Bull. civ.*, III, n° 181 ; *D.* 2010.239, note DISSAUX.

▪ (71) La chambre sociale est extensive : « l'employeur doit répondre des agissements des personnes qui exercent, de fait ou de droit, une autorité sur les salariés » (Soc., 10 mai 2001, *JCP* 2002.II.10044, pour l'épouse du gérant).

▪ (72) Crim., 26 mars 1997, précité.

▪ (73) Ass. Plén., 29 juin 2007, *Grands arrêts*, n° 229 ; *D.* 2007.2455, note FRANÇOIS ; *RTD civ.* 2007.782, obs. JOURDAIN. — Civ. 2e, 20 novembre 2003, *Bull. civ.,* II, n° 256 ; *JCP* 2004.II.10017, note MOULY ; *JCP* 2004.I.163, n° 29, obs. VINEY. — 21 octobre 2004, *Bull. civ.,* II, n° 477. — 22 septembre 2005, *Bull. civ.*, II, n° 234 — Civ. 1re, 16 mai 2006, *Bull. civ.*, I, n° 249.

§ 2. La responsabilité des personnes morales du fait de leurs organes

588 **Cas des personnes morales.** Les personnes morales, qui agissent par le truchement de leurs organes, personnes physiques (cf. *supra,* n° 41), répondent des fautes commises par ces dernières dans cette activité. On peut penser qu'il y a là un nouveau cas de responsabilité pour autrui, non prévu par un texte et se rattachant désormais au principe général précité. Jusqu'à présent, on justifiait la chose par la notion de représentation, qui emporte que, juridiquement, on est en présence d'un acte de la personne morale elle-même : la faute était donc directement celle de cette personne qui en répond alors pour elle-même et non pour autrui (75).

Toutefois la jurisprudence ne tirait pas toutes les conséquences de cette analyse car elle retenait également la responsabilité personnelle de la personne physique : il y avait donc coexistence de deux responsabilités personnelles, celle de la personne morale et celle de son organe personne physique (76). Mais désormais la responsabilité personnelle du dirigeant exige une « faute détachable » : dans tous les autres cas, seule la personne morale sera obligée (77). Selon la jurisprudence, la faute « détachable » est celle d'une particulière gravité commise intentionnellement (78) ou présentant une gravité inadmissible (79). Le fait qu'elle constitue une infraction pénale ne suffit pas à lui donner automatiquement un caractère détachable (80).

N°s 589 à 599 réservés.

(74) Voir, pour des clubs sportifs : Civ. 2e, 8 juillet 2010, n° 09-68212 et Civ. 2e, 16 septembre 2010, n° 09-16843, *D.* 2011.41.

(75) Cf. en particulier, Civ. 2e, 27 avril 1977, *Bull. civ.,* II, n° 108.

(76) Cf. Civ. 1re, 1er février 1984, *Bull. civ.,* I, n° 47.

(77) Civ. 2e, 19 février 1997, *Bull. civ.,* II, n° 53. — Com., 27 janvier 1998, *Bull. civ.,* IV, n° 48 ; *D.* 1998.605, note GIBRILA. — 28 avril 1998, *Bull. civ.,* IV, n° 139 ; *JCP* 1998.II.10177, note OHL. — Civ. 3e, 17 mars 1999, *Bull. civ.,* III, n° 72. — 4 avril 2001, *Bull. civ.,* III, n° 45. — Com., 20 mai 2003, *Bull. civ.*, IV, n° 84. — Com., 18 février 2014, n° 12-29752, *Bull civ.*, IV, n° 40 (pour un associé majoritaire). — Règle applicable aux **associations** : Civ. 2e, 7 octobre 2004, *JCP* 2005.I.132, n° 10, obs. VINEY, mais non aux **sociétés en particiaption**, dépourvues de personnalité propre (Com., 6 mai 2008, *Bull. civ.*, IV, n° 96 ; *D.* 2004.2112, note DONDERO — Com., 4 février 2014, n° 13-13386).. — Pour un cas de responsabilité personnelle à la suite d'un accident du travail : Soc., 17 juillet 1998, *Bull. civ.,* V, n° 397. — Et par sacrifice d'une société d'un groupe : Com., 27 mai 2014, n° 12-28657.

(78) Com., 20 mai 2003, *D.* 2003.1502, *Bull civ.*, IV, n° 84 ; *RTD civ.* 2003.509, obs. JOURDAIN pour la tromperie intentionnelle d'un fournisseur sur la solvabilité de l'entreprise. — Com., 4 juillet 2006, *Bull. civ.*, n°166 pour l'autorisation donnée à un salarié de conduire un véhicule non assuré.

(79) Civ. 1re, 6 mars 2007, *Bull. civ.*, I, n° 99. — Com., 10 février 2009, *Bull. civ.*, IV, n° 21 ; *RTD civ.* 2009.537, obs. JOURDAIN (pour des dirigeants ne constituant pas de provisions).

(80) Civ. 3e, 4 janvier 2006, *Bull. civ.*, III, n° 7 (défaut de souscription d'une assurance). — Com., 28 septembre 2010, n° 09-66255.

CHAPITRE 4

LA RESPONSABILITÉ DU FAIT DES CHOSES

600 **Coexistence d'un régime général et de régimes spécifiques.** Nombre de dommages ne sont pas causés par la main de l'homme, mais par des choses, parfois actionnées plus ou moins directement par la main de l'homme (exemple l'automobile conduite par quelqu'un), parfois « agissant » spontanément (explosion, fait d'un animal, chute d'un arbre...).

Les codificateurs de 1804 n'avaient pas envisagé de principe général de responsabilité du fait des choses, pas plus qu'un principe général de responsabilité du fait d'autrui (cf. *supra,* n° 426), mais seulement deux cas particuliers : la responsabilité du fait des animaux (art. 1385) et du fait des bâtiments (art. 1386), car il s'agissait à l'époque de deux sources majeures d'accident et en même temps des deux types de « choses » susceptibles de causer des dommages de manière indépendante, sans être mues par l'homme. Pour tous les autres cas, on considérait qu'une chose n'était que l'instrument d'une action humaine et qu'il convenait donc d'apprécier, sur le terrain de l'article 1382, si l'auteur de cette action avait ou non commis une faute.

Mais, avec le développement du machinisme et des accidents consécutifs dans lesquels la part de l'homme est souvent difficile à déterminer et donc sa faute impossible à prouver, le souci de protéger cependant les victimes de tels accidents a conduit la jurisprudence à établir un principe général de responsabilité du fait des choses, quelle que soit la nature de la « chose » : ce régime est donc devenu le *droit commun.* À côté de ce régime de droit commun, des textes ou des créations jurisprudentielles ont institué, comme le Code l'avait fait pour les animaux et les bâtiments, des *régimes spécifiques.*

601 **Matière touffue.** Force est de reconnaître que cette matière, sous la poussée d'une évolution considérable à la fois des situations matérielles et des conceptions idéologiques (évolution évoquée *supra,* n° 530), est devenue une véritable

mosaïque de règles parfois disparates qui en fait l'un des domaines les plus touffus de notre droit positif : les controverses doctrinales y abondent, tout comme les évolutions et revirements de jurisprudence, ce qui nourrit un important contentieux, accru encore par la difficulté d'articuler entre eux ces différents régimes (1).

SECTION 1 LE PRINCIPE GÉNÉRAL DE RESPONSABILITÉ DU FAIT DES CHOSES

TEXTE

Code civil, art. 1384 al. 1er

Art. 1384. — On est responsable non seulement du dommage que l'on cause par son propre fait, mais encore de celui qui est causé par le fait des personnes dont on doit répondre, ou des choses que l'on a sous sa garde.

602 **La « découverte » de l'article 1384, alinéa 1er.** Écrit comme une **phrase de transition** entre les textes précédents et les cas de responsabilité du fait d'autrui et du fait des choses visés par les alinéas suivants, l'alinéa 1er de l'article 1384 n'a retenu l'attention de personne au XIXe siècle. Mais, lorsqu'on a voulu assurer la réparation des victimes de dommages causés par les machines, nouvelles « choses » ignorées du Code de 1804, on s'est avisé que cet alinéa 1er pouvait être érigé en règle autonome de portée très générale : « on est responsable... du dommage... causé par le fait des choses que l'on a sous sa garde ». C'est en 1896 que la jurisprudence a posé la première pierre de ce qui allait devenir une écrasante construction, par le célèbre **arrêt du remorqueur :** la chaudière d'un remorqueur ayant explosé et tué un ouvrier, le propriétaire a ainsi pu être déclaré responsable du dommage causé par la « chose » sans qu'il soit besoin d'apporter la preuve (impossible) d'une faute de sa part (2).

Depuis lors, ce texte a connu un essor jurisprudentiel considérable, principalement alimenté par l'accroissement des accidents d'automobile. L'intervention

(1) Cf. les termes sévères mais justes d'auteurs éminents : *« droit des technocrates, au cas par cas, solutions complexes et incertaines, règles techniques qui survivent à la disparition des besoins qui les ont fait naître, carence des principes qui pourraient les appuyer..., le plus byzantin de tous les Byzantins ne saurait s'y retrouver dans l'énorme stratification d'arrêts accumulés depuis plus de 50 ans, les hésitations, les revirements, les divergences de jurisprudence et les abstractions verbales... »* (MALAURIE et AYNÈS, *Obligations,* 1re éd., no 87, termes non repris dans les éditions suivantes). — D'où la proposition de certains de supprimer ce régime général : BORGHETTI, *La responsabilité du fait des choses, un régime qui a fait son temps, RTD civ.* 2010, p. 1 et s. — Voir la réponse de BRUN, *RTD civ.* 2010.487 et s.

(2) Civ., 16 juin 1896, *D.* 1897.I.433, note SALEILLES, concl. SARRUT ; *S.* 1897.I.17, note A. ESMEIN.

en 1985 d'une loi spécifique a fortement « dégonflé » le contentieux de l'article 1384 alinéa 1er, revenu à de plus raisonnables dimensions, ce qui n'empêche pas que sa suppression est parfois proposée (3).

603 **Mécanisme utilisé : renversement de la charge de la preuve par une présomption de responsabilité.** Ayant ainsi dégagé le principe général d'une responsabilité du fait des choses, la jurisprudence a dû en élaborer le régime ; cette création ne présentait en effet d'intérêt qu'autant qu'elle permettait d'engager la responsabilité du « gardien » de la chose dommageable sans établir sa faute.

Il aurait été possible d'opter pour une responsabilité automatique, entièrement justifiée par la théorie du risque. Mais le système des assurances n'était pas encore autant développé qu'aujourd'hui et un changement aussi total a effrayé les tribunaux. Aussi, contre le désir de certains auteurs, la jurisprudence n'a pas quitté le fondement théorique de la faute, mais a fait jouer le poids d'un renversement de la charge de la preuve : elle a estimé que l'article 1384 fait peser sur le gardien une **présomption de faute,** lui imposant de prouver son absence de faute. Puis elle a accentué ce poids en parlant de **présomption de responsabilité** et en exigeant du gardien, pour la renverser, qu'il prouve un cas de force majeure (4). On sait que la charge de la preuve emporte la charge de tous les accidents dont les causes demeurent inconnues ou incertaines, de sorte qu'aucune des parties ne peut rapporter une preuve réelle et que celle sur qui pèse la charge de la preuve, ne pouvant la rapporter, perdra son procès. Ce mécanisme de l'attribution de la charge de la preuve (déjà rencontré à l'occasion des obligations de moyens et de résultat) détermine donc le poids des **dommages fortuits :** en présumant la responsabilité du gardien, on octroie réparation à la victime dans tous les cas où le gardien, faute de pouvoir établir un cas de force majeure, sera dans l'impossibilité de renverser la présomption pesant sur lui.

Par là, la responsabilité du fait des choses est beaucoup plus lourde que celle du fait personnel, dans laquelle la victime doit toujours établir une faute (cf. *supra,* n° 543). Et c'est pourquoi, pour les dommages causés par l'intermédiaire d'une chose, les victimes invoquent l'article 1384, alinéa 1er beaucoup plus souvent que l'article 1382 (qu'elles peuvent toutefois également mettre en œuvre à raison de sa vocation générale. Cf. *supra,* n° 538).

(3) V. BORGHETTI, *La responsabilité du fait des choses, un régime qui a fait son temps, RTD civ.* 2010, p. 1 et s.
(4) Pour l'historique détaillé de l'évolution jurisprudentielle, cf. FLOUR, AUBERT et SAVAUX, t. 2, nos 233 et s.

§ 1. Conditions de la présomption de responsabilité

604 **Applicabilité à toute chose.** Le terme « chose » étant des plus vagues, certains ont pensé à introduire des distinctions pour ne faire jouer la présomption sévère que dans des hypothèses délimitées : mais la jurisprudence a toujours repoussé ces tentatives car l'article 1384, selon l'arrêt fondamental ***Jeand'heur,*** rattache la responsabilité « à la garde de la chose, non à la chose elle-même » (5).

Peu importe donc :

— **qu'il s'agisse d'un *meuble ou d'un immeuble :*** certes la ruine des bâtiments donne lieu à un régime spécifique (cf. *infra,* n° 628), mais l'article 1384 alinéa 1er s'applique à tout autre immeuble (une falaise, un glissement de terrain, un arbre, une carrière ou une mine) (6) ou même aux bâtiments, pour les dommages qui ne résultent pas de sa « ruine » seule visée par l'article 1386 (par exemple chute d'une personne causée par le mauvais état d'un escalier (7) ou par un sol glissant) ; il s'applique naturellement à tous les objets mobiliers ;

— **qu'il s'agisse d'une chose affectée ou non d'un *vice interne :*** cette condition un moment envisagée a été vite abandonnée, le célèbre arrêt Jeand'heur précité énonçant expressément qu'il « n'est pas nécessaire qu'elle ait un vice inhérent à sa nature et susceptible de causer le dommage » ;

— **qu'il s'agisse ou non d'une *chose dangereuse*** renfermant par nature un risque accru : l'idée de limiter la responsabilité présumée aux choses dangereuses, émise par Ripert et toujours souhaitée par certains auteurs, a été écartée en jurisprudence : le seul fait qu'elle ait causé un dommage montre que, quelle que soit sa nature, la chose pouvait être dangereuse ; du moins admettra-t-on plus facilement qu'une chose dangereuse est à l'origine du dommage, ce qui se traduit sur le terrain de la causalité (cf. *infra,* n° 609) ;

— **qu'il s'agisse d'une *chose inerte ou en mouvement :*** l'objet à terre sur lequel trébuche un passant déclenche l'application de l'article 1384 alinéa 1er aussi bien que le projectile lancé à pleine vitesse car « l'art. 1384 al. 1er ne distingue pas selon que la chose est inerte ou en mouvement » (8). Mais la distinction reparaîtra sur le plan de la causalité, une chose inerte n'étant pas présumée cause du dommage comme une chose en mouvement (cf. *infra,* n° 610).

(5) Ch. réunies, 13 février 1930, *Grands arrêts*, n° 199 ; *D.* 1930.I.57, note RIPERT.

(6) Civ. 2e, 17 octobre 1990, *Bull. civ.,* II, n° 202. — Pour un **rocher,** V. Civ. 2e, 17 mars 1993, *Bull. civ.,* II, n° 116. — Pour une **falaise** dont le risque d'éboulement fait cesser l'exploitation d'un hôtel en contrebas : Civ. 2e, 26 septembre 2002, *Bull. civ.,* II, n° 198.

(7) Civ. 2e, 30 novembre 1977, *D.* 1978.IR.201, note LARROUMET.

(8) Civ., 24 février 1941, *D.C.* 1941.85, note J. FLOUR. — V. pour une verrière ou une toiture s'effondrant sous le poids d'une personne : Civ. 2e, 16 mars 1994, *Bull. civ.,* II, n° 94. — 11 janvier 1995, *Bull. civ.,* II, n° 18.

En définitive **toute chose** est concernée, du rocher au clou, de l'engin de chantier à une motte de terre, et jusqu'aux fumées ou poussières et même la vague provoquée par le sillage d'un navire (9). On s'interroge même sur la responsabilité du fait des « choses immatérielles » (10). Les seules exclusions résultent des régimes spéciaux établis pour certains types de choses, en particulier les véhicules (navires, avions, automobiles, etc.), régimes qui seront examinés plus loin. Il faut à cet égard préciser que de nombreuses solutions jurisprudentielles ont été dégagées à l'occasion d'accidents d'automobile : ceux-ci échappent à l'article 1384 depuis la loi de 1985, mais lesdites solutions conservent toute leur valeur à propos de toute autre chose.

La véritable condition de la responsabilité réside dans un fait dommageable de la chose (A) permettant de poursuivre celui qui en était le gardien (B).

A. CAUSE DU DOMMAGE : FAIT DE LA CHOSE

1° Notion

605 **Chose indépendante ou actionnée par la main de l'homme.** En visant le dommage causé « par le fait des choses que l'on a sous sa garde », les codificateurs pensaient aux cas où la chose « agit » de façon indépendante : l'animal qui mord ou le bâtiment qui s'effondre. Mais, au sujet des véhicules conduits par un homme, la question s'est posée : doit-on envisager le fait du véhicule (comme si personne n'était au volant) ou le fait du conducteur entre les mains duquel le véhicule n'est qu'un instrument ? La logique conduisait à considérer le fait du conducteur : mais c'était renvoyer la victime à prouver une faute de conduite sur le terrain de l'article 1382. Pour procurer à la victime le bénéfice du régime plus favorable de l'article 1384, alinéa 1er, il fallait estimer que, même entre les mains de l'homme, le véhicule a une **action propre** telle qu'on peut dire que c'est lui qui cause le dommage : l'arrêt *Jeand'heur* précité a donc posé en principe que « la loi, pour application de la présomption qu'elle édicte, ne distingue pas suivant que la chose qui a causé le dommage était ou non actionnée par la main de l'homme ».

L'article 1384 sera donc applicable au dommage causé par un cycliste (car il y a fait du vélo dont le cycliste est gardien), par un skieur, un joueur de ballon, etc.

606 **Fait de la chose = lien de causalité entre la chose et le dommage.** Toute idée d'autonomie étant ainsi écartée, la notion de « fait de la chose » apparaît en

(9) Civ. 2e, 10 juin 2004, *Bull. civ.*, II, n° 293.

(10) TRICOIRE, *La responsabilité du fait des choses immatérielles*, *Mél. Le Tourneau*, Dalloz, 2008.983 et s.

réalité comme « l'expression du rapport de causalité » (11). Dire qu'il y a « fait de la chose » revient à **exprimer que la chose est cause génératrice du dommage.** Ce lien de causalité est bien entendu l'objet d'une appréciation très subjective, comme toujours en matière de causalité (cf. *supra,* n° 556). Et cette appréciation est rebelle à toutes les classifications qui ont pu être proposées et qui ont été rejetées par la jurisprudence.

Peu importe donc :

— que la chose soit mue ou non par un homme, comme on vient de le voir, car même entre les mains d'un homme, cette chose présente un pouvoir dommageable propre : un cycliste ou un skieur causera plus de dommages à l'enfant qu'il renverse que ne le ferait un piéton, et il y a donc bien un lien de causalité entre la garde du vélo ou des skis et le dommage ;

— que la chose soit en mouvement ou non : même inerte, une chose peut être la cause d'un dommage lorsqu'elle occupe une place ou une position anormale (obstacle au sol non signalé, sol glissant...) ;

— que la chose soit ou non entrée en contact avec la personne ou la chose subissant le dommage : si le choc est évidemment l'hypothèse la plus fréquente, il peut y avoir fait de la chose à l'origine d'un dommage sans aucun contact ; par exemple pour éviter un obstacle, un cycliste freine brutalement et tombe ; ou encore le bruit d'un avion ou l'éblouissement de phares effraye un cheval qui se blesse.

Mais ces distinctions, parce qu'elles touchent à la probabilité du rôle causal de la chose, vont jouer un rôle important dans le régime de la preuve du fait de la chose.

2° Preuve

607 **Décomposition de cette preuve.** Conformément au principe, selon lequel il incombe au demandeur de rapporter la preuve, c'est la victime qui, pour obtenir réparation, doit établir que son dommage est dû au fait de la chose qu'elle incrimine. Mais, pour lui faciliter cette tâche, la jurisprudence a procédé à une décomposition de cette preuve en deux éléments : l'*intervention matérielle* de la chose et son *rôle causal.* Si la victime doit toujours établir le premier élément, elle bénéficiera souvent d'une présomption en sa faveur en ce qui concerne le second.

608 **Preuve de l'intervention matérielle.** Il incombe évidemment à la **victime de prouver** que telle chose est intervenue matériellement dans la production de son dommage : « la responsabilité du gardien d'une chose est subordonnée à la condition que la victime rapporte la preuve que la chose a été, en quelque

(11) FLOUR, AUBERT et SAVAUX, t. 2, n° 250.

manière, l'instrument du dommage » (12) ; par exemple l'ouvrier travaillant aux abords d'une voie de chemin de fer et blessé lors du passage d'un train doit établir que ce train est à l'origine de son dommage (13) ; le cyclomotoriste qui impute sa chute à une tranchée mal remblayée doit prouver que la présence de cette tranchée a un lien avec sa chute (14). Cette preuve peut être rapportée par **tous moyens,** y compris des indices provenant de l'**absence d'autre cause** possible : ainsi pour l'effondrement d'un mur à l'instant du « bang » supersonique d'un avion (15).

609 **Preuve du rôle causal de cette intervention. Cas où il n'y a pas présomption.** L'intervention matérielle d'une chose ne suffit pas pour lui imputer le dommage : par exemple celui qui glisse sur un sol ne peut, par ce seul fait, prétendre que sa chute est imputable au sol, tout comme celui qui tombe d'un arbre ou dérape sur un bateau. Il faut encore que l'intervention de la chose présente un rôle causal pour qu'on puisse dire qu'il y a fait de la chose, c'est-à-dire que cette chose est la cause génératrice du dommage (16). C'est ici que la jurisprudence vient parfois en aide aux victimes en créant à leur profit une **présomption de causalité.** Mais cette présomption n'est pas générale, car elle serait trop artificielle.

Il n'y a pas présomption lorsque la chose *était inerte* : « une chose inerte ne peut être l'instrument d'un dommage si la preuve qu'elle occupait une position anormale ou qu'elle était en mauvais état n'est pas rapportée » (17). En ce cas il incombe à la victime de prouver que cette chose inerte présentait un caractère anormal, soit par son état (escalier défectueux (18), sol glissant (19)), soit par sa position (véhicule immobilisé à un endroit gênant (20), marche non éclairée (21) boîte aux lettres faisant saillie sur la voie (22), plot ou muret en ciment (23), câbles sur le sol (24)), soit encore par son caractère dangereux (25). À défaut, la chose

(12) Civ. 2e, 5 mai 1993, *Bull. civ.,* II, n° 168.
(13) Civ. 2e, 8 juillet 1971, *D.* 1971.690.
(14) Civ. 2e, 19 novembre 1986, *JCP* 1987.IV.36.
(15) Civ. 2e, 12 octobre 1971, *JCP* 1972.II.17044.
(16) Civ. 2e, 5 janvier 1994, *Bull. civ.,* II, n° 14.
(17) Civ. 2e, 11 janvier 1995, *Bull. civ.,* II, n° 18.
(18) Civ. 2e, 25 novembre 2004, *Bull. civ.,* n° 507.
(19) Civ. 2e, 24 janvier 1985, *Bull. civ.,* II, n° 21. — 8 octobre 1989, *Bull. civ.,* II, n° 187. — 28 mars 1990, *Bull. civ.,* II, n° 68. — Civ. 1re, 29 mai 1996, *Bull. civ.,* I, n° 227. — Civ. 2e, 7 mai 2002, *Bull. civ.,* II, n° 92.
(20) Civ. 2e, 22 novembre 1984, *Bull. civ.,* II, n° 175.
(21) Civ. 1re, 9 juillet 2002, *Bull. civ.,* I, n° 188. — Comp. Civ. 2e, 11 juillet 2002, *Bull. civ.,* II, n° 175 (rampe normale non cause du dommage).
(22) Civ. 2e, 25 octobre 2001, *Bull. civ.,* II, n° 162.
(23) Civ. 2e, 18 septembre 2003, *JCP* 2004.II.10013. — Civ. 2e, 29 mars 2012, n° 10-27553.
(24) Civ. 2e, 13 mai 2004, *Bull. civ.,* II, n° 231.
(25) Civ. 2e, 20 juillet 1981, *Bull. civ.,* II, n° 170, p. 109 (bouteille de liquide gazeux). — 14 novembre 2002, *Bull. civ.,* II, n° 259 (gazinière sur un bateau).

inerte ne fait que subir l'action étrangère de la victime (26). La jurisprudence récente admet très facilement ce caractère anormal ou gênant (27).

Il n'y a pas non plus présomption de causalité lorsqu'il n'y a pas eu *contact* entre la chose et le siège du dommage : c'est encore à la victime d'établir comment, en dépit de l'absence de contact, la chose a néanmoins été la cause génératrice du dommage (28). Ici encore, c'est le comportement anormal de la chose qui établira le plus souvent cette causalité : par exemple le ballon lancé sur la rue ou l'objet tombant d'un chargement provoquant l'embardée d'un cycliste tentant une « manœuvre d'évitement ». Cela peut aller loin : que des roches se détachent d'une falaise et l'interdiction administrative d'exploiter l'hôtel situé en contrebas est regardée comme causée par la chose (29) ; qu'un navire provoque une vague, et la noyade d'un baigneur dans une crique troublée est considérée comme causée par ce navire (30).

610 **Cas où il y a présomption de causalité.** Lorsque la chose était **en *mouvement* et est entrée en *contact*** avec l'objet du dommage, la réunion de ces deux circonstances emporte au profit de la victime une **présomption** de causalité. Cette présomption repose sur le jeu normal des probabilités. Comme cette situation est la plus fréquente, la victime bénéficie très souvent de cette présomption de causalité.

Le gardien de la chose peut-il alors renverser cette présomption ? C'est la question controversée du rôle passif de la chose.

611 **Renversement de cette présomption : question du rôle passif.** La question du rôle passif de la chose en tant que moyen d'exonération du gardien a fait l'objet de longues controverses qui paraissent en grande partie dues à un manque de précision dans la manière même de la poser. On parle souvent du rôle passif à propos d'une **chose inerte :** mais en ce cas, comme on vient de le voir, il n'y a pas en principe présomption de causalité ; évoquer le « rôle passif » de la chose n'est alors qu'une manière d'exprimer que la victime n'a pas établi le rôle causal de la chose inerte (31).

▪ (26) Par ex. de l'enfant tirant sur un **présentoir** de magasin : Civ. 2e, 13 octobre 1982, *Bull. civ.,* II, n° 124 ; du client heurtant une **vitrine** visible : Civ. 2e, 28 mai 1986, *Bull. civ.,* II, n° 85 ; du sportif chutant d'un **trampoline :** Civ. 2e, 8 juin 1994, *Bull. civ.,* II, n° 152 ; *RTD civ.* 1995.121, obs. JOURDAIN.

▪ (27) Civ. 2e, 29 avril 1998, *Bull. civ.,* II, n° 142 ; *RTD civ.* 1998.913, obs. JOURDAIN. — 15 juin 2000, *Bull. civ.,* II, n° 103 et 24 février 2005, *Bull. civ.,* II, n° 51 ; *Grands arrêts,* n° 207 pour des **portes vitrées.**

▪ (28) Civ. 2e, 3 avril 1978, *Bull. civ.,* II, n° 110.

▪ (29) Civ. 2e, 29 septembre 2002, *Bull. civ.,* II, n° 198.

▪ (30) Civ. 2e, 10 juin 2004, *Bull. civ.,* II, n° 293.

▪ (31) Cf. Civ. 2e, 8 juillet 1992, *Bull. civ.,* II, n° 201, exonérant le gardien de **poutres** placées normalement, avec protection et signalisation, sur un terre-plein central d'autoroute et heurtées par un véhicule. — Voir aussi Civ. 2e, 14 décembre 2000, *JCP* 2001.I.338, obs. VINEY au sujet d'un **étang** dans lequel la victime a plongé. — Civ. 2e, 7 mai 2002, *Bull. civ.,* II, n° 92 au sujet d'un

Différente est la question de savoir si, en présence d'une présomption de causalité (chose en mouvement et peut-être parfois désormais chose immobile), le gardien peut renverser cette présomption en prouvant que, malgré ce mouvement ou ce contact, la chose a eu un comportement normal, et n'est pas cause génératrice du dommage : l'exemple type est celui du cycliste circulant normalement et sur lequel un enfant ou un cycliste suivant vient se jeter (32). On affirme généralement que la jurisprudence, après avoir un temps admis cette possibilité d'exonération, la rejette aujourd'hui de sorte que le gardien doit alors recourir au seul moyen d'exonération totale constitué par la force majeure, plus difficile à prouver (33). La doctrine souhaitait cet abandon du « rôle passif de la chose en mouvement » (34), observant que la chose en mouvement, même si elle a fonctionné normalement, est nécessairement une cause de l'accident : si elle ne s'était pas trouvée en action, l'accident n'aurait pas eu lieu (35).

Ce qu'un auteur a appelé « les arabesques de la jurisprudence » ne permet toutefois pas de tenir cet abandon pour certain pour définitif, ni même s'il est probable (36).

B. RESPONSABLE DESIGNÉ : LE GARDIEN DE LA CHOSE

612 **Définition de la garde.** L'article 1384, alinéa 1er désignant pour responsable celui qui « a la garde » de la chose dommageable, il a fallu définir cette notion de garde. Selon une formule devenue classique, est gardien celui qui détient *« l'usage, la direction et le contrôle »* de la chose : c'est en effet celui-là qui, ayant la maîtrise de la chose, avait (en théorie du moins) la **possibilité d'empêcher qu'elle ne cause un dommage.**

Cette définition prend donc en compte la **situation matérielle** et non le pouvoir juridique sur la chose : par exemple, en cas de **vol,** le propriétaire qui est pourtant seul titulaire d'un droit sur la chose perd la qualité de gardien, laquelle est attribuée au voleur qui n'a qu'une maîtrise de fait (37).

escalier non dangereux et bien éclairé. — Civ. 2e, 25 novembre 2004, *Bull. civ.*, II, n° 507 (escalier non réglementaire mais sans danger).

(32) Pour les **véhicules à moteur,** la loi de 1985 modifie la position de la question en parlant « d'implication » (cf. *infra,* n° 648).

(33) Cf. l'analyse de FLOUR, AUBERT et SAVAUX, nos 284 et s.

(34) VINEY, n° 668.

(35) ROLAND et BOYER, n° 433.

(36) Cf. Civ. 2e, 15 juillet 2002, *Bull. civ.,* II, n° 175 (rôle passif d'une rampe inclinée « normale »). — Mais Civ. 2e, 13 mars 2003, *Bull. civ.,* II, n° 65 (le rôle passif d'un **escalator** sur lequel « dévale » un colis blessant un passager ne permet pas d'exonérer le gardien). — Sur l'ensemble de cette question, voir VINEY et JOURDAIN, *Conditions de la responsabilité,* n° 668.

(37) C'est à propos de cette hypothèse que la définition ci-dessus a été dégagée : Ch. réunies, 2 décembre 1941, affaire Franck, *D.C.* 1942.25, note RIPERT ; *S.* 41.I.217, note H. MAZEAUD.

L'application rigoureuse de cette définition conduirait à une solution simple : désigner en toute hypothèse le détenteur de la chose comme gardien. Mais d'autres considérations sont venues interférer avec cette logique, tout particulièrement le souci de protéger la victime en désignant pour responsable, autant que possible, la personne qui s'est assurée du fait de cette chose, et aussi le souci de lier la garde (et donc la responsabilité) à la « possibilité d'éviter le dommage » (38). Cela a conduit à des solutions subtiles dont l'articulation n'est pas toujours logique : à la notion de maîtrise matérielle, on a ajouté celle de pouvoir indépendant afin de décider qu'un préposé ne peut être gardien.

613 **Préposé non gardien.** Afin de pouvoir engager directement la responsabilité du commettant, on a décidé qu'un préposé ne pouvait pas avoir la qualité de gardien de la chose qui lui a été confiée car il n'en a la détention matérielle que sous la direction de son **commettant** (cf. *supra,* n° 581). Il y a là une dissociation, un peu artificielle, entre « l'usage » et la « direction » de la chose parfois regardée comme désuète (39).

Cette solution constante reçoit application même en présence d'un « préposé occasionnel » (sur cette notion, voir *supra,* n° 581). En principe, si le préposé outrepasse ses fonctions et s'affranchit ainsi du contrôle du commettant, c'est alors lui qui devient gardien. Mais le souci de faire jouer l'assurance du commettant conduit parfois à des entorses à ce principe : ainsi un arrêt de chambre mixte a-t-il décidé que l'armateur du navire *France* était resté le gardien même durant une manœuvre de blocage d'un port imposée par l'équipage mutiné (40).

614 **Garde et discernement.** Peu compatible avec la règle précédente, la jurisprudence décide que la garde est un fait objectif et qu'il importe peu que le gardien jouisse ou non d'un discernement suffisant pour en mesurer la portée : ainsi le **dément** ou l'**enfant en bas âge** peut avoir la qualité de gardien (41). Comme pour la faute (cf. *supra,* n° 545) c'est donc la seule situation matérielle qui est prise en compte.

615 **Moment d'appréciation : l'instant du fait dommageable.** C'est au moment même où la chose a produit le dommage que l'on doit se placer pour apprécier qui en avait la garde, puisque c'est alors que le gardien pouvait prévenir le dommage. Il en résulte que la qualité de gardien peut être **momentanée,** et même très éphémère : ainsi celui qui donne un coup de pied dans une bouteille

(38) Cf. JOURDAIN, *RTD civ.* 1993.833.

(39) Cf. JOURDAIN, *RTD civ.* 1998.914. — *Grands arrêts*, n° 224. — BRUN, n° 49. — BLOCH, *JCP* 2012.1224, n° 6.

(40) Ch. mixte, 4 décembre 1981, *JCP* 1982.II.19748 note H. MAZEAUD ; *D.* 1982.365, concl. CABANNES, note CHABAS.

(41) Ass. Plén., 9 mai 1984, *Bull. civ.,* I ; *Grands arrêts*, n° 205 — cf. LEGEAIS, *Un gardien sans discernement, D.* 1984, chr. 127.

abandonnée à terre en est, l'espace d'un instant, le gardien (42) tout comme celui qui frappe une balle avec une raquette devient gardien de la balle pour le temps de son trajet (43) ; ou celui qui gagne dans une fête foraine une bouteille qu'il partage avec ses amis, alors qu'elle contient du poison (44) ; ou celui qui arrache une arme des mains d'un autre (45). Du moins faut-il, apparemment, une certaine conscience d'une maîtrise de la chose, même fugitive : d'où le grimpeur ne devient pas gardien de la pierre qui se détache sous son pied (46).

616 **Présomption de garde à la charge du propriétaire.** Parce que cela correspond à la situation la plus fréquente, le propriétaire de la chose est présumé en avoir la garde. C'est donc à lui qu'il incombe de **prouver** qu'il avait perdu la maîtrise de la chose, à la suite d'un fait matériel (perte ou vol), ou d'un acte juridique emportant transfert (location, prêt, etc.). Le doute jouera contre le propriétaire : par exemple, la bouteille qui explose alors que le client d'un magasin vient de la poser sur la caisse pour en régler le prix est encore sous la garde du marchand (47).

617 **Transfert de la garde.** Le propriétaire renverse la présomption précédente lorsqu'il établit qu'il avait transféré ou perdu la maîtrise de la chose (48) ou ne l'avait pas encore acquise (49).

Ce peut être à la suite d'un **vol** (50) même très momentané ou encore d'une **perte.** C'est plus souvent par l'effet d'un **contrat emportant transfert** de la chose : le **locataire** devient gardien (51), de même que le **réparateur,** le **garagiste,** le **transporteur, l'entrepreneur** qui est maître du chantier (52), l'**emprunteur** (53), même s'il s'agit d'une mise à disposition toute momentanée comme celle d'un caddie dans un supermarché (54). Encore faut-il que le

(42) Civ. 2e, 13 octobre 1982, *Bull. civ.,* II, n° 21, p. 16.
(43) Civ. 2e, 28 mars 2002, *Bull. civ.,* II, n° 67 ; *D.* 2002.3237, note Zerouki.
(44) Civ. 2e, 26 juin 1953, *D.* 1954.181. — Cf. P. Esmein, *Le diable dans la bouteille, JCP* 1954.I.1163.
(45) Civ. 2e, 21 novembre 1990, *Bull. civ.,* II, n° 241.
(46) Civ. 2e, 24 avril 2003, *Bull. civ.,* II, nos 115 et 116.
(47) Civ. 2e, 16 mai 1984, *Bull. civ.,* II, n° 86, p. 61. — 28 février 1996, *Bull. civ.,* II, n° 52. — V. aussi Civ. 2e, 14 juin 1995, *Bull. civ.,* II, n° 185 (le propriétaire d'un voilier est présumé demeuré gardien s'il est à bord).
(48) Voir diverses illustrations *in RTD civ.* 1991.345, obs. Jourdain.
(49) Cas du bien vendu non encore livré : Civ. 2e, 28 juin 1995, *Bull. civ.,* II, n° 220.
(50) Cf. arrêt *Franck,* précité. — Peu importe que ce vol soit très momentané, comme le déplacement d'objets par de mauvais plaisants : Civ. 2e, 8 novembre 1963, *D.* 1964.86.
(51) Pour la chute d'un volet : Civ. 2e, 12 décembre 2002, *Bull. civ.,* II, n° 288.
(52) Civ. 2e, 17 janvier 1985, *Bull. civ.,* II, n° 15, p. 11.
(53) Cf. Crim., 18 juin 1997, *D.* 1997.IR.200 (automobile).
(54) Civ. 2e, 6 avril 1987, *D.* 1987.IR.113 et 14 janvier 1999, *Bull. civ.,* II, n° 13 ; *JCP* 2000.II.10245, note Reifegerste et Civ. 2e, 13 janvier 2012, n° 11-11047 ; *C.C.C.* 2012.85, distinguant selon que la chose est dangereuse ou non. — *Contra* Civ. 2e, 28 mars 1994, *Bull. civ.,* II, n° 112 pour la remise d'un fusil et de cartouches pour usage immédiat.

contrat ait véritablement entraîné un transfert de la maîtrise de la chose : ce n'est pas le cas par exemple de la logeuse qui allume le poêle de la chambre mise à disposition d'occupants intoxiqués (55), de celui qui est simplement chargé de surveiller un bâtiment (56), ni du propriétaire d'une voiture qui confie le volant en restant à côté, même endormi (57), pas plus que du dresseur qui donne des directives au cavalier cascadeur (58) ou du propriétaire d'une tondeuse qui la confie quelques instants dans son propre intérêt à un voisin (59).

La Cour de cassation a récemment fixé les conditions de ce transfert, par une formule de principe extrêmement complète en énonçant « que la responsabilité du dommage causé par le fait d'une chose est liée à l'usage et aux pouvoirs de surveillance et de contrôle qui caractérisent la garde ; que, sauf l'effet de stipulations contraires valables entre les parties, le propriétaire de la chose, bien que la confiant à un tiers, ne cesse d'en être responsable que s'il est établi que ce tiers a reçu corrélativement toute possibilité de prévenir lui-même le préjudice qu'elle peut causer » (60).

618 **Pluralité de gardiens : garde en commun.** Lorsqu'une chose est sous la maîtrise commune de plusieurs personnes, on admet aujourd'hui la notion de garde collective ou garde en commun (61). C'est le cas par exemple d'un **groupe de joueurs** utilisant un ballon. À l'égard des tiers, leur responsabilité est engagée en commun : cela a permis par exemple de retenir la responsabilité d'un **groupe de chasseurs** lorsqu'on ne sait pas lequel a tiré le projectile qui a atteint la victime, en décidant qu'ils avaient la garde collective des fusils ou de la « gerbe de plombs » (62).

Mais, **entre les intéressés,** aucun ne peut invoquer la garde des autres puisqu'il la partage et seule la preuve d'une faute peut justifier une responsabilité (63).

619 **Fractionnement de la garde : garde de la structure et garde du comportement.** Certains arrêts ont adopté une proposition doctrinale subtile tendant à

(55) Civ. 2e, 18 mars 1987, *D.* 1987.IR.78.
(56) Civ. 1re, 16 juin 1998, *Bull. civ.*, I, n° 217 ; *RTD civ.* 1998.917, obs. JOURDAIN.
(57) Civ. 1re, 8 novembre 1989, *Bull. civ.*, I, n° 344.
(58) Civ. 2e, 20 juin 2002, *Bull. civ.*, II, n° 143.
(59) Civ. 2e, 19 juin 2003, *Bull. civ.*, II, n° 201. — *Id.* pour une échelle : Civ. 2e, 10 avril 2008, n° 07-12.272.
(60) Civ. 1re, 9 juin 1993, *D.* 1994.80, note DAGORNE-LABBÉ ; *JCP* 1994.II.22202, note VINEY ; *RTD civ.* 1993.833, obs. JOURDAIN.
(61) Cf. D. MAYER, *La garde en commun, RTD civ.* 1974.197. — note DAGORNE-LABBÉ, *D.* 1991.367. — VINEY, *Conditions,* n° 637.
(62) Civ. 2e, 5 février 1960, *D.* 1960.365. — Cf. pour des **jeux collectifs :** Civ. 2e, 14 décembre 1982, *Bull. civ.*, II, n° 197. — 17 juin 1977, *Bull. civ.*, II, n° 163. — 7 novembre 1988, *Bull. civ.*, II, n° 214.
(63) Civ. 2e, 15 juin 1983, *Bull. civ.*, II, n° 127, p. 89. — 25 novembre 1999, *Bull. civ.*, II, n° 181. — DURRY, *RTD civ.* 1980.118.

distinguer, pour les choses présentant un certain danger de par leur structure, entre la garde de la structure et la garde de leur comportement : le fabricant de la chose resterait gardien de sa structure même après son transfert à un utilisateur, qui n'acquerrait que la garde du comportement de la chose. Il faut alors rechercher si le dommage est dû à la structure même de la chose, à son « dynamisme propre » ou à l'usage qu'on en a fait : par exemple l'explosion d'une bouteille due à son « dynamisme propre » resterait imputable au fabricant (64).

Mais le principe même de cette distinction fait l'objet de sévères critiques de la part de la majorité des auteurs, qui y voient une complication de la situation de la victime, des incertitudes liées à une « inévitable casuistique » (65) et en définitive « des inconvénients très graves en échange d'avantages purement illusoires » (66).

La Cour de cassation paraît toutefois s'y tenir et a fait récemment application de la notion à l'égard d'un téléviseur ayant implosé : dès lors qu'il existait un vice de fabrication, le **fabricant** est réputé avoir conservé la garde de la structure de l'appareil, même s'il l'a vendu depuis sept ans (67).

On peut espérer que ces contorsions jurisprudentielles seront rendues inutiles par l'entrée en vigueur de la loi du 19 mai 1998 sur la responsabilité des fabricants (v. *infra,* n°s 662 et s.). Mais ce n'est pas une certitude absolue puisque cette loi s'appliquera *en plus* et non *à la place* du droit antérieur (art. 1386-18 — v. *infra*, n° 663).

620 **Pluralité de choses gardées.** Lorsque plusieurs choses, gardées chacune par une personne unique (ce qui est différent de la garde collective), causent ensemble un dommage, chaque gardien en est responsable : c'est le cas de la **collision** de véhicules ou de skis. Envers les tiers, il y a responsabilité cumulée des divers gardiens. Entre eux, chacun est présumé responsable du dommage subi par l'autre, car il est causé par « sa » chose : la jurisprudence a choisi ce système de ***responsabilités croisées,*** plutôt que celui d'une neutralisation des responsabilités, afin d'assurer une plus large réparation des dommages en

(64) Affaire de ***l'Oxygène liquide :*** Civ. 2e, 5 janvier 1956, *D.* 1957.261, note RODIÈRE ; *JCP* 1956.II.9095, note R. SAVATIER et 10 juin 1960, *JCP* 1960.II.824, note ESMEIN. — 14 novembre 1979, *D.* 1980.325, note LARROUMET. — Cf. encore, Paris, 7 juillet 1989, *D.* 1989.IR.239. — Pour une **bombe aérosol :** Civ. 2e, 21 janvier 1981, *Gaz. Pal.* 1981, Pan. 184 et 29 avril 1982, *Gaz. Pal.* 1982, Pan. 331, note CHABAS.

(65) STARCK par ROLAND et BOYER, n°s 466 et s.

(66) VINEY, *La responsabilité civile,* 1982, n°s 691 à 702 ; cf. aussi DURRY, *RTD civ.* 1973, p. 135 ; MALAURIE et AYNÈS, n° 102 ; FLOUR, AUBERT et SAVAUX, t. 2, n° 243 ; RODIÈRE, *Droit des transports*, Dalloz, 3e éd., 1981, n° 209.

(67) Civ. 2e, 30 novembre 1988, *Bull. civ.,* II, n° 240 ; *D.* 1989.381, note MALAURIE. — Cf. également Civ. 1re, 9 juin 1993, précité note 59, s'inspirant de la même idée.

mettant en jeu des responsabilités qui déclencheront la garantie d'assurances (68).

§ 2. Moyens d'exonération du gardien

621 **Acceptation des risques.** Comme la présomption de responsabilité du gardien repose essentiellement sur le risque que fait courir au tiers le comportement de cette chose, la jurisprudence récente a admis que l'acceptation des risques inhérents à une activité écartait le jeu de cette présomption : les participants à cette activité sont censés en avoir accepté les risques normaux et, en cas d'accident, ne peuvent engager leur responsabilité mutuelle **que sur le terrain de la faute :** ainsi pour les concurrents d'une compétition hippique (69), d'une partie de tennis, de golf, de football, etc. On sait qu'en cette matière la faute est entendue spécialement (cf. *supra,* n° 551). Encore ne s'agit-il que des risques « normaux » de l'activité (70).

Un revirement avait tenté d'abandonner cette exception (71), mais les lobbies sportifs ont eu tôt fait d'obtenir son rétablissement par la voie législative (72).

Les tribunaux font parfois appel à l'idée d'acceptation des risques hors du champ sportif (73) mais il semble que le revirement précité fasse désormais obstacle à cette idée.

622 **Force majeure.** Le gardien de la chose dommageable s'exonère de toute responsabilité lorsqu'il peut établir que le dommage est dû à un cas de force majeure. Cela traduit un reste de rattachement à l'idée de faute : le gardien n'est pas tenu des dommages qu'il ne pouvait en rien prévenir, car à l'impossible nul n'est tenu.

(68) Cf. VINEY, n° 460. — *Grands arrêts*, n° 208. — Civ. 2e, 14 décembre 1981. *Bull. civ.,* II, n° 218, p. 142. — 9 juillet 1986, *Bull. civ.,* II, n° 112.

(69) Civ. 2e, 16 juin 1976, *JCP* 1977.II.18585 et la note et 8 novembre 1976, *JCP* 1977.II.18759. — 10 avril 1991, *Bull. civ.,* II, n° 121.

(70) Ce qui n'est pas le cas du risque de noyade dans une régate : (Civ. 2e, 8 mars 1995, *JCP* 1995.II.22499, note GARDACH) ni de ceux créés par un jeu improvisé (base-ball avec une raquette de tennis : Civ. 2e, 28 mars 2002, *Bull. civ.,* II, n° 67).

(71) Civ. 2e, 4 novembre 2010, n° 09-65947 ; *JCP* 2011, note 12 BAKOUCHE ; *RTD civ.* 2011.137, obs. JOURDAIN. — Civ. 2e, 12 avril 2012, n° 10-20831.

(72) Loi du 18 mars 2012 : Code du sport, art. L. 321-3-1 (v. HOCQUET-BERG, *Resp. civ. et ass.* 2012, n° 149. — MOULY, *D.* 2012.1070). — BLOCH, *JCP* 2012.1224, n° 8)

(73) Pour celui qui se promène à cheval au milieu de taureaux, acceptant le risque de frayeur de sa monture : Civ. 2e, 15 avril 1999, *Bull. civ.,* II, n° 76 ; *RTD civ.* 1999.633, obs. JOURDAIN ; *JCP* 2000.II.10317, note ANTOINE. — Sur l'acceptation des risques en général, V. VINEY, *JCP* 1995.I.3893, n° 15. — LE TOURNEAU nos 1891 et s. — MILLET, *D.* 2005. chr. 2830.

Mais la preuve de la force majeure est exigeante car elle requiert toujours le cumul de **trois éléments** (74) sans que l'on retrouve ici l'évolution que cette notion a connue en matière contractuelle (cf. *supra,* n° 332) :

— *un fait extérieur à la chose :* tout ce qui est inhérent à la chose (notamment un vice caché de celle-ci) fait partie des risques dont le gardien assume, envers les tiers, la responsabilité : si une grue s'effondre par suite d'un vice interne, il est normal que l'exploitant supporte la charge de ce risque créé par l'usage qu'il faisait de cette grue ;

— *un fait imprévisible :* même extérieur à la chose, le fait qui était prévisible n'exonère pas le gardien auquel on peut faire grief de n'avoir pas pris les dispositions propres à l'éviter : ainsi le gardien d'une tuile ou d'une branche d'arbre arrachée par un vent violent ne s'exonère que si, dans la région, un tel

— vent n'était pas normalement prévisible (75) ; par conséquent l'effondrement d'une carrière n'est pas un cas de force majeure car il n'est pas imprévisible (76) ;

— *un fait irrésistible :* même extérieur et imprévisible un événement n'exonère pas le gardien, s'il n'est pas « normalement irrésistible », car le gardien devait faire tout ce qui était en son pouvoir pour l'éviter. On parle indifféremment d'événement irrésistible, insurmontable ou inévitable.

Dans le domaine particulier des accidents de la circulation, cette exonération par la force majeure donnait lieu à une casuistique très critiquée (selon les lieux, la présence d'une plaque de verglas ou l'irruption d'un chien ou d'un enfant sur la chaussée peut être ou non qualifiée d'imprévisible) : c'est pourquoi elle a été abandonnée par la loi de 1985 (cf. *infra,* n° 653). Mais elle subsiste, avec ses incertitudes liées à une appréciation nécessairement subjective, dans le régime de droit commun de l'article 1384, alinéa 1er.

623 **Faute de la victime.** Comme en matière de responsabilité pour faute, il est classiquement admis que le gardien se trouve exonéré en tout ou en partie lorsque la victime a elle-même concouru à son préjudice par sa faute :

— **exonéré totalement** si la faute de la victime présente les caractères de la force majeure : par exemple le chasseur se plaçant sans aucune précaution, ni signal, dans la ligne de tir des autres (77), la victime s'approchant des pales en marche d'un hélicoptère (78), ou venant heurter une porte vitrée (79) mais non

(74) Voir encore Civ. 2e, 1er avril 1999, *Bull. civ.,* II, n° 65.
(75) Cf. Paris, 15 février 1985, *Gaz. Pal.* 1985, somm. 249. — Com., 2 novembre 1960, *Bull. civ.,* IV, n° 343, p. 312. — 6 décembre 1961, *Bull. civ.,* II, n° 828. Pour une **tempête tropicale,** v. Civ. 2e, 5 janvier 1994, *Bull. civ.,* II, n° 13.
(76) Civ. 2e, 25 février 1992, *Bull. civ.,* II, n° 45.
(77) Civ. 2e, 28 mars 1984, *Bull. civ.,* II, n° 57, p. 39.
(78) Civ. 2e, 4 mars 1992, *Bull. civ.,* II, n° 74.
(79) Civ. 2e, 20 janvier 1993, *Bull. civ.,* II, n° 21.

celle qui se tient trop près du bord d'un quai de gare (80) ou tente de sortir d'un ascenceur en panne (81) ; il est à noter que la faute d'un enfant n'est presque jamais regardée comme imprévisible (82) ; selon un arrêt, la faute de la victime « cause exclusive » de l'accident suffisant à une exonération totale, sans allusion à la force majeure (83) ;

— **exonéré en partie** seulement par une « faute simple » de la victime (84).

Sans doute, durant un intermède, le célèbre arrêt ***Desmares*** (85), avait remis cette solution en cause : dans le but de protéger les piétons imprudents, il avait décidé que la faute de la victime n'exonérait en rien le gardien, sauf si elle présentait les caractères de la force majeure, ce qui conduisait au système du « tout ou rien » : exonération totale en cas de force majeure, aucune exonération sinon. Mais comme il ne s'agissait en fait que de « provoquer » le législateur afin que se hâte la préparation d'une loi sur les accidents de la circulation, qui piétinait depuis longtemps, dès celle-ci promulguée, et les accidents de la circulation soustraits (ou presque, cf. *infra,* n° 644) à l'article 1384 alinéa 1er, la Cour de cassation est revenue, par une série d'arrêts du 6 avril 1987, à la solution antérieure : « Le gardien de la chose instrument du dommage est partiellement exonéré de sa responsabilité s'il prouve que la faute de la victime a contribué au dommage » (86).

La mesure de l'exonération partielle du gardien est souverainement appréciée par les juges, selon la plus ou moins grande gravité de la faute de la victime, certains suggérant que seule une faute lourde puisse être exonératoire (87).

Encore faut-il que la faute de la victime soit au moins pour partie **à l'origine de son dommage :** le seul fait qu'elle ait commis une faute quelconque ne crée pas à son encontre une sorte de déchéance de son droit à réparation. Ainsi le voyageur sans billet peut-il invoquer néanmoins l'article 1384 contre la SNCF (88), le complice d'un vol peut invoquer la responsabilité du voleur devenu gardien de la chose volée (89). De même le propriétaire d'un véhicule en stationnement irrégulier peut obtenir réparation des dommages causés à ce

(80) Civ. 2e, 25 juin 1998, *Bull. civ.,* II, n° 238.

(81) Civ. 2e, 18 mars 2004, *Bull. civ.,* II, n° 139.

(82) Cf. par ex. Civ. 2e, 8 juin 1994, *Bull. civ.,* II, n° 151.

(83) Civ. 1re, 6 octobre 1998, *Bull. civ.,* I, n° 269 ; *JCP* 1999.II.10186, note AUBRÉE.

(84) V. par ex. Civ. 2e, 18 décembre 1995, *Bull. civ.,* II, n° 315. — 2 avril 1997, *Bull. civ.,* II, n° 109.

(85) Civ. 2e, 21 juillet 1982, *Grands arrêts*, n° 212, *D.* 1982.449, concl. CHARBONNIER, note LARROUMET ; cf. VINEY, *D.* 1982, chr. 201.

(86) Civ. 2e, 6 avril 1987, *Grands arrêts*, n° 213 ; *D.* 1988.32, note MOULY. — 4 octobre 1989, *Bull. civ.,* II, n° 155. — 18 décembre 1995, *Bull. civ.,* II, n° 315. — Pour une critique de ce retour, v. LAPOYADE-DESCAMPS, note *D.* 1999.416.

(87) VINEY, *JCP* 1995.I.3893, n° 2.

(88) Civ. 2e, 5 octobre 1988, *Bull. civ.,* II, n° 189. — 19 février 1992, *JCP* 1993.II.22170, note CASILE-HUGUES.

(89) Civ. 1re, 17 novembre 1993, *RTD civ.* 1994.115, obs. JOURDAIN.

véhicule par un objet quelconque (s'il s'agit d'un autre véhicule, il faut renvoyer à la loi de 1985 qui met en œuvre ici les mêmes principes). Il est en effet hors de propos d'invoquer ici la règle *« Nemo auditur... »* (cf. *infra,* n° 680).

624 **Fait d'un tiers.** Il arrive souvent que l'intervention d'un tiers joue un rôle dans la production du dommage : par exemple c'est un véhicule qui, en heurtant la grue, en a provoqué la chute sur un tiers. Il faut alors distinguer trois situations :

— si le fait du tiers présente pour le gardien les caractères de la **force majeure,** il l'exonère totalement ;

— si le fait d'un tiers n'est pas imprévisible et irrésistible pour le gardien mais constitue une **faute,** le gardien *reste entièrement responsable envers la victime ;* mais il dispose contre ce tiers d'une *action récursoire* qui lui permettra d'obtenir de lui une contribution à la charge définitive de l'indemnité ; cette contribution est mesurée à la **gravité de la faute** qui peut aller jusqu'à la totalité de l'indemnité (90) (cf. *infra,* n° 688) ;

— si le fait du tiers ne constitue pas une faute, mais engage sa responsabilité en tant que **gardien** d'une autre chose (exemple précité du camion heurtant la grue), la situation précédente se reproduit mais le partage entre les gardiens des différentes choses s'effectue nécessairement par **parts égales** (91).

SECTION 2 **LES RÉGIMES SPÉCIAUX**

625 **Hétérogénéité.** Les régimes spécifiques sont hétérogènes à plusieurs égards.

Quant à leur *source :* la plupart sont d'origine législative, mais certains ont été créés par la jurisprudence.

Quant à leur *date de création,* qui s'étend du Code originaire jusqu'en 1985.

Quant à leur *inspiration :* certains sont favorables aux victimes et tendent (ou affichent de tendre) à un élargissement du droit à réparation (troubles de voisinage, accidents de la circulation) ; d'autres au contraire ont pour objet de déroger au droit commun pour le restreindre (incendie, abordages).

Quant à leur *champ d'application :* certains ne concernent que des cas rares et bien délimités (abordages) tandis que d'autres affectent des secteurs très

(90) Civ. 2e, 11 juillet 1977, *D.* 1978.581, note AGOSTINI. — 14 février 1979, *Bull. civ.,* II, n° 52, p. 37. — 26 avril 1990, *Bull. civ.,* II, n° 79.

(91) Civ. 1re, 6 février 1979, *Bull. civ.,* I, n° 45. — Civ. 2e, 16 octobre 1985, *Bull. civ.,* II, n° 156. — Civ. 1re, 22 avril 1997, *Bull. civ.,* I, n° 129. — 23 novembre 1999, *Bull. civ.,* I, n° 320. — Civ. 2e, 10 novembre 2009, n° 05-22111. — Civ. 2e, 15 avril 2010, n° 09-14682.

importants de sorte qu'ils interfèrent constamment avec le droit commun (accidents du travail ou de la circulation).

Parce qu'il n'y a guère de classification satisfaisante dans un ensemble si hétérogène, nous envisagerons ces régimes selon **l'ordre chronologique** de leur apparition.

§ 1. La responsabilité du fait des animaux

TEXTE

Code civil, art. 1385

Art. 1385. — Le propriétaire d'un animal, ou celui qui s'en sert, pendant qu'il est à son usage, est responsable du dommage que l'animal a causé, soit que l'animal fût sous sa garde, soit qu'il fût égaré ou échappé.

626 **Évolution.** L'un des deux cas particuliers envisagés par les codificateurs de 1804, la responsabilité du fait des animaux, a suivi une évolution très dépendante de la découverte de l'article 1384 alinéa 1er. Jusqu'à cette découverte, elle a connu un régime propre, marqué par une étape importante en 1885 : le gardien de l'animal ne pourrait plus s'exonérer en prouvant simplement son absence de faute, mais devrait établir un cas de force majeure (92).

Depuis la découverte de l'article 1384 alinéa 1er, l'article 1385 n'a plus d'utilité : les animaux sont en effet juridiquement des « choses » comme les autres et le régime de responsabilité de leur gardien s'est donc exactement fondu dans le régime de droit commun.

627 **Régime identique au droit commun.** Tous les animaux sont visés, pourvu que quelqu'un en ait la « garde », laquelle s'entend comme pour les autres choses d'une simple maîtrise de fait : celui qui héberge un chien en a la garde (93) mais non celui qui le promène pour un ami (94).

La **garde** prend bien sûr des formes variables selon l'espèce de l'animal (on ne garde pas des abeilles ou des taureaux de corrida comme un chat) (95). Pour le **gibier,** il existe un régime particulier de réparation des dommages causés aux cultures, qui semble rendre l'article 1385 inapplicable (96).

■ (92) Civ., 27 octobre 1885, *D.* 1886.I.207 ; *Grands arrêts*, n° 196.
■ (93) Civ. 2e, 22 février 1984, *D.* 1985.19, note AGOSTINI.
■ (94) Dijon, 16 février 1989, *D.* 1989.IR.140.
■ (95) Pour des **pigeons** endommageant les récoltes voisines : Civ. 2e, 24 mai 1991, *Bull. civ.,* II, n° 155. — Le cavalier ne devient pas nécessairement gardien du **cheval** qu'il monte : Civ. 2e, 18 décembre 1995, *Bull. civ.,* II, n° 242. — 20 juin 2002, *Bull. civ.,* II, n° 143.
■ (96) Civ. 2e, 9 janvier 1991, *Bull. civ.,* II, n° 3. — 14 octobre 1992, *Bull. civ.,* II, n° 238. — 4 juin 1997, *Bull. civ.,* II, n° 166.

Le **fait dommageable** peut prendre toutes formes, même celle d'une simple frayeur : par exemple, le passant surpris par l'aboiement d'un chien qui fait un écart sur la chaussée et est happé par une voiture (97). Il peut s'agir aussi d'une maladie transmise par l'animal (98).

Enfin, comme dans le régime de droit commun de l'article 1384, alinéa 1er, le gardien s'**exonère** pareillement par l'acceptation des risques, la force majeure ou la faute de la victime : par exemple celui qui pénètre malgré la présence d'un panneau « chien méchant » (99) ou veut caresser un chien qu'il sait méchant (100).

Si plusieurs animaux sont en cause, les gardiens sont tous responsables, sauf à chacun à prouver l'innocence du sien (101).

§ 2. La responsabilité du fait de la ruine d'un bâtiment

TEXTE

Code civil, art. 1386

Art. 1386. — Le propriétaire d'un bâtiment est responsable du dommage causé par sa ruine, lorsqu'elle est arrivée par une suite du défaut d'entretien ou par le vice de sa construction.

628 **Évolution.** Pour protéger les victimes de ce type de dommages, les codificateurs avaient institué un régime spécifique de réparation, alors plus favorable que le droit commun. Mais ce régime s'est trouvé ensuite entièrement **dépassé par le droit commun,** devenu infiniment moins exigeant. Comme l'article 1386 n'a toutefois pas été abrogé — ce que tout le monde regrette — il apparaît comme devenu une exception *défavorable* à la victime.

629 **Conditions.** C'est le **propriétaire** (et non le gardien, qui peut être un locataire) qui est désigné par le texte comme responsable (102) à une **triple** condition :

— il doit s'agir d'un **bâtiment ;** cette notion est entendue largement : toute construction (même un pont, un mur...) (103), mais non une palissade ou un baraquement provisoire ;

(97) Cf. *Gaz. Pal.* 1982, Pan. 250.

(98) Civ. 2e, 21 juillet 1992, *Bull. civ.,* n° 220.

(99) Civ. 2e, 25 janvier 1978, *Bull. civ.,* II, n° 23. — Sauf pour un enfant ne sachant pas lire : Civ. 2e, 1er avril 1999, *JCP* 1999. II.10218.

(100) Civ. 2e, 19 février 1992, *Bull. civ.,* II, n° 53.

(101) Civ. 2e, 14 décembre 1983, *RTD civ.* 1984.316, obs. DURRY. — 15 mars 2001, *Bull. civ.,* II, n° 55 ; *JCP* 2002.I.222, n° 11, obs. VINEY.

(102) Pour un syndicat de copropriété : Civ. 2e, 17 décembre 1997, *Bull. civ.,* II, n° 323.

(103) Pour la porte d'un hangar : Civ. 2e, 8 juin 1994, *Bull. civ.,* II, n° 150.

— le dommage doit provenir de la **« ruine »** de ce bâtiment : un simple mauvais fonctionnement ne suffit pas (104) mais il faut une désagrégation, qui peut toutefois n'être que partielle (chute d'une tuile, d'un balcon, d'une rampe d'escalier...) ;

— cette « ruine » doit être imputable à un **vice de construction** *ou* à un **défaut d'entretien.** C'est ici que le régime spécial devient plus restrictif que le droit commun, puisqu'il appartient à la victime de faire la preuve de ce vice de construction ou du défaut d'entretien. Cependant, ce régime est plus favorable que l'article 1382 car le vice de construction est rarement le fait du propriétaire et celui-ci répond du défaut d'entretien même d'un précédent propriétaire (105).

629-1 **Rapports avec l'article 1384, alinéa 1er.** Puisque l'article 1er s'applique aux immeubles (cf. *supra,* n° 604), et qu'il est devenu plus favorable aux victimes, on estime généralement que celles-ci devraient avoir le choix : agir contre le gardien de l'immeuble sur le fondement du droit commun, ou contre son *propriétaire* dans les conditions spécifiques de l'article 1386. Une jurisprudence critiquée lui refuse pourtant ce choix : lorsqu'il y a « ruine » d'un « bâtiment », elle estime que l'article 1386 « visant spécialement la ruine du bâtiment exclut la disposition générale de l'article 1384, alinéa 1 du Code civil relative à la responsabilité du fait de toute chose, mobilière ou immobilière, que l'on a sous sa garde » (106). Mais l'article 1384 retrouve son empire dès que manque l'une des conditions de l'article 1386, raison pour laquelle ces conditions sont si étroitement comprises (107) que sa disparition faute d'objet est généralement annoncée.

Cette restriction ne s'applique, semble-t-il, que si propriétaire et gardien sont une seule et même personne : le gardien non propriétaire peut être recherché selon le droit commun (108). Même ainsi limitée, elle est très regrettable et conduit à des débats byzantins où la victime soutient qu'il n'y a pas « ruine » du bâtiment pour échapper à l'article 1386 tandis que le propriétaire revendique au contraire l'application de ce texte, pourtant fait pour peser sur lui (109). De bons

(104) Civ. 2e, 17 octobre 1990, *Bull. civ.,* II, n° 201.

(105) Cf. Poitiers, 3 février 1960, *JCP* 1960.II.11751, note ESMEIN, pour une ruine quelques heures après la vente.

(106) Civ. 2e, 30 novembre 1988, *Bull. civ.,* II, n° 239 ; *RTD civ.* 1989.332, obs. JOURDAIN ; *JCP* 1989.II.21319. note GIRAUDEL. — Cf. aussi Civ. 2e, 26 avril 1972, *Bull. civ.,* II, n° 113 ; 16 janvier 1974, *RTD civ.* 1975.314, obs. DURRY.

(107) V. Civ. 2e, 16 octobre 2008, *Bull. civ.,* II, n° 211 ; *RTD civ.* 2009.128, obs. JOURDAIN : l'immeuble n'a pas chuté, mais « basculé » sur son voisin : l'article 1386 ne peut jouer, ce qui permet à l'article 1384 (qui n'exige pas le vice de construction ou d'entretien) de revenir en scène. — V. aussi Civ. 2e, 22 octobre 2009, n° 08-16.766, *D.* 2010.413, note DULOUM (chute de pierres tombées d'une voûte sans vice de celle-ci).

(108) Civ. 2e, 23 mars 2000, *Grands arrêts,* n° 198 ; *Bull. civ.,* II, n° 54 ; *D.* 2001.586, note GARÇON (le gardien n'était que titulaire d'un droit d'usage).

(109) Cf. par ex. Civ. 2e, 16 mars 1994, *Bull. civ.,* II, n° 94, pour une **verrière** cédant sous le poids d'un homme.

auteurs souhaitent la suppression pure et simple du texte (110). On peut toutefois préférer son maintien, pour atteindre le propriétaire non gardien qui peut s'assurer, mais en ouvrant l'**option** à la victime.

§ 3. Les accidents du travail

630 **Vue d'ensemble.** Au lendemain de « l'arrêt du remorqueur », le législateur a organisé la réparation des accidents du travail (loi du 9 avril 1898).

Après d'importants remaniements, notamment pour tenir compte de l'apparition ultérieure de la Sécurité sociale, ce régime trouve son siège actuel dans les articles L. 415 et suivants du Code de la Sécurité sociale. Il n'est pas question ici d'examiner le détail de ce régime, mais seulement d'en indiquer l'économie générale et l'interférence avec le droit commun.

631 **Économie générale.** Lorsqu'on est en présence d'un dommage provoqué par un *accident* (c'est-à-dire un événement soudain), *corporel,* survenu au cours du travail (ou du trajet normal pour s'y rendre), le salarié ou ses ayants droit bénéficient d'une réparation *automatique,* prise en charge par les Caisses de Sécurité sociale. Cette réparation consiste dans la prise en charge des frais médicaux, dans le versement d'une indemnité pendant la période de soins (incapacité temporaire), et d'une rente par la suite si les séquelles laissent une incapacité permanente. Cependant ces sommes sont limitées et plafonnées.

Le caractère limité de la réparation laisse souvent une part de dommage non réparé. Le salarié peut en poursuivre réparation auprès de la Sécurité sociale seulement dans le cas de « faute inexcusable » de l'employeur qui devra alors supporter le complément envers la victime, ainsi qu'une majoration de ses cotisations à la Sécurité sociale.

La jurisprudence a fourni en cette matière la définition suivante de la faute inexcusable : c'est une « faute d'une gravité exceptionnelle, dérivant d'un acte ou d'une omission volontaire, de la conscience que devait avoir son auteur du danger qui pouvait en résulter et de l'absence de toute cause justificative » (111). La faute d'un tiers n'y fait pas obstacle (112) ni même celle de la victime, sauf si elle est elle-même inexcusable (113).

Cette définition confère à la faute un caractère tel qu'elle ne peut pas être regardée comme une « faute de service » (cf. *supra,* n°s 549 et 566) et que son

(110) VINEY, n° 739.
(111) Ass. Plén., 18 juillet 1980, *Gaz. Pal.* 1981.14, concl. PICCA ; *JCP* 1981.II.19642.
(112) Civ. 2e, 2 novembre 2004, *Bull. civ.,* II, n° 478.
(113) Ass. Plén., 24 juin 2005, *D.* 2005.2375.

auteur en répond sur son patrimoine personnel (114). En revanche, elle est assurable depuis une loi du 27 janvier 1987 (Code de la sécurité sociale, art. L. 452-4).

632 **Interférences avec le droit commun.** Il arrive souvent qu'un accident du travail soit causé par des choses de sorte que la victime pourrait songer à mettre en œuvre l'article 1384 alinéa 1er, particulièrement pour obtenir la réparation intégrale qui ne lui est pas assurée par la Sécurité sociale.

Le peut-elle ? Il faut distinguer :

— **à l'égard de son employeur,** la victime **ne peut pas** invoquer la responsabilité de droit commun : le régime spécial exclut le droit commun. Cela concerne notamment les cas où le dommage lui a été causé par un collègue de travail, dont l'employeur répond ou encore par une chose dont l'employeur est gardien (directement ou par l'intermédiaire d'un préposé) (115), cette exclusion ne concerne toutefois que la victime elle-même, et non ses proches subissant un dommage personnel par ricochet (116) ;

— **à l'égard des tiers** au contraire, la victime **peut** agir sur le fondement du droit commun. Par exemple le livreur blessé lors d'une livraison chez un client de son patron peut agir directement contre ce client sur le fondement de l'article 1382 ou 1384 alinéa 1er. Il obtiendra une indemnité sur laquelle la Sécurité sociale prélèvera éventuellement les débours qu'elle a exposés. Il arrive souvent que le tiers et l'employeur soient coresponsables : par exemple à la suite d'une collision entre le véhicule du tiers et celui appartenant à l'employeur dans lequel était transporté un préposé. En ce cas, il a longtemps été décidé que la victime ne pouvait demander au tiers que *sa part d'indemnité :* la responsabilité *in solidum* était écartée car la victime ne dispose pas d'action de droit commun contre son employeur et le tiers, ayant payé le tout, ne pourrait donc être subrogé dans ce recours. Mais la Cour de cassation, dans sa plus haute formation, a récemment abandonné cette solution sévère et complexe. Elle a ouvert à la victime le droit d'agir pleinement contre le tiers, comme s'il ne s'agissait pas pour elle d'un accident du travail : « la victime d'un accident du travail, en cas de partage de la responsabilité de cet accident entre l'employeur ou son préposé et un tiers étranger à l'entreprise, est en droit d'obtenir de ce tiers, dans les conditions du droit commun, la réparation de son entier dommage dans la mesure où celui-ci

(114) Soc., 17 juillet 1998, *Bull. civ.,* V, n° 397.
(115) Civ. 2e, 16 novembre 2004, *Bull. civ.,* II, n° 491.
(116) Ass. Plén., 2 février 1990, *D.* 1991, somm. 120, obs. PRÉTOT pour une veuve. — Soc., 25 octobre 1990, *D.* 1991.111, note SAINT-JOURS pour une concubine.

n'est pas indemnisé par les prestations de Sécurité sociale » (117). Ce tiers ne dispose pas de recours contre l'employeur et son assureur (118).

Le contentieux issu de cette interférence du droit commun avec les accidents du travail est abondant et complexe.

§ 4. Le dommage causé par incendie de la chose

TEXTE

Code civil, art. 1384 al. 2 et 3

(L. 7 nov. 1992). Toutefois, celui qui détient à un titre quelconque tout ou partie de l'immeuble ou des biens mobiliers dans lesquels un incendie a pris naissance ne sera responsable vis-à-vis des tiers des dommages causés par cet incendie que s'il est prouvé qu'il doit être attribué à sa faute ou à la faute des personnes dont il est responsable.

(L. 7 nov. 1992). Cette disposition ne s'applique pas aux rapports entre propriétaires et locataires qui demeurent régis par les articles 1733 et 1734 du Code civil.

633 **Exclusion de l'article 1384, alinéa 1er.** Sous la pression d'assureurs, à la suite d'un grave incendie à Bordeaux dont avait été déclaré responsable le propriétaire des objets dans lesquels il s'était déclaré, une loi du 7 novembre 1922 est venue écarter purement et simplement le jeu de l'article 1384 alinéa 1er en cas de dommages causés par un incendie : la victime doit alors prouver la faute du détenteur du bien dans lequel l'incendie a pris naissance.

634 **Interprétation stricte.** Parce que cette dérogation est **défavorable aux victimes,** et que sa suppression est unanimement souhaitée (sauf par les assureurs) (119), la jurisprudence l'interprète le plus **étroitement** possible. Il faut un « incendie » et ce n'est pas le cas des étincelles s'échappant d'un moteur, ou du feu volontairement allumé pour brûler des branchages (120). Il faut que le dommage soit directement lié à cet incendie : par exemple si un

(117) Ass. Plén., 22 décembre 1988, *D.* 1989.105, concl. MONNET. — Cf. VINEY, *L'application de la loi du 5 juillet 1985 à l'accident de la circulation qui est en même temps un accident du travail, D.* 1989, chr. 231. — Civ. 2e, 23 janvier 1991, *Bull. civ.,* II, n° 37.

(118) Ass. Plén., 31 octobre 1991, *D.* 1993, somm. 271, obs. PRÉTOT.

(119) Cf. FEVERBACH, *De l'opportunité de la suppression de l'art. 1384, al. 2 du Code civil, JCP* N 1993.I.38. — VINEY et JOURDAIN, n° 648. — Cette suppression figure parmi les propositions de réforme de la Cour de cassation (Rapport 1991, p. 22) mais suscite la prudence gouvernementale (Rép. min., *J.O. Sénat* 21 octobre 1993.1960).

(120) Civ. 2e, 17 décembre 1970, *RTD civ.* 1971.859.

bateau brûle et qu'un passager se jette à l'eau et se noie, le dommage est rattaché au naufrage et non à l'incendie (121).

Cependant, encore aujourd'hui, la jurisprudence en la matière apparaît souvent « sinusoïdale » (122), en particulier dans le cas précis et fréquent où l'incendie est lui-même dû à l'**explosion** d'un objet se trouvant dans l'immeuble. Il a souvent été jugé que le dommage est alors imputable à l'objet qui a explosé et que l'incendie n'en est pas la « cause première », de sorte que le régime spécial de l'alinéa 2 devrait être écarté (123). Mais la Cour suprême a abandonné cette distinction par un net revirement consacré par plusieurs arrêts énonçant la même formule : l'article 1384, alinéa 2 « ne distingue pas pour son application suivant que la cause première de l'incendie a été ou non déterminée et suivant qu'elle est liée ou non à une chose dont est gardien l'occupant du fonds où l'incendie a pris naissance ; qu'il suffit que l'incendie soit né dans l'immeuble ou les biens mobiliers de celui-ci » (124).

Cependant, ce régime spécial cède devant l'autre régime particulier, qui s'applique aux **accidents de la circulation,** même s'il s'agit d'un incendie qui se communique (cf. *infra,* n° 647).

§ 5. Les dommages causés par les avions

635 **Dommages causés aux passagers.** Les dommages subis par les passagers d'un avion en cas d'accident relèvent en principe de la responsabilité contractuelle, laquelle a donné lieu en cette matière à une convention internationale de Varsovie du 12 octobre 1929 régissant à l'origine les transports internationaux mais étendue aux transports internes par l'article L. 321-3 du Code de l'aviation civile (loi du 2 mars 1957) et remplacée par la Convention de Montréal du 28 mai 1999 (125). Ce régime, applicable non seulement aux avions de

(121) Civ. 2e, 27 février 1991, *JCP* 1991.IV.161. — Mais est directement dû à l'incendie le dommage consécutif aux **fumées** qui s'en dégagent (Civ. 2e, 16 avril 1996, *Bull. civ.,* II, n° 93), tout comme les blessures d'enfants gardés dans les locaux incendiés (Civ. 2e, 19 mars 1997, *Bull. civ.,* II, n° 84).

(122) JOURDAIN, *RTD civ.* 1991.343.

(123) Cf. encore, Civ. 2e, 5 décembre 1984, *Bull. civ.,* II, n° 187. — 30 octobre 1989, *Bull. civ.,* II, n° 197. — Civ. 3e, 30 mai 1990, *Bull. civ.,* III, n° 129. — Civ. 2e, 16 janvier 1991, *Bull. civ.,* II, n° 20.

(124) Civ. 2e, 13 février 1991, *Bull. civ.,* II, nos 53 et 54. — 13 mars 1991, *Bull. civ.,* II, n° 85. — 16 avril 1996, *Bull. civ.,* II, n° 93. — 19 mars 1997, *Bull. civ.,* II, n° 84 ; *RTD civ.* 1997.951, obs. JOURDAIN. — 13 mars 2003, *Bull. civ.,* II, n° 62 (pour le cas curieux d'un incendie propagé d'un champ à l'autre par le sous-sol).

(125) Sur l'entrée en vigueur, PAULIN, *D.* 2004.1954.

transport, mais aussi aux vols sportifs (126), prévoit une responsabilité **automatique** à condition évidemment que le dommage soit causé par un accident survenu à bord de l'avion (et non s'il est dû à une prédisposition de la victime) (127).

Le montant de l'indemnité est **limité sauf faute inexcusable** du transporteur ou du pilote. La limitation est opposable aux « victimes par ricochet » (art. 123 du Code de l'aviation civile).

La faute inexcusable est ici définie comme la « faute délibérée qui implique la conscience de la probabilité du dommage et son acceptation téméraire sans raison valable » (128).

636 **Dommages causés aux tiers.** Une loi du 31 mai 1924 a créé une responsabilité automatique à la charge de *l'exploitant* pour tout dommage causé au sol (que ce soit aux personnes ou aux biens), aussi bien par la chute d'un avion (ou d'objets s'en détachant) que par ses évolutions : ceci s'applique notamment aux bruits (129). L'exploitant est responsable de plein droit, sans aucune faculté d'exonération, même par la force majeure (art. L. 141-2 du Code de l'aviation civile).

637 **Domaine résiduel de l'article 1384, alinéa 1er.** Ainsi exclu au profit des passagers et des « terriens », le droit commun retrouve à s'appliquer au bénéfice des passagers d'un avion subissant un dommage du fait d'un autre avion (collision) : ils peuvent agir sur le fondement de l'article 1384, alinéa 1er contre le gardien de cet autre avion (130). Il en est de même pour la responsabilité des passagers entre eux.

§ 6. La responsabilité du fait des abordages

638 **Exclusion de l'article 1384, alinéa 1er.** L'abordage est la collision entre deux engins flottants : en ce cas, le droit commun conduirait à des responsabilités croisées, chaque gardien devant réparer les dommages subis par l'autre (cf. *supra,* n° 620). Parce qu'on est entre professionnels assurés, le législateur a

(126) Civ. 1re, 22 novembre 2005, trois arrêts, D. 2006.421, note TOSI. — *Contra* auparavant : Civ. 1re, 25 novembre 1997, *Bull. civ.,* I, n° 332.

(127) Civ. 1re, 6 décembre 1988, *Bull. civ.,* I, n° 349 ; *D.* 1989.541, note LEGIER.

(128) Cf. en dernier lieu Civ. 1re, 20 décembre 1988, *Bull. civ.,* I, n° 372. — 2 octobre 2007, *Bull. civ.*, I, nos 317 et 318.

(129) Cf. au bénéfice **des riverains d'aéroports :** Civ. 1re, 17 décembre 1974, *D.* 1975.441 et 462, notes LARROUMET.

(130) Cf. Civ. 2e, 20 juin 1973, *D.* 1974.411, note LARROUMET.

exclu ici le jeu de l'article 1384, alinéa 1er (lois du 5 juillet 1934 pour les abordages fluviaux et du 7 juillet 1967 pour les abordages maritimes) : seule la **preuve d'une faute** permet de rechercher la responsabilité (131). Mais la jurisprudence est sortie du domaine des professionnels en appliquant ce régime à une collision entre deux jet-sky (132).

Mais l'article 1384, alinéa 1er reste applicable pour tout autre dommage causé par un bateau ou un navire, que ce soit dans l'eau ou à un objet à terre : par exemple le heurt d'un baigneur, d'un embarcadère, d'un pont, etc.

§ 7. La responsabilité du fait des troubles de voisinage

639 **Création jurisprudentielle.** Les nuisances que crée le voisinage ne sont pas nouvelles, mais ce sont fortement accrues avec la multiplication des exploitations industrielles ainsi que des très hauts bâtiments : bruits, fumées, poussières, odeurs, masque à la vue ou à l'ensoleillement.

On a pendant longtemps recouru au droit commun pour en assurer la réparation : soit la faute de celui qui agit sans précaution, souvent appréhendée par l'idée d'abus de droit (abus du droit de propriété), soit même la garde (garde des fumées ou poussières nocives...).

Cela n'allait pas sans certain artifice : il est difficile de dire que celui qui exploite licitement une usine ou un supermarché abuse de son droit, ou encore qu'il est « gardien » des odeurs ou des bruits que cela provoque.

Aussi la jurisprudence s'est-elle décidée à franchir le pas et à affirmer en 1971 la création d'une **source autonome** de responsabilité dans le seul fait, pris en lui-même et **sans aucune faute,** de causer des « troubles excédant les inconvénients normaux de voisinage » (133). Aujourd'hui, la Cour de cassation ne rattache même plus cette responsabilité à l'article 1382 du Code civil et en a fait un principe autonome : « vu le principe suivant lequel nul ne doit causer à autrui un trouble anormal de voisinage » (134). Il a depuis lors été précisé que cette charge

(131) V. par ex. Com., 1er mars 1994, *Bull. civ.*, IV, n° 87. — Civ. 2e, 1er avril 1999, *Bull. civ.*, II, n° 63 ; *D.* 1999. Som. 264, obs. DELEBECQUE.

(132) Com., 5 novembre 2003, *Bull. civ.*, IV, n° 159. — 3 juillet 2012, n° 11-22429 ; *Bull. civ.*, IV, n° 144.

(133) Civ. 3e, 4 février 1971, *JCP* 1971.II.16781, note LINDON ; cf. M.F. NICOLAS, *La protection du voisinage*, *RTD civ.* 1976.675. — Civ. 3e, 25 octobre 1972, *JCP* 1973.II.17491, note GOUBEAUX ; *D.* 1973.756, note SOULEAU. — WEILL, TERRÉ et SIMLER, *Les biens,* nos 302 et s. — LIBCHABER, *Mélanges Mouly*, Litec, 1998.124.

(134) Civ. 2e, 19 novembre 1986, *Bull. civ.*, II, n° 172. — 24 octobre 1990, *Bull. civ.*, II, n° 205. — 28 juin 1995, *D.* 1995.IR.182.

n'apporte pas au droit de propriété une restriction qui serait contraire à la Convention européenne des droits de l'homme (135).

640 **Condition : dépassement des inconvénients normaux.** Il s'agit d'une responsabilité sans faute, fondée sur le seul **constat objectif** que telle activité, quoique entièrement licite, crée aux voisins un dommage car elle produit des troubles anormaux, excédant le seuil de ce qui doit être supporté entre voisins. Celui qui développe cette activité est certes en droit de le faire, mais il doit en contrepartie de l'avantage qu'il en tire réparer l'excès d'inconvénients qui en résultent pour ses voisins (136).

***La nature* des troubles** est extrêmement variée : *bruits* d'une usine ou d'un atelier (137) voire d'une discothèque ou d'une piste de kart (138), d'animaux ou même vociférations humaines (139), désordres causés par des travaux (140), chutes d'arbres (141), circulation intensive produite par un centre commercial, voire fréquentation d'une clientèle peu recommandable, odeurs diverses, fumées, poussières, obstruction de la vue ou de la lumière, et tout préjudice esthétique (142). Peu importe que le voisin ne réside pas sur place : le dommage est subi par sa propriété (143).

Des arrêts récents ont même admis qu'une simple menace peut constituer un trouble (144).

Et il semble bien que l'**image** des biens, qui n'est pas incluse dans le droit de propriété, soit protégeable en cas d'excès par le biais de ces troubles, qui ne sont plus alors restreints au « voisinage » (145).

***Le seuil* de ce qui est « anormal »** est bien sûr difficile à déterminer. Il est apprécié souverainement par les juges du fond en tenant compte notamment de

▪ (135) Civ. 3e, 19 juin 2003, *Bull. civ.*, III, n° 200.
▪ (136) Y compris entre copropriétaires (Civ. 3e, 30 juin 2004, *Bull. civ.*, III, n° 140, seconde branche).
▪ (137) Civ. 3e, 14 mars 1978, *Bull. civ.*, III, p. 91.
▪ (138) Versailles, 13 novembre 1985, *RTD civ. Barreau Versailles*, n° 3, p. 135. — Civ. 2e, 9 octobre 1996, *Bull. civ.*, II, n° 231.
▪ (139) Paris 20 septembre 1996, *D.* 1998. Som. 61.
▪ (140) Civ. 3e, 30 juin 1998, *Bull. civ.*, III, n° 144 ; *RTD civ.* 1999.144, obs. JOURDAIN.
▪ (141) Civ. 2e, 5 février 2004, *Bull. civ.*, II, n° 49. — Mais curieusement pas à un **glissement de terrain,** relevant du seul art. 1384, d'après Civ. 2e, 19 juin 2003, *Bull. civ.*, II, n° 200.
▪ (142) Civ. 2e, 29 octobre 1995, *Bull. civ.*, II, n° 298. — Civ. 2e, 24 février 2005.
▪ (143) Civ. 2e, 28 juin 1995, *Bull. civ.*, II, n° 222.
▪ (144) Civ. 2e, 10 juin 2004, *Bull. civ.*, II, n° 291 (menace de tirs de balles de golf). — Civ. 2e, 24 février 2005, *JCP* 2005.II.110100, note TREBULLE ; *JCP* 2005.I.149 n° 10, obs. VINEY (menace d'incendie par la proximité de paille). — Civ. 2e, 15 mai 2008, *Bull. civ.*, II, n° 112 (risque d'effondrement d'un terrain exigeant un soutènement). — Sur le cas des craintes suscitées par les **antennes-relais**, V. VINEY, *Le contentieux des antennes-relais*, *D.* 2013, chr. 1489.
▪ (145) Ass. Plén., 7 mai 2004, *D.* 2004.1545 ; *JCP* 2004.II.10085, note CARON.

l'environnement préexistant : telle activité est normale dans un secteur industriel et non dans un quartier résidentiel (146). L'**irrégularité administrative** d'une exploitation n'a pas à être prise en compte (147), pas plus que sa régularité (148).

641 **Personne responsable.** Lorsque c'est le propriétaire qui développe l'activité nuisible, la désignation du responsable ne pose pas de difficulté. Mais qu'en est-il lorsque cette activité est le fait d'un locataire ou d'un entrepreneur ? Le voisin dispose alors d'une double action : il peut toujours s'adresser au propriétaire, même si le locataire ou l'entrepreneur n'était pas sous ses ordres, car cette responsabilité objective est une **charge de la propriété** (149). D'ailleurs ce propriétaire a le devoir d'agir contre ses locataires qui causent des troubles de voisinage (loi du 6 juillet 1989, art. 6-1 ajouté par la loi du 5 mars 2007). Mais le voisin troublé peut aussi poursuivre l'auteur de l'activité, par exemple le locataire qui installe une discothèque (150) ou l'entrepreneur qui a effectué les travaux (151) non seulement en cas de faute, ce qui est naturel, mais aussi alors même qu'il n'aurait pas commis de faute, comme si l'entrepreneur ou le locataire pouvaient être tenus d'une charge de la propriété (152). En outre il peut également poursuivre un tiers dont la faute serait plus en amont à l'origine du trouble (153).

641-1 **Recours.** Mais qui doit ensuite supporter la **charge définitive** de l'indemnité ? En cas de faute de l'occupant, c'est lui : ainsi pour l'entrepreneur

▒ (146) Aussi nul ne peut se plaindre d'une activité licite qui existait avant qu'il obtienne son permis de construire : art. L. 122-16 du Code de la construction (v. Civ. 3e, 27 avril 2000, *Bull. civ.*, III, n° 92). — sauf accroissement considérable de l'activité (Civ. 2e, 3 février 1993, *Bull. civ.*, II, n° 44). — Cf. Civ., 21 octobre 2009, *Bull. civ.*, III, n° 231. — À noter que cet art. L. 112-16 du Code de la construction a été jugé conforme à la Constitution (Cons. constit., 8 avril 2011, n° 2011-116).

▒ (147) Civ. 2e, 17 février 1993, *Bull. civ.*, II, n° 68.

▒ (148) Civ. 3e, 12 octobre 2005, *Bull. civ.*, III, n° 195.

▒ (149) Civ. 2e, 19 février 1992, *Bull. civ.*, II, n° 60. — Peu importe que le bail (inopposable au voisin) ait mis des travaux à la charge du locataire : Civ. 3e, 17 avril 1996, *Bull. civ.*, III, n° 108. — Il s'agit du **propriétaire actuel** même si le trouble est dû à des travaux faits sous son prédecesseur : Civ. 3e, 11 mai 2000, *Bull. civ.*, III, n° 106 ; *D.* 2001. Som. 2231, obs. JOURDAIN.

▒ (150) Versailles, 13 novembre 1985, précité.

▒ (151) Civ. 3e, 30 juin 1998, précité. — 11 mai 2000, précité. — Civ. 1re, 18 mars 2003, *Bull. civ.*, I, n° 77. — En cas de sous-traitance, seul le sous-traitant est responsable (Civ. 3e, 21 mai 2008, *Bull. civ.*, III, n° 90 : *RTD civ.* 2008.496).

▒ (152) Civ. 1re, 18 mars 2003, *Bull. civ.*, I, n° 77 ; *RDC* 2003.134 et les obs. — 13 avril et 22 juin 2005, *Bull. civ.*, III, nos 89 et 136.

▒ (153) Pour le cas où c'est un franchiseur qui avait choisi le lieu d'implantation : Civ. 2e, 21 mai 1997, *Bull. civ.*, II, n° 157 ; *D.* 1998.150, note FAGES ; *JCP* 1998.II.10057, note MAUGER-VIELPEAU.

fautif (154). Mais, sans faute de quiconque, on incline généralement à désigner le propriétaire puisque la responsabilité serait une charge de sa propriété (155).

C'est en ce sens que s'est prononcée la Cour de cassation : « lorsque le trouble de voisinage émane d'un immeuble donné en location, la victime de ce trouble peut en demander réparation au propriétaire, qui dispose d'un recours contre son locataire lorsque les nuisances résultent d'un abus de jouissance ou d'un manquement aux obligations nées du bail » (156).

Le cadre juridique de ce recours a évolué et mériterait à la vérité d'être revu avec réflexion. Il a longtemps été jugé que le recours ne se fondait pas sur le contrat (de bail ou de travaux) mais sur les règles délictuelles (157). Puis on a logiquement admis que c'est le contrat qui doit gouverner la répartition de cette charge entre les parties (158) sans pour autant dissiper totalement l'idée que le recours du propriétaire, s'il a indemnisé le voisin, pourrait aussi être délictuel par subrogation dans les droits directs dont ce voisin disposait contre l'entrepreneur ou le locataire auteur des troubles (159). Ce recours peut conduire à un partage de responsabilité (160) mais aussi être total, ce qui se comprend en cas de faute (par exemple le propriétaire condamné envers son voisin doit pouvoir être garanti par son entrepreneur fautif), mais moins en l'absence de faute, car ce n'est plus alors d'une charge de la propriété qu'il s'agit mais d'une charge liée à l'exercice même de l'activité de l'entrepreneur (161).

641-2 **Réparation.** Ce cas de responsabilité est sans doute celui qui se prête le mieux à une réparation en nature (cf. *infra,* n° 696) : au-delà de l'indemnité compensant le préjudice passé, ou définitif comme la dépréciation de l'immeuble (162), le tribunal peut enjoindre l'exécution de travaux destinés à mettre fin

(154) Civ. 2e, 2 décembre 1982, *Bull. civ.*, II, n° 160.
(155) Cf. DURRY, *RTD civ.* 1972.785. — LAPOYADE-DESCAMPS, *D.* 1972.414. — *Contra :* GOUBEAUX, *JCP* 1973.II.17491. — BOUBLI, *JCP* 1972.II.17070.
(156) Civ. 2e, 8 juillet 1987, *Bull. civ.*, II, n° 150.
(157) Civ. 3e, 18 mars 1987, *Bull. civ.*, III, n° 52. — 31 octobre 1989, *Bull. civ.*, III, n° 199. — 29 janvier 1992, *Bull. civ.*, III, n° 30. — Civ. 2e, 6 juillet 1994, *Bull. civ.*, II, n° 182.
(158) Civ. 3e, 24 mars et 21 juillet 1999, *Bull. civ.*, III, nos 74 et 182. — 28 novembre 2001, *Bull. civ.*, III, n° 135 ; *D.* 2002.3299, note RABREAU. — 24 avril 2003, *Bull. civ.*, III, n° 80.
(159) V. JOURDAIN, *RTD civ.* 2002.315. — Civ. 1re, 18 septembre 2002, *Bull. civ.*, I, n° 200. — 18 mars 2003, *Bull. civ.*, I, n° 77 ; *RDC* 2003.134. — Civ. 3e, 24 septembre 2003, *Bull. civ.*, III, n° 160. — Cf. FRUTEAU-PEYRICHOU, *Le recours subrogatoire du maître d'ouvrage en cas de troubles de voisinage*, *RLDC* 2008.59 (en faveur d'un recours limité au cas de faute).
(160) Civ. 3e, 6 mars 1991, *Bull. civ.*, III, n° 78.
(161) Civ. 3e, 20 décembre 2006, *Bull. civ.*, III, n° 254 admet un recours intégral contre les entrepreneurs sans faute de leur part.
(162) Civ. 2e, 21 mai 1997, *Bull. civ.*, II, n° 151.

aux troubles (163), voire l'arrêt de l'activité nuisible (164) ou la démolition de l'ouvrage à l'origine des troubles (165).

§ 8. La responsabilité du fait des accidents de la circulation

TEXTE

Loi n° 85-677 du 5 juillet 1985

Tendant à l'amélioration de la situation des victimes d'accidents de la circulation et à l'accélération des procédures d'indemnisation.

Chapitre 1er. — *Indemnisation des victimes d'accidents de la circulation.*

Art. 1er. — Les dispositions du présent chapitre s'appliquent, même lorsqu'elles sont transportées en vertu d'un contrat, aux victimes d'un accident de la circulation dans lequel est impliqué un véhicule terrestre à moteur ainsi que ses remorques ou semi-remorques, à l'exception des chemins de fer et des tramways circulant sur des voies qui leur sont propres.

Art. 2. — Les victimes, y compris les conducteurs, ne peuvent se voir opposer la force majeure ou le fait d'un tiers par le conducteur ou le gardien d'un véhicule mentionné à l'article 1er.

Art. 3. — Les victimes, hormis les conducteurs de véhicules terrestres à moteur, sont indemnisées des dommages résultant des atteintes à leur personne qu'elles ont subis, sans que puisse leur être opposée leur propre faute à l'exception de leur faute inexcusable si elle a été la cause exclusive de l'accident.

Les victimes désignées à l'alinéa précédent, lorsqu'elles sont âgées de moins de seize ans ou de plus de soixante-dix ans, ou lorsque, quel que soit leur âge, elles sont titulaires, au moment de l'accident, d'un titre leur reconnaissant un taux d'incapacité permanente ou d'invalidité au moins égal à 80 p. 100, sont, dans tous les cas, indemnisées des dommages résultant des atteintes à leur personne qu'elles ont subis.

Toutefois, dans les cas visés aux deux alinéas précédents, la victime n'est pas indemnisée par l'auteur de l'accident des dommages résultant des atteintes à sa personne lorsqu'elle a volontairement recherché le dommage qu'elle a subi.

Art. 4. — La faute commise par le conducteur du véhicule terrestre à moteur a pour effet de limiter ou d'exclure l'indemnisation des dommages qu'il a subis.

(163) V. par ex. Civ. 2e, 9 octobre 1996, *Bull. civ.,* II, n° 231. — 12 novembre 1997, *Bull. civ.,* III, n° 273.

(164) Sauf s'il s'agit d'un **établissement classé,** en raison de la séparation des pouvoirs (Civ. 1re, 23 janvier 1996, *Bull. civ.,* I, n° 43).

(165) Civ. 3e, 22 mai 1997, *Bull. civ.,* III, n° 113 ; *D.* 1998. Som. 61. — 30 septembre 1998, *D.* 1998.IR.230.

Art. 5. — La faute, commise par la victime a pour effet de limiter ou d'exclure l'indemnisation des dommages aux biens qu'elle a subis. Toutefois, les fournitures et appareils délivrés sur prescription médicale donnent lieu à indemnisation selon les règles applicables à la réparation des atteintes à la personne.

Lorsque le conducteur d'un véhicule terrestre à moteur n'en est pas le propriétaire, la faute de ce conducteur peut être opposée au propriétaire pour l'indemnisation des dommages causés à son véhicule. Le propriétaire dispose d'un recours contre le conducteur.

Art. 6. — Le préjudice subi par un tiers du fait des dommages causés à la victime directe d'un accident de la circulation est réparé en tenant compte des limitations ou exclusions applicables à l'indemnisation de ces dommages.

642 **Évolution.** C'est à propos des accidents de la circulation que s'est développé l'essentiel de la jurisprudence relative à l'article 1384, alinéa 1er. En effet, malgré de nombreux projets, le législateur est resté très longtemps inactif en cette matière, ou plutôt indécis entre les différents intérêts en cause : souci de protéger les victimes, souci toutefois de ne pas encourager les imprudences par une réparation automatique, souci également de ne pas accroître à l'excès les charges des assurances qui se répercutent dans le calcul des primes alors que le secteur automobile constitue un pan important de l'activité économique.

Pendant longtemps, le seul texte en la matière est resté le décret du 7 janvier 1959 rendant obligatoire l'assurance de responsabilité (dite « aux tiers » car elle ne couvre que les dommages causés aux tiers et non ceux subis par l'assuré lui-même).

Mais en 1982, la Cour de cassation a décidé de « provoquer » le législateur à intervenir en élargissant considérablement la responsabilité du gardien, supprimant par l'arrêt Desmares tout effet exonérateur à la faute de la victime (cf. *supra,* n° 622).

C'est dans ces conditions qu'est intervenue la loi du 5 juillet 1985.

643 **Double objectif affiché de la loi.** Les promoteurs de la loi ont affiché un double objectif : d'une part assurer une **meilleure protection** des victimes, même en cas d'imprudence de leur part ; d'autre part **simplifier** le droit applicable afin de diminuer en la matière le contentieux, beaucoup plus important que dans les pays voisins.

Cependant le succès total de ce double objectif a été entravé par la volonté de la loi de faire une part à la faute de la victime selon des distinctions subtiles :

— d'une part, ce rôle donné à la **faute de la victime** occupe en fait une place très importante et conduit, en pratique, à une nette régression par rapport à l'arrêt « Desmares » : nombre de victimes qui auraient été indemnisées totalement sous l'empire de cette jurisprudence ne le sont plus que partiellement et de nombreux arrêts qui avaient appliqué cette jurisprudence ont été annulés au

— détriment des victimes par la mise en œuvre de la loi nouvelle, applicable aux instances en cours ;

— d'autre part, le contentieux est favorisé à la fois par le grand nombre de distinctions instaurées par la loi, suscitant des problèmes de frontières, par le grand nombre de cas où il y a **partage de responsabilité,** suscitant l'arbitrage de la quotité du partage, et enfin par le caractère subjectif et incertain des notions introduites (comme celle de faute inexcusable), suscitant des difficultés d'appréciation cas par cas.

A. CHAMP D'APPLICATION

644 **Première condition : véhicule terrestre à moteur.** La loi s'applique aux accidents de la circulation impliquant un *véhicule terrestre à moteur* ainsi que ses remorques ou semi-remorques, à l'exception des chemins de fer et des tramways circulant sur des voies qui leur sont propres (166).

Dès lors qu'on se trouve en présence d'un tel véhicule (167), la loi s'applique même si son moteur n'est pas en fonctionnement (168).

La loi ne s'applique donc pas aux dommages causés, même au cours d'un accident de la circulation, par les *cyclistes,* les *piétons,* et les *trains.*

Il en résulte qu'en cas de collision entre un véhicule à moteur (voiture ou cyclomoteur) et ces « exclus de la loi », il faut procéder à une ***application distributive*** de la loi et du droit commun : la loi s'applique aux dommages causés *par* la voiture ou le cyclomotoriste, mais c'est le droit commun qui régit les dommages inverses.

Ce droit commun est celui de l'article 1384 al. 1er si l'on est en présence d'une **chose :** le cycliste est responsable en tant que gardien de son vélo (169), la SNCF en tant que gardienne du train (170).

C'est celui de l'article 1382 à l'égard des **piétons :** c'est sur ce texte que la responsabilité pour faute du piéton peut être recherchée même s'il est blessé (171). Il en est de même du piéton imprudent qui provoque une

(166) Il doit s'agir de voies « ferrées » : les accidents causés par un **trolleybus,** même circulant sur une voie réservée, sont soumis à la loi : Civ. 2e, 12 mai 1993, *Bull. civ.,* II, n° 170. — Lorsqu'un tramway traverse un carrefour, il n'est plus sur une « voie propre » : Civ. 2e, 16 juin 2011, n° 10-19491.

(167) Ce qui suppose qu'il ait des roues : Civ. 2e, 20 mars 1996, *Bull. civ.,* II, n° 67 (engin de damage). — Pour une tondeuse à gazon : Civ. 2e, 24 juin 2004, *Bull. civ.,* II, n° 308.

(168) Civ. 2e, 13 janvier 1988, *Bull. civ.,* II, n° 14 (moto tenue en main). — 25 mai 1994, *Bull. civ.,* II, n° 132 (voiture roulant par l'effet de la pente).

(169) Civ. 2e, 7 octobre 1987, *Bull. civ.,* II, n° 180.

(170) Civ. 2e, 17 mars 1986, *Bull. civ.,* II, n° 40. — 29 octobre 1986, *Bull. civ.,* II, n° 155. — Pour un tramway : Civ. 2e, 18 octobre 1995, *Bull. civ.,* II, n° 108. — Pour un chien : Civ. 2e, 2 avril 1997, *D.* 1997.IR.105.

(171) Cf. Civ. 2e, 5 février et 4 mars 1992, *D.* 1993.396, note DAGORNE-LABBÉ ; *JCP* 1992.II.21941, note DEJEAN DE LA BATIE. — 17 février 1993, *Bull. civ.,* II, n° 64. — 19 janvier 1994, *D.* 1994.574, note LAPOYDE-DESCAMPS.

manœuvre d'évitement entraînant un accident : le conducteur responsable de cet accident envers les tiers peut se retourner contre le piéton sur le fondement de l'article 1382 (172). C'est encore sur le droit commun que se fonde la responsabilité d'un **tiers** non conducteur, comme celle du propriétaire d'un véhicule qui le prête à un conducteur en état d'ivresse (173).

645 **Seconde condition : fait de circulation.** La notion de circulation visée par la loi est entendue largement (174). Elle comprend tout mouvement du véhicule, même privé de conducteur (175), même si ce mouvement est involontaire (176), et même si l'accident ne survient pas sur une voie ouverte à la circulation publique : l'accident causé par un tracteur dans un champ, même par simple projection d'une pierre ou d'une étincelle (177), tout comme celui survenu dans une cour privée ou un parking sont soumis à la loi.

La jurisprudence admet même actuellement que le *stationnement* est un fait de circulation (178) et inclut dans le champ de la loi les accidents causés à l'arrêt (179) sauf toutefois si le dommage résulte non du véhicule lui-même, mais d'un élément étranger à sa fonction de déplacement (180).

Deux exclusions ont cependant été décidées :

— celle des dommages entre concurrents à une compétition (181) ;

▪ (172) Civ. 2e, 27 février 1991, *Bull. civ.,* II, n° 62.
▪ (173) Civ. 2e, 27 février 1991, *Bull. civ.,* II, n° 68.
▪ (174) Cf. JOURDAIN, *RTD civ.* 1993.840.
▪ (175) Civ. 2e, 24 juin 1998, *Bull. civ.,* II, n° 203.
▪ (176) Civ. 2e, 19 novembre 1998, *Bull. civ.,* II, n° 274 (dérapage d'un engin de chantier).
▪ (177) Civ. 2e, 31 mars 1993, *Bull. civ.,* II, n° 131. — 5 janvier 1994, *Bull. civ.,* II, n° 1. — Pour la projection d'étincelles : Civ. 2e, 8 novembre 1995, *D.* 1996.163, note JOURDAIN et Civ. 2e, 17 décembre 1997, *Bull. civ.,* II, n° 314. — Sur l'**incendie** dans un parking, comp. Civ. 2e, 26 juin 2003, *Bull. civ.,* II, n° 206 et Civ. 2e, 18 avril 2004, *Bull. civ.,* II, n° 128.
▪ (178) Civ. 2e, 22 novembre 1995, *D.* 1996.163, note JOURDAIN ; *JCP* 1996.II.22656, note J. MOULY. — Même pour un stationnement prolongé d'un bus : la chute d'un passager à l'intérieur est un accident de circulation ! (Civ. 2e, 25 janvier 2001, *Bull. civ.,* II, n° 14).
▪ (179) Civ. 1re, 4 avril 1995, *Bull. civ.,* I, n° 152 (pour le tuyau de vidange d'un camion-citerne). — Civ. 2e, 26 mars 1997, *Bull. civ.,* II, n° 90 (pour la chute d'un objet lors du déchargement d'un camion). — Civ. 2, 20 octobre 2005, *Bull. civ.,* II, n° 255 (projection d'un objet par un tendeur d'arrimage).
▪ (180) Civ. 2e, 5 novembre 1998, *Bull. civ.,* II, n° 256 (la chute du hayon n'est pas un accident de la circulation car il s'agit d'un élément étranger à sa fonction de déplacement, revenant ainsi à un critère déjà retenu par Civ. 2e, 9 juin 1993, *Bull. civ.,* II, n° 198, mais qui semblait avoir été abandonné par les arrêts précités). — V. depuis Civ. 2e, 8 mars 2001, *Bull. civ.,* II, nos 42 et 43 (pour une benne ou l'auvent d'un camion-pizza). — 3 mai 2006, *Bull. civ.*, II, n° 111 (pour une batterie en charge).
▪ (181) Civ. 2e, 28 février 1996, *D.* 1996.438, note J. MOULY. — 19 juin 2003, *Bull. civ.,* II, n° 197. — 4 janvier 2006, *D.* 2006.2443, note MOULY — Mais l'exclusion ne joue pas envers les spectateurs : Civ. 2e, 10 mars 1988, *Bull. civ.,* II, n° 198. — Civ. 2e, 14 juin 2012, n° 11-13347 (spectateur blessé lors d'une cascade de tournage d'un film).

— celle des dommages causés volontairement par un véhicule employé comme une « **arme** » et non pour un acte de circulation (182).

646 **Vocation générale.** Dès lors qu'on est en présence d'un véhicule précité et d'un accident de la circulation, la loi s'applique. **Aucune restriction** tenant aux grandes catégories juridiques qui divisent trop souvent notre droit ne joue ici. En particulier, la loi brise deux grandes oppositions classiques :

— l'opposition entre **personnes privées et personnes publiques :** depuis une loi du 31 décembre 1957, les accidents d'automobile sont de la compétence des tribunaux judiciaires et non administratifs et soumis « aux règles du droit civil » : il en résulte que la loi de 1985 s'applique même si le véhicule appartient à l'Administration et si la victime est fonctionnaire (183) ;

— l'opposition entre **responsabilité contractuelle et responsabilité délictuelle :** l'article 1er de la loi précise qu'elle s'applique même si la victime est transportée en vertu d'un contrat ; les passagers d'un bus, d'un car ou d'un taxi ne peuvent donc voir leurs droits restreints par les stipulations du contrat de transport. Par extension, les règles de tout contrat doivent être écartées : ainsi celles du contrat de travail si un employeur est victime d'un accident causé par son préposé (184), ou celles d'un contrat de location de véhicule avec chauffeur, etc.

647 **Vocation prioritaire.** Quand les conditions de la loi sont réunies, son application **prime tout autre régime** (185).

Ainsi sont exclus les régimes de l'article 1384, alinéa 1er pour les choses en général ou de l'article 1385 pour la responsabilité du fait des animaux (186).

Ainsi peu importe que le dommage consiste en une *communication d'incendie :* l'article 1384, al. 2 est primé par la loi de 1985 qui s'applique par exemple à l'incendie de la végétation au bord d'une route (187), d'un immeuble par suite de l'incendie d'un véhicule circulant dans le parking (188), et même de

(182) Civ. 2e, 6 décembre 1991, *Bull. civ.,* II, n° 328. — 5 octobre et 30 novembre 1994, *Bull. civ.,* II, nos 191 et 243. — 30 novembre 2000, *Bull. civ.,* II, n° 156. — 12 décembre 2002, *Bull. civ.,* II, n° 282. — 23 janvier et 11 décembre 2003, *Bull. civ.,* II, nos 8 et 377. — 22 janvier 2004, *Bull. civ.,* II, n° 14.

(183) Civ. 2e, 13 février 1991, deux arrêts, *Bull. civ.,* II, n° 52.

(184) Civ. 2e, 6 mars 1991, *Bull. civ.,* II, n° 70.

(185) Sauf celui de l'**entraide agricole** : Ass. Plén., 22 décembre 1998, *Bull. civ.,* Ass. Plén., n° 9. — Soc., 25 janvier 1990, *Bull. civ.,* V, n° 33. — Voir toutefois Civ. 2e, 17 novembre 2005, *Bull. civ.,* II, n° 291. — Par ailleurs, cette priorité ne confère pas à la loi un caractère **d'ordre public international** (Civ. 1re, 4 avril 1991, *Bull. civ.,* I, n° 113. — Civ. 1re, 4 février 1992, *Bull. civ.,* I, n° 39).

(186) Civ. 2e, 11 juin 2009, *Bull. civ.,* II, n° 145 (pour un accident provoqué par le chien du conducteur).

(187) Civ. 2e, 20 janvier 1993, *Bull. civ.,* II, n° 18.

(188) Civ. 2e, 8 janvier 1992, *D.* 1993.375, note DAGORNE-LABBÉ. — 22 novembre 1995, *Bull. civ.,* II, nos 285, 286 et 287 ; *D.* 1996.163, note JOURDAIN.

bâtiments agricoles brûlés par suite de l'explosion des pneus d'un tracteur dont le chargement de paille brûlait (189).

Peu importe également que l'accident constitue en même temps un *accident du travail :* la victime peut se prévaloir du régime de la loi de 1985 sans qu'on puisse lui opposer celui des accidents du travail (190).

Certains prônent même une vocation « exclusive » de cette loi, qui rejetterait tout appel à l'article 1382 (191).

B. CONDITIONS DE LA RESPONSABILITÉ

648 **Double implication.** La victime dispose d'un droit à réparation (sous réserve des cas d'exonération qui seront examinés plus loin) dès lors qu'un véhicule est *« impliqué »* dans l'accident. Cette notion nouvelle d'implication soulève un abondant contentieux. Si l'on a pu initialement penser qu'il fallait l'assimiler à la notion classique de lien de causalité, cette assimilation a été vite abandonnée (192). La notion d'implication est indubitablement **plus large et plus souple** (193). Dans un premier temps, elle a été comprise de façon unitaire ; mais, à la suite d'un affinement subtil dont le droit de la responsabilité a le secret, elle se trouve aujourd'hui subdivisée : on distingue l'implication dans l'accident et l'implication dans le dommage.

1° Implication dans l'accident

649 **Distinction abandonnée : circulation ou stationnement.** Dans un premier temps, la jurisprudence avait dégagé deux critères de l'implication, qu'il fallait combiner : d'une part le véhicule était-il en circulation ou en stationnement ? d'autre part y a-t-il eu ou non un choc ?

Pour le véhicule en stationnement, elle effectuait une distinction ne prenant pas pour critère le caractère régulier ou non du stationnement, mais son *rôle perturbateur* ou non pour la circulation : était impliqué le véhicule gênant par exemple la circulation des piétons, des cyclistes ou des autres véhicules, mais n'était en revanche pas impliquée l'automobile en stationnement qui ne perturbe pas la circulation des autres véhicules ou des piétons, et cela même pour un

(189) Civ. 2e, 5 juin 1991, *Bull. civ.,* II, n° 171. — Comp. Civ. 2e, 17 décembre 1997, *Bull. civ.,* II, n° 314.

(190) Civ. 2e, 23 janvier 1991, *Bull. civ.,* II, n° 37. — Soc., 28 mars 1996, *D.* 1996.544, note RADÉ.

(191) Cf. CHAMPROUX, *La loi du 5 juillet 1985 et son caractère exclusif, D.* 1994, chr. 109.

(192) V. RAFFI, *Implication et causalité dans la loi du 5 juillet 1985, D.* 1994, chr. 158. — JOURDAIN, *même titre, JCP* 1994.I.3794.

(193) L'implication peut donc être retenue là où la causalité a été exclue par une décision revêtue de l'autorité de chose jugée : Civ. 2e, 13 novembre 1991, *Bull. civ.,* II, n° 301.

stationnement irrégulier au regard des règles administratives comme un stationnement à contresens (194).

Mais certains ont critiqué cette distinction en estimant que, dès lors qu'il y a eu contact, le véhicule est impliqué et qu'il n'y a pas à faire renaître l'idée ancienne de rôle passif de la chose (195), et la Cour de cassation a finalement fait droit à cette critique en opérant un revirement : même en stationnement non perturbateur, le véhicule peut être impliqué (196), de sorte que la distinction est caduque : « est nécessairement impliqué dans l'accident tout véhicule qui a été heurté, qu'il soit à l'arrêt ou en mouvement » (197).

650 **Seul critère : intervention dans l'accident.** Le seul critère qui subsiste est donc celui de l'intervention dans l'accident : « pour être impliqué dans un accident de la circulation, un véhicule doit être intervenu à quelque titre que ce soit dans sa réalisation » (198).

Mais au stade de la preuve, il faut distinguer selon qu'il y a eu choc ou non.

— **Dès lors qu'il y a eu choc,** ce véhicule est nécessairement impliqué, même s'il circulait ou stationnait de façon tout à fait normale (199). Par conséquent, en cas de collision entre deux véhicules en mouvement, tous deux sont automatiquement impliqués (200) et, en cas de collisions en chaîne, tous le sont (201).

Peu importe que le choc ait lieu avec la victime ou un autre véhicule ou même n'importe quel obstacle : par exemple le passager blessé par un projectile traversant le pare-brise peut mettre en jeu la responsabilité du conducteur, car le véhicule qui le transporte est, du fait même de son mouvement, « impliqué » dans l'accident (202).

— Mais un véhicule peut être également impliqué dans l'accident **sans qu'il y ait de choc,** dès lors que sa présence même a pu « jouer un rôle » dans la survenance de l'accident. Par exemple, en cas de poursuite, le véhicule poursuivi est impliqué dans l'accident survenu au poursuivant (203). Ainsi,

(194) V. entre autres Civ. 2e, 18 novembre 1987, *D.* 1988.373, note GROUTEL. — 7 juin 1990, *D.* 1991.123, note AUBERT.

(195) V. GROUTEL, note *D.* 1991.258, n° 5. — AUBERT, note précitée.

(196) Civ. 2e, 23 mars 1994, *D.* 1994.299, note GROUTEL ; *JCP* 1994.II.22292, note CONTE ; *RTD civ.* 1994.627, obs. JOURDAIN.

(197) Civ. 2e, 25 janvier 1995, *Bull. civ.*, II, n° 27 ; *Grands arrêts*, n° 231 ; *RTD civ.* 1995.382, obs. JOURDAIN.

(198) Civ. 2e, 16 mars 1994, *Bull. civ.*, II, n° 90.

(199) Civ. 2e, 25 janvier 1995, précité. — 29 avril 1998, *Bull. civ.*, II, n° 129. — V. auparavant Civ. 2e, 20 avril et 16 mai 1988, *Bull. civ.*, II, nos 89 et 115. — 10 avril 1991, *Bull. civ.*, II, n° 116.

(200) Civ. 2e, 16 octobre 1991, *Bull. civ.*, II, n° 262. — 31 mars 1993, *Bull. civ.*, II, n° 132.

(201) Civ. 2e, 6 janvier 2000, *Bull. civ.*, II, n° 1.

(202) Civ. 2e, 28 février 1990, *Bull. civ.*, II, n° 42. — V. aussi pour le dommage causé à la route elle-même par une remorque qui se renverse : Civ. 2e, 22 janvier 1992, *Bull. civ.*, II, n° 23. — 8 juin 1994, *D.* 1994.IR.181 (glissières endommagées).

(203) Civ. 2e, 4 juillet 2007, *Bull. civ.*, II, n° 177.

suffit-il qu'un cyclomotoriste ayant effectué une chute ait pu être surpris par la présence d'un camion pour que ce dernier soit impliqué dans l'accident (204). De même pour le piéton qui chute parce que « surpris » par le recul d'une voiture (205) ou pour le cycliste surpris parce qu'interpellé par un automobiliste le dépassant (206). Et cela peut concerner un véhicule à l'arrêt (207) ou en circulation régulière : la simple présence d'un véhicule, en empêchant celui qui le double de se rabattre, implique ce véhicule dans la collision de ce dernier avec une automobile venant en face (208).

N'est en revanche pas impliqué dans l'accident le véhicule qui circule derrière un autre véhicule, sans qu'il y ait aucun choc entre eux (209), hormis bien sûr le cas où le premier aurait commis une irrégularité obligeant le suivant à une « manœuvre d'évitement » (210).

L'absence de choc a donc pour conséquence que la victime doit alors **prouver** que le véhicule a « joué un rôle » (211), et cette preuve ne résulte pas d'une simple concomitance (212). Elle est pourtant souvent admise de façon large : ainsi le véhicule qui projette des gravillons sur un trottoir est impliqué dans la chute ultérieure d'un piéton (213). Et même le véhicule accidenté attirant le regard de ceux qui circulent est impliqué dans leur accident (214).

2° Implication dans le dommage

651 **Distinction mais présomption.** On a fait observer qu'il n'est pas toujours sûr que la victime ait été blessée à l'occasion de l'accident en cause, en particulier en cas d'**accidents en chaîne :** par exemple un cyclomotoriste est renversé par une première voiture puis heurté à terre par une seconde, ou un passager est éjecté lors d'un premier choc puis de nouveau heurté. Le véhicule impliqué dans l'accident, c'est-à-dire dans l'un des deux chocs, est-il aussi impliqué dans le dommage subi par la victime, alors qu'on ne sait pas si ce dommage est survenu dès le premier choc ou lors du second ?

(204) Civ. 2e, 14 décembre 1987, *Bull. civ.*, II, n° 264. — 23 juin 1993, *Bull. civ.*, II, n° 219. — Pour l'implication du cyclomotoriste chef de file dans la chute de son suivant, v. Civ. 2e, 1er avril 1999, *Bull. civ.*, II, n° 62.

(205) Civ. 2e, 20 janvier 1993, *Bull. civ.*, II, n° 19. — 2 avril 1997, *Bull. civ.*, II, n° 100.

(206) Civ. 2e, 1er juin 2011, n° 10-17927 ; *Bull. civ.*, II, n° 122.

(207) V. par ex. Civ. 2e, 19 février 1986, *Bull. civ.*, II, n° 18. — 11 octobre 1989, *Bull. civ.*, II, n° 163.

(208) Civ. 2e, 18 mars 1998, *Bull. civ.*, II, n° 88.

(209) Civ. 2e, 8 février 1989, *Bull. civ.*, II, n° 29.

(210) Civ. 2e, 15 mai 1992, *Bull. civ.*, II, n° 139.

(211) Civ. 2e, 19 février 1992, *Bull. civ.*, II, n° 25. — 5 janvier 1994, *Bull. civ.*, II, n° 2. — 16 mars 1994, *Bull. civ.*, II, n° 90.

(212) Civ. 2e, 10 mai 1991, *Bull. civ.*, II, n° 135. — 25 mai et 8 juin 1994, *Bull. civ.*, II, nos 133 et 147 (pour la chute d'un piéton au passage d'une automobile).

(213) Civ. 2e, 24 avril 2003, *Bull. civ.*, II, n° 104.

(214) Civ. 2e, 8 mars 2012, n° 11-11532 ; *Resp. civ. et ass.* 2012, n° 163, note HOCQUET-BERG.

Assez logiquement, on admet deux règles complémentaires, l'une de fond et l'autre de preuve :

— la responsabilité nécessite que le véhicule soit impliqué non seulement dans l'accident, mais encore que le **dommage soit imputable** à cet accident (215) ;

— l'implication dans l'accident ***fait présumer*** l'imputabilité du dommage ; c'est donc au gardien du véhicule qu'il incombe de renverser cette preuve (216).

Par exemple, le conducteur d'une voiture écrasant une victime gisant au sol à la suite d'un premier choc sera responsable du décès sauf s'il prouve que la victime au sol était déjà décédée. De même, celui qui heurte un véhicule dont le passager avait déjà été éjecté par un premier choc s'exonère par cette preuve envers cette victime (217).

L'application de cette présomption à des dommages apparus après l'accident est cependant incertaine (218).

C. PERSONNE RESPONSABLE

652 **Gardien ou conducteur.** C'est l'article 2 de la loi qui désigne indirectement le responsable en visant « le conducteur ou le gardien ».

Aussi, malgré l'autonomie de la loi par rapport au droit commun de l'article 1384, alinéa 1er, c'est par référence à ce texte qu'il convient de déterminer le responsable. Les principes qui ont été exposés à propos de la **notion de garde** (cf. *supra,* n° 612) restent donc applicables. Il s'agit par conséquent le plus souvent du conducteur, mais parfois d'un autre, lorsqu'on admet que le conducteur n'était que le **préposé,** régulier ou occasionnel, du gardien véritable (219). En ce cas, conducteur et gardien sont tous deux

(215) Cf. GROUTEL, note *D.* 1987.128 et *D.* 1990, chr. 264. — CONTE, *JCP* 1990.I.3471. — BEHAR-TOUCHAIS, *JCP* 1991.I.3792. — JOURDAIN, *RTD civ.* 1991.550.

(216) Civ. 2e, 24 octobre 1990, *Bull. civ.,* II, n° 211 ; *Grands arrêts*, n° 232. — 25 mars 1991, *Bull. civ.,* II, n° 96. — 16 octobre 1991, *Bull. civ.,* II, n° 253.

(217) Civ. 2^e, 16 janvier 1991, *Bull. civ.,* II, n° 16. — 24 octobre 1990, *Bull. civ.,* II, n° 210. — Sur les variations de la jurisprudence en cas de **collisions en chaîne,** V. VINEY, *JCP* 1996.I.3944, n°s 20 et s. — JOURDAIN, *RTD civ.* 1998.922 (sous Civ. 2e, 24 juin 1998, *Bull. civ.,* II, n° 205) et *RTD civ.* 1999.121 (sous Civ. 2e, 5 novembre 1998, *Bull. civ.,* II, n° 261). — La tendance actuelle semble favorable à retenir l'implication de tous : Civ. 2e, 6 janvier et 24 février 2000, *Bull. civ.,* n°s 1 et 30. — 11 juillet 2002, *Bull. civ.,* II, n° 160.

(218) *Oui* pour une crise cardiaque : Civ. 2e, 19 février 1997, *D.* 1997.IR.94. — Mais *non* dans d'autres cas : Civ. 2e, 24 janvier 1996, *Bull. civ.,* II, n° 15 ; *D.* 1997. Som. 30, obs. D. MAZEAUD. — Crim., 13 juin 1991, *RTD civ.* 1992.126, obs. JOURDAIN.

(219) Par exemple le dépanneur devient gardien du véhicule remorqué : Civ. 2e, 18 octobre 1995, *Bull. civ.,* II, n° 240.

responsables, tant envers les tiers (220) que l'un vis-à-vis de l'autre. Par exemple le conducteur est responsable envers un passager qui est resté gardien (221) et, inversement, ce dernier est responsable envers le conducteur (222). Mais si le conducteur est un simple préposé ayant agi dans la limite de ses fonctions, il cesse d'être responsable (223).

Il faut préciser que rechercher la responsabilité d'un tiers non gardien reste possible, mais à condition d'établir sa responsabilité sur le terrain des articles 1382 ou 1384 au titre de la garde d'un autre objet (224).

D. MOYENS D'EXONÉRATION

653 **Multiples distinctions.** Pour ne pas encourir le grief de « déresponsabiliser » les citoyens en leur assurant une réparation automatique, le législateur a institué un régime complexe d'exonération partielle ou totale selon les fautes de la victime.

Il faut tout d'abord indiquer que seule la faute de la victime peut être exonératoire : un fait extérieur, même imprévisible et irrésistible et constitutif de **force majeure,** n'est jamais exonératoire (art. 2).

Mais la faute de la victime a une incidence différente selon la **combinaison de plusieurs critères :** nature du dommage, qualité de la victime et nature de sa faute éventuelle.

654 **Dommages matériels.** Pour les dommages matériels subis par la victime, la **faute de celle-ci a toujours pour effet de limiter ou d'exclure son indemnisation,** sans qu'il y ait ici à distinguer selon la nature de la faute ou l'âge de la victime (art. 5). La loi ne précise pas ce qui conduit à décider s'il y a lieu à **exonération totale** ou partielle. Dans un premier temps, la jurisprudence a indiqué qu'il y a exonération totale si la faute de la victime est « la cause exclusive de l'accident » (225), et **exonération partielle** si ce n'est pas la cause

(220) On ne peut donc mettre hors de cause le conducteur pour la seule raison qu'il n'est pas gardien : Civ. 2e, 6 juin 2002, *Bull. civ.,* II, n° 114.

(221) Civ. 2e, 3 octobre 1990, *Bull. civ.,* II, n° 174. — 10 juin 1998, *Bull. civ.,* II, n° 178. — 29 février 2000, *D.* 2000.IR.145. — 4 novembre 2004, *D.* 2004.3118.

(222) Civ. 2e, 8 mars 1995, *Bull. civ.,* II, n° 72. — V. toutefois Civ. 2e, 24 janvier 1996, *Bull. civ.,* II, n° 7 subordonnant étrangement cette responsabilité à une faute. — Mais, nouveau revirement : Civ. 2e, 2 juillet 1997, *D.* 1998.448, note GROUTEL (responsabilité du gardien *sauf* faute du conducteur). Et, fuite en avant : la loi serait alors inapplicable ! (Crim., 29 juin 1999, *JCP* 2000.II.10290).

(223) Civ. 2e, 28 mai 2009, *Bull. civ.*, II, n° 128 ; *D.* 2009.2667, note PIERRE.

(224) Pour le passager d'une moto tenant un casque dont la chute cause un accident. Civ. 2e, 2 avril 1997, *Bull. civ.,* II, n° 110.

(225) Civ. 2e, 29 octobre 1986, *Bull. civ.,* II, nos 151 et 152. — Exemple en cas de choc par l'arrière : Civ. 2e, 11 octobre 1989, *Bull. civ.,* II, n° 159.

unique (226) — expressions qui ne sont pas très claires en elles-mêmes, mais traduisent en réalité une référence aux fautes des parties : la faute de la victime est cause exclusive si le conducteur n'a, de son côté, pas commis de faute (cf. *infra,* n° 656). Dans un second temps démissionnaire, la Cour de cassation laisse aux juges du fond le pouvoir souverain de choisir, sans norme, entre exclusion ou simple limitation de la responsabilité (227), solution qui est ailleurs justement critiquée (cf. *infra,* n° 655).

655 **Dommage corporel subi par un conducteur.** L'effort de responsabilisation voulu par le législateur se tourne naturellement vers les conducteurs eux-mêmes. Ainsi, pour ce qui les concerne, l'art. 4 précise-t-il que leur faute a pour effet de limiter ou d'exclure l'indemnisation de leur dommage.

a) **La *notion même de conducteur*** a donc donné lieu à un important effort de définition en jurisprudence. Il doit s'agir du conducteur d'un véhicule à moteur : le **cycliste** est donc traité ici comme un piéton ou un passager et ne peut se voir opposer la disposition de l'article 4. Même à l'égard d'un véhicule à moteur, le conducteur n'a cette qualité que **pendant qu'il est aux commandes** de sa machine. Il reste conducteur même si son moteur est arrêté (228). Mais il perd cette qualité s'il descend de son véhicule, par exemple pour changer une roue (229), pour pousser sa moto (230) ou même s'il est en train de descendre de son véhicule (231), ou en train d'y monter (232), ou encore s'il est au volant de son véhicule déjà accidenté et qu'on lui porte secours (233). À plus forte raison n'est-il point conducteur s'il est en dehors de la voiture, même appuyé sur l'aile (234). Le **cyclomotoriste tombé** ne perd pas toujours la qualité de conducteur (235) et tout semble dépendre du temps séparant les deux chocs : si le conducteur éjecté par un premier choc n'est en principe plus conducteur

(226) Civ. 2e, 16 janvier 1991, *Bull. civ.,* II, n° 16.
(227) Civ. 2e, 25 mars 1998, *JCP* 1998.IV.2154.
(228) Civ. 2e, 13 janvier 1988, *Bull. civ.,* II, n° 14. — Civ. 2e, 29 mars 2012, n° 10-28129 (motard fixant son casque). Crim., 22 mars 1988, *D.* 1988.IR.152.
(229) Civ. 2e, 12 février 1986, *Bull. civ.,* II, n° 13. — 28 mai 1986, *JCP* 1986.II.20692. — 24 octobre 1990, *Bull. civ.,* II, n° 209.
(230) Civ. 2e, 7 octobre 2004, *Bull. civ.,* II, n° 437. — *Contra* auparavant Civ. 2e, 16 octobre 1991, *Bull. civ.,* II, n° 255.
(231) Civ. 2e, 10 mars 1988, *Bull. civ.,* II, n° 60. — 15 juin 1988, *Bull. civ.,* II, n° 140. — 31 mai 1995, *JCP* 1995.IV.1814.
(232) Civ. 2e, 20 avril 1988, *Bull. civ.,* II, n° 90.
(233) Civ. 2e, 24 novembre 1993, *Bull. civ.,* II, n° 336.
(234) Civ. 2e, 15 juin 1988, *Bull. civ.,* II, n° 139.
(235) Civ. 2e, 2 décembre 1987, *Bull. civ.,* II. — 27 janvier 1988, *Bull. civ.,* II, n° 25. — 4 octobre 1989, *Bull. civ.,* II, n° 153. — 8 octobre 2009, *Bull. civ.,* II, n° 236.

lorsqu'il est heurté une seconde fois (236), il est encore considéré comme tel si les deux chocs sont quasi simultanés (237).

Même au volant, une personne n'est pas conducteur si elle ne « commande » pas véritablement : ainsi de l'élève d'auto-école (238).

En cas de doute sur ce point, il incombe au responsable de **prouver** que la victime était conducteur au moment même de l'accident, puisque c'est ce responsable qui cherche à s'exonérer en invoquant l'article 4 (239) et le propriétaire du véhicule n'est pas à cet égard présumé conducteur (240).

b) **Lorsqu'on est en présence d'un conducteur,** sa **faute** exonère en tout ou en partie le responsable. Mais il faut tout d'abord que cette faute soit **certaine :** le simple fait qu'il aurait pu éviter l'accident n'est pas une faute (241). Il faut ensuite que cette faute soit en **relation de causalité** avec le dommage : le conducteur qui a commis une faute, dont il n'est pas établi qu'elle a pu influer sur la production du dommage, ne peut subir cette exonération (242). Il faut noter qu'il s'agit ici de la causalité avec le dommage et non avec l'accident : ainsi le motocycliste sans casque ou le conducteur sans ceinture subiront une diminution d'indemnité dès lors que leur dommage eût été moindre, alors que l'accident se fût pareillement produit (243).

Comment décider si l'exonération doit être totale ou partielle ?

Après s'être un temps référée à la notion incertaine de « cause exclusive » de l'accident, la jurisprudence s'est ensuite attachée au rapport des fautes respectives pour décider que si le conducteur impliqué avait commis une faute de même que le conducteur victime, il n'y aurait qu'**exonération partielle** mais que si au contraire le conducteur victime était seul fautif, l'**exonération devait être**

(236) Civ. 2e, 11 décembre 1991, *Bull. civ.,* II, n° 337. — 16 avril 1996, *Bull. civ.,* n° 90. — 29 avril 1998, *Bull. civ.,* II, n° 129. — Cf. cependant : Civ. 2e, 15 mai 1992, *Bull. civ.,* II, n° 140.

(237) Civ. 2e, 31 mars 1993, *JCP* 1993.II.21987, note DAGORNE-LABBÉ. — 8 décembre 1993, *Bull. civ.,* II, n° 351. — 11 janvier 1995, *Bull. civ.,* II, n° 1. — 18 octobre 1995, *Bull. civ.,* II, n° 241. — 16 avril 1996, *Bull. civ.,* II, n° 91. — V. VINEY, *JCP* 1996.I.3944, n° 20.

(238) Civ. 2e, 29 juin 2000, *Bull. civ.,* II, n° 105 ; *JCP* 2001.II.10571.

(239) Civ. 2e, 5 mars 1986, *Bull. civ.,* II, n° 29. — 16 mai 1994, *Bull. civ.,* II, n° 129. — 6 novembre 1996, *Bull. civ.,* II, n° 241.

(240) Civ. 2e, 14 juin 1995, *D.* 1995.IR.199.

(241) Civ. 2e, 7 et 20 juillet 1993, *D.* 1994.347.

(242) Civ. 2e, 2 décembre 1987, *Bull. civ.,* II, n° 254. Par exemple si le port de la ceinture de sécurité n'eût pas évité le dommage : Civ. 2e, 7 février 1990, *Bull. civ.,* II, n° 21. — Quelques arrêts avaient cependant fait d'un taux d'**alcoolémie** excessif, une cause automatique d'exonération : Civ. 2e, 4 juillet 2002, *Bull. civ.,* IV, n° 151. — 10 mars 2004, *Bull. civ.,* II, n° 96. — Civ. 2e,13 octobre 2005, *D.* 2006.425, note CORNUT — Une assemblée plénière a heureusement de renoncé à cette sorte de déchéance : Ass. Plén., 6 avril 2007, *JCP* 2007.II.10078, note JOURDAIN ; D. 2007.1839, note GROVTEL ; *D.* 2007.2906, note BRUN. — Crim., 27 novembre 2007, *JCP* 2008.II.10022, note crit. BAKOUCHE.

(243) Civ. 2e, 16 octobre 1991, *Bull. civ.,* II, n° 252. — 5 octobre 1994, *Bull. civ.,* II, n° 187.

totale, sans qu'il y ait à exiger que sa faute ait été imprévisible (244). Mais, sous l'influence de vives critiques doctrinales faisant remarquer que la victime était ainsi plus sévèrement traitée que sous l'empire de l'article 1384 (245), la chambre criminelle d'abord, puis une chambre mixte ont abandonné cette solution pour retenir que l'exclusion ne peut être totale que si la faute du conducteur était imprévisible (246). Hélas la précision a fait long feu : quelques mois plus tard, la deuxième chambre civile a choisi d'abandonner le terrain au pouvoir souverain des juges du fond, chargés d'apprécier, sans norme de référence, s'il y a lieu de supprimer toute réparation ou d'accorder un partage (247), position qui n'est peut-être pas immuable (248).

Ce texte limite en pratique considérablement la réparation des dommages subis par des cyclomotoristes qui sont des « conducteurs » et représentent une partie importante des victimes.

656 **Dommage corporel subi par des non-conducteurs âgés de 16 à 70 ans.** Pour les non-conducteurs (cyclistes, piétons, passagers), l'article 3 de la loi invite à distinguer selon leur âge. Lorsqu'ils ont de 16 à 70 ans, ils peuvent se voir opposer leur faute inexcusable si elle est la cause exclusive de l'accident. Ces **deux conditions** d'exonération sont **cumulatives.**

a) Il faut d'abord que la victime ait commis une ***faute inexcusable.*** Une abondante jurisprudence a fourni la définition de cette faute : « seule est inexcusable au sens de ce texte, la faute volontaire d'une exceptionnelle gravité exposant sans raison valable son auteur à un danger dont il aurait dû avoir conscience » (249).

La jurisprudence se montre **extrêmement clémente** envers les victimes dans l'application qu'elle fait de cette notion. De très nombreux comportements sont qualifiés de faute excusable malgré leur évidente gravité. Un arrêt du 3 mars 1993 en fournit un exemple : n'est pas inexcusable la faute commise par un

(244) Civ. 2e, 13 janvier 1988, *Bull. civ.*, II, n° 15. — Civ. 2e, 17 février 1993, *Bull. civ.*, II, n° 63. — 8 novembre 1993, *Bull. civ.*, II, n° 317. — Civ. 2e, 24 novembre 1993, *Bull. civ.*, II, n° 334. — 6 juillet 1994, *Bull. civ.*, II, n° 178. — Civ. 2e, 2 novembre 1994, *Bull. civ.*, II, n° 209.

(245) V. notamment GROUTEL, *D.* 1995, chr. 335 et *D.* 1997, chr. 18.

(246) Crim., 22 mai 1996, *D.* 1987.138, note CHABAS. — Ch. mixte, 28 mars 1997, *D.* 1997.294, note GROUTEL ; *D.* 1997. Som. 291, obs. D. MAZEAUD ; *JCP* 1997.I.4025, n° 25, obs. VINEY.

(247) Civ. 2e, 4 juin, 3 et 9 juillet 1997, *Bull. civ.*, II, nos 163, 214 et 216. — 14 janvier, 28 janvier et 5 novembre 1998, *Bull. civ.*, II, nos 7, 26, 27, 28 et 254. — 14 novembre 2002, *Bull. civ.*, II, n° 251.

(248) Civ. 2e, 9 octobre 2003, *D.* 2003.2550 ne permet pas de supprimer toute réparation sous prétexte que « la faute du conducteur était la cause exclusive de l'accident ». — *Id.* : Civ. 2e, 10 juin 2004, *Bull. civ.*, II, n° 277. — Et Civ. 2e, 30 juin 2011, n° 10-12325 ; *Resp. civ. et ass.* 2011.325, a précisé que l'exonération se mesure à la gravité de la faute et non à son rôle causal, ce qui est une amorce de contrôle. — Voir LEDUC, *La sanction de la faute du conducteur victime*, *Resp. civ. et ass.* 2011, chr. 12.

(249) Jurisprudence constante depuis 10 arrêts du 20 juillet 1987, *Bull. civ.*, II, n° 160 ; *Grands arrêts*, n° 233.

piéton qui entreprend de traverser la chaussée de nuit, en état d'ébriété, hors agglomération, sans visibilité et sans raison ! (250) N'ont été retenus comme fautes inexcusables ni le fait de traverser une route nationale sans regarder en se jetant sur un véhicule (251), ni celui de traverser au feu vert sans visibilité, ni celui de s'engager sur une autoroute sans aucune attention (252), ni même de traverser au feu vert en état d'ébriété (253), ni de tenter d'attraper un autobus en état d'ébriété (254), ni de se faufiler entre des voitures à une heure de circulation intense (255), ni de marcher à reculons de nuit sur la chaussée (256). Quant aux cyclistes ils ne commettent pas non plus de faute inexcusable en brûlant un feu rouge (257), en violant un « stop » (258), ni en tournant inopinément à gauche sans prendre aucune précaution (259) ni en coupant une route de nuit sans éclairage et en sens interdit (260) ! Et le passager ivre qui s'affale sur le conducteur ne commet pas non plus une faute inexcusable (261).

La faute inexcusable n'est retenue que dans des cas tout à fait exceptionnels : par exemple pour un piéton qui traverse en courant une voie à grande circulation à la sortie d'un tunnel, à l'endroit le plus dangereux, et à un moment où il n'y a pas de visibilité (262) ; ou qui traverse une autoroute en franchissant les glissières de sécurité (263) ; ou pour le « passager » d'un fourgon de police qui saute en marche (264) ; ou pour le « fêtard » qui se juche sur un bus (265) ou

(250) Civ. 2e, 3 mars 1993, *Bull. civ.*, II, n° 80. — Cf. aussi Civ. 2e, 23 juin 1993, *Bull. civ.*, II, n° 218. — 6 novembre 1996, *Bull. civ.*, II, n° 240. — 30 juin 2005, *Bull. civ.*, II, n° 174.— Civ. 2e, 1er avril 1998, *Bull. civ.*, II, n° 112 (piéton ivre allongé sur la chaussée de nuit par temps de brouillard...).

(251) Civ. 2e, 20 avril 1988, *Bull. civ.*, II, n° 86.

(252) Civ. 2e, 7 décembre 1988, *Bull. civ.*, II, n° 242.

(253) Civ. 2e, 16 novembre 1988, *Bull. civ.*, II, n° 217. — 10 avril 1991, *Bull. civ.*, II, n° 115 pour un piéton « ivre mort ». — Voir sur ce point la résistance de la Cour de Paris (16 mars 1994, *D.* 1994.277, concl. PAIRE) brisée par l'Assemblée plénière (10 novembre 1995, *D.* 1995.633, concl. CHARTIER).

(254) Civ. 2e, 11 juillet 1988, *Bull. civ.*, II, n° 162.

(255) Civ. 2e, 12 novembre 1987, *Bull. civ.*, II, n° 222.

(256) Civ. 2e, 9 janvier 1991, *Bull. civ.*, II, n° 1. — 25 mars 1991, *Bull. civ.*, II, n° 95. — Comp. Civ. 2e, 7 février 1996, *Bull. civ.*, II, n° 33.

(257) Civ. 2e, 18 novembre 1987, *Bull. civ.*, II, n° 225.

(258) Civ. 2e, 24 février 1988, *Bull. civ.*, II, n° 48. — 14 avril 1988, *Bull. civ.*, II, n° 78.

(259) Civ. 2e, 17 février 1988, *Bull. civ.*, II, n° 43. — 14 avril 1988, *Bull. civ.*, II, n° 78.

(260) Civ. 2e, 28 mars 1994, *Bull. civ.*, II, n° 110.

(261) Civ. 2e, 20 mars 1996, *Bull. civ.*, II, n° 68.

(262) Civ. 2e, 15 juin 1988, *Bull. civ.*, II, n° 138.

(263) Civ. 2e, 13 février 1991, *Bull. civ.*, II, n° 50. — 28 juin 1989, *Bull. civ.*, II, n° 132. — 7 mars 1990, *Bull. civ.*, II, n° 53. — 23 juin 1993, *Bull. civ.*, II, n° 217. — 27 octobre 1993, *Bull. civ.*, II, n° 295. — 6 décembre 1995, *Bull. civ.*, II, n° 300. — 19 novembre 1997, *Bull. civ.*, II, n° 278.

(264) Crim., 28 juin 1990, *D.* 1990.IR.217.

(265) Civ. 2e, 8 novembre 1993, *Bull. civ.*, II, n° 316. — 25 octobre 1995, *Bull. civ.*, II, n° 249.

s'allonge nuitamment sur la chaussée (266) ; ou pour le piéton qui fuit la police (267) ; ou encore le passager qui a confié le volant à un conducteur en état d'ébriété (268) ; ou celui qui s'oppose à l'enlèvement de son véhicule (269). Par une décision critiquée, il a été jugé que cette faute peut être inexcusable même à l'égard d'un **aliéné** (270).

b) Même lorsque la victime a commis une faute inexcusable, il faut encore que celle-ci puisse être considérée comme **la cause exclusive de l'accident** (271). Tel n'est pas le cas si cette faute est sans lien avec l'accident, comme celle du complice du vol du véhicule (272) ou si le conducteur a de son côté commis une imprudence (273).

C'est donc pour ces victimes que la loi a le plus radicalement amélioré la réparation, l'exception de la faute inexcusable étant conçue comme une voie extrêmement étroite par la jurisprudence.

657 **Dommage corporel subi par des non-conducteurs de moins de 16 ans ou de plus de 70 ans.** Pour ces victimes, que leur âge rend plus vulnérables (et auxquelles la loi assimile les **handicapés** à 80 % de tout âge), le législateur a encore réduit la possibilité d'exonération du responsable : cette possibilité n'existe qu'en cas de « recherche volontaire du dommage », c'est-à-dire de **faute intentionnelle.** Cela vise en pratique exclusivement le cas du **suicide** (274). En revanche, le manifestant qui se maintient devant une voiture dont il peut pourtant prévoir que le conducteur, en raison des difficultés qu'il éprouve, va démarrer brusquement, ne commet pas une « recherche volontaire du dommage » (275).

Quand on se trouve dans ce cas, un arrêt peut-être contestable a décidé que l'exonération est totale, même si le conducteur a commis une faute (276).

658 **Victimes par ricochet.** Les règles d'exonération, qui viennent d'être vues, s'appliquent non seulement au préjudice subi par la victime directe, mais encore à celui subi par un tiers du fait des dommages causés à cette victime, préjudice dit « par ricochet ». Ces victimes sont exactement dans la **même situation que**

(266) Civ. 2e, 28 mars 2013, no 12-14522 ; *Bull. civ.*, II, no 61.
(267) Civ. 2e, 5 février 2004, *Bull. civ.*, II, no 40.
(268) Civ. 2e, 4 novembre 2004, *Bull. civ.*, II, no 483.
(269) Civ. 2e, 5 juin 2003, *Bull. civ.*, II, no 167.
(270) Civ. 2e, 7 juin 1989, *D.* 1989.559, note AUBERT.
(271) Civ. 2e, 20 juillet 1987, *Bull. civ.*, II, no 166.
(272) Civ. 1re, 17 novembre 1993, *D.* 1994.IR.19 ; *RTD civ.* 1994.115, obs. JOURDAIN.
(273) Ainsi le conducteur du bus qui démarre en sachant la présence du fautif sur le toit : Civ. 2e, 8 novembre 1993, précité.
(274) Cf. par ex. Civ. 2e, 24 février 1988, *Bull. civ.*, II, no 49. — 24 juin 1998, *Bull. civ.*, II, no 204. — 31 mai 2000, *JCP* 2001.II.10577. — Crim., 22 mai 2002 (pour un passager connaissant l'ébriété du conducteur).
(275) Civ. 2e, 17 février 1988, *Bull. civ.*, II, no 44.
(276) Civ. 2e, 24 juin 1998, précité.

la victime principale : « le préjudice subi par des tiers du fait des dommages causés à la victime directe de l'accident de la circulation doit être réparé sans autre exclusion que celle qui aurait pu être opposée à cette victime » (277).

Pendant un temps, on en a déduit que, même si la victime par ricochet a elle-même commis une faute dans la survenance de l'accident, elle avait droit à une indemnisation totale dès lors que la victime directe a également droit à cette indemnisation : par exemple, le père d'une mineure blessée, qui a vu sa santé s'altérer à la vue du choc de sa fille, avait droit à une indemnisation totale même s'il a commis une faute de surveillance (278), de même que les héritiers du

■ (278) parent qui se suicide (279) ou le mari de la passagère tuée alors qu'il conduisait (280). Mais, après avoir été contestée par la chambre criminelle, cette solution a été abandonnée en chambre mixte : la faute de la victime conductrice lui est opposable même pour le préjudice par ricochet qu'elle subit du fait d'un passager (281).

Exonération du conducteur impliqué			
Victime	Dommages corporels		Dommages matériels
Conducteur	— Faute : exonération totale ou partielle (au gré du juge)		Toutes fautes : — Faute exclusive : exon. totale — Fautes partagées : exon. partielle ou totale
Non-conducteur	< 16 ans > 70 ans Handicapés 80 %	Fautes intentionnelles : exonéation totale	
	Autres	Fautes inexcusables	

E. RECOURS ENTRE CORESPONSABLES

659 **Fondement du recours.** La question du recours entre plusieurs personnes responsables d'un même accident est celle qui a soulevé les plus grandes difficultés. Il s'agit du cas où l'une d'elles a été amenée à indemniser seule la victime et entend faire partager aux autres conducteurs le poids de cette indemnisation (282). L'application des notions de droit commun devait conduire à admettre que l'un des responsables, tenu de réparer la totalité du dommage

■ (277) Civ. 2e, 4 novembre 1987, *Bull. civ.*, II, n° 217.
■ (278) Civ. 2e, 8 mars 1989, *Bull. civ.*, II, n° 61 ; *D.* 1990.245, note AUBERT.
■ (279) Civ. 2e, 21 mai 1990, *Bull. civ.*, II, n° 112.
■ (280) Civ. 2e, 11 décembre 1991, *Bull. civ.*, II, n° 336.
■ (281) Crim., 15 mars 1995, *RTD civ.* 1995.642, obs. JOURDAIN. — Ch. mixte, 28 mars 1997, *D.* 1997.294, note GROUTEL ; *JCP* 1997.1.4025, n° 32, obs. VINEY.
■ (282) Naturellement ces règles ne peuvent être invoquées pour récupérer contre un autre conducteur ou ses ayants-droit les indemnités qu'on lui a versées (Civ. 2e, 29 avril 1994, *Bull. civ.*, II, n° 121).

envers la victime, puisse se retourner contre un autre responsable **sur le fondement de la loi de 1985,** étant subrogé dans les droits de la victime : il n'y a pas en effet de raison de laisser à la victime le choix du responsable qu'elle entend charger de la réparation. Et pourtant, ce n'est pas cette voie qu'a choisie d'emblée la Cour de cassation. Pendant plusieurs années, elle a estimé que les dispositions de la loi de 1985 étaient exclusivement réservées à la victime elle-même et a curieusement fondé l'action récursoire sur l'article 1384 du Code civil (283).

La doctrine a unanimement critiqué cette distorsion entre le régime juridique de l'action principale et celui de l'action récursoire (284). Elle a paru emporter l'adhésion de la Cour suprême qui a opéré un **revirement** en conférant au recours un double fondement ; le conducteur peut exercer une action récursoire :

— **soit contre un autre conducteur impliqué,** sur le fondement de la loi de 1985, « en tant que subrogé dans les droits de la victime » (285) ; il lui faut alors prouver l'implication de cet autre conducteur comme devrait le faire la victime elle-même (286) ;

— **soit contre n'importe quel responsable** sur le fondement du droit commun : par exemple un tiers dont on peut démontrer la faute sur le fondement de l'article 1382 (287), ou dont la responsabilité peut être engagée à un autre titre, par exemple sur la garde d'une chose ou d'un animal (288).

Mais un **second revirement** est ensuite revenu au point de départ : même contre un autre conducteur, le recours ne peut se fonder que sur les articles 1382 et suivants (289).

Quant à un tiers qui, condamné à un autre titre, entend se retourner contre un conducteur, il ne peut non plus invoquer la loi de 1985 (290).

■ (283) Civ. 2e, 20 juillet 1987, *D.* 1988.293, note GROUTEL. — 14 décembre 1988, *Bull. civ.*, II, n° 248 ; sur cette question voir BEHAR-TOUCHAIS, *JCP* 1988.I.3339. — Civ. 1re, 11 juillet 1988, *Bull. civ.*, II, n° 164. — 11 octobre 1989, *Bull. civ.*, II, n° 188. — 14 février 1990, *Bull. civ.*, II, n° 27.

■ (284) Cf. GROUTEL, *D.* 1987.469, *D.* 1988.293 et *D.* 1992, chr. 19. — HUET, *RTD civ.* 1987.773 ; AUBERT, *D.* 1989.385.

■ (285) Civ. 2e, 6 mars 1991, *D.* 1991.257, note GROUTEL. — 25 novembre 1992, *Bull. civ.*, II, n° 278.

■ (286) Civ. 2e, 19 février 1992, *Bull. civ.*, II, n° 52.

■ (287) Par ex. le passager qui a confié le volant à un tiers sans permis : Civ. 2e, 3 février 2005, *D.* 2005.459.

■ (288) Pour le gardien d'un chien ayant apeuré un enfant qui a traversé : Civ. 2e, 9 décembre 1992, *Bull. civ.*, II, n° 302. — Pour les parents d'un mineur conduisant une moto volée : Civ. 2e, 9 mars 2000, *Bull. civ.*, II, n° 41.

■ (289) Civ. 2e 14 janvier 1998, *JCP* 1998.11.10045, note JOURDAIN ; *D.* 1998.174, note GROUTEL. — 18 mars et 29 avril 1998, *Bull. civ.*, II, nos 86, 87 et 128. — 1er mars 2001, *Bull. civ.*, II, n° 31. — 20 juin 2002, *Bull. civ.*, II, n° 136. — 11 décembre 2003, *Bull. civ.*, II, n° 376. — 8 juillet 2004, *Bull. civ.*, II, n° 343.

■ (290) Civ. 2e, 13 juillet 2000, *Bull. civ.*, II, n° 126 (accident causé à la fois par des voitures et des chevaux).

660 **Quantum du recours.** Pour répartir le montant de la charge définitive de l'indemnité, la jurisprudence décide qu'il faut apprécier les fautes respectives des coauteurs dans la survenance non seulement de l'accident mais aussi du dommage lui-même (291) :

— si **aucun** n'a commis de faute, la répartition doit se faire par parts égales (292) ;

— si **les deux** ont commis des fautes, le juge doit apprécier leur gravité respective (293) ;

— si **un seul** d'entre eux a commis une faute, et l'autre pas, le fautif ne peut pas exercer de recours contre l'autre (294) ; réciproquement, il serait logique d'admettre que le non-fautif a un recours contre le fautif pour la totalité.

Recours entre coauteurs		
	Coauteur fautif	Coauteur non fautif
Payeur fautif	Partage selon gravité	Pas de recours
Payeur non fautif	Recours total	Partage par moitié

661 **Exclusion du recours à l'égard des parents non assurés de la victime.** Il arrive fréquemment que l'un des coresponsables soit un parent de la victime : tel est le cas lorsque la victime est un passager qui était transporté dans le véhicule de son conjoint ou d'un de ses parents. Si on appliquait strictement les règles précitées, la victime pourrait agir soit contre ce responsable, soit contre le tiers coauteur et, en ce cas, ce dernier disposerait d'un recours contre le parent coresponsable. Mais cela reviendrait à l'évidence à priver la victime d'une réparation effective : en accordant une réparation à l'enfant, mais en décidant que le parent devrait rembourser au tiers une partie de cette réparation, on reprendrait d'une main ce que l'on vient de donner de l'autre. Aussi, la Cour de cassation, s'inspirant d'une solution déjà reçue pour les recours de la Sécurité sociale (295), a-t-elle limité en ce cas le droit d'exercer une action récursoire : « le recours en garantie exercé par le coauteur d'un accident contre le parent d'un **mineur,** victime d'un accident de la circulation, ayant pour effet de priver

(291) Ainsi le conducteur qui, sans commettre de faute de conduite, a accepté un passager sans casque ou sans ceinture a-t-il commis une faute au regard du dommage subi par ce passager : Civ. 2e, 18 septembre 2003, *D.* 2003.2413 ; *Bull. civ.,* II, n° 288.

(292) Civ. 2e, 8 novembre et 6 décembre 1995, *Bull. civ.,* II, nos 272 et 299. — 24 janvier 1996, *Bull. civ.,* II, n° 7. — 14 janvier et 18 mars 1998, *Bull. civ.,* II, nos 8 et 86. — 1er mars 2001, précité. — 20 juin 2002, précité. — 8 juillet 2004, *Bull. civ.,* II, n° 343.

(293) Cf. Civ. 2e, 13 novembre 1991, *Bull. civ.,* II, n° 300. — 6 mars 2003, *Bull. civ.,* II, n° 57. — 8 juillet 2004, précité.

(294) Civ. 2e, 9 décembre 1992, *Bull. civ.,* II, n° 303. — 17 mars 1993, *Bull. civ.,* II, n° 106. — 8 novembre 1993, *Bull. civ.,* II, n° 317. — 14 janvier 1998, *Bull. civ.,* II, n° 6.

(295) Soc., 4 juillet et 7 novembre 1979, *Bull. civ.,* V, nos 610 et 820. — 7 mai et 25 novembre 1981, *Bull. civ.,* V, nos 404 et 914. — Ass. Plén., 3 juin 1983, *Bull. civ.*, Ass. Plén., n° 6.

directement ou indirectement cette victime de la réparation intégrale de son préjudice, prévu par les dispositions d'ordre public de la loi du 5 juillet 1985, est irrecevable » (296). Cette solution ne joue pas pour des enfants **majeurs** (297) mais elle joue entre **époux** (298) ou envers les victimes héritiers du responsable (299).

Cette dérogation au droit commun ne s'expliquant que par le souci de protéger les intéressés eux-mêmes, **on l'écarte lorsque c'est l'*assureur*** qui supporte l'indemnité — cas le plus fréquent (300).

§ 9. La responsabilité du fait des produits défectueux

TEXTES

Code civil, art. 1386-1 à 1386-18

Art. 1386-1. — Le producteur est responsable du dommage causé par un défaut de son produit, qu'il soit ou non lié par un contrat avec la victime.
Art. 1386-2. — Les dispositions du présent titre s'appliquent à la réparation du dommage qui résulte d'une atteinte à la personne. Elles s'appliquent également à la réparation du dommage supérieur à un montant déterminé par décret qui résulte d'une atteinte à un bien autre que le produit défectueux lui-même.
Art. 1386-3. — Est un produit tout bien meuble, même s'il est incorporé dans un immeuble, y compris les produits du sol, de l'élevage, de la chasse et de la pêche. L'électricité est considérée comme un produit.
Art. 1386-4. — Un produit est défectueux au sens du présent titre lorsqu'il n'offre pas la sécurité à laquelle on peut légitimement s'attendre.
Dans l'appréciation de la sécurité à laquelle on peut légitimement s'attendre, il doit être tenu compte de toutes les circonstances et notamment de la présentation du produit, de l'usage qui peut en être raisonnablement attendu et du moment de sa mise en circulation.
Un produit ne peut être considéré comme défectueux par le seul fait qu'un autre, plus perfectionné, a été mis postérieurement en circulation.
Art. 1386-5. — Un produit est mis en circulation lorsque le producteur s'en est dessaisi volontairement.
Un produit ne fait l'objet que d'une seule mise en circulation.
Art. 1386-6. — Est producteur, lorsqu'il agit à titre professionnel, le fabricant d'un produit fini, le producteur d'une matière première, le fabricant d'une partie composante.
Est assimilée à un producteur pour l'application du présent titre toute personne agissant à titre professionnel :

(296) Civ. 2e, 20 avril 1988, deux arrêts *D.* 1988.580, note LAMBERT-FAIVRE ; *RTD civ.* 1989, p. 235, obs. JOURDAIN. — 13 janvier 1988, *Bull. civ.*, II, n° 13. — 28 juin 1989, *JCP* 1989.IV.330.
(297) Civ. 2e, 6 décembre 1989, *Bull. civ.*, II, n° 213.
(298) Civ. 2e, 28 juin 1989, *Bull. civ.*, II, n° 138.
(299) Civ. 2e, 4 novembre 2003. — *Contra* auparavant Civ. 2e, 27 février 1991, *Bull. civ.*, II, n° 63 ; *RTD civ.* 1991.555, obs. JOURDAIN.
(300) Civ. 2e, 17 juillet 1991, *Bull. civ.*, II, n° 226. — 18 mars 1992, *Bull. civ.*, II, n° 86. — 9 décembre 1992, *Bull. civ.*, II, n° 300. — 2 février 1994, *Bull. civ.*, II, n° 42.

1° Qui se présente comme producteur en apposant sur le produit son nom, sa marque ou un autre signe distinctif ;

2° Qui importe un produit dans la Communauté européenne en vue d'une vente, d'une location, avec ou sans promesse de vente, ou de toute autre forme de distribution.

Ne sont pas considérées comme producteurs, au sens du présent titre, les personnes dont la responsabilité peut être recherchée sur le fondement des articles 1792 à 1792-6 et 1646-1.

Art. 1386-7. — Si le producteur ne peut être identifié, le vendeur, le loueur, à l'exception du crédit-bailleur ou du loueur assimilable au crédit-bailleur, ou tout autre fournisseur professionnel est responsable du défaut de sécurité du produit dans les mêmes conditions que le producteur, à moins qu'il ne désigne son propre fournisseur ou le producteur, dans un délai de trois mois à compter de la date à laquelle la demande de la victime lui a été notifiée.

Le recours du fournisseur contre le producteur obéit aux mêmes règles que la demande émanant de la victime directe du défaut. Toutefois, il doit agir dans l'année suivant la date de sa citation en justice.

Art. 1386-8. — En cas de dommage causé par le défaut d'un produit incorporé dans un autre, le producteur de la partie composante et celui qui a réalisé l'incorporation sont solidairement responsables.

Art. 1386-9. — Le demandeur doit prouver le dommage, le défaut et le lien de causalité entre le défaut et le dommage.

Art. 1386-10. — Le producteur peut être responsable du défaut alors même que le produit a été fabriqué dans le respect des règles de l'art ou de normes existantes ou qu'il a fait l'objet d'une autorisation administrative.

Art. 1386-11. — Le producteur est responsable de plein droit à moins qu'il ne prouve :

1° Qu'il n'avait pas mis le produit en circulation ;

2° Que, compte tenu des circonstances, il y a lieu d'estimer que le défaut ayant causé le dommage n'existait pas au moment où le produit a été mis en circulation par lui ou que ce défaut est né postérieurement ;

3° Que le produit n'a pas été destiné à la vente ou à toute autre forme de distribution ;

4° Que l'état des connaissances scientifiques et techniques, au moment où il a mis le produit en circulation, n'a pas permis de déceler l'existence du défaut ;

5° Ou que le défaut est dû à la conformité du produit avec des règles impératives d'ordre législatif ou réglementaire.

Le producteur de la partie composante n'est pas non plus responsable s'il établit que le défaut est imputable à la conception du produit dans lequel cette partie a été incorporée ou aux instructions données par le producteur de ce produit.

Art. 1386-12. — Le producteur ne peut invoquer la cause d'exonération prévue au 4° de l'article 1386-11 lorsque le dommage a été causé par un élément du corps humain ou par les produits issus de celui-ci.

Art. 1386-13. — La responsabilité du producteur peut être réduite ou supprimée, compte tenu de toutes les circonstances, lorsque le dommage est causé conjointement par un défaut du produit et par la faute de la victime ou d'une personne dont la victime est responsable.

Art. 1386-14. — La responsabilité du producteur envers la victime n'est pas réduite par le fait d'un tiers ayant concouru à la réalisation du dommage.

Art. 1386-15. — Les clauses qui visent à écarter ou à limiter la responsabilité du fait des produits défectueux sont interdites et réputées non écrites.

> Toutefois, pour les dommages causés aux biens qui ne sont pas utilisés par la victime principalement pour son usage ou sa consommation privée, les clauses stipulées entre professionnels sont valables.
>
> **Art. 1386-16.** — Sauf faute du producteur, la responsabilité de celui-ci, fondée sur les dispositions du présent titre, est éteinte dix ans après la mise en circulation du produit même qui a causé le dommage à moins que, durant cette période, la victime n'ait engagé une action en justice.
>
> **Art. 1386-17.** — L'action en réparation fondée sur les dispositions du présent titre se prescrit dans un délai de trois ans à compter de la date à laquelle le demandeur a eu ou aurait dû avoir connaissance du dommage, du défaut et de l'identité du producteur.
>
> **Art. 1386-18.** — Les dispositions du présent titre ne portent pas atteinte aux droits dont la victime d'un dommage peut se prévaloir au titre du droit de la responsabilité contractuelle ou extracontractuelle ou au titre d'un régime spécial de responsabilité.
>
> Le producteur reste responsable des conséquences de sa faute et de celle des personnes dont il répond.

662 **Loi du 19 mai 1998.** Cette loi est la transposition en droit français d'une directive communautaire du 25 juillet 1985 ayant pour objet d'imposer un droit uniforme en cette matière, afin de protéger les consommateurs de la même manière quelle que soit l'origine du produit défectueux qui leur a causé dommage. Cette directive imposait aux droits internes de se mettre en conformité avec ses dispositions avant le 31 juillet 1988 et la la France, condamnée pour ne l'avoir pas fait, a été bonne dernière à s'exécuter.

Peut-être impatientée par l'inertie législative à mettre en œuvre cette directive, la Cour de cassation s'était à la vérité décidée à l'introduire elle-même en droit positif : on peut interpréter ainsi deux arrêts très fermes ayant posé en principe « que le fabricant, comme le vendeur professionnel sont tenus de livrer des produits exempts de tout vice ou de tout défaut de fabrication de nature à créer un danger pour les personnes ou les biens ; qu'il en est responsable tant à l'égard des tiers que de son acquéreur » (301). En s'abstenant de toute référence à la garantie du vendeur et en mettant en avant une responsabilité identique envers les contractants et les tiers, cette formule se ralliait délibérément au système de la directive, allant même au-delà puisqu'elle concerne non seulement le fabricant mais encore le vendeur professionnel que la directive exonère s'il désigne le fabricant.

Aussi n'est-il pas certain que la loi enfin intervenue le 19 mai 1998 (mais applicable seulement aux produits mis en circulation après son entrée en vigueur) apporte un réel bouleversement de la matière, même si son introduction formelle dans le Code civil (art. 1386-1 et s.) s'est voulue un signe de solennisation (302), et ce d'autant que cette loi n'a imposé aucune obligation d'assurance aux professionnels concernés.

▪ (301) Civ. 1re, 17 janvier 1995, *D.* 1995.350, note JOURDAIN. — 15 octobre 1996, *Bull. civ.*, I, n° 354.

▪ (302) Pour les premiers commentaires, voir en particulier : VINEY, *D.* 1998, chr. 291. — LARROUMET, *D.* 1998, chr. 311. — RAYMOND, *C.C.C.* 1998, chr. 7. — DAGORNE-LABBÉ, *Defrénois* 1998.1265. — REVEL, *Juriscl. Concurrence Consommation*, Fasc. 1050-5. — Sur son

663 **Caractère optionnel ou supplémentaire.** La caractéristique principale de cette loi (qui se trouve curieusement reléguée *in fine* à l'article 1386-18) est qu'elle ne vient pas remplacer en la matière le droit commun, mais vient y ajouter un régime supplémentaire : contrairement par exemple à la loi sur les accidents de la circulation, qui chasse le droit commun, celle-ci ouvre une **option** à la victime qui peut toujours se prévaloir aussi *« du droit de la responsabilité contractuelle ou extra-contractuelle ou d'un régime spécial de responsabilité »*. Cette souplesse a cependant été démentie par la Cour de justice, interdisant aux États membres de s'écarter de la directive, *même en faveur du consommateur :* on comprend mal comment ce qui est interdit dans les lois de transposition pourrait résulter valablement d'autres textes relevant du droit commun (303).

Cette particularité, qui fait douter certains de son efficacité réelle tant le droit commun assure déjà les mêmes objectifs, n'en sera pas moins à l'origine de difficultés. L'articulation du régime spécifique et des autres droits en cause soulèvera par exemple la question de savoir s'il faut choisir *« en bloc »* l'un ou l'autre ou si l'on pourra combiner des dispositions glanées dans chacun (304).

Aussi la jurisprudence semble-t-elle en passe de désamorcer ce texte, du moins en partie, en décidant que « le régime de la responsabilité du fait des produits défectueux exclut l'application d'autres régimes de responsabilité contractuelle ou extracontractuelle de droit communs fondés sur le défaut d'un produit qui n'offre pas la sécurité à laquelle on peut légitimement s'attendre, à l'exception de la responsabilité pour faute et de la garantie des vices cachés » (305).

A. CHAMP D'APPLICATION

1° Quant aux dommages

664 **Source du dommage : produit défectueux mis en circulation.** La première condition d'application de la loi est que le dommage invoqué trouve sa source dans le défaut d'un produit qui a été mis en circulation.

La notion de produit est définie par l'article 1386-3 très largement : tout objet mobilier, y compris les produits du sol, de l'élevage, de la chasse et de la pêche, y compris l'électricité et y compris les produits du corps humains (art. 1386-12).

application internationale, V. Beraudo, *JCP* 1999.I.140. — Pour une étude de **droit comparé**, v. Borghetti, LGDJ, 2004.

(303) V. CJCE, 25 juillet 2002, trois arrêts : Viney, *JCP* 2002.I.177. — Larroumet, *D.* 2002, chr. 2462. — Calais-Auloy, *D.* 2002.2458. — *Adde* Riehm, *Produits défectueux : quel avenir pour les droits communs ?*, *D.* 2007.2749.

(304) V. Viney, préc. n°s 22 et s.

(305) Com., 26 mai 2010, n° 08-18545 ; *Bull. civ.*, IV, n° 99, *JCP* 2010.1015, n° 8, obs. Stoffel-Munck ; *C.C.C.* 2010, n° 198, obs. Leveneur ; *RTD civ.* 2010.190, obs. Jourdain.

Seuls les immeubles y échappent, mais non les objets mobiliers incorporés dans leur construction.

La notion de mise en circulation est définie par l'article 1386-5 comme étant le *dessaisissement volontaire initial* du produit par le producteur, étant précisé que ce dessaisissement doit avoir pour finalité « la vente ou tout autre forme de distribution » (art. 1386-11, 3°) : le producteur ne répond donc pas sur ce terrain des produits qui sont encore sous sa maîtrise (achevés ou inachevés), de ceux qui lui auraient été subtilisés, de ceux qu'il aurait transmis à des fins d'essais ou d'étude (prototypes, moules, modèles...) ou de destruction (rebuts, déchets), voire de ceux qu'il aurait donnés (sauf dans le cadre d'une distribution publicitaire : échantillons gratuits) (306).

La notion de défectuosité est définie par l'article 1386-4 : est défectueux le produit qui « n'offre pas la sécurité à laquelle on peut légitimement s'attendre compte tenu de toutes les circonstances et notamment de la présentation du produit, de l'usage qui peut en être raisonnablement attendu et du moment de sa mise en circulation » (307).

La jurisprudence attache une grande considération à la « présentation du produit », qui inclut les mises en garde nécessaires (308).

C'est *au moment de la mise en circulation* du produit que sa défectuosité doit s'apprécier : on ne doit avoir égard ni aux défauts nés postérieurement (art. 1386-11, 2°), ni à un usage du produit qui n'était alors pas normalement prévisible (art. 1386-4, al. 2), ni à des progrès scientifiques ou techniques ultérieurs (art. 1386-11, 4° et 1386-4, al. 3), ce dernier élément, désigné de façon ambiguë par l'expression « risque de développement », ayant donné lieu à de nombreuses hésitations (309).

665 **Siège du dommage.** La loi n'est applicable qu'aux dommages causés ***par*** le défaut du produit (art. 1386-1) et il est précisé qu'il s'agit de toute « atteinte à la personne ou à un bien autre que le produit défectueux lui-même » (art. 1386-2).

Est ainsi exclu le dommage n'affectant que le produit lui-même, soit dans sa substance (dégradation, perte), soit dans sa valeur économique (moins-value) : la réparation de ce dommage continue de relever du droit commun, en particulier de la garantie contractuelle des vices cachés (310). La ventilation sera sans doute malaisée dans le cas des produits ou composants incorporés dans un produit fini ou dans un immeuble.

(306) V. Confino, *La mise en circulation, Gaz. Pal.* 2 février 2001, p. 2.

(307) Pour des médicaments, v. Civ. 1re, 5 avril 2005, *D.* 2005.1180.

(308) Pour des médicaments ou vaccins, voir Civ. 1re, 21 juin 2005, *Bull. civ.*, I, n° 275 — 24 janvier 2006, *Bull. civ.*, I, nos 34 et 35. — Civ. 1re, 9 juillet 2009, *Bull. civ.*, I, n° 176. — pour d'autres produits, cf. Civ. 1re, 7 novembre 2006, *Bull. civ.*, I, n° 467 (béton provoquant des lésions sans précautions de maniement).

(309) V. Berg, *La notion de risque de développement, JCP* 1996.I.3945, Penneau, *D.* 1998.448. — Calais-Auloy, *Mélanges Cabrillac*, 1999.81.

(310) Le premier projet de transposition de la directive profitait de l'occasion pour rénover le régime de cette garantie. Il est regrettable qu'il y ait été renoncé car il n'est pas besoin d'être devin pour prévoir que l'articulatisson des deux régimes fera couler beaucoup d'encre.

Quand le dommage entre dans le champ de la loi, peu importe sa **nature :** il peut s'agir aussi bien d'un dommage moral que d'un préjudice économique.

2° Quant aux personnes

666 **Producteur, fournisseur et assimilés.** N'ont cette qualité que ceux qui agissent ***à titre professionnel,*** et en dehors du domaine de la construction immobilière (art. 1386-6 dernier alinéa : il n'y a donc pas de cumul possible de ce régime avec celui de la responsabilité des constructeurs).

Le producteur *stricto sensu* est le ***fabricant,*** soit du produit fini, soit d'une composante (ou, pour les matières premières, celui qui les produit, c'est-à-dire qui les met en état d'être distribuées : extracteur de produits du sous-sol, agriculteur, chasseur, pêcheur, laboratoire, etc.).

Sont assimilés au producteur :

— celui qui, même sans l'être réellement, se présente comme tel « en apposant sur le produit son nom, sa marque ou un autre signe distinctif » (art. 1386, al. 2, 1°) ;

— ***l'importateur*** du produit dans la Communauté européenne (et pas seulement l'importateur en France) en vue de sa distribution (art. 1386-6, al. 2, 2°) ;

— tout ***fournisseur*** (à l'exception du crédit-bailleur) qui participe au circuit de distribution du produit : *revendeur, loueur* (art. 1386-7) (311) mais aussi l'*entrepreneur* qui incorpore le produit dans un autre (art. 1386-8).

Mais le cas de celui qui utilise le produit pour un acte professionnel (comme le chirurgien posant une prothèse) suscite une divergence (312).

667 **Contractants ou non.** Suivant le mouvement moderne tendant à effacer la distinction souvent irritante entre responsabilité contractuelle et responsabilité délictuelle (cf. *supra,* n° 521), la loi précise qu'il importe peu que le producteur « soit ou non lié par un contrat avec la victime ».

La présence d'un contrat peut cependant modifier les choses lorsqu'il comporte une **clause relative à la responsabilité.** Certes l'article 1386-15 répute en principe non écrites « les clauses qui visent à écarter ou à limiter la responsabilité du fait des produits défectueux ». Mais seront néanmoins valables :

— les clauses *aggravant* la responsabilité ;

— les clauses écartant ou limitant cette responsabilité stipulées *entre professionnels* (peu importe ici leur spécialité) mais seulement en ce qui concerne les dommages aux biens (art. 1386-15, al. 2).

(311) Sur ce point le texte français, allant au-delà de la directive, a entraîné la condamnation de la France par la CJCE, 25 avril 2002, *D.* 2002.2462 note LARROUMET ; *RTD civ.* 2002.523, obs. JOURDAIN.

(312) Assimilation pour le Conseil d'État (24 avril 2012, n° 331967), non pour la Cour de cassation (12 juillet 2012, n° 11-17510, *JCP* 2012.1036, note SARGOS ; *D.* 2012.2277, note G. BACACHE ; *RDC* 2013.111, obs. VINEY).

B. MISE EN ŒUVRE

1° Quant à la victime

668 **Délai pour agir.** La loi organise un système de prescription plafonnée, connu en droit allemand mais novateur en France, qui combine deux délais :

— ***un délai de trois ans*** qui constitue une prescription de droit commun : la victime doit agir dans ce délai à partir du moment où elle « a eu ou aurait dû avoir connaissance du dommage, du défaut et de l'identité du producteur » (art. 1386-17) ;

— ***un délai de dix ans*** qui constitue un plafond : dix ans après la mise en circulation du produit, plus aucune nouvelle action ne peut être introduite contre l'une quelconque des personnes visées par la loi, sauf à prouver sa faute (art. 1386-16).

668-1 **Triple preuve à sa charge.** L'article 1386-9 paraît à première lecture sévère pour la victime en exigeant d'elle qu'elle prouve « le dommage, le défaut et le lien de causalité entre le défaut et le dommage ».

En réalité, ces éléments sont ceux qui sont indispensables à toute demande de réparation. L'important est que n'est pas exigée la preuve d'une faute quelconque et que la défectuosité du produit engage par elle-même la responsabilité des professionnels qui l'ont produit et distribué : il s'agit d'une responsabilité de plein droit (art. 1386-11, al. 1er). En ce qui concerne le lien de causalité, la jurisprudence tend à se satisfaire (du moins pour les produits médicaux) d'une simple possibilité (313).

2° Quant aux responsables

669 **Moyens d'exonération.** Responsables de plein droit, les personnes désignées par la loi disposent-elles de moyens d'exonération ? La loi apporte ici un certain nombre de précisions que l'on peut ranger en trois catégories.

Ne sont pas des moyens d'exonération :

— le fait ou la faute d'un tiers ayant concouru au dommage (art. 1386-14) ; si ce tiers a engagé sa responsabilité sur un fondement quelconque, le producteur disposera simplement d'un recours contre lui ;

— le respect des règles de l'art, des normes existantes ou l'obtention d'une autorisation administrative (art. 1386-10) ;

— l'insuffisance des connaissances scientifiques à l'égard des produits du corps humains (art. 1386-12).

(313) Cf. Civ. 1re, 24 janvier 2006, *Grands arrêts*, n° 234 ; *D.* 2006.1273, note NEYRET ; *JCP* 2006.II.10082, note GRYNBAUM. — Civ. 1re, 22 mai 2008, *Bull. civ.*, I, nos 147 et s. — Civ. 1re, 9 juillet et 23 septembre 2009, *Bull. civ.*, I, nos 176 et 188.

Est une cause d'exonération partielle ou totale la faute de la victime ou d'une personne dont elle répond (art. 1386-13). Pas plus que celle de 1985 sur les accidents de la circulation, la loi ne fournit ici de directive pour choisir entre un partage de responsabilité et une exonération totale : on peut donc craindre le même flou jurisprudentiel (cf. *supra,* n°s 654 et 655).

Sont des causes d'exonération totale énumérées à l'article 1386-11 :

— la preuve d'un défaut de mise en circulation en vue de la vente ou de la distribution (ce qui traduit que cette mise en circulation est présumée) ;

— la preuve de l'inexistence du défaut lors de la mise en circulation du produit (ce qui traduit que cet élément aussi est présumé) ; cependant si ce défaut était indécelable à raison de l'état contemporain des connaissances, le producteur ne pourra s'en prévaloir qu'à condition d'avoir, dès sa révélation, « pris les dispositions propres à en prévenir les conséquences dommageables » (art. 1386-12, al. 2) ;

— la preuve que le défaut est « dû à la conformité du produit avec des règles impératives d'ordre législatif ou réglementaire », sous la même restriction que précédemment ;

— la preuve, pour le producteur d'un simple composant, que le défaut du produit fini est imputable à la conception ou aux instructions du fabricant de ce dernier.

669-1 **Solidarité et recours.** Il arrivera fréquemment que plusieurs responsables soient en même temps désignés par les règles précitées (producteur, importateur et distributeurs successifs du même produit, voire producteurs du produit fini et ceux de ses composantes : art. 1386-8). Selon le droit commun, ils seront alors responsables *in solidum* (et même solidairement dans le cas de l'article 1386-8).

La loi ne règle la question des recours que pour celui du fournisseur contre le producteur, recours qui semble total mais qu'il doit exercer dans un délai d'un an (art. 1386-7, al. 2).

Tous les autres recours — entre coresponsables au titre de la loi ou envers des responsables sur d'autres fondements juridiques — relèvent du droit commun (cf. *supra*, n°s 564 et 624).

SOUS-TITRE 2

L'OBJET DE LA RESPONSABILITÉ CIVILE : LA RÉPARATION DU DOMMAGE

670 **Généralités.** Contrairement à la responsabilité pénale ou disciplinaire, qui existe sur le seul fondement de la faute, même si elle n'a pas entraîné de dommage, la responsabilité civile ne se conçoit que si un préjudice a été subi, puisque sa finalité est précisément de réparer ce préjudice.

Déjà peu prolixe sur les conditions de la responsabilité, le Code civil l'est encore moins sur cette réparation. L'article 1382 se borne à déclarer que celui qui cause à autrui « un dommage » doit « le réparer ».

C'est donc essentiellement à la **jurisprudence** qu'est revenu le soin de déterminer d'une part en quoi consiste un dommage réparable (Chapitre 1), d'autre part comment doit s'effectuer cette réparation (Chapitres 2 et 3).

CHAPITRE 1
LE DOMMAGE RÉPARABLE

671 **Charge de la preuve.** Puisque l'existence d'un dommage est nécessaire à la mise en œuvre de la responsabilité civile, c'est bien entendu à la victime qui occupe la position de demandeur qu'il incombe de prouver cette existence (1). La jurisprudence a précisé quelles sont les différentes variétés de dommage (appelé aussi préjudice) que l'on peut invoquer et les caractères qu'il doit présenter pour ouvrir droit à réparation.

(1) Mais, dans certains domaines de plus en plus nombreux, cette existence paraît présumée par une création jurisprudentielle apparue en matière de **concurrence déloyale** (Com., 22 octobre 1985, *Bull. civ.,* IV, n° 245. — 9 février 1993, *Bull. civ.,* IV, n° 53. — 22 février 2000, *C.C.C.* 2000, n° 81. — 9 octobre 2001, *C.C.C.* 2002.6 ; *RTD civ.* 2002.304, obs. JOURDAIN) et qui rencontre auprès des juges une mode croissante : en **matière sociale** : Soc., 6 mai 1998, *Bull. civ.,* V, n° 223 et Soc., 29 septembre 2004, *RJDA* 2005.44. — 11 janvier 2006, *Bull. civ.*, V, n° 8. — 9 mai 2007, *Bull. civ.*, V, n° 69. — En matière de **diffamation** : Civ. 2e, 23 septembre 2004, *Bull. civ.,* II, n° 423. — En matière de **voie de fait** sur la propriété privée : Civ. 3e, 9 septembre 2009, *Bull. civ.*, III, n° 185. — Pour les atteintes à la **vie privée** : Civ. 1re, 5 novembre 1996, *JCP* 1997.II.22805, note RAVANAS. — Pour les actes de **parasitisme** : Civ. 1re, 22 octobre 2009, *Bull. civ.*, I, n° 209. — Pour les manquements au **devoir d'information** : Soc., 19 mai 2004, *Bull. civ.*, V, n° 134. — Civ. 1re, 3 juin 2010, n° 09-13591 ; *Bull. civ.*, I, n° 128. — Civ. 1re, 12 juin 2012, n° 11-18327 ; *JCP* 2012.1036, note SARGOS — Voir toutefois Civ. 1re, 23 janvier 2014, n° 12-22123 cantonnant la responsabilité au cas où le risque non divulgué se réalise. — Pour les manquements à **l'obligation de sécurité** : Soc., 25 mars 2009, *Bull. civ.*, V, n° 84. — Pour la stipulation d'une **clause de non-concurrence nulle** : Soc., 12 février 2011, n° 09-41904 (v. déjà *Bull. civ.*, 2006, nos 8, 109, 120 et 341 ; *RTD Civ.* 2006.314, obs. MESTRE et FARGES). — Soc., 9 janvier 2013, n° 11-26418 ; *C.C.C.* 2013.52, obs. L. L.

SECTION 1 VARIÉTÉS DE DOMMAGE

672 **Dommage matériel.** Il y a dommage matériel non seulement en cas de destruction ou de dégradation d'un *bien,* mais de façon plus générale dans toute atteinte à un *intérêt financier,* que la victime éprouve une véritable perte (de biens ou de droits ayant une valeur, comme un droit au bail par exemple) ou simplement un manque à gagner (par exemple, l'impossibilité d'obtenir un marché, ou d'exploiter une clientèle à la suite d'une concurrence déloyale).

673 **Dommage moral.** Le dommage moral réside dans une atteinte à des valeurs non pécuniaires, c'est-à-dire à toutes formes de **sentiments humains :** atteintes à l'honneur (injures, diffamation), à la pudeur (violations de la vie privée, publications illicites d'images), à l'affection (adultère, perte d'un animal ou d'un bien ayant une valeur d'attachement au-delà de son prix économique) et plus généralement, aux joies et plaisirs de la vie (privations de la possibilité de certaines activités, troubles dus par exemple à des nuisances) mais n'allant toutefois pas jusqu'à des difficultés financières (2). Les tribunaux multiplient les qualificatifs : préjudice d'agrément (3), préjudice d'anxiété (4), préjudice sexuel (5), préjudice d'établissement (6), etc.

Le principe d'une réparation de ce type de dommage a souvent été contesté : la réparation ne pouvant se faire qu'en argent, on a pu éprouver des scrupules à « monnayer » des valeurs par essence extra-patrimoniales (7). L'ancien droit l'ignorait et le droit administratif a longtemps refusé toute réparation en cette matière. Mais le principe de cette réparation a été admis par les tribunaux judiciaires dès le XIXe siècle (8) et il a pris de nos jours une grande ampleur avec le développement des « droits de personnalité », dont la violation se traduit par une réparation pécuniaire. Même les personnes morales peuvent éprouver ce type de préjudice (9). Il faut ajouter qu'on conçoit aujourd'hui des **formes de réparation** adaptées à ce type de préjudice, comme par exemple les publications destinées à rectifier une atteinte commise par voie de presse (cf. *infra,* n° 696).

(2) Com., 4 février 2014, n° 13-10630.
(3) Ass. Plén., 19 février 2003, *D.* 2005.185, notes DELEBECQUE, JOURDAIN et MAZEAUD.
(4) Soc., 11 mai 2010, *Bull. civ.*, V, n° 106 ; *D.* 2011.37 ; *RTD civ.* 2010.564 ; 29 mai 2013, *D.* 2014.47, note BRUN (victimes de l'amiante). — Civ. 1re, 19 décembre 2006, *JCP* 2007.10052 — 12 juillet 2077, n° 06-14180 (victimes de sondes cardiaques non fiables).
(5) Civ. 2e, 8 avril et 17 juin 2010 ; *D.* 2011.35.
(6) Civ. 2e, 12 mai 2011, n° 10-17148 ; *D.* 2012.47, note BRUN.
(7) Cf. RIPERT, *Le prix de la douleur, D.* 1948, chr. 1. — ESMEIN, *La commercialisation du dommage moral, D.* 1954, chr. 113.
(8) Ch. réunies, 25 juin 1833, *S.* 1833.I.458, concl. DUPIN.
(9) V. Com., 5 mai 2012, n° 11-10278 ; *JCP* 2012.10212, note WESTER-OUISE ; *D.* 2012.2285, note DONDERO.

Il reste que cette variété de dommage, par son aspect insaisissable, trouble régulièrement les esprits (10). Témoin en dernier lieu l'émoi national suscité par l'arrêt *Perruche,* indemnisant un enfant handicapé du fait de devoir ainsi vivre parce qu'une faute médicale a empêché sa mère de décider une I.V.G. (11). Que la vie dans certaines conditions soit en elle-même un fardeau n'est pourtant pas une découverte et l'affaire avait connu des précédents qui étaient restés paisibles (12). La seule question est en réalité de savoir s'il est légitime de demander réparation d'un tel dommage (cf. *infra,* n° 680).

674 **Dommage corporel.** Le dommage corporel, résultant d'une atteinte physique à la personne, présente la particularité de combiner des éléments de préjudice matériel et de préjudice moral.

a) ***L'aspect matériel*** apparaît non seulement dans les frais médicaux (hospitalisation, traitement, cures) mais également dans l'incidence économique de l'état de la victime qui ne peut se livrer à ses activités rémunératrices habituelles. Cela se traduit par une incapacité mesurée par un **« taux d'incapacité »** (ou taux d'invalidité) exprimé, un peu arbitrairement, en pourcentage. Il y a souvent, à la suite d'un accident corporel, deux phases à considérer.

D'abord la phase de soins, pendant laquelle on parle « d'incapacité temporaire » : par exemple « **I.T.T.** de trois mois » (c'est-à-dire incapacité temporaire totale) ou « **I.T.P.** de 50 % de 3 mois » (c'est-à-dire incapacité temporaire partielle à 50 % pendant trois mois).

Puis, lorsque l'état de la victime paraît stabilisé (on dit **« consolidé »**) mais lui laisse une diminution physique, on parle « d'incapacité permanente » : par exemple « **I.P.P.** de 40 % » (incapacité permanente partielle de 40 %). Il n'existe pas de « barème » en matière de responsabilité civile (alors qu'il en existe au regard de la Sécurité sociale). Le juge fixe librement le taux à retenir, compte tenu notamment du métier de l'intéressé (la perte d'un doigt est plus grave pour un pianiste que pour un avocat). À l'aide du taux ainsi fixé, le juge mesure la perte de revenus subie par la victime. Lorsqu'il y a incapacité totale, il arrive que non seulement la victime perde tout revenu, mais encore que son état nécessite l'**assistance d'une tierce personne,** ce qui constitue une charge importante réparable.

(10) Sur le préjudice moral des personnes morales, v. STOFFEL-MUNCK, *Mél. Le Tourneau*, Dalloz, 2008, n°s 959 et s. — Com., 15 mai 2012, n° 11-10278.

(11) Ass. Plén., 17 novembre 2000, *D.* 2001.332, note D. MAZEAUD (avec en note 4 les références aux autres commentaires, dont émerge, par son humanisme et sa rigueur combinés, celui de M. GOBERT, *Petites Affiches,* 8 décembre 2000). — Solution confirmée dans son principe par Ass. Plén., 13 juillet 2001, *Grand arrêts*, n° 187, *D.* 2001.2325, note JOURDAIN, puis par Civ. 1re, 24 janvier 2006, *Bull. civ.*, I, n° 31 (même après la loi du 4 mars 2002). Pour des vues de droit comparé sur le « dommage existentiel », v. FABRE-MAGNAN, *D.* 2010.2376.

(12) Civ. 1re, 26 mars 1996, *D.* 1997.35, note ROCHE-DAHAN. — Crim., 4 février 1998, *D.* 1999.445 ; *JCP* 1999.II.10178 et depuis Crim., 29 septembre 2010, n° 09-82438 (pour l'enfant né d'un viol).

b) ***L'aspect moral*** du préjudice corporel apparaît avec la diminution du bien-être de la victime, sous différentes formes : il s'agit d'abord des souffrances éprouvées, soit du fait de l'accident lui-même soit du fait des traitements (on parle de **« *pretium doloris* »,** prix de la douleur). Il réside aussi dans la privation de certaines joies et satisfactions : perte de certains sens (cécité, surdité, perte du goût, impuissance sexuelle) ou impossibilité de pratiquer certaines activités, notamment sportives (on parle couramment, pour désigner ce poste de dommages, de **« préjudice d'agrément »**). Enfin l'atteinte à l'aspect extérieur de la personne donne lieu à un **« préjudice esthétique ».**

SECTION 2 CARACTÈRES DU DOMMAGE

675 **Triple condition.** Quelle que soit sa nature, le préjudice invoqué n'ouvre droit à réparation que s'il présente un triple caractère : il doit être direct, certain et légitime. Chacune de ces conditions a soulevé de délicates questions.

§ 1. Dommage direct

676 **Ambiguïté de l'expression.** Parce qu'en matière de responsabilité contractuelle, où la question est identique, l'article 1151 précise que la réparation ne doit porter que sur la « suite immédiate et directe » de la faute, il est devenu de tradition d'exiger en matière délictuelle aussi que le préjudice soit « direct ». Mais il n'y a là en réalité qu'une manière d'exprimer l'exigence d'un ***lien de causalité*** entre la faute et le dommage : les dommages « indirects » sont ceux qui sont trop éloignés dans l'enchaînement des circonstances pour qu'on puisse véritablement les rattacher à la faute. Prise dans ce sens, l'expression n'est qu'un rappel de l'exigence d'un lien de causalité (sur laquelle, voir *supra,* n° 555).

Mais le terme recouvre aujourd'hui une autre réalité : un dommage peut atteindre, au-delà de sa victime directe et première, des *victimes indirectes* qui subissent ce qu'on appelle un préjudice par ricochet.

677 **Le dommage par ricochet, ou dommage réfléchi.** Il arrive fréquemment que l'atteinte portée à une personne atteigne, par contrecoup, d'autres personnes qui en étaient proches : celles-ci subissent donc un préjudice personnel dit « par

ricochet ». On leur reconnaît aujourd'hui un droit propre à réparation, indépendant de la réparation due à la victime première (13). Cette indépendance emporte que la victime par ricochet peut agir sur le plan délictuel alors même que la victime directe est, quant à elle, liée par un contrat (14). La logique du « non-cumul » devrait alors toutefois lui imposer de faire la preuve d'une faute envisagée en elle-même (cf. *supra,* n° 552), ce que les arrêts ne semblent pas exiger.

Ce préjudice par ricochet peut être aussi bien **matériel** que **moral :** lorsqu'un père de famille est tué par exemple, ses proches éprouvent à la fois la perte matérielle des revenus qui les faisaient vivre et un chagrin moral (15). Il peut même être exclusivement moral (16).

Dans un premier temps cette notion était limitée à l'hypothèse du **décès** de la victime directe (17). Mais la jurisprudence l'admet aujourd'hui également en dehors du décès, par exemple dans la douleur qu'il y a à voir un être cher **diminué** ou souffrant et dans les perturbations de vie que cet état impose à ses proches (18).

Il faut bien sûr que la victime par ricochet établisse la réalité de son préjudice : sur le plan matériel, cela implique qu'elle prouve que la victime directe lui procurait des ressources (19) ; sur le plan moral, qu'elle prouve les liens d'affection l'unissant à cette victime avant l'accident : le dommage de l'enfant né plus tard qui souffre d'avoir un père infirme n'est pas jugé réparable (20). Mais la jurisprudence a aujourd'hui abandonné l'exigence d'un lien de famille qui ne constitue plus qu'une présomption (21) : les liens

(13) Cf. VINEY, *L'autonomie du droit à réparation de la victime par ricochet, D.* 1974, chr. 3.

(14) Civ. 2e, 23 octobre 2003, *JCP* 2004.II.10187 (pour les proches d'un emprunteur). — 28 octobre 2003, *Bull. civ.,* II, n° 330 ; *JCP* 2004.I.163, n° 11, obs. VINEY (pour les proches de touristes agissant contre l'agent de voyage).

(15) Voir aussi Civ. 2e, 19 novembre 1997, *Bull. civ.,* II, n° 280 (conséquences de la destruction d'un bien sur les rapports de celui qui avait prêté ce bien avec son fournisseur de crédit). — Crim., 21 juillet 1998, *Bull. crim.,* n° 217 (perte par une femme handicapée de l'assistance que lui apportait son mari).

(16) Ex : état dépressif d'un père à la suite du décès de sa fille (Civ. 2e, 28 avril 2011, n° 10-17380).

(17) Encore faut-il qu'il y ait véritablement préjudice : l'obligation de payer les droits de succession n'en est pas un (Civ. 2e, 8 novembre 1995, *D.* 1996.360, note ROETS).

(18) V. BOURRIÉ-QUENILLET, *Le préjudice moral des proches d'une victime blessée, JCP* 1998.I.186. — Civ. 2e, 23 mai 1977, *Bull. civ.,* II, n° 139. — 13 décembre 1978, *Bull. civ.,* II, n° 271. — 1er mars 1978, *Bull. civ.,* II, n° 51. — 14 janvier 1998, *Bull. civ.,* II, n° 14 (parents du fait du viol de leur fille). Et l'on ne peut opposer au conjoint son obligation d'assistance : Civ. 2e, 12 novembre, 1986, *Bull. civ.,* II, n° 164.

(19) Il n'y a pas à « compenser » ce dommage avec la part que l'intéressé reçoit dans la succession de la victime : Civ. 2e, 2 février 1994, *Bull. civ.,* II, n° 46.

(20) On peine à l'expliquer, soit par une absence de causalité (Civ. 2e, 5 octobre 2006, *Bull. civ.*, II, n° 247), soit par une importance minime (!) : JOURDAIN, *RTD civ.* 2005.404, sous Civ. 2e, 24 février 2005, *Bull. civ.*, II, n° 53 ; cf. aussi VINEY, *JCP* 2005.I.149 n° 1.

(21) Civ. 2e, 16 avril 1996, *Bull. civ.,* II, n° 94 pour les oncles et tantes.

d'assistance et d'affection peuvent exister en dehors de tout lien juridique de sorte qu'il faut prendre en compte la situation de fait (22) : c'est la notion de *« proches »* qui est prise en compte, si bien que pourront demander réparation des **proches non parents** tandis que sont écartés des parents dont le défunt était en fait éloigné, comme un conjoint séparé de fait (23) ou en instance de divorce (24). On dénote toutefois une exigence particulière à l'égard de non parents (25).

C'est encore cette notion de victime par ricochet qui a conduit la jurisprudence à admettre que des **organismes** ayant versé des prestations à la victime directe (employeurs, caisses de retraite, etc.) peuvent parfois (selon leur statut qui est d'une infinie variété) demander au responsable réparation de ces débours (26). Cette solution est cependant écartée désormais en matière d'accidents de la circulation par l'article 33 de la loi du 5 juillet 1985.

Dans un autre domaine, la même idée explique qu'un dommage causé à un groupement atteigne par contrecoup ses membres et que ces derniers puissent parfois demander réparation de ce préjudice par ricochet, à condition qu'il se distingue de celui du groupement lui-même (27).

Il est admis qu'en toute occurrence la faute de la victime principale est opposable à la victime par ricochet, qui subit donc une réduction d'indemnisation, solution plus intuitive que logique (28).

§ 2. Dommage certain

678 **Dommage actuel ou futur.** On dit souvent que pour être réparable, un dommage doit être actuel et certain (29). On entend par là que seul un dommage **réel** peut donner lieu à réparation, et non un dommage hypothétique résultant de conjectures plus ou moins aléatoires sur l'avenir : le dommage dit simplement *éventuel* ne peut être pris en compte. Par exemple la salariée d'une institution

(22) Sur l'évolution détaillée de la jurisprudence, voir FLOUR, AUBERT et SAVAUX, t. 2, n°s 142 et s.
(23) Civ. 2e, 22 février 1989, *Bull. civ.,* II, n° 46.
(24) Civ. 2e, 8 décembre 1993, *Bull. civ.,* II, n° 362.
(25) Cf. par ex. refusant réparation à deux concubines parce que leur dualité impliquait une précarité des liens : Crim., 8 janvier 1985, *JCP* 1986.II.20588, note ENDRÉO.
(26) Cf. par ex. Soc., 14 mars 1984, *Bull. civ.,* V, n° 97. — Civ. 2e, 14 février 1985, *Bull. civ.,* II, n° 40. — Civ. 1re, 3 décembre 1985, *Bull. civ.,* I, n° 332.
(27) Com., 4 mars 1986, *Bull. civ.,* IV, n° 42 pour un associé. — Mais Ass. Plén., 9 juillet 1993, *Bull. civ.,* Ass. Plén., n° 13 ; *JCP* 1993.II.22122 pour le membre d'un groupement de créanciers (« faillite » ancien régime).
(28) Ch. réunies, 25 novembre 1964 et Ass. Plén., 19 juin 1981, *Grands arrêts*, n°s 194 et 195.
(29) V. par ex. Civ. 1re, 9 décembre 1997, *Bull. civ.,* I, n° 361.

religieuse dont une photographie indiscrète est publiée n'est pas certaine d'être licenciée, bien que ce soit une éventualité : tant que le fait n'est pas survenu, elle ne peut en demander réparation (30). Tant qu'il demeure à l'état de **risque**, un préjudice n'est qu'éventuel (31). Mais certains arrêts admettent que ce risque crée une menace dont l'existence est en elle-même un préjudice (32) du moins au titre le l'anxiété qu'elle engendre (v. *supra*, n° 673).

Mais un préjudice peut être futur et cependant certain, lorsqu'il n'est pas douteux qu'il se produira : ainsi la victime impotente devra certainement exposer des frais pour son entretien et ce chef de préjudice futur est réparable. On voit que la frontière suppose une appréciation du degré de *probabilité* du dommage futur, lequel n'atteint jamais la certitude absolue (la victime impotente peut décéder d'une autre cause et n'avoir pas à exposer les frais d'entretien), ce que traduisent les *Principes Unidroit* en énonçant que « n'est réparable que le préjudice, même futur, qui est établi avec un degré raisonnable de certitude » (art. 7-4-3).

679 **Perte d'une chance.** La distinction précédente entre préjudice futur certain entièrement réparable et préjudice éventuel aucunement réparable apparaît quelquefois brutale dans des hypothèses où l'éventualité est trop sérieuse pour être négligée mais pas assez pour être tenue pour certitude. Aussi, pour éviter ce système du « tout ou rien », la jurisprudence a-t-elle introduit une notion permettant de prendre une décision intermédiaire : la notion de « perte d'une chance ». Cette notion est utilisée lorsque l'existence ou l'étendue du préjudice dépendait d'un **événement aléatoire** auquel la victime n'a pu participer : par exemple le propriétaire d'un cheval empêché de courir par un accident ; le candidat à un examen empêché de se présenter ; le plaideur empêché de soutenir son procès par une erreur de procédure de son avocat ; le parieur privé des chances de gagner par la faute du jockey (33).

Si la chance perdue était très incertaine, on dit que le préjudice était éventuel et non réparable (34) : ainsi un enfant de 9 ans accidenté ne peut invoquer la perte d'une chance d'accéder à une situation rémunératrice (35). L'idée que soit

(30) Pour une application contemporaine, voir Civ. 1re, 20 juillet 1993, *Bull. civ.*, I, n° 274 (la séropositivité n'est pas encore le sida).

(31) Civ. 1re, 16 juin 1998, *Bull. civ.*, I, n° 216. — Cependant, pour éviter les défenses en « ping-pong » en présence de plusieurs responsables expliquant chacun que le préjudice ne deviendra certain que par l'échec des actions contre les autres, la Cour de cassation a décidé que le seul fait de disposer d'une action judiciaire contre un tiers ne rend pas le dommage incertain : Civ. 1re, 2 octobre 2002, *Bull. civ.*, I, n° 226.

(32) Pour ex. en matière de voisinage : v. *supra*, n° 640. — Cf. aussi Civ. 3e, 17 décembre 2002, *JCP* 2004.I.101, n° 5, obs. VINEY.

(33) Civ. 2e, 4 mai 1972, *D.* 1972.596 et 25 janvier 1973, *JCP* 1974.II.17641 et la note.

(34) Cf. Civ. 2e, 22 février 1989, *Bull. civ.*, II, n° 46.

(35) Civ. 2e, 9 novembre 1983, *JCP* 1984.II.20360, note CHARTIER. — Soc., 29 février 1996, *Bull. civ.*, V, n° 79.

réparable une chance même faible, parfois avancée (36), est régulièrement repoussée au profit de l'exigence d'une chance « raisonnable » (37). Mais si la chance perdue apparaissait suffisamment sérieuse, alors sa perte constitue la « disparition d'une éventualité favorable » (38) et est regardée comme un préjudice réparable : ainsi l'étudiant avancé peut invoquer la perte de la chance d'accéder à une situation enviable (39). Il en est de même du plaideur qui avait une « chance sérieuse » de gagner en appel (40), le juge ne pouvant se refuser à son évaluation (41).

Toutefois, pour tenir compte du degré de probabilité afférent à la chance perdue, **la réparation ne peut être que *partielle* :** la victime ne peut obtenir la totalité de l'avantage espéré, mais seulement une fraction plus ou moins grande selon sa probabilité (42), et ce même dans le cas où la chance était « très sérieuse » (43). Selon la formule actuelle, « la réparation d'une perte de chance doit être mesurée à la chance perdue et ne peut être égale à l'avantage qu'aurait procuré cette chance si elle s'était réalisée » (44). La Cour de cassation a défini la méthode qu'il faut alors suivre : évaluer le préjudice « plein », puis l'affecter d'un coefficient proportionnel à la probabilité (45). En stricte logique, cette solution est imparfaite car la « chance » perdue n'était pas destinée à rester à l'état de chance ni donc à conserver la valeur déterminée par son degré de probabilité : elle était destinée à être courue et sa valeur à être, soit accrue par le succès soit anéantie par l'échec. La réparation partielle ne replace donc pas vraiment la victime dans la situation où elle serait si on ne l'avait pas privée de sa chance. Mais la justice n'est pas toujours une application stricte de la logique...

(36) V. en dernier lieu Civ. 1re, 16 janvier 2013, n° 12-14439 — Com., 13 mai 2014, n° 13-758.

(37) Civ. 1re, 30 avril 2014, nos 13-16380 et 12-22567, *JCP* 2014.815, obs. BORGHETTI.

(38) Civ. 1re, 14 octobre 2010, n° 09-69195 ; *D.* 2011.37.

(39) Civ. 2e, 12 mai 1966, *Grands arrêts*, n° 184 ; *D.* 1967.3. — Crim., 24 février 1970, *JCP* 1970.II.16456, note LE TOURNEAU. — Pour la « chance d'avancement » d'un salarié : Crim., 4 décembre 1996, *D.* 1997.IR.67.

(40) Civ. 1re, 7 février 1989, *Bull. civ.*, I, n° 62. — Civ. 1re, 8 juillet 2003, *Bull. civ.*, I, n° 164.

(41) Civ. 1re, 2 avril 1997, *Bull. civ.*, I, n° 118 — 2 avril 2009, n° 08-12848, *Bull. civ.*, I, n° 72.

(42) Civ. 1re, 27 mars 1973, *D.* 1973.595. — 2 mai 1978, *Bull. civ.*, I, n° 167. — 10 juin 1986, *Bull. civ.*, I, n° 163. — 7 février 1990, *Bull. civ.*, I, n° 39. — Crim., 3 novembre 1983, *JCP* 1985.II.20360, note CHARTIER. — Civ. 1re, 17 mai 1988, *Bull. civ.*, I, n° 148, pour la réparation du vol consécutif à la défaillance d'un système d'alarme. — Civ. 2e, 4 octobre 1995, *Bull. civ.*, II, n° 230. — Le **Conseil d'État**, à l'origine plutôt adepte du « tout ou rien » (CE, 19 mars 2003, CHU de Caen, n° 195007 — CE, 5 juillet 2006, *JCP* 2007.I.115, n° 3) a finalement rallié la position de la Cour de cassation : CE, 2 décembre 2007, *JCP* 2008.I.132 ; *AJDA* 2008.135. — 25 mars 2009, *JCP* 2010.308, obs. BYK.

(43) Civ. 2e, 9 avril 2009, *Bull. civ.*, II, n° 98.

(44) Civ. 1re, 16 juillet 1998, *Bull. civ.*, I, n° 260. — 9 avril 2001, *Bull. civ.*, I, n° 116. — 15 janvier 2002, *C.C.C.* 2002, n° 73. — Civ. 2e, 9 avril 2009, n° 08-15977.

(45) Civ. 1re, 8 juillet 1997, *Bull. civ.*, I, nos 238 et 239. — 18 juillet 2000, *D.* 2000.853, note CHARTIER ; *Defrénois* 2000.1385, obs. AUBERT ; *Bull. civ.*, I, n° 224. — Civ. 1re, 18 janvier 2005, *Bull. civ.*, I, n° 29.

Parce qu'elle est « commode » pour le juge obligé de scruter ce qu'aurait été l'avenir sans l'accident, d'effectuer selon l'expression de Flour un « pronostic rétrospectif », la notion de perte d'une chance connaît un certain succès parfois même excessif (46) et la Cour de cassation doit parfois rappeler qu'elle n'a pas sa place en présence d'un préjudice certain (47). Dégagée au sujet de l'évaluation d'un dommage ayant un principe d'existence certain (l'examen ou la course n'a pu être tenté), elle a été étendue à l'existence du lien de causalité comme on l'a déjà vu (cf. *supra,* n° 563). Elle est aussi parfois employée à l'égard d'un risque de dommage (48).

Lorsque la suite des événements permet de connaître l'évolution de la « chance » perdue, une nouvelle réparation est possible (49).

§ 3. Dommage « légitime »

680 **L'atteinte à un intérêt légitime.** La victime ne peut enfin demander réparation d'un dommage que si ce dommage ne présente pas un caractère illicite ou immoral : on concevrait mal par exemple que le malfaiteur arrêté à la suite d'un accident puisse réclamer à l'auteur de l'accident réparation du préjudice lié à son arrestation (50). C'est ce qu'on exprime en exigeant du dommage un caractère « légitime ».

Pendant longtemps, cette exigence a conduit les juridictions civiles à refuser à la **concubine** toute réparation du préjudice par ricochet subi du fait de la mort de son concubin, au motif qu'elle ne justifiait pas d'un « intérêt juridiquement protégé ». Mais, la chambre criminelle de la Cour de cassation adoptant une solution contraire, une chambre mixte a décidé en 1970 que tout intérêt légitime pouvait être réparé, même s'il n'était pas « juridiquement protégé » (51). Allant plus loin, la jurisprudence postérieure a admis le droit à réparation même si le concubinage était adultérin, au motif que seul le conjoint peut se plaindre de l'adultère, mais que le responsable du décès du concubin ne saurait l'invoquer

(46) Pour la dénonciation de son usage abusif en présence de préjudices non véritablement aléatoires : Lecourt, *Defrénois* 2000.1278 et s., sous Com., 19 octobre 1999, *Bull. civ.*, IV, n° 176.

(47) Civ. 1re, 2 octobre 1984, *Bull. civ.,* I, n° 245. — Civ. 2e, 16 janvier 1985, *Bull. civ.,* II, n° 13. — Civ. 2e, 23 juin 1993, *Bull. civ.,* II, n° 233. — Civ. 3e, 26 septembre 2001, *RJDA* 2001.1284.

(48) Civ. 1re, 14 janvier 2010, n° 08-21.562, *JCP* 2010. note 413, crit. Raschel.

(49) V. Civ. 1re, 7 juin 1989, *D.* 1991.158, note J.P. Couturier (chances de guérison).

(50) Pour une application au gardien en état de légitime défense, V. Civ. 2e, 22 avril 1992, *D.* 1993.353, note Burgelin.

(51) Ch. mixte, 27 février 1970, *Grands arrêts*, n° 186 ; *D.* 1970.201, note Combaldieu ; *JCP* 1970.II.16305, concl. Lindon. — Cf. Vidal, *JCP* 1971.I.2390.

pour alléger sa charge d'indemnité (52). Un arrêt a ainsi pu octroyer réparation à la fois à la concubine et à l'épouse de la victime (53).

Ce cas particulier étant aujourd'hui réglé, la condition d'un intérêt légitime ne peut guère servir qu'à exclure la réparation dans des cas tout à fait exceptionnels : par exemple la prostituée ou la strip-teaseuse qui, à la suite d'un accident corporel, demanderait à être indemnisée de l'obligation où elle s'est trouvée de se reconvertir, l'agresseur blessé par la défense de sa victime ou le participant à une réunion de drogués se piquant mutuellement (54) ; le chef d'entreprise qui, à la suite d'un accident survenu à un employé « au noir », réclamerait réparation de son absence (55) ; le plaideur qui reproche à son avocat de ne pas lui avoir conseillé une voie de recours abusive mais profitable (56) ; une commune qui reproche à une association d'avoir fait obstruction à des travaux illégaux (57) ou d'avoir détruit un édifice irrégulièrement implanté (58), l'héritier receleur qui reporte sur le notaire l'origine de la peine qu'il subit (59).

La règle *« Nemo auditur... »* étant sans application en matière délictuelle (*supra* n° 209), ce refus de réparation pour « indignité » de la victime (60) est longtemps resté exceptionnel et l'on a vu les tribunaux réparer le préjudice du voyageur clandestin (61), du complice d'un vol (62) ou même de l'acheteur de drogue blessé au cours de la transaction (63). Mais on décèle, ces dernières années, une tendance « moralisatrice » (attention à l'« ordre moral »...) qui multiplie les hypothèses d'indignité, lesquels fournissent en définitive un effet d'aubaine au responsable (64).

(52) Cf. Crim., 19 juin 1975, *D.* 1975.679, note Tunc.
(53) Riom, 9 novembre 1978, *JCP* 1979.II.19107, note Almairac.
(54) Civ. 2e, 16 mars 1993, *Bull. civ.*, II, n° 93.
(55) Civ. 2e, 27 mai 1999, *Bull. civ.*, II, n° 105 ; *JCP* 2000.I.197, n° 4, obs. Viney ; *RTD civ.* 1999.637. — 24 janvier 2002, *Grands arrêts*, n° 188 ; *Bull. civ.*, II, n° 5 ; *JCP* 2002.II.10118 ; *RTD civ.* 2002.306, obs. Jourdain ; *D.* 2002.2559, note D. Mazeaud ; *Defrénois* 2002.786, obs. Libchaber.
(56) Civ. 1re, 23 novembre 2004, *JCP* 2005.II.10058, *Bull. civ.*, I, n° 281.
(57) Civ. 1re, 3 novembre 2004, *Bull. civ.*, I, n° 249.
(58) Crim., 4 novembre 2008, *Bull. crim.*, n° 220.
(59) Civ. 1re, 9 avril 2014, n° 13-16348.
(60) V. Le Tourneau, *La spécificité et la subsidiarité de l'exception d'indignité, D.* 1994, chr. 298.
(61) Civ. 2e, 19 février 1992, *JCP* 1993.II.22170.
(62) Civ. 1re, 17 novembre 1993, *RTD civ.* 1994.115, obs. Jourdain.
(63) Civ. 2e, 2 février 1994, *Bull. civ.*, II, n° 45.
(64) V. le cas surprenant de Civ. 2e, 22 février 2007, *Bull. civ.*, II, n° 49 ; *D.* 2007.798, note Golhen ; *RTD civ.* 2007.572, obs. Jourdain : un joueur interdit de casino qui parvient à jouer ne pourrait pas obtenir son gain (alors qu'on lui laisse supporter ses pertes...) ! C'est oublier que l'interdiction (à sa propre demande) n'a d'autre but que de le protéger lui-même (cf. *contra* depuis : Civ. 2e, 30 juin 2011, n° 10-30838 ; *C.C.C.* 2011, n° 207). — Cf. Wicker, *La légitimité de l'intérêt à agir, Mél. Serra*, 2006.466.

CHAPITRE 2
L'ACTION EN RÉPARATION

681 **Réparation amiable ou judiciaire.** Les conditions de la responsabilité civile une fois réunies, la victime dispose d'un droit à réparation. Mais pour que ce droit prenne forme concrètement, il lui faut un *titre* qui fixera notamment la modalité et le montant de sa créance. Ce titre peut prendre une forme *conventionnelle* ou *judiciaire.* Si les parties s'entendent « amiablement » pour déterminer la réparation, leur accord constitue un contrat, plus précisément un contrat *de* ***transaction*** régi par les articles 2044 et suivants du Code civil, car ce contrat a pour objet d'éviter un procès (cf. *infra,* n° 689-1).

À défaut de parvenir à une telle transaction, la victime devra recourir à un **procès** pour faire fixer par jugement l'indemnité à laquelle elle prétend avoir droit. C'est ce régime judiciaire qui va être précisé, sachant qu'il exerce une influence directe sur les transactions amiables puisque les parties savent qu'à défaut d'accord, c'est ce régime qui sera mis en œuvre. Il faut donc déterminer successivement qui peut demander réparation, à qui et comment.

SECTION 1 QUI PEUT DEMANDER RÉPARATION

682 **La victime et ses héritiers.** C'est bien sûr la victime (ou toute victime lorsqu'il y en a plusieurs à raison d'un même fait) qui peut demander réparation au premier chef, aussi bien à l'amiable que judiciairement.

Si elle ne l'a pas fait de son vivant (et tant que la prescription n'est pas acquise, (sur laquelle, *infra,* n° 692) les héritiers peuvent pareillement agir en vertu du principe de la continuation de la personne par ses héritiers.

Il faut ici **éviter une confusion** entre cette action de la victime exercée par ses héritiers à titre successoral et l'action *personnelle* que peuvent exercer certains proches en réparation de leur préjudice par ricochet (v. *supra,* n° 677). Souvent, il s'agira des mêmes personnes (par exemple les enfants de la victime défunte), ce qui alimente la confusion. Cependant, il ne s'agit pas du même préjudice : les *héritiers* exercent le droit qu'ils ont recueilli dans la succession et ne peuvent donc à ce titre invoquer que le préjudice subi par la victime elle-même, avec son décès. Les *proches* qui invoquent un préjudice par ricochet font état d'un préjudice personnel. S'il s'agit de la même personne qui cumule la qualité d'héritier et de proche (les enfants), elle agira à un double titre (1). Mais il se peut qu'il s'agisse de personnes différentes : par exemple le défunt laisse un concubin non héritier (qui ne peut invoquer que son préjudice personnel par ricochet) et des cousins éloignés héritiers (qui ne pourront invoquer que le préjudice subi par le défunt).

On a toujours admis que les héritiers puissent exercer l'action du défunt en vue de la réparation du dommage **matériel,** dans la mesure où le patrimoine successoral souffre de ce dommage (2). En revanche, la transmission du droit de demander réparation du *préjudice* **moral** *du défunt* a été très discutée, certains faisant valoir qu'il « est immoral de donner une indemnité en compensation d'une souffrance à quelqu'un qui ne l'a pas personnellement subie » (3). Parce que le droit à indemnité était né avant le décès de la victime et se trouvait donc dans son patrimoine, la Cour de cassation a finalement décidé, en chambre mixte, que les héritiers avaient recueilli ce droit dans la succession et peuvent donc l'exercer (4).

683 **Assureur et organismes subrogés.** Lorsque la victime d'un dommage bénéficie d'une *assurance de dommage* (c'est-à-dire prévoyant une indemnité pour tel type de dommage), la perception de cette indemnité répare déjà son préjudice, et l'on pourrait penser qu'elle n'a plus d'action contre le responsable.

(1) Mais elle ne peut prétendre que les frais et charges de la succession constitueraient un dommage personnel réparable (Civ. 2e, 8 novembre 1995, *Bull. civ.,* II, n° 273. — Crim., 18 novembre 1998, *D.* 1999. Som. 323). Réciproquement d'ailleurs, les avantages successoraux ne compensent pas le préjudice par ricochet du fait du décès (Crim., 1er juin 1999, *JCP* 2000.II.10310, note CORNELOUP ; *JCP* 2000.I.197, n° 7, obs. VINEY).

(2) S'il s'agit d'une I.P.P., ou de tout autre préjudice économique, son évaluation sera donc limitée au jour du décès : Civ. 2e, 19 février 1992, *Bull. civ.,* II, n° 62. — 12 décembre 1994, *Bull. civ.,* II, n° 261.

(3) MALAURIE et AYNÈS, n° 221, qui parlent de « l'argent de l'agonie ».

(4) Ch. mixte, 30 avril 1976, *D.* 1977.185, note CONTAMINE-RAYNAUD. — Le Conseil d'État s'est rallié à cette solution : CE, 29 mars 2000, *JCP* 2000.II.10360, note DERRIEN. — 15 janvier 2001, *Resp. civ. et ass.* 2001, n° 3. — Civ. 1re, 13 mars 2007, *Bull. civ.*, II, n° 118. — L'action peut même être exercée par un seul des héritiers, sans les autres : Crim., 28 juin 2000, *D.* 2000.IR.227.

Mais il n'est pas satisfaisant que ce dernier se trouve ainsi déchargé parce qu'il a eu le « bonheur » de causer un préjudice à une personne assurée. Il ne serait pas bon non plus que la victime soit indemnisée deux fois, à la fois par son assureur et par le responsable, et retire en définitive un gain de son dommage : cela favoriserait trop les fraudes. Aussi a-t-on décidé à la fin du XIXe siècle (solution consacrée par la loi de 1930 sur les assurances, aujourd'hui art. L. 121-12 du Code des assurances) que l'assureur ayant indemnisé la victime se trouve **subrogé dans les droits à réparation** de celle-ci contre le responsable et peut donc agir à sa place. Si la victime n'a été qu'en partie indemnisée par son assureur, on verra donc l'assureur et la victime agir côte à côte, chacun pour obtenir réparation d'une partie du préjudice (étant précisé que si le responsable n'est pas assez solvable, la victime est prioritaire dans ce concours en vertu de la règle que nul n'est censé subroger contre soi-même, cf. *infra,* n° 747).

La même règle a été étendue aux divers **organismes sociaux** (notamment la Sécurité sociale) qui ont supporté les dépenses médicales de la victime, ainsi qu'aux organismes versant à celle-ci des indemnités : État ou employeurs indemnisant leurs agents ou même leur maintenant leur traitement. De nombreuses difficultés apparaissent pour le partage entre la victime elle-même et ces organismes de l'indemnité mise à la charge du responsable, en partie réglées par une loi du 27 décembre 1973, puis par celle du 5 juillet 1985 (art. 28 à 34). Il suffit ici d'indiquer que ces organismes ont ainsi qualité pour agir en réparation, à la place ou aux côtés de la victime elle-même.

Ces règles ne s'appliquent pas aux ***assurances de personnes,*** fondamentalement distinctes des assurances de dommage : sont des assurances de personnes les assurances en cas de décès ou d'invalidité. En ce cas, l'indemnité versée à l'assuré ou aux bénéficiaires désignés est totalement étrangère à leur action contre le responsable : on dit qu'il ne s'agit pas de prestations *indemnitaires,* mais *statutaires* ou *forfaitaires* et leur cumul avec l'indemnité perçue du responsable est en conséquence admis (5).

684 **Groupements et actions collectives.** Il arrive souvent qu'un préjudice individuel intéresse, au-delà de sa victime elle-même, un intérêt collectif : le développement des groupements de défense d'intérêts catégoriels (syndicats, associations, comités de défense, ligues...) a multiplié ces hypothèses. La question de la recevabilité des actions ou interventions de ces groupes aux côtés ou à la place de la victime elle-même fait l'objet de distinctions incertaines, notre droit positif étant en cette matière en évolution.

(5) Ass. Plén., 9 mai 1980, *Bull. civ.*, Ass. Plén., n° 3. — Civ. 2e, 3 octobre 1990, *Bull. civ.,* II, n° 182. — Civ. 1re, 17 mars, 6 octobre et 20 octobre 1993, *Bull. civ.,* I, n°s 113, 270 et 289 ; *RTD civ.* 1993.835, obs. JOURDAIN.

Il convient de distinguer deux situations.

— **Pour obtenir réparation d'un *préjudice collectif*, distinct** du dommage individuel subi par la victime, les groupements peuvent agir dès lors qu'ils ont précisément pour objet l'intérêt collectif atteint : ainsi les syndicats peuvent agir dès que l'intérêt collectif de la profession est en cause (art. L. 2132-3 du Code du travail) ; les associations peuvent pareillement défendre les intérêts collectifs correspondant à leur objet : associations de défense contre la pollution, contre l'alcoolisme, associations de consommateurs, de résistants, etc. (6) Mais, à l'évidence, ces groupements n'obtiendront que la réparation de l'atteinte portée à cet intérêt collectif (souvent réparation symbolique) et n'ont pas qualité pour agir à la place de la victime directe en réparation de son dommage personnel.

— **Pour obtenir réparation d'une *somme de préjudices individuels*** *semblables,* souvent trop faibles isolément pour justifier une action en justice, les victimes peuvent-elles se grouper pour agir collectivement ? Cette question intéresse essentiellement deux secteurs : les actions de consommateurs contre le fabricant d'un produit défectueux ou dangereux et celles des riverains victimes de nuisances dues à des pollutions (riverains d'aéroport, d'une rivière ou d'un site contaminé...).

Le droit anglo-saxon admet depuis longtemps qu'une action unique puisse alors être formée par un représentant de toutes les victimes, dite **« class action »** (action d'une catégorie de personnes). Sur les efforts d'un fort mouvement doctrinal en faveur de l'accueil en France de ces actions (7), la loi du 17 mars 2014 (dite loi Hamon) a organisé une action de groupe, réservée aux seuls préjudices matériels subis par des personnes physiques du fait de manquements de professionnels aux règles de concurrence ou aux obligations liées à la vente d'un bien ou à la fourniture d'un service. L'action se déroule en deux temps : l'un pour juger du principe de la responsabilité du professionnel, l'autre pour évaluer les préjudices des victimes qui peuvent s'y joindre en cours de route (8).

(6) Cf. Crim., 14 janvier 1971, *D.* 1971.101 ; *JCP* 1972.II.17022 *bis*. — Civ. 1re, 27 mars 1975, *D.* 1976.318, note VINEY.

(7) Cf. CABALLERO, *Plaidons par procureur*, *RTD civ.* 1985.247. — MARTIN, *L'action collective, JCP* 1984.I.3162. — Sur l'état de la question, v. VINEY, *D.* 2009.251.

(8) V. MOLFESSIS, *L'exorbitance de l'action de groupe à la française*, *D.* 2014.947. — REBEYROL, *La nouvelle action de groupe*, *D.* 2014.940.

SECTION 2 **QUI DOIT RÉPARATION**

685 **Le responsable et ses héritiers.** Outre le responsable lui-même, la réparation est due par ses héritiers éventuels s'il est décédé (9) à condition qu'ils aient accepté la succession et dans la proportion de la part héréditaire de chacun : les dettes successorales se divisent en effet (art. 1220). Si le responsable est une personne morale, sa dissolution rendra difficiles les poursuites, car il n'y a pas « d'héritier » (sauf en cas d'absorption par une autre société).

En revanche les **ayants cause à titre particulier** du responsable ne sont tenus à rien, même si c'est à propos de la chose transmise que la responsabilité a été encourue : ainsi l'acquéreur d'un immeuble ne doit pas réparation des troubles ou des dommages causés par cet immeuble avant son acquisition et la victime ne peut s'adresser qu'à l'ancien propriétaire, même s'il est devenu insolvable. De même l'acquéreur d'un **fonds de commerce** n'est pas responsable des actes de concurrence déloyale qu'a pu commettre son vendeur envers les concurrents, même si c'est de ces actes que le fonds tient sa prospérité : la dette de réparation est toujours une obligation personnelle et non une dette réelle attachée à une chose.

686 **Assureur de responsabilité : action directe.** Lorsque le responsable est assuré pour sa responsabilité civile (souvent dite **« assurance aux tiers »**), que cette assurance soit obligatoire ou non, la charge de l'indemnité pèsera sur l'assureur. Le schéma normal est que la victime s'adresse au responsable, lequel se retourne contre son assureur. Mais pour mieux protéger la victime (notamment pour éviter que les fonds versés par l'assureur au responsable ne soient détournés par lui ou encore partagés entre tous ses créanciers), le législateur a institué au profit de la victime une *action directe* contre l'assureur. La victime peut donc demander réparation à celui-ci directement, sans même s'adresser au responsable (10) ; le plus souvent elle agira contre les deux ensemble.

Et pour que cette protection soit efficace, même si la victime tarde à s'adresser à l'assureur, il est **interdit à ce dernier de payer l'indemnité à son assuré** tant que la victime n'a pas été indemnisée (art. L. 124-3 du Code des assurances).

L'obligation de l'assureur (qui peut parfois être plafonnée par le contrat d'assurance) ne peut excéder celle de son assuré : par exemple, si celui-ci a passé une transaction avec la victime, celle-ci ne peut poursuivre l'assureur

(9) On écarte parfois cette règle lorsque la victime elle-même figure parmi les héritiers, de sorte qu'elle serait indirectement privée de sa réparation (cf. *supra,* n° 661).

(10) Qu'il n'est même plus impératif d'appeler en cause : Civ. 1re, 7 novembre 2000, *JCP* 2001.II.10456.

au-delà (11). Mais elle est acquise du fait même que l'assuré a été condamné, même s'il s'est mal défendu (12).

687 **Cas de la pluralité de responsables : responsabilité « *in solidum* ».** Lorsque plusieurs personnes sont responsables du même dommage la victime peut évidemment les poursuivre ensemble, ou même successivement (13). Mais on lui permet aussi de demander réparation intégrale à l'un quelconque des responsables : l'avantage de cette responsabilité dite « *in solidum* » est de ne pas faire supporter par la victime la charge de l'insolvabilité éventuelle de l'un d'eux, mais par les autres responsables qui, ayant payé, ne pourront exercer leur recours contributif contre l'insolvable : « chacun des coresponsables d'un même dommage doit être condamné à le réparer en sa totalité sans qu'il y ait lieu de tenir compte du partage de responsabilité auquel il est procédé entre eux et qui n'affecte pas l'étendue de leurs obligations envers la partie lésée » (14).

Il s'agit là d'une création jurisprudentielle calquée sur la solidarité (cf. *infra*, n° 794) (15). Elle trouve sa justification dans l'idée très simple que chacun serait responsable de l'entier dommage s'il était seul et peut être traité comme tel par la victime dès lors que ce dommage est indivisible.

688 **Problème des recours.** Il va de soi que la victime ne pourra cumuler les indemnités : si elle peut faire condamner plusieurs personnes, c'est dans la limite de sa créance. Une fois celle-ci payée, la victime n'a plus d'action (16).

Le simple bon sens conduit à penser que le « bouc émissaire » choisi par la victime dispose alors de recours contre les autres responsables. Il ne serait pas admissible que le choix de la victime, arbitraire ou conjoncturel, soit déterminant de la charge définitive de l'indemnité. Mais l'articulation de ce recours est souvent l'une des questions les plus difficiles et donnant lieu à des jurisprudences évolutives.

En l'état actuel, on peut dire que ce recours est certain entre coresponsables sur le même fondement : **tous fautifs** — et le partage se fait alors selon la

(11) Civ. 1re, 23 juin 1998, *Bull. civ.*, I, n° 224 ; *D.* 1999. Som. 241, obs. LEMEE.

(12) Civ. 2e, 12 mai 2005, *Bull. civ.*, II, n° 118 qui réserve le cas de fraude (où l'assuré se serait volontairement laissé condamner pour engager son assureur envers la victime).

(13) Civ. 1re, 20 juin 2000, *Bull. civ.*, I, n° 188.

(14) Com., 14 janvier 1997, *Bull. civ.*, IV, n° 16. — Cf. Com., 5 mars 1996, *Bull. civ.*, IV, n° 70.

(15) Cf. RAYNAUD, *La nature de l'obligation des coauteurs d'un dommage, Mélanges Vincent*, 1981-317.

(16) Pour concilier la possibilité de poursuivre plusieurs condamnations et l'interdiction de les cumuler, la pratique emploie la technique des jugements condamnant en **« deniers ou quittances » :** chacun pourra se libérer en prouvant que l'autre a payé la même dette (preuve qui se fait par « quittance »).

gravité respective des fautes (17) — ou **tous gardiens** et le partage s'effectue alors par tête (18) (cf. *supra*, nos 564 et 624).

En cas de responsabilités différentes, la situation est moins nette : si le gardien peut recourir contre un tiers fautif, l'inverse n'est pas vrai et il n'est pas certain que le fautif puisse se retourner contre un responsable présumé au titre de la garde (19) ou d'une obligation de résultat (20). Le cas particulier des recours entre responsables d'un accident de la circulation a déjà été examiné (cf. *supra*, n° 660).

Quant au responsable du fait d'autrui, il peut recourir contre celui dont il répond, mais également contre les tiers dont les fautes auraient contribué au dommage.

Ce recours peut être exercé **après avoir payé,** amiablement ou judiciairement. Mais le « payeur » prend alors un risque : celui de voir le tribunal qu'il saisit du recours porter sur la responsabilité ou sur le montant du dommage une appréciation très différente de celle faite à l'amiable ou par le premier tribunal. Par exemple, ayant payé une indemnité évaluée à 100 000, il risque de voir le tribunal saisi du recours ne chiffrer qu'à 60 000 le préjudice (car ce tribunal n'est pas lié par l'autorité de la chose jugée du premier jugement ou de la transaction, inopposable au tiers responsable objet du recours et qui n'y était pas partie). Le partage s'en trouvera faussé. Ainsi est-il prudent pour celui qui est recherché en premier d'**appeler aussitôt** dans la même négociation ou dans la même instance les autres responsables, avant tout paiement (21), car le juge doit alors fixer la contribution de chacun (22).

689 **Fonds de garantie.** Le pire pour la victime est de se heurter à un responsable insolvable et non assuré (ou dont l'assurance ne joue pas, par exemple en raison d'une faute intentionnelle ou d'un dépassement du plafond de garantie) : elle ne pourra se faire payer l'indemnité. Compte tenu de la situation particulière de certains risques, le législateur a estimé qu'il était injuste de laisser ainsi la victime supporter seule le poids de l'insolvabilité du responsable. Aussi a-t-il créé, dans certains domaines particuliers, des mécanismes exceptionnels permettant à la victime d'obtenir une réparation à la charge de la collectivité. Le premier de ces mécanismes est le « Fonds de garantie automobile », créé dès

(17) On refuse parfois à l'auteur d'une faute lourde tout recours contre celui d'une faute légère : Civ. 1re, 26 février 1991, *Bull. civ.,* I, n° 73 (comp. pour l'auteur d'un dol : Civ. 1re, 16 janvier 2001, *Bull. civ.,* I, n° 4).

(18) Civ. 2e, 16 octobre 1985, *Bull. civ.,* II, n° 156. — Soc., 21 mai 1992, *Bull. civ.,* V, n° 336. — Civ. 1re, 10 avril 2013, n° 12-14219, *Bull. civ.*, I, n° 78.

(19) Cf. refusant ce recours : Civ. 2e, 24 avril 1981, *Bull. civ.,* II, n° 105. — 23 février 1984, *JCP* 1984.II.20124, note Dejean de la Batie. — 5 juin 1991, *Bull. civ.,* II, n° 175.

(20) Civ. 1re, 2 mai 1989, *Bull. civ.,* I, n° 182 ; *RTD civ.* 1989.758, obs. Jourdain.

(21) Cf. Soc., 21 janvier 1987, *Bull. civ.,* V, n° 47. — Civ. 1re, 6 octobre 1998, *Bull. civ.,* I, n° 267.

(22) Civ. 1re, 29 novembre 2005, *Bull. civ.*, I, n° 451.

1951 pour les accidents de la circulation (aujourd'hui régi par le Code des assurances, art. L. 420-1 et s.). La technique a été étendue aux accidents de chasse.

Puis une loi du 3 janvier 1977 (art. L. 420-8) est venue garantir aux victimes de dommages corporels résultant d'une infraction pénale une indemnisation (minimale) à la charge de l'État dans le cas de « trouble grave dans les conditions de vie ». Cette protection a été renforcée par des lois du 2 février 1981 et du 8 juillet 1983 (art. 706-3 et s. du Code de procédure pénale). L'indemnisation ainsi octroyée suit un régime particulier et est allouée par une juridiction spéciale, dite « Commission d'indemnisations des victimes d'infraction ». Plus récemment encore, la loi du 9 septembre 1986, modifiée par celle du 6 juillet 1990, a créé un Fonds de garantie pour les victimes d'actes de terrorisme (art. L. 126-1 et L. 422-1 du Code des assurances).

SECTION 3 — EXERCICE DE L'ACTION EN RÉPARATION

689-1 **Transaction.** La réparation du dommage ne requiert pas toujours un procès et peut donner lieu à une transaction. Cette forme amiable est couramment pratiquée lorsqu'un assureur est en cause — et, en matière d'accidents d'automobile, où l'assurance est obligatoire, la loi du 5 juillet 1985 a réglementé de façon détaillée la procédure de règlement amiable imposée aux assureurs.

La transaction ainsi conclue est soumise au droit commun de ce type de contrat (23) ; il y faut une pleine capacité de disposer (et donc, si la victime est un mineur, l'autorisation du juge des tutelles est requise). Elle ne porte que sur ce qui est connu (et donc les nouvelles séquelles apparaissant plus tard n'y sont pas incluses, et peuvent fonder une demande complémentaire).

Elle peut enfin être annulée en cas de vice du consentement, ce qui arrive fréquemment lorsque la victime a accepté hâtivement un accord, pressée par le besoin d'argent, sans en mesurer réellement la portée (on a vu des assureurs « visiter » à cette fin des victimes sur leur lit d'hôpital !). Au cas où la demande amiable de la victime a donné lieu à une transaction, celle-ci, selon la formule de l'article 2052 du Code civil, a entre les parties « autorité de chose jugée », c'est-à-dire la même force qu'un jugement : elle fait donc obstacle à toute action judiciaire. La victime qui entend néanmoins demander réparation doit, soit

(23) À l'exception de l'exigence de concessions réciproques : Civ. 2e, 16 novembre, *Bull. civ.*, II, n° 320.

obtenir au préalable l'annulation de la transaction, soit démontrer qu'elle se fonde sur un chef de préjudice qui n'avait pas été indu dans la transaction, laquelle est toujours d'interprétation étroite.

Cela ne vaut qu'entre les parties à la transaction. Par conséquent, en cas de **pluralité de responsables,** la transaction ne s'impose qu'à ceux qui l'ont signée : les autres peuvent encore discuter le montant du préjudice auquel ils doivent contribuer. De son côté, la victime qui a transigé avec l'un d'entre eux seulement conserve le droit d'agir contre les autres, mais seulement pour obtenir un surcroît de réparation ; elle devra donc démontrer que son préjudice est en réalité supérieur à l'indemnité amiable qu'elle a reçu (24).

La transaction s'impose non seulement à la victime elle-même, mais encore aux personnes qui peuvent agir à sa place puisque ces personnes ne font qu'exercer les droits de la victime elle-même (cf. *supra*, n° 682). Du côté du responsable, elle s'impose de même non seulement à lui-même, mais encore à ses garants (assureur ou responsable du fait d'autrui). C'est d'ailleurs pourquoi les contrats d'assurance interdisent souvent, à peine de déchéance, à l'assuré de transiger sans l'accord de l'assureur.

Dans la mesure où la réparation n'a pas été ainsi réglée par accord, il faut recourir à une action judiciaire qui se présente de façon un peu différente selon qu'il s'agit d'une responsabilité civile seule ou qu'elle est liée à une responsabilité pénale éventuelle.

690 **Procédure purement civile : action ou moyen de défense.** Lorsque le fait générateur du dommage est purement civil, c'est-à-dire qu'il ne constitue pas en même temps une infraction pénale, l'**action** est soumise au droit commun de la procédure civile. En particulier, elle suit les règles habituelles de compétence (tribunaux d'instance, de grande instance, de commerce selon les cas).

Mais on admet depuis peu que la responsabilité civile soit mise en jeu simplement à titre de **moyen de défense.** L'hypothèse est que, poursuivi en paiement d'une dette, le défendeur oppose la faute commise envers lui par son créancier : par exemple, une caution oppose à la banque diverses fautes (défaut d'information, défaut de surveillance, etc.). Traditionnellement, il lui fallait *agir* par une demande, obtenir ainsi une créance d'indemnité et la compenser avec sa propre dette. Depuis 1999, la jurisprudence admet que la responsabilité soit invoquée comme simple moyen de défense, ce qui évite les difficultés procédurales liées aux demandes reconventionnelles (25).

691 **Incidence d'une procédure pénale.** Lorsque le fait générateur du dommage est constitutif d'une infraction pénale, on pourrait concevoir qu'il y ait lieu à

(24) Une transaction peut intervenir entre les coresponsables, par exemple pour fixer le taux du partage de responsabilité : Civ. 2e, 8 novembre 1989, *Bull. civ.*, II, n° 199.

(25) Com., 26 octobre 1999, *Bull. civ.*, IV, n° 182. — 26 avril 2000, *Bull. civ.*, IV, n° 80. — Civ. 3e, 3 mai 2001, *Bull. civ.*, III, n° 57 (pour un entrepreneur).

deux procédures parallèles et distinctes, eu égard aux finalités différentes de la responsabilité civile et de la responsabilité pénale. Cependant une bonne administration de la justice impose de faire si possible l'économie de plusieurs procès au sujet des mêmes faits et d'éviter de plus un risque de décisions contradictoires. Plusieurs règles répondent à ce double souci :

— 1° ***Compétence.*** Dans un souci de cohérence, le juge pénal éventuellement saisi a compétence pour juger de la responsabilité civile attachée aux faits, à condition bien sûr que la victime soit présente au procès pénal. Cela ouvre à la victime la possibilité de se « constituer partie civile » devant le juge pénal. Elle a donc le **choix** de porter sa demande soit devant le juge civil, soit devant le juge pénal (qu'elle peut saisir initialement, ou devant lequel elle peut intervenir en cours de poursuites). Mais si ce choix est libre, il est définitif : la victime ne peut pas se raviser en cours de procès pour « changer de juge » (règle ***« electa una via,*** *non datur recursus ad alteram » : « une voie étant choisie, il n'est pas possible de recourir à l'autre » : art. 5 du Code de procédure pénale).*

Pendant longtemps le juge pénal n'avait compétence sur le plan civil que s'il portait une condamnation pénale, de sorte que la victime déboutée au pénal sur le terrain de la faute devait former une autre action devant le juge civil si elle entendait placer le débat sur un autre terrain, notamment la responsabilité du fait des choses. Une loi du 8 juillet 1983 (26) est en partie venue remédier à cette situation en permettant au juge pénal, saisi de poursuites pour infractions d'imprudence, d'accorder même en cas de relaxe « en application des règles de droit civil, réparation de tous les dommages résultant des faits qui ont causé la poursuite » (art. 470-1 du Code de procédure pénale). Ce texte a été conçu pour les accidents de la circulation, mais il a une portée plus générale. Dans le même cas, cette loi a permis à l'assureur subrogé d'intervenir au procès pénal bien qu'il ne soit pas lui-même victime de l'infraction (art. 388-1 du même code).

— 2° ***Sursis à statuer.*** Toujours dans un souci de cohérence si la victime (ou l'une des victimes) a choisi d'agir au civil, le juge civil ne peut statuer que s'il n'existe pas parallèlement une procédure pénale en cours : pour éviter en effet le risque de contradiction entre les décisions à intervenir sur ces deux instances parallèles, l'article 4 du Code de procédure pénale impose au juge civil de **surseoir à statuer** jusqu'à la décision du juge pénal : c'est la règle ***« le criminel tient le civil en l'état ».*** La jurisprudence l'appliquait extensivement : il suffisait que la décision pénale attendue soit « susceptible d'influer » sur l'appréciation du juge civil pour que celui-ci soit tenu de surseoir (27). Mais la nouvelle rédaction donnée à cet article 4 par la loi du 25 mars 2007 devrait mettre fin à cette lecture extensive : le sursis n'est plus obligatoire que pour la réparation du dommage issu directement de l'infraction (un sursis facultatif restant toujours à la discrétion du juge).

(26) Cf. Commentaires PRADEL, *D.* 1983, chr. 241. — HAUTEVILLE, *JCP* 1984.I.3139.

(27) V. par ex. Civ. 1re, 8 mars 1988, *Bull. civ.,* I, n° 67. — Com., 16 février 1988, *Bull. civ.,* IV, n° 73. — Civ. 1re, 2 juillet 1991, *Bull. civ.,* I, n° 220. — Civ. 2e, 24 juin 1998, *Bull. civ.,* II, n° 220.

— 3° ***Chose jugée au pénal.*** Une fois qu'une décision pénale est intervenue (28), même en l'absence de la victime (par exemple sur des poursuites exercées par une autre victime du même accident), cette décision s'impose au juge civil : on dit qu'elle a une **autorité *absolue* de chose jugée,** ce qui signifie qu'elle s'impose même à des tiers qui n'y étaient pas présents — toujours pour éviter un risque de contradiction de jugements (29), ce qui étend l'autorité même aux simples motifs de la décision pourvu qu'ils en soient le fondement (30).

Il faut toutefois préciser que cette autorité exceptionnelle est actuellement en déclin. Après quelques mises en doute jurisprudentielles (31), une loi du 10 juillet 2000 a commencé à dissocier faute pénale et faute civile, du moins pour les fautes d'imprudence : une relaxe du point de vue pénal n'interdit plus, comme elle le faisait auparavant, au juge civil de reconnaître l'existence d'une faute d'imprudence au sens de l'article 1383 du Code civil (nouvel art. 4-1 C. pr. pén.) (32).

À plus forte raison, la même autorité ne s'oppose pas à des actions fondées sur l'article 1384 (la garde), sur la loi de 1985 (l'implication) ou sur la responsabilité contractuelle (33), puisqu'elles reposent sur d'autres bases juridiques. Et si le juge pénal a statué sur la garde à l'égard de certaines victimes sa décision n'a sur ce plan qu'une autorité relative puisqu'elle est purement civile, de sorte qu'un juge civil saisi par une autre victime conserve sa liberté d'appréciation (34).

En définitive, il semble ne subsister à l'heure de cette autorité absolue que le volet positif : une condamnation pénale s'impose au juge civil quant à la faute retenue, et aussi quant au lien de causalité s'il constituait un élément de l'infraction (35).

692 **Délai pour agir.** Depuis une loi du 23 décembre 1980 (art. 10 C. pr. pén.), la prescription est la même que le fait générateur soit purement civil ou également

(28) Une **simple ordonnance de non-lieu** n'est pas une décision définitive (v. Civ. 2e, 12 novembre 1997, *Bull. civ.*, II, n° 261).

(29) Cette contrariété peut toutefois exister, dans le cas où le juge civil a statué avant toute poursuite pénale et où le juge pénal n'est saisi que plus tard par une autre victime ou contre un autre responsable : lui n'est pas lié par la décision civile.

(30) Civ. 2e, 8 juillet 1994, *Bull. civ.*, II, n° 239. — 19 novembre 1997, *Bull. civ.*, II, n° 279. — 19 juin 2003, *Bull. civ.*, II, n° 198.

(31) V. Rrebut, note sous Ch. Mixte, 3 juin 1998, *D.* 1998.575. — V. aussi Civ. 2e, 4 mars 1999, *Bull. civ.*, II, n° 36 (qu'un juge pénal ait écarté toute faute *de la victime* quant à son propre dommage n'interdit pas de rechercher sa faute en tant que cause du dommage d'autrui dans le même accident).

(32) V. Civ. 1re, 30 janvier 2001, *Bull. civ.*, I, n° 19 ; *JCP* 2001.I.338, n° 4, obs. Viney.

(33) Crim., 28 septembre 1999, *JCP* 2000.IV.1266.

(34) Civ. 2e, 10 mars 1993, *Bull. civ.*, II, n° 89. — 25 mars 1998, *Bull. civ.*, II, n° 104. — 3 mai 2006, *Bull. civ.*, II, n° 112.

(35) Civ. 3e, 11 mai 2000, *Bull. civ.*, III, n° 108.

constitutif d'une infraction pénale (auparavant, la règle absurde de la « solidarité des prescriptions » éteignait l'action civile en même temps que l'action pénale, de sorte que l'auteur d'un délit pénal prescrit par trois ans était mieux traité que l'auteur d'une simple faute civile). Mais il est évident qu'une fois la prescription pénale acquise, la victime ne peut porter sa demande que devant les tribunaux civils.

Le délai de prescription a été ramené par la loi du 5 juillet 1985, applicable sur ce point à toute responsabilité délictuelle, à « **dix ans** à compter de la manifestation du dommage ou de son aggravation », délai réduit à cinq ans par la réforme de la prescription en 2008, sauf pour les dommages corporels (cf. *infra* n°s 897 et 899).

693 **Nature du jugement.** Dans la classification qui oppose les jugements *constitutifs* (d'un droit nouveau) aux jugements *déclaratifs* (d'un droit préexistant), le jugement rendu sur la responsabilité civile revêt un **caractère mixte** : il participe en effet des deux catégories à la fois, selon l'angle sous lequel on l'envisage.

En tant qu'il *déclare* l'auteur responsable, il est **déclaratif,** car il ne fait que constater une responsabilité qui existe depuis la production du dommage. Par conséquent, *le droit à réparation* préexiste au jugement, ce qui commande certains effets : par exemple, si plusieurs assureurs se sont succédé pour garantir le responsable, c'est l'assurance en vigueur au jour du **fait générateur** et non au jour du jugement qui doit garantie (36) ; ou encore si le responsable fait l'objet d'une procédure collective (de « faillite ») après le fait générateur, mais avant le jugement, sa dette est soumise au régime des dettes antérieures à la « faillite ».

Mais, en tant qu'il *fixe la réparation* à la fois dans ses modalités et dans son montant, le jugement est **constitutif de la créance** de la victime, laquelle n'avait pas de consistance avant ce jugement. Il en découle notamment que le responsable n'est pas en faute de n'avoir pas payé une indemnité qui n'était pas arrêtée de sorte qu'il ne doit des **intérêts** de retard qu'à partir du jugement (art. 1153-1, C. civ. : cf. *infra*, n° 699).

694 **Portée du jugement : autorité de la chose jugée.** Le jugement qui alloue réparation à la victime, une fois devenu définitif après épuisement éventuel des voies de recours, ne peut plus être remis en cause : c'est le jeu de *l'autorité de la chose jugée.* Il faut cependant préciser l'étendue de cette autorité purement civile qui, contrairement à l'autorité pénale précitée, est dite *relative* car elle est **triplement limitée.**

— **1° Parties.** Le jugement civil ne s'impose qu'aux ***parties** en cause* (et à leurs ayants droit, héritiers ou subrogés) : cela signifie que le jugement est

(36) Cf. Civ. 1re, 16 juillet 1970, *JCP* 1970.II.16652, note Besson. — 19 décembre 1990, *Bull. civ.,* I, n° 303. — Civ. 3e, 17 avril 1991, *Bull. civ.,* III, n° 118. — 3 juin 1992, *Bull. civ.,* III, n° 179. — Civ. 1re, 28 avril 1993, *Bull. civ.,* I, n° 149.

inopposable aux tiers. Par exemple une des victimes d'un accident a fait juger X responsable ; une autre victime ne peut invoquer ce jugement à son profit et doit intenter à son tour une action que le juge appréciera librement. Autre exemple, plus choquant : la victime est déboutée de son action contre A au motif que l'accident serait en fait imputable à B ; lorsqu'elle agit contre B, le juge n'est pas lié par le précédent jugement et peut la débouter en estimant, quant à lui, que c'était A le responsable (37) (pour éviter cependant que ce jeu de « ping-pong » n'aboutisse à un déni de justice, un décret de 1979 a ouvert en ce cas la possibilité de former, même contre des décisions devenues définitives, un pourvoi pour contrariété de jugements : art. 618 du Code de procédure civile.) Dernier exemple : A, d'abord jugé non responsable envers B, est ensuite déclaré coresponsable avec B envers C ; B peut alors exercer un recours contre lui puisqu'il ne s'agit plus de son propre préjudice, mais de celui de C (38).

Toutefois, cette limitation est écartée s'il s'agit d'un jugement pénal doté de l'autorité absolue (cf. *supra*, n° 691).

— **2° Cause.** En outre l'autorité du jugement se limite à son *fondement juridique,* qu'on appelle sa **« cause »** : ainsi un jugement rendu sur l'article 1382 décide s'il y a faute ou non, mais laisse entière la question de la responsabilité sur l'article 1384 al. 1er car il n'a pas eu à juger de la qualité de gardien ; la victime déboutée par le premier jugement est donc en droit de former une nouvelle demande sur la base de l'article 1384 ou d'un autre texte, si elle ne l'a pas fait dans sa première action (39).

— **3° Objet.** Enfin, l'autorité du jugement se limite à son ***objet,*** c'est-à-dire la réparation de tel ou tel dommage. Si un chef de dommage n'a pas été inclus dans le procès, soit par oubli, soit parce qu'il n'apparaît que plus tard (40), rien n'interdit de former une **nouvelle demande** car elle a ainsi un objet nouveau. Cela s'applique notamment en cas de préjudice corporel, lorsque l'état de la victime **s'aggrave** (41). Il faut bien distinguer à ce sujet cette aggravation de l'état de la victime, qui constitue un *dommage nouveau,* susceptible d'une réparation distincte, du cas où l'indemnité allouée devient insuffisante par suite de l'érosion monétaire : dans ce dernier cas, le dommage lui-même ne change pas et il a déjà été réparé, de sorte qu'une nouvelle demande ne tend en réalité qu'à faire *réviser* l'indemnité, ce à quoi s'oppose précisément l'autorité du

(37) Cf. pour l'exemple évoqué : Civ. 1re, 11 février 1986, *Bull. civ.,* I, n° 19.

(38) Civ. 2e, 9 juin 1993, *Bull. civ.,* II, n° 197 : il s'agissait d'une collision entre deux véhicules dont l'un avait terminé sa course sur une voie ferrée.

(39) Cette possibilité pourrait être remise en cause par le curieux arrêt d'assemblée plénière du 7 juillet 2006 imposant au plaideur d'invoquer tous les fondements juridiques au cours d'une même instance (*JCP* 2007.II.10070 et la note justement très critique WIEDERKEHR).

(40) Civ. 2e, 30 novembre 1989. *Bull. civ.,* II, n° 198. — Pour une application subtile, cf. Civ. 1re, 7 juin 1989, *D.* 1991.158 note J.-P. COUTURIER (réparation d'abord de la perte d'une chance de guérison, puis de l'aggravation constatée). — Sur la question en général, v. LAMBERT-FAIVRE, *L'évolution du dommage après le jugement, Resp. civ. et Ass.,* n° spécial mai 1998.28.

(41) V. Civ. 2e, 9 décembre 1999, *Bull. civ.,* II, n° 188.

jugement. C'est pourquoi, en cas d'aggravation, seule la **partie nouvelle** du dommage peut être réparée : il n'y a pas à réévaluer le préjudice total, car ce serait réviser la partie déjà indemnisée (42).

Si elle peut ainsi jouer au détriment de la victime, l'autorité de la chose jugée peut aussi lui profiter : ainsi lorsque son état **s'améliore,** le caractère définitif du jugement entraîne que l'indemnité lui reste acquise (43).

(42) Civ. 2e, 7 juillet 1993, *Bull. civ.,* II, n° 251.
(43) Cf. par ex. Civ. 2e, 12 octobre 1972, *D.* 1974.536, note MALAURIE.

CHAPITRE 3

MODALITÉS DE LA RÉPARATION

695 **Objectif : principe de réparation intégrale.** Selon une formule devenue classique en jurisprudence, l'objectif de la responsabilité civile est **« de replacer la victime dans la situation où elle se serait trouvée si l'acte dommageable ne s'était pas produit »** (1). Il est évident que la nature des choses rend le plus souvent illusoire cette « remise en l'état » à la fois parce que certains dommages sont irréversibles (qu'on songe au dommage corporel ou au dommage moral) et parce qu'il est souvent conjectural de savoir avec précision quelle serait la situation de la victime « si l'acte dommageable ne s'était pas produit ».

C'est un délicat équilibre que doit rechercher le juge entre deux excès : il doit éviter une réparation insuffisante qui n'indemniserait pas totalement la victime, mais aussi une réparation excessive qui lui procurerait un bénéfice. Selon une autre formule couramment employée, « si la réparation d'un dommage doit être intégrale, elle ne saurait en tout cas excéder le montant du préjudice » (2), ou encore « les dommages-intérêts alloués à une victime doivent réparer le préjudice subi sans qu'il en résulte pour elle ni perte ni profit » (3). La Cour de cassation sanctionne donc les décisions qui, sous diverses formes, aboutissent à réparer deux fois un même préjudice (4) ou à replacer la victime dans une position plus favorable (5).

(1) Cf. par ex. Civ. 2e, 9 juillet 1981, *Bull. civ.*, II, n° 156. — 7 décembre 1978, *Bull. civ.*, II, n° 269.
(2) V. par ex. Civ. 2e, 14 février 1985, *Bull. civ.*, II, n° 40.
(3) Civ. 2e, 5 juillet 2001, *Bull. civ.*, II, n° 135.
(4) V. par ex. Civ. 3e, 28 mai 1986, *Bull. civ.*, III, n° 80. — Com., 11 mai 1989, *Bull. civ.*, IV, n° 101. — Civ. 2e, 8 juillet 2004, *Bull. civ.*, II, n° 365.
(5) Com., 24 mai 2011, n° 10-24869 ; *Bull. civ.*, IV, n° 80.

En principe donc, l'étendue et la gravité du dommage constituent la **seule mesure** de l'indemnité, laquelle ne doit pas être influencée par la plus ou moins grande gravité de la faute, contrairement à ce qui se passe en matière pénale ou disciplinaire où la peine est proportionnée à la faute : ainsi une faute très grave n'ayant causé qu'un dommage infime ne donnera lieu qu'à une petite indemnité et à l'inverse une très légère imprudence ayant entraîné un dommage important expose son auteur à une réparation très lourde, ce qui peut être choquant en équité lorsque cet auteur n'est pas assuré.

Il faut être conscient qu'en fait ce principe est tempéré par le large **pouvoir d'appréciation des tribunaux :** comme l'évaluation du préjudice est souvent une question très subjective, les tribunaux disposent ainsi d'une « marge de manœuvre » qu'ils utilisent pour tenir compte de la gravité de la faute, ayant « la main lourde » en cas de faute grave et se montrant relativement chiches en cas de simple légèreté.

696 **Réparation en nature.** Lorsque le dommage n'est pas matériellement irréparable, et que la victime peut être replacée dans « la situation où elle serait si l'acte dommageable ne s'était pas produit », les tribunaux peuvent-ils ordonner les mesures matérielles propres à ce rétablissement ?

Après des hésitations, ce pouvoir est aujourd'hui reconnu au juge : ainsi ordonne-t-on souvent la cessation (sous astreinte) des actes illicites en matière de **concurrence** déloyale (6), voire l'interdiction pure et simple de toute concurrence (7) ou la **publication** d'un texte, voire du jugement, en cas de concurrence déloyale, de contrefaçon ou faute commise par voie de presse (8), ou encore l'exécution des **travaux** aptes à remédier à des troubles anormaux de voisinage (v. *supra,* n° 641-1) (9).

Il arrive aussi que, si le préjudice résulte de la mise en œuvre abusive d'une règle de droit, la réparation consiste à paralyser cette règle (10).

Il s'agit en somme dans ces hypothèses de faire cesser la situation illicite en prévenant le dommage pour l'avenir, ce qui est un des rôles de la responsabilité civile, pouvant se joindre à la réparation du dommage passé (11).

(6) Cf. par ex. Com., 19 avril 1980, *Bull. civ.*, IV, n° 166.

(7) Com., 25 juin 1991, *D.* 1992.249, note BATTEUR.

(8) Sur les conditions de pareille publication, cf. Paris 28 novembre 1988, *D.* 1989.410, note AUBERT. — Civ. 2e, 11 juin 1998, *Bull. civ.,* II, n° 188.

(9) Pour la nomination d'un administrateur chargé de voter dans une société à la place de l'associé responsable d'un **abus de minorité,** v. Com., 5 mai 1998, *Bull. civ.,* IV, n° 149.

(10) Par ex. le second acquéreur d'un immeuble qui, pour « doubler » le premier, fait publier hâtivement son titre se verra privé du bénéfice de cette publication : Civ. 3e, 22 mars 1968, *D.* 1968.423, note J. MAZEAUD. — 30 janvier 1974, *D.* 1975.427 ; *Grands arrêts*, n° 178 (solution toutefois abandonnée par Civ. 3e, 10 février 2010, *Bull. civ.*, III, n° 41). — Voir aussi Civ. 1re, 28 novembre 2007, *Bull. civ.*, I, n° 376 écartant pour un partage le tirage au sort exigé abusivement.

(11) Cf. VINEY, *Cessation de l'illicite et responsabilité civile*, *Mélanges Goubeaux*, Dalloz, 2009.547. — BLOCH, *La cessation de l'illicite*, LGDJ, 2006.

Cependant, cette réparation en nature reste relativement rare pour trois raisons dont une seule est en réalité valable.

En premier lieu, elle est souvent matériellement impossible : c'est la raison valable.

En deuxième lieu, lorsque la mesure à ordonner implique une contrainte sur la personne du responsable, on lui oppose souvent la règle qu'il ne peut être porté atteinte à sa personne, tirée de l'article 1142 du Code civil : mais le développement des injonctions sous astreinte (cf. *infra*, n° 865) rend cette objection fragile et explique qu'on puisse ordonner des mesures précitées qui touchent directement la personne, comme la cessation d'actes déloyaux ou la prescription de certains travaux.

En troisième lieu, on reconnaît souvent au **juge la liberté de choisir** entre une réparation en nature et une réparation par équivalent, sous forme d'indemnité, la seule exception paraissant être le cas de constructions irrégulières où la démolition est imposée par la Cour de cassation (12). Cette liberté de choix, qui n'existe pas en matière contractuelle (*supra* n° 382) est sans doute regrettable car, à chaque fois qu'elle est matériellement possible, la réparation en nature devrait être prioritaire puisque c'est elle qui correspond le mieux à l'objectif précité de « replacer la victime dans la situation où elle se serait trouvée si l'acte dommageable ne s'était pas produit ». On observe en ce sens une certaine tendance de la jurisprudence à admettre plus souvent qu'autrefois une réparation en nature, adaptée aux circonstances (13). Ainsi le juge peut-il instituer une interdiction de concurrence (14) et un arrêt a même permis au juge du divorce d'allouer des dommages-intérêts à l'époux innocent sous la forme d'**attribution du logement** qui était en communauté (15) mais il est resté isolé (16).

697 **Réparation par équivalent pécuniaire.** La forme de très loin la plus fréquente est la réparation par l'octroi d'une indemnité, que l'on qualifie « dommages-intérêts » (17).

Cette indemnité peut elle-même prendre deux formes : il s'agit le plus souvent d'un **capital,** versé en une seule fois ; mais il peut également s'agir

(12) Cf. CHARTIER, *La réparation du préjudice,* Dalloz, 1981, n°s 387 et s. — V. VINEY, *Responsabilité-effets,* n°s 47 et s.

(13) Par exemple en déclarant sans effet un acte juridique effectué fautivement, comme la publication d'une seconde vente d'immeuble par un acheteur qui connaissait l'existence d'une première vente, cf. Civ. 3e, 22 mars 1968, *D.* 1968.472, note J. MAZEAUD. — Civ. 3e, 30 janvier 1974, *D.* 1974.427.

(14) Com., 25 juin 1991, *Bull. civ.,* IV, n° 236. — Com., 24 mai 1976, *Bull. civ.*, IV, n° 175.

(15) Civ. 1re, 26 janvier 1983, *Bull. civ.*, I, n° 37.

(16) La deuxième chambre civile refuse cette possibilité (Civ. 2e, 9 mars 1983, *D.* 1984.14, note MASSIP. — 27 janvier 1993, *Bull. civ.,* II, n° 33), n'admettant qu'une attribution en **jouissance gratuite** (Civ. 2e, 11 octobre 1989, *Bull. civ.,* II, n° 177).

(17) Sur la terminologie, « dommages-intérêts » ou « dommages et intérêts », généralement employée indifféremment, voir une tentative de nuance par SAEDI, *Petites affiches* 7 juin 2005, p. 6.

d'une **rente,** versée périodiquement, lorsque le dommage étend ses effets dans le temps, tout particulièrement lorsque ce dommage est corporel, et se traduit par une perte de revenus, voire l'assistance nécessaire d'une tierce personne (18).

Quelle que soit sa forme, l'indemnité pécuniaire soulève une difficulté *d'évaluation.* La Cour de cassation abandonne excessivement la matière au pouvoir souverain des juges du fond (19). Cependant, on peut dégager quelques précisions tant quant à la date d'évaluation qu'au mode d'évaluation.

698 **Date d'évaluation.** La rigueur logique voulait qu'on évalue le dommage au jour où il a été subi, afin de ne pas tenir compte d'éléments postérieurs étrangers au responsable : par exemple le responsable de la destruction d'un tableau en devrait sa valeur au jour où il a été détruit, sans tenir compte des fluctuations ultérieures du marché qui ont pu accroître considérablement cette valeur (on ne peut pas savoir en effet si la victime n'aurait pas vendu ce tableau avant la flambée des cours).

Mais l'installation du phénomène d'érosion monétaire a rendu cette solution injuste pour les victimes, destinées à recevoir au jour du jugement une somme dépréciée. Aussi depuis le milieu du XXe siècle, la jurisprudence a-t-elle renversé la règle et posé en principe que, pour assurer une réparation intégrale, l'évaluation doit se faire ***au jour de la réparation.***

C'est donc le plus souvent au jour de la décision fixant l'indemnité que cette évaluation se fera, car le responsable n'a rien versé avant. C'est pourquoi l'on dit couramment que l'évaluation est faite au jour du jugement : « si le droit pour la vitrine d'obtenir réparation existe dès que le dommage a été causé, l'évaluation du dommage doit être faite par le juge au moment où il rend sa décision » (20). Le juge doit donc tenir compte des faits survenus au cours du procès (21). Il ne peut pas retenir une évaluation faite par une expertise dix ans auparavant (22), une simple actualisation abstraite du montant initial n'étant pas suffisante (23). La formule précitée n'est toutefois qu'approximative à trois égards :

(18) L'affectation effective de l'indemnité à cet emploi n'est pas nécessaire : Crim., 22 février 1995, *Bull. crim.*, n° 77 ; *JCP* 1995.I.3893 n° 22, obs. VINEY. — Comp. *infra*, n° 701.

(19) Allant jusqu'à admettre que le simple fait de fixer un chiffre vaut motivation (Ass. Plén., 26 mars 1999, *Bull. civ.*, Ass. Plén. n° 3), ce qui laisse libre cours à la formule aussi usuelle que creuse selon laquelle le juge déclare « disposer des éléments nécessaires pour fixer l'indemnité à... ». — Voir toutefois Civ. 3e, 27 mars 2012 ; n° 11-11798, *RDC* 2012.773, obs. GENICON.

(20) Civ. 2e, 24 juin 1998, *Bull. civ.,* II, n° 226. — Exemple : la chose disparue doit s'évaluer au jour de l'indemnisation et non à celui où elle avait été remise : Civ. 1re, 15 juillet 1999, *Bull. civ.,* I, n° 240.

(21) Par exemple le décès de la victime : Civ. 2e, 24 juin 1998, précité. — Crim., 13 novembre 2013, n° 12-84838, *Resp. civ. et ass.* 2014, n° 44.

(22) Civ. 1re, 6 octobre 1998, *Bull. civ.,* I, n° 275.

(23) Civ. 1re, 7 juillet 1993, *Bull. civ.,* I, n° 253 à propos de l'évaluation d'un immeuble perdu. — Cf. aussi DERRIDA, *L'évaluation du préjudice au jour de sa réparation, JCP* 1951.I.918. — CHARTIER, ouvrage précité, nos 457 et s.

— d'une part, si la réparation a eu lieu avant (par exemple les travaux de réparation ont été faits sans attendre le procès), le juge devra l'évaluer au jour de sa réalisation (24) et compléter éventuellement la somme en capital par des intérêts depuis la date où elle a été déboursée (25) ;

— d'autre part, si la réparation exige un certain temps et ne peut être faite dans l'immédiat (par exemple des travaux importants), le juge peut affecter la somme qu'il fixe d'un coefficient de **revalorisation** (ex. indice du coût de la construction) destiné à jouer jusqu'à l'achèvement des travaux de même que, partant d'un rapport d'expertise relativement ancien, il peut procéder à une **actualisation** des sommes fixées (26) : il ne s'agit pas dans ces cas d'une indexation soumise au régime spécifique (cf. *infra,* n° 700) ;

— enfin, lorsque le préjudice consiste dans la perte de **sommes d'argent,** comme des salaires non perçus par suite d'un accident, la jurisprudence refuse leur **actualisation,** sans doute par une transposition (critiquable) du principe du nominalisme monétaire (27).

En réalité, il faut s'efforcer de suivre la situation de la victime : ainsi l'évaluation doit se faire dans la **monnaie** du pays où réside la victime, sauf pour les frais engagés dans un autre pays (28).

699 **Intérêts de l'indemnité.** Lorsque l'indemnité est fixée en **capital,** la somme arrêtée par le juge produit des *intérêts de retard* à partir seulement de sa date d'évaluation : c'est donc en principe le jour du jugement (art. 1153-1 du Code civil). Mais ce texte, en autorisant le juge à fixer une date antérieure, remontant rétroactivement dans le temps, occasionne deux difficultés :

— quelles sont les circonstances qui peuvent justifier une telle décision de rétroactivité ? Dans la chaleur d'un été, une Assemblée plénière démissionnaire a abandonné sur ce point aux juges du fond un pouvoir « discrétionnaire »,

(24) Civ. 2e, 19 novembre 1975, *D.* 1976.137, note LE TOURNEAU. — 23 juin 1976, *Bull. civ.,* II, n° 210.

(25) D'où, si la victime a été indemnisée par son assureur, le droit de celui-ci d'obtenir du responsable des intérêts depuis le jour où il a payé : (Civ. 1re, 2 juillet 1996, *JCP* 1997.II.22953, note CASSON).

(26) Mais seulement jusqu'à la date du paiement effectif (Civ. 3e, 4 juin et 3 décembre 1997, *Bull. civ.,* III, nos 124 et 211) et en réactualisant les versements partiels déjà faits (Civ. 3e, 31 mars 1999, *Bull. civ.,* III, n° 81).

(27) Civ. 2e, 18 et 25 octobre 1989, *Bull. civ.,* II, nos 189 et 194. — 8 juillet 1992, *Bull. civ.,* II, n° 202.

(28) Civ. 1re, 4 décembre 1990, *Bull. civ.,* I, n° 280.

c'est-à-dire sans aucun contrôle (29), solution qui n'est peut-être pas sans retour (30) ;

— quelle est la nature exacte de ces intérêts rétroactifs ? Un arrêt a jugé exactement qu'il s'agit en réalité d'un complément d'indemnisation (ce qu'on traduit peu clairement en les qualifiant de **« compensatoires »** et non **« moratoires »**), de sorte qu'ils seraient à inclure dans un plafond d'assurance (31).

À ces intérêts de retard, qui courront jusqu'au paiement effectif, peut-on ajouter une actualisation par indexation de l'indemnité pour la même période ? Au refus classique qui y voyait un double emploi (32), un arrêt récent a apporté un démenti en justifiant ce cumul (33) (cf. *infra,* n° 798).

700 **Indexation de l'indemnité.** Lorsque l'indemnité prend la forme d'une rente, il convient de la prémunir contre le risque de dépréciation future : aussi, après bien des hésitations, avait-on admis qu'elle soit *indexée* (34). Dans le cas particulier des accidents d'automobile, la rente ne peut pas être indexée, mais revalorisée comme les rentes d'accidents du travail (loi du 27 décembre 1974 modifiée par l'article 43 de la loi du 5 juillet 1985) (35). Cette revalorisation est alors *de plein droit,* c'est-à-dire qu'elle joue même si le jugement ne l'a pas précisé (36). La liberté d'indexation demeure pour tous les autres cas (37).

701 **Modes d'évaluation.** Tout est ici cas d'espèce et le pouvoir souverain d'appréciation des juges du fond trouve en cette matière un très large champ d'application (38) qui ne va cependant pas jusqu'à la possibilité de fixer

(29) Ass. Plén., 3 juillet 1992, *JCP* 1992.II.21898 concl. DONTENWILLE (dominées par l'idée qu'il n'y aurait pas à importuner la Cour suprême avec de telles questions, résurgence du *« de minimis non ceurat praetor »* qui en a scandalisé plus d'un), note PERDRIAU. — Civ. 3e, 15 juin 1994, *Bull. civ.,* III, n° 123. — Soc., 15 juin 1993, *Bull. civ.,* V, n° 168. — Civ. 1re, 14 octobre 1997, *Bull. civ.,* I, n° 272.

(30) V. Civ. 2e, 29 avril 1997, *D.* 1998.321, note ANCEL et BEROUJON. — Voir aussi Civ. 1re, 6 novembre 2001, *Resp. civ. et ass.* 2002, n° 21 (un point de départ antérieur au dommage même aboutit à une réparation excédant le préjudice).

(31) Selon Civ. 1re, 26 mai 1994, *Bull. civ.,* I, n° 182. — Mais *Contra* auparavant : Civ. 1re, 30 janvier 1985, *Bull. civ.,* I, n° 44 et, depuis, Civ. 1re, 28 avril 1998, *Bull. civ.,* I, n° 152 ; *Defrénois* 1998.949, obs. AUBERT.

(32) Voir encore Civ. 3e, 8 février 1995, *D.* 1995. Som. 234, obs. LIBCHABER.

(33) Civ. 1re, 16 mai 1995, *Bull. civ.,* I, n° 207.

(34) Ch. mixte, 6 novembre 1974, *JCP* 1975.II.17978, concl. GEGOUT ; G*rands arrêts*, n° 191.

(35) Cette rente peut toujours être convertie en capital (art. 44 loi du 5 juillet 1985), selon une table fixée par un décret du 8 juin 1986.

(36) Civ. 2e, 19 juin 1991, *Bull. civ.,* II, n° 189.

(37) Civ. 2e, 13 juin 1979, *Bull. civ.*, II, n° 178 et 17 décembre 1979, *Bull. civ.*, II, n° 298.

(38) V. VINEY, qui parle de « démission de la Cour de cassation », *JCP* 2000.I.199, n° 12 au sujet d'Ass. pl. 26 mars 1999, *Bull. civ.*, Ass. Plén., n° 3.

arbitrairement un **forfait** (39) ni une somme « symbolique » (40). On se bornera donc à indiquer les points sur lesquels la Cour de cassation impose des *directives juridiques.*

702 **Atteintes aux biens.** Pour le dommage résultant de l'atteinte à un bien, le principe est que la réparation ne peut excéder la ***valeur de remplacement :*** pour une automobile notamment il n'y a donc pas lieu d'assurer la réparation si son coût dépasse cette valeur de remplacement (41). Mais encore faut-il que le remplacement à l'identique soit possible, d'après l'état du marché : la « valeur Argus » ne s'impose donc pas si la victime ne peut retrouver l'équivalent (42). Lorsque la réparation matérielle est effectuée, il peut en résulter un enrichissement de la victime du fait de la rénovation d'un bien qui était peut-être usagé (par exemple des réparations immobilières). Pour éviter un enrichissement, on pourrait pratiquer un abattement, dit ***coefficient de vétusté*** (c'est ce qui est pratiqué couramment dans les assurances de dommages pour éviter la fraude de l'assuré désirant une réfection aux frais de son assureur). La jurisprudence judiciaire écarte cet abattement en matière de responsabilité civile en observant qu'il conduirait à verser à la victime une somme ne permettant pas de faire les travaux : dès lors que la nature des choses oblige à choisir entre deux excès, entre deux maux (enrichir la victime d'une rénovation gratuite ou l'obliger à contribuer à des travaux qu'elle n'envisageait pas), il faut choisir celui qui est le plus favorable à la victime (43). Par exemple, à la suite de l'incendie d'un bâtiment, c'est la valeur de reconstruction qui sera choisie (44), même s'il en résulte un enrichissement de la victime (45).

■ (39) Civ. 1re, 2 avril et 3 juillet 1996, *Bull. civ.,* I, nos 166 et 296. — Cependant en matière de **contrefaçon**, est permise depuis la loi du 29 octobre 2008 la réparation sous la forme d'un forfait égal ou superieur aux redevances qu'aurait dû payer le contrefacteur pour un usage licite (C.P.I, art. L. 331-1-3) : cf. P. Y. Gautier, *D.* 2008.727.

■ (40) Soc., 7 décembre 1995, *Bull. civ.,* V, n° 336. — 19 février 1997, *Bull. civ.,* V, n° 74. — 18 février 1998, *Bull. civ.,* V, n° 95.

■ (41) Cf. Civ. 2e, 31 mars 1993, *Bull. civ.,* II, n° 130. — Crim., 22 septembre 2009, n° 08-88181, *Bull. crim.,* n° 157. — La règle s'applique même en matière immobilière : dès lors que la remise en état de l'immeuble sinistré n'est pas possible, l'indemnité doit permettre à la victime d'acquérir un immeuble équivalent : Civ. 2e, 23 novembre 1988, *Bull. civ.,* II, n° 228.

■ (42) Cf. Civ. 2e, 9 juillet 1981, *Bull. civ.,* II, n° 156 ; cf. Barbiéri note, *JCP* 1982.II.19894 et Chabas, *JCP* 1982.II.19795.

■ (43) Civ. 3e, 12 décembre 1973, *JCP* 1974.II.17967, note Goubeaux. — Civ. 2e, 8 juillet 1987, *Bull. civ.,* II, n° 152. — 3 octobre 1990, *Bull. civ.,* II, n° 183. — Civ. 3e, 6 mai 1998, *Bull. civ.,* III, n° 91. — Civ. 2e, 23 janvier 2003, *Bull. civ.,* II, n° 20. — Civ. 3e, 12 janvier 2010, n° 08-19.224.

■ (44) Civ. 3e, 9 janvier 1991, *Bull. civ.,* III, n° 12. — 17 avril 1991, *Bull. civ.,* III, n° 118. — 6 juin 1993, *Bull. civ.,* III, nos 85 et 86. — Comp. Civ. 2e, 14 juin 1995, *Bull. civ.,* II, n° 186. — 5 juillet 2001, *Bull. civ.,* II, n° 135.

■ (45) Civ. 3e, 16 juin 1993, *D.* 1994.413, note Raffi. — 19 juillet 1995, *Bull. civ.,* III, n° 191. — Cf. Jourdain, *RTD civ.* 1994.119. — Cf. Hontebeyrie, *Un cas d'enrichissement dans la responsabilité civile, D.* 2007.675.

L'indemnité doit couvrir en outre les frais accessoires subis par la victime : par exemple le coût financier d'un emprunt contracté pour acquérir le bien détruit (46) mais non les **impôts** à payer sur cette indemnité (47).

La **TVA** doit être incluse dans l'indemnité, sauf si la victime est en mesure de la récupérer (48).

Il faut souligner que si le remplacement ou la réfection sert de *mesure* au calcul de l'indemnité, il n'en résulte pas pour la victime une obligation d'affecter la somme reçue à cet usage : elle reste libre de l'**emploi** de cette indemnité (49) et n'est pas par exemple tenue de consacrer une indemnité pour assistance d'une tierce personne à cet emploi (50).

703 **Préjudice corporel.** La première question qui se pose parfois est celle de savoir s'il ne faut pas tenir compte des **soins** qui pourraient le diminuer et **auxquels la victime se refuse.** La jurisprudence opérait classiquement une distinction : s'il s'agit de traitements douloureux ou aléatoires, le refus de la victime est légitime et ne diminue donc pas son droit à réparation fondé sur son état actuel. Si au contraire il s'agit de soins bénins, la victime qui s'y refuse doit prendre la charge de la part de préjudice qui aurait ainsi pu être résorbée (par exemple refus de transfusion sanguine pour raisons religieuses) (51). Mais, désormais fondée sur l'article 16-3 du Code civil, la solution ne supporte peut-être plus cette exception (52).

Quand l'état de la victime nécessite l'**assistance d'une tierce personne,** on s'est aussi demandé si ce poste d'indemnité ne devait pas être réduit en cas d'assistance familiale diminuant les débours extérieurs. Après quelques atermoiements, la jurisprudence refuse aujourd'hui très fermement toute déduction (53). Elle en fait de même envers les allocations de solidarité que la victime

(46) Civ. 1re, 19 novembre 1997, *Bull. civ.,* I, n° 280.

(47) Com., 15 septembre 2009, *Bull. civ.*, IV, n° 108.

(48) Cf. Com., 18 juin 1991, *Bull. civ.,* IV, n° 227. — Civ. 3e, 20 octobre 1993, *Bull. civ.,* III, n° 124. — 4 janvier 1994, *Bull. civ.,* IV, n° 9. — 16 février 1994, *Bull. civ.,* III, n° 22. — 27 mars 1996, *Bull. civ.,* III, n° 85. — Le **taux** est celui du jour du jugement : Civ. 3e, 25 septembre 2002, *Bull. civ.,* n° 170.

(49) Civ. 2e, 28 avril 1975, *Bull. civ.,* II, n° 121. — 8 juillet 2004, *Bull. civ.,* II, n° 391. — Cf. JOURDAIN, *RTD civ.* 1989.337 et 1993.838.

(50) Civ. 2e, 8 février 1995, *Bull. civ.,* II, n° 47.

(51) Cf. Crim., 30 octobre 1974, *D.* 1975.178, note SAVATIER. — TGI Paris, 13 mai 1981, *JCP* 1982.II.19887, note CHABAS.

(52) Civ. 2e, 19 mars 1997, *Bull. civ.,* II, n° 86 ; *RTD civ.* 1997.675, obs. JOURDAIN. — 19 juin 2003, *D.* 2003.1809.

(53) Crim., 13 décembre 1988, *Gaz. Pal.* 89. som. 72. — 21 février 1991, *Bull. crim.,* n° 88. — Civ. 2e, 14 octobre 1992, *Bull. civ.,* II, n° 239. — 3 février 1993, *Bull. civ.,* II, n° 47. — 16 novembre 1994, *Bull. civ.,* II, n° 232. — 4 mai 2000, *Bull. civ.,* II, n° 76. — Ass. Plén., 28 novembre 2001, *Bull. civ.*, Ass. Plén., n° 16. — Civ. 2e, 14 novembre 2002, *Bull. civ.,* II, n° 260. — 5 juin 2003, *Bull. civ.,* II, n° 176. — Civ. 2e, 24 novembre 2011, n° 10-25133.

peut recevoir de la collectivité (54) ou les indemnités reçues d'une assurance-incapacité (55).

Les préjudices induits par l'état de la victime sont la suite de ce dommage corporel (56).

704 **Perte de revenus.** Ce poste d'indemnisation, fréquent à la suite d'un dommage corporel (mais concevable aussi dans d'autres hypothèses), donne lieu à des solutions jurisprudentielles peu sûres. Non seulement la date d'évaluation paraît ici figée (cf. *supra*, n° 700), mais encore l'incidence des « prélèvements sociaux » n'est pas l'objet d'un traitement cohérent : on admet en effet qu'il faut déduire de l'indemnité les **cotisations sociales** sur ses salaires que n'aurait pas perçues la victime (57), mais on écarte la déduction des **impôts** qu'elle aurait versés sur les mêmes salaires (58) de même que celle des **indemnités de chômage** perçues (59).

705 **Préjudice moral.** L'évaluation de ce type si particulier de dommage (*supra*, n° 973) est par nature subjective et presque arbitraire. Traditionnellement modique, elle tend à s'accroître dans le domaine particulier des atteintes à la vie privée, non point tant parce que le dommage serait plus grave que parce que des indemnités « normales » sont si peu de chose dans le budget des publications qui tirent profit de ces atteintes qu'elles n'ont aucun caractère dissuasif. On est là dans une matière où la distorsion entre la faute et l'indemnité apparaît très clairement ; une indemnité normale n'est qu'un poste de frais très léger au regard des profits tirés de la faute ; et fixer des indemnités dissuasives conduirait à enrichir par trop les « victimes » de la presse à sensation qui ne sont pourtant pas toujours innocentes.

N°s 706 à 719 réservés.

(54) Civ. 2e, 14 mars 2002, *Bull. civ.*, II, n° 47 (allocation pour adulte handicapé).

(55) Ass. Plén., 19 décembre 2003, *Bull. civ.*, Ass. Plén., n° 7.

(56) Ex. la nécessité d'acheter un logement adapté, non disponible en location : Civ. 2e, 11 juin 2009, n° 08-11127.

(57) Civ. 2e, 7 juillet 1993, *Bull. civ.*, II, n° 251. — Crim., 8 décembre 1993, *JCP* 1994.IV.737.

(58) Civ. 2e, 28 octobre 1992, *Bull. civ.*, II, n° 254. — 16 novembre 1994, *Bull. civ.*, II, n° 233 ; *D.* 1995.220, note Chartier. — 8 juillet 2004, *Bull. civ.*, II, n° 392.

(59) Civ. 2e, 7 avril 2005, *Bull. civ.*, II, n° 90.

TROISIÈME PARTIE
LE RÉGIME GÉNÉRAL DES OBLIGATIONS

720 **Présentation.** Une fois né, le rapport d'obligation suit un régime identique quelle que soit son origine. La créance qui en résulte présente une valeur économique qui conduit à envisager sa circulation (Titre 1). Et le droit qu'elle représente doit normalement connaître sa consécration par un paiement qui constitue la principale cause d'extinction des créances, l'extinction pouvant parfois se produire sans paiement (Titre 2).

TITRE 1
LA CIRCULATION DES OBLIGATIONS

721 **L'obligation en tant qu'objet de contrat.** Comme on l'a dit dès l'origine (cf. *supra*, n° 1), le rapport d'obligation est un droit de nature patrimoniale. Pris du côté du créancier il représente une valeur d'actif. Le créancier peut légitimement vouloir en tirer finance en transmettant son titre, qui peut donc constituer un objet de commerce comme n'importe quel bien. Envisagé du côté du débiteur, le rapport d'obligation constitue un élément de passif : le débiteur peut vouloir s'en décharger en transférant sa dette sur autrui.

La circulation des obligations s'opère donc par des **transmissions,** tantôt de *la créance,* tantôt de *la dette :* il y aura dans le premier cas changement de créancier, dans le second changement de débiteur.

La question de la **cession d'un contrat** en son entier, avec les créances et dettes qui en sont issues, bien que souvent étudiée en même temps, est radicalement différente et intéresse l'effet relatif du contrat (cf. *supra*, n° 254). Il s'agit ici du transfert d'une obligation, prise isolément et quelle que soit son origine : elle peut résulter soit d'un contrat, soit de la loi (quasi-contrat ou responsabilité civile). Et, au sein même d'un contrat, le transfert peut concerner l'une des obligations, et non les autres (ex. : cession des loyers à provenir d'un bail, les parties ne cédant pas leur qualité de bailleur ou de preneur).

C'est le plus souvent par contrat que s'effectue cette transmission. Cependant, dans certains cas particuliers, la transmission peut être d'origine légale. Cela n'affecte en rien son régime.

722 **Opposition entre le transfert de créance et le transfert de dette.** Le régime du transfert est différent selon qu'il s'agit d'une transmission de la créance (aisée et pouvant emprunter plusieurs techniques) ou d'une transmission de la dette (beaucoup plus difficile). On comprend facilement qu'il ne peut y avoir de parallélisme entre ces deux sortes de transmission si l'on en considère

les conséquences : le **changement de créancier** est indifférent au débiteur qui paiera à l'un ce qu'il devait à l'autre ; au contraire, le **changement de débiteur** affecte au plus haut point les intérêts du créancier, qui ne peut être sûr de trouver dans son nouveau débiteur les qualités de l'ancien (notamment la solvabilité).

CHAPITRE 1

LA CIRCULATION PAR CHANGEMENT DE CRÉANCIER

723 **Importance pratique.** Pour le créancier, l'intérêt de céder son titre peut tenir à deux sortes de circonstances. Tout d'abord, il peut éprouver des difficultés à obtenir paiement et préférer céder son titre à un tiers mieux armé ou plus patient qui se charge des aléas et démarches nécessaires au recouvrement.

Mais surtout, le créancier peut ne pas vouloir attendre l'échéance convenue pour le paiement, car il est pressé par des besoins de trésorerie. Une grande partie de l'activité bancaire va ainsi consister à permettre au créancier d'être payé avant terme : on dit qu'il **« mobilise »** sa créance, c'est-à-dire qu'il en tire immédiatement un produit alors qu'elle est juridiquement « immobilisée » dans l'attente de l'échéance. Bien entendu, les banques qui avancent ainsi des fonds se font rémunérer pour cette avance.

On voit que cela ne concerne que des créances à terme : si, au contraire, la créance est déjà échue, il n'y a pas lieu à cette mobilisation. Mais il se trouve qu'en France, le secteur des affaires est habitué à des paiements à terme : notamment il est d'usage que les fournitures faites par des fabricants ou grossistes aux détaillants ne soient payées qu'à 60 ou 90 jours (pratique beaucoup plus rare dans d'autres pays européens). Les besoins de trésorerie du fournisseur l'amènent donc souvent à « mobiliser » sa créance auprès de son banquier pour n'avoir pas à attendre les 60 à 90 jours convenus.

724 **Double technique.** Le Code civil a organisé parallèlement deux techniques juridiques de transfert des créances : la cession de créance et la subrogation.

Cette dualité est en elle-même une difficulté. D'origine historique assez obscure, elle conduit à de nombreuses confusions car les deux techniques ont des éléments en commun et des points divergents sans véritable explication rationnelle. Il est d'ailleurs frappant de constater que des formules modernes innovées par le secteur bancaire recourent, exactement dans le même but, tantôt à l'une tantôt à l'autre de ces deux techniques : ainsi le contrat de « factoring » (cf. *infra*, n° 743) emprunte la voie de la subrogation tandis que la cession de créances professionnelles, dite cession « Dailly » (cf. *infra*, n° 734), suit la voie de la cession de créance, alors qu'il s'agit dans les deux cas exactement de la même opération : permettre à un créancier de mobiliser ses créances sur ses clients. Or, la différence de technique, pour des opérations semblables sur le plan économique, va inévitablement entraîner des différences de régime juridique sur des points accessoires qui sont parfois non négligeables.

SECTION 1 LA CESSION DE CRÉANCE

725 **Définition.** La cession de créance est envisagée par le Code civil comme une « vente » de la créance, ce type particulier de vente étant appelé « transport » de créance (car la créance va s'en trouver « transportée » sur la tête de l'acquéreur, nouveau titulaire).

L'ancien créancier est le **« cédant »** ; le nouveau créancier est le **« cessionnaire »** ; enfin le débiteur, qui joue dans l'affaire un rôle passif, est appelé le « débiteur **cédé** ».

La cession classique organisée par le Code civil (§ 1) présente certaines lourdeurs qui ont conduit à mettre sur pied, dans le domaine commercial et professionnel, des formes simplifiées de cession (§ 2).

§ 1. La cession de créance classique

TEXTES

Code civil, art. 1689 à 1695

Art. 1689. — Dans le transport d'une créance, d'un droit ou d'une action sur un tiers, la délivrance s'opère entre le cédant et le cessionnaire par la remise du titre.

Art. 1690. — Le cessionnaire n'est saisi à l'égard des tiers que par la signification du transport faite au débiteur.

Néanmoins, le cessionnaire peut être également saisi par l'acceptation du transport faite par le débiteur dans un acte authentique.

Art. 1691. — Si, avant que le cédant ou le cessionnaire eût signifié le transport au débiteur, celui-ci avait payé le cédant, il sera valablement libéré.

Art. 1692. — La vente ou cession d'une créance comprend les accessoires de la créance, tels que caution, privilège et hypothèque.

Art. 1693. — Celui qui vend une créance ou autre droit incorporel doit en garantir l'existence au temps du transport, quoiqu'il soit fait sans garantie.

Art. 1694. — Il ne répond de la solvabilité du débiteur que lorsqu'il s'y est engagé, et jusqu'à concurrence seulement du prix qu'il a retiré de la créance.

Art. 1695. — Lorsqu'il a promis la garantie de la solvabilité du débiteur, cette promesse ne s'entend que de la solvabilité actuelle, et ne s'étend pas au temps à venir, si le cédant ne l'a expressément stipulé.

726 **Créances cessibles.** Toute créance peut, en principe, faire l'objet d'une cession : il peut donc s'agir non seulement d'une créance **échue** (pour laquelle le créancier éprouve des difficultés à se faire payer), mais encore d'une créance **à terme** ou **conditionnelle** (pour laquelle le créancier ne veut pas attendre l'échéance) et même d'une créance future **purement éventuelle** pourvu qu'elle soit bien identifiée (1).

Peu importe aussi qu'il s'agisse d'une créance de somme d'argent ou d'un droit d'une autre nature (2).

Le motif de l'opération peut être double : obtenir une **trésorerie** immédiate ou éviter les aléas d'une procédure de paiement forcé, l'opération présentant alors un certain aspect **spéculatif.**

Dans les deux cas, la cession se fera pour un prix inférieur au montant de la créance. Par exemple la créance de 1 000 sera cédée 900, la différence constituant le bénéfice de l'opération pour le cessionnaire, représentant soit la rémunération de l'avance de fonds (opération de trésorerie) soit la rémunération du risque de recouvrement (opération spéculative).

Cela explique que les ***créances d'ordre alimentaire*** ne soient pas cessibles : le créancier, qui en a besoin pour vivre, ne doit pas être amené à les céder à bas prix sous la pression de besoins de trésorerie ou de difficultés de paiement. Cette exception concerne les créances alimentaires proprement dites (au sein du cercle familial) ainsi que les créances de **salaires,** pour lesquelles le Code du travail organise une échelle laissant une fraction incessible et insaisissable.

D'autres textes prohibent aussi parfois la cession, pour des raisons spécifiques : par exemple l'entrepreneur qui **sous-traite** ne peut pas céder la créance correspondant aux travaux sous-traités (afin de protéger le sous-traitant qui a une action directe sur cette créance : cf. loi du 31 décembre 1975, art. 13-1).

Inversement, en matière commerciale, l'article L. 442-6-II du Code de commerce prohibe les clauses qui interdiraient au créancier de céder sa créance.

(1) Pour les futurs loyers d'un immeuble non encore loué : Civ. 1re, 20 mars 2001, *D.* 2001.3112, note AYNÈS ; *JCP* 2002.II.10124.

(2) Pour la créance d'une obligation de faire résultant d'un pacte de préférence : Civ. 3e, 4 janvier 1995, *Bull. civ.,* III. n° 8.

726-1 **Portée de la cession.** Même si l'acte de cession ne le précise pas, la cession de la créance emporte celle de ses accessoires (art. 1692) : sûretés la garantissant (3) ou actions en responsabilité (4).

727 **Rapports cédant-cessionnaire.** Entre le cédant et le cessionnaire, la cession constitue un contrat qui suit son régime propre : celui d'une **vente** si la cession est consentie moyennant un prix, celui d'une **donation** si elle est faite à titre gratuit, voire celui d'une **dation en paiement** si elle est faite pour satisfaire un créancier (5).

La conclusion de ce contrat suit les règles de formation de tout contrat. Entre les parties, la cession prend effet immédiat et le cédant doit d'abord « délivrer » la créance, par remise du titre de créance au cessionnaire (6), ensuite garantir l'existence de la créance (sinon il aurait cédé « du vent ») (7), mais non la solvabilité du débiteur (sauf clause contraire limitée par les articles 1694 et 1695).

La conséquence de la cession est que la créance change de titulaire : il y a un nouveau créancier, le cessionnaire. Mais c'est la *même créance* qui subsiste, avec toutes ses caractéristiques : la créance garde entre les mains du cessionnaire ses attributs et ses accessoires, comme les **sûretés** (8), mais aussi les « infirmités » qui la grevaient, comme un délai de prescription déjà entamé, ou tout autre **moyen de défense** dont dispose le débiteur, même si le cessionnaire l'ignorait (9) et même si ce moyen de défense n'est apparu qu'après la cession (10).

Ce maintien de l'identité de la créance entraîne que l'essentiel du régime de la cession se concentre sur les rapports avec le débiteur cédé.

728 **Rapports avec le débiteur cédé.** La première chose à faire est d'informer le débiteur cédé qu'il a changé de créancier. Il s'agit d'une **simple information :** le débiteur n'a pas à consentir à la cession et ne dispose d'aucun moyen pour s'y opposer, car la cession n'affecte pas ses droits : il lui est juridiquement indifférent d'avoir à se libérer de sa dette entre les mains de Y au lieu de X.

Cette information du débiteur s'effectue, d'après l'article 1690 du Code civil, par une **« signification »** de la cession : il s'agit d'un acte d'huissier et non

(3) V. par ex. Com., 5 février 2008, *Bull. civ.*, IV, n° 26 (transfert des titres exécutoires contre la caution).

(4) Peu importe que cette responsabilité soit contractuelle (cf. Civ. 1re, 19 juin 2007, *Bull. civ.*, I, n° 239 ; *C.C.C.* 2007, n° 270) ou délictuelle (Civ. 2e, 17 décembre 2009, n° 09-11.612).

(5) Cf. Com., 23 juin 1992, *Bull. civ.*, IV, n° 245.

(6) Civ. 3e, 13 juillet 1999, *JCP* 1999.II.10207.

(7) La garantie s'étend aux sûretés (Civ. 1re, 31 octobre 1962, *D.* 1963.363, note CHAMPAUD), sauf clause contraire (Civ. 1re, 27 octobre 1976, *Bull. civ.*, I, n° 311).

(8) Ou même une action contre le notaire responsable de leur perte : Civ. 1re, 10 janvier 2006, *Bull. civ.*, I, n° 6.

(9) Civ. 1re, 5 janvier 1999, *Bull. civ.*, I, n° 1. — Com., 24 mars 1992, *Bull. civ.*, IV, n° 128.

(10) Com., 12 janvier 2010, n° 08-22.000 (pour une exception d'inexécution).

d'une simple lettre, et c'est pourquoi l'on considère généralement la cession de créance comme un mécanisme assez lourd. Exceptionnellement, cette signification n'est pas nécessaire lorsque le débiteur lui-même a accepté la cession dans un acte authentique, ce qui est rare et tout aussi lourd. Dans le cadre d'un procès, l'assignation ou les conclusions valent signification (11).

Les rapports des parties avec le débiteur s'articulent dans le temps autour de cette signification.

a) ***Avant la signification,*** le débiteur cédé qui n'est pas officiellement informé du changement de créancier continue à n'avoir en principe de lien qu'avec son créancier initial : c'est donc toujours à lui qu'il peut et doit payer sa dette et il ne peut ni se voir opposer la cession, ni s'en prévaloir (12).

Cependant, cette règle est tempérée par l'idée de **fraude :** si le débiteur a déjà en fait connaissance de la cession, il participerait à une fraude en payant néanmoins le créancier initial (13).

Quant au cessionnaire, puisqu'il n'est pas encore investi officiellement de la créance, il ne devrait pas pouvoir en réclamer paiement au débiteur. Mais cette règle est aussi tempérée par la jurisprudence : non seulement il peut déjà, pour sauvegarder son droit, prendre des **mesures conservatoires** sur le patrimoine du débiteur, mais encore il a récemment été admis à poursuivre le paiement de la part du débiteur si ce paiement ne préjudicie pas à des tiers (14).

Les **Principes du droit européen des contrats** proposent un effet plus radical à la simple connaissance que le débiteur a de la cession : il ne peut plus alors payer le cédant, mais doit soit suspendre le paiement soit le faire au cessionnaire (art. 11:303).

b) ***Après la signification,*** le débiteur ne doit plus connaître que le nouveau titulaire de la créance, c'est-à-dire le cessionnaire. Le cédant est « sorti » du rapport d'obligation et n'a donc plus aucun des droits attachés à la créance : il ne peut plus en poursuivre le paiement, ni bien sûr y renoncer (15).

Mais, comme la cession ne doit pas aggraver la situation du débiteur, ce dernier peut opposer à ce cessionnaire toutes les **exceptions et moyens de défense** dont il disposait à l'égard du cédant : nullité ou résolution du titre de créance, prescription, paiement déjà effectué, exception d'inexécution, etc. (v. *supra*, n° 727). Il n'est pas exigé de lui qu'il indique au cessionnaire l'existence de ces moyens de défense dès qu'il reçoit la signification : son rôle purement passif est exclusif d'une obligation d'information (16).

(11) Si l'acte y est joint (v. Com., 29 février 2000, *Bull. civ.*, IV, n° 41).

(12) Cf. par ex. Civ. 3e, 12 juin 1985, *Bull. civ.*, III, n° 95 ; *RTD civ.* 1986.350, obs. MESTRE. — Civ. 3e, 29 juin 2005, *Bull. civ.*, III, n° 147. — Civ. 1re, 22 mars 2012, *Bull. civ.*, I, n° 60. — Mais en sens contraire : Civ. 3e, 26 février 1985, *JCP* 1986.II.20607, note PETIT ; *RTD civ.* 1986.489, obs. MESTRE.

(13) Cf. Civ. 1re, 19 septembre 2007, *Bull. civ.*, I, n° 276.

(14) Com., 28 septembre 2004, *Bull. civ.*, IV, n° 173.

(15) Com., 22 octobre 1991, *Bull. civ.*, IV, n° 299.

(16) Com., 24 mars 1992, *Bull. civ.*, IV, n° 128. — 23 mars 1993, *Bull. civ.*, IV, n° 112.

Il est toutefois un cas où la cession risque d'avoir un effet fâcheux pour le débiteur. Si celui-ci disposait de son côté d'une autre créance contre le créancier initial, il pouvait invoquer une **compensation.** Or, après la cession, il peut certes invoquer cette compensation si elle s'était déjà produite au moment de la cession de sorte que la créance cédée était en réalité déjà éteinte, mais non si elle ne se produit que plus tard (art. 1295) : les créances ont en effet cessé d'être réciproques du fait du changement de créancier.

Ce changement peut ainsi venir priver le débiteur d'un avantage sur lequel il pouvait compter, car la compensation constitue souvent une garantie : si le cédant devient insolvable, le débiteur devra néanmoins payer sa dette au cessionnaire sans pouvoir recouvrer sa créance réciproque. La jurisprudence moderne a pris ce risque en compte : elle décide que le débiteur peut opposer au cessionnaire une compensation avec le cédant, même postérieure à la cession, lorsque les créances réciproques présentent **un lien de *connexité*** (17) (sur cette notion en la matière, v. *infra,* n° 827). Cette solution est reprise par les **Principes européens du droit des contrats** (art. 11-307).

729 **Rapports avec les tiers.** La formalité de l'article 1690 joue un rôle non seulement à l'égard du débiteur cédé, mais encore à l'égard des tiers ; on estime que ceux-ci peuvent se renseigner auprès du débiteur pour savoir qui est titulaire de la créance et peuvent donc ajouter foi à la situation telle qu'elle existe à l'égard de ce débiteur. On a pu dire à ce sujet que le débiteur jouait le rôle d'un « quasi-conservateur des hypothèques », lequel fournit à tous les renseignements sur la situation d'un immeuble (18).

Il faut en réalité distinguer entre deux catégories de tiers :

— à l'égard des tiers qui « ont intérêt à ce que le cédant soit encore créancier » (19), la signification est une mesure décisive : tant qu'elle n'a pas été effectuée, ils peuvent toujours regarder le cédant comme titulaire de la créance. Par exemple, des **créanciers du cédant** pourront encore pratiquer une saisie sur cette créance ; ou encore, si le cédant peu scrupuleux cède une seconde fois sa créance, le **second acquéreur** l'acquiert valablement et primera le premier cessionnaire s'il procède avant lui à la signification, sauf évidemment collusion frauduleuse (20) ;

■ (17) Civ. 3e, 30 mars 1989, *Bull. civ.*, III, n° 77. — Soc., 7 mai 1987, *Bull. civ.*, V, n° 294, rendu au sujet d'une subrogation mais parfaitement transposable à la cession de créance. — Com., 5 décembre 1989, *Bull. civ.*, IV, n° 308. — 3 avril 1990, *D.* 1991.180. — 1er décembre 1992, *D.* 1993.513, note SORTAIS. — 15 juin 1993, *D.* 1993.495, note LARROUMET. — Civ. 3e, 12 juillet 1995, *Bull. civ.*, III, n° 183. — Com., 14 janvier 1997, *Bull. civ.*, IV, n° 16. — Civ. 2e, 12 octobre 2000, *Bull. civ.*, II, n° 138.

■ (18) MALAURIE et AYNÈS, n° 1226.

■ (19) Formule utilisée par Civ. 1re, 4 décembre 1985, *Bull. civ.*, I, n° 336.

■ (20) Curieusement Com., 19 mars 1980, *Bull. civ.*, IV, n° 137, a jugé que la simple connaissance de la première cession ne suffisait pas à établir cette collusion frauduleuse.

— à l'égard des autres tiers, c'est-à-dire de ceux qui ont intérêt à saisir la créance **entre les mains du cessionnaire,** la signification n'a pas la même importance : ils sont en droit d'effectuer cette saisie même avant la signification, car il n'appartient évidemment pas au cessionnaire de « mettre à l'abri » la créance qu'il a acquise en s'abstenant de notifier (21).

729-1 **Retrait litigieux.** Lorsque la créance cédée fait l'objet d'un procès en cours, le législateur a eu le souci de lutter contre une opération de pure spéculation de la part du cessionnaire, rachetant la créance à bas prix en profitant de l'insécurité liée aux aléas du procès. À cette fin, il a organisé la procédure de « retrait litigieux » permettant à l'autre partie de se substituer au cessionnaire en lui remboursant le prix de cession, et en mettant fin par là au procès par confusion sur sa tête des qualités de créancier et de débiteur.

Cette procédure est organisée aux articles 1699 à 1701 du Code civil.

Longtemps peu usitée, elle connaît un regain de vitalité depuis quelques années. Mais la jurisprudence la cantonne de strictes limites :

— elle suppose que le procès soit déjà engagé et non pas seulement que la créance soit contestée (22) ;

— le retrait n'est ouvert qu'au *défendeur* à ce procès, ou plus exactement à la contestation qui rend la créance litigieuse, afin d'éviter qu'une partie ne s'ouvre la voie du retrait en créant elle-même la contestation (23) ;

— le retrait n'est pas ouvert si le litige ne porte que sur des éléments accessoires à la créance (24) ;

— il n'est pas certain que le retrait puisse agir lorsque la créance n'est pas cédée seule, mais au sein d'un bloc (25).

En cas de **conflit entre ces deux catégories** de tiers, par exemple des créanciers du cédant et ceux du cessionnaire, il y aurait sans doute lieu à une répartition proportionnelle entre eux puisqu'ils ont tous qualité pour pratiquer la saisie, sous réserve de la mauvaise foi de ceux qui connaissaient la cession, même non signifiée (26).

(21) Civ. 1re, 4 décembre 1985, *Bull. civ.*, I, n° 336.
(22) Com., 15 janvier 2002, *Bull. civ.*, IV, n° 10.
(23) Com., 26 mars 1973, *Bull. civ.*, IV n° 133 – Civ. 1re, 20 janvier 2004, *D.* 2004.674.
(24) Com., 26 février 2002, *Bull. civ.*, IV, n° 41.
(25) V. Civ. 1re, 12 juillet 2005, *Bull. civ.*, I, n° 319 ; *RTD civ.* 2005, obs. GAUTIER (explorant les solutions envisageables pour fixer le prix du retrait).
(26) Com., 15 juillet 1987, *Bull. civ.*, IV, n° 157.

§ 2. CESSIONS DE CRÉANCES SIMPLIFIÉES

A. TITRES NÉGOCIABLES

730 **Impulsion du droit commercial.** Le droit commercial, qui inclut depuis le Moyen Âge le commerce de banque, exige une circulation des créances pouvant se faire plus rapidement et plus souplement que la cession qu'on vient de voir : c'est surtout la formalité de la signification qu'on veut éluder, à la fois parce qu'elle demande du temps et parce qu'elle s'avère trop onéreuse pour des petites créances ou des cessions répétées.

Aussi le droit commercial a-t-il depuis longtemps créé des titres négociables, formes de créances qui obéissent à des modes de transfert plus souples. Les avantages de ces titres ont conduit à leur extension en dehors des limites du droit commercial et ils peuvent aujourd'hui servir à la cession de certaines créances civiles.

La catégorie des titres négociables comprend **trois sortes de titres :** les titres au porteur, les titres à ordre et les titres nominatifs.

731 **Titres au porteur.** On désigne ainsi des documents qui renferment en eux-mêmes le droit de créance constaté, de telle sorte que tout porteur du document est considéré de par cette seule détention matérielle comme titulaire de la créance. On dit que ***le droit* (de créance) *est incorporé au titre*** et que celui-ci fait preuve par lui-même de la créance (27).

La cession en est extrêmement simple : il suffit de transmettre matériellement le document à quiconque. Ce dernier, en tant que *porteur* du titre, devient par là même investi du droit de créance et peut présenter le titre au paiement.

Cette forme de titre est surtout connue en droit commercial : chèque au porteur (28), lettres de change (ou « traites ») au porteur ou dont le nom du bénéficiaire est laissé en blanc (29), valeurs mobilières (actions de sociétés) au porteur (30). Mais elle est également connue du droit civil : le meilleur exemple en est le billet de **loto** (31) ou le ticket de P.M.U. payable (en cas de gain...) au porteur. Tout titre civil peut être établi « au porteur » (billets ou tickets de spectacles ou autres), sauf les copies de créances hypothécaires car, ayant en

(27) Com., 1er mars 1994, *Bull. civ.*, IV, n° 95.

(28) Dont l'emploi a toutefois été rendu plus difficile, pour des raisons fiscales, par une loi du 29 décembre 1978 : cf. GAVALDA, *D.* 1979, chr. 189.

(29) Com., 15 janvier 2002, *Bull. civ.*, IV, n° 10.

(30) Dont le dépôt en banque est devenu toutefois en principe obligatoire depuis la loi du 30 décembre 1981.

(31) V. Civ. 1re, 10 janvier 1995, *Bull. civ.*, I, n° 26.

elle-même force exécutoire (c'est-à-dire permettant de pratiquer une saisie sans jugement), elles présentent un trop grand danger (32).

La forme au porteur présente une grande simplicité mais en contrepartie un risque réel en cas de perte ou de vol (il existe certaines possibilités de former opposition au paiement en ce cas, mais l'efficacité en est limitée).

Le phénomène financier de **dématérialisation** de certains de ces titres — qui ne sont plus représentés que par des inscriptions en compte dans les livres des établissements financiers — emporte que leur transfert ne se fait plus par remise matérielle, mais par virement (33).

732 **Titres à ordre.** Il s'agit d'un document portant injonction au débiteur de « payer à l'ordre de X », c'est-à-dire soit à X, soit, sur son ordre, à la personne qu'il désignera. Le bénéficiaire peut donc transmettre le titre à Y en inscrivant simplement la mention « payez à Y » : c'est « l'ordre » qu'il donne ainsi, et qu'il doit bien sûr signer. Comme cet ordre est généralement inscrit au dos du document, on dit que celui-ci circule par **« endossement ».**

Les titres à ordre constituent ce qu'on appelle des **« effets de commerce » :** chèques, lettres de change et billets à ordre. Ce sont des moyens de paiement : le créancier paie un de ses propres créanciers en lui transmettant ainsi la créance qu'il détient sur son débiteur. Principalement utilisés dans la vie commerciale, ils peuvent aussi bien concerner des créances civiles.

Dans certains cas, pour renforcer la sécurité de ce mode de circulation, le cessionnaire bénéficie d'un avantage par rapport au droit commun : le débiteur cédé ne pourra pas lui opposer les exceptions dont il disposait contre le cédant (cf. *supra*, n° 552). On parle du principe de l'***inopposabilité des exceptions.*** Cela n'est toutefois possible que si le **débiteur a accepté** cette règle du jeu en signant lui-même le titre (pour les chèques, le fait pour le banquier de délivrer à son client des formules de chèque l'oblige à payer les chèques de 100 francs ou moins : art. 73-1 du décret-loi du 30 octobre 1935).

733 **Titres nominatifs.** Ce sont des titres établis au nom du créancier avec inscription de son nom dans les registres du débiteur : seul le changement de cette inscription entraînera transfert de la créance au profit du nouveau titulaire.

Cette forme n'est employée que pour les **titres d'emprunt** (dénommés obligations) des personnes publiques ou des sociétés de commerce, ainsi que pour les **actions et parts de société.** La « dématérialisation » des valeurs mobilières décidée par une loi du 30 décembre 1981 a entraîné que ces titres, qui n'existent plus que sous forme d'inscription en compte, circulent par virements de compte à compte.

(32) Loi du 15 juin 1976.
(33) V. Com., 19 mai 1998, *D.* 1998.551, note MARTIN.

B. CESSION DE CRÉANCES PROFESSIONNELLES À UN ÉTABLISSEMENT DE CRÉDIT

TEXTE

Code monétaire et financier

Section I. — Cession et nantissement des créances professionnelles

Art. L. 313-23. — Tout crédit qu'un établissement de crédit ou qu'une société de financement consent à une personne morale de droit privé ou de droit public, ou à une personne physique dans l'exercice par celle-ci de son activité professionnelle, peut donner lieu au profit de cet établissement ou de cette société, par la seule remise d'un bordereau, à la cession ou au nantissement par le bénéficiaire du crédit, de toute créance que celui-ci peut détenir sur un tiers, personne morale de droit public ou de droit privé ou personne physique dans l'exercice par celle-ci de son activité professionnelle.

Peuvent être cédées ou données en nantissement les créances liquides et exigibles, même à terme. Peuvent également être cédées ou données en nantissement les créances résultant d'un acte déjà intervenu ou à intervenir mais dont le montant et l'exigibilité ne sont pas encore déterminés.

Le bordereau doit comporter les énonciations suivantes :

1° La dénomination, selon le cas, « acte de cession de créances professionnelles » ou « acte de nantissement de créances professionnelles » ;

2° La mention que l'acte est soumis aux dispositions des articles L. 313-23 à L. 313-34 ;

3° Le nom ou la dénomination sociale de l'établissement de crédit ou de la société de financement bénéficiaire ;

4° La désignation ou l'individualisation des créances cédées ou données en nantissement ou des éléments susceptibles d'effectuer cette désignation ou cette individualisation, notamment par l'indication du débiteur, du lieu de paiement, du montant des créances ou de leur évaluation et, s'il y a lieu, de leur échéance.

Toutefois, lorsque la transmission des créances cédées ou données en nantissement est effectuée par un procédé informatique permettant de les identifier, le bordereau peut se borner à indiquer, outre les mentions indiquées aux 1°, 2° et 3° ci-dessus, le moyen par lequel elles sont transmises, leur nombre et leur montant global.

En cas de contestation portant sur l'existence ou sur la transmission d'une de ces créances, le cessionnaire pourra prouver, par tous moyens, que la créance objet de la contestation est comprise dans le montant global porté sur le bordereau.

Le titre dans lequel une des mentions indiquées ci-dessus fait défaut ne vaut pas comme acte de cession ou de nantissement de créances professionnelles au sens des articles L. 313-23 à L. 313-34.

Art. L. 313-24. — Même lorsqu'elle est effectuée à titre de garantie et sans stipulation d'un prix, la cession de créance transfère au cessionnaire la propriété de la créance cédée.

Sauf convention contraire, le signataire de l'acte de cession ou de nantissement est garant solidaire du paiement des créances cédées ou données en nantissement.

Art. L. 313-25. — Le bordereau est signé par le cédant. La signature est apposée soit à la main, soit par tout procédé non manuscrit. Le bordereau peut être stipulé à ordre.

La date est apposée par le cessionnaire.

Art. L. 313-26. — Le bordereau n'est transmissible qu'à un autre établissement de crédit ou une autre société de financement.

Art. L. 313-27. — La cession ou le nantissement prend effet entre les parties et devient opposable aux tiers à la date apposée sur le bordereau lors de sa remise, quelle que soit la date de naissance, d'échéance ou d'exigibilité des créances, sans qu'il soit besoin d'autre formalité, et ce quelle que soit la loi applicable aux créances et la loi du pays de résidence des débiteurs.

À compter de cette date, le client de l'établissement de crédit ou de la société de financement bénéficiaire du bordereau ne peut, sans l'accord de cet établissement ou de cette société, modifier l'étendue des droits attachés aux créances représentées par ce bordereau.

La remise du bordereau entraîne de plein droit le transfert des sûretés, des garanties et des accessoires attachés à chaque créance, y compris les sûretés hypothécaires, et son opposabilité aux tiers sans qu'il soit besoin d'autre formalité.

En cas de contestation de la date portée sur le bordereau, l'établissement de crédit ou de la société de financement rapporte, par tous moyens, l'exactitude de celle-ci.

Art. L. 313-28. — L'établissement de crédit ou de la société de financement peut, à tout moment, interdire au débiteur de la créance cédée ou nantie de payer entre les mains du signataire du bordereau. À compter de cette notification, dont les formes seront fixées par le décret en Conseil d'État prévu à l'article L. 313-35, le débiteur ne se libère valablement qu'auprès de l'établissement de crédit ou de la société de financement.

Art. L. 313-29. — Sur la demande du bénéficiaire du bordereau, le débiteur peut s'engager à le payer directement ; cet engagement est constaté, à peine de nullité, par un écrit intitulé : « Acte d'acceptation de la cession ou de nantissement d'une créance professionnelle. »

Dans ce cas, le débiteur ne peut opposer à l'établissement de crédit ou à la société de financement les exceptions fondées sur ses rapports personnels avec le signataire du bordereau, à moins que l'établissement de crédit ou la société de financement, en acquérant ou en recevant la créance, n'ait agi sciemment au détriment du débiteur.

734 **Bordereau « Dailly ».** La loi du 2 janvier 1981, destinée à faciliter « le crédit aux entreprises » (dite « loi Dailly » du nom du sénateur qui est à son origine, aujourd'hui intégrée au Code monétaire et financier), a organisé un nouveau mode de cession de créance qui concerne seulement les rapports des entreprises et des banques (34).

Pour garantir le crédit que lui consent une banque, une entreprise peut lui céder les créances qu'elle détient sur ses clients au moyen d'un « bordereau », c'est-à-dire d'un document signé des parties et énumérant les créances cédées. La particularité du mécanisme tient à la dispense de signification aux débiteurs cédés : sous certaines conditions, la cession peut ainsi produire néanmoins les mêmes effets qu'une cession classique.

(34) Cf. sur cette loi : SCHMIDT et GRAMLING, *D.* 1981, chr. 217. — VASSEUR, *D.* 1982, chr. 273. — GAVALDA, *D.* 1981, chr. 199. — STOUFFLET et CHAPUT, *JCP* 1981.I.3044. — RIVES-LANGE et CONTAMINE-RAYNAUD, *Droit bancaire*, 6e éd., nos 526 et s.

735 **Conditions.** Elles sont de fond et de forme.

— *Quant au fond,* cette cession n'est possible qu'au profit d'un *établissement de crédit.* De plus, à l'égard des personnes physiques (35), elle ne peut porter que sur des créances résultant d'une *activité professionnelle* (art. L. 313-23).

— *Quant à la forme,* le bordereau obéit à un strict formalisme, à défaut duquel il est sans valeur (36). Il doit comporter une série de mentions énumérées par la loi (art. L. 313-23), destinées en particulier à permettre d'identifier sans équivoque les créances cédées (37).

C'est la banque cessionnaire qui ***date*** le bordereau tout en conservant la charge de prouver l'exactitude de celle-ci en cas de contestation (art. L. 313-27). C'est là la formalité essentielle car la signification aux débiteurs cédés n'est pas nécessaire : la date inscrite sur le bordereau suffit à rendre la cession opposable à tous (38).

736 **Effets entre les parties.** Les rapports cédant-cessionnaire sont les mêmes que dans une cession classique (cf. *supra*, n° 727), sous réserve que la garantie du cédant est plus largement présumée puisque, sauf clause contraire, il répond du paiement des créances (art. L. 313-24), sans même que le cessionnaire doive justifier d'avoir d'abord poursuivi en vain le cédé (39).

737 **Effets envers les débiteurs cédés.** En principe, la cession produit immédiatement effet à l'égard des débiteurs cédés, **sans signification** nécessaire. Il est cependant permis (et prudent) au banquier d'informer (mais par simple lettre et non par acte d'huissier) les débiteurs de la cession (40), afin qu'ils ne paient pas entre les mains de l'entreprise cédante : un paiement **de bonne foi** pourrait en effet rester valable (41).

Le débiteur ne peut pas s'opposer à la cession elle-même (42), mais il conserve tous les **moyens de défense** qu'il aurait pu opposer à son créancier initial. Il faut alors distinguer selon la date de naissance de cette exception :

(35) Com., 3 janvier 1996, *Bull. civ.*, IV, n° 3 : cette condition n'est pas exigée pour les créances des personnes morales.

(36) Com., 9 avril 1991, *Bull. civ.*, IV, n° 121.

(37) Cf. Com., 13 octobre 1992, *Bull. civ.*, IV, n° 301. — Civ. 1re, 1er février 2011, n° 10-13595 ; *Bull. civ.*, I, n° 10.

(38) Com., 28 octobre 1986, *Bull. civ.*, IV, n° 194 ; *D.* 1986.593 ; *JCP* 1987.II.20735, note STOUFFLET.

(39) Com., 14 mars 2000, *Bull. civ.*, IV, n° 55.

(40) Ce n'est qu'une faculté (ce dont Com., 18 novembre 1997, *Bull. civ.*, IV, n° 293 ; *D.* 1998. Som. 140 et les obs. a déduit non sans légèreté que le défaut de notification ne pouvait jamais être fautif, même envers une caution du banquier qui s'en trouve privée de recours efficace).

(41) Jurisprudence indécise ou évolutive ? Com., 7 janvier 1997, *Bull. civ.*, IV, n° 2 exige une défense expresse de payer pour s'opposer au paiement du cédant. — Com., 21 mars 1995, *Bull. civ.*, IV, n° 96 et 26 novembre 2003, *Bull. civ.*, n° 173 se contentent d'une connaissance de la cession.

(42) Une clause d'incessibilité de la créance est peu efficace, car inopposable au banquier qui l'ignore : Com., 21 novembre 2000, *D.* 2001.123.

— ***si l'exception préexiste*** à la cession, le débiteur qui pouvait déjà l'opposer au cédant peut évidemment toujours l'opposer au cessionnaire ; par exemple, il peut invoquer le **défaut de preuve** de la créance (43), ou la nullité du contrat dont elle est issue ; peu importe qu'il ait ou non informé la banque des exceptions antérieures lors de cette notification (44) ;

— ***si l'exception se fonde sur un fait postérieur*** à la cession, ou plutôt à sa notification (45), le débiteur ne peut l'opposer au cessionnaire qu'en cas de **connexité** entre la créance cédée et cette exception : par exemple pour une exception d'inexécution du même contrat (46), ou pour une exception de compensation avec d'autres créances nées du même contrat après la cession (47) ; mais, si cette connexité n'existe pas, les exceptions postérieures ne peuvent être opposées (v. *supra*, n° 728).

Il en va différemment si le cessionnaire, en informant le débiteur de la cession, a obtenu de lui un **engagement direct,** soumis au formalisme prévu à l'article L. 313-29 (48). Un tel engagement fait de la cession « acceptée » un titre identique à un effet de commerce accepté, caractérisé par *l'inopposabilité des exceptions* (cf. *supra*, n° 732).

738 **Effets envers les tiers.** À l'égard des autres tiers (créanciers de l'une des parties par exemple, ou second cessionnaire), la date du bordereau leur rend la cession **opposable,** sans incidence de leur bonne ou mauvaise foi (art. L. 313-27).

Il en résulte en particulier que si le créancier a sans scrupules cédé deux fois les mêmes créances, c'est cette date qui tranche le **conflit entre les cessionnaires** (49) : seul le premier a qualité pour demander paiement et le débiteur, s'il est informé, ne doit pas payer le second, à peine de devoir payer deux fois (50) ; si c'est le second qui a en fait été payé par le débiteur de bonne foi, il doit reverser les fonds non pas au premier (51), mais au débiteur tenu envers ce premier cessionnaire (c'est une répétition de l'indu) (52).

(43) Com., 18 octobre 1994, *Bull. civ.*, IV, n° 290. — 18 février 1997, *Bull. civ.*, IV, n° 54.

(44) Com., 24 mars 1992, *Bull. civ.*, IV, n° 128. — 23 mars 1993, *Bull. civ.*, IV, n° 112.

(45) Com., 14 décembre 1993, *D.* 1994.269, note LARROUMET (d'où sans doute le maintien du régime précédent si elle n'est pas notifiée). — 4 avril 1995, *Bull. civ.*, IV, n° 112.

(46) Com., 9 février et 9 novembre 1993, *Bull. civ.*, IV, n°s 51 et 385. — 8 février 1994, *Bull. civ.*, IV, n° 55. — 30 mai 1995, *Bull. civ.*, IV, n° 157.

(47) Com., 15 juin 1993, *D.* 1993.495, note LARROUMET. — 29 novembre 1994, *Bull. civ.*, IV, n° 352. — Peu importe alors qu'elles ne soient pas liquides et exigibles : Civ. 3e, 12 juillet 1995, *Bull. civ.*, III, n° 183.

(48) Ce formalisme doit être respecté à la lettre ; Com., 5 novembre 1991, *Bull. civ.*, IV, n° 329. — Mais l'écrit peut résulter d'une **télécopie** (Com., 2 décembre 1997, *D.* 1998.192, note MARTIN).

(49) Cf. Com., 3 janvier 1996, *JCP* 1996.II.22682, note STOUFFLET.

(50) Com., 12 janvier 1999, *Bull. civ.*, IV, n° 8.

(51) Com., 4 juillet 1995, *D.* 1995.489, note MARTIN et SYNVET ; *JCP* 1995.II.22553, note LEGEAIS.

(52) Sur le conflit du cessionnaire avec le bénéficiaire d'un effet de commerce émis par le débiteur, v. GOYET, note sous Com., 10 mars 1998, *D.* 1998.620.

SECTION 2 LA SUBROGATION

TEXTES

Code civil, art. 1249 à 1252

Art. 1249. — La subrogation dans les droits du créancier au profit d'une tierce personne qui le paie est ou conventionnelle ou légale.

Art. 1250. — Cette subrogation est conventionnelle :

1° Lorsque le créancier recevant son paiement d'une tierce personne la subroge dans ses droits, actions, privilèges ou hypothèques contre le débiteur : cette subrogation doit être expresse et faite en même temps que le paiement ;

2° Lorsque le débiteur emprunte une somme à l'effet de payer sa dette, et de subroger le prêteur dans les droits du créancier. Il faut, pour que cette subrogation soit valable, que l'acte d'emprunt et la quittance soient passés devant notaires ; que dans l'acte d'emprunt il soit déclaré que la somme a été empruntée pour faire le paiement, et que dans la quittance il soit déclaré que le paiement a été fait des deniers fournis à cet effet par le nouveau créancier. Cette subrogation s'opère sans le concours de la volonté du créancier.

Art. 1251. — La subrogation a lieu de plein droit :

1° Au profit de celui qui, étant lui-même créancier paie un autre créancier qui lui est préférable à raison de ses privilèges ou hypothèques ;

2° Au profit de l'acquéreur d'un immeuble, qui emploie le prix de son acquisition au paiement des créanciers auxquels cet héritage était hypothéqué ;

3° Au profit de celui qui, étant tenu avec d'autres ou pour d'autres au paiement de la dette, avait intérêt de l'acquitter ;

4° Au profit de l'héritier acceptant à concurrence de l'actif net qui a payé de ses deniers les dettes de la succession.

5° Au profit de celui qui a payé de ses deniers les frais funéraires pour le compte de la succession.

Art. 1252. — La subrogation établie par les articles précédents a lieu tant contre les cautions que contre les débiteurs : elle ne peut nuire au créancier lorsqu'il n'a été payé qu'en partie ; en ce cas, il peut exercer ses droits, pour ce qui lui reste dû, par préférence à celui dont il n'a reçu qu'un paiement partiel.

739 **Définition.** Subroger veut dire substituer, remplacer. Notre droit connaît la subrogation *personnelle,* lorsqu'une personne prend la place d'une autre dans une situation juridique, et la subrogation *réelle,* lorsqu'une chose prend la place d'une autre dans un patrimoine.

La subrogation réelle, presque inconnue du Code civil (v. toutefois art. 1303) et résultant de diverses lois récentes qui n'emploient d'ailleurs pas ce terme, intéresse les disciplines dans lesquelles le mode d'évaluation d'un avantage est lié à un bien (par exemple, en droit successoral, l'avantage représenté par la donation d'un bien à l'un des héritiers est évalué d'après la valeur actuelle de ce bien ou, s'il a été remplacé, d'après la valeur du bien subrogé ; il en est de même dans le droit des régimes matrimoniaux).

La subrogation personnelle, seule visée par le Code civil et seule considérée ici, opère *substitution de créancier.* Comme dans la cession de créance, la créance reste identique ; mais son titulaire change et le nouveau titulaire, dit créancier ***subrogé,*** prend la place de l'ancien, dénommé ***subrogeant*** (53).

740 **Caractéristique essentielle : conséquence d'un paiement.** La particularité essentielle de la subrogation (et parfois perdue de vue par les praticiens) est qu'elle ne peut pas s'opérer seule, de façon autonome, mais est obligatoirement **greffée sur *le paiement de la créance.*** Le Code civil ne parle d'ailleurs que du « paiement avec subrogation ». C'est donc seulement celui qui *paie le créancier à la place du débiteur* qui peut se trouver subrogé dans les droits de ce créancier (54).

Cette caractéristique est lourde de conséquences qu'il convient de souligner d'emblée. Celui qui paie n'est subrogé dans la créance que dans l'exacte mesure de son paiement. Par conséquent, contrairement à la cession de créance, la subrogation ne peut jamais s'effectuer à titre gratuit, ni pour une somme inférieure à la créance transmise. On verra toutefois que, dans le cas de l'affacturage, la pratique a imaginé un moyen de tourner cette règle (cf. *infra*, n° 743).

Il n'y a donc pas de subrogation sans paiement. Mais tout paiement ne s'accompagne pas de subrogation : celui qui paie la dette d'autrui sans être subrogé risque fort d'être dépourvu de recours (v. *infra* n° 785).

741 **Développement pratique.** Le mécanisme de la subrogation était à l'origine cantonné à quelques hypothèses dans lesquelles il apparaissait équitable qu'une personne ayant été amenée à **payer à la place d'une autre** dispose contre cette dernière d'une action récursoire pour obtenir remboursement : le plus simple était précisément de lui transmettre la créance payée, pour lui transmettre le bénéfice des sûretés attachées à cette créance, ce qui ne peut pas se faire dans le cadre d'un simple recours personnel. Ainsi pour la caution qui a payé à la place du débiteur principal, ou pour l'un des codébiteurs qui a payé l'ensemble de la dette y compris la part des autres.

Mais les avantages du mécanisme ont conduit à son développement au cours du XXe siècle, en considération des deux fonctions qu'il peut remplir :

— *fonction de garantie :* assurer au créancier d'une indemnité le paiement par un organisme lui confère une sécurité accrue ; c'est pourquoi se sont développées les assurances et la Sécurité sociale (cf. *supra*, n°s 530 et s.) ; mais l'équité veut que ces organismes, après avoir rempli cette fonction auprès du créancier, puissent se retourner contre le véritable débiteur de l'indemnité, c'est-à-dire le responsable du dommage ; la subrogation permet d'assurer ce recours et s'est donc développée autant que les mécanismes d'indemnisation des dommages ;

(53) Cf. J. MESTRE, *La subrogation personnelle,* LGDJ, 1979.

(54) Raison pour laquelle la logique conduirait à traiter de la subrogation avec le paiement (cf. TERRÉ, SIMLER et LEQUETTE, n°s 1264 et s.). Mais la pédagogie et le pragmatisme incitent à la rapprocher des cessions de créance.

— *fonction de crédit :* transmettre la créance permet au créancier d'obtenir du crédit, comme on l'a vu pour la cession de créance (cf. *supra*, n° 723) ; comme la subrogation n'exige pas la formalité de la signification, elle est parfois préférée à une cession de créance et l'on a ainsi assisté à un développement de la subrogation conventionnelle au profit des établissements de crédit (cf. *infra*, n° 743).

§ 1. Origine de la subrogation

A. SUBROGATION LÉGALE

742 **Subrogation de plein droit.** Dans un certain nombre de cas, c'est un texte exprès qui décide qu'il y a subrogation au profit de celui qui paie la créance. Le transfert s'effectue donc automatiquement, « de plein droit », par le seul fait matériel du paiement ; il n'est besoin d'aucun consentement des parties, et celles-ci ne peuvent pas s'opposer à ce transfert.

En dehors de quelques cas très particuliers intéressant le droit des privilèges et hypothèques (art. 1251, 1°, 2° et 4°), cette subrogation légale a lieu *lorsque plusieurs personnes sont **tenues à la même dette*** et que l'une d'entre elles paie le créancier.

L'article 1251-3°, par une disposition de portée générale, décide qu'est subrogé « celui qui, étant tenu *avec d'autres ou pour d'autres* au paiement de la dette, avait intérêt de l'acquitter ».

Sont tenus « pour d'autres » tous les **garants** d'un débiteur, notamment les cautions et ceux qui sont responsables du fait d'autrui.

Sont tenus « avec d'autres » les **codébiteurs** d'une même dette, par exemple les divers responsables d'un même dommage (cf. *supra*, n° 563). La jurisprudence contemporaine traduit d'ailleurs à cet égard un certain assouplissement : une **obligation « virtuelle »** suffit et celui qui *pourrait être déclaré* responsable d'un dommage et qui paie, même s'il n'a pas encore été condamné, est subrogé dans les droits de la victime contre les autres responsables et peut donc leur demander contribution pour leur part à cette indemnité : « le débiteur qui s'acquitte d'une dette qui lui est personnelle peut néanmoins prétendre bénéficier de la subrogation s'il a, par son paiement, libéré envers leur créancier commun celui sur qui doit peser la charge définitive de la dette », sans qu'une condamnation judiciaire préalable soit requise (55). Par exemple le notaire qui a établi un prêt sans vérifier suffisamment les garanties données au prêteur et qui le rembourse de ses deniers est

(55) Civ. 1re, 7 novembre 1995, *Bull. civ.*, I, n° 397. — 17 février 1998, *Bull. civ.*, I, n° 68. — 24 octobre 2000, *Bull. civ.*, I, n° 269. — 27 mars 2001, *Bull. civ.*, I, n° 90. — 13 décembre 2001, *Bull. civ.*, I, n° 196. — Com., 24 juin 2003, *Bull. civ.*, IV, n° 110.

subrogé dans la créance de remboursement contre l'emprunteur (56). À plus forte raison, la subrogation peut jouer même si les divers codébiteurs sont tenus à des **titres différents :** par exemple le transporteur condamné envers son client pour avoir délivré les marchandises sans exiger un paiement comptant du destinataire (responsabilité contractuelle) est subrogé dans la créance sur l'acheteur (prix de vente) (57).

On a pu observer que la jurisprudence a su ainsi « conserver à la subrogation légale son visage d'institution fondamentalement équitable, qui permet d'assurer le report automatique du poids final de la dette sur celui qui est directement à l'origine de la créance » (58).

Par application de la même idée, des textes particuliers opèrent subrogation de l'assureur de dommages et des organismes de Sécurité sociale qui ont indemnisé leur assuré dans les droits de ceux-ci contre le responsable du dommage (cf. *supra*, n° 683).

Cette subrogation légale s'effectue par le fait même du paiement, mais non avant : par exemple l'assureur qui n'a pas encore indemnisé la victime ne peut pas agir déjà contre le responsable (59).

B. SUBROGATION CONVENTIONNELLE

743 **Subrogation par le créancier.** Hors les cas de subrogation légale, le créancier peut consentir une subrogation à toute personne qui, sans y être tenue, décide cependant de le payer : puisqu'il est ainsi satisfait, le créancier peut transférer sa créance à son « payeur » afin de lui permettre de se retourner contre le débiteur.

A priori, il pourrait paraître exceptionnel qu'un tiers se présente ainsi pour payer à la place du débiteur. Mais c'est en réalité ici que la subrogation joue un rôle de crédit, comme une cession de créance : celui qui paie est en réalité un banquier qui fournit de la sorte un crédit au créancier en lui permettant de mobiliser immédiatement une créance qui n'est qu'à terme.

Telle est l'économie du contrat d'**affacturage** (*factoring*) : le commerçant qui a des créances (« factures ») sur divers clients les transfère à son banquier pour en être crédité immédiatement. La même opération pourrait se faire par une cession de créances ; mais, pour éviter la signification de l'article 1690, la

(56) Civ. 1re, 2 et 9 octobre 1985, *Bull. civ.*, I, nos 246 et 255 ; *RTD civ.* 1986.111, obs. MESTRE. — 3 mars 1987, *Bull. civ.*, I, n° 83. — 3 janvier 1988, *Bull. civ.*, I, n° 50. — 8 juillet 1994, *Bull. civ.*, I, n° 243.

(57) Com., 5 octobre 1993, *Bull. civ.*, IV, n° 324.— V. aussi Civ. 1re, 25 novembre 2009, *Bull. civ.*, I, n° 237 ; *D.* 2010.802, note HONTEBEYRIE (il n'est pas nécessaire que ces débiteurs soient tenus *in solidum).*

(58) MESTRE, obs. précitées.

(59) Civ. 1re, 24 mars 1992, *Bull. civ.*, I, n° 91.

pratique (antérieure à la loi « Dailly » de 1981) a préféré recourir à la subrogation. Cependant, il a fallu tourner un obstacle : le banquier ne travaille pas gratuitement et retient une commission sur le montant des créances transférées ; mais, comme il ne peut être subrogé qu'à hauteur de ce qu'il a payé (cf. *supra*, n° 740), il faut qu'il règle au créancier subrogeant l'intégralité de la créance. Aussi le fait-il. Mais, parallèlement, le créancier s'engage à lui verser une commission qui constitue une dette distincte et donne lieu à un poste de compte particulier.

Le recours à cette technique, inspiré par le souci d'éviter la signification de l'article 1690, est devenu moins utile depuis que la loi du 2 janvier 1981 a organisé une procédure de cession des créances professionnelles n'exigeant pas cette signification (cf. *supra*, n° 734).

744 **Moment de cette subrogation.** C'est « en même temps que le paiement » que la subrogation doit être consentie (même texte). C'est pourquoi, en pratique, on établit le plus souvent une **« quittance subrogative »,** acte qui, tout à la fois, constate le paiement et comporte la subrogation.

On admet que cette subrogation conventionnelle peut être faite ***avant* ce paiement,** car elle vaut promesse de subrogation, ce qui est le cas dans le factoring : « la condition de concomitance de la subrogation au paiement, exigée par l'article 1250-1° du Code civil, peut être remplie lorsque le subrogeant a manifesté expressément, *fût-ce dans un document antérieur,* sa volonté de subroger son cocontractant dans ses créances à l'instant même du paiement » (60). Mais ses effets seront suspendus : tant qu'il n'a pas payé, le subrogé ne peut pas exercer les droits transmis (61).

En revanche, en aucun cas la subrogation ne pourra être consentie ***après* le paiement :** en effet, le paiement a alors éteint la créance, et on ne peut la faire revivre pour la transmettre au subrogé (62).

La **preuve** de cette concomittance doit être faite par le subrogé, qui entend poursuivre le créancier, et on juge sévèrement que la quittance est à elle seule insuffisante (63).

745 **Forme de la subrogation.** La subrogation consentie par le créancier doit être « expresse » (art. 1250), ce qui conduit en pratique à l'établissement d'un écrit entre subrogeant et subrogé.

(60) Com., 29 janvier 1991, *Bull. civ.*, IV, n° 48 ; *RTD civ.* 1991.530, obs. MESTRE.— 2 février 1993, *Bull. civ.*, IV, n° 38. — Civ. 1re, 28 mai 2002, *Bull. civ.*, I, n° 154. — Cf. note GAVALDA, *JCP* 1971.16837.

(61) Com., 14 juin 1994, *Bull. civ.*, IV, n° 219. — Civ. 1re, 11 juin 2008, *Bull. civ.* I. n° 171 ; *RTD civ.* 2008.480.

(62) Cf. Com., 14 décembre 1965, *Gaz. Pal.* 1966.I.278. — Civ. 1re, 28 mai 2008, *Bull. civ.*, I, n° 160. — Cf. toutefois Civ. 1re, 27 novembre 1985, *Bull. civ.*, I, n° 326 ; *RTD civ.* 1986.752. obs. MESTRE admettant, en cas de paiements partiels successifs, la subrogation consentie lors du règlement du solde.

(63) Civ. 1re, 23 mars 1999, *Bull. civ.*, I, n° 105.

Aucune autre condition n'est nécessaire et, tout particulièrement, aucune notification au débiteur dont le consentement n'est pas requis (64).

Naturellement, il est toutefois prudent de l'avertir, sans quoi il pourrait encore payer valablement au créancier originaire en raison de sa bonne foi (art. 1240) (65) ; mais cette information peut lui être communiquée sous n'importe quelle forme pourvu qu'elle soit assez claire (66).

746 **Quasi-subrogation imposée par le débiteur.** D'origine purement historique (la baisse des taux des rentes au début du XVIIe siècle), ce mécanisme permet au débiteur de rembourser son créancier en contractant à cet effet auprès d'un autre créancier à de meilleures conditions (par exemple de rembourser un prêt à 15 % en empruntant à 10 %). En réalité, il s'agit plus d'une nouvelle obligation que du transfert de l'obligation initiale, puisque les conditions n'en sont pas les mêmes (67). Mais on emprunte à la subrogation l'un de ses avantages : les **sûretés** garantissant le premier prêt se trouvent reportées sur le second.

L'accord intervient alors entre le débiteur et le nouveau prêteur, subrogé dans les sûretés du premier prêteur. Le consentement de ce dernier n'est pas exigé, mais il faut bien entendu qu'il soit possible au débiteur de lui imposer juridiquement un tel remboursement anticipé, ce qui n'est pas toujours le cas (cf. *supra*, n° 305).

Exceptionnel, ce procédé est peu pratiqué et nécessite un **acte notarié** (art. 1250-2°).

§ 2. Effets de la subrogation

747 **Transfert de la créance avec ses attributs et ses vices.** Comme la cession de créance, la subrogation opère un changement qui concerne le titulaire de la créance, mais non la créance elle-même. Celle-ci subsiste en tant que telle, avec **toutes ses caractéristiques** tant positives (sûretés) que négatives (vices).

(64) Cf. Civ. 1re, 23 octobre 1984, *Bull. civ.*, I, n° 276. — Com., 3 avril 1990, *Bull. civ.*, IV, n° 116.

(65) Cf. Com., 4 octobre 1982, *Bull. civ.*, IV, n° 287.

(66) Com., 14 octobre 1975, *JCP* 1976.II.18279, note GAVALDA.

(67) Ce qui explique que dans ce cas le débiteur ne peut pas opposer au subrogé les exceptions qu'il détenait contre le subrogeant (Civ., 25 novembre 1940, *JCP* 1941.II.1618, note BEQUÉ). On voit bien à cela qu'il ne s'agit pas d'un véritable transfert de la créance, mais d'une créance nouvelle avec simple report des sûretés.

Le **subrogeant** cesse d'être créancier : tous ses actes sont sans effet (68) et ses propres créanciers ne peuvent plus saisir la créance, qui est sortie de son patrimoine (69).

Le **créancier subrogé** acquiert tous les droits et avantages attachés à la créance et peut donc poursuivre le débiteur comme le subrogeant pouvait le faire (70). Exemple : l'entrepreneur chargé de l'entretien d'une installation thermique doit la réparer et, à ce titre, est subrogé dans les droits de son client contre l'installateur : il peut agir en responsabilité contre ce dernier, mais sur le terrain contractuel comme aurait pu le faire le client et avec les mêmes limitations de garantie (71).

À l'égard du débiteur, la subrogation produit donc les **mêmes effets qu'une cession de créance** signifiée (cf. *supra*, n° 728) avec cette différence toutefois que ces effets se produisent automatiquement, avant même que le débiteur ne soit informé de la subrogation (72). Il en résulte que s'il paie le subrogeant alors qu'il avait connaissance de la subrogation, ce paiement ne sera pas libératoire (73), alors qu'un paiement de bonne foi est protégé par l'article 1240 (74). Mais il pourra opposer au subrogé toutes les exceptions qu'il aurait pu opposer au subrogeant, y compris une **compensation** « latente » pour connexité (cf. *supra*, n° 728).

Il faut ici remarquer que la créance subsiste donc, bien qu'elle ait fait l'objet d'un paiement : c'est le seul cas où un paiement n'entraîne pas extinction de la créance, mais transfert de celle-ci.

748 **Limite du transfert par le paiement : subrogation partielle.** Comme on l'a souligné d'emblée (cf. *supra*, n° 740), la subrogation ne s'effectue que dans l'exacte limite du paiement : le subrogé ne peut agir contre le débiteur qu'à hauteur de la somme qu'il a payée (75). À chaque fois que le subrogé n'a payé

(68) Comme une déclaration de créance ou une interruption de prescription : Com., 1er décembre 2009, trois arrêts, *D.* 2009.2928.

(69) Civ. 1re, 25 janvier 2005, *Bull. civ.*, I, n° 50.

(70) Cf. par ex. Com., 3 juin 1982, *D.* 1982.483. — Civ. 1re, 27 janvier 1981, *Gaz. Pal.* 1981.2.740, note PLANCQUEEL. — 3 mai 1978, *D.* 1980.107, note POULNAIS. — 11 juin 2008, *Bull. civ.*, I, n° 171 ; *RTD civ.* 2008.480, obs. FAGES.

(71) Civ. 3e, 15 février 1989, *Bull. civ.*, III, n° 35. — Cf. aussi Civ. 3e, 26 mai 1992, *Bull. civ.*, III, n° 175.

(72) Com., 3 avril 1991, *D.* 1991.180, note DAGORNE-LABBÉ.

(73) Com., 4 octobre 1982, *Bull. civ.*, IV, n° 287. — 15 octobre 1996, *Bull. civ.*, IV, n° 230 ; C.C.C. 1997.2, obs. LEVENEUR.

(74) De même pour la souscription d'un effet de commerce : Com., 26 avril 2000, *D.* 2000.290.

(75) Cf. par ex. Civ. 1re, 13 janvier 1981, *Bull. civ.*, I, n° 12. — 15 février 2005, *Bull. civ.*, I, n° 87 ; *Defrénois* 2005.1236, obs. LIBCHABER (qui critique la limitation consécutive aux intérêts au taux légal à compter du paiement) — Civ. 1re, 21 février 2006, *Bull. civ.*, I, n° 99 ; *D.* 2006. 1873. — Cette règle fait l'objet de certaines discussions : cf. CHAUMETTE, *La subrogation personnelle sans paiement ?, RTD civ.* 1986.33. — MOULOUNGUI, *L'admissibilité du profit dans la subrogation*, LGDJ, 1995.

qu'une fraction de la créance, il y aura donc *subrogation partielle :* c'est le cas par exemple quand l'assureur d'une victime lui verse une indemnité de 1 000 prévue par la police, alors que le préjudice est de 1 500, ou quand la Sécurité sociale verse certaines sommes (soins médicaux, rente d'invalidité) inférieures au préjudice réel.

En ce cas, la créance se trouve divisée en deux fractions : la partie payée est transférée au subrogé, tandis que le subrogeant reste titulaire du surplus (500 dans l'exemple ci-dessus). Subrogeant et subrogé poursuivront donc parallèlement le débiteur, chacun pour la fraction dont il est titulaire. Si le débiteur n'est pas suffisamment solvable, la logique voudrait qu'il y ait répartition proportionnelle : la loi en dispose pourtant autrement et confère une priorité au subrogeant (art. 1252). On dit que **« nul n'est censé subroger contre soi »** (76).

Cette règle n'est toutefois **pas d'ordre public ;** elle est régulièrement écartée par une clause contraire dans les subrogations conventionnelles, mais conserve toute sa force dans les subrogations légales.

N° 749 réservé.

(76) Ainsi l'assureur subrogé passe-t-il après l'assuré qui n'a pas été entièrement indemnisé : Civ. 1re, 27 février 2007, *D.* 2007.799.

CHAPITRE 2

LA CIRCULATION PAR CHANGEMENT DE DÉBITEUR

750 **Principe « nul ne peut être contraint à changer de débiteur ».** Si le changement de créancier importe peu au débiteur, ce qui permet d'organiser le transfert d'une créance, l'inverse n'est évidemment pas exact : la personnalité du débiteur importe toujours au créancier, non seulement pour des obligations de faire où ses qualités sont déterminantes, mais encore pour des obligations purement financières car la solvabilité du débiteur est toujours importante.

Aussi le principe est-il, en droit français, que nul ne peut être contraint de changer de débiteur. On ne peut donc pas organiser « une cession de dette » qui serait l'homologue de la cession de créance.

Il existe pourtant un certain nombre de cas où le créancier pourra s'adresser à un autre que son débiteur originaire (1). Mais ces mécanismes sont entravés par le souci de respecter la règle ci-dessus.

L'analyse de ces différents mécanismes révèle que le transfert d'une dette peut se faire soit isolément soit au sein d'un transfert global de droits et obligations. Or, il apparaît que dans le premier cas, la protection du créancier est toujours assurée, tandis qu'elle ne l'est pas dans le second.

(1) Cf. MESTRE, *De quelques changements de débiteur, RTD civ.* 1991.531.

SECTION 1 TRANSFERT DE DETTE AVEC PROTECTION DU CRÉANCIER

751 **Transfert d'une dette isolée.** Quelle que soit l'origine de sa dette, contractuelle ou délictuelle, il arrive que le débiteur soit en mesure de la faire payer par un autre. Le plus souvent, c'est parce que cet autre lui doit lui-même une dette identique et qu'on aboutit ainsi à une simplification : par exemple le vendeur d'une marchandise, qui se la procure auprès d'un grossiste, la fera livrer directement par ce dernier à son acquéreur ; ou encore le débiteur d'une somme d'argent, à qui un tiers doit des fonds, lui demandera de payer directement son créancier ; ou encore le débiteur d'une prestation la « sous-traite » auprès d'un tiers qui l'exécutera directement au profit du créancier.

Il s'agit donc toujours d'un transfert d'une dette envisagée isolément. Ce transfert **ne peut être imposé au créancier contre son gré** car un tiers qu'il n'a pas choisi ne présente pas nécessairement à ses yeux les mêmes qualités et garanties que le débiteur (2). La protection du créancier est donc toujours assurée. Elle peut l'être par deux moyens : ou bien le transfert nécessite l'**accord du créancier** ou bien le transfert **ne libère pas le débiteur initial** qui continue de répondre envers le créancier de la bonne exécution de la dette. Parfois, les deux moyens se cumulent, comme dans le cas de la sous-traitance (cf. *infra*, n° 761).

Le principal mécanisme assurant ce transfert est la délégation (§ 1) ; mais un transfert presque analogue peut aussi résulter, plus ou moins directement, d'autres mécanismes (§ 2).

§ 1. La délégation

TEXTES

Code civil, art. 1274 à 1276

Art. 1274. — La novation par la substitution d'un nouveau débiteur peut s'opérer sans le concours du premier débiteur.

Art. 1275. — La délégation par laquelle un débiteur donne au créancier un autre débiteur qui s'oblige envers le créancier, n'opère point de novation, si le créancier n'a expressément déclaré qu'il entendait décharger son débiteur qui a fait la délégation.

Art. 1276. — Le créancier qui a déchargé le débiteur par qui a été faite la délégation, n'a point de recours contre ce débiteur, si le délégué devient insolvable, à moins que l'acte n'en contienne une réserve expresse, ou que le délégué ne fût déjà en faillite ouverte, ou tombé en déconfiture au moment de la délégation.

(2) Par exemple l'entrepreneur qui vend son fonds de commerce avec les dettes et créances ne peut opposer cette cession pour se soustraire à l'action d'un créancier : Civ. 1re, 30 avril 2009, *Bull. civ.*, I, n° 82 ; *D.* 2009.2400, note ANDREU.

752 **Définition.** La délégation (3) est l'opération par laquelle le débiteur « délègue » au créancier un tiers qui reprend la dette à son compte et devient donc le **nouveau débiteur**.

Le débiteur originaire s'appelle *le **délégant ;*** le nouveau débiteur s'appelle *le **délégué ;*** le créancier à qui l'on délègue ainsi un nouveau débiteur s'appelle *le **délégataire.***

Ce qui caractérise la délégation, c'est que ***le délégué s'engage personnellement :*** s'il ne promet que de payer pour le compte du débiteur et dans la mesure des fonds qu'il détient pour lui, tel un banquier dépositaire, il n'y a alors pas délégation mais simple mandat de payer, dite **indication de paiement** (4) (cf. *infra*, n° 758).

Cet engagement personnel de payer la dette d'autrui, le délégué peut le prendre pour plusieurs raisons :

— soit parce qu'il est lui-même débiteur du délégant, de sorte qu'il éteint ainsi sa dette et que la délégation apparaît pour lui comme un moyen de ***paiement*** (5) ;

— soit parce qu'il entend faire ainsi une ***donation*** indirecte au délégant en s'engageant à payer à sa place (6) ;

— soit encore parce qu'il accepte ainsi de fournir un ***crédit*** ou une ***garantie*** au délégant en s'engageant à payer pour lui moyennant un recours ultérieur (comme une caution).

SCHÉMA DE LA DÉLÉGATION

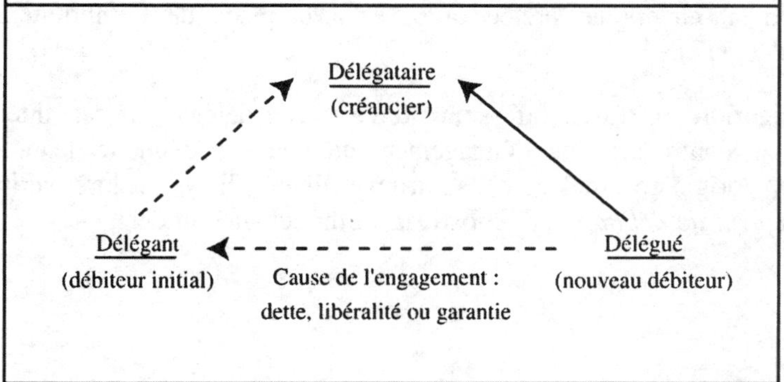

(3) Cf. Billiau, *La délégation de créance*, LGDJ, 1989.

(4) V. Civ. 1re, 7 avril 1998, *Bull. civ.*, I, n° 144 ; *C.C.C.* 1998.96, note Leveneur. — 10 mai 2000, *Bull. civ.*, I, n° 137.

(5) Dans cette fonction, l'engagement du délégué est un acte simple (par ex. il n'exige pas, dans une société anonyme, une autorisation du conseil d'administration : Com., 15 janvier 2013, n° 11-28173, *Bull. civ.*, IV, n° 10).

(6) Il n'est donc pas nécessaire que le délégué ait été débiteur du délégant : Com., 21 juin 1994, *Bull. civ.*, IV, n° 225 ; *RTD civ.* 1995.113, obs. Mestre.

753 **Importance pratique.** L'utilité pratique de la délégation est importante. Notamment, elle accompagne souvent la vente d'un bien dont le prix n'était pas encore entièrement payé. L'acquéreur du bien (par exemple un immeuble financé au moyen d'un **prêt en cours**) va reprendre à son compte les échéances futures. Ou encore, si l'immeuble avait été acheté **« en viager »,** l'acquéreur va s'engager à payer désormais la rente viagère. Dans ces hypothèses, le vendeur (débiteur originaire du crédit ou de la rente) est le délégant, l'acquéreur est le délégué et le créancier des échéances futures est le délégataire (7).

On en trouve d'autres illustrations dans la **délégation de loyers** que peut obtenir un prêteur finançant un investissement immobilier (8) ou dans la cession d'un bail en cours, le nouveau locataire étant délégué par l'ancien (délégant) envers le bailleur (délégataire) (9).

On verra plus loin que la délégation trouve d'autres applications dans le domaine des garanties de crédit (cf. *infra*, n° 756) ou dans le système de la carte bancaire (cf. *infra*, n° 757).

754 **Parties à l'opération.** Le plus souvent, les trois intéressés seront parties à l'acte : débiteur initial, nouveau débiteur et créancier. Mais seuls ces deux derniers y jouent un rôle juridique : le nouveau débiteur (délégué) pour s'engager (10) et le créancier (délégataire) pour accepter cet engagement (11). Le **débiteur initial,** délégant, est au contraire **passif ;** aussi admet-on que l'acte puisse se faire sans lui (art. 1274) : par exemple un père s'engage directement envers une banque à payer une dette de son fils, une assurance s'engage directement envers un prêteur à payer à la place de l'emprunteur en cas d'accident (12).

755 **Délégation parfaite ou « novatoire ».** La délégation est dite parfaite lorsqu'en contrepartie de l'engagement du nouveau débiteur (le délégué), le débiteur originaire (délégant) se trouve libéré. Il y a alors véritablement *changement de débiteur,* par **substitution** du délégué au délégant.

(7) Cf. par ex. Civ. 1re, 17 mars 1992, *Bull. civ.*, I, n° 84.
(8) V. M.L. Niboyet, *Mélanges Jeantin*, Dalloz, 1999.71.
(9) V. Civ. 1re, 21 mars 2000, *C.C.C.* 2000.122, obs. L. L.
(10) Son consentement pourrait cependant être tacite (Com., 16 avril 1996, *Bull. civ.*, IV, n° 120).
(11) Cette acceptation n'est pas nécessairement immédiate : c'est ce qui se passe dans le cas où, dans un acte de vente, l'acquéreur s'engage à reprendre les dettes du vendeur envers des tiers ; il s'agit d'une combinaison de la stipulation pour autrui et d'une délégation ; quand le créancier invoque cet engagement, il se prévaut de cette stipulation pour autrui et accepte ainsi la délégation : Com., 12 décembre 1995, *Bull. civ.*, IV, n° 294.
(12) Civ. 1re, 14 novembre 1995, *Bull. civ.*, I, n° 404.

La protection du créancier nécessite qu'il consente à cette libération. C'est ce qu'exprime l'article 1275, exigeant même que ce consentement fasse l'objet d'une déclaration expresse (13).

La délégation parfaite a pour effet d'éteindre la dette du **délégant**, débiteur initial **:** le créancier ne peut plus le poursuivre (14), sauf si on lui a dissimulé que le délégué était déjà insolvable (art. 1276).

Quant au **délégué,** il est désormais seul débiteur. Mais son obligation dérive essentiellement de son propre engagement : il s'agit donc d'une obligation nouvelle, identique à la précédente, et non du transfert pur et simple de la dette originaire qui se perpétuerait. On en déduit généralement que le nouveau débiteur ne peut pas se prévaloir des **moyens de défense** dont disposait le débiteur initial à l'encontre du créancier, sauf fraude de ce dernier qui aurait connu les vices infectant sa créance (15).

Il apparaît ainsi que la délégation ne constitue pas un véritable transfert pur et simple de la dette originaire, mais plutôt une novation de cette dette par changement de débiteur (la novation étant la création d'une obligation nouvelle à partir de l'ancienne : (cf. *infra*, n° 830). C'est pourquoi on constate que les textes (art. 1275) et les arrêts (16) parlent indifféremment de délégation (sous-entendu parfaite) et de novation, même si certains auteurs tentent une distinction (17). Il en résulte qu'il y a toutefois une exception que le délégué peut déduire de la dette originaire : c'est l'**exception de nullité,** qui fait tomber la novation faute de fondement (cf. *infra*, n° 833) (18).

756 **Délégation imparfaite ou « simple ».** Lorsque le créancier (délégataire) ne déclare pas expressément décharger le débiteur originaire, celui-ci reste tenu de la dette (art. 1275). Il y a alors non pas substitution, mais ***adjonction*** *d'un débiteur à un autre :* le créancier peut alors poursuivre à son choix le délégué ou

(13) Cf. par ex. Civ. 3e, 5 juin 1970, *D.* 1970.727. — Com., 7 avril 1987, *Bull. civ.*, IV, n° 93. 12 décembre 1994, *Bull. civ.*, IV, n° 294. — Voir, plus souple, Civ. 3e, 23 avril 1992, *Bull. civ.*, III, n° 137. — Mais, formalistes, Com., 12 décembre 1995, *Bull. civ.*, IV, n° 294. — Civ. 1re, 13 novembre 1997, *D.* 1998. Som. 117, obs. DELEBECQUE. — Civ. 1re, 21 mars 2000, précité (qu'un loueur accepte la reprise de la location par un nouveau locataire ne suffit pas à libérer l'ancien). — Civ. 3e, 12 décembre 2001, *Bull. civ.*, III, n° 153.

(14) Cf. par ex. Civ. 3e, 15 décembre 1993, *Bull. civ.*, III, n° 169 (délégation du maître d'ouvrage par l'entrepreneur principal à son sous-traitant : celui-ci ne peut plus rien réclamer à l'entrepreneur). — Civ. 1re, 17 février 1998, *Bull. civ.*, I, n° 64 (délégation de l'assureur par l'emprunteur à son banquier : celui-ci ne peut plus poursuivre l'emprunteur). — Le créancier n'ayant plus de droit contre le délégant, ses propres créanciers ne peuvent plus saisir chez le délégant cette créance éteinte : Com., 24 juin 1986, *Bull. civ.*, IV, n° 141.

(15) Voir Com., 12 octobre 2010, n° 09-66662 (pour l'exception d'inexécution dont disposait le débiteur initial).

(16) Cf. par ex. Civ. 1re, 21 avril 1982, *Bull. civ.*, I, n° 143. — 5 juin 1985, *Bull. civ.*, I, n° 181.

(17) MALAURIE et AYNÈS, n° 1259.

(18) Civ. 1re, 2 avril 1968, *Bull. civ.*, I, n° 115.

le délégant car ils sont tous deux débiteurs principaux (19). Le cas est fréquent en cas de reprise de prêt ou de rente viagère par un acquéreur ou encore de reprise de bail par un nouveau locataire, le créancier n'ayant aucun intérêt à décharger son débiteur initial.

Mais la délégation peut aussi en ce cas remplir une **fonction de garantie,** à l'instar d'un cautionnement : le créancier acquiert une garantie tout spécialement lorsque le délégué est une banque dont la solvabilité est certaine (20). Cette technique est très fréquemment employée dans le commerce international : depuis longtemps par le « crédit documentaire » (garantie fournie à un exportateur par une banque qui s'engage à payer à la place ou pour le compte de l'acheteur étranger dès remise des « documents » attestant de la livraison), plus récemment par les **« lettres de garantie indépendante »** ou « à première demande » (par lesquelles une banque s'engage à payer le prix de travaux le plus souvent faits à l'étranger si l'auteur des travaux lui en fait la « demande ») (21).

La garantie ainsi fournie s'avère supérieure à celle résultant d'un cautionnement : en effet, alors que la caution peut toujours opposer au créancier les mêmes moyens de défense que le débiteur principal (art. 2036) à raison du caractère accessoire de son engagement, le banquier ne le peut pas puisque s'étant engagé personnellement, il est personnellement débiteur principal (cf. *supra*, n° 755) (22).

Quelles sont les conséquences d'une telle délégation ? S'il est certain que le délégant (débiteur initial) peut toujours être poursuivi par le créancier, la situation du délégué (nouveau débiteur) soulève deux questions :

— **Envers le créancier** (délégataire), à quoi le délégué est-il tenu ? Selon la première chambre civile, il n'est tenu que dans la limite de la dette initiale du délégant qu'il a reprise à son compte ; d'où l'on déduit que le délégué jouit des **moyens de défense** du délégant : « sauf convention contraire, le délégué est seulement obligé au paiement de la dette du délégant envers le délégataire et se trouve déchargé de son obligation lorsque la créance de ce dernier est atteinte par la prescription » (23). Mais pour la chambre commerciale, le délégué ne peut pas opposer ces exceptions car il s'est engagé personnellement (24). Une autre chose est en revanche certaine : même dans le cas où il ne s'est engagé que parce qu'il était lui-même débiteur du délégant, il ne peut pas opposer au créancier délégataire les vices de cette

(19) Com., 7 avril 1987, *Bull. civ.*, IV, n° 93.

(20) V. LACHIEZE, *La délégation-sûreté, D.* 2006.234.

(21) Sur ces techniques bancaires, cf. RIVES-LANGE et CONTAMINE-RAYNAUD, *Droit bancaire*, 6e éd., 1995, nos 782 et s. — BONNEAU, *Droit bancaire*, 7e éd., 2007, n° 661 et s.

(22) Cf. Com., 5 et 20 février 1985, *Bull. civ.*, IV, nos 45 et 74, les arrêts cités.

(23) Civ. 1re, 17 mars 1992, *D.* 1992.481, note AYNÈS.

(24) Com., 25 février 1992, *JCP* 1992.II.21922, note BILLIAU. — 7 décembre 2004, *D.* 2005-230, note LARROUMET (le délégué ne peut opposer l'extinction de la dette du délégant non déclarée à la procédure collective).

dette qui n'est que la cause de son engagement (25), sauf s'il a précisé dans cet engagement ne s'obliger que dans la limite de ce qu'il devait au délégant (26).

En résumé, le débiteur délégué ne peut pas opposer au créancier délégataire les vices de sa propre dette envers le délégant, **cause** de son engagement. Mais il peut peut-être lui opposer les vices de la dette du délégant qu'il a reprise à son compte, **objet** de son engagement.

— **Envers le délégant** (débiteur initial), le délégué qui s'est engagé pour éteindre sa propre dette envers lui est-il libéré du seul fait de cet engagement ? Seule l'exécution de la délégation, c'est-à-dire le paiement fait au créancier délégataire par le délégué aux lieu et place du délégant produira cet effet ; mais il semble que, dès avant (mais jusqu'à quand ?), le délégant ne puisse plus poursuivre le délégué : il aurait en quelque sorte reçu du fait de cet engagement un « paiement conditionnel » et ne pourrait de nouveau poursuivre le délégué que sous la condition d'être lui-même poursuivi par le délégataire non réglé (27). Et, les créanciers du délégant ne peuvent pas saisir entre les mains du délégué, ce qui priverait le délégataire de son droit : ainsi, en cas de délégation de loyers consentie par un bailleur à sa banque, les créanciers du bailleur ne peuvent saisir ces loyers (28).

757 **Une illustration : la carte bancaire.** Pour montrer que le mécanisme de la délégation est loin d'être purement théorique et peut présenter une importante utilité pratique, on peut prendre, parmi d'autres cas d'application, l'exemple de la carte bancaire dont chacun connaît le fonctionnement. Les commercialistes en décrivent généralement le mécanisme de façon minutieuse sans en fournir l'analyse juridique (29). Celle-ci se révèle pourtant un bon exemple de délégation, du moins pour le montant garanti par le banquier. En effet, jusqu'à un certain seuil, le banquier s'engage, dans le contrat conclu avec les commerçants adhérents au système, à honorer la facture même s'il n'y a pas provision. Il prend donc un engagement personnel et irrévocable.

On se trouve bien alors en présence d'une délégation : le commerçant qui a vendu un bien au client est le créancier délégataire ; le client débiteur du prix d'achat est le débiteur délégant ; le banquier, qui s'engage personnellement à payer la dette du client, est le délégué.

(25) Com., 21 juin 1994, *Bull. civ.*, IV, n° 225 ; *RTD civ.* 1995.113, obs. MESTRE. — 22 avril 1997, *Bull. civ.*, IV, n° 98.

(26) Civ. 1re, 9 décembre 1981, *Bull. civ.*, I, n° 374.

(27) Com., 16 avril 1996, *JCP* 1996.II.22689, note BILLIAU ; *D.* 1996.571, note LARROUMET ; *RTD civ.* 1997.132, obs. MESTRE. — *Adde* DAURIAC, *Defrénois* 1997.169.

(28) Com., 14 février 2006, *Bull. civ.*, IV, n° 37. — *Contra* auparavant Com., 29 avril 2002, *Bull. civ.*, IV, n° 72 ; *Defrénois* 2002.1239, obs. LIBCHABER.

(29) RIVES-LANGE et CONTAMINE-RAYNAUD, *Droit bancaire*, 6e éd., 1995, Dalloz, nos 334 et s. — RIPERT et ROBLOT, *Droit commercial*, t. 2, nos 2449 et s. — Voir cependant C. LUCAS DE LEYSSAC, *Les cartes de paiement et le droit civil*, *in Les cartes de paiement*, Economica, 1981, p. 67 et s. — D. MARTIN, *D.* 1987, chr. 51 et *D.* 1992, chr. 277.

Il s'agit d'une **délégation imparfaite** car le commerçant n'entend pas décharger son client : si par extraordinaire il n'était pas payé par la banque, il conserverait la possibilité de poursuivre son client qu'il n'a jamais libéré.

L'avant-projet de réforme consacre une dizaine d'articles à la délégation, qui ont pour principal objet d'inviter les parties à préciser leur volonté et de concrétiser la jurisprudence dominante (art. 1275 à 1282).

§ 2. Autres mécanismes

758 **Indication de paiement.** Pour simplifier un paiement, le débiteur peut indiquer au créancier un tiers qui paiera à sa place. Il s'agit souvent d'une banque qui fait crédit au débiteur ou qui est tout simplement débitrice de ce dernier à raison d'un compte de dépôt (30).

Ce mécanisme n'affecte en rien la dette elle-même : le débiteur reste tenu et le créancier n'acquiert **aucun droit contre le tiers,** lequel ne s'engage pas personnellement, ce qui distingue l'indication de paiement de la délégation. Il s'agit seulement d'une opération matérielle, qui s'analyse en un mandat : le débiteur donne au tiers **mandat de payer** à sa place. Lorsque celui qui détient des fonds pour quelqu'un accepte de payer ses dettes à hauteur seulement desdits fonds, il y a ainsi mandat et non délégation (31).

Cependant, si le mandataire n'effectue pas ce paiement dans les conditions prévues et sans raison valable, alors qu'il disposait des fonds nécessaires, il engage sa **responsabilité** sur le plan **contractuel** envers son mandant, le débiteur (qui devra par exemple supporter des indemnités de retard parce que le paiement n'a pas été fait en temps utile), et sur le plan **délictuel** envers le créancier (qui se heurte par exemple ensuite à l'insolvabilité du débiteur) (32).

Le débiteur peut donc **révoquer** ce mandat et interdire au tiers de payer (33). Mais s'il le fait sans raison, il engage sa responsabilité envers le créancier qu'il doit non seulement payer, mais encore indemniser du retard ainsi provoqué.

L'indication du paiement trouve une illustration moderne dans la technique de ***l'avis de prélèvement :*** le titulaire du compte bancaire qui *domicilie* chez son banquier certaines dettes périodiques (impôts, assurances, redevances d'électricité ou de téléphone) donne mandat à son banquier de payer les factures qui lui

(30) Pour un autre exemple tiré des rapports entre un garagiste, son client et l'assureur de ce dernier lorsqu'il ne s'est pas directement engagé à payer le garagiste, v. Civ. 1re, 17 avril 1998, *Bull. civ.*, I, n° 144.

(31) Com., 9 mai 1990, *Bull. civ.*, IV, n° 137 ; *D.* 1991.488, note DAGORNE-LABBÉ. — V. GODON, *La distinction entre délégation et indication de paiement*, *Defrénois* 2000.193.

(32) Cf. par ex. Com., 19 avril 1985, *Bull. civ.*, IV, n° 118.

(33) Cf. Com., 21 novembre 1978, *Bull. civ.*, IV, n° 271.

seront présentées par le créancier : ce dernier, par cette indication de paiement, est autorisé à « prélever » sa créance sur le compte. Mais il est évident que le banquier, qui n'est pas personnellement tenu, ne satisfera cette demande que si le compte le permet et qu'en cas d'insuffisance le créancier n'a de droits que contre son seul débiteur.

759 **Reprise interne.** Il y a reprise de dette interne (ou cession interne) lorsqu'un tiers s'engage envers le débiteur à payer à sa place.

Ici encore la protection du créancier est assurée par le maintien de la dette dans son état originaire : si le tiers n'exécute pas son engagement et ne paie pas, le créancier conserve ses droits contre son débiteur et lui seul car, à la différence de la délégation, le tiers ne s'est pas engagé envers le créancier. Simplement le débiteur ayant dû ainsi payer pourra se retourner contre le tiers qui n'a pas tenu sa promesse de payer à sa place.

La reprise interne se trouve fréquemment insérée dans des opérations de prise de contrôle d'entreprises (l'acquéreur promettant de reprendre à sa charge les dettes du précédent exploitant).

760 **Stipulation pour autrui.** Déjà connu (cf. *supra*, n°s 250 et s.), ce mécanisme permet souvent d'assurer le **transfert d'une dette :** le débiteur initial (stipulant) impose à autrui (promettant) de payer à sa place ce qu'il doit au créancier (bénéficiaire).

Comme dans une délégation imparfaite, le créancier dispose alors de deux débiteurs : au débiteur initial qu'il n'a pas déchargé vient s'adjoindre le promettant, contre lequel il jouit d'un droit direct (cf. *supra*, n° 756).

Ce mécanisme est souvent employé dans les ventes : l'acquéreur déclare « faire son affaire » des dettes en cours (charges de copropriété par exemple) et s'engage ainsi à les payer. Le tiers créancier peut invoquer cet engagement au titre de la stipulation pour autrui, mais conserve aussi son droit intact contre le vendeur, débiteur premier (34).

761 **Sous-contrat.** Certains « sous-contrats » permettent à un contractant, au lieu d'exécuter lui-même son obligation, de charger un tiers de cette exécution : par exemple le **sous-traitant** effectuera certains travaux à la place de l'entrepreneur principal (technique très usitée dans le secteur de la construction immobilière ou de la fabrication industrielle) ; le **sous-mandataire** (mandataire substitué) exécutera les missions confiées au mandataire (technique très usitée dans le secteur des transports).

(34) Pour une application dans une cession d'entreprise en « faillite », le repreneur s'engageant à payer certaines dettes antérieures, v. Com., 3 janvier 1995, *Bull. civ.*, IV, n° 4. — Comp. Civ. 1re, 4 juillet 1995, *JCP* 1996.II.22623, note Leveneur (les clients du vendeur d'un fonds de commerce peuvent agir contre l'acquéreur qui s'est engagé — implicitement — à assurer le « suivi » des garanties en cours).

Il y a donc là encore une sorte de transfert de l'obligation. Cependant il s'agit surtout d'un transfert économique. Sur le plan juridique, la protection du créancier est assurée de deux façons :

— d'une part, il **est appelé à consentir** à ce que son cocontractant se substitue ainsi un autre exécutant : comme il s'agit souvent d'obligations de faire, elles peuvent présenter un caractère personnel qui permet au créancier de refuser ce paiement par un autre (art. 1237 — cf. *infra*, n° 784). Ainsi le sous-traitant doit-il être agréé par le maître de l'ouvrage (art. 3 loi 31 décembre 1975). Les usages peuvent toutefois permettre cette substitution sans autorisation lorsque la personne de l'exécutant n'est pas déterminante (transporteur, agent de change, etc.) ;

— d'autre part, le **débiteur originaire continue de répondre** de la bonne exécution de la dette : par exemple l'entrepreneur répond des défaillances du sous-traitant même agréé (35).

Mais, en plus, le créancier dispose souvent d'une action contre le sous-contractant : l'article 1994, alinéa 2 le dispose expressément pour le cas du mandat et la jurisprudence récente admettait la même solution en cas de sous-traitance sur le fondement des chaînes de contrats jusqu'au malheureux arrêt d'Assemblée plénière du 12 juillet 1991 (cf. *supra*, n° 264) (36).

Le transfert par sous-contrat produit alors le même effet qu'une délégation imparfaite ou une stipulation pour autrui : il y a *adjonction* d'un nouveau débiteur au débiteur initial.

SECTION 2 TRANSFERT DE DETTE SANS PROTECTION DU CRÉANCIER

762 **Dette incluse dans un ensemble.** Si le créancier est toujours protégé contre une cession isolée de la dette, il n'en est pas de même dans certains cas où la dette se trouve incluse dans un transfert plus général effectué par le débiteur au profit d'un tiers : il arrive alors que le changement de débiteur s'opère sans accord ni protection du créancier qui se voit imposer un nouveau débiteur.

(35) Cependant, en matière de **mandat,** l'article 1994 édicte un régime plus indulgent qui s'explique par le caractère graduit du mandat : le mandataire autorisé à se substituer un tiers n'en répond qu'en cas de mauvais choix. Cette indulgence ne joue pas si le mandat est onéreux, par exemple pour un agent immobilier (v. *Contrats spéciaux*, n° 659).

(36) Cf. Com., 17 février 1987, *Bull. civ.*, IV, n° 44.

Cela peut résulter soit d'un *transfert de patrimoine,* soit d'un *transfert de contrat* (37).

§ 1. Transfert de patrimoine

763 **Succession d'une personne physique.** En cas de décès du débiteur, ses dettes ne s'éteignent pas mais se trouvent transmises à ses héritiers : soit les héritiers désignés par la loi, soit, en cas de testament, les bénéficiaires d'un legs à titre universel (c'est-à-dire portant sur une fraction de la succession, par opposition au legs particulier qui porte sur un bien précis).

Sauf s'ils refusent la succession, les héritiers sont tenus des dettes du défunt (à condition d'accepter « sous bénéfice d'inventaire », ils ne sont tenus qu'à hauteur de l'actif successoral ; sinon ils sont tenus même au-delà).

Le créancier se voit donc imposer un changement de débiteur. Si l'obligation porte sur une prestation personnelle, les héritiers ne présentent pas nécessairement les qualités requises. Le créancier peut alors se protéger : s'il s'agit d'un contrat, le décès y met alors fin (cf. *supra*, n° 207) ; s'il s'agit d'une condamnation délictuelle « en nature » (cf. *supra*, n° 539), le créancier peut demander sa conversion en argent.

Mais, pour toute autre dette et notamment les dettes pécuniaires, le créancier se voit imposer un **changement de débiteur.** Bien plus, s'il y a plusieurs héritiers, il se voit imposer la **division de la dette :** chaque héritier n'est tenu que d'une fraction de la dette proportionnelle à sa part héréditaire (art. 1220) (38). Cette division est toutefois écartée si la dette est **indivisible,** soit par sa *nature* même (par exemple l'obligation de livrer un bien ou d'effectuer des travaux) (39), soit par l'effet d'une *clause d'indivisibilité* (insérer dans un contrat une clause d'indivisibilité présente donc l'avantage d'éviter au créancier, en cas de décès du débiteur, d'avoir à multiplier les poursuites contre les différents héritiers en lui permettant d'exiger d'un seul la totalité de sa créance).

764 **Fusion-absorption d'une société.** Lorsque plusieurs sociétés fusionnent ou qu'une société en absorbe une autre, la société absorbante devient débitrice des engagements de la société absorbée : le créancier se voit donc imposer un changement de débiteur.

(37) Mais pas du transfert d'un ensemble spécial comme un fonds de commerce : Civ. 1re, 30 avril 2009, *Bull. civ.*, I, n° 82 ; *D.* 2009.2400, note ANDREU ; *RDC* 2009.1363, obs. D. MAZEAUD ; *Defrénois* 2009.1289, obs. LIBCHABER.

(38) V. par ex. Civ. 1re, 1er juillet 2003, *Bull. civ.*, I, n° 154 (héritiers d'un associé).

(39) Cf. Montpellier, 19 avril 1979, *JCP* 1981.II.1984, note STEINMETZ.

Cependant, pour protéger les créanciers contre des opérations spoliatrices à leur égard, la loi organise à leur profit une **procédure d'opposition** (art. L. 236-13 et s. du Code de commerce et art. 1844-5, al. 3 du Code civil). En outre la jurisprudence admet que la fusion met fin pour l'avenir aux contrats marqués d'un fort *intuitus personae,* comme le cautionnement ou le mandat (v. *supra,* n° 310).

Il faut souligner que le plan de cession d'une entreprise en « faillite » à un repreneur n'emporte pas transfert global du patrimoine, mais seulement des éléments mentionnés (40).

§ 2. Transfert de contrat

765 **En cours de contrat.** Nous avons vu qu'un certain nombre de textes particuliers opèrent un transfert de plein droit de certains contrats à exécution successive dans des hypothèses précises, le plus souvent accessoirement au transfert de la chose qui est le support du contrat (bail, assurance, contrats de travail afférents à cette chose), ou parfois à d'autres occasions (transfert du bail à des descendants ou au concubin du preneur ou à l'époux désigné par le juge, en cas de divorce, transfert des contrats nécessaires à la survie de l'entreprise en cas de redressement judiciaire avec plan de cession : *supra*, n° 255).

Le créancier se voit ici encore imposer un changement de débiteur auquel il est complètement étranger : le locataire change de bailleur, le salarié d'employeur, le bailleur qui a loué à un locataire choisi peut se voir imposer les proches de celui-ci, etc.

Le créancier ne dispose pas non plus de l'autre mode de protection habituel, à savoir le maintien des obligations du débiteur originaire : celui-ci se trouve libéré pour l'avenir. Mais il reste en principe tenu des dettes correspondant à la période antérieure au transfert du contrat : par exemple en cas de vente d'un immeuble loué avec dépôt de garantie, le vendeur est toujours débiteur envers le locataire de la restitution du dépôt (41). Et les cautions restent donc tenues (42).

Quant au nouveau contractant, il n'est pas toujours tenu du passif arriéré (43).

(40) Com., 3 janvier 1995, *Bull. civ.*, IV, n° 4.

(41) Civ. 3e, 18 janvier 1983, *Bull. civ.*, III, n° 14.

(42) Com., 12 octobre 1993, *D.* 1994.353, note PLAYOUST. — V. toutefois le cas de la vente du bien loué : la caution du locataire ne serait pas tenue envers le nouveau propriétaire selon un arrêt très controversé (Com., 26 octobre 1999, précité *supra*, n° 310).

(43) Ainsi le « repreneur » n'en est pas tenu (cf. Com., 30 mars 1993, *D.* 1993.384, note LE CANNU), sauf la charge des sûretés garantissant un crédit d'équipement (loi 25 janvier 1985, art. 93 nouveau issu de la loi du 10 juin 1994). — Sur le cas du bail, v. *Contrats spéciaux*, nos 348 et 350.

766 **Changement dès l'origine : retraits et présomption.** Dans certains cas, la loi permet à un tiers de se substituer dès l'origine à l'un des contractants. On parle soit de droit de préemption, soit de droit de retrait. Ainsi le locataire d'habitation peut parfois, si le bailleur vend le bien, se substituer à l'acquéreur ; il en est de même du preneur rural, des SAFER (Société d'Aménagement Foncier et Rural) ; de même si un membre d'une indivision cède ses droits à un tiers, les autres peuvent se substituer à ce tiers pour « rester en famille ». Il existe de nombreux cas de retrait ou préemption (notamment au profit de l'État sur les œuvres d'art et sur les immeubles situés dans certaines zones ou vendus à bas prix).

Le jeu de la préemption ou du retrait entraîne pour le cocontractant (le vendeur) un changement de débiteur non voulu : c'est le « retrayant » ou le préempteur seul qui est débiteur du prix (44).

Généralement cela n'est cependant pas trop préjudiciable pour lui car, si ce nouveau débiteur ne paie pas, le vendeur dispose de l'action résolutoire pour récupérer le bien (mais il peut s'être dégradé ou encore avoir baissé de cours).

N°s 767 à 779 réservés.

(44) V. *Contrats spéciaux*, n°s 69 et s.

TITRE 2
L'EXTINCTION DES OBLIGATIONS

TEXTE

Code civil, art. 1234

Art. 1234. — Les obligations s'éteignent :

Par le paiement,

Par la novation,

Par la remise volontaire,

Par la compensation,

Par la confusion,

Par la perte de la chose,

Par la nullité ou la rescision,

Par l'effet de la condition résolutoire, qui a été expliquée au chapitre précédent,

Et par la prescription, qui fera l'objet d'un titre particulier.

780 **Extinction accessoire ou principale.** La liste des cas d'extinction fournie par l'article 1234 est passablement hétéroclite : certains concernent l'extinction des contrats (nullité, rescision, condition résolutoire) tandis que d'autres sont véritablement afférents aux obligations, quelle qu'en soit la source. En outre, certains n'apparaissent que comme la conséquence d'autres mécanismes déjà étudiés : nullité, résolution ou rescision d'un contrat faisant disparaître l'obligation, ou « perte de chose » mettant en jeu la théorie des risques.

L'extinction à titre principal est en principe le fait de l'exécution de l'obligation, laquelle peut se traduire de plusieurs manières : paiement volontaire (Chapitre 1), paiement indirect (Chapitre 2), exécution forcée (Chapitre 3).

Mais il arrive aussi, plus exceptionnellement, que l'extinction s'opère sans paiement ni contrepartie (Chapitre 4).

La multiplicité de ces causes d'extinction explique que, même après avoir été condamné, un débiteur puisse invoquer une cause postérieure à sa condamnation (1).

(1) V. par ex. Com., 5 décembre 1995, *Bull. civ.*, IV, n° 277 : la caution condamnée peut invoquer l'extinction de la dette principale par forclusion.

CHAPITRE 1
LE PAIEMENT VOLONTAIRE

781 **Définition.** Comme il arrive souvent, le terme « paiement » revêt dans la langue juridique un sens légèrement différent de celui qu'il a dans le langage courant et, pour une fois, il s'agit d'un sens plus large : si le langage courant désigne par là le versement d'une somme d'argent, la terminologie juridique entend par paiement l'**exécution de toute obligation,** quelle que soit sa nature, même si elle ne porte pas sur une somme d'argent mais sur la livraison d'un bien ou l'exécution d'une prestation. L'entrepreneur « paie » son client lorsqu'il réalise les travaux convenus.

Même si, pour s'accorder au langage courant, on parle alors souvent d'exécution de l'obligation, il s'agit juridiquement d'un paiement de sorte que les textes et règles consacrés au paiement gouvernent l'exécution de toute obligation.

782 **Effet libératoire et effet extinctif.** Le paiement est la fin même de toute obligation, qui n'a de raison d'être que dans cette perspective : il en réalise l'accomplissement.

Il emporte donc un double effet : effet libératoire en ce qu'il libère le débiteur de sa dette ; effet extinctif en ce qu'il éteint cette dette.

Le plus souvent, il n'y a là que les deux aspects d'un même fait : c'est parce que la dette s'éteint que le débiteur n'en est plus tenu. Dans certains cas toutefois, il est utile de **distinguer ces deux effets,** par exemple quand le débiteur paie au moyen d'un **chèque :** seul l'encaissement de ce chèque par le créancier (s'il y a provision suffisante) éteindra la dette ; mais, pour éviter que le créancier puisse retarder à son gré cet effet et en tirer profit (pour prétendre à des pénalités de retard ou à d'autres sanctions), on décide que le débiteur est libéré dès la remise du chèque sous la condition suspensive de sa provision. Ainsi, celui qui a remis en temps utile un chèque régulièrement provisionné (par exemple pour payer ses impôts ou son loyer) sera libéré dès cette date (par le jeu rétroactif de la condition) et n'encourra aucune pénalité même s'il n'est remis à l'encaissement qu'après le délai prévu (1) pourvu toutefois qu'il soit provisionné (2).

La même dissociation gouverne la remise de fonds à un **séquestre :** elle ne vaut pas paiement (3), mais fait cesser le cours des intérêts (4). Et c'est sans doute à tort qu'un arrêt a refusé de transposer la solution à un **ordre de virement** (5).

783 **Nature juridique : acte ou fait juridique ?** La doctrine traditionnelle regarde le paiement comme un acte juridique, issu de l'accord des parties. Mais un auteur a brillamment remis en cause cette analyse pour y voir un fait juridique, produisant l'extinction de l'obligation par l'effet que la loi attache à certains actes en dehors même de la volonté des parties (6). L'enjeu essentiel de la controverse concernerait les règles de preuve (cf. *infra*, n° 804).

En réalité, le paiement n'est certainement pas par nature une convention : il n'exige pas l'accord du créancier qui ne peut refuser un paiement pur et simple (il exige au contraire l'accord du créancier et devient alors une convention lorsqu'il y a paiement partiel ou dation en paiement d'une chose autre que celle qui est due).

Il est donc injustifié de lui appliquer les règles des conventions : c'est en ce sens que la contestation de Madame Catala est juste et salutaire, car la doctrine traditionnelle avait tendance à traiter le paiement en convention.

Mais il est tout aussi injustifié de le regarder comme un simple *fait juridique*, comme l'énoncent certains arrêts (7), car ne faut pas confondre convention et acte juridique : s'il n'est pas une convention, le paiement n'en reste pas moins *un acte juridique,* c'est-à-dire un acte fait en vue de produire des conséquences de droit (8). L'auteur d'un paiement a toujours pour dessein d'éteindre une dette et il agit toujours volontairement en ce sens (le seul cas où c'est la loi qui

(1) Cf. Com., 27 février 1968, *Bull. civ.*, IV, n° 84. — Civ. 1re, 2 décembre 1968, *JCP* 1969.II.15775 concl. LINDON, note BESSON (paiement d'une prime d'assurance). — Soc., 17 mai 1972, *D.* 1973.129, note GAVALDA. — Civ. 3e, 20 février 1991, *Bull. civ.*, III, n° 62.

(2) Civ. 3e, 1er juillet 2009, *Bull. civ.*, III, n° 168 ; *D.* 2009.2904, note LASSERRE-CAPDEVILLE.

(3) Civ. 3e, 6 janvier 1999, *Bull. civ.*, III, n° 1 ; *RTD civ.* 1999.414, obs. MESTRE.

(4) Civ. 1re, 17 février 1998, *Bull. civ.*, I, n° 64 ; *RTD civ.* 1998.700.

(5) Civ. 1re, 23 juin 1993, *D.* 1994.27, note critique D. MARTIN (quoiqu'il faille tenir compte de ce que l'ordre de virement est, contrairement à un chèque, révocable jusqu'à son exécution).— Com., 3 février 2009, *Bull. civ.*, IV, n° 9 en fixe l'effet à la réception des fonds par le banquier du bénéficiaire.

(6) Cf. N. CATALA, *La nature juridique du paiement*, LGDJ, 1961, préface CARBONNIER.

(7) Civ. 1re, 6 juillet 2004, *Bull. civ.*, I, n° 202. — 16 septembre 2010, *Bull. civ.*, I, n° 173, *RDC* 2011.103, obs. LIBCHABER ; *C.C.C.* 2010.266, obs. LEVENEUR.

(8) V. LOISEAU, *Réflexions sur la nature juridique du paiement*, *JCP* 2006.I.171. — QIÉTANT-FINET, *La nature juridique du paiement*, *D.* 2013.942 — BOUGEROL-PRUDHOMME, *Réflexions sur le paiement à l'épreuve de la monnaie scripturale*, *RTD civ.* 2012.439.

attache effet extinctif à un fait non destiné à cette fin est celui de la compensation : mais, malgré l'expression courante de « paiement par compensation », on verra qu'elle n'est pas un véritable paiement, mais une cause autonome d'extinction des obligations, traitée d'ailleurs de façon indépendante par le Code : cf. *infra*, n° 816).

Du point de vue de son auteur, le paiement est incontestablement un acte juridique et cette nature justifie que le paiement soit soumis aux conditions de **capacité,** de **consentement** et de **preuve** des actes juridiques.

Si l'on se place du **côté du créancier** qui reçoit paiement, la question est plus délicate. En principe, il n'a pas à donner son accord et le paiement apparaît alors comme un **acte unilatéral** de son auteur (le meilleur exemple en est le virement bancaire effectué sans participation du bénéficiaire... qui a tout de même donné ses coordonnées bancaires !). Mais en fait il accepte souvent ce paiement et participe même à sa réalisation (en prenant livraison d'une chose ou en portant un chèque à l'encaissement par exemple). L'acte devient alors bilatéral. Mais, en vérité, il vient alors s'ajouter au paiement lui-même, réalisé par la seule volonté du « payeur », une manifestation de volonté du créancier qui est juridiquement distincte : l'acceptation du paiement, qui constitue une reconnaissance de son caractère satisfactoire et donc une « réception », valant renonciation à élever ensuite une contestation (9). Il y a alors, plutôt qu'une convention proprement dite, **juxtaposition de deux actes unilatéraux :** le paiement du côté du « payeur », une réception du côté de l'acceptant.

SECTION 1 LES PARTIES AU PAIEMENT

§ 1. Obligations unitaires

TEXTES

Code civil, art. 1235 à 1242

Art. 1235. — Tout paiement suppose une dette : ce qui a été payé sans être dû est sujet à répétition.
La répétition n'est pas admise à l'égard des obligations naturelles qui ont été volontairement acquittées.
Art. 1236. — Une obligation peut être acquittée par toute personne qui y est intéressée, telle qu'un coobligé ou une caution.
L'obligation peut être acquittée par un tiers qui n'y est point intéressé, pourvu que ce tiers agisse au nom et en l'acquit du débiteur, ou que, s'il agit en son nom propre, il ne soit pas subrogé aux droits du créancier.

(9) V. Civ. 1re, 22 janvier 2002, *Bull. civ.*, I, n° 18 : l'acceptation du paiement fait présumer qu'il n'était pas tardif.

Art. 1237. — L'obligation de faire ne peut être acquittée par un tiers contre le gré du créancier, lorsque ce dernier a intérêt qu'elle soit remplie par le débiteur lui-même.
Art. 1238. — Pour payer valablement, il faut être propriétaire de la chose donnée en paiement, et capable de l'aliéner.
Néanmoins, le paiement d'une somme en argent ou autre chose qui se consomme par l'usage, ne peut être répété contre le créancier qui l'a consommée de bonne foi, quoique le paiement en ait été fait par celui qui n'en était pas propriétaire ou qui n'était pas capable de l'aliéner.
Art. 1239. — Le paiement doit être fait au créancier, ou à quelqu'un ayant pouvoir de lui, ou qui soit autorisé par justice ou par la loi à recevoir pour lui.
Le paiement fait à celui qui n'aurait pas pouvoir de recevoir pour le créancier, est valable, si celui-ci le ratifie, ou s'il en a profité.
Art. 1240. — Le paiement fait de bonne foi à celui qui est en possession de la créance est valable, encore que le possesseur en soit par la suite évincé.
Art. 1241. — Le paiement fait au créancier n'est point valable s'il était incapable de le recevoir, à moins que le débiteur ne prouve que la chose payée a tourné au profit du créancier.
Art. 1242. — Le paiement fait par le débiteur à son créancier, au préjudice d'une saisie ou d'une opposition, n'est pas valable à l'égard des créanciers saisissants ou opposants : ceux-ci peuvent, selon leur droit, le contraindre à payer de nouveau sauf en ce cas seulement, son recours contre le créancier.

A. AUTEUR DU PAIEMENT

784 **Qualité pour payer.** Le paiement étant un acte juridique, son auteur doit avoir qualité pour l'effectuer, ce qui concerne à la fois la capacité et le pouvoir (sur la distinction de ces notions, cf. *supra*, n°s 30 et s.).

*a) **Quant à la capacité,*** le paiement pour soi-même constitue en principe un **acte d'administration** car, loin d'obérer le patrimoine du débiteur, il le décharge d'un poste de passif (d'où l'adage « qui paie ses dettes s'enrichit »). Il peut donc être effectué par celui qui a qualité pour effectuer les actes d'administration (cf. *supra*, n°s 31 et s.). Il n'en va autrement que si le paiement passe par une nouvelle convention, par laquelle le débiteur fournit autre chose que ce à quoi il était tenu, par exemple en cas de dation en paiement : en ce cas, il lui faut la capacité de disposer des choses ou des droits qu'il transfère (cf. *infra*, n° 837).

À l'inverse du paiement pour soi-même, le paiement *pour autrui* effectué par quelqu'un qui n'y est pas tenu constitue un acte d'appauvrissement (même s'il y a subrogation ou recours à son profit, le « payeur » prend le risque de se heurter ensuite à l'insolvabilité du débiteur). Il nécessite donc la capacité de **disposer** et même, s'il y a intention libérale, la capacité de disposer à titre gratuit.

*b) **Quant au pouvoir** de payer,* il est requis à chaque fois qu'un paiement se fait par le truchement d'un représentant. Cela concerne non seulement les personnes morales (dont les statuts déterminent qui a la « signature » notamment des chèques), mais encore de nombreuses techniques de paiement bancaire : on a déjà vu que *l'avis de prélèvement* constitue un mandat de payer donné par le client à sa banque (cf. *supra*, n° 758) ; il en est de même de l'ordre de *virement*.

Dans tous ces cas le mandataire doit payer dans la limite de son mandat, mais ne peut le faire que dans cette limite : par conséquent si le paiement est fait par un dirigeant social révoqué, ou encore par le banquier après révocation de son mandat, il est sans valeur et peut donner lieu à répétition selon les règles de la répétition de l'indu.

Le paiement par mandataire trouve également de nombreuses applications pour des obligations de donner portant sur des choses : par exemple, à chaque fois qu'un vendeur charge un tiers (notamment un transporteur) d'effectuer la livraison.

785 **Paiement pour autrui.** Le paiement peut être effectué par le débiteur lui-même, par un mandataire ou même **par un tiers** pourvu qu'il soit certain qu'il a entendu payer la dette d'autrui et non faire un versement pour son propre compte à un autre titre : ainsi, quelqu'en soit l'auteur, tout paiement fait *au nom* du débiteur le libère (10). Dans tous les cas où la dette ne présente pas un caractère personnel, le créancier ne peut pas refuser de recevoir paiement d'un tiers, dès lors que ce paiement est satisfactoire : ce n'est donc que pour les obligations de faire à caractère personnel que le créancier pourra refuser leur exécution par autrui (art. 1237).

Le paiement par un tiers peut avoir plusieurs raisons : intention libérale (donation indirecte) ou intérêt personnel (11). En ce dernier cas, on sait qu'il y a le plus souvent subrogation, c'est-à-dire que le créancier est payé mais que la créance, au lieu de s'éteindre, est transférée au profit du « payeur » (cf. *supra*, n° 740).

Mais, si les conditions de la subrogation ne sont pas réunies, le « payeur » dispose-t-il d'un **recours contre le débiteur ?** Après avoir admis ce recours par principe (12), puis l'avoir dénié sauf à démontrer un paiement par erreur (13) ou à faire la preuve du fondement juridique d'un tel recours (14), la Cour de cassation s'est référée à l'idée d'enrichissement sans cause pour justifier ce recours, qui reste subordonné à un paiement fait **par erreur** : « en application du principe général du droit selon lequel nul ne peut s'enrichir injustement aux dépens d'autrui, celui qui, *par erreur,* a payé la dette d'autrui de ses propres deniers a, bien que non subrogé aux droits du créancier, un recours contre le débiteur » (15). Mais, sans preuve de

(10) Civ. 1re, 17 décembre 1996, *Bull. civ.*, I, n° 459.

(11) Exemple : un créancier hypothécaire paie la rente due par le propriétaire à son donateur pour éviter la révocation de la donation qui entraînerait la perte de sa sûreté : Civ. 1re, 17 décembre 1996, *Bull. civ.*, I, n° 459.

(12) Civ. 1re, 15 mai 1990, *JCP* 1991.II.21628, note PETIT.

(13) Civ. 1re, 13 octobre 1998, *Bull. civ.*, I, n° 299 ; *D.* 1999. Som. 116, obs. AYNÈS.

(14) Civ. 1re, 2 juin 1992, *Bull. civ.*, I, n° 167. — 17 novembre 1993, *Bull. civ.*, I, n° 332.

(15) Civ. 1re, 4 avril 2001, *Bull. civ.*, I, n° 105. — Soc., 20 décembre 2001, *Bull. civ.*, V, n° 395.

l'erreur, et sauf à pouvoir faire jouer une *gestion d'affaires* (16) pas de recours : « celui qui, sans être subrogé, acquitte une dette dont il sait n'être pas tenu et qui ne démontre pas que la cause dont procède ce paiement impliquait l'obligation du débiteur de lui rembourser la somme ainsi versée, ne peut ni agir à cette fin, ni se prévaloir d'un dommage juridiquement réparable » (17).

B. DESTINATAIRE DU PAIEMENT

786 **Le créancier seulement.** On le désigne comme « l'*accipiens* », c'est-à-dire celui qui reçoit et accepte le paiement : pourtant, son acceptation n'est pas juridiquement nécessaire et il existe certains procédés de paiement dans lesquels il n'intervient pas (virement bancaire à son compte par exemple).

Mais le plus souvent, sa participation est matériellement nécessaire (prendre en mains les fonds ou la chose remise par exemple). C'est la raison pour laquelle la loi organise une procédure pour vaincre un refus injustifié de sa part de recevoir paiement (cf. *infra*, n° 802).

Contrairement au « payeur », qui peut être le débiteur ou un tiers, le destinataire du paiement ne peut être que le **créancier lui-même** (ou son mandataire) : tant que celui-ci ne reçoit pas satisfaction, son droit subsiste et l'obligation n'est pas éteinte.

Il faut cependant tenir compte des situations exceptionnelles où un tiers apparaîtrait à tous comme étant le créancier alors qu'il ne l'est pas : ainsi l'héritier apparent du créancier originaire. En ce cas, l'article 1240, qui n'est qu'une application anticipée de la théorie de l'apparence (cf. *supra*, n°s 500 et s.), permet de considérer comme libératoire le paiement fait au **créancier apparent :** le véritable créancier voit alors son titre s'éteindre contre le débiteur, et ne dispose que d'un recours contre celui qui a reçu paiement à sa place. Encore faut-il que la croyance soit légitime (18).

787 **Qualité pour recevoir paiement.** Ici encore, il faut examiner la question de la capacité et celle du pouvoir de recevoir paiement, en ayant présent à l'esprit que cette réception est un acte grave car elle épuise les droits du créancier.

C'est au « payeur » de prêter attention à cette qualité : en effet, s'il paie entre les mains d'une personne sans qualité, son paiement sera sans valeur et il sera donc toujours tenu de sa dette (sauf à répéter l'indu contre cette personne sans qualité). Cette règle s'exprime de façon évocatrice par l'adage : **« qui paie mal paie deux fois ».** Cependant l'article 1241, en rappelant cette règle, y apporte un léger tempérament : le débiteur n'est pas tenu de repayer ce qui « a tourné au

(16) Civ. 1re, 12 janvier 2012, n° 10-24512 ; *D.* 2012.1592, note GOUËZEL.
(17) Civ. 1re, 30 mars 2004, *Bull. civ.*, I, n° 103 ; *C.C.C.* 2004.92. — Civ. 1re, 9 février 2012, n° 10-28475, *D.* 2012.639.
(18) Cf. Com., 5 octobre 1993, *Bull. civ.*, IV, n° 319.

profit du créancier », c'est-à-dire ce qui lui a, en fait, profité, car ce serait lui octroyer un enrichissement injuste. Par exemple, si le mineur qui a reçu paiement n'a pas dilapidé la somme mais l'a placée, il n'y aura pas lieu à second paiement. De même si le paiement dû à une société a été fait à un employé sans qualité qui l'a toutefois versé dans la caisse sociale ou si le destinataire erroné l'a reversé au créancier réel.

a) **Quant à *la capacité*** *de recevoir paiement,* c'est celle exigée pour les **actes de disposition.** En réalité, on exige un certain contrôle car la personne recevant ainsi les fonds ou la chose pourrait trop facilement en disposer à sa guise. Ainsi le mineur ne peut-il pas recevoir paiement et les organes de tutelle sont soumis à cet égard à certaines sujétions (art. 453 : dépôt obligatoire chez un intermédiaire agréé : ainsi par exemple les parents d'un mineur ne peuvent-ils disposer des rémunérations versées à ce dernier).

b) **Quant au *pouvoir*** *de recevoir paiement,* il permet de payer entre les mains d'un tiers qui en a reçu le mandat. Mais il est prudent pour le « payeur » de s'assurer de ce mandat (19). Dans certains cas, c'est la loi qui détermine ce pouvoir : ainsi, en cas de « faillite » d'une entreprise, il n'est possible de payer valablement qu'entre les mains du représentant des créanciers, hormis pour des dettes à caractère alimentaire ; ou encore, en cas de vente d'un bien important appartenant aux deux époux, il n'est pas possible d'en payer le prix à l'un seulement (art. 1424 nouveau du Code civil). Cependant, une *ratification* postérieure peut toujours valider l'opération (art. 1239, al. 2) (20).

§ 2. Obligations plurales

TEXTES

Code civil, art. 1197 à 1225

Section IV. — Des obligations solidaires

§ 1er. — De la solidarité entre les créanciers

Art. 1197. — L'obligation est solidaire entre plusieurs créanciers lorsque le titre donne expressément à chacun d'eux le droit de demander le paiement

(19) Ainsi n'est pas libératoire le paiement fait au nom personnel du président de la société créancière dans un cas où le payeur ne pouvait légitimement commettre une confusion entre la société et la personne de son président, en raison des circonstances (Civ. 1re, 20 mars 1989, *Bull. civ.*, I, n° 134) ni le paiement de loyers au notaire du bailleur après expiration du mandat (Civ. 3e, 5 mars 1997, *Bull. civ.*, III, n° 461 : d'où résiliation du bail !). — Civ. 3e, 29 septembre 2010, n° 09-15551. — Mais pour un paiement libératoire au mandataire **apparent** du créancier, v. Civ. 1re, 7 juin 1995, *Bull. civ.*, I, n° 240. — Civ. 3e, 4 février 2004, *RJDA* 2004.693.

(20) Com., 12 juillet 1983, *Bull. civ.*, IV, n° 303.

du total de la créance, et que le paiement fait à l'un d'eux libère le débiteur, encore que le bénéfice de l'obligation soit partageable et divisible entre les divers créanciers.

Art. 1198. — Il est au choix du débiteur de payer à l'un ou à l'autre des créanciers solidaires, tant qu'il n'a pas été prévenu par les poursuites de l'un d'eux.

Néanmoins, la remise qui n'est faite que par l'un des créanciers solidaires ne libère le débiteur que pour la part de ce créancier.

Art. 1199. — Tout acte qui interrompt la prescription à l'égard de l'un des créanciers solidaires, profite aux autres créanciers.

§ 2. — De la solidarité de la part des débiteurs

Art. 1200. — Il y a solidarité de la part des débiteurs, lorsqu'ils sont obligés à une même chose, de manière que chacun puisse être contraint pour la totalité, et que le paiement fait par un seul libère les autres envers le créancier.

Art. 1201. — L'obligation peut être solidaire quoique l'un des débiteurs soit obligé différemment de l'autre au paiement de la même chose ; par exemple, si l'un n'est obligé que conditionnellement, tandis que l'engagement de l'autre est pur et simple, ou si l'un a pris un terme qui n'est point accordé à l'autre.

Art. 1202. — La solidarité ne se présume point ; il faut qu'elle soit expressément stipulée.

Cette règle ne cesse que dans les cas où la solidarité a lieu de plein droit, en vertu d'une disposition de la loi.

Art. 1203. — Le créancier d'une obligation contractée solidairement peut s'adresser à celui des débiteurs qu'il veut choisir, sans que celui-ci puisse lui opposer le bénéfice de division.

Art. 1204. — Les poursuites faites contre l'un des débiteurs n'empêchent pas le créancier d'en exercer de pareilles contre les autres.

Art. 1205. — Si la chose due a péri par la faute ou pendant la demeure de l'un ou de plusieurs des débiteurs solidaires, les autres codébiteurs ne sont point déchargés de l'obligation de payer le prix de la chose ; mais ceux-ci ne sont point tenus des dommages et intérêts.

Le créancier peut seulement répéter les dommages et intérêts tant contre les débiteurs par la faute desquels la chose a péri, que contre ceux qui étaient en demeure.

Art. 1206. — Les poursuites faites contre l'un des débiteurs solidaires interrompent la prescription à l'égard de tous.

Art. 1207. — La demande d'intérêts formée contre l'un des débiteurs solidaires fait courir les intérêts à l'égard de tous.

Art. 1208. — Le codébiteur solidaire poursuivi par le créancier peut opposer toutes les exceptions qui résultent de la nature de l'obligation, et toutes celles qui lui sont personnelles, ainsi que celles qui sont communes à tous les codébiteurs.

Il ne peut opposer les exceptions qui sont purement personnelles à quelques-uns des autres codébiteurs.

Art. 1209. — Lorsque l'un des débiteurs devient héritier unique du créancier, ou lorsque le créancier devient l'unique héritier de l'un des débiteurs, la confusion n'éteint la créance solidaire que pour la part et portion du débiteur ou du créancier.

Art. 1210. — Le créancier qui consent à la division de la dette à l'égard de l'un des codébiteurs, conserve son action solidaire contre les autres, mais sous la déduction de la part du débiteur qu'il a déchargé de la solidarité.

Art. 1211. — Le créancier qui reçoit divisément la part de l'un des débiteurs, sans réserver dans la quittance la solidarité ou ses droits en général, ne renonce à la solidarité qu'à l'égard de ce débiteur.
Le créancier n'est pas censé remettre la solidarité au débiteur lorsqu'il reçoit de lui une somme égale à la portion dont il est tenu, si la quittance ne porte pas que c'est *pour sa part.*
Il en est de même de la simple demande formée contre l'un des codébiteurs *pour sa part,* si celui-ci n'a pas acquiescé à la demande, ou s'il n'est pas intervenu un jugement de condamnation.
Art. 1212. — Le créancier qui reçoit divisément et sans réserve la portion de l'un des codébiteurs dans les arrérages ou intérêts de la dette, ne perd la solidarité que pour les arrérages ou intérêts échus, et non pour ceux à échoir, ni pour le capital, à moins que le paiement divisé n'ait été continué pendant dix ans consécutifs.
Art. 1213. — L'obligation contractée solidairement envers le créancier se divise de plein droit entre les débiteurs, qui n'en sont tenus entre eux que chacun pour sa part et portion.
Art. 1214. — Le codébiteur d'une dette solidaire, qui l'a payée en entier, ne peut répéter contre les autres que les part et portion de chacun d'eux.
Si l'un d'eux se trouve insolvable, la perte qu'occasionne son insolvabilité se répartit, par contribution, entre tous les autres codébiteurs solvables et celui qui a fait le paiement.
Art. 1215. — Dans le cas où le créancier a renoncé à l'action solidaire envers l'un des débiteurs, si l'un ou plusieurs des autres codébiteurs deviennent insolvables, la portion des insolvables sera contributoirement répartie entre tous les débiteurs, même entre ceux précédemment déchargés de la solidarité par le créancier.
Art. 1216. — Si l'affaire pour laquelle la dette a été contractée solidairement ne concernait que l'un des coobligés solidaires, celui-ci serait tenu de toute la dette vis-à-vis des autres codébiteurs qui ne seraient considérés par rapport à lui que comme ses cautions.

Section V. — Des obligations divisibles et indivisibles

Art. 1217. — L'obligation est divisible ou indivisible selon qu'elle a pour objet une chose qui, dans sa livraison, ou un fait qui dans l'exécution, est ou n'est pas susceptible de division soit matérielle, soit intellectuelle.
Art. 1218. — L'obligation est indivisible, quoique la chose ou le fait qui en est l'objet soit divisible par sa nature, si le rapport sous lequel elle est considérée dans l'obligation ne la rend pas susceptible d'exécution partielle.
Art. 1219. — La solidarité stipulée ne donne point à l'obligation le caractère d'indivisibilité.

§ 1er. — Des effets de l'obligation divisible

Art. 1220. — L'obligation qui est susceptible de division doit être exécutée entre le créancier et le débiteur comme si elle était indivisible. La divisibilité n'a d'application qu'à l'égard de leurs héritiers, qui ne peuvent demander la dette ou qui ne sont tenus de la payer que pour les parts dont ils sont saisis ou dont ils sont tenus comme représentant le créancier ou le débiteur.
Art. 1221. — Le principe établi dans l'article précédent reçoit exception à l'égard des héritiers du débiteur :
1° Dans le cas où la dette est hypothécaire ;
2° Lorsqu'elle est d'un corps certain ;

3° Lorsqu'il s'agit de la dette alternative de choses au choix du créancier, dont l'une est indivisible ;
4° Lorsque l'un des héritiers est chargé seul, par le titre, de l'exécution de l'obligation ;
5° Lorsqu'il résulte, soit de la nature de l'engagement, soit de la chose qui en fait l'objet, soit de la fin qu'on s'est proposée dans le contrat, que l'intention des contractants a été que la dette ne pût s'acquitter partiellement.
Dans les trois premiers cas, l'héritier qui possède la chose due ou le fonds hypothéqué à la dette, peut être poursuivi pour le tout sur la chose due ou sur le fonds hypothéqué, sauf le recours contre ses cohéritiers. Dans le quatrième cas, l'héritier seul chargé de la dette, et dans le cinquième cas, chaque héritier, peut aussi être poursuivi pour le tout ; sauf son recours, contre ses cohéritiers.

§ 2. — Des effets de l'obligation indivisible

Art. 1222. — Chacun de ceux qui ont contracté conjointement une dette indivisible en est tenu pour le total, encore que l'obligation n'ait pas été contractée solidairement.
Art. 1223. — Il en est de même à l'égard des héritiers de celui qui a contracté une pareille obligation.
Art. 1224. — Chaque héritier du créancier peut exiger en totalité l'exécution de l'obligation indivisible.
Il ne peut seul faire la remise de la totalité de la dette ; il ne peut recevoir seul le prix au lieu de la chose. Si l'un des héritiers a seul remis la dette ou reçu le prix de la chose, son cohéritier ne peut demander la chose indivisible qu'en tenant compte de la portion du cohéritier qui a fait la remise ou qui a reçu le prix.
Art. 1225. — L'héritier du débiteur, assigné pour la totalité de l'obligation, peut demander un délai pour mettre en cause ses cohéritiers, à moins que la dette ne soit de nature à ne pouvoir être acquittée que par l'héritier assigné, qui peut alors être condamné seul, sauf son recours en indemnité contre ses cohéritiers.

788 **Cas de pluralité de débiteurs ou de créanciers. Principe : dettes conjointes.** Lorsqu'une obligation a plusieurs sujets soit du côté passif (pluralité de débiteurs) soit du côté actif (pluralité de créanciers), le paiement s'en trouve un peu compliqué.

Le principe est que l'obligation se divise en plusieurs liens qui sont **conjoints** mais séparés. Par exemple, si deux personnes doivent une somme de 1 000 (dette figurant dans une succession), chacune doit 500. Et si ces sommes sont dues à cinq créanciers (parce qu'il y a eu décès du créancier originaire laissant 5 héritiers), chaque débiteur devra payer 100 à chacun des créanciers. On parle de dette conjointe.

Mais si cette règle de l'obligation conjointe constitue le droit commun, notamment pour les dettes contractées par les époux (21) ou pesant sur des héritiers (22), elle supporte des exceptions qui sont d'application si fréquente que la règle elle-même se trouve vidée de l'essentiel.

(21) V. par ex. Civ. 1re, 10 février 1981, *JCP* 1982.II.19786, note RÉMY.
(22) V. par ex. Civ. 1re, 19 mars 1996, *Bull. civ.*, I, n° 146.

A. OBLIGATIONS INDIVISIBLES

789 **Indivisibilité naturelle ou conventionnelle.** *L'indivisibilité de la dette* fait obstacle à sa division.

L'indivisibilité peut tout d'abord être naturelle : c'est le cas par exemple pour l'obligation de livrer un bien ou pour une obligation de ne pas faire, mais ce n'est jamais le cas d'une dette d'argent (23).

Mais, alors même que la dette serait divisible par nature, une indivisibilité juridique peut résulter d'une clause du contrat. En ce cas, le créancier peut réclamer paiement de « la » dette en son entier à n'importe lequel des codébiteurs, en particulier aux héritiers du débiteur initial (24). Et s'il y a plusieurs créanciers, n'importe lequel d'entre eux peut exiger ce paiement (art. 1221-5°). Il y a bien entendu lieu à règlement de compte ultérieur entre celui qui a payé et ses codébiteurs ou entre celui qui a reçu et ses cocréanciers, sur le fondement de la **subrogation** (art. 1221 *in fine*).

L'avant-projet de réforme propose de permettre à l'héritier assigné pour le tout de demander un délai pour mettre en cause ses cohéritiers (art. 1216).

B. OBLIGATIONS SOLIDAIRES

790 **Définition.** *La solidarité* aboutit pratiquement au même résultat que l'indivisibilité : en cas de solidarité passive (entre plusieurs débiteurs), n'importe lequel des codébiteurs peut se voir réclamer paiement de toute la dette ; en cas de solidarité active (entre plusieurs créanciers d'une même créance, hypothèse infiniment plus rare mais qui trouve un exemple dans les comptes bancaires joints), n'importe lequel des créanciers peut demander paiement du tout.

On considère que les intéressés *se représentent mutuellement*, ce qui entraîne par exemple que l'interruption de prescription ou l'exercice d'une voie de recours de la part de l'un étend ses effets aux autres (25).

791 **Sources.** La solidarité n'existe en principe que si elle est prévue par un **texte** (par ex. art. 220 du Code civil pour les dettes « ménagères » des époux ; art. 1887 pour des co-emprunteurs ; art. 2002 pour des co-mandants ; art. 1384 al. 4 pour les parents ; art. 480-1 du Code de procédure pénale pour les personnes condamnées pénalement pour une même infraction) ou par une

(23) Civ. 1re, 13 mai 1981, *Bull. civ.*, I, n° 163. — 11 janvier 1984, *RTD civ.* 1985.172, obs. MESTRE. — Civ. 2e, 18 septembre 2003, *Bull. civ.*, I, n° 255.

(24) Toutefois l'héritier en **usufruit** seulement ne peut pas être tenu du capital : Civ. 1re, 9 décembre 2003, *Bull. civ.*, I, n° 255.

(25) VEAUX, *La représentation mutuelle des coobligés*, *Mélanges Weill*, 1983, p. 547.

convention à condition qu'elle soit dépourvue d'ambiguïté (26) : on dit que la solidarité ne se présume pas (art. 1202). Cela demeure le principe (27).

La jurisprudence y a ajouté, en vertu d'une source **« coutumière »,** les obligations de nature commerciale, qui sont *présumées* solidaires, sauf clause contraire (28). De nombreux textes commerciaux confirment cette présomption (par ex. en matière d'effets de commerce ou de sociétés).

792 **Solidarité active.** Du côté des créanciers, la solidarité permet à l'un d'entre eux d'agir pour le tout contre le débiteur : puisque les créanciers se représentent mutuellement, le débiteur sera valablement poursuivi par n'importe lequel d'entre eux (les autres bénéficiant ainsi de ses actes de poursuites : mise en demeure, interruption de prescription, voies d'exécution...). De même il sera valablement libéré en payant l'un quelconque des créanciers.

Cette solidarité active est conçue de façon étroite : elle doit être expressément stipulée (art. 1197) et ne peut pas se déduire, par réciprocité, d'une clause de solidarité passive (29). Et elle ne permet pas à l'un des créanciers d'agir pour le tout contre un tiers à l'acte (30).

La convention de ***compte joint*** **bancaire,** très fréquente, met en œuvre cette solidarité active (31) — ce qui permet à l'un des titulaires de « vider le compte » à tout moment.

Le créancier qui a reçu paiement en doit compte aux autres, selon leurs liens juridiques (par ex., entre époux titulaires d'un compte joint, selon le régime matrimonial).

793 **Solidarité passive.** Beaucoup plus fréquente, la solidarité entre plusieurs débiteurs conduit à distinguer deux phases.

(26) Ce qui n'exige pas le mot même de « solidaire » : l'idée peut se déduire de l'acte : Civ. 3e, 26 janvier 2005, *D.* 2005.597. — Civ. 3e, 11 juillet 2012, n° 10-28535 ; *RDC* 2013.123, obs. KLEIN.

(27) Cf. par ex. Civ. 3e, 8 février 1989, *Bull. civ.*, III, n° 34. — Civ. 1re, 19 février 1991, *Bull. civ.*, I, n° 71. — Civ. 3e, 20 janvier 1993, *Bull. civ.*, III, n° 8 et Civ. 1re, 29 novembre 2005, *Bull. civ.*, I, n° 460 pour des **co-indivisaires.** — Civ. 1re, 16 juillet 1992, *Bull. civ.*, I, n° 236 pour des **héritiers.** — Civ. 1re, 5 février 1991, *Bull. civ.*, I, n° 42 pour des **débiteurs alimentaires.** — Civ. 3e, 30 octobre 2013, n° 12-21034, *Bull. civ.*, III, n° 136 ; *C.C.C.* 2014, n° 32, obs. LEVENEUR pour des **colocataires.**— Toutefois une solidarité stipulée peut s'appliquer extensivement : ainsi celle prévue dans un bail pourrait concerner encore l'indemnité d'occupation due après l'expiration du bail (Civ. 3e, 24 mars 1999, *Bull. civ.*, III, n° 75 ; *Defrénois* 1999.804 et les obs. — *Contra :* Civ. 3e, 5 mai 2004, *Bull. civ.*, III, n° 87).

(28) Jurisprudence constante depuis Req., 20 octobre 1920, *S.* 1992.1.201, note HAMEL. — Cf. Com., 21 avril 1980, *Bull. civ.*, IV, n° 158. — Com., 8 juin 1993, *Bull. civ.*, IV, n° 228. — 16 janvier 1990, *JCP* 1991.II.21748. — DERRIDA, *De la solidarité commerciale, RTD com.*, 1953.239.

(29) V. Civ. 1re, 27 avril 2004, *Bull. civ.*, I, n° 121 ; *C.C.C.* 2004.107, obs. L. L.

(30) Civ. 1re, 27 juin 2006, *Bull. civ.*, I, n° 333 (action contre un avocat responsable de la perte de la créance).

(31) Cf. Civ. 1re, 16 juin 1992, *Bull. civ.*, I, n° 179 ; *D.* 1993. Som. 216, obs. DELEBECQUE. — Sur le régime des **comptes joints entre époux,** v. TERRÉ, *Mélanges Cabrillac*, 1999.529.

a) ***Quant à l'obligation de la dette,*** chacun est **tenu pour le tout** envers le créancier qui peut donc choisir de réclamer toute la dette à celui qu'il est le plus aisé de poursuivre (32), évitant ainsi le risque d'insolvabilité de certains (33). Tous les actes faits à l'encontre de l'un sont efficaces contre les autres (mise en demeure : art. 1205 et 1207 — interruption de prescription : art. 1206 et 2245). Le jugement obtenu contre l'un des codébiteurs a autorité de chose jugée envers les autres, sauf collusion frauduleuse (34).

Celui qui est poursuivi peut bien sûr opposer toutes les **exceptions inhérentes à la dette :** nullité ; prescription ; paiement, même par compensation avec la créance d'un autre (sur ce dernier cas, v. *infra,* n° 820) ; extinction par novation (art. 1281). Mais il ne peut pas opposer les **exceptions personnelles** des autres (vice du consentement, incapacité) (35) (art. 1208 et s.) car son propre engagement n'en est pas vicié — sauf s'il avait fait de cet autre engagement la condition du sien (36). Toutefois, si le créancier a déchargé l'un des codébiteurs, les autres peuvent invoquer cette remise à due concurrence (argt. art. 1210) (37).

En cas de **décès** d'un codébiteur, sa dette se divise entre ses héritiers — sauf indivisibilité (d'où l'intérêt d'ajouter une clause d'indivisibilité à la solidarité dans une convention).

b) ***Quant à la contribution à la dette,*** celui qui est poursuivi peut appeler les autres en garantie dans la même instance aux fins de faire fixer immédiatement la répartition (38). À défaut il dispose encore après avoir payé d'un recours contre les autres, qu'il doit diviser pour obtenir de chacun sa part : il ne peut pas refaire jouer la solidarité à son profit entre les autres (39). On lui reconnaît à cet effet non seulement une action personnelle (art. 1214), mais aussi le bénéfice de la subrogation dans les droits du créancier, pour que le recours soit garanti par les sûretés attachées à la créance.

■ (32) V. par ex. Civ. 1re, 22 avril 1992, *Bull. civ.*, I, n° 127. — Civ. 3e, 12 mai 1993, *D.* 1994. Som. 20, obs. DELEBECQUE.

■ (33) Cela peut concerner des **obligations de faire :** si deux entreprises se sont engagées solidairement, l'une peut être condamnée à réparer les malfaçons de l'autre : Civ. 3e, 27 mars 1991, *Bull. civ.*, III, n° 100.

■ (34) Civ. 1re, 14 février 1990, *Bull. civ.*, I, n° 42. — Com., 1er juin 1999, *Bull. civ.*, IV, n° 415. — Et les voies de recours sont gouvernées par la même représentation mutuelle : art. 552 N.C.P.C. pour l'**appel**. — V. toutefois Civ. 1re, 24 novembre 1998, *Bull. civ.*, I, n° 326. — Com., 16 février 1993, *Bull. civ.*, IV, n° 59 et Civ. 1re, 19 janvier 1999, *Bull. civ.*, I, n° 19 pour le **pourvoi en cassation.**

■ (35) D'où l'on déduit que la forclusion pour défaut de déclaration de la créance à la « faillite » de l'un ne libère pas les autres : Com., 19 janvier 1993, *D.* 1993.331, note HONORAT et PATARIN ; *JCP* 1993.II.22056, note PETEL ; *RTD civ.* 1993.581, obs. MESTRE. — Civ. 1re, 17 novembre 1993, *Bull. civ.*, I, n° 335. — Com., 23 octobre 2001, *Bull. civ.*, IV, n° 175.

■ (36) Cf. Civ. 1re, 2 mai 1989, *Bull. civ.*, I, n° 175.

■ (37) Civ. 1re, 26 mai 1994, *Bull. civ.*, I, n° 187.

■ (38) V. Civ. 1re, 6 octobre 1998, *Bull. civ.*, I, n° 267. — Civ. 3e, 28 mai 2008, *Bull. civ.*, III, n° 98.

■ (39) Civ. 3e, 22 juin 1994, *Bull. civ.*, III, n° 127.

Comment se fait la répartition ? Souvent le titre de créance le précise (par ex. le contrat prévoit la part de chacun (40), ou le jugement de condamnation définit des pourcentages). À défaut, on présume un partage égal **par têtes** (on dit par *parts viriles*) (41) — sauf entre associés où la répartition se fait *au prorata* de celle du capital (art. 1844-1).

Si l'un d'entre eux est **insolvable,** les autres se répartissent la charge de sa part au prorata des leurs (art. 1214).

Ce sont là l'intérêt et le risque essentiel de la solidarité : le ***risque d'insolvabilité*** *est transféré du créancier sur les codébiteurs.*

C. OBLIGATIONS « IN SOLIDUM »

794 **Création jurisprudentielle.** Pour contourner la règle « pas de solidarité sans texte », la jurisprudence a créé en matière de responsabilité civile une obligation *« in solidum »* présentant quasiment tous les caractères de la solidarité (42) et s'appliquant à chaque fois que plusieurs personnes sont déclarées **responsables d'un même dommage,** même à des titres différents (cf. *supra,* n°s 564, 624, 661 et 688). Encore faut-il qu'il s'agisse bien de la même dette (43).

L'obligation *« in solidum »* fonctionne comme la solidarité, à quelques petites différences près d'ordre procédural qui sont d'ailleurs très incertaines (quant à l'interruption de la prescription à l'égard de tous par la poursuite d'un seul ou quant à l'effet sur les autres d'une voie de recours exercée par un seul).

La contribution se fait généralement d'après la gravité respective des fautes commises ; pour les responsabilités sans faute, elle se fait par parts viriles (cf. *supra,* n° 688). Le recours à cette fin est soumis à la règle de la division de l'article 1214 (44).

(40) Cette part définitive peut être nulle, dans le cas où l'un des codébiteurs ne s'est engagé que pour fournir une garantie aux autres : art. 1216 ; voir D. MARTIN, *L'engagement de codébiteur solidaire adjoint, RTD civ.* 1994.49.

(41) Par ex. pour plusieurs cautions (Com., 28 juin 1994, *Bull. civ.*, IV, n° 236), pour un compte joint (Civ. 1re, 6 mars 1996, *Bull. civ.*, I, n° 116) ou pour des colocataires (Civ. 3e, 24 juin 1998, *Bull. civ.*, III, n° 129).

(42) Cf. RAYNAUD, *La nature de l'obligation des coauteurs d'un dommage, obligation in solidum ou solidarité* ?, *Mélanges Vincent, 1981.317.*

(43) Com., 8 janvier 1991, *Bull. civ.*, IV, n° 20 pour des condamnations à exécuter des obligations contractuelles, qui conservent pour mesure chaque contrat, à l'inverse de l'indemnisation du préjudice qui peut être commun.

(44) Civ. 3e, 22 juin 1994, *Bull. civ.*, III, n° 127. — Civ. 2e, 1er mars 2001, *Bull. civ.*, II, n° 31. — 8 juillet 2004, *Bull. civ.*, II, n° 343. — V. toutefois Civ. 3e, 4 novembre 1992, *Bull. civ.*, III, n° 285 (l'art. 1214 ne s'appliquerait pas en cas d'appel en garantie au cours de la même instance).

SECTION 2 LA RÉALISATION DU PAIEMENT

§ 1. Objet du paiement

TEXTES

Code civil, art. 1243, 1244, 1245, 1246

Art. 1243. — Le créancier ne peut être contraint de recevoir une autre chose que celle qui lui est due, quoique la valeur de la chose offerte soit égale ou même plus grande.

Art. 1244. — Le débiteur ne peut forcer le créancier à recevoir en partie le paiement d'une dette, même divisible.

....

Art. 1245. — Le débiteur d'un corps certain et déterminé est libéré par la remise de la chose en l'état où elle se trouve lors de la livraison, pourvu que les détériorations qui y sont survenues ne viennent point de son fait ou de sa faute, ni de celle des personnes dont il est responsable, ou qu'avant ces détériorations il ne fût pas en demeure.

Art. 1246. — Si la dette est d'une chose qui ne soit déterminée que par son espèce, le débiteur ne sera pas tenu, pour être libéré, de la donner de la meilleure espèce ; mais il ne pourra l'offrir de la plus mauvaise.

795 **Identité et indivisibilité du paiement.** Le paiement doit porter très exactement sur l'objet exact de l'obligation, dans sa nature et dans son étendue.

*a) **Quant à la nature de ce qui est dû,*** le débiteur ne peut se permettre **aucune modification :** on a déjà vu, à propos de l'exécution des contrats, l'intensité de cette obligation (cf. *supra*, n° 382). Cela vaut pareillement pour toute obligation déterminée par un jugement : le débiteur condamné par exemple à effectuer certains travaux ou livrer tel bien ne pourrait se libérer par une prestation ou une livraison différente, fût-elle équivalente ou plus avantageuse pour le créancier (art. 1243) sous réserve toutefois que le refus de ce dernier d'accepter un tel avantage pourrait être appréhendé par l'abus de droit (cf. *supra*, n° 383).

Il en va toutefois autrement si le créancier donne son accord : on est alors en présence d'une **dation en paiement,** qui constitue une nouvelle convention par laquelle le créancier renonce à sa créance en contrepartie du bien différent qu'il reçoit (cf. *infra,* n° 835).

*b) **Quant à l'étendue de ce qui est dû,*** le débiteur ne peut non plus imposer au créancier un **paiement partiel** (art. 1244). Même si la dette est divisible par nature (somme d'argent ou certaine quantité de marchandises), son paiement est en lui-même indivisible. Là encore, il faut un accord du créancier pour effectuer un paiement partiel : lorsqu'il s'agit d'une dette contractuelle, le créancier peut avoir intérêt à le refuser pour préférer la résolution du contrat (par exemple l'acquéreur de 100 tonnes de céréales peut préférer refuser une livraison de 20 tonnes pour se fournir ailleurs de la quantité intégrale dont il a besoin). Les *Principes Unidroit* tempèrent raisonnablement cette règle : le créancier peut refuser le paiement partiel « à moins de n'avoir aucun intérêt légitime à le faire » (art. 6-1-3). Les tribunaux français pourraient atteindre le même résultat par l'abus de droit.

Les articles 1244-1 et suivants du Code civil permettent cependant au **juge** d'opérer un tel fractionnement en accordant des délais de grâce dans la limite d'un maximum de deux ans (cf. *supra*, n° 304).

Il faut rappeler ici que le décès du débiteur, lorsqu'il laisse plusieurs héritiers, conduit en principe à une division de la dette et constitue donc une exception à la règle de l'indivisibilité du paiement (cf. *supra*, n° 763).

§ 2. Moment du paiement

TEXTES

Code civil, art. 1153 à 1154

Art. 1153. — Dans les obligations qui se bornent au paiement d'une certaine somme, les dommages-intérêts résultant du retard dans l'exécution ne consistent jamais que dans la condamnation aux intérêts au taux légal, sauf les règles particulières au commerce et au cautionnement.

Ces dommages et intérêts sont dus sans que le créancier soit tenu de justifier d'aucune perte.

Ils ne sont dus que du jour de la sommation de payer, ou d'un autre acte équivalent telle une lettre missive s'il en ressort une interpellation suffisante, excepté dans le cas où la loi les fait courir de plein droit.

Le créancier auquel son débiteur en retard a causé, par sa mauvaise foi, un préjudice indépendant de ce retard peut obtenir des dommages et intérêts distincts des intérêts moratoires de la créance.

Art. 1153-1. — En toute matière, la condamnation à une indemnité emporte intérêts au taux légal même en l'absence de demande ou de disposition spéciale du jugement. Sauf disposition contraire de la loi, ces intérêts courent à compter du prononcé du jugement à moins que le juge n'en décide autrement.

En cas de confirmation pure et simple par le juge d'appel d'une décision allouant une indemnité en réparation d'un dommage, celle-ci porte de plein droit intérêt au taux légal à compter du jugement de première instance. Dans les autres cas, l'indemnité allouée en appel porte intérêt à compter de la décision d'appel. Le juge d'appel peut toujours déroger aux dispositions du présent alinéa.

Art. 1154. — Les intérêts échus des capitaux peuvent produire des intérêts, ou par une demande judiciaire, ou par une convention spéciale, pourvu que, soit dans la demande, soit dans la convention, il s'agisse d'intérêts dus au moins pour une année entière.

Code monétaire et financier, art. L. 313-3.

Art. L. 313-3. — En cas de condamnation pécuniaire par décision de justice, le taux de l'intérêt légal est majoré de cinq points à l'expiration d'un délai de deux mois à compter du jour où la décision de justice est devenue exécutoire, fût-ce par provision. Cet effet est attaché de plein droit au jugement d'adjudication du saisie immobilière, quatre mois après son prononcé.

> Toutefois, le juge de l'exécution peut, à la demande du débiteur ou du créancier, et en considération de la situation du débiteur, exonérer celui-ci de cette majoration ou en réduire le montant.

796 **Exigibilité.** Le paiement doit être effectué dès que la dette est exigible. Pour les dettes issues d'un **contrat,** elles sont immédiatement exigibles sauf lorsqu'un terme a été stipulé, auquel cas elles deviennent exigibles à l'échéance prévue (cf. *supra,* n° 302). En matière commerciale, le délai de 30 jours est présumé (C. com., art. L. 441-6, al. 4) et constitue même pour certaines opérations un maximum (C. com., art. L. 441-6, al. 9 et L. 443-1).

Pour les dettes issues d'un **jugement,** et sauf précision particulière de celui-ci, elles deviennent exigibles dès lors que ce jugement n'est plus susceptible de voies de recours suspensives (en pratique seul l'appel est suspensif, mais pas en toutes matières et le juge peut toujours écarter cet effet suspensif en ordonnant l'exécution provisoire du jugement).

On a déjà vu que le juge peut, dans certains cas, octroyer des délais de grâce au débiteur (cf. *supra,* n° 304) : cette faculté n'est pas limitée aux dettes contractuelles, mais joue en toutes matières, sauf pour les dettes de Sécurité sociale (45). De même, il arrive que la loi, en considération d'événements exceptionnels, octroie un **« moratoire »,** c'est-à-dire un délai à certaines catégories de débiteurs : ainsi les rapatriés d'Algérie ont-ils bénéficié de plusieurs lois en ce sens (en dernier lieu loi du 15 juillet 1970).

797 **Instant de réalisation.** L'instant précis où se réalise le paiement est souvent important, notamment pour le calcul de pénalités ou l'application de sanctions comme le jeu d'une clause résolutoire.

C'est en principe le moment où le **créancier reçoit** ce qui lui est dû. En particulier, pour les paiements d'argent effectués par voie bancaire, seule l'inscription au crédit du compte du créancier réalise le paiement mais, pour le chèque, on estime que sa remise vaut paiement sous condition d'encaissement (v. *supra,* n° 782).

798 **Intérêts de retard.** La sanction d'un retard de paiement réside dans des dommages-intérêts. Lorsqu'il s'agit du paiement d'une somme d'argent, cette sanction prend la forme d'intérêts de retard, dits intérêts **moratoires**.

Ces intérêts peuvent être fixés par la convention (46), cas auquel une mise en demeure n'est pas nécessaire pour en déclencher le cours (47).

Mais le plus souvent, il s'agit d'intérêts légaux, actuellement régis par l'article 1153 du Code civil et par une loi du 11 juillet 1975 qui jouent en toutes

(45) Soc., 5 janvier 1995, *Bull. civ.*, V, n° 13.

(46) Entre entreprises, la fixation dans les factures est obligatoire. À défaut, s'applique le taux de la Banque centrale européenne majoré de 7 points (C. com., art. L. 441-3 et L. 441-6. — V. WAGNER, *D.* 2004.2634).

(47) Civ. 1re, 24 juin 1997, *Bull. civ.*, I, n° 210.

matières, même s'il ne s'agit pas d'une dette contractuelle (48). Leur calcul exige de préciser leur *durée* et leur *taux*.

— ***Quant à la durée*** à prendre en compte, elle pose principalement la question du **point de départ**. Ces intérêts ne peuvent en principe commencer à courir que si la dette est déterminée (49) et exigible (50) et seulement à compter d'une **mise en demeure** de payer (51). Mais des textes particuliers peuvent déplacer le point de départ selon les matières (pour les indemnités de responsabilité civile, cf. *supra,* n° 693 — pour la répétition de l'indu, cf. *supra,* n° 479). D'une manière générale, on observe une **corrélation entre la date d'évaluation d'une dette et le moment** où elle commence à produire des intérêts de retard : il faut éviter en effet qu'une dette produise intérêts alors que son montant n'est pas encore fixé (52).

Les intérêts *cessent de courir* au jour du paiement, ou de la consignation des sommes (53) ou de leur placement chez un séquestre (54).

Depuis la loi de 1975, l'article 1153, alinéa 4 permet, de plus, au juge d'allouer une indemnité supplémentaire, sous la double condition que le débiteur soit de mauvaise foi et que le créancier ait subi un préjudice « indépendant de ce retard » (55).

— ***Quant au taux*** de ces intérêts est fixé dans des conditions complexes. Il était de 9,5 % depuis 1976. Mais une loi du 23 juin 1989 a modifié les

▩ (48) Civ. 1re, 25 avril 1989, *Bull. civ.*, I, n° 162. — 9 mai 1990, *Bull. civ.*, I, n° 99. — 3 décembre 1991, *Bull. civ.*, I, n° 339.

▩ (49) V. par ex. Civ. 1re, 13 décembre 1994, *Bull. civ.*, I, n° 369.

▩ (50) V. par ex. Civ. 1re, 23 mars 1994, *Bull. civ.*, I, n° 115. — Civ. 2e, 14 février 2002, *Bull. civ.*, II, n° 14. — On en déduit, de façon d'ailleurs hautement contestable, que le plaideur qui a été amené à verser une somme en application d'une décision ensuite infirmée ou cassée n'a pas droit à des intérêts sur la restitution avant l'arrêt annulant cette décision, car il n'a pas encore de titre rendant cette restitution exigible (*A.P.*, 3 mars 1995, *D.* 1995.249, concl. JÉOL ; *JCP* 1995.II.22482, note DELEBECQUE).

▩ (51) Même si, après litige, le juge évalue différemment la dette : une mise en demeure même exagérée fait courir les intérêts : Civ. 3e, 5 février 1992, *Bull. civ.*, III, n° 38. — Civ. 1re, 30 juin 1993, *Bull. civ.*, I, n° 235. — Civ. 3e, 6 mai 1998, *Bull. civ.*, III, n° 92. Une demande de **reddition de compte** équivaut à la mise en demeure de payer et fait courir les intérêts : Civ. 1re, 23 mai 2000, *Bull. civ.*, I, n° 158 ; *Defrénois* 2000.1380, obs. AUBERT.

▩ (52) Cette corrélation se retrouve en diverses matières : récompenses des régimes matrimoniaux (art. 1473 modifié pour consacrer Civ. 1re, 27 mai 1986, *D.* 1987.324, note MORIN) ; indemnités de rapport successoral (Civ. 1re, 27 janvier 1987, *D.* 1987.253, note MORIN ; 4 octobre 1988, *D.* 1989.119, note MORIN ; *RTD civ.* 1989.128, obs. PATARIN. — Comp. Civ. 1re, 14 mai 1992, *D.* 1993. Som. 225, obs. GRIMALDI) et de réduction (Civ. 1re, 21 mai 1985, *D.* 1987.65, note MORIN). Traditionnellement on en déduisait qu'il était impossible tout à la fois d'actualiser une somme et de lui faire produire des intérêts pour le passé : Civ. 1re, 14 janvier 1992, *Bull. civ.*, I, n° 12. — Civ. 3e, 8 février 1995, *D.* 1995. Som. 234, obs. LIBCHABER. — Mais, opérant un revirement : Civ. 1re, 16 mai 1995, *Bull. civ.*, I, n° 207. — 6 juin 2000, *Bull. civ.*, I, n° 170.

▩ (53) Civ. 1re, 25 novembre 1997, *Bull. civ.*, I, n° 325.

▩ (54) C. civ., art. 1961-3°. — Civ. 1re, 17 décembre 1998, *Bull. civ.*, I, n° 64.

▩ (55) Les deux conditions sont cumulatives (Civ. 1re, 9 mai 1990, *Bull. civ.*, I, n° 100. — Civ. 3e, 1er décembre 1993, *Bull. civ.*, III, n° 156).

conditions de sa fixation de sorte qu'il est désormais défini par décret pour chaque année civile. Son évolution fournit un tableau saisissant des variations de la dépréciation monétaire :

Taux de l'intérêt légal			
1976-1988 : 9.50 %	1995 : 5,82 %	2002 : 4,26 %	2009 : 3,79 %
1989 : 7.82 %	1996 : 6,65 %	2003 : 3,29 %	2010 : 0,65 %
1990 : 9.36 %	1997 : 3,87 %	2004 : 2,27 %	2011 : 0,38 %
1991 : 10.26 %	1998 : 3,36 %	2005 : 2,05 %	2012 : 0,71 %
1992 : 9.69 %	1999 : 3,47 %	2006 : 2,11 %	2013 : 0,04 %
1993 : 10.40 %	2000 : 2,74 %	2007 : 2,95 %	2014 : 0,04 %
1994 : 8.40 %	2001 : 4,26 %	2008 : 3,99 %	

Le juge **doit** appliquer ce taux légal : il ne pourrait, par exemple, lui substituer un indice économique (56).

Afin d'éviter que les débiteurs récalcitrants jouent sur la faiblesse relative de ce taux, il est ***majoré** de cinq points* deux mois après une décision de justice exécutoire, c'est-à-dire une ordonnance de référé, un jugement assorti d'exécution provisoire ou un arrêt d'appel (art. L. 313-3 du Code monétaire et financier) (57). Toutefois, depuis 1992, le juge de l'exécution peut réduire ou supprimer cette majoration « en considération de la situation du débiteur » (loi du 9 juillet 1991 modifiant l'article 3 de la loi du 11 juillet 1975), et ce même pour des dettes alimentaires (58).

Ces règles ne sont pas d'ordre public : dans un contrat, il est parfaitement possible de les modifier, soit en précisant que la mise en demeure ne sera pas nécessaire et que les intérêts courront de plein droit du jour de l'échéance, soit même en modifiant le taux légal (59). Et entre commerçants, le taux présumé est celui de la Banque centrale européenne majoré de 7 points (C. com., art. L. 441-6, al. 4) (60).

799 **Capitalisation.** La capitalisation des intérêts, qu'on appelle aussi l'***anatocisme,*** consiste à **incorporer les intérêts au capital** pour qu'ils deviennent à leur tour productifs d'intérêts (61). Les intérêts capitalisés changent alors de

(56) Civ. 1re, 11 janvier 1989, *Bull. civ.*, I, n° 8.

(57) C'est la notification de la décision qui compte : Civ. 3e, 3 juin 1992, *Bull. civ.*, III, n° 189 ; *JCP* 1994.II.22221. — Civ. 2e, 4 avril 2002, *Bull. civ.*, II, n° 69.

(58) Civ. 2e, 22 mars 2012, n° 11-13915.

(59) C'est ce qui se pratique notamment en matière de comptes courants bancaires, la stipulation relative aux taux devant toutefois respecter la forme écrite imposée par l'article 1907. (V. Rives-Lange et Contamine-Raynaud, *Droit bancaire*, 6e éd., 1995, nos 197 et s.)

(60) Cf. Gouyet, *C.C.C.* 2002, chr. 11.

(61) V. Gout, *Droit et Patrimoine*, décembre 2000, p. 26.

nature (62). Le procédé peut être dangereux, car il remplace une progression arithmétique par une progression géométrique : à 10 %, un capital qui mettrait 10 ans à doubler, n'en met plus qu'environ 7 avec capitalisation annuelle.

L'article 1154 ne permet pas de rythme plus rapide (une capitalisation mensuelle au même taux doublerait le capital en moins de 4 ans !) et encore faut-il soit une clause spéciale, soit une décision judiciaire — laquelle peut être refusée si le retard de liquidation est imputable au créancier (63). La jurisprudence admet cependant de façon contestable que l'usage bancaire déroge à ce texte pour les comptes courants qui appliquent une capitalisation trimestrielle (64).

Du moment que cette condition de durée est remplie, la capitalisation peut être demandée même s'il s'agit d'intérêts contractuels non encore exigibles (65). Une fois demandée, elle se fait ensuite automatiquement (66) mais seulement à compter de la demande de capitalisation (67).

Par souci de protection des consommateurs, toute capitalisation est exclue dans les prêts à la consommation (68).

§ 3. Lieu du paiement

TEXTE

Code civil, art. 1247

Art. 1247. — Le paiement doit être exécuté dans le lieu désigné par la convention. Si le lieu n'y est pas désigné, le paiement, lorsqu'il s'agit d'un corps certain et déterminé, doit être fait dans le lieu où était, au temps de l'obligation, la chose qui en fait l'objet.
Les aliments alloués en justice doivent être versés, sauf décision contraire du juge, au domicile ou à la résidence de celui qui doit les recevoir.
Hors ces cas, le paiement doit être fait au domicile du débiteur.

800 **Dettes portables ou quérables.** Lorsqu'il s'agit d'obligations d'origine contractuelle, la convention détermine souvent le lieu d'exécution de l'obligation : par exemple le lieu de livraison des marchandises. Ce lieu se déduit d'ailleurs parfois de la nature de la convention (par exemple pour l'obligation d'effectuer des travaux dans tel immeuble).

(62) Par exemple, ils ne sont plus soumis à la prescription quinquennale de l'art. 2277 (Com., 20 janvier 1998, *Bull. civ.*, IV, n° 32).
(63) Civ. 1re, 14 mai 1992, *Bull. civ.*, I, n° 142. — Com., 20 janvier 1992, *Bull. civ.*, IV, n° 32 (1er moyen, 2e branche).
(64) Com., 22 mai 1991, *Bull. civ.*, IV, n° 168.
(65) Civ. 1re, 21 mai 1997, *Bull. civ.*, I, n° 165 ; *D.* 1998. Som. 114, obs. crit. LIBCHABER.
(66) Com., 29 avril 1997, *Bull. civ.*, IV, n° 114 ; *D.* 1998. Som. 114, obs. LIBCHABER.
(67) Civ. 1re, 19 décembre 2000, *Bull. civ.*, I, n° 330.
(68) Civ. 1re ; 9 février 2012, n° 11-14605 ; *D.* 2012.1158, note POISSONNIER.

À défaut de stipulation, le principe est en droit français que les dettes sont quérables. Il appartient donc au créancier de venir « quérir » son dû : au domicile du débiteur pour les sommes d'argent (69), au lieu où se trouve la chose pour les obligations de donner (art. 1247 : il est donc important pour un acheteur qui veut être livré de le préciser au contrat car ce n'est pas de droit).

Beaucoup d'autres droits privilégient à l'inverse le caractère portable de l'obligation, ce qui a conduit les ***Principes Unidroit*** à faire une distinction :

— les dettes d'argent sont portables ;

— les autres obligations sont quérables (art. 6-1-6).

La Convention de Vienne sur la vente internationale de marchandises va dans le même sens en désignant le siège du vendeur ou le lieu de la livraison (art. 57).

Ce principe est parfois écarté en certaines matières : ainsi pour les dettes d'**aliments** ou pour les obligations ayant fait l'objet d'une condamnation sous astreinte (70) : elles sont portables, c'est-à-dire que c'est le débiteur qui doit prendre l'initiative d'en « porter » le paiement chez le créancier. Une convention octroyant des délais de paiement peut être interprétée comme rendant également portables les échéances prévues (71).

Au-delà du lieu même du paiement (devenu moins important du fait des paiements bancaires), cette distinction traduit une opposition quant à *l'initiative* des opérations de paiement : c'est parce que les dettes sont en principe quérables, c'est-à-dire perçues à l'initiative du créancier, que le débiteur ne doit d'intérêts de retard qu'à partir du jour où il a été mis en demeure. La jurisprudence récente en tire une autre conséquence : lorsqu'il y a une **indexation,** et donc un calcul à faire, c'est au créancier qu'il incombe en principe de calculer le montant de la dette pour la réclamer ; mais, si la dette est portable, c'est alors au débiteur de faire ce calcul pour « porter » la somme exacte qu'il doit (72).

§ 4. Opérations de paiement

TEXTE

Code civil, art. 1248

Art. 1248. — Les frais de paiement sont à la charge du débiteur.

01 **Frais du paiement.** Quel que soit son objet, le paiement étant à la charge du débiteur, c'est lui qui doit en supporter les frais. Mais comme la plupart des

(69) Civ. 1re, 6 février 1996, *Bull. civ.*, I, n° 59.
(70) Soc., 17 janvier 1995, *Bull. civ.*, V, n° 26.
(71) Com., 22 mai 1984, *Bull. civ.*, IV, n° 173 ; *RTD civ.* 1985.385, obs. MESTRE.
(72) Paris, 23 mai 1980, *D.* 1980.532, note MASSIP.

créances sont quérables (cf. *supra,* n° 800), cela concerne rarement des frais de livraison. En revanche, pour les sommes d'argent, cela entraîne que les frais éventuellement liés au mode employé (coût d'un mandat postal, commissions bancaires) doivent être supportés par le débiteur.

801-1 **Modes de paiement des sommes d'argent.** Le paiement de sommes d'argent doit donner lieu à certaines précisions du fait de la multiplication des modes de transfert de fonds liée à l'essor de l'activité bancaire.

Il faut d'abord indiquer que tous les paiements internes doivent se faire en **monnaie française** (c'est-à-dire désormais en euros), et ce même si ce paiement interne intervient entre deux ressortissants étrangers (73). En revanche, un paiement international peut être réalisé dans une autre monnaie, même s'il est effectué en France (sur l'emploi d'une devise étrangère comme monnaie « de compte », c'est-à-dire comme référence de calcul choisie dans un contrat, voir ce qui a été dit sur l'indexation, *supra,* n°s 150 et s.).

Les paiements de sommes d'argent doivent en principe se faire en numéraire, c'est-à-dire en billets de banque : seuls ces titres ont « cours forcé », c'est-à-dire une valeur décidée par l'autorité publique, qui s'impose à tous de sorte qu'un créancier n'a pas le droit de refuser ces billets.

Tous les **modes bancaires** (chèques, virements, cartes bancaires, prélèvements, inscriptions en compte courant) sont, au contraire, facultatifs, de sorte qu'un créancier est en droit de les refuser.

À cela, divers textes ont toutefois apporté des dérogations. Le plus souvent, il ne s'agit pas de protéger l'une ou l'autre des parties, mais de poursuivre un dessein d'ordre fiscal : les paiements en « liquide » favorisent trop l'évasion fiscale alors que les traces laissées par des paiements bancaires facilitent les contrôles.

Le paiement de certaines dettes doit en conséquence obligatoirement être effectué par chèque, carte de paiement ou virement bancaire.

En l'état actuel, cette **obligation de règlement bancaire** est fixée par des textes intégrés au Code monétaire et financier (art. L. 112-6 et s. et D. 112-3.) et concerne :

— les règlements de « loyers, transports, services, fournitures, travaux ou afférents à des acquisitions... », c'est-à-dire pratiquement tout pour un montant supérieur à 750 euros, sauf s'ils émanent de particuliers ;

— le paiement de salaires excédant 1 500 euros par mois ;

— le paiement de toutes transactions sur des animaux de boucherie ;

— le paiement par des professionnels et par les résidents fiscaux en France de toute somme supérieure à 3 000 euros ;

— le paiement par des particuliers résidents fiscaux à l'étranger de toute somme supérieure à 15 000 euros.

(73) Civ. 1re, 7 octobre 1997, *Bull. civ.*, I, n° 268.

La sanction n'est qu'une amende fiscale, le paiement effectué par un autre mode restant libératoire.

§ 5. Incidents du paiement

TEXTES

Code civil, art. 1257 à 1264 et 1961-3°

§ 4. — Des offres de paiement, et de la consignation

Art. 1257. — Lorsque le créancier refuse de recevoir son paiement, le débiteur peut lui faire des offres réelles et, au refus du créancier de les accepter, consigner la somme ou la chose offerte.

Les offres réelles suivies d'une consignation libèrent le débiteur ; elles tiennent lieu à son égard de paiement, lorsqu'elles sont valablement faites, et la chose ainsi consignée demeure aux risques du créancier.

Art. 1258. — Pour que les offres réelles soient valables, il faut :

1° Qu'elles soient faites au créancier ayant la capacité de recevoir, ou à celui qui a pouvoir de recevoir pour lui ;

2° Qu'elles soient faites par une personne capable de payer ;

3° Qu'elles soient de la totalité de la somme exigible, des arrérages ou intérêts dus, des frais liquidés, et d'une somme pour les frais non liquidés, sauf à la parfaire ;

4° Que le terme soit échu, s'il a été stipulé en faveur du créancier ;

5° Que la condition sous laquelle la dette a été contractée soit arrivée ;

6° Que les offres soient faites au lieu dont on est convenu pour le paiement, et que, s'il n'y a pas de convention spéciale sur le lieu du paiement, elles soient faites ou à la personne du créancier, ou à son domicile, ou au domicile élu pour l'exécution de la convention ;

7° Que les offres soient faites par un officier ministériel ayant caractère pour ces sortes d'actes.

Art. 1259 *(Abrogé, D. n. 81-500, 12 mai 1981, art. 1er).*

Art. 1260. — Les frais des offres réelles et de la consignation sont à la charge du créancier, si elles sont valables.

Art. 1261. — Tant que la consignation n'a point été acceptée par le créancier, le débiteur peut la retirer ; et, s'il la retire, ses codébiteurs ou ses cautions ne sont point libérés.

Art. 1262. — Lorsque le débiteur a lui-même obtenu un jugement passé en force de chose jugée, qui a déclaré ses offres et sa consignation bonnes et valables, il ne peut plus, même du consentement du créancier, retirer sa consignation au préjudice de ses codébiteurs ou de ses cautions.

Art. 1263. — Le créancier qui a consenti que le débiteur retirât sa consignation après qu'elle a été déclarée valable par un jugement qui a acquis force de chose jugée, ne peut plus, pour le paiement de sa créance, exercer les privilèges ou hypothèques qui y étaient attachés ; il n'a plus d'hypothèque que du jour où l'acte par lequel il a consenti que la consignation fût retirée aura été revêtu des formes requises pour emporter l'hypothèque.

Art. 1264. — Si la chose due est un corps certain qui doit être livré au lieu où il se trouve, le débiteur doit faire sommation au créancier de l'enlever, par acte notifié à sa personne ou à son domicile, ou au domicile élu pour

l'exécution de la convention. Cette sommation faite, si le créancier n'enlève pas la chose et que le débiteur ait besoin du lieu dans lequel elle est placée, celui-ci pourra obtenir de la justice la permission de la mettre en dépôt dans quelque autre lieu.
Art. 1961-3°. — La justice peut ordonner le séquestre :
1° (...) ;
2° (...) ;
3° Des choses qu'un débiteur offre pour sa libération.

802 **Procédure d'offres réelles.** Si le créancier refuse de recevoir un paiement qui présente pourtant toutes les caractéristiques voulues, ce refus est illégitime. Il peut toutefois porter préjudice au débiteur, qui ne parvient pas à se libérer et peut être exposé aux sanctions visant un mauvais payeur (indemnités de retard, résiliation d'un contrat, etc.). Il faut donc pouvoir passer outre ce refus.

C'est ce que permet la **procédure dite « d'offres réelles »** organisée par les articles 1257 à 1264 du Code civil.

Par ministère d'huissier, porteur des fonds ou de la chose due, le débiteur fait offrir au créancier la totalité de la dette et le fait sommer de la recevoir. En cas de refus, la somme ou la chose offerte est consignée à la Caisse des Dépôts et Consignations : à partir de cet instant, le débiteur ne doit plus d'intérêts et ne peut plus subir de poursuites pour non-paiement (74).

Le plus souvent, cette procédure accompagne un procès car le créancier prétend à plus que ne lui offre le débiteur. S'il est jugé que l'offre était insuffisante, elle ne libère évidemment pas le débiteur. En dehors de ce cadre, il est abusif pour le débiteur de recourir à cette procédure lourde si son créancier accepte un paiement normal (75).

802-1 **Séquestre judiciaire.** En dehors de la procédure précédente, il arrive qu'au cours d'un procès ou en vue d'un procès à venir, une décision de justice ordonne que des fonds litigieux soient remis entre les mains d'un séquestre, chargé de les sauvegarder pour les remettre plus tard à celui dont le droit aura été reconnu (76).

Trois précisions sont à fournir :

— La remise des fonds au séquestre *ne vaut pas paiement,* même si elle fait cesser le cours des intérêts de retard (*supra,* n° 798) : les sommes sont toujours réputées être dans le patrimoine du débiteur et peuvent être saisies comme telles (77).

— Le séquestre ne doit pas d'*intérêts* sur les sommes qu'il détient (78).

(74) Mais cette consignation ne vaut pas encore paiement : si le débiteur est alors déclaré en liquidation judiciaire, le créancier doit donc encore suivre la procédure de déclaration des créances : Com., 8 janvier 1991, *Bull. civ.*, IV, n° 12.

(75) Civ. 2e, 25 octobre 1995, *Bull. civ.*, II, n° 252.

(76) Sur le séquestre en général, v. *Contrats spéciaux,* nos 769 et s.

(77) Civ. 3e, 6 janvier 1999, *Bull. civ.*, III, n° 1 (un créancier du débiteur peut encore les appréhender par une action directe).

(78) Com., 29 avril 1997, *Bull. civ.*, IV, n° 108.

— Sauf accord des parties, le séquestre ne prend fin que par une nouvelle décision judiciaire de *mainlevée*.

SECTION 3 LA PREUVE DU PAIEMENT

TEXTES

Code civil, art. 1253 à 1256

§ 3. — De l'imputation des paiements

Art. 1253. — Le débiteur de plusieurs dettes a le droit de déclarer, lorsqu'il paye, quelle dette il entend acquitter.

Art. 1254. — Le débiteur d'une dette qui porte intérêt ou produit des arrérages ne peut point, sans le consentement du créancier, imputer le paiement qu'il fait sur le capital par préférence aux arrérages ou intérêts ; le paiement fait sur le capital et intérêts, mais qui n'est point intégral, s'impute d'abord sur les intérêts.

Art. 1255. — Lorsque le débiteur de diverses dettes a accepté une quittance par laquelle le créancier a imputé ce qu'il a reçu sur l'une de ces dettes spécialement, le débiteur ne peut plus demander l'imputation sur une dette différente, à moins qu'il n'y ait eu dol ou surprise de la part du créancier.

Art. 1256. — Lorsque la quittance ne porte aucune imputation, le paiement doit être imputé sur la dette que le débiteur avait pour lors le plus d'intérêt d'acquitter entre celles qui sont pareillement échues ; sinon, sur la dette échue, quoique moins onéreuse que celles qui ne le sont point.

Si les dettes sont d'égale nature, l'imputation se fait sur la plus ancienne ; toutes choses égales, elle se fait proportionnellement.

803 **Charge de la preuve.** Selon la règle très claire édictée par l'article 1315, alinéa 2, la charge de la preuve pèse sur le débiteur : « celui qui se prétend libéré doit justifier le paiement ou le fait qui a produit l'extinction de son obligation ».

Cette règle s'explique aisément : puisqu'il est destiné à produire l'effet juridique recherché au bénéfice du débiteur, le paiement peut s'accompagner de l'établissement d'une preuve. De plus, il serait déraisonnable d'exiger du créancier la preuve qu'il n'a pas reçu paiement, preuve négative impossible.

Aussi cette règle s'applique-t-elle à tous les paiements, qu'il s'agisse d'obligations matérielles (79) ou de sommes d'argent (80), et pour ces dernières

(79) Pour celles-ci (obligation de faire ou de livrer), il faut noter que si le débiteur a la charge de prouver l'exécution, c'est ensuite au créancier d'établir le caractère défectueux de cette exécution : v. par ex. Civ. 3e, 14 février 1996, *Bull. civ.*, III, n° 46 ; *Defrénois* 1996.1077 et les obs.

(80) Même s'il s'agit d'obligations alimentaires Civ. : 2e, 24 février 2005, *Bull. civ.*, II, n° 42. — Civ. 1re, 20 juin 2006, *Bull. civ.*, I, n° 312.

quelqu'en soit le mode, même s'ils empruntent des modalités bancaires auxquelles participe le créancier lui-même : par exemple, même lorsqu'il a été convenu d'une procédure de **prélèvement automatique** (81). En vérité, en pareil cas, il conviendrait de faire jouer la distinction déjà évoquée (cf. *supra,* n° 782) entre l'effet extinctif et l'effet libératoire du paiement : certes, c'est au débiteur de prouver qu'il y a eu paiement effectif, c'est-à-dire débit de son compte pour établir l'extinction de sa dette. Mais, à l'égard de sa libération et afin de le soustraire aux sanctions d'une défaillance, il faut au contraire tenir compte de qui a l'initiative de l'opération : de la même façon qu'un débiteur remplit son obligation s'il a remis un chèque en temps utile même si le créancier ne l'encaisse pas (82), il convient de considérer que le débiteur satisfait à son obligation s'il approvisionne suffisamment son compte pour permettre le prélèvement convenu, et qu'il incombe au créancier qui a reçu mandat d'effectuer ce prélèvement de prouver qu'il a tenté en vain de le faire.

Quoi qu'il en soit, cette charge de la preuve qui pèse sur le débiteur doit le conduire à se ménager un moyen de preuve de son paiement.

804 **Modes de preuve.** Parce qu'il est généralement analysé comme un acte juridique (cf. *supra,* n° 783), le paiement est en principe soumis par la jurisprudence aux règles de preuve des articles 1341 et suivants (83) c'est-à-dire preuve par écrit au-dessus de 1 500 €, sauf en matière commerciale, sauf impossibilité morale et sauf commencement de preuve par écrit (sur ces règles en général, cf. *supra,* n°s 115 et s.). Cette règle est toutefois discutée, en raison des incertitudes sur la nature juridique du paiement (cf. *supra,* n° 783). On peut toutefois penser que ce débat est rendu quelque peu inutile par l'intitulé même du chapitre concerné du Code civil : « De la preuve des obligations *et de celle du paiement* ». Ainsi, quelle que soit sa nature juridique, le paiement est soumis quant à sa preuve aux dispositions de ce chapitre.

Mais cette contrainte est parfois gênante et certaines décisions admettent la liberté de la preuve : s'agissant d'une vente d'automobile, entre particuliers, on a parfois jugé que la remise du véhicule constitue une présomption de paiement du prix (84), ce qui semble postuler une liberté de la preuve, seule de nature à permettre de telles présomptions de fait. Cette liberté s'impose d'autant plus que

■ (81) Com., 26 octobre 1976, *JCP* 1978.II.18832, note LUCAS DE LEYSSAC.
■ (82) Pourvu que le débiteur prouve qu'il y avait provision suffisante : Civ. 3e, 1er juillet 2009, *Bull. civ.*, III, n° 168.
■ (83) Cf. Civ. 1re, 5 octobre 1976, *Bull. civ.*, I, n° 582. — 15 décembre 1982, *Bull. civ.*, I, n° 365. — 19 mars 2002, *Bull. civ.*, I, n° 101.
■ (84) Civ. 1re, 7 février 1989, *Bull. civ.*, I, n° 74. — *Contra :* Civ. 1re, 21 mars 1960, *RTD civ.* 1960.679, obs. CARBONNIER.

les paiements par virements se développent, dans lesquels aucun écrit n'émane du créancier (85).

Qu'elle soit ou non obligatoire, la meilleure et la plus sûre des preuves est l'écrit émanant du créancier, par lequel il reconnaît qu'il a reçu paiement (qu'il s'agisse du paiement d'une somme d'argent ou de l'exécution d'une obligation de donner ou de faire). Cet écrit prend le nom de **« reçu »** ou de **« quittance »** (86). Ce reçu est utile même dans le cas où le paiement d'une somme d'argent emprunte une voie bancaire, pour **trois raisons :**

— d'une part, si l'opération matérielle ne se réalise pas (chèque perdu ou non porté à l'encaissement), le reçu est le seul moyen qui permet au débiteur de prouver qu'il s'était acquitté à temps ; en effet, ni le talon de son chéquier, ni même son ordre de virement ne peuvent lui fournir une preuve, car ce sont des documents émanant de lui-même, ne présentant donc aucune sécurité et ne pouvant être admis comme preuve en vertu de la règle « nul ne peut se créer de titre à soi-même » (cf. *supra,* n° 113) ;

— d'autre part, si certains modes de règlement bancaires laissent une trace de l'intervention du créancier par sa signature (signature au dos d'un chèque ou d'une traite pour l'encaisser) qui vaut preuve à son encontre, il n'en est pas de même pour d'autres modes : par exemple le virement s'effectue sans intervention du créancier. S'il prétend n'avoir pas reçu paiement, le débiteur se trouve démuni car la seule inscription au débit de son compte ne vaut pas preuve ;

— enfin, les banques ne conservent trace dans leurs archives des opérations de règlement que pendant un certain temps (souvent dix ans, moins pour les centres de chèques postaux). Le délai de prescription est parfois plus long, compte tenu des règles sur sa suspension (cf. *infra,* n° 905) : s'il n'a pas conservé un reçu, le débiteur risque donc d'être démuni de preuve de son paiement pour résister à une réclamation ultérieure.

Enfin la question de la preuve des paiements effectués par cartes bancaires, et ne laissant de trace que sur les bandes informatiques des établissements bancaires, donne lieu à des difficultés qui ont été résolues (partiellement) par la valeur reconnue à la convention de délivrance de la carte qui détermine les procédés de preuve qui vaudront ensuite entre les parties (87).

(85) La preuve de l'ordre de virement par le silence conservé à réception des relevés a été admise : Com., 13 mai 1997, *Bull. civ.*, IV, n° 128. — Pour l'affirmation générale d'une libre preuve : Civ. 1re, 6 juillet 2004, *Bull. civ.*, I, n° 202 ; *RDC* 2005.286. — Civ. 2e, 17 décembre 2009, n° 06-18649 — Civ. 1re, 16 septembre 2010, n° 09-13947 ; *C.C.C.* 2010.266, note LEVENEUR ; *RDC* 2011.103, obs. LIBCHABER.

(86) Sa force probante est celle de tout écrit, c'est-à-dire jusqu'à preuve contraire par écrit sauf si elle est authentique (Civ. 3e, 10 mars 1993, *Bull. civ.*, III, n° 33 ; *C.C.C.* 93.105, obs. LEVENEUR. — Civ. 1re, 5 décembre 1995, *Bull. civ.*, I, n° 449. — 3 juin 1998, *Bull. civ.*, I, n° 195. — Civ. 1re, 4 novembre 2011, n° 10-27035 ; *Bull. civ.*, I, n° 194. — *Contra* : Civ. 3e, 7 novembre 1990, *Bull. civ.*, III, n° 225). — Sur la mention dans un acte authentique d'un paiement fait « hors la vue du notaire », v. *supra* n° 120.

(87) Cf. la note au *D.* 1985.359 et Civ. 1re, 8 nov. 1989, *D.* 1989 ; *Bull. civ.*, I, n° 342.

805 **Présomption de paiement : remise du titre au débiteur.** Lorsque le créancier rend au débiteur le document qui constituait son titre de créance, la loi présume qu'il reconnaît ainsi l'extinction de sa créance : présomption **simple** s'il s'agit d'un acte **notarié, irréfragable** s'il s'agit d'un acte **sous seings privés** (art. 1282 et 1283).

Quoique le Code parle plutôt de remise de dette, cette restitution du titre fait présumer soit le paiement, soit l'abandon gratuit de la créance : dans les deux cas, il y a présomption que la créance est éteinte, car l'abandon du *titre de preuve* fait présumer celui du *droit* lui-même. On glisse ainsi du terrain de la preuve à celui du fond : c'est pourquoi cette présomption s'applique même en *matière commerciale,* là où le titre pourrait être suppléé par tous moyens (88).

Même s'il a conservé d'autres moyens de preuve de sa créance le créancier ne pourra donc plus en poursuivre l'exécution. Cependant, si le débiteur a signé plusieurs titres (par exemple une reconnaissance de dette reprenant une dette figurant dans un titre antérieur), un arrêt très contestable a permis au créancier qui n'en a restitué qu'un de réclamer paiement de l'autre (89).

SECTION 4 L'IMPUTATION DU PAIEMENT

806 **Preuve de la dette payée en cas de pluralité de dettes.** Le Code civil consacre plusieurs articles (1253 à 1256) à la question de l'imputation des paiements. Cette question se pose dans le cas particulier où celui qui a payé avait plusieurs dettes envers le même créancier : laquelle de ces dettes s'est-elle trouvée éteinte par ce paiement (90) ?

Les règles prévues par le Code sont purement supplétives, les parties demeurant libres de décider d'une affectation différente, aussi bien dans le contrat initial que lors du paiement lui-même (91).

Les **frais de recouvrement** suivent à cet égard le même régime que les intérêts (92).

(88) Com., 17 décembre 1991, *Bull. civ.*, IV, n° 394. — Cf. Com., 30 juin 1980, *D.* 1982.53, note PARLÉANI.

(89) Civ. 1re, 8 février 1984, *Bull. civ.*, I, n° 56 ; *RTD civ.* 1985.387, obs. MESTRE.

(90) Cf. VALLANSAU, *L'application des règles d'imputation des paiements*, *Defrénois* 1989.321.

(91) Civ. 1re, 29 octobre 2002, *Bull. civ.*, I, n° 252. — Mais la simple acceptation de prélèvements automatiques ne déroge pas à l'ordre légal : Civ. 3e, 10 mars 2004, *Bull. civ.*, III, n° 50.

(92) Civ. 1re, 7 février 1995, *Bull. civ.*, I, n° 75. — Soc., 1er juin 1995, *Bull. civ.*, V, n° 174.

Le principe est que le **débiteur peut choisir** d'indiquer la dette qu'il paie, même si ce choix porte préjudice au créancier (par exemple il rembourse un prêt à 15 % et laisse subsister l'autre à 10 %), ou à un tiers (par exemple il rembourse une dette non cautionnée et laisse subsister une autre dette garantie par une caution) (93). Toutefois, lorsqu'il doit **le capital et les intérêts** de la même dette et procède à un remboursement partiel, ce remboursement est réputé, sauf accord du créancier (94), s'imputer d'abord sur les intérêts (parce que ces derniers ne portent pas eux-mêmes intérêts, sauf clause de capitalisation, et que le créancier serait ainsi lésé : art. 1254). Cette règle a cependant été inversée par une loi du 25 juin 1999 (95) au bénéficie de la seule caution d'une dette bancaire : à ses yeux, les paiements partiels s'imputent d'abord sur le capital, diminuant ainsi sa charge (art. L. 313-22 du Code monétaire et financier).

En cas de silence des parties lors du paiement, celui-ci doit être compris dans le sens **le plus favorable** au débiteur et donc porter sur la dette qu'il avait le plus intérêt à acquitter, c'est-à-dire celle qui était pour lui la plus lourde : c'est une appréciation d'espèce qui peut tenir compte du taux d'intérêt, des pénalités encourues au titre des diverses dettes, etc. (96).

À égalité, le paiement s'impute sur la plus **ancienne** (ce qui interdit ensuite au débiteur de prétendre invoquer la prescription de la dette ancienne et le paiement de la plus récente). À dates égales, il y a répartition proportionnelle.

Ce n'est donc en tout cas jamais au créancier de choisir (97).

Cette imputation se fait immédiatement, lors même du paiement : par conséquent, les parties ne peuvent remettre en cause après coup l'imputation légale qui s'est opérée et a éteint l'une des dettes (par exemple la plus ancienne) avec tous ses accessoires, notamment les sûretés (98).

Ces règles peuvent être invoquées par une *caution* du débiteur, qui a évidemment intérêt à prouver que la dette déjà payée était précisément celle qu'elle garantissait (99).

En dépit de leur précision, ces règles d'imputation n'épuisent pas les difficultés susceptibles de surgir, ce qui explique la relative abondance du contentieux. En particulier, elles n'envisagent que le cas où il y a seulement un

(93) Cf. Civ. 1re, 14 octobre 1975, *Bull. civ.*, I, n° 268.

(94) Civ. 1re, 10 juillet 1995, *Bull. civ.*, I, n° 313.

(95) Non-rétroactive, cette loi s'applique aux contrats en cours, mais seulement pour les paiements effectués après son intervention : Civ. 1re, 18 mars et 29 avril 2003, *Bull. civ.*, I, nos 62, 80 et 81. — 14 juin 2006, *JCP* 2006.I.131 n° 4.

(96) Cf. par ex. Civ. 3e, 23 novembre 1976, *Bull. civ.*, III, n° 418. — 5 janvier 1977, *Gaz. Pal.* 1977.2.596, note PLANCQUEEL. — Civ. 1re, 15 novembre 2005, *Bull. civ.*, I, n° 416.

(97) Civ. 1re, 19 janvier 1994, *Bull. civ.*, I, n° 28 ; *RTD civ.* 1994.608, obs. MESTRE.

(98) Cf. Civ. 1re, 29 octobre 1968, *D.* 1969.96.

(99) Civ. 1re, 19 janvier 1994, *Bull. civ.*, I, n° 28. — Mais *contra* Com., 28 janvier 1997, *Bull. civ.*, IV, n° 28 ; *D.* 1997. Som. 166, obs. AYNÈS qui présume que les paiements partiels s'imputent sur la partie non cautionnée de la dette.

débiteur et un créancier des diverses dettes, mais non celui où certaines d'entre elles sont à la charge de codébiteurs solidaires, cas qui peut devenir inextricable si certains des codébiteurs sont communs mais pas tous (100).

N°s 807 à 814 réservés.

■ (100) Exemple : la première dette pèse solidairement sur A, B et C et la seconde sur B, C et D. Comment imputer les paiements faits pour B ou C ? Sur la première (ce qui avantage A qui se trouve libéré) ou sur seconde (ce qui avantage D) ? Il y a là un cas de « vide juridique ».

CHAPITRE 2
LE PAIEMENT INDIRECT

815 **Généralités.** Il s'agit de procédés qui, sans passer par un paiement au sens strict qui vient d'être étudié, aboutissent néanmoins à un résultat analogue. Tout spécialement ils opèrent, comme le paiement, une extinction de l'obligation par satisfaction du créancier.

C'est pourquoi le terme paiement est très souvent utilisé dans ces mécanismes, bien qu'ils ne présentent pas la nature juridique spécifique du paiement pur et simple, constituant à nos yeux un acte juridique unilatéral (cf. *supra,* n° 783).

Ces mécanismes sont la compensation, la novation et la dation en paiement.

SECTION 1 LA COMPENSATION

TEXTES

Code civil, art. 1289 à 1299

Art. 1289. — Lorsque deux personnes se trouvent débitrices l'une envers l'autre, il s'opère entre elles une compensation qui éteint les deux dettes, de la manière et dans les cas ci-après exprimés.

Art. 1290. — La compensation s'opère de plein droit par la seule force de la loi, même à l'insu des débiteurs ; les deux dettes s'éteignent réciproquement, à l'instant où elles se trouvent exister à la fois, jusqu'à concurrence de leurs quotités respectives.

Art. 1291. — La compensation n'a lieu qu'entre deux dettes qui ont également pour objet une somme d'argent, ou une certaine quantité de choses fongibles de la même espèce et qui sont également liquides et exigibles.

Les prestations en grains et denrées, non contestées, et dont le prix est réglé par les mercuriales, peuvent se compenser avec des sommes liquides et exigibles.

Art. 1292. — Le terme de grâce n'est point un obstacle à la compensation.

Art. 1293. — La compensation a lieu, quelles que soient les causes de l'une ou l'autre des dettes, excepté dans le cas :

1° De la demande en restitution d'une chose dont le propriétaire a été injustement dépouillé ;

2° De la demande en restitution d'un dépôt et du prêt à usage ;

3° D'une dette qui a pour cause des aliments déclarés insaisissables.

Art. 1294. — La caution peut opposer la compensation de ce que le créancier doit au débiteur principal ;

Mais le débiteur principal ne peut opposer la compensation de ce que le créancier doit à la caution.

Le débiteur solidaire ne peut pareillement opposer la compensation de ce que le créancier doit à son codébiteur.

Art. 1295. — Le débiteur qui a accepté purement et simplement la cession qu'un créancier a faite de ses droits à un tiers, ne peut plus opposer au cessionnaire la compensation qu'il eût pu, avant l'acceptation, opposer au cédant.

À l'égard de la cession qui n'a point été acceptée par le débiteur, mais qui lui a été signifiée, elle n'empêche que la compensation des créances postérieures à cette notification.

Art. 1296. — Lorsque les deux dettes ne sont pas payables au même lieu, on n'en peut opposer la compensation qu'en faisant raison des frais de la remise.

Art. 1297. — Lorsqu'il y a plusieurs dettes compensables dues par la même personne, on suit, pour la compensation, les règles établies pour l'imputation par l'article 1256.

Art. 1298. — La compensation n'a pas lieu au préjudice des droits acquis à un tiers. Ainsi celui qui, étant débiteur, est devenu créancier depuis la saisie faite par un tiers entre ses mains, ne peut, au préjudice du saisissant, opposer la compensation.

Art. 1299. — Celui qui a payé une dette, qui était, de droit, éteinte par la compensation, ne peut plus, en exerçant la créance dont il n'a point opposé la compensation, se prévaloir, au préjudice des tiers, des privilèges ou hypothèques qui y étaient attachés, à moins qu'il n'ait eu une juste cause d'ignorer la créance qui devait compenser sa dette.

816 **Définition.** La compensation est un procédé intellectuel pour éteindre commodément des dettes réciproques entre deux personnes : au lieu que chacune règle à l'autre son dû, ce qui conduirait à des versements croisés, on procède à une **soustraction** et seul le solde donne lieu à un paiement (1).

Le procédé est très utilisé, et il est notamment à la base de la notion de compte : un compte fonctionne par compensation permanente d'écritures entre les parties, dont le solde seul donne lieu à règlement, soit de façon périodique convenue, soit à la clôture du compte (2).

(1) Cf. NDOKO, *Les mystères de la compensation*, *RTD civ.* 1991-661.

(2) Sur le fonctionnement des divers comptes bancaires et notamment des « comptes courants » qui présentent certaines particularités ne pouvant trouver place ici, voir notamment GAVALDA et

817 **Double rôle.** Le mécanisme de la compensation présente d'abord un **rôle simplificateur** évident, en évitant de multiplier les paiements en sens inverse.

Mais aussi, et peut-être surtout, il offre l'avantage de **constituer une garantie.** Envers un débiteur insuffisamment solvable, le créancier qui peut faire jouer une compensation se trouve très avantagé, car il va ainsi pouvoir ne rien perdre. Par exemple, A est le créancier de B pour 100, que B n'est pas en état de lui régler. S'il se trouve que A doit par ailleurs 150 à B, la compensation lui permettra de ne régler que 50. Ainsi, bien que se heurtant à un débiteur insolvable, A n'éprouvera aucune perte puisqu'il aura récupéré sa créance en « moins payant » sur sa propre dette. Cet avantage s'obtient évidemment au détriment des tiers, c'est-à-dire des autres créanciers qui ne pourront venir partager la somme soustraite à l'actif commun (3).

818 **Sources de la compensation.** La loi organise le jeu de la compensation lorsqu'un certain nombre de conditions sont remplies. Mais, à défaut, la compensation peut résulter d'une décision de justice ou d'une convention.

§ 1. Compensation légale

A. CONDITIONS

819 **1° Dettes réciproques.** La première condition est qu'on se trouve en présence de dettes croisées entre deux mêmes personnes : il doit y avoir identité exacte des parties aux deux rapports d'obligation.

D'apparence évidente, cette condition suscite cependant trois sortes de difficultés pratiques.

a) En premier lieu, elle fait obstacle à la compensation dès lors que les deux dettes concernent des ***personnes juridiques distinctes,*** même si ces personnes sont très proches et si leur distinction est quelque peu artificielle. Ainsi A ne peut compenser ce qu'il doit à B avec la créance qu'il détient sur l'épouse ou le fils de B, ou sur une société contrôlée par B. Dans les **groupes de sociétés,** la compensation est donc souvent rendue impossible par la distinction, plus ou moins artificielle, entre les différentes filiales (4) ; il n'en va autrement que si

STOUFFET, *Droit bancaire*. — RIVES-LANGE et CONTAMINE-RAYNAUD, *Droit bancaire*, 1990, 5e éd., nos 206 et s.

(3) Cf. DUBOC, *La compensation et les droits des tiers*, LGDJ, 1989.

(4) Cf. par ex. Com., 28 mai 1991, *Bull. civ.*, IV, n° 182. — Soc., 17 novembre 2010, n° 09-65081 ; *Bull. civ.*, V, n° 262.

l'on démontre qu'il y a en réalité « confusion de patrimoines » entre diverses sociétés, ce qui fait tomber leur distinction juridique (5).

Réciproquement d'ailleurs, dans les cas très exceptionnels où une même personne est titulaire de plusieurs patrimoines (cas où un héritier accepte une succession sous bénéfice d'inventaire), la compensation est paralysée par la séparation de ces patrimoines (6).

b) En deuxième lieu, la réciprocité peut être affectée par le ***changement de titulaire*** d'une des créances, par **cession de créance** ou **subrogation :** A qui pouvait opposer compensation à B, perd cet avantage si B cède sa créance à C : il doit alors payer C et attendre paiement de B. Si B n'est pas solvable, ce transfert cause préjudice à A. C'est pourquoi la jurisprudence admet que, du moins si les dettes réciproques sont **connexes** (c'est-à-dire issues d'un même rapport de droit, le plus souvent du même contrat), A conserve cependant son « droit à la compensation » (cf. *supra,* n° 728).

c) En troisième lieu, la réciprocité devient difficile à apprécier lorsque ***plusieurs personnes sont tenues*** *ensemble* d'une dette, et que le créancier est de son côté débiteur envers l'une d'elles : par exemple le créancier de deux **codébiteurs solidaires** doit des fonds à l'un d'eux. Le problème réciproque est le même : parmi les titulaires d'une créance, il en est un qui est débiteur du débiteur (par exemple l'assureur de responsabilité, tenu envers son assuré responsable ou envers la victime exerçant l'action directe, est créancier de primes sur son assuré).

Les solutions positives ne sont pas d'une absolue cohérence. On peut sans doute en dégager un principe et des exceptions.

Le principe est que toutes les « co-parties » au lien d'obligation peuvent invoquer la compensation avec une obligation réciproque de l'une d'elles. Ainsi, un débiteur *« in solidum »* pourra opposer au créancier la compensation avec la dette de celui-ci envers son codébiteur (7). De même le débiteur envers des créanciers solidaires (tel le banquier envers les titulaires d'un compte joint) pourra compenser sa dette avec la créance qu'il détient sur l'un d'eux seulement. On dit qu'en principe la compensation est une *exception inhérente à la dette.*

Des exceptions sont cependant parfois apportées à ce principe :

— exception légale dans le cas de **codébiteurs solidaires :** l'article 1294, alinéa 3 interdit à un débiteur solidaire d'opposer au créancier la compensation avec la dette de ce dernier envers un codébiteur (8) ;

(5) V. par ex. Com., 9 mai 1995, *Bull. civ.*, IV, n° 130 ; *D.* 1996.322, note LOISEAU.

(6) Civ. 1re, 2 mai 2001, *Bull. civ.*, I, n° 116.

(7) Civ. 1re, 29 novembre 1966, *D.* 1967.2. — Com., 19 juillet 1982, *Bull. civ.*, IV, n° 278. — Comp., pour l'exception de *confusion, infra*, n° 881.

(8) La règle est souvent critiquée et c'est pourquoi la jurisprudence, en faisant une interprétation stricte, a refusé de l'étendre aux codébiteurs *in solidum* (cf. *supra*, note précédente). En outre,

— exception jurisprudentielle (issue d'un revirement récent) au profit de la victime exerçant l'action directe contre l'**assureur du responsable :** l'assureur ne peut plus lui opposer la compensation avec les primes impayées (9), pas plus qu'avec une dette qu'aurait cette victime envers l'assuré (10).

820 **2° Dettes fongibles.** Suivant la règle arithmétique qu'on ne peut soustraire des pommes et des poires, on ne peut compenser (ce qui est une soustraction) que des dettes de même nature : le plus souvent des sommes d'argent, parfois aussi des marchandises identiques (art. 1291). La compensation légale n'est donc jamais possible pour une obligation de faire, de ne pas faire ou de donner un corps certain (c'est-à-dire un objet identifié). L'opération requiert, en effet, préalablement de « convertir » en argent ladite obligation, ce qui exige une convention : seule une compensation conventionnelle est alors possible, avec son régime propre (cf. *infra,* n° 825). Exemple : on ne peut compenser une créance de somme d'argent avec la créance de restitution d'objets prêtés (11), même s'il s'agit de « bons de caisse » (12).

821 **3° Dettes liquides.** Une créance est « liquide » lorsque son montant exact est connu. Par exemple, une indemnité ne devient liquide que lorsque le juge en arrête le montant, souvent après une expertise : la créance d'indemnité existe dans son principe dès l'origine, mais ne devient liquide qu'après l'expertise.

Il est évident qu'une soustraction ne peut se faire qu'en présence de deux chiffres connus : la compensation légale nécessite donc que les deux dettes soient liquides (13).

Pour la même raison, la compensation légale ne joue pas si l'une des dettes est contestée, jusqu'à ce qu'elle ait été reconnue par un jugement (14).

822 **4° Dettes exigibles.** La compensation n'a lieu qu'entre deux dettes exigibles. Si l'une des dettes ne l'est pas, parce qu'elle est affectée d'un terme (cf. *supra,* n° 302), la compensation ne peut se produire, car elle priverait celui qui bénéficie d'un terme de son avantage. Cependant, le terme qui résulte d'un **délai de grâce** n'exclut pas la compensation (art. 1292).

823 **5° Dettes disponibles.** La compensation aboutit à l'extinction des créances sans leur paiement effectif : elle joue donc comme une sorte de saisie, privant le

elle est tournée, à l'égard de la compensation légale, par l'extinction de plein droit de la dette : Com., 13 décembre 2005, *D.* 2006.988, note FRANÇOIS.

(9) Civ. 1re, 31 mars et 28 avril 1993, *D.* 1993.519, note LARROUMET. — *Contra* auparavant : Civ. 1re, 4 octobre 1989, *Bull. civ.*, I, n° 302.

(10) Civ. 1re, 23 novembre 1999, *Bull. civ.*, I, n° 314.

(11) Civ. 1re, 10 juin 1987, *Bull. civ.*, I, n° 187.

(12) Civ. 1re, 24 février 1993, *Bull. civ.*, I, n° 82 ; *D.* 1994. Somm. 19, obs. LASSERRE.

(13) Sauf à sanctionner celui qui, par une attitude dilatoire, retarde la « liquidation », tel un assureur pour l'évaluation d'un sinistre : Civ. 1re, 22 novembre 1989, *Bull. civ.*, I, n° 356.

(14) Soc., 16 novembre 1988, *Bull. civ.*, V, n° 605.

créancier de son paiement en vue de le libérer d'une dette. Aussi ne doit-elle pas jouer à l'égard des créances insaisissables (créances d'**aliments** et assimilés (15), notamment pour une certaine partie, créances **salariales**) (16). Si la loi déclare ces créances insaisissables, c'est parce qu'il faut en assurer la perception effective au créancier à raison de leur caractère vital, même si ce créancier a des dettes envers des tiers. Ce qui vaut pour des tiers vaut aussi pour le débiteur : même si c'est lui qui dispose d'un titre contre ce créancier, il ne peut pas lui refuser le paiement et ne peut donc compenser ce titre avec sa dette (art. 1293-3°).

La même idée explique qu'il ne puisse plus y avoir compensation si l'un des intéressés est déclaré en **redressement ou liquidation judiciaire :** le jugement ouvrant cette procédure collective le « dessaisit » de ses droits et biens, dont il n'a plus la libre disposition et suspend les poursuites individuelles et désordonnées de ses créanciers. De même que ceux-ci ne pourraient plus saisir une de ses créances sur un tiers, de même ce tiers ne peut se l'approprier pour lui seul par le jeu de la compensation (17). La jurisprudence consacrée par la loi du 10 juin 1994 (art. L. 621-24, C. com.), fait toutefois exception en cas de **dettes connexes** pour la même raison qu'en cas de transfert de créance : l'autre partie pouvait alors dès l'origine compter sur un « droit à la compensation » à titre de garantie (cf. *infra,* n° 827).

Par une sorte de droit régalien, l'État refuse de regarder comme disponibles ses **créances fiscales** sur les assujettis : ceux-ci ne peuvent donc pas compenser leurs dettes et créances fiscales résultant d'impositions différentes, sauf connexité (18).

Certains arrêts semblent pousser loin l'idée d'indisponibilité : les sommes détenues pour des tiers dans un compte bancaire spécial seraient ainsi insusceptibles de se compenser avec le débit des autres comptes du même titulaire (19).

823-1 **Exception : déchéance pour fraude.** Même si les conditions en sont remplies, la compensation ne peut pas être invoquée par celui dont la dette trouve son origine dans une fraude. Cette sorte de déchéance pour fraude trouve sa racine dans l'article 1293-1° visant le cas du « propriétaire injustement dépouillé ». Sa créance de restitution ne peut pas être mise en échec par une

(15) Pour la **prestation compensatoire :** Civ. 2e, 9 juillet et 2 octobre 1997, *Bull. civ.*, II, nos 220 et 239 ; *JCP* 1998.II.10033, note PATAUT ; *D.* 1998.544, note crit. YAMBA. — 10 mars 2005, *D.* 2005.798.

(16) Cf. Civ. 2e, 9 novembre 2006, *Bull. civ.*, II, n° 317.

(17) Cela concerne même les créances postérieures au redressement judiciaire qui tombent dans le patrimoine du débiteur pour y être affectées selon le plan de redressement (Com., 28 mars 1995, *D.* 1995.410, note DERRIDA qui y voit une résurgence de la « masse » des créanciers. — 6 mai 1997, *Bull. civ.*, IV, n° 119).

(18) Une créance de T.V.A. ne peut donc se compenser avec une dette d'une autre nature : Com., 26 octobre 1993, *Bull. civ.*, IV, n° 355.

(19) Com., 7 mars 2000, *Bull. civ.*, IV, n° 46.

dette qu'il aurait envers l'auteur du dépouillement (cas du vol, de l'escroquerie ou du détournement). La jurisprudence a récemment généralisé la règle : l'héritier coupable de recel successoral (dissimulation d'un actif) ne peut prétendre compenser sa dette avec une créance qu'il aurait sur la succession (20).

Cette exception s'étend au cas de compensation volontairement provoquée en période suspecte pour tenter de tourner la loi de l'égalité des créanciers (21).

B. EFFETS

824 **Extinction automatique.** L'article 1290 exprime clairement le caractère **automatique** du mécanisme : « la compensation s'opère de plein droit, par la seule force de la loi, même à l'insu des débiteurs ».

Il s'agit donc bien d'une cause autonome d'extinction de l'obligation, qui diffère du paiement puisqu'elle ne requiert aucune manifestation de volonté. Cette extinction automatique s'effectue dès l'instant où sont réunies les cinq conditions légales : c'est à ce moment-là que les obligations disparaissent, avec leurs accessoires (notamment leurs sûretés). Et il n'est pas possible aux parties de les faire revivre. Il en résulte que, si l'une des parties paie cependant sa dette, et en conséquence réclame sa créance réciproque, elle ne dispose plus des garanties qui l'accompagnaient (du moins ne peut plus les opposer aux tiers, ce qui les prive de leur intérêt essentiel : art. 1299) : en effet, ce n'est pas sa créance qu'elle exerce (puisqu'il y a eu extinction automatique) mais une répétition de ce qu'elle a indûment payé en réglant sa dette qui était en réalité éteinte.

Le caractère automatique de l'extinction emporte aussi que la **faillite ultérieure** d'une partie est sans conséquence : les dettes sont déjà éteintes et ce même s'il n'y a pas connexité (22), notion qui n'est nécessaire que pour la compensation judiciaire où il manque la liquidité ou l'exigibilité (cf. *infra*, n° 827).

§ 2. Compensation conventionnelle

825 **Notion.** Lorsqu'il manque l'une des conditions pour que s'opère une compensation légale automatique, les parties peuvent néanmoins trouver avantage à ce mode d'extinction.

(20) Civ. 1re, 6 mai 1997, *JCP* 1997.II.22942, note Loiseau.

(21) Com., 13 février 2007, *D.* 2007.583.

(22) Com., 29 novembre 1988, *Bull. civ.*, IV, n° 325. — 17 mai 1994, *D.* 1995.24, note Larroumet.

Elles peuvent alors conclure une convention en ce sens, qui précise comment va fonctionner cette compensation imparfaite en elle-même (23).

On peut ainsi déroger à l'exigence de réciprocité, en organisant une compensation multipartite : par exemple un père libère son débiteur qui abandonne en contrepartie sa créance sur le fils ; une société mère compense une de ses créances sur X avec la dette de ce dernier envers sa filiale, etc.

On peut pareillement déroger à l'exigence de fongibilité (en évaluant les dettes réciproques hétérogènes), à l'exigence de liquidité (en reportant le règlement de la dette liquide jusqu'au jour où la dette corollaire sera à son tour liquidée) ou encore à la condition d'exigibilité (en renonçant ainsi au bénéfice du terme).

826 **Condition : libre disposition.** En convenant d'une telle compensation, l'un des créanciers **renonce** en réalité au droit qu'il a d'exiger paiement de son débiteur, puisque celui-ci est libéré par une compensation qui n'aurait pas opéré automatiquement. Par conséquent, cette convention nécessite la capacité et le pouvoir de disposer ainsi de sa créance, c'est-à-dire de faire un **acte de disposition** (24). C'est ce qui explique que les parties ne puissent écarter la cinquième condition, relative au caractère disponible de la dette : un créancier d'aliments ou de salaires ne pourrait pas à l'avance accepter une compensation de sa créance avec une dette d'une autre nature (mais il le peut une fois sa créance échue car on peut renoncer à un droit acquis).

La même idée explique que cette compensation conventionnelle est nulle lorsqu'elle intervient pendant la « période suspecte » précédant une **« faillite »** (25) : elle apparaît alors comme un moyen pour le débiteur insolvable d'avantager l'un de ses créanciers en lui procurant un paiement auquel il n'a pas vocation de plein droit et constitue un mode anormal de paiement qui porte préjudice aux tiers (C. com., art. L. 632-1).

§ 3. Compensation judiciaire

827 **Dettes connexes.** La compensation peut être décidée par le juge, bien qu'une des dettes ne soit pas liquide ou exigible, lorsqu'il apparaît qu'elle est une condition de protection de l'autre partie, à raison de la connexité existant entre les deux obligations. Par exemple, le client d'un entrepreneur doit un solde de prix mais fait état de malfaçons lui ouvrant une créance de dommages-

(23) V. Toledo, *La compensation conventionnelle*, *RTD civ.* 2000.265 (notamment *in futurum).*

(24) Par conséquent un **mandataire** ne peut convenir avec une banque d'une fusion de son compte personnel avec celui de son mandant : Com., 10 février 1998, *Bull. civ.*, IV, n° 64.

(25) Sauf le cas de connexité (Com., 31 mars 1992, *Bull. civ.*, IV, n° 144) et sauf si la convention est antérieure à la période suspecte, même si elle est exécutée pendant (Com., 9 décembre 1997, *Bull. civ.*, IV, n° 327).

intérêts. Si le juge constate l'existence des malfaçons et si donc cette créance de dommages-intérêts est *certaine dans son principe,* mais qu'il faut une expertise pour la liquider, il doit en prononcer la compensation avec la dette du solde du prix : il y a là une **garantie** pour le client qui, sans cela, devrait payer tout de suite ce solde et risquerait fort de se heurter à l'insolvabilité de l'entrepreneur lorsque sa créance de dommages-intérêts sera liquidée. Dès lors que la créance est certaine en son principe, le juge est donc **tenu de constater le principe** de la compensation : « lorsque deux dettes sont connexes, le juge ne peut écarter la demande de compensation au motif que l'une d'entre elles ne réunit pas les conditions de liquidité et d'exigibilité » (26). Ce régime est étendu à une créance « vraisemblable » (27).

Cette compensation ne produira cependant un *effet extinctif* que lors de l'exigibilité (28).

Cette compensation est précieuse car elle est opposable au **redressement ou à la liquidation judiciaire** de l'entrepreneur (29) : elle constitue en quelque sorte une garantie qui était latente dans les rapports des parties à raison de la connexité des dettes en présence (comp. *supra,* n° 728).

Il importe donc de préciser le **critère de la connexité** (30). Classiquement, elle exigeait que les deux créances soient issues du même rapport de droit, c'est-à-dire principalement du même contrat, qu'il s'agisse de créances d'exécution (31) ou, au contraire, issues d'une inexécution, comme dans l'exemple classique du solde du prix de travaux et des indemnités pour malfaçons de ces mêmes travaux (32). Un revirement récent l'étend au même « ensemble

(26) Civ. 3e, 30 mars 1989, *Bull. civ.*, III, n° 77 ; *JCP* 1991 E.II.108, note Marie GORÉ. — Cf. aussi Civ. 1re, 18 janvier 1967, *D.* 1967.358, note J. MAZEAUD ; *Grands arrêts*, n° 251. — Com., 23 septembre 1981, *Bull. civ.*, IV, n° 331. — 14 juin 1989, *Bull. civ.*, IV, n° 127. — Civ. 1re, 30 juin 1993, *Bull. civ.*, I, n° 235.

(27) Com., 19 mai 1987, *Bull. civ.*, IV, n° 119. — 25 mai 1993, précité. — Com., 30 juin 2009, *Bull. civ.*, IV, n° 90. — Com., 21 février 2012, n° 11-18027. — Mais non à une créance incertaine : Civ. 1re, 11 mars 1986, *Bull. civ.*, I, n° 60.

(28) Com., 20 février 2007, *Bull. civ.*, IV, n° 50.

(29) Cf. Com., 27 avril 1993, *D.* 1993.426, note PÉDAMON. — 25 mai 1993, *Bull. civ.*, IV, n° 207. — Pourvu toutefois que la créance sur le débiteur en « faillite » ait été régulièrement déclarée à la procédure (v. HONORAT et ROMANI, note *D.* 1995.27. — Com., 14 mars 1995, *Bull. civ.*, IV, n° 77. — 28 mai 1996, *Bull. civ.*, IV, n° 153. — 25 novembre 1997, *Bull. civ.*, IV, n° 304). — Exigence maintenue après la loi de sauvegarde de 2005 : Com., 3 mai 2011, n° 10-16758 ; *JCP* 2011.1023, note LEBEL — Com., 19 juin 2012, n° 11-21641.

(30) Sur le critère de la connexité, voir Marie GORÉ, note précitée.

(31) Par exemple dans un bail entre la dette de loyer du locataire et sa créance au titre de l'exécution de travaux (Civ. 3e, 13 février 2002, *Bull. civ.*, III, n° 37).

(32) V. Com., 4 juillet 1973, *D.* 1974.425, note GHESTIN. — 20 janvier 1987, *Bull. civ.*, IV, n° 22. — 2 mars 1993, *JCP* 1993.II.22169.

contractuel » qui peut inclure des contrats distincts (33). Mais cette extension a des limites (34).

Hors du domaine contractuel, la connexité a été admise, de façon peut-être contestable, pour des créances d'indemnité issues d'un même accident (35).

828 **Dettes non connexes.** En l'absence de connexité entre les dettes réciproques, la compensation judiciaire est encore possible. Cela permet au débiteur poursuivi de former en ce sens une demande reconventionnelle, écartant les règles habituelles de compétence (art. 70 du CPC) (36).

Mais la compensation n'est alors pas obligatoire pour le juge (37) et, tout particulièrement, elle ne peut pas jouer en cas de « faillite » d'une des parties : l'autre doit payer sa dette et ne recevra qu'un dividende pour sa créance. C'est qu'en l'absence de connexité, la présence de deux dettes réciproques apparaît un peu comme un hasard et n'a pas à conférer une garantie aux parties au préjudice des autres créanciers.

SECTION 2 LA NOVATION

TEXTES

Code civil, art. 1271 à 1274, 1277 à 1281

Art. 1271. — La novation s'opère de trois manières :

1° Lorsque le débiteur contracte envers son créancier une nouvelle dette qui est substituée à l'ancienne, laquelle est éteinte ;

2° Lorsqu'un nouveau débiteur est substitué à l'ancien qui est déchargé par le créancier ;

3° Lorsque, par l'effet d'un nouvel engagement, un nouveau créancier est substitué à l'ancien, envers lequel le débiteur se trouve déchargé.

(33) Com., 9 mai 1995, *JCP* 1995.II.22448, note RÉMERY ; *D.* 1996.322, note LOISEAU (*contra* peu auparavant : Com., 5 avril 1994, *Bull. civ.*, IV, n° 142). — Mais voir déjà Com., 19 mars 1991, *JCP* 1991.II.21726, note DE MONTEREDON ; *D.* 1991.542, note DUBOC.

(34) Il n'y a pas connexité entre une créance contractuelle et une dette délictuelle, même née à l'occasion des rapports contractuels (Com., 14 mai 1996, *Bull. civ.*, IV, n° 133 ; *D.* 1996.502, note LE DAUPHIN) ni entre la dette d'un salarié et ses indemnités de licenciement (Soc., 24 mars 1988, *Bull. civ.*, V, n° 218. — Com., 22 avril 1997, *Bull. civ.*, IV, n°101) ni entre la dette d'apport d'un associé et sa créance en compte courant sur la société (Com., 20 mai 1997, *Bull. civ.*, IV, n° 144) ni entre dettes issues de ventes successives mais distinctes et indépendantes entre les mêmes parties (Com., 7 juillet 1998, *Bull. civ.*, IV, n° 220).

(35) Civ. 2e, 12 octobre 2000, *Bull. civ.*, II, n° 138 (il n'y a pourtant plus aucune idée de confiance initiale à honorer ou de réciprocité voulue par les parties, car la réciprocité est ici fortuite).

(36) Civ. 2e, 14 juin 1989, *Bull. civ.*, II, n° 127.

(37) Soc., 24 mars 1988, *Bull. civ.*, V, n° 218. — Com., 31 janvier 1984, *Bull. civ.*, IV, n° 47.

Art. 1272. — La novation ne peut s'opérer qu'entre personnes capables de contracter.

Art. 1273. — La novation ne se présume point ; il faut que la volonté de l'opérer résulte clairement de l'acte.

Art. 1274. — La novation par la substitution d'un nouveau débiteur peut s'opérer sans le concours du premier débiteur.

....

Art. 1277. — La simple indication, faite par le débiteur, d'une personne qui doit payer à sa place, n'opère point novation.

Il en est de même de la simple indication faite, par le créancier, d'une personne qui doit recevoir pour lui.

Art. 1278. — Les privilèges et hypothèques de l'ancienne créance ne passent point à celle qui lui est substituée, à moins que le créancier ne les ait expressément réservés.

Art. 1279. — Lorsque la novation s'opère par la substitution d'un nouveau débiteur, les privilèges et hypothèques primitifs de la créance ne peuvent point passer sur les biens du nouveau débiteur.

(L. n. 71-579, 16 juill. 1971, art. 46.) Les privilèges et hypothèques primitifs de la créance peuvent être réservés, avec le consentement des propriétaires des biens grevés, pour la garantie de l'exécution de l'engagement du nouveau débiteur.

Art. 1280. — Lorsque la novation s'opère entre le créancier et l'un des débiteurs solidaires, les privilèges et hypothèques de l'ancienne créance ne peuvent être réservés que sur les biens de celui qui contracte la nouvelle dette.

Art. 1281. — Par la novation faite entre le créancier et l'un des débiteurs solidaires, les codébiteurs sont libérés.

La novation opérée à l'égard du débiteur principal libère les cautions.

Néanmoins, si le créancier a exigé, dans le premier cas, l'accession des codébiteurs, ou, dans le second, celle des cautions, l'ancienne créance subsiste, si les codébiteurs ou les cautions refusent d'accéder au nouvel arrangement.

829 **Définition.** La novation est l'extinction d'une obligation par création d'une « nouvelle » obligation qui la remplace. Au lieu de recevoir paiement immédiat, le créancier accepte de renoncer à sa créance en contrepartie d'un nouvel engagement pris envers lui, différent du premier.

Elle se caractérise par un *changement d'obligation :* la première s'éteint (sans être payée) pour être remplacée par une **nouvelle obligation.**

Par là, la novation se distingue d'une simple **modification** de l'obligation initiale (38) : en cas de modification, c'est l'obligation originaire qui subsiste avec ses caractères et ses accessoires (sûretés notamment) alors que la novation fait disparaître cette obligation originaire pour lui substituer un nouveau lien de droit qui n'a pas les mêmes caractères et accessoires.

La distinction est souvent subtile et donne lieu à un abondant contentieux, rendu incertain par le fait que la Cour de cassation tantôt exerce son contrôle, tantôt se retranche derrière le pouvoir souverain des juges du fond pour déterminer s'il y a ou non novation (cf. *infra,* n° 832). Certains estiment à juste

(38) Cf. GHOZI, *La modification de l'obligation*, LGDJ, 1980.

titre que ce mécanisme, ignoré de certains droits étrangers, est une source de difficultés sans avantage réel (39).

§ 1. Éléments de la novation

830 **Nature conventionnelle.** Il faut évidemment un accord entre les parties pour procéder à ce remplacement de l'ancienne obligation par une nouvelle : la novation résulte donc toujours d'une convention, entre toutes les parties intéressées.

831 **Élément matériel : changement d'un élément important de l'obligation.** Le Code précise lui-même que la substitution d'une nouvelle obligation à l'ancienne peut s'expliquer par le désir des parties de changer un des trois éléments suivants : le créancier, le débiteur ou l'objet de la dette.

1° La novation par *changement de **débiteur*** constitue la délégation parfaite, que nous avons déjà étudiée (cf. *supra,* n° 755) (40).

2° La novation par *changement de **créancier*** constitue un accord à trois personnes, très proche d'un transfert de créance : cependant il y a une différence importante du point de vue juridique puisqu'il y a création d'une obligation nouvelle. Par exemple, dans un contrat de bail, en cas de changement de locataire, il peut y avoir cession de contrat si c'est le bail originaire qui est continué, ou novation si c'est un nouveau bail qui est conclu (ce qui a des conséquences importantes quant à la durée restant à courir). Cette importante différence se traduit par l'**intervention du débiteur,** chose qui n'était pas nécessaire dans une cession de créance. Prenons l'exemple d'une donation non encore exécutée et que le bénéficiaire entend transmettre à un tiers. Il peut lui céder sa créance sur le donateur (dont l'accord n'est pas requis) ou recourir à une novation : en ce cas, c'est le donateur lui-même qui s'engage envers le tiers, ce qui nécessite la capacité de donner à titre gratuit envers ce nouveau bénéficiaire.

3° Enfin et surtout, la novation par *changement **d'objet*** implique un changement significatif de la dette initiale. Par exemple, le débiteur d'une maison en livrera une autre ; un bail à usage d'habitation est transformé en bail commercial (ce qui déclenche l'application d'un statut différent) ; la prestation promise sera remplacée par un bien ou une somme d'argent. Ce changement peut altérer la **qualification** du contrat et, par conséquent, son régime. Ainsi, un changement

(39) MALAURIE et AYNÈS, n° 1062.

(40) Une **délégation imparfaite** ne vaut en revanche pas novation car le débiteur initial n'est pas libéré (Civ. 1re, 13 octobre 1997, *Bull. civ.*, I, n° 307).

dans les conditions de travail peut emporter novation du contrat de travail en contrat de mandat (41).

Si le changement n'est pas essentiel, il y a simple ***modification*** de l'obligation initiale qui subsiste, et non novation : par exemple, il est de principe qu'une modification du **montant** de la dette financière ne peut constituer une novation, quelle que soit l'intention des parties (42) et il semble en être de même d'un changement de la durée du contrat (43). L'élément matériel modifié est insuffisant, l'obligation initiale peut subsister avec ses caractères essentiels.

Il en serait de même, pour une obligation de faire, en cas de changement mineur (sur les dates d'un séjour hôtelier ou touristique par exemple). (Sur le régime de cette simple modification, voir *supra,* n° 296).

832 **Élément intentionnel : intention de nover.** C'est dans l'analyse de l'intention des parties que réside le critère essentiel de la novation : ont-elles entendu créer une obligation nouvelle et renoncer à l'ancienne ou seulement amodier celle-ci ?

Malheureusement, cette recherche d'intention est souvent divinatoire car les parties n'ont généralement pas perçu la distinction subtile entre un « changement » de dette et une « modification » de la dette.

Dans le doute, il faut présumer qu'il n'y a eu que simple modification : c'est ce qu'exprime l'article 1273 en exigeant que la volonté de nover « résulte clairement de l'acte ».

Pendant longtemps, la Cour de cassation s'est retranchée en cette matière derrière le pouvoir souverain des juges du fond pour apprécier l'existence ou l'absence de cette volonté (44). Mais un courant important tend aujourd'hui à contrôler le caractère « non équivoque » des termes employés ou du comportement des parties (en cas de novation tacite), par référence au contrôle qui existe en matière de renonciation (cf. *infra,* n° 885). Cela est logique : la novation est une renonciation à la créance ancienne pour lui substituer la nouvelle (45).

(41) Soc., 7 juillet 1988, *Bull. civ.*, V, n° 435.

(42) Civ. 1re, 20 novembre 1967, *D.* 1969.321, note GOMAA. — Civ. 1re, 25 mai 1981, *Bull. civ.*, I, n° 182. — Cf. toutefois Com., 19 octobre 1993, *Bull. civ.*, IV, n° 340 : le « réaménagement » d'un prêt de 500 000 F réuni avec un autre pour en faire un seul de 3 000 000 réalise une novation (la caution est libérée, même à hauteur des 500 000 F !).

(43) Soc., 5 janvier 1995, *Bull. civ.*, V, n° 4 (contrat de travail à durée déterminée transformé en contrat à durée indéterminée : la clause de non-concurrence perdure). — Civ. 1re, 2 décembre 1997, *Bull. civ.*, I, n° 345 ; *D.* 1998.549 note CARON ; *Defrénois* 1998.335, obs. DELEBECQUE (modalités de remboursement d'un prêt). — Pour une liste des changements non constitutifs de novation, v. TERRÉ, SIMLER et LEQUETTE, n° 1329.

(44) Cf. par ex. Civ. 3e, 17 juin 1971, *D.* 1971.545, note GHESTIN. — Com., 3 février 1975, *Bull. civ.*, IV, n° 33. — Civ. 1re, 25 mai 1976, *Bull. civ.*, I, n° 200. — Cf. encore Soc., 7 juillet 1988, *Bull. civ.*, V, n° 435.

(45) Cf. par ex. Com., 25 septembre 1984, *Bull. civ.*, IV, n° 245. — 9 mars 1981, *Bull. civ.*, IV, n° 124. — 19 mars 1979, *Bull. civ.*, IV, n° 105. — Soc., 10 mars 1988, *Bull. civ.*, V, n° 170.

§ 2. Validité de la novation

833 **Indivisibilité entre l'ancienne et la nouvelle obligation.** La novation n'est valable qu'autant que la substitution peut se faire complètement d'une ancienne obligation valable à une nouvelle obligation valable. On peut dire que la nouvelle obligation n'existe que sur le lit de l'ancienne.

Ce lien entre l'ancienne et la nouvelle obligation se traduit par deux conséquences :

— *La nouvelle obligation* n'existe que si l'obligation initiale était valable : « la novation n'a lieu que si l'obligation ancienne à laquelle elle est substituée est valable » (46) ; si elle était nulle, la nouvelle obligation perd son fondement même et est donc également nulle. Il en résulte que les parties à la nouvelle obligation sont toujours en droit d'invoquer la nullité de la dette initiale, bien qu'elle ait été éteinte par la novation.

— *L'ancienne obligation* n'est éteinte que par la création de la nouvelle : si donc la nouvelle obligation est anéantie par nullité ou résolution, la novation est tenue pour non avenue et l'obligation initiale est réputée n'avoir pas été éteinte (47) : par exemple un cautionnement remplacé par un autre revivra si le nouveau est annulé (48).

§ 3. Effets de la novation

834 **Extinction de l'obligation initiale.** La novation étant une cause d'extinction de l'obligation initiale, celle-ci disparaît pour faire place à une obligation nouvelle.

Il en résulte notamment — et c'est l'un des enjeux pratiques des procès sur l'existence d'une novation — que les **sûretés** garantissant la dette initiale s'éteignent, à moins que les parties n'aient convenu de les reporter sur la nouvelle obligation (art. 1278 et 1279). L'extinction profite aussi aux cautions et codébiteurs solidaires (art. 1281) (49).

(46) Civ. 1re, 7 novembre 1995, *Bull. civ.*, I, nº 387.

(47) Cf. par ex. Civ. 1re, 8 juillet 1975, *Bull. civ.*, I, nº 228. — Com., 14 mai 1996, *D.* 1996. Som. 334, obs. LIBCHABER ; *C.C.C.* 1996.162, note LEVENEUR. — Sauf toutefois peut-être si la nullité de la nouvelle obligation est le fait du créancier qui ne pourrait s'en prévaloir (Civ. 3e, 5 mai 1970, *Bull. civ.*, III, nº 311. — mais *contra* Com., 14 mai 1996, précité).

(48) Com., 4 février 1992, *Bull. civ.*, IV, nº 60. — Pour une reconnaissance de dette : Com., 14 mai 1996, précité. — Pour un bail : Civ. 3e, 12 février 1986, *Bull. civ.*, III, nº 9.

(49) Sur le cas étrange de la novation opérée envers une caution solidaire, v. Com., 7 décembre 1999, *Bull. civ.*, IV, nº 219 ; *JCP* 2000.II.10377. — Auparavant : Civ. 1re, 11 janvier 1984, *Bull. civ.*, I, nº 11 ; *JCP* 1986.II.20647, note DUMORTIER.

De même, les **délais** qui pouvaient concerner l'obligation initiale ne courent plus et, à l'égard de l'obligation nouvelle, c'est un nouveau délai qui commence : par exemple, si un bail d'habitation est nové en bail commercial, d'un minimum de neuf ans d'après la loi, ces neuf ans se comptent à partir de la transformation ; ou si une prescription était presque acquise à l'égard de l'ancienne dette, son délai recommence à zéro pour la nouvelle.

Si un texte impératif régit cette obligation, c'est la **loi en vigueur** au jour de la novation qui s'applique.

Toutefois, un arrêt récent a décidé que certains éléments du contrat initial subsistaient, en l'espèce de la **clause d'arbitrage** (50). Si l'obligation s'éteint, le cadre dans lequel elle s'intègre pourrait ainsi demeurer. Les limites de cette distinction restent à définir.

SECTION 3 | LA DATION EN PAIEMENT

835 **Définition.** La dation en paiement est le fait de donner en paiement au créancier autre chose que ce qui lui est dû : une somme d'argent à la place d'un bien, ou plus souvent à l'inverse, un bien ou un service à la place d'une somme d'argent (exemple du client impécunieux qui règle son dîner au restaurant en « faisant la plonge » ou en dessinant une œuvre d'art sur la nappe...), voire un bien à la place d'un autre (51).

836 **Nature juridique.** Non organisée par le Code civil qui n'y fait que quelques allusions (art. 1581, art. 2314), la dation en paiement constitue la contraction en un seul moment **d'une novation et du paiement** de l'obligation nouvelle : il y a novation en ce que les parties substituent à l'obligation initiale une obligation nouvelle ayant un objet différent (p. ex. transfert d'un bien au lieu d'une somme d'argent) ; il y a paiement en ce que cette obligation nouvelle est immédiatement exécutée et donc éteinte (52).

Cette nature mixte en commande le régime.

(50) Civ. 1re, 10 mai 1988, *Bull. civ.*, I, n° 139.

(51) Pour un appartement à la place d'un autre de la part d'un constructeur : Ass. plén., 22 avril 1974, *JCP* 1974.II.17876 et la note.

(52) Certes, une décision récente énonce que « la dation en paiement, comme le paiement lui-même, peut être à terme » — et qualifie ainsi le remplacement d'un prix par des lots immobiliers à construire (Civ. 3e, 12 janvier 1988, *Bull. civ.*, III, n° 5). Il semble bien que cet arrêt procède de deux confusions : d'une part, ce n'est jamais le paiement qui est à terme, mais l'obligation devant être payée ; d'autre part, la « promesse » de dation en paiement n'est donc autre chose qu'une novation. — Un auteur a récemment proposé d'y voir une simple modification de

837 **Régime.** Parce qu'elle renferme une novation, la dation en paiement en suit le régime. Elle exige une **convention** des deux parties, le créancier ne pouvant pas se voir imposer contre son gré cette substitution d'objet. Mais on admet que son acceptation puisse être tacite (53).

Il faut que la **dette** à éteindre ait été **valable :** à défaut, la dation est dépourvue de cause et son auteur peut demander restitution comme de n'importe quel paiement indû.

Il faut que le débiteur ait la **capacité et le pouvoir d'aliéner** la chose donnée en paiement (ce qui importe surtout lorsqu'il s'agit d'un immeuble : un tuteur ou un époux commun en biens ne peuvent le donner en paiement en agissant seul).

Et surtout, parce que c'est l'obligation nouvelle qui est aussitôt payée, le débiteur est tenu **des conséquences accessoires de cette obligation :** ainsi, lorsqu'il donne un bien en paiement, il est tenu des mêmes obligations qu'un vendeur (garantie des vices cachés et d'éviction), car la novation a constitué une vente (par aliénation d'un bien en contrepartie d'un prix représenté par l'extinction de la dette initiale) (54).

Enfin, toujours parce qu'elle renferme une novation, la dation en paiement emporte extinction des accessoires de la dette initiale, notamment des **sûretés** (art. 2038).

Mais, parce qu'elle est en même temps un paiement, la dation en paiement est traitée comme tel par le droit des « faillites » : de la part d'un débiteur en **période suspecte,** elle est nulle car elle manifeste son intention de procurer un avantage en nature à un créancier qu'il ne peut plus payer selon le mode prévu (C. com., art. L. 632-1).

SECTION 4 LA CONTREPASSATION

838 **Opération commerciale.** Opération qui relève de la pratique bancaire des comptes courants, la contrepassation n'est ici mentionnée que pour mémoire et parce que la Cour de cassation, prenant parti sur une analyse juridique controversée (55), énonce parfois qu'elle « équivaut à un paiement » (56).

l'obligation aux fins de paiement (HIEZ, *La nature juridique de la dation en paiement*, *RTD civ.* 2004.199).

(53) Civ. 1re, 21 novembre 1995, *C.C.C.* 1996.18, note LEVENEUR.

(54) V. *Contrats spéciaux*, n° 259.

(55) V. notamment SYNVET, *La contrepassation en compte courant : un vieux problème toujours d'actualité*, *Mélanges Deruppé*, 1991.193.

Il s'agit de l'acte du banquier qui, ayant reçu des chèques ou autres effets de commerce de son client, en a inscrit immédiatement le montant au crédit de celui-ci ; si ces chèques s'avèrent sans provision, le banquier va annuler ce crédit par une écriture en sens inverse : on dit qu'il les « contrepasse ».

L'opération ne pose problème que si le compte n'est plus alors en état de supporter ce débit : en analysant la contrepassation en un paiement, la jurisprudence prive le banquier des garanties qui accompagnaient l'effet contrepassé, puisqu'il est réputé payé (57).

N°s 839 à 844 réservés.

(56) V. par ex. Com., 7 juin 1994, *Bull. civ.*, IV, n° 200. — Mais *contra* en cas de procédure collective : Com., 11 juin 2014, n° 13-18064.

(57) Pour une étude détaillée, v. RIVES-LANGE et CONTAMINE-RAYNAUD, *Droit bancaire*, 6e éd., 1995, n°s 509 et s.

CHAPITRE 3
L'EXÉCUTION FORCÉE

845 **Sanction de la puissance publique : droit et devoir.** Le propre d'une obligation juridique est d'être assortie d'une sanction de l'autorité publique, c'est-à-dire du droit pour le créancier de faire appel à la puissance publique pour obtenir satisfaction (cf. *supra,* n°s 5 et 13).

Cette possibilité de faire appel à la puissance publique est la contrepartie de la règle fondamentale de toute société civilisée, selon laquelle nul ne peut se faire justice à soi-même.

Ainsi l'« état de droit » d'une société (par opposition à un « état de fait » où chacun défendrait ses propres intérêts au besoin par la force) est-il caractérisé par cet équilibre : **si nul ne peut se faire justice à lui-même, c'est parce qu'il peut demander que justice lui soit rendue.**

Il est bien évident que le second terme de l'équilibre est essentiel, car il protège le premier : inévitablement, lorsque le recours à la justice publique devient trop lent ou trop peu efficace, on voit reparaître des procédés de justice privée. C'est pourquoi la Convention européenne des droits de l'homme mentionne le droit d'être jugé « dans un délai raisonnable » parmi les garanties fondamentales du citoyen.

Force est de constater que notre « droit de l'exécution », c'est-à-dire l'arsenal des voies de contrainte permettant d'assurer de force l'exécution des obligations, est actuellement, malgré des améliorations notables, très insuffisant : à la fois lent et compliqué, il laisse en fait trop de facilité à un débiteur de mauvaise volonté pour échapper à ses obligations.

Cette situation entraîne des conséquences graves : elle nuit à la fluidité des opérations juridiques, car les créanciers hésitent à faire crédit par crainte des difficultés qu'ils rencontreront pour recouvrer leur dû (les prêteurs multiplient les garanties et renseignements qu'ils demandent et les conditions à remplir ; les bailleurs hésitent à donner un local en location, etc.). Elle peut de plus conduire à des pratiques illégales et attentatoires aux droits fondamentaux mais qui sont hélas bien réelles (officines de recouvrement, voire agents de « recouvrement musclé »).

Les pouvoirs publics, conscients de cette situation, ont mis en chantier un « Code de l'exécution » pour refondre les moyens d'exécution forcée dans le sens de la simplicité et de l'efficacité. La première partie de ce futur « Code » est constituée par une **loi du 9 juillet 1991** (et son décret d'application du 31 juillet 1992), instituant un « juge de l'exécution », et réformant le droit des mesures conservatoires et des voies d'exécution en matière mobilière (1). La matière des saisies immobilières reste en chantier.

846 **Droit de gage général.** L'ensemble du patrimoine d'un débiteur répond de la bonne exécution de ses dettes. C'est ce qu'exprime fortement l'article 2093 du Code civil en énonçant que « les biens du débiteur sont le gage commun de ses créanciers ». Cela signifie que tout créancier peut poursuivre son paiement en faisant « saisir » les biens et actifs de son débiteur. À ce principe séculaire, des lois de 2003 et 2008 ont toutefois apporté une exception en permettant aux personnes physiques exerçant une activité commerciale ou agricole d'effectuer une « déclaration d'insaisissabilité » pour son habitation, sous des conditions de forme et de publicité assez rigoureuses pour protéger les créanciers (C. com., art. L. 526-1 et s.).

S'il y a plusieurs créanciers, et que l'actif du débiteur est insuffisant, il y aura *concours* entre les créanciers et répartition proportionnelle. Pour éviter ce concours et donner priorité à certains créanciers, divers procédés peuvent être employés qui constituent le droit des sûretés. Certains de ces procédés sont légaux : la loi avantage certains types de créanciers en leur conférant un **« privilège »** leur donnant primauté. D'autres sont conventionnels : le créancier exige, lors de la conclusion du contrat, certaines garanties (gage, hypothèque, nantissement...).

Les créanciers non privilégiés sont dits **« chirographaires ».** La multiplication pratique des sûretés diminue souvent leur efficacité : en cas d'insuffisance de biens, et notamment de « faillite » du débiteur, non seulement les créanciers chirographaires ne perçoivent souvent rien, mais encore les créanciers privilégiés les moins bien placés éprouvent aussi de lourdes pertes.

Qu'il soit chirographaire ou privilégié, tout créancier peut poursuivre le paiement forcé — même si le résultat de ces poursuites n'est pas toujours assuré. À cette fin, le droit de gage général qui lui est reconnu sur le patrimoine du débiteur lui confère deux séries de prérogatives : dans un premier temps, il peut recourir à des mesures de sauvegarde, qui permettront de garder leur efficacité pratique aux mesures d'exécution proprement dites, à venir dans un second temps.

■ (1) Cf. les commentaires CROZE, *JCP* 1992.I.3555, 3585 et 3635. — Plus généralement, voir COUCHEZ, *Voies d'exécution*, Dalloz, 9e éd., 2007. — DONNIER, *Voies d'exécution*, Litec, 8e éd., 2008.

SECTION 1 MESURES DE SAUVEGARDE

846-1 **But général : geler ou reconstituer l'actif du débiteur.** Il ne suffit pas d'assurer à un créancier des voies de droit pour contraindre son débiteur : ces procédures prenant nécessairement un certain temps, elles risquent de s'avérer inefficaces si le débiteur a organisé son insolvabilité. Aussi certaines mesures de sauvegarde sont-elles offertes au créancier afin qu'il puisse soit maintenir en l'état le patrimoine de son débiteur et empêcher toute fuite de biens à saisir, soit même reconstituer ce patrimoine si le débiteur a déjà commencé de le vider de ses actifs.

§ 1. Gel de l'actif du débiteur

847 **Mesures conservatoires.** Ce sont des mesures d'ordre procédural, ordonnées par un juge, et qui ont pour objet de « geler » les droits et biens du débiteur pendant une période provisoire, dans l'attente de ce qui sera jugé au fond sur l'existence ou le montant de la dette. Il faut éviter en effet qu'en contestant sa dette, et en rendant ainsi un procès nécessaire pour trancher cette contestation, le débiteur ne cherche à gagner le temps qu'il lui faut pour se rendre insolvable.

Sans entrer dans le détail qui ressort du droit de la procédure et des voies d'exécution, on peut indiquer qu'il existe actuellement pour l'essentiel trois mécanismes à cette fin, qui se chevauchent d'ailleurs parfois car ils ont été créés à des époques différentes sans souci de leur parfaite articulation.

a) *La **saisie conservatoire*** (art. 74 et s. de la loi du 9 juillet 1991) peut être autorisée par le juge au profit de « toute personne dont la créance paraît fondée en son principe » dès lors qu'il existe des « circonstances susceptibles d'en menacer le recouvrement ». Elle peut porter sur tout bien mobilier et le rend indisponible. En particulier, elle peut affecter une créance appartenant au débiteur sur un tiers (dépôt en banque, salaire...) et emporte alors consignation des sommes. Une fois qu'il aura obtenu reconnaissance de sa créance par un titre (jugement), le saisissant pourra faire vendre les biens ou se faire attribuer les sommes consignées (art. 76).

b) *La **sûreté judiciaire*** (art. 77 et s. de la même loi) peut, dans les mêmes conditions, être conférée au créancier qui doit la faire publier. Elle porte sur des immeubles, fonds de commerce ou valeurs mobilières et confère à son bénéficiaire un « rang » de préférence sur le prix de vente, si les biens concernés sont vendus.

c) *Les **mesures conservatoires générales :*** depuis la réforme de la procédure civile consacrée par la création d'un « Nouveau Code de procédure civile » en

1975, le juge des **référés** (magistrat statuant en urgence et prenant des mesures purement provisoires) a reçu des pouvoirs considérablement accrus. Il trouve aujourd'hui dans les articles 808 et 809 du Code de procédure civile le pouvoir d'ordonner toutes les mesures conservatoires ou de remise en état qui paraissent justifiées par les circonstances pour « prévenir un dommage imminent » ou « faire cesser un trouble manifestement illicite » — et ce même s'il existe sur le fond une contestation sérieuse (décret du 17 juin 1987 complétant ces textes en consacrant d'ailleurs la jurisprudence). Il peut même allouer d'ores et déjà au créancier une **« provision »** sur sa créance lorsqu'elle n'est pas sérieusement contestable. Il y a là un pouvoir très vaste du juge des référés qui peut à ce titre interdire au débiteur des actes qui compromettraient les droits de ses créanciers.

848 **Exercice sous la responsabilité du créancier.** Ce qui caractérise ces mesures et leur rapidité, condition pour qu'elles soient efficaces. La contrepartie de cette rapidité est que l'examen du problème par le juge est nécessairement superficiel : il se peut donc qu'un créancier parvienne à obtenir des mesures injustifiées ou excessives, lesquelles seront certes levées par la suite mais auront pu causer entre-temps au débiteur un important préjudice (blocage de son compte bancaire, immobilisation des biens concernés par les saisies ou inscriptions conservatoires).

De ce préjudice, le créancier répond de plein droit, même s'il n'a pas commis de faute ou trompé le juge : il ne peut pas se retrancher derrière le fait que la mesure a été autorisée par un juge. L'exécution des mesures provisoires et conservatoires se fait toujours aux **risques et périls du créancier** qui a pris l'initiative de les demander (2). Il y a là un juste un équilibre : à une efficacité accrue mais porteuse de risques pour le débiteur correspond une responsabilité automatique en cas de mise en œuvre à mauvais escient.

§ 2. Reconstitution de l'actif du débiteur

TEXTES

Code civil, art. 1166 et 1167
Code de commerce, art. L. 632-1 et L. 632-2.

Art. 1166. — Néanmoins, les créanciers peuvent exercer tous les droits et actions de leur débiteur, à l'exception de ceux qui sont exclusivement attachés à la personne.
Art. 1167. — Ils peuvent aussi, en leur nom personnel, attaquer les actes faits par leur débiteur en fraude de leurs droits.
Ils doivent néanmoins, quant à leurs droits énoncés au titre « Des successions » et au titre « Du contrat de mariage et des régimes matrimoniaux », se conformer aux règles qui y sont prescrites.

(2) Civ. 2e, 12 mai 1971, *Bull. civ.*, II, n° 173.

Code de commerce, art. L. 632-1 et L. 632-2.

Art. L. 632-1. — I. — Sont nuls, lorsqu'ils sont intervenus depuis la date de cessation des paiements, les actes suivants :
1° Tous les actes à titre gratuit translatifs de propriété mobilière ou immobilière ;
2° Tout contrat commutatif dans lequel les obligations du débiteur excèdent notablement celles de l'autre partie ;
3° Tout paiement, quel qu'en ait été le mode, pour dettes non échues au jour du paiement ;
4° Tout paiement pour dettes échues, fait autrement qu'en espèces, effets de commerce, virements, bordereaux de cession visés par la loi n° 81-1 du 2 janvier 1981 facilitant le crédit aux entreprises ou tout autre mode de paiement communément admis dans les relations d'affaires ;
5° Tout dépôt et consignation de sommes effectués en application de l'article 2075-1 du Code civil, à défaut d'une décision de justice ayant acquis force de chose jugée ;
6° Toute hypothèque conventionnelle, toute hypothèque judiciaire ainsi que l'hypothèque légale des époux et tout droit de nantissement ou de gage constitués sur les biens du débiteur pour dettes antérieurement contractées ;
7° Toute mesure conservatoire, à moins que l'inscription ou l'acte de saisie ne soit antérieur à la date de cessation des paiements ;
8° Toute autorisation et levée d'options définies aux articles L. 225-177 et suivants du présent code ;
9° Tout transfert de biens ou de droits dans un patrimoine fiduciaire, à moins que ce transfert ne soit intervenu à titre de garantie d'une dette concomitamment contractée ;
10° Tout avenant à un contact de fiducie affectant des droits ou biens déjà transférés dans un patrimoine fiduciaire à la garantie de dettes contractées antérieurement à cet avenant ;
11° Lorsque le débiteur est un entrepreneur individuel à responsabilité limitée, toute affectation ou modification dans l'affectation d'un bien, sous réserve du versement des revenus mentionnés à l'article L. 526-18, dont il est résulté un appauvrissement du patrimoine visé par la procédure au bénéfice d'un autre patrimoine de cet entrepreneur ;
12° La déclaration d'insaisissabilité faite par le débiteur en application de l'article L. 526-1.
II. — Le tribunal peut, en outre, annuler les actes à titre gratuit visés au 1° du I et la déclaration visée au 12° faits dans les six mois précédant la date de cessation des paiements.
Art. 632-2. — Les paiements pour dettes échues effectués à compter de la date de cessation des paiements et les actes à titre onéreux accomplis à compter cette même date peuvent être annulés si ceux qui ont traité avec le débiteur ont eu connaissance de la cessation des paiements.
Tout avis à tiers détenteur, toute saisie d'attribution ou toute opposition peut également être annulé lorsqu'il a été délivré ou pratiqué par un créancier à compter de la date de cessation des paiements et en connaissance de celle-ci.

A. ACTION OBLIQUE

849 **Notion.** Lorsqu'une personne dispose de droits contre des tiers mais sait que le produit de leur exercice sera aussitôt absorbé par ses propres créanciers, de

sorte qu'il ne fera que transiter entre ses mains et qu'elle n'en profitera pas personnellement, il est fort à craindre qu'elle ne montre guère d'empressement pour recouvrer ses droits.

Cette négligence porte en réalité préjudice à ses créanciers, puisqu'ils ne peuvent se payer sur un actif non normalement alimenté.

L'action oblique sert à vaincre cette inertie : les créanciers pourront exercer, à la place du débiteur inactif, ses droits et actions en vue de remplir la caisse où ils pourront puiser.

850 **Droits concernés.** L'article 1166 vise « tous les droits et actions » du débiteur, « à l'exception de ceux qui sont exclusivement attachés à la personne ».

En principe donc, le créancier peut, par la voie oblique, mettre en œuvre tous les droits que son débiteur détient sur des tiers : non seulement exiger paiement de sommes dues à son débiteur, mais encore pratiquer des voies d'exécution à cette fin (3), revendiquer des biens (4), demander la nullité ou la réduction d'une opération désavantageuse (5).

Comme il s'agit d'une immixtion dans l'activité juridique du débiteur, elle connaît cependant une **double limite :**

— **les actes de gestion et d'administration** effectués par le débiteur ne peuvent être attaqués (6) : on ne pourrait par exemple contester le choix qu'il fait d'un locataire, etc. ;

— **les droits et actions « exclusivement attachés à la personne »** sont également exclus : il s'agit de droits dans l'exercice desquels l'appréciation personnelle est prépondérante et pour lesquels on ne peut donc admettre que leur titulaire puisse se voir forcer la main par ses créanciers. Ce sont d'abord les **actions d'état :** les créanciers ne peuvent, à la place de leur débiteur, agir en divorce ou en recherche de paternité même s'il devait en résulter des avantages importants. Mais cette exclusion vise aussi les actions fondées sur un **droit extrapatrimonial,** même si elles concernent un enjeu pécuniaire : par exemple, les créanciers ne peuvent agir à la place du débiteur pour obtenir réparation d'un préjudice moral, comme une atteinte à son droit à l'image ou à sa vie privée ; ni solliciter l'attribution préférentielle d'un bien dans un partage familial, ni demander la révision d'une pension alimentaire (7), ni agir en révocation d'une donation pour ingratitude (8), ni même demander la mainlevée judiciaire d'une

(3) Civ., 25 septembre 1940, *D.C.*, 1943.133, note CARBONNIER.

(4) Cf. Civ. 1re, 14 décembre 1972, *JCP* 1972.II.17102, note GOUBEAUX.

(5) Cf. Civ. 1re, 22 janvier 1980, *Bull. civ.*, I, n° 32. — 20 octobre 1982, *D.* 1983.120, note RÉMY.

(6) Civ. 1re, 18 janvier 1977, *Bull. civ.*, I, n° 29.

(7) Civ., 29 juin 1948, *D.* 1949.129, note PONSARD.

(8) Cf. par ex. Civ. 1re, 19 avril 1988, *Bull. civ.*, I, n° 101.

clause d'inaliénabilité (9), etc. L'exercice de telles actions apparaît en effet trop chargé d'un facteur subjectif pour qu'un autre que le titulaire puisse en décider (de même, en cas de liquidation judiciaire où le liquidateur exerce les droits du « failli » à sa place, ces mêmes droits lui restent personnels).

851 **Conditions d'exercice.** Pour qu'un créancier puisse exercer l'action oblique ou plus exactement exercer « obliquement » un droit de son débiteur, il faut non seulement que la nature de ce droit s'y prête, comme on vient de le voir, mais encore que **deux conditions** soient réunies :

— **que le débiteur soit *inactif* :** si le débiteur exerce lui-même son droit, le créancier ne peut agir (10) ; exemples : une copropriété peut agir contre un locataire qui trouble les lieux si le copropriétaire bailleur ne le fait pas (11) ou le créancier d'un donateur qui a révoqué une donation peut provoquer le partage qui doit éventuellement en résulter (12) ; il n'est pas nécessaire que l'inactivité soit prolongée ni que le débiteur soit insolvable (13) ;

— **que le créancier ait un *intérêt*** à cette immixtion pour sauvegarder ses droits : ce n'est pas le cas si l'actif du débiteur est par ailleurs suffisant pour garantir le paiement du créancier, de sorte que les intérêts de ce dernier ne sont pas compromis (14) ; cette idée explique notamment que les droits insaisissables ne peuvent jamais être exercés par l'action oblique, puisque le créancier ne pourra pas saisir les sommes ainsi obtenues par son débiteur (droits alimentaires par exemple).

852 **Procédure.** Le créancier ne faisant « qu'emprunter l'habit » de son débiteur contre le débiteur de ce dernier (**sous-débiteur,** pourrait-on dire), l'action suivra toutes les règles attachées aux relations débiteur-sous-débiteur (compétence, clause d'arbitrage, etc.).

Par conséquent, le sous-débiteur pourra faire jouer tous les moyens de défense qu'il pourrait opposer au débiteur intermédiaire (15). Et c'est à l'égard de celui-ci que l'action doit être appréciée (16).

Très logiquement, la Cour de cassation a imposé que le débiteur négligent soit appelé à l'instance si son créancier réclame l'attribution de sommes (17). Il faut même aller plus loin : il devrait toujours être appelé, pour pouvoir surveiller que tous les moyens juridiques appropriés sont employés, car la décision s'imposera à lui.

■ (9) Civ. 1re, 3 juin 1998, *JCP* 1998.II.10167, note CASEY ; *JCP* 1998.I.177, n° 14, obs. LOISEAU. — V. cependant Civ. 1re, 11 janvier 2000, *Bull. civ.*, I, n° 3.

■ (10) Cf. par ex. Civ. 3e, 7 mars 1968, *Bull. civ.*, III, n° 87. — Pour un exemple de débiteur jugé suffisamment actif, v. Civ. 1re, 5 avril 2005, *D.* 2005.1176.

■ (11) Civ. 3e, 20 décembre 1994, *Bull. civ.*, III, n° 225.

■ (12) Civ. 1re, 5 avril 2005, *Bull. civ.*, I, n° 167.

■ (13) Civ. 1re, 28 mai 2002, *Bull. civ.*, I, n° 145.

■ (14) Cf. par ex. Civ. 1re, 17 mai 1982, *Bull. civ.*, I, n° 176. — 14 décembre 1971, *JCP* 1972.II.17102, note GOUBEAUX.

■ (15) Cf. Civ. 1re, 9 octobre 1991, *Bull. civ.*, I, n° 250 ; *D.* 1992-421, note BARRET.

■ (16) Civ. 1re, 11 janvier 2000, *Bull. civ.*, I, n° 3.

■ (17) Com., 15 octobre 1991, *Bull. civ.*, IV, n° 283 ; *JCP* 1992.II.21905, note BOLARD.

853 **Effets.** L'action oblique a pour effet de faire tomber le produit des droits exercés dans le patrimoine du débiteur : puisque c'est en son nom que le droit est exercé, c'est lui qui en bénéficie. Le produit de l'action ne peut donc **pas être attribué** directement au créancier agissant, contrairement à ce qui se passe en cas d'action directe (cf. *supra,* n° 259).

Cela est très logique, mais dissuade souvent les créanciers. Certes, celui qui a exercé l'action oblique et « rempli » ainsi la caisse du débiteur pourra saisir ce produit pour obtenir son dû. Mais il n'est souvent pas seul : et les autres créanciers pourront pareillement venir se servir sur cette rentrée nouvelle. Celui qui a exercé l'action oblique ne jouit d'aucune priorité et peut donc craindre d'assumer les risques et les frais du procès simplement pour « tirer les marrons du feu » au profit de tous.

Cette particularité ne se retrouve pas dans l'action paulienne.

B. ACTION PAULIENNE

854 **Insolvabilité organisée.** Le danger majeur auquel est exposé tout créancier est celui de voir le débiteur vider son patrimoine de tout bien (ou de tout bien facilement saisissable) et de rendre ainsi vaines toutes poursuites.

Depuis une loi du 8 juillet 1983, le législateur a fait de ce comportement une **infraction pénale,** mais dans certains cas seulement : le délit n'existe que de la part de celui qui a voulu ainsi se soustraire au paiement de dettes d'**aliments** ou de dettes de **responsabilité civile délictuelle** (art. 314-7 Code pénal). Il ne concerne ainsi nullement les dettes d'origine contractuelle. Ce texte est d'ailleurs très peu appliqué (18).

La jurisprudence civile récente a fait application de la même idée en permettant au juge, en dépit du principe du respect de la vie privée et du domicile, d'enjoindre à des tiers de révéler le domicile d'un débiteur qui veut se soustraire aux poursuites (19).

Mais bien avant ces initiatives, et depuis le droit romain (ce qui expliquerait selon certains le nom d'action paulienne), le droit civil avait organisé au profit des créanciers une action, dite action paulienne, destinée à rendre inefficaces à leur égard les actes ainsi destinés à les spolier (20).

(18) V. par ex. Crim., 22 janvier 1992, *D.* 1994.551, note VERSCHAVE.

(19) Civ. 1re, 6 novembre 1990, *D.* 1991.353, note PREVAULT. — 19 mars 1991, *D.* 1991.568. — 30 juin 1992, *Bull. civ.*, I, n° 213. — Mais un créancier ne peut obtenir d'une mairie des renseignements détaillés sur la situation patrimoniale, professionnelle et familiale de son débiteur : Civ. 1re, 19 décembre 1995, *Bull. civ.*, I, n° 479.

(20) V., notamment sur son origine historique, ROMAN, *La nature juridique de l'action paulienne*, *Defrénois* 2005.655.

855 **Actes attaquables.** Ne peuvent être attaqués par le créancier que les actes volontaires — ce qui exclut les **jugements** (21) — qui lui portent préjudice, c'est-à-dire qui diminuent sa position en rendant plus difficiles les voies d'exécution qu'il doit exercer.

Cette idée explique que l'acte attaquable doit remplir **quatre conditions :**

a) *L'acte doit être de nature exclusivement patrimoniale :* les actes qui concernent la personne même du débiteur (mariage, divorce, reconnaissance ou adoption d'un enfant) ne peuvent être attaqués, même s'ils ont des conséquences patrimoniales nuisant aux créanciers (22).

b) *L'acte doit entraîner un appauvrissement du débiteur,* sans quoi le gage général du créancier ne s'en trouve pas affecté. Il faut donc un **acte déséquilibré :** donation, vente à bas prix (23) ou tout acte dissimulant un tel déséquilibre. En revanche, un acte normal ne porte pas préjudice aux créanciers : ni une **vente,** car le bien vendu se trouve remplacé par le prix dans le patrimoine du débiteur, ni un **paiement** car il a pour contrepartie d'alléger ce patrimoine d'une dette (24), ni un **partage** qui en principe n'altère pas la valeur des droits des copartageants (25).

On note toutefois à cet égard un **assouplissement** de la jurisprudence récente : dans certaines circonstances, de tels actes peuvent malgré tout être préjudiciables aux créanciers et ces derniers sont alors admis à exercer l'action paulienne. Par exemple lorsque la *vente* de biens faciles à saisir permet au débiteur de leur substituer des sommes dont les créanciers ne pourront trouver trace (26) ; ou encore lorsqu'il y a *dation en paiement* qui produit le même effet (27) ; et même lorsqu'un *bail* de longue durée diminue la valeur saisissable d'un bien (28).

■ (21) Civ. 1re, 26 janvier 2012, n° 10-24697 ; *D.* 2012.641, n° 7 — Même s'il s'agit de jugements d'homologation (Civ. 2e, 25 novembre 1999, *Bull. civ.*, II, n° 177 ; *JCP* 2000-II.10338, note GUÉDJ), le juge pouvant requalifier l'action en tierce-opposition (Civ. 2e, 9 janvier 1991, *Bull. civ.*, II, n° 15 ; *D.* 1992.129, note JULIEN).

■ (22) Pour une convention de divorce, v. Versailles, 11 mars 1993, *D.* 1994.303, note REVEL. — Mais comp. Ch. mixte, 6 décembre 1985, *JCP* 1986.II.20646 et la note. — Pour un accord judiciaire entre époux séparés sur une contribution aux charges du mariage absorbant toutes les ressources du mari, v. Civ. 1re, 1er juillet 1997, *Petites Affiches* 22 juillet 1998, note MASSIP. — Civ. 1re, 12 décembre 2006, *Bull. civ.*, I, n° 547.

■ (23) Civ. 1re, 13 janvier 1993, *Bull. civ.*, I, n° 5. — Com., 14 mai 1996, *Bull. civ.*, IV, n° 134.

■ (24) Cf. COLOMBET, *De la règle que l'action paulienne n'est pas reçue contre les paiements, RTD civ.* 1965.5. — Il faut toutefois que le paiement ait lieu par un procédé normal (Com., 1er avril 2008, *Bull. civ.*, IV, n° 72).

■ (25) L'article 882 organise une procédure spéciale pour protéger les créanciers des copartageants, qui exclut en principe l'action paulienne. Mais celle-ci reparaît en cas de partage simulé (Civ. 1re, 6 mars 1996, *Bull. civ.*, I, n° 125) ou masquant une donation (Civ. 1re, 29 mai 1979, *Bull. civ.*, I, n° 157).

■ (26) Civ. 1re, 18 février 1971, *Bull. civ.*, I, n° 56. — 10 décembre 1974, *D.* 1975.777, note SIMON. — Com., 1er mars 1994, *Bull. civ.*, IV, n° 81.

■ (27) Civ. 1re, 19 janvier 1977, *Bull. civ.*, I, n° 34.

■ (28) Civ. 1re, 18 juillet 1995, *Bull. civ.*, I, n° 324.

c) *L'acte doit rendre le débiteur insolvable :* s'il lui reste suffisamment de biens pour assurer le paiement du créancier, celui-ci ne subit pas de préjudice (29). C'est à lui de prouver que l'acte attaqué entraîne chez son débiteur une insolvabilité « au moins apparente » (30) et ce tant au jour de l'acte d'appauvrissement (31) qu'au jour où l'action est exercée (32) : car il suffit que le débiteur reste solvable à l'une de ces deux dates pour que l'on ne puisse plus parler de préjudice pour le créancier.

Cependant, si le créancier dispose d'un droit particulier sur un bien (par exemple une hypothèque ou un droit de préemption), tout acte diminuant la valeur de ce bien précis peut être attaqué même si le débiteur reste solvable (33). Réciproquement d'ailleurs, l'acte d'appauvrissement ne peut pas être attaqué si le créancier conserve son droit, comme la donation d'un bien hypothéqué (34).

d) *L'acte doit enfin être postérieur à la naissance de la dette :* on ne peut pas dire, en effet, que le créancier verrait sa situation « aggravée » par un acte antérieur à sa créance (35). Toutefois, on observe ici encore un **assouplissement** de la jurisprudence : il suffit que le créancier ait au moment de l'acte *un principe de créance,* même si elle n'est pas encore certaine (36), ou liquidée (37) ou exigible (38) et même si elle n'est pas encore reconnue : « il n'est pas nécessaire, pour que l'action paulienne puisse être exercée, que la créance dont se prévaut le demandeur ait été certaine ni exigible au moment de l'acte argué de fraude et il suffit que le principe de la créance ait existé » (39). Ainsi peut-on faire échec à la fraude du débiteur qui, sachant qu'il va être condamné, vide son patrimoine. On va même parfois plus loin pour atteindre un acte *antérieur* à la dette, lorsqu'il a été fait

■ (29) Cf. par ex. Civ. 1re, 27 juin 1972, *Bull. civ.*, I, n° 163. — 31 mai 1978, *Bull. civ.*, I, n° 209 ; 6 janvier 1987, *Bull. civ.*, I, n° 1. — 1er décembre 1987, *Bull. civ.*, I, n° 318.

■ (30) Civ. 1re, 5 décembre 1995, *Bull. civ.*, I, n° 443. — 1er décembre 1987, *Bull. civ.*, I, n° 318. — Mais c'est ensuite au débiteur de prouver qu'en dépit de cette apparence, il reste suffisament solvable : Civ. 1re, 5 juillet 2005, *Bull. civ.*, I, n° 291.

■ (31) Civ. 1re, 5 décembre 1995, *Bull. civ.*, I, n° 443. — 2 mai 1989, *Bull. civ.*, I, n° 172. — 6 mars 2001, *Bull. civ.*, I, n° 51.

■ (32) Com., 14 novembre 2000, *Bull. civ.*, IV, n° 173.

■ (33) Civ. 1re, 18 février 1971, *D.* 1972.53, note AGOSTINI. — 10 déc. 1974, *D.* 1975.777, note SIMON. — 18 juillet 1995, *Bull. civ.*, I, n° 324. — Civ. 3e, 6 octobre 2004, *Bull. civ.*, III, n° 163 ; *Defrénois* 2005.612, obs. critiques LIBCHABER (le bénéficiaire d'une promesse de vente peut attaquer une donation ultérieure du bien concerné : mais dispose-t-il d'un droit sur ce bien ?).

■ (34) Civ. 2e, 16 juillet 1993, *JCP* 1993.IV.2385.

■ (35) Civ. 3e, 4 février 1971, *JCP* 1972.II.16980, note DAGOT et SPITERI.

■ (36) Ainsi envers une **caution,** dont on ne sait pas encore si elle sera mise en œuvre : Civ. 1re, 13 janvier 1993, *Bull. civ.*, I, n° 5. — Com., 12 juillet 1994, *Bull. civ.*, IV, n° 260.

■ (37) Civ. 3e, 23 avril 1971, *Bull. civ.*, III, n° 255. — 13 avril 1988, *Bull. civ.*, I, n° 91. — 19 novembre 2002, *Bull. civ.*, I, n° 271.

■ (38) Civ. 1re, 25 février 1981, *JCP* 1981.II.19628. — 27 janvier 1987, *Bull. civ.*, I, n° 26.

■ (39) Com., 25 mars 1991, *Bull. civ.*, IV, n° 119.

dans sa perspective : ainsi de celui qui fait une donation avant de contracter un emprunt (40) ou avant de causer volontairement un dommage (41).

856 **Condition de l'action : la fraude.** Pour pouvoir attaquer l'acte qui lui porte préjudice, le créancier doit établir que cet acte a été inspiré par le souci de faire fraude à ses droits. La simple « mauvaise affaire » faite par le débiteur ne peut être remise en cause — car il faut une certaine sécurité dans les relations contractuelles.

Mais la définition de la fraude en cette matière donne lieu à des variations (42). La jurisprudence récente n'exige plus une « intention de nuire » et se contente de *« la seule **connaissance** qu'a le débiteur du préjudice qu'il cause au créancier en se rendant insolvable ou en augmentant son insolvabilité »* (43), cette connaissance s'appréciant évidemment au jour de l'acte (44). Il en résulte qu'en ce qui concerne le débiteur lui-même, la condition de fraude sera facilement remplie : dès lors qu'il connaît sa situation patrimoniale, il ne peut ignorer qu'en acceptant un contrat désavantageux ou en consentant un acte à titre gratuit, il porte préjudice à ses créanciers.

857 **Complicité ou non du tiers.** Si l'acte est **à titre gratuit,** la fraude du débiteur est suffisante : même s'il est de bonne foi, le tiers ne peut conserver un avantage obtenu gratuitement face à un créancier dépouillé (45) : c'est le vieil adage ***« Nemo liberalis nisi liberatus ».***

Si au contraire, l'acte est à **titre onéreux,** la sécurité des transactions exige qu'il ne puisse être remis en cause que si le tiers a été **complice** de la fraude du débiteur (46). Un tiers de bonne foi doit être protégé, sans quoi l'on verrait tous les acquéreurs s'entourer de renseignements sur les dettes éventuelles de leur vendeur de peur de voir leur achat contesté. Cette complicité est suffisamment caractérisée si le tiers connaît l'insolvabilité du débiteur et sait que l'acte préjudicie à ses créanciers (47).

(40) Civ. 1re, 15 décembre 1967, *Bull. civ.*, I, n° 66.

(41) Civ. 1re, 7 janvier 1982, *Bull. civ.*, I, n° 4 (pour une donation faite avant de commettre un assassinat).

(42) Cf. GHESTIN, *La fraude paulienne*, *Mélanges Marty*, 1978.569.

(43) Civ. 1re, 14 février 1995, *Bull. civ.*, I, n° 79 ; *D.* 1996.391, note AGOSTINI. — Cf. déjà Civ. 1re, 17 octobre 1979, *JCP* 1981.II.19627, note GHESTIN ; *Grands arrêts*, n° 250. — 13 avril 1988, *Bull. civ.*, I, n° 91. — 13 janvier 1993, *Bull. civ.*, I, n° 5. — 4 janvier 1995, *Bull. civ.*, I, n° 1.

(44) Civ. 1re, 2 mai 1989, *Bull. civ.*, I, n° 172.

(45) Cf. par ex. Civ. 1re, 23 avril 1981, *Bull. civ.*, I, n° 130. — Com., 22 mai 1978, *Bull. civ.*, IV, n° 139. — 14 mai 1996, *Bull. civ.*, IV, n° 134.

(46) Cf. par ex. Civ. 1re, 27 juin 1984, *Bull. civ.*, I, n° 211.

(47) Cf. Civ. 3e, 22 janvier 1971, *Bull. civ.*, III, n° 47. — Civ. 1re, 19 janvier 1977, *Bull. civ.*, I, n° 34. — 29 mai 1985, *Bull. civ.*, I, n° 163. — Com., 14 mai 1996, *Bull. civ.*, IV, n° 134.

Si le bien a de nouveau changé de main, le **sous-acquéreur** ne peut être inquiété que s'il est lui-même de mauvaise foi (48) et il en est de même d'un créancier hypothécaire (49).

858 **Exercice et effets de l'action paulienne : inopposabilité de l'acte frauduleux.** Le résultat de l'action paulienne n'est pas de conduire à la nullité de l'acte, mais de rendre inopposable au créancier l'aliénation frauduleuse : ce créancier peut donc toujours considérer le bien aliéné comme appartenant à son débiteur et par conséquent le saisir.

L'inopposabilité diffère d'une nullité qui serait invocable par tous : l'acte n'est sans valeur qu'à l'égard du créancier qui a exercé l'action paulienne, mais reste valable à l'égard des autres qui ne peuvent donc pas le saisir le bien aliéné : ce bien n'est donc pas réintégré dans le patrimoine du débiteur (50) mais est seulement saisissable par le créancier qui n'aura donc **pas à partager avec les autres créanciers** le produit de son action (51), ce qui distingue l'action paulienne de l'action oblique (cf. *supra,* n° 853).

Quant au tiers atteint par l'action paulienne, et qui doit restituer le bien, il ne subit pas toujours une « perte sèche » : il ne doit être dépouillé que dans l'exacte mesure nécessaire pour sauvegarder les droits du créancier et, si le bien vaut plus que la créance de ce dernier, il peut réclamer la différence (52).

C. NULLITÉS DE LA PÉRIODE SUSPECTE

859 **Dérivé de l'action paulienne.** Lorsqu'un débiteur commerçant fait l'objet d'une procédure de règlement ou de liquidation judiciaire (anciennement de « faillite »), il arrive fréquemment que, sentant venir la fin de son entreprise, il tente de soustraire certains biens à l'actif qui sera saisi. L'action paulienne est certes ouverte à ses créanciers. Mais, allant plus loin, la loi leur facilite la tâche en présumant le caractère frauduleux de certains actes, passés pendant la **« période suspecte »** ; on nomme ainsi la période précédant le jugement déclaratif de liquidation ou de règlement et remontant jusqu'à la date de « cessation des paiements », c'est-à-dire le moment où le débiteur ne pouvait plus faire face à son passif.

(48) Cf. Civ. 3e, 25 janvier 1983, *Bull. civ.*, III, n° 25. — 19 décembre 1990, *Bull. civ.*, III, n° 266 ; *JCP* 1991.II.21739, note BEHAR-TOUCHAIS. — 9 mars 1994, *Bull. civ.*, III, n° 43. — 22 janvier 1997, *Bull. civ.*, III, n° 16.

(49) Civ. 3e, 9 mars 1994.

(50) Civ. 1re, 30 mai 2006, *Defrénois* 2007.1863, obs. LIBCHABER.

(51) Même si le débiteur est en « faillite » : Com., 8 octobre 1996, *Bull. civ.*, IV, n° 227. — *Contra* auparavant : Com., 26 janvier 1988, *Bull. civ.*, IV, n° 54. — 13 février 1990, *Bull. civ.*, IV, n° 44.

(52) Com., 13 février 1990, *Bull. civ.*, IV, n° 44.

860 **Actes concernés.** L'article L. 632-1 du Code de commerce énumère des actes qui sont **automatiquement nuls,** sans qu'il y ait à prouver ni la fraude du débiteur ni une quelconque mauvaise foi de son cocontractant : les actes à **titre gratuit,** les contrats commutatifs **déséquilibrés,** les paiements **anticipés** et les paiements par des **modes anormaux** (c'est-à-dire autrement qu'en espèces ou par des procédés bancaires).

Pour tous les **autres actes,** l'article L. 632-2 permet au juge de les annuler à condition que le tiers ait été de mauvaise foi, c'est-à-dire ait eu connaissance de la cessation des paiements (53).

861 **Effets : nullité.** Jusqu'à la loi du 25 janvier 1985, les actes visés étaient déclarés inopposables à la masse des créanciers, selon le schéma de l'action paulienne. L'inopposabilité est toutefois une technique souvent complexe car elle impose de considérer le même acte comme existant ou non selon les personnes en cause. Aussi la loi a-t-elle simplifié les choses depuis 1985 en déclarant que ces actes sont annulés à la demande des organes de la procédure collective. mais comme seuls ces organes peuvent agir en nullité (54), il reste permis à un créancier d'exercer isolément une action paulienne dont il tirera seul bénéfice (55).

Cela conduit à reconstituer l'actif du débiteur en y réintégrant les biens donnés ou vendus à bas prix et les sommes payées à tort, que les bénéficiaires de ces paiements doivent restituer.

Ce mécanisme, que nul ne conteste, peut avoir pourtant des effets dévastateurs par l'application trop rigoureuse qu'en fait la Cour de cassation. Elle fait en effet primer cette nullité sur toute autre règle de droit, comme la théorie de l'apparence (56) ou l'autorité d'une convention de divorce judiciairement homologuée (57). En outre elle n'admet pas que l'annulation puisse s'accompagner de mesures corrigeant les effets excessifs de sa rétroactivité (58).

(53) Cette condition est suffisante s'il n'est pas nécessaire que l'acte ait été préjudiciable (Com., 9 janvier 1996, *Bull. civ.*, IV, n° 10).

(54) Com., 25 novembre 1997, *Bull. civ.*, IV, n° 306.

(55) Com., 8 octobre 1996, *Bull. civ.*, IV, n° 227.

(56) Com., 3 février 1998, *D.* 1999.185 et la note.

(57) Com., 26 avril 2000, *Bull. civ.*, IV, n° 81.

(58) Exemple : le paiement adressé à un créancier est annulé ; celui-ci redevient donc créancier ; mais, comme à l'époque il avait été payé, il n'a pas déclaré sa créance qui était alors éteinte ; tant pis pour lui, il subit l'extinction pour non-déclaration ! (Com., 30 octobre 2000, *D.* 2001.618, note HONORAT). *Idem* pour le cas d'annulation d'une vente : la créance de restitution est dite née avant la procédure, de sorte que l'acheteur perd à la fois le bien et la restitution du prix (Com., 20 janvier 2009, *Bull. civ.*, IV, n° 8).

SECTION 2 MESURES D'EXÉCUTION

862 **Droit à l'exécution forcée.** Pour les raisons qui ont été développées (cf. *supra,* n° 845), l'aide de la puissance publique pour obtenir l'exécution forcée d'une obligation constitue un droit pour les citoyens.

Cette aide, depuis la loi du 9 juillet 1971, porte d'abord sur les **renseignements nécessaires :** l'on peut désormais requérir du procureur de la République qu'il recherche l'adresse du débiteur, son employeur et ses comptes bancaires (art. 39 et s.).

Cette aide se traduit ensuite dans la réalisation des voies d'exécution. Mais l'autorité publique, gardienne de l'intérêt général, peut dans certains cas refuser son concours si elle estime que l'exécution forcée mettrait en péril l'ordre public (évacuation d'une usine, expulsion d'un locataire, etc.).

En pareil cas, il serait injuste que le créancier privé d'exécution supporte seul le poids d'une décision dictée par l'intérêt public : aussi l'État est-il responsable envers ce créancier du préjudice né de ce refus d'exécution.

L'exécution forcée ne se présente pas dans les mêmes termes pour les obligations touchant à la personne, à des biens ou à des sommes d'argent.

§ 1. Obligations touchant à la personne

TEXTES

Code civil, art. 1142 à 1144

Art. 1142. — Toute obligation de faire ou de ne pas faire se résout en dommages et intérêts en cas d'inexécution de la part du débiteur.

Art. 1143. — Néanmoins, le créancier a le droit de demander que ce qui aurait été fait par contravention à l'engagement soit détruit ; et il peut se faire autoriser à le détruire aux dépens du débiteur, sans préjudice des dommages et intérêts s'il y a lieu.

Art. 1144. — Le créancier peut aussi, en cas d'inexécution, être autorisé à faire exécuter lui-même l'obligation aux dépens du débiteur. Celui-ci peut être condamné à faire l'avance des sommes nécessaires à cette exécution.

....

Code des procédures civiles d'exécution, art. L. 131-1 à L. 131-4 et R. 131-4

....

Section 6. — **L'ASTREINTE**

Art. L. 131-1. — Tout juge peut, même d'office, ordonner une astreinte pour assurer l'exécution de sa décision.

Le juge de l'exécution peut assortir d'une astreinte une décision rendue par un autre juge si les circonstances en font apparaître la nécessité.

Art. L. 131-2. — L'astreinte est indépendante des dommages-intérêts.

L'astreinte est provisoire ou définitive. L'astreinte doit être considérée comme provisoire, à moins que le juge n'ait précisé son caractère définitif.

Une astreinte définitive ne peut être ordonnée qu'après le prononcé d'une astreinte provisoire et pour une durée que le juge détermine. Si l'une de ces conditions n'a pas été respectée, l'astreinte est liquidée comme une astreinte provisoire.

Art. L. 131-3. — L'astreinte, même définitive, est liquidée par le juge de l'exécution, sauf si le juge qui l'a ordonnée reste saisi de l'affaire ou s'en est expressément réservé le pouvoir.

Art. L. 131-4. — Le montant de l'astreinte provisoire est liquidé en tenant compte du comportement de celui à qui l'injonction a été adressée et des difficultés qu'il a rencontrées pour l'exécuter.

Le taux de l'astreinte définitive ne peut jamais être modifié lors de sa liquidation.

L'astreinte provisoire ou définitive est supprimée en tout ou partie s'il est établi que l'inexécution ou le retard dans l'exécution de l'injonction du juge provient, en tout ou partie, d'une cause étrangère.

Art. R. 131-4. — La décision du juge est exécutoire de plein droit par provision.

863 **Respect de la personne.** La particularité des obligations **de faire ou de ne pas faire** est d'impliquer la personne même du débiteur (59).

Peut-on admettre, pour les besoins de l'exécution forcée de ces obligations, une contrainte « militaire » sur la personne du débiteur ? Ce serait à la fois attentatoire à la liberté individuelle et peu efficace (imagine-t-on la qualité du travail fourni sous la menace ?).

Aussi l'article 1142 prévoit-il que l'inexécution d'une telle obligation donne lieu à des dommages-intérêts. L'obligation, qui ne peut pas faire l'objet d'une exécution forcée en nature, est en quelque sorte convertie en dommages-intérêts qui pourront, comme toute somme d'argent, donner lieu à exécution forcée.

Cependant à l'expérience, ce système est apparu faire la part trop belle au débiteur défaillant. Aussi doit-il être strictement limité aux cas nécessaires. De plus des possibilités de contrainte ont été imaginées. On distingue selon que l'exécution peut ou non s'effectuer hors de l'intervention du débiteur.

864 **Exécution possible hors l'intervention du débiteur.** Même pour une obligation de faire ou de ne pas faire, il se peut qu'elle puisse être ramenée à exécution par la force sans avoir à toucher matériellement à la personne du débiteur. En ce cas, la raison d'être de l'article 1142 ne se retrouve pas, et l'exécution forcée est permise.

■ (59) Cf. W. JEANDIDIER, *L'exécution forcée des obligations contractuelles de faire*, *RTD civ.* 1976.700. — LAITHIER, *La prétendue primauté de l'exécution en nature*, *RDC* 2005.161 — HUGON, *Regards sur le droit des voies d'exécution*, *RDC* 2005.183 — RADÉ et TOURNAUX, *L'application de l'art. 1142 du Code civil en droit du travail*, *RDC* 2005.197.

Le cas est rare pour les obligations de faire (60).

Cela concerne surtout les **obligations de ne pas faire :** ainsi les constructions édifiées en violation d'une telle obligation doivent être démolies, car cela peut s'effectuer hors l'intervention du débiteur ; un fonds de commerce ouvert en violation d'une clause de non-concurrence peut faire l'objet d'une mesure de fermeture car cela touche le fonds et non le commerçant (61).

Il ne serait pas possible en revanche d'empêcher matériellement un salarié de travailler pour un tiers malgré une clause de non-concurrence car cela exigerait d'agir sur sa personne.

La jurisprudence estime que, dans tous ces cas où elle est possible, l'exécution forcée doit être ordonnée et qu'il ne s'agit **pas d'une simple faculté** pour le juge : notamment en matière de constructions irrégulières, une jurisprudence constante décide que la démolition est une obligation, même si elle est coûteuse (62) ; mais cela s'applique en d'autres domaines (63).

865 **Exécution impossible sans l'intervention du débiteur : moyens détournés (remplacement et astreintes).** Pour obtenir en ce cas l'exécution sans toucher à la personne du débiteur, deux moyens détournés ont successivement été imaginés.

— En premier lieu, ***la faculté de remplacement,*** connue dans le Code civil (art. 1144) : le créancier peut faire exécuter par un autre la prestation due, et ce aux frais du débiteur défaillant. De la sorte, le créancier obtient satisfaction en nature, tandis que le débiteur n'est condamné qu'à payer les frais d'exécution, c'est-à-dire une somme d'argent. Il faut, sauf urgence, une autorisation préalable du juge qui peut désormais condamner le débiteur à avancer les sommes nécessaires (art. 809 du Code de procédure civile) (64).

— En second lieu et surtout, ***l'astreinte,*** imaginée par la jurisprudence (65), n'a été consacrée par la loi qu'en 1972 (aujourd'hui Code des procédures civiles d'exécution, art. L. 131-1 et s.). Le procédé consiste à enjoindre au débiteur d'exécuter son obligation en lui impartissant pour ce faire un délai : passé ce délai, il devra tant par jour de retard. Ainsi, l'on procède par une pression sur la volonté du débiteur, par une menace atteignant ses biens. Ce n'est qu'un moyen indirect, mais il se révèle efficace pourvu que le taux fixé par le juge soit assez élevé pour être persuasif.

(60) V. toutefois, pour l'obligation du bailleur : Com., 20 juin 1993, *Bull. civ.*, IV, n° 531.

(61) Com., 20 janvier 1981, *Bull. civ.*, IV, n° 41. — Soc., 24 janvier 1979, *D.* 1979.619, note SERRA.

(62) Cf. entre autres Civ. 3e, 18 février 1981, *Bull. civ.*, III, n° 38. — 19 mai 1981, *Bull. civ.*, III, n° 101. — 3 avril 1996, *Bull. civ.*, III, n° 91.

(63) Ainsi, le juge doit-il interdire la commercialisation d'ouvrages en violation des droits de l'auteur : Civ. 1re, 16 janvier 2007, *Bull. civ.*, I, n° 19.

(64) Cf. MESTRE, *RTD civ.* 1991.735.

(65) Cf. *Grands arrêts*, nos 247-248.

L'astreinte est employée aussi bien pour les obligations de faire (achever un travail, remettre tel document, etc.) que pour les obligations de ne pas faire (interdiction de vendre tels objets sous astreinte de telle somme par infraction). On admet cependant qu'elle ne peut être employée pour des actes « ultra-personnels », comme les devoirs du mariage ou des prestations artistiques (66).

Elle est tellement passée dans le quotidien des tribunaux qu'un juge n'a pas le droit, en s'appuyant sur l'article 1142 du Code civil, de refuser par principe des mesures d'interdiction sous astreinte (67).

La nature juridique de l'astreinte est originale. Ce n'est pas une voie d'exécution (68) ni une indemnisation, de sorte qu'elle ne tient pas lieu de dommages et intérêts mais vient s'y ajouter : « l'astreinte prononcée pour vaincre la résistance d'une partie à s'exécuter constitue une mesure de contrainte distincte de l'indemnité destinée à réparer le dommage résultant du retard imputable à la partie condamnée ; elle peut se cumuler avec les dommages-intérêts » (69), règle consacrée par l'article L. 131-2 du Code des procédures civiles d'exécution (qui est toutefois écartée pour l'occupant d'un local condamné sous astreinte à le quitter : art. L. 421-1 et L. 421-2) (70).

Ayant ainsi quasiment la nature d'une peine, l'astreinte est, du côté du débiteur, une charge personnelle : elle ne se transmet pas aux héritiers (71), n'est pas couverte par l'**assurance,** sauf clause particulière (72) ne tombe pas en communauté (73) et ne pèse, en cas de pluralité de débiteurs, que sur celui qui n'a pas exécuté (74), échappant au recours contre les garants (75). Mais, du côté du créancier, son bénéfice est cessible (76).

Cette astreinte n'est pas perpétuelle : il faudra la liquider si, après un certain temps, l'exécution est obtenue ou s'il est certain qu'elle ne le sera pas.

Cette **liquidation de l'astreinte** relève du juge de l'exécution, sauf si la juridiction qui a fixé l'astreinte se l'est réservée expressément (art. L. 131-3). Elle donne lieu *en principe* à une nouvelle appréciation : le chiffre résultant de

■ (66) Cf. FAGES, n° 355. — LEBOIS, *JCP* 1985.I.210.

■ (67) Civ. 1re, 16 janvier 2007, *D.* 2007.1119, note GOUT.

■ (68) D'où la suspension pendant l'hiver des mesures d'expulsion n'empêche pas l'astreinte de courir : Civ. 2e, 4 juillet 2007, *Bull. civ.*, n° 183.

■ (69) Civ. 1re, 28 février 1989, *Bull. civ.*, I, n° 97. — Soc., 29 mai 1990, *Bull. civ.*, V, n° 244. — Cf. MESTRE, *RTD civ.* 1991.534.

■ (70) Cette exception ne profite cependant pas à un acheteur après résolution de la vente : Civ. 1re, 15 octobre 1994, *Bull. civ.*, I, n° 326.

■ (71) La liquidation peut concerner la période antérieure au décès : Civ. 2e, 18 décembre 2008, *Bull. civ.*, II, n° 271.

■ (72) Civ. 1re, 20 mars 1989, *Bull. civ.*, I, n° 122. — Civ. 2e, 17 avril 2008, *Bull. civ.*, II, n° 88.

■ (73) Civ. 1re, 12 novembre 2009, n° 08-19443.

■ (74) Paris, 1er avril 1999, *D.* 1999.438, note PRÉVAULT.

■ (75) Civ. 3e, 24 février 1999, *Bull. civ.*, III, n° 50. — Civ. 1re, 3 avril 2002, *Bull. civ.*, I, n° 104. — Civ. 2e, 30 avril 2002, *Bull. civ.*, II, n° 83. — 14 septembre 2006, *Bull. civ.*, II, n° 218.

■ (76) Civ. 2e, 7 juillet 2011, n° 10-20296 ; *Bull. civ.*, II, n° 157 — Civ. 3e, 20 avril 1982, *Bull. civ.*, II, n° 96.

l'application pure et simple du taux fixé peut, en effet, s'avérer considérable et il n'est pas toujours justifié que le créancier reçoive pareille somme et s'enrichisse ainsi du fait de l'inexécution. Aussi décide-t-on que l'astreinte, telle que fixée initialement, n'est que **« provisoire »** et que lors de la liquidation le juge peut en modérer le calcul (77). Certes, le caractère incitatif ou dissuasif de l'astreinte s'en trouve diminué car le débiteur défaillant peut toujours espérer en cette modération. Mais, comme il ne peut en connaître l'importance, il reste pour lui très risqué de s'obstiner dans son refus (78).

Le juge peut toutefois, en prononçant l'astreinte, préciser qu'elle sera **définitive,** ce qui interdit alors toute modération ultérieure. Cependant, ce recours à l'astreinte définitive n'est possible qu'après échec d'une astreinte provisoire (79). Sa durée doit être fixée d'emblée (art. L. 131-2) et les termes de la décision doivent être clairs : toute ambiguïté rendra l'astreinte provisoire (80). De plus, même une astreinte définitive pourra être modérée si l'inexécution est, totalement ou partiellement, due à une cause étrangère (art. L. 131-4, al. 3).

L'astreinte semble rendre la créance qui en est assortie portable (cf. *supra,* n° 800) et c'est au débiteur de prouver qu'il s'est exécuté pour en faire cesser le cours (81).

En toute occurrence, l'astreinte disparaîtra rétroactivement si, ultérieurement, l'obligation qui en constituait le fondement disparaît : ce n'est donc pas le respect de la décision judiciaire qui en est le motif essentiel, mais l'exécution de l'obligation (82).

En réalité le système de l'astreinte souffre du fait que les sommes sont versées au créancier et aboutissent à son profit à un enrichissement injustifié, si bien qu'il a « la chance » d'avoir un débiteur défaillant. Aussi est-il souvent proposé de modifier ce système pour que l'astreinte soit versée à un organisme public, voire à l'État, le créancier ne disposant que des dommages-intérêts réparant son préjudice. Ce n'est cependant pas la voie choisie lors de la réforme de 1991.

▪ (77) Mais non la supprimer, sauf cause étrangère : Civ. 2e, 18 septembre 2003, *Bull. civ.*, II, n° 278. Ni l'augmenter : Civ. 2e, 11 mai 2006, *Bull. civ.*, II, n° 124. — Il peut toutefois la supprimer pour l'avenir : Civ 2e, 2 juillet 2009, *Bull. civ.*, II, n° 178.

▪ (78) Sur l'obligation de motiver la liquidation, v. Civ. 2e, 3 juillet 1996, *D.* 1997.231, note L. Boré.

▪ (79) La sanction est simple : l'astreinte définitive prononcée sans ce préalable sera liquidée comme une astreinte provisoire : Civ. 3e, 3 avril 1996, *Bull. civ.*, III, n° 90. — Civ. 2e, 11 et 25 juin 1997, *D.* 1997.536, note Julien.

▪ (80) Civ. 2e, 23 novembre 1994, *Bull. civ.*, II, n° 237.

▪ (81) Civ. 1re, 28 novembre 2007, *Bull. civ.*, I, n° 375 ; *Procédures* 2008, n° 34, obs. Perrot ; *D.* 2008.2821. — V. aussi Com., 2 octobre 2001, *RTD civ.* 2002.148.

▪ (82) Civ. 2e, 28 septembre 2000, *Bull. civ.*, II, n° 134. — Civ. 2e, 6 janvier 2005, *Bull. civ.*, II, n° 1 — Com., 3 mai 2006, *Bull. civ.*, IV, n° 106.

§ 2. Obligations portant sur des biens

866 **Obligation de donner.** Pour l'obligation de donner un bien, la procédure est souvent simple : il suffit de **saisir** ce bien et de le remettre au créancier.

S'agissant d'**immeubles,** pour lesquels les mutations sont inscrites à la Conservation des hypothèques, on recourt à un moyen simple : le jugement condamnant le débiteur à transférer son immeuble (au bénéficiaire d'une promesse de vente par exemple) précise qu'il vaut titre et peut donc être publié.

Quant à la libération matérielle de l'immeuble, elle donne lieu à des mesures d'expulsion par la force publique réglées par la loi (C. proc. civ. d'exécution, art. L. 412-1 et s.) et par le Code de la construction et de l'habitation (art. L. 613-1 et s. : l'**expulsion** n'est pas possible en hiver et est souvent difficile à obtenir des autorités de police : elle peut être refusée pour des raisons tenant au maintien de l'ordre public, mais donne alors lieu à une indemnisation à la charge de l'État).

Quant aux **meubles,** s'ils ont disparu, l'exécution ne pourra conduire qu'à un équivalent pécuniaire, apprécié d'après la valeur qu'ils auraient actuellement (83).

§ 3. Obligations portant sur des sommes d'argent

867 **Poursuites individuelles.** Le paiement forcé des dettes d'argent s'effectue en pratiquant des **saisies** sur les actifs du débiteur : saisie-vente sur les meubles, saisie immobilière sur les immeubles (seulement dans un second temps), saisie-attribution sur les créances que le débiteur peut avoir sur des tiers notamment pour ses rémunérations, dont une fraction est toutefois insaisissable tout comme d'autres actifs, comme les droits de nature alimentaire (art. L 112-2 du Code des procédures civiles d'exécution) (84). Toutes ces saisies dont le régime spécifique relève du droit des voies d'exécution sont suivies de la vente aux enchères des biens : l'argent procuré est alors distribué aux créanciers en respectant la priorité due aux titulaires d'un privilège ou d'une sûreté (cf. *supra,*

(83) Civ. 1re, 9 décembre 1986, *Bull. civ.*, I, n° 291. — Com., 5 octobre 1993, *Bull. civ.*, IV, n° 313.

(84) L'insaisissabilité semble se transmettre à l'ensemble du compte bancaire sur lequel les rémunérations sont versées : Civ. 2e, 27 juin 2002, *Bull. civ.*, II, n° 150. v. aussi HOONAKER, *D.* 2010.1890, qui parle de « RSA bancaire ». — Mais cette insaisissabilité peut dans certaines circonstances être contraire à la CEDH : Civ. 2e, 3 mai 2007, *Bull. civ.*, II, n° 121 ; *RTD civ.* 2007.643, obs. PERROT.

n° 846). On dit que la distribution se fait par une **procédure « d'ordre »**. Ne participent cependant à cet « ordre » que les créanciers qui sont intervenus au cours de la poursuite, sans qu'il y ait d'organisation d'un règlement d'ensemble. C'est pourquoi, s'il y a plusieurs créanciers, le paiement apparaît souvent comme « le prix de la course » : les poursuites se font individuellement et chaque créancier n'est payé que s'il reste des biens à saisir chez son débiteur. Les articles 1281 et suivants du Code de procédure civile organisent cependant une répartition amiable du prix de vente (85).

Le désordre issu de ces poursuites individuelles est funeste à la fois pour les créanciers (réglés de façon inégale) et pour le débiteur, exposé à de nouvelles poursuites tant qu'il lui reste quelque chose. Aussi a-t-on institué deux types de procédures pour organiser un règlement d'ensemble des créanciers, et en même temps tenter de sauver le débiteur en élaborant un plan cohérent lui permettant à la fois d'apurer son passif et d'entreprendre son redressement.

868 Règlement collectif du passif des entreprises : redressement ou liquidation judiciaires. Le droit commercial connaît depuis longtemps la procédure de **« faillite ».** Elle ne s'appelle plus ainsi et joue aujourd'hui pour les personnes physiques commerçantes et toutes les personnes morales (86). Leur « cessation des paiements » entraîne l'ouverture d'une procédure collective (le débiteur lui-même doit en principe en prendre l'initiative : c'est le « dépôt de bilan »). Cette procédure de redressement ou liquidation judiciaires **suspend** dès son ouverture toute poursuite individuelle et oblige les créanciers dont le titre est antérieur (87) à déclarer leurs créances qui sont vérifiées et centralisées. Il y a réunion des créanciers en une collectivité représentée par les organes de la procédure collective qui ont le monopole des actions en justice même contre des tiers dès lors que ces actions reposent sur l'intérêt commun, comme les actions en responsabilité contre les dirigeants ou contre un banquier fautif (88). Cette procédure tente de sauver l'entreprise, si cela est possible, par l'élaboration de plans qui imposent aux créanciers des sacrifices (abandon partiel de créances, échelonnement des paiements). Lorsqu'un tel plan ne peut pas être élaboré ou respecté, la procédure organise le règlement de tous les créanciers, dans la mesure permise par l'actif.

(85) V. commentaire Remery, *D.* 1997, chr. 75.

(86) Vallens, *Le droit des faillites de 1807 à aujourd'hui*, *D.* 2007.669. — Sur le régime actuel, v. Saint-Alary-Houin, *Droit des entreprises en difficulté*, 6e éd., 2009.

(87) Les créances postérieures au jugement bénéficient de nouveau du droit commun (cf. par ex. les loyers échus après le jugement : Com., 17 janvier 1995, *Bull. civ.*, IV, n° 16) et l'on revient à leur égard au principe « premier saisisssant premier payé » : Com., 22 avril 1997, *Bull. civ.*, IV, n° 104. — 26 avril 2000, *Bull. civ.*, IV, n° 85.

(88) Cf. Com., 3 juin 1997, *D.* 1997.517, note Derrida.

On tente de prévenir ce règlement collectif par une procédure de prévention et de conciliation sous égide judiciaire, durant laquelle le juge peut accorder au débiteur des délais de grâce (art. L. 611-1 et s. C. com.) (89).

869 **Règlement collectif du passif des particuliers « surendettés ».** Une loi du 31 décembre 1989 a institué une « mini » procédure collective pour les particuliers **« surendettés ».** Ce régime est conçu comme une faveur à leur profit et réservé aux débiteurs de « bonne foi » (90) pour leurs **dettes non professionnelles** (C. consom., art. 331-2) (91).

En peu d'années, compte tenu de la dégradation socio-économique, le nombre de ces procédures a augmenté vertigineusement. Les juges d'instance en ont été submergés et la procédure a été réformée par une première loi du 8 février 1995 (92) puis par la loi dite « anti-exclusion » du 29 juillet 1998 (93) puis encore par celle du 1er août 2003 prolongeant le dispositif par un mécanisme dit de « rétablissement personnel » (94) et une nouvelle fois par la loi du 22 décembre 2010. Le régime de cette procédure est intégré au Code de la consommation (art. L. 331-1 et s.).

870 **Plan conventionnel : commission de surendettement.** La procédure se déroule d'abord devant une commission départementale, dite « commission de surendettement des particuliers », dont la composition est fixée par la loi (art. L. 331-1).

Saisie par le débiteur lui-même (95), cette commission dresse un état de sa situation (passive et active) à partir duquel elle tente d'élaborer « un plan conventionnel de redressement approuvé par le débiteur et ses principaux créanciers » (art. L. 331-6) la loi « anti-exclusion » ayant introduit la nécessité de maintenir au débiteur un « reste à vivre » défini à l'article L. 331-2 et que le juge doit vérifier d'office (96). De nature purement conventionnelle, ce plan ne

(89) V. Com., 16 juin 1998, *Bull. civ.*, IV, n° 193.

(90) Laquelle est présumée (Civ. 1re, 4 avril 1991, *Bull. civ.*, I, nos 123, 124 et 126 ; *D.* 1991.307, note Bouloc) et s'apprécie lors de la souscription des dettes (Civ. 1re, 14 mai 1992, *Bull. civ.*, I, n° 136) et non d'après des fautes à l'origine de l'appauvrissement ultérieur (Civ. 1re, 31 mars 1992, *Bull. civ.*, I, n° 106) ni d'après son comportement lors de la procédure (Civ. 1re, 11 octobre 1994, *Bull. civ.*, I, n° 288). — V. toutefois Civ. 1re, 5 janvier 2000, *Bull. civ.*, I, n° 2 pour une appréciation lors de la demande (de sorte que le rejet pour cette raison d'une première demande n'interdit pas d'en faire une autre plus tard).

(91) Le bénéfice de cette procédure est exclu dès qu'une partie du passif est professionnel (Civ. 1re, 2 juillet 2009, *Bull. civ.*, I, n° 184). Mais il est, depuis la loi du 4 août 2008, ouvert aux cautions de dettes professionnelles (C. consom., art. L. 330-1).

(92) V. Chatin et Ferrière, *Le nouveau traitement des situations de surendettement*, *D.* 1996, chr. 39. — *Adde D. 1996*. Som. 77.

(93) V. Sinay-Citermann, *JCP* 1999.I.106.

(94) V. comm. Rondey, *D.* 2003.2162.

(95) Cette saisine ne suspend pas l'exigibilité de ses dettes : Civ. 2e, 22 mars 2001, *Bull. civ.*, II, n° 60.

(96) Civ. 1re, 18 octobre 2000, *Bull. civ.*, I, n° 256.

lie que ceux qui l'ont accepté. Pour cette raison, la loi ne restreint ni les créanciers qui peuvent y participer (sauf sans doute à vérifier qu'ils puissent disposer de leur créance pour consentir des remises de dette ou même des délais), ni les mesures pouvant être adoptées (rééchelonnement, réduction d'intérêts et même remises de dettes : art. L. 331-6). La durée de ce plan ne peut excéder dix ans, sauf pour le remboursement du prêt concernant le logement.

871 **Plan judiciaire.** Si elle ne parvient pas à une telle convention, ladite commission a le pouvoir de « recommander » un certain nombre de mesures. C'est là la nouveauté de la réforme de 1995, avant laquelle le dossier passait automatiquement à un traitement par le juge d'instance. Désormais, c'est encore la commission qui élabore le plan, mais cette fois sous une triple limitation due au défaut d'accord des parties :

— certaines créances ne peuvent pas être affectées par ce plan : ce sont les créances alimentaires (97), les indemnités dues aux victimes d'infractions pénales et les amendes, la loi du 1er août 2003 ayant supprimé l'exception très contestable des créances fiscales ou parafiscales (98) ;

— les mesures qui peuvent être décidées sont énumérées par l'article L. 331-7 : report ou rééchelonnement pouvant aller jusqu'à dix ans (ou plus pour ce qui concerne la résidence principale), réduction des intérêts, et même « effacement » total ou partiel qui ne peut toutefois concerner les dettes payées par une caution ;

— seuls les créanciers dûment appelés à la procédure peuvent se voir opposer ce plan (art. L. 331-8).

Ce plan est soumis à homologation judiciaire du juge d'instance (art. L. 332-1) lequel n'a pas pour mission de vérifier les créances elles-mêmes (99).

C'est seulement s'il est contesté devant le juge que ce dernier peut le refaire, telle une juridiction d'appel : il dispose à cet égard des mêmes pouvoirs que la commission (art. L. 332-2 et s.).

Les mesures ainsi prises en faveur du débiteur ne profitent pas à sa **caution** (100).

872 **Caducité et retour à meilleure fortune.** Les mesures ainsi prises sont caduques si le débiteur « ne joue pas le jeu » (fausses déclarations, dissimulation d'actif, souscription de nouveaux emprunts sans autorisation : art. L. 333-2).

(97) Voir GERVAIS, *Divorce et surendettement*, *C.C.C.* 1999, chr. 5.

(98) Ainsi un bailleur peut-il être reconnu prioritaire sur le Trésor public : Civ. 1re, 8 mars 2007, *C.C.C.* 2007, n° 140.

(99) Civ. 1re, 4 mai 1999, *Bull. civ.*, I, n° 149. — 6 juin 2000, *Bull. civ.*, I, n° 178 ; *C.C.C.* 2000.137, obs. RAYMOND.

(100) Civ. 1re, 13 novembre 1996, *D.* 1997.141, concl. contraires SAINTE-ROSE, note critique MOUSSA ; *Defrénois* 1997.292, note critique AYNÈS. — 3 mars 1998, *D.* 1998.421, concl. SAINTE-ROSE ; *JCP* 1998.II.10117, note PIEDELIÈVRE. — 15 juillet 1999, *JCP* 1999.II.10196.

Si le débiteur revient ensuite à **meilleure fortune**, il devra compléter ses paiements (101).

De façon plus générale, les tribunaux tendent à admettre que tout fait nouveau permet l'élaboration d'un nouveau plan (102).

873 **Procédure de rétablissement personnel.** Lorsque le débiteur de bonne foi apparaît incapable d'assumer un plan, la loi du 1er août 1993 permet au juge de l'exécution d'ouvrir une procédure dite de « rétablissement personnel » qui est en réalité une procédure de liquidation des actifs libérant le débiteur (art. L. 332-5 et s.).

Le jugement d'ouverture suspend les poursuites individuelles des créanciers et organise une procédure de vérification des créances déclarées débouchant sur une liquidation des actifs (autres que les meubles nécessaires à la vie quotidienne et à l'activité professionnelle) et une répartition du produit entre les créanciers.

Ce qui est important, c'est que la clôture de cette procédure « **entraîne l'effacement de toutes les dettes non professionnelles du débiteur** » (art. L. 332-9) sauf si le juge estime encore possible d'établir un plan d'apurement (103).

874 **Procédure de rétablissement professionnel.** L'ordonnance du 12 mars 2014 réformant une nouvelle fois les procédures collectives a organisé, pour les très petits professionnels (personnes physiques sans salariés) une procédure de rétablissement professionnel sur le modèle du rétablissement personnel (C. com., art. L. 645-1 et s.).

Nos 875 à 879 réservés.

(101) Civ. 1re, 9 février 1994, *Bull. civ.*, I, n° 59.

(102) Civ. 1re, 26 avril et 10 mai 2000, *C.C.C.* 2000.152, obs. RAYMOND.

(103) Pour un bilan d'application, voir colloque du 10 juin 2005, *C.C.C.* octobre 2005. — Cet effacement ne vaut pas paiement : par ex. le bien impayé reste grevé de la clause de réserve de propriété (Civ. 2e, 27 février 2014, n° 13-10891).

CHAPITRE 4

EXTINCTION SANS PAIEMENT

880 **Caractère exceptionnel.** Il est évidemment exceptionnel qu'une créance s'éteigne sans que le créancier obtienne satisfaction d'une manière ou d'une autre. Pourtant le Code civil prévoit lui-même trois institutions dont l'objet même est d'éteindre la créance sans contrepartie : par ordre d'importance croissante, il s'agit de la confusion, de la remise de dette et de la prescription. De plus, mêlant l'idée de remise et de prescription, le droit des faillites prévoit certains cas d'extinction sans paiement.

SECTION 1 LA CONFUSION

TEXTES

Code civil, art. 1300 et 1301

SECTION V. — DE LA CONFUSION

Art. 1300. — Lorsque les qualités de créancier et de débiteur se réunissent dans la même personne, il se fait une confusion de droit qui éteint les deux créances.

Art. 1301. — La confusion qui s'opère dans la personne du débiteur principal, profite à ses cautions ;

Celle qui s'opère dans la personne de la caution, n'entraîne point l'extinction de l'obligation principale ;

Celle qui s'opère dans la personne du créancier, ne profite à ses codébiteurs solidaires que pour la portion dont il était débiteur.

881 **Identité du créancier et du débiteur.** Il y a confusion lorsque les qualités de créancier et de débiteur, qui appartenaient à l'origine à deux personnes distinctes, viennent à se « confondre » sur la tête de l'une d'elles : par exemple le débiteur hérite de son créancier. Cette situation se rencontre plus fréquemment à l'égard des personnes morales : les sociétés créancière et débitrice viennent à fusionner. La chose se rencontre encore lorsqu'un débiteur rachète à son créancier la créance qu'il détient contre lui. C'est presque un paiement, dira-t-on : mais ce rachat peut se faire à un prix moindre que la créance (par exemple une société rachète en bourse les obligations qu'elle a émises et dont le cours est tombé en dessous du nominal).

Le lien d'obligation étant un lien personnel entre deux personnes, ou plutôt entre leurs patrimoines, il est évident que cette réunion emporte extinction de la dette, par impossibilité d'une « créance sur soi-même ».

882 **Confusion partielle.** Si la dette pesait sur plusieurs débiteurs, la confusion ne sera que partielle (art. 1209). Par exemple, A et B devaient 100 à X ; A hérite de X ; il y a confusion pour sa part de dette, mais B reste tenu de sa propre part (art. 1301, al. 3). Dans le cas de **codébiteurs solidaires,** un arrêt (peu convaincant) a néanmoins jugé que la confusion entre le créancier et l'un des codébiteurs éteignait la dette, et déchargeait en conséquence la caution de l'autre débiteur (1).

Il en est de même si c'est la créance qui est transmise à plusieurs : A devait 2 000 à X ; il en hérite conjointement avec son frère B ; la confusion ne s'opère que pour la part de A, qui reste débiteur de 1 000 envers B, es-qualité d'héritier de X.

SECTION 2 RENONCIATION ET REMISE DE DETTE

TEXTES

Code civil, art. 1282 à 1288

SECTION III. — DE LA REMISE DE LA DETTE

Art. 1282. — La remise volontaire du titre original sous signature privée, par le créancier au débiteur, fait preuve de la libération.

(1) Com., 24 mars 1992, *Bull. civ.*, IV, n° 127 : l'arrêt est directement contraire à l'article 1301 al. 3 et au surplus critiquable en ce que le codébiteur solidaire qui « paie par confusion » est en principe subrogé, à hauteur de son recours contre l'autre, dans les droits et garanties du créancier, ce qui inclut le bénéfice du cautionnement.

Art. 1283. — La remise volontaire de la grosse du titre fait présumer la remise de la dette ou le paiement, sans préjudice de la preuve contraire.

Art. 1284. — La remise du titre original sous signature privée, ou de la grosse du titre, à l'un des débiteurs solidaires, a le même effet au profit de ses codébiteurs.

Art. 1285. — La remise ou décharge conventionnelle au profit de l'un des codébiteurs solidaires libère tous les autres, à moins que le créancier n'ait expressément réservé ses droits contre ces derniers.

Dans ce dernier cas, il ne peut plus répéter la dette que déduction faite de la part de celui auquel il a fait la remise.

Art. 1286. — La remise de la chose donnée engage ou en nantissement ne suffit point pour faire présumer la remise de la dette.

Art. 1287. — La remise ou décharge conventionnelle accordée au débiteur principal libère les cautions ;

Celle accordée à la caution ne libère pas le débiteur principal ;

Celle accordée à l'une des cautions ne libère pas les autres.

Art. 1288. — Ce que le créancier a reçu d'une caution pour la décharge de son cautionnement doit être imputé sur la dette, et tourner à la décharge du débiteur principal et des autres cautions.

883 **Définition et nature juridique.** La remise de dette est l'acte de volonté par lequel le créancier renonce à son droit et dispense, en tout ou en partie, le débiteur de son obligation.

Il s'agit d'une *convention* (arg. art. 1285), et le consentement du débiteur libéré est nécessaire pour éviter qu'il ne devienne contre son gré l'obligé moral de son bienfaiteur ; mais ce consentement sera facilement présumé puisque l'offre est faite dans son intérêt exclusif (cf. *supra,* n° 66).

Il s'agit dans tous les cas d'*un acte de disposition* de la part du créancier, exigeant la capacité et le pouvoir d'accomplir de tels actes (cf. art. 1224 : la remise consentie par un créancier solidaire ne vaut pas envers les autres).

Cet acte de disposition est le plus souvent gratuit : le créancier ne reçoit aucune contrepartie. La remise s'analyse alors en *une libéralité,* qui sera soumise au régime propre de ces actes (du point de vue successoral notamment, mais aussi quant à la capacité ou l'exercice de l'action paulienne, ou à la révocation pour ingratitude, voire du point de vue fiscal). On admet toutefois qu'il s'agit d'une **libéralité indirecte,** de sorte que la condition de forme des donations (acte notarié) n'est pas applicable (2).

La remise peut également être à titre onéreux : par exemple elle est insérée dans une transaction plus générale et trouve ainsi une contrepartie dans d'autres avantages consentis au créancier (3) ou encore une remise partielle a pour but de donner au débiteur le répit qui lui permettra de régler le solde : tel est le cas notamment des remises consenties à un débiteur en redressement judiciaire dans

(2) V. par ex. Civ., 1re, 5 avril 2005, *Bull. civ.*, I, n° 168.
(3) V. par ex. Com., 2 octobre 2001, *Bull. civ.*, IV, n° 154.

le **plan de continuation de l'entreprise** — cas dans lequel, par dérogation à l'article 1287, les cautions ne sont pas libérées (loi 25 janvier 1985, art. 64) (4).

884 **Preuve de la remise de dette.** Non seulement la remise peut être établie par les modes de preuve du droit commun, mais encore le Code civil la présume lorsque le créancier a volontairement (5) rendu au débiteur le titre qui constatait sa créance : en se démunissant ainsi de son titre, le créancier est présumé avoir renoncé à toute action qu'il pourrait exercer en prouvant son droit d'une autre manière. La présomption est simple si le titre est notarié (art. 1283) et irréfragable s'il s'agit d'un écrit sous seings privés (art. 1282), ce qui signifie que le créancier ne peut plus agir, même sur le fondement d'autres preuves que le titre qu'il a remis (6). La jurisprudence y assimile une ***rature*** du titre, mais la présomption est simple (7).

En réalité, cette **présomption** concerne l'extinction de la créance et, bien que l'article 1282 parle de remise de dette, vaut tout aussi bien présomption de paiement (cf. *supra,* n° 805). Elle implique donc seulement que le créancier n'a plus de droit, mais ne détermine pas s'il y a eu paiement ou remise de dette : celui qui prétend qu'il y a eu remise, par exemple pour faire jouer les règles applicables aux libéralités, doit donc établir que le titre a été restitué sans contrepartie.

En cas de **pluralité de débiteurs,** la remise consentie à l'un d'entre eux décharge les autres à due concurrence non seulement s'il s'agit de débiteurs conjoints, ce qui va de soi (8), mais aussi s'ils sont solidaires (art. 1285) (9).

En cas de pluralité de créanciers, il faut corollairement admettre que la remise consentie par l'un vaut pour sa part et ne permet plus aux autres que de poursuivre paiement du solde.

885 **Renonciation à un droit.** Bien que non visée par le Code, la renonciation à un droit en général est admise par notre droit positif. Il s'agit ici d'un acte de volonté unilatéral, qui peut jouer en toutes matières et dont la remise de dette n'est qu'une application.

La renonciation peut-elle affecter tout droit, qu'il soit d'ordre public ou non ?

On distingue à cet égard selon que le droit est futur ou déjà né : pour les **droits futurs,** la renonciation exige la libre disposition car il faut protéger le titulaire contre un abandon hâtif et peu mesuré de prérogatives d'ordre public.

(4) Cf. Com., 17 novembre 1992, *Bull. civ.*, IV, n° 355 ; *D.* 1993.41, note VIDAL. — 17 mai 1994, *Bull. civ.*, IV, n° 177. — Mais, curieusement, l'assureur du débiteur profite de ces remises : Civ. 1re, 6 janvier 1994, *Bull. civ.*, I, n° 2 (ce qui n'est guère cohérent).

(5) Ce caractère volontaire doit être prouvé par le bénéficiaire : Com., 3 décembre 1985, *Bull. civ.*, IV, n° 285.

(6) Civ. 1re, 6 janvier 2004, *Bull. civ.*, I, n° 6.

(7) Civ. 1re, 16 juin 1993, *Bull. civ.*, I, n° 219 ; *D.* 1995.406, note RAFFI.

(8) Civ. 1re, 11 octobre 1988, *Bull. civ.*, I, n° 285.

(9) Art. 1210. — V. Civ. 1re, 26 mai 1994, *Bull. civ.*, I, n° 187.

Mais une fois le droit né et acquis (10), le titulaire peut mesurer la portée exacte de son acte et la renonciation est toujours possible. Ainsi, on ne peut renoncer pour l'avenir à une créance alimentaire, mais on peut abandonner les arrérages déjà échus et il en est de même pour tous les droits d'ordre public (11). De même, on ne peut dans un bail commercial renoncer au droit au renouvellement mais, sitôt le bail signé, cette renonciation est possible (12).

Sauf lorsqu'elle concerne un acte solennel, où elle doit revêtir la même forme (13), la renonciation n'est pas un acte formaliste (14) et peut être **expresse** ou **tacite :** en ce cas, elle résulte d'un comportement du créancier qui doit être sans équivoque incompatible avec le maintien du droit (15). Un simple silence ou une simple abstention, même prolongée, ne manifeste qu'une tolérance, jamais une renonciation et la Cour de cassation exerce un contrôle vigilant (16).

Au surplus, toute renonciation doit s'interpréter de façon stricte : par exemple, renoncer à agir contre un responsable n'emporte pas renonciation à agir contre son assureur (17).

■ (10) Et dès l'instant même de sa naissance : Civ. 1re, 30 mars 1994, *Bull. civ.*, I, n° 116.

■ (11) Cf. par ex. Civ. 3e, 27 octobre 1975, *Bull. civ.*, III, n° 310. — 29 juin 1977, *Bull. civ.*, III, n° 294. — Civ. 1re, 17 mars 1998, *Bull. civ.*, I, n° 120 ; *C.C.C.* 1998.86, obs. Leveneur. — Civ. 1re, 8 février 2005, *Bull. civ.*, I, n° 70 (droit à prestation compensatoire). — V. chronique Mestre, *RTD civ.* 1998.671. — V. cependant Civ. 3e, 4 décembre 1984, *Bull. civ.*, III, n° 204 et 27 septembre 1983, *Bull. civ.*, III, n° 170, paraissant prohiber toute renonciation à un droit d'ordre public, même déjà né (en matière de sous-traitance).

■ (12) Civ. 3e, 4 mai 2006, *Bull. civ.*, III, n° 110.

■ (13) Ainsi la renonciation à une donation doit être faite par acte notarié : Civ. 1re, 7 juin 2006, *Bull. civ.*, I, n° 289.

■ (14) Cf. par ex. Com., 1er juillet 2008, *Bull. civ.*, IV, n° 140 (renonciation à un usufruit).

■ (15) Par exemple, en défendant sans réserves son assuré dans le procès qui lui est intenté, l'assureur renonce aux exceptions de non-garantie : Civ. 1re, 8 juillet 1997, *Bull. civ.*, I, n° 232 et art. L. 113-17 du Code des assurances. — Ou, en continuant de percevoir les primes après avoir été informé d'une aggravation du risque, l'assureur renonce à en déduire la résiliation du contrat : Civ. 1re, 8 juillet 2003, *Bull. civ.*, I, n° 158. — Ou encore, en payant son loyer au nouveau propriétaire, acquéreur du bien, le locataire renonce à faire jouer son droit de préemption : Civ. 3e, 3 novembre 2011, n° 10-20297 ; *Bull. civ.*, III, n° 181 (2e moyen).

■ (16) Jurisprudence constante en toutes matières depuis Ch. mixte, 26 avril 1974, *Bull. civ.*, *C.M.*, n° 1. — V. par ex. Civ. 1re, 7 mars et 3 octobre 2000, *Bull. civ.*, I, nos 75 et 231 (ne pas poursuivre l'exécution d'un contrat pendant longtemps, ou ne pas rappeler expressément un droit lors d'une opération, ne sont pas des renonciations au contrat ni au droit). — V. encore Civ. 2e, 20 juin 2002, *Bull. civ.*, II, n° 138 (pour une prestation compensatoire non réclamée pendant 16 ans !). — Civ. 1re, 29 septembre 2003, *Bull. civ.*, I, n° 184 (pour les primes d'assurances non payées pendant dix ans !). — Civ. 2e, 10 mars 2005, *Bull. civ.*, II, n° 68 (silence pendant trois ans du bénéficiaire d'un jugement de condamnation). — Civ. 3e, 19 mars 2008, *Bull. civ.*, III, n° 53 (inaction pendant 5 ans d'un bailleur impayé — *id.* Civ. 3e, 7 décembre 2004, *Gaz. Pal.* 2005, Som. 1306 : inaction pendant 10 ans !)

■ (17) Civ. 1re, 26 mai 1993, *Bull. civ.*, I, n° 186. — 30 mai 1995, *Bull. civ.*, I, n° 220. — 17 mars 1998, *Bull. civ.*, I, n° 111.

À plus forte raison, on ne peut renoncer au préjudice d'un tiers : la renonciation du débiteur principal à un moyen de défense n'empêche pas la caution de le soulever (18).

SECTION 3 LA « FAILLITE » DU DÉBITEUR

TEXTES

Code de commerce, art. L. 622-26

Art. L. 622-26. — À défaut de déclaration dans des délais prévus à l'article L. 622-24 les créanciers ne sont pas admis dans les répartitions et les dividendes à moins que le juge-commissaire ne les relève de leur forclusion s'ils établissent que leur défaillance n'est pas due à leur fait ou qu'elle est due à une omission du débiteur lors de l'établissement de la liste prévue au deuxième alinéa de l'article L. 622-6. Ils ne peuvent alors concourir que pour les distributions postérieures à leur demande.

Les créances non déclarées régulièrement dans ces délais sont inopposables au débiteur pendant l'exécution du plan et après cette exécution lorsque les engagements énoncés dans le plan ou décidés par le tribunal ont été tenus. Pendant l'exécution du plan, elles sont également inopposables aux personnes physiques coobligées ou ayant consenti une sûreté personnelle ou ayant affecté ou cédé un bien en garantie.

L'action en relevé de forclusion ne peut être exercée que dans le délai de six mois. Ce délai court à compter de la publication du jugement d'ouverture ou, pour les institutions mentionnées à l'article L. 3253-14 du code du travail, de l'expiration du délai pendant lequel les créances résultant du contrat de travail sont garanties par ces institutions. Pour les créanciers titulaires d'une sûreté publiée ou liés au débiteur par un contrat publié, il court à compter de la réception de l'avis qui leur est donné. Par exception, si le créancier justifie avoir été placé dans l'impossibilité de connaître l'obligation du débiteur avant l'expiration du délai de six mois, le délai court à compter de la date à laquelle il est établi qu'il ne pouvait ignorer l'existence de sa créance.

886 **Évolution.** Le Code civil ne range pas la « faillite » du débiteur parmi les causes d'extinction de ses dettes. C'est que la procédure collective qui s'ouvre en cas de « faillite », et qui ne porte plus aujourd'hui ce nom mais celui de redressement judiciaire ou liquidation judiciaire selon que l'entreprise paraît ou non pouvoir être sauvée, a été maintes fois remaniée. La loi du 25 janvier 1985 avait conféré un effet extinctif à la procédure collective dans un certain nombre de cas, en particulier celui où le créancier n'a pas déclaré sa créance dans le bref délai de 2 mois suivant la publication du jugement.

La loi de « sauvegarde » du 26 juillet 2005, qui a une nouvelle fois remanié la matière, a supprimé cet effet extinctif : les créanciers qui n'ont pas déclaré leur créance la verront certes inopposable à la procédure (ils ne participeront pas aux

(18) Com., 26 octobre 1999, *Bull. civ.*, IV, n° 182.

répartitions), mais ils la conservent de sorte qu'après clôture, ils seront toujours créanciers (ce qui cependant, en cas de liquidation et disparition d'une personne morale, ne leur ouvrira que peu de recours effectifs, sauf contre les cautions) (19).

887 **Procédure de rétablissement personnel.** La nouvelle forme de traitement du surendettement, issue de la loi du 1er août 2003, peut aboutir à un « effacement » des dettes du débiteur, à l'issue de la clôture de la procédure (v. *supra*, n° 873).

Nos 888 et 889 réservés.

SECTION 4 LA PRESCRIPTION LIBÉRATOIRE

TEXTES

Code civil, art. 2219 à 2254

CHAPITRE PREMIER

Dispositions générales

Art. 2219. — La prescription extinctive est un mode d'extinction d'un droit résultant de l'inaction de son titulaire pendant un certain laps de temps.

Art. 2220. — Les délais de forclusion ne sont pas, sauf dispositions contraires prévues par la loi, régis par le présent titre.

Art. 2221. — La prescription extinctive est soumise à la loi régissant le droit qu'elle affecte.

Art. 2222. — La loi qui allonge la durée d'une prescription ou d'un délai de forclusion est sans effet sur une prescription ou une forclusion acquise. Elle s'applique lorsque le délai de prescription ou le délai de forclusion n'était pas expiré à la date de son entrée en vigueur. Il est alors tenu compte du délai déjà écoulé.

En cas de réduction de la durée du délai de prescription ou du délai de forclusion, ce nouveau délai court à compter du jour de l'entrée en vigueur de la loi nouvelle, sans que la durée totale puisse excéder la durée prévue par la loi antérieure.

Art. 2223. — Les dispositions du présent titre ne font pas obstacle à l'application des règles spéciales prévues par d'autres lois.

CHAPITRE II

Des délais et du point de départ de la prescription extinctive

Section I. — Du délai de droit commun et de son point de départ

Art. 2224. — Les actions personnelles ou mobilières se prescrivent par cinq ans à compter du jour où le titulaire d'un droit a connu ou aurait dû connaître les faits lui permettant de l'exercer.

(19) V. MONSERIE-BON, *Les effets inattendus de l'absence d'extinction des créanciers non déclarées*, *D.* 2006.1282. — Com., 12 juillet 2011, n° 09-71.113 ; *JCP* 2011.901, note DISSAUX.

Section II. — De quelques délais et points de départ particuliers

Art. 2225. — L'action en responsabilité dirigée contre les personnes ayant représenté ou assisté les parties en justice, y compris à raison de la perte ou de la destruction des pièces qui leur ont été confiées, se prescrit par cinq ans à compter de la fin de leur mission.

Art. 2226. — L'action en responsabilité née à raison d'un événement ayant entraîné un dommage corporel, engagée par la victime directe ou indirecte des préjudices qui en résultent, se prescrit par dix ans à compter de la date de la consolidation du dommage initial ou aggravé.

Toutefois, en cas de préjudice causé par des tortures ou des actes de barbarie, ou par des violences ou des agressions sexuelles commises contre un mineur, l'action en responsabilité civile est prescrite par vingt ans.

Art. 2227. — Le droit de propriété est imprescriptible. Sous cette réserve, les actions réelles immobilières se prescrivent par trente ans à compter du jour où le titulaire d'un droit a connu ou aurait dû connaître les faits lui permettant de l'exercer.

CHAPITRE III

Du cours de la prescription extinctive

Section I. — Dispositions générales

Art. 2228. — La prescription se compte par jours, et non par heures.

Art. 2229. — Elle est acquise lorsque le dernier jour du terme est accompli.

Art. 2230. — La suspension de la prescription en arrête temporairement le cours sans effacer le délai déjà couru.

Art. 2231. — L'interruption efface le délai de prescription acquis. Elle fait courir un nouveau délai de même durée que l'ancien.

Art. 2232. — Le report du point de départ, la suspension ou l'interruption de la prescription ne peut avoir pour effet de porter le délai de la prescription extinctive au-delà de vingt ans à compter du jour de la naissance du droit.

Le premier alinéa n'est pas applicable dans tes cas mentionnés aux articles 2226, 2227, 2233 et 2236, au premier alinéa de l'article 2241 et à l'article 2244. Il ne s'applique pas non plus aux actions relatives à l'état des personnes.

Section II. — Des causes de report du point de départ ou de suspension de la prescription)

Art. 2233. — La prescription ne court pas :

1° À l'égard d'une créance qui dépend d'une condition, jusqu'à ce que la condition arrive ;

2° À l'égard d'une action en garantie, jusqu'à ce que l'éviction ait lieu ;

3° À l'égard d'une créance à terme, jusqu'à ce que ce terme soit arrivé.

Art. 2234. — La prescription ne court pas ou est suspendue contre celui qui est dans l'impossibilité d'agir par suite d'un empêchement résultant de la loi, de la convention ou de la force majeure.

Art. 2235. — Elle ne court pas ou est suspendue contre les mineurs non émancipés et les majeurs en tutelle, sauf pour les actions en paiement ou en répétition des salaires, arrérages de rente, pensions alimentaires, loyers, fermages, charges locatives, intérêts des sommes prêtées et, généralement, les actions en paiement de tout ce qui est payable par années ou à des termes périodiques plus courts.

Art. 2236. — Elle ne court pas ou est suspendue entre époux, ainsi qu'entre partenaires liés par un pacte civil de solidarité.
Art. 2237. — Elle ne court pas ou est suspendue contre l'héritier acceptant à concurrence de l'actif net, à l'égard des créances qu'il a contre la succession.
Art. 2238. — La prescription est suspendue à compter du jour où, après la survenance d'un litige, les parties conviennent de recourir à la médiation ou à la conciliation ou, à défaut d'accord écrit, à compter du jour de la première réunion de médiation ou de conciliation.
Le délai de prescription recommence à courir, pour une durée qui ne peut être inférieure à six mois, à compter de la date à laquelle soit l'une des parties ou les deux, soit le médiateur ou le conciliateur déclarent que la médiation ou la conciliation est terminée.
Art. 2239. — La prescription est également suspendue lorsque le juge fait droit à une demande de mesure d'instruction présentée avant tout procès.
Le délai de prescription recommence à courir, pour une durée qui ne peut être inférieure à six mois, à compter du jour où la mesure a été exécutée

Section III. — Des causes d'interruption de la prescription

Art. 2240. — La reconnaissance par le débiteur du droit de celui contre lequel il prescrivait interrompt le délai de prescription.
Art. 2241. — La demande en justice, même en référé, interrompt le délai de prescription ainsi que le délai de forclusion.
Il en est de même lorsqu'elle est portée devant une juridiction incompétente ou lorsque l'acte de saisine de la juridiction est annulé par l'effet d'un vice de procédure.
Art. 2242. — L'interruption résultant de la demande en justice produit ses effets jusqu'à l'extinction de l'instance.
Art. 2243. — L'interruption est non avenue si le demandeur se désiste de sa demande ou laisse périmer l'instance, ou si sa demande est définitivement rejetée.
Art. 2244. — Le délai de prescription ou le délai de forclusion est également interrompu par une mesure conservatoire prise en application du code des procédures civiles d'exécution ou un acte d'exécution forcée.
Art. 2245. — L'interpellation faite à l'un des débiteurs solidaires par une demande en justice ou par un acte d'exécution forcée ou la reconnaissance par le débiteur du droit de celui contre lequel il prescrivait interrompt le délai de prescription contre tous les autres, même contre leurs héritiers. En revanche, l'interpellation faite à l'un des héritiers d'un débiteur solidaire ou la reconnaissance de cet héritier n'interrompt pas le délai de prescription à l'égard des autres cohéritiers, même en cas de créance hypothécaire, si l'obligation est divisible. Cette interpellation ou cette reconnaissance n'interrompt le délai de prescription, à l'égard des autres codébiteurs, que pour la part dont cet héritier est tenu.
Pour interrompre le délai de prescription pour le tout à l'égard des autres codébiteurs, il faut l'interpellation faite à tous les héritiers du débiteur décédé ou la reconnaissance de tous ces héritiers.
Art. 2246. — L'interpellation faite au débiteur principal ou sa reconnaissance interrompt le délai de prescription contre la caution.

CHAPITRE IV
Des conditions de la prescription extinctive

Section I. — De l'invocation de la prescription

Art. 2247. — Les juges ne peuvent pas suppléer d'office le moyen résultant de la prescription.

Art. 2248. — Sauf renonciation, la prescription peut être opposée en tout état de cause, même devant la cour d'appel.

Art. 2249. — Le paiement effectué pour éteindre une dette ne peut être répété au seul motif que le délai de prescription était expiré.

Section II. — De la renonciation à la prescription

Art. 2250. — Seule une prescription acquise est susceptible de renonciation.

Art. 2251. — La renonciation à la prescription est expresse ou tacite.

La renonciation tacite résulte de circonstances établissant sans équivoque la volonté de ne pas se prévaloir de la prescription.

Art. 2252. — Celui qui ne peut exercer par lui-même ses droits ne peut renoncer seul à la prescription acquise.

Art. 2253. — Les créanciers, ou toute autre personne ayant intérêt à ce que la prescription soit acquise, peuvent l'opposer ou l'invoquer lors même que le débiteur y renonce.

Section III. — De l'aménagement conventionnel de la prescription

Art. 2254. — La durée de la prescription peut être abrégée ou allongée par accord des parties. Elle ne peut toutefois être réduite à moins d'un an ni étendue à plus de dix ans.

Les parties peuvent également, d'un commun accord, ajouter aux causes de suspension ou d'interruption de la prescription prévues par la loi.

Les dispositions des deux alinéas précédents ne sont pas applicables aux actions en paiement ou en répétition des salaires, arrérages de rente, pensions alimentaires, loyers, fermages, charges locatives, intérêts des sommes prêtées et, généralement, aux actions en paiement de tout ce qui est payable par années ou à des termes périodiques plus courts.

890 **Définition.** La prescription est un moyen de consacrer en droit une situation de fait au bout d'un certain temps. Elle prend deux formes : *prescription acquisitive* (dite usucapion) par laquelle le possesseur d'un bien en devient propriétaire ; *prescription extinctive* par laquelle une créance non exercée s'éteint.

Quoiqu'ayant des fondements communs, ces deux applications de la même idée d'écoulement du temps sont aujourd'hui totalement distinctes : la prescription acquisitive ne concerne que le droit de la propriété, tandis que la prescription extinctive ne concerne que les droits personnels. Seule cette dernière nous intéresse donc ici (sur la prescription des actions en nullité d'un contrat, v. *supra,* n° 210).

Il faut, quoique ce ne soit pas toujours facile, distinguer la prescription de la **déchéance** que certains textes attachent au défaut d'utilisation d'un droit pendant un certain temps : par exemple le titulaire d'une marque qui ne l'exploite pas ou tolère un droit contraire pendant cinq ans ou l'agent commercial qui ne notifie pas le délai d'un an sa revendication d'une indemnité de fin de contrat (art. L. 134-12 du Code de commerce).

La jurisprudence est floue sur la soumission de ces délais au droit de la prescription, par exemple quant aux modes d'interruption (20).

La **nature juridique** de la prescription a toujours fait l'objet d'hésitations : parce qu'elle fait obstacle à une action en justice, elle paraît essentiellement une règle *procédurale*, qui éteint le droit d'agir en justice, mais non le droit de créance en lui-même (lequel subsiste donc simplement dépourvu de sanction, mais justifiant une exécution spontanée valable : *infra*, n° 922) ; mais parce qu'elle « désactive » le droit, on y voit aussi une règle de droit substantiel, atteignant la créance elle-même. La loi de 2008 a nettement choisi ce second parti en définissant la prescription comme « un mode d'extinction d'un droit » (art. 2219).

891 **Fondements.** Il peut paraître *a priori* choquant, sur le plan de l'équité et de la morale, que le débiteur soit libéré de sa dette simplement par l'écoulement d'un certain temps : n'est-ce pas en quelque sorte donner une prime au mauvais payeur qui réussit à se soustraire au paiement pendant assez longtemps, par rapport à celui qui honore ponctuellement son engagement ?

Pourtant ce mécanisme, connu de tous temps, dans tous les systèmes juridiques et en toutes matières (même en droit pénal), répond à plusieurs soucis conjugués : d'une part, ne pas encombrer les tribunaux avec de trop anciennes querelles, alors que leur ancienneté même rendrait leur jugement très difficile du fait du **dépérissement des preuves** (témoins morts ou âgés, expertises impossibles, écrits égarés, etc.) ; d'autre part, protéger les débiteurs contre la charge qui peut se **révéler écrasante** de dettes anciennes accumulées qu'ils avaient pu oublier ou croire éteintes d'une autre manière ; enfin protéger encore les débiteurs contre une nouvelle réclamation d'une dette ancienne **déjà payée** mais dont ils ne peuvent plus prouver le paiement. Ces deux derniers soucis sont d'autant plus forts que, compte tenu du temps écoulé, c'est souvent les **héritiers** du débiteur initial qui seront concernés par une demande très tardive, alors qu'ils ignorent tout de la dette et ne disposent d'aucun moyen pour savoir ce qu'il en est et s'y opposer.

La diversité de ces fondements ainsi que des textes applicables, beaucoup de lois particulières comportant une disposition propre à la prescription, conduit à un désordre et une incohérence graves de la matière (21).

892 **Évolution du Code civil à 2008.** La diversité de ces fondements exclut par nature le régime unitaire que le caractère mécanique de l'institution pourrait à première vue appeler et, dès l'origine en 1804, le Code civil comportait des distinctions selon la nature des droits concernés. Les exceptions au droit commun de la prescription, alors trentenaire, demeuraient cependant limitées.

■ (20) Voir en sens opposés, Com., 8 mars 2005, *Bull. civ.*, IV, n° 52 (application de l'art. 2244 au titulaire d'une marque) — Com., 18 mai et 27 septembre 2005, *Bull. civ.*, IV, n°s 102 et 180 (solution contraire pour l'agent commercial).

■ (21) V. *Le chaos du droit de la prescription extinctive*, *Mélanges Boyer*, 1996.123.

Mais au cours du XXe siècle, on a assisté à un véritable éclatement de la matière, sous l'influence de divers facteurs : le délai de droit commun de trente ans a été ressenti comme trop long, ce qui a conduit à en détacher des pans entiers (les obligations commerciales en 1948 et 1977, les obligations délictuelles en 1985) ; les particularités de chaque matière (ou de chaque profession) ont entraîné peu à peu que chaque Code, voire chaque loi, instituait sa prescription propre ; et les tribunaux, parfois influencés par l'injustice individuelle d'une institution qui ne se justifie qu'au plan général, ont multiplié les moyens (parfois byzantins et souvent contradictoires) de conserver une marge d'appréciation (en jouant notamment sur la computation du délai : point de départ, suspension, interruption).

Si bien qu'à la fin du XXe siècle, le droit de la prescription connaissait un désordre et une incohérence notoires amenant Carbonnier à ce constat dépité que « l'évolution de la jurisprudence, depuis 1804, a consisté dans un retour partiel à l'équité, voire à l'arbitraire de l'Ancien Droit : appuyant tantôt dans un sens, tantôt dans l'autre partout où une question est controversée, les tribunaux soumettent *a posteriori* les prétentions au délai qu'elles leur paraissent mériter » (22).

893 **Réforme du 17 juin 2008.** Cette situation appelait une refonte de la matière, afin surtout qu'elle devienne plus claire et plus lisible pour les justiciables, tant les créanciers qui doivent prévoir jusqu'à quand ils peuvent agir, que les débiteurs qui doivent savoir à partir de quand ils sont à l'abri de poursuites (afin notamment de conserver des moyens de preuve et de défense).

Tel a été l'objet de la loi du 17 juin 2008 qui a refondu le Titre vingt du Livre III du Code civil, séparant désormais le régime de la prescription acquisitive (art. 2258 et s.) de celui de la prescription extinctive qui occupe désormais les articles 2219 à 2254 du Code civil.

Cette réforme, aux qualités techniques indéniables mais effectuée un peu dans la précipitation et sans vision véritable, n'atteindra sans doute qu'en partie l'effet simplificateur et clarificateur recherché : si, en ramenant le délai de droit commun à cinq ans, elle a réduit la diversité des délais (mais non supprimée, loin s'en faut), si elle a supprimé de graves éléments de complexité (comme les prescriptions dites « *présomptives* » ou le mécanisme de l'« interversion »), si elle a sécurisé l'interruption, chacune de ces améliorations conserve des zones d'ombre qui seront générateurs de contentieux. Mais elle a conservé, et même aggravé, le mécanisme gravement insécurisant de la suspension et en outre elle a ouvert de nouveaux facteurs de perturbation (par une fixation plus floue du point de départ et par l'instauration d'un « délai-butoir » un peu énigmatique). D'où sans doute l'accueil mitigé qu'elle a reçu en doctrine dans l'attente de sa mise en œuvre pratique par la jurisprudence, différée par la nature du droit transitoire applicable.

(22) *Droit civil*, Quadriges, 2004, t. 2 n° 1275.

894 **Application dans le temps.** Selon une règle depuis longtemps dégagée par la jurisprudence (et désormais consacrée à l'article 2222), toute loi nouvelle venant réduire un délai de prescription s'applique aux délais en cours de la façon suivante : le nouveau délai ne court que du jour de la loi à moins que l'ancien n'expire plus tôt.

Dès lors, le nouveau délai de cinq ans n'entrera concrètement en vigueur que le 19 juin 2013 : jusque-là, seule l'expiration de l'ancien délai peut consommer une prescription (23).

Quant aux autres innovations de la loi, concernant les divers événements affectant le cours de la prescription (point de départ, interruption, etc.), ce serait la doter d'une rétroactivité non prévue que de l'appliquer à des événements antérieurs : ceux-ci auront donc la valeur que leur attachait le droit antérieur, tandis que ceux survenus depuis le 18 juin 2008 produiront les effets prévus par la loi nouvelle.

895 **Conséquence quant au droit positif actuel.** Ce qui vient d'être dit emporte qu'il y a lieu de conserver à l'esprit le régime antérieur à la loi de 2008 et de l'articuler avec le droit nouveau.

§ 1. Délais de prescription

A. DROIT COMMUN

896 **Évolution et triple droit commun.** Uniformément de trente ans à l'époque du Code civil, le délai de droit commun était devenu infiniment trop long, pour de multiples raisons dont la principale est que les paiements s'effectuant de nos jours essentiellement par des modes bancaires, la pratique du « reçu » s'est raréfiée, les intéressés pensant disposer d'une preuve suffisante par les archives bancaires. Or, celles-ci sont conservées pendant un temps variable selon les établissements, mais qui n'atteint à peu près jamais les trente ans : un délai aussi long, en permettant une réclamation à une époque où le débiteur ne peut plus établir avoir déjà payé, expose donc parfois celui-ci à devoir payer une seconde fois — risque très accru à l'égard des héritiers du débiteur.

Aussi le législateur était-il intervenu à trois reprises à l'époque moderne pour ramener de trente à dix ans le délai de droit commun ; mais à chaque fois, il ne visant que certaines grandes catégories d'obligations, laissant passer l'occasion

(23) Comp. Civ. 2e, 22 mars 2012, n° 11-12284 ; *D.* 2012-954 (pour la réduction de 30 à 10 ans du délai de prescription des titres exécutoires). — Civ 2e, 16 mai 2012, n° 11-17133, *RTD civ.* 2012.570, obs. PERROT.

d'une réduction uniforme et générale, de sorte qu'on était parvenu à un triple droit commun selon les matières :

— les obligations entre **commerçants** d'abord (loi du 18 août 1948), puis les obligations mixtes entre un commerçant et un particulier (loi du 3 janvier 1977) se prescrivaient par **dix ans** (ex-art. L. 110-4 du Code de commerce) ; cela concernant non seulement les obligations contractuelles (24), mais aussi toute action en responsabilité, contractuelle ou délictuelle (25), voire celles fondées sur un quasi-contrat (26) ; ce délai ne s'appliquant cependant pas à l'exécution d'un jugement déjà rendu (27) ;

— les actions en **responsabilité civile** non contractuelle se prescrivaient par **dix ans** depuis la loi du 5 juillet 1985 (ex-art. 2270-1 du Code civil) ;

— restaient donc soumises à la prescription **trentenaire** les créances d'origine **contractuelle ou quasi contractuelle** entre particuliers.

897 **Nouveau droit commun.** La loi du 17 juin 2008 a fixé le nouveau délai de droit commun en toutes matières à cinq ans : le droit commun se trouve ainsi non seulement unifié, mais encore vient coïncider avec certaines des prescriptions raccourcies qui existaient déjà auparavant, comme celle des créances périodiques (ex-art. 2277) ou celle des actions en nullité relative (art. 1304).

Cependant ce droit commun subit, avant comme après la réforme, de nombreuses exceptions, le plus souvent en faveur de délais plus courts comme c'était déjà le cas, mais aussi parfois désormais en faveur de délais plus longs.

B. DÉLAIS SPÉCIAUX

898 **Hétérogénéité.** On a souligné dès 1952 (28) que, depuis le Code civil, le droit de la prescription était marqué par une « marche constante vers l'hétérogénéité », chaque institution et chaque domaine tendant avoir à sa prescription propre. Cette tendance n'a fait que se renforcer depuis au point de rendre quasiment impossible (même après la réforme) de dresser un tableau complet de

(24) Sauf peut-être pour le contrat de travail, qui se distinguerait là encore : Soc., 14 avril 1988, *Bull. civ.*, V, n° 228 déclarant la prescription trentenaire applicable aux indemnités de licenciement.

(25) V. Com., 14 mai 1979, *Bull. civ.*, IV, n° 152. — 12 mai 2004, *Bull. civ.*, IV, n° 92. — 27 septembre 2004, *Bull. civ.*, IV, n° 187.

(26) Com., 7 avril 1967, *D.* 1967.511. — 23 octobre 2001, *RJDA* 2002, n° 228. — 29 novembre 2005, *Bull. civ.*, IV, n° 237 (répétition de l'indû).

(27) Civ. 2e, 10 juin 2004, *Bull. civ.*, II, n° 287 ; *Defrénois* 2005.626 et les obs. — Certains arrêts ont tenté d'étendre l'exception aux obligations résultant d'un **acte notarié**, au prétexte que cet acte est un titre exécutoire comme un jugement (Civ. 1re, 11 février 2003, *Bull. civ.*, I, n° 43. — Civ. 2e, 9 juin 2005, *JCP* 2005.10120, note crit. CROZE), mais une chambre mixte a stoppé la tentative (Ch. mixte, 26 mai 2006, *D.* 2006.1793 et la note limpide WINTGEN). — *Adde* LIBCHABER, *Le point sur l'interversion de prescription en cas de condamnation en justice*, *D.* 2006. chr. 254.

(28) J. CARBONNIER, *Notes sur la prescription extinctive*, *RTD civ.* 1952.170.

tous les textes particuliers instituant une prescription spéciale. Du moins peut-on indiquer les cas principaux, en distinguant désormais deux principales catégories : les prescriptions plus longues que le droit commun, et les prescriptions plus courtes, dont la plupart existaient avant la réforme. En toute occurrence, il est de principe que ces délais spéciaux, issus de textes particuliers dérogatoires au droit commun, sont de droit étroit (29).

899 **Délais plus longs que le droit commun.** La loi nouvelle a maintenu certains délais antérieurs, qui sont de ce fait devenus plus longs que le nouveau droit commun : ainsi en particulier le délai de dix ans pour la responsabilité des ***constructeurs*** (30) ou pour celle des producteurs de **produits défectueux** (C. civ., art. 1386-16).

Elle a aussi créé des délais qui, tout en étant parfois plus courts que l'ancien droit commun, sont plus longs que le nouveau : par exemple, pour la responsabilité du fait des dommages à **l'environnement** (30 ans : C. environnement, art. L. 152-1) ; pour celle des **professionnels de santé** (10 ans : C. santé publique, art. L. 1142-28) ; et pour tous les **dommages corporels** (10 ans, portés à 20 ans dans les cas les plus graves : art. 2226) ; pour les actions en exécution **d'un titre exécutoire** (nouvel art. 3-1 delà loi du 9 juillet 1991).

900 **Délais anciennement dérogatoires devenus conformes au droit commun.** Ce sont les délais qui étaient déjà de cinq ans avant la réforme de 2008, ce qui concerne à titre principal les **créances périodiques**, dont il a toujours été considéré qu'elles devaient être limitées à cinq ans pour éviter une accumulation ruineuse pour le débiteur (ex. art. 2277 et, en indivision, art. 815-9 et 815-10) : salaires, loyers et charges, pensions alimentaires, intérêts d'emprunts, etc.

Si elle a perdu sa particularité quant au délai, la prescription de ces créances périodiques en a, à l'inverse, acquis une quant à son régime : elle échappe aux aménagements conventionnels permis par l'article 2254 (cf. *infra*, n° 917).

901 **Délais plus brefs.** La loi nouvelle n'a pas remis en cause les très nombreux textes spéciaux prévoyant des délais de moins de cinq ans, de sorte qu'une bonne partie de la mosaïque antérieure n'a pas disparu.

Il s'agit principalement :

— des actions en matière de presse (trois mois ou un an : loi du 28 juillet 1881) ;

— des actions dérivant de certains contrats : contrat d'assurance (deux ans : art. L. 114-1 et L. 172-31, C. assur.), contrat de transport (un an : art. L. 133-6,

(29) Pour l'énoncé de ce principe, v. Civ. 1re, 1er juin 1994, *Bull. civ.*, I, n° 198. — Pour quelques applications : Com., 3 avril 2013, n° 12-15492, D. 2013.1384, note Dondero (prescription spéciale de trois ans en droit des sociétés). — Civ. 2e, 16 janvier 2014, n° 13-10134 (prescription spéciale de deux ans en droit des assurances).

(30) V. *Contrats spéciaux*, nos 854 et s.

C. com.), contrats de vente ou de crédit à la consommation (deux ans), baux commerciaux (deux ans), contrats relatifs au droit maritime (un an), etc. ;

— de l'ensemble des actions formées par un professionnel contre un consommateur pour toute fourniture de biens et services (deux ans : C. conso. art. L. 137-2) ;

— des actions en responsabilité dans certaines matières : contrefaçon de droits intellectuels (trois ans), gestion ou contrôle des sociétés (trois ans), diffamation (trois mois), etc. ;

— des actions contre l'État (déchéance quadriennale à la fin de la quatrième année suivant la naissance de la créance) ;

— des actions nées du droit cambiaire et en général du droit des sociétés (trois ans), du droit de la sécurité sociale (deux ans), etc.

902 **Disparition des *« prescriptions présomptives »*.** Toujours friand de nuances, le droit antérieur regardait certaines courtes prescriptions comme fondées exclusivement sur une présomption de paiement, pour en déduire que cette présomption pouvait être renversée par serment ou aveu (ex-art. 2275).

Ainsi, l'aveu de non paiement écartait-il la prescription, même s'il n'était que tacite et résultait du système de défense du débiteur (31).

Étaient concernées les courtes prescriptions des anciens articles 2271 à 2273 (paiement du prix de certains services et marchandises), ainsi que les prescriptions en matière cambiaire (32).

Ce particularisme a disparu du Code civil. Mais son maintien par la jurisprudence commerciale pour les effets de commerce ne peut être exclu.

§ 2. Computation du délai

A. POINT DE DÉPART

903 **Conception classique objective.** Le point de départ du délai est la base indispensable de l'opération de calcul. D'une manière générale, la prescription ne commence à courir qu'à compter du jour où le titulaire de la créance était en droit d'agir en justice, ce qui s'exprime par un adage latin : ***« contra non***

(31) Cf. Civ. 1re, 8 janvier 1991, *Bull. civ.*, I, n° 13 ; *RTD civ.* 1991.745, obs. Mestre. — 3 janvier 1996, *Bull. civ.*, I, n° 8. — Civ. 2e, 21 décembre 2006, *Bull. civ.*, II, n° 371. — V. toutefois le coup de frein d'Ass. Plén., 29 mai 2009, *Bull. Ass. Plén.*, n° 6.

(32) Com., 13 janvier 1987, *Bull. civ.*, IV n° 12. — Com., 27 juin 1995, *Bull. civ.*, IV, n° 194.

valentem agere non currit praescriptio **»** (« contre celui qui ne peut agir valablement, la prescription ne court pas ») (33).

Le principe est donc que le point de départ se situe au jour où la créance devient **exigible** (34), ce qui suppose qu'elle soit aussi **liquide** (35).

L'application de ce principe varie selon les matières : pour les **créances conditionnelles ou à terme,** la prescription ne court que du jour de la réalisation de la condition ou de l'échéance du terme (ex-art. 2257 et nouvel art. 2233) (36) ; pour une action en **responsabilité,** du jour de la manifestation du dommage (37) et non de la faute antérieure : par exemple si une faute commise en 1966 ne produit un dommage qu'en 1985, c'est alors seulement que commence à courir le délai (38) et les arrêts récents reculent même le point de départ au jour où la victime a eu connaissance de ce dommage (39) ou encore, s'il s'agit d'un dommage corporel, au jour où il a été « consolidé » (40) ; pour une action en **nullité,** du jour où le titulaire de l'action a appris l'existence de l'acte (41) ou de son vice (cf. *supra* n° 90) ; pour une action en **résolution de contrat** ou en responsabilité contractuelle, du jour de la révélation du manquement contractuel (42) : pour une action en nullité d'un prêt à la suite de celle d'une vente, du jour de l'annulation de la vente (43) ; pour une **action récursoire,** du jour de l'action principale qui en constitue le fondement (44) ; pour une action en garantie par **l'assureur** de responsabilité, du jour où l'assuré

▪ (33) Cf. par ex. Civ. 1re, 22 décembre 1959, *Bull. civ.*, I, n° 558 ; *JCP* 1960.II.11494 note P. E. — 11 octobre 1988, *Bull. civ.*, I, n° 276.

▪ (34) Ass. plén., 6 juin 2003, *Bull. civ.*, *A.P.* n° 6. — Civ. 1re, 30 mars 1994, *Bull. civ.*, I, n° 126. — Com., 15 novembre 1994, *Bull. civ.*, IV, n° 342. — Civ. 1re, 9 mars et 1er juin 1999, *Bull. civ.*, I, nos 85 et 186. — Civ. 3e, 14 et 21 juin 2006, *Bull. civ.*, III, nos 151 et 154.

▪ (35) Civ. 1re, 19 décembre 1997, *Bull. civ.*, I, n° 354.

▪ (36) V. par ex. Civ. 1re, 4 avril 1995, *Bull. civ.*, I, n° 111.

▪ (37) Si c'est un dommage continu, c'est la première manifestation : Civ. 2e, 12 avril 2012, n° 11-20664.

▪ (38) Civ. 2e, 28 mai 1990, *Bull. civ.*, II, n° 117. — Voir aussi Soc., 26 avril 2006, *Bull. civ.*, V, n° 146 et Soc. ; 1er avril 1997, *Bull. civ.*, V, n° 130 (cotisations non versées par l'employeur : le préjudice n'apparaît qu'au départ en retraite du salarié).

▪ (39) Soc., 18 décembre 1991, *Bull. civ.*, V, n° 598. — Civ. 1re, 13 novembre 1991, *Bull. civ.*, I, n° 307. — 8 décembre 1994, *Bull. civ.*, I, n° 358. — Soc., 1er avril 1997, *Bull. civ.*, V, n° 130 (pour une faute remontant à près de cinquante ans !). — Civ. 2e, 13 juillet 1966, *Bull. civ.*, II, n° 791 (faute antérieure de 71 ans !).

▪ (40) Civ. 2e, 4 mai 2000, *Bull. civ.*, II, n° 75. — Civ. 1re, 1er juin 1999, *Bull. civ.*, I, n° 178. — S'il y a **aggravation** ultérieure, une nouvelle prescription recommence à courir : Civ. 2e, 15 novembre 2001, *Bull. civ.*, II, n° 167. — 11 décembre 2003, *Bull. civ.*, II, n° 380.

▪ (41) Civ. 3e, 5 février 2003, *Bull. civ.*, III, n° 27 (action par le nu-propriétaire en nullité d'un bail conclu sans lui).

▪ (42) Civ. 2e, 7 octobre 2004, *Bull. civ.*, II, n° 441.

▪ (43) Civ. 1re, 10 mai 2005, *Bull. civ.*, I, n° 205.

▪ (44) Cf. par ex. Civ. 1re, 18 janvier 1989, *Bull. civ.*, I, n° 16. — Com., 28 mai 1991, *Bull. civ.*, IV, n° 184. — Civ. 3e, 29 janvier 1992, *Bull. civ.*, III, n° 32. — Com., 6 mai 2014, n° 13-17632.

a payé la victime ou a été assigné par elle (45), même en référé (46) ; pour une action en liquidation de régime matrimonial, du jour du jugement de divorce, malgré son effet rétroactif à cet égard (47) ; pour une action en rapport de dette à succession, du jour du partage (48).

La Cour de cassation avait solennisé la règle dans les termes aujourd'hui repris au nouvel article 2234 : « la prescription ne court pas contre celui qui est dans l'impossibilité absolue d'agir par suite d'un empêchement quelconque résultant soit de la loi, soit de la convention ou de la force majeure » (49).

Encore faut-il une **impossibilité absolue** ou presque (50) d'agir : tel n'est pas le cas lorsque l'action est juridiquement ouverte, mais paraît vouée à l'échec en vertu d'une jurisprudence ou d'une circulaire ultérieurement abandonnée (51). Il faut de plus que cette impossibilité ait duré pendant tout le délai légal (52).

904 **Conception subjective nouvelle ?** En disposant que le délai ne court que « du jour où le titulaire d'un droit a connu ou aurait dû connaître les faits lui permettant de l'exercer », le nouvel article 2224 vient ajouter un élément subjectif à la règle classique : pour que le délai commence à courir, il faut non seulement que le titulaire soit en droit d'agir, mais encore qu'il le sache.

Cette nouvelle conception du point de départ (parfois dit « glissant ») ne manquera pas de susciter contentieux et insécurité : la faveur ainsi faite au créancier (peut-être en contrepartie de la réduction des délais ?) rendra plus incertain pour le débiteur le moment où il sera à l'abri d'une action. Tout dépendra de la manière plus ou moins rigoureuse dont les tribunaux comprendront la formule « aurait dû connaître ».

B. SUSPENSION

905 **Notions et dangers.** « Ô temps suspends ton vol » : réalisant le vœu de Lamartine, la suspension du délai de prescription a pour effet d'en arrêter le

(45) C. assur., art. L. 114-1. — V. Civ. 1re, 3 mai et 28 novembre 1995, *Bull. civ.*, I, nos 183 et 430. — 25 novembre 1997, *Bull. civ.*, I, n° 324. — L'assignation en référé-expertise par la victime suffit : Civ. 1re, 18 juin 1996, *Bull. civ.*, I, n° 254.

(46) Civ. 2e, 3 septembre 2009, *Bull. civ.*, II, n° 202. — Civ. 2e, 8 octobre 2009, *Bull. civ.*, II, n° 238. — Civ. 2e, 1er juillet 2010, n° 09-10590 ; *Bull. civ.*, II, n° 129 (1er moyen).

(47) Civ. 1re, 14 mai 1996, *Bull. civ.*, I, n° 209.

(48) Civ. 1re, 30 juin 1998, *Bull. civ.*, I, n° 234.

(49) Civ. 1re, 7 octobre 1992, *C.C.C.* 93.2, obs. Leveneur. — V. Ass. plén., 23 décembre 1999, *Bull. civ.*, A.P., n° 9.

(50) Selon un arrêt, une ignorance « légitime et raisonnable » suffit à permettre d'invoquer l'impossibilité : Com., 13 avril 1999, *Bull. civ.*, IV, n° 89.

(51) Soc., 29 avril 1987, *Bull. civ.*, V, n° 231. — Civ. 1re, 3 juillet et 11 décembre 1990, *RTD civ.* 1991.536, obs. Mestre. — Civ. 2e, 20 décembre 2007, *JCP* 2008.10015, note crit. Loiseau.

(52) Com., 11 janvier 1994, *Bull. civ.*, IV, n° 22. — Civ. 1re, 23 juin 2011, n° 10-18530 ; *Bull. civ.*, I, n° 121.

cours temporairement. Dès qu'elle cesse, ce cours reprend au point où il en était parvenu : c'est en quoi elle se distingue de l'interruption, qui fera repartir le délai à zéro (v. *infra*, n° 908). Ce mécanisme, inspiré encore par le souci de protéger le créancier, peut aboutir à des prolongations considérables du délai (d'où l'instauration par la loi de 2008 d'un « butoir » : *infra*, n° 916).

906 **Cas de suspension.** La loi suspend d'abord la prescription au bénéfice des créanciers qui sont **mineurs** ou majeurs en **tutelle** (art. 2235, anciennement 2252) : le délai s'arrête de courir pendant la durée de l'incapacité et ne reprend son cours qu'au jour de la majorité ou de la cessation de la tutelle. Cela joue souvent lorsque le créancier décède en laissant des héritiers mineurs (53). Ce mécanisme étant purement personnel, il cesse de jouer en cas de cession ou subrogation au profit d'un majeur (54).

L'idée est que ces personnes ne pouvant agir personnellement ne doivent pas pâtir d'une inaction négligente de leurs représentants légaux.

La loi suspend encore la prescription **entre époux** car il n'est pas d'usage qu'ils agissent en justice l'un contre l'autre pendant le mariage et la loi de 2008 y a assimilé le **pacs** (art. 2236). Depuis 2008, l'organisation d'une procédure de médiation ou de conciliation constitue un nouveau cas de suspension (art. 2238). Et il en est de même de l'organisation par le juge d'une **mesure d'expertise** avant procès, telle que prévue à l'article 145 du Code de procédure civile (nouvel art. 2239 précisant que le cours du délai reprend, et pour six mois au moins, une fois l'expertise achevée).

Ces cas sont-ils limitatifs ? La jurisprudence est incertaine. Elle paraît considérer que l'**internement** du créancier non placé sous tutelle ne vaut pas suspension (55), tout en réservant la preuve d'une impossibilité d'agir (56) ; de même elle ne reconnaît pas d'effet suspensif à des **négociations** entre les parties (57) sauf manœuvres dolosives (58), non plus qu'à l'ouverture d'une procédure de redressement judiciaire (59). Un arrêt a même posé en principe qu'il n'y aurait pas de suspension sans texte (60) mais les parties peuvent en convenir autrement (61). La rédaction actuelle de l'article 2234 semble autoriser une lecture large (62).

(53) Cf. par exemple Civ. 1re, 3 juillet 1979, *Bull. civ.*, I, n° 199.
(54) Civ. 2e, 25 novembre 1992, *Bull. civ.*, II, n° 277. — 31 janvier 1996, *Bull. civ.*, II, n° 27.
(55) Civ. 1re, 17 octobre 1978, *Bull. civ.*, I, n° 305 ; *contra* pour un état mental déficient justifiant la suspension : Civ. 2e, 10 février 1966, *D.* 1967.315, note PREVAULT.
(56) Cf. Civ. 1re, 19 novembre 1991, *Bull. civ.*, I, n° 318. — 18 février 1992, *Bull. civ.*, I, n° 54.
(57) Civ. 1re, 14 février 1989, *Bull. civ.*, I, n° 76. — 13 novembre 1996, *JCP* 1997.IV.6.
(58) Civ. 1re, 13 novembre 1991, *Bull. civ.*, I, n° 308.
(59) Com., 20 septembre 2005, *Bull. civ.*, IV, n° 178.
(60) Com., 26 février 2002, *Bull. civ.*, IV, n° 42.
(61) Com., 30 mai 2005, *Bull. civ.*, IV, n° 75.
(62) V. HONTEBEYRIE, *D.* 2014.244.

907 **Effet de la suspension.** La suspension n'efface pas la durée écoulée avant qu'elle ne survienne : pas conséquent, lorsqu'elle cesse, le cours du délai reprend au point où il était parvenu.

Comme le temps restant peut être fort bref, la loi nouvelle a prévu, pour les nouveaux cas (médiation et expertise) que le délai doit recourir pour au moins six mois (art. 2238 et 2239). Mais cette prorogation ne semble pas applicable aux autres cas de suspension.

C. INTERRUPTION

908 **Notion.** Le délai ouvert par le point de départ expire à la fin du dernier jour (63), même si c'est un jour férié (64) à moins qu'il ne soit interrompu par un acte efficace : l'importance de ces actes est donc capitale puisqu'eux seuls empêchent l'expiration du délai et l'extinction du droit qui en découle. C'est à celui qui invoque une interruption de l'établir (65).

Sous réserve d'une organisation contractuelle différente, qui est licite (66), la loi prévoit trois moyens d'interruption : reconnaissance, demande en justice et acte d'exécution forcée (art. 2240 à 2246). Cette énumération est en principe limitative : par exemple le fait de participer à une expertise n'est pas un acte interruptif (67). Toutefois, la rigueur n'est pas absolue et on a vu la jurisprudence créer des exceptions, en attachant par exemple effet interruptif à la saisine d'une commission de surendettement (68), voire à un accord de compensation (69). Le cas le plus troublant à l'heure actuelle est celui des **négociations :** alors que d'autres droits leur reconnaissent effet interruptif (70), la jurisprudence s'en tient chez nous au refus (71), tout en usant parfois de la soupape de la déchéance (*infra* n° 920) et la loi de 2008 n'a admis qu'une simple suspension par une procédure de conciliation ou de médiation (*supra* n° 906).

909 **Interruption par acte d'exécution forcée (ex-commandement).** L'interruption résulte d'abord d'un acte d'exécution forcée selon l'article 2244 nouveau, qui a ainsi entendu reprendre l'ancien « commandement » de l'ex-article 2244.

(63) Art. 2229 nouveau. — Sur les discussions concernant ce *dies ad quem*, v. LE BARS, *JCP* 2000.I.258.

(64) Com., 10 janvier 2006, *Bull. civ.*, IV, n° 5.

(65) Civ. 3e, 15 décembre 1999, *Bull. civ.*, III, n° 242.

(66) Un contrat peut définir les modes d'interruption : Com., 22 avril 1991, *Bull. civ.*, IV, n° 95. — Civ. 1re, 25 juin 2002, *D.* 2003.155, note STOFFEL-MUNCK.

(67) Civ. 1re, 18 septembre 2002, *Bull. civ.*, I, n° 206.

(68) Civ. 1re, 5 décembre 2000, *Bull. civ.*, I, n° 316.

(69) Civ. 1re, 22 octobre 2002, *Bull. civ.*, I, n° 238.

(70) Par ex. le droit allemand depuis 2002.

(71) Civ. 1re, 13 novembre 1996, *Bull. civ.*, I, n° 389. — Com., 12 novembre 1997, *Bull. civ.*, IV, n° 291 (demande de renseignements à réception de la facture). — Civ. 1re, 5 février 2014, n° 13-10791, *JCP* 2014.504, note PERRIER.

La jurisprudence y assimilait certains actes différents, comme un **procès-verbal de difficultés** devant notaire (72) ou un **« dire »** devant expert judiciaire (73), mais refusait cette assimilation pour certaines autres manifestations de la volonté d'obtenir son dû, telles qu'une **mise en demeure** par lettre recommandée (74), une **opposition** notifiée à un tiers (75), la notification d'une mesure conservatoire (76) ou une **sommation interpellative** (77).

On ne sait pas dans quelle mesure ces assimilations seront reprises par la jurisprudence.

910 **Interruption par assignation.** L'interruption résulte ensuite d'une ***demande en justice,*** à laquelle on assimile une déclaration de créance à la procédure collective (78), mais l'efficacité de cette interruption est variable.

La nature de l'assignation n'importe plus : depuis la modification législative en 1985 de l'ex-article 2244, l'assignation est interruptive même si elle est délivrée devant le juge des référés, par exemple en nomination d'expert (nouvel art. 2241) (79). La demande peut aussi résulter de conclusions reconventionnelles dans un procès (80). La date précise à prendre en compte est la première du processus (81).

■ (72) Civ. 1re, 18 février 1992, *Bull. civ.*, I, n° 52. — 16 decembre 2005, *Bull. civ.*, I, n° 480. — V. toutefois Civ. 1re, 10 février 1998, *Bull. civ.*, I, n° 47. — *Adde* Civ. 1re, 10 mai 2007, *Bull. civ.*, I, n° 176 qui reconnaît valeur interruptive à un simple projet d'acte liquidatif.

■ (73) Civ. 1re, 20 novembre 2013, n° 12-23752 ; *Bull. civ.*, I, n° 224.

■ (74) Civ. 2e, 26 juin 1991, *Bull. civ.*, II, n° 195. — Civ. 1re, 21 janvier 1997, *Bull. civ.*, I, n° 27. — Civ. 2e, 14 mai 2009, *Bull. civ.*, I, n° 124. — L'article L. 114-2 du **Code des assurances** admet ce mode d'interruption, mais il est de droit strict (Com., 22 avril 1997, *Bull. civ.*, IV, n° 95 refuse de l'étendre aux assurances maritimes) et exagérément formaliste (il faut un accusé de réception, même si l'assureur ne nie pas cette réception : Civ. 1re, 9 mars 1999, *Bull. civ.*, I, n° 81).

■ (75) Com., 16 juin 1998, *Bull. civ.*, IV, n° 194.

■ (76) Civ. 2e, 18 juin 2009, *Bull. civ.*, II, n° 168.

■ (77) Civ. 3e, 6 mars 1996, *Bull. civ.*, III, n° 64.

■ (78) Com., 15 mars 2005, *D.* 2005.1286. — 26 septembre 2006, *Bull. civ.*, IV, n° 190. — 3 février 2009, n° 08-13.168.

■ (79) Les modifications de la mesure d'expertise renouvellent l'interruption : Civ. 2e, 12 mai 2011, n° 11832 ; *Bull. civ.*, II, n° 107.

■ (80) Com., 2 avril 1996, *Bull. civ.*, IV, n° 112. — Civ. 1re, 1er octobre 1996, *Bull. civ.*, I, n° 334. — 22 mai 2001, *Bull. civ.*, I, n° 147.

■ (81) Pour l'assignation, c'est le jour où elle est délivrée à la partie adverse, même si elle n'est « enrôlée » au tribunal que plus tard (Civ. 1re, 31 mai 2000, *C.C.C.* 2000.132). — Civ. 3e, 27 novembre 2002, *Bull. civ.*, III, n° 243. — Mais pour des conclusions, c'est la date du dépôt de ces conclusions qui est efficace, même si elles ne sont pas encore signifiées à l'adversaire : Civ. 2e, 26 novembre 1998, *Bull. civ.*, II, nos 282 et 283.

On assimile à l'assignation tout acte qui saisit l'organe compétent pour juger : demande d'arbitrage (82) ou de conciliation (83), demande d'aide juridictionnelle (84), parfois constitution de partie civile (85).

La portée de l'assignation est au contraire importante car l'interruption ne vaut :

— que si cette assignation tend à obtenir un avantage nouveau (86) ;

— que pour l'action même exercée ou une action à même fin sur un fondement différent (87), mais ne bénéfice ni à une demande voisine (88), sauf le cas d'indivisibilité des demandes (89) ni à une demande reconventionnelle (90) ;

— qu'au profit de celui qui assigne (91) ;

— qu'à l'encontre de la partie assignée ou de ses cautions ou codébiteurs solidaires (92), mais, non contre des tiers (93).

▪ (82) Civ. 2e, 11 décembre 1985, *JCP* 1986.II.20677, note TAISNE.

▪ (83) Civ. 1re, 19 mai 1999, *Bull. civ.*, I, n° 169 (commission de surendettement). — Mais Civ. 3e, 18 février 1998, *Bull. civ.*, III, n° 38 (commission de conciliation de loyers commerciaux).

▪ (84) Civ. 1re, 22 mars 2006, *Bull. civ.*, I, n° 76.

▪ (85) Com., 28 avril 1998, *Bull. civ.*, IV, n° 142 et Civ. 1re, 25 janvier 2000, *Bull. civ.*, I, n° 23 sont difficiles à concilier. — V. auparavant Ch. mixte, 24 février 1978, *D.* 1978.522. — Le courant favorable à l'interruption se renforce : Civ. 1re, 16 janvier 2001, *Bull. civ.*, I, n° 5. — Civ. 2e, 12 décembre 2002, *Bull. civ.*, II, n° 284. — Civ. 1re, 19 juin 2007, *Bull. civ.*, n° 243.

▪ (86) Ce qui par exemple n'est pas le cas de celui qui dispose déjà d'un titre exécutoire (Civ. 1re, 16 octobre 2013, n° 12-21917, *Bull. civ.*, I, n° 200).

▪ (87) Civ. 3e, 26 juin 2002, *Bull. civ.*, III, n° 149 (responsabilité des constructeurs sur l'art. 1792 ou sur l'art. 1147). — 22 septembre 2004, *Bull. civ.*, III, n° 152. — Civ. 2e, 21 janvier 2010, *Bull. civ.*, II, n° 22 — Civ. 3e, 19 mai 2010, n° 09-12689 ; *Bull. civ.*, III, n° 97. — Civ. 2e, 28 juin 2012, n° 11-20011 ; *Bull. civ.*, II, n° 123 ; *RTD civ.* 2012.727, obs. FAGES (action paulienne, puis action en recouvement). — Soc, 26 mars 2014, n° 12-10202 (exécution d'un même contrat de travail). — Civ. 3e ; 26 mars 2014, n° 12-24203.

▪ (88) Par exemple, une action en résiliation de contrat est distincte d'une demande en paiements : Com., 4 juillet 2006, *Bull. civ.*, IV, n° 168 — V. aussi Soc., 14 mai 1992, *Bull. civ.*, V, n° 278. — 31 mars 1994, *Bull. civ.*, V, n° 122. — Civ. 3e, 19 janvier 2000, *Bull. civ.*, III, n° 11. — Civ. 1re, 13 novembre 2003, *Bull. civ.*, I, n° 227. — Civ. 3e, 18 novembre 2009, *Bull. civ.*, III, n° 250.

▪ (89) Soc., 15 juin 1961, *Bull. civ.*, V, n° 650 pour une demande « virtuellement comprise dans la première ». — 27 novembre 1980, *Bull. civ.*, V, n° 864 ; *RTD civ.* 1981.448, obs. PERROT. — Civ. 3e, 24 février 1988, *Bull. civ.*, III, n° 41. — 20 mars 2002, *Bull. civ.*, III, n° 69. — Civ. 3e, 22 septembre 2004, *Bull. civ.*, III, n° 152. — Civ. 3e, 5 avril 2006, *Bull. civ.*, III, n° 96. — Com., 8 juillet 2008, *Bull. civ.* IV, n° 149.

▪ (90) Com., 14 janvier 1997, *Bull. civ.*, IV, n° 16. — *Contra* : Soc., 14 décembre 2004, *Bull. civ.*, V, n° 332.

▪ (91) Com. 9 janvier 1990, *Bull. civ.*, IV, n° 11. — Com., 24 juin 1986, *Bull. civ.*, IV, n° 146. — Com. 22 mai 2012, n° 10-28194.

▪ (92) C. civ., art. 1206 et 2249. — Civ. 2e, 24 juin 2004, *Bull. civ.*, II, n° 324. — Com., 26 septembre 2006, *Bull. civ.*, IV, n° 190.

▪ (93) Civ. 3e, 23 février 2000, *Bull. civ.*, III, n° 39. — V. Civ. 2e, 17 février 2005, *Bull. civ.*, II, n° 34 (l'action contre l'assuré n'interrompt pas la prescription contre l'assureur). — Civ. 2e, 3 juin 2010, n° 09-14605 ; *Bull. civ.*, II, n° 104.

Le sort de l'assignation est enfin décisif. En effet, atténuant un peu la sévérité de l'ancien article 2247, les nouveaux articles 2241 et 2243 font une distinction : en cas de désistement, de péremption ou de rejet, l'interruption perd tout effet, même pour le passé (elle est « non avenue »), ce qui peut prendre au piège celui qui a agi en référé (94) ; mais elle conserve effet si l'acte de saisine est procéduralement vicié ou porté devant une juridiction incompétente.

911 **Interruption par reconnaissance.** L'interruption résulte enfin d'une ***reconnaissance de sa dette*** par le débiteur (art. 2240) ou par son représentant (95), reconnaissance qui peut être non seulement expresse mais aussi tacite : par exemple, de la part d'un entrepreneur qui effectue des reprises sur des travaux défectueux (96) ou d'un transporteur qui présente des excuses (97) ou d'un débiteur qui sollicite des délais ou remises (98) ou sollicite un plan de surendettement incluant les dettes en cause (99), ou encore qui maintient le gage consenti (100).

La reconnaissance peut n'être que partielle mais elle produit alors aujourd'hui effet interruptif pour le tout (101), ce qui était auparavant réservé au cas où la dette est indivisible, comme une indemnité d'assurance (102).

Mais il faut que la reconnaissance soit faite envers le créancier, et non dans un acte concernant un tiers (103).

912 **Interruption par compensation.** Selon une innovation jurisprudentielle, le fait qu'une partie de la dette vienne à s'éteindre par compensation interromprait la prescription à l'égard du surplus (104).

913 **Durée de l'interruption.** L'interruption a pour effet d'anéantir le délai déjà couru (contrairement à la suspension) : la pendule est « remise à zéro ».

▪ (94) La décision d'« incompétence » d'un juge des référés en raison de l'existence d'une contectation sérieuse est en réalité un rejet : l'effet interruptif disparaît (Civ. 2e, 4 février 1998, *Bull. civ.*, II, n° 44).

▪ (95) Mais non par l'expert-comptable du débiteur, qui n'en est pas le mandataire : Civ. 1re, 4 mai 2012, n° 11-15617.

▪ (96) Cf. par ex. Colmar, 10 janvier 1975, *D.* 1977.284, note LENEVEUR.

▪ (97) Paris, 2 juillet 1993, *D.* 1993.IR.215.

▪ (98) Ce qui vaudrait reconnaissance du capital : Ass. Plén., 27 juin 1969, *JCP* 1969.II.16029. — Civ. 2e, 15 juin 2004, *Bull. civ.*, II, n° 297.

▪ (99) Civ. 2e, 9 janvier 2014, n° 12-28272 ; *C.C.C.* 2014.105, obs. RAYMOND ; D. 2014.860, note CATTALANO-CLOAREC.

▪ (100) Com., 31 octobre 2006, *Bull. civ.*, IV, n° 212.

▪ (101) Civ. 1re, 18 juillet 2000, *Bull. civ.*, I, n° 223 — Civ. 2e, 16 novembre 2006, *Bull. civ.*, II, n° 322. — Cependant la reconnaissance d'un constructeur visant certains désordres ne vaut pas pour les autres désordres de la même construction : Civ. 3e, 10 juillet 2002, *Bull. civ.*, III, n° 159.

▪ (102) Civ. 1re, 22 mai 1991, *D.* 1991, *Bull. civ.*, I, n° 164. — Soc., 22 octobre 1996, *Bull. civ.*, V, n° 340. — Civ. 1re, 11 février 1997, *Bull. civ.*, I, n° 53.

▪ (103) Civ. 1re, 21 mai 1990, *Bull. civ.*, I, n° 120.

▪ (104) Com., 30 mars 2005, *D.* 2005.1024 ; *Defrénois* 2005.1249, obs. LIBCHABER (*contra* auparavant Com., 6 février 1996, *D.* 1998.87, note BREMOND).

Cette interruption est instantanée en cas de **commandement** et le nouveau délai recommence aussitôt à courir. Il en est de même en cas de **reconnaissance** (105).

Mais lorsqu'il s'agit d'une **action en justice,** l'interruption dure en principe « tant que le litige n'a pas trouvé sa solution définitive » (106), c'est-à-dire **aussi longtemps que l'instance** (107), y compris les délais de recours (108) et jusqu'à signification de la décision (109). Pour éradiquer certaines exceptions, l'article 2242 nouveau a généralisé la règle (qu'il faut compléter par l'art. 2239 suspendant la prescription durant des opérations d'expertise).

914 **Effets de l'interruption : question de l'interversion.** À partir de la fin de l'instance ou de la reconnaissance, le cours de la prescription recommence à courir. En principe, c'est le même délai qu'initialement qui s'ouvre (110). Mais cette règle est écartée en cas d'**interversion de titre.** On désigne par là les cas où un changement est intervenu dans le titre du créancier : ce n'est plus alors sur le fondement initial que repose l'action du créancier, mais sur le nouveau titre. En d'autres termes, il y a **changement de la nature juridique** du titre de créance. La prescription suit alors le régime du nouveau titre de créance et est soumise au droit commun, ce qui n'a donc de conséquence qu'au sujet des courtes prescriptions (111).

Cette interversion se produit dans **deux cas** (112) :

■ (105) Civ. 1re, 3 mars 1998, *Bull. civ.*, I, n° 94.

■ (106) Civ. 3e, 8 juin 1994, *Bull. civ.*, III, n° 118.

■ (107) Civ. 1re, 12 février 1991, *Bull. civ.*, I, n° 61. — Civ. 2e, 6 mars 1991, *Bull. civ.*, II, n° 77. — Com., 15 octobre 1991, *Bull. civ.*, IV, n° 295. — Civ. 3e, 7 février 1996, *Bull. civ.*, III, n° 38. — Civ. 1re, 3 février 1998, *Bull. civ.*, I, n° 45. — Civ. 2e, 8 avril 2004, *Bull. civ.*, II, n° 1812. — Cela vaut pour la constitution de partie civile (Civ. 1re, 16 janvier 2001, *Bull. civ.*, I, n° 5). — Une simple **radiation** ne met pas fin à l'instance, ni donc à la suspension : Civ. 1re, 10 avril 2013, n° 12-18193, *Bull. civ.*, I, n° 69.

■ (108) Civ. 2e, 29 janvier 1992, *Bull. civ.*, II, n° 40. — Civ. 1re, 16 février 1994, *Bull. civ.*, I, n° 70. — 3 octobre 1995, *Bull. civ.*, III, n° 342. — Pour le cas du recours en interprétation, v. Civ. 1re, 9 décembre 1997, *Bull. civ.*, I, n° 363.

■ (109) Civ. 3e, 15 février 2006, *Bull. civ.*, III, n° 41.

■ (110) Civ. 3e, 11 janvier 1995, *Bull. civ.*, III, n° 10. — Com., 15 novembre 1994, *Bull. civ.*, IV, n° 342 ; *C.C.C.* 95.25, obs. L. L.

■ (111) VIANDIER, *Les modes d'interversion des prescriptions libératoires*, *JCP* 1978.I.2885. — Cf. Civ. 1re, 14 décembre 2004, *Bull. civ.*, I, n° 320 affirmant que seules seraient concernées les prescriptions des art. 2271 à 2273.

■ (112) On hésite à généraliser, pour en faire un troisième cas, l'expédient trouvé récemment par la jurisprudence pour contourner le fameux « bref délai » de l'action en garantie des vices cachés en décidant qu'une fois faite la demande d'expertise, c'est la prescription de droit commun qui s'applique (à compter de la vente !) : voir *Contrats spéciaux*, n° 232).

— lorsqu'intervient un **jugement** condamnant le débiteur et fixant le montant de sa dette (113) : le titre de créance n'est plus constitué par l'obligation initiale, mais réside dans ce jugement en lui-même, indépendamment de sa cause (114) ;

— lorsque le débiteur **reconnaît** sa dette ; mais ici une reconnaissance tacite ne suffit plus : l'interversion exige que la reconnaissance soit **écrite et chiffrée,** car c'est seulement alors qu'elle constitue un nouveau titre (115).

Par exemple, la prescription d'un an en matière de contrat de transport est écartée lorsque les parties ont conclu un accord sur l'état de leurs comptes, incluant le prix du transport en cause (116). Mais curieusement une reconnaissance d'un total de loyers arriérés n'écarterait pas la prescription de l'article 2277 (117).

Ce mécanisme de l'intervention n'a pas été supprimé par la réforme de 2008, mais il jouera moins souvent du fait de l'unification des délais (à noter cependant que le jugement, qui est un titre exécutoire, ouvre un délai allongé de dix ans : *supra* n° 899).

915 **Cas des délais préfix ou de forclusion.** Certains délais sont considérés comme particulièrement impératifs : en ce cas, on dit qu'ils ne peuvent pas être **suspendus ni interrompus** comme les délais de prescription de droit commun. Pour ce qui concerne l'**interruption,** l'expression est d'ailleurs **ambiguë :** il est évident que l'assignation interrompt même ces délais, qui ne continuent pas à courir pendant la durée du procès (sans quoi les lenteurs procédurales pourraient être mises à profit) (118) ; on veut dire simplement que les autres modes d'interruption sont ici sans effet : les délais préfix ne sont interrompus ni par une reconnaissance, ni par un commandement (119), ni même par une assignation devant un juge incompétent (120). L'action doit impérativement être engagée dans le délai fixé par la loi, qui apparaît ainsi totalement rigide et ne cède même

■ (113) Tel n'est pas le cas du jugement ne retenant que le principe d'une condamnation : Civ. 1re, 3 février 1998, *Bull. civ.*, I, n° 39.

■ (114) Civ. 1re, 19 mars 1991, *Bull. civ.*, I, n° 94. — Soc., 7 octobre 1981, *Bull. civ.*, V, n° 764. — Civ. 1re, 16 juin 1998, *Bull. civ.*, I, n° 214 (pour une dette alimentaire) et Civ. 2e, 27 septembre 2001, *Bull. civ.*, II, n° 147 ; *Defrénois* 2002.263, note SAVAUX (pour des arrérages de rente). — Civ. 2e, 10 juin 2004, *Bull. civ.*, II, n° 287 ; *Defrénois* 2005.626 et Civ. 1re, 14 décembre 2004, *D.* 2005.280 (pour une obligation commerciale). — La décision **d'admission d'une créance au passif** d'une procédure collective a la nature d'un jugement et emporte interversion (Com., 19 janvier 1993, *Bull. civ.*, IV, n° 23. — 12 mai 1998, *Bull. civ.*, IV, n° 154).

■ (115) Civ. 1re, 5 février 1991, *Bull. civ.*, I, n° 52 ; *RTD civ.* 1991.745, obs. MESTRE. — Com., 12 janvier 1988, *D.* 1989.23, note LEGROS. — 14 mars 1995, *Bull. civ.*, IV, n° 88. — Civ. 1re, 14 décembre 2004, *D.* 2005.280.

■ (116) Com., 23 juin 1987, *Bull. civ.*, IV, n° 161. — Civ. 2e, 5 octobre 1988, *D.* 1989.209, note CHOPPIN DE JANVRY. — Comp. Com., 3 décembre 1996, *Bull. civ.*, IV, n° 306.

■ (117) Ch. mixte, 12 avril 2002, *Bull. civ., C.M.* n° 6.

■ (118) V. par ex. Civ. 3e, 11 janvier 1995, *Bull. civ.*, III, n° 10 pour la garantie des constructeurs.

■ (119) Civ. 1re, 10 décembre 1991, *Bull. civ.*, I, n° 348. — Ni même une procédure d'injonction de payer : Civ. 1re, 3 octobre 1995, *Bull. civ.*, I, n° 343.

■ (120) Com., 10 décembre 1991, *Bull. civ.*, IV, n° 382.

pas devant la règle *Quae temporalia...* (cf. *supra*, n° 211) : on parle de délai préfix ou de forclusion.

La difficulté réside dans la **détermination de ces délais.** Parfois, le législateur lui-même le précise : ainsi la loi du 23 juin 1989 est venue conférer un caractère préfix au délai de 2 ans prévu par l'article 27 de la loi du 10 janvier 1978 pour les actions dérivant d'un contrat de crédit à la consommation, brisant une jurisprudence contraire. Encore faut-il noter qu'elle l'a fait par l'emploi du terme « forclusion », dont il a depuis été jugé qu'il n'était pas à lui seul décisif (121). À défaut d'une telle précision, la liste des délais préfix a toujours donné lieu à controverses et les solutions sont casuistiques, et parfois contradictoires (122). On admet souvent que les délais fixés par un contrat lui-même, et non par la loi, présentent ce caractère (123), de même que les actions en responsabilité des constructeurs d'immeuble (124).

La loi de 2008 a « courageusement » laissé ces délais en dehors de la réforme (art. 2220).

D. DÉLAI-BUTOIR

916 **Innovation de 2008.** Les mécanismes précités (point de départ « glissant », suspension, interruption) ont souvent pour effet de rendre incertain le moment où le débiteur peut être assuré que le délai est expiré et qu'il est à l'abri de toute action (la suspension pour minorité peut retarder cette échéance de plusieurs dizaines d'années, pour peu que la créance se transmette à des successions comprenant des mineurs). Afin de limiter l'insécurité en résultant, la loi de 2008, s'inspirant du système européen de la responsabilité du fait des produits (*supra*, n° 668) instituant un double délai, a instauré un « délai-butoir » de 20 ans à compter de la naissance (objective) du droit (art. 2232).

Cependant, effrayé sans doute par le constat que ce délai pouvait échoir avant que l'action ait pu être concrètement exercée, le législateur a écarté ce délai maximum dans de nombreux cas (dommages corporels, créances à terme ou conditionnelles, actions récursoires, créances entre époux, interruption par action en justice en acte d'exécution forcée), de sorte que ce délai butoir (qui n'entrera en application concrète qu'en 2028...) apparaît bien percé !

(121) Civ. 2e, 18 mars 1998, *Bull. civ.*, II, n° 95 ; *Rev. sciences crim.* 1999.350, obs. GIUDICELLI.
(122) Cf. par ex. Com., 10 décembre 1991 précité et 14 mars 1972, *Bull. civ.*, IV, n° 90 en sens contraires pour le délai d'un an de la loi de 1935 sur les ventes de fonds de commerce (v. depuis Com., 7 octobre 1997, *Bull. civ.*, IV, n° 249). — 31 mars 2004, *Bull. civ.*, IV, n° 67.
(123) Cf. par ex. Civ. 2e, 14 octobre 1987, *Bull. civ.*, II, n° 195.
(124) Civ. 3e, 15 février 1989, *Bull. civ.*, III, n° 36. — 4 novembre 2004, *Bull. civ.*, III, n° 186.

§ 3. Aménagements conventionnels

917 **Licéité nouvelle.** Avant 2008, la prescription était à demi d'ordre public : il était interdit d'allonger les délais légaux, mais permis de les raccourcir (125) ou encore de prévoir des causes de suspension ou d'interruption autres que celles prévues par la loi (126).

Les contrats conclus depuis 2008 bénéficient d'une plus grande liberté : le principe est que l'on peut soit abréger le délai, soit l'allonger, en restant dans les limites d'une fourchette de un à dix ans, tout comme ajouter des causes d'interruption ou de suspension non prévues par la loi (nouvel art. 2254).

Toutefois cette liberté disparaît pour les ***créances périodiques***, dont la prescription de cinq ans est d'ordre public (127). Elle est aussi exclue en droit des assurances (C. assur., art. L. 114-3).

Quant à la **renonciation** (unilatérale ou conventionnelle), elle est exclue pour les prescriptions en cours (art. 2250), n'étant possible qu'une fois le délai de prescription expiré (*infra*, n° 921).

§ 4. Mise en œuvre

918 **Rôle du juge.** L'article 2247 fait défense au juge de « suppléer d'office le moyen résultant de la prescription » : il faut que le défendeur poursuivi invoque l'« exception de prescription ». Celle-ci constituant procéduralement une fin de non-recevoir au sens du Code de procédure civile, elle peut être soulevée à n'importe quel stade de la procédure, sauf pour la première fois devant la Cour de cassation (128).

Toutefois la jurisprudence récente, dans son mouvement général tendant à soustraire le droit de la presse au droit commun (v. aussi *supra*, n° 538), décide qu'en cette matière le juge peut, et même doit, relever d'office la prescription de trois mois des faits de diffamation (129). Il en va de même en droit de la consommation (C. consom., art. L. 141-4).

(125) Com., 21 janvier 1992, *Bull. civ.*, IV, n° 30. — 21 mars 1995, *Bull. civ.*, IV, n° 92. — V. Gaury, note *D.* 1977.25. — Pour un exemple, Com., 27 mars 2012, n° 11-10103 (limitation conventionnelle du temps pour agir contre une caution).

(126) Com., 22 avril 1992, *Bull. civ.*, IV, n° 95. — Civ. 1re, 25 juin 2002, *D.* 2003.155, note Stoffel-Munck. — Com., 30 mars 2005, *Bull. civ.*, IV, n° 75.

(127) Sur la notion de créance périodique, il faudra sans doute se référer à la jurisprudence (évolutive) qui s'était développée à propos de l'ancien article 2277, qui limitait la prescription à cinq ans pour ce type de créances.

(128) Civ. 2e, 7 mai 1969, *Bull. civ.*, II, n° 141. — À noter la solution contraire pour la **déchéance quadriennale** contre l'État : Civ., 1re, 20 mars 2013, n° 12-10200, *Bull. civ.*, I, n° 51.

(129) Civ. 2e, 24 avril et 2 octobre 2003, *Bull. civ.*, II, nos 113 et 290.

919 **Charge de la preuve.** C'est à la partie qui invoque la prescription qu'il incombe d'en rapporter la preuve, c'est-à-dire d'établir l'expiration du délai. Cela implique qu'elle puisse en prouver le point de départ c'est-à-dire la date de l'événement ayant fait courir le délai (130). Mais, une fois ce point établi, ce sera à l'autre partie, si elle invoque une impossibilité d'agir, une suspension ou une interruption, d'établir à son tour ce fait (131).

920 **Déchéance pour mauvaise foi.** Certains arrêts cherchent à sanctionner celui qui fait preuve de mauvaise foi en le privant du droit d'invoquer la prescription : ainsi le transporteur « infidèle » (C. com., art. L. 193-6), l'assureur qui « mène en bateau » son assuré pendant deux ans (132), l'organisme de crédit qui monte une opération illégale (133) ou le cotisant qui ne fait pas les déclarations d'assiette (134).

La **faute lourde** n'est pas une cause de déchéance (135), mais la faute dolosive l'est en matière de construction (136).

§ 5. Effets de la prescription

921 **Libération d'ordre privé.** La dette prescrite ne peut plus faire l'objet d'une demande en justice. Mais, comme il s'agit essentiellement de protéger le débiteur, il lui est loisible de **renoncer** à la prescription une fois qu'elle est acquise (art. 2251). Cette renonciation peut être expresse ou tacite et notamment résulter de la simple abstention du débiteur qui ne soulève pas ce moyen de défense. Sa renonciation peut aussi être déduite de certaines attitudes procédurales (137). Selon un arrêt récent, la renonciation ne ferait courir aucun nouveau délai (138). Celui qui renonce à une prescription ne commet pas une faute (139).

(130) Civ. 3e, 14 février 1996, *Bull. civ.*, III, n° 42. — Civ. 3e, 26 janvier 2005, *D.* 2005.593 ; *C.C.C.* 2005.82. — Com., 27 septembre 2005, *Bull. civ.*, IV, n° 179.

(131) Com., 21 mars 1995, *Bull. civ.*, IV, n° 92.

(132) Civ. 1re, 28 octobre 1991, *Bull. civ.*, I, n° 282 (on peut y voir aussi un cas de responsabilité : Civ. 1re, 6 décembre 1994, *Bull. civ.*, I, n° 358. — 26 novembre 1996, *Bull. civ.*, I, n° 415 pour un « silence malicieux »).

(133) Civ. 1re, 3 novembre 1991, *Bull. civ.*, I, n° 312.

(134) Ass. plén., 7 juillet 1978, *JCP* 1978.II.18948, rapport PONSARD, note BAUDOIN.

(135) Com., 12 juillet 2004, *D.* 2004.2296, note DELEBECQUE ; *C.C.C.* 2004.169, obs. LEVENEUR ; *RDC* 2005.272, obs. D. MAZEAUD.

(136) V. *Contrats spéciaux*, n° 855. — *Adde* Civ. 3e, 8 septembre 2009, *Bull. civ.*, III, n° 179.

(137) Par exemple le fait d'opposer une compensation avec la dette prescrite vaut renonciation à cette prescription : Civ. 1re, 26 novembre 1996, *Bull. civ.*, I, n° 415. — Mais non la participation à une expertise : Civ. 3e, 17 janvier 1996, *Bull. civ.*, III, n° 15.

(138) Civ. 2e, 16 novembre 2003, *Bull. civ.*, II, n° 323 (énonciation trop absolue, peut-être due à une rédaction maladroite).

22 **Survie d'une obligation naturelle.** Parce qu'il n'est pas toujours moral, sur le plan individuel, que le débiteur soit libéré par le seul écoulement du temps (cf. *supra*, n° 891), la dette prescrite subsiste en tant qu'obligation naturelle (sur cette notion, *supra*, n° 5). Il en découle que le paiement de cette dette est valable et ne peut donner lieu à répétition (C. civ., art. 2249) car il n'a pas porté sur « l'indu », sauf s'il a été obtenu sous la pression (140). De plus, l'engagement de payer une dette prescrite est également valable. Cependant, par une exception purement prétorienne, cette survie ne jouerait pas en cas d'extinction d'une créance pour défaut de déclaration à la « faillite » (141). On mesure ici encore le désordre de la matière.

23 **Survie d'un droit compensable.** Comme c'est l'action en justice qui est éteinte et non le droit lui-même, il a été décidé que le créancier peut encore, même après la prescription, invoquer sa créance pour la compenser avec une dette (142). Il n'est pas certain que cette solution soit compatible avec la définition du nouvel article 2219, faisant de la prescription « un mode d'extinction d'*un droit* », ce dont il vient d'être déduit que la dette prescrite cesse d'être soumise au rapport à succession (143).

24 **Transfert exceptionnel à l'État.** Certaines créances prescrites sont attribuées à l'État depuis des textes remontant au début du XXe siècle. La liste s'en trouve aujourd'hui à l'article L. 1126-1 du Code général de la propriété des personnes publiques. Il s'agit des sommes non réclamées aux établissements bancaires et d'assurance (dépôts de valeurs ou de titres) et aussi des revenus des valeurs mobilières de toutes sociétés.

■ (139) Com., 26 janvier 2010, n° 08-13.898 (l'assureur qui paie une dette prescrite n'est pas privé de la subrogation envers le responsable).
■ (140) Com., 22 octobre 1991, *Bull. civ.*, IV, n° 311. — Soc., 11 avril 1991, *Bull. civ.*, V, n° 192 ; *D.* 1991. Som. 347, obs. PRÉTOT.
■ (141) Com., 31 mai 1994, *Bull. civ.*, IV, n° 197 ; *D.* 1995. Som. 25, obs. HONORAT.
■ (142) Civ. 2e, 9 juillet 2009, *Bull. civ.*, II, n° 174 ; *JCP* 2009, n° 37, 228 n° 10, note LOISEAU.
■ (143) Civ. 1re, 15 mai 2013, n° 12-11577, *Bull. civ.*, I, n° 97.

ANNEXE

PRINCIPES DU DROIT EUROPÉEN DES CONTRATS

N.B. Ces principes n'ont pas de valeur légale, mais sont issus d'un travail de mise en ordre et d'harmonisation des différents droits européens qui pourrait, dans l'avenir, servir de base à un éventuel Code européen des contrats. Indépendamment de cette perspective aléatoire et discutée, ils peuvent être utiles par le reflet qu'ils donnent d'un « mixage » de droits différents, qu'il est parfois enrichissant, en tout cas instructif, de confronter au droit français.

Chapitre Premier – Dispositions générales

Section 1 – Objet des Principes

Article 1:101 : Application des Principes

(1) Les présents Principes sont destinés à s'appliquer en tant que règles générales du droit des contrats dans l'Union européenne.

(2) Ils s'appliquent lorsque les parties sont convenues de les incorporer à leur contrat ou d'y soumettre celui-ci.

(3) Ils peuvent recevoir application lorsque les parties

(a) sont convenues que leur contrat serait régi par « les principes généraux du droit », la « *lex mercatoria* » ou une expression similaire,

(b) ou n'ont pas choisi de système ou de règles de droit devant régir leur contrat.

(4) Ils peuvent, en cas d'insuffisance du système ou des règles de droit applicables, procurer la solution de la question posée.

Article 1:102 : Liberté contractuelle

(1) Les parties sont libres de conclure un contrat et d'en déterminer le contenu, sous réserve des exigences de la bonne foi et des règles impératives posées par les présents Principes.

(2) Elles peuvent exclure l'application d'un quelconque des présents Principes ou y déroger ou en modifier les effets, à moins que les Principes n'en disposent autrement.

Article 1:103 : Règles impératives

(1) Lorsque le droit applicable le permet, les parties peuvent choisir de soumettre leur contrat aux Principes de telle sorte que les règles impératives nationales ne s'appliquent pas.

(2) Elles doivent toutefois respecter les règles impératives du droit national, supranational ou international qui, selon les règles pertinentes du droit international privé, s'appliquent indépendamment du droit qui régit le contrat.

Article 1:104 : Application aux questions de consentement

(1) L'existence et la validité de l'accord par lequel les parties adoptent ou incorporent les présents Principes sont régies par ceux-ci.

(2) Néanmoins, une partie peut se fonder sur le droit du pays où elle a sa résidence habituelle afin d'établir qu'elle n'a pas consenti s'il résulte des circonstances qu'il ne serait pas raisonnable d'apprécier les conséquences de son comportement conformément aux présents Principes.

Article 1:105 : Usages et pratiques

(1) Les parties sont liées par les usages auxquels elles ont consenti et par les pratiques qu'elles ont établies entre elles.

(2) Elles sont liées par tout usage que des personnes placées dans la même situation qu'elles tiendraient pour généralement applicable, à moins que son application ne soit déraisonnable.

Article 1:106 : Interprétation et comblement des lacunes

(1) Les présents Principes devront être interprétés et développés conformément à leurs objectifs. On aura égard en particulier à la nécessité de promouvoir la bonne foi, la sécurité des relations contractuelles et l'uniformité d'application.

(2) Les questions qui entrent dans le champ d'application des présents Principes mais que ceux-ci ne tranchent pas expressément seront, dans la mesure du possible, réglées conformément aux idées dont ils s'inspirent. À défaut, on appliquera le système de droit que désignent les règles du droit international privé.

Article 1:107 : Application des Principes par analogie

Les présents Principes s'appliquent avec les modifications appropriées aux accords qui tendent à modifier ou résilier un contrat, aux promesses unilatérales ainsi qu'aux autres déclarations ou comportements indiquant une intention.

Section 2 – Devoirs généraux

Article 1:201 : Bonne foi

(1) Chaque partie est tenue d'agir conformément aux exigences de la bonne foi.

(2) Les parties ne peuvent exclure ce devoir ni le limiter.

Article 1:202 : Devoir de collaboration

Chaque partie doit à l'autre une collaboration qui permette au contrat de produire son plein effet.

Section 3 – Terminologie et autres dispositions

Article 1:301 : Définitions

Dans les présents Principes

(1) le terme « acte » s'applique aussi à une omission,

(2) le terme « tribunal » s'applique aussi au tribunal arbitral,

(3) le terme « intentionnel » s'applique aussi à une action inexcusable,

(4) le terme « inexécution » dénote le fait de manquer à exécuter une obligation issue du contrat, qu'il bénéficie ou non d'une exonération, et s'applique aussi à une exécution tardive ou défectueuse et au refus d'une collaboration qui permette au contrat de produire son plein effet,

(5) un point « substantiel » est celui dont une personne raisonnable, placée dans la même situation qu'une partie, aurait dû savoir qu'il influencerait le cocontractant quant à sa décision de contracter aux conditions proposées ou de conclure le contrat ;

(6) les déclarations par « écrit » incluent les communications faites par télégramme, télex, télécopie et courrier électronique, et les autres modes de communication qui sont de nature à procurer de part et d'autre un enregistrement pouvant être lu,

à moins que le contexte n'impose une interprétation différente.

Article 1:302 : Caractère raisonnable

Doit être tenu pour raisonnable aux termes des présents Principes ce que des personnes de bonne foi placées dans la même situation que les parties regarderaient comme tel. On a égard en particulier à la nature et au but du contrat, aux circonstances de l'espèce et aux usages et pratiques des professions ou branches d'activité concernées.

Article 1:303 : Notifications

(1) Une notification peut être faite par tout moyen approprié aux circonstances, que ce soit par écrit ou d'une autre façon.

(2) Sous réserve des dispositions des alinéas (4) et (5), une notification produit effet lorsqu'elle atteint son destinataire.

(3) Une notification atteint son destinataire lorsqu'elle lui est remise, ou est remise à son établissement ou son adresse postale, ou, si elle n'a pas d'établissement ou d'adresse postale, à sa résidence habituelle.

(4) Si une partie fait une notification à l'autre en conséquence de l'inexécution de cette dernière ou parce qu'il est raisonnable de prévoir l'inexécution, et que la notification est dûment faite ou expédiée, un retard ou une inexactitude dans sa transmission, ou le fait qu'elle ne parvienne pas à destination, ne l'empêche pas de produire effet. La notification produit effet au moment où, dans les conditions normales, elle serait parvenue à destination.

(5) Une notification ne produit aucun effet si sa rétractation atteint son destinataire avant elle, ou au même moment.

(6) Dans le présent article, le terme « notification » s'applique aussi à la communication d'une promesse, une déclaration, une offre, une acceptation, une demande, une requête ou toute autre énonciation.

Article 1:304 : Computation des délais

(1) Le délai qu'une partie fixe dans un document écrit à son destinataire pour qu'il réponde ou accomplisse un autre acte a pour origine la date indiquée comme étant celle du document. En l'absence de date, le délai a pour origine le moment où le document atteint son destinataire.

(2) Les jours fériés ou chômés sont comptés dans le délai. Toutefois, le délai qui expirerait un jour qui est férié ou chômé à l'adresse du destinataire ou au lieu où un acte imposé doit être exécuté, est prorogé jusqu'au premier jour ouvrable suivant en ce lieu.

(3) Lorsqu'un délai est exprimé en jours, en semaines, en mois ou en années, il a pour origine le jour suivant la date qui le fait courir, à zéro heure, et expire le dernier jour à vingt-quatre heures ; mais la réponse qui doit parvenir à la partie qui a fixé le délai doit atteindre celle-ci, ou l'acte imposé doit être accompli, le dernier jour du délai, avant l'heure normale de cessation des affaires au lieu approprié.

Article 1:305 : Imputation de connaissance et d'intention

Si un tiers qui est intervenu dans la conclusion d'un contrat avec l'accord d'une partie, ou à qui celle-ci a confié l'exécution ou qui a exécuté avec son accord,

(a) a connu ou prévu un fait, ou aurait dû le connaître ou le prévoir,

(b) ou a accompli un acte intentionnel ou constitutif d'une faute lourde, ou non conforme aux exigences de la bonne foi, la connaissance, la prévision ou la conduite est imputée à la partie elle-même.

Chapitre 2 – Formation

Section 1 – Dispositions générales

Article 2:101 : Conditions pour la conclusion d'un contrat

(1) Un contrat est conclu dès lors que

(a) les parties entendaient être liées juridiquement,

(b) et sont parvenues à un accord suffisant,

sans qu'aucune autre condition soit requise.

(2) Le contrat n'a pas à être conclu ni constaté par écrit et n'est soumis à aucune autre exigence de forme. Il peut être prouvé par tous moyens, y compris par témoins.

Article 2:102 : Intention

L'intention d'une partie d'être liée juridiquement par contrat résulte de ses déclarations ou de son comportement, tels que le cocontractant pouvait raisonnablement les entendre.

Article 2:103 : Accord suffisant

(1) Un accord est suffisant si ses termes

(a) ont été définis par les parties de telle sorte que le contrat puisse être exécuté,

(b) ou peuvent être déterminés en vertu des présents Principes.

(2) Si toutefois une des parties refuse de conclure un contrat faute d'accord sur un point particulier, il n'y a point de contrat si l'accord sur ce point ne s'est pas réalisé.

Article 2:104 : Clauses n'ayant pas été l'objet d'une négociation individuelle

(1) Les clauses d'un contrat qui n'ont pas été l'objet d'une négociation individuelle ne peuvent être invoquées à l'encontre d'une partie qui ne les connaissait pas que si la partie qui les invoque a pris des mesures raisonnables pour attirer sur elles l'attention de l'autre avant la conclusion du contrat ou lors de cette conclusion.

(2) La simple référence faite à une clause par un document contractuel n'attire pas sur elle de façon satisfaisante l'attention du cocontractant, alors même que ce dernier signe le document.

Article 2:105 : Clause d'intégralité

(1) Si un contrat écrit contient une clause qui a été l'objet d'une négociation individuelle aux termes de laquelle l'écrit renferme toutes les conditions convenues (clause d'intégralité), les déclarations, engagements ou accords antérieurs que ne renferme pas l'écrit ne s'intègrent pas au contrat.

(2) La clause d'intégralité qui n'a pas été l'objet d'une négociation individuelle fait seulement présumer que les parties entendaient que leurs déclarations, engagements ou accords antérieurs ne s'intègrent pas au contrat. La présente règle ne peut être exclue ou restreinte.

(3) Les déclarations antérieures des parties peuvent servir à l'interprétation du contrat. La présente règle ne peut être exclue ou restreinte que par une clause objet d'une négociation individuelle.

(4) Les déclarations ou le comportement de l'une des parties peuvent l'empêcher de se prévaloir d'une clause d'intégralité si l'autre partie s'est fondée raisonnablement sur eux.

Article 2:106 : Modification par écrit

(1) La clause d'un contrat écrit qui stipule que toute modification ou résiliation amiable sera faite par écrit fait seulement présumer que l'accord tendant à modifier ou résilier le contrat n'est juridiquement obligatoire que s'il est fait par écrit.

(2) Les déclarations ou le comportement de l'une des parties peuvent l'empêcher de se prévaloir de cette clause si l'autre partie s'est fondée raisonnablement sur eux.

Article 2:107 : Promesses obligatoires sans acceptation

La promesse qui tend à être juridiquement obligatoire sans acceptation lie son auteur.

Section 2 – Offre et acceptation

Article 2:201 : Offre

(1) Une proposition constitue une offre lorsque

(a) elle indique la volonté d'aboutir à un contrat en cas d'acceptation

(b) et renferme des conditions suffisamment précises pour qu'un contrat soit formé.

(2) L'offre peut être faite à une ou plusieurs personnes déterminées ou au public.

(3) La proposition, faite par un fournisseur professionnel, dans une publicité ou un catalogue ou du fait de l'exposition de marchandises, de procurer des biens ou services à un prix fixé, est censée constituer une offre de vendre ou de procurer les services à ce prix jusqu'à épuisement du stock de marchandises ou des possibilités de rendre le service.

Article 2:202 : Révocation de l'offre

(1) L'offre peut être révoquée si la révocation parvient à son destinataire avant que celui-ci n'ait expédié son acceptation ou, en cas d'acceptation du fait du comportement, avant que le contrat n'ait été conclu en vertu des alinéas (2) ou (3) de l'article 2:205.

(2) L'offre faite au public peut être révoquée de la même façon qu'elle avait été faite.

(3) La révocation est cependant sans effet

(a) si l'offre indique qu'elle est irrévocable,

(b) ou fixe un délai déterminé pour son acceptation,

(c) ou si son destinataire était raisonnablement fondé à la croire irrévocable et s'il a agi sur la foi de l'offre.

Article 2:203 : Rejet de l'offre

L'offre prend fin lorsque son rejet parvient à l'offrant.

Article 2:204 : Acceptation

(1) Constitue une acceptation toute déclaration ou comportement du destinataire indiquant qu'il acquiesce à l'offre.

(2) Le silence ou l'inaction ne peuvent à eux seuls valoir acceptation.

Article 2:205 : Moment de conclusion du contrat

(1) Si le destinataire de l'offre expédie son acceptation, le contrat est conclu lorsque celle-ci parvient à l'offrant.

(2) Si l'acceptation résulte d'un comportement, le contrat est conclu lorsque ce comportement parvient à la connaissance de l'offrant.

(3) Si, en vertu de l'offre, des pratiques établies entre les parties ou d'un usage, le destinataire peut accepter l'offre en accomplissant un acte sans notification à l'offrant, le contrat est conclu lorsque débute l'accomplissement de l'acte.

Article 2:206 : Délai d'acceptation

(1) L'acceptation d'une offre doit, pour produire effet, parvenir à l'offrant dans le délai qu'il a imparti.

(2) Si aucun délai n'a été fixé par l'offrant, l'acceptation doit lui parvenir dans un délai raisonnable.

(3) Si l'acceptation s'effectue par l'accomplissement d'un acte, conformément à l'alinéa (3) de l'article 2:205, cet accomplissement doit débuter dans le délai fixé par l'offrant ou, à défaut, dans un délai raisonnable.

Article 2:207 : Acceptation tardive

(1) Une acceptation tardive n'en produit pas moins effet en tant qu'acceptation si l'offrant fait savoir sans retard au destinataire qu'il la tient pour telle.

(2) Si une lettre ou un écrit autre renfermant une acceptation tardive a été expédiée dans des circonstances telles que, si sa transmission avait été normale, elle serait parvenue à temps à l'offrant, l'acceptation tardive produit effet en tant qu'acceptation à moins que, sans retard, l'offrant n'informe le destinataire qu'il considère que son offre a pris fin.

Article 2:208 : Acceptation comportant des modifications

(1) La réponse du destinataire qui énonce ou implique des adjonctions ou des modifications qui altéreraient substantiellement les termes de l'offre constitue un rejet de l'offre et une offre nouvelle.

(2) La réponse dont il est certain qu'elle acquiesce à l'offre mais qui énonce ou implique des adjonctions ou modifications à celle-ci n'en constitue pas moins une acceptation si ces adjonctions ou modifications n'altèrent pas substantiellement les termes de l'offre. Les adjonctions ou modifications s'intègrent alors au contrat.

(3) La réponse sera cependant traitée comme un rejet de l'offre si

(a) l'offre restreint expressément l'acceptation à ses termes mêmes,

(b) l'offrant s'oppose sans retard à ces adjonctions ou modifications,

(c) ou le destinataire subordonne son acceptation à l'agrément donné par l'offrant aux adjonctions ou modifications et cet agrément ne lui parvient pas dans un délai raisonnable.

Article 2:209 : Incompatibilité entre conditions générales

(1) Lorsque les parties sont parvenues à un accord mais que l'offre et l'acceptation renvoient à des conditions générales incompatibles, le contrat est néanmoins conclu. Les conditions générales s'intègrent au contrat pour autant qu'elles sont pour l'essentiel communes aux parties.

(2) Le contrat, cependant, n'est pas formé si une partie

(a) a indiqué à l'avance, explicitement et non dans ses conditions générales, qu'elle ne veut pas être liée par contrat en vertu de l'alinéa premier,

(b) ou informe ultérieurement et sans retard l'autre partie qu'elle n'entend pas être liée par le contrat.

(3) Les conditions générales du contrat sont les clauses qui ont été établies à l'avance par une partie pour un nombre indéfini de contrats d'une certaine nature et qui n'ont pas été l'objet d'une négociation individuelle entre les parties.

Article 2:210 : Confirmation écrite d'un professionnel

Si des professionnels ont conclu un contrat mais ne l'ont pas renfermé dans un document définitif, et que sans retard l'un d'eux envoie à l'autre un écrit qui se veut la confirmation du contrat mais contient des adjonctions ou modifications, celles-ci s'intègrent au contrat à moins que

(a) elles n'en altèrent substantiellement les termes,

(b) ou que le destinataire ne s'y oppose sans retard.

Article 2:211 : Contrats non conclus par une offre et une acceptation

Quand bien même le processus de conclusion d'un contrat ne pourrait s'analyser en une offre et une acceptation, les règles de la présente section s'appliquent, avec les adaptations appropriées.

Section 3 – Responsabilité à l'occasion des négociations

Article 2:301 : Négociations contraires à la bonne foi

(1) Les parties sont libres de négocier et ne peuvent encourir de responsabilité pour ne pas être parvenues à un accord.

(2) Toutefois, la partie qui conduit ou rompt des négociations contrairement aux exigences de la bonne foi est responsable du préjudice qu'elle cause à l'autre partie.

(3) Il est contraire aux exigences de la bonne foi, notamment, pour une partie d'entamer ou de poursuivre des négociations sans avoir de véritable intention de parvenir à un accord avec l'autre.

Article 2:302 : Manquement à la confidentialité

Lorsqu'une information confidentielle est donnée par une partie au cours des négociations, l'autre est tenue de ne pas la divulguer ni l'utiliser à ses propres fins, qu'il y ait ou non conclusion du contrat. Le manquement à ce devoir peut ouvrir droit à la réparation du préjudice souffert et à la restitution du profit qu'en aurait retiré l'autre partie.

Chapitre 3 – Pouvoir de représentation

Section 1 – Dispositions générales

Article 3:101 : Objet du chapitre

(1) Le présent chapitre régit le pouvoir d'un représentant ou d'un autre intermédiaire d'obliger le représenté en vertu d'un contrat avec un tiers.

(2) Le présent chapitre ne régit pas le pouvoir conféré par la loi à un représentant, ni celui d'un représentant nommé par une autorité publique ou judiciaire.

(3) Le présent chapitre ne régit pas les rapports entre le représentant ou intermédiaire et le représenté.

Article 3:102 : Espèces de représentation

(1) Lorsqu'un représentant agit au nom d'un représenté, les règles sur la représentation directe, qui font la matière de la section 2, reçoivent application. Il importe peu que l'identité du représenté soit révélée lorsque le représentant agit ou qu'elle doive être révélée ultérieurement.

(2) Lorsqu'un intermédiaire agit sur les instructions et pour le compte, mais non point au nom d'un représenté, ou lorsque le tiers ignore et n'a pas de raisons de savoir que l'intermédiaire agit en tant que représentant, les règles sur la représentation indirecte, qui font la matière de la section 3, reçoivent application.

Section 2 – Représentation directe

Article 3:201 : Pouvoir exprès, implicite et apparent

(1) L'attribution au représentant, par le représenté, du pouvoir d'agir en son nom peut être exprès ou implicite, découlant des circonstances.

(2) Le représentant a le pouvoir d'accomplir tous les actes nécessaires à l'exécution de sa mission, compte tenu des circonstances.

(3) Celui dont les déclarations ou le comportement ont incité le tiers à croire de façon raisonnable et de bonne foi que le représentant apparent avait reçu pouvoir pour l'acte qu'il a accompli, est tenu pour avoir conféré le pouvoir.

Article 3:202 : Action du représentant en vertu de ses pouvoirs

Lorsque le représentant agit dans la limite de ses pouvoirs tels qu'ils sont définis par l'article 3:201, ses actes lient directement le représenté et le tiers. Le représentant n'est pas engagé envers le tiers.

Article 3:203 : Représenté non identifié

Le représentant qui conclut un contrat au nom d'un représenté dont l'identité doit être révélée ultérieurement mais manque à révéler cette identité dans un délai raisonnable après que le tiers en ait fait la demande, est personnellement engagé par le contrat.

Article 3:204 : Action du représentant sans pouvoir ou au-delà de son pouvoir

(1) Lorsqu'une personne agit en qualité de représentant mais sans pouvoir ou au-delà de ses pouvoirs, ses actes ne lient pas le représenté et le tiers.

(2) En l'absence de ratification par le représenté conformément à l'article 3:207, le représentant est tenu de payer au tiers les dommages et intérêts qui rétabliront ce dernier dans la situation où il se serait trouvé si le représentant avait agi en vertu d'un pouvoir. Cette règle ne reçoit point application si le tiers avait ou aurait dû avoir connaissance du défaut de pouvoir.

Article 3:205 : Conflit d'intérêts

(1) Si le contrat conclu par un représentant implique celui-ci dans un conflit d'intérêts que le tiers connaissait ou ne pouvait ignorer, le représenté peut annuler le contrat conformément aux dispositions des articles 4:112 à 4:116.

(2) Il y a présomption de conflit d'intérêts lorsque le représentant

(a) a agi également en tant que représentant du tiers,

(b) ou a contracté avec lui-même pour son propre compte.

(3) Le représenté ne peut cependant annuler le contrat

(a) s'il a consenti à l'acte du représentant ou ne pouvait l'ignorer,

(b) ou si le représentant lui a révélé le conflit et s'il n'a pas soulevé d'objection dans un délai raisonnable.

Article 3:206 : Substitution de représentant

Le représentant a le pouvoir implicite de désigner un représentant substitué pour accomplir les tâches qui n'ont pas un caractère personnel et dont il n'est pas raisonnable de penser qu'il les accomplira personnellement. Les règles de la présente section s'appliquent à la représentation par substitution ; les actes du représentant substitué qui entrent dans ses pouvoirs et dans ceux du représentant engagent directement le représenté et le tiers.

Article 3:207 : Ratification par le représenté

(1) Les actes accomplis par un représentant sans pouvoir ou au-delà de son pouvoir peuvent être ratifiés par le représenté.

(2) Une fois ratifiés, les actes du représentant sont censés avoir été autorisés, sans préjudice du droit des autres intéressés.

Article 3:208 : Droits du tiers à l'égard de la confirmation du pouvoir

Lorsque les déclarations ou le comportement du représenté ont donné au tiers raison de croire que le représentant avait pouvoir d'accomplir un acte, mais que le tiers a des doutes sur l'existence de ce pouvoir, il peut envoyer une confirmation écrite au représenté ou requérir de lui une ratification. Si le représenté ne s'oppose pas à la confirmation ou fait droit sans retard à la requête, l'acte du représentant est censé avoir été autorisé.

Article 3:209 : Durée du pouvoir

(1) Le pouvoir d'un représentant subsiste jusqu'à ce que le tiers sache ou doive savoir que

(a) ce pouvoir s'est éteint du fait du représentant, du représenté ou des deux,

(b) les actes pour lesquels le pouvoir avait été conféré ont reçu complète exécution, ou la durée pour laquelle il avait été conféré est expirée,

(c) le représentant devient insolvable ou, si c'est une personne physique, décède ou devient incapable,

(d) ou le représenté devient insolvable.

(2) Le tiers est censé savoir que le pouvoir du représentant s'est éteint en vertu de l'alinéa premier, lettre (a), si la cause en a été communiquée ou rendue publique comme l'avait été l'attribution du pouvoir.

(3) Le représentant conserve toutefois, pendant une durée raisonnable, le pouvoir d'accomplir les actes nécessaires à la protection des intérêts du représentant ou de ses ayants droit.

Section 3 – Représentation indirecte

Article 3:301 : Intermédiaires n'agissant pas au nom d'un représenté

(1) Lorsqu'un intermédiaire agit

(a) sur les instructions et pour le compte, mais non point au nom, d'un représenté,

(b) ou sur les instructions d'un représenté, sans que le tiers le sache ni ait de raisons de le savoir,

l'intermédiaire et le tiers sont engagés l'un envers l'autre.

(2) Le représenté et le tiers ne sont engagés l'un envers l'autre que dans les conditions prévues aux articles 3:302 à 3:304.

Article 3:302 : Insolvabilité de l'intermédiaire ou inexécution essentielle à l'égard du représenté

Si l'intermédiaire devient insolvable ou commet une inexécution essentielle à l'égard du représenté ou si, dès avant la date à laquelle il doit exécuter, il est manifeste qu'il y aura une inexécution essentielle,

(a) il doit communiquer le nom et l'adresse du tiers au représenté, sur la demande de celui-ci,

(b) et le représenté peut exercer à l'encontre du tiers les droits que l'intermédiaire a acquis pour son compte, sous réserve des exceptions que le tiers peut opposer à l'intermédiaire.

Article 3:303 : Insolvabilité de l'intermédiaire ou inexécution essentielle à l'égard du tiers

Si l'intermédiaire devient insolvable ou commet une inexécution essentielle à l'égard du tiers ou si, dès avant la date à laquelle il doit exécuter, il est manifeste qu'il y aura une inexécution essentielle,

(a) il doit communiquer le nom et l'adresse du représenté au tiers, sur la demande de celui-ci,

(b) et le tiers peut exercer à l'encontre du représenté les droits qu'il possède à l'encontre de l'intermédiaire, sous réserve des exceptions que l'intermédiaire peut lui opposer et de celles que le représenté peut opposer à l'intermédiaire.

Article 3:304 : Exigence de notification

Les droits conférés par les articles 3:302 et 3:303 ne peuvent être exercés que si notification de l'intention de les exercer est faite à l'intermédiaire ainsi qu'au tiers ou au représenté, selon le cas. À compter de la réception de la notification, le tiers ou le représenté n'est plus en droit d'exécuter entre les mains de l'intermédiaire.

Chapitre 4 – Validité

Article 4:101 : Questions non traitées

Le présent chapitre ne traite pas de l'invalidité découlant de l'illicéité ou de l'immoralité du contrat, ni de l'incapacité des parties.

Article 4:102 : Impossibilité initiale

Un contrat n'est pas invalide du seul fait que, lors de sa conclusion, l'exécution de l'obligation était impossible ou que l'une des parties n'était pas en droit de disposer des biens qui en forment l'objet.

Article 4:103 : Erreur essentielle de fait ou de droit

(1) La nullité du contrat pour une erreur de fait ou de droit qui existait lors de la conclusion du contrat ne peut être provoquée par une partie que si

(a) (i) l'erreur a été causée par une information donnée par l'autre partie,

(ii) l'autre partie connaissait ou aurait dû avoir connaissance de l'erreur et il était contraire aux exigences de la bonne foi de laisser la victime dans l'erreur,

(iii) ou l'autre partie a commis la même erreur,

(b) et l'autre partie savait ou aurait dû savoir que la victime, si elle avait connu la vérité, ne se serait pas engagée ou ne l'aurait fait qu'à des conditions essentiellement différentes.

(2) La nullité ne peut cependant être invoquée lorsque

(a) l'erreur de la partie était inexcusable étant données les circonstances,

(b) ou que le risque d'erreur était ou, eu égard aux circonstances, aurait dû être assumé par elle.

Article 4:104 : Inexactitude dans les communications

L'inexactitude commise dans l'expression ou la transmission d'une déclaration est censée être une erreur de l'auteur ou l'expéditeur de la déclaration, et l'article 4:103 reçoit application.

Article 4:105 : Adaptation du contrat

(1) Lorsqu'une partie est fondée à annuler le contrat pour erreur mais que l'autre indique qu'elle désire l'exécuter ou l'exécute effectivement, ainsi que la victime l'entendait, le contrat est censé avoir été conclu dans les termes envisagés par la victime. L'autre partie doit indiquer son intention d'exécuter ou procéder à l'exécution promptement après avoir été

informée du sens donné au contrat par la victime et avant que celle-ci n'ait notifié l'annulation et agi sur la foi de cette notification.

(2) L'indication ou l'exécution fait perdre le droit d'annuler et toute notification antérieure d'annulation est dépourvue d'effet.

(3) Lorsque les deux parties ont commis la même erreur, le tribunal peut, à la requête de l'une d'elles, mettre le contrat en accord avec ce qui aurait pu raisonnablement être convenu s'il n'y avait point eu d'erreur.

Article 4:106 : Information inexacte

La partie qui s'est engagée sur le fondement d'une information inexacte donnée par l'autre partie peut obtenir des dommages et intérêts conformément aux alinéas (2) et (3) de l'article 4:117 alors même que l'information n'a pas occasionné une erreur essentielle au sens de l'article 4:103, à moins que la partie qui a donné l'information n'ait eu des raisons de croire que l'information était exacte.

Article 4:107 : Dol

(1) Une partie peut provoquer la nullité du contrat lorsque l'autre, par ses manœuvres dolosives, en paroles ou en actes, a déterminé la conclusion du contrat ou a omis dolosivement de révéler une information que la bonne foi lui commandait de révéler.

(2) Des manœuvres ou une non-révélation sont dolosives lorsqu'elles sont destinées à tromper.

(3) Pour établir si la bonne foi commandait à une partie de révéler une information particulière, on a égard à toutes les circonstances notamment

(a) le point de savoir si la partie a des connaissances techniques spéciales,

(b) ce qu'il lui en a coûté pour se procurer l'information en cause,

(c) le point de savoir si l'autre partie aurait pu raisonnablement se procurer l'information pour son compte,

(d) ainsi que l'importance que présentait apparemment l'information pour l'autre partie ;

Article 4:108 : Contrainte

Une partie peut provoquer la nullité du contrat lorsque l'autre a déterminé la conclusion du contrat par la menace imminente et grave d'un acte

(a) qui en soi est illégitime,

(b) ou qu'il est illégitime d'employer pour obtenir la conclusion du contrat, à moins que, eu égard aux circonstances, la partie n'ait eu une autre solution raisonnable.

Article 4:109 : Profit excessif ou avantage déloyal

(1) Une partie peut provoquer la nullité du contrat si, lors de la conclusion du contrat,

(a) elle était dans un état de dépendance à l'égard de l'autre partie ou une relation de confiance avec elle, en état de détresse économique ou de besoins urgents, ou était imprévoyante, ignorante, inexpérimentée ou inapte à la négociation,

(b) alors que l'autre partie en avait ou aurait dû en avoir connaissance et que, étant donné les circonstances et le but du contrat, elle a pris avantage de la situation de la première avec une déloyauté évidente ou en a retiré un profit excessif.

(2) À la requête de la partie lésée, le tribunal peut, s'il le juge approprié, adapter le contrat de façon à le mettre en accord avec ce qui aurait pu être convenu conformément aux exigences de la bonne foi.

(3) Le tribunal peut également, à la requête de la partie qui a reçu une notification d'annulation pour profit excessif ou avantage déloyal, adapter le contrat, pourvu que cette partie, dès qu'elle a reçu la notification, en informe l'expéditeur avant qu'il n'ait agi sur la foi de celle-ci.

Article 4:110 : Clauses abusives qui n'ont pas été l'objet d'une négociation individuelle

(1) Une clause qui n'a pas été l'objet d'une négociation individuelle peut être annulée par une partie si, contrairement aux exigences de la bonne foi, elle crée à son détriment un déséquilibre significatif entre les droits et obligations des parties découlant du contrat, eu égard à la nature de la prestation à procurer, de toutes les autres clauses du contrat et des circonstances qui ont entouré sa conclusion.

(2) Le présent article ne s'applique pas

(a) à une clause qui définit l'objet principal du contrat, pour autant que la clause est rédigée de façon claire et compréhensible,

(b) ni à l'adéquation entre la valeur respective des prestations à fournir par les parties.

Article 4:111 : Tiers

(1) Lorsqu'un tiers dont une partie doit répondre ou qui participe à la conclusion du contrat avec l'accord de cette partie

(a) provoque une erreur en donnant une information, ou connaissait ou aurait dû avoir connaissance d'une erreur,

(b) donne une information inexacte,

(c) commet un dol,

(d) est l'auteur de menaces,

(e) ou retire du contrat un profit excessif ou un avantage déloyal,

les moyens offerts par le présent chapitre peuvent être employés dans les mêmes conditions que si le comportement ou la connaissance avaient été ceux de la partie elle-même.

(2) Lorsqu'une autre personne

(a) donne une information inexacte,

(b) commet un dol,

(c) est l'auteur de menaces,

(d) ou retire du contrat un profit excessif ou un avantage déloyal,

les moyens offerts par le présent chapitre peuvent être employés si la partie avait ou aurait dû avoir connaissance des faits pertinents ou si, au moment de l'annulation, elle n'a pas agi sur la foi du contrat.

Article 4:112 : Annulation par notification

L'annulation a lieu par voie de notification au cocontractant.

Article 4:113 : Délais

(1) L'annulation doit être notifiée dans un délai raisonnable, eu égard aux circonstances, à partir du moment où la partie qui annule a connu ou aurait dû connaître les faits pertinents, ou a pu agir librement.

(2) Une partie peut toutefois annuler une clause particulière en vertu de l'article 4:110 en notifiant l'annulation dans un délai raisonnable après que l'autre partie se soit prévalue de la clause.

Article 4:114 : Confirmation

Le contrat ne peut être annulé lorsque la partie en droit de le faire l'a confirmé de façon expresse ou implicite, après avoir eu connaissance de la cause d'annulation ou pu agir librement.

Article 4:115 : Effets de l'annulation

En conséquence de l'annulation, chaque partie est en droit de demander la restitution de ce qu'elle a fourni en exécution du contrat, pourvu qu'elle restitue simultanément ce qu'elle a reçu. Si la restitution en nature est impossible, elle s'effectue par le paiement d'une somme raisonnable.

Article 4:116 : Annulation partielle

Lorsqu'une cause d'annulation n'affecte que certaines clauses du contrat, l'annulation se limite à ces clauses à moins qu'eu égard aux circonstances de la cause il ne soit déraisonnable de maintenir les autres dispositions du contrat.

Article 4:117 : Dommages et intérêts

(1) La partie qui annule un contrat en vertu du présent chapitre peut obtenir de son cocontractant des dommages et intérêts qui permettent de la placer autant que possible dans la situation où elle se serait trouvée si le contrat n'avait pas été conclu, dès lors que l'autre partie avait, ou aurait dû avoir, connaissance de l'erreur, du dol, de la contrainte ou du fait qu'elle retirait du contrat un profit excessif ou un avantage déloyal.

(2) Lorsqu'une partie est en droit d'annuler un contrat en vertu du présent chapitre mais n'exerce pas ce droit, ou lorsqu'elle l'a perdu en application des dispositions des articles 4:113 ou 4:114, elle peut, sous réserve de l'alinéa premier, obtenir des dommages et intérêts limités au préjudice que lui a fait subir l'erreur, le dol, la contrainte ou la prise d'un profit excessif ou d'un avantage déloyal. Le montant des dommages et intérêts est pareillement évalué lorsque la partie a été trompée par une information inexacte au sens de l'article 4:106.

(3) Les dispositions pertinentes de la section 5 du chapitre 9 s'appliquent pour le surplus, avec les adaptations appropriées.

Article 4:118 : Exclusion ou restriction des moyens

(1) Les parties ne peuvent exclure ni restreindre les moyens qui sanctionnent le dol, la contrainte et la prise d'un profit excessif ou d'un avantage déloyal, non plus que le droit d'invoquer la nullité d'une clause abusive qui n'a pas été l'objet d'une négociation individuelle.

(2) Les parties peuvent, à moins que ce ne soit contraire aux exigences de la bonne foi, exclure ou restreindre les moyens qui sanctionnent l'erreur et l'information inexacte.

Article 4:119 : Moyens ouverts en cas d'inexécution

La partie qui, dans des circonstances qui donneraient ouverture à un moyen fondé sur l'inexécution, est en droit de recourir à l'un des moyens que lui ouvre le présent chapitre, peut recourir au moyen de son choix.

Chapitre 5 – Interprétation

Article 5:101 : Règles générales d'interprétation

(1) Le contrat s'interprète selon la commune intention des parties, même si cette interprétation s'écarte de sa lettre.

(2) S'il est prouvé qu'une partie entendait le contrat en un sens particulier et que lors de la conclusion du contrat l'autre ne pouvait ignorer son intention, on doit interpréter le contrat tel que la première l'entendait.

(3) Faute de pouvoir déceler l'intention conformément aux alinéas (1) et (2), on donne au contrat le sens que des personnes raisonnables de même qualité que les parties lui donneraient dans les mêmes circonstances.

Article 5:102 : Circonstances pertinentes

Pour interpréter le contrat on a égard en particulier

(a) aux circonstances de sa conclusion, y compris les négociations préliminaires,

(b) au comportement des parties, même postérieur à la conclusion du contrat,

(c) à la nature et au but du contrat,

(d) à l'interprétation que les parties ont déjà donnée à des clauses semblables et aux pratiques qu'elles ont établies entre elles,

(e) au sens qui est communément attribué aux termes et expressions dans le secteur d'activité concerné et à l'interprétation que des clauses semblables peuvent avoir déjà reçue,

(f) aux usages

(g) et aux exigences de la bonne foi.

Article 5:103 : Règle contra proferentem

Dans le doute, les clauses du contrat qui n'ont pas été l'objet d'une négociation individuelle s'interprètent de préférence contre celui qui les a proposées.

Article 5:104 : Préférence aux clauses négociées

Les clauses qui ont été l'objet d'une négociation individuelle sont préférées à celles qui ne l'ont pas été.

Article 5:105 : Référence au contrat dans son entier

Les clauses du contrat s'interprètent en donnant à chacune le sens qui résulte du contrat entier.

Article 5:106 : Interprétation utile

On doit préférer l'interprétation qui rendrait les clauses du contrat licites et de quelque effet, plutôt que celle qui les rendrait illicites ou de nul effet.

Article 5:107 : Divergences linguistiques

En cas de divergences entre les différentes versions linguistiques d'un contrat dont aucune n'est déclarée faire foi, préférence est donnée à l'interprétation fondée sur la version qui a été rédigée en premier.

Chapitre 6 – Contenu et effets

Article 6:101 : Déclarations donnant naissance à des obligations contractuelles

(1) La déclaration faite par une partie avant ou lors de la conclusion du contrat est censée avoir donné naissance à une obligation contractuelle si c'est ainsi que l'autre partie l'a entendue eu égard aux circonstances et notamment

(a) l'importance apparente de la déclaration pour l'autre partie,

(b) le point de savoir si la déclaration a été faite dans les conditions normales du commerce,

(c) et les connaissances techniques respectives des parties.

(2) Si l'une des parties est un fournisseur professionnel qui, avant la conclusion du contrat, donne des informations sur la qualité ou l'usage de services, marchandises ou autres biens par publicité, mise sur le marché ou de toute autre façon, ses déclarations sont censées donner naissance à une obligation contractuelle à moins qu'il ne soit établi que l'autre partie savait ou aurait dû savoir qu'elles étaient inexactes.

(3) Les mêmes informations et autres engagements d'une personne par publicité ou mise sur le marché de services, marchandises ou autres biens pour le compte d'un fournisseur professionnel, ou d'une personne située plus en amont de la chaîne de commercialisation, sont censés donner naissance à des obligations contractuelles du fournisseur, à moins que celui-ci n'ait pas eu et n'ait pas eu raison d'avoir connaissance de ces informations ou engagements.

Article 6:102 : Obligations implicites

En plus d'obligations expresses, un contrat peut contenir des obligations implicites qui découlent

(a) de l'intention des parties,

(b) de la nature et du but du contrat,

(c) et de la bonne foi.

Article 6:103 : Simulation

Lorsque les parties ont conclu un contrat apparent qui dissimule leur véritable accord, c'est l'accord caché qui prévaut entre elles.

Article 6:104 : Détermination du prix

Lorsque le contrat ne fixe pas le prix ou la façon de le déterminer, les parties sont censées être convenues d'un prix raisonnable.

Article 6:105 : Détermination unilatérale par une partie

Lorsque le prix ou tout autre élément du contrat doit être déterminé unilatéralement par l'une des parties et que la détermination de celle-ci est manifestement déraisonnable, un prix ou un autre élément raisonnable lui est substitué, nonobstant toute stipulation contraire.

Article 6:106 : Détermination par un tiers

(1) Lorsque le prix ou tout autre élément du contrat doit être déterminé par un tiers et que celui-ci ne peut ou ne veut le faire, les parties sont présumées avoir donné au tribunal pouvoir de lui désigner un remplaçant qui procédera à cette détermination.

(2) Si le prix ou un autre élément déterminé par le tiers est manifestement déraisonnable, un prix ou un autre élément raisonnable lui est substitué.

Article 6:107 : Inexistence du facteur de référence

Lorsque le prix ou tout autre élément du contrat doit être déterminé par référence à un facteur qui n'existe pas ou a cessé d'exister ou d'être accessible, celui-ci est remplacé par le facteur qui s'en rapproche le plus.

Article 6:108 : Qualité de l'exécution

À défaut de stipulation sur la qualité, le débiteur doit offrir une exécution qui soit au moins de qualité moyenne.

Article 6:109 : Contrat à durée indéterminée

Chacune des parties peut résilier un contrat à durée indéterminée en notifiant un préavis d'une durée raisonnable.

Article 6:110 : Stipulation pour autrui

(1) Un tiers est fondé à exiger l'exécution d'une obligation contractuelle lorsque les parties sont expressément convenues de lui conférer ce droit ou que cette stipulation s'induit du but du contrat ou des circonstances de l'espèce. Il n'est pas nécessaire que le tiers soit identifié au moment de la stipulation.

(2) Si le tiers renonce au droit à l'exécution, il est censé ne l'avoir jamais acquis.

(3) Le stipulant peut priver le tiers du droit à l'exécution par une notification faite au promettant, sauf si

(a) le tiers a reçu du stipulant une notification l'informant que son droit était irrévocable ;

(b) ou le promettant ou le stipulant a reçu du tiers une notification l'informant que ce dernier voulait profiter de son droit.

Article 6:111 : Changement de circonstances

(1) Une partie est tenue de remplir ses obligations, quand bien même l'exécution en serait devenue plus onéreuse, soit que le coût de l'exécution ait augmenté, soit que la valeur de la contre-prestation ait diminué.

(2) Cependant, les parties ont l'obligation d'engager des négociations en vue d'adapter leur contrat ou d'y mettre fin si cette exécution devient onéreuse à l'excès pour l'une d'elles en raison d'un changement de circonstances

(a) qui est survenu après la conclusion du contrat,

(b) qui ne pouvait être raisonnablement pris en considération au moment de la conclusion du contrat,

(c) et dont la partie lésée n'a pas à supporter le risque en vertu du contrat.

(3) Faute d'accord des parties dans un délai raisonnable, le tribunal peut

(a) mettre fin au contrat à la date et aux conditions qu'il fixe,

(b) ou l'adapter de façon à distribuer équitablement entre les parties les pertes et profits qui résultent du changement de circonstances.

Dans l'un et l'autre cas, il peut ordonner la réparation du préjudice que cause à l'une des parties le refus par l'autre de négocier ou sa rupture de mauvaise foi des négociations.

Chapitre 7 – Exécution

Article 7:101 : Lieu d'exécution

(1) Lorsque le lieu d'exécution d'une obligation contractuelle n'est pas fixé par le contrat ou déterminable d'après le contrat, l'exécution a lieu

(a) pour les obligations de somme d'argent, là où le créancier a son établissement au moment de la conclusion du contrat ;

(b) pour les obligations autres que de somme d'argent, là où le débiteur a son établissement au moment de la conclusion du contrat.

(2) Si une partie a plusieurs établissements, l'établissement au sens de l'alinéa (1) est celui qui a le lien le plus étroit avec le contrat, compte tenu des circonstances connues des parties ou envisagées par elles lors de la conclusion du contrat.

(3) Si une partie n'a pas d'établissement, sa résidence habituelle en tient lieu.

Article 7:102 : Date d'exécution

Une partie doit exécuter

(a) si une date est fixée par le contrat ou déterminable d'après le contrat, à cette date ;

(b) si une période de temps est fixée par le contrat ou déterminable d'après le contrat, à un moment quelconque au cours de cette période, à moins qu'il ne résulte des circonstances de l'espèce que c'est à l'autre partie de choisir le moment ;

(c) dans tous les autres cas, dans un délai raisonnable à partir de la conclusion du contrat.

Article 7:103 : Exécution anticipée

(1) Une partie peut refuser une offre d'exécution faite avant l'échéance, excepté lorsque l'acceptation de cette offre n'affecterait pas ses intérêts de façon déraisonnable.

(2) L'acceptation par une partie d'une exécution anticipée n'a aucun effet sur la date à laquelle elle doit exécuter sa propre obligation.

Article 7:104 : Ordre des prestations

Dans la mesure où les prestations des parties peuvent être exécutées simultanément, les parties sont tenues de les exécuter de la sorte, à moins que les circonstances n'indiquent le contraire.

Article 7:105 : Obligation alternative

(1) Lorsque le débiteur peut se libérer par l'une de plusieurs prestations alternatives, le choix lui appartient, à moins que les circonstances n'indiquent le contraire.

(2) Si la partie à qui revient le choix ne l'a pas arrêté dans le délai fixé par le contrat,

(a) si le délai est essentiel, le droit de choisir passe à l'autre partie,

(b) si le délai n'est pas essentiel, l'autre partie peut procéder à une notification qui impartit un délai supplémentaire de durée raisonnable au cours duquel la partie doit arrêter son choix. Si elle ne le fait, le droit de choisir passe à l'autre.

Article 7:106 : Exécution par un tiers

(1) Excepté lorsque le contrat requiert une exécution personnelle, le créancier ne peut refuser l'exécution par un tiers lorsque celui-ci

(a) agit avec l'accord du débiteur,

(b) ou a un intérêt légitime à l'exécution et que le débiteur n'a pas exécuté ou qu'il est manifeste qu'il n'exécutera pas à l'échéance.

(2) L'exécution par le tiers conformément à l'alinéa précédent libère le débiteur.

Article 7:107 : Mode de paiement

(1) Une dette de somme d'argent peut être payée par tout moyen en usage dans les conditions normales du commerce.

(2) Le créancier qui, en vertu du contrat ou volontairement, accepte un chèque ou un autre ordre de paiement, ou un engagement de payer, n'est présumé le faire que sous la condition qu'il sera honoré. Il ne peut poursuivre le paiement de la dette originelle que si l'ordre ou l'engagement n'est pas honoré.

Article 7:108 : Monnaie de paiement

(1) Les parties peuvent convenir que le paiement ne pourra être fait qu'en une monnaie déterminée.

(2) S'il n'en a été ainsi convenu, une somme libellée en une monnaie autre que celle du lieu où il doit être effectué le paiement peut être payée dans la monnaie de ce lieu selon le taux de change qui y est en vigueur à l'échéance.

(3) Lorsque, dans le cas prévu à l'alinéa précédent, le débiteur n'a pas payé à l'échéance, le créancier peut exiger le paiement dans la monnaie du lieu où doit être effectué le paiement selon le taux de change qui est en vigueur en ce lieu soit à l'échéance, soit au moment du paiement.

Article 7:109 : Imputation des paiements

(1) Lorsqu'une partie est tenue de plusieurs dettes de même nature et que l'exécution qu'elle offre ne suffit pas à les éteindre toutes, elle peut, sous réserve des dispositions de l'alinéa (4), déclarer au moment de l'exécution sur quelle dette elle impute le paiement.

(2) A défaut de déclaration du débiteur, le créancier peut, dans un délai raisonnable, imputer le paiement sur la dette de son choix. Il doit informer le débiteur de son choix. Néanmoins est de nul effet, l'imputation sur une dette qui

(a) n'est pas échue,

(b) est illicite,

ou est litigieuse.

(3) À défaut d'imputation par l'une ou l'autre partie, et sous réserve des dispositions de l'alinéa (4), le paiement est imputé sur la dette qui satisfait à l'un des critères suivants dans l'ordre fixé :

(a) la dette échue ou à échoir en premier lieu,

(b) la dette pour laquelle le créancier a la garantie la plus faible,

(c) la dette la plus onéreuse pour le débiteur,

(d) la dette la plus ancienne.

Si aucun des précédents critères ne peut recevoir application, l'imputation se fait proportionnellement sur toutes les dettes.

(4) Lorsque la dette est de somme d'argent, le paiement est imputé d'abord sur les frais, puis sur les intérêts, enfin sur le capital, s'il n'y a imputation contraire de la part du créancier.

Article 7:110 : Refus de recevoir un bien

(1) La partie qui a été laissée en possession d'un meuble corporel autre qu'une somme d'argent parce que le cocontractant a refusé de prendre livraison du bien ou de le reprendre, doit raisonnablement s'employer à en assurer la protection et la conservation.

(2) Elle peut se libérer de son obligation de livrer ou restituer

(a) en déposant le bien chez un tiers qui le gardera à des conditions raisonnables pour le compte de l'autre partie, et en en faisant notification à celle-ci,

(b) ou en vendant le bien à des conditions raisonnables après notification faite à l'autre partie, et en versant à celle-ci les profits nets de la vente.

(3) Toutefois, si le bien est sujet à détérioration rapide ou si sa conservation est d'un coût déraisonnable, elle doit raisonnablement s'employer à le vendre. Elle peut se libérer de son obligation de livrer ou restituer en versant à l'autre partie les profits nets de la vente.

(4) La partie laissée en possession est en droit d'obtenir le remboursement de tous frais raisonnablement engagés ou d'en retenir le montant sur le produit de la vente.

Article 7:111 : Refus de recevoir une somme d'argent

Lorsque le créancier refuse de recevoir une somme d'argent dûment offerte par le débiteur, celui-ci, après notification, peut se libérer en consignant l'argent pour le compte du créancier selon le droit du lieu où doit s'effectuer le paiement.

Article 7:112 : Coût de l'exécution

Chaque partie supporte les frais de l'exécution de ses obligations.

Chapitre 8 – Inexécution et moyens en général

Article 8:101 : Moyens dont dispose le créancier

(1) Toutes les fois qu'une partie n'exécute pas une obligation résultant du contrat et qu'elle ne bénéficie pas de l'exonération prévue à l'article 8:108, le créancier est fondé à recourir à l'un quelconque des moyens prévus au chapitre 9.

(2) Lorsque le débiteur bénéficie de l'exonération prévue à l'article 8:108, le créancier est fondé à recourir à l'un quelconque des moyens prévus au chapitre 9 excepté les demandes d'exécution en nature et de dommages et intérêts.

(3) Une partie ne peut recourir à aucun des moyens prévus au chapitre 9 dans la mesure où l'inexécution de l'autre partie est imputable à un acte de sa part.

Article 8:102 : Cumul des moyens

Les moyens qui ne sont pas incompatibles peuvent être cumulés. En particulier, une partie ne perd pas le droit de demander des dommages et intérêts en exerçant son droit de recourir à tout autre moyen.

Article 8:103 : Inexécution essentielle

L'inexécution d'une obligation est essentielle lorsque

(a) la stricte observation de l'obligation est de l'essence du contrat,

(b) l'inexécution prive substantiellement le créancier de ce qu'il était en droit d'attendre du contrat, à moins que le débiteur n'ait pas prévu ou n'ait pas pu raisonnablement prévoir ce résultat,

(c) ou l'inexécution est intentionnelle et donne à croire au créancier qu'il ne peut pas compter dans l'avenir sur une exécution par l'autre partie.

Article 8:104 : Correction par le débiteur

La partie dont l'offre d'exécution n'est pas acceptée par le cocontractant pour défaut de conformité au contrat peut faire une offre nouvelle et conforme si la date de l'exécution n'est pas arrivée ou si le retard n'est pas tel qu'il constituerait une inexécution essentielle.

Article 8:105 : Assurances relatives à l'exécution

(1) La partie qui croit raisonnablement qu'il y aura inexécution essentielle de la part du cocontractant peut exiger de lui des assurances suffisantes d'exécution correcte et dans l'intervalle suspendre l'exécution de ses propres obligations aussi longtemps qu'elle peut raisonnablement persister dans sa croyance.

(2) Lorsque ces assurances ne sont pas fournies dans un délai raisonnable, la partie qui les a exigées est fondée à résoudre le contrat si elle peut toujours croire raisonnablement qu'il y aura inexécution essentielle du cocontractant, à condition de notifier sans délai la résolution.

Article 8:106 : Notification d'un délai supplémentaire pour l'exécution

(1) Dans tous les cas d'inexécution, le créancier peut notifier au débiteur qu'il lui impartit un délai supplémentaire pour l'exécution.

(2) Avant l'expiration de ce délai, le créancier peut suspendre l'exécution de ses obligations corrélatives et demander des dommages et intérêts, mais il ne peut se prévaloir d'aucun autre moyen. S'il reçoit du cocontractant une notification l'informant que celui-ci n'exécutera pas pendant le délai, ou si à l'expiration du délai supplémentaire l'exécution correcte n'est pas intervenue, il peut se prévaloir de l'un quelconque des moyens prévus au chapitre 9.

(3) Lorsque le retard dans l'exécution ne constitue pas une inexécution essentielle et que le créancier a dans sa notification imparti un délai supplémentaire de durée raisonnable, il est fondé à résoudre le contrat à l'expiration dudit délai si le débiteur n'a pas exécuté. Le créancier peut stipuler dans sa notification que l'inexécution dans le délai imparti emportera de plein droit résolution du contrat. Si le délai fixé est trop court, la résolution peut intervenir, à l'initiative du créancier ou s'il y a lieu de plein droit, au terme d'une durée raisonnable à compter de la notification.

Article 8:107 : Exécution par un tiers

Celui qui confie l'exécution du contrat à un tiers n'en demeure pas moins tenu de l'exécution.

Article 8:108 : Exonération résultant d'un empêchement

(1) Est exonéré des conséquences de son inexécution le débiteur qui établit que cette inexécution est due à un empêchement qui lui échappe et que l'on ne pouvait raisonnablement

attendre de lui qu'il le prenne en considération au moment de la conclusion du contrat, qu'il le prévienne ou le surmonte ou qu'il en prévienne ou surmonte les conséquences.

(2) Lorsque l'empêchement n'est que temporaire, l'exonération prévue par le présent article produit son effet pendant la durée de l'empêchement. Cependant, si le retard équivaut à une inexécution essentielle, le créancier peut le traiter comme tel.

(3) Le débiteur doit faire en sorte que le créancier reçoive notification de l'existence de l'empêchement et de ses conséquences sur son aptitude à exécuter dans un délai raisonnable à partir du moment où il en a eu, ou aurait dû en avoir, connaissance. Le créancier a droit à des dommages et intérêts pour le préjudice qui pourrait résulter du défaut de réception de cette notification.

Article 8:109 : Clauses excluant ou limitant les moyens

Les moyens accordés en cas d'inexécution peuvent être exclus ou limités à moins qu'il ne soit contraire aux exigences de la bonne foi d'invoquer l'exclusion ou la limitation.

Chapitre 9 – Les divers moyens en cas d'inexécution

Section 1 – Droit à l'exécution

Article 9:101 : Dettes de sommes d'argent

(1) Le créancier a droit d'obtenir paiement d'une dette de somme d'argent exigible.

(2) Lorsque le créancier n'a pas encore exécuté sa propre obligation et qu'il est manifeste que le débiteur n'acceptera pas de recevoir l'exécution, le créancier peut néanmoins passer à l'exécution et obtenir paiement de toute somme exigible en vertu du contrat à moins

(a) qu'il n'ait eu la possibilité d'effectuer une opération de remplacement raisonnable sans efforts ni frais appréciables,

(b) ou que l'exécution de son obligation n'apparaisse déraisonnable eu égard aux circonstances.

Article 9:102 : Obligations autres que de somme d'argent

(1) Le créancier d'une obligation autre que de somme d'argent a droit d'exiger l'exécution en nature, y compris la correction d'une exécution défectueuse.

(2) Toutefois, l'exécution en nature ne peut être obtenue lorsque

(a) l'exécution serait impossible ou illicite,

(b) elle comporterait pour le débiteur des efforts ou dépenses déraisonnables,

(c) elle consiste à fournir des services ou réaliser un ouvrage présentant un caractère personnel ou dépend de relations personnelles,

(d) ou le créancier peut raisonnablement obtenir l'exécution par un autre moyen.

(3) Le créancier est déchu du droit à l'exécution en nature s'il manque à la demander dans un délai raisonnable à partir du moment où il a eu, ou aurait dû avoir, connaissance de l'inexécution.

Article 9:103 : Conservation du droit d'obtenir des dommages et intérêts

Les dispositions précédentes en vertu desquelles l'exécution en nature n'est pas admise ne font point obstacle à une demande de dommages et intérêts.

Section 2 – Suspension de l'exécution

Article 9:201 : Droit de suspendre l'exécution

(1) Une partie tenue d'exécuter dans le même temps que l'autre ou après elle peut, tant que le cocontractant n'a pas exécuté ou offert d'exécuter, suspendre l'exécution de sa prestation en tout ou en partie, ainsi qu'il est raisonnable eu égard aux circonstances.

(2) Une partie peut de même suspendre l'exécution de sa prestation dès lors qu'il est manifeste qu'il y aura inexécution de la part du cocontractant à l'échéance.

Section 3 – Résolution du contrat

Article 9:301 : Droit de résoudre le contrat

(1) Une partie peut résoudre le contrat s'il y a inexécution essentielle de la part du cocontractant.

(2) En cas de retard, le créancier peut également résoudre le contrat en vertu de l'article 8:106, alinéa (3).

Article 9:302 : Contrats à exécution fractionnée

Lorsque le contrat doit être exécuté par tranches et que, relativement à une tranche à laquelle peut être assignée une fraction de la contre-prestation, il y a inexécution essentielle, le créancier est fondé à exercer le droit de résolution que lui confère la présente section quant à la tranche du contrat en cause. Il ne peut résoudre le contrat en son entier que si l'inexécution est essentielle pour le contrat en son entier.

Article 9:303 : Notification de la résolution

(1) La résolution du contrat s'opère par notification au débiteur.

(2) Le créancier est déchu du droit de résoudre le contrat s'il n'adresse pas notification dans un délai raisonnable à partir du moment où il a eu, ou aurait dû avoir, connaissance de l'inexécution.

(3) (a) Lorsque l'exécution n'est pas offerte à l'échéance, le créancier n'a pas à adresser notification avant qu'une offre ne soit faite. En cas d'offre d'exécution tardive, il est déchu du droit de résoudre le contrat s'il n'adresse pas notification dans un délai raisonnable à partir du moment où il a eu, ou aurait dû avoir, connaissance de l'offre d'exécution.

(b) Si toutefois le créancier sait ou a de justes raisons de savoir que le débiteur entend toujours offrir l'exécution dans un délai raisonnable, il doit lui notifier qu'il n'acceptera pas l'exécution, faute de quoi, si le débiteur offre effectivement l'exécution dans un délai raisonnable, le créancier est déchu du droit de résoudre le contrat.

(4) Lorsqu'une partie est exonérée en vertu de l'article 8:108, en raison d'un empêchement absolu et permanent, le contrat est résolu à compter de la survenance de l'empêchement, de plein droit et sans qu'il soit besoin d'aucune notification.

Article 9:304 : Inexécution par anticipation

Lorsque, dès avant la date à laquelle une partie doit exécuter, il est manifeste qu'il y aura inexécution essentielle de sa part, le cocontractant est fondé à résoudre le contrat.

Article 9:305 : Effets de la résolution en général

(1) La résolution du contrat libère les deux parties de leur obligation d'effectuer la prestation ou de la recevoir dans le futur ; mais, sous réserve des articles 9:306 à 9:308, elle est sans effet sur les droits et obligations qui avaient pris naissance au moment où elle est intervenue.

(2) La résolution n'a point d'effet sur les stipulations du contrat relatives au règlement des différends, non plus que sur toutes autres clauses appelées à produire effet même en cas de résolution.

Article 9:306 : Réduction de la valeur d'un bien

La partie qui résout le contrat peut refuser de conserver un bien antérieurement reçu du cocontractant si la valeur qu'il représente pour elle a subi une réduction substantielle en conséquence de l'inexécution du cocontractant.

Article 9:307 : Recouvrement de sommes d'argent

Après résolution du contrat, une partie peut recouvrer les sommes payées pour une prestation qu'elle n'a pas reçue ou a légitimement refusée.

Article 9:308 : Recouvrement de biens

Après résolution du contrat, la partie qui a fourni des biens qu'il est possible de restituer et pour lesquels elle n'a pas reçu paiement ou une autre contrepartie, peut en obtenir la restitution.

Article 9:309 : Recouvrement pour une prestation insusceptible de restitution

Après résolution du contrat, la partie qui a effectué une prestation insusceptible de restitution, et pour laquelle elle n'a pas reçu paiement ou une autre contrepartie, peut obtenir une somme raisonnable correspondant à la valeur qu'a eue la prestation pour le cocontractant.

Section 4 – Réduction du prix

Article 9:401 : Droit de réduire le prix

(1) La partie qui accepte une offre d'exécution non conforme au contrat peut réduire le prix. La réduction est proportionnelle à la différence entre la valeur de la prestation au moment où elle a été offerte et celle qu'une offre d'exécution conforme aurait eue à ce moment.

(2) La partie qui est en droit de réduire le prix en vertu de l'alinéa précédent et qui a déjà payé une somme qui excède le prix réduit, peut obtenir du cocontractant le remboursement du surplus.

(3) La partie qui réduit le prix ne peut de surcroît obtenir des dommages et intérêts pour diminution de valeur de la prestation ; mais elle conserve son droit à dommages et intérêts pour tout autre préjudice qu'elle a souffert, pour autant que ces dommages et intérêts seraient dus en vertu de la section 5 du présent chapitre.

Section 5 – Dommages et intérêts

Article 9:501 : Droit à dommages et intérêts

(1) Le créancier a droit à dommages et intérêts pour le préjudice que lui cause l'inexécution lorsque le débiteur ne bénéficie pas de l'exonération prévue à l'article 8:108.

(2) Le préjudice réparable inclut :

(a) le préjudice non pécuniaire,

(b) le préjudice futur dont la réalisation peut raisonnablement être tenue pour vraisemblable.

Article 9:502 : Mesure des dommages et intérêts en général

Les dommages et intérêts sont en règle générale d'un montant qui permette de placer, autant que possible, le créancier dans la situation où il se serait trouvé si le contrat avait été dûment exécuté. Ils tiennent compte tant de la perte qu'il a subie que du gain dont il a été privé.

Article 9:503 : Prévisibilité du dommage

Le débiteur n'est tenu que du préjudice qu'il a prévu ou aurait dû raisonnablement prévoir au moment de la conclusion du contrat comme étant une conséquence vraisemblable de l'inexécution, lorsque ce n'est point intentionnellement ou par sa faute lourde que l'obligation n'est pas exécutée.

Article 9:504 : Préjudice imputable au créancier

Le débiteur n'est point tenu du préjudice souffert par le créancier pour autant que ce dernier a contribué à l'inexécution ou aux conséquences de celle-ci.

Article 9:505 : Réduction du préjudice

(1) Le débiteur n'est point tenu du préjudice souffert par le créancier pour autant que ce dernier aurait pu réduire son préjudice en prenant des mesures raisonnables.

(2) Le créancier a droit au remboursement de tous frais qu'il a raisonnablement engagés en tentant de réduire le préjudice.

Article 9:506 : Contrat de remplacement

Le créancier qui a résolu le contrat et passé un contrat de remplacement dans un délai et d'une manière raisonnables, est fondé à obtenir la différence entre le prix du contrat originel et celui du contrat de remplacement, ainsi que des dommages et intérêts pour tout autre préjudice, pour autant que ces dommages et intérêts seraient dus en vertu de la présente section.

Article 9:507 : Prix courant

Le créancier qui a résolu le contrat sans passer de contrat de remplacement, alors que la prestation promise a un prix courant, est fondé à obtenir la différence entre le prix du contrat originel et le prix courant au moment de la résolution, ainsi que des dommages et intérêts pour tout autre préjudice, pour autant que ces dommages et intérêts seraient dus en vertu de la présente section.

Article 9:508 : Retard dans le paiement d'une somme d'argent

(1) En cas de retard dans le paiement d'une somme d'argent, le créancier a droit aux intérêts de cette somme entre l'échéance et la date du paiement, au taux bancaire de base à court terme moyen pratiqué pour la monnaie de paiement du contrat au lieu où le paiement doit être effectué.

(2) Le créancier peut en outre obtenir des dommages et intérêts pour tout autre préjudice, pour autant que ces dommages et intérêts seraient dus en vertu de la présente section.

Article 9:509 : Clauses relatives aux conséquences pécuniaires de l'inexécution

(1) Lorsque le contrat porte que celui qui manquera de l'exécuter paiera une certaine somme à raison de l'inexécution, cette somme sera allouée au créancier indépendamment de son préjudice effectif.

(2) Cependant, nonobstant toute stipulation contraire, la somme peut être réduite à un montant raisonnable si elle est manifestement excessive par rapport au préjudice résultant de l'inexécution et aux autres circonstances.

Article 9:510 : Monnaie d'évaluation des dommages et intérêts

Les dommages et intérêts sont évalués dans la monnaie qui exprime de la façon la plus adéquate le préjudice du créancier.

Chapitre 10 – Pluralité de sujets

Section 1 – Pluralité de débiteurs

Article 10:101 : Obligations solidaires, disjointes et communes

(1) Les obligations sont solidaires lorsque tous les débiteurs sont tenus d'exécuter une seule et même prestation et que le créancier peut la réclamer à l'un quelconque d'entre eux jusqu'à complète exécution.

(2) Les obligations sont disjointes lorsque chacun des débiteurs n'est tenu d'exécuter qu'une part de la prestation et que le créancier ne peut réclamer à chacun que sa part.

(3) L'obligation est commune lorsque tous les débiteurs sont tenus d'exécuter ensemble la prestation et que le créancier ne peut en réclamer l'exécution qu'à tous.

Article 10:102 : Sources des obligations solidaires

(1) Lorsque plusieurs débiteurs sont tenus envers un créancier d'une seule et même prestation en vertu d'un même contrat, ils sont codébiteurs solidaires, à moins que le contrat ou la loi n'en disposent autrement.

(2) Les obligations sont solidaires également lorsque plusieurs personnes sont responsables d'un même préjudice.

(3) Des modalités différentes de l'obligation ne font point obstacle à la solidarité.

Article 10:103 : Régime des obligations disjointes

Les débiteurs liés par des obligations sont tenus envers le créancier par des parts égales, à moins que le contrat ou la loi n'en disposent autrement.

Article 10:104 : Obligation commune : règle spéciale en cas de dommages-intérêts dus pour inexécution

Nonobstant l'article 10:101, alinéa 3, les débiteurs d'une obligation commune sont tenus solidairement à l'égard des créanciers lorsque l'inexécution de l'obligation se résout en dommages-intérêts.

Article 10:105 : Répartition entre les débiteurs solidaires

(1) Les débiteurs solidaires sont tenus, les uns à l'égard des autres, à des parts égales, à moins que le contrat ou la loi n'en disposent autrement.

(2) Si plusieurs personnes sont solidairement responsables d'un même préjudice en vertu de l'article 10:102, alinéa 2, leur part contributive de responsabilité est déterminée selon les règles régissant le fait générateur de responsabilité.

Article 10:106 : Recours entre les codébiteurs solidaires

(1) Le débiteur qui a payé plus que sa part peut réclamer l'excédent à l'un quelconque des autres débiteurs dans la limite de la part impayée de chacun, ainsi que la part correspondant aux frais qu'il a raisonnablement engagés.

(2) Le débiteur solidaire à qui s'applique l'alinéa précédent peut également, sous réserve des droits qu'aurait pu conserver le créancier, exercer les droits et actions de celui-ci, y compris les sûretés qui s'y attachent, pour répéter contre l'un quelconque des autres débiteurs la part impayée de chacun, à condition de respecter les droits antérieurs du créancier.

(3) Lorsque le débiteur solidaire qui a payé plus que sa part n'a pu, en dépit d'efforts raisonnables, répéter sa contribution contre l'un des autres codébiteurs solidaires, la part des autres, y compris celui qui a payé, est augmentée en proportion.

Article 10:107 : Obligations solidaires : paiement, compensation, confusion

(1) Le paiement ou la compensation par un débiteur solidaire ou la compensation opérée par le créancier avec la dette de l'un des débiteurs solidaires libère les autres à l'égard du créancier dans la mesure du paiement ou de la compensation.

(2) La confusion intervenue dans les rapports entre le créancier et un débiteur solidaire ne libère les codébiteurs que de la part du débiteur concerné.

Article 10:108 : Obligations solidaires : remise de dette, transaction

(1) Lorsque le créancier remet la dette d'un débiteur solidaire ou conclut une transaction avec lui, les autres débiteurs sont libérés pour la part du débiteur qui en bénéficie.

(2) Les débiteurs sont libérés totalement par la remise ou la transaction si l'acte le prévoit.

(3) Dans les rapports entre débiteurs solidaires, le débiteur libéré de sa part ne l'est qu'à hauteur de sa part à la date de cette libération et non pour la part supplémentaire qui pourrait ultérieurement lui incomber en vertu de l'article 10:106, alinéa 3.

Article 10:109 : Obligations solidaires : effets d'une décision judiciaire

La décision judiciaire relative à la dette d'un débiteur solidaire à l'égard du créancier n'affecte pas

(a) les droits du créancier à l'encontre des autres débiteurs,

(b) le recours entre les codébiteurs solidaires sur le fondement de l'article 10:106.

Article 10:110 : Obligations solidaires : prescription

La prescription acquise à l'égard d'un débiteur solidaire n'affecte pas

(a) les droits du créancier à l'encontre des autres débiteurs,

(b) le recours entre les codébiteurs solidaires sur le fondement de l'article 10:106.

Article 10:111 : Obligations solidaires : opposabilité des autres moyens de défense

(1) Le débiteur solidaire peut opposer au créancier tout moyen de défense qu'un autre codébiteur pourrait invoquer, à l'exception des moyens personnels à ce dernier. L'invocation du moyen est sans effet à l'égard des autres débiteurs.

(2) Le débiteur à qui est réclamée sa contribution peut opposer au demandeur les moyens de défense personnels qu'il aurait pu opposer au créancier.

Section 2 – Pluralité de créanciers

Article 10:201 : Créances solidaires, disjointes et communes

(1) Les créances sont solidaires lorsque l'un des créanciers peut réclamer la totalité de la prestation au débiteur et que ce dernier peut se libérer auprès de l'un quelconque des créanciers.

(2) Les créances sont disjointes lorsque le débiteur ne doit à chaque créancier que la part de celui-ci et que chaque créancier ne peut réclamer que sa part.

(3) La créance est commune lorsque le débiteur doit fournir la prestation à l'ensemble des créanciers et que l'un des créanciers ne peut réclamer l'exécution qu'au profit de tous.

Article 10:202 : Répartition des créances disjointes

Les créanciers disjoints ont droit à des parts égales, à moins que le contrat ou la loi n'en disposent autrement.

Article 10:203 : Difficultés d'exécution de la créance commune

Lorsque l'un des créanciers refuse la prestation ou est dans l'impossibilité de la recevoir, le débiteur peut se libérer en remettant le bien entre les mains d'un tiers ou en consignant l'argent conformément aux articles 7:110 et 7:111 des Principes.

Article 10:204 : Répartition des créances solidaires

(1) Les créanciers solidaires ont droit à des parts égales, à moins que le contrat ou la loi n'en disposent autrement.

(2) Le créancier qui a reçu plus que sa part doit restituer l'excédent aux autres créanciers à proportion de leur part respective.

Article 10:205 : Régime des créances solidaires

(1) La remise de dette consentie au débiteur par l'un des créanciers solidaires est sans effet à l'égard des autres créanciers.

(2) Les règles posées par les articles 10:107, 10:109, 10:110 et 10:111, alinéa premier, s'appliquent sous réserve des adaptations appropriées.

Chapitre 11 – Cession de créance

Section 1 – Dispositions générales

Article 11:101 : Objet du chapitre

(1) Le présent chapitre régit la cession conventionnelle des créances nées d'un contrat actuel ou futur.

(2) Sauf volonté contraire ou à moins que les circonstances n'imposent une solution différente, le présent chapitre régit également la cession conventionnelle d'autres obligations cessibles.

(3) Le présent chapitre ne régit :

(a) ni la transmission d'un instrument financier ou d'une valeur mobilière, lorsque cette transmission requiert, en vertu de la loi qui lui est applicable, l'inscription dans un registre tenu par ou pour le compte de l'émetteur,

(b) ni la transmission d'une lettre de change, d'un autre effet négociable, d'une valeur mobilière ou d'un titre représentatif de marchandises, lorsque, en vertu de la loi qui lui est applicable, celle-ci doit être faite par tradition (et endossement, si nécessaire) du titre.

(4) Dans le présent chapitre, le terme « cession » s'applique au transfert de créances à titre de garantie.

(5) Le présent chapitre s'applique également, avec les adaptations appropriées, à la constitution conventionnelle d'une sûreté ou d'une garantie sur une créance autrement que par sa cession.

Article 11:102 : Créances contractuelles cessibles

(1) sous réserve des dispositions des articles 11:301 et 11:302, un contractant peut céder les créances nées du contrat.

(2) Une créance qui naîtra d'un contrat actuel ou futur est cessible à condition qu'elle puisse être identifiée comme faisant partie de la cession au moment où elle viendra à exister ou à tout autre moment convenu entre les parties.

Article 11:103 : Cession partielle

Une créance divisible peut être cédée partiellement, mais le cédant est alors tenu envers le débiteur des frais supplémentaires que ce dernier encourt de ce fait.

Article 11:104 : Forme de la cession

La cession ne requiert pas d'écrit et n'est soumise à aucune autre exigence de forme. Elle peut être prouvée par tous moyens, y compris par témoins.

Section 2 – Effets de la cession entre cédant et cessionnaire

Article 11:201 : Droits transmis au cessionnaire

(1) La cession de créance transfère au cessionnaire :

(a) tous les droits du cédant au paiement relativement à la créance cédée,

(b) et tous les droits accessoires qui garantissent le paiement.

(2) Lorsque la cession d'une créance contractuelle est couplée avec la substitution du cessionnaire au cédant en tant que débiteur d'obligations résultant du même contrat, le présent article s'applique sous réserve des dispositions de l'article 12:201.

Article 11:202 : Prise d'effet de la cession

(1) La cession d'une créance existante prend effet au moment de l'accord de cession ou à tel moment dont le cédant et le cessionnaire sont convenus.

(2) La cession d'une créance future est subordonnée à sa naissance mais, lorsque celle-ci survient, elle prend effet dès le moment de l'accord de cession ou à tel moment ultérieur dont le cédant et le cessionnaire sont convenus.

Article 11:203 : Conservation des recours contre le cédant

La cession de créance produit ses effets entre le cédant et le cessionnaire et celui-ci peut prétendre à tout ce que le cédant reçoit du débiteur, alors même qu'elle est inopposable à ce dernier par application des articles 11:301 ou 11:302.

Article 11:204 : Garanties dues par le cédant

En cédant ou en s'engageant à céder une créance, le cédant garantit au cessionnaire que :

(a) au moment où la cession doit prendre effet, sauf indication contraire, les conditions suivantes seront remplies :

(i) le cédant est en droit de céder la créance ;

(ii) la créance existe et les droits du cédé ne sont pas menacés par des moyens de défense ou droits (y compris de compensation) que le débiteur pourrait opposer au cédant ;

(iii) et la créance n'a pas été cédée antérieurement, donnée en garantie ou nantie au profit d'un tiers et ne fait l'objet d'aucune autre charge ;

(b) la créance et le contrat dont elle est issue ne seront pas modifiés sans l'accord du cessionnaire, à moins que la modification n'ait été prévue dans l'acte de cession ou n'ait été effectuée de bonne foi et soit telle que le cessionnaire n'ait pu raisonnablement y faire objection ;

(c) et que le cédant transmettra au cessionnaire tous les droits cessibles destinés à garantir le paiement de la créance et qui n'en sont pas l'accessoire.

Section 3 – Effets de la cession entre cessionnaire et débiteur

Article 11:301 : Interdiction conventionnelle de cession

(1) La cession interdite par le contrat dont est issue la créance ou qui n'y est pas conforme pour d'autres raisons est inopposable au débiteur à moins que :

(a) le débiteur y ait consenti,

(b) le cessionnaire ait ignoré la non-conformité et n'ait pas dû la connaître,

(c) ou la cession concerne une créance de somme d'argent résultant d'un contrat futur.

(2) Les dispositions du précédent alinéa sont sans incidence sur la responsabilité du cédant pour la non-conformité.

Article 11:302 : Autres cessions inopposables

Est inopposable au débiteur la cession à laquelle il n'a pas consenti, lorsqu'elle se rapporte à une prestation qu'il ne peut raisonnablement être tenu d'effectuer au profit d'un autre que le cédant, en raison de la nature de la prestation ou de ses relations avec le cédant.

Article 11:303 : Effet sur l'obligation du débiteur

(1) Sous réserve des articles 11:301, 11:302, 11:307 et 11:308, le débiteur n'est tenu de payer la dette au cessionnaire que s'il a reçu de celui-ci ou du cédant une notification écrite qui identifie de façon raisonnable la créance cédée et lui enjoint de la payer au cessionnaire.

(2) Toutefois, si la notification émane du cessionnaire, le débiteur peut, dans un délai raisonnable, lui demander d'apporter une preuve digne de foi de la réalité de la cession et suspendre l'exécution dans l'intervalle.

(3) Lorsque le débiteur a eu connaissance de la cession autrement que par une notification faite conformément à l'alinéa premier, il peut soit suspendre l'exécution soit s'exécuter entre les mains du cessionnaire.

(4) Lorsque le débiteur exécute entre les mains du cédant, il n'est délié de son obligation que s'il ignorait la cession au moment de l'exécution.

Article 11:304 : Protection du débiteur

Le débiteur qui s'exécute au profit d'une personne qu'une notification conforme à l'article 11:303 désigne comme le cessionnaire est délié de son obligation, à moins qu'il n'ait pu ignorer que cette personne n'était pas celle pouvant prétendre au paiement.

Article 11:305 : Demandes concurrentes

Le débiteur qui a reçu notification de deux ou plusieurs demandes d'exécution concurrentes se délie de son obligation en se conformant à la loi du lieu d'exécution ou, si l'obligation doit être exécutée en des lieux différents, à la loi applicable à celle-ci.

Article 11:306 : Lieu d'exécution

(1) Lorsque la cession porte sur une obligation de somme d'argent payable en un lieu déterminé, le cessionnaire peut demander le paiement en tout lieu du même pays ou, si celui-ci est membre de l'Union européenne, en tout lieu de l'Union européenne, mais le cédant est tenu envers le débiteur de tous les frais supplémentaires que celui-ci encourt du fait du changement de lieu de paiement.

(2) Lorsque la cession porte sur une obligation autre que de somme d'argent qui doit être exécutée en un lieu déterminé, le cessionnaire ne peut demander l'exécution en un autre lieu.

Article 11:307 : Moyens de défense et droits de compensation

(1) Le débiteur est en droit d'opposer au cessionnaire toutes défenses au fond et moyens de procédure relatifs à la créance cédée dont il aurait pu se prévaloir vis-à-vis du cédant.

(2) Le débiteur peut également faire valoir à l'encontre du cessionnaire toute compensation qu'il aurait pu invoquer contre le cédant en vertu du chapitre 13 relativement à des créances de ce dernier :

(a) qui existaient au moment où une cession lui a été notifiée conformément ou non à l'alinéa premier de l'article 11:303,

(b) ou qui sont connexes à la créance cédée.

Article 11:308 : Inopposabilité au cessionnaire d'une modification de la créance sans son autorisation

La modification de la créance qui résulte d'un accord entre le cédant et le débiteur postérieur à la réception par le cessionnaire de la notification de la cession, conforme ou non à l'alinéa premier de l'article 11:303, et à laquelle le cessionnaire n'a pas consenti, n'affecte pas les droits de celui-ci à l'encontre du débiteur, à moins qu'elle n'ait été prévue dans l'acte de cession ou n'ait été effectuée de bonne foi et soit telle que le cessionnaire n'ait pu raisonnablement y faire objection.

Section 4 – Ordre de préférence entre le cessionnaire et des créanciers concurrents

Article 11:401 : Ordre de préférence

(1) En cas de cessions successives de la même créance, le bénéficiaire de la cession qui a été notifiée la première au débiteur est payé par préférence à un cessionnaire antérieur si, au moment de la cession, il n'avait pas, et n'aurait pas dû avoir, connaissance d'une cession antérieure.

(2) Sous réserve de l'alinéa premier, la préférence entre cessions successives de créances actuelles ou futures se règle suivant l'ordre dans lequel elles sont intervenues.

(3) Le droit du cessionnaire prévaut sur celui des créanciers qui ont pratiqué une saisie sur la créance cédée, dans le cadre d'une procédure judiciaire ou autrement, après que la cession ait pris effet en vertu de l'article 11:202.

(4) En cas de procédure collective ouverte à l'égard du cédant, le droit du cessionnaire prévaut sur ceux de l'administrateur judiciaire et des créanciers du cédant sous réserve des dispositions de la loi applicable à la procédure collective relatives :

(a) à la publicité prescrite comme condition de cette préférence ;

(b) au rang des créances ;

(c) et à la nullité ou l'inopposabilité des actes dans la procédure collective.

Chapitre 12 – Substitution d'un nouveau débiteur et cession de contrat

Section 1 – Substitution d'un nouveau débiteur

Article 12:101 : Substitution : dispositions générales

(1) Un tiers peut, avec l'accord du débiteur et du créancier, s'engager à se substituer au débiteur, ce dernier étant délié de ses obligations.

(2) Le créancier peut consentir à l'avance à une substitution future. La substitution ne prend alors effet que lorsque le nouveau débiteur lui notifie l'accord qu'il a conclu avec le débiteur originel.

Article 12:102 : Effets de la substitution sur les moyens de défense et les garanties

(1) Le nouveau débiteur ne peut invoquer à l'encontre du créancier aucun droit ni moyen de défense procédant de ses rapports avec le débiteur originel.

(2) La libération du débiteur originel s'étend aux garanties qu'il avait consenties au créancier pour sûreté de sa créance, à l'exception de celles qui portent sur un bien transféré au nouveau débiteur en vertu d'un acte qu'il a conclu avec le débiteur originel.

(3) La libération du débiteur originel s'étend aux garanties consenties pour sûreté de la créance par toute personne autre que le nouveau débiteur, à moins que cette personne consente à maintenir sa garantie au profit du créancier.

(4) Le nouveau débiteur est en droit d'opposer au créancier tout moyen de défense que le débiteur originel aurait pu opposer au créancier.

Section 2 – Cession de contrat

Article 12:201 : Cession de contrat

(1) Une partie à un contrat peut convenir avec un tiers que ce dernier lui sera substitué en tant que partie contractante. La substitution ne prend effet que si l'autre partie accepte que la substitution libère ainsi son cocontractant originel.

(2) Dans la mesure où la substitution de contractant implique une cession de créance, les dispositions du chapitre 11 reçoivent application ; dans la mesure où il y a cession de dette, on applique les dispositions de la section 1 du présent chapitre.

Chapitre 13 – Compensation

Article 13:101 : Conditions de la compensation

Lorsque deux parties se trouvent débitrices l'une envers l'autre de dettes de même nature, chacune d'elles peut compenser sa créance avec celle de l'autre si et dans la mesure où, à l'époque de la compensation,

(a) sa dette est exigible

(b) et la dette de l'autre partie l'est également.

Article 13:102 : Créances incertaines

(1) Un débiteur ne peut compenser une créance incertaine dans son existence ou son montant, à moins que la compensation ne porte pas atteinte aux droits de l'autre partie.

(2) Lorsque les créances réciproques naissent d'un même rapport juridique, on présume qu'il n'est pas porté atteinte aux droits de l'autre partie.

Article 13:103 : Compensation de créances de monnaie étrangère

La compensation peut intervenir entre des créances libellées dans des monnaies différentes, à moins que les parties ne soient convenues que la dette de celle qui se prévaut de la compensation s'exécuterait exclusivement dans une monnaie déterminée.

Article 13:104 : Notification de la compensation

La compensation s'opère par notification à l'autre partie.

Article 13:105 : Pluralité de créances et de dettes

(1) Lorsque la personne qui notifie la compensation a deux ou plusieurs créances sur l'autre partie, la notification ne produit effet que si elle identifie la créance à laquelle elle se rapporte.

(2) Lorsque la personne qui notifie la compensation a deux ou plusieurs dettes envers l'autre partie, les règles de l'article 7:109 s'appliquent avec les adaptations appropriées.

Article 13:106 : Effets de la compensation

À compter de la notification, la compensation éteint les obligations à concurrence de la plus faible.

Article 13:107 : Exclusion de la compensation

La compensation n'a pas lieu :

(a) lorsqu'elle est exclue par la convention des parties,

(b) dans le cas de créances insaisissables, dans la mesure de leur insaisissabilité,

(c) et dans le cas de créances nées d'un délit intentionnel.

Chapitre 14 – Prescription

Section 1 – Dispositions générales

Article 14:101 : Créances sujettes à prescription

Une créance est prescrite à l'expiration du délai fixé par les présents Principes.

Section 2 – Délais de prescription et point de départ

Article 14:201 : Délai de droit commun

Le délai de la prescription de droit commun est de trois ans.

Article 14:202 : Délai applicable aux créances constatées en justice

(1) Le délai de prescription d'une créance constatée par un jugement est de dix ans.

(2) Le même délai s'applique à une créance constatée par une sentence arbitrale ou un autre titre qui s'exécute comme un jugement.

Article 14:203 : Point de départ

(1) Le délai de prescription de droit commun commence à courir du moment où le débiteur doit exécuter ou, s'agissant d'une créance de dommages-intérêts, de la date du fait générateur de cette créance.

(2) Lorsque le débiteur est tenu d'une obligation continue de faire ou de ne pas faire, le délai de prescription de droit commun court de chaque manquement à cette obligation.

(3) Le délai de prescription prévu par l'article 14:202 commence à courir du moment où le jugement ou la sentence arbitrale sont revêtus de l'autorité de la chose jugée ou du moment où le titre extrajudiciaire devient exécutoire, sans que ce moment puisse être antérieur à celui où le débiteur est tenu d'exécuter.

Section 3 – Extension du délai

Article 14:301 : Suspension en cas d'ignorance

Le cours du délai de prescription est suspendu aussi longtemps que le créancier ignore, et ne pouvait pas raisonnablement connaître :

(a) l'identité du débiteur,

(b) ou les faits générateurs de la créance y inclus, dans le cas d'une créance de dommages-intérêts, la catégorie de dommage.

Article 14:302 : Suspension en cas de procédure judiciaire ou extrajudiciaire

(1) Le cours du délai de prescription est suspendu à partir de l'introduction de procédures judiciaires relatives à la créance.

(2) La suspension se prolonge jusqu'à ce qu'une décision revêtue de l'autorité de la chose jugée ait été rendue ou que le litige ait reçu une autre solution.

(3) Les présentes dispositions s'appliquent avec les adaptations appropriées aux procédures arbitrales ainsi qu'à toutes autres procédures entamées en vue d'obtenir un titre qui s'exécute comme un jugement.

Article 14:303 : Suspension en cas d'empêchement échappant au créancier

(1) Le cours du délai de prescription est suspendu aussi longtemps que le créancier ne peut faire valoir sa créance en raison d'un empêchement qui lui échappe et dont on ne pouvait raisonnablement attendre de lui qu'il le prévienne ou le surmonte.

(2) L'alinéa premier ne s'applique que si l'empêchement survient ou persiste dans les six derniers mois du délai de prescription.

Article 14:304 : Report d'échéance du délai en cas de négociations

Si les parties sont en négociation à propos de la créance, ou de circonstances pouvant donner naissance à une créance, le délai de prescription n'expire point avant qu'une année se soit écoulée à compter de la dernière communication faite dans le courant des négociations.

Article 14:305 : Report d'échéance du délai en cas d'incapacité

(1) Le délai de prescription au profit ou à l'encontre d'un incapable dépourvu de représentant n'expire point avant qu'une année se soit écoulée à compter de la fin de l'incapacité ou de la nomination d'un représentant.

(2) Dans les rapports entre un incapable et son représentant, le délai de prescription n'expire point avant qu'une année se soit écoulée à compter de la fin de l'incapacité ou de la nomination d'un nouveau représentant.

Article 14:306 : Report d'échéance du délai en matière successorale

En cas de décès du créancier ou du débiteur, le délai de prescription des créances de la succession du créancier ou à l'encontre de la succession du débiteur n'expire point avant qu'une année se soit écoulée à compter du moment où la créance a pu être mise à exécution par un héritier ou un représentant de la succession, ou à leur encontre.

Article 14:307 : Durée maximum du délai

Le délai de prescription ne peut, par l'effet de la suspension ou du report d'échéance prévus par les présents Principes, excéder dix ans, ou trente ans lorsqu'il s'agit de créances de réparation de dommages à la personne. La présente règle ne s'applique pas à la suspension régie par l'article 14:302.

Section 4 – Interruption de la prescription

Article 14:401 : Interruption à la suite d'une reconnaissance de dette

(1) Si le débiteur reconnaît sa dette vis-à-vis du créancier par un paiement partiel, le paiement d'intérêts, l'octroi d'une garantie ou par tout autre moyen, le délai de prescription recommence à courir.

(2) Le nouveau délai de prescription est alors le délai de droit commun, que la créance fût sujette initialement au délai de droit commun ou à la prescription décennale régie par l'article 14:202. Dans le dernier cas, la présente règle ne peut cependant avoir pour effet d'abréger le délai décennal.

Article 14:402 : Interruption à la suite d'une tentative d'exécution

Le délai décennal de prescription établi par l'article 14:202 recommence à courir à chaque tentative raisonnable du créancier en vue d'obtenir l'exécution de la créance.

Section 5 – Effets de la prescription

Article 14:501 : Effet général

(1) Au terme du délai de prescription, le débiteur est fondé à refuser d'exécuter l'obligation.

(2) Le paiement effectué pour éteindre une dette ne peut être répété au seul motif que le délai de prescription était expiré.

Article 14:502 : Effets sur les créances accessoires

Le délai de prescription des créances d'intérêts et des autres créances de caractère accessoire n'expire pas postérieurement à celui qui s'applique à la créance principale.

Article 14:503 : Compensation

Une dette prescrite peut néanmoins être compensée à moins que le débiteur n'ait opposé la prescription antérieurement ou l'oppose dans un délai de deux mois à compter du moment où la compensation lui a été notifiée.

Section 6 – Modification par accord des parties

Article 14:601 : Accords relatifs à la prescription

(1) Les règles relatives à la prescription peuvent être modifiées par accord des parties qui peuvent en particulier abréger ou allonger les délais.

(2) Le délai de prescription ne peut toutefois être réduit à moins d'un an ou étendu à plus de trente ans à compter du point de départ fixé à l'article 14:203.

Chapitre 15 – Illicéité

Article 15:101 : Contrats contraires aux principes fondamentaux

Un contrat est privé de tout effet dans la mesure où il est contraire aux principes reconnus comme fondamentaux par le droit des États membres de l'Union européenne.

Article 15:102 : Contrats violant des règles impératives

(1) La violation d'une règle impérative qui s'applique en vertu de l'article 1:103 des présents Principes produit sur le contrat les effets que ladite règle a pu prescrire expressément.

(2) A défaut de prescription expresse de la règle impérative violée, le contrat peut être déclaré comme ayant plein effet, ou certains effets, ou étant sans effet ou sujet à modification.

(3) Une décision prise conformément à l'alinéa (2), doit constituer une réponse appropriée et proportionnée à la violation compte tenu de toutes les circonstances pertinentes, y compris

(a) le but de la règle violée,

(b) la catégorie de personnes que la règle entend protéger,

(c) toute sanction qui pourrait être imposée en vertu de la règle violée,

(d) la gravité de la violation,

(e) le caractère intentionnel ou non de la violation,

(f) et le rapport plus ou moins étroit entre la violation et le contrat.

Article 15:103 : Inefficacité partielle

(1) Lorsque seule une fraction du contrat est privée d'effet en vertu des articles 15:101 ou 15:102, le contrat est maintenu pour le surplus à moins qu'eu égard à toutes les circonstances de la cause il ne soit déraisonnable de maintenir les autres dispositions du contrat.

(2) Les articles 15:104 et 15:105 s'appliquent, avec les adaptations appropriées, à l'inefficacité partielle.

Article 15:104 : Restitutions

(1) Lorsqu'un contrat est privé d'effet sur le fondement des articles 15:101 ou 15:102, chaque partie est en droit de demander la restitution de ce qu'elle a fourni en exécution du contrat, pourvu qu'elle restitue simultanément ce qu'elle a reçu dans la mesure où cela paraît approprié.

(2) Pour apprécier s'il faut permettre la restitution sur le fondement de l'alinéa premier, et quelle restitution réciproque est, le cas échéant, appropriée, on a égard aux circonstances mentionnées à l'article 15:102, alinéa (3).

(3) Le prononcé de la restitution peut être refusé au profit d'une partie qui connaissait ou aurait dû connaître la cause de l'inefficacité du contrat.

(4) Si, pour une raison quelconque, la restitution ne peut s'effectuer en nature, elle s'effectue par le paiement d'une somme raisonnable.

Article 15:105 : Dommages et intérêts

(1) La partie à un contrat, privé d'effet en vertu des articles 15:101 ou 15:102, est en droit d'obtenir de son cocontractant des dommages-intérêts qui permettent de la placer autant que possible dans la situation où elle se serait trouvée si le contrat n'avait pas été conclu, dès lors que le cocontractant connaissait ou aurait dû connaître la cause de l'inefficacité du contrat.

(2) Pour apprécier s'il faut accorder des dommages-intérêts sur le fondement de l'alinéa premier, on a égard aux circonstances mentionnées à l'article 15:102, alinéa (3).

(3) L'allocation de dommages-intérêts peut être refusée au profit d'une partie qui connaissait ou aurait dû connaître la cause de l'inefficacité du contrat.

Chapitre 16 – Conditions

Article 16:101 : Types de conditions

L'obligation contractuelle peut être conditionnelle si on la fait dépendre d'un événement futur et incertain, soit en en différant sa prise d'effet jusqu'à ce que l'événement arrive (condition suspensive), soit en la résiliant lorsque l'événement arrive (condition résolutoire).

Article 16:102 : Immixtion dans le jeu de la condition

(1) La condition est réputée accomplie lorsqu'une partie, en violation de son devoir de bonne foi ou de coopération, a empêché sa réalisation, qui aurait tourné à son désavantage.

(2) La condition est réputée défaillie lorsqu'une partie, en violation de son devoir de bonne foi ou de coopération, a provoqué sa réalisation, qui a tourné à son avantage.

Article 16:103 : Effets de la condition

(1) L'obligation sous condition suspensive prend effet lorsque la condition se réalise, à moins que les parties n'en conviennent autrement.

(2) L'obligation sous condition résolutoire s'éteint lorsque la condition se réalise, à moins que les parties n'en conviennent autrement.

Chapitre 17 – Capitalisation des intérêts

Article 17:101 : Conditions de capitalisation des intérêts

(1) Les intérêts payables sur le fondement de l'article 9:508, alinéa premier, s'ajoutent tous les douze mois au capital impayé.

(2) L'alinéa premier du présent article ne s'applique pas lorsque les parties sont convenues d'un intérêt pour retard de paiement.

INDEX

(Les chiffres renvoient aux numéros de paragraphe)

B

C

D

E

H

I

Q

R

S

T

TABLE DES MATIÈRES

COLLECTION DOMAT

DROIT PRIVÉ

Jean-Bernard AUBY, Hugues PÉRINET-MARQUET et Rozen NOGUELLOU	**DROIT DE L'URBANISME ET DE LA CONSTRUCTION** ▪ (9e éd.).
Jean BART	**HISTOIRE DU DROIT PRIVÉ** De la chute de l'Empire romain au XIXe siècle ▪ (2e éd.).
Bernard BEIGNIER	**DROIT DES ASSURANCES**
Alain BÉNABENT	**DROIT DES OBLIGATIONS** ▪ (14e éd.).
Alain BÉNABENT	**DROIT CIVIL** Les contrats spéciaux civils et commerciaux ▪ (10e éd.).
Alain BÉNABENT	**DROIT DE LA FAMILLE** ▪ (3e éd.).
Thierry BONNEAU	**DROIT BANCAIRE** ▪ (10e éd.).
Rémy CABRILLAC	**DROIT DES RÉGIMES MATRIMONIAUX** ▪ (8e éd.).
Gérard CORNU	**DROIT CIVIL** Introduction au droit ▪ (13e éd.).
Gérard CORNU	**DROIT CIVIL** Les biens ▪ (13e éd.).
Gérard CORNU	**DROIT CIVIL** Les personnes ▪ (13e éd.).
Gérard CORNU	**DROIT CIVIL** La famille ▪ (9e éd.).
Gérard CORNU	**LINGUISTIQUE JURIDIQUE** ▪ (3e éd.).
Françoise DEKEUWER-DÉFOSSEZ et Édith BLARY-CLÉMENT	**DROIT COMMERCIAL** Activités commerciales ▪ Commerçants ▪ Fonds de commerce ▪ Concurrence ▪ Consommation ▪ (10e éd.).

Jean DEVÈZEL et Philippe PÉTEL	**DROIT COMMERCIAL** Instruments de paiement et de crédit.
William DROSS	**DROIT DES BIENS** ▪ (2e éd.).
Michel FROMONT	**DROIT ALLEMAND DES AFFAIRES** Droit des obligations et des biens ▪ Droit commercial et du travail.
Jean GAUDEMET et Emmanuelle CHEVREAU	**DROIT PRIVÉ ROMAIN** ▪ (3e éd.).
Daniel GUTMANN	**DROIT FISCAL DES AFFAIRES** ▪ (5e éd.)
Jacques HÉRON et Thierry LE BARS	**DROIT JUDICIAIRE PRIVÉ** ▪ (5e éd.).
Emmanuel JEULAND	**DROIT PROCESSUEL GÉNÉRAL** ▪ (2e éd.)
Christian JUBAULT	**DROIT CIVIL** Les successions ▪ Les libéralités ▪ (2e éd.).
Paul LE CANNU et Bruno DONDERO	**DROIT DES SOCIÉTÉS** ▪ (6e éd.).
Pierre MAYER et Vincent HEUZÉ	**DROIT INTERNATIONAL PRIVÉ** ▪ (11e éd.).
Antoine MAZEAUD	**DROIT DU TRAVAIL** ▪ (9e éd.).
Michel MENJUCQ	**DROIT INTERNATIONAL ET EUROPÉEN DES SOCIÉTÉS** ▪ (3e éd.).
Roger PERROT	**INSTITUTIONS JUDICIAIRES** ▪ (15e éd.).
Nicolas PETIT	**DROIT EUROPÉEN DE LA CONCURRENCE**
Frédéric POLLAUD-DULIAN	**DROIT DE LA PROPRIÉTÉ INDUSTRIELLE** ▪ (2e éd.).
Corinne SAINT-ALARY-HOUIN	**DROIT DES ENTREPRISES EN DIFFICULTÉ** ▪ (9e éd.).
Romuald SZRAMKIEWICZ et Olivier DESCAMPS	**HISTOIRE DU DROIT DES AFFAIRES** ▪ (2e éd.).

DROIT PUBLIC

Pierre AVRIL et Jean GICQUEL	**DROIT PARLEMENTAIRE** ▪ (5e éd.).
Michel BORGETTO et Robert LAFORE	**DROIT DE L'AIDE ET DE L'ACTION SOCIALES** ▪ (8e éd.).
Jean BOULOUIS	**DROIT INSTITUTIONNEL DE L'UNION EUROPÉENNE** ▪ (6e éd.).
François BURDEAU	**HISTOIRE DE L'ADMINISTRATION FRANÇAISE** XVIIIe-XXe siècles ▪ (2e éd.).

René CHAPUS	**DROIT ADMINISTRATIF GÉNÉRAL** **T. 1** (15e éd.) Service public ▪ Police ▪ Responsabilité ▪ Actes ▪ Organisation et justice administratives ▪ Séparation des autorités administratives et judiciaires ▪ Conflits d'attribution. **T. 2** (15e éd.) Fonction publique ▪ Domaine public ▪ Travaux publics ▪ Expropriation.
René CHAPUS	**DROIT DU CONTENTIEUX ADMINISTRATIF** ▪ (13e éd.).
Jean COMBACAU et Serge SUR	**DROIT INTERNATIONAL PUBLIC** ▪ (11e éd.).
Louis DUBOUIS et Claude BLUMANN	**DROIT MATÉRIEL DE L'UNION EUROPÉENNE** ▪ (6e éd.).
Pierre-Laurent FRIER et Jacques PETIT	**DROIT ADMINISTRATIF** ▪ (9e éd.).
Jean GAUDEMET	**LES INSTITUTIONS DE L'ANTIQUITÉ** ▪ (8e éd.).
Jean GAUDEMET et Jean PETIT	**LES NAISSANCES DU DROIT** Le temps, le pouvoir et la science au service du droit ▪ (4e éd.).
Jean GAUDEMET	**SOCIOLOGIE HISTORIQUE** Les Maîtres du Pouvoir.
Paul-Marie GAUDEMET et Joël MOLINIER	**FINANCES PUBLIQUES** **T. 1** (7e éd.) Politique financière ▪ Budget et Trésor. **T. 2** (6e éd.) Fiscalité.
Jean GICQUEL et Jean-Éric GICQUEL	**DROIT CONSTITUTIONNEL ET INSTITUTIONS POLITIQUES** ▪ (28e éd.).
Gilles J. GUGLIELMI, Geneviève KOUBI et la collab. de Gilles DUMONT	**DROIT DU SERVICE PUBLIC** ▪ (3e éd.).
Marcel MORABITO	**HISTOIRE CONSTITUTIONNELLE DE LA FRANCE, 1789-1958** ▪ (13e éd.).
Sophie NICINSKI	**DROIT PUBLIC DES AFFAIRES** ▪ (4e éd.).
Jacques ROBERT et Jean DUFFAR	**DROITS DE L'HOMME ET LIBERTÉS FONDAMENTALES** ▪ (8e éd.).
Raphaël ROMI	**DROIT DE L'ENVIRONNEMENT** ▪ (8e éd.).
Raphaël ROMI, Gaëlle BOSSIS et Sandrine ROUSSEAUX	**DROIT INTERNATIONAL ET EUROPÉEN DE L'ENVIRONNEMENT** ▪ (2e éd.)
Dominique ROUSSEAU	**DROIT DU CONTENTIEUX CONSTITUTIONNEL** ▪ (10e éd.).
François SAINT-BONNET et Yves SASSIER	**HISTOIRE DES INSTITUTIONS AVANT 1789** ▪ (4e éd.).
Carlos SANTULLI	**DROIT DU CONTENTIEUX INTERNATIONAL**
Christophe SERAGLINI et Jérôme ORTSCHEIDT	**DROIT DE L'ARBITRAGE INTERNE ET INTERNATIONAL**
Jacques ZILLER	**ADMINISTRATIONS COMPARÉES** ▪ (2e éd.). Les systèmes politico-administratifs de l'Europe des Douze.

POLITIQUE

Francis BALLE	**MÉDIAS ET SOCIÉTÉS** ▪ (16e éd.).
Philippe BRAUD et François BURDEAU	**HISTOIRE DES IDÉES POLITIQUES DEPUIS LA RÉVOLUTION** ▪ (2e éd.).
Yves MÉNY et Yves SUREL	**POLITIQUE COMPARÉE** Les démocraties (Allemagne, États-Unis, France, Grande-Bretagne, Italie) ▪ (8e éd.).
Roger-Gérard SCHWARTZENBERG	**SOCIOLOGIE POLITIQUE** ▪ (5e éd.).
Serge SUR	**RELATIONS INTERNATIONALES** ▪ (6e éd.).

GESTION

Jérôme CABY, Alain COURET et Gérard HIRIGOYEN	**INITIATION À LA GESTION** Connaissance de l'entreprise à partir de ses principaux documents obligatoires ▪ (3e éd.).

Imprimé en France. - JOUVE, 1, rue du Docteur Sauvé, 53100 MAYENNE
N° 2168386Z - Dépôt légal : septembre 2014